시편 I 주석은
가음정교회(담임목사 제인호) 후원으로
제작되었습니다.

Psalms Ⅰ. The 60th Jubilee Commentary of the Presbyterian Church in Korea by Sungsoo Kim

대한예수교장로회
고 신 총 회
설립 60주년 기념
성 경 주 석

시편 I

서론 · 1~41편

김성수 지음
고신성경주석편집위원회 편

대한예수교장로회
총회출판국

목차

발간사

생명의 도라 불리는 기독교는 말씀의 종교라 할 수 있을 것입니다. 이 땅에 존재하는 많은 종교들이 이런 저런 자신들의 교리를 말하고 신비한 영적 체험을 말하지만, 생명의 도인 기독교는 하나님의 말씀이 잣대(canon)가 됩니다. 하나님의 말씀이라는 잣대가 있기에 기독교는 흔들리지 않습니다. 지금까지 반석 위에 세워진 교회가 흔들리지 않았듯이 주님 오실 때까지 하나님의 말씀에 기반한 교회는 영원할 것입니다.

시편 기자는 말합니다. 복있는 사람이 어떤 사람인지를 말입니다. "복있는 사람은 … 오직 여호와의 율법을 즐거워하여 그의 율법을 주야로 묵상하는도다"(시 1:1-2). 복있는 사람은 하나님의 말씀이 얼마나 좋은지 그 말씀을 밤낮으로 묵상합니다. 마치 굶주린 사자가 먹을 것을 눈앞에 두고 포효하듯이 말입니다.

고신총회가 한국 땅에 존재하는 다른 총회에 비해 부족한 것도 있습니다. 그러나 다른 어떤 총회보다 말씀을 사랑하는 일에 있어서는 열심을 내고 있다고 할 수 있을 것입니다. 총회적으로 어린이부터 장년에 이르는 여러 말씀 묵상집을 내고 있고, 하나님의 말씀을 연구하는 성경연구소를 총회에 두는 등 하나님의 말씀을 사랑하는 일에 전력을 기울여 왔습니다.

특별히 고신총회 설립 60주년을 준비하며 개혁주의 신학과 신앙에 근거한 말씀을 소수의 신학자들만이 아닌 모든 성도와 나누기 위해 주석 발간을 기획하였습니다. 총회가 할 수 있는 많은 사업이 있지만 하나님이 우리에게 주신 말씀의 의미를 제대로 풀어낼 수 있는 주석 사업은 가장 귀한 일이라 믿습니다.

물론 지난 10년 동안 주석 발간 사업이 이런저런 문제로 인해 예정대로 진행되지 못한 것을 아쉽게 생각합니다. 바라기는 고신총회가 정한 기간 내 모든 주석이 완간되도록 함께 기도로 마음을 모아주시면 감사하겠습니다.

감사한 것은 주석 시리즈의 여덟 번째 책인 『시편 I』을 내게 된 것입니다. 김성수 교수의 시편 주석은 저자의 땀과 수고의 산물이며, 좋은 시편 주석을 기대하는 한국 교회의 요청에 대한 하나님의 큰 선물이라 확신합니다.

코로나 19로 힘든 이때 충성된 종을 통해 하나님이 주시는 청량제로 모든 한국 교회와 성도님들의 삶이 풍성해지시기를 바랍니다.

충성된 사자는 그를 보낸 이에게
마치 추수하는 날에 얼음 냉수 같아서
능히 그 주인의 마음을 시원하게 하느니라
잠언 25:13

주후 2021년 10월
간행위원장 박영호 목사
(창원새순교회 담임)

시리즈 머리말

본 교단이 발행하는 <고신총회 설립 60주년 기념 성경주석>은 여러 모로 뜻 깊은 주석이 될 것이다. 한국에 주석들이 많이 있는데 굳이 우리 교단에서 따로 주석을 펴낼 필요가 있겠는가 하는 의문이 들 수도 있다. 그러나 고신 교단이 가지고 있는 순수한 신앙과 개혁주의 신학은 우리의 신앙과 신학에 맞는 주석을 요구하고 있다. 우리 주위에는 많은 주석들이 있지만 어느 것을 선택해야 할지, 많은 해석들 가운데서 어느 해석이 올바른 해석인지 몰라서 혼란스러운 가운데 있다.

본 교단이 발행하는 성경주석은 이런 상황에 답을 제시하려는 목적으로 기획되었다. 물론 이 세상에서 완전한 성경 해석은 불가능하겠지만, 선조들이 물려준 순수한 신앙과 건전한 신학의 토대 위에서 하나님의 말씀을 풀어 설명하려고 노력하였다. 이런 점에서 본 성경주석 시리즈는 다음과 같은 특징을 가지고 있다.

첫째, 본 주석은 '개혁주의적인 주석'이 되고자 한다. 성경을 정확무오한 하나님의 말씀으로 믿고 고백하는 가운데 바르게 해석하려고 노력을 기울였다. 인간의 이성(理性)이나 경험(經驗)이 성경 해석의 최고 권위가 아니라 "성경이 그 자신의 해석자이다"(Sacra Scriptura sui ipsius interpres est)라고 하는 종교개혁자들의 성경 해석 원리를 따라 성경 자신이 성경을 해석하도록 노력하였다. 물론 우리는 앞서간 신앙 선배들의 노력을 무시하지 않는다. 우리는 칼빈과 개혁주의 신학자들의 신학 유산을 존중하고, 또한 한국 교회에 주신 귀한 선물인 박윤선 박사의 「성경주석」을 존중한다. 그러나 시대의 변화를 감안하여 좀 더 자세하고 깊이 있는 주석을 제공하려고 노력하였다.

둘째, 본 주석은 목회자들과 성도들에게 '실제적 도움이 되는 주석'이 되고자 한다. 서양에서 발전된 주석들을 보면 성도들의 실제 생활과 관계없는 학적 논의들이 많다. 그러나 본 주석은 가능한 한 불필요한 논쟁은 피하고 성도들의 실제 생활에 도움이 되는 주석이 되고자 노력하였다. 이를 위해 어려운 단어나 구절에 대해 간결한 설명을 제공하고, 복잡한 논의는 작은 글자로 소개하거나 미주로 처리하였다.

셋째, 본 주석은 단지 성경의 의미를 밝히는 것으로 끝나지 아니하고 '오늘날 우리에게 주는 교훈'을 찾기 위해 노력하였다. 그래서 각 단락의 마지막 부분에 <교훈과 적용>을 두었다. 이 부분은 앞에서 이루어진 본문 주해를 종합적으로 정리하고, 오늘날 우리들에게 주는 교훈을 제시하였다. 이 부분은 독자들에게 본문이 우리에게 주는 의미를 묵상하게 도와줄 뿐만 아니라, 목회자들이 설교를 작성하는 데에도 많은 도움이 될 것이다.

넷째, 그 외에도 본 주석은 '독자들의 편의'를 위해 여러 모로 세심한 노력을 기울였다. 주석의 각 장마다 간단하게 <본문의 개요>와 <내용 분해>를 넣어서 한 눈에 내용을 파악할 수 있도록 했다. <본문 주해>에 들어가서도 먼저 전체 내용을 개관한 후에 각절 또는 몇 절들 단위로 주해를 하였다. 각 주해 단락 서두에 <개역개정판 성경>을 실어서 본문을 쉽게 볼 수 있도록 하였다. 성경 원어 사용은 가능한 한 피하되, 주해를 위해 꼭 필요하다고 판단되는 경우에는 한글 음역과 함께 원어를 실었다. 그리고 앞에서 말한 대로 <본문 주해> 뒤에 <교훈과 적용>을 넣어서 다시금 본문의 핵심 의미를 정리하고 교훈을 생각하며 각자의 삶에 적용하도록 하였다.

이러한 노력에도 불구하고 독자들의 손에 쥐어지는 주석에는 미흡한 점들이 많이 있을 것이다. 사람마다 요구사항이 다르기 때문에 독자에 따라 평가가 다를 수 있을 것이다. 이런 점들에 대해 편집위원회와 간행위원회는 충분히 인식하고 있으며, 앞으로 주석의 질을 높이기 위해 계속 노력하고자 한다. 본 주석 사업은 한 번의 출판으로 끝나지 않고 지속적으로 개선하고 업그레이드 하면서 점차 높은 수준의 주석이 되기를 희망한다.

본 주석은 단지 학적인 것이 아니라 목회자들과 성도들에게 도움이 되는 주석이 되기를 추구한다. 따라서 본 주석은 학적으로는 미흡할지 모르지만, 잘못된 해석들이 난무하는 이 시대에 올바른 개혁주의적 해석을 제공하고자 한다는 점에 큰 의미가 있을 것이다.

성경 해석이 바로 되어야 우리의 신앙과 생활이 바로 될 것이며, 나아가서 한국 교회가 바로 설 수 있을 것이다. 성도들의 기도와 하나님의 도우심으로 이 주석 간행 사업이 잘 진행되어서 한국 교회에 크게 기여하는 주석이 되기를 소망한다.

2021년 7월

편집위원장 변종길

저자의 말

신구약 '성경의 요약'이자 '작은 성경'이라 불리는 시편에 대한 주석을 쓰는 일은 두려운 일이자 영예로운 일입니다. 시편 제1권의 각 시편을 해설하면서 성경 전체의 교훈을 제대로 담아내지 못하면 어떻게 하나 하는 두려움을 수시로 느꼈습니다. 그러면서도 시편 전공자로서 <고신 총회 설립 60주년 기념 주석> 시리즈의 하나로 시편 주석을 집필할 수 있다는 것이 얼마나 큰 영예인지 고백하며 하나님께 감사드리지 않을 수 없었습니다. 주석을 집필하기 위해서 여러 자료와 주석들을 읽으면서 제가 그동안 얼마나 시편 연구에 게을렀는지도 깨닫게 되었고 많은 새로운 것들을 배우기도 했습니다.

시편은 성경 중에서 우리가 많이 읽고 즐겨 인용하는 책이기는 하지만 이해하기 쉬운 책은 아닙니다. 오늘날 독자들이 시편을 잘 이해하기 위해서는 고대 이스라엘 '시가'의 문학적 특징들을 알아야 합니다. 또한 압축된 시어들이 지닌 신학적 의미나 각 시편의 배경을 파악해야 하는데, 이 일도 쉽지 않습니다. 그래서 시편 주석이 필요한 것 같습니다.

시편 제1권인 시편 1-41편에 대한 주석인 본서는 이런 독자들의 필요를 염두에 두고 집필되었습니다. 서론에서는 시편의 문학적 특징들에 강조점을 두고 안내했습니다. 각 시편 주석의 개요 부분에서는 장르와 역사적 배경뿐만 아니라 앞뒤 시편들과의 관련성을 먼저 다뤘습니다. 다음으로 각 시편 전체와 절과 어구가 보여주는 문학적 특징을 관찰하여 그 특징이 어떻게 주제를 강조하는지를 해설했습니다. 문학적 특징을 따라 구조를 분석한 다음 그 구조에 따라 절별로 주석했습니다. 시편의 특성상 반복되는 주제나 어휘에 대한 설명도 각 시편의 독립적이고 전체적인 이해를 위해 각 시편 주석에 반복적으로 제공했습니다. 교훈과 적용 부분에서는 각 시편의 교훈을 요약하되 그리스도와 신약 교회에 그 교훈을 적용하기 위해 애썼습니다. 아무쪼록 이 부족한 주석이 시편을 더 깊이 연구하거나 시편을 설교하고 묵상하고자 하는 독자들에게 조금이라도 도움이 되면 좋겠습니다. 이 주석을 통해 독자들이 시편 가운데 계신 하나님을 더 깊이 만날 수 있다면 저는 더할 나위 없이 기쁠 것입니다. 주석 시리즈 특성상 시편 사역(私譯)을 싣지 못했습니다. 대신 별도의 책(가제, 『시로 묵상하는 시편 1』)으로 출간될 예정임을 알려드립니다.

이 주석이 나오기까지 많은 분이 도움을 주었습니다. 먼저, 시편 주석을 쓸 수 있도록 건강과 지혜와 모든 필요를 공급하신 하나님 아버지께 영광을 돌립니다. 지금은 고인이 되신 필자의 스승 존 스택(John Stek) 교수님이 쓰신 *NIV Study Bible* 시편 부분 해설은 저의 시편 연구에 큰 통찰력과 가르침을 주었습니다. 시편 주석을 쓸 수 있도록 길을 열어준 총회 주석 간행위원회와 편집위원회, 아낌없이 재정을 지원해 준 가음정교회, 연구년을 제공하며 연구를 지원해 준 고려신학대학원, 수업 시간에 많은 질문과 피드백을 통해 필자의 시야를 넓혀 준 학생들에게 깊은 감사를 드립니다. 책을 다듬고 정리하는 일에 큰 도움을 준 신상훈 강도사님, 짧지 않은 글을 꼼꼼히 읽고 교정해 준 최일웅 강도사님과 윤웅열 목사님, 책이 잘 나오도록 많은 수고를 아끼지 않은 디자이너에게도 감사드립니다. 끝으로 기도와 사랑으로 시편 집필을 응원해 준 사랑하는 아내와 두 딸에게 깊은 고마움을 전합니다.

2022년 2월

김성수

약어표

ACEBT	*Amsterdamse Cahiers voor Exegese en Bijbelse Theologie*
BASOR	*Bulletin of the American Schools of Oriental Research*
BDB	F. Brown, S. R. Driver, and C. A. Briggs, *A Hebrew and English Lexicon of the Old Testament*, Oxford, 1907
BETL	Bibliotheca Ephemeridum Theologicarum Lovaniensium
BHS	*Biblia Hebraica Stuttgartensia*
BI	*Biblical Interpretation*
Bib	*Biblica*
BSac	*Bibliotheca Sacra*
BTB	*Biblical Theology Bulletin*
BZAW	Beihefte zur Zeitschrift für die alttestamentliche Wissenschaft
CBQ	*Catholic Biblical Quarterly*
CTJ	*Calvin Theological Journal*
DSS	Dead Sea Scrolls
EvQ	*Evangelical Quarterly*
ESV	English Standard Version
GKC	*Gesenius' Hebrew Grammar*, ed. Emil Kautzsch, trans. A. E. Cowley. 2nd ed. Oxford, 1910
HALOT	Ludwig Koehler, Walter Baumgartner, and Johann Jakob Stamm, *The Hebrew and Aramaic Lexicon of the Old Testament*, 5 vols. Leiden, 1994-2000
HAR	*Hebrew Annual Review*

HAT	Handbuch zum Alten Testament
HeyJ	*Heythrop Journal*
HBT	*Horizons in Biblical Theology*
HTR	*Harvard Theological Review*
HTS	*Hervormde Teologiese Studies*
HUCA	*Hebrew Union College Annual*
Int	*Interpretation*
JAOS	*Journal of the American Oriental Society*
JNSL	*Journal of Northwest Semitic Language*
JBL	*Journal of Biblical Literature*
JBQ	*Jewish Bible Quarterly*
JETS	*Journal of the Evangelical Theological Society*
JNES	*Journal of Near Eastern Studies*
JPS	*Jewish Publication Society*
JSem	*Journal for Semitics*
JSOT	*Journal for the Study of the Old Testament*
JSOTSup	Journal for the Study of the Old Testament: Supplement Series
LHBOTS	Library of Hebrew Bible Old Testament Studies
LW	Martin Luther, *Works*
LXX	Septuagint
MT	Masoretic Text
NIB	*The New Interpreter's Bible*
NJB	New Jerusalem Bible
NICOT	The New International Commentary on the Old Testament
NIV	New International Version

NSK Neuer Stuttgarter Kommentar

OTL Old Testament Library

OTE *Old Testament Essays*

PRS *Perspectives in Religious Studies*

RSV Revised Standart Version

SBL Society of Biblical Literature

SBLDS SBL Dissertation Series

SJOT *Scandinavian Journal of the Old Testament*

SR *Studies in Religion*

SK *Skrif en Kerk*

TB *Tyndale Bulletin*

TNK Tanakh

TOTC Tyndale Old Testament Commentaries

TS *Theological Studies*

TT *Theology Today*

Verbum et Eccles. *Verbum et Ecclesia*

VT *Vetus Testamentum*

VTSup Supplements to Vetus Testamentum

WA *Weimarer Ausgabe*

WBC Word Biblical Commentary

WeBC Westminster Bible Companion

ZAW *Zeitschrift für die alttestamentliche Wissenschaft*

시편 서론

시편은 작은 성경이라고 불러 마땅하다.
성경 전체에 담겨 있는 모든 것들이
지극히 아름답게 간략한 모습으로 담겨 있다.
시편은 진정 뛰어난 안내서이다.

- 마르틴 루터 -

이 보고에 얼마나 다양하고 휘황찬란한 부가 담겨 있는지
말로 표현할 길이 없다 … 나는 이 책을 영혼의 모든 부분을
해부한 책이라고 불러도 부당하지 않다고 생각한다.
왜냐하면, 거울에서처럼 사람이 의식할 수 있는 감정들 중에
여기에 반영되지 않은 것이 하나도 없기 때문이다.

- 장 칼뱅 -

시편은 구약의 성도들이 성전 예배나 개인 예배에서 수 세기 동안 부르던 노래들이었다. 어떤 저자가 지은 시편이든지 성도들은 그 시편들을 반복적으로 사용하면서 하나님을 만나고 자신들의 믿음을 키워갔을 것이다. 그래

서 이 시편들에는 구속의 역사 속에 축적된 이스라엘 백성들의 신앙고백이 고스란히 담겨 있다. 이 고백들은 하나님께 탄식과 찬양과 감사와 신뢰의 형태로 표현되었다. 이 고백들에서 우리는 구약 성도들이 하나님 앞에서 숨김없이 표현한 다양한 감정들을 느낄 수 있다. 그래서인지 시편은 구약 성경 중에서 신약 성경에 가장 많이 인용되고 있다.[1] 그만큼 시편은 구약 시대나 중간기 시대의 하나님 백성들에게 익숙했던 책이었고, 신학적인 의미가 풍부했던 책이었다. 하지만 시편의 이해가 그렇게 쉬운 것은 아니다. 역사적 간격이 크기 때문이고 다양하게 이해될 수 있는 문학적인 이미지들과 기법들 때문이다. 그런 의미에서 시편에 대한 서론적 지식이 있으면 훨씬 더 쉽고도 친근하게 각 시편에 다가갈 수 있을 것이다.

1. '시편'이라는 책 이름[2]

시편(Psalms, 혹은 '시편집': Psalter)은 칠십인경에서 *미즈모르*(מִזְמוֹר)라는 히브리어 단어(우리 성경에는 '시'로 번역됨)를 번역한 데서 유래된 이름(*살모스* ψαλμός)이다. 즉 이 헬라어 단어의 복수형인 시편의 책 이름 *살모이*(ψαλμοι)는 '찬양의 노래들'(songs of praise)이라는 의미를 지니고 있다. 그리고 이 단어는 원래 헬라어 동사 *살로*(ψάλλω, 히브리어 *자마르* זָמַר)는 (악기를 동반하여) '노래하다'라는 말에서 파생되었다. 또 Psalter는 칠십인역으로 알려진 헬라어역 사본인 주후 5세기의 알렉산드리아 사본에서 온 이름으로, psalterion ('현악기')에서 비롯된 말이다.[3] 히브리어 시편 본문 안에는

---

1. 이상의 서론 부분은 김성수, 『구약의 키』 개정판 (서울: 생명의 양식, 2018), 153에서 가져온 것이다.
2. J. Limburg, "Psalms, Book of," *Anchor Bible Dictionary*, ed. D. N. Freedman (New York: Doubleday, 1992), 523 참조.
3. K. 사이볼트, 『시편입문』, 이군호 역(서울: 대한기독교서회, 1995), 9-10 참조.

따로 시편에 대한 제목이 없다. 하지만 후대 유대교 문헌들에서는 시편을 *세페르 테힐림*(Sefer Tehillim) 곧 '찬양집'으로 부르고 있다. *테힐림*(תְּהִלִּים)은 '찬양하다'는 의미를 지닌 히브리어 동사 *할랄*(הָלַל)에서 파생된 단수 명사인 '찬양'(*테힐라* תְּהִלָּה, 145편의 표제)의 남성 복수형이다. 이 이름은 기도와 찬송이 섞여 있는 책인 시편을 최종적으로 편집한 사람들과 그 후대의 사람들이 이 책을 '찬양집'으로 사용했음을 암시한다. 혹은 시편 전반부의 대부분을 차지하는 탄식과 기도들이, 하나님의 응답으로 말미암아 후반부의 대부분을 차지하는 '찬양'으로 끝날 수밖에 없음을 의도적으로 보여주는 이름일 수도 있다. 누가복음 24장 44절(20:42와 행 1:20 참조)에서는 "모세의 율법과 선지자의 글과 시편"이라는 말로서 구약 성경 전체를 가리키고 있는데, 여기서 말하는 '시편'은 시편을 포함하는 구약 성경의 세 번째 부분인 성문서('Writings') 전체를 가리키는 것으로 보인다.[4]

2. 시편의 본문들

1) 사해사본(DSS-Dead Sea Scrolls)

사해사본의 시편들은 주로 쿰란의 제 11동굴(11QPs[b] 시편 I-III 권, 11QPs[a] 시편 IV-V권)에서 발견되었는데 주후 50년에 만들어진 것으로 추정된다. 제 1권에서 3권은 맛소라 본문의 순서를 그대로 따르고 있지만, 제4권과 5권의 순서는 완전히 다르다. 본문의 순서가 다른 것은 두 가지로 해석될 수 있다. 첫째는 쿰란 동굴에서 발견된 것은 예전적인 필요에 따라서 이미 정경화 되어있던 시편 본문들을 재편집한 것이라는 해석이다(P. Skehan). 두 번째는 주후 2세기 초까지는 시편 본문들이 어떤 공동체에서도 유동적이었다는 해

---

4. 존 스택, 『구약신학』, 류호준 역(서울: 솔로몬, 2000), 569.

석이다(J. A. Sanders; G. H. Wilson; K. Seybold).[5] 하지만 어떤 순서와 형태로 존재했든지 간에 우리 성경에 있는 정경적인 시편들은 문체나 내용에서 다른 후대의 시들과는 완전히 구분되었다.

2) 맛소라 본문(MT-Masoretic Text)

현재 형태의 히브리어 본문은 맛소라 학자들에 의해 모음과 발음 강약 표시와 여러 기호가 붙여지면서 주후 9-10세기에 마무리된 것으로서, 이전까지 전해져 오던 히브리어 본문을 확정한 것이었다. 그리고 시편을 포함한 시가서들은 서사체 본문들과 달리 행으로 나열되어 있다. 주후 1008년에 만들어진 레닌그라드 사본과 930년경에 만들어진 알레포(Aleppo) 사본에 맛소라 본문들이 보존되어 있다. 맛소라 본문의 시편과 거의 차이가 없는 사해사본이 발견됨으로써 맛소라 학자들이 참조한 히브리어 본문의 고대성과 권위가 입증되었다.

3) 칠십인역(LXX-Septuagint)

칠십인역은 히브리어 성경의 헬라어 번역본이지만, 주전 2세기경에 그 번역이 완성되었기 때문에 지금까지 알려진 제일 초기의 히브리어 원본을 반영한다. 그리고 신약 성경에서 구약을 인용할 때는 주로 이 칠십인역이 사용되었다. 그래서 시편 본문을 비교할 때는 항상 이 칠십인역을 참고하는 것이 유익하다. 특별히 시편의 칠십인역 본문은 히브리 본문을 문자적으로 번역하려고 했기 때문에, 어떤 경우에는 어색하기도 하지만, 오히려 이것은 원래 히브리 본문을 유추하는 데 유리하게 작용하기도 한다. 칠십인역은 어떤 경우에는 고대의 히브리어 단어들을 그대로 음역하고 있다. 이것은 칠십인역

---

5. 김정우, 『시편주석 I』 (서울: 총신대학교출판부, 2005), 44-52에서 이에 대해 상세한 논의를 하고 있다. 사이볼트, 『시편입문』, 15도 참조.

을 번역한 시대의 사람들이 이해하지 못하는 단어들이 존재할 정도로 히브리어 본문이 오래되었다는 것을 보여주는 암시일 수도 있다. 특별히 시편 표제 번역에 나타나는 이런 현상은, 이 표제들 중에는 최종 편집 훨씬 전에 붙여진 것들도 있다는 것을 보여준다. 칠십인역의 주요 사본들(주후 4-5세기)은 바티칸 사본(B), 시내산 사본(S), 알렉산드리아 사본(A)인데, 이 중에서 시내산 사본만 시편 전체를 담고 있다. 칠십인역에는 151편이 추가되어 있는데 이 시편은 다윗과 골리앗의 싸움을 주제로 하고 있다. 표제에는 '다윗의 시편'이라고 되어있지만 이미 150편의 시편이 확정되었음을 인정하고 있다. 칠십인역이 각 시편을 나누고 배열하고 있는 것을 보면 맛소라 본문들과 몇 군데서 차이가 난다(아래 도표 참조). 더불어 행을 구분하는 면에서도 차이점을 보인다. 하지만 내용에서는 별 차이가 없다. 이것은 이미 확정된 본문들이 있었음을 시사한다.[6]

맛소라 본문(MT)	칠십인역(LXX)
1-8	1-8
9-10	9
11-113	10-112
114-115	113
116:1-9	114
116:10-19	115
117-146	116-145
147:1-11	146
147:12-20	147
148-150	148-150
---------	151

6. Limburg, "Psalms," 524 참조.

3. 시편의 수집과 편집 과정

시편은 수 세기에 걸쳐서 지어지고, 기록되고, 편집되고, 배열되었기 때문에 모든 시편을 특정한 시대의 것으로 종속시키는 것은 있을 수 없는 일이다. 지금 우리가 성경에서 가지고 있는 시편은 개별 시편들의 수집, 작은 모음집들의 편집, 수백 년간의 반복적인 사용, 한 권의 책으로의 편집 등의 최후 단계만을 보여준다. 이러한 최종 수집과 배열과 편집은 포로 귀환 이후 재건된 성전에서 봉사를 하는 사람들에 의해서 완성되었을 것이다. 즉 제 2성전의 기도서 혹은 찬양집으로 만들어졌을 가능성이 있고 유대교 회당에서도 사용되었을 것이다.[7]

각 시편은 표제들이 암시하고 있는 것처럼 이스라엘 백성들의 다양한 삶의 정황 속에서 비롯되었다. 다양한 개인과 집단의 경험 속에서 각 시편은 창작되었다. 백성들의 손을 통해서, 궁중에서 교육받은 사람들의 손을 통해서, 왕을 통해서, 제사(예배)를 담당하던 사람들에 의해서 창작이 되었을 것이다. 시편들 속에서 이스라엘 사람들은 질병, 전쟁, 재앙, 이웃 나라들의 공격과 같은 위기 속에서 하나님께 기도하기도 하고, 하나님의 기도 응답을 경험하고 하나님께 감사드리기도 하고, 예배를 드리면서 하나님의 자비와 위대하심을 찬양하기도 했다.

역대상 기록에 의하면, 다윗은 성전이 건축되기 훨씬 전 하나님의 언약궤를 예루살렘으로 옮길 때부터 레위 사람들을 세워 노래를 부르고 악기를 연주하게 했다(대상 15장). 이것은 성전이 건축되기 전부터 이미 기도와 찬양을 위하여 시들이 불렸음을 시사한다. 사무엘하 22장 다윗의 노래는 18편에서 다시 불리고 있는데 이 시편은 성막에서 불렸음직하다. 다윗은 성전 건축을 준비하면서 찬양 업무를 담당할 레위인들을 미리 임명하고 있다. 아삽과

---

7. 스택, 『구약신학』, 569.

헤만과 여두둔의 자손 중에서 구별하여 악기를 연주하게 하고 "신령한 노래를 하며 여호와께 감사하며 찬양하게" 하였다(대상 25장). 다윗이 찬양을 부를 사람들을 준비시켰다면 그들이 부를 신령한 노래나 찬양을 준비하지 않았을 리 만무하다. 어떤 형태였는지는 모르겠지만 그것은 오늘날 우리가 시편에서 보는 기도들과 찬양들 일부였을 것이다.

솔로몬에 의해서 성전이 건축된 후로는 이스라엘의 기도와 찬양은 대부분 성전 예배로 통합되거나 성전 예배에서 사용되었던 모범들을 따랐다고 볼 수 있다. 성전은 단순히 제사만 드렸던 장소가 아니라 하나님을 찬양하고 하나님께 기도했던 예배 장소였다. 개별적으로 창작되거나 예배를 위해서 창작된 시편들은 성전 예배(제의)에 사용하기 위해서 작은 모음집들로 수집되었을 가능성이 크다. 수집된 시편은 기도를 위한 본문으로, 낭송과 연주를 위한 노래로 사용되었을 것이다. 작은 모음집으로 수집될 때 혹은 그 이전에 개별적인 시편들에 표제가 붙여졌을 것이다. 다음으로 어느 시점에서는 작은 모음집들이 새롭게 창작된 시편들과 함께 수집되어서 하나의 책으로 묶여 갔을 것이다. 마지막으로 포로기 이후에 그동안 새롭게 만들어진 작은 모음집들과 개별적인 시편들을 기존의 시편집에 붙이고 재배열하는 과정을 거쳐서 오늘날 우리가 보는 시편을 완성했을 것이다.

최종 편집을 위해서 새롭게 창작된 시편들도 있었고, 그 당시에 붙여진 표제들도 있었다. 또 시편 최종 편집자들은 기존의 모음집 순서들을 존중하면서도 그들이 가진 신학적 의도를 따라 배열 순서를 조정하기도 했다. 이들은 또한 시편을 다섯 권으로 나누었는데 각 권 마지막 시편에는 하나님에 대한 송영을 덧붙였다. 그래서 우리가 시편의 정경성과 영감을 생각할 때는, 개별적인 시편이 창작될 때의 상황뿐만 아니라 그 시편들이 수집되고, 반복적으로 사용되고, 배열되고 편집된 상황 전체를 고려해야 한다.

기도문으로, 예배의 찬양으로 사용되던 시편들은 후대에 와서는 백성들의 신앙과 경건을 길러주는 묵상을 위한 '책'으로서도 기능하게 되었다. 이런 현상은 성전 예배를 드릴 수가 없었던 포로기 때에 특별히 강화되었을 것이다. 포로기 이후에도 회당을 중심으로 시편은 예배용으로서뿐만 아니라 묵상을 위한 말씀의 기능을 담당했다. 즉 정경 속에 포함된 한 권의 책으로서의 시편은, 다양한 기간을 통해서 백성들로부터 수집된 다양한 신앙의 증언이자 여호와 하나님에 대한 신앙고백을 담은 기록 문헌적 성격을 띠게 된 것이다.[8] 율법서나 선지서와 같이 시편도 하나님의 백성들을 교훈하는 하나님의 말씀으로 기능하게 되었다.[9]

시편은 주전 100년경에 기록된 것으로 추정되는 외경 마카비2서 2장 13절에서는 "다윗의 책들"로 표현되어 있고, 마카비1서 7장 16-17절에서는 시편 79편 2절이 "기록된 말씀"으로 인용되어 있다. 이런 증거들은 시편이 주전 100년경에 이미 정경으로 인정되고 있었음을 알려준다.[10] 그리고 시편은 신약 시대에 이미 성경으로 사용되고 있었고 최소한 이사야서나 모세의 책들만큼 높이 평가받았다. 신약 성경에 54번이나 시편이 인용되고 있는데, 이것은 이사야서 48번보다 더 많은 횟수이다.

시편의 수집과 배열과 편집의 자세한 과정에 대해서는 다양한 이론들이 있다. 하지만 지금까지도 일치된 의견이나 다수를 차지하는 의견은 없으며, 어떤 이론이든지 정확한 증거들을 가지고 있지는 못하다.[11] 아래의 도표들은 시편의 내용이나 표제, 이스라엘의 역사를 고려하여 만든 시편 형성의 역사

---

8. 사이볼트, 『시편입문』, 37.
9. Limburg, "Psalms," 524-5에서도 예배의 책으로서 시편에서 성경으로서 시편의 발전에 대해서 논의하고 있다.
10. 사이볼트, 『시편입문』, 37-8.
11. 김성수, 『구약시가서개론』 (양평: 아세아연합신학대학교 출판부, 2006), 46 참조. 자세한 논의를 위해서는 C. Westermann, "The Formation of the Psalter," in *Praise and Lament in the Psalms* (Atlanta: John Knox Press, 1981) 150-8과 사이볼트, 『시편입문』, 23-38; J. Clinton McCann Jr. ed., *The Shape and Shaping of the Psalter*, JSOTSup, 159 (Sheffield: JSOT Press, 1993); 하젤 불록, 『시편총론: 문학과 신학적 개론』, 류근상 역 (서울: 크리스찬 출판사, 2003), 69-98 등을 참조하라.

를 보여준다.[12]

다윗시대	솔로몬	바벨론 포로	포로 귀환시대
시편의 창작	창작+ 성전에서의 시편 사용	창작, 묵상, 시편 수집, 최종 편집	
BC 1010	BC 970	BC 586	BC 3세기

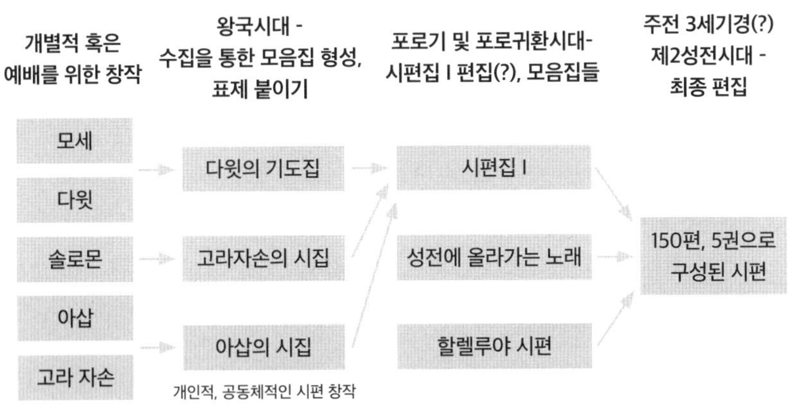

4. 시편의 구조

1) 시편 1, 2편은 시편의 서론이고 146-150편(특별히 150편)은 시편의 결론으로서 웅장하게 하나님을 찬양하고 있다. 서로 긴밀하게 연결되는 1, 2편은 두 가지 행복의 길로서 토라(말씀)와 기도(여호와께로 피함)를 제시하면서(1:1; 2:12) 시편의 중요한 주제들을 안내하고 있다. 그 주제들은 하늘에 좌정하신 온 땅의 왕이신 하나님, 하나님의 대리통치자인 왕, 의인에 대한 인정과 악인에 대한 심판, 토라(말씀), 기도(여호와께 피함), 하나님의 임재와

12. 아래의 두 도표는 김성수, 『구약의 키』, 153, 154에서 가져온 것이다.

통치의 장소인 거룩한 산 시온(예루살렘), 하나님 나라의 온 세상 확장과 승리 등이다.

2) 시편은 다섯 권으로 구분되어 있다(1-41; 42-72; 73-89; 90-106; 107-150). 이러한 구분은 시편이 모세오경에 상응하는 새로운 하나님의 말씀임을 보여주려고 한 것 같다.[13] 각 권은 송영송(41:13; 72:18-19; 89:52; 106:48)으로 끝나는데, 이것은 모음집의 끝에 붙여져 왔거나[14] 마지막 편집자가 삽입했을 가능성이 있다(예: "이스라엘의 하나님 여호와를 영원부터 영원까지 송축할지로다 아멘 아멘" 시 41:13). 150편은 5권뿐만 아니라 시편 전체를 결론짓는 송영송이다.[15]

3) 기도시편들은 1-3권에 들어있고 찬양시들은 주로 4-5권에 많이 등장한다. 이러한 배열은 고난 가운데서 부르짖는 의로운 성도들의 기도가 결국은 응답을 받고 하나님의 의로운 통치를 찬양할 날이 올 것을 소망하거나 확신하는 흐름을 반영하고 있다.

4) 이스라엘 역사의 관점에서 전체 시편의 흐름을 다음처럼 볼 수 있다. 1-2권: 다윗 왕조의 견고함 ⇨ 3권: 다윗 왕조의 멸망(다윗 언약의 파괴) ⇨ 4권: 포로기 ->5권: 포로 귀환과 다윗 언약의 회복 소망.[16] 차일즈(B. S. Childs)는 인간 왕의 통치를 통해서 땅의 용어로 표현되고, 하나님의 우주적인 통치라는 개념으로 후대의 시편들에 의해 발전된, '영원히 지속되는 하나님의 왕권'이 시편 전체의 주제로 본다. 팔머 로버트슨은 다윗 언약이 가장 중요한 시편의 주제라고 보면서도 전체적으로는 1권: 대결 ⇨ 2권: 교류 ⇨ 3권: 황

---

13. 사이볼트, 『시편입문』, 25, 27.
14. 사이볼트, 『시편입문』, 27.
15. Limburg, "Psalms," 526.
16. 이것은 '다윗 언약'을 중심으로 시편의 흐름을 분석하는 J. H. Walton과 G. H. Wilson의 견해를 참고하여 수정한 것으로 S. E. Gillingham, *The Poems and Psalms of the Hebrew Bible* (Oxford: Oxford University Press, 1994), 274를 참조하였다. 특별히 J. H. Walton, "Psalms: A Cantata about the Davidic Covenant," *JETS* 34/1 (March, 1991): 24쪽 도표 참조.

폐화 ⇨ 4권: 성숙 ⇨ 5권: 완성의 흐름을 보인다고 주장한다.[17] 한편 쉐퍼드(G. T. Sheppard)는 시편을 의에 대한 교훈적인 안내서로 보고, 자이볼트(K. Seybold)는 기도와 의로운 삶에 대한 가이드로 본다.[18] 이런 지혜의 관점을 이어받아 김창대는 시편 전체가 독자의 '마음의 변화'를 중심으로 흐름이 전개되고 있다고 보았다.[19]

5. 시편의 권별 내용[20]

제1권(1-41편): 41편 대부분 다윗 시편, 개인 기도들	1-2편 시편 서론, 3-14편 다윗의 간구들, 15-24편 다윗의 간구와 확신과 찬양, 25-33편 다윗의 간구와 찬양, 34-37편 다윗의 교훈과 기도, 38-41편 고통과 원수들로부터의 구원을 간구하는 다윗의 기도들
제2권(42-72편): 31편 8편의 고라 자손의 시 + 18편의 다윗의 시	42-45편 세 편의 기도 + 제왕시, 46-48편 시온의 왕이신 하나님 찬양, 49-53편 하나님 앞에서의 올바른 자세, 54-60편 일곱 개의 기도시편들, 61-64편 다윗 왕의 기도, 65-68편 하나님의 우주적인 행적 찬양, 69-72편 세 편의 기도 + 제왕시
제3권(73-89편): 17편 11편의 아삽의 시, 5편의 공동체 기도시편들	73-78편 아삽의 시편들(교훈, 공동체의 기도, 감사), 79-83편 아삽의 시편들(공동체의 기도들, 권면), 84-89편 개인과 공동체의 기도(89편-제왕시)

17. O. 팔머 로버트슨, 『시편의 흐름』, 김헌수, 양태진 역 (서울: 성약출판사, 2019), 102와 전체 책 분석 참조.
18. Gillingham, *The Poems and Psalms*, 256-75 참조.
19. 김창대, 『한 권으로 꿰뚫는 시편』 (서울: 한국기독학생회출판부, 2015), 45-51 참조.
20. 이 부분은 J. H. Stek, "Psalms," *NIV Study Bible*, ed. K. L. Barker (Grand Rapids: Zondervan, 2002), 784-7을 참조하여 정리한 김성수, 『구약의 키』, 155-6에서 가져온 것이다.

<table>
<tr><td>제4권(90-106편): 17편
하나님의 우주적 통치
강조(93-100편)</td><td rowspan="2">90-100편 우주적인 통치자이신 하나님에 대한 찬양과 확신, 101-110편 두 제왕시편으로 둘러싸인 기도와 찬송과 역사 회고, 111-119편 율법을 강조하는 세 시편(111-112, 119편)에 둘러싸인 할렐루야 시편들, 120-137편 성전에 올라가는 노래와 부록, 138-145편 다윗의 찬양과 기도, 146-150편 시편의 피날레(할렐루야 시편들)</td></tr>
<tr><td>제5권(107-150편): 44편
많은 찬양과
할렐루야 시편들</td></tr>
</table>

제1권(1-41편) - 1권의 시편들은 대부분 다윗과 관련된 시편(1, 2, 10, 33 제외)이면서 개인 시편(1, 2, 29, 24, 12 제외)들이다. 대부분은 기도시편들이고 가끔 찬양시편들이 나온다(8, 19, 29편 등). 다윗이 고난을 이겨내고 왕이 되어 안식을 가져다주는 과정을 보는 듯하다(특히 18편=삼하 22장). 1-41편에는 '여호와'가 278번 사용됐지만 '엘로힘'이 15번(전치사 포함한 연계형까지 49번) 등장한다. 이것은 '엘로힘 시편'으로 알려진 42-83편에서 '여호와'가 45번, '엘로힘'이 210번(전치사와 연계된 형태까지 245번) 등장하는 것과 대조적이다.

제2권(42-72편) - 고라 자손들의 시편들과 다윗 시편들로 이루어져 있다. 1권처럼 개인 기도들이 많지만, 45편의 제왕시와 72편의 제왕시가 전체의 틀을 이루면서, 하나님의 세상 통치 중심인 시온에 대한 노래들과 하나님의 우주적 통치가 실현되는 것을 찬양하는 시편들이 나온다(46-48, 65-68편). 가운데 있는 기도시편들(49-64편)은 다윗 왕조의 통치가 우주적인 왕이신 하나님께 기도하는 일을 통해서 이루어진다는 점을 강조하는 것 같다.

제3권(73-89편) - 대부분의 공동체 기도들은 여기에 있다(74, 79, 80, 83, 85편). 아삽 시편들(73-83)이 주류를 이룬다. 2권처럼 제왕시편으로 끝나지만, 하나님이 왕을 폐하시고 왕도를 멸하신 상황을 묘사하며, 애굽으로 이스라엘을 이끌고 간 '요셉'의 이름이 자주 등장하고, 성전 예배를 사모하는 시편들이 많은 것으로 봐서는 포로기 상황을 반영하는 듯하다.

제4권(90-106편) - "여호와께서 통치하시니"라는 표현이 자주 등장하면서 하나님의 우주적 통치를 강조(93-100편)하는 찬양시편들이 많이 등장한다. 또 '모세'의 이름이 자주 등장하고 '출애굽' 상황을 회고하는 노래들도 등장하면서 포로 시대의 '남은 자들'이 제2의 출애굽, 즉 출 바벨론을 기대하는 것이 4권의 시편들에 표현된 듯하다.

제5권(107-150편) - '성전에 올라가는 노래'(120-134편)와 할렐루야 시편들(111-118; 146-150편)이 등장하는 것이 특징이다. 마치 4권의 기도에 응답이라도 하듯이 5권에는 하나님이 포로들을 회복시키신 것을 노래하는 시편들이 자주 등장한다. 그래서 4, 5권은 포로에서 돌아온 성도들이 제국의 왕들을 압도하시는 하나님의 우주적 왕권을 노래하는 찬양시편들을 많이 담고 있다. 시온의 회복과 회복된 시온 성전 중심의 예배도 강조한다. 또 138-145편에는 다윗의 기도와 찬양을 배치함으로써 왕이 없는 상황에서 새로운 다윗, 즉 메시아를 허락하실 것을 확신하며 노래하는 듯하다.

6. 시편의 표제[21]

150편 중에서 116개의 시편에 표제가 붙어 있다. 그리고 표제가 붙어 있지 않은 시편들('고아' 시편들)은 주로 제4, 5권에 있다.[22] 표제는 저자가 붙인 것이라기보다는 예배 시간에 사용하거나 책으로 묶기 위해서 시편을 모으거나 편집한 사람들이 붙였을 가능성이 크다. 그래서 표제들은 주로 저자(예: '다

---

21. 어네스트 루카스, 『시편과 지혜서』, 박대영 역(서울: 성서유니온선교회, 2008), 51-60; *NIV Study Bible*, 778; H.-J. Kraus, *Psalms 1-59*, A Continental Commentary, trans. H. C. Oswalt (Minneapolis: Fortress Press, 1993), 21-32 참조.

22. 스택, 『구약신학』, 571.

윗의'), 모음집의 이름(예: '성전에 올라가는 노래'), 시의 종류(예: '믹담,' '기도,' '찬양'), 음악적인 설명(예: '수산에듯'), 예전적인 설명(예: '인도자를 따라'), 저작하게 된 역사적 배경(예: '다윗이 그의 아들 압살롬을 피할 때에') 등을 담고 있다. 그러므로 시편에 붙여진 음악적 설명들이나 예전적 표제가 원래 그 시편을 지은 목적을 담고 있다고 생각해서는 안 된다. 오히려 이 표제들은 성전 예배에서 사용될 때 필요했던 도움말이나 지시어와 같은 것로 간주해야 한다. 그래서 표제는 시편을 지을 때에 붙여진 것은 아니지만 시편 해석상에 중요한 단서들을 제공해 주며, 개인이나 공동체가 그 시편들을 어떻게 사용했는지를 잘 보여준다.

1) 저자나 모음집의 이름을 알려주는 표제

고라 자손의: '고라'는 레위의 증손자로서 모세와 아론에 대한 반역을 도모하다가 죽은 인물(민 16장; 26:11; 대상 12:6)이다. 고라 자손은 이 고라의 후손들로 보이며 이들은 다윗에 의해 성전 문을 지키는 임무를 부여받았다(대상 9:17~19; 느 11:19; 찬양하는 자들: 대하 20:19). 고라 자손의 시편들(42, 44~49; 84, 85, 87, 88편)은 '하나님의 성'(46:4; 48:1; 87:3)과 같은 독특한 어휘들을 사용하며 시온산에 대한 강조를 많이 한다.

다윗의: 히브리 성경에는 총 73편의 시편에 이 표제가 붙어 있다. 다윗이라는 명사에 붙은 전치사 *레*(לְ)를 어떻게 보느냐에 따라 이 표제는 다양하게 해석될 수 있다. 다윗이 지은 시를 가리킬 가능성이 제일 크지만, 다윗을 위해 지은 시를 가리키거나 아삽이나 고라 자손의 시들처럼 다윗 모음집을 가리킬 가능성도 있다. 또한 '다윗'이라는 말도 대부분은 다윗 자신을 가리키겠지만 다윗 왕가의 왕들을 대표하는 이름일 수도 있다.[23] '아삽의 시'에서 '아삽'도 성전에서 찬양하는 일을 감독했던 아삽의 후손들을 대표하는 이름이다.

---

23. 스택, 『구약신학』, 572 참조.

다윗은 시인이었고(삼하 1:19-27; 3:33-34; 22장=시 18편; 삼하 23:1-7), 능숙한 악기 연주자였으며(삼상 16:14~23; 암 6:5), 성전 건축과 예배의 기획자로서 성전 예배와 음악을 위해 많은 준비를 한 사람(대상 13-29장)이었다. 이 표제가 모음집을 가리킨다고 하더라도 그 모음집은 다윗이 쓴 시편들의 모음집으로서 성전 예배 초창기부터 불렸을 가능성이 높다. 또한 '다윗의 시'라는 표제가 붙은 시편들의 정서와 신학과 영성은 다윗의 삶에 가장 잘 들어맞는 것이라고 할 수 있다. 그래서 '다윗의 시'들에는 그의 생애와 관련된 역사적 설명들이 종종 붙는다(3, 7, 18, 34편 등). 칠십인역에는 맛소라 본문보다 훨씬 더 많은 시편에 '다윗의 시'라는 표제가 붙어 있다.

솔로몬의: 72편과 127편에 이 표제가 붙어 있다. 72편은 왕의 이상적인 통치를 노래하는 제왕시편이고, 127편은 집을 세우고 성을 지키는 것과 관련된 지혜시편이다.

아삽의: '아삽의 시'는 아삽이 지은 시를 의미할 수도 있지만 아삽을 이어서 섬긴 그의 후손들이 지은 시들을 가리킬 수도 있고, 그들의 시 모음집을 가리킬 수도 있다. 왜냐하면 일부 시편들(특히 74, 79편)은 아삽 시대보다 훨씬 후대의 내용을 반영하고 있기 때문이다. 아삽은 다윗이 임명한 세 명의 성전 찬양 지도자들(헤만, 여두둔, 아삽) 중 한 사람으로, 레위의 아들 게르손 가문을 대표했다. 50편과 73-83편에 이 표제가 붙어 있다. 이 시편은 자주 '요셉'이라는 이름으로 북왕국 이스라엘을 부르고 있고, 73편과 77편을 제외하고는 모두 공동체 시편들이다. 하나님을 부를 때 '여호와'보다 '엘로힘'이란 표현을 훨씬 더 많이 사용한다.

여두둔: '여두둔'은 다윗이 임명한 찬양 인도자들 중 한 사람(대상 16:41~42; 25:1; 대하 5:12; '선견자' 대하 35:15)으로, 아마도 역대상 6장 44절과 15장 7, 19절에 나오는 '에단'과 동일인일 것이다. 그렇다면 아삽이 게르손 족속을 대표하고 헤만이 고핫 족속을 대표했듯이 그는 므라리 족속을 대표했을 것이다(39, 89편 표제 참조). 77편의 표제인 **'여두둔의 법칙을 따라'**는 지

휘자 여두둔이 불렀던 곡조 형식이나 음악 장르에 따라 부르라는 지시어일 것이다.

하나님의 사람, 모세의: 90편의 표제로 등장한다. 모세가 저자임을 가리킬 수도 있지만, 이 시편의 내용이 모세의 생애와 관련이 있음을 나타내는 제목일 수도 있다.

헤만: 헤만은 게르손 자손을 대표하는 아삽과 므라리 자손을 대표하는 여두둔(에단-89편)과 함께 고핫 족속을 대표하는 찬양 인도자로 다윗에 의해 임명된 사람이다(대상 16:41-42; 25:1,5 '왕의 선견자'; 대하 5:12). 헤만이 89편 표제의 에단(여두둔)과 함께 에스라인[24]으로 언급된 것은 아마도 유다의 후손 중에서 세라의 아들들인 헤만과 에단(대상 2:6)과 찬양 인도자들인 헤만과 에단을 혼동한 데서 비롯된 것으로 보인다.

2) 시편의 유형을 가리키는 표제

기도(*테필라*): '기도'를 나타내는 이 단어는 17, 86, 90, 102, 142편 표제로 나오는데 이 시편들은 모두 탄식시편들이다.

시(*미즈모르*): '노래하다' '찬양하다'라는 의미를 가진 어근에서 왔다. 원래 악기를 연주하면서 부르는 시편을 지칭하는 것 같다. 이 표제는 시편에서 모두 57회 나타난다(3, 4, 5, 6편 등).

노래(*쉬르*): '*미즈모르*'와는 달리 목소리로 노래하는 것을 가리키는 용어인 것 같다. 시편에 총 29번 등장하는데 그 중에서 13번은 *미즈모르*와 함께 나온다(30, 46, 48 편 등).

마스길: '교훈'이라는 의미를 담고 있으나 예술적으로 잘 구성된, 문학적 혹은 음악적 형식을 갖춘 노래를 가리키는 듯하다. 32, 42, 44, 45, 52-55, 74, 78, 88, 89, 142편 등에서 13회 사용되고 있다.

---

24. 칠십인역은 이 단어를 '시민권자'라는 뜻으로 이해하여 '이스라엘인'으로 번역하고 있다.

믹담: 이 표제의 의미는 불확실하다. 주로 큰 위험 가운데서 기도하는 '다윗의 시편들'의 표제로 사용되었다(16, 56-60편).

사랑의 노래(*쉬르 예디돗*): 결혼식 축가를 의미한다. 시 45편 참조.

성전에 올라가는 노래(*쉬르 하마알롯*): '계단의 노래들' 혹은 '올라가는 노래들' 등으로 번역될 수 있는 120-134편의 표제로서 아마도 소모음집의 이름인 것 같다. 이 표제는 바벨론에서 예루살렘으로 '올라가는' 포로 귀환자들을 위해서 만들어진 모음집을 가리킬 수도 있고, 포로기 이후에 성전으로 예배하러 '올라가는' 자들을 위해서 만든 모음집을 가리킬 수도 있다. 어떤 학자들은 이 표제가 음을 높이 부르라는 의미이거나 문학적으로 점층적인 기법들을 사용한 시라는 의미를 가리킨다고 보기도 한다.

식가욘: '울부짖다'는 어근에서 나온 말로서 7편에만 표제로 사용되었다. 아마도 탄식시편을 가리키는 것 같다.

찬송(*테힐라*): '찬송'을 의미하는 이 단어는 145편에만 표제로 사용되었다. '찬양의 노래'라는 의미다.

3) 예배와 관련된 표제들

깃딧: '포도주 틀'을 의미하여 '포도주 틀의 노래'를 의미할 수도 있고, 블레셋의 성인 '갓'을 가리켜서 '갓의 수금'이나 '갓의 곡조'를 의미할 수도 있다. 8, 81, 84편 참조.

마할랏: '고통' 혹은 '질병'을 의미하는 문학적 혹은 음악적 곡조를 가리킨다. 주로 고난의 때에 사용된 듯하다. 53편 참조. 이와 관련되어 88편의 표제로 등장하는 '*마할랏 르안놋*'은 '재난의 고통'이라는 의미를 가지고 있다.

뭇랍벤: 9편의 표제와 48편 14절에 나오는 단어로 그 구체적인 의미는 모른다. 46편의 표제와 같이 '알라못'에다 벤이 붙은 것일 수도 있다.

셀라: 표제는 아니지만 총 32편의 시편에서 71번 사용된 예전적인 지시어다(대부분 1-89편에 집중됨, 109, 139, 140편만 예외). 하지만 이 단어의 의미

와 이 지시어의 기능에 대한 의견은 매우 분분하다. 이 말은 하나님에 대한 송영의 의미로 노래는 멈추고 간주로 악기만 연주하라는 지시어이거나, 도돌이표를 의미하거나, 무릎을 꿇거나 엎드려 기도하는 부분을 의미하거나, 합창을 해야 할 부분을 지시하는 말일 것이라는 의견들이 대표적인 것이다.[25]

소산님 에듯: '언약의 백합들'이라는 의미를 가진 말로 곡조의 이름을 가리키는 듯하다. 45, 60(수산 에듯), 80편 참조.

스미닛: '여덟 번째'를 뜻하는 이 단어는 6, 12편의 표제로 사용되었다. '8현금' 혹은 '8성조' 등으로 해석되고 번역된다. 역대상 15장 21절에서는 '여덟 번째 음에 맞추어 노래하다'로 번역된다. 즉 '한 옥타브 낮게'라는 뜻을 가진 셈이다.

아옐렛 하-샤하르: '새벽 암사슴'이라는 뜻을 가진 곡조의 이름을 가리킨다. 22편에만 등장한다.

알 다스헷: '멸하지 마소서'라는 의미를 갖는 곡조의 이름이다. '*알 타스헷*에 맞춘 노래'라는 표제는 이 곡조로 노래하라는 지시어로 보인다. 57, 58, 59, 75편 등 참조.

알라못: '소녀들'을 의미하는데 성전으로 올라가는 제의적 행렬(68:25)과 동행했던 '탬버린을 연주하는 소녀들'을 가리킬 수도 있다. 46편 참조.

인도자를 따라: 인도자로 번역된 단어는 '인도하다' '앞장 서다'는 어근(스 3:8; 대상 23:4; 대하 2:1)에서 파생되었을 수 있는데, 아마도 성전 예배를 인도했던 음악 감독이나 지휘자를 가리키는 것 같다. 이 표제는 지휘자들이 사용하기 위한 시들의 모음집에 포함되었음을 말하거나, 성전 예배에서 레위인들로 구성된 찬양대의 지휘자에 의해 낭송되도록 안내하는 것일 수도 있다. 레위인들은 예배하는 회중의 대표로 기능했으며, 이들의 인도에 따라 회중은 '아멘'이나 '할렐루야'로 화답했던 것 같다. 이 어구는 4-6, 8-9, 11-14,

25. 루카스, 『시편과 지혜서』, 88 참조.

18-22편 등에 총 55번 등장한다. 칠십인역에서는 '마지막을 위하여'로, 탈굼에서는 '찬양을 위하여' 등으로 번역하고 있다.

요낫 엘렘 르호김: '먼 상수리나무에 있는 비둘기' 혹은 '멀리 떠나 있는 침묵의 비둘기' 등으로 번역될 수 있는 표제로 곡조나 낭송의 형식을 가리키는 이름인 듯하다. 56편 참조.

현악에 맞춘(*빈기놋*): 비파와 수금과 같은 악기를 연주하면서 부르라는 지시어일 것이다. 현악기 외에 관악기나 타악기를 연주하지 말라는 의미를 가질 수도 있다. 4, 6, 54, 55, 61, 67, 76편 참조. 5편의 표제에는 '관악에 맞춰'라는 표제가 등장한다.

힉가욘: 표제는 아니지만 9편 16절에서 '셀라' 바로 앞에 예전적 지시어로 등장한다. 이 용어는 '묵상하다'는 의미에서 파생된 말로, 아마도 묵상이나 악기 연주를 위해서 잠시 멈추라는 의미를 갖는 것 같다.

4) 역사적 사건을 가리키는 표제들

이 표제들은 후대 사람들이 시편의 기원을 다윗의 생애와 연결한 흔적을 보여주며, 시편의 기원에 대한 힌트를 제공해 준다.

3편 [다윗이 그의 아들 압살롬을 피할 때에 지은 시] 삼하 15-16장
7편 [베냐민인 구시의 말에 따라 여호와께 드린 노래] 구약에 알려지지 않은 사건
18편 [여호와께서 다윗을 그 모든 원수들의 손에서와 사울의 손에서 건져 주신 날에 다윗이 이 노래의 말로 여호와께 아뢰어 이르되] 삼상 24, 27장 =삼하 22장
34편 [다윗이 아비멜렉 앞에서 미친 체하다가 쫓겨나서 지은 시] 삼상 21장
51편 [다윗이 밧세바와 동침한 후 선지자 나단이 그에게 왔을 때] 삼하 12장
52편 [에돔인 도엑이 사울에게 이르러 다윗이 아히멜렉의 집에 왔다고 그

에게 말하던 때에] 삼상 22장

54편 [십 사람이 사울에게 이르러 말하기를 다윗이 우리가 있는 곳에 숨지 아니하였나이까 하던 때에] 삼상 23장

56편 [다윗이 가드에서 블레셋인에게 잡힌 때에] 삼상 21장

57편 [다윗이 사울을 피하여 굴에 있던 때에] 삼상 22장

59편 [사울이 사람을 보내어 다윗을 죽이려고 그 집을 지킨 때에] 삼상 19장

60편 [다윗이 아람 나하라임과 아람소바와 싸우는 중에 요압이 돌아와 에돔을 소금 골짜기에서 쳐서 일만 이천 명을 죽인 때에] 삼하 8, 10장

63편 [유다 광야에 있을 때에] 삼상 23~24장

142편 [다윗이 굴에 있을 때에] 삼상 22장

7. 시편의 종류(장르)

시편의 종류(장르)들이 정확하게 구분되는 것은 아니지만 여러 가지 문학적 특징이나 내용에 따라서 구분하는 것은 시편 이해를 위해 유익하다.[26]

1) 탄식시 혹은 기도(*테필라*, תְּפִלָּה): 개인(개인 탄식시)이나 공동체(공동체 탄식시)가 질병, 전쟁, 원수의 공격 혹은 거짓말 등의 위기에서 지은 시편들이다. 고통에 대한 탄식 부분이 시편을 쓴 이유와 상황을 보게 하기에 가장 중요한 부분이라고 볼 수 있다.[27] 또 대부분의 탄식시편들에는 하나님을 향하여 '~해 주십시오'라는 간구가 반드시 들어간다. 탄식시편들에 자주 등장하는 저주의 요소들은 하늘의 재판관이신 하나님께 적들에 대해서 올바른

26. 다음 쪽의 도표는 스택, 『구약신학』, 574-6와 그의 Calvin Seminary 강의안, 그리고 사이볼트, 『시편입문』, 130-6을 참조했다.

27. 트렘퍼 롱맨 III, 『어떻게 시편을 읽을 것인가?』, 한화룡 역(서울: IVP, 1989), 33.

법적인 조처를 해 달라고 요청하는 문학적인 표현이다.

2) **찬양 혹은 찬양의 노래(*테힐라*, תְּהִלָּה)**: 주로 공동체가 예배 시간에 창조 세계와 구원 역사에 나타난 하나님의 위엄과 능력과 자비뿐만 아니라(113:4-9) 하나님의 우주적 왕권(47; 93; 95-99)을 찬양하는 시편들이다. 찬양에의 초청이 반드시 들어간다.

3) **감사의 노래(*토다*, תּוֹדָה)**: 하나님의 구체적인 구원 사역, 즉 질병의 치유(30), 적들로부터의 구원(18; 92), 고통으로부터의 구원(66:14) 등에 대한 감사를 회중들 앞에서 표현한 시편들이다. 이런 시편들의 핵심은 '구원 이야기'(간증)다.

4) **신뢰시편(확신의 노래)**: 하나님에 대한 신뢰를 선언하고 하나님의 구원을 확신하는 시편들로 '확신' 혹은 '신뢰의 선언' 부분(예: "여호와는 나의 목자시니 내가 부족함이 없으리로다" 23:1)을 반드시 포함한다.

5) **제왕시편들(royal psalms)**: 왕의 즉위(2, 110)나 결혼(45), 왕의 승리를 위한 기도와 감사(20, 21, 118), 왕에 대한 축복(72), 왕의 탄식(89) 등을 노래한 시편들로, 이 시편들은 예루살렘 멸망 후에 다윗 왕가의 이상적인 왕, 즉 메시아 출현을 열망하는 메시아시편으로 기능하게 되었다.

6) **지혜 혹은 토라(교훈)시편**: 지혜 문학과 같이 하나님의 말씀, 삶과 믿음에 대한 교훈에 집중한 시편들로 이 시편들에는 기도나 찬양의 요소가 없다.

종류	내용과 형식	예
탄식시 (기도시)	탄식(고통의 호소, 원수 고발) + 간구 + 신뢰의 고백 + 찬양의 맹세	3-7, 10, 12, 13, 17, 22, 38-43, 44, 54-57, 79, 80, 109, 120, 137편
감사시	기도 응답과 구원에 대한 감사 찬양(간증)	18, 30, 33, 34, 66, 68, 106, 118, 124, 136편
찬양시	찬양으로의 초대 + 찬양의 이유나 내용(하나님의 위엄과 능력, 자비, 왕권)	8, 19, 29, 65, 95-100, 111-117, 146-150편
신뢰시	하나님에 대한 신뢰와 기도 응답의 확신 노래, '신뢰의 고백' 혹은 '확신'의 요소	11, 16, 23, 52, 62, 121, 124, 125, 129, 131편
제왕시	왕의 즉위, 결혼, 탄식, 전쟁과 관련된 노래들 ->메시아시편	2, 18, 20, 21, 45, 72, 89, 101, 110, 118, 144편
지혜시 (토라시)	삶과 믿음과 말씀에 대한 교훈을 노래한 시, 기도와 찬양의 요소가 없음	37, 49, 73, 112, 127, 128, 133, 1, 19, 119편

8. 시편의 신학

시편의 신학은 다음 도표에 나오는 세 가지 요소인 '하나님'과 '의인'과 '악인'의 관계를 통해서 설명될 수 있다.[28]

첫 번째 요소는 '하나님'이다. 시편에서 시인들에 의해서 고백되는 하나님

28. 김성수, 『구약 시가서 개론』, 46 참조.

은 다른 성경의 고백과 같이 온 세상과 이스라엘을 다스리시는 '큰 왕'(Great King)이시다(48편). 인간의 삶과 역사와 온 세상의 중심은 하나님(여호와)이시다. 하나님은 창조주로서 온 세상을 주관하실 뿐만 아니라 의로우신 왕으로서 사람들과 세상을 의롭게 다스리신다(93-100편의 찬송들). 그러한 하나님의 통치는 악인들에 대한 심판과 의인들을 곤경에서 구원하는 것으로, 혹은 하늘 법정에서의 의로운 '판결'을 통해서 나타난다. '지존하신 왕'으로서 국제적으로는 당신을 대항하거나 부인하는 세상 나라들과 통치자들을 인정하지 않으신다(2편). 하나님은 자신들의 자원들과 거짓된 신들을 의지하는 '교만한 자들'은 심판하시고, 하나님만 의지하며 간구하는 겸손한 '의인들'은 보호하신다. 왕이신 하나님이 이 세상을 다스리는 지상의 왕궁은 예루살렘(시온) 성전이다. 그래서 시온은 '거룩한 산'이다(46, 48, 87, 122편). '큰 왕'은 '거룩한 산'과 '거룩한 전'에서 예배하는 당신의 백성을 만나주신다.

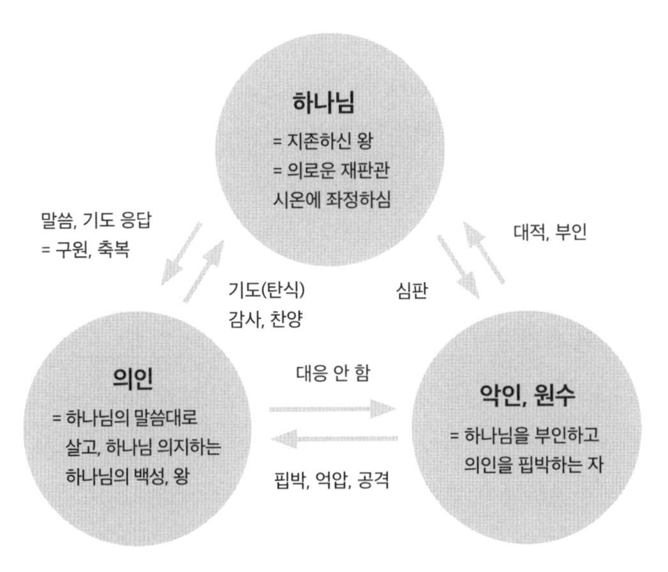

두 번째 요소는 시인(들)인 '의인'(들)이다. 주로 시편에서 '나' 혹은 '우리'로 등장하는 시편 기자들은 '의인'(들)이다. 이들은 하나님을 자신들의 '왕'이자 의로운 '재판관'으로 모시기 때문에 그분의 말씀대로 살고자 애쓰고, 모든 환란 가운데서 하나님만 의지한다. 이 의인들의 공동체는 하나님께서 자신의 백성으로 택하신 '이스라엘'이며, 이 이스라엘의 대표가 '왕'이다. 외부와의 관계에서는 악한 세상 나라들이 의로운 하나님 나라를 쳐들어올 때 백성들은 하나님을 의지하고, 하나님의 능력으로 그들과 싸운다(74, 79편 등의 공동체 기도시편들). 그럴 때 하나님은 악한 세력들을 친히 물리치신다. 내부적 관계에서는 악인(들)의 공격에 의해서 고통당하는 의인(들)은 가난과 환란 속에서도 오직 의로운 '왕'이시자 '재판관'이신 하나님께로 나아간다(3-7편 등의 기도시편들). 직접 악인(들)에게 보복하지 않는다. 그렇게 할 때 하나님은 시온 성전에서 그들의 기도를 들으시고 악인(들)을 징계하신다. 그들의 기도를 통해서 하나님 나라를 이루어 가신다. 여기에 대해서 의인(들)은 예루살렘 성전에 모여 구원의 하나님께 감사와 찬양을 올려드린다(29, 30편 등의 감사시편들과 찬양시편들). 이 예배를 받으시고 하나님은 경건한 백성들에게 말씀을 가르치시며, 복을 내리신다. '왕'(특별히 다윗)은 의인의 대표이자 하나님의 대리자로서 자신이 의롭게 살 뿐만 아니라 백성들이 하나님의 말씀대로 살도록 인도한다. 그래서 그의 통치는 '공평'과 '정의'를 드러내는 통치여야 한다(2, 45, 72편 등의 제왕시편들). 왕의 흥망성쇠는 이스라엘의 흥망성쇠와 직결되어 있다.

세 번째 요소는 '악인(들)'이다. 악인(들)은 세상 나라이건 이스라엘 공동체에 속한 개인(들)이건 하나님의 통치를 인정하지 않는다. 하나님을 왕과 재판관으로 인정하지 않고, 하나님이나 그의 말씀보다 자신들의 꾀와 자원과 자신들이 만들어낸 신들을 의지한다(14편). 그래서 자신(들)의 이익을 위해서 의인(들)을 착취하고 억압하며 핍박한다. 하지만 이들의 죄악은 의인(시인들)의 기도에 의해서 하나님께 고발되며, 하나님은 의인(들)의 기도를 들으시고 그들의 죄악에 대해 심판하신다. 이것이 하나님의 공의로운 통치다. 시편에서는 의인이 악인이 되는 순간도 있다. 그 때는 의인이 죄를 범한 순간이다. 그래서 시인들은 자주 자신들 안에 있는 죄를 하나님께 고발하며 회개하고 용서를 구하기도 한다(51편).

시편은 하나님과 의인, 악인들 간의 관계 속에서 다이내믹하고도 복잡하게 전개되는 하나님 나라 백성들의 탄식과 고백과 신뢰와 찬양을 담고 있다. 기도가 금방 응답되는 것도 아니고 악인이 바로 심판을 받는 것도 아니다. 그러나 수백 년 동안 성전 예배에서 이 시편들을 노래하면서 의인들의 공동체는 위의 신학적 주제들이 진리라는 것을 확신해 왔다. 그래서 우리는 이들의 기도와 찬양 속에서 하나님 나라를 능력과 공의로 다스리시는 하나님을 만나게 된다.[29]

선지서들이 말하는 것과는 다른 방식으로, 시편은 다양하게 그리스도에 대해서 말하고 있다.[30] 먼저, 시편이 말하는 '왕'(하나님과 인간 왕들)의 이상은 '다윗의 아들' 그리스도 안에서 성취되었다. 둘째, 예수 그리스도는 시편에 등장하는 '고난당하는 의인'의 대표로서 하나님께 탄식과 기도를 올리셨다. 셋째, 예수 그리스도의 교회는 하나님의 새로운 이스라엘, 새로운 성전, 새로운 예루살렘으로서, 하나님의 백성과 임재의 장소와 통치의 중심이다. 교회의 기도와 찬양은 온 땅에 하나님의 우주적 왕권을 선포한다. 넷째, 예수 그리스도의 교훈은 시편의 교훈을 완성한다. 특별히 마태복음 5장의 팔복 선언은 시편의 용어들을 사용하고 있다. 우리는 시편을 읽으면서 그리스도 안에 계신 온 세상 왕이신 하나님을 만나며, 세상 나라 가운데서 고통당하

---

29. 위의 설명은 모두 김성수, 『구약의 키』, 159-61에서 가져왔다.

30. 그리스도와 관련된 부분은 스택, 『구약신학』, 586-8 참조. 맥칸은 예수님의 생애와 관련된 시편들을 설명한다. 특별히 "예수님의 생애에서 결정적인 사건들과 국면들, 곧 탄생, 세례 받으심, 시험, 가르침, 그리고 사역은 시편에 의지하지 않고서는 기억되지도 않고 완전히 이해되지도 않는다."라고 강조한다. J. C. McCann, Jr., *A Theological Introduction to the Book of Psalms* (Nashville: Abingdon Press, 1993) 165, 163-75, 은성 역간, 『새로운 시편 여행』.

면서도 하나님만 의지하는 성도의 탄식과 찬양을 배운다. 그리고 우리의 기도와 찬양을 통해서 몸소 우리와 만나주시며, 우리의 탄식을 들으시고 억울함을 풀어주심으로써 이 세상에 하나님 나라를 이루어 가시는 하나님의 역사를 체험하게 된다. 거룩한 성 시온인 교회에 하나님 나라가 온전히 이루어질 날이 도래할 것이다.

9. 시편의 문학적 특징

아래에서 살펴볼 히브리 시편의 문학적 특징들은, 성경에 나오는 많은 시를 지은 저자들이 매우 주의 깊게 시를 창작했음을 보여준다. 그들은 고대의 시작법을 물려받고 발전시켜서 세련되고 정교하게 만들었다. 그래서 그들의 작품은 이러한 문학적 특징들을 주의 깊게 연구하고 숙고할 때만 제대로 감상할 수 있다. 구약의 시편들을 제대로 이해하고 감상하기 위해서는 히브리 시의 이러한 문학적 특징들을 파악하고 있어야 한다는 말이다.

1) 평행법

히브리 시에서 하나의 의미를 전달하는 한 절을 구성하는 연속되는 두 행 혹은 세 행이 문법적, 구조적, 내용적인 상응(혹은 평행)을 통해서 의미를 비교, 강화, 대조, 구체화하는 시적인 장치이다.[31] 이러한 평행법은 행들 간의 관계를 어떻게 규정하느냐에 따라 다음과 같은 여러 가지 평행법들로 분류된다.

(1) 동의적 평행법(synonymous parallelism)

동의적 평행법은 첫 행에 뒤따르는 행(들)이 문법적, 구조적인 평행 속에서 첫 행의 의미를 긍정적으로 혹은 유사하게 지속하는 평행법이다. 유사한 표현을 통해서 첫 행의 의미를 확장, 구체화, 강화하는 역할을 한다.

1편 1절
복 있는 사람은
악인들의 **꾀를** *따르지* **아니하며**
죄인들의 **길에** *서지* **아니하며**
오만한 자들의 **자리에** *앉지* **아니하고**

(2) 반의적 평행법(antithetical parallelism)

반의적 평행법에서는 첫 행에 뒤따르는 행(들)이 첫 행과 유사한 문법적 구조 속에서 첫 행의 의미를 부정적이고 반의적인 표현으로 구체화하거나 강화한다. 이 평행법은 성경의 지혜 문학, 특별히 잠언에 많이 등장한다. 잠언 10-15장은 주로 반의적 평행법들로 이루어져 있다. 아래의 예들은 모두 지혜 전통을 반영하고 있다.

---

31. '평행법'은 18세기에 로우쓰(R. Lowth)가 "히브리 성시들에 대한 강의"(De sacra poesi hebbraeorum, 1753)에서 '평행법'이라는 이름을 붙이고 그에 대한 정의를 내린 후에 히브리 시를 특징짓는 가장 중요한 요소로 인식되어 왔다. 로우쓰는 평행법을 "한 절 혹은 행과 뒤 따르는 절 혹은 행 사이의 호응관계 (The correspondence of one Verse, or Line, with another I call Parallelism)"라고 정의를 내렸다. 그는 이러한 정의를 가지고 평행법을 동의적, 반의적, 종합적 평행법으로 구분한다. 하지만 쿠겔(J. Kugel, *The Idea of Biblical Poetry: Parallelism and its History* [New Haven: Yale University Press, 1981])과 알터(R. Alter, *The Art of Biblical Poetry* [New York: Basic Books, 1985])는 로우쓰가 지나치게 평행법의 '동일성'을 강조한 것에 대해서 반박하면서, 한 절의 두 번째 행이 첫 행에 대해서 갖는 '차이점'을 강조하였다. 즉 첫 행에 대해서 두 번째 행이 '동일성'이나 '반복'을 나타내는 것이 아니라, 첫 행을 발전시키고 첨예화, 구체화하고 완성한다는 것이다. 그러나 길링햄(Gillingham, *The Poems and Psalms*)은 두 사람의 정의는 너무 제한된 것이라고 보면서 다음의 세 가지 도식으로 두 행 간의 관계를 정의 내린다: A>B, A=B, A<B. 벌린(A. Berlin, "Poetry, Hebrew Bible")은 쿠겔의 정의를 사실 과거의 유대인들이나 로우쓰, 그레이의 정의와도 별 차이가 없는 것이라고 비판하였다. 그녀는 오히려 평행법은 두 행이 언어학적인 결합을 통해서 하나의 메시지를 강조하는 것이라고 하면서, 두 행 간의 언어학적인 측면들을 강조하였다: 어휘, 음운, 의미, 구문 상의 평행법. 이상 논의한 평행법의 역사는 J. K. Kuntz, "Biblical Hebrew Poetry in Recent Research, Part I," *Currents in Research in Biblical Studies* 6 (1998): 31-64를 참조하였다.

37편 21-22절

(A) 악인은 꾸고 갚지 아니하나

(B) 의인은 은혜를 베풀고 주는도다

(A) 주의 복을 받은 자들은 땅을 차지하고

(B) 주의 저주를 받은 자들은 끊어지리로다

(3) 종합 평행법(synthetic parallelism)

종합 평행법에서는 첫 행을 뒤따르는 행이 뚜렷한 문법적, 구조적, 내용적 유사성이 없이 첫 행의 주제를 지속하고 보완하고 완성한다. 그래서 어떤 학자들은 이것을 평행법으로 보지 않는다.

진술과 보완(96:1)

(A) 새 노래로 여호와께 노래하라

(B) 온 땅이여 여호와께 노래할지어다

진술과 이유(98:1)

(A) 새 노래로 여호와께 찬송하라

(B) 그는 기이한 일을 행하사

(C) 그의 오른손과 거룩한 팔로 자기를 위하여 구원을 베푸셨음이로다

진술과 질문(6:5)[32]

(A) 사망 중에서는 주를 기억함이 없사오니

(B) 스올에서 주께 감사할 자 누구리이까

---

32. 이 부분과 아래의 두 예들은 Limburg, "Psalms," 529를 참조하였다.

진술과 대답(119:9)
(A) 청년이 무엇으로 그 행실을 깨끗하게 하리이까
(B) 주의 말씀만 지킬 따름이니이다

진술과 인용(31:22)
(A) 내가 놀라서 말하기를
(B) "주의 목전에서 끊어졌다"

2) 반복(repetitions)[33]

반복은 특별히 구전하는 시가들에 흔히 사용되었던 문학적 특징이다. 반복은 독자들이 쉽게 시를 기억하도록 돕고, 주의를 집중시켜 한 시의 핵심적 주제를 강조하고 깨닫게 한다.[34]

(1) 수미쌍관(Inclusio): 한 시나 연이 비슷하거나 같은 단어와 구로 시작하고 마치는 것을 말한다. 이런 반복은 반복되는 단어나 구로 전체 시나 연을 묶는 효과를 자아낸다. 예를 들어, 8편은 "여호와 우리 주여, 주의 이름이 온 땅에 어찌 그리 아름다운지요!"라는 후렴구로 시작하고 마치면서 전체 시를 묶고 있다. 1편은 1절에서 '악인들'의 '길'을 따르지 않는 의인의 모습으로 시작하고 6절에서 '악인들'의 '길'은 망한다는 선언으로 마치면서, 의인이 악인들의 길을 걷지 말아야 할 이유를 강조한다. 146-150편은 각각 '할렐루야'로 시작해서 '할렐루야'로 마무리된다. 106, 113, 118, 135편도 수미쌍관 구조를 보여준다.

---

33. Limburg, "Psalms," 530의 예들 참조.
34. 스택, 『구약신학』, 489.

(2) 후렴(Refrain): 한 행이나 여러 행이 일정한 간격을 두고 거의 똑같이 반복되는 것을 가리킨다.

"그 인자하심이 영원함이로다" (136편)

(참조: 42:5, 11+43:5; 46:7, 11; 49:12, 20; 56:3-4, 10-11; 57:5, 11; 59:6, 14 + 9, 17; 62:1-2, 5-6; 67:3, 5; 99:3, 5, 9; 107:8, 15, 21, 31)

(3) 한 시편 내에서의 주제 어휘나 표현, 유사 어휘들의 반복[35]

예: 121편의 세 주제어(여호와, 너, 지키신다) 반복

3) 비유-은유법(metaphor), 직유법(simile)[36]

은유법은 하나의 실재 혹은 이미지로 다른 것을 상징하게 하는 비유법이다. 예를 들면 "여호와는 나의 목자시니"이다. 이에 비해 직유법은 '~처럼,' '~같이' 등을 사용하여 두 실재를 비교하는 비유법이다. 예를 들면 "바람에 나는 겨와 같다"(1:4). 이런 비유들은 시편뿐만 아니라 지혜서에도 많이 등장한다.

하나님에게 사용된 은유와 직유들: 바위(21번), 산성, 피난처(18:2; 31.2, 3; 71:3), 피할 장소, 거처(27:1; 31:2, 4; 37:39; 43:2; 52:7; 91:1; 61:4; 90:1), 방패(3:3; 7:10), 왕(47:8; 93:1; 96:10; 97:1; 99:1; 참조. 9:4, 7; 47:8; 89:14; 93:2; 103:19 "보좌"), 재판관, 목자(23:1), 농부(80:8-12), 분깃(16:5; 73:26), 내 잔(16:5), 보호자와 그늘(121), 건축자, 파수꾼(127), 주인, 여주인(123), 엄마(131), 산(125) 등.

백성들에게 사용된 은유와 직유들: 나무(1:3), 양(23:1-4), 벌레(22:6), 나그

35. 스택, 『구약신학』, 489-90 참조.

36. Limburg, "Psalms," 530-1의 정의와 예들 참조.

네(119:9), 풀 (92:7), 겨(1:4), 먼지(18:42), 개(22:16, 20; 59:6-7) 등.

4) 교차 대구법(chiasmus: 동심 구조, 교차 평행법)

교차 대구법은 첫 행의 문장 구성 성분들이 다음 행에서는 교차되어 나오게 하는 시적인 기술을 말한다. 이것의 모양이 -X-(헬라어의 Chi)라서 Chiasmus라고 한다.

19편 2절

(A) 하늘은 하나님의 영광을 말하고/ 주어 + 동사 + 목적어

(B) 그분의 손의 행적을 드러낸다, 궁창은! 목적어 + 동사 + 주어

90편 1-2절

오 나의 주님,

A 주님(You)은 우리의 피난처였습니다

B 모든 시대에 항상

C 산들이 탄생하기 전에

C' 주님(You)이 천지를 만드시기 전에

B' 영원 무궁히

A' 주님(You)은 하나님이십니다.

5) 알파벳(alphabetic) 이합체 시(acrostic psalms)

시들 중에서 각 절(혹은 두 절 단위 혹은 각 연)의 첫 글자가 히브리어 알파벳 순서를 따라 시작되도록 지은 시들을 가리킨다: 9/10, 25, 34, 37, 111, 112, 119, 145편; 잠언 31:10-31; 예레미야 애가 1, 2, 3, 4장. 이런 시들은 어떤 틀 속에 갇혀 있는 듯한 인상을 주지만 성경의 시인들은 이런 틀 속에서도 자신들의 시상을 자유롭게 전개 발전시키고 있다.

시편 1편

말씀을 묵상하는 의인의 행복

1 복 있는 사람은
악인들의 꾀를 따르지 아니하며
죄인들의 길에 서지 아니하며
오만한 자들의 자리에 앉지 아니하고
2 오직 여호와의 율법을 즐거워하여
그의 율법을 주야로 묵상하는도다
3 그는 시냇가에 심은 나무가
철을 따라 열매를 맺으며
그 잎사귀가 마르지 아니함 같으니
그가 하는 모든 일이 다 형통하리로다[1]
4 악인들은 그렇지 아니함이여
오직 바람에 나는[2] 겨와 같도다
5 그러므로 악인들은 심판을 견디지 못하며
죄인들이 의인들의 모임에[3] 들지 못하리로다
6 무릇 의인들의 길은 여호와께서 인정하시나
악인들의 길은 망하리로다

본문 개요

시편 1편은 시편을 읽는 백성들에게 무엇이 의인의 길인지를 교훈하는 '지

---

1. C. J. Collins, "Psalm 1: Structure and Rhetoric," *Presbyterian* 31/1 (2005): 46-7. JPS 번역은 "무엇을 생산하든지 무성하리라"로 번역하여 나무 비유가 지속되는 것처럼 말한다. 그러나 여기서는 대부분의 번역처럼 비유가 3행에서 끝나고 의인에 대해 말하는 것으로 해석한다.
2. 칠십인역에서는 "지면으로부터"라는 전치사구가 추가되어 있다.
3. 칠십인역에서는 '회중 가운데'가 아닌 1절의 '꾀'와 같은 의미로 읽어서 '계획 가운데'로 번역한다.

혜시편'이다. 많은 점에서 잠언의 교훈과 닮았다. 한편 이 시편은 모세오경과 선지서와 함께 시편 전체를 '여호와의 율법'(2절)에 포함시켜, 그 율법을 즐거워하고 그것을 지키기 위해 주야로 묵상하는 '의인(들)'만이 참된 행복을 누리게 될 것을 선언한다. 그런 면에서는 이 시편은 19, 119편 등과 함께 하나님의 말씀에 대한 헌신을 강조하는 '토라시편'으로 분류할 수 있을 것이다.[4] 이러한 1편의 특징은 시편 전체를 하나님의 말씀과 통치에 헌신한 의인(들)의 기도와 찬양으로 읽게 한다.

시편 1편은 2편과 더불어 시편 전체를 안내하는 서론으로 볼 수 있다.[5] 아마도 시편 전체가 수집되고 배열된 이후에 이곳에 붙여졌을 것이다. 그래서 두 시편에는 시편 1권의 다른 시편들과 달리 표제가 붙어 있지 않다(10편과 33편은 앞의 시편들과의 관련성 때문에 그 시편들의 표제를 따른다.).[6] 1편이 개인적인 차원에서 악인과 의인의 길과 각각의 운명에 대한 지혜를 교훈한다면, 2편은 세계적인 차원에서 하나님과 그의 왕을 대적하는 세상의 통치자들에게 주는 교훈을 다루고 있다.[7] 1편은 '복되다'라는 감탄사로 시작하고

---

4. J. L. Mays, "The Place of the Torah-Psalms in the Psalter," *JBL* 106/1 (1987): 3-12에서 세 시편의 공통점과 시편 전체에서의 기능에 대해 잘 안내하였다.
5. Calvin, *Psalms*, 1:1. "시편들을 한 권으로 모은 사람, 즉 에스라나 혹은 다른 누군가가 이 시편을 서문으로 제일 첫머리에 두어서 모든 경건한 자들이 하나님의 율법을 묵상하는 의무를 가르치도록 한 것 같다." G. Sheppard, *Wisdoms as a Hermeneutical Construct*, BZAW 151 (Berlin: de Gruyter, 1980), 142; McCann, "Books I-III and the Editorial Purpose of the Hebrew Psalter," in *The Shape*, 103. 자세한 논의는 다음을 참조. 김성수, "시편의 복음과 상황-시편 1, 2편을 중심으로," 『성경과 신학』 59(2011): 1-36.
6. P. D. Miller, "The Beginning of the Psalter," in *The Shape*, 84; G. H. Wilson, *The Editing of the Hebrew Psalter* (SBLDS 76; Chico: Scholars Press, 1985), 173-6; "The Use of 'Untitled' Psalms in the Hebrew Psalter," *ZAW* 97/3 (1985): 404-13, 특히 404-5 참조.
7. F.-L. Hossfeld & E. Zenger, *Die Psalmen I: Psalm 1-50* (Würzburg: Echter Verlag, 1993), 45에서는 이런 점을 지적하면서 2편이 3-89편의 서론으로 묶여진 다음에 1편이 최종적으로 붙여졌을 것으로 본다. M. Lefebvre, "'On His Law He Meditates': What Is Psalm 1 Introducing?," *JSOT* 40/4 (2016), 440 각주 1에서는 1편은 2-89편에 4-5권이 붙여질 때 최종적으로 붙여진 것으로 소개하고 있다.

(1:1) 2편은 같은 감탄사로 끝난다(2:12). 그런 면에서 1, 2편은 동일한 감탄사가 등장하는 40(4절), 41편(1절)과 더불어 시편 제1권을 하나로 묶는 틀이 되기도 한다. 이 외에도 두 시편은 어휘나 주제 면에서 밀접하게 관련되어 있다. 1편 2절의 '묵상하다'는 단어가 2편 1절에서 '꾸미다'로 반복되고 있고, 1편 6절의 '길'과 '망하다'도 2편 12절에서 반복되고 있다. 2편에서 왕은 1편의 의인의 대표로서(신 17:18-20), 말씀이 아닌 것을 추구하는 악인들의 길을 멸망시키는 1편의 하나님의 대리통치자로 사역하고 있다(9, 12절). 또 왕은 1편에서 노래하는 시냇가에 '심긴'(3절) 의인의 대표로 거룩한 산 시온에 '세워져 있다'(6절). 반면에 1편의 '악인들'의 대표로 2편에는 여호와와 그가 세운 왕을 대적하는 이방 나라 통치자들이 등장한다. 이처럼 1, 2편은 여호와의 율법(1:2)과 그의 칙령(2:7)으로 세워진 하나님의 그리스도(2:2, "기름 부음 받은 자")에 대한 순종이 행복한 삶을 보장한다고 안내한다. 시편을 읽는 독자들을 행복으로 안내하는 두 길이 하나님의 말씀(시내산 언약)과 그의 왕(다윗 언약)임을 선언하고 있는 셈이다.[8]

---

8. 김정우, 『시편주석 I』, 168. P. J. Botha, "The Ideological Interface between Psalm 1 and Psalm 2," *OTE* 18/2 (2005): 189-203에서도 1, 2편의 이런 신학적 관련성을 잘 관찰하고 있다. 한편, R. Cole, "An Integrated Reading of Psalms 1 and 2," *JSOT* 98 (2002): 80에서는, 1, 2편이 흔히 말하는 것처럼 지혜 혹은 토라와 왕권이라는 두 개의 다른 주제를 제시하기보다는, 둘 다 이상적인 전사 - 왕이 그의 대적들을 압도하는 것을 그리고 있다고 주장한다. 즉 1편에 약속된 의인(왕)의 형통(승리)과 악인들의 심판에 근거해서 2편은 그것을 확신한다는 것이다. W. H. Brownlee, "Psalms 1-2 as a Coronation Liturgy," *Bib* 52 (1971): 321-36에서는 1, 2편이 원래 하나의 시편으로 왕의 즉위식 예전을 형성한다고 보았다. J. T. Willis, "Psalm 1 - An Entity," *ZAW* (1979): 381-401에서는 두 시편이 하나였다는 주장에는 반대하지만, 두 시편이 전체 시편과 1권의 서론이라는 것은 인정한다.

문학적 특징과 구조

의인의 삶을 강조하기 위해 이 시편은 의인과 악인의 삶의 방식과 그들의 삶의 결과를 뚜렷하게 대조시킨다. 그런 대조를 강조하기 위해서 다음과 같이 대조되는 단어들과 비유가 등장한다.

호칭 - '복 있는 사람'(1), '의인(들)'(5, 6)
: '악인들' '죄인들' '오만한 자들'(1, 4, 5, 6),
삶의 길 - '여호와의 율법'(1)
: '악인들의 꾀,' '죄인들의 길,' '오만한 자들의 자리'
비유 - '시냇가에 심은 나무'(3, *케에츠* כְּעֵץ)
: '바람에 나는 겨'(4, *카모츠* כַּמֹּץ)
결과 1 - '여호와의 인정'(6) : '여호와의 심판'(5)
결과 2 - '모든 일의 형통'(3) : '망함'(6)

한편 이 시편은 히브리어 알파벳의 첫 자음 *알렙*(א)으로 시작하는 단어(*아쉬레* אַשְׁרֵי)로 시작해서 마지막 자음 *타브*(ת)로 시작하는 단어(*토베드* תֹּאבֵד)로 끝나고 있는데, 이것은 이 시편의 교훈이 마치 A부터 Z까지 포괄하는 것처럼 완전하고 확실한 것임을 강조하는 효과를 자아낸다.[9] 또 1절에는 '복 있는 사람'(히: '복되다 이 사람')과 '악인들'과 '길'이 나오는데 끝 절인 6절에도 '의인들'과 '악인들'과 '길'이 나와 수미쌍관을 이루어 의인과 악인의 대조적인 삶의 방식과 운명을 강조한다. 위에서 말한 문학적 특징들을 고려하여 1편의 구조를 분석한다면 아래와 같이 구분될 수 있을 것이다.[10]

---

9. B. Weber, "Psalm 1 and its Function as a Directive into the Psalter and towards a Biblical Theology," *OTE* 19/1 (2006): 242 참조.

10. 이처럼 의인과 악인의 대조에 이은 종합적인 결론의 구조는 N. H. Ridderbos, *Die Psalmen:*

1-3절 정(正): 의인의 길의 행복

1) 부정: 악인들의 길을 따르지 않음(1)

2) 긍정: 여호와의 율법을 묵상함(2)

3) 결과: 시냇가에 심은 나무처럼 잘됨(3)

4-5절 반(反): 악인의 길의 불행

1) 바람에 날아가는 겨와 같음(4)

2) 심판을 견디지 못하고 의인들의 회중에 들지 못함(5)

6절 합(合): 여호와의 최종적 평가: 의인의 길은 아시나 악인의 길은 망함

위 구조는, '복되다'는 행복 선언으로 시작하는 의인의 길의 행복(1-3)과, '그렇지 않다'는 부정적인 표현으로 시작하는 악인의 길의 불행(4-5)을 먼저 대조시킨 다음에, '왜냐하면' 혹은 '확실히'로 시작하는 의인과 악인에 대한 여호와의 종합적 판단(6)으로 끝나는 일종의 정반합 구조이다.[11]

혹은 대조를 중심으로 분해하면 아래와 같이 나타낼 수도 있다.[12]

1-2절 방식: 악인들의 길(1) : 여호와의 율법(2)

3-4절 비유: 시냇가에 심은 나무(3) : 바람에 나는 겨(4)

5-6절 결과: 여호와의 인정 : 여호와의 심판

Stilistische Verfahren und Aufbau Mit besonderer Berücksichtigung von Ps 1-41 (Berlin: Walter de Gruyter, 1972), 119를 참조하였다. 그 외에 Kraus, *Psalms 1-59*, 114; P. C. Craigie, *Psalms 1-50* (WBC; Waco: Word Books, 1983), 66. 솔로몬 역간, 『시편 상 1-50편』; Hossfeld & Zenger, *Die Psalmen I*, 46-8도 유사한 견해를 보인다.

11. Weber, "Psalm 1," 239 참조.

12. Collins, "Psalm 1," 37-48, 특별히 40쪽 참조; G. H. Wilson, *Psalms vol. 1*, The NIV Application Commentary (Grand Rapids: Zondervan, 2002), 93.

본문 주해

1. 의인의 길의 행복(1-3절)

이 연은 악인들의 길이 아닌 여호와의 율법을 즐거워하는 의인의 삶의 특징과 행복을 노래한다. 1절은 부정적인 어구들을 사용하면서 의인이 악인들의 길을 따르지 않는 것을 강조한다면, 2절은 긍정적으로 의인이 추구하는 여호와의 말씀의 길을 강조한다. 3절은 그 결과로 오는 형통함을 물가에 심긴 '나무' 비유로 노래한다. 1절 1행이 '복되다'로 시작하고 3절 5행이 '그가 하는 모든 일이 다 형통하리로다'는 약속으로 마무리되면서 전체 연을 하나로 묶으며 1-3절의 구조를 다음과 같은 집중형 구조로 만든다.[13]

a 행복 선언(1a)
　b 악인들로부터의 분리(1bcd, '걷다'-'서다'-'앉다' + '~않다')
　　c 여호와의 율법 묵상(2)
　b′ 시냇가의 무성한 나무 같음(3abc, '심다'-'열매 맺다'-'시들지' '않다')
a′ 형통함 약속(3d)

1) 부정: 악인들의 길을 따르지 않음(1절)

부정적인 의미에서 의인의 삶은 악인들의 삶의 방식과 분리되는 것이다. 그것이 1절에서 시인이 세 번씩이나 '~않다'는 부정어를 사용하면서 추천하는 복 있는 사람의 길이다. 이것은 5절에서 악인들이 의인들의 회중에 들지 못하는 것과 대조적이다. 시편 전체와 1편은 '이런 사람은 복되다'는 행복 선언으로 시작한다. 여기서 '사람'은 단수로서 복수로 표현된 악인들과 대조를

13. Weber, "Psalm 1," 239-40.

이루지만 곧 5절에서 '의인들'로 표현될 것이다.[14] '복되다'는 감탄사(*아쉬레* אַשְׁרֵי)는 '복'을 의미하는 명사(*에쉐르* אֶשֶׁר)의 복수 연계형으로서, '복되다' 혹은 '행복하여라' 등으로 번역될 수 있는 축복이나 축하의 감탄사다.[15] 이 감탄사는 하나님을 잘 믿고 경외하여 그분의 말씀대로 사는 사람이 자비로우신 하나님의 돌보심과 보호 아래 살아가는 행복을 선언한다. 또한 이런 경험과 확신을 가진 자가 다른 사람에게 그렇게 살기를 격려하고 교훈하는 기능도 한다(2:12; 32:1, 2; 33:12; 34:8; 40:4; 41:1; 65:4 등 참조). 그래서 이 감탄사는 잠언과 같은 지혜 문학에 자주 등장하고 있고(잠 3:13; 8:34; 20:7; 욥 5:17), 예수님의 팔복 선언에도 이 말의 헬라어 번역이 사용되었다(마 5:3-12 참조).[16]

다음으로 '사람'을 수식하는 세 행은 모두 '~않다'(*로* לֹא) + 동사 + 전치사구('~에'[*베* בְּ]+명사) + 명사로 구성되어 있다. 우선 세 동사 '걷다,' '서다,' '앉다'는 점층적인 순서로 점점 더 깊이 삶에 참여하는 과정을 보여주면서도, 삶을 살아가는 모습을 총체적으로 그린다(신 6:7; 11:19 '앉다,' '가다,' '눕다,' '일어나다' 참조[17]). '앉다'는 '살다'로도 번역이 가능하기에 걷다가 멈춰 서서 주목하다가 아예 거기에 눌러앉아 사는 모습을 묘사하고 있는 셈이다.[18]

전치사에 붙는 세 명사는 '꾀'와 '길'과 '자리'로 모두 삶의 방식이나 습관

---

14. J. Goldingay, *Psalms 1-41,* Baker Commentary on the Old Testament Wisdom and Psalms (Grand Rapids: Baker Academic, 2005), 82 참조.

15. Sora Kang, "Happiness Manifested in Book I of the Psalter," *Scripture & Interpretation* 3, no. 1 (2009): 35-8에 의하면 이 단어는 주로 일종의 축복이나 축하나 격려를 의미하는 감탄사로 사용된다. 시편에는 모두 26번 나오는데 모두 사람이 사람에게 선언하는 것이며, 하나님과 인간과의 관계에서의 복된 상태를 축하하거나 격려하거나 추천하고 있다.

16. *NIV Study Bible*, 788, Kraus, *Psalms 1-59*, 115 참조.

17. G. André. "'Walk', 'Stand', and 'Sit' in Psalm 1 1-2," *VT* 32/3 (1982): 327; 방정열, "시편과 신명기의 상호텍스트성 연구: 시편 1-2편과 89편을 중심으로," 『한국개혁신학』 53 (2017): 129-31 참조.

18. G. W. Anderson, "A Note on Psalm I 1," *VT* 24 (1974): 231-3에서는 이런 점층적 해석을 반대하고 있지만 동사들의 점층적 성격에 대해서는 구체적 언급을 하지 않고 있다.

을 점진적이면서도 총체적으로 비유한 것이다. 이런 삶의 방식은 2절의 '여호와의 말씀'과 대조된다. '꾀'로 번역된 단어 *에차*(עֵצָה)는 도모하는 계획이나(20:4; 33:10) 충고나 지혜를 가리키는데(삼하 15:31, 34; 16:23; 잠 1:25, 30), 여기서 '악인들의 꾀'(욥 10:3; 21:16; 22:18)는 악인들이 추구하는 지혜나 도모하는 계획을 의미한다. 이들의 '꾀'는 하나님의 지혜나 계획(33:11; 73:24; 106:13; 107:11; 욥 38:2; 42:3)과 대조된다. '길'도 자주 행동 방식이나 삶의 방식을 의미하는 비유로 사용된다(6절; 50:23; 37:14; 잠 29:27; 사 55:7). 죄인들의 '길'은 하나님의 말씀의 '길'(18:21; 25:4; 창 18:19; 신 9:16)이나 6절이 말하는 의인들의 '길'과 대조된다. '자리'는 '자리'나 '거주지'를 의미하는데(107:4, 7, 36; 132:13; 겔 48:15; 삼상 20:18), 여기서는 오만한 자들이 주로 그들의 악한 지혜나 계획을 꾀하는 중심지를 의미한다. 그런 점에서 이 자리는 하나님을 경외하여 말씀의 길을 도모하는 5절의 '의인들의 모임'과 대조적이다.[19]

전치사구를 수식하는 명사는 '악인들,' '죄인들,' '오만한자들'이며 모두 복수로 악인들을 총체적으로 표현하면서도 단수인 1행의 '사람'과 대조를 이룬다. 마치 의인이 악인들의 삶의 방식에 둘러싸여 있는 것처럼 그려지는데, 그는 단호하게 악인들의 삶의 길을 거절하는 사람이다. 2절과 관련시켜서 생각하면, 성도를 둘러싼 악인들로부터 분리되지 않고서는 하나님의 말씀 묵상에 마음을 쏟기가 불가능함을 표현한다.[20] 이러한 상황에서 의인이 느끼는 갈등과 고통은 3편 이후 시편들에서 적나라하게 표현될 것이다.[21] '악인'은 대개 하나님을 두려워하지 않고 그의 법을 무시하는 불경건하고 악한 일반

---

19. Goldingay, *Psalms 1-41*, 82에서도 이렇게 해석하고 있다.
20. Calvin, *Psalms*, 1:2.
21. N. L. DeClaissé-Walford, *Reading from the Beginning: the Shaping of the Hebrew Psalter* (Macon, Georgia: Mercer University, 1997), 42; Miller, "The Beginning," 88; McCann, "The Shape of Book 1 of the Psalter," in *The Shape*, 343.

적인 악인을 가리킨다면, '죄인'은 화살이 '과녁을 빗나가는' 것처럼 하나님의 율법을 어긴 사람을 가리킨다. '오만한 자'는 기본적으로 '조롱하는 자'라는 의미를 갖는데, 여기서는 하나님과 그의 말씀에 대해서 신성모독적인 말로 조롱하는 교만한 사람을 가리킨다고 할 수 있다(잠 1:22; 9:8; 13:1; 15:12; 21:24).[22] 이들은 모두 2절에 나오는 '여호와의 말씀'에는 전혀 관심이 없고 자신들이 보기에 이익이 되는 방식으로 사는 사람들이라고 할 수 있다. 이러한 악인들의 삶의 방식의 예는 잠언 1장 10-19절이나 4장 14-19절 등에 묘사되고 있다.

2) 긍정: 여호와의 율법을 즐거워함(2절)

2절은 1절의 행복 선언의 연속으로 의인이 추구하는 행복의 길을 긍정적으로 제시한다. 그것은 '악인들의 길'과 대조되는 '여호와의 율법'을 따르는 것이다. 이를 강조하기 위해 '율법'이라는 단어를 두 번이나 반복하며, 1절에서 '꾀,' '길,' '자리'에 붙였던 전치사(*베* בְּ)를 '율법'에도 똑같이 붙이고 있다.[23]

'율법'으로 번역된 히브리어 단어(*토라* תּוֹרָה)는 자주 모세오경의 율법을 가리킨다(신 28:61; 29:20; 30:10; 수 8:31; 23:6; 왕하 14:6). 하지만, 여기서는 좀 더 광의적인 의미로, 개인이나 공동체의 삶을 안내하는 계시된 하나님의 뜻으로서의 '가르침'이나 '교훈,' 혹은 기록된 하나님의 말씀 전체를 가리킨다(19:8; 119:1; 스 7:10; 대하 12:1; 17:9).[24] 1편이 서론이기 때문에 이 '가르침' 안에는 교훈과 묵상의 책으로서 시편도 포함된다.[25]

---

22. Kraus, *Psalms 1-59*, 116.
23. Goldingay, *Psalms 1-41*, 83.
24. Kraus, *Psalms 1-59*, 116-7 참조. S. C. Jones, "Psalm 1 and the Hermeneutics of Torah," *Bib* 97/4 (2016): 537에서는 '토라'가 '하나님의 구원 행동들,' '신명기 17장의 왕에 대한 토라,' '십계명,' '신명기,' '오경,' '시편,' '초기 형태의 히브리 성경,' '표현된 하나님의 뜻 전체'를 가리킨다는 해석들이 있어왔음을 밝힌다.
25. Calvin, *Psalms*, 1:4; Wilson, *Psalms 1*, 96; J. L. Mays, *Psalms*, Interpretation (Louisville:

또한 '여호와'라는 단어에 주목해야 한다. 이 시편에서 2절과 6절에만 '여호와'가 나온다. '여호와의 율법'이란 표현은 의인이 따르는 길이 온 세상의 의로운 통치자이신 여호와가 주신 것임을 강조한다. 이 가르침은 자기 백성들을 사랑하시는 '왕이신' 여호와가 그들을 풍성한 삶으로 안내하는 지침이자 하나님 나라의 통치 원리다(19, 119편 참조).

의인은 그 가르침을 주신 분을 사랑하고 그 가르침을 주신 의도와 목적을 알기에 그것을 '즐거워한다.' 1행을 문자적으로 번역하면 '그의 즐거움이 여호와의 율법에 있다'가 된다. 이런 표현은 의지적인 순종만이 아니라 율법을 사랑하고 갈망하고 기뻐하는 감정적인 자발성도 강조한다(119:70, 77, 92, 174).[26] 이런 태도는 신의 진노를 사지 않기 위해서나 복을 받기 위해서, 혹은 자기 의를 내세우기 위해 억지로 종교적인 법을 지키는 모습과는 다르다. 2행도 그것을 강조한다. 적극적으로 그 가르침을 삶 속에 간직하고 실천하기 위해 '밤낮으로,' 즉 계속 그것을 묵상한다. 이것은 무엇보다 민족의 지도자들과 왕에게 요구되었던 것이기도 하다(수 1:8; 신 17:18-19).[27]

'묵상하다'(*하가* הָגָה)는 단어는 새가 울거나 사자가 '으르렁거리는' 소리나(사 38:14; 59:11; 31:4), 사람이 '중얼거리는' 소리를 묘사하는(63:6; 77:12; 115:7; 수 1:8; 사 33:18) 의성어로(*HALOT*), 여기서는 말씀을 기억하기 위해서 낮은 소리로 중얼거리는 모습을 묘사하고 있다. 아마도 모든 사람이 기록된 말씀을 가질 수 없었던 시대에 말씀을 외우고 연구하던 모습을 반영하는 표현일 것이다.[28] 그런 점에서 이 표현은 말씀을 이해하고 기억하고 실천하

Westminster John Knox, 1994). 42. 한국장로교출판사 역간 『시편』; McCann, *Introduction*, 27; Lefebvre, "On His Law He Meditates," 443-4에서는 단지 교훈으로서의 시편이 아닌 '율법에 대한 묵상으로서의 시편 전체'를 가리킨다는 의견을 덧붙인다.

26. L. R. Martin, "Delighting in the Torah: The Affective Dimension of Psalm 1," *OTE* 23/3 (2010): 708-27, 특별히 715-7 참조.

27. 방정열, "시편과 신명기," 133 참조.

28. W. A. VanGemeren, *Psalms*, REBC (Grand Rapids: Zondervan, 2008), 80.

기 위해서 행하는 읽기와 연구와 암송과 묵상과 듣기 등의 모든 활동을 대표한다고 할 것이다.[29]

3) 결과: 시냇가에 심은 나무처럼 잘됨(3절)

1-2절에서 선언된 의인의 '복된 모습'은 3절에서 '시냇가에 심긴 나무'에 비유되어 표현된다. 심겨서 열매를 맺고 시들지 않는 과정이 점층적으로 묘사되어 있다. 1행에서는 이 나무가 '시냇가에 심긴' 나무라고 한다. 이것은 일시적으로만 물이 흐르는 간헐천인 '와디'와 달리 지속해서 물이 흐르는 시내나 인공적인 관개 수로(*HALOT*, 46:4; 65:9; 잠 21:1; 전 2:5-6; 사 30:25 참조)가[30]에 심겨 있어서, 끊임없이 물과 자양분을 공급받고 뿌리를 깊이 내린 나무를 묘사한다. 의인은 성전 뜰에 '심긴' 나무에 비유되기도 하는데(92:13), 여기서처럼 하나님의 풍성한 은혜로 번성하는 그림을 제공한다.

2-3행은 1행의 결과를 보여준다. 시냇가에 심긴 나무는 제때 풍성한 열매를 맺고 잎이 늘 푸르고 무성하다. 잎이 무성하고 시들지 않는 것은 의인의 형통함이나 하나님 나라의 생명력에 대한 비유로 가끔 사용된다(잠 11:28; 렘 17:7-8; 겔 47:12). 이런 모습은 자연스럽게 4행이 말하는 의인의 형통한 삶, 즉 무슨 일을 하든지 풍성한 열매를 맺고 번성하는 혹은 성공적인(수 1:8; 잠 28:13; 대상 22:11, 13; 대하 7:11) 삶을 적절하게 그려준다. 이처럼 견고하고 풍성한 나무 비유는 4절에 나오는 쉽게 날아가 버리는 '겨' 비유와 극명한 대조를 이룬다. 또 처음에는 무성하게 보이지만 곧 말라버리는 나무 같은 악인들의 모습과도 대조된다(37:35-26 참조). 2절과 연결해 3절을 이해하면 이 시냇물은 여호와의 말씀이다. 생명의 근원인 여호와와 그의 말씀에 깊이 뿌리 내린 자의 삶은, 그 말씀으로부터 계속 삶의 자양분을 공급받아 풍

---

29. 김정우, 『시편주석 I』, 155.

30. VanGemeren, *Psalms*, 82; Kraus, *Psalms 1-59*, 118 참조.

성한 삶을 살 수밖에 없음을 의미한다. 예레미야 17장 7-8절은 여호와를 의지하는 의인의 삶을 유사하게 묘사하면서 1편의 그림을 좀 더 선명하게 표현하고 있다.[31]

> 그러나 무릇 여호와를 의지하며/
> 여호와를 의뢰하는 그 사람은 복을 받을 것이라
> 그는 물가에 심어진 나무가/ 그 뿌리를 강변에 뻗치고/
> 더위가 올지라도 두려워하지 아니하며/ 그 잎이 청청하며
> 가무는 해에도 걱정이 없고/ 결실이 그치지 아니함 같으리라

물론 이 표현은 시편에 들어있는 모든 기도와 찬양이 보여주는 의인의 최종적인 모습이다. 의인은 일시적으로는 악인들이나 오염된 세상의 위험에 의해 고통을 당할 수 있지만, 종말론적으로는 하나님의 풍성한 열매를 맺을 수밖에 없음을 천명하는 것이다. 1편이 제일 마지막으로 시편에 붙여진 것이라면 이 교훈은 전체 시편들의 결론이라고 말해도 될 것이다.[32]

2. 악인의 길의 불행(4-5절)

이 연에서는 1절에서 언급했던 악인들의 삶의 방식과 그 결과에 대해서 1-3절의 의인들의 그것들과 대조적으로 노래하고 있다. 4절의 겨 비유는 3절의 나무 비유와 대조되고, 3절 4행의 의인의 형통함은 5절의 악인의 심판과 대조된다. 여기는 1절에서처럼 '악인들'(두 번), '죄인들'이란 표현이 집중적으로 등장하여 그들의 불행이 의인의 행복과 대조된다.

---

31. J. F. D. Creach, "Like a Tree Planted by the Temple Stream: The Portrait of the Righteous in Psalm 1:3," *CBQ* 61/1 (1999): 46에서는 물가에 심긴 비유를 렘 17:8과 겔 47:12와 연관시키면서 이 비유의 출처가 성소에서 나오는 물에 의해 형성된 강가에 심긴 나무 비유라고 주장한다. 그에 의하면 1편에서는 토라가 성소를 대신해서 물의 역할을 하고 있다.
32. Mays, "Place of the Torah-Psalms," 10에서도 1편이 갖는 이런 종말론적인 관점에 동의하고 있다.

1) 바람에 날아가는 겨와 같음(4절)

시인은 4절에서 강한 부정을 두 번이나 사용하면서 앞에서 묘사한 복된 의인의 길과 악인들의 길을 강하게 대조한다. 여기서도 1절처럼 '악인들'이 복수로 표현되고 있다. "악인들은 그렇지 않다!"는 선언은 악인들의 삶의 결과는 여호와의 말씀을 묵상하는 의인과는 너무나 판이함을 강조한다. 4절 2행을 시작하는 또 한 번의 부정(2절) '오직' 혹은 '오히려'(*키 임* כִּי אִם)는, 3절의 의인에 대한 비유와 극명한 대조를 이루는 악인에 대한 비유를 도입하고 있다. 의인이 '시냇가에 심긴 나무'라면, 악인은 '바람에 날아가는 겨'라고 한다. 이 비유는 바람이 잘 부는 타작마당에서 키질할 때, 알곡과 달리 바람에 쉽게 날아가 버리는 겨의 모습을 묘사한다(35:5; 욥 21:18; 사 17:13; 호 13:3).[33] 견고하게 뿌리 내려 풍성한 열매를 맺는 나무와 반대되는 겨의 가벼움과 쓸모없음과 허무함이 악인들의 불행한 삶의 모습이다.

2) 심판을 견디지 못하고 의인들의 회중에 들지 못함(5절)

4절이 악인들의 삶의 방식이 낳은 불행한 결과를 보여준다면, 5절은 그중에서 하나님께 심판받을 수밖에 없는 그들의 최종적인 삶의 모습을 말한다. 원어로 보면 '서다'(*쿰* קוּם) 동사가 1행('견디다')과 2행('들다')에 다 걸려 있으므로 이 절의 번역은 쉽지 않다. 제1행의 '심판'을 하나님의 심판으로 본다면 이 행은 하나님의 법정에서 그분의 심판을 '견디지 못하는 것,' 즉 정죄를 받아 심판을 받는 것을 표현한다고 말할 수 있다(76:7; 130:3; 스 9:15; 말 3:2 참조).[34] 그리고 제2행은 성전에서 하나님을 예배하는 회중들 가운데 참여하지 못하는 것을 의미할 것이다. 그렇다면 5절은 악인들은 하나님의 재판정으로서의 '성전'에도 설 수 없고, 예배 장소로서의 '성전'에도 설 수 없다는 것

---

33. Kraus, *Psalms 1-59*, 119.
34. *NIV Study Bible*, 788.

을 의미한다. 이것은 1절에서 의인이 스스로 악인들로부터 분리하는 것과 매우 대조적이다. 의인들만이 하나님의 예배 장소인 하나님의 성산과 거룩한 곳에 '거하고' '설' 수 있다(15:1; 24:3).[35]

그러면 1절의 '행복한 사람'과 동일시되는 '의인들'(2행)은 어떤 사람인가? 그들은 먼저, 여호와를 자신들의 하나님과 왕으로 고백한다는 면에서 하나님과 '의로운' 관계를 맺고 있는 사람들이다. 그래서 그들은 하나님을 예배하고 그분의 말씀대로 살기를 즐거워하며, 하나님이 자신들에게 하시듯 이웃과 공동체에 도덕적인 의와 자비를 행한다. 이런 의미에서 그들은 종교적인 면, 법적인 면, 도덕적인 면에서도 의롭다.[36] 5절의 '의인들의 회중'은 바로 그런 의인들이 하나님을 예배하는 모임(22:25; 40:9-10; 111:1, '무리' 26:12, '대회' 35:18, '성도의 모임' 149:1 참조)을 가리킨다.[37] 정리하자면, 5절은 악인들은 하나님의 재판정에서도 심판을 당할 수밖에 없고, 하나님을 예배하는 자리에도 올 수 없어 하나님 나라에서 제외된 참으로 불행한 자들임을 선언한다. 이것은 많은 시편이 고백한 것이기도 하지만 필연적으로 종말론적인 악인들의 심판을 겨냥하고 있다. 그런 의미에서 이 절은 고통당하는 모든 의인에게 소망을 준다고 할 것이다(마 25:31-46; 계 6:17).[38]

3. 여호와의 최종적 평가: 의인의 길은 인정하시나 악인의 길은 망함(6절)

6절은 앞의 내용을 종합하는 절이다. 1행과 2행이 교차 대구적으로 대조 평행(알다 - 의인들의 길 - 악인들의 길 - 망하다)을 이루면서 의인들과 악인들의 운명을 대조시킨다.

6절을 시작하는 접속사(*키* כִּי)는 1-5절에 대한 근본적인 이유를 제시한다

---

35. 이에 대해서는 Kraus, *Psalms 1-59*, 119-20에 잘 정리되어 있다.

36. VanGemeren, *Psalms*, 83과 HALOT 참조.

37. Kraus, *Psalms 1-59*, 120; *NIV Study Bible*, 788.

38. Kraus, *Psalms 1-59*, 120; *NIV Study Bible*, 788.

고 봐서 영어번역본들은 대개 '왜냐하면'으로 번역한다(NIV, ESV 등). 이렇게 볼 수도 있지만 6절이 앞의 연들을 요약하고 결론을 제시하는 부분으로 볼 수도 있기에 강조를 의미하는 '결국' 혹은 '참으로'(개역개정: '무릇')로 번역하는 것이 더 나아 보인다.[39] 6절에는 각 행에 '길'이 반복되면서 의인과 악인의 길의 대조적인 운명을 강조한다. 이러한 삶의 '길'의 중요성을 중심으로 1편을 다시 편성하면 다음과 같은 집중적 구조를 나타낸다.

1절 '악인들'의 '길'을 피함
　2절 의인이 추구하는 길: '여호와'의 '율법'
　　3절 의인의 길의 결과: '시냇가에 심긴 나무처럼' 형통함
　　4-5절 악인의 길의 결과: '바람에 나는 겨처럼' 심판받음
　6a절 의인들의 '길'을 '여호와'가 인정하심
6b절 '악인들'의 '길'은 망함

시인은 1절에서 말했던 악인들의 '길'을 의인이 따르지 않는 이유는 그 '길'이 망하는 길이기 때문이라고 결론을 내린다(6b). 반대로 2절에서 묘사한 여호와의 율법에 헌신한 '의인들의 길'은 여호와께서 '인정하신다'(6a)고 결론을 내린다. 특별히 2, 6a절에만 '여호와'라는 단어가 나와, 1편을 확신 있게 교훈할 수 있는 이유가 온 세상을 다스리며 이스라엘을 구원한 왕 '여호와'가 통치하시기 때문임을 강하게 시사한다. 2절의 그의 율법은 이 여호와의 통치 원리다. 여호와가 '인정하신다'는 동사의 기본 의미는 '알다'로 이것은 여호와의 통치 행위를 가리킨다. 의인이 하나님의 말씀을 사랑하여 그 길로 걸어가는 것을 누구보다 잘 '아시고,' 그들의 헌신된 삶을 '돌보시고,' '지키신다는' 말이다(*HALOT*, 나 1:7). 반대로 이것은 2행에서 말하는 악인들의

39. 김정우, 『시편주석 I』, 159-60.

길이 망할 수밖에 없는 이유를 부각한다. 여호와께서 그 길은 '모르시고' '돌보시지' 않기 때문이며, 도리어 심판하시기(5절) 때문이다. 레위기 26장이나 신명기 28장 등의 언약적 축복과 저주는 이런 상반된 삶의 결과를 이미 예고하고 있다. 현실적으로는 악인들이 잠시 성공할 수 있다. 하지만 그것을 다 보시고 아시는 여호와 하나님이 있으시기에, 개인적인 삶과 역사의 결론은 6절과 같을 수밖에 없다는 것이 시편 1편과 시편 전체가 최종적으로 말하고 믿는 바다.[40] 그리고 이것은 독자들에게 신명기에서처럼(신 30:15-20; 11:26-28; 27-28장) 두 길 중에 의인의 길을 선택하라는 교훈적인 기능도 한다.[41]

교훈과 적용

시편 1편의 주제는 다음과 같이 요약될 수 있다: 온 세상의 왕이신 여호와의 말씀이 모든 사람을 행복하게 만드는 하나님의 통치 원리다. 그러므로 그 말씀에 기쁨을 두고 그 말씀대로 살기 위해 애쓰는 의인들은 여호와께 인정받아 형통하게 되지만 그것을 거부하는 악인들은 심판받고 멸망하고 말 것이다.

1. 하나님 나라의 통치 원리인 말씀이 주는 풍성하고 행복한 삶(2-3절)

하나님의 말씀은 하나님 나라의 통치 원리다. 하나님만이 창조주요 구원자이시기에 그의 말씀은 우리를 참된 구원과 생명과 행복에 이르게 한다. 말씀을 기뻐하고(2절) 그것을 지키기 위해 항상 듣고 읽고 묵상하는 것은 우리가 생명의 근원이신 하나님께 연결되어 풍성한 삶의 자양분을 공급받는 지름길이다(3절). 그러면 그 말씀이 우리를 지탱하고, 우리를 하나님의 백성답게 만들고, 우리의 삶을 풍요롭게 만들 것이다(딤후 3:14-17).

하나님의 말씀은 오직 '길이요 진리요 생명이신' 예수 그리스도(요 14:6)에게서 완성되었다. 그가 말씀하시고 보여주시고 사신 길이 참 행복의 길이다. 말씀대로 죽으셨지만 말씀대로 다시 사신 예수님이 행복한 사람의 참된 모델이시다. 구약 말씀을 완전

40. Mays, "Place of the Torah-Psalms," 10.

41. 방정열, "시편과 신명기," 135-6에서는 시 1편과 신 30:15-20이 공유하는 주제와 어휘들을 잘 분석해서 보여준다.

하게 하러 오신(마 5:17) 예수님 안에서만, 또 그의 성령 안에서만 말씀을 제대로 깨닫고 행할 능력을 공급받고, 1편에서 노래하고 있는 의인의 행복을 누릴 수 있게 된다.[42]

2. 말씀 묵상을 방해하는 세상의 길(1, 4-5절)

사탄과 세상은 우리가 하나님의 말씀을 묵상하고 그 말씀대로 살아서 풍성한 삶을 누리도록 내버려 두지 않는다. 자신이 법이 되고 자기중심적인 악인들의 길은 말씀대로 살려고 하는 자들을 끊임없이 위협하고 유혹한다(1절). "육신의 정욕, 안목의 정욕, 이생의 자랑"이 우리를 둘러싼 세상적인 가치관의 핵심이다(요일 2:16). 그러므로 우리가 항상 말씀이 주는 맛과 기쁨과 생명을 누리지 않으면 순식간에 세상의 급류에 휩쓸릴 수밖에 없다(마 13:22; 요일 2:15-17; 딤후 3:13). 왜냐하면 세상에서는 악인들이 의인들보다 더 잘되는 것처럼 보이기 때문이다. 그래서 우리는 항상 하나님의 말씀만이 생명의 길이고 악인들과 세상의 길은 바람에 나는 '겨'처럼 결국은 심판받고 멸망하는 길이라는 사실을 명심해야 한다(4-5절).

3. 하나님이 인정하신다! (6절)

악인들이 잘 되는 것은 같은 세상에서 우리가 반드시 기억해야 할 것은, 말씀을 주신 하나님이 온 세상을 통치하시고 우리 삶에 대해 최종적으로 평가하신다는 사실이다. 하나님은 당신의 통치 원리인 말씀대로 살려고 애쓰는 의인들의 길은 '인정하신다.' 그러나 악인들의 길은 반드시 심판하신다. 그러므로 어떤 어려운 현실 가운데서도 하나님이 우리 길을 아시고 돌보신다는 사실을 기억하고 끝까지 말씀의 길을 걸어가야 한다. 말씀의 길은 좁은 길이지만 반석 위에 지은 집과 같고, 악인의 길은 넓은 길이지만 모래 위에 지은 집과 같다(마 7:13-14, 24-27). 마지막 날에 의인들은 영생에, 악인들은 영벌에 들어가게 될 것이다(마 25:46).

"겉으로 드러나는 모든 모습을 보면, 하나님의 종들이 자신들의 올바름으로부터 어떤 유익도 얻지 못하는 것처럼 보인다. 그러나 그들을 보호하고 그들을 안전하게 돌보시는 것이 하나님의 특별한 직무이기 때문에, 그들은 그분의 보호 아래서 틀림없이 행복할 것이다."[43]

---

42. Kraus, *Psalms 1-59*, 121.
43. Calvin, *Psalms*, 1:8.

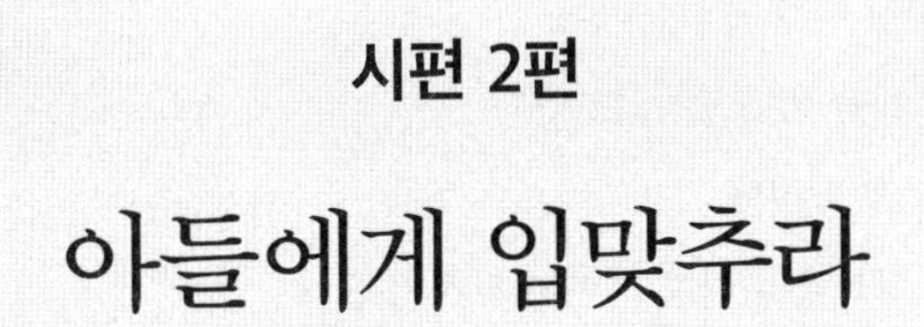

시편 2편

아들에게 입맞추라

1 어찌하여 이방 나라들이 분노하며
민족들이 헛된 일을 꾸미는가
2 세상의 군왕들이 나서며
관원들이 서로 꾀하여
여호와와 그의 기름 부음 받은 자를 대적하며[1]
3 우리가 그들의 맨 것을 끊고
그의 결박을 벗어 버리자 하는도다
4 하늘에 계신 이가 웃으심이여
주께서 그들을 비웃으시리로다
5 그 때에 분을 발하며
진노하사 그들을 놀라게 하여 이르시기를
6 내가 나의 왕을
내 거룩한 산 시온에 세웠다 하시리로다[2]
7 내가 여호와의 명령을 전하노라
여호와께서 내게 이르시되 너는 내 아들이라
오늘 내가 너를 낳았도다
8 내게 구하라
내가 이방 나라를 네 유업으로 주리니
네 소유가 땅 끝까지 이르리로다
9 네가 철장으로 그들을 깨뜨림이여
질그릇 같이 부수리라 하시도다
10 그런즉 군왕들아 너희는 지혜를 얻으며
세상의 재판관들아 너희는 교훈을 받을지어다

---

1. 2절까지 의문문으로 번역할 수 있지만(JPS), 의미상 큰 차이는 없다.
2. 칠십인역에서는 "하지만 나는 그에 의해 그의 거룩한 산 시온에 왕으로 세워졌다"로 번역하여 하나님이 아닌 왕을 주어로 이해한다.

11 여호와를 경외함으로 섬기고
떨며 즐거워할지어다
12 그의 아들에게 입맞추라[3]
그렇지 아니하면 진노하심으로 너희가 길에서 망하리니
그의 진노가 급하심이라
여호와께 피하는 모든 사람은 다 복이 있도다

본문 개요

시편 2편은 시편 전체와 시편 제1권의 두 번째 서론이다. 이 시편은 '여호와의 말씀을 묵상하는 의인의 행복'을 노래한 1편에 이어, '여호와와 그가 세우신 왕에게 피하는 자의 행복'을 노래한다. 1편의 '율법(토라)'과 2편의 '왕'은 둘 다 하나님이 이스라엘과 온 세상을 통치하시는 방편으로서, 구속사에서 각각 시내산 언약(출 19-24장, 오경)과 다윗 언약(삼하 7:8-16, 사무엘-열왕기)을 요약하는 말이다. 그런 의미에서 1편과 2편은 시편이 율법과 선지서와 맥을 같이 하면서도 두 언약의 종말론적인 성취를 내다보는 책이라는 것을 안내한다고 할 수 있다. 그 성취는 하나님의 통치, 하나님 나라가 이루어지는 것이다. 이런 점은 2편 2절이 끝에서 두 번째 시편인 149편 8절("그들의 왕들은 사슬로, 그들의 귀인은 철 고랑으로 결박하고")과 유사하게 연결되면서 2편의 왕권이 온 하나님 나라 백성들에게 확대되고 있다는 사실에서 더 분명해진다.[4] 2편과 149편은 시편을 최종적으로 편집할 당시에 포로 귀환

3. *BHS*에서는 11절 2행의 마지막 어구인 '떨며'(원어: 떨림 가운데)를 12절 1행과 연결하여 "떨며 그의 발에 입 맞추라"(카톨릭)나 "떨며 그의 이름을 높이라"로 읽을 것을 제안한다.
4. 두 시편 간의 관계에 대해서는 J. Limburg, *Psalms* (WeBC; Louisville: Westminster John Knox, 2000), 503; Cole, "Psalms 1 and 2," 102; J. C. McCann, Jr. "The Book of Psalms," In *New*

자들을 둘러싼 제국의 통치자들이 아닌 여호와가 참된 왕이시며, 최종적으로 여호와가 세우신 왕과 그의 백성들이 세상 나라를 심판하고 하나님 나라를 세울 것을 선포하는 역할을 한 것으로 보인다.[5]

시편 2편은 내용상 하나님이 세우시는 왕에 대한 이상을 노래하고 있어서 제왕시편으로 분류된다. 그런데 이런 제왕시편이 두 번째에 있는 것은 시편 제2권과 3권을 마무리하는 제왕시편인 72, 89편 등과 더불어 전체 시편을 읽는 방향에 중대한 영향을 미친다. 왕이 없던 제2 성전시대에 이 시편이 최종적으로 편집되었기 때문에, 제왕시편들은 시편 독자들에게 다윗 왕가의 새로운 왕, 하나님의 기름 부음을 받은 메시아의 도래를 고대하게 만든다. 시편 전체는 2편이 예표 하는 하나님의 메시아인 예수 그리스도와 그분의 나라에 대한 예언으로[6] 읽혀야 한다는 것이다.

많은 학자는, 2편이 현재의 위치에 붙여진 시기는 제2 성전시대라고 하더라도, 원래는 왕국시대에 다윗 왕가의 한 왕의 즉위식을 축하하기 위해 지어졌을 것으로 추측한다(110; 72; 101편 참조).[7] 6절 이하의 표현들은 새로운

Interpreter's Bible IV, ed. L. E. Keck, et al (Nashville: Abingdon Press, 1994), 1274; Mays, *Psalms*, 448 등에서도 동의하고 있다.

5. D. E. Wittman, "Let us Cast off their Ropes from us: the Editorial Significance of the Portrayal of Foreign Nations in Psalms 2 and 149," in *The Shape and Shaping of the Book of Psalms: the Current State of Scholarship*, ed. N. L. deClaissé-Walford (Atlanta: SBL, 2014), 53-69에서는 두 시편의 관계는 다윗 왕가 왕의 통치보다는 여호와의 통치를 부각시킨다고 하지만 2편은 인간 왕의 통치를 통한 여호와의 통치를 강조한다고 보는 것이 옳다.

6. Calvin, *Psalms*, 1:9. 김진규, "시편 최종형태의 맥락에서 본 시편 2편의 메시지," 『성경과 신학』 80 (2016): 1-35에서는 2편을 다른 제왕시편들과 관련시키며, 왕이 없던 시대에 메시아에 대한 소망을 표현하는 시편으로 조명하고 있다.

7. Mays, *Psalms*, 45. J. T. Willis, "A Cry of Defiance - Psalm 2," *JSOT* 47 (1990): 33-40에서는 이 시편의 배경에 대한 기존의 세 가지 입장(1. 메시아에 대한 예언, 2. 이스라엘 왕의 즉위를 축하하는 의식과 관련되어 혼란 세력들을 물리치는 제의적 드라마, 3. 대적들의 침략을 직면한 한 국가적 위기에서 지어진 시로 유사한 상황에서 반복적으로 사용됨)을 소개한다. 그런 다음 이 시편은 새 왕의 즉위식을 노래하기보다는 나라들의 임박한 반역을 억눌러야 하는 왕이 군사적인 대결에 앞서서 과거 즉위식을 회상하면서 쓴 시라고 주장한다. 왕이 자신과 군사들을 격려하고 야훼의 도움에 의한

왕의 즉위를 강하게 암시하고 있고, 1-3절에 묘사된 나라들의 반역도 제국의 황제가 바뀔 때 흔히 일어났던 일이다.[8] 9절에서 비유로 표현된 질그릇을 깨뜨리는 행동은 이집트의 대관식에서 새 왕이 대적들을 물리칠 것을 상징하는 의식으로 행해졌다고 한다.[9] 2편은 어떤 특정한 왕의 즉위식에서만이 아니라 다윗 왕가의 왕들이 즉위할 때마다 하나님의 약속을 확증하기 위해서 불렸다고 보는 것이 좋을 것이다.

시편 전체 혹은 시편 1권의 서론으로서 2편이 1편과 갖는 관련성에 대해서는 1편 개요에서 이미 다루었다. 몇 가지를 추가하자면 다음과 같다.[10] 1편에서 하나님의 율법(*토라*)에 뿌리를 내린 '시냇가에 심긴 나무' 같은 의인을 묘사한다면(1:3), 2편은 그 의인의 대표로 하나님이 임재하시는 '거룩한 산 시온에 세워진' 왕을 노래한다(2:6). 의인이 번성하는 모습은 온 세상을 소유하게 될 왕의 모습에서 절정에 이른다(2:8-9). 1편에서 의인을 둘러싼 악인들(1, 4-6절)은 2편에서 여호와와 그의 왕을 대적하는 나라들과 그 통치자들(1-3, 10절)로 확장된다. 1편에서 '바람에 나는 겨'와 같이 악인들이 흩어지는 것(4절)은, 2편에서 통치자들이 왕에 의해 깨뜨림을 당하는 것(9절)과 잘 연결된다. 또 1편에서 악인들로부터 자신들을 '분리하는' 것을 선택한 의인들의 행복(1절)을 전망했다면, 2편에서는 여호와의 기름 부음 받은 자와 '결합하는' 것을 선택한 사람들의 행복을 전망한다(12절). 또 신명기 17장 18-19절에서 규정한 대로 율법을 평생 묵상하고 지키는 왕의 모습은, 1편이 노래하

승리를 확신시키고(4-9절), 대적들의 능력 없음을 조롱하고(1-3절), 반역하려는 시도를 멈추고 야훼의 통치를 받아들이도록 경고하기 위해(10-12절) 지은 것이라고 본다. 즉, 싸움 전에 상대를 제압하기 위한 웅변적인 외침의 하나로 보는 것이다(40, 44-46쪽). 윌리스는 가신 국가들의 반역이 꼭 새 왕의 즉위식에만 일어났다고 보는 것을 반대하고 다른 상황들도 제시한다(45쪽). 하지만 4-9절은 회고가 아닌 즉위식을 하는 현재 상황을 반영하는 것 같다.

8. Kraus, *Psalms 1-59*, 126; *NIV Study Bible*, 788.
9. Kraus, *Psalms 1-59*, 132; *NIV Study Bible*, 1172, 렘 19:11에 대한 해설 참조.
10. Botha, "The Ideological Interface," 189-203 참조.

는 의인들의 대표로서의 왕을 제시한다고 볼 수 있다.[11] 1편이 제시하는 토라의 길, 2편이 제시하는 여호와의 왕에게 순종하는 길, 이 두 가지는 모두 근본적으로 여호와를 의지하는 표현이다. 둘 다 여호와의 통치에 순종하는 길을 의미한다. 그래서 2편 12절은 여호와 혹은 그의 왕에게 '피하는' 자의 행복을 선언함으로써 마무리된다.[12] 이것은 시편 전체가 '여호와의 말씀대로 살지만' 고난당하여 '여호와께로 피하는' 의인들의 기도와 찬양이라는 사실을 안내한다. 그리고 현실적으로는 이들이 악인들에 의해 고통을 당하는 것처럼 보이지만 결국은 말씀대로 살고 여호와와 그의 왕에게 피하는 자가 승리할 것이라는 확신을 제공한다.

문학적 특징과 구조

시편 2편의 내용은 등장하는 인물들의 변화와 내용적인 변화에 따라 아래와 같이 구분될 수 있다.[13]

A 1-3절 여호와와 그의 **기름 부음 받은 자**에 대한 ***나라들과 통치자들***의 반역

---

11. J. A. Grant, *The King as Exemplar: the Function of Deuteronomy's Kingship Law in the Shaping of the Book of Psalms* (Academia Biblica 17; Atlanta: SBL, 2004), 45-8 참조. 그랜트(115쪽)는 특이하게도 1편처럼 토라를 다룬 시편들인 19편과 119편 주위에는 18, 20, 21, 118편과 같은 제왕시편들이 함께 등장한다는 점을 주시하여 왕과 토라가 시편 전체를 읽는 일에 중요한 관점을 제공하고 있음을 적절하게 지적한다.
12. J. F. D. Creach, *Yahweh as Refuge and the Editing of the Hebrew Psalter*, JSOTSup. 217 (Sheffield: Sheffield Academic Press, 1996), 103-5에서는 '피하다'는 단어와 그와 관련된 단어들이 시편 전체를 읽는 가이드 역할을 한다고 보고, 토라 연구도 야웨를 의지하는 한 표현이라고 주장한다.
13. Ridderbos, *Die Psalmen*, 122에서도 이 구조로 시를 구분하면서, 7-9절은 왕이 말하는 부분이고 나머지 부분들은 성전 봉사자가 말하는 부분이라고 추측하지만 전부 왕이 말한 것으로 보는 견해도 받아들인다.

B 4-6절 반역에 대한 하늘 왕의 대응: 시온에 자기 **왕**을 세우심

B′ 7-9절 왕이 전하는 여호와의 칙령: 나라들을 **'내 아들'**(왕)의 소유로 줄 것

A′ 10-12절 ***세상 통치자들***에게 주는 경고: 여호와를 경외하고 **그의 아들**에게 순종하라

1-3절과 10-12절이 세상 나라들과 통치자들의 반역과 그들이 취해야 할 태도를 다룬다면, 4-6절과 7-9절에는 각각 '여호와'와 그의 '왕'이 등장하면서 왕의 세상 통치를 예언한다.[14] 이런 구조는, 반역을 꾀하는 세상 통치자들에게(1-3절), 하늘 왕 여호와가 그의 왕을 통해 펼칠 통치를 깨닫고(4-9절), 그가 세우는 왕에게 복종하라는 권면(10-12절)이 이 시편의 내용임을 잘 부각한다. 특이한 것은 각 연에서 모두 '여호와'와 그의 '왕'에 대한 언급('기름 부음 받은 자,' '나의 왕,' '내 아들,' '그의 아들')이 나와서 왕을 통한 여호와의 의로운 통치가 강조된다. 또 제1연에는 세상 통치자들의 말이 인용되어 있다면(3절), 제2연에는 여호와의 말씀이 인용되어 있고(6절), 제3연에는 왕이 전하는 여호와의 칙령이 인용되어(7-9절) 생생함을 더한다. 제4연에는 인용문은 나오지 않지만, 1-3절처럼 시인(왕?)이 세상 통치자들에게 직접 권면하는 형식을 통해서 응답의 긴급성을 촉구한다. 이런 점은 분노와 관련된 표현들에서도 나타난다. 1연에서는 세상 통치자들이 '분노한다면'(1절), 2연에서는 하늘 왕이 여기에 대해 '분을 발하고 진노한다.'(5절) 3연에는 왕의 진노가 철장으로 세상 나라들을 질그릇같이 부수는 것으로 표현되고(9절), 4연에는 시인이 통치자들에게 여호와와 왕의 '분노'와 '급한 진노'에 망하지 않도록 경고하는 내용이 등장한다(12절). 한편, 세상 나라들과 그들의 통치자들은 1연에서는 반역의 주동자들로 나오고, 3연에서는 왕의 심판과 정복의 대

---

14. P. van der Lugt, *Cantos and Strophes in Biblical Hebrew Poetry with Special Reference to the First Book of the Psalter* (Leiden: Brill, 2006), 104-5에서도 이와 유사한 교차 대구적인 구조를 소개하고 있다.

상으로 나오며, 4연에서는 권면의 대상으로 등장한다.

본문 주해

1. 여호와와 그의 왕에 대한 나라들과 통치자들의 반역(1-3절)

시인(왕 혹은 성전 봉사자)은 제1연에서 왕의 즉위식 때 흔히 일어날 수 있는 부정적인 국제 정세를 언급함으로써 시를 시작한다. 그것은 종주국의 왕이 바뀔 때 가신국의 왕들이 반란을 꾀하는 모습을 가정한다. 제1연은, '이방 나라들,' '민족들,' '세상의 군왕들,' '관원들'이 한 편이 되어 '여호와'와 '그의 기름 부음 받은 자'(왕)에게서 벗어나고자 하는 의도를, 3절에 그들의 말을 인용하면서 생생하게 묘사한다. 1-2절은 사도행전 4장 25-28절에 인용되어 예수님을 죽인 유대 지도자들과 이방 왕들에게 적용되고 있다.

1절은 유사한 내용으로 된 두 질문이 교차 대구적인 구조(어째서 - 모이다 - 나라들 - 민족들 - 일을 꾸미다 - 헛되이)로 배치되어 있다. 이런 구조는 나라들이 도모하는 반역이 결국은 헛되이 끝날 것을 강조한다.[15] 고대 근동 국가들에서 종주국의 왕이 바뀌는 시점은 반란을 일으킬 절호의 기회였음이 분명하다.[16] 이 연에서 이스라엘의 왕이 마치 제국의 왕인 것처럼 묘사한 것의 예는 주변 나라들을 정복하고 장악했던 다윗시대나 솔로몬시대에서 찾아볼 수 있다(삼하 8장). 그러나 역사상 여기서 묘사하는 만큼 이스라엘 왕이 넓은 제국을 형성한 적은 없다. 그러므로 이것은 온 세상의 창조주이시자 왕이신 하나님이 세운 왕으로서 다윗 왕가의 왕이 지닌 이상을 노래한 것으로 보는 것이 더 좋을 것이다. 하나님 나라의 왕이라면 개념적으로는 모든 나라

---

15. 장영일, "시편 2편: 비평적 주석," 『장신논단』, 6 (1990): 179-80.
16. Kraus, *Psalms 1-59*, 126.

가 그 왕의 영토(10절)이기 때문이다.[17]

그런 배경에서 보면 1절은 나라들이 그동안 자신들이 섬기던 이스라엘의 왕이 바뀌는 틈을 이용해서 반역의 음모를 꾀하는 모습을 그린다. 시인은 반역을 일으키려는 나라들을 향하여 경고하고 있다.[18] '이방 나라들'과 '민족들'은 자주 함께 등장한다(44:2, 14; 105:44; 창 25:23; 사 34:1). 특별히 끝에서 두 번째 시편으로 2편과 유사한 주제를 담고 있는 149편 7절에는 여기처럼 둘 다 심판의 대상으로 등장하고 있다. '모이다'(*라가쉬* רָגַשׁ)는 단어는 구약에서 여기만 나오는 단어로, '분노하다'(칠십인역, ESV, 개역개정), '음모를 구미다'(NIV) 등으로 다양하게 번역된다. JPS에서 이것을 '모이다'로 번역한 것은 아람어 단어에서 유추한 것(*BDB*, *HALOT*)으로, 가신국의 왕들이 종주국의 왕이 바뀔 때 반역을 꾀하기 위해 술렁이며 모이는 모습을 묘사한다. 이것은 평행을 이루는 다음 절에서 분명해진다. '꾸미다'(*하가* הָגָה)는 동사는 1편 2절에서 설명했듯이 중얼거리거나 웅성대는 모습을 묘사한다. 1편에서는 말씀을 묵상하기 위해서 중얼거리는 것을 말한다면, 여기서는 반역의 음모를 꾸미기 위해 낮은 목소리로 웅성대는 것을 가리킨다(38:12; 잠 24:2; 사 59:3).[19] 그런데 그들이 꾸미는 일이 '헛된 일'이라고 한다. 성공할 수 없는 일을 꾸민다는 것이다. 한편 1행과 2행의 두 질문은 일종의 설의법(수사의문)으로 그렇게 하면 안 된다는 것을 강조하는 기능을 한다. '어째서'라는 의문사는 감히 어떻게 그런 생각을 할 수 있는지, 정말 말도 안 되는 일을 하는 것에 시인이 놀랐음을 강조한다.[20] 그 이유는 4절에서 밝혀지는데, 그들이 단지 이스라엘의 인간 왕이 아닌 하늘 왕을 대적하고 있기 때문이다.

---

17. Kraus, *Psalms 1-59*, 127-8.

18. Willis, "A Cry of Defiance," 41-3에서는 1-3절을 전쟁을 하기 전에 상대방에게 겁을 주려는 웅변으로 이해하려고 한다(왕상 20:2-9; 왕하 18:19-25, 28-35; 19:10-13; 대하 13:4-8, 10, 12 참조).

19. VanGemeren, *Psalms*, 92.

20. Kraus, *Psalms 1-59*, 126-7; B. K. Waltke, "Ask of Me, My Son: Exposition of Psalm 2," *Crux* 43/4 (2007): 4.

2절은 1절에서 한 단계 더 발전한 모습을 표현한다. 그들의 모임과 음모는 '여호와'와 그가 '기름 부은' 왕에게 반역하기 위한 것이라고 한다. 1절에서 '이방 나라들'과 '민족들'이 나왔다면 2절에서는 '세상(땅)'의 '군왕들'(138:4; 148:11; 렘 25:20; 애 4:12; 겔 6:15; 17:2; 18:3, 9; 19:19; 21:24)과 '관원들'(혹은 통치자들, 삿 5:3; 잠 8:15; 31:4; 사 40:23; 합 1:10)이 등장하여 마치 온 세상이 하나님을 대항하려고 일어난 것처럼 묘사한다. 이들은 하나님 나라 왕인 여호와의 '기름 부음 받은 자'와 대조되는 세상 나라 통치자들이다. 2절의 동사들('나서다,' '꾀하다')은 둘 다 전쟁하기 위해 전열을 정비하고 싸울 계획을 세우는 모습을 묘사한다. '나서다'가 진을 치고 일어서 있는 모습을 묘사한다면(94:16; 수 1:5; 삼상 17:16; 삼하 23:12),[21] '꾀하다'는 동사는 함께 모여 작전을 짜는 모습을 묘사한다(31:13 참조).

2절 마지막 행인 "여호와와 그의 기름 부음 받은 자를 대적하며"라는 표현은, 이방 통치자들의 반역은 단지 인간 왕에 대한 것만이 아니라 그를 왕으로 세운 하늘 왕(4절) 여호와에 대한 반역임을 강조한다. 이스라엘 왕 대 세상 나라 왕들의 대결이 아니라 여호와 대 왕들의 대결이기에 그들의 반역이 어리석다는 것을 강조한다. 또한, 이상적으로 말하자면 하나님 나라의 왕은 여호와의 율법(1:2; 신 17장)을 따라 통치하기에 이런 왕에 대한 반역은 여호와의 통치에 대한 반역이다.[22] '그의 기름 부음 받은 자'(*마쉬아흐* מְשִׁיחַ, 18:50; 20:6; 28:8; 89:38, 51; 132:10, 17; 삼상 2:10, 35; 12:3, 5)라는 표현은 여호와가 기름 부어 세우신 왕을 가리킨다. 이스라엘의 왕은 기름 부음을 받는 의식을 통해서 여호와의 대리통치자로 즉위하였다(사울-삼상 10:1, 다윗-

21. Cole, "Psalms 1-2," 78 참조. 하지만 J. Lam, "Psalm 2 and the Disinheritance of Earthly Rulers: New Light from the Ugaritic Legal Text RS 94.2168," *VT* 64 (2014): 35-7에서는 이 동사가 전쟁의 문맥이 아닌 법정에서 소송을 제기하는 것을 의미한다고 해석한다. 하지만 문맥의 어휘들은 전쟁의 문맥을 지지하는 것으로 보인다.

22. Waltke, "Psalm 2," 3.

삼상 16:11; 삼하 2:4; 5:3, 솔로몬-왕상 1:34, 39). 이런 의식은 단순히 법적인 것만이 아닌 종교적인 것으로, 하나님의 영으로 능력을 덧입는 것, 즉 왕의 직무 수행을 위해 지혜와 능력을 부여받는 것을 의미하게 되었다(사 61:1; 11:1 이하).[23] 이 단어('메시아')의 헬라어 번역이 '그리스도'다. 신약 성경은 예수님을 '그리스도'로 불러 예수님이 구약의 하나님 나라 왕의 이상을 온전히 실현한 분이라고 증언한다.

3절에서 '말하다' 단어는 생략되어 있지만, 여호와와 그의 왕을 대적하여 일어난 자들의 말을 인용함으로써 그들의 반역을 생생하게 그린다. '맨 것'(107:14; 렘 2:20; 30:8)과 '결박'(129:4; 삿 15:13-14; 16:11)으로 번역된 두 단어는 움직이지 못하도록 묶는 줄이나 쇠사슬 등을 가리킨다. 여기서는 '종속'이나 '속박'을 상징하는 비유로 그들이 하나님과 그의 왕의 통치를 엄청난(두 단어 다 복수) 멍에로 인식하고 있었음을 나타낸다. 그러나 이들이 그런 멍에를 벗고자 하는 것은, 사실은 자신들의 욕망을 채우고 권력을 강화하기 위해 하나님이 자신의 왕을 통해 베푸는 의롭고 자비로운 통치(삼하 8:15)를 거부하는 것을 의미한다. 이런 표현들은 왕국시대에는 모압이나 암몬과 같은 주변 나라들의 반역을 의미하였겠지만, 시편이 최종적으로 편집될 당시에는 모든 악한 세력(나라들)이 하나님 나라를 대적한 것을 의미하였다(예: 단 2장과 7장의 네 강대국 등).[24]

2. 반역에 대한 하늘 왕의 대응: 시온에 왕을 세우심(4-6절)

제2연은 1연과 유사한 구조로 되어 있다. 1-2절이 이방 나라들의 행동이고 3절이 그들의 말을 인용한 것이라면, 4-5절은 하나님의 행동이고 6절은 하나님의 말씀을 인용한 것이다. 4-5절은 이방 나라들과 통치자들의 '분노'와 '모

---

23. H.-J. Kraus, *Theology of the Psalms*. trans. K. Crim (Minneapolis: Fortress Press, 1992). 108-10.

24. 김진규, "시편 2편," 18-20 참조.

임'과 '음모'(1-3절)에 대해 하늘 왕이 '(비)웃음'과 '진노'와 '놀라게 함'으로 대응하신다고 강조한다. 6절에서는 그 심판의 대응이 자신이 세운 왕을 통해 이루어질 것을 천명한다.

4절에서는 1절에서 나라들이 꾸미는 일이 '헛되다'고 한 이유가 밝혀진다.[25] 시인이 그들에게 묻는 것은, 어떻게 감히 '하늘에 계신 분'이자 '주님'이신 하나님에게 반역할 생각을 하느냐는 것이다. '하늘에 계신 분'이라는 표현은 여호와가 하늘 보좌에 앉으신 온 세상의 왕으로서, 능력과 의와 지혜로 온 세상을 다스리심을 나타낸다(9:7; 11:4; 29:10; 55:19; 103:19; 115:3; 123:1; 사 6:1). '주님'(*아도나이* אֲדֹנָי)이라는 호칭 역시 온 세상의 창조주로서의 주권을 나타낸다. 여호와에 대한 이런 호칭은 2절에 있는 '땅(세상)의 군왕들'과 대조되며, 그들의 반역은 결코 성공할 수 없는 것임을 강조한다. 그들의 힘이 아무리 강해도 하늘에 미칠 수는 없기 때문이다. '하늘'은 땅과는 차원이 다른, 온 세상을 통치하시는 왕이신 여호와의 높으심과 존귀와 능력을 상징한다. 이러한 여호와의 왕권은 온 시편을 꿰뚫는 신학적 주제다.[26] 그래서 하늘 왕은 땅의 왕들이 도모하는 반역을 비웃으실 수밖에 없다(37:13; 59:8). '웃다'와 '비웃다'가 두 번이나 나와서 인간 통치자들의 반역이 하늘 왕에게 얼마나 가소로운 것인지를 강조한다.

5절에서는 세상 나라들의 반역("그때")에 대한 하나님의 대응이 '진노'와 '분노' 가운데서 책망의 말씀을 하시고 그들을 놀라게 하시는 것으로 나아간다. 하나님의 분노가 인간들의 불의한 반역에 대해 의롭고도 무시무시한 심판으로 실행될 것을 의미한다. '이르시다'는 단어는 문맥상 여호와가 진노 가운데서 하시는 심판 경고나 책망을 의미하며, '놀라게 하다'는 단어는 정신을 잃어버릴 정도로 두렵게 하는 것을 의미한다(6:10; 30:7; 48:5; 83:15,

25. Kraus, *Psalms 1-59*, 128.
26. Wittman, "Psalms 2 and 149," 60; McCann, "Psalms," 1274 참조.

18; 90:7; 104:29; 출 15:15; 스 4:4).[27] 이런 동사들은 만약 여호와의 분노 앞에서 회개하지 않으면 무시무시한 심판을 면할 길이 없음을 강조한다(12절 참조). 이런 하늘 왕의 진노는 1-2절의 세상 왕들의 분노나 반역의 소란을 잠잠하게 만들기에 충분하다.

6절에도 3절에서처럼 '말하다'는 단어는 생략되어 있지만, 여호와의 말씀에 대한 인용은 인간들의 반역에 대한 여호와의 대책 발표에 주목하게 만든다. '그러나 나는'(내가)으로 시작하여 1-3절의 인간 왕들의 반역에 대한 여호와 하나님의 직접적인 행동을 도입한다. 여호와의 대책은 여호와 자신이 시온에 세운 왕이라고 선언한다. 이것을 5절과 연관시키면 진노하신 여호와의 심판이 자신이 세운 인간 왕을 통해서 이루어지는 것(9절 참조)을 의미한다. 여호와는 2절에서 언급된 자신의 '기름 부음 받은 자'가 '내가' 직접 세운 왕임을 온 세상에 선언하신다. 이 하나님 나라 왕은 1-2절의 세상 왕들과 대조되며 그들의 소란스러움을 잠재울 여호와의 대리통치자다. 여기서 '세우다'에 사용된 히브리어 동사(*나사크* נָסַךְ)는 '전제를 붓다' '드리다'는 의미를 지니고 있는데(창 35:14; 출 25:29; 민 28:7; 대상 11:18; 호 9:4), 이 동사는 왕이 하나님의 뜻을 위해서 기름 부음을 받아 거룩한 지도자로 세워졌음을 강조한다.[28] 왕은 또 시온(궁전 혹은 성전)에서 즉위하였다. 시온은 하늘 왕이신 여호와의 궁전인 성전이 있는 곳이자 다윗 왕가의 왕궁이 있는 곳으

---

27. Lam, "Psalm 2," 34-46에서는 이 동사 어근이 나타나는 우가릿 문헌에 비추어 이 동사의 의미가 '상속권을 박탈하다'라고 주장한다. 이 논문에 의하면, 이 시편은 다윗 왕가 왕의 즉위식에서 온 세상을 소유한 하늘 왕 여호와가 다른 나라 통치자들에게 준 상속권(신 32:8-9; 시 82:8)을 박탈하고 참된 상속자인 다윗 왕가의 왕에게 상속권을 주는 법정적인 상황을 배경으로 하고 있다고 주장한다. 하지만 '두렵게 하다'는 일반적 의미가 문맥에서 어색하다고 하는 그의 주장은 받아들일 수 없다.

28. *HALOT*에서는 수동형 동사로 보고 "거룩하게 되다, 전제로 지도자가 되다" 등으로 번역한다. 이 어근에서 파생된 명사(*나시크* נְסִיךְ)는 자주 이방 나라의 통치자들을 지칭하기 때문이다(83:11; 수 13:21; 겔 32:30; 미 5:4). 이 외에도 "(실을) 짜다"나 "기름으로 바르다"는 의미로 고쳐 읽을 것을 제안하는 학자들도 있지만 사본상의 근거는 없다.

로, 하나님이 다윗 왕조를 호위하시는 곳이다. 그런 의미에서 시온은 거룩하신 하나님 자신이 임하는 ('나의') '거룩한 산'이며, 하늘에 좌정하신 왕의 발등상이다(99:5; 132:7; 대상 28;2; 애 2:1; 마 5:35 참조).[29] 여호와의 거룩한 산에 세워진 왕은 여호와를 예배하면서 그의 거룩한 통치를 구현하는 자로 구별된 것이다.

3. 왕이 전하는 여호와의 칙령: 나라들을 왕의 소유로 주실 것(7-9절)

2연에서 열방의 반역에 대한 대책으로 하나님이 시온에 왕을 세웠음을 선언했다면, 3연은 그 '왕'의 신분('하나님의 아들, 7절), 그 왕의 이상적인 통치 영역('온 세상,' 8절), 그 왕의 심판(9절)을 여호와의 '칙령' 형식으로 선언한다. 그래서 이 연에는 그 칙령 내용에 대한 인용이 대부분을 차지한다(7절 2행-9절).

7절 1행은, 왕이 즉위식에서 하늘 왕이 자신을 세우신 목적과 특권을 기록한 그분의 '칙령'("여호와의 명령")을 읽음으로써("여호와께서 내게 이르시되"), 자신의 즉위가 하나님에 의해 합법적으로 재가받은 것임을 선언했던 상황을 암시한다. 이 칙령은 다윗 왕가의 모든 왕이 즉위할 때마다 선포되었을 가능성이 크다.[30] 3행을 생각하면 이 칙령에는 여호와가 다윗과 맺은 언약(삼하 7장)의 핵심 내용이 포함되었을 것이다.[31] 이것은 이스라엘의 왕이 하늘 왕의 뜻에 따라 세워졌을 뿐만 아니라, 왕의 통치가 여호와의 법을 성취하는 것임을 상징적으로 보여준다. '명령'이란 단어는 율법서(출 15:25; 18:15; 신 4:40)나 선지서(겔 11;12; 36:27; 암 2:4; 말 3:7)나 119편(20회)과 같은 곳에서 '율법'과 같은 의미로 사용되기 때문이다. 그런 의미에서 왕은 신명기 17장 18-20절에서 명한 율법 묵상의 의무를 행하는 자로서, 1편 2절

29. VanGemeren, *Psalms*, 94.
30. Craigie, *Psalms 1-50*, 67.
31. 김진규, "시편 2편," 23.

에서 노래하는 *토라*를 묵상하는 의인들의 대표가 된다.[32]

7절 3행부터 9절까지 인용되는 여호와의 칙령 내용은 세 가지다. 먼저 7절 3-4행은 왕이 여호와 '하나님의 아들'임을 선언한다. 이것은 이스라엘의 왕이 단순히 여호와의 종이 아니라 그의 '아들'이며, 하나님은 그 왕의 '아버지'임을 선언하는 것이다(삼하 7:14; 시 89:27). 아버지와 아들의 관계는 고대의 왕과 신하의 관계에 대한 비유이면서도 그 관계가 갖는 친밀함을 강조한다. '아버지'인 여호와가 '아들'인 지상 왕을 특별히 돌보고 징계하기까지 하는 사랑의 관계를 나타낸다(89:26-34; 삼하 7:14).[33] '아들'은 하늘 왕 '아버지'의 권위를 부여받은 대리통치자로서, 아버지께 충성하여[34] 그분의 의와 공평의 통치를 이 땅에 펼쳐야 하는 사람임을 선언하는 것이다. '아들'이라는 용어는 원래 이스라엘 백성에게 사용되던 것으로(출 4:22 '내 장자,' 23 '아들') 여기서는 그들의 대표자인 왕에게 적용되고 있다.[35]

4행에서는 하나님이 그 아들을 '오늘 낳았다'고 한다. 이것은 이집트의 왕 개념처럼 신적인 출생을 의미하는 것이 아니라 하나님에 의해서 선택되어서 왕으로 임명받았음을 비유적으로 표현한 것이다.[36] '오늘'이라는 부사는 왕의 즉위식이 바로 하나님의 '아들'로 입양되는 의식임을 암시한다.[37] 하나님이 다윗과 맺으신 언약(삼하 7장)에 기초하여 다윗 왕가의 왕권을 영속화하는 것이다. 이 구절은 예수 그리스도를 가리키는 것으로 신약에 자주 인용되

---

32. Grant, *The King as Exemplar*, 63.
33. Waltke, "Psalm 2," 9.
34. *NIV Study Bible*, 789.
35. Waltke, "Psalm 2," 10.
36. 이 부분에 대한 상세한 설명은 Kraus, *Psalms 1-59*, 130-2를 참조. G. Granerød, "A Forgotten Reference to Divine Procreation? Psalm 2:6 in Light of Egyptian Royal Ideology," *VT* 60 (2010): 328-9에서는 고대 이집트의 신화적인 자료와 6절과 7절을 연관 지어 신이 왕을 '낳은(정액을 쏟다)' 것에서 "쏟다" 표현이 비롯되었을 것이라고 주장하지만, 여기서는 왕의 즉위를 언급하는 것이 분명해 보인다.
37. Craigie, *Psalms 1-50*, 67; Kraus, *Psalms 1-59*, 132.

고 있다(마 3:17=막 1:11=눅 3:22; 마 17:5=막 9:7; 눅 9:35; 요 1:49; 행 13:33; 히 1:5; 5:5).

8절은 7절에 이어지는 하나님의 '칙령'으로 하나님의 '아들'로서의 왕의 소유이자 이상적 통치 영역에 대해 말한다. 하늘 왕의 아들인 인간 왕은 '아버지' 하나님께 유산을 요청하는 특권을 누린다("내게 구하라," 20:4; 21:2, 4; 왕상 3:5이하; 삼하 24:12). 아들은 상속자이기 때문이다(갈 4:7; 마 21:38; 막 12:6 이하).[38] 하나님의 유산은 1-3절에 나왔던 '이방 나라들'을 포함한 '땅 끝까지'다. 이 유산은 바로 '하늘에 좌정하신' '아버지' 하나님의 통치 영역이다. 다윗 왕가의 왕이 다스리는 하나님 나라의 통치 영역은 근본적으로는 온 세상 끝까지 확장될 것이다(22:28; 67:7; 72:8-11; 98:3; 창 22:17-18; 26:4; 28:14; 슥 9:10). 이것은 히브리서 1장 2절에서 "이 아들을 만유의 상속자로 세우시고"라는 표현에서 그리스도에게 연결되고 있다.

9절은 '왕'의 상속물로 주어진 온 세상이 왕의 통치 혹은 전쟁을 통하여 획득될 것을 말한다. 왕이 철장으로 세상 나라들을 '깨뜨리고' '부수는' 모습은 그들이 하나님 나라 왕의 '맨 것'과 '결박'을 끊으려는 시도(3절)에 대한 정확한 응징을 표현한다.[39] '철장(쇠막대기)' 혹은 '철퇴' 등으로 번역되는 표현은 45편 7절에 나오는 것처럼 쇠로 만든 왕의 '규'를 가리키는 것 같다(*HALOT*, 사 11:4 "그의 입의 막대기로 세상을 치며"; 욥 21:9; 37:13). '쇠'는 강력한 왕권과 통치를 상징하여 뒤에 나오는 '질그릇'의 약함과 강한 대조를 이룬다.[40]

고대 이집트 왕국에서는, 왕의 즉위식에서 쇠막대기로 다른 나라들의 이름이 적힌 질그릇을 깨뜨리는 상징적인 의식을 행함으로써, 새 왕의 세계적인 통치권을 천명했다고 한다. 또한 '질그릇같이 깨뜨리다'는 표현은 메소포

38. Kraus, *Psalms 1-59*, 132.
39. 장영일, "시편 2편," 190.
40. Craigie, *Psalms 1-50*, 67.

타미아 왕들의 정복과 관련해서도 자주 사용되었다고 한다.[41] 그러므로 9절의 표현은, 이스라엘의 왕이 1-3절에 등장하는 하나님께 반역하는 '나라들'에 대한 정복을 수행함으로써 온 세상을 하나님 나라로 확장할 미래를 내다본다. 하나님의 대리통치자로 세워진 이스라엘 왕의 세계 통치는 여호와의 의로운 통치를 대항하는 세력들에 대한 정복이자, 공평과 정의의 통치, 안전과 복지의 통치, 압제를 저항하는 하나님의 통치를 확장하여, 온 세상에 하나님 나라를 세우는 통치다(72:1-4; 삼하 8장, 특별히 15절; 사 9:6-7; 11:1-5).[42] 그래서 9절은 요한계시록에 여러 번(2:26-27; 12:5; 19:15-16) 인용되어 그리스도의 온 세상 통치와 그의 백성들의 세계 통치에 대한 예언으로 다뤄지고 있다.[43]

4. 세상 통치자들에게 주는 경고: 여호와를 경외하고 그의 아들에게 순종하라 (10-12절)

2-3연에서 선언한 하나님 나라 왕의 세계 통치에 기초하여("그런즉"), 시인은 이 마지막 연에서 1연(1-3절)에서 언급했던 세상 통치자들을 향하여 마지막으로 경고한다. 1연에서 이들의 반역 음모를 고발한다면, 4연에서는 그 반역을 멈추고 여호와와 그의 왕('아들')에게 순종하는 것이 지혜로운 길이라고 권면한다.

10절은 교차 대구적인 구조(왕들 - 지혜롭게 행하라 - 경고를 받으라 - 세상 통치자들)로 세상 통치자들이 취해야 할 행동이 무엇인지를 강조하고 있다. 그것은 앞에서 선언한 하나님 나라 왕의 세계 통치를 통해 '지혜를 얻고' '교훈을 받는' 것이다. 4-9절에서 말한 여호와가 세운 왕의 즉위식이 뜻하는

---

41. Kraus, *Psalms 1-59*, 132.
42. P. D. Miller, *Interpreting the Psalms* (Philadelphia: Fortress Press, 1986), 90-91.
43. 신약 성경은 이 절에 대한 칠십인역을 인용하는데 칠십인역은 1행에서 '깨뜨리다'(*라아* רָעַע) 동사를 '목양하다' '다스리다'(*라아* רָעָה)로 읽고 있다.

바를 신중하게 생각하여 행동하라는 경고다(10절).[44] 9절에서 말한 왕을 통한 하나님의 진노가 임하기 전에, 반역을 멈추고 하나님과 그의 왕에게 순종하라는 것이다. '지혜를 얻다'는 단어는, '지혜롭게 되는 것'(ESV, NIV, 개역개정)뿐만 아니라 깨달음이나 지혜를 가지고 행동하는 것도 의미한다(14:2; 36:3; 94:8; 119:99; 잠 10:5, 19; 14:35; 15:24; 17:2; 사 41:20). '교훈을 받다'는 단어 역시 경고나 책망 혹은 징계를 받아들이는 것을 의미한다(레 26:23; 잠 29:19; 잠 6:8; 31:18). 10절의 이런 어투는 1편과 같은 지혜시편이나 잠언(19:18; 29:17 참조)에 자주 등장하는 것으로, 세상의 군왕들에게 지혜롭게 행동할 기회를 주고 있다는 점에서 놀랍다. 하나님의 왕을 대항하려고 지혜를 모았던 그들(1, 2절)에게[45] 참된 지혜는 하나님과 그의 왕에게 순종하는 것이라고 권면한다. 세상 통치자들도 심판이 아닌 구원으로 초청받고 있다(148:11; 계 21:24).

11절과 12절 1행은 2절에서 말한 나라들의 반역을 멈추고 '여호와와 그의 왕'에게 복종하라고 권면한다. 11절이 말하는 여호와를 섬긴다는 것은, 당시의 역사적 문맥으로 표현하자면 가신으로서 종주인 여호와를 예배하고 그에게 복종하는 것을 의미한다. 그리고 여호와를 섬기는 일에는 '두려움'과 '즐거움'이 공존한다. 1행의 '경외함'은 마지막 단어인 '떨림'(48:6; 욥 4:14; 사 33:14)과 함께 단지 무서워하는 것이 아니라 여호와에 대한 깊은 존경과 믿음을 표현하는 것이다. 2행에서 그 섬김은 '떨림 가운데서도 즐거워함'으로 표현되고 있는데, 이것은 12절이 말하는 하나님의 심판에 대한 두려움과 동시에 그와 그의 통치에 대한 즐거움(NIV "그의 통치를 두려움으로 경축하라")으로 섬길 것을 교훈하는 것이다. 혹은 이 '즐거움'은 새로 세워진 왕에 대한 환영과 축하의 '즐거움'일 수도 있다.[46]

---

44. Craigie, *Psalms 1-50*, 68.
45. G. A. Gunn, "Psalm 2 and the Reign of the Messiah," *BSac* 169 (2012): 434.
46. *NIV Study Bible*, 789.

12절 1행은 이런 관점에서 이해할 수 있다. 아들에게 입 맞추는 행동[47]은 여호와가 '아들'로 세우신 왕을 환영하고 그에게 충성할 것(JPS "굳은 충성으로 경의를 표하라")을 표현하는 것이다('요셉에 대한 충성' 창 41:40; '사울을 기름 부은 사무엘의 행동' 삼상 10:1; '우상 숭배' 왕상 19:18; 호 13:2 등 참조).[48] 이것은 11절이 말했던 여호와를 두려움과 즐거움 가운데서 섬기는 가장 중요한 방식이다.

12절 2-4행은 11절부터 시작된 권면을 받아들이지 않았을 때 일어날 결과에 대한 경고를 담고 있다. 그것은 '그'의 진노(5절 참조)로 세상 통치자들이 자신들의 '길'에서 망하게 된다는 것이다(1:6 참조). 그러면 여기서 말하는 '그'는 11절의 여호와를 가리키는가, 아니면 12절의 '아들'인가? 시인은 의도적으로 밝히지 않은 것 같다. 물론 진노의 주체는 하나님이지만 그의 진노는 그의 왕을 통해서 표현되기에(9절) '왕'도 '그'에 포함되었다고 봐야 할 것이다. 2행과 3행은 5절에서 한 차례 표현했던 여호와와 그의 아들 왕의 '진노'를 첫 단어와 마지막 단어로 배치하여, 반역자들의 심판이 그 진노의 결과임을 강조한다. "길에서 망하다"는 표현은 여호와가 세운 왕을 반역하는 '길'은 망할 수밖에 없는 악인들의 길임(1:6)을 말하는 것이다(JPS "너희들의 길이 멸망하리라"). 1편과 연결해서 설명하면 그들의 길은 여호와의 말씀에 기초한 왕의 통치를 거역하는 길이다.[49] 3행은 반역자들이 망하는 이유로 여호와 혹은 왕의 진노가 '급하게' 불타오를 것이기 때문이라고 한다. '급하심이

---

47. '아들'로 번역된 단어는 아람어 단어 *바르*(בַּר)로서(잠 31:2) 학자들에 의해서 많이 논란이 된 단어다. 7절에서는 히브리어 단어를 사용했는데 여기서는 아람어를 사용했을 가능성이 적다는 것이다. 그래서 이 단어의 또 다른 의미인 '정결한 자'로 번역하기도 하고, 다양한 방식으로 고쳐서 읽기도 한다. 하지만 사본상 MT를 고쳐 읽어야 할 강력한 증거가 없다. 시인은 의도적으로 외래어인 *바르*를 사용함으로써 이방 통치자들에 대한 경고의 문맥을 강화하고 있을 수도 있다. 이에 대해서는 Craigie, *Psalms 1-50*, 64의 본문 비평 부분을 참조하라.

48. *NIV Study Bible*, 789.

49. Waltke, "Psalm 2," 15.

라'는 표현은, 반역자들이 여호와와 그의 왕에 대해 반역하는 일이 잘 될 것으로 생각하는 순간, 그 '길 가운데서' 갑자기 혹은 '곧' 멸망할 것을 강조한다(살전 5:3).[50] 이것은 주권적이고 무시무시한 여호와의 심판을 강조하여 그들의 반역을 멈출 것을 강하게 경고하는 효과를 자아낸다.

시편 2편의 마지막은 경고로 끝나지 않고 행복 선언으로 끝난다. 시인은 반역하기보다는 여호와(혹은 그가 세우신 왕)께 피하는 사람이 정말 행복한 사람이라고 선언한다. '피하다'는 단어는 의지와 신뢰를 함의하고 있으며 하나님께 안전과 복지를 의뢰하는 것을 의미한다. 이 단어는 시편 1권에 특별히 많이 나온다(5:11; 7:1; 11:1; 16:1; 17:7; 25:20; 31:1 등).[51] 모든 기도는 사실 왕이신 여호와를 신뢰하여 피하는 것이라고 할 수 있을 것이며, 성전은 그런 의미에서 성도들의 피난처였다(31:19). 1편이 여호와의 말씀을 행복의 길로 제시한다면 2편은 여호와(와 그의 아들)께로 피함, 즉 기도와 성전을 행복의 길로 제시한다. 이 행복의 길로서 기도는 뒤따르는 시편들에 무수히 등장하고 있다.[52]

교훈과 적용

시편 2편의 주제는 다음과 같이 요약될 수 있다: 여호와 하나님이 온 세상을 다스리시는 참된 왕이시고 그의 지상 왕이 그의 의로운 통치를 실현하는 '아들'과 같은 대리통치자이기에, 세상 나라들은 여호와의 '기름 부음 받은 자'를 반역하여 멸망하기보다는, 여호와와 그의 왕께 피하고 순종하여 온 세상에 세워질 하나님 나라의 행복을 누려야 한다.

---

50. Calvin, *Psalms*, 1:26.

51. Creach, *Yahweh as Refuge*, 74-7 참조.

52. G. T. Sheppard, "'Blessed Are Those who Take Refuge in Him': Biblical Criticism and Deconstruction," *Religion & Intellectual Life* 5/2 (1988): 62-3에서는 11절이 뒤에 나오는 기도문 시편들에 대한 안내처럼 위치하고 있다고 본다.

1. 누가 진정한 세상의 통치자인가(1-5, 12절)?

시편 2편은 이 세상의 진정한 통치자가 이 세상의 왕들이 아니라 '하늘에 좌정하신' 여호와이심(4절)을 시편 독자들에게 분명히 선포한다. 왕이신 하나님께 반역하는 세상 나라들은 망할 것이며 하나님 나라만이 영원할 것임을 알린다. 왕이신 하나님이 반역하는(1-3절) 나라들과 통치자들을 비웃고 진노 가운데 그들을 심판하실 것이다(4-5, 12절). 교회와 그리스도인들은 눈에 보이는 세상과 사탄의 왕국의 힘을 두려워하거나 굴복하기보다는, 세상 나라들, 사탄의 세력들에 대한 하늘 왕의 비웃음과 진노를 떠올리고(4-5절), 그분의 의롭고 자비하신 통치와 나라를 믿어야 한다. 하나님 나라가 반드시 승리하여 세상의 왕들이 하나님 나라에서 하나님을 섬기게 될 그 날을 사모해야 한다(단 2, 7장; 계 21:24).

2. '기름 부음 받은 자'(메시아, 그리스도), 왕에 의해 완성될 하나님 나라(6-9절)

하나님은 지상의 하나님 나라 통치와 완성을 위해 당신의 뜻을 받들고 당신의 통치를 이 땅에 실현할 '하나님의 아들'인 왕, 하나님의 대리통치자인 왕을 기름 부어 세우셨다. 다윗 왕가의 왕들은 하나님의 공평과 정의와 사랑의 통치를 온 세상에 확대할 이상을 가지고 이스라엘을 통치했다(72편 참조). 하지만 그들의 연약함으로 나라가 바벨론 제국에 멸망한 후에도, 이 노래는 새로운 미래를 열 '메시아'(기름 부음 받은 자) 왕에 대한 소망을 제공하게 되었다(89편; 렘 31:31-34; 단 9:25; 사 11장 등 참조).

이 소망의 성취자로서, 2편이 노래한 하나님 나라 통치를 완성하실 이상적인 하나님의 '기름 부음 받은 자'(메시아, 그리스도)-왕으로 예수님이 이 땅에 오셨다. 아버지 하나님은 예수님의 세례(마 3:17), 변화산상에서의 변화(마 17:5), 부활(행 13:33; 롬 1:4) 사건에서 예수님을 '하나님의 아들'(2:7)-왕으로 선포하셨다.[53] 그는 천사보다 뛰어나시고(히 1:5), 모세나 그 어떤 제사장과도 차원이 다른(히 3:6; 4:14; 5:5) 참 '하나님의 아들'이셨다(히 1:5). 예수님은 2편의 왕의 이상을 성취하셨을 뿐만 아니라 성취해 가고 계신다. 예수님은 다시 오셔서 자신의 의롭고 자비로운 통치를 거역하는 세상 나라들을 질그릇같이 부수시고(9절; 계 2:26-27; 12:5; 19:15-16), 하나님 나라를 완성하실 것이다(8절; 고전 15:24; 히 1:2; 계 11:15). 우리는 예수가 왕이시라는 고백이 온 세상을 가득 채울 때까지 예수님을 왕으로 세우신 '여호와의 칙령'을 온 세상에 선포해야 한다(7절).

---

53. Craigie, *Psalms 1-50*, 68-9; Calvin, *Psalms*, 1:16-8 참조.

3. 하나님 나라가 완성되기까지 왕을 섬기고 왕께 피하라(10-12절)

시편 2편은 우리에게 경고와 격려를 동시에 한다. 첫째로, 눈앞에 하나님과 그의 그리스도의 심판이 확연히 드러나지 않았다고 해서 하나님과 그의 왕을 반역해서는 안 된다고 경고한다(1-3절). 때가 이르면 순식간에 반역자들이 하나님의 진노 가운데서 멸망할 것이기 때문이다(12절; 계 19장). 모든 나라가 심판하실 그리스도 앞에 서게 될 것이다(마 25:31-34).

두 번째, 하나님을 경외하고 즐거움으로 그의 왕, 예수 그리스도에게 입 맞추라고 격려한다(11-12절). 기쁘게 그를 섬기고 순종하라는 것이다. 또 세상 나라와 세속의 거센 도전 속에서도 여호와와 그의 왕 예수님을 의지하고 그분께 피하라고 한다(12절). 하나님의 대리통치자 예수님의 이름으로 하나님의 보좌 앞에 나아가 개인의 삶과 세상의 역사를 맡기는 삶, 이것이 참된 지혜이며(10절), 참 행복으로 가는 길이다.

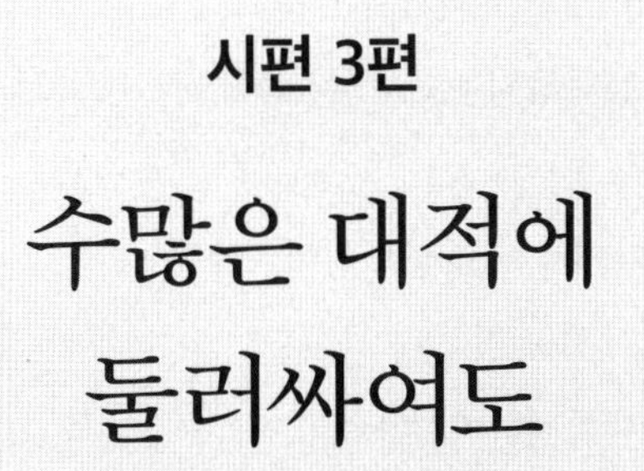

시편 3편

수많은 대적에 둘러싸여도

[다윗이 그의 아들 압살롬을 피할 때에 지은 시]

1 여호와여 나의 대적이 어찌 그리 많은지요

일어나 나를 치는 자가 많으니이다

2 많은 사람이 나를 대적하여[1] 말하기를

그는 하나님께 구원을 받지 못한다 하나이다 (셀라)

3 여호와여 주는 나의 방패시요[2]

나의 영광이시요 나의 머리를 드시는 자이시니이다

4 내가 나의 목소리로 여호와께 부르짖으니

그의 성산에서 응답하시는도다 (셀라)

5 내가 누워 자고

깨었으니 여호와께서 나를 붙드심이로다

6 천만인이 나를 에워싸 진 친다 하여도

나는 두려워하지 아니하리이다

7 여호와여 일어나소서

나의 하나님이여 나를 구원하소서

주께서 나의 모든 원수의 뺨을 치시며[3]

악인의 이를 꺾으셨나이다[4]

8 구원은 여호와께 있사오니

주의 복을 주의 백성에게 내리소서 (셀라)

---

1. '나를 대적하여'는 '나에게'로도 번역될 수도 있다. Goldingay, *Psalms 1-41*, 107 각주 b.
2. 칠십인역에서는 "나의 보호자"로 번역되어 있다.
3. 칠십인역에서는 '내 뺨' 혹은 '내 턱'(*레히* לְחִי)이라는 단어 대신에 '까닭 없이'(*힌남* חִנָּם)로 읽어, "까닭 없이 나의 원수 된 자를 치신다"로 번역한다.
4. 일부 번역(NIV)에서는 3, 4행을 1-2행과 연결하여 기도로 번역한다. "내 모든 원수의 뺨을 치소서/악인들의 이를 꺾으소서." 이런 번역은 가능하지만 여기서는 *키*(כִּי)를 '왜냐하면'이라는 접속사로 번역하는 것이 더 좋을 듯하다. VanGemeren, *Psalms*, 105 참조.

본문 개요

시편 3편은 다윗의 기도시편이다. 표제에 따르면 다윗이 압살롬의 반역을 피해 왕궁을 떠나 피난길에 올랐을 때 지은 것으로 되어 있다(삼하 15-17장). 이 시편의 많은 어휘와 표현('대적,' '구원[승리],' '방패,' '사람[군대],' '에워싸 진 침,' '원수,' '여호와의 일어나심' 등)은 군사적인 상황들을 암시하고 있다.[5] 이 시편은 사무엘하 15장 31절의 다윗의 기도인 "여호와여 원하건대 아히도벨의 모략을 어리석게 하옵소서"의 확장으로 볼 수 있다. 눈앞에 닥친 수많은 반역자의 공격을 앞에 두고 다윗은 하나님의 구원을 바라며 간절하게 부르짖는다. 이 시편에서 발하는 탄식의 핵심은 다윗에게는 '하나님의 구원이 없다'고 하는 대적들의 말이다(2절). 다윗은 이런 원수들의 공격을 견딜 수 없어 하면서도 하나님에 대한 신뢰와 그분의 도우심에 대한 확신을 강하게 표현하면서(3-6절) 구원을 간구한다(7-8절).

2편에서 다윗 왕가에 대한 하나님의 약속이 나오는데, 3편부터 그 왕에 대한 반역이 이스라엘 내부, 그것도 다윗의 아들에 의해서 일어나고 있다. 이런 상황에서 '왕'은 2편 12절의 행복 선언을 따라 자신의 참된 왕이신 여호와께로 피하고 있다. 그런 점에서 3편은 율법의 모범인 왕이 보여주는 기도의 모범이다.[6] 5절에서 원수들 앞에서도 평안하게 잔다고 한 여호와에 대한 신뢰의 표현은 4편 8절의 유사한 표현과 밀접하게 연결된다. 이런 점 때문에 3편은 '아침 기도'로, 4편은 '저녁 기도'로 불리고 또 자주 그렇게 사용되었던 것 같다.[7] 두 시편 모두에 원수들이 다윗을 비방하는 말이 인용되어 있다("많은 사람이 말합니다" 3:2; 4:6). 이 외에도 이 두 시편은 '영광'(3:3; 4:2), '누워 자다'는 표현(3:5; 4:8)을 통한 확신 고백, '부르짖고' '응답하다'(3:4; 4:1)

---

5. Craigie, *Psalms 1-50*, 71.
6. B. K. Waltke, "Psalm 3: A Fugitive King's Morning Prayer," *Crux* 44/1 (2008): 2, 3.
7. Kraus, *Psalms 1-59*, 138; Craigie, *Psalms 1-50*, 72 참조.

는 기도 응답의 표현, '주(당신) 여호와'(3:3; 4:8; 5:12; 6:3)라는 부름 등의 공통된 단어와 유사한 주제로도 연결된다.[8]

1, 2편이 서론이라면 3-14편은 공통된 주제와 어휘들을 통해 하나의 작은 그룹을 이루면서 서로 연결되어 있다. 3편은 본격적인 기도시편의 시작이자 다윗 시편의 시작이기도 하다.[9] 1, 2편과 달리 3-7편과 9-13편은 모두 화자가 '나'인 기도시편들이다. 이 시편들은 마치 "여호와께 피하는 모든 사람은 다 복이 있도다"라고 선언한 2편 12절을 따라 여호와께 피하는 자의 간절한 기도를 보여주는 것 같다. 또 이 기도시편들에 확신의 근거를 제공하기 위해 찬양시편인 8편이 3-7편 다음에,[10] 교훈시편인 14편이 9-13편 다음에 등장한다. 8편이 하나님이 '영광과 존귀'로 왕관을 씌우시고 세밀하게 돌보시는 의인을 다룬다면, 14편은 대조적으로 하나님이 없다고 하는 어리석고 악한 사람들의 비참한 결말에 대한 교훈을 다룬다. 이 두 시편은 3-14편 그룹에 등장하는 '악인'과 '의인'의 삶의 결과를 대조하면서 악인들에게 고통당하는 의인들을 격려하는 기능을 한다.[11] 이 그룹의 시편들에는 하나님의 심판이나 사랑의 대상으로서 '인생' 혹은 '사람'과 같은 포괄적인 표현이 자주 등장한다(4:2; 8:4; 9:19, 20; 10:18; 11:4, 12:1, 8; 14:2). 이들은 '악인'(3:8; 7:10; 9:6, 17, 18; 10:2, 3, 4, 13, 15; 11:2, 5, 6; 12:9)과 '대적' 혹은 '원수'(3:7; 5:8; 6:7, 10; 7:4, 5; 8:2; 9:3, 6; 10:5; 13:2)로 불리는 그룹과, '압제를 당하는 자'(9:9; 10:18), '가난한 자'(9:12, 18; 10:2, 9, 12, 17; 12:5; 14:6), '궁핍한 자'(9:18;

---

8. K. G. Smith & W. R. Domeris, "The Arrangement of Psalms 3-8," *OTE* 23/2 (2010): 372-3; 김정우, 『시편주석I』, 193.

9. P. J. Botha & B. Weber, "'Killing Them Softly with this Song ……' The Literary Structure of Psalm 3 and Its Psalmic and Davidic Contexts, Part 2: A Contextual and Intertextual Interpretation of Psalm 3," *OTE* 21/1 (2008): 276-80 참조.

10. Smith & Domeris, "Psalms 3-8," 367-77에서는 3-8편의 표제와 공통 어휘들을 분석하면서, 같은 표제를 가진 4-6편이 공통 주제를 가진 이웃하던 두 시편인 3, 7편 사이에 삽입되고 거기에 8편이 결론처럼 추가되었다고 본다.

11. *NIV Study Bible*, 789에서 이런 문맥적 설명을 잘하고 있다.

12:5), '외로운 자'(10:8), '무죄한 자'(10:8), '경건한 자'(4:3; 12:1), '마음이 정직한 자'(7:10; 11:2, 7), '충실한 자'(12:1), '고아'(10:14,18), '의인'(5:12; 7:9; 11:3, 5; 14:5) 등으로 불리는 두 그룹으로 구분되고 있다. 이 그룹에는 악인들의 행동에 대한 고발이 다른 시편들보다 훨씬 더 많이 등장하는데, 특별히 이들이 숨어서 약자를 공격하는 모습이 자주 나온다(7:15; 9:15; 10:8-10; 11:2). 이 시편들에는 하나님과 가련한 의인들을 무시하고 조롱하는 악인들의 말이 자주 인용되고 있다(3:2; 10:4, 6, 11, 13; 12:4; 13:4; 14:1). 고통당하는 의인의 간구는 '여호와여, 일어나십시오'(3:7; 7:6; 9:19; 10:12), '언제까지'(4:2; 6:3; 13:1, 2)와 같은 절박한 표현들로 자주 표현되며, 기도와 관련된 단어들('부르짖다,' '기도하다,' '구하다,' '의지하다,' '응답하다' 등)이 매우 빈번하게 나온다(명사군-3:4; 4:1, 3; 5:2, 3; 6:6, 7, 9; 9:12; 14:4, 동사군-4:5; 5:11; 7:1; 9:10; 10:14; 11:1; 13:5; 14:2, 응답 관련 어휘-3:4; 4:1, 3; 5:1, 2, 3; 6:8, 9; 10:17; 13:3). 또 이 그룹에서 하나님은 주로 악인을 감찰하고 심문하고 심판하시는 하늘의 왕과 재판관으로 자주 등장하면서도(5:2, 4, 5, 6, 10; 7:6, 8, 9, 11, 12-13; 8:2; 9:4-8, 12, 16, 19; 10:4, 5, 13, 14, 16, 18; 11:4, 5, 6; 14:2), 압제를 당하는 가련한 자들의 송사를 변호하시고 그들을 보호하시는 의인들의 하나님으로 등장한다(3:3, 8; 4:1, 3, 8; 5:2, 12; 6:1-2; 7:1, 3, 9; 8편; 9:4, 9; 10:14; 11:7; 12; 12:6; 14:5, 6).[12] 전체적으로 3-14편은, 하늘 왕 여호와가 악인들에게 고통당하는 가난한 의인 다윗의 탄식과 기도를 들으셔서, 그를 고통에서 건져 왕으로서의 통치를 회복하게 하신다는 주제를 다루고 있다고 할 것이다.

---

12. 이상의 논의는 김성수, "시편 3-14편의 문맥 속에서 시편 8편과 14편 읽기," 『神學과 宣教』 9 (2005): 63-83을 요약한 것이다. Botha & Weber, "Psalm 3, Part 2," 281에서도 3-14편의 공통된 어휘들을 분석하여 도표로 제시하고 있다.

문학적 특징과 구조

3편에는 탄식시편의 전형적인 요소들인 '탄식'과 '간구'가 나오면서도 '신뢰'와 '확신'이 매우 강하게 표현되고 있다. 그래서 그런지 시작하는 1절과 마무리하는 8절은 모두 '여호와'로 시작한다. 아래의 구조는 3-6절에 나오는 '신뢰와 확신'을 중심으로 대적들의 공격을 고발하는 탄식과 그들로부터의 구원을 구하는 기도가 둘러싸는 집중형 구조다.[13] 탄식(1-2절)과 기도 부분(7-8절)에는 '구원' 혹은 '구원하다'는 단어가 세 번(2, 7, 8절) 반복되고, '많은 대적'(1, 2, 6, 7절)이 반복적으로 강조되면서, 많은 대적으로부터의 구원이 가장 중요한 이슈임을 보여주고 있다. 또 3-4절은 '그러나 주(2인칭)는'으로 시작하며 시인이 여호와에 대한 신뢰를 고백하는 부분이라면, 5-6절은 '내가'로 시작하며 그의 구원에 대한 확신을 고백하는 부분이다.

A 1-2절 많은 대적들이 위협하는 상황에 대한 탄식
　　('구원은 하나님께,' '대적,' '많은,' '일어나다')
　　B 3-4절 기도에 응답하실 여호와에 대한 신뢰('주'-2인칭)
　　B′ 5-6절 여호와 안에서의 안전함에 대해 확신('나'-1인칭)
A′ 7-8절 구원과 복을 구하는 기도
　　('구원은 여호와께,' '원수,' '악인,' '모든,' '일어나다')

---

13. Waltke, "Psalm 3," 3에서도 같은 구조를 제시한다. Botha & Weber, "'Killing Them Softly with this Song ……' The Literary Structure of Psalm 3 and Its Psalmic and Davidic Contexts, Part 1: An Intratextual Interpretation of Psalm 3," *OTE* 21/1 (2008): 27에서는 J. S. Kselman, "Psalm 3: A Structural and Literary Study," *CBQ* 49 (1987): 572-80의 견해를 따르면서, 1-3절을 현재의 하나님과의 대화, 4-6절을 과거의 기도 응답에 대한 고백, 7-8절을 현재의 하나님과의 대화로 보고 세 부분으로 분석한다. 하지만 이처럼 시제를 명확하게 규정하기도 쉽지 않고 3절을 확신의 고백으로 보는 것이 더 좋기에 여기서는 위의 구조를 따른다.

본문 주해

표제: "다윗의 시. 그의 아들 압살롬 앞에서 피할 때."

"다윗의" 총 73개 시편에 이 표제가 붙어 있다. 다윗이 지은 시를 가리킬 가능성이 제일 크지만, 다윗을 위해 지은 시를 가리키거나 다윗 모음집을 가리킬 가능성도 있다. 표제로 이 시편에 처음 등장하는 '다윗'이란 말은 2편이 노래하는 하나님 나라 왕의 모델로서 '다윗'의 시편들을 읽도록 안내한다고 볼 수 있다.

"시"(미즈모르/מִזְמוֹר)는 '노래하다' '찬양하다'라는 의미를 가진 어근에서 왔다. 원래 악기를 연주하면서 부르는 시편을 지칭하는 것 같다. 이 표제는 시편에서 모두 57회 나타난다(3, 4, 5, 6편 등).

"그의 아들 압살롬 앞에서 피할 때" 이 표제는 3편의 배경으로 사무엘하 15-17장에 나오는 압살롬의 반란 사건을 제시한다. '피하다'는 단어는 사무엘하 15장 14절에 다윗의 말('도망하자') 가운데 등장한다. 압살롬의 군대는 이 시편이 표현하듯이 다윗의 군대보다 엄청나게 많았다(1, 2, 6절; 삼하 15:12; 17:11). 그리고 2절 원수들의 조롱은 시므이의 조롱을 떠올리게 하며(삼하 16:7-8), 대적들을 "일어나 나를 치는 자"로 부르는 1절 표현은 사무엘하 18장 32절과 연결되고, 3절 "머리를 드시는 자"라는 표현은 '머리를 가리고' 맨발로 피신한 다윗의 모습을 떠올리게 한다(삼하 15:30).[14]

"셀라"(2, 4, 8절) 표제는 아니지만 총 32개 시편에서 71번 사용된 예전적인 지시어이다(대부분 1-89편에 집중됨, 109, 139, 140편만 예외적). 하지만 이 단어의 의미와 기능에 대한 의견은 다양하다. 하나님에 대한 송영의 의미로 노래는 멈추고 간주로 악기만 연주하라는 지시어이거나, 도돌이표를 의

---

14. 김정우, 『시편주석 I』, 194; Goldingay, *Psalms 1-41*, 109 참조. Botha & Weber, "Psalm 3, Part 2," 284-8에서 삼하 본문과 3편 간의 관련성을 상세하게 분석하고 있다.

미하거나, 무릎을 꿇거나 엎드려 기도하는 부분을 의미하거나, 합창해야 할 부분을 지시하는 말일 것이라는 견해들이 그중 일부이다.[15]

1. 많은 대적들이 위협하는 상황에 대한 탄식(1-2절)

1연에서 다윗은 자신의 고통스러운 상황에 대해 여호와께 탄식한다(6절 참조). 1절 1행의 '어찌 그리'라는 의문사로 시작하는 감탄문, 1절부터 2절 1행까지 세 번 연속으로 등장하는 '많다'는 어근, 2절 2행의 대적들의 말 인용 등은 많은 대적이 시인을 치려고 일어난 절박한 상황을 강조한다.

1절 1행부터 2절 1행까지 3행은 각각 유사한 구조로 시인의 대적들이 많다는 것을 반복적으로 강조한다. 1절 1행에서 다윗은 자신을 구원하실 하나님의 이름, '여호와'를 간절하게 부르면서 많은 대적이 위협하는 자신의 상황에 대해 탄식한다. 위협 가운데서도 하나님의 품에 자신의 영혼을 쏟아 놓고 있다.[16] 1행에서 단순히 '나의 대적(들)'으로 표현된 것이 2행에서는 '일어나 나를 치는 자들'("나를 대항하여 일어난 자들")로 확장되고 있다(54:3; 86:14). 다윗을 무력으로 공격하기 위해 일어난 많은 압살롬의 군대를 예상할 수 있다. 사무엘하 22장 49절에서 다윗의 일생에 일어났던 대적들을 묘사할 때 이 표현이 사용되고 있다. 1행의 '많다'는 동사, 2행의 '많다'는 형용사는 다윗이 도저히 감당할 수 없는 대적의 수와 군사력을 강조한다(25:19; 39:19; 55:18).[17] 이런 탄식은 오직 하나님만이 이 문제를 해결할 수 있음을 알리는 절박한 호소이다. '얼마나'라는 감탄사는 그 호소의 위력을 더한다.

2절 1행에서 대적들은 단지 무력으로만이 아니라, 말로도 시인을 공격하는 자들로 묘사되고 있다. 1행("많은 사람이 나를 대적하여 말하기를")은 "나에 대해 이렇게 말하는 자들이 많습니다."로 번역될 수도 있다. '나'로 번역된

---

15. 루카스, 『시편과 지혜서』, 88 참조.

16. Calvin, *Psalms*, 1:28.

17. Waltke, "Psalm 3," 6.

히브리어 표현은 '나의 목숨' 혹은 '나의 영혼'으로 직역할 수 있는데, 이것은 대적들이 시인의 죽음을 내다보며 악담하고 있음을 나타낸다. 그들의 악담은 2절 2행에 인용되어 생생하게 표현되어 있다. 이 행은 "그를 위한 구원이 하나님께 없다"로 직역될 수 있는데, 이것은 한 마디로 하나님이 다윗을 구원하지 않는다는 말이다. 이런 말들은 전쟁을 하기에 앞서 상대방의 사기와 하나님에 대한 신뢰를 떨어뜨리기 위한 군사적 전략으로 자주 사용되었다(왕하 18:17-35).[18] 압살롬을 피해 도망가는 다윗을 보면서 시므이가 했던 말처럼(삼하 16:7-8), 대적들은 다윗이 당하는 현재 고통이 죄를 범한 다윗을 하나님이 버리신 표시라고 조롱하였을 것이다. 하나님의 신실한 백성들이 고통당할 때 대적들은 늘 이와 같은 공격을 해 왔다(22:7-8; 71:10-11 등). 이 말을 직접 인용까지 한 것은, 자신의 위기가 단순히 군사적인 위기만이 아니라 하나님의 의로운 통치와 연결되는 영적인 위기임을 하나님 앞에 강조하기 위해서다. 다윗은 이들을 고발하며 그들의 말과 달리 하나님의 '구원'을 기대한다(7, 8절). 여기서 '구원'은 이런 위기 상황에서 구해내고 승리하게 하시는 하나님의 도움을 의미한다.

2. 기도에 응답하실 여호와에 대한 신뢰(3-4절)

이 연에서 다윗은 '그러나 주는'으로 시작하면서, 앞에서 탄식했던 많은 대적의 위협에도 불구하고 자신을 구해 주실 하나님에 대한 신뢰를 고백한다. 그래서 이 연에는 '여호와'가 두 번 등장하며, 여호와에 대한 고백들(방패, 영광, 머리를 드시는 분)이 연속해서 등장한다.

3절은 1-2절에 대한 정면 반박이다. 2절 2행에서 대적들이 여호와가 다윗을 구원하지 않는다고 말했지만, 3절 1행에서 다윗은 여호와가 '나의'("나를 두르는") '방패'라고 고백한다(22:3, 31, 36). 또한 1-2절에서 대적이 분사로

---

18. Waltke, "Psalm 3," 6.

‘나를 대적하여 일어난 자들’과 ‘나에 대해 말하는 자들’로 묘사되고 있다면, 3절 2행에서는 이와 대조적으로 여호와가 분사로 ‘나의 머리를 드시는 분’으로 고백 되고 있다.[19] 다윗은 여호와가 자신을 두르는 자신의 ‘방패’와 ‘영광’과 자신의 ‘머리를 드시는 분’이라고 고백한다. 첫 번째 고백은 아무리 많은 대적이 공격해도 ‘방패’이신 하나님이 사방으로 막아주실 것을 신뢰하는 것이다. 하나님과 인간 왕은 자주 자기 백성의 ‘방패’로 불린다(7:10; 18:2, 30; 28:7; 33:20; 47:9; 59:11; 84:9; 89:18; 119:114; 창 15:1 등 참조).[20] ‘내 영광’이라는 두 번째 고백은 구원의 능력을 발휘하시는 여호와의 영광스러운 통치를 가리킬 수도 있고,[21] 승리를 통해 다윗을 존엄과 ‘영광’의 자리로 회복시키시는(8:5; 21:5; 62:7; 84:11 참조) 것을 가리킬 수도 있다.[22] 뒤따르는 고백은 두 번째 해석을 지지한다. 세 번째 고백 ‘나의 머리를 드시는 분’은 원수들 위에 다윗의 ‘머리를 들게’ 하셔서(27:6; 110:7 참조) ‘머리를 가렸던’(삼하 15:30) 수치를 회복시켜 주시는 하나님에 대한 고백이다. 대적들의 조롱과 달리 다윗은 여전히 여호와를 자신의 구원자로 신뢰하는 것이다.

4절은 여호와의 응답을 확신하는 데로 한 걸음 더 나아간다. ‘부르짖다’와 ‘응답하신다’는 표현은 시편에 매우 빈번하게 등장한다(4:1; 17:6; 22:2; 27:7; 86:7; 91:15; 99:6; 120:1 등). 다윗은 과거부터 지금까지 이스라엘과 자신이 경험한 하나님의 기도 응답을 떠올리며 그것을 확신의 형태로 현재에 적용하고 있다.[23] 이 부르짖음은 바로 앞의 시편 마지막 절(2:12)이 말한 하나님께 피하는 행동이다. 다윗은 비록 광야에서 기도하지만, 하나님이 자신의 ‘거

---

19. Kselman, “Psalm 3,” 573에서는 이런 관련성을 분석하면서 1-3절을 하나의 연으로 묶지만, 3절은 1-2절의 대적들의 공격에 대한 신뢰의 고백으로 따로 분리하는 것이 좋을 것이다.
20. *NIV Study Bible*, 790.
21. VanGemeren, *Psalms*, 101.
22. Goldingay, *Psalms 1-41*, 111; Waltke, “Psalm 3,” 8.
23. ESV와 Botha & Weber, “Psalm 3, Part 1,” 25-7 등에서는 4절을 과거형으로 번역하지만, 굳이 과거로 한정시키는 것은 본문의 의미를 너무 제한하는 것이다.

룩한 산'에서 응답하실(2:6; 14:7; 20:2 참조) 것을 확신한다. 다윗시대에는 하나님의 보좌를 상징하는 법궤가 시온에 놓여 있었고(삼하 6장), 그 이후에는 그곳에 하나님의 왕궁을 상징하는 성전이 지어졌다. 다윗이 압살롬에 의해 도망갈 때도 그는 법궤를 시온에 머물도록 했다(삼하 15:24). 그런 의미에서 시온은 하늘 성소에 상응하는 하나님의 지상 성소로서, 하늘의 왕이 백성들을 만나 그들의 기도를 듣고 구원을 베푸는 상징적인 장소가 되었다(132편; 왕상 8장 참조).

3. 여호와 안에서의 안전함에 대한 확신(5-6절)

3-4절의 하나님에 대한 신뢰는 대적들의 위협 가운데 있는 다윗에게 평안을 준다. 5-6절은 그러한 안전함에 대한 확신을 표현한다. 3절이 '주(당신)'라는 2인칭 인칭 대명사로 시작한다면, 5절은 '나'라는 1인칭 인칭 대명사로 시작한다. '주로 말하자면' '나의 방패'이시기에 '나로 말하자면' 대적들의 포위 속에서도 평안히 잘 수 있다는 것을 강조하는 것이다.[24]

5절에서 시인은 자신이 대적들의 위협 속에서도 평안하게 자고 일어날 수 있다고 한다. 밤은 기습을 당할 수 있는 시간이기에(91:5; 수 8:3, 13; 10:9; 삼상 14:36) 많은 대적에 둘러싸인 상황에서 잠을 잔다는 것은 정말 어리석게 보일 수도 있다(4:8). 그러므로 5절 1행은 여호와가 졸지도 주무시지도 않고 밤낮으로 자신을 지키신다는 사실에 대한 매우 강한 확신의 표현인 셈이다(121:6). 이런 확신은 3-4절에서 고백한 신뢰의 결과이다. 2행에서 다윗은 이런 평안의 이유(4:8)가 여호와의 '붙드심' 때문이라고 한다. '붙들다'로 번역된 단어는 여호와가 대적들의 공격으로부터 시인을 보호하고 돌봐주시는 것을 묘사한다(*HALOT*, 37:17, 24; 54:4; 119:116). 이 고백을 왕궁에서 쫓겨나서 광야 가운데 있었던 다윗의 상황에 적용한다면, 실로 놀라운 믿음을 보

---

24. VanGemeren, *Psalms*, 103.

여주는 것이다.[25]

6절에서 다윗은 한 걸음 더 나아가, 여호와만 자신을 붙드신다면 아무리 많은 대적이 자신을 둘러서 포위해도 전혀 두려워하지 않을 것이라고 고백한다. '수천수만'으로도 번역될 수 있는 '천만'이란 단어는 하나님에 대한 신뢰를 강조하기 위해 사용된 과장된 표현으로,[26] '헤아릴 수 없을 정도로 많은 수'를 가리킨다. 다윗은 실제로 많은 대적을 하나님의 도우심으로 물리친 경험을 가지고 있다(삼상 18:7 "사울이 죽인 자는 천천이요 다윗은 만만이로다"). 또 천만인에서 '사람'으로 번역된 단어는 주로 '백성'을 가리키지만 여기서는 문맥상 '군대'를 가리킨다(민 20:20; 시 18:43 참조).[27] 한편 "나를 에워싸 진 친다"("나를 대항하여 포위한")는 표현은 1절의 "일어나 나를 치는 자"('나를 대항하여 일어난')와 연결되며, 6절의 '천만'은 1, 2절의 '많은'과 연결된다.[28] 1, 2절에서는 '많은 대적'이 위협이 되었다면, 6절에서는 자신을 보호하는 '방패'이자(3절) 자신을 붙드시는 하나님(5절) 덕분에 '많은 군대'가 전혀 위협이 되지 못하고 있다.

4. 구원과 복을 구하는 기도(7-8절)

탄식(1-2절)과 신뢰의 고백(3-6절)을 한 후에야 드디어 간구가 터진다. 간구는 주로 탄식의 상황과 반대되는 회복을 구하는 형태로 이루어진다. 1절에서는 대적들이 다윗을 향해 '일어났다고' 했기에, 7절 1행에서는 여호와께 대

---

25. Botha & Weber, "Psalm 3, Part 1," 28-9에서는 4절이 일반적인 기도 응답에 대한 고백이 아니라 실제로 일어난 사건으로 보고 5절을 그 결과로 해석한다. 시인이 성전 안에서 계시를 받았다는 일부의 해석(R. Fidler, "A Touch of Support: Ps 3:6 and the Psalmist's Experience," *Bib* [2005]: 192-212)을 거부하고, 시인이 성전에 있지 않기 때문에 꿈속에서 기도 응답의 계시를 받았다고 보고, 5절에서 그 결과로 깨어 일어났다고 해석한다. 이런 해석은 본문의 근거도 없이 시를 너무 산문적으로 해석하는 것이기에 받아들이기 어렵다.

26. Mays, *Psalms*, 51.

27. Kraus, *Psalms 1-59*, 141.

28. VanGemeren, *Psalms*, 103.

적들을 물리치시기 위해서 '일어나 주시길' 기도한다. 2절에서는 대적들이 다윗을 위한 '구원'이 '하나님께 없다'고 말했기에, 7절 2행에서는 자신을 '구원하시길' 간구하고, 8절 1행에서는 '구원'이 '여호와께 있다'고 고백한다.

7절 1행에서 다윗은 "여호와여, 일어나소서"라고 하며 대적들의 위협에서 자신을 구원하시기 위한 행동을 즉각 취해 주시길 간구한다. '일어나다'는 동사는 법정에서 심판하기 위한 행동이기도 하고(7:6; 9:19; 10:12; 12:5; 76:9; 94:16) 전쟁터에서 대적을 물리치기 위한 전사의 행동(68:1; 민 10:35)이기도 하다. 특별히 여기서는 '여호와'를 '나의 하나님'으로 부르며 대적들의 악담과는 달리 하나님이 여전히 자기 편임을 확실하게 고백한다.[29] 7절 1, 2행을 합쳐서 말하자면 '여호와, 나의 하나님, 일어나셔서 나를 구원해 주십시오.'가 된다.

7절 3, 4행에서 다윗은 3-6절에서 했던 신뢰 고백을 다시 한다. 자신이 하나님의 구원을 간구하는 이유는, 늘 하나님이 고통당하는 자신과 백성들의 기도를 들으셔서 악한 원수들의 뺨을 치고 이를 꺾어 오셨고, 또 그렇게 하실 것이기 때문이라고 한다. 이 행들은 '치다 - 뺨 - 이 - 꺾다' 순으로 교차대구를 이루며 여호와의 심판을 강조한다. '뺨을 치고' '이를 꺾다'는 표현은, 원수들에게 엄청난 패배를 안기셔서 매우 수치스럽게 만드는 것을 의미한다(58:6; 왕상 22:24; 욥 4:10; 16:10; 미 4:14; 애 3:30). 이것은 시인의 '머리를 드셔서' 그를 '영광스럽게' 하시는 것과 대조된다(3절).[30] 특별히 '이'는 악인들을 사나운 동물에 비유하고 있음을 나타내기에(124:6),[31] 하나님이 그처럼 사나운 적들의 손아귀에서 시인을 구원하시는 것을 나타낸다. 여기서 주목할 것은 대적들을 '악인들'로 부른다는 점이다. 다윗이 여호와께 대적들을 물리쳐 달라고 한 것은, 악인들을 물리치셔서 하나님의 의로운 통치를 시

---

29. VanGemeren, *Psalms*, 105.
30. Botha & Weber, "Psalm 3, Part 1," 34.
31. VanGemeren, *Psalms*, 105.

행하시길 간구한 것이다.[32] '모든 원수'라고 한 것은, 1, 2, 6절에서 '많다,' '많다,' '많다,' '천만'으로 점층적으로 강조되었던 원수도 여호와 앞에서는 다 멸망할 수밖에 없음을 강조한다.[33]

8절은 결론적인 고백과 백성들을 위한 축복이다. 1행과 2행이 교차 대구(여호와께 - 구원 - 복 - 백성에게)를 이루며 여호와의 구원이 그의 백성에게 복이 된다는 것을 강조한다. 다윗은 1행에서 2절의 대적들의 조롱("그를 위한 구원이 하나님께 없다")에 반대하며 다시 한번 분명히 고백한다. "구원은 여호와께 있다."(잠 21:31; 욘 2:9) 시인의 운명이 문학적으로 역전되고 있다.[34] 3편의 문맥에서는 '구원'이 '승리'를 의미할 수도 있겠지만 반드시 '승리'로 국한할 필요는 없다. 여호와는 모든 곤경에서 당신의 백성들을 구원하시는 분이심을 고백하는 것이기 때문이다. 이 고백에 이어서 다윗은 하나님의 복이 그분의 백성에게 있기를 기도한다. 여기의 '백성'은 6절에서 '군대'로 번역된 단어와 같지만, 6절과 대조적으로 하나님과 다윗을 사랑하는 의로운 백성들을 가리킨다. 지금도 시인은 많은 대적에 둘러싸여 있지만, 그는 자신과 함께 있는 의로운 백성을 처음으로 언급하며 그의 구원이 그들의 복임을 강조한다. 압살롬의 반란 상황을 생각하면 다윗 왕의 승리와 구원은 백성들의 안전과 행복을 위한 조건이다(25:22; 28:8-9; 51:18 등 참조).[35] 다윗은 왕으로서 자신의 구원을 기도하면서 그것을 통한 하나님 나라 전체의 구원과 복을 바라고 있다.

---

32. Goldingay, *Psalms 1-41*, 114.
33. Botha & Weber, "Psalm 3, Part 1," 33-4 참조.
34. Kselman, "Psalm 3," 579.
35. *NIV Study Bible*, 790.

교훈과 적용

시편 3편의 교훈: 온갖 종류의 수많은 대적들에게 위협받는 지상의 하나님 나라 백성들은 하늘 왕의 의로운 통치와 구원을 확신하며 사탄과 악인들로부터의 구원과 하나님 나라의 회복을 기도해야 한다.

1. 하나님 나라의 반역자들에게 공격당하는 의인들

시편 3편을 노래하는 의인의 대표인 하나님 나라 왕 다윗의 상황은, '많은'('천만,' 1, 2, 6절) 대적에 둘러싸인 최악의 상황이다. 심지어 그 악인들은 다윗의 아들을 포함한 다윗의 심복들이었다. 그들은 다윗이 하나님께 엄청난 죄를 지었기 때문에 절대로 다시 왕으로 회복될 수 없다고 악담까지 한다(2절). 다윗의 후손, 참 하나님 나라 왕이신 예수 그리스도도 자기 백성과 지도자들에게 똑같이 고난당하셨다.(마 27:39-44)

다윗 왕이나 주님처럼 하나님 나라와 의를 구하는 의인들은 그 나라를 거역하는 악한 세력들의 위협과 공격에 직면한다. 사탄과 그의 세력들은 우리의 고난이 하나님이 우리를 버린 증거라고 조롱하며 우리가 회복 불능이라고 악담한다. 심지어는 가족들이나 친구들, 교인들조차도 이런 위협과 악담을 할 수 있다. 이것은 악인들을 통하여 성도들과 교회를 무너뜨리려는 사탄의 교활한 방법이다. 이럴 때 우리는 어떻게 해야 하는가?

2. 다윗 왕이 보여준 기도의 모범

시편 3편은 우리가 대적들의 위협 속에서 드려야 할 기도의 모범이다.

1) 하나님을 부름: 사면초가 상황에서도 하나님을 부르면서(여호와여!) 그분께 부르짖는다. 다윗이 시온 성산에서 응답하시는 여호와를 불렀다면(4절), 우리는 예수 그리스도의 이름으로 하늘 성소에 계신 하나님을 불러야 한다(1, 7절).[36]

2) 탄식: 현재 자신이 당하고 있는 고통스러운 상황을 구체적으로 아뢰되, 특별히 악인들의 악을 고발해야 한다. 많은 대적의 공격, 그들의 악담, 그로 인해서 당하는 내면의 고통과 영적인 어려움을 하나님의 품에 쏟아내야 한다(1, 2절). 그래서 의로운 하나님께서 이 불의하고 고통스러운 상황을 바로잡으실 수 있도록 의뢰해야 한다.

3) 신뢰와 확신의 고백: 하나님에 대한 신뢰를 고백하고(3-4절) 하나님이 우리 기도에 응답하셔서 불의한 고난에서 구해 주실 것을 확신해야 한다(5-6절). 하나님이

36. Calvin, *Psalms*, 1:33.

어떤 분이신지(3, 8절), 과거에 어떻게 우리를 구원하셨는지를 고백하며(7절), "하나님께서 나를 붙드시기에 나는 누워 잡니다."(5절), "하나님만 내 편이라면 아무리 대적이 많아도 상관없습니다."(6절)와 같은 확신을 고백해야 한다. 우리는 무엇보다 십자가에서 돌아가신 예수님을 다시 살리신 하나님의 구원 역사, 성경과 교회사에 나오는 수많은 구원 역사를 통해 기도 응답을 확신할 수 있다.[37]

4) 간구: 현재의 고통에서 건져 주시길 기도해야 한다(7절). 성도 개인에 대한 하나님의 의로운 기도 응답과 문제 해결이 교회와 하나님 나라에 복이 되길 기도해야 한다(8절).

우리 왕이신 예수님은 이런 기도의 모범이시자 다윗의 기도를 완성하신 분이다. 모두가 그를 위협하며 하나님께 구원받을 수 없을 것이라고 비웃는 상황에서도, 예수님은 하늘 왕이신 하나님께 탄식하며 자신을 맡기셨다(마 27:46; 눅 23:46). 다윗의 기도를 응답하셔서 하나님 나라를 평안케 하시고, 예수 그리스도의 기도를 응답하셔서 하나님 나라를 회복하신 하나님이, 교회의 기도에 응답하셔서 하나님 나라를 완성하실 것이다.

---

37. Wilson, *Psalms 1*, 138.

시편 4편

풍성한 곡식보다 더한 기쁨

[다윗의 시, 인도자를 따라 현악에 맞춘 노래]

1 내 의의 하나님이여
 내가 부를 때에 응답하소서[1]
 곤란 중에 나를 너그럽게 하셨사오니[2]
 내게 은혜를 베푸사 나의 기도를 들으소서
2 인생들아 어느 때까지 나의 영광을 바꾸어 욕되게 하며[3]
 헛된 일을 좋아하고 거짓을 구하려는가[4] (셀라)
3 여호와께서 자기를 위하여 경건한 자를 택하신 줄[5] 너희가 알지어다
 내가 그를 부를 때에 여호와께서 들으시리로다
4 너희는 떨며 범죄하지 말지어다
 자리에 누워 심중에 말하고 잠잠할지어다 (셀라)
5 의의 제사를 드리고
 여호와를 의지할지어다
6 여러 사람의 말이 우리에게 선을 보일 자 누구뇨 하오니
 여호와여 주의 얼굴을 들어 우리에게 비추소서[6]
7 주께서 내 마음에 두신 기쁨은

---

1. 칠십인역에서는 MT의 명령형 동사를 완료형으로 고쳐 읽어서 기도가 아닌 "내가 부르짖었을 때 그가 내게 응답하셨습니다"로 번역하고 있다.
2. 원문대로 직역하자면 "곤경에 처했을 때 나를 위해 공간을 마련하셨습니다."가 된다. '공간을 마련하다' 혹은 '넓히다'는 단어는 완료로 되어있지만, 앞뒤의 동사들을 명령형처럼 번역할 수도 있다. "나를 곤경에서 벗어나게 해 주십시오." NIV, JPS, Craigie, *Psalms 1-50*, 79 참조.
3. 칠십인역에서는 "언제까지 마음을 무겁게 하느냐/ 어찌하여~"로 MT를 다르게 읽어서 번역하고 있다.
4. NIV는 마지막 단어를 '거짓 신'으로 번역하고 있다. Wilson, *Psalms 1*, 153-4 참조.
5. 이렇게 번역되는 MT (הִפְלָה יְהוָה חָסִיד לוֹ)에 대해 *BHS*는 31:21처럼 "그가 나를 위한 놀라운 사랑을 보여주셨다"(הִפְלִיא חַסְדּוֹ לִי)로 고쳐서 읽을 것을 제안하고 있지만, 이곳의 문맥은 31편의 문맥과 다르다.
6. 칠십인역에서는 "여호와의 얼굴 빛이 우리에게 나타났습니다."로 읽고 있다.

그들의 곡식과 새 포도주가[7] 풍성할 때보다 더하니이다
8 내가 평안히 눕고 자기도 하리니
나를 안전히 살게 하시는 이는 오직 여호와이시니이다

본문 개요

3편에 이어서 4편도 왕 다윗이 대적들의 공격 앞에서 하나님에 대한 신뢰를 강하게 표현하며 하나님의 도우심을 구하는 기도시편이다. 3, 4편 모두 2편에서 약속한 '하나님의 아들'인 왕에 대한 하나님의 돌보심을 확신하는 시편들로 볼 수 있다.[8] 4편 2절의 경고는 2편 1절과 매우 유사하다. 현재 위치에서 3편이 '아침의 기도'라면(3:5) 4편은 '저녁 기도'라고 불릴 만하다(4:8).[9] 3편과 4편의 밀접한 관계에 대해서는 3편 개요 부분을 참조하라.

이 시편이 어떤 상황에서 지어졌는지는 분명하지 않다. 2절이나 5절은 다윗을 모함하는 자들이 왕으로서 다윗의 영광을 저해하고 왕의 자리를 위협하는 상황임을 암시하고 있다. 아마도 국가적인 재앙(아마도 가뭄, 7절 참조)의 원인을 왕에게 돌림으로써 왕을 깎아내리고 있는 상황인 듯하다.[10]

어떤 상황에서 지어졌든지, 이 시편의 표제는 후에 이 시편이 성전 예배를 위한 시편집에 포함되어 이스라엘 회중들에 의해 불렸음을 나타내고 있다. 다윗과 유사한 상황에 처한 지도자들이나 백성들에 의해 반복적으로 애송되었을 것이다.

---

7. 칠십인역과 시리아역 등에는 다른 본문들에서처럼(신 7:13; 11:14; 12:17; 렘 31:12 등) '기름'이 추가되어 있다. 칠십인역은 "주께서 내 마음에 기쁨을 주셨습니다./ 그들은 그들의 곡식과 포도주와 기름의 계절에 풍성해졌습니다."로 번역하고 있다.
8. *NIV Study Bible*, 793.
9. Craigie, *Psalms 1-50*, 79.
10. *NIV Study Bible*, 790

문학적 특징과 구조

이 시편은 아래의 구조에서 보듯이 기도와 확신이 두 번 반복되는 형식으로 대칭을 이루고 있다. 1절에 도입 기도가 나온 후에 2-5절에서는 대적들을 향한 고발과 경고 형식을 통해 의로운 왕인 다윗을 구원하실 하나님에 대한 신뢰를 고백하고 있다. 한편 6-8절에서는 역시 6절에 먼저 기도가 나오는 후에 7절에서는 하나님에 대한 신뢰를 고백하고 8절에서는 하나님의 구원에 대한 확신을 고백하고 있다.

1-5절 기도와 대적들에 대한 경고와 하나님에 대한 신뢰 고백
A 1절 도입 기도: 내 기도를 들으시고 구원하소서("내 의의 하나님!")
B 2-3절 대적들에 대한 경고와 하나님에 대한 신뢰 고백("인생들아!")
C 4-5절 대적들에게 주는 충고('자리에 누워' '의지하다[בטח]')

6-8절 기도와 하나님에 대한 신뢰와 구원 확신
A′ 6절 하나님의 은혜를 구하는 기도("여호와여")
B′ 7절 하나님에 대한 신뢰 고백
C′ 8절 하나님의 구원 확신('눕고 자다' '안전'[בטח])

1절의 개인('나의') 기도는 6절의 공동체('우리의') 기도와 대칭을 이룬다. 1절에서는 '내 의의 하나님'을, 6절에서는 '여호와'를 부르고 있다. 또한 악인들의 악을 고발하고 경건한 자신에 대한 여호와의 기도 응답을 신뢰하는 2-3절은, (악인들의) 풍성한 수확보다 더 큰 기쁨을 주시는 하나님에 대한 신뢰를 고백하는 7절과 대칭을 이룬다. 마지막으로 대적들에게 '잠자리'에서 잠잠하고 여호와를 '의뢰할'(בטח) 것을 충고하는 4-5절은, 여호와께서 자신을 '안전하게'(בטח) 살게 하실 것을 확신하며 평안히 '눕고 자는' 시인의 확신을

다루는 8절과 대칭을 이룬다.

1절의 청자가 '내 의의 하나님'이고 6-8절의 청자가 '여호와'라면 2-5절의 청자는 다윗의 대적들을 포함하는 '인생들'이다.

1절에 나오는 '곤란'에서 구원하는 하나님의 '의'는 6-8절에서 하나님이 시인과 이스라엘에 베푸시는 '선,' '주의 얼굴,' '기쁨,' '평안,' '안전' 등에서 응답되고 있다.

2-3절(B)이 다윗에 대한 대적들의 공격에 대한 경고라면, 4-5절(C)은 대적들의 회개를 직접적으로 촉구하는 충고이다. 2절의 '헛된 일,' '거짓'과 4절의 '범죄하다'는 대적들의 죄악을 공통으로 고발한다.

본문 주해

표제: "다윗의 시, 인도자를 따라 현악에 맞춘 노래."

"다윗의 시" 다윗이 지은 시를 의미할 것이다. 여기서 '시'는 원래 악기를 연주하며 부르는 노래로 보인다.

"인도자를 따라" 후대 성전 예배에서 사용될 때에 찬양 인도자에 의해 낭송되거나 인도자를 위한 찬양집에 수록되었음을 말할 것이다. 레위인들은 예배하는 회중의 대표로 사역했으며, 이들의 인도에 따라 회중은 '아멘'이나 '할렐루야'로 화답했던 것 같다. 이 표제는 4-6, 8-9, 11-14, 18-22편 등에 총 55번 등장한다. 칠십인역에서는 '마지막을 위하여'로, 탈굼에서는 '찬양을 위하여' 등으로 번역하고 있다.

"현악에 맞춰" 비파와 수금과 같은 악기를 연주하면서 부르라는 지시어일 것이다. 현악기가 아닌 관악기나 타악기를 연주하지 말라는 의미를 가질 수도 있다. 4, 6, 54, 55, 61, 67, 76편 참조. 5편 표제에는 '관악에 맞춰'라는

표제가 등장한다.[11]

"셀라"(2, 4절) 하나님에 대한 송영의 의미로 노래는 멈추고 간주로 악기만 연주하라는 지시어이거나, 도돌이표를 의미하거나, 무릎을 꿇거나 엎드려 기도하는 부분을 의미하거나, 합창을 해야 할 부분을 지시하는 말일 것이라는 추측을 불러일으키는 예전적 지시어다.[12]

1. 도입 기도와 대적들에 대한 경고와 하나님에 대한 신뢰 고백(1-5절)

이 부분은 도입 기도를 드린 후에 대적들에 대한 경고를 통해 하나님을 향한 신뢰를 고백하는 첫 번째 부분이다. 이 부분은 역시 기도를 드린 후에 하나님에 대한 신뢰를 고백하는 6-8절과 대칭을 이룬다.

1) 도입 기도: 내 기도를 들으시고 구원하소서(1절)

다윗은 하나님을 부르면서("내 의의 하나님!") 기도로 시를 열고 있다. 기도 응답과 구원을 촉구하는 서론적인 기도, 혹은 도입 기도이다. 여기서 '의'라는 단어는 하나님께서 당신의 언약 백성에게 약속하신 모든 것을 신실하게 지키시는 것을 의미한다. 즉 당신의 백성과 당신이 택하신 왕에게 하나님의 거룩하심과 전능하심으로 헌신하시는 것을 의미한다.[13] 이 시편의 상황에서 보자면 무고하게 의인을 공격하는 대적들의 고발에 무죄함을 변호해 주실 하나님을 부르는 말이 될 것이다(7:8; 17:1, 15; 18:20, 24; 35:24, 28; 37:6). 그래서 '내 의의 하나님'이란 표현은 '내 무죄함을 밝히시는 하나님'(JPS, 공동번역)으로도 번역되고 있다.

---

11. 이상의 표제들에 대한 설명은 루카스, 『시편과 지혜서』, 51-60; *NIV Study Bible*, 793; Kraus, *Psalms 1-59*, 21-32 참조.
12. 루카스, 『시편과 지혜서』, 88 참조.
13. *NIV Study Bible*, 793; VanGemeren, *Psalms*, 108; Kraus, *Psalms 1-59*, 147 "가난한 사람들을 괴롭히며 거짓 고발하고 판단하는 소유 계층의 사람들" 참조.

시인은 하나님께 네 개의 명령형 동사들(응답하다, 벗어나다, 불쌍히 여기다, 듣다)로 자신의 다급한 간구를 쏟아내고 있다. 첫 번째 '부를 때에 응답해 달라'는 간구와 네 번째 '나의 기도를 들어 달라'는 간구는 같은 의미를 반복해 강조한다. 이런 도입 기도는 구체적인 기도 내용이 없이 기도 응답을 촉구하는 것으로, 기도시편들에 자주 등장한다(3:4; 5:1-2; 6:9 등).

두 번째 '곤란 중에 나를 너그럽게 하셨다'는 고백은 과거의 구원에 대한 회고를 통해서 앞뒤 기도들을 할 수 있는 근거를 제공하는 기능을 한다. 한편 이 행은 '곤란 중에서 나를 벗어나게 하소서'라는 간구로도 번역될 수 있다. '곤란'이라는 표현은 대적들의 압박에 의해서 매우 좁은 곳에 갇혀 있는 것과 같은 시인의 상황을 암시한다. 다윗이 처한 곤경은 거짓말로 다윗을 공격하고 다윗의 왕위를 뒤흔드는 대적들의 공격을 말한다(2-6절). '너그럽게 하다'는 동사는 '벗어나다' 혹은 '넓히다'는 의미를 지녀, 시인이 처한 좁은 곳을 넓히거나 그곳을 벗어나 넓은 장소로 나오게 하는 이미지를 묘사한다(18:36 참조). 다윗이 처한 고통스러운 상황에서 건져내셔서 자유롭게 해 달라는 간구다.

세 번째 간구는 "내게 은혜를 베푸소서"(혹은 "나를 불쌍히 여기소서")이다. 이 간구는, 비록 하나님이 당신을 의지하는 자들, 특별히 당신이 세우신 왕을 곤란에서 건지실 것을 언약 가운데서 말씀하셨지만(신 28장; 삼하 7장), 구원을 위해 기도할 수 있는 것은 전적으로 하나님의 자비와 은혜에 따른 것임을 보여준다.

2) 대적들에 대한 경고와 하나님에 대한 신뢰 고백(2-3절)

1절이 '나의 하나님'을 부르며 시작했다면 이 연은 "인생들아"라는 호격으로 시작한다. 아마도 이 부름이 5절까지 연결되는 것 같다. 시인이 곤경 가운데서도 하나님의 응답을 확신하고 오히려 대적들에게 경고하는 부분이다.

2절에서 다윗은 대적들을 '인생들'(*베네 이쉬* : בְּנֵי אִישׁ, '사람의 아들들')

로 부른다. 이 표현은 고대 근동의 용례처럼 높은 사람들이나 귀족들을 가리키는 것일 수 있다(*HALOT*, 49:2; 62:9; 사 2:9; 5:15).[14] 그렇게 본다면 다윗을 공격하는 사람들은 정치적인 엘리트들일 가능성이 높다. 하지만 '인생들은' 하나님 앞에 한낱 사람에 불과하다는 것을 강조하는 일반적인 표현(4:2; 8:4; 9:19, 20; 10:18; 11:4, 12:1, 8, 14:2 참조)일수도 있다. 그런 면에서 이 표현은 3절에 두 번이나 나오는 '여호와'와 대조를 이룬다. 이것은 여호와가 당신의 특별한 일을 위해 구별하여 세우신 '왕'을 거짓으로 모함하는 것은 실제로는 참된 '왕'이신 여호와께 대한 반역임을 암시한다.

2절은 다윗이 대적들의 악행을 고발하면서도 자신이 고통당하는 이유를 암시하는 절이다. 즉, 간접적인 탄식인 셈이다.[15] 다윗의 대적들은 거짓말로 다윗을 모함하여 왕으로서의 다윗의 영예(3:3 참조)를 실추시키고 그에게 모욕을 주려고 했던 것 같다. 1행에서 '내 영광이 모욕당하다'는 것은 왕으로서의 영예를 실추시키는 것을 의미하고, 2절의 '헛된 일'과 '거짓'은 대적들이 다윗을 모욕하기 위해 꾸민 모함을 의미한다. 아마도 국가적인 재앙(6-7절, 기근?)이 닥쳤을 때 그 원인을 다윗 왕의 실정으로 돌렸을 것이다. 베냐민 지파들 중에서 시므이와 같은 지도자들이 그런 대적들 부류였던 것으로 보인다(삼하 16:5-8). 그들은 아마도 다윗 왕의 죄 때문에 이런 재앙이 왔다고 하면서 왕의 이름을 깎아내리고 왕의 자리를 흔들려고 했을 것이다. 2절에서 다윗은 '언제까지' 그런 악행을 계속할 것인지 질문하면서 그들을 책망하고 있다. 이런 의문사는 이들의 행동이 그들의 오래된 생각이나 계획 속에서 지속되어 왔음을 암시한다. 만약 2행의 '거짓'을 NIV처럼 '헛된 신'으로 번역하면(각주 참조, 40:4?; 암 2:4 참조) 2절의 의미는 다윗에 대한 중상모략을 말하는 것이 아니라 헛된 신들을 섬김으로써 '나의 영광'이신 하나

---

14. VanGemeren, *Psalms*, 109; Kraus, *Psalms 1-59*, 148.
15. J. Goldingay, "Psalm 4: Ambiguity and Resolution," *TB* 57/2 (2006): 165.

님을 욕되게 만든다는 의미를 갖게 된다. 그렇게 되면 3절은 오직 참된 신이신 여호와만이 의인의 기도에 응답하신다는 변증적인 의미를 갖게 될 것이다.[16] 하지만 단순히 모함을 의미하는 '거짓'으로 보는 것이 이 시의 문맥에 더 잘 어울린다.

3절에서 다윗은 대적들을 향해 '알라'고 경고한다. 이것은 단순한 경고를 넘어 하나님이 자신처럼 경건한 자에게 행하시는 일을 바르게 인식하고 회개하라고 촉구하는 것이다. 다윗은 '인생들'('대적들'이나 '악인들'로 부르지 않음)에게 경고하면서 그들이 돌이킬 기회를 주고 있다. 1행에서 다윗은 먼저 여호와가 자신을 포함한 '경건한 자'를 특별히 구별하신 것을 알라고 한다. '구별하다'는 동사는 특별하고 탁월한 존재로 여기고 구분하는 행동을 의미하는데, 이스라엘을 이 세상에서 특별한 하나님의 백성으로 구분하거나 다윗을 탁월한 왕으로 세우신 것을 의미한다(출 8:18; 9:4; 11:7; 33:16). '경건한 자들'(*하시드* חָסִיד '성도' 혹은 '거룩한 자'로 번역되기도 함)은 하나님을 진실하게 예배하며 그의 말씀에 충성하는 성도들을 가리키는 일반적인 표현으로, 특별히 예배와 관련된 시편에 많이 나온다(4:3; 16:10; 30:4; 31:23; 97:10; 132:9, 16; 145:10; 149:1 등; 삼상 2:9; 삼하 22:26). 다윗은 자신을 경건한 자와 동일시함으로써, 하늘 왕 여호와가 구별하여 세우신 경건한 왕(다윗)을 함부로 험담하고 악의적으로 모함하는 것이 하나님께 얼마나 큰 죄 인지를 간접적으로 경고한다. 자신은 사람의 뜻이나 자신의 야망이 아닌 오직 하나님에 의해서 왕으로 세워졌음을 분명하게 선언하고 있다.[17] 2행에서는 그런 자신이 곤경 중에 부르짖을 때에 여호와께서 반드시 들으신다는 경고를 덧붙인다. 이것은 1절의 기도와 연결되는 확신으로, 왕을 모함하는 자들에 대한 하나님의 심판을 경고하는 것과 같다.

---

16. Goldingay, "Psalm 4," 165.

17. Calvin, *Psalms*, 1:42.

3) 대적들에게 주는 충고(4-5절)

앞에서 다윗이 자신을 공격하는 대적들이 행한 모함을 고발하면서 경고했다면, 이 연에서는 좀 더 긍정적인 차원에서 그런 행동을 멈추고(회개하고) 하나님 앞에서 올바른 행동을 할 것을 충고한다.

4절 1행에서 다윗은 하나님의 심판을 두려워하고 “떨며” 자신에 대해 모함하는 죄를 더 이상 저지르지 말라고 권면한다. 2행에서는 대신 사람들의 소리가 들리지 않는 조용한 잠자리에서 자신들의 마음을 살피고(“마음에 말하고”) 잠잠하게 있으라고 충고한다. 하지만 4절은 번역상의 문제로 인해 다양한 해석의 가능성을 열어주고 있다. 먼저, ‘떨다’로 번역된 히브리어 동사(*라가즈* רָגַז)는 ‘화내다’는 의미로도 번역이 가능하다(*HALOT*). 칠십인역이 그렇게 번역하고 있고 여러 한글 번역들(쉬운성경, 새번역)도 칠십인역을 따른다. 새번역을 예로 들면 “너희는 분노하여도 죄짓지 말아라”로 번역한다. 바울은 에베소서 4장 26절에서 칠십인역 번역을 인용하고 있다. 또 ‘심중에 말하다’는 표현은 ‘반성하다’(새번역, 공동번역, ESV, JPS)는 의미 외에도 계획을 세우거나 생각하는 것을 의미한다. 만약 후자를 의미한다면 설사 마음에 생각하는 바가 있더라도 공개적으로 말하지 말라는 의미가 된다.[18] 이것은 2절과 연결이 되는데, 그들은 다윗에 대한 자신들의 그릇된 생각을 공개적으로 말함으로써 거짓말로 모함하는 죄를 저지르고 말았기 때문이다. 한편, ‘잠잠하다’로 번역된 단어는 ‘울다’는 뜻도 갖는다(*HALOT*, JPS). 그렇게 되면 4절 하반 절은 회개의 의미로 ‘울라’는 권면이 된다. 이것은 하나님의 심판에 대해서 ‘떨라’는 권면과 짝을 이룰 수 있다.[19]

---

18. VanGemeren, *Psalms*, 110.

19. VanGemeren, *Psalms*, 110. J. S. Kselmann, “A Note on Psalm 4,5,” *Bib* 68/1 (1987): 103-5; M. L. Barré, “Hearts, Beds, and Repentance in Psalm 4,5 and Hosea 7,14,” *Bib* 76/1 (1995): 53-62에서는, 5절 2행 본문을 고쳐서 회개의 의미로 “마음속으로(마음으로부터) 심히 통곡하고/ 침상에서 큰 소리로 울라”로 번역할 것을 제안하지만, 현재의 MT로도 의미를 충분히 설명할 수 있다.

5절은 4절의 소극적인 권면에서 한 걸음 더 나아간 적극적인 권면이다. 다윗은 대적들에게 재앙 문제에 대해 왕인 자신을 비난하기보다는, 하나님께서 기뻐하시는 의로운 제사를 드리면서 하나님께 그 재앙의 문제를 맡기라고 충고한다. '의의 제사'를 드린다는 것은 단순히 율법에 명시된 대로 드리는 제사만을 말하기보다는, 하나님께서 기뻐하시는 충성되고 진실한 제사를 드리는 것을 의미한다(51:19).[20] 그렇게 하려면 경건한 왕에 대한 거짓말을 퍼뜨리는 악을 멈춰야 할 것이고, 죄를 회개해야 할 것이며, 국가의 장래를 위해 하나님만 의지해야 할 것이다(사 1:10-17; 암 5:2, 21-27).[21] 그런 의미에서 의의 제사는 하나님을 신뢰하고 하나님께 헌신한다는 표현으로 드리는 제사이기에 5절 2행과 평행을 이룬다. '의의 제사'는 1절의 '의의 하나님'에게 합당한 제사이다.

2. 하나님 앞에서의 기도와 확신(6-8절)

2-5절까지가 '인생들아'로 시작하는 다윗의 경고와 충고였다면, 6-8절은 1절처럼 다시 '여호와'를 부르며 시작하는 기도와 신뢰와 확신의 고백이다. 6절의 기도는 1절의 도입 기도에 상응하고, 7-8절의 신뢰와 확신은 2-5절의 대적들에 대한 경고를 통한 신뢰 고백에 상응한다. 1절의 '의'는 6-8절에서 하나님이 시인과 이스라엘에 베푸시는 '선,' '얼굴 빛,' '기쁨,' '평안,' '안전' 등으로 응답되고 있다.

---

20. Goldingay, "Psalm 4," 166-7에서는 2절이 '거짓 신'을 섬기는 사람들에 대한 경고이기에 4-5절은 모두 헛된 신(바알)을 섬기는 데서 돌이켜 오직 하나님만 예배하고 침상에서조차도 헛된 신을 섬기는 의도를 비추지 말라는 경고로 본다. Barré, "Psalm 4,5 and Hosea 7,14," 53-62에서는 5절 2행이 회개를 촉구하는 것으로 보고, 그 회개는 재앙 속에서 여호와가 아닌 다른 신을 따른 것에 대한 것이라고 본다. 하지만, 이렇게 되면 다윗이 이 시편에서 기도하는 목적이 모호해진다.

21. 이일례, "개인 탄원시에 나타나는 유일신 개념과 신정론: 시편 4편을 중심으로." 『구약논단』 21/2 (56집, 2015): 45.

1) 하나님의 은혜를 구하는 기도(6절)

6절의 기도는 1절의 기도 응답 간구를 구체화하는 것으로 볼 수 있다. 여기서 말하는 '여러 사람들'은 앞에서 말한 다윗의 대적들일 수도 있고, 일반적인 백성들일 수도 있다. 1행을 사람들의 말로 보고 2행을 시인의 말로 보면, 시인은 1행의 '우리'를 자신의 기도에서 사용함으로써 자신이 이 '여러 사람들' 공동체의 일원임을 암시한다. 그런 점에서 6절의 '여러 사람들'은 2절의 '사람들'(대적들)과는 다른 일반 백성들을 의미한다고 볼 수 있다.[22] 6절 1행은 국가적인 재앙 앞에서 사람들이 나타내는 반응을 그들의 말을 인용하면서 생생하게 전달한다(3:2처럼). '선'은 '재앙'과 대조되는 표현으로 번영과 복을 의미한다(34:10; 84:11; 85:12; 103:5 등). 7절 2행이 말하는 '곡식과 포도주의 풍성함'이 '선'의 대표적인 예이다. 그러므로 이들의 말은 "누가 우리를 다시 회복시킬 것인가?"라는 의미로, 하나님이 계심에도 불구하고 재앙 앞에서 절망만 하고 있는 사람들의 모습을 반영한다.[23] 한 걸음 더 나아가서 이것은 다윗 왕에 대한 공격이다. 다윗 왕 때문에 이런 재앙이 왔기에(2절) 새로운 왕을 세워야 한다는 뉘앙스까지 띨 수 있기 때문이다.[24] 이러한 많은 사람들의 불신앙적이고 공격적인 반응에 맞서서 다윗은 하나님의 제사장적인 축복에 근거하여(민 6:24-26) 기도를 드린다. '주의 얼굴을 들어 우리에게 비추소서'라는 기도는[25] 하나님의 은총과 복을 내려 달라는 것으로, 현재 이

---

22. 이일례, "시편 4편," 47-8에서는 이런 식으로 이해하면서도 특별한 설명 없이 이 '많은 사람들'과 대적들을 동일한 대상으로 해석하고 있다.

23. 이일례, "시편 4편," 54에서는 이 질문이 다신론적인 배경에서 여호와가 아닌 다른 신의 도움을 요청하는 것이라고 이해하는데, 이는 지나친 해석이라고 볼 수 있다.

24. *NIV Study Bible*, 794.

25. 이 본문에 나오는 히브리어 단어 *네사*(נְסָה)는 '들다'는 뜻을 가진 *나사*(נָשָׂא)의 변형된 표현이라고 생각되어 대부분의 번역들이 이렇게 번역한다. 하지만 다수의 학자들은 이 동사의 원형을 *나사*(נָסַע)로 보고 "여호와여, 주의 얼굴빛이 우리에게서 떠났습니다."로 번역한다. 그렇게 되면 이 행은 시인의 말이 아닌 앞의 행에 이어지는 많은 사람들의 말이 될 것이다. Kraus, *Psalms 1-59*, 145; VanGemeren, *Psalms*, 112. Goldingay, "Psalm 4," 167-70에서는, 이 말을 사람들이 여호와가 좋은 것을 주시지 않기에 바알을 섬기게 된 것을 합리화하는 것이라고 주장한다.

스라엘이 겪고 있는 재앙을 거두시고 다시 복('선,' 7절의 풍성한 곡식과 포도주?)을 달라는 간구도 포함하는 것이다. 여호와께서 은총을 베푸실 때 사람들의 불신앙이 회복될 것이며, 다윗에 대한 오해도 풀릴 것이기 때문이다.

2) 하나님에 대한 신뢰 고백(7절)

7절에서 다윗은 6절에서 올린 자신의 기도를 들으실 하나님에 대한 신뢰를 고백한다. 이것은 2-3절에서 대적들을 향해 여호와께서 자신을 왕으로 택하신 것을 신뢰하며 고백한 것과 짝을 이룬다.

1행의 '마음'은 다윗의 삶의 중심을 가리키면서 다윗의 전 존재를 대표한다. 아직 하나님께서 재앙으로부터 이스라엘을 회복시키지 않은 상황이지만, 다윗은 자신의 전 존재에 부어 주시는 하나님의 기쁨을 표현하지 않을 수 없다. 이 기쁨은 많은 사람들이 기대하는 '선'(6절), 즉 곡식과 포도주의 풍성한 수확이 주는 기쁨보다 훨씬 더 큰 기쁨임을 강조한다. 왜냐하면 경건한 성도들에게 하나님 그분보다 더 나은 '선'은 없기 때문이다. 사람들이 기대하는 모든 선, 모든 복과 은총은 언제든지 하나님께서 주실 수 있는 것이다. 한편, JPS에서는 "그들의 곡식과 포도주가 풍성할 때"로 번역하여 백성들에게 하나님이 곡식과 포도주를 풍성하게 주심으로써 왕인 다윗의 마음에 기쁨을 준다고 이해한다. 이에 비해, NIV에서는 "그들의 곡식과 포도주가 풍성할 때 내 마음을 기쁨으로 채워주십시오."로 번역하여 '주다'는 완료형 동사를 6절에 이어지는 기원형으로 번역하고 있다. 하나님이 백성들에게 풍성한 수확을 주시는 기쁨을 왕인 자신의 마음에 채워달라는 간구이다.

3) 하나님의 구원 확신(8절)

8절에서 다윗은 하나님이 자신을 현재의 곤경에서 건지실 것을 확신하며 다시 한번 하나님에 대한 신뢰를 고백한다. 이것은 4-5절에서 시인이 대적들에게 범죄하지 말고 여호와를 의지하라고 한 충고와 연결된다. 4절의 '잠 자리'는 8절의 '누워 잔다'와 연결되고 5절의 '의지하다'는 단어는 어근이 같은 8절의 '안전히'와 연결된다. 다윗은 여전히 고통 가운데 있지만 평안히 누워 잔다고 고백한다(3:5와 비교). '누워 잔다'는 말 앞에 '동시에'라는 부사가 붙어 있는데 이것은 하나님의 보호하심을 깊이 신뢰한다는 것을 강조하는 것이다. 2행은 그 확신에 대한 이유를 보여준다. 여호와만이 자신을 신뢰하는 당신의 종을 어떤 상황에서도 안전하게 살게 하시기 때문이다.

교훈과 적용

시편 4편의 교훈: 하나님 나라 왕이 나라의 재앙 때문에 대적들의 모함과 공격을 당할 때, 참된 왕이신 여호와의 의로운 통치를 확신하면서, 대적들의 회개를 촉구하고, 여호와께 재앙의 해결뿐만 아니라 대적들의 공격으로부터의 구원을 의뢰한다.

1. 우리의 억울함을 풀어 주시는 '내 의의 하나님'

하나님 나라에서 왕의 직분이 가장 중요했기에 사탄의 공격도 집중되었다. 4편과 같은 시편들을 보면, 국가적 재앙의 탓을 왕에게 돌리고 왕을 공격했던 사람들이 많았던 것 같다(2절). 다윗 왕의 이런 고난은 하나님 나라의 진짜 왕이신 예수님에게서 절정에 이르렀다. 사탄은 '네가 만일 하나님의 아들이어든'(마 4:3, 6)이라는 말로 주님을 시험했다. 대제사장들과 서기관들과 장로들도 십자가에 달리신 '이스라엘의 왕'을 조롱하면서(마 26:42) 자신들의 세속적 욕망을 채워주지 못하는 왕을 죽였다. 그들은 왕을 세우신 하나님의 뜻과 왕에게 부여하신 권세를 조롱했기에, 하나님을 거역하는 죄를 범했다(3절). 그러나 하나님은 결국 하나님이 세우신 왕 다윗과 예수 그리스도의 기도를 들으셨다(3절). 다윗의 왕위 회복, 예수님의 부활과 승천은 의로우신 하나님이 하나님 나라 왕의 의로움을 지켜주셨음을 의미한다.

사탄은 교회와 성도가 이 땅에서 그리스도의 왕적 통치를 수행하는 중요한 직분자들임을 알기에 교회 안팎에서 온갖 방법으로 우리를 모함하고 공격한다. 예수님은 그런 우리에게 이렇게 선언해 주셨다. "나로 말미암아 너희를 욕하고 박해하고 거짓으로 너희를 거슬러 모든 악한 말을 할 때에는 너희에게 복이 있다"(마 5:11). 하나님께서 결국 우리를 의롭다고 변호해 주실 것이기 때문이다. 모함과 공격을 당할지라도 성도의 의로움을 변호해 주실 신실하고 의로우신 하나님('내 의의 하나님')을 의지하면 그 고난을 이겨낼 수 있다(1절). 하나님만이 최후의 증인이시다(고전 4:5, 사 50:6-9).

2. 나의 기쁨이 하나님인가, 아니면 하나님이 주시는 복인가?

악인들이 다윗 왕을 공격한 이유는 재앙 때문에 하나님의 '선'(복)을 누리지 못했기 때문이다(6절). 그들은 그 재앙을 주신 하나님의 뜻보다는 당장의 고통에 초점을 맞추고 그 고통의 원인을 왕에게 돌렸던 것이다. 이런 태도는 그들의 삶의 초점이 하나님보다는 하나님이 주시는 복에 맞춰져 있었음을 보여준다. 고통의 때에 하나님의 뜻을 생각하며 회개하거나 하나님을 의지하기보다는(4-5절), "곡식과 포도주의 풍성함"을 갈망했다(7절). 그러나 다윗은 물질이 주는 기쁨보다는 하나님이 주시는 기쁨, 기쁨 자체이신 하나님께 초점을 맞추었다(7절). 고통 가운데서도 하나님과 교제할 수 있는 기쁨, 하나님 안에 있는 기쁨, 하나님께서 얼굴을 드셔서 은총을 베푸실 것에 대한 기대(6절)에 초점을 맞추었다. 그래서 그분께 안전과 보호를 의뢰하며 평안히 누워 잘 수 있었다(8절).

교회가 어려움을 당할 때 우리는 문제 해결 자체에 초점을 맞추고 그 책임을 지도자나 사람들에게 돌리지 말아야 한다. 그보다는 잠잠히 고난을 주신 하나님의 뜻이 무엇인지, 우리에게 죄가 없는지를 먼저 돌아보아야 한다. 그리고 그 고난의 해결을 우리의 풍성한 기쁨이신 하나님께 맡겨드려야 한다. 그럴 때 "모든 지각에 뛰어난 하나님의 평강이" 우리 마음과 생각을 지켜주실 것이다(빌 4:7).

시편 5편

아침에 내 소리를 들으소서

[다윗의 시, 인도자를 따라 관악에 맞춘 노래]

1 여호와여 나의 말에 귀를 기울이사
나의 심정을 헤아려 주소서
2 나의 왕, 나의 하나님이여
내가 부르짖는 소리를 들으소서
내가 주께 기도하나이다
3 여호와여 아침에 주께서 나의 소리를 들으시리니
아침에 내가 주께 기도하고 바라리이다
4 주는 죄악을 기뻐하는 신이 아니시니
악이 주와 함께 머물지 못하며
5 오만한 자들이 주의 목전에 서지 못하리이다
주는 모든 행악자를 미워하시며
6 거짓말하는 자들을 멸망시키시리이다
여호와께서는 피 흘리기를 즐기는 자와 속이는 자를
싫어하시나이다
7 오직 나는 주의 풍성한 사랑을 힘입어 주의 집에 들어가
주를 경외함으로 성전을 향하여 예배하리이다
8 여호와여 나의 원수들로 말미암아
주의 의로 나를 인도하시고
주의 길을 내 목전에 곧게 하소서
9 그들의 입에 신실함이 없고
그들의 심중이 심히 악하며
그들의 목구멍은 열린 무덤 같고
그들의 혀로는 아첨하나이다
10 하나님이여 그들을 정죄하사
자기 꾀에 빠지게 하시고

그 많은 허물로 말미암아 그들을 쫓아내소서
그들이 주를 배역함이니이다
11 그러나 주께 피하는 모든 사람은 다 기뻐하며
주의 보호로 말미암아
영원히 기뻐 외치고
주의 이름을 사랑하는 자들은 주를 즐거워하리이다
12 여호와여 주는 의인에게 복을 주시고
방패로 함 같이 은혜로 그를 호위하시리이다

본문 개요

4편처럼 5편도 악인들이 악한 말로 다윗을 모함하고 멸하려고 할 때(5-6, 9절) 하나님께 부르짖으며 구원을 요청한 기도시편이다. 그러면서도 3, 4편처럼 하나님의 도우심에 대한 확신으로 가득 차 있다. 3편이 아침 기도(5절 "누워 자고 깨었으니"), 4편이 저녁 기도라면(8절 "눕고 자기도 하리니"), 5편은 또 다른 아침 기도로서(3절 "아침에 내가 주께 기도하고 바라리이다") 적합한 위치에 있는 것 같다. 이 시편은 기도시편이지만 악인과 의인의 행동과 각각에 대한 여호와의 심판과 구원이 대조를 이루어 1편처럼 교훈시의 요소도 담고 있다.[1] 4-6절의 묘사는 1편 5절을 풀어서 써 놓은 듯하다.

표제를 보면 이 시편이 후대에 성전에서 불리면서 유사한 상황에 있는 성도들에게 큰 힘이 되었음을 알 수 있다. 다윗이 구체적으로 어떤 역사적 배경 속에서 이 시편을 기록했는지는 불분명하다. 다만 다윗은 거짓말로 자신을

---

1. P. J. Botha, "Psalm 5 and the Polarity between those who may Stand before Yahweh and those who may not," *HTS Theological Studies* 74/1 (2018), a5087, https://doi.org/10.4102/hts.v74i1.5087, 1-7 참조.

모함하는 대적들에게 고통당하는 상황에서 하나님께 부르짖으며 기도한 것으로 보인다. 악인들은 성소에 서지 못하고(4-5절) 시인은 결국 성소에 가서 예배할 것을 확신하는 것(7절)은, 이 시편의 배경을 3편처럼 압살롬의 반역 사건으로 볼 수 있게 한다.[2] 3절이나 7절은 이 시편이 후대의 성전 예배에서 아침 희생제사 시에 부르기에 적합한 시편으로 만들었을 것이다.[3]

5편은 3, 4편처럼 부르짖을 때 응답하시는 하나님에 대해 고백하고(3:4; 4:1, 3; 5:1-3), 성소에서의 기도 응답과 예배를 언급하며(3:4; 4:5; 5:3, 7), 다윗에 대해 거짓말로 공격하는 대적들에 대해 고발하고(3:1-2; 4:2; 5:6, 8-9), 악인을 멸하시고 의인을 보호(구원)하시는 하나님의 의로운 통치를 신뢰한다(3:3, 7; 4:1, 3, 5, 8; 5:4-6, 8, 11-12). 3편 3절에서 다윗이 여호와를 자신의 '방패'로 고백했는데, 5편 12절에서도 '방패'처럼 의인을 호위하시는 하나님에 대해 고백하고 있다. 또 3편 마지막 절(8절)에서 하나님의 복을 그의 백성들에게 내려 달라는 축복으로 마무리했는데, 5편 마지막 절(12절)도 의인에게 복을 주시는 하나님을 찬양함으로 마무리된다(12절). 또 4편 7절에서 고백한 여호와에 대한 기쁨은 5편 12절에도 등장한다. 구원의 '아침'에 대한 5편의 강조는 앞뒤의 시편들과 연결되고 있다(3:5; 4:8; 6:6).[4]

---

2. Botha, "Psalm 5," 1-7에서는 후대의 편집자가 포로귀환시대의 백성들을 격려하기 위해 다윗이 압살롬의 반역을 피할 때인 것처럼 본문의 배경을 설정하고 있다고 주장한다.

3. Craigie, *Psalms 1-50*, 85; *NIV Study Bible*, 794. 실제로 학자들은 이 시편이 제의적 배경을 갖고 있을 것으로 보고(3, 7절), 혹자(Eaton)는 신년 축제 때 왕이 기도한 것으로, 혹자(Gunkel)는 악인들에 의해 위협당하는 '경건한 자'가 아침 제사 때에 성소에서 말한 것으로, 혹자(Beyerlin)는 성소에서의 재판 절차를 가정하기도 한다. G. T. M. Prinsloo, "Psalm 5: A Theology of Tension and Reconciliation," *SK* 19/3 (1998), 629-30 참조.

4. Hossfeld & Zenger, *Die Psalmen I*, 64 참조.

문학적 특징과 구조

이 시편은 기도 응답을 요청하는 도입 기도(1-3절) 후에, 악인을 심판하시고 의인을 구원하실 하나님의 의로운 통치에 대한 확신과 그에 근거한 기도가 교차적으로 등장하는 구조를 보여준다.[5]

A 1-3절 왕이신 여호와께 기도 응답을 요청하는 도입 기도
  B 4-6절 악인을 심판하실 하나님의 의로운 통치 확신
    C 7-8절 시인에 대한 의로운 구원 확신과 간구
  B′ 9-10절 악인들에 대한 고발과 의로운 판결에 대한 기도
    C′11-12절 의인들을 위한 구원 간구와 축복

B와 B′ 부분은 죄와 악인들을 미워하시고 멸하시는 하나님의 의로운 통치에 대한 확신(4-6절)과 악인들의 악행에 대해 고발하면서 그에 합당한 심판을 구하는 기도(9-10절) 부분이다. 두 부분 모두에 악과 악인들과 관련된 표현들과 여호와의 심판에 대한 표현들이 집중적으로 등장한다.

C와 C′ 부분은 시인(의인)이 하나님께 구원받아 성소에서 하나님의 인자하심과 의로우심을 의지하여 예배할 것을 확신하는 부분(7-8절)과 의인들을 위한 기도와 축복(11-12절) 부분이다. 두 부분에는 악인들에 대한 것과 대조적으로 하나님을 경외하며 의지하는 의인에 대한 하나님의 보호와 구원이 강조된다.

한편 B 부분(4-6절)은 악인이 하나님의 성전에 거하지 못한다는 것을 말하고 C 부분(7-8절)은 의로운 시인이 성소에서 예배하게 될 것을 확신한다

---

5. Prinsloo, “Psalm 5,” 630-2, 636-7에서도 이처럼 악인과 의인을 대조하는 교차 대구적 구조를 제시한다.

는 면에서 서로 대조된다. 또 B′와 C′ 부분도 악인의 심판(9-10절)과 의인의 구원(11-12절) 주제로 서로 대조를 이룬다.

이 구조에서 특징적인 것은, 이유('왜냐하면') 혹은 확신('분명히')의 절을 이끄는 히브리어 부사 '*키*'(כִּי)가 4, 9, 12절에 등장하면서, 4-8절과 9-12절을 각각 하나의 연으로 묶는다는 것이다.

본문 주해

표제:

"다윗의 시" 다윗이 지은 시(악기를 연주하면서 부른 노래?)를 의미할 것이다.

"인도자를 따라" 후대 성전 예배에서 사용될 때에 찬양 인도자에 의해 낭송되도록 안내하는 것이거나 예배 인도자를 위한 시편집에 포함된 것을 가리키는 말일 수 있다.

"관악에 맞추어" '관악'으로 번역된 단어(*네힐롯* נְחִילוֹת)는 그 의미를 파악하기 힘든 단어다. '상속'(칠십인역)이라는 의미가 있는 곡조를 가리키거나 플루트와 같은 관악기를 연주하면서 부르라는 지시어일 수 있다.[6]

1. 왕이신 여호와께 기도 응답을 요청하는 도입 기도(1-3절)

시편 4편처럼 5편도 구체적인 상황을 아뢰기 전에 기도 응답을 먼저 요청하는 도입 기도로 시작된다. 이 부분에는 '여호와여'가 두 번(1, 3절), '나의 왕 나의 하나님'이 한 번 나와 시인이 기도의 대상인 하나님을 얼마나 간절히 부르는지 강조한다. 또 3절 1행까지 네 개의 동사('귀 기울이다,' '헤아리

---

6. Kraus, *Psalms 1-59*, 27.

다,' '[귀담아]듣다,' '듣다')가 등장하여 모두 기도 응답을 간청한다. 또 이 연에서는 기도를 '말,' '심정,' '부르짖는 소리,' '소리' 등으로 다양하게 표현하며 강조하고 있다.

1절은 도입 기도인 만큼 기도의 대상이자 참 구원자이신 '여호와'를 부르는 것으로 시작한다. 1행의 '귀를 기울여 달라'는 동사는 2행의 '헤아리다'는 동사와 잘 대구를 이룬다. 동시에 2절의 '(귀담아)듣다'는 동사와도 호응 관계를 이룬다. 이 모든 표현은 3절에서 '듣다'는 일반적인 표현으로 요약되고 있다. 또 1절에서는 '말'과 '심정'이 평행을 이룬다. '말'이 기도의 내용을 나타낸다면 '심정'으로 번역된 단어는 고통당하는 시인의 한숨과 탄식의 소리를 묘사한 의성어다. 다윗이 얼마나 고통스러운 상황에서 하나님께 부르짖고 있는지를 잘 강조해 준다. '헤아리다'로 번역된 동사는 주로 '이해하다'로 번역되지만 여기서는 기도에 주의를 기울여 헤아리는 것을 의미한다 (*HALOT*).

2절에 나오는 '(귀담아)듣다'는 동사는 매우 주의를 기울여 듣는 행동(10:17; 17:1; 55:2; 61:1; 142:6)을 묘사하며 1절의 간구를 이어간다. '부르짖는 소리' 또한 하나님의 도움을 울부짖으며 구하는 간절한 기도를 청각적으로 강조한다. 1, 3절에서는 기도의 대상을 '여호와'로 부르지만, 2절에서는 '나의 왕 나의 하나님'(44:4; 68:24; 74:12; 84:3)으로 부르고 있다. 하나님이 '왕'이라는 고백은 하나님이 온 세상을 공평하게 다스리는 통치자이심을 의미한다. 다윗은 이 땅에서 일어나는 불의와 그 불의로 고통을 당하는 당신의 의인에 대해서 의롭게 판결하시고 구원하시는 '왕'이자 재판관이신 하나님을 부르고 있다(7:11; 9:7-8; 10:16). 그리고 그 '왕'이 좌정하신 상징적인 장소는 성소의 법궤 위다(삼하 6:2; 사 6장). 다윗은 성소에서 기도를 통해 자신의 억울한 송사를 하늘 재판관이자 왕에게 아뢰고[7] 그 판결을 기다리고 있는 셈이

---

7. Mays, *Psalms*, 57.

다. 또 다윗이 이런 하나님을 '나의' 왕, '나의' 하나님으로 부르는 것(44:4; 68:24; 74:12; 84:3; 145:1)은, 하늘의 왕이 자기편임을 확신하는 표현이다. 하나님은 당신을 경외하며 의지하는 의인들의 편으로서 언제든지 그들이 부르면 응답하시는 하나님이심을 고백하는 것이다.[8]

3절에서 특별한 것은 '아침'이 두 번이나 강조되어 등장한다는 점이다. 아침은 주로 왕의 재판이 이루어지던 시간이며(삼하 15:2; 렘 21:12; 시 101:8 참조), 고통스러운 밤이 가고 구원이 오는 시간을 상징하였다(46:5; 90:14; 애 3:23; 습 3:5).[9] 1행은 확신의 표현일 수도 있고 기도일 수도 있다. "듣다"는 동사는 미완료형이라서 평서문으로 번역하여 확신으로 볼 수도 있지만(개역개정), 2절의 명령형(기도) 동사에 이어지는 명령형으로 번역하여 기도로 볼 수도 있다(새번역, JPS). 여기서는 다윗이 일종의 소송 제기인 자신의 기도를 판결의 시간인 "아침"에 들어 달라고 요청하는 기도로 보는 것이 좋을 것 같다. 2행에서는 그러한 응답을 간절히 기다린다고 한다. 2행에서 '기도하다'는 단어의 원어는 '올리다' 혹은 '정돈하다'로 번역되는 동사다. 그런데 본문에는 이 동사의 목적어가 없어서 아침 '제사'를 드리면서(레 1:8, 12) 기도하는 것으로 추측을 하기도 하지만, 일종의 송사로서 기도를 올리는 것(욥 32:14; 13:18; 23:4; 시 50:21)을 표현한다고 보는 것이 더 낫다.[10] '바라다'로 번역된 동사는 정말 눈이 빠질 정도로 응시하며 간절히 기다리는 모습을 묘사한다(삼상 4:13; 렘 48:19; 합 2:1).

2. 악인을 심판하실 하나님의 의로운 통치 확신(4-6절)

4-8절에서 다윗은 1-3절에서 자신이 기도한 이유가 하나님의 의로우심에 대한 확신 때문임을 고백하고 있다. 4-6절에서는 그 의로우심이 악인이 하나

8. Kraus, *Psalms 1-59*, 154.
9. Kraus, *Psalms 1-59*, 155; 김정우, 『시편주석 I』, 226, 228.
10. Kraus, *Psalms 1-59*, 154; VanGemeren, *Psalms*, 116.

님 앞에 설 수 없는 심판으로 드러난다면, 7-8절에서는 의로운 시인에 대한 영접으로 나타나면서 대조를 이룬다. 1편을 구체화한 듯하다.[11] 4-6절에서는 '죄악,' '악,' '오만한 자들,' '악,' '거짓말,' '피,' '속임' 등의 죄 목록과 악인들에 대한 묘사가 집중적으로 등장하여 이들이 하나님의 미움(4절 1행, 5절 2행, 6절 3행)과 심판 대상임을 강조한다. 이것은 9-10절과 유사하다. 하나님이 악인을 기뻐하지 '않는다'는 것을 강조하기 위해서 4절 1행부터 5절 1행까지 연속해서 세 번이나 부정적 표현이 등장한다.[12]

4-5절은 네 개의 행이 A-B-B′-A′형태의 구조를 이루고 있다. 즉 A와 A′(4절 1행과 5절 2행)가 하나님께서 기뻐하지 않으시거나 미워하시는 것을 말한다면, B와 B′(4절 2행과 5절 1행)는 하나님 앞에 머물 수 없는 것이 무엇인지를 말한다. 또 4, 5, 6절 모두에서 하나님이 기뻐하지 않고, 미워하고, 혐오하시는 대상이 무엇인지를 반복적으로 밝힌다. '죄악'(4절)과 '모든 행악자'(5절)와 '피 흘리기를 즐기는 자와 속이는 자'(6절)가 그 대상이다. 이런 집중적인 표현들은 죄악과 악인들에 대한 하나님의 절대적인 혐오를 강조한다.[13] 하나님 앞에 머물 수 없다는 표현이나 하나님이 미워하신다는 표현은 모두 악인에 대한 하나님의 심판을 말한다. 이것은 10절에서 보듯이 의로운 재판관이신 하나님이 시인을 무고하게 괴롭히는 악인들을 정죄하는 판결을 내리시는 결과로 드러날 것이다.

4절 1행에서 시인은 먼저 하나님이 죄악을 기뻐하시는 분이 아님을 고백한다. 이 행은 2행이나 5절의 확신의 근거(~ 때문에)를 제공한다. 그래서 2행에서 시인은 악이 하나님과 함께 머물지 못한다고 확신한다. '악'은 '악인'으

---

11. Botha, "Psalm 5," 5-6에서는 1편과 5편이 갖는 많은 공통점에 대해서 잘 관찰하고 있다. '악인'(1:1, 4, 5, 6; 5:4), '꾀'(1:1; 5:10), '기쁨'(1:2; 5:4), '의인'(1:5, 6; 5:12), '길'(1:6; 5:8), '망하다'(1:6; 5:6) 등의 공통 어휘뿐만 아니라, 하나님 앞에 '서는'(예배하는) 주제도 공유하고 있다(1:5; 5:4-5, 7).
12. Prinsloo, "Psalm 5," 633 참조.
13. VanGemeren, *Psalms*, 116.

로 번역될 수도 있는데(*HALOT*, NIV), 그렇게 되면 이 단어는 5절의 '오만한 자들,' '행악자들'과 같은 대상을 가리키게 된다. 4절 2행은 5절 1행과 평행을 이루어 악인들과 교만한 자들이 하나님을 예배하는 성소("주의 목전에")에 설 수 없음을 강조한다(1:5).[14] 하나님의 성소에 머물지 못하고(15:1; 24:3) 서지 못하는 것(수 24:1; 삼상 10:19)은 예배에서 배제되는 것을 말하지만, 궁극적으로는 6절 1행이 표현하듯이 하나님께 배척받고 심판받은 상태를 가리키는 것이다.

5절 1행의 '오만한 자들'은 하나님을 의뢰하기보다는 자신을 의지하고, 하나님의 법보다는 자기 법대로 살거나 이방신을 섬기며 사는 악인들의 특징을 강조한다(73:3; 75:4).[15]

6절에서 강조하는 '거짓말하는 자들'과 '피 흘리기를 즐기는 자와 속이는 자'는 특별히 현재의 다윗의 상황과 관련된 것으로 보인다. 9절이 '나의 원수들'(8절)의 악이 구체적으로 말과 관련된 것임을 밝히고 있기 때문이다. 이들은 거짓말을 퍼뜨리거나 근거 없이 의로운 자를 고발하여 사형 선고를 받게 하거나,[16] 의인을 사회적으로 '죽이려는' 자들이다. 그런 의미에서 '피의 사람'에 대한 번역인 '피 흘리기를 즐기는 자들'은 상징적인 의미를 띤다고 하겠다. 1행에서 하나님이 거짓말하는 자들을 '멸망시키신다'고 한 것은 1편 6절처럼 악인들의 최종적 운명을 노래한 것이다.[17] 여호와가 이런 죄를 싫어하신다는 교훈은 잠언 6장 16-19절에 잘 나타나 있다.[18]

14. Kraus, *Psalms 1-59*, 155.
15. *NIV Study Bible*, 818.
16. Kraus, *Psalms 1-59*, 156.
17. VanGemeren, *Psalms*, 116.
18. Botha, "Psalm 5," 6-7.

3. 구원 확신과 간구(7-8절)

이 연은 '오직(그러나) 나는'으로 시작하면서 '의'를 행한 시인과 악을 행하는 대적들을 대조한다. 다윗은 하나님의 성소에 설 수 없는 악인들과 달리(4-6절), 하나님을 의지하고 의를 행하는 자신은 하나님의 구원을 받아(8절) 하나님의 성소에서 예배하게 될 것을 확신한다. 이런 확신은 11-12절에서 의인들의 구원과 복에 대한 확신으로 확장되고 있다. 여기서는 특이하게도 '주의 풍성한 사랑을 힘입어,' '주를 경외함으로,' '주의 의로'라는 같은 전치사(*베* בְּ)를 사용하는 구들이 연속해서 등장하여 구원과 예배가 하나님께 달려 있음을 강조한다.

7절에서 시인은 악인들이 하나님의 성소에 설 수 없고 멸망하는 데 비해, 의인인 자신은 하나님의 집에서 예배하게 하실 하나님의 풍성한 사랑을 기뻐한다. 1행과 2행이 교차 대구적 구조('주의 풍성한 사랑을 힘입어' - '주의 집에 들어가다' - '성전을 향하여 예배하다' - '주를 경외함으로')로 구성되어 예배하는 시인의 행동이 강조된다.[19] 첫 번째 어구인 '주의 풍성한 사랑에 힘입어'와 마지막 어구인 '주를 경외함으로'는 서로 대비된다. 첫 번째 어구는, 시인이 여호와의 집에 들어가서 성소를 향해 예배할 수 있는 것은, 자신의 자격 때문이 아닌 여호와의 풍성한 사랑(출 34:6; 민 14:18) 덕분임을 강조한다. 사랑(*헤세드* חֶסֶד)은 '신실한 사랑' '인자하심'으로 번역될 수 있는 단어로, 언약에 약속하신 대로 자신을 신뢰하는 의인들에게 베푸시는 하나님의 모든 자비와 사랑의 행위를 가리킨다.[20] 이에 비해 '주를 경외함'은 성소에 임재하신 하나님께 합당한 인간의 태도를 가리키는데, 두려움뿐만 아니라 순종과 신뢰를 포함한다.

7절은 두 가지로 해석될 수 있다. 먼저, 7절의 동사들을 현재형으로 번역

19.. Prinsloo, "Psalm 5," 634.

20. Kraus, *Psalms 1-59*, 155.

하면(NIV, 새번역), 1-3절의 기도와 7절의 예배는 현재 주의 집에서 이루어지는 것이다. 즉, 현재 다윗이 성소에 들어갈 수 있는 것 자체가 악인들에 대한 혐오와 대조되는 하나님의 풍성한 사랑의 결과이다. 그래서 지금 하나님을 경외함으로 거룩한 전(지성소)을 향하여 예배한다고 고백하는 것이다. 이런 점에서 7절은 8절 이후에서 시인이 기도하는 앞으로의 구원에 대한 보증의 기능을 하게 된다.[21] 두 번째로, 7절을 미래형으로 번역하게 되면(개역개정, ESV), 이 절은 구원받은 이후에 하나님의 집에서 예배하게 될 것을 확신하는 것이다. 그렇게 되면 7절 2행은 구원받은 이후에 하나님을 경외함으로 예배하겠다는 맹세가 된다.[22] 여기서는 후자의 견해를 취하지만 성전 예배의 신학적 중요성은 어느 쪽 해석에서든지 중요하다. 15, 24편에 의하면 주의 전에 거할 수 있는 사람은 하나님께 '의롭다'고 인정을 받은 자들이다(118:19-20). 고난을 겪는 성도에게는 성소에서 예배할 수 있다는 것 자체가 하나님이 인정하셨다는 표현이며, 주의 집에 거하는 것 자체가 그 고난에서 구원받는 목표이다(1:5; 23:6; 43:1-5).

8절에서 다윗은 7절의 확신에 근거해서 간구한다. 7절에서 하나님의 '사랑'을 의지했다면 8절 1-2행에서는 하나님의 '의'를 의지한다. 다윗은 자신의 왕과 목자이신 하나님께 그의 백성이자 양인 자신을 의의 길로 인도해 주시길 요청한다(2절; 23:3). '원수들로 말미암아'라는 말은, 의로 인도하시는 것이 악한 원수들의 거짓된 고발에 대항해서 의로운 판결을 내려주시는 것임을 암시한다. 즉 시인을 원수들의 악랄한 공격으로부터 구원하시는 것이다.[23] '원수'(*쇼레르* שׁוֹרֵר)로 번역된 단어는 상대방을 공격하려고 숨어서 지켜보는 자라는 의미를 갖는데(BDB), 이 의미는 5편의 문맥과 잘 맞는다(7:15; 9:15, 16; 10:2; 10:8-9; 11:2 참조). 8절 3행도 그것을 뒷받침한다. 하나님의

---

21. Kraus, *Psalms 1-59*, 155-6은 그렇게 해석한다.
22. Calvin, *Psalms*, 1:57-8; Craigie, *Psalms 1-50*, 87.
23. Kraus, *Psalms 1-59*, 156.

길을 시인의 목전에 곧게 한다는 것은 시인을 악인들의 공격에서 구원하심으로써 시인의 길이 곧고 평평하게 됨을 의미한다. 이것은 원수들의 공격이라는 장애물을 제거하는 것이며 하나님의 의로운 통치를 실현하는 것이다. 이처럼 하나님을 경외하는 자에 대한 하나님의 변호와 구원이 그의 의로운 길이며 의로운 통치를 깨닫게 하는 방편이다(25:4, 5, 12; 27:11; 32:8; 86:11). 그래서 하나님의 통치와 구원은 그의 율법의 길과 일치한다. 이 기도는 10절에서 구체적으로 나타난다.

4. 악인 고발과 의로운 판결 간구(9-10절)

이 부분도 4절처럼 '왜냐하면'이라는 부사로 시작하면서 8절의 기도의 이유를 밝히는 기능을 한다. 9절은 8절에서 언급했던 '나의 원수들'의 행위를 고발함으로써 하나님께서 시인을 도와주셔야 하는 이유를 밝히는 것이고, 10절은 원수들의 악행에 상응하는 판결과 심판을 구하는 간구이다. 그런 점에서 악인들의 악을 싫어하시는 하나님의 심판을 고백한 4-6절과 연결된다.

9절에 나오는 원수들의 악행에 대한 고발은 주로 그들의 말에 집중되어 있다. 6절에 나오는 악인의 악행들을 신체 기관들(입, 심중, 목구멍, 혀)에 대한 비유로 묘사하고 있다. 이런 고발은 다윗을 공격하는 원수들의 '말'이 얼마나 치명적인가를 보여준다. 많은 시편에서 혀는 칼이나 활처럼 치명적인 것으로 등장한다(12편; 55:21; 57:4; 64:3-4; 잠 12:18, 25:18 참조).[24] 1행과 4행은 그들의 말이 믿지 못할 거짓말임을 강조하고, 2행과 3행은 그들의 말이 사람들을 파멸시키고 죽음에 이르게 하는 것임을 강조한다. 2행에서 '그들의 심중이 심히 악하다'(ESV "그들의 속은 파멸이며")라고 말한 것은 그들이 마음으로 계획하는 모든 것이 다른 사람들을 파멸과 죽음에 이르게 하는 악독한

24. *NIV Study Bible*, 791.

것임을 가리킨다(38:12; 52:2; 55:11; 57:1 참조).[25] 이것은 3행의 '목구멍은 열린 무덤'이라는 은유로 더 강화된다(렘 5:16). 이 말은 수많은 사람의 죽음과 파멸에도 만족하지 못하는 열린 무덤처럼(잠 27:20; 합 2:5), 악인들의 말은 끊임없이 사람들을 파멸과 죽음에 이르게 한다는 의미다. 바울은 이 표현을 로마서 3장 13절에 인용하여 하나님을 모르는 모든 인류의 죄에 대한 묘사로 사용하고 있다. 4행에 나오는 '아첨하다'는 단어는 '부드럽다'는 어근에서 비롯된 말로 겉으로는 부드러운 말을 하지만 속으로는 죽음에 이르는 독을 품고 있는 상태를 말한다(12:2, 3; 55:21; 잠 2:16; 7:5, 21; 26:28 등). 만약 이것이 왕인 다윗에게 적용된다면 왕을 끌어내리기 위한 음모와 꾀를 의미하게 된다(17, 25, 27-28, 21, 35편 등과 삼상 8:20; 11:12; 12:12; 25:28; 삼하 3:18; 7:9-11 등 참조).[26] 결론적으로, 9절은 다윗의 원수들이 다윗에 대해서 비방하고 중상모략하는 것은 무고한 의인을 파멸에 이르게 하려는 참으로 악독한 행위임을 부각한다.

10절은 9절에서 묘사한 악한 원수들의 악행에 대한 하나님의 의로운 심판을 간구하는 기도다. 1행의 '정죄해 달라'는 것은, 하늘의 재판관이며 의로운 왕이신 하나님(2절)이, 그들의 모든 말과 악행이 얼마나 악한 죄인지 선고하시면서 그들의 죄에 합당한 형벌을 내려주시라는 기도다(34:21-22; 사 24:6; 호 5:14; 10:2).[27] 그것은 2행에서는 무고한 의인을 거짓으로 고발하여 파멸시키고자 했던 악인들의 꾀에 도리어 자신들이 빠지게 해 달라는 간구로 표현된다(9:15, 16; 잠 1:31). 3행에서 요청하는 심판("그 많은 허물로 말미암아 그들을 쫓아내소서")은 4-6절에서 고백했던 확신에 근거하여 그처럼 악을 행하는 자들을 하나님의 존전과 성도들의 공동체로부터 추방해 달라는 것이다. 악인들은 하나님의 성소에도 머물 수 없지만, 궁극적으로는 하나님

---

25. Kraus, *Psalms 1-59*, 156.
26. *NIV Study Bible*, 792.
27. VanGemeren, *Psalms*, 118.

의 의로운 통치와 복과 생명이 임하는 이스라엘과 교회와 새 하늘과 새 땅에도 거할 수 없기 때문이다(계 21:27; 22:15). 4행은 그 이유를 말한다. 하나님을 경외하는 의인을 악독한 거짓말로 파멸시키려고 하는 악인들의 '허물'은 결국 의인에게 선을 베푸시는 하나님을 '반역'하는 것이기 때문이다. 즉 하나님의 의로운 통치를 거스르는 것이다.

시편에는 원수(들)에 대한 저주처럼 보이는 기도가 자주 등장한다. 이런 기도들은 사랑의 계명을 어기는 것이라기보다는 하나님의 백성들에게나 이 땅에 일어나는 불의에 대한 탄식 어린 호소이다. 즉, 하나님께서 악에 상응하는 벌을 내려주심으로써 불의를 교정하고(신 25:1-3; 살후 1:6; 계 6:10; 19:2), 하나님 나라와 의를 실현해 달라는 호소다. 하늘의 재판관에게 자신들의 사건을 의뢰하면서 의로운 통치 실행을 촉구하는 것이다(렘 15:15).[28]

5. 의인들을 위한 구원 간구(확신)와 축복(11-12절)

마지막 연인 11-12절은 앞 연과 매우 대조적이다. 9-10절이 악인들의 죄악을 고발하고 그들의 심판을 간구하는 것이라면, 11-12절은 의인들을 위한 구원 간구(확신)와 축복이기 때문이다. 이것은 7-8절의 다윗 개인의 확신과 기도를 의인들을 위한 것으로 확대한 것이다.

11절에서는 10절의 악인 심판과 대조되는 의인들의 구원과 그로 인한 즐거움에 대한 확신 혹은 간구이다. 11절을 개역개정처럼 10절의 결과나 목적절로 이해하여 평서문으로 번역할 수도 있지만 동사들을 간접 명령형으로 취하여 기원으로 번역하는 것이 더 나아 보인다(ESV, NIV, JPS). 이 절에는 '기뻐하다'는 동사가 세 번이나 반복되어 구원의 기쁨을 강조한다. 12절에서 '의인'으로 일반화해서 말하는 자들은 11절에서는 '주께 피하는 모든 사람,' '주의 이름을 사랑하는 자들'로 구체화 되어 있다. 하나님께 피하는 자들을 7절

---

28. *NIV Study Bible*, 792.

과 관련시킨다면, 악인들에게 공격을 받을 때도 하나님이 임하시는 성소로 피하여 기도하는 자들이라 할 수 있다(2:12). 또 하나님의 '이름'은 하나님의 모든 성품과 사역을 계시하고 있기에(출 3:14-15; 34:6-7),[29] 그분의 이름을 사랑하는 자들은 하나님을 사랑하는 자들이다. 다윗은 자신처럼 하나님을 의지하고 사랑하는 자들이 기뻐하게 해 달라고 기도한다. 두 번째 '기뻐 외치다'는 단어는 찬양의 외침을 가리키는 경우가 많기에(33:1; 35:27; 51:16; 59:16 등), 이 기도는 하나님에 대한 기쁨의 찬양 가운데서 즐거워하는 장면을 그리고 있다. 찬양과 기쁨의 이유는 하나님이 당신의 날개 그늘로 그들 위를 가려주심(17:8; 36:8; 57:1; 61:4; 91:4 등 참조), 즉 하나님의 완벽한 보호 때문이다. 이것은 시인이 8절에서 기도한 악인들로부터의 구원을 포함한다.

12절에서는 의인을 보호해 달라는 11절의 기원이 확신으로 바뀐다. 12절의 원어 본문은 '틀림없이, 주(당신)께서는'이라는 강조로 시작한다. 하나님을 의지하고 사랑하는 '의인'에게 여호와가 반드시 복을 주신다는 것을 강조한다. 고난 가운데서의 보호와 구원뿐만 아니라 언약에 약속하신 모든 복을 주신다는 말이다. 2행은 그 복의 하나로 '호위'를 구체적으로 말한다. '방패'는 전신을 가릴 수 있는 큰 방패를 말하는데(35:2; 91:4; 삼상 17:7, 41; 왕상 10:16-17, *HALOT*), 여기서는 여호와의 '은총'(30:5, 7; 51:18; 89:17; 106:4)에 대한 직유로 나온다. '은총으로 호위한다'는 말은 하나님이 구원의 은혜와 복으로 의인을 둘러싸 지키심을 말한다. '호위하다'로 번역된 단어는 자주 면류관을 머리에 씌우는 것을 의미하기도 한다(8:5; 65:11).[30]

---

29. *NIV Study Bible*, 792.

30. 칠십인역은 '씌우다'로 직역하고 있고, 라틴어 번역(Vulgate)에서는 2행을 '은혜의 방패로 그를 영광스럽게 한다' 혹은 '은혜의 방패로 그에게 승리를 주신다'는 의미로 번역하고 있다. 박철우, "시 4-5편의 수사학적 분석과 불가타 성경의 번역 원칙 및 유용성 연구," 『구약논단』 15/3(2009): 128.

교훈과 적용

시편 5편의 교훈: 왕이신 하나님은 온 세상을 의롭게 통치하시기에 성도가 세상에서 악인들의 죄와 거짓말에 무고하게 고통당하는 것을 기뻐하지 않으신다. 그러므로 성도는 거짓말과 죄악으로 공격하는 악한 자들을 하나님께 고발하며 하나님의 의가 이루어지길 기도하고, 의로운 통치자 하나님을 예배하여 찬양할 그 날을 고대해야 한다.

1. 사람을 파멸시키고 하나님의 질서를 파괴하는 원수들의 거짓말!

시편에서 수많은 시인이 고통당하는 것은 원수들의 '거짓말' 혹은 '중상모략' 때문이다. 5편 6절과 9절이 말하듯이, 이런 거짓말들은 독과 칼을 품은 것들이어서 사람들을 정서적이고 사회적이고 육체적인 죽음으로 이끈다. 로마서 3장 13절도 9절을 인간의 죄성을 나타내는 최고의 표현으로 인용한다. "혀는 곧 불이요 불의의 세계"이며(약 3:6), "쉬지 아니하는 악이요 죽이는 독이 가득한 것"이다(약 3:8). 십계명에서도 "네 이웃에 대하여 거짓 증거하지 말라"(출 20:16)고 한다. 거짓의 죄를 짓는 악한 자들은 하나님을 배역하는 것이기에(10절) 하나님의 의로운 통치와 축복과 생명이 임하는 하나님의 성소와(4-5절) 하나님 나라에도 들어올 수 없다(계 21:27; 22:15).

성도와 교회는 이 시편의 다윗처럼 불의한 거짓말과 악한 험담으로 엄청난 고통을 당할 수 있다. 다윗은 사울이나 도엑, 아히도벨, 압살롬 등의 거짓말에 죽도록 고통을 당했다. 예레미야나 예수님, 그리고 수많은 성도가 거짓된 고발로 고통을 당하고 심지어는 죽임까지 당했다. 모두 우리가 맞서 싸워야 할 "거짓말쟁이요 거짓의 아비"인(요 8:44) 마귀의 궤계이다.

2. 하나님의 의로운 통치를 임하게 하는 기도의 말!

성도와 교회가 거짓과 악독한 말로 공격받을 때 해야 할 말은 거짓말이 아닌 기도의 말이다. 다윗처럼 대적들의 거짓 고발과 중상모략 때문에 고통당할 때에도 악을 미워하시는 '나의 왕, 나의 하나님'을 불러야 한다. 악인들의 거짓말과 사탄의 궤계에 맞서 필사적으로 하나님의 도우심과 의로운 판결을 간구하고 기다려야 한다(1-3, 10절). 이 땅에서 당하는 불의를 왕이신 하나님께 고발하면서(9절), 그 불의를 시정해 주실 것을 간절히 기도해야 한다. 왜냐하면, 온 세상의 왕이자 재판관이신 하나님만이 의롭게 판결하시고 통치하실 수 있기 때문이다(8절). 하나님만이 당신을 사랑하는 의인들의 억울함을 아시고 보호하시며, 악인들을 심판하시기 때문이다(11, 12절). 이 의로운 통치는 이미 악인들의 거짓말에 의해 돌아가신 예수 그리스도의 부활을 통해 이루어졌고, 승천하신 왕 예수 그리스도에 의해 마지막 날에 완성될 것이다.

악인들의 악을 고발하고 심판을 촉구하는 것은 "하나님 나라가 임하게 해 주시고" "뜻이 하늘에서 이루어진 것처럼 땅에서도 이루어지게 해 주십시오"(마 6:10)라고 기도하는 것과 다름없다.[31] 우리의 기도 사역을 통해 세상 통치자들이나 사탄의 나라가 아니라 하나님 나라가 이루어지는 것을 볼 것이다. 그 때 우리는 하나님의 성소이신 그리스도와 교회로 피하여 그분의 보호하심을 받는 자들이 누리는 기쁨과 찬양을 온 세상에 선포해야 할 것이다(7, 11절).

---

31. Mays, *Psalms*, 59.

시편 6편

나를 고쳐주십시오

[다윗의 시, 인도자를 따라 현악 여덟째 줄에 맞춘 노래]

1 여호와여 주의 분노로 나를 책망하지 마시오며
주의 진노로 나를 징계하지 마옵소서
2 여호와여 내가 수척하였사오니 내게 은혜를 베푸소서
여호와여 나의 뼈가 떨리오니 나를 고치소서
3 나의 영혼도 매우 떨리나이다
여호와여 어느 때까지니이까
4 여호와여 돌아와 나의 영혼을 건지시며
주의 사랑으로 나를 구원하소서
5 사망 중에서는 주를 기억하는 일이 없사오니
스올에서 주께 감사할 자 누구리이까
6 내가 탄식함으로 피곤하여
밤마다 눈물로 내 침상을 띄우며
내 요를 적시나이다
7 내 눈이 근심으로 말미암아 쇠하며
내 모든 대적으로 말미암아 어두워졌나이다
8 악을 행하는 너희는 다 나를 떠나라
여호와께서 내 울음 소리를 들으셨도다
9 여호와께서 내 간구를 들으셨음이여
여호와께서 내 기도를 받으시리로다
10 내 모든 원수들이 부끄러움을 당하고 심히 떪이여
갑자기 부끄러워 물러가리로다

본문 개요

시편 6편은 생명이 위독할 정도로 고통스러운 질병(6절) 가운데서 하나님께 질병의 치유와 대적들로부터의 구원을 구하는 다윗의 기도시편이다. 7, 8절은 다윗의 질병이 대적들이 다윗을 공격하는 빌미가 되었음을 암시한다. 2, 5, 6절 등에서 묘사하는 시인의 육체적 고통은 정신적인 고통에 대한 비유로 볼 수도 있다. 하지만 그렇게 보기에는 이 시편의 언어들이 너무 구체적이다. 1절을 액면 그대로 본다면 다윗의 질병은 그의 죄에 대한 하나님의 징계였다고 말할 수 있다. 그래서 초대교회의 전통에서는 이 시편을 32, 38, 51, 102, 130, 143편과 더불어 '참회시편'으로 사용하였다.[1] 6편에서는 구체적으로 죄 용서를 구하는 기도는 없지만 1, 2절의 기도는 참회를 전제하고 있는 것 같다. 죄 용서의 표현으로 질병의 치유를 구하고 있다고 볼 수 있다.[2] 8-10절은 마치 기도 응답을 받은 것처럼 해석할 수 있어서 일부 학자들은 6편이 하나님의 치유 이후에 쓴 시편이라고 한다. 그러나 1-7절의 탄식과 기도의 간절함을 볼 때, 8-10절은 하나님의 응답과 치유에 대한 강한 확신을 표현한 것으로 보는 것이 더 나을 것이다.[3] 다윗이 어떤 역사적 상황에서 이 시편을 지었는지는 불분명하다.

시편 6편은 3-14편 그룹의 네 번째 시편으로 3-7편에 전반적으로 나타나

---

1. Hossfeld & Zenger, *Die Psalmen I*, 67에 의하면 이런 전통은 카시오도르(Cassiodor, AD ?-583)에 의해 처음 기록되었는데, 이 전통은 깊은 죄 의식과 죄 용서에 대한 기도의 관점으로 이런 시편들을 읽었음을 보여준다.
2. 안근조, "시편의 죄 관념 재고: 시 6, 102, 143편을 중심으로," 『구약논단』, 15/3(2009): 95에서는 시 6편의 간구가 "구체적인 범죄의 결과보다는 실존적인 인간의 고통스러운 상황으로 인하여 위험에 노출된 하나님과의 온전한 관계성을 새롭게 회복하기 위한 부르짖음"이라고 말하지만, 1절은 명백히 고난 자체를 개인의 죄에 대한 징계로 표현하고 있기에 회개가 전제되고 죄 용서를 통한 고난에서의 회복을 구하는 시편으로 보아야 할 것이다.
3. VanGemeren, *Psalms*, 123 참조.

는 시인의 고통에 대한 탄식과 이를 빌미로 시인을 공격하는 대적들로부터의 구원을 구하는 공통된 요소들을 담고 있다(3편 주석 참조). 이 시편에는 4편 2-5절처럼 대적들에 대해 시인이 경고하는 말이 8-9절에 등장하고, 앞의 시편들에서처럼 시인은 악인을 멸하시고 의인을 구원하시는 하나님의 의로운 통치를 신뢰한다(6:8-10; 3:3, 7; 4:1, 3, 5, 8; 5:4-6, 8, 11-12). 이 시편이 기도시편이기에 기도와 관련된 표현들(6:6, 7, 9; 3:4; 4:1, 3; 5:2, 3; 9:12; 14:4), 기도 응답에 대한 표현들이 앞뒤의 시편들에서처럼(6:8, 9; 3:4; 4:1, 3; 5:1, 2, 3; 10:17; 13:3) 많이 등장한다.[4] 또 2절에서는 '내게 은혜를 베푸소서'라는 기도를 4편 1절, 9편 13절과 공유하고 있고, '언제까지'라는 의문사를 공유하면서(4:2; 6:3; 13:1, 2) 상황의 절박성을 강조한다. 밤의 탄식과 기도(6절)는 5편 3절의 아침의 구원을 기다린다. 3-14편 그룹에서 13편이 6편처럼 질병의 치유를 구하는 기도시편으로 보인다.

문학적 특징과 구조

6편은 내용과 기도시편의 요소에 따라 아래와 같이 교차 대구적 구조로 구분할 수 있다.[5]

A 1-3절 질병의 고통에 대한 탄식과 치유를 구하는 기도('떨다,' '은혜 베풀다')

B 4-5절 죽음의 위기에서 건지시길 구하는 기도('죽음,' '스올')

---

4. 김성수, "시편 3-14편," 76 참조.

5. Hossfeld & Zenger, *Die Psalmen I*, 68이나 Goldingay, *Psalms 1-41*, 135에서는 1-3, 4-7, 8-10절로 나누는데, 여기서는 4-7절을 기도와 탄식 부분으로 세분화했다.

B′ 6-7절 질병을 빌미로 공격하는 대적들에 대한 탄식('탄식,' '눈물,' '슬픔,' '대적')

A′ 8-10절 여호와의 기도 응답과 대적의 수치에 대한 확신('떨다,' '간구')

1-5절이 탄식과 기도라면, 6-7절은 탄식이며, 8-10절은 기도 응답에 대한 확신이다. 2-3절의 탄식이 주로 질병의 고통에 대한 것이라면, 6-7절은 질병으로 말미암아 대적들에게 당하는 고통에 대한 탄식이다. 교묘하게도 1-3절과 8-10절의 어절 수가 각각 24개인데 비해, 가운데 부분인 4-5, 6-7절의 어절 수는 각각 15개다.[6] 이 외에 내용상으로도 바깥 연들과 중심 연들은 각각 교차 대구를 이루고 있다.

A와 A′(1-3절과 8-10절) 부분은 기도와 기도 응답이라는 주제로 대구를 이룬다. 1-3절에서 '여호와'를 네 번 부르고 있다면, 8-10절에는 기도 응답의 주체로 '여호와'가 세 번 나온다. 2, 3절에 '떨다'는 단어가 반복되며 시인의 고통을 묘사한다면, 11절에는 같은 동사가 대적들의 두려움을 묘사하여 대조적으로 수미쌍관을 이룬다. 또 2절의 동사 '은혜를 베푸소서'와 같은 어근이 9절에는 '간구'라는 명사로 등장하여 또 다른 수미쌍관을 형성한다.

B와 B′(4-5절과 6-7절) 부분은 고통의 깊이에 대한 어휘들로 대구를 이룬다. 5절이 시인의 아픈 상태를 '죽음'과 '스올'에 가까이 가 있는 것으로 묘사한다면, 6-7절은 모두 전치사(네 번의 *베* בְּ와 한 번의 *민* מִן)를 동반하는 '탄식,' '밤,' '눈물,' '슬픔,' '대적' 등의 명사들로 고통을 묘사하고 있다.

6. van der Lugt, *Cantos and Strophes*, 128에서도 이 부분을 지적하면서 126쪽에서는 우리의 구조와 유사한 구조를 제시한다.

본문 주해

"다윗의 시" 다윗이 지은 시(악기를 연주하며 부른 노래?)를 의미하는 것 같다.

"인도자를 따라" 후대 성전 예배에서 사용될 때 찬양 인도자에 의해 부르도록 안내하는 것이거나, 예배 인도자를 위한 시편집에 포함된 것을 가리키는 말일 수 있다.

"현악에 맞춰" 비파와 수금과 같은 현악기를 연주하면서 부르라는 예전적 지시어일 것이다. 4, 6, 54, 55, 61, 67, 76편 참조.

"현악 여덟째 줄에 맞춰"(*알-하쉐미닛* עַל־הַשְּׁמִינִית) '쉐미닛'은 '여덟째'라는 의미로 '여덟째 줄,' '8 현금' 혹은 '8 성조' 등으로 해석된다. 역대상 15:21에서는 '여덟 번째 음에 맞추어 노래하다'로 번역된다. 즉 '한 옥타브 낮게'라는 뜻을 가진 셈이다. 그래서 저음의 분위기를 띤 곡조의 이름일 것으로 추측하기도 한다.[7]

1. 질병의 고통에 대한 탄식과 치유를 구하는 기도(1-3절)

1연에서 다윗은 너무나도 고통스러운 질병으로부터 자신을 고쳐 주시길 간구함으로써 시를 시작한다. 간구답게 '여호와'를 네 번이나 부르고 있다. 이런 점은 기도 응답을 다루는 8-10절과 유사하다.

1절에서 다윗은 하나님의 징계를 멈춰주시길 기도한다(38편 1절과 유사함). 이 기도를 두 가지로 해석할 수 있다. 먼저, 다윗이 자신의 질병을 죄에 대한 하나님의 징계로 이해하고 그것을 멈추시길 기도한 것으로 이해하는 것이다(32:1 이하; 38:2 이하; 39:8, 11 등 참조). 그렇다면 이 기도는 자신의 죄에 대한 회개를 전제한 기도일 것이다. 두 번째로, 혹독한 질병은 보통 하

7. 루카스, 『시편과 지혜서』, 51-60; *NIV Study Bible*, 793; Kraus, *Psalms 1-59*, 21-32 참조.

나님께서 진노하셔서 내린 징계로 인식되고 있기에 그런 일반적인 '징계' 용어로 현재 고통을 표현한 것으로 해석하는 것이다. 즉, 이유를 알 수 없는 현재 고통이 너무 극심해서, 마치 하나님께서 진노로 자신을 징계하시는 것처럼 느껴지기에, '고통'이라는 말 대신에 '징계'라는 말을 사용하여 그것을 멈추어 주시길 기도하는 것으로 보는 것이다. 이런 기도를 드린 대표적인 사람은 욥이다(욥 10장 참조). 이렇게 해석하는 이유는 이 시편에는 38편처럼 회개 표현이 없기 때문이다. 하지만, 회개와 죄 용서에 대한 간구가 1절에 함축되었다고 보면 이해될 수 있다. 여기서는 첫 번째 견해를 따라 해석할 것이다.

의로우신 하나님은 항상 불의와 죄에 대해서 '분노'와 '진노'를 나타내신다(37:8; 38:1; 78:38; 90:7; 신 29:23, 28 등). 그리고 '책망하다'나 '징계하다'는 동사들도 하나님이 의로우신 재판관으로서 언약과 율법을 어긴 죄인을 꾸짖고 벌하시는 것을 의미한다(38:1; 94:10; 105:14; 삼하 7:14).[8] 여기서 이런 표현들은 시인이 혹독한 질병을 앓고 있는 것을 가리킨다.

2-3절에서도 기도가 이어진다. 1절과 다른 점은 현재 자신이 겪는 고통에 대해 탄식하며 아뢰고 있다는 점이다. '내가 수척하다,' '뼈가 떨린다,' '영혼이 떨린다'는 3중적 표현은 모두 시인의 전인이 극심한 질병의 고통에 시달리고 있음을 강조한다.

2절 1행의 '수척하다'는 표현은 풀이 시드는 것처럼 몸이 쇠약해진 상태를 가리킨다(삼상 2:5; 사 19:8; 24:4; 렘 15:9). 2행의 '뼈'는 1행의 '나'의 한 부분이지만 시인의 몸 전체를 대표하고, 3절 1행의 '영혼'도 시인의 전인을 가리키면서도 내면을 대표한다. 2절 2행과 3절 1행에 반복되는 '떨리다'는 동사는 10절에서도 나오는데 극심한 고통이나 두려움으로 혼이 빠질 정도로 겁먹고 떠는 모습을 묘사한다(*HALOT*, 30:7; 48:5; 83:17; 90:7; 출 15:15; 삿

8. Kraus, *Psalms 1-59*, 161.

20:21). 이처럼 간절하게 고통을 호소하면서 다윗은 하나님의 '은혜 베푸심'에 근거한 '고치심'을 구한다. 죄로 인한 질병이라면, '은혜 베푸시는' 것(4:1; 26:11; 27:7)은 죄를 용서하고 징계를 철회하는 것이다. 그래서 2절 2행에서는 치료하시는 여호와(출 15:26; 신 32:39)께 병을 '고쳐 달라'고 기도한다(30:2; 41:4; 103:3; 147:3 등 참조).

3절은 미완성의 탄식[9] "여호와여, 어느 때까지?"로 마무리된다. 이것은 하나님의 언약적 약속에 호소하는 탄식이다. 죄로 인한 질병이라면 언약적 자비를 의지하여 기도하는 자신을 언제 용서하실 것인지를 묻는 것이며, 죄로 인한 질병이 아니라면 언제 하나님의 의로우심의 결과로 '치유'를 보여 주실 것인지를 묻는 것이다. 이런 탄식은 너무 고통스럽기에 속히 이 고통에서 건져 달라는 대담한 간구와 다름없다(욥 7:19; 시 13:1, 2; 62:4; 74:9, 10; 79:5; 80:5; 89:46; 90:13; 94:3; 119:84 등).

2. 죽음의 위기에서 건지시길 구하는 기도(4-5절)

이 연은 앞에서 탄식했던 극심한 질병으로부터의 구원을 간구하는 기도(4절)와 기도를 들어 주셔야 하는 이유(5절)로 이루어져 있다. '죽음'과 '스올'이라는 표현이 죽음에 가까이 이른 시인의 현재적 상황을 잘 요약하고 있다.

4절에서 다윗은 여호와께 '돌아오시길' 요청한다. 이러한 기도는 현재 자신이 당하는 고통은 하나님께서 자신을 떠나시고 자신을 버리셔서 생긴 상황이라고 생각하기 때문이다. 반대로 여호와가 '돌아오시는' 것은 다시 자신과 함께하셔서 은총을 베푸시는 것이다. 그래서 1행의 두 번째 기도는 '나의 영혼을 건져 달라'이다. 하지만 이러한 요청은 자신의 선행이나 자격에 근거하기보다 하나님의 '사랑'을 의지한 데서 비롯된 것이다. '사랑'(*헤세드* חֶסֶד)은 '무한한 사랑' 혹은 '인자하심'으로 번역될 수 있는 단어로, 이스라엘과 언

9. VanGemeren, *Psalms*, 125.

약하신 대로 자신을 신뢰하는 의인들에게 베푸시는 하나님의 모든 자비와 사랑과 복과 은총을 요약하는 말이다.[10] 죄를 범하여 질병의 고통을 당하고 있는 다윗이 받을 수 있는 하나님의 '사랑'은 죄 용서와 질병으로부터의 회복이다. 그래서 '나를 구원하소서'라는 간구가 뒤따른다.

5절은 4절의 기도의 이유를 밝히는 절이다. 시인은 지금 심각한 질병으로 죽음의 문턱에 와 있다. 그것을 '죽음'과 '스올'이라는 단어로 표현하고 있다. 만약 다윗이 질병으로 죽는다면 하나님께 감사하는 일을 할 수 없다는 것이 기도의 이유다. '죽음'과 '스올'이 평행을 이루고 있는데, '스올'(שְׁאוֹל)은 신약에서 말하는 '지옥'을 가리키기보다는 '지하 세계'(신 32:22; 잠 9:18; 겔 31:16) 혹은 '죽음의 영역'을 가리키는 표현이다(6:5; 18:5; 49:14; 89:48; 잠 5:5; 욥 3:17-19; 욘 2:2). 시적인 표현들에서는 주로 '무덤'에 대한 비유로 사용되고 있다. 또 평행을 이루는 것은 '기억함'과 '감사하다'이다. 여기서 '기억한다'는 말은 '감사' 혹은 '찬양'을 통해서 하나님의 위대한 사역들을 기억한다는 말로 해석하는 것이 좋다.[11] 그러므로 5절은 죽은 후에는 사람들에게 감사와 찬양으로 하나님이 하신 일을 선포할 수 없기에 살아서 하나님을 찬양하게 해 달라는 간구와 다름없다(6:5; 30:9; 88:4-5; 115:17; 사 38:18-19 참조).[12] 즉, 죽음으로 내려가는 병에서 구원해 주셔서 성도들 앞에서 하나님께 감사와 찬양을 드릴 수 있도록 해 달라는 것이다.

3. 질병을 빌미로 공격하는 대적들에 대한 탄식(6-7절)

시인은 질병의 고통이 길어지는 가운데서 대적들까지 그것을 빌미로 공격하는 상황에 대해서 눈물의 탄식을 하나님께 올려드린다. 시인의 고통을 가장 처절하게 묘사한 부분이다. 4-5절에서 '죽음'과 '스올'로 표현된 시인의

---

10. Kraus, *Psalms 1-59*, 155.

11. Kraus, *Psalms 1-59*, 162.

12. Kraus, *Psalms 1-59*, 356.

고통이 '탄식,' '밤,' '눈물,' '근심,' '대적'으로 확대되고 있다. 히브리어 원문에는 이 명사들에 모두 전치사(네 번의 *베* בְּ와 한 번의 *민* מִן)가 붙어서 시인이 이런 이유로 고통당하고 있음을 강조한다.

6절은 오랫동안 질병의 고통으로 신음하며 탄식하는 가운데 점점 지쳐가고('피곤하고' 1행), 고통의 밤을 눈물로 지새우는(2-3행) 시인의 모습을 부각한다. '탄식'이라는 단어는 슬픔과 고통으로 한숨과 신음의 소리를 내는 모습을 그린다(31:10; 38:9; 102:5). 2-3행은 과장법적 표현으로 아픔이 몰려오는 '밤'에 하나님 앞에서 통곡하는 시인의 모습을 강조한다. '침상을 눈물바다로 만든다,' '잠자리를 눈물로 적신다'는 과장된 표현들은 모두 슬픔이 얼마나 깊은지를 잘 나타낸다. '띄우다'는 동사(*샤하* שָׂחָה)는 원래 '헤엄치게 하다'는 의미를 지니고, '적시다'는 동사(*마사* מָסָה)도 원래는 '녹이다'는 의미를 지고 있어서(39:11; 147:18; 수 14:8) 두 표현 모두 매우 과장되었음을 알 수 있다.

7절에서는 시인의 고통스러운 모습이 '근심(슬픔)' 때문에 눈물을 한없이 흘린 '눈'의 쇠약함으로 대표되고 있다. 여기서 '눈'은 시인의 전 존재를 대표하는 일부로서 대유법으로 사용되었다.[13] 눈이 흐려지고 약해졌다는 것은 6절 1행처럼 시인이 매우 쇠약해져 탈진해 있음을 의미한다(31:9; 38:10; 69:3; 88:9; 신 34:7 참조). 그리고 그 이유는 '근심(슬픔)'과 '대적'이다. '슬픔'은 6절 2-3행에 묘사되었고, '대적'은 8, 10절에 언급되고 있다. 시인의 고통과 슬픔은 단지 깊은 질병 때문만이 아니라 그 질병을 빌미로 자신을 모함하고 공격하는 악한 원수들로부터 기인한 것이기도 하다. '근심'으로 번역된 단어(31:9)가 만약 2행의 '대적'과 연결된다면 이 단어의 일반적인 의미처럼 '분노'로 번역될 수도 있다(JPS, 10:14; 85:4; 욥 5:2).[14]

---

13. 김정우, 『시편주석 I』, 250.
14. Goldingay, *Psalms 1-41*, 139에서는 '침략'으로 번역하여 한 걸음 더 나아간다.

4. 여호와의 기도 응답과 대적의 수치에 대한 확신(8-10절)

마지막 연은, 시인이 여호와가 자신의 기도를 들으신 결과로 7절에서 언급했던 대적들이 물러가 수치를 당할 것을 확신하는 연이다. 8절 2행부터 9절 2행에서는 '듣다'는 동사가 반복되며 기도 응답을 강조한다면, 바깥 부분인 8절 1행과 10절은 악을 행하는 원수가 물러가 수치를 당하는 기도 응답의 내용을 강조한다. 기도 부분인 1-3절에서 '여호와'를 네 번 부르고 있다면, 기도 응답을 확신하는 8-10절에는 응답의 주체로 '여호와'가 세 번 나온다. 2, 3절에 '떨다'는 단어가 반복되며 시인의 고통을 묘사한다면, 11절에는 같은 동사가 대적들의 두려움을 묘사하여 대조적으로 수미쌍관을 이룬다. 또 2절에 '은혜를 베푸소서'라는 기도로 사용된 동사(*하난* חָנַן)와 같은 어근이 9절에는 '간구'(*테힌나* תְּחִנָּה)라는 명사로 등장하여 기도 응답을 강조한다.

8절에서 다윗은 대적들을 '악을 행하는 모든 자'로 부르고 있다. 비록 죄를 지어서 하나님의 징계를 당하고 있기는 하지만, 자신들에게 악을 행하지도 않은 가련한 자신을 공격하는 그들은 분명히 악을 행하고 있음을 지적하는 것이다. 아마도 대적들은 다윗의 질병이 하나님의 심각한 징계의 결과이기에 용서받거나 회복될 수 없을 것이라고 공격했을 것이다. 시인은 마치 자신의 대적들이 앞에 있는 것처럼 '나를 떠나라'고 호통을 친다(1행; 4:2-5; 51:1-3; 58:1-2 등 참조). 이것은 시인의 확신을 표현하는 시적인 장치다.

8절 2행부터 9절까지는 8절 1행에서 말한 악인들이 떠나야 하는 이유를 밝힌다. 첫째로, 8절 2행에서는 여호와가 자신의 '울음소리'를 들으시기 때문이라고 한다. 이 울음소리는 6절에서 묘사된 것이다. 두 번째로, 9절 1행에서는 여호와가 자신의 '간구'를 들으시기 때문이라고 한다. 이 '간구'는 하나님의 자비와 긍휼을 구하는 간청을 의미하는데(119:170; 솔로몬의 성전 봉헌 기도, 왕상 8:28, 30, 38, 45 등; 렘 36:7; 37:20; 단 9:20), 1-3절에서 표현되었다. 이 '간구'는 9절 2행에 나오는 '기도'와 자주 짝으로 등장한다(55:1; 102:17; 왕상 8:28, 38, 45). '기도를 받으신다'는 표현은 단지 기도를 들으실 뿐만 아니라 기도의 내용을 실현하는 데까지 나아가는 것도 포함한다.[15] 여호와가 다윗을 불쌍히 여기셔서 그가 쏟아내었던 탄식들과 간구를 들으신다면, 다윗을 질병의 고통에서 건져내시고 치유하실 것이다. 그렇게 되면 악인들의 음모는 실패로 돌아가게 될 것이다.

10절은 하나님께서 다윗의 탄식과 기도를 들으신 결과로 다윗을 괴롭히던 모든 원수가 수치를 당하고 물러갈 것을 확신하는 마무리 절이다. 8-9절의 '듣다'는 동사의 반복에 상응하여 여기는 '수치를 당하다'는 동사가 두 번이나 나온다. 이것은 다윗에게 고통을 안기려던 원수들(7절)이 되레 하나님의 심판을 받아서 수치 당하게 될 것을 강조한다. 이러한 역전은 '떨다'는 동사에서도 나타난다. 2, 3절에서는 시인이 고통으로 떨고 있었다면 마지막 절에서는 원수가 하나님의 무서운 심판으로 떨게 될 것이다. 여호와가 '돌아오시라'(*슈브* שׁוּב)는 다윗의 기도(4절)를 들으시면, 악인들이 '물러갈'(*슈브* שׁוּב) 수밖에 없다.[16] '갑자기'는 하나님의 개입에 의한 극적인 반전을 강조한다. 3절에서 '어느 때까지'냐고 탄식했던 시인의 기도에 대한 응답인 셈이다.[17]

교훈과 적용

시편 6편의 교훈: 여호와는 성도의 죄에 대해 질병과 같은 징계를 내리실 수 있지만, 죄를 회개하며 질병의 치유와 그 질병으로 당하는 대적들의 공격에서 구해 주시길 구하는 성도의 기도를 반드시 들어 주신다. 그러므로 성도는 징계를 받아 고통당하는 상황에서도 치유와 구원을 간구해야 한다.

1. 징계 중에도 고치시는 하나님을 바라라(1-3, 6-7절)

시편 6편의 다윗은 엄청난 질병의 고통 속에서 하나님의 무시무시한 진노를 느낀

15. Goldingay, *Psalms 1-41*, 140.

16. 김정우, 『시편주석 I』, 253.

17. Goldingay, *Psalms 1-41*, 141.

다(1절). 죄에 대한 하나님의 징계는 의롭지만, 징계의 고통은 인간으로서 너무나도 견디기 힘든 것이며(6, 7절), 우리는 하나님의 진노를 다 감당할 수도 없다. 그래서 우리는 죄에 대한 처절한 회개와 더불어 고통에 대해 절규하며(3절) 우리에게 은혜 베푸시는(2절) 사랑의(4절) 하나님께로 나아가야 한다. 하나님만이 우리를 용서하시고 치유하실 수 있기 때문이다.

예수 그리스도의 십자가는 우리를 용서하시고, 우리를 죄의 고통에서 건져내시는 하나님의 무한한 사랑을 상징한다. 하나님의 징계 목적은 고통 그 자체가 아니라 우리 영혼이 온전하게 되는 것이다. 예수 그리스도는 수많은 병자를 고쳐주심으로써 이러한 하나님의 치유와 회복을 나타내셨다(마 9:1-8). 궁극적으로 모든 질병의 고통을 짊어지시고(마 8:17; 사 53:4) 십자가를 지셨다. 그러므로 어떤 상황에서도 포기하지 말고 예수님의 이름으로 죄의 용서와 질병의 치유를 기도해야 할 것이다.

2. 의롭고 자비하신 하나님의 통치와 기도 응답을 확신하라(8-10절)

자비하신 하나님의 통치는 회개하는 죄인의 기도를 들으시고 그를 회복시키시는 것으로 나타난다(8, 9절). 동시에 하나님의 의로운 통치는 하나님의 진노로 고통당하는 의인을 정죄하고 공격하는 악인들에 대한 심판으로도 나타난다(8, 10절). 하나님의 자녀가 비록 죄를 범하여 고통 가운데 있다고 할지라도, 그것을 빌미로 그들을 공격하여 무너뜨리려고 하는 악인들과 사탄의 세력은 결국 망하고 말 것이다. 예수님은 8절 1행을 인용하시면서, 최후의 심판대에서 “악을 행하는 너희는 다 나를 떠나라”는 심판 선언을 하실 것이라고 하신다(마 7:23; 눅 13:27). 하나님의 징계로 고통당하는 성도들이라 할지라도 함부로 그들을 정죄하기보다는, 그들의 고통을 위로하며 함께 회복을 위해 기도하는 것이 마땅하다.

3. 기도의 최종 목적은 치유와 구원의 하나님을 찬양하는 것임을 기억하라(4, 5절)

죄 용서와 치유의 은혜, 대적들이 물러가는 은혜 모두가 사람들에게 하나님을 찬양할 간증 거리다. 우리 기도가 응답 되어야 할 가장 중요한 목적은 의인을 사랑하시고 죄인을 용서하시고 치유하시는 하나님의 구원을 찬양하는 것임을 기억하자.

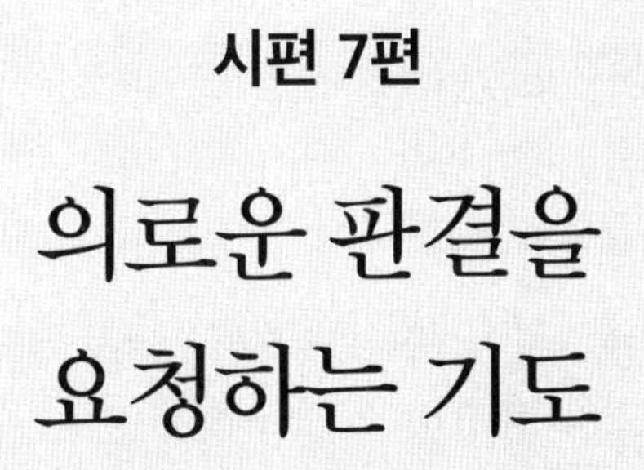

시편 7편

의로운 판결을 요청하는 기도

[다윗의 식가욘, 베냐민인 구시의 말에 따라 여호와께 드린 노래]

1 여호와 내 하나님이여 내가 주께 피하오니

나를 좇아오는 모든 자들에게서 나를 구원하여 내소서

2 건져낼 자가 없으면

그들이 사자 같이 나를 찢고 뜯을까 하나이다[1]

3 여호와 내 하나님이여 내가 이런 일을 행하였거나

내 손에 죄악이 있거나

4 화친한 자를 악으로 갚았거나

내 대적에게서 까닭 없이 빼앗았거든[2]

5 원수가 나의 영혼을 좇아 잡아

내 생명을 땅에 짓밟게 하고

내 영광을 먼지 속에 살게 하소서 (셀라)

6 여호와여 진노로 일어나사

내 대적들의 노를 막으시며

나를 위하여[3] 깨소서

주께서 심판을 명령하셨나이다[4]

7 민족들의 모임이 주를 두르게 하시고

그 위 높은 자리에 돌아오소서

---

1. 칠십인역에서는 1행의 두 번째 동사 '뜯다'를 2행의 첫 단어로 보고 '구하다'로 이해하여 다음과 같이 번역하는데 이도 가능하다. "그렇지 않으면 그들(원수들)이 내 영혼을 사자처럼 잡아도/ 구하거나 건질 자가 없을 것입니다"
2. 칠십인역은 "만약 내가 내게 (선으로) 갚은 자들에게 악으로 갚았다면/ 내가 내 대적들로 말미암아 텅 비어 사라지게 하소서"로 번역하고 있다.
3. 칠십인역에서는 "나를 위하여"(*엘라이* אֵלַי)를 "여호와 나의 하나님(*엘리* אֵלִי)"으로 읽고 있는데 NIV와 Craigie, *Psalms 1-50*, 98도 이를 따라 '나의 하나님'으로 읽는다. 가능한 독법이다.
4. 칠십인역은 '명령하다'는 동사가 '심판'을 수식하는 것으로 이해하여, "주가 명령하신 심판을 따라"로 번역한다.

8 여호와께서 만민에게 심판을 행하시오니[5]
여호와여 나의 의와
나의[6] 성실함을 따라 나를 심판하소서
9 악인의 악을 끊고
의인을 세우소서
의로우신 하나님이
사람의 마음과 양심을 감찰하시나이다
10 나의 방패는
마음이 정직한 자를 구원하시는 하나님께 있도다
11 하나님은 의로우신 재판장이심이여
매일 분노하시는 하나님이시로다[7]
12 사람이 회개하지 아니하면
그가 그의 칼을 가심이여
그의 활을 이미 당기어 예비하셨도다
13 죽일 도구를 또한 예비하심이여
그가 만든 화살은 불화살들이로다[8]
14 악인이 죄악을 낳음이여
재앙을 배어 거짓을 낳았도다
15 그가 웅덩이를 파 만듦이여
제가 만든 함정에 빠졌도다

---

5. NIV는 '여호와가 만민을 심판하시길 바랍니다'는 기원형으로 번역하고 있다.
6. MT에는 '나의 성실함' 다음에 '내게 있는'(*알라이* עָלָי) 어구가 붙어 있다. 그래서 NIV와 Craigie, *Psalms 1-50*, 99에서는 이 어구를 "지존자"(*엘리* עֵלִי)"로 읽고 있다. 그렇게 되면 "지존자여"라는 호격이 되어 2행의 '여호와여'와 평행을 이루게 된다. 가능한 독법이다.
7. 칠십인역은 "하나님은 의로우신 재판관/ 강하고, 참으시고, 매일 분노하시시는 않으신다."로 MT와 반대되는 의미로 읽고 있다.
8. 칠십인역에서는 "분내는 자들을 위해 화살들을 만드신다."로 번역한다.

16 그의 재앙은 자기 머리로 돌아가고
그의 포악은 자기 정수리에 내리리로다
17 내가 여호와께 그의 의를 따라 감사함이여
지존하신 여호와의 이름을 찬양하리로다

본문 개요

시편 7편은 다윗의 기도시편이다. 다윗은 무고한(3-5절, 의로움에 대한 항변) 자신을 공격하는 악인들을 하나님의 법정에 고발하면서, 의로운 재판장(11절)이신 하나님의 정확한 심판을 요청하고 있다. 이 시편에는 역사적 배경을 알려주는 표제인 '베냐민인 구시의 말에 따라 여호와께 드림'이 붙어 있다. 비록 '구시'가 누구인지는 성경에 나타나 있지 않지만, 이 표제는 이 시편이 다윗이 사울에게 쫓겨 다닐 때 썼을 가능성을 암시한다(1절). 만약 사울과 관련되었다면 그는 사울과 같은 지파로서 다윗을 반역자로 몰아세우는 거짓말을 퍼뜨리면서 사울의 행동을 정당화하려 했을 것이다(삼상 24장, 특별히 12, 15, 17-19절 참조; 대상 12:16-18).[9] 혹은 '구시의 말'은 압살롬의 반역 시에 시므이나 세바를 비롯한 베냐민 사람들의 거짓된 공격을 가리킬 수도 있다(삼하 16:5-14; 20:1-22).[10] 혹자는 사무엘하 18장 19-33절에 나오는 압살롬

9. Calvin, *Psalms*, 1:75-76. E. Slomovic, "Formation of Historical Titles in the Books of Psalms," *ZAW* 91 (1979): 366-7에서는 시 7:5과 삼상 24:17-19가 갖는 어휘적 관련성과 시 7:9과 삼상 24:12, 15가 갖는 어휘적 관련성을 지적하면서, 7편의 표제를 도망자 다윗의 무고함을 강조한 다윗과 사울 왕 사이의 대화를 기록한 삼상 24장과 관련시킨다. Y. Berger, "The David-Benjaminite Conflict and the Intertextual Field of Psalm 7," *JSOT* 38/3 (2014): 281-2도 이 견해를 따르면서, 대상 12장에서 다윗이 요새에 있을 때 나아온 베냐민 군사들에 대한 다윗의 말 가운데서(18절) 이 견해를 지지하는 또 다른 증거를 찾고 있다(284-86쪽).

10. VanGemeren, *Psalms*, 128.

의 전사 소식을 전한 '구스 사람'의 말(18:31-32)과 본 시편을 연결하여, 본 시편이 압살롬을 죽인 자는 다윗이 아니라 요압이라는 것을 고발한 것이라고 보기도 한다.[11] 즉, 사무엘하 19장에 나오는 압살롬에 대한 다윗의 애도 내용을 7편이 제공한다는 것이다.[12] 어떤 배경으로 이 시편을 이해하든지, 이 시편은 무고한 다윗에 대한 불의한 대적들의 중상모략(14-16절)과 공격이 다윗을 매우 고통스럽게 만들고 있음을 알려준다.

앞의 시편들에서처럼 이 시편에서도 거짓말이 의로운 시인을 고통스럽게 하는 대적들의 주요 무기이다(14절; 3:2; 4:2; 5:9; 6:8?). 5편 10절처럼 7편에서도 하나님의 의로운 심판은 대적들 자신들이 판 함정에 자신들이 빠지는 것으로 표현된다(15, 16절; 9:15-16). 그뿐만 아니라, 앞의 시편들처럼(3:3-6; 4:7-8; 5:4-7, 11-12; 6:8-10) 여호와에 대한 신뢰(10-13절)와 악인의 멸망에 대한 확신(14-16절)의 요소가 강하게 나타난다. 그리고 9-10편에서처럼 불의한 상황을 교정하는 의로우신 재판관이신 하나님에 대한 고백도 중요한 역할을 하고 있다(6-9, 11절; 9:4, 7, 8; 10:18). 그런 점에서 7편은 다양한 고난 속에서 하나님의 도움을 구한 3-7편 그룹을 마무리하는 결론과도 같다.[13] 바로 앞의 6편 4절처럼 7편 7절에서도 구원과 의로운 심판을 위해 여호와께 '돌아오실' 것을 요청하고 있다. 동시에 7편 17절에서 맹세한 여호와의 '이름'에 대한 찬양은 8편 1, 9절에서 실현되고 있다. 한편 7편에서 말했던 시인의 영광(7:5)은

---

11. R. R. Hutton, "Cush the Benjaminite and Psalm Midrash," *HAR* 10 (1986): 123-37, 특별히 129-30에서는 삼하 18장의 '구스 사람'이라는 일반적인 번역은 '구쉬'라는 고유명사로 번역되어야 한다고 주장하면서 7편 표제에 대한 칠십인역의 번역(베냐민 사람 구쉬)을 따른다. Berger, "The David-Benjaminite Conflict," 283에서는 거짓 고발당한 사람이 나타나는 7편의 문맥과 이 주장은 맞지 않는다고 반박하고 있다.
12. Hutton, "Cush the Benjaminite," 134-5에서는 7편이 자신의 '친구'(4절)였던 압살롬을 다윗 자신이 아닌 자신의 '원수'가 된 요압이 죽였다는 것을 고발하는, 삼하 18-19장에 대한 '미드라쉬'라고 본다.
13. Hossfeld & Zenger, *Die Psalmen I*, 72.

8편 5절에서 하나님에 버금가는 영광을 가진 존재로 높여지고 있다.[14]

문학적 특징과 구조

탄식의 요소 대신에 자신의 무죄함을 항변하는 요소가 있는 것이 다른 기도시편들에 비해서 특이하긴 하지만 전체적으로 기도시편의 요소들을 갖추고 있다. 이 시편은, 크게는 시인이 자신의 무죄함을 항변하며 하나님께 기도하는 1-9절과, 하나님의 의로운 심판과 구원에 대한 신뢰와 확신을 고백하고 찬양을 맹세하는 10-17절로 나눌 수 있다. 이것을 세분화한 아래의 구조는 교차 대구적인 형태를 취하고 있다.[15]

A 1-2절 대적들로부터의 구원을 간구하는 도입 기도
  B 3-5절 대적들에게 공격받을 만한 '죄'가 없음을 항변함
    C 6-9절 하나님의 '의로운' 심판에 대한 간구
    C′ 10-13절 '의로운' 재판장이신 하나님에 대한 신뢰
  B′ 14-16절 대적들의 '죄'에 대한 하나님의 심판 확신
A′ 17절 구원의 하나님에 대한 찬양의 맹세

1-2절과 17절이 기도와 찬양의 맹세로 전체를 감싼다면, 3-5절과 14-16절은 시인의 '죄'가 없음에 대한 항변과 악인의 '죄'에 대한 심판으로 대구를 이루고, 6-9절과 10-13절은 '의로운 심판'에 대한 기도와 '의로우신 재판장'에 대한 신뢰로 대구를 이룬다. 대구를 이루는 각 부분은 유사한 어휘들과 주제

14. Hossfeld & Zenger, *Die Psalmen I*, 72.

15. VanGemeren, *Psalms*, 128에서는 6-13절을 '하나님의 의로운 재판'이라는 하나의 제목 아래 하나의 연으로 보지만 전체적으로는 교차 대구적으로 본다.

를 반복한다. 3-5절에 시인('나')의 '죄'와 '악'과 관련된 단어들(3, 4절)과 시인에 대한 심판 표현이 등장한다면(5절), 14-16절에는 대적들('그')의 '죄악'과 관련된 단어들('죄악,' '해악,' '거짓,' '포악,' 14, 16절)과 그들에 대한 하나님의 심판이 등장한다(15, 16절). 6-9절에 '의'(*차디크*, צַדִּיק)와 관련된 단어들과 '의로우신(*차디크*, צַדִּיק) 하나님'(8, 9절)의 '심판' 혹은 '심판하심'(6, 8절, *샤파트*, שָׁפַט)이 나오는 것처럼, 10-13절에도 '의'와 관련된 단어(10절)와 '의로우신'(11절) '재판'장의 '심판'(11, 12-13절)이 반복된다. 전체적으로 '불의한 죄'와 '의로운 재판관의 심판'이 대조를 이룬다.

본문 주해

표제: "다윗의 식가욘, 베냐민인 구시의 말에 따라 여호와께 드린 노래"

"다윗이 여호와께 노래한 식가욘"이라고 직역할 수 있다. 다윗이 저자임을 가리키면서 이 시편이 노래로 부른 것임을 나타낸다.

"식가욘"은 '울부짖다'는 어근에서 나온 말로서 7편에만 표제로 사용되었다. 아마도 탄식하는 노래를 가리키는 것 같다(*HALOT*). 복수형('시기오놋')은 하박국 3장 1절에 나온다.

"베냐민인 구시의 말" 위의 '본문 개요' 참조.

"셀라" 표제는 아니지만 총 32개 시편에서 71번 사용된 예전적인 지시어이다. 하지만 이 단어의 의미와 이 지시어의 기능은 정확하게 알 수 없다.

1. 대적들로부터의 구원을 간구하는 도입 기도(1-2절)

이 시편은 다급한 기도로 시작된다. 이 기도는 악한 원수들의 추격으로부터 하나님께로 피하여 구원을 요청하는 간구들로 이루어져 있다. 1절이 간구라면 2절은 그 이유를 제시한다.

1절에서 다윗은 "여호와 내 하나님"께로 피하고 있다. '내 하나님'은 이 문맥에서는 자신의 편이 되셔서 자신의 의로움을 변호해 주실 하나님에 대한 신뢰의 표현이다. '하나님께로 피하다'는 표현은 시편 1권에 빈번하게 등장하는데(2:12; 5:11; 11:1; 16:1; 17:7; 18:2, 30 등), 후대의 성전 예배에서는 성소에 계신 의로우신 하나님께로 와서 억울함을 하소연하며 기도하는 것으로 이해되었을 것이다('주의 날개 [그늘] 아래' 57:1; 61:4).[16] 이러한 표현은 '내 하나님'이라는 표현과 함께 하나님에 대한 친밀감과 굳은 신뢰를 표현하는 것이다. 2행에서는 지금 자신이 악한 원수들의 추격에 쫓겨서 하나님께 피했음을 고하면서, 그들로부터 자신을 구해 달라고 호소한다. 2행은 "나를 쫓는 모든 자들로부터 나를 구하여 건져 주십시오"로 직역될 수 있는데 이런 이중적인 동사 연결은 간절함을 표현한다. 이것은 사울의 군대가 자신을 쫓는 상황을 묘사한 것일 수도 있고, 14절에서 암시하는 것처럼 거짓말로 자신을 모함하여 궁지로 몰아넣고 사회적으로 매장시키려 하는 자들의 공격을 의미할 수도 있다.

2절은 "그렇지 않으면 그들이 내 영혼을 사자처럼 찢어발기어도/ 건져낼 자가 없을 것입니다"로 번역하는 것이 원어의 순서에 더 맞다. 1절에서 하나님의 구원을 요청했는데 2절은 그 이유를 말하고 있다. 악인들이 사자처럼 강력하기에 '건져 낼 자'는 오직 하나님밖에 없음을 강조한다. 하나님이 구해 주시지 않으면 결국 다윗은 악인들에 의해서 찢기고 말 것이라 호소한다. 악인들의 공격이 '사자처럼 찢고 뜯는' 것으로 비유되어 있는데, 이것은 가장 사나운 맹수인 사자의 공격처럼 강력하고 잔인한 악인들의 공격을 묘사하기에 적합하다(17:12; 22:12-13, 16, 20-21; 35:17 등 참조).[17] 사울의 군대가 다윗을 잡아서 죽이려 하거나, 거짓말로 다윗을 사회적으로 파멸시

16. Kraus, *Psalms 1-59*, 169-70.

17. VanGemeren, *Psalms*, 129.

키려는 상황을 묘사하는 것으로 보인다. '건져낼 자'라는 표현에는 1절에 나왔던 '건지다'가 반복되면서 악인으로부터의 '구원'이 가장 중요한 문제임을 부각한다.

2. 대적들에게 공격받을 만한 '죄'가 없음을 항변함(3-5절)

다윗은 먼저 자신이 대적들에게 공격받을 만한 죄를 지은 적이 없음을 하나님 앞에 '무죄 맹세의 형식'으로 항변한다(17:3-4; 26:4-6; 137:5-6; 욥 31장 참조).[18] '만일 ~했다면 ~해도 좋습니다'라는 형식이다. 시인은 3-4절에서는 조건절을 이끄는 부사 '만일'을 세 번이나 사용하고, 5절에서는 자신을 저주하는 맹세까지 하면서 자신의 결백을 강력하게 주장한다.

3절은 1절처럼 '여호와 내 하나님'이라는 호칭으로 시작한다. 하나님이 자신의 무죄함을 변호하실 것을 확신하는 표현이다. 그러면서 혹시라도 "내가 이런 일(이것)을 행하였다면"이라는 표현으로 대적들이 자신을 공격하는 이유로 내세울 만한 고발 내용을 말한다. '이것'은 이 시편에는 나오지 않지만 이미 대적들이 다윗에 대해서 퍼뜨린 거짓된 소문을 가리킬 것이다.[19] 혹은 개역개정처럼 '이런 일' 혹은 '이런 일들'(JPS)로 의역을 한다면 뒤따르는 악한 행위들(3절 2행-4절)을 가리킬 수도 있다.[20]

다윗이 열거하는 가상적인 고발 내용은 3절 2행과 4절에 세 가지로 등장한다. 첫 번째는 '손에 죄악이 있다'는 것이다. 이것은 포괄적인 의미로 옳지 않은 일을 행했다는 것을 비유적으로 표현한 것이다. '손'은 시인의 몸이나 삶을 대표하는 기관이고 '죄악'으로 번역된 단어는 모든 옳지 않고 의롭지 못한 행동을 가리킨다(125:3; 삼상 24:12; 사 1:15; 59:3, 6; 겔 18:8).

---

18. Kraus, *Psalms 1-59*, 170에서는 하나님의 법정에서 고발당한 자가 이러한 형식으로 자기 결백을 주장하는 전형적인 상황이 있었을 것이라고 주장한다. 신 17:8-10; 왕상 8:31.
19. Kraus, *Psalms 1-59*, 170; 김정우, 『시편주석 I』, 261-2 참조.
20. Goldingay, *Psalms 1-41, 145.*

4절 1행에서 두 번째로 제시되는 가상적인 죄는 '화친한 자를 악으로 갚은 것'이다. '화친한 자'로 번역된 단어는 '샬롬'(화평)이라는 단어에서 비롯되었기에 '화친한 자' 혹은 '내 편'이라고 번역할 수도 있지만,[21] 그냥 '나와 가까운 관계를 맺고 있는' 친구(*HALOT*)로 번역하는 것이 무난해 보인다. 그러므로 4절 1행에서 다윗은 자신에게 선을 행한 요나단과 같은 친구에게 배은망덕한 악을 행한 적이 없음을 맹세하고 있다.

4절 2행의 세 번째 죄에는 친구와 반대되는 '대적'이 나온다(4절 2행). 그 죄는 '대적에게서 까닭 없이 빼앗은 것'이다. '빼앗다'로 번역된 히브리어 동사는 주로 '구원하다'는 의미로 사용되지만(6:4) 여기서는 '벗기다' '약탈하다'는 의미로 사용되었다(*HALOT*). 다윗은 자신이 대적들의 것을 함부로 약탈하지 않았음을 맹세하고 있다. 실제로 사무엘서는 다윗이 자신에게 불의를 행한 사울이나 시므이에게 도리어 선을 베풀었다고 증언하고 있다(삼상 24, 26장; 삼하 9장 '므비보셋' 환대; 삼하 16:11; 19:21-23).[22] 혹자는 '구원하다'의 의미를 살리기 위해 '나의 대적'을 '그(동맹)의 대적'으로 고쳐 읽어서 다음과 같이 번역한다. "만약 내가 내 동맹에게 배신으로 갚아/ 그의 대적을 구원했다면"(186). 이렇게 번역하면 여기서 시인이 악을 범했다고 하는 것은 동맹과 맺은 언약을 어기고 동맹을 배신한 것을 가리키게 된다.[23] 하지만 이 해석으로 7편 전체를 해석하기에는 너무 근거가 약하다. 또 혹자는 "내가 그의 원수를 함부로 풀어주었다면"으로 번역한다. 이렇게 되면 이것은 다윗에 대한 사울 세력의 거짓된 고발 중의 하나를 말하는 것이 되는데, 다윗은

---

21. J. H. Tigay, "Psalm 7:5 and Ancient near Eastern Treaties," *JBL* 89/2 (1970): 182-4에서는 고대 근동의 자료와 성경의 자료들을 근거로 해서 이 단어가 조약을 통해서 동맹을 맺은 사람이나 국가를 가리킨다고 해석하고 있다. 하지만, 이 표현의 모든 용례를 그렇게 볼 근거는 없다.

22. Berger, "The David-Benjaminite Conflict," 292-5.

23. Tigay, "Psalm 7:5," 178-86; Goldingay, *Psalms 1-41*, 146 참조. 이와 유사한 번역은 JPS에서도 볼 수 있다. "만약 내가 내 동맹을 악으로 대했다면/ 내 대적을 보상도 없이 구했다면."

맹세를 통해 이것을 부인하고 있는 셈이다.[24]

이상에서 열거된 맹세 내용은 도망자 다윗이 요새에 있을 때 자기에게 나아온 베냐민 군사들에게(대상 12:17) 한 말과 유사한 내용을 보인다. 이것은 7편이 다윗이 사울 왕에게 쫓겨 다닐 때 상황과 관련되었음을 암시한다.[25]

> **16** 베냐민과 유다 자손 중에서 요새에 이르러 다윗에게 나오매 **17** 다윗이 나가서 맞아 그들에게 말하여 이르되 만일 너희가 평화로이 내게 와서 나를 돕고자 하면 내 마음이 너희 마음과 하나가 되려니와 만일 너희가 나를 속여 내 대적에게 넘기고자 하면 내 손에 불의함이 없으니 우리 조상들의 하나님이 감찰하시고 책망하시기를 원하노라 하매 (대상 12:16-17)

5절은 3-4절의 조건절들이 제시하는 죄의 목록이 사실이라면 원수들에게 잡혀서 죽어도 좋다는 자기 저주를 표현한다. 자기 저주는 강력하다. 원수들에게 잡혀 짓밟히고 비참하게 죽어도 좋다고 함으로써, 절대로 자신은 원수들에게 쫓겨 다닐만한 죄를 지은 적이 없음을 역으로 항변한다. 여기서 '영혼'과 '생명'과 '영광'은 동의어로서 시인의 목숨이나 전 존재를 가리킨다. '영광'은 하나님께서 허락하신 인간의 '존엄성'(8:5) 혹은 '존엄한 인간'을 가리킬 수도 있지만, 여기서는 '목숨' 혹은 '존재'를 가리킨다고 볼 수 있다(NIV 'me'; JPS 'my body'; 16:9; 30:12; 57:8; 108:1 참조). '먼지 속에 살다'는 표현은 많은 영어 번역본들이 '먼지 속에 잠들게 하다'(NIV) 혹은 '먼지 속에 눕히다'(ESV)로 번역하는 것처럼 죽음을 의미한다.

---

24. Berger, "The David-Benjaminite Conflict," 288.
25. Slomovic, "Formation of Historical Titles," 366-7; Berger, "The David-Benjaminite Conflict," 284-6 참조.

3. 하나님의 의로운 심판에 대한 간구(6-9절)

앞 연에서 다윗은 자신이 현재 악인들이 자신을 공격하는 죄를 범한 적이 없음을 주장했는데, 이제 의로운 재판관이신 하나님께 자신의 의로움을 따라 판결해 주시길 간구한다. 이러한 간구는 다음 연인 10-13절에서 확신의 형태로 이어지고 있다.

6절에서 시인은 명령형 동사 세 개를 연달아 쏟아내면서 여호와께서 속히 행동해 주시길 간청한다. '일어나다' '막다'([분노에 맞서] 일어서다) '깨다'는 하나님이 악인들의 공격을 받는 무고한 시인을 위해서 아무런 행동도 하시지 않는 것 같은 상황에서, 시인이 다급하게 하나님의 구원 행동을 촉구하는 표현들이다. 첫 번째 동사인 '일어나다'는 이웃하는 시편들(3:7; 7:6; 9:19; 10:12)에 자주 등장하여 하나님의 구원을 간구하는 데 사용되고 있다. 특별히 이 동사는 '법궤의 노래'로 알려진 민수기 10장 35-36절과 관련되어 있다. 이 노래는 광야를 행군하는 이스라엘이 자신들 앞서 떠나는 하나님의 법궤를 향하여 불렀다. "여호와여 일어나사 주의 대적들을 흩으시고 주를 미워하는 자가 주 앞에서 도망하게 하소서"(35절). 다윗은 광야의 이스라엘처럼 대적들이 무고한 자신을 '분노'(2행)로 공격하고 있으므로, 하나님께서 의로운 '진노'(1행)로 막아주실 것, 즉 그들의 진노에 맞서 일어나실 것을 요청하고 있다. 하나님의 '진노'는 불의에 대한 의로우신 왕의 공의롭고 정당한 반응이다. 세 번째 동사 '깨다'는 고대의 다른 신들처럼 하나님이 주무시기 때문에 하나님을 깨우기 위해 드리는 기도는 아니다. 시인은 하나님이 주무시지 않는다는 것을 잘 알고 있다(121:4). 하지만 현재 상황은 마치 하나님이 주무시는 것 같이 위기에 처한 시인을 위해 아무 조치도 취하지 않으시는 상황이기에, 이 마지막 간구는 초조한 마음으로 속히 위기에서 구해 주시기를 요청하는 기도와 다름없다(78:5 참조).[26]

---

26. *NIV Study Bible*, 793.

6절의 4행("주께서 심판을 명령하셨나이다")은 간구에 확신을 더해 준다. 즉, 시인은 하나님께서 자신을 공격하는 악인들에 대한 심판을 정하셨음을 확신하는 것이다. 하지만 이 완료형 동사는 문맥상 기원문으로 번역할 수도 있다('판결을 내려 주십시오,' 새번역, 공동번역, NIV). 그렇게 된다면 시인은 올바른 재판 혹은 심판을 위해서 하나님께 일어나시길 요청하는 셈이다. 그런 의미에서 6절에는 당신의 의로운 백성을 위해 싸우시는 거룩한 전사로서 하나님의 모습과 의로운 재판관으로서 하나님의 모습이 함께 등장하고 있다고 볼 수 있다.[27]

7-8절은 재판 혹은 심판의 상황을 이어가면서도 그 영역을 온 세상으로 확대하고 있다. 7절에서 다윗은 하나님께 민족들을 불러 모으시고, 그들 위에 높이 세워진 하늘의 심판 보좌 위에 오르실 것을 요청한다(9:8; 82:1; 96:10; 98:9과 비교). 여기서 '그(것)'는 '모임'을 가리킨다. '돌아오소서'로 번역된 명령형 동사 '*슈바*'(שׁוּבָה)는 '좌정하다'는 의미의 동사 *야샵*(יָשַׁב)의 명령형 *쉐바*(שְׁבָה)로 읽혀서 '좌정하십시오'로 번역되기도 한다(공동, 쉬운성경, NIV, JPS, Craigie, Kraus). 둘 다 가능한 독법이며, 여기서는 둘 다 만민을 공의로 재판하시는 의로운 재판관이신 하나님의 의로운 판결을 요청하는 의미로 해석할 수 있다. 하나님이 좌정하실 '높은 자리'는, '법궤'가 상징하는 온 세상을 통치하시는 하나님의 '하늘 보좌,' 혹은 '하늘 재판정'을 가리킨다(11:4; 78:69; 94:1이하; 99:1; 사 6:1이하 참조).[28]

8절 2행과 3행은 6절의 간구로 돌아와서 다윗이 자신의 '의'와 '성실함'을 따라 자신을 판결하시길 요청하는 기도이다. '의'와 '성실함'이란 이중적 표현은 악인들의 고발에 대한 시인의 무고함이나 온전함을 강조한다. 그래서 이 기도는 마치 만민이 다 모인 상황에서 다윗이 현재 악인들의 공격을 받을

---

27. Kraus, *Psalms 1-59*, 171.

28. Kraus, *Psalms 1-59*, 171.

만한 아무런 죄도 저지르지 않았다고 하나님이 판결해 주실 것을 요청하는 것 같다. 그래서 동사 '판결하다'(*샤파트*, שָׁפַט)는 여기서 다른 시편들(26:1; 35:24; 43:1)에서처럼 '변호하다' 혹은 '억울함을 풀어주다'로 번역되는 것이 더 좋다(쉬운성경, 새번역, NIV, JPS). 이러한 기도 내용은 사무엘상 24장 12, 15절의 내용과 매우 유사한데, 이것은 이 기도가 다윗이 사울에게 쫓겨 다닐 때 상황과 밀접하게 관련되었음을 암시한다.[29]

> 12 여호와께서는 나와 왕 사이를 판단하사 여호와께서 나를 위하여 왕에게 보복하시려니와 내 손으로는 왕을 해하지 않겠나이다
> 15 그런즉 여호와께서 재판장이 되어 나와 왕 사이에 심판하사 나의 사정을 살펴 억울함을 풀어 주시고 나를 왕의 손에서 건지시기를 원하나이다 하니라 (삼상 24:12, 15)

악인들의 악에 따른 심판과 의인의 의로움을 따른 판결 요청은 솔로몬의 봉헌 기도에서도 나타난다. "주는 하늘에서 들으시고 행하시되 주의 종들을 심판하사 악한 자의 죄를 정하여 그 행위대로 그 머리에 돌리시고 공의로운 자를 의롭다 하사 그의 의로운 바대로 갚으시옵소서." 이 기도에는 7편 8-9절과 16절 내용들이 고스란히 들어 있다. 이것은 성전이 하늘 왕의 재판정으로 비유되고 있음을 의미한다.[30]

9절에서 다윗은 최종적으로 악인들의 악(공격)을 끊고(1행) 의인을 견고하게 세워 주시길(2행) 기도한다. 8절의 기도대로 만약 하나님이 자신의 의를 인정하신다면, 결국 자신을 공격하는 자들은 악인이기에 그들을 멸하시는 것이 의인 다윗을 세우는 길이기 때문이다. 그러나 1-2행에서 다윗은 자신이 아닌(자신을 포함한) '의인들'을 위해서 기도하고 있다. 이것은, 자신의

---

29. Berger, "The David-Benjaminite Conflict," 284-6 참조.
30. R. L. Hubbard, "Dynamistic and Legal Processes in Psalm 7," *ZAW* 94 (1982): 270 참조.

간구가 단지 자신만을 위한 간구가 아니라 악인들을 심판하고 의인들을 세우시는 하나님의 의로운 통치 시행을 구하는 것임을 나타낸다. 3-4행은 개역개정처럼 3, 4행을 하나로 붙여서 "의로우신 하나님이 사람의 마음과 양심을 감찰하시나이다"로 번역할 수도 있다. 하지만 이 부분은 "마음과 양심을 감찰하시는 분/ 의로우신 하나님"처럼 두 행으로 나눠 번역하여, 각각을 1, 2행 기도의 이유를 설명하는 하나님을 부르는 호칭으로 보는 것이 좋겠다. 3행의 '마음'과 '양심'은 원래 신체 중에서 '심장'과 '신장'을 가리키는 단어들로서, 사람의 감정과 지성의 좌소인 내면 혹은 마음의 중심을 관용적으로 표현한 것이다(*HALOT*). '살피다'는 동사도 '검사하다' 혹은 '시험하다'는 의미를 지니고 있다. 그러므로 3행의 호칭 "마음과 생각을 살피시는 분"은, 사람들의 깊은 내면의 의도까지도 다 살피셔서 판결하시는 의로운 재판관이신 하나님에 대한 고백이다(17:3; 26:2; 73:21; 렘 17:10; 20:12 참조). 그리고 4행 역시, 사람들의 마음을 살피신 결과로 악인들의 악을 제하시고 의인들을 세우시는 여호와가 "의로우신 하나님"(제4행, 11절 '의로우신 재판장')이심을 고백하는 것이다.

4. 기도를 응답하실 '의로우신' 재판장에 대한 신뢰(10-13절)

10-13절은 앞의 기도 부분(6-9절)과 짝을 이루어, 시인이 의로운 재판장이신 하나님이 의인을 구원하시고(10절) 악인을 심판하실 것(11-13절)을 확신하는 연이다. 이런 확신에는 의로운 재판장이시자(11절) 의의 심판을 실현하는 전사이신 하나님(12-13절)에 대한 신뢰가 담겨 있다.

10절 1행의 표현("나의 방패는 하나님께 있도다")은 다소 이상하지만,[31]

---

31. 칠십인역은 "나의 도움은 의롭다/ 마음이 정직한 자를 구원하시는 하나님에게서 온다."로 읽고 있다. 한편, NIV는 "나의 방패는 마음이 정직한 자를 구원하시는 지존자 하나님"으로, JPS는 "나는 나를 방패로 지켜달라고 하나님을 바란다/ 정직한 자들의 구원자를!"로 번역하는 등, 10절 1행은 쉽지 않은 표현이다.

하나님이 방패를 들고 시인을 지키신다는 이미지는 3편 3절처럼 하나님이 자신을 보호하시는 전사 혹은 왕이라는 고백과 다름없다. 2행은 이 고백에 하나님이 다윗처럼 마음이 정직한 의인(8절 참조)을 구원하시는 분이라는 고백을 더한다. '마음'은 9절에 이어 나오는데 마음을 보시는 하나님 앞에서 참으로 정직한 자라는 것을 강조한다.[32] 의인을 구원하는 방패이신 하나님에 대한 이미지는 12-13절에서 원수들을 '칼'과 '활'로 공격하셔서 멸하는 전사 하나님의 이미지와 연결된다(6절).

11절은 6-9절에서 계속 고백했던 의로운 재판장이신 하나님에 대한 고백을 이어간다. 1행("하나님은 의로운 재판장이심이여")은 '하나님은 의인을 변호하신다'(JPS)로도 번역이 가능하다. 한편 2행은 1행과 대조적인 의미를 지닌 고백이다. '분노하다'는 표현은 '저주하다'는 의미도 지니고 있는데(민 23:7; 잠 24:24; 미 6:10; 슥 1:12), 이것은 악인들에 대한 재판장으로서의 진노와 심판을 동시에 표현한다. 결국, 11절은 의인에 대해서는 변호하시지만 악인에 대해서는 진노하시는, 의로운 재판장이신 하나님(6절 참조)에 대한 고백이다. 2행의 '매일'은 한순간도 재판관으로서의 직무를 소홀히 하지 않으시는 하나님에 대한 신뢰를 강조한다.[33]

12-13절에서는 하나님의 진노 모습이 군사적인 이미지로 묘사되고 있다. 의로운 재판관이자 온 세상의 왕이신 하나님이, 악인에 대한 자신의 판결을 엄중하게 실행하심을 군사적인 용어들로 묘사한다. 심판의 이미지는 '칼'과 '활'과 '무기(죽일 도구)' 등으로 공격 준비를 하는 것으로 표현된다. 이 무기들은 의인을 보호하는 무기인 '방패'(10절)와는 달리 끝까지 회개하지 않는 악인들을 공격하기 위한 것이다. 불화살은 기름이나 역청에 적신 화살촉에 불을 붙임으로써 만들어졌다.[34] 악인들이 끝까지 돌이키지 않는다면 이 무기

32. Calvin, *Psalms*, 1:86.
33. Calvin, *Psalms*, 1:86-7.
34. Craigie, *Psalms 1-50*, 99.

들은 그들을 향해 퍼부어질 것이다. 이것은 의인인 다윗을 공격하는 악인들 (2절)을 비롯한 모든 악인에 대한 하나님의 무서운 심판을 비유하는데, 다윗은 이런 비유를 통해서 악인 심판을 확신하고 있다.

한편, 12절과 13절의 주어를 모두 NIV처럼 하나님으로 볼 수도 있고("만약 하나님이 진노를 푸시지 않는다면…"), JPS처럼 악인으로 볼 수도 있다. 만약 주어를 하나님으로 보면 이 절들은 앞의 절들과 연결되어 의로우신 재판장의 심판을 말하는 것이 된다. 하지만 JPS처럼 아래와 같이 번역하면, 이 절들은 14, 15절의 내용과 연결되어 악인들의 악이 결국은 자신들을 파멸시킬 것을 천명하는 것이 된다.

> 만약 사람이 회개하지 않고/ 자기 칼을 갈고/ 자기 활을 당겨 겨눈다면
> 그건 자신을 향하여 치명적 무기를 준비하고/ 자기 화살을 날카롭게 만드는 것이다

5. 대적들의 '죄'에 대한 하나님의 심판 확신(14-16절)

앞 연에서 시인이 의로운 재판장이신 하나님에 대한 신뢰를 고백하고 있다면, 이 연에서는 한 걸음 더 나아가 악인들에 대한 하나님의 의로운 심판을 확신한다. 이 연은 시인의 무죄함을 천명한 3-5절과 '악'과 같은 공통 어휘들을 포함하지만, 내용상으로는 악인들의 죄에 대한 심판을 다루어 대조를 보인다. 만약, 3-5절에서 시인이 맹세한 결백이 거짓이라면 14-16절의 심판은 시인 자신에게 임할 것이기에,[35] 이 확신은 그만큼 비장한 것이다.

14절에서 '악인'의 모습은 '죄악'을 낳고 '재앙'을 잉태하여 '거짓'을 낳는 임산부에 비유되어 있다. 이것은 먼저, 악인이 무고한 의인들을 해치기 위해

35. D. Charney, "Maintaining Innocence Before a Divine Hearer: Deliberative Rhetoric in Psalm 22, Psalm 17, and Psalm 7." *BI* 21/2 (2013): 61.

서 악한 음모를 꾸며 거짓말로 의인을 공격하는 것을 비유한 절로 해석할 수 있다. '낳다' '배다' '낳다'의 순서는 반드시 임신과 출생의 순서를 가리키지 않을 수도 있다. 1행에서 '낳다'로 번역된 단어는 '잉태하다'는 의미로도 사용될 수 있지만 아가서 8장 5절에서는 '낳다'는 의미로 사용되고 있다. 그렇게 보면, 1행은 악을 꾀하는 악인들의 일반적인 모습을 요약적으로 표현하고, 2행은 1행의 과정을 구체적으로 묘사한 것이다.[36] '배다'는 단어는 음모를 꾸미는 것을 의미하고 '낳다'는 말은 그것을 실행하여 의인들에 대한 거짓말을 퍼뜨리는 행동을 의미한다(욥 15:35; 사 59:4).[37] 이것은 모든 악은 마음으로부터 비롯된다는 예수님의 가르침(막 7:21-22 참조)이나 "욕심이 잉태한즉 죄를 낳고 죄가 장성한즉 사망을 낳는다"(약 1:14-15)는 야고보서의 교훈과 연결된다. 하지만, 14절은 악인이 의인을 해치려고 악을 도모하고 폭력을 계획하지만 결국은 허사(거짓, NIV '환멸')로 끝날 것을 표현한 것일 수도 있다.[38] 만약, 그렇게 해석된다면, 이런 악인들의 실패 확신은 15, 16절에서 그들에 대한 심판 확신으로 이어진다.

15-16절은 악인들이 꾀한 악에 대한 하나님의 정확한 심판을 노래한다. 15절은 사냥의 비유를 들어서 악인들의 모습과 결말을 묘사한다. 악인들이 중상모략으로 의인들을 공격하는 것은 마치 사냥꾼이 짐승을 잡기 위해서 몰래 웅덩이와 함정을 파는 것과 같다. 하지만 그들은 자신이 판 그 함정에 빠지고 말 것이다(9:15). 이것을 앞부분과 연결한다면, 의로우신 하나님이 악인들의 감춰진 악까지 드러내셔서 정확하게 심판하시는 것을 암시한다.

16절에서 15절의 암시가 명확하게 표현된다. 악인이 의인들을 공격하기 위해 꾀한 재앙과 포악(폭력)이 자기 머리에 임하게 된다. 이것은 이 절의 교

---

36. M. Grohmann, "Ambivalent Images of Birth in Psalm VII 15," *VT* 55/4 (2005): 442.
37. Grohmann, "Psalm 7:15," 445-6에서는 12-13절이 악인들이 의인을 공격하려는 '잉태'의 과정, 즉 준비 과정을 묘사하는 것으로 해석한다.
38. Grohmann, "Psalm 7:15," 447; Calvin, *Psalms*, 1:89-90; Wilson, *Psalms 1*, 193.

차 대구적 구조를 통해 더 적나라하게 강조된다. '돌아가다 - 자기 해악이 - 자기 머리로/ 자기 정수리로 - 자기 포악이 - 내리다.' 처음과 끝에 등장하는 '돌아가다'와 '내리다'는 동사는 자연적인 현상을 말하는 것 같지만, 하나님의 심판 행동이라는 암시를 담고 있다. 즉, 도덕적인 질서 회복 배후에는 재판관 하나님의 의로운 심판이 있는 것이다.[39] 두 행의 주어인 '재앙'과 '포악'은 14절에서 고발한 악인들의 악행을 대표한다. 가운데에 등장하는 두 전치사구에는 심판의 대상이 '머리'에서 '정수리'로 첨예화되고 있는데, 이는 심판의 정확성을 표현했다고 볼 수 있다. 한 치도 어긋남이 없는 하나님의 이러한 심판은, 불의한 자들이 꾀한 악은 언젠가는 부메랑이 되어 그들 자신에게 돌아간다(5:10; 9:15-16; 35:7-8; 57:6; 141:10; 잠 26:27; 마 26:52 참조)는 심판의 원리를 보여준다.[40] 이것이 하나님이 의로운 재판장이신 이유이고, 다윗이 불의한 원수들의 공격 가운데서도 하나님께 피하는 이유다. 다윗은 자신을 공격하는 악인들이 결국은 하나님의 심판을 받을 것을 이렇게 굳게 확신하고 있다.

6. 구원의 하나님에 대한 찬양의 맹세(17절)

다윗은 의를 행하실 하나님께 찬양과 감사드릴 것을 맹세함으로 시를 마무리한다. 여기서 감사 제목인 하나님의 '의'는 다윗의 기도를 응답하셔서 악인들을 멸하시고 의인인 자신을 구원하시는 것(1절)을 의미한다. 혹은 그런 구원을 통해 악인들을 악하다고 하시고 의인들을 의롭다고 판결하시는 것을 의미한다.[41] 기도 응답(구원)에 대한 확신에서 비롯되는 감사 혹은 찬양 맹세는 기도시편에서 자주 등장한다(13:6; 22:2 이하; 26:12; 28:6-7 등 참조). 실제로 기도 응답을 받고 하나님의 건지심을 경험한 시편 기자들은 성

---

39. Hubbard, "Psalm 7," 274-6.

40. VanGemeren, *Psalms*, 134.

41. Kraus, *Psalms 1-59*, 175.

소에서 예배하는 회중들 가운데서 감사제를 드리고, 구원을 간증하며, 하나님께 감사와 찬양을 드렸다(30편; 50:14-15, 23 참조).[42] '감사하다'로 번역된 히브리어 단어(*야다* יָדָה)는 하나님께서 행하신 구체적인 구원의 행적을 간증이나 찬양으로 고백하는 것이다(9:1; 18:49; 28:7; 67:3, 5 등).[43] 그래서 1행의 '감사하다'는 2행에서 (악기를 연주하며) '찬미하다'(*자마르*, זָמַר)는 단어와 평행을 이루고 있다. 2행의 찬미 제목은 '지존하신(지존자이신) 여호와의 이름'이다. '이름'은 하나님의 사역과 존재를 대표하기에 '이름'을 찬양한다는 것은 결국 하나님을 찬양한다는 것이다. 여기서 '지존하신'으로 번역된 *엘욘*(עֶלְיוֹן)이라는 단어는 기본적으로 '높은' 혹은 '위'라는 의미를 갖는데(창 40:17; 겔 42:5; 왕하 15:35 등), 하나님에 대한 경칭으로 주로 '지존자'(the Most High)로 번역된다. 지존자이신 하나님은 천지의 창조주로서(창 14:18-20, 22), 온 땅과 모든 신 위에 계시는 참 하나님이시며(47:2; 83:18; 97:9), 시온에 좌정하셔서 피난처가 되시고 찬양과 예배를 받으시는 하나님이시다(46:4; 57:2; 78:35; 87:5; 91:1 등 참조).[44] 여기서는 찬양을 받으시기 합당하신 하나님의 의로운 우주 통치와 관련되어 등장하고 있다(9:2; 50:14; 92:1).[45] 이 7편의 마지막 절은 3-14편 그룹의 신학적 중심인 8편을 넘어 9편 1-2절에서 유사하게 이어지는데, 이것은 7편의 기도가 9편에서 응답되었음을 암시하는 것이다.

교훈과 적용

7편의 교훈: 하나님은 온 세상을 의롭게 다스리시고 판결하시는 재판장이시기에 의인들의 억울함을 풀어 주시고 악인들의 숨은 악까지 심판하신다. 그러므로 성도는

---

42. *NIV Study Bible*, 794.
43. Kraus, *Psalms 1-59*, 175.
44. VanGemeren, *Psalms*, 152-3 참조.
45. VanGemeren, *Psalms*, 135.

이 세상에서 생명을 위협받는 불의한 공격 앞에서도 하나님의 공정한 판결을 확신하며 그에게 나아가 억울함을 호소하고 죄악에 대한 심판을 기도해야 한다.

1. 하나님만이 의로우신 재판장

시편 7편은 여호와 하나님이 '의로우신 재판장'이심을 분명하게 선언하고 있다. 하늘 재판장이신 여호와 하나님은, 누가 의롭고 누가 악한지를 정확하게 아시고(9절), 악인들의 악에 대해서 진노하시고 심판하시며(11-16절), 의인들을 악인들의 공격으로부터 건져 주신다(10절).

예수님을 믿는 죄인들을 의롭다 하신 하나님은 그의 의를 구하는 의인들의 의를 끝까지 변호하시고 책임지신다. 하나님은 악인들과 사탄의 끊임없는 공격 앞에서도 우리의 '의'를 변호해 주신다.[46] 바울은 다음과 같이 선언한다(롬 8:33-34).

> 누가 능히 하나님께서 택하신 자들을 고발하리요 의롭다 하신 이는 하나님이시니 누가 정죄하리요 죽으실 뿐만 아니라 다시 살아나신 이는 그리스도 예수시니 그는 하나님 우편에 계신 자요 우리를 위하여 간구하시는 자시니라

그러므로 우리는 불의한 세상에서도 안심할 수 있다. 의로운 재판관이신 하나님, 우리의 변호사이신 예수 그리스도께서 이 세상을 정의롭게 다스리심을 믿기 때문이다.

2. 불의한 송사를 가지고 의로우신 재판관에게 나아가라

그러나 우리가 이 세상에서 불의하고 억울한 일을 당할 때 우리는 의로운 재판장이신 하나님께 불의를 고발하고 그것을 교정해 달라고 요청해야 한다. 불의하게 고통당하는 의인들의 의로움을 변호하시고 악인들에게 진노하셔서 그들의 악을 끊어 주시길 간구해야 한다(6-9절). 이것이 악인들의 공격을 피해 의로운 하나님께로 나아가는 믿음의 행동이다(1-2절). 하나님께 나아가서 자신이 정말 억울한 일을 당하고 있고 악인들의 공격이 터무니없음을 아뢰어야 한다(3-5절; 고전 4장 이하 바울의 변호와 욥 31장의 무죄 천명을 참조하라). 내가 의로움에도 불구하고 당하는 불의에 대한 선악간의 판단을 의로운 재판장 하나님께 맡겨야 한다.[47]

---

46. Kraus, *Psalms 1-59*, 176.
47. Kraus, *Psalms 1-59*, 176.

루터는 "단지 의를 위해서 핍박을 받는 것만으로는 부족하고 하나님께서 의롭게 심판하시고 진리의 대의를 변호하시도록 간절히 기도해야 한다. 단지 자기 생명의 구원을 위해서만이 아니라 하나님을 위한 봉사와 백성들의 구원을 위해서 말이다."라고 적절하게 말하고 있다.[48]

하나님의 의로운 판결이 현실에서는 즉각적으로 일어나지 않을 수도 있다. 그럴 때라도 하나님의 의로운 심판(11절)에 대한 믿음과 하나님 나라의 최종적인 승리에 대한 믿음을 놓아서는 안 된다(계 11:15-18; 18:1-20; 19:1-8). 불의한 재판장에게 끊임없이 자신의 억울함을 호소한 과부처럼(눅 18:1-8) 참된 재판장이신 하나님께 우리의 억울함을 속히 풀어 주시길 간절히 간구해야 한다. "하나님께서 그 밤낮 부르짖는 택하신 자들의 원한을 풀어 주지 아니하시겠느냐 그들에게 오래참으시겠느냐"(눅 18:7)며 예수님이 확실한 응답을 약속하고 계신다. 기도 응답이 되기 전이라도 의인을 변호하시고 악인을 심판하실 하나님을 찬양해야 한다(17절). 이것이 그리스도인들이 이 세상의 악을 이기는 방식이다.

---

48. M. Luther, *WA* 5:233, 26 이하, Kraus, *Psalms 1-59*, 176에서 재인용.

시편 8편

하나님의 영광,
인간의 영광

[다윗의 시, 인도자를 따라 깃딧에 맞춘 노래]

1 여호와 우리 주여
주의 이름이 온 땅에 어찌 그리 아름다운지요
주의 영광이 하늘을 덮었나이다
2 주의 대적으로 말미암아 어린 아이들과 젖먹이들의 입으로 권능을 세우심이여
이는 원수들과 보복자들을 잠잠하게 하려 하심이니이다
3 주의 손가락으로 만드신 주의 하늘과
주께서 베풀어 두신 달과 별들을 내가 보오니
4 사람이 무엇이기에 주께서 그를 생각하시며
인자가 무엇이기에 주께서 그를 돌보시나이까
5 그를 하나님보다 조금 못하게 하시고
영화와 존귀로 관을 씌우셨나이다
6 주의 손으로 만드신 것을 다스리게 하시고
만물을 그의 발 아래 두셨으니
7 곧 모든 소와 양과 들짐승이며
8 공중의 새와 바다의 물고기와 바닷길에 다니는 것이니이다
9 여호와 우리 주여
주의 이름이 온 땅에 어찌 그리 아름다운지요

본문 개요

시편 8편은 처음으로 등장하는 찬송시다. 8편이 인간의 존엄성을 강조하는 독특한 측면을 갖고 있기는 하지만, 1절과 9절의 후렴구가 보여주듯이 이

시편은 인간에 대한 찬가가 아닌 창조주 하나님에 대한 찬송이다.[1] 뒤에 나오는 다른 찬양시편들과 차이점이 있다면, 예배하는 회중들에게 하나님을 찬양하도록 초청하는 부분이 없다는 점이며, 3인칭이 아닌 2인칭으로 하나님을 부르고 있다는 점이다. 그런 점에서 이 시편은 예배 공동체가 함께 부르기 위해서 지어진 찬양이라기보다는 다윗이 개인적으로 창조주 하나님의 영광을 찬양하기 위해서 지은 개인 찬송시일 가능성이 크다.[2] 1절과 9절의 '우리'라는 복수형은 다윗이 자신을 이스라엘 공동체의 대표로 인식한 것으로 본다면 크게 문제 되지 않을 것이다. 그러면서도 이 시편에는 질문과 대답의 형식이나 하나님과 인간의 비교, 동물들의 목록, 창조질서에 대한 언급 등 지혜문학적인 요소도 들어 있다.[3]

이 시편이 어떤 시기에 어떤 역사적 배경 속에서 지어졌는지는 알기 힘들다. 단지 3절이 힌트를 주듯이 다윗이 밤하늘에 가득한 별들을 보면서 이 시를 지었을 가능성은 있다. 밤하늘을 보면서 다윗은 창조주로서 대적들을 압도하는 무한한 능력과 영광을 소유하신 하나님을 찬양한다. 또한 그처럼 위대한 하나님께서 자신과 같은 사람들을 돌보셔서 온 세상을 다스리는 왕적인 존재로 영화롭게 만드신 사실도 찬양한다.

시편 8편은 3-14편 그룹 내에서도 중요한 신학적인 기능을 한다. 3-7편, 9-13편에서는 악한 원수들의 압제 가운데서 고통당하는 다윗의 탄식과 기도가 연속되는데, 8편과 14편은 이러한 일련의 탄식시편들에 대한 신학적인 대답으로 위치해 있다. 8편이 악인들에게 고통당하며 탄식하는 의인에게 창조주 하나님이 주신 영광과 존귀를 노래한다면, 14편은 그러한 영광을 짓밟는

---

* 8편에 대한 주석은 필자의 논문 "시편 3-14편" 64-70을 보완하고 확대시킨 것이다.

1. *NIV Study Bible*, 794.

2. McCann, "Psalms," 710-11; Kraus, *Psalms 1-59*, 179 참조.

3. Hossfeld & Zenger, *Die Psalmen I*, 77.

악인들의 어리석음과 비참한 종말을 노래한다.[4] 8편은 이 탄식시편들에 등장하는 의인(다윗)이 피할 피난처인 창조주-왕이시자 악인들의 심판자이신 여호와께로 인도하여, 의인들이 오직 하나님께만 피하여 기도할 수 있도록 한다.[5] 의인들을 돌보시는 하나님을 찬양하면서 고난당하는 의인들이 결국은 창조주 하나님의 돌보심을 받고 원수들의 압제에서 건짐을 받아 온 세상을 다스리는 '왕적인 영광'을 회복하게 될 것을 알려준다. 그리고 그 일이 하나님 나라의 회복에 절대적으로 필요한 것임을 보여준다.[6]

이런 관련성은 어휘들을 통해서도 드러난다. 8편 4절에 나오는 '사람,' '인자'와 유사한 어휘들이 시 3-14편 그룹에 자주 등장한다. 보편적인 인류를 가리키는 '인자'(*베네 아담*, בְּנֵי אָדָם, 11:4, 12:1, 8, 14:2 복수형, *벤 아담* בֶּן־אָדָם 8:4 단수형), '인생'(*베네 이쉬*, בְּנֵי אִישׁ, 4:2), '사람'(*에노쉬*, אֱנוֹשׁ, 8:4; 9:19, 20; 10:18) 등은 이 그룹에서 주로 하나님의 감찰과 심판의 대상으로서의 악인을 가리키지만, 8편에서는 하나님의 사랑의 대상으로서 인간을 가리킨다.[7] 또 3-14편 그룹에서는 악인들이 주로 사용하는 무기로 입이나 말이 자주 등장하는데('입' 5:9; 10:7, '혀' 5:9; 10:7; 12:3, 4, '입술' 12:2, 3, 4, '아첨[의 혀]' 12:2, 3)[8] 8편 2절에서는 그런 악인들을 잠잠케 하는 어린아이들과 젖먹이들의 '입'이 등장하고 있다. 무엇보다 8편에서 의인을 영화롭게 하시는 온 세상의 왕으로서 하나님의 모습은, 3-14편에서 악인을 감찰하고 심판하시는 '왕'으로서의 모습(5:2, 4, 5, 6, 10; 7:6, 8, 9, 11, 12-13; 8:2; 9:4-8, 12, 16, 19; 10:4, 5, 13, 14, 16, 18; 11:4, 5, 6; 14:2)이나, 의인들을 구원하시고 보호하시는

---

4. Hossfeld & Zenger, *Die Psalmen I*, 56, 77, 80에서는 8편을 가운데 두고 3-7편과 11-14편이 개인 탄식시로서 대칭을 이룬다고 본다.
5. M. E. Tate, "An Exposition of the Psalm 8," in *PRS*, 28 no 4(Winter, 2001): 344; Hossfeld & Zenger, *Die Psalmen I*, 77 참조.
6. Mays, *Psalms*, 65.
7. 김성수, "시편 3-14편," 76.
8. 김성수, "시편 3-14편," 76.

왕으로서의 모습(3:3, 8; 4:1, 3, 8; 5:2, 12; 6:1-2; 7:1, 3, 9; 8편; 9:4, 9; 10:14; 11:7; 12; 12:6; 14:5, 6)과 밀접하게 연결된다.[9]

문학적 특징과 구조

8편 구조에 관한 주장들은 다양하다. 구조를 결정짓는 데 중요한 부분은 1절 3행을 상반 절과 연결시키느냐, 아니면 2절과 연결시키느냐이다. 이 시편 전체를 감싸는 1절 1-2행과 9절의 후렴구가 가장 중요한 문학적인 특징이지만, 앞 절과 그 내용에서 구별되는 9절과는 달리 1절 1-2행은 3행과 쉽게 분리하기 어렵다. 1절 1-2행이 온 땅에 가득 찬 하나님의 영광을 노래한다면 3행은 하늘에 충만한 영광을 노래하고 있어서 긴밀하게 연결될 수 있다. 물론 1절 3행은 하나님의 대적을 잠잠케 하는 하나님의 권능을 고백하는 2절과도 연결될 수 있다.[10]

5절을 4절과 연결시킬 것인가, 아니면 6절과 연결시킬 것인가도 8편 구조 분석의 또 다른 문제다. 천사 혹은 하나님의 영화에 버금가는 영화를 사람에게 주신 하나님의 사역이 인간을 권고하시는 하나님의 사랑(4절)과 연결될 수도 있지만, 사람으로 만물을 다스리게 한 하나님의 은총(6-8절)과도 연결될 수 있기 때문이다.[11] 어떻게 연결시키든지 4절은 이 시편에서 주제적이거

9. 김성수, "시편 3-14편," 77.

10. 대부분의 주석은 1절 상반절을 하반절과 분리시키지만 차일즈(B. S. Childs, "Psalm 8 in the context of the Christian Canon," *Int* [1969]: 20-1)와 Craigie, *Psalms 1-50*, 106-7에서는 1-2절을 하나의 단위로 본다.

11. 많은 주석은 3-4절과 5-8절을 구분하여 3-4절이 창조주 하나님의 능력 아래 비춰진 인간의 연약함을 강조하는 것으로 본 반면(Wilson, *Psalms 1*, 201; Craigie, *Psalms 1-50*, 106-7; McCann, "Psalms," 711), *NIV Study Bible*, 794에서는 3-5절을 하나의 단위로 보면서 비천한 인간에게 위대한 일을 행하신 창조주 하나님의 능력을 노래한 것으로 본다.

나 구조적인 면 모두에서 중심적인 역할을 하고 있다.[12] 많은 주석들은 3-4절을 하나의 연으로 묶는다. 3절이 하나님께서 창조하신 세계의 장엄함을 보여준다면 4절은 이와 대조적으로 연약하고 왜소한 인간을 제시하고 있다고 보기 때문이다. 이런 관점에서 많은 주석이 아래와 같은 구조를 제시한다.[13]

1절 1-2행 후렴구
1절 3행-2절 대적들을 잠잠케 하는 하늘에 가득 찬 하나님의 영광
3-4절 비천한 인간을 영화롭게 하신 창조주 하나님의 능력 찬양
5-8절 사람에게 피조물을 다스리게 하신 하나님 찬양
9절 후렴구

하지만 이런 구조 분석은 3절을 2절의 연장으로 읽을 가능성을 고려하지 않고 있다.[14] 1절 3행-3절을 하나로 묶어서 하늘에 나타난 하나님의 영광을 찬양하는 부분으로 볼 수 있고, 4-8절을 하나로 묶어서 인간을 영화롭게 하시는 하나님을 찬양하는 부분으로 볼 수 있다. 1절 하반 절에 '하늘'이 등장하고 3절에도 '하늘'이 등장해서 하늘에 전시된 하나님의 영광을 다루고 있다. 반면에 4-8절은 오직 인간을 영화롭게 하시는 하나님의 영광만을 노래한다. 물론 이 두 부분도 세분할 수 있을 것이다. 이것을 도표화 하면 아래와 같다.

A 1절 1-2행 온 땅에 아름다운 하나님의 이름('어찌 그리' *마* מָה)
  B 1절 3행-2절 대적들을 잠잠케 하는 '하늘'에 가득 찬 하나님의 '영광'

---

12. Kraus, *Psalms 1-59*, 179; McCann, "Psalms," 711; *NIV Study Bible*, 794.
13. 각주 11의 주석들과 김정우의 주석이 대표적이다. 김정우, 『시편주석 I』, 278 참조.
14. van der Lugt, *Cantos and Strophes*, 145에서 제시하는 다양한 학자들의 구조 분석 역시 3-4절이 연결되고 있다. Ridderbos, *Die Psalmen*, 136 정도만 2절 2행-3절과 4-5절을 나누고 있다.

C 3절 '하늘'의 피조물('주의 손가락으로 만드신')에 전시된 하나님의 영광

D 4절 비천한 인간을 돌보시는 하나님의 영광('무엇이기에' 마 מָה)

B′ 5절 인간에게 '영화'와 '존귀'의 왕관을 씌우신 하나님의 영광

C′6-8절 '땅'의 피조물('주의 손으로 만드신')을 다스리는 인간의 영광

A 9절 온 땅에 아름다운 하나님의 이름('어찌 그리' 마 מָה)

이 시편의 가장 중요한 문학적 특징은 1절과 9절에서 반복되면서 전체 시편을 감싸는 후렴구이다. 이 후렴구는 이 시편이 하나님의 영광에 대한 노래임을 분명히 밝힌다. 또한 이 후렴구에서 하나님의 통치 영역을 말하는 '온 땅'이란 어구에 반복되는 단어 '모든'(콜, כֹּל)은 역시 인간이 다스리는 영역을 말하는 6, 7절에서도 반복되어('만물,' '모든') 후렴구와 함께 주제를 강조한다.[15] 또 4절에서 "무엇이기에"로 번역된 히브리어 의문사 마(מָה)는 1절과 9절의 후렴구에 "어찌 그리"로 번역되어 반복되고 있다. 이 단어는 이 시편 전체의 틀을 만들면서 하나님의 두 영광을 강조한다. 8편이 노래하는 하나님의 두 가지 영광은 온 세상을 창조하시고 다스리시는 창조주의 영광과 인간을 당신의 형상으로 창조하셔서 온 세상을 다스리게 하시는 영광 두 가지다. 특별히 4절의 중심적 위치는 그 영광이 하나님의 대리통치자 인간을 돌보심에서 절정에 이름을 강조한다. 4절의 수사 의문문이 강조하는 인간에 대한 하나님의 돌보심은, 8편에서 말하는 창조주 하나님의 주권 혹은 왕권의 성격을 분명하게 해 주고, 인간의 정체성 또한 이러한 하나님과의 관계를 떠나서는 이해될 수 없음을 말해준다.[16] 1절 3행-2절이 하늘에 가득한 하나님의 영광을 노래하고 있다면, 5절은 하나님께서 인간에게 부여하신 영광을 노래한

15. Tate, "Psalm 8," 348 참조.

16. McCann, "Psalms," 711.

다. 1절 3행에서 하나님께 '영광'이라는 단어가 사용되었다면, 5절에서는 인간에게 '영화'와 '존귀'라는 단어들이 사용되어 대칭을 이룬다. 3절과 6-8절은 그러한 하나님의 영광과 인간의 영광이 어디서 어떻게 나타나는지를 보여준다. 각각 "주의 손가락으로 만드신"(3절) 하늘의 피조물인 달과 별들과 "주의 손으로 만드신"(6절) 땅의 피조물들(7-8절)에서이다.

본문 주해

표제: "인도자를 위하여. 깃딧에 맞추어. 다윗의 시"

원래 다윗이 지은 시(원래 악기를 연주하면서 부른 노래?)로서 예배 시에 사용될 때는 예배나 찬양을 인도하는 레위인이 부르도록 했음을 의미할 것이다.

"깃딧"은 '포도주 틀'을 의미하여 '포도주 틀의 노래'를 의미할 수도 있고, 블레셋의 성인 '갓'을 가리켜서 '갓의 수금'이나 '갓의 곡조'를 의미할 수도 있다(*HALOT*).[17] 8, 81, 84편 참조.

1. 온 땅에 장엄한 하나님의 이름(1절 1-2행)

1절 1-2행의 후렴구는 9절과 함께 8편을 수미쌍관법적으로 감싸면서 이 시편의 성격이 하나님의 우주적인 주권 혹은 왕권에 대한 찬양임을 강조한다. 이 절은 하나님의 위대한 우주적인 주권 혹은 왕권의 특성이 온 땅에 명백하게 계시 되었는데, 그것을 다윗과 그의 백성이 인식하고 찬양하고 있음을 보여준다. 다윗이 밤하늘의 별들을 보면서 제일 먼저 느낀 것은 온 우주에 가득 차 있는 하나님의 장엄하고 위대한 왕권이었다. 이러한 우주적 왕권

17. *NIV Study Bible*, 794.

은 두 가지 말로 표현되고 있는데, "우리 주님"이라는 호칭과, 하나님의 이름을 찬양하는 감탄문 "온 땅에 어찌 그리 아름다운지요!"이다. 여기서 '주님'(*아돈* אָדוֹן)라는 단어는 하나님을 가리키는 용례로 구약에서 400회 이상 사용되었다(*HALOT*). 이 문맥에서는 하나님의 주권 혹은 왕권을 강조한다(97:5). 특별히 다윗이 여호와 하나님을 "우리 주"(느 8:10; 10:30; 시 135:5; 147:5)라고 부른 것은 '우리' 즉, 다윗을 비롯한 하나님의 구원받은 백성 "이스라엘만이 그 이름이 의미하는 하나님의 우주적인 계시와 임재를 인식할 수 있기" 때문이다.[18] 이스라엘의 하나님 여호와가 온 세상을 창조하시고 다스리시는 절대 주권자이심에 대한 고백이다.[19]

여기서 찬양의 대상은 하나님의 '이름'이다. 이름은 창조주 하나님의 인격과 위엄과 사역을 대표한다.[20] 주의 이름은 '아름답다'고 찬양받는다. '아름답다'(majestic)는 히브리어 단어 *아디르*(אַדִּיר)는 시편에서 주로 왕들에 대해서나(136:18) 왕이신 여호와를 선포하는 문맥에서(76:5; 93:4) 사용되어[21] 하나님의 '위엄'이나 '능력'을 찬양한다. '온 땅'이라는 어구도 우주적인 하나님의 왕권을 강조한다. '온 땅'은 단지 땅만을 가리키지 않고 온 우주를 가리키는 표현이다. 즉, 1절 3행과 3절에 나오는 '하늘'과 4절의 '인간' 그리고 6-8절의 땅의 피조물들까지 포함한다. 이러한 하나님의 우주적인 왕권의 문맥 속에서 4절 이하에서 말하는 인간의 영화와 존귀, 인간의 왕적인 지위가 이해되어야 한다.[22] 1절 1-2행이 서론적인 선포라면 9절은 그러한 창조주 하나님의 위엄을 보잘 것 없는 인간에게 부여하신 하나님의 놀라운 은혜를

---

18. Kraus, *Psalms 1-59*, 180.
19. 이용호, "시 8편에 나타난 인간: 어떻게 인간을 이해할 수 있을까?" 『구약논단』 제15권 3호(2009. 9): 17에서도 이 찬양이 가진 이런 고백적 차원을 강조하고 있다.
20. Craigie, *Psalms 1-50*, 107; Calvin, *Psalms*, 1:94.
21. McCann, "Psalms," 711.
22. McCann, "Psalms," 711.

확인한 후의 찬양인 셈이다.[23] 그리고 히브리어 의문사(여기서는 감탄사) *마*(מָה)는 우주에 충만한 하나님의 영광의 경이로움을 문학적으로 강조한 것이다. 이러한 감탄은 4절에서 하나님께서 인간을 돌보시는 '영광'과 '사랑' 가운데서 다시 한 번 등장한다. 1, 9절이 틀을 형성한다면 4절은 중심에서 하나님의 영광의 절정을 나타낸다.[24]

2. 대적들을 잠잠케 하는 '하늘'에 가득 찬 하나님의 '영광'(1절 3행-2절)

1절 1-2행이 노래한 온 땅에 가득 찬 하나님의 이름의 위대함은 1절 3행에서는 하늘을 덮은 하나님의 영광으로 구체화되고 있다. 하늘에 가득한 창조주의 영광은 누구나 인식할 수 있는 것이며, 이 세상의 어떤 피조물이나 통치자들보다 높고 영화로우신 창조주를 드러내는 영광이다(19:1; 57:5, 11; 97:6; 113:4; 148:13). 이것은 3절에서 하늘의 달과 별들이라는 구체적인 예들로 나타난다. 마치 19편 1-6절에서 '해'가 하늘에 하나님의 영광을 전시하는 것과 같다. 1절 3행과 3절의 '하늘'은 이 연을 하나로 묶는다.

1절 3행의 번역에 대해서는 많은 논란이 있다. 아래의 번역들이 그것을 반영한다.

אֲשֶׁר תְּנָה הוֹדְךָ עַל־הַשָּׁמָיִם׃
주의 영광이 하늘을 덮었나이다(개역개정)
= You have set your glory above the heavens(NIV, ESV)
주의 위엄이 하늘 위에 높아졌습니다(LXX)
=Thou whose glory above the heavens is chanted(RSV)
나는 하늘 위의 주의 위엄에 예배합니다(Donner, Craigie)

---

23. Wilson, *Psalms I*, 209.
24. Kraus, *Psalms 1-59*, 179에서는 4절의 수사 의문문이 이 시의 중심이라고 옳게 본다.

개역개정을 비롯한 대다수의 영어 번역본들이 취하는 번역은 동사 *테나*(תְּנָה)가 명령형이기 때문에 부정사 연계형으로 이해하거나, 혹은 탈굼이나 아람어 번역본처럼 *나탄*(נתן, 주다) 동사의 완료형(נָתַתָּה 혹은 축약형 תַּתָּה)으로 이해하여 이 행을 앞의 찬양의 연속으로 본다. 이에 비해 칠십인역은 이 동사의 어근을 *타나*(תנה)로 보고 '찬양하다'는 의미로 이해하는데 이것이 RSV에서 받아들여졌다.[25] 크레이기처럼 '예배하다'로 번역한 경우는 *아쉐르 테나*(אֲשֶׁר תְּנָה)를 붙여 읽어 '예배하다'는 단어 *샤라트*(שׁרת)의 피엘 미완료형(אשׁרתנה)로 읽은 결과이다.[26] 여기서는 개역개정을 비롯한 대부분의 현대 번역본들을 따랐다. 다만 관계사 *아쉐르*(אֲשֶׁר)를 앞 문장을 수식하는 관계대명사가 아닌 앞 문장을 연결하는 접속사(*HALOT*)로 번역하였다. 1절 1-2행에서 하나님의 이름이 온 우주에 '아름답다'고 했다면, 3행에서는 그의 '영광'이 '하늘'에 가득하다는 묘사로 구체화되고 있다. 3절에서 이것은 하늘의 달과 별들로 더 구체화된다.

2절은 1절의 찬양을 생각하면 다소 갑작스럽게 보인다. 1행의 "주(당신)의 대적으로 말미암아 어린 아이들과 젖먹이들의 입으로 권능을 세우셨다"는 문장은 2행에서 "원수들과 보복자들로 잠잠하게 하려 하심"이라는 목적절과 평행을 이룬다. 어린아이들의 찬양을 통한 하나님의 권능 선포가 대적들을 잠잠케 하거나 멸하는 일이라고 노래한다. 1절 3행에서 말한 온 하늘에 편만한 창조주요 온 우주의 왕이신 하나님의 영광(권능)은 조그마한 아이들의 찬양을 통해서도 분명히 선포되기 때문에, 그 찬양이 하나님을 왕으로 인정하기를 거부하고 그를 대적하는 자들을 잠잠하게 만들기에 충분하다는 밝히는 것이다.

여기서는 '어린아이들과 젖먹이들'과 '대적'이나 '원수들과 보복자들'(44:

25. Kraus, *Psalms 1-59*, 178 참조.
26. Craigie, *Psalms 1-50*, 104-5.

16의 동일한 표현 참조)이 극명하게 대조되고 있다. 전자가 어린아이처럼 연약한 존재로서 원수들의 야만적인 공격 앞에서 전적으로 하나님만 의지해야 하는 의인들을 가리킨다면(삼상 15:3; 22:19; 렘 44:7; 애 2:11; 욜 2:16)[27], 후자는 하나님의 주권을 무시하고 대적할 뿐만 아니라, 자신들의 힘과 자원을 의지하고 연약한 자들을 공격하는 악인들로 이해될 수 있다. 혹자는 여기에 나오는 '대적'이나 '원수들과 보복자들'을 하나님의 창조 질서를 무너뜨리는 혼돈의 세력들로 본다.[28] 1-2절의 분위기는 확실히 창조를 연상시킨다. 하지만 창세기 1장이나 성경의 다른 본문들은 하나님의 창조가 혼돈의 세력들을 정복하고 이루어졌음을 말하지 않는다. 오히려 고대 근동의 창조 신화적인 용어들을 빌어서 하나님을 대적하는 모든 세력들을 가리키는 비유로 사용하고 있을 뿐이다. 그러므로 여기서 '원수들과 보복자들'은 시편을 지은 다윗과 '우리'(1절) 이스라엘의 대적들과 그 대적들이 상징하는 창조주 하나님을 거역하는 자들을 가리킨다고 보아야 한다. '대적'과 '원수들과 보복자들'은 하나님의 창조와 구원의 목적을 반대하고 위협하는 모든 세력들에 대한 총칭으로 보는 것이 좋을 것이다.[29] 동시에 2절은 온 하늘에 영광을 전시하신 창조주 하나님께서 '어린아이들과 젖먹이들' 같은 다윗과 이스라엘을 도우심으로써 대적들을 물리치게 하시고, 그 대적들 앞에서 창조주의 권능과 영광을 찬양하게 하셨음을 강조한다고도 볼 수 있다. 그런 점에서 '어린아이들과 젖먹이들'은 4절의 비천한 인간을 가리키는 표현인 '사람'이나 '인자'와 연결된다. 또 이들은 3-7편에 자주 등장하는, 강력한 대적들에게 고통당하는 '가난하고 궁핍한' 자들이다. 창조 세계를 다스리는 권능은 인간 세

27. Tate, "Psalm 8," 352 참조.

28. McCann, "Psalms," 711; M. S. Kinzer, "All Things Under his Feet: Psalm 8 in the New Testament and in other Jewish Literature of Late Antiquity" (Ph.D. Dissertation, University of Michigan, 1995) 27-8.

29. Tate, "Psalm 8," 352-3.

계에서는 악한 자들로부터 힘없는 자들을 구원하는 권능으로 나타나고 있다 (33편의 주제).

2절 1행의 '권능'(*오즈*, עֹז)은 어린아이들의 찬양('입')을 통해서 드러난 하나님의 영광과 능력을 말한다.[30] 1행은 고통당하는 연약한 성도들의 기도를 들으시고 대적들을 물리치시는 '권능'이 성도들의 입을 통해 대적들에게 선포되고 있음을 노래한다(삼상 2:1, "내 입이 내 원수들을 향하여 크게 열렸다" 참조).[31] 그래서인지 칠십인역은 '권능' 대신에 '찬양'으로 바꾸어 "찬양을 완전하게 하셨다"로 번역하고 있고 이 번역은 마태복음 21장 16절에 인용되고 있지만 의미는 비슷하다.[32] 한편 새번역이나 NIV는 '권능'(*오즈*, עֹז)을 '요새'로 이해하여 어린아이들의 입으로 "주님께 맞서는 자들을 막아낼 튼튼한 요새를 세우셨습니다."로 번역한다.

'입으로 권능을 세우다'는 표현은 2절 2행에서 대적들을 '잠잠하게 하는' 결과를 이끌어낸다. '잠잠하게 하다'로 번역된 동사 *샤바트*(שׁבת)는 여기서 힢일형으로 사용되어 '끝장내다'는 강력한 의미를 표현한다(*HALOT*). 하나님의 창조와 구원을 거역하는 아무리 강력한 대적이라도 창조주 하나님께서 끝장내심으로써 연약한 의인들에 의해 찬양받으실 수 있음을 표현하고 있는 셈이다(마 21:16 참조).[33] 2절의 주제는 4-8절의 인간의 영광과 매우 밀접하게 연결된다. 인간의 왕권 실현에는 많은 대적들의 방해가 있지만 창조주 하나님의 도우심과 권능이 그것을 막음으로써 결국 이루어질 수밖에 없음을 암시하는 것이다.

---

30. Wilson, *Psalms 1*, 202.
31. Tate, "Psalm 8," 351 참조.
32. Tate, "Psalm 8," 350-1 참조.
33. Craigie, *Psalms 1-50*, 107; Wilson, *Psalms 1*, 202.

3. '하늘'의 피조물에 전시된 하나님의 영광(3절)

3절은 주로 4절을 부각하기 위한 절로 해석된다. 3절을 여는 관계사 *키* (כִּי)는 자주 때나 조건을 나타내는 "내가 볼 때"(NIV 등의 영어 번역본들)나 "내가 보오니" 등으로 번역되어 4절과 연결된다. 하지만 칠십인역은 '왜냐하면'으로 번역하고 있고 일부 학자들은 강조형인 '정말로'로 번역한다.[34] 3절이 칠십인역처럼 이유를 말한다면 이 절은 앞 절들과 연결되는 것이고 '정말로'로 번역이 된다면 앞이나 뒤 둘 다 연결될 수 있다. 4절이 인간의 연약함을 강조하는 것은 맞지만, 굳이 3절만을 4절과 연결시켜 우주의 광활함과 인간의 왜소함을 대비시킨다고 볼 필요는 없다. 오히려 4절은 1절 3행-3절에서 말한 온 세상과 대적들에게 당신의 영광을 나타내시는 하나님의 위대함과 대조되는 것이 더 옳다. 1절 3행에 나오는 '하늘'과 3절의 '하늘'이 틀이 되어 1절 3행-3절이 하나의 단위를 이루면서 하나님의 영광을 찬양하고 있다고 봐야 한다. 1절 3행에서 노래하는 하늘을 덮은 여호와의 영광은 3절에서는 하나님의 작품인 달과 별들 가운데서 구체화되고 있다. 2절과 연결시키자면, 3절은 대적들 앞에서 연약한 어린아이들에 의해 선포되고 있는 하나님의 권능은 다름 아니라 하늘에 가득한 달과 별들을 지으신 창조의 권능임을 말한다고 할 것이다. 그것을 강조하기 위해서 "주의 손가락으로 지으신(혹은 '주의 손가락의 작품들')"이라는 표현을 사용하고 있다. 밤하늘의 달과 별들뿐만 아니라 하늘조차도 하나님이 당신의 '권능'으로 친히('손가락'-2절, 출 8:15, 19) 창조하시고[35] '베풀어 두신'(כּוּן, '세우다,' '고정시키다,' '배치하다'는 의미, *HALOT*) 작품임("주의 하늘," 창 1:8, 14-19)을 노래하여, 하나님의 위엄과 능력(19:1-6; 104:19-23 참조)을 강조한다. 더불어 창세기 1장처럼 고대 사람들이 신적인 숭배의 대상으로 여겼던 하늘과 달과 별들이 여호와 하

---

34. 이용호, "시 8편에 나타난 인간," 11, 20. 하지만 그는 3-4절을 하나님에 대한 고백으로 함께 다룬다.

35. Kraus, *Psalms 1-59*, 182 참조.

나님이 친히 만드셔서 배치하신 피조물임을 노래함으로써 하나님의 절대적인 왕권을 더욱더 강조한다.

4. 비천한 인간을 돌보시는 하나님의 사랑(4절)

4절부터 8절까지는 하나님의 영광과 위대함이 창조 세계가 아닌 인간에게서 어떻게 드러나고 있는지를 노래한다. 그 영광은 창조주께서 인간을 특별히 돌보시는 데서 나타나며(4절), 그들을 자신의 대리통치자로 삼으시는 데서(5-8절) 드러난다.

1절과 9절에서 다윗이 의문사(여기서는 감탄사) '어찌 그리'(*마* מָה)로 온 우주에 가득한 하나님의 영광을 찬양했다면, 이 시편의 중심 구절인 4절에서는 동일한 감탄사('무엇이기에')를 사용해서 자신을 비롯한 연약하고 비천한 인간을 돌보시는 창조주 하나님의 위대하심과 자비를 찬양한다.[36] 다윗은 위대하신 하나님의 창조 능력에 압도당하면서, 그처럼 위대하신 하나님이 자신을 비롯한 연약한 인간을 얼마나 사랑하시며 영화롭게 하셨는가를 노래한다. 4절에 등장하는 '사람'과 '인자'라는 표현은, 인간을 3절의 달과 별들과 대조하기보다는 그런 우주를 창조하시고 통치하시는 하나님과 비교했을 때 인간이 한없이 낮고 비천하다는 점을 강조한다(사 51:12; 시 9:19; 10:18; 90:3; 103:15; 146:3). 여기에 등장하는 사람을 가리키는 두 표현 '사람'(*에노쉬*, אֱנוֹשׁ)과 '인자'(문자적으로 '사람의 아들', *벤 아담*, בֶן־אָדָם)는 인류 전체를 가리키는 표현이다(사 51:12; 56:2; 욥 25:6; 시 90:3에 함께 등장). 특별히 '아담'이라는 단어는 창세기 1장 26절에 나오는 하나님의 인간 창조를 상

---

36. 그래서 Mays, *Psalms*, 67-8에서는, 4절을 6절 이하에서 하나님이 모든 인류에 왕의 지위를 부여하고 있는 부분과 연결하면서 "시편 8편의 기자가 하늘을 보면서 느낀 인간의 제한성과 연약함에 대한 인식은 우주 가운데서 미아가 되는 느낌이 아니라, 단지 유한할 뿐인 이 존재들을 대리통치자로 삼으실 수 있고 또 삼으신 하나님의 경이로운 위엄에 대한 놀라움과 두려움에 대한 체험"을 말하면서, 하나님을 찬양하는 목적에 기여하고 있다고 올바르게 지적한다.

기시키기에 충분하다. 4절이 강조하는 것은 우주의 무한성과 대비되는 인간의 유한성이 아니다. 오히려 한낱 하나님의 피조물에 불과하며 하나님에 비하면 한없이 낮고 유한한(mortal) 인간에게 하나님께서 부여하신 놀라운 영광이다(5절). 1행과 2행에서 두 번이나 반복된 '무엇이기에'라는 표현은 바로 그런 점을 강조한다.

'생각하다'는 동사나 '돌보다'는 동사는, 둘 다 하나님이 인간에 대해서 항상 마음을 쓰시고 필요를 채우시고 돌보시는 특별한 사랑뿐만 아니라, 창세기 1장에서처럼 그들을 특별한 존재로 높여주신 것(5절)까지도 의미한다. 굳이 표현하자면 하나님의 인간 창조와 구원 모두를 포괄하는 의미의 돌보심이다(창 8:1; 9:15; 21:1; 50:24-25; 출 2:24; 3:16; 4:31; 룻 1:6; 삼상 1:19; 2:21; 시 65:9; 80:14; 106:4; 136:23; 렘 29:10; 습 2:7). 다윗은 4절을 통해서 자신이 경험한 하나님의 돌보심은 창조 때부터 보여주셨던 비천한 인간에 대한 하나님의 창조와 구원의 돌보심의 연장이었음을 고백하고 있는 셈이다. 창세기 1장 26-29절은 인류를 하나님의 대리통치자로 선언할 뿐만 아니라 그들을 돌보시는 창조주-왕의 자비도 강조한다(29절). 이런 경험과 고백을 통해서 역으로 하나님이 얼마나 위대한 분이신지를 찬양하고 있다. 개역개정에는 반영되지 않았지만 두 동사 앞에 있는 '이렇게'라는 부사(*키*/ כִּי)도 하나님 앞에 정말 보잘것없는 인간을 '이렇게까지' 돌보시는 놀라운 하나님의 은혜를 강조한다.

5. 인간에게 영화와 존귀의 왕관을 씌우신 하나님의 영광(5절)

5절은 '그리고'라는 접속사로 4절의 내용을 잇는다. 4절에서 인간을 돌보시는 하나님의 영광을 노래했다면 5절부터 8절은 그 돌보심이 인간을 하나님의 대리통치자로 세우신 데서 나타났음을 찬양한다. 5절은 창세기 1장을 떠올리게 하는데 하나님이 인간을 '하나님의 형상' 곧 하나님의 대리통치자로 모든 피조물 위에 세우신 것을 노래하고 있다. 1행과 2행은 내용상 평행을 이루며 사실상 같은 것을 노래한다. 하나님의 영광이 인간의 존귀와 영광 속에 반영되도록 하셨다는 것이다.

1행의 "그를 하나님보다 조금 못하게 하시고"에서 '하나님'으로 번역된 히브리어 *엘로힘*(אֱלֹהִים)은 '하나님,' 천사와 같은 '신적인 존재들'(angels, the heavenly beings), '신들'(gods 혹은 a god) 등으로 다양하게 번역될 수 있어서 많은 논쟁의 대상이 된다. 5절의 문맥이 창세기 1장을 반영하는 것이라면 '신들(혹은 신)'로 번역하는 경우는 제외될 수밖에 없다. 이스라엘이나 다윗이 실제로 '신들'의 존재를 인정했다고 볼 수는 없기 때문이다. 만약 '천사'나 '신적인 존재들'로 본다면 5절은 인간이 하나님의 영역에는 속하지 않았지만, 최고의 존재로 지음을 받았다는 의미일 것이다. 또 '하나님'으로 번역을 한다면[37] 창세기 1장 26절이 말하는 '하나님의 형상' 개념이 들어있을 가능성이 크다. 즉, 인간이 하나님이나 신적인 존재도 아니지만, 하나님이 그들에게 창조 세계에서 당신의 통치를 대행하는 영광스러운 지위를 창조 때부터 지금까지 부여하고 계심을 노래한다고 볼 수 있다. 이어지는 6-8절은 그런 점을 잘 보여준다. 그러므로 '하나님보다 조금 못하게 만드셨다'는 표현은 문자 그대로 인간이 하나님보다 조금 못하다는 것을 말하기보다는, 당신의 부왕 혹은 대리통치자로 인간을 세우신 하나님의 놀라운 은혜를 강조한다고 봐야 할 것이다. '천사'로 번역하든, 아니면 '하나님'으로 번역하든 5절은 하나님께서 인간을 이 땅에서 최고의 존재로, 하나님의 영광과 존귀가 고스란히 들어있는 하나님의 형상으로 지으셨고, 죄를 범한 지금도 그렇게

---

37. 여기에 대한 해석 문제는 Wilson, *Psalms 1*, 207에 잘 요약되어 있다. 그는 영어 번역본 세 가지를 제시하면서 세 가지 다 가능하다고 말한다: "less than God"(RSV), "less than a god"(NJB), "lower than the heavenly beings"(NIV). 또 Craigie, *Psalms 1-50*, 108에서는 시리아역, 탈굼, 라틴어 성경이 '하나님'으로 번역했다고 말하면서, '천사'로 번역한 것은 겸손함의 표현으로서 인간이 하나님보다 조금 못하다는 것은 상상도 할 수 없었기 때문이었다고 본다. 크레이기는 이 본문은 인간 속에 담겨져 있는 하나님의 형상과 창조 질서 속에서 행사되어야 하는 인간의 다스림의 역할을 가리키고 있기 때문에, 이 단어는 '하나님'으로 번역되어야 한다고 주장한다.

대하고 계심을 말하는 것이다.[38]

2행도 대리통치자로서 인간의 위엄을 강조한다. '(왕)관을 씌우다'는 표현은 하나님의 대리통치자로서 왕관을 쓴 인간의 왕적인 위엄을 가리키며, '영화'와 '존귀'라는 표현도 1-2절에 나타난 하나님의 왕적인 영광과 위엄을 그대로 반영하고 있다(29:1, 2, 3, 9; 96:3, 7, 8 등 참조). 즉, 1-3절에서 노래하는 온 세상에 가득한 왕이신 하나님의 영광이 인간의 통치 가운데서 드러나고 있음을 노래하는 것이다. 실제로 21편 5절에서는 인간 왕에게 하나님이 주시는 '영광'과 '존귀'를 언급하고 있다.[39] 다윗은 이러한 인간의 존귀함 가운데 드러나는 하나님의 영광을 찬양하고 있는 셈이다. 다윗은 아마도 이스라엘의 왕으로 세움을 받은 뒤에 자신뿐만 아니라 이스라엘과 모든 하나님의 백성들에게 부여하신 이처럼 놀라운 하나님의 영광을 깨닫고 고백하게 되었을 것이다.

히브리서 2장 6-9절은 4-6절을 인용하면서 5절의 의미를 예수 그리스도에게 연결하고 있다. 칼뱅은 이런 인용은 인류의 대표요 머리로서 예수 그리스도는 태초의 온전한 하나님의 형상을 회복하신 분임을 선언하는 것이라고 본다.[40] 즉 잠시 낮아지신 예수 그리스도의 고통과 죽음을 통해서 인간은 원래 하나님의 창조 세계에서 가져야 할 참모습을 회복하게 되었음을 의미한다. 예수 그리스도 안에서 진정한 인간이 나타난 것이다.[41]

6. '땅'의 피조물을 다스리는 대리통치자 인간의 영광(6-8절)

6-8절은 정확하게 창세기 1장 26절과 28절의 표현들을 반영하면서 5절에

---

38. Childs, "Psalm 8," 25에서는 이 부분이 단지 타락하기 전의 인간에 대한 상이라고 한 것은 너무 교리적인 것이라고 적절하게 지적하였다.
39. N. deClaisse-Walford, R. A. Jacobson, B. L. Tanner, *The Book of Psalms* (NICOT; Grand Rapids: Eerdmans, 2014), 125. 부흥과개혁사 역간, 『NICOT 시편』.
40. Calvin, *Psalms*, 1:103-4.
41. Childs, "Psalm 8," 30; Kraus, *Psalms 1-59*, 185-6도 참조하라.

서 말한 인간의 영화와 존귀가 땅의 피조물에 대한 인간의 왕권을 통하여 구체화되었음을 말한다. 우주를 지으시고 다스리시는 하나님의 왕권(1-3, 9절)이 인간에게 부여되었음을 말하는 것이다.[42] 6-8절은 하나님의 대리통치자 인간에게 하나님이 다스리도록 하신 통치 영역들을 나열하고 있는데, 그 영역은 하나님의 영광을 전시하는 1절 3행-3절의 '하늘'과 대칭이 되는 '땅'의 피조물들이다. 특별히 6절의 "주의 손으로 만드신 것"(מַעֲשֵׂי יָדֶיךָ)이라는 표현은 3절의 "주의 손가락으로 만드신 것"(מַעֲשֵׂי אֶצְבְּעֹתֶיךָ)과 정확하게 대칭을 이룬다. 둘 다 하나님의 피조물이지만 전자가 하나님께서 직접 다스리시면서 당신의 영광을 계시하는 하늘의 피조물들을 가리킨다면, 후자는 하나님께서 인간에게 대신 다스리게 하셔서 당신의 영광을 드러내도록 하신 땅의 피조물들을 가리킨다. 또 6절의 '모든 것'과 7절의 '모든'이라는 표현은 1절과 9절에 나오는 하나님의 영광을 나타내는 '모든' 땅과 연결된다. 온 세상이 하나님의 영광을 나타내지만, 인간에게 맡겨진 모든 피조물들에 대한 통치를 통해서도 그 영광이 나타나는 것을 강조한다고 볼 수 있다. 이처럼 인간에게 주어진 하나님의 왕적 통치의 모습은, 인간이 신들의 노동을 대신하기 위해 창조된 노예로 등장하는 메소포타미아의 창조 신화와는 극명하게 대조되는 것이다.[43]

6절은 인간의 왕적인 통치를 강조하기 위해 '다스리게 하다'(משל)라는 동사와 '발아래 두게 하셨다'는 표현을 사용한다. 이 '다스리다'는 단어는 창세기 1장 26, 28절에서 인간의 창조 세계 통치를 말하는 '다스리다'(רדה)와는 다르지만, 의미상으로 같다. 이 다스림의 소명은 인간이 하나님의 대리통치자로서(5절) 창조 세계가 하나님의 창조 목적을 잘 실현할 수 있도록 다

42. 이집트의 바로가 신의 형상으로 보여 지고 있는 사실은 고대 근동의 왕에 대한 이념을 보여주는 것으로, 하나님의 형상으로서의 인간의 왕직에 대한 좋은 배경이 될 수 있을 것이다, Kraus, *Psalms 1-59*, 183 참조.

43. Wilson, *Psalms 1*, 206.

스리는 것을 의미한다(창 2:15 '경작하며 지키다'). 또한 이것은 창조주-왕이신 하나님이 비천한 인간을 돌보시듯이(4절) 인간이 창조 세계를 돌보는 것을 의미한다. '발아래 두다'는 표현도 이러한 창조 세계에 대한 인간의 왕적인 권위와 통치 행위를 강조하는 것이다(출 24:10; 삼하 22:10; 왕상 5:3; 시 18:9; 엡 1:22). 하지만 이 왕권의 실행은 어디까지나 창조주-왕에 대한 청지기적 소명을 이행하는 것이지 마음대로 창조 세계를 훼손하고 남용하는 것을 말하는 것은 아니다.[44] 신약에서는 이 왕권이 그리스도의 재림을 통해서 완성될 것을 말한다(고전 15:25, 27).

7절과 8절에 열거된 피조물들은 창세기 1장의 생물 목록들과 유사한데, 7절은 여섯째 날에 창조된 가축들과 야생 동물들(창 1:24-25)을, 8절은 다섯째 날에 창조된 하늘의 새와 바다의 물고기들(창 1:20-22)을 언급한다. 이것은 넷째 날에 창조된 하늘의 천체들을 하나님이 직접 다스리신다면 다섯째 날과 여섯째 날에 창조된 생물들에 대한 통치는 인간에게 위임하셨음을 의미한다. 이 모든 것은 창조주 하나님이 얼마나 놀라운 영광과 존귀를 인간에게 부여하셨는지를 강조한다. 그러나 이 구절들은 인간의 존귀와 영화만을 강조하지 않고, 이처럼 인간을 영광스러운 존재로 창조하셨을 뿐만 아니라 지금도 그런 존재로 만들어 가시는 창조주 하나님의 자비와 위엄을 찬양한다. 그래서 9절의 후렴구가 뒤따른다.

7. 온 땅에 장엄한 하나님의 이름(9절)

시편 8편은 1절을 시작하는 후렴구로 9절을 닫고 있다. 하지만 9절에서 찬양하는 하나님의 영광은, 온 세상을 창조하시고 다스리시며 반역하는 세력들을 잠잠케 하시는 영광만을 말할 뿐만 아니라(1-3절), 인간을 하나님의 왕적인 영광을 소유한 대리통치자로 창조하시고 돌보시고 세워 가시는 하나

44. Tate, "Psalm 8," 358-9 참조.

님의 과분한 사랑까지(4-8절) 포함한다. 다윗은 자신이 배우고 경험한 창조와 구속에 나타난 창조주-왕의 놀라운 위엄과 영광과 자비를 이 시편을 통해서 찬양하고 있다.

교훈과 적용

시편 8편의 교훈: 창조주 하나님의 영광은 온 세상을 창조하시고 다스리시는 영광이며, 반역하는 세력들을 잠잠하게 하시는 영광이자, 인간을 당신의 왕적인 영광을 소유한 대리통치자로 창조하시고 돌보시는 영광이다. 그러므로 성도는 이 땅에서 어떤 대적들을 만나도 이처럼 놀라운 하나님의 영광과 돌보심을 찬양하며 왕적 소명을 신실하게 감당해야 한다.

1. 온 땅에 가득한 창조주-왕이신 하나님의 영광(1-3절)

예수 그리스도를 통해 창조주-왕이신 하나님을 예배하게 된 성도들과 교회는, 광활한 우주의 질서를 운행하시는 창조주의 질서정연한 손길을 찬양해야 하며(3절), 천지만물을 섭리하시는 창조주 하나님의 영광을 세상 사람들에게 선포해야 한다(1절, 롬 1:20). 무질서하고 죄악이 난무하는 세상에서 참된 소망을 찾지 못하던 자들에게, 이 세상은 인간이 아니라 창조주-왕이신 하나님의 통치 아래 있기에 소망이 있음을 알려주어야 한다.[45] 이 세상과 우리 삶에 주인이 계시기에 질서정연하고 정의로운 세상으로 회복될 참된 길이 있음을 알려주어야 한다.

또 우리는 하나님 나라의 질서를 대적하고 탐욕과 죄악으로 세상을 파괴하는 악한 세력들에게[46] 하나님의 영광이 얼마나 파괴적인 심판으로 임할 것인지도 경고해야 한다(2절, 롬 1:18). 우리는 어린아이와 젖먹이처럼 연약하지만, 우리와 함께하시는 창조주-왕의 공의로운 통치의 수혜자들로서, 다윗과 이스라엘, 초대교회의 제자들처럼 강력한 악인들을 심판하시는 의로우신 하나님의 통치 능력을 찬양하고 또 찬양해야 할 것이다(마 21:16).

---

45. J. L. Mays, "What is a Human Being? Reflections on Psalm 8," *TT* 50/2 (1994): 517.
46. McCann, "Psalms," 712.

2. 대리통치자 인간을 통해 발휘될 창조주-왕의 영광(4-8절)

창조주-왕이신 하나님의 놀라운 영광은, 창조 세계에서뿐만 아니라 인간을 대리통치자로 만드시고 돌보신 데서도 선명하게 드러난다. 하나님은 인간을 당신의 형상으로 창조하셔서 이 세상을 당신의 뜻을 따라 다스리도록 하셨을 뿐만 아니라(5-8절, 창 1:26-28), 그들이 이 세상을 잘 다스리도록 모든 필요를 채우시고 그들을 돌보신다(4절, 창 1:29). 비록 인간이 죄를 범하여 하나님의 형상, 대리통치자로서의 영화를 잃어버렸을 때도 하나님은 그들을 돌보시고 회복시키셔서 땅의 피조물들에 대한 왕적인 통치를 지속하도록 하셨다.

하나님의 아들이신 예수께서 '천사들보다 낮아지셔서' 이 땅에 오신 목적도 '하나님보다 조금 못한' 하나님의 형상으로서의 인간 왕권을 회복시키기 위함이었다. 인간 왕권의 온전한 완성은 부활하고 승천하신 예수 그리스도에게서 이루어졌고, 그를 믿는 자들이 그러한 왕권을 이 땅에서 경험하고 있다(히 2:6-9; 엡 1:22; 고전 15:27).[47] 참된 하나님의 대리통치자이신 예수님을 믿는 모든 자는 그분 안에서 하나님의 형상으로 회복되고(롬 5:17; 딤후 2:12; 계 5:10; 20:4), 성령의 도우심으로 그 왕권을 온전히 실현할 수 있게 된다(행 10:38; 롬 15:19; 갈 3:5; 5:22).

그리스도인들은 항상 하나님의 대리통치자로서 하나님의 통치를 이 땅에 실현하는 존귀한 자들임을 인식해야 한다. 타락한 인간과 세상의 반역 앞에서도(2절, 3-7편), 하나님의 대리통치자들인 의인들을 돌보시고 대적들을 심판하시는 창조주-왕이신 하나님의 영광과 능력을 붙들어야 한다. 고난이 하나님의 세계를 돌봐야 할 우리 그리스도인들의 소명을 면제시키지 않는다.[48] 우리는 창조주께서 모든 대적들을 그리스도의 발아래, 우리의 발아래 엎드리게 하실 날이 올 것을 믿고, 하나님의 말씀과 성령으로 무장해서 우리의 가정과 직장과 국가와 세계가 하나님의 질서대로 회복되는 일에 최선을 다해야 한다. 그리스도 안에서 하늘에 있는 것과 땅에 있는 것이 통일되는 그 날까지(엡 1:10).

---

47. Kraus, *Psalms 1-59*, 185-6. Calvin, *Psalms*, 1:106, Craigie, *Psalms 1-50*, 109-10 참조.
48. McCann, "Psalms," 712.

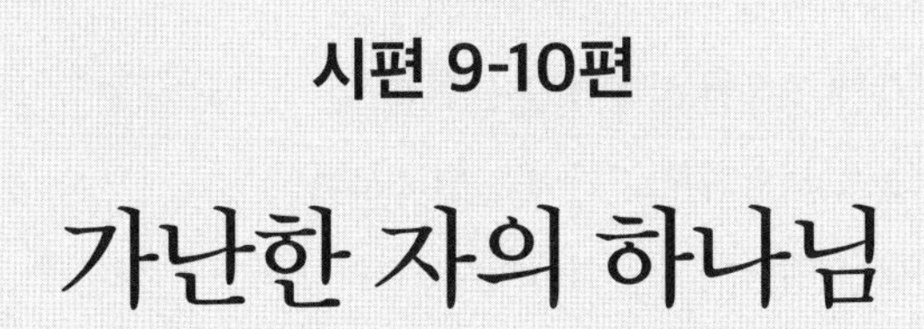

시편 9-10편

가난한 자의 하나님

[다윗의 시, 인도자를 따라 뭇랍벤에 맞춘 노래]

9:1 내가 전심으로 여호와께 감사하오며
주의 모든 기이한 일들을 전하리이다
2 내가 주를 기뻐하고 즐거워하며
지존하신 주의 이름을 찬송하리니
3 내 원수들이 물러갈 때에
주 앞에서 넘어져 망함이니이다
4 주께서 나의 의와 송사를 변호하셨으며
보좌에 앉으사 의롭게 심판하셨나이다[1]
5 이방 나라들을 책망하시고 악인을 멸하시며
그들의 이름을 영원히 지우셨나이다
6 원수가 끊어져
영원히 멸망하였사오니[2]
주께서 무너뜨린 성읍들을
기억할 수 없나이다
7 여호와께서 영원히 앉으심이여
심판을 위하여 보좌를 준비하셨도다
8 공의로 세계를 심판하심이여
정직으로 만민에게 판결을 내리시리로다
9 여호와는 압제를 당하는 자의 요새이시요
환난 때의 요새이시로다
10 여호와여 주의 이름을 아는 자는 주를 의지하오리니
이는 주를 찾는 자들을 버리지 아니하심이니이다

---

1. "이는 주께서 의로운 재판관으로 보좌에 앉으셔서"로 번역할 수도 있다.
2. NIV처럼 "영원한 파멸이 대적들을 삼켰고"로 번역할 수도 있다.

11 너희는 시온에 계신 여호와를 찬송하며
그의 행사를 백성 중에 선포할지어다
12 피 흘림을 심문하시는 이가 그들을 기억하심이여
가난한 자의 부르짖음을 잊지 아니하시도다
13 여호와여 내게 은혜를 베푸소서
나를 사망의 문에서 일으키시는 주여
나를 미워하는 자에게서 받는 나의 고통을 보소서
14 그리하시면 내가 주의 찬송을 다 전할 것이요
딸 시온의 문에서 주의 구원을 기뻐하리이다
15 이방 나라들은 자기가 판 웅덩이에 빠짐이여
자기가 숨긴 그물에 자기 발이 걸렸도다
16 여호와께서 자기를 알게 하사 심판을 행하셨음이여
악인은 자기가 손으로 행한 일에 스스로 얽혔도다 (힉가욘, 셀라)
17 악인들이 스올로 돌아감이여
하나님을 잊어버린 모든 이방 나라들이 그리하리로다
18 궁핍한 자가 항상 잊어버림을 당하지 아니함이여
가난한 자들이 영원히 실망하지 아니하리로다
19 여호와여 일어나사 인생으로 승리를 얻지 못하게 하시며
이방 나라들이 주 앞에서 심판을 받게 하소서
20 여호와여 그들을 두렵게 하시며
이방 나라들이 자기는 인생일 뿐인 줄 알게 하소서 (셀라)

10:1 여호와여 어찌하여 멀리 서시며
어찌하여 환난 때에 숨으시나이까
2 악한 자가 교만하여 가련한 자를 심히 압박하오니
그들이 자기가 베푼 꾀에 빠지게 하소서

3 악인은 그의 마음의 욕심을 자랑하며
탐욕을 부리는 자는 여호와를 배반하여 멸시하나이다
4 악인은 그의 교만한 얼굴로 말하기를
여호와께서 이를 감찰하지 아니하신다 하며
그의 모든 사상에 하나님이 없다 하나이다
5 그의 길은 언제든지 견고하고
주의 심판은 높아서 그에게 미치지 못하오니[3]
그는 그의 모든 대적들을 멸시하며
6 그의 마음에 이르기를 나는 흔들리지 아니하며
대대로 환난을 당하지 아니하리라 하나이다
7 그의 입에는 저주와 거짓과 포악이 충만하며
그의 혀 밑에는 잔해와 죄악이 있나이다
8 그가 마을 구석진 곳에 앉으며
그 은밀한 곳에서 무죄한 자를 죽이며
그의 눈은 가련한 자를 엿보나이다
9 사자가 자기의 굴에 엎드림 같이 그가 은밀한 곳에 엎드려
가련한 자를 잡으려고 기다리며
자기 그물을 끌어당겨 가련한 자를 잡나이다
10 그가 구푸려 엎드리니
그의 포악으로 말미암아 가련한 자들이 넘어지나이다
11 그가 그의 마음에 이르기를 하나님이 잊으셨고
그의 얼굴을 가리셨으니 영원히 보지 아니하시리라 하나이다
12 여호와여 일어나옵소서
하나님이여 손을 드옵소서

---

3. NIV는 5절 2행의 본문을 약간 수정하여 "주의 법이 거역당하며"로 번역하기도 한다.

가난한 자들을 잊지 마옵소서
13 어찌하여 악인이 하나님을 멸시하여
그의 마음에 이르기를 주는 감찰하지 아니하리라 하나이까
14 주께서는 보셨나이다
주는 재앙과 원한을 감찰하시고
주의 손으로 갚으려 하시오니
외로운 자가 주를 의지하나이다
주는 벌써부터 고아를 도우시는 이시니이다
15 악인의 팔을 꺾으소서
악한 자의 악을 더 이상 찾아낼 수 없을 때까지 찾으소서
16 여호와께서는 영원무궁하도록 왕이시니
이방 나라들이 주의 땅에서 멸망하였나이다
17 여호와여 주는 겸손한 자의 소원을 들으셨사오니
그들의 마음을 준비하시며
귀를 기울여 들으시고
18 고아와 압제 당하는 자를 위하여 심판하사
세상에 속한 자가 다시는 위협하지 못하게 하시리이다

본문 개요[4]

9편과 10편은 하나의 시편이었던 것으로 보인다. 9편과 10편은 완전하지는 않지만 히브리 알파벳 순서대로 각 절을 시작하는 알파벳 이합체 시의 연

---

4. 본 시편 해설은 김성수, 『나는 가난하고 궁핍하오니』(여수: 그라티아, 2016), 36-79에 수록된 시편 9-10편 해설을 수정하고 확대한 것임을 밝힌다.

결을 보인다. 9편이 히브리어 처음의 알파벳 열 개(ד *달렛* 부분이 빠진 א *알렙*부터 כ *카프*까지)의 순서대로 절들을 시작한다면, 10편은 다섯 개(מ *멤*부터 ע *아인*까지 여섯 개가 빠진 ל *라멧*부터 ת *타브*까지)의 절들이 알파벳 순서대로 시작된다. 이러한 연결성은 다른 면들에서도 나타난다. 먼저, 칠십인역에서는 9-10편이 하나의 시편으로 되어 있어서 맛소라 사본과 시편의 편수가 여기부터 달라진다. 칠십인역의 이런 순서는 라틴어 역본(Vulgate)에서도 동일하다. 그리고 10편에는 표제가 빠져있는데 이것은 아마도 이 시편이 9편의 연속임을 반영하는 것 같다.

무엇보다 두 시편은 주제상 매우 밀접하게 연결되어 있다. 이 두 시편은 전반적으로 하나님을 '가난한 자를 악한 압제자들로부터 구원하시는 왕'으로 그린다(9:9, 12, 18; 10:12, 14, 17-18). 그래서 이 두 시편에는 '가난한 자'를 가리키는 어휘들이 자주 등장한다(דַּךְ *닥* '압제를 당하는 자,' 9:9, 10:18; עָנִי *아니* '가난한 자,' 9:12, 13, 10:2, 9, 12; עָנָו *아나브* '겸손한 자,' 9:18, 10:17; אֶבְיוֹן *에브욘* '궁핍한 자,' 9:18; חֵלְכָה *헬레카* '가련한 자,' 10:8, 10, יָתוֹם *야톰* '고아,' 10:14, 18). 이와 더불어 "여호와는 압제를 당하는 자의 요새"(9:9), "주는 고아를 도우시는 이"(10:14) 등의 표현이나, "가난한 자의 부르짖음을 잊지 아니하시도다"(9:12), "궁핍한 자가 항상 잊어버림을 당하지 아니함이여"(9:18), "가난한 자들을 잊지 마옵소서"(10:12), "주는 겸손한 자의 소원을 들으셨사오니"(10:17), "고아와 압제당하는 자를 위하여 심판하사"(10:18) 등의 표현들도 같은 주제를 말하고 있다. 하나님의 공의로운 심판을 강조하기 위해서 두 시편은 '심판하다' 혹은 '심판,' '송사' 등의 의미를 갖는 어근 שָׁפַט(*샤파트*)를 자주 사용하고(9:4, 7, 8, 16, 19, 10:5, 18), 하나님을 악인들의 악을 '찾으시는'(דָּרַשׁ *다라쉬* '감찰하시는') 분으로 묘사한다(9:12, 10:4, 13, 15). 이 외에도 두 시편은 '악인들'의 모습에 대해서 비슷하게 묘사한다. 그들은 '가난한 자'를 잡으려고 몰래 음모를 꾸미지만 그 꾀에 자신이 빠져 멸망할 수밖에 없는 자들이다(9:15-16, 10:2, 8-10). 또한 두 시편은 이들을 특이하게도 높으신 하나님과 대조되는 비천한 '인생'(אֱנוֹשׁ *에노쉬* 9:19-20, 10:18 '땅에 속한 인생')으로 표현하면서 각 시편을 마무리하고 있다. 또 둘 다 '환난 때'(לְעִתּוֹת בַּצָּרָה *레잇톳 밧차라*, 9:9, 10:1)라는 독특한 표현을 함께 사용하고 있고, 여호와께 '일어나시길'(קוּמָה יְהוָה *쿰마 야훼*) 간구한다(9:19, 10:12). 결론적으로 말하자면 두 시편은 42-43편처럼 원래 하나의 시편이었는데 예배에서의 사용 목적에 따라 두 편으로 분리된 것으로 보인다.

이상에서 살펴본 두 시편의 밀접한 관계와 달리 9편과 10편의 분위기는 사뭇 다르다. 9편에는 하나님의 의로운 통치와 심판을 찬양하는 내용이 압도적인 데 비해, 10편은 악인들에 대한 고발과 하나님의 의로운 구원을 간구하는 기도가 지배적이다. 하지만 두 시편을 연결해서 생각해 보면, 9편 1-18절은 과거의 구원에 대한 감사 찬양으로 볼 수 있고, 9편 19-20절과 10편은 이러한 감사에 기초하여 새로운 고난 상황에서 드리는 탄식과 간구로 볼 수 있을 것이다.[5] 9편에서는 대적들이 주로 '나라들'(5, 15, 17, 19, 20절)로 나오고 10편에서는 주로 '악인'(2, 3, 4, 13, 15절)으로 나오지만, 9편에서도 열방을 '악인'으로 표현하고(5, 16, 17절) 10편에서도 '나라들'(16절)이 등장하기 때문에 개인적 대적과 국가적 대적이 교차적으로 거론되고 있다고 보는 것이 좋을 것이다.

시편 9-10편은 3-14편 그룹의 다른 시편들과 많은 어휘와 주제들을 공유하는데 특별히 악인들에 의해 고통당하는 의인(들)의 모습을 '가난한 자'와 '궁핍한 자'의 용어들로 상세하게 묘사한다(9:12, 18; 10:2, 9, 12, 17; 12:5; 14:6). 가난한 의인들을 공격하는 악인을 다른 시편들처럼(3:8; 7:10; 9:6, 17, 18; 10:2, 3, 4, 13, 15; 11:2, 5, 6; 12:9) 주로 '악인'(*라샤* רָשָׁע)으로 부르면서

---

5. 칼뱅은 9편 주석 서론 부분에서 이와 유사한 견해를 밝히고 있다. 그는 하나님께서 다윗에게 주셨던 과거의 많은 구원과 승리의 경험들을 떠올리면서 감사를 드리고, 그런 확신 가운데서 현재의 새로운 대적들로부터의 구원을 기도하는 시편이라고 한다. Calvin, *Psalms*, 1:109.

도, 독특하게 8편에서 하나님이 돌보시는 의인을 가리키는 말인 '인생'(*에노쉬* אֱנוֹשׁ)으로 부르기도 한다(8:4; 9:19, 20; 10:18). 악인들은 주로 의인인 시인을 공격하는 원수로 등장하며(3:7; 5:8; 6:7, 10; 7:4, 5; 8:2; 9:3, 6; 10:5; 13:2, 4), 그들의 공격 수단은 주변의 다른 시편들처럼 주로 '말'이다(5:9; 10:7; 12:2, 3, 4). 또 9-10편에서는 다른 시편들처럼 악인들이 숨어서 가련한 자들을 공격하는 정황을 묘사하고 있다(7:15; 9:15; 10:8-10; 11:2). 9-10편은 3-14편 그룹의 특징 중의 하나인 "여호와여 일어나소서"(קוּמָה יְהוָה)라는 표현을 사용하여(3:7; 7:6; 9:19; 10:12) 기도 응답의 긴박성을 강조한다. 이 기도는 12편 5절이 인용하는 여호와의 말씀에 기초하고 있다. "여호와의 말씀에 가련한 자들의 눌림과 궁핍한 자들의 탄식으로 말미암아 내가 이제 일어나 그를 그가 원하는 안전한 지대에 두리라 하시도다." 악인으로부터 '가난한' 의인을 구원하시는 하나님은 3-14편 그룹에서 공통으로 강조하듯이 악인을 감찰하고 심문하시는 왕이요 재판관으로 묘사되고 있다(5:2, 4, 5, 6, 10; 7:6, 8, 9, 11, 12-13; 8:2; 9:4-8, 12, 16, 19; 10:4, 5, 13, 14, 16, 18; 11:4, 5, 6; 14:2).[6] 9편은 3-14편 그룹의 신학적인 기둥인 8편을 사이에 두고 7편 마지막 절인 17절("내가 여호와께 그의 의를 따라 감사함이여 지존하신 여호와의 이름을 찬양하리로다")과 매우 유사한 표현으로 시작한다(특히 "지존하신 주의 이름을 찬송하리니"-2절). 7편의 기도가 응답되어 감사를 표현하는 것처럼 연결되어 있다.[7]

시편 9-10편의 역사적 배경은 불확실하다. 내용상 다윗은 왕으로서 과거에 하나님께서 자신과 이스라엘에게 베푸신 개인적이고 국가적인 구원들에 기초하여 현재의 새로운 위기에서 건져 주시길 기도하고 있다고 말할 수 있다. 그 위기가 외부적인 것인지, 아니면 내부적인 것인지는 명확하지 않다.

---

6. 이 부분에 대해서는 김성수, "시편 3-14편," 75-7을 참고하였다.
7. J. F. Brug, *A Commentary on Psalms 1-72* (Milwaukee: Northwestern Publishing House, 2005), 179.

두 시편 모두에서 시인은 '가난한 자'인 자신 혹은 이스라엘을 강하고 악한 대적들로부터 구원해 주시길 하나님께 간구하고 있다. 무엇보다 '가난한 자를 잊지 않으시는 하나님'에 대한 신뢰와 확신을 강조하고 있다.

문학적 특징과 구조

9편 1-18절이 기도를 위한 긴 서론, 즉 과거의 구원을 회상하면서 드리는 감사라면[8] 크게는 9편 1-18절 부분과 그 이후 부분으로 나눌 수 있을 것이다. 9편과 10편은 독립된 시편으로서 각각의 구조를 가지면서도 공통 어휘와 주제들과 하나의 흐름으로 연결되어 있다. 아래의 구조는 감사시편과 기도시편이 갖는 요소를 따라서 분석한 것이다.

A 9:1-18 하나님의 의로운 통치와 구원에 대한 감사
　a 1-2절 서론적 감사 찬양('감사하다' '전하다' '찬송하다')
　　b 3-6절 감사 내용: 악인에 대한 심판과 시인에 대한 변호
　　　(원수들과 이방나라들: '넘어져 망하다' '심판하다' '책망하다' '멸하다' '지우다' '멸망하다' '끊어지다' '무너뜨리다')
　　　　c 7-10절 의로운 통치자, 가난한 자의 요새이신 하나님 찬양
　a′ 11-12절 찬양으로의 초청('찬송하다' '선포하다')
　　b′ 13-18절 감사 내용: 과거에 하나님이 행하신 구원 간증
　　　('나를 미워하는 자와 이방 나라들과 악인(들): '빠지다' '걸리다' '심판을 행하다' '얽히다' '스올로 돌아가다')

8. 과거의 구원에 대한 긴 감사 후에 기도를 하는 또 다른 예들은 40편, 44편, 89편, 120편 등에서 찾을 수 있다. *NIV Study Bible*, 795.

B 19-20절 인생일 뿐인 나라들에 대한 심판의 간구
("여호와여 일어나소서")

C 10:1-11 탄식: 악인의 교만과 죄악에 대한 고발

B′ 12-15절 악인에 대한 심판과 가난한 자의 구원에 대한 간구
("여호와여 일어나소서")

A′ 16-18절 하나님의 의로운 통치와 구원에 대한 확신
(이방 나라들과 세상에 속한 인생의 심판과 가련한 자의 구원)

9-10편 전체는 과거의 하나님의 의로운 통치에 대한 감사(A)와 미래의 의로운 통치에 대한 확신(A′)으로 시작하고 마무리되고 있다. 두 부분(9:1-18, 10:16-18)은 어휘들과 주제들을 공유하면서 보좌에 앉으신 의로운 재판관이시자 왕이신 하나님의 통치를 강조한다. 이 사이에 악인들에 대한 심판과 가난한 의인의 구원에 대한 간구 부분(B, B′ 부분)이 악인에 대한 고발(C 부분)을 둘러싼다. 이런 구조는 악인에 대한 고발과 악인에게 고통당하는 가련한 의인의 간구에 대한 응답으로 하나님의 의로운 통치가 이루어지고 있음을 잘 보여준다. 특별히 9편의 핵심 부분인 7-10절(10:16)의 하나님 찬양은 시인의 경험(9:3-6, 13-18)에 근거한 고백이며, 9-10편 전체에 강한 확신의 분위기를 심어주고(10:16-18), 악인을 고발하며(10:1-11) 그 악인으로부터의 구원을 간구할 수 있는 근거를 제공한다(9:19-20, 10:12-15). 두 간구 부분은 "여호와여 일어나소서" 같은 문장을 사용하며(9:19; 10:12) 가련한 의인을 공격하는 악인의 심판과 의인의 구원을 기도한다. 10편 1-11절의 다소 긴 탄식 부분에서는 주로 하나님을 멸시하는 교만한 악인들이 음모를 꾸며 가련한 의인들을 멸하려고 하는 죄악이 상세하게 고발되고 있다. 또한 과거에

다윗과 이스라엘에 행하신 하나님의 구원에 대한 감사 부분이 9편 7-10절 앞뒤에 배치되면서 많은 유사 어휘를 사용하여 하나님의 구원을 찬양(9:1-2, 11-12)하고 간증하고(9:3-6, 13-18) 있다. 13-14절은 기도와 찬양의 맹세 부분이지만 현재 상황이 아니라 과거 고난 중에서 드렸던 기도와 찬양의 맹세를 생생하게 옮긴 것으로 보는 것이 더 좋겠다.

본문 주해

표제[9] "다윗의 시, 인도자를 따라, 뭇랍벤에 맞춘 노래"

"다윗의" 다윗이 이 시편을 지었음을 말하는 것 같다.

"시" 원래 악기를 연주하면서 부르는 시편을 지칭하는 것 같다.

"인도자를 따라" 지휘자들이 사용하기 위한 시들의 모음집에 포함되었음을 말하거나, 성전 예배에서 레위인들로 구성된 찬양대의 지휘자에 의해 낭송되도록 안내하는 것일 수도 있다.

"뭇랍벤에 맞춘"(עַלְמוּת לַבֵּן *알뭇 랍벤*) 9편의 표제와 48편 14절에 나오는 단어로 그 구체적인 의미는 알려지지 않았다. NIV는 "'아들의 죽음' 곡조에 맞춘"으로 번역하여 곡조 이름으로 해석한다. 46편의 표제처럼 '알라못'('소녀들'-소녀들의 목소리 혹은 연주 의미?)에다 '벤'이 붙은 것일 수도 있다.[10] 칠십인역에서는 '아들의 비밀들에 관하여'로 번역한다. '벤'을 역대상 15장 18절에 등장하는 레위인 찬양대원의 이름으로 보고 고유명사로 번역하려 하거나, 내용과 연결해서 '아들'을 골리앗(삼상 17:4)이나 '랍벤'을 거꾸로

---

9. Kraus, *Psalms 1-59*, 21-32; 루카스, 『시편과 지혜서』, 51-60 참조.

10. VanGemeren, *Psalms*, 145. 루터도 이런 의미로 이해하여 9편은 영적 동정녀인 믿음으로 그리스도의 신부가 된 영적인 '처녀들'의 교훈으로 본다. 이러한 이해는 그가 9편을 영적으로 해석하게 하는 기초가 된다. *LW* 10:91. 한편 칼뱅은 이 표제를 곡조 이름으로 본다. Calvin, *Psalms*, 1:109.

읽은 나발을 가리키는 것으로 보고 그들의 죽음에 대한 감사를 표현하는 것으로 이해하기도 하지만 확실하지 않다.[11]

"셀라"(9:16, 20) 표제는 아니지만 총 32개 시편에서 71번 사용된 예전적인 지시어이다. 하지만 이 단어의 의미와 이 지시어의 기능에 대한 의견은 다양하다. 하나님에 대한 송영의 의미로 노래는 멈추고 간주로 악기만 연주하라는 지시어이거나, 도돌이표를 의미하거나, 무릎을 꿇거나 엎드려 기도하는 부분을 의미하거나, 합창해야 할 부분을 지시하는 말일 것이라는 견해들이 그중 일부이다.[12]

1. 서론적 감사 찬양(1-2절)

1, 2절은 7편 17절의 응답인 것처럼 유사한 단어들을 사용하면서 하나님의 기도 응답과 행하신 놀라운 일에 대한 감사를 담고 있다. 1절과 2절은 모두 첫 번째 알파벳인 *알렙*(א)으로 시작할 뿐만 아니라 각 행도 *알렙*으로 시작한다. 이것은 *알렙*으로 시작하는 다섯 개의 1인칭 미완료 동사들에 의해서 이루어지고 있다. 이 부분은 감사시를 여는 도입부로서 하나님 앞에서 하나님께서 행하신 구원에 대한 감사를 서론적으로 노래하는 부분이다. 다섯 개 동사들은 모두 1인칭 단수 청유형으로서 화자인 다윗의 강한 결심을 표현한다. 현재의 고난 속에서도 과거의 구원에 대해 찬양하며 하나님을 의지할 것임을 강하게 표현하고 있다.[13]

1절의 '온 마음으로'라는 부사구는 '나뉘지 않는 마음으로'라는 의미도 되지만[14] '전 존재를 다하여'라는 의미도 갖는다. 이는 다윗이 얼마나 하나님이

---

11. Brug, *Psalms 1-72*, 180 참조.
12. 루카스, 『시편과 지혜서』, 88 참조.
13. VanGemeren, *Psalms*, 144.
14. 칼뱅은 '두 마음'과 대조되는 표현으로 보면서 조금의 영광도 자신이 취하지 않고 오직 하나님께만 영광을 돌리는 태도를 표현한다고 해석한다. Calvin, *Psalms*, 1:110-1.

베푸신 구원에 깊이 감사하는지를 보여준다. '감사하다'는 단어는 감사와 찬양의 의미를 함께 갖는 동사로서 하나님께서 행하신 일에 대한 자랑과 간증의 의미를 지닌다. 이것은 '전하다'는 단어와 평행을 이루고 있는데, 하나님께 감사를 드리는 것은 사람들에게 하나님께서 행하신 일들을 공적으로 전하는 행동임을 암시한다. 11-12절이 보여주듯이 다윗의 노래는 회중들 앞에서 예배 중에 행해진 것이다. 그런 의미에서 시편은 하나님이 행하신 일과 그분의 의로운 통치에 대해 이스라엘과 온 세상에 알리는 것이라고 할 수 있다(26:7; 66:16; 73:28; 79:13; 107:22; 118:17; 145:6 등 참조).[15] 시인 개인이나 이스라엘만 알고 있기에는 너무나 가슴 벅찬 하나님의 일들, 즉 복음을 온 세상에 전파하는 행위라는 것이다.

다윗이 간증하고 전하기를 원하는 것은 하나님께서 행하신 '모든 기이한 일들'이다. 이 표현은 시편에 자주 등장하는 것으로 주로 하나님께서 이스라엘을 애굽에서 나오게 하실 때에 베푸신 놀라운 기적과 같은 일들을 가리킨다(26:7; 40:5; 71:17; 75:1; 78:4,11; 98:1; 105:5; 106:7, 22; 107:8, 15, 21, 24, 31; 145:5 등 참조). 이 일들은 다른 어떤 하나님의 행동들보다 명백하게 하나님의 능력을 드러낸 구원 사건들이며, 오직 하나님만이 행하실 수 있는 일들이다. 여기서는 단지 하나의 구원 사건을 가리키기보다는 하나님의 다양한 구원 행동들(3-6, 13-18절)을 가리킨다.[16] 그중 일부를 다윗이 아래에서 간증하면서 감사하고 있다(3-6, 13-18절).

2절은 1절의 행동을 다른 동사들로 표현한다. 하나님을 '기뻐하고' '즐거워하는 것'과 하나님의 이름을 '찬송하는 것'으로 표현된다. 여기서 '찬송하다'로 번역된 히브리어 단어는 원래는 악기를 연주하면서 노래하는 행동을 의미했지만, 일반적으로 찬송하는 것을 의미하기도 한다. 찬송의 대상인 하

---

15. *NIV Study Bible*, 795 참조.

16. Calvin, *Psalms*, 1:111.

나님의 이름은 그의 사역과 성품과 존재를 대표한다. 2절 전체는 하나님께 올리는 찬송이 다른 어떤 것들이 아닌 오직 하나님과 그분의 은혜를 기뻐하고 즐거워하는 것임을 나타낸다.[17] 다윗은 1절에서는 하나님의 이름을 '여호와'로 2절에서는 '지존자'(창 14:19; 시 7:17; 21:8; 46:5 등)로 부르고 있다. '지존하신' 혹은 '지존자'(the Most High)로 번역되는 *엘욘*(עֶלְיוֹן)이라는 단어는 기본적으로 '높은' 혹은 '위'라는 의미를 갖는데(창 40:17; 왕하 15:35; 겔 42:5 등), 이것은 9-10편에서 노래하는 온 세상을 심판하시고 다스리시는 왕이신 하나님에게 가장 적합한 호칭이라고 할 수 있다.[18]

2. 감사 내용: 악인에 대한 심판과 시인에 대한 변호(3-6절)

3절은 히브리어 알파벳 *베트*(ב)로 시작하여 4절까지 연결되고, 5절은 세 번째 알파벳인 *김멜*(ג)로 시작하며, 6절은 네 번째 알파벳 *달렛*(ד)이 아닌 다섯 번째 알파벳 *헤*(ה)로 시작한다. *달렛* 절을 복구시키려는 많은 시도가 있었지만, 현재로서는 왜 그 절이 빠져있는지 확실하게 알 수 없다.

3-6절에서 다윗은 1절에서 언급했던 하나님께서 행하신 '기이한 일들'에 대해 간증한다. 한 마디로 그것은 강한 전사요 의로운 재판관이신 여호와께서 다윗과 이스라엘을 괴롭히던 악인들 혹은 악한 나라들을 멸하시고 의로운 다윗과 이스라엘을 구원해 주신 것이다. 3, 5-6절에서는 강력한 전사이신 여호와께서 원수들을 친히 물리치시고 멸하시는 모습을 노래한다면, 4절에서는 의로운 재판관이신 여호와(4, 7-10절 참조)께서 원수들 앞에서 다윗을 위해 의로운 판결을 내리셨음을 노래한다. 즉 다윗의 원수들을 멸하신 것은 하나님의 의로운 판결의 결과였다는 것이다. 이것은 다윗이 블레셋을 비롯한 주변 나라들과의 전쟁에서 승리하게 하신 것(삼하 5장과 8장)이 하나님께

---

17. Calvin, *Psalms*, 1:112.

18. Kraus, *Psalms 1-59*, 194.

서 싸우신 결과이자 공의로운 심판의 결과였음을 고백하는 것이다(7절). 그래서 이 부분에서는 악인들, 원수, 이방 나라들과 같은 대적들에 대한 언급과 그들의 패배와 멸망에 대한 묘사들('물러가다,' '넘어지다,' '망하다,' '끊어지다,' '멸망하다'), 그리고 하나님의 변호와 심판에 대한 표현들('보좌에 앉다,' '심판하다,' '책망하다,' '멸하다,' '지우다,' '무너뜨리다')이 자주 등장한다(위의 구조 부분 참조).

3절은 과거 이스라엘의 대적들이 자기 백성들 앞에서 싸우시는 하나님 앞에서 패하여 도망가는 모습을 묘사한다. '물러가다'는 표현은 등을 돌리고 도망가는 것을 묘사하는 것이고(56:9), '넘어져 망하다'는 표현 또한 전장에서 허겁지겁 도망가다가 넘어지고 결국은 죽게 되는 광경을 그리고 있다. '주의 앞에서'라는 표현은 이 전쟁의 승리가 오직 하나님의 능력과 은혜에 의한 것임을 강조하는 것이다.[19]

4절은 '왜냐하면'이라는 부사절로 시작하여 왜 원수들이 도망가게 되었는지를 설명한다. 이 부사절은 6절까지 연결된다고 보는 것이 좋겠다. 4-6절까지 한결같이 하나님께서 행하신 일을 기록하고 있기 때문이다. 4절에서는 원수들의 멸망 이유가 하나님께서 다윗의 송사를 맡으셔서 변호해 주셨기 때문이라고 한다. 즉 하늘 보좌에 좌정하신 하나님의 의로운 판결 결과로 그렇게 되었다는 것이다(11:4 참조). 4절 2행(히브리어)은 "주께서 의로운 재판관으로 보좌에 앉으셔서"로 번역될 수도 있다. '의와 송사'는 비슷한 의미를 지닌 단어들로 '재판과 판결' 혹은 '의로운 소송' 등으로 번역될 수도 있다. 8절에서 이 단어들의 어근은 '심판하다,' '판결 내리다'는 동사로 다시 등장한다. 어떻게 번역하든지 이 표현의 의미는 의로운 재판장이신 하나님이 다윗은 의롭다고 판결하시고, 그를 괴롭히는 악인들은 불의하다고 판결하셔서 그 심판을 실행하셨음을 의미한다(140:12; 146:7). 그 심판의 결과가 3, 5,

19. Calvin, *Psalms*, 1:113.

6절이라고 볼 수 있다. 하지만 이것은 실제로 하늘에 하나님의 법정이 있음을 말하기보다는 고난당하는 의인의 기도를 들으시고 응답하셔서 의를 실행하시는 하나님의 심판을 그려주는 비유적 표현이다. 기도 안에서만 이런 하나님의 의로운 판결을 경험할 수 있다.[20]

5절에서는 원수들이 '나라들'로 '악인'으로 불린다. 그러면서 하나님은 그들을 멸하는 전사로 등장한다(24:8 '전쟁에 능한 여호와'). '책망하다' 동사는 불의를 행한 악한 나라들에 대한 재판관으로서의 책망을 의미할 수도 있고, 대적하는 장애물이나 악한 세력에 대한 하나님의 진노와 심판의 표현일 수도 있다(사 17:13; 나 1:4; 시 106:9). 이 단어는 거룩한 전쟁의 맥락에서 대적들을 심판하는 것으로 자주 나타난다(68:30; 76:6; 80:16; 사 17:13; 66:15).[21] 다윗이 여기서 고백하는 것은 이스라엘을 괴롭히는 나라들을 하나님이 꾸짖으시고 멸망시키셔서 그들의 이름까지 제거하신 하나님의 심판이다.

6절은 그것을 훨씬 더 구체적으로 성들의 파괴와 대적들의 영원한 파멸로 묘사하고 있다. 6절 3-4행은 "주께서 성들을 뿌리 뽑으셨기에/ 그 기억조차 사라졌습니다"로 직역할 수 있다. 5절의 '이름'과 6절의 '기억'은 같은 의미로 사용되었다. 살아 있는 백성들의 이름은 명부에 기록되어 있지만 죽으면 그 명부에서 지워진다(민 5:23; 신 9:14, 25:19, 29:20; 왕하 14:27 참조).[22] 그런 의미에서 이름을 지운다는 것은 죽음과 멸망을 의미한다(아말렉-출 17:14; 신 25:19; 악인들-시 34:17; 109:15). 2행의 '영원히 멸망하다'는 표현은 '영원한 폐허'로 직역될 수 있는데 멸망의 이미지를 강화하며(겔 36:10,33; 말 1:4), '무너뜨리다'도 '뿌리 뽑다'로 직역될 수 있어 역시 완전한 멸망을 강조한다(신 29:27; 왕상 14:15; 렘 12:14,17). 이 이미지들을 문자

20. Goldingay, *Psalms 1-41*, 171-2.
21. 김정우, 『시편주석 I』, 301.
22. *NIV Study Bible*, 796.

그대로 생각한다면 다윗이 떠올리는 감사의 내용은 출애굽 시의 심판이나[23] 여호와께서 이스라엘과 다윗을 통해서 가나안 족속들을 멸망시킨 정복 전쟁(여호수아, 삼하 5, 8장)을 의미할 것이다.[24]

결론적으로, 3-6절에서 다윗은 과거 하나님이 이스라엘과 자신에게 행하신 일, 즉 악한 대적들을 심판하여 멸하시고 의로운 백성들을 구원해 주신 일을 하나님이 행하신 '기이한 일들'로 고백하며 간증한다고 볼 수 있다.

3. 의로운 통치자, 가난한 자의 요새이신 하나님 찬양(7-10절)

7-10절은 모두 히브리어 알파벳 *바브*(ו)로 각 절을 시작하는데 모두 접속사인 *베*(וְ)다. 이러한 형식적인 차이와 더불어 이 연은 앞의 연과는 다른 내용을 보인다. 3-6절이 감사의 이유를 여호와께 고백하는 형식을 취한다면 7-9절은 하나님을 3인칭으로 부르면서 그분의 의로운 통치를 찬양하고, 10절에서야 다시 여호와께 직접 고백하는 형식으로 돌아온다. 그래서 이 부분은 앞의 감사에서 표현된 여호와 통치의 일반적인 성격을 찬양하거나 고백하는 부분으로 보는 것이 좋겠다. 이러한 찬양은 현재 고통 속에서도 확신을 갖게 하고 이후의 기도들을 드릴 수 있는 근거를 제공한다.[25]

7절은 하나님의 영원한 통치를 노래한다. 현실의 불의함에도 불구하고 하나님이 의롭게 세상을 다스리고 계심을 확신하는 비유적인 고백이다. '심판' 혹은 '정의'를 위한 보좌 위에 영원히 앉으셨다는 것(4절 어휘의 반복)은 하나님께서 온 세상을 의롭게 다스리는 왕이시자(10:16) 의로운 재판관이심을 의미한다. 4절의 고백을 일반화한 것이다. 여기서 보좌는 '법궤'(11절)가 상징하는(렘 3:17; 시 99:1) '하늘 보좌,' 혹은 '하늘 재판정'에 대한 비유다(11:4;

23. Goldingay, *Psalms 1-41*, 172.
24. 김정우, 『시편주석 I』, 303.
25. VanGemeren, *Psalms*, 147-8.

78:69; 94:1이하; 99:1; 사 6:1이하 참조).[26]

8절은 하나님의 통치의 성격을 밝힌다. 첫째로 통치의 범위는 온 세상이다. '세계'와 '만민'이란 단어들은 온 세상 만민이 모두 하나님의 통치의 대상임을 밝힌다. 둘째로 그의 통치는 '심판하고' '판결하는' 것이다. 지상의 법정처럼 하늘 법정에서도 옳고 그름을 정확하게 판결하여 그 판결에 따라 통치하신다는 의미다. 셋째로 그러한 판결의 기준은 '공의'와 '정직'으로 특징지어진다. '정직'이란 단어는 올바름이나 공평함을 의미한다.[27] 하늘 재판정은 지상의 재판정이나 나라들처럼 불의와 불공평에 치우치지 않고 율법에 나타난 의로움, 올바름, 공평함으로 판결한다는 점을 강조한다(58:2; 96:10; 98:9; 99:4; 사 45:19). 종합하자면 하나님은 온 세상을 의로운 판결로 의롭게 통치하시는 왕이시다. 이런 의로운 통치는 불의하게 고통당하는 자신의 종들을 구원하시는 하나님의 통치 능력의 실행이다.[28]

9절은 8절에서 말했던 하나님의 의로운 통치가 구체적으로 실현되는 모습을 보여준다. 지상에서는 의로운 사람들이 악하고 강한 자들에게 압제를 당한다. 하지만 하나님은 그 압제당하는 사람의 요새(피난처)가 되어주심으로써 당신의 의로운 통치를 펼치신다. 하나님에 대한 비유(삼하 22:3; 시 18:2; 46:7, 12; 48:3)로서 '요새'로 번역된 단어는 피신할 만한 높은 산성이나 바위나 벽을 의미한다(사 33:16; 25:12; 렘 48:1, *HALOT*). 한편 여기서 '압제 당하는 자'로 번역된 히브리어 단어 *닥*(דַּךְ)은 '짓누르다'는 어근(잠 26:28 참조)에서 파생된 명사(*HALOT*)로서 착취당하기 쉬운 힘없는 자를 가리킨다. 이 단어는 흔하지 않은 단어임(74:21에만 나옴)에도 10편 10절에서는 동

26. Kraus, *Psalms 1-59*, 171.

27. 루터는 두 단어를 '공평'과 '정의'로 번역을 하면서 공평은 하나님께서 모든 사람들을 차별 없이 대하시는 것을 가리킨다고 보고, '정의'는 각자에게 속한 것을 회복시키는 것으로 정의한다. 그에게는 '공평'이 '정의'를 위한 전제 조건이다. *LW* 10:94-5.

28. Calvin, *Psalms*, 1:117.

사로(억누르다 דָּכָה) 나타나고 18절에서는 명사로 다시 등장한다. 이러한 반복은 9-10편에 자주 등장하는 '가난한 자'를 돌보시는 하나님이라는 주제적 통일성을 강화한다. 한편 '환난 때'라는 표현도 이곳과 10편 1절에만 나오는 독특한 표현이다(37:39에서는 단수로 사용됨). 종합하자면, 9절에서 시인은 하나님이 영원히 의로운 재판장이시기에(7-8절), 세상에서 불의하게 고통당하는 자들이 늘 피하고 의지할 수 있는 영원한 피난처가 되심을 찬양한다.

10절에서는 다시 2인칭으로 하나님을 부르면서 9절의 고백을 강화한다. '주의 이름을 아는 자들'과 '주를 찾는(דרשׁ *다라쉬*) 자들'이 평행을 이루고 있다. 이들은 앞에서 찬양한 의로운 재판장이자 압제받는 자의 요새이신 하나님에 대한 확신 가운데서 오직 그에게만 '도움을 구하는' 자들을 의미한다(14:2; 22:26; 24:6; 34:5, 10; 69:33; 77:2; 78:34; 105:4; 119:2, 10). 이들은 구원 역사 속에서 여호와 하나님의 놀라운 일들을 통해서 그의 의와 능력을 경험하였기에 오직 하나님만 의지하는 자들이다(10:14 참조).[29] 이 사람들은 10편 3, 4절이 묘사하는 악인과 극명한 대조를 이룬다. 그들은 여호와를 멸시하여 찾지(דרשׁ *다라쉬*) 않는 자들이다. 10절 2행에는 하나님이 당신을 찾는 자들을 '버리지 않으신다'는 고백이 뒤따른다. 이 고백은 12, 18절과 10편 12절에서 반복된다. 역사적으로 보자면, 이스라엘이 하나님을 알고 하나님을 찾을 때에 하나님은 이스라엘의 대적들을 심판하셔서 그들에게 승리와 구원을 베푸셨음을 고백하는 것이다.

4. 찬양으로의 초청(11-12절)

11절은 알파벳 순서를 따라 히브리어 알파벳 *자인*(ז)으로 시작하여 12절까지 이어진다. 1-2절이 다윗 개인이 하나님께 드리는 감사 찬양이라면 11-12절은 함께 예배하는 회중들에게 찬양하자고 초청하는 부분이다. 이런 초청은

29. Kraus, *Psalms 1-59*, 195.

3-6절처럼 13-18절에 있는 감사 내용을 간증하기 위한 도입 부분이다. 11절이 찬양으로 초대한다면 12절은 그 이유를 노래한다.

시인은 11절에서 여호와를 '찬송하고'(2절과 동일한 단어) 여호와의 '하신 일'(행사)을 '선포하라'고 초대한다. 1-2절처럼 찬송은 여호와께만 드리는 것이 아니라 사람들을 향해 여호와와 그의 하신 일을 자랑하는 것임을 보여준다. '시온에 계신 여호와'란 표현은 시온을 당신의 지상 보좌로 삼으신 하나님을 가리키는 표현으로, 4, 7-9절에서 고백한 의로운 재판관이자 왕이신 여호와에 대한 고백과 다름없다. 시온에는 하나님의 성소(법궤)가 있기 때문에, 시온은 하나님의 '발등상'이며 하늘 보좌(7절 참조)의 지상적인 표현이자 온 세상 통치의 중심지이다(2:6; 3:4; 11:4; 20:2; 76:2; 132:13-14; 대상 28:2; 애 2:1).[30] 11절 2행에서는 1절에서처럼 하나님께서 행하신 일들을 백성들에게 선포하자고 한다. 이 '행사'는 1절에서는 '기이한 일들'로 표현되었는데 이것은 뒤따르는 절들(13-18절)에서 간증할 내용을 가리킨다.

12절은 찬양의 이유를 '왜냐하면'으로 시작되는 부사절로 간략하게 제시한다. 이 이유는 13-18절에서 상세하게 말할 간증 부분의 요약이다. 그것은 한 마디로 그분의 의로운 통치이다. '피 흘림을 심문하시는 이'('피에 대해 감찰하시는 분')이란 표현은 무고한 피를 흘린 자들의 악을 끝까지 '찾으셔서' 심판하시는 하나님의 의로운 통치를 가리킨다. 여기서 '심문하다'로 번역된 단어는 10절에 나왔던 '찾다'(דרשׁ *다라쉬*)는 단어로서 10편 13, 15절에서도 동일한 의미로 사용되고 있다. '피'는 악에 대한 상징으로서 살인, 핍박, 폭력, 음해 등 다른 사람을 해치는 모든 죄악을 가리킨다고 볼 수 있다.[31] 이처럼 의로우신 통치자께서 '저희,' 즉 '가난한 자들'을 기억하시고, 그들의 억울한 부르짖음을 잊지 않으신다. 여기서 '가난한 자'(עָנִי *아니* 혹은 עָנָו *아나브*)

30. VanGemeren, Psalms, 148; *NIV Study Bible*, 796.
31. Kraus, *Psalms 1-59*, 195.

는 강하고 악한 자들에 의해서 억압과 착취와 고통을 당했을 뿐만 아니라 사회적으로도 의지할 법정이나 도와줄 사람이 없어서 하나님께 와서 억울함을 호소하는 자를 가리킨다.[32] 하늘의 의로운 왕이신 하나님께서 땅의 정의로운 왕들이 그러하듯이(72:3-4, 12-13) 가난한 자들의 억울함을 풀어주고 그들을 악인들로부터 건져 내신다.

5. 감사 내용: 과거의 하나님의 구원에 대한 간증(13-18절)

이 부분도 알파벳 순서대로 각 절이 시작한다. 13절은 히브리어 알파벳 *헤트*(ח)로 시작하여 15절까지 이어지고, 16절은 *테트*(ט)로 시작하여 17절까지 이어지며, 18절은 *요드*(י), 19절은 *카프*(כ)로 시작한다.

1-2절의 감사 찬양에 이어 3-6절의 감사 내용이 이어졌던 것처럼, 이 부분은 11-12절의 찬양 초청에 이어지는 감사 내용이다. 13-14절이 과거의 고통 속에서 하나님께 드렸던 간구의 내용이라면, 15-18절은 그 간구에 응답하신 하나님의 구원에 대한 간증으로 볼 수 있다. 이 간증의 핵심 주제는 12절에서 요약되었듯이 '하나님께서 가난한 자들의 부르짖음을 잊지 않으신다'는 것이다. 12절에서처럼 18절에는 '가난한 자' '궁핍한 자' 등의 표현이 나오고, 17, 18절에는 연속으로 '잊다'는 어근이 반복된다.

많은 주석가들처럼 13-14절을 현재의 고통에 대한 기도로 볼 수도 있겠지만[33] 과거의 부르짖음에 대한 회상으로 보는 것이 문맥에 더 자연스럽다.[34] 13절에서 다윗은 마치 '사망의 문'(하나님과 단절되는 죽음의 영역, 시

---

32. Kraus, *Theology*, 150-4 요약.

33. 예를 들면 Calvin, *Psalms*, 1:125, 김정우, 『시편주석 I』, 307, Mays, *Psalms*, 72.

34. Kraus, *Psalms 1-59*, 189-90에서는 이것을 강조하기 위해서 아예 이 부분을 고쳐서 과거형으로 번역을 하지만("Yahweh 'was' gracious to me, he 'saw' my distress - he 'who lifted me up,' raised from the gates of death"), 30:10처럼 과거 기도의 회상으로 보면 기도문으로 두어도 문제가 없다.

107:18; 욥 38:10; 사 38:15; 마 16:18)[35] 앞에 있는 것처럼 절박하게 하나님의 도우심을 구하고 있다. 그래서 하나님을 '나를 사망의 문에서 일으키시는 분'으로 부른다. 하나님이 가지고 계신 부활의 능력, 구원의 능력을 믿고 의지한다는 표현이다. 두 명령법 동사 '은혜를 베푸소서' '보소서'(25:18; 31:7; 119:153)는 모두 하나님이 시인의 고통 받는 상황에 개입하셔서 구원해 주실 것을 요청하는 간구를 표현한다. 원수들은 하나님이 당신의 종들이 고통당하는 것을 '보시지' 않는다고 하지만(10:11) 다윗은 하나님께 자신의 고통을 '보시길' 요청한다. 그러나 어디까지나 그것은 자신의 자격이 아닌 하나님의 은혜와 자비에 근거한 것이다. 다윗은 당시에 '사망'으로 비유될 만큼 '자신을 미워하는 자들'인 원수들로부터 엄청난 고통을 받은 것 같다. '고통'으로 번역된 단어는 12절에서 '가난한 자'로 번역된 단어와 같은 어근인 עֳנִי(*오니*)로서 '고통'이나 '압제로 인한 비참한 상황'을 가리킨다(*HALOT*).

14절은 13절의 부르짖음의 궁극적인 목적이 하나님을 찬양하는 것임을 알리는 것이다. 즉, 하나님이 원수들이 가하는 고통으로부터 건져 주시면 그 구원을 간증하고 하나님을 찬양하겠다는 맹세이다. '찬송을 전하다'는 표현은 1절의 '하나님의 기이한 일들을 전하다'나 11절의 '그의 행사를 선포하다'는 표현과 유사하게 고통당하는 자들을 건져 주신 하나님의 사역을 성도들 앞에서 간증하는 것을 말한다. 주로 찬양의 맹세(13:6; 22:2 이하; 26:12; 28:6-7 등 참조)는, 기도 응답(구원)을 받은 이후에 감사제를 성소에 드리면서 회중들 앞에서 구원에 대한 간증을 하고 하나님을 찬양하는 것으로 실행되었다(레 7:12-13; 30편; 50:14-15, 23 참조).[36] 13-14절이 과거의 고통스러웠을 때 했던 맹세였기에 이 맹세는 지금 9편을 통해서, 특별히 3-6절과 15-18절을 통해서 지켜지고 있는 셈이다. 14절의 '시온의 문'은 13절의 '사망의 문'

---

35. Kraus, *Psalms 1-59*, 196.

36. *NIV Study Bible*, 794.

과 대조를 이룬다. 시인은 '사망의 문'에서 구원받아 하나님의 성인[37] '시온의 문'에서 구원을 '기뻐할 것'(찬양할 것)을 내다보고 있었다.[38] 시온은 하나님께서 임재하시는 안전한 생명의 성이요 하나님께 언제든지 나아갈 수 있는 구원의 성이다. 만약 '시온의 문'을 문자적으로 본다면, 다윗은 지금 블레셋을 비롯한 많은 대적들과의 전쟁에서 승리하고 시온의 문으로 개선했던 과거를 회상하고 있을 수도 있다. 15절에 나오는 '이방 나라들'이라는 단어는 이런 견해를 뒷받침해 준다. '딸 시온'이란 표현은 예루살렘 성에 대한 의인화된 표현으로 여성 명사로서 성(城)이 자주 딸이나 여성으로 비유된 관습을 반영한다(왕하 19:21 '처녀 딸 시온'; 사 1:8; 10:32). 혹은 '시온의 딸'로 번역이 되어 하나님의 백성을 가리키기도 한다(미 4:8 등).

15-18절은 13-14절의 기도가 응답된 것을 구체적으로 간증하는 부분으로 3-6절에 상응한다. 15-16절은 당시의 사냥과 관련된 용어들을 사용해서 악한 나라들이 시인과 이스라엘을 공격하려고 했던 꾀(음모)에 자신들이 도리어 걸려들었다고 간증한다. 15절의 '웅덩이'와 '그물'은 모두 사냥꾼들이 짐승들을 잡기 위해 숨겨놓은 도구들로서 대적들의 갑작스럽고 간교한 공격이나 음모에 대한 비유로 사용되었다(10:8-10의 유사한 묘사 참조).[39] 16절 2행은 악인들의 멸망을 "자기가 손으로 행한 일에 스스로 얽혔도다"로 표현하고 있다(10:2). 또한 그것은 하나님께서 행하신 공정한 심판이라고 선언한다(16절

---

37. Kraus, *Psalms 1-59*, 196.

38. 루터는 '사망의 문'과 '시온의 문'을 대비시키면서, 전자는 죽음으로 인도하는 교회와 싸우는 유대교 율법주의와 마귀의 능력이 역사하는 이방인 세력들을 가리키고, 후자는 생명으로 인도하고 교회의 유익을 위해서 역사하는 교회 안에 있는 능력들을 가리킨다고 이해한다. 한 걸음 더 나아가서 비유적으로 보자면 '사망의 문'은 죽음으로 영혼을 이끄는 죄의 유혹이 들어가는 육체의 성향을 가리키고, 후자는 생명의 사역들이 나가고 말씀과 삶의 모범들이 들어가는 훈련된 성향을 가리킨다고 해석하였다. 알레고리적으로는 믿음이 생명의 문이고 교회의 교사나 지도자들이 생명의 문인 반면에 죽음에 이르는 절망과 질병들과 죄들이 죽음의 문이라고 한다. *LW* 10:95-6.

39. 고대의 사냥꾼들은 주로 올가미, 함정, 그물, 구덩이 등과 같은 도구들로 사냥을 했다. *NIV Study Bible*, 796.

1행, 3-6절; 7:15-16 참조). 즉, 온 세상을 공의롭게 다스리시는 하나님이(4, 7-8절) 사람들은 보지 못했던 악인들의 꾀에 그들 스스로 걸려들도록 심판하셨다는 것이다. 다윗은 이러한 공의로운 심판으로 하나님의 통치가 세상에 알려졌다고 고백한다(16절 1행). 1절과 11절에서는 구원받은 백성들의 찬양을 통해서 하나님의 이러한 의로운 통치가 세상에 알려지고 있다.

후대에 붙여졌을 것으로 예상되는 예전적인 지시어인 '힉가욘'은 '묵상하다'는 어근에서 파생된 말로 아마도 묵상이나 악기 연주를 위해서 잠시 멈추라는 의미를 갖는 것 같다. 여기의 '힉가욘 셀라'는 이어지는 17-18절을 묵상하는 모드로 조용히 부르라는 지시어일 수 있다.[40]

17절을 유대인 번역(JPS)과 몇몇 학자들은 기원형으로 번역하기도 하지만("악인이 스올로 돌아가게 하시길!"),[41] 17-18절은 7-10절처럼 시인과 청중들에게 확신을 주는 부분으로 보는 것이 더 자연스럽다.[42] 하나님의 공의로운 심판으로 '사망의 문' 앞에 있었던 시인이 아닌 악한 나라들이 '스올'로 돌아간다(31:17; 55:15, 23; 63:9 참조). 그들이 악인인 이유는 '하나님을 잊어버린' 자들, 즉 하나님을 무시하고 그분의 통치를 개의치 않는 자들이기 때문이다(17절 2행; 10:3, 4; 50:22). '스올'은 죽음의 영역이나 무덤을 가리키는 표현으로, 5-6절에서 말했던 악인들의 완전한 파멸을 의미한다(10:16).

18절은 17절의 악인들이나 하나님을 '잊어버린' 이방 나라들(17절)의 멸망과 대조되는 의인들의 구원을 노래한다. 하나님만을 의지하는 궁핍한 자는 항상 하나님께 '잊어버림을 당하지' 않고(1행), 하나님께 올려드린 그들의 소망은 이루어질 것이기에 결코 '실망하지 않는다'(2행 "가난한 자의 소망은 결코 망하지 않는다"로 직역됨)는 확신을 준다. 10절과 12절의 찬양 내용

---

40. VanGemeren, *Psalms*, 151. 칼뱅도 '힉가욘'이란 지시어가 '하나님의 심판들'이라는 주제를 마음에 새기기 위해서 묵상하라는 지시어로 본다. Calvin, *Psalms*, 1:128.

41. Kraus, *Psalms 1-59*, 189; 김정우, 『시편주석 I』, 310.

42. VanGemeren, *Psalms*, 150.

의 정확한 성취이다. 여기서 의인들은 9, 12절에서처럼 '궁핍한 자'(אֶבְיוֹן *에브욘*), '가난한 자'(עָנָו *아나브*)로 표현되고 있다. 이들은 사회적으로나 군사적으로 강력한 악인들 혹은 악한 나라들에게 공격당하면서도, 스스로 변호하고 방어할 수도 없어서 죽음과도 같은 고통 앞에 서 있지만, 오직 하나님을 찾으며 하나님께 부르짖기에 하나님의 돌보심을 받는다.[43] 그래서 '가난한 자'로 대표되는 유사한 어휘들은, 의인들이 하나님께 언제든지 도움과 관심을 요청하는 자들이라는 의미로 하나님 앞에서 스스로를 부르는 말이 되었다(12:5; 14:6; 18:27; 35:19; 116:8; 140:12; 146:7; 149:4).[44]

6. 인생일 뿐인 나라들에 대한 심판의 간구(19-20절)

이 마지막 연은 알파벳 시의 틀에서 벗어나 있다. 이 연은 앞에서 드렸던 과거의 구원에 대한 감사와 찬양에 근거하여 현재의 고난에서 구원해 주시길 기도하는 부분이다. 이 기도는 10편에서 계속된다고 볼 수 있다. '인생'(אֱנוֹשׁ *에노쉬*)이란 단어가 19절 1행과 20절 2행에 나오면서 전체적인 분위기를 형성하는데, 10편 18절도 이 단어로 마무리되고 있다. 이 연은 악한 나라들이 하나님의 심판을 받게 해 달라는 간구로, 4, 7, 8, 16절의 하나님의 공의로운 심판에 근거하고 있다. 이 부분에는 '여호와'라는 단어가 두 번(둘 다 호격), '이방 나라들'이 두 번, '인생'이 두 번 등장한다. 나라들은 겉으로 보기에는 매우 강력한 힘을 가지고 있는 것 같지만 여호와 앞에서는 연약하고 아무런 힘도 없는 '인생'일 뿐임을 이 어휘들의 연결이 보여준다. 이들이 그런 인생임을 보여주는 가장 결정적인 증거는 여호와의 '심판'과 그로 인해 그들에게 임하는 '두려움'이다.

19절에서 다윗은 여호와께 대적들을 물리치시기 위해서 즉각적으로 일

---

43. Kraus, *Psalms 1-59*, 196.

44. Kraus, *Psalms 1-59*, 196.

어나 주시길, 즉 즉각적으로 행동을 취해 주시길 기도한다(민 10:35; 시 3:7; 7:6; 9:19; 10:12; 68:1). 그들이 하나님 나라에 대해 승리할 수 없도록 심판하시고(19절) 두렵게 하시길 간청한다(20절 1행). 그래서 그들로 하여금 단지 자신들은 온 세상을 다스리시는 하나님 앞에서 한낱 '인생'일 뿐임을 깨닫게 해 달라고 요청한다(20절 2행). 창조주요 왕이신 하나님의 공의로운 심판을 경험하지 못하면 나라들은 자신들이 제일 힘센 자들이요, 자신들 마음대로 하나님 나라 이스라엘을 무너뜨릴 수 있다고 생각할 것이기 때문이다. 다윗은 이방 나라들이 무서운 하나님의 심판을 당할 때에야 비로소 자신들의 '인생 됨,' 즉 자신들의 죽음, 약함, 한계, 무능함 등을 자각하게 되어(56:4; 146:3; 대하 14:11; 잠 29:25; 사 2:22), 다시는 하나님이나 그의 의로운 백성들과 싸울 엄두를 못 낼 것을 바라본다.

7. 탄식: 악인에 대한 고발(10:1-11)

9편 19-20절에서 악한 열방의 심판을 간구했던 다윗은 이 부분에서 본격적으로 하나님께 악인들의 악행에 대해 고발하며 탄식한다. 악인에 대한 다윗의 고발은 매우 세밀한데, 이 고발의 내용은 하나님의 심판을 두려워하지 않고 힘없고 가난한 자들을 억압하는 것으로 요약될 수 있다. 1-11절에서 고발하는 악인(들)은 사울이나 압살롬의 세력들과 같이 무고하게 다윗을 공격하는 사람들을 가리킬 수도 있지만, 다윗시대 이전부터 다윗이 왕이 될 때까지 이스라엘을 괴롭혔던 이방 나라들을 가리킬 수도 있다. 왜냐하면 9편과 10편 16절은 악인들을 '이방 나라'로 표현하고 있기 때문이다. 1절은 9편 18절에 이어지는 히브리어 알파벳 *라멧*(ל)으로 시작하지만 2-11절에는 알파벳 시 형식이 명확하게 나타나지는 않는다.[45] 12절에서 다시 알파벳 시의 형식

45. 학자들은 이 부분에서 알파벳 이합체 형식을 따라 MT의 절을 변형시키기도 한다. 예를 들면, 3절 마지막 문장인 "여호와를 멸시하다"(נִאֵץ ׀ יְהוָה)를 칠십인역을 따라 4절 첫 부분으로 옮겨서 4절을 눈(נ)으로 시작하게 하고, 5절 2행 "주의 심판은 저에게서 너무 높아서"(מָרוֹם מִשְׁפָּטֶיךָ מִנֶּגְדּוֹ)

이 이어진다. 1-11절이 긴 탄식을 다루기에 이 부분 전부를 *라멧* 부분으로 의도했을 수도 있다.

1절에서 시인은 '어찌하여'로 시작하는 탄식을 하나님께 쏟아 놓는다. '환난 때의 요새'(9:9)라고 고백했던 하나님이 시인의 '환난 때'에 '멀리계시고' '숨으신' 것과 같은 고통스러운 현실에 대한 탄식이다. '멀리 서시다' '숨으시다'라는 말은 실제로 하나님이 자신을 떠나셨다는 말이라기보다는 시인이 하나님에 대해 느끼는 거리감을 나타낸 것이다. 즉, 고통스러운 상황에도 하나님이 전혀 도움과 구원을 주시지 않는 것을 시적으로 표현한 것이다(6:3; 13:1; 22:1; 35:22; 38:21; 42:9; 43:2; 71:12; 88:14 참조). 시인은 이런 탄식을 통해서 불의하고 고통스러운 상황에 있는 하나님의 백성을 속히 구원해 주셔야 하지 않느냐고 간접적으로 촉구한다.[46]

2절은 1절에서 언급한 '환난,' 즉 11절까지 나오는 악인들의 악행을 요약하는 탄식이다. 단수 '악인'은 악인들 전체를 대표하는 대표단수로 보는 것이 좋다. 악인의 첫 번째 특징은 하나님을 두려워하지 않고 사람들을 무시하는 교만이고, 두 번째 특징은 그런 교만의 결과로서 음모를 꾸며서 가난한 자들을 핍박해서라도 자신의 이익을 챙기는 것이다. 2절 1행은 이 둘을 요약하여 말하고 있다. 교만은 3-6, 11절에서 주로 묘사되고 있다면, 가난한 자에 대한 압박은 7-10절에 상세하게 묘사되고 있다. 2절 1행에서 언급하는 '가난한 자'는 9편 12, 13, 18절 등에서 이미 언급되었다. 여기서는 다윗 자신을

를 *멤*(מ)으로 시작하는 절로 읽으며, 7절의 첫 번째 명사(저주 אָלָה)를 NIV처럼 6절 마지막의 동사로 읽어서(그가 맹세하기를 "대대로 불행이란 없을 거야" 합니다) 7절이 알파벳 *페*(פ)로 시작하는 '그의 입'(פִּיהוּ)으로 시작하게 하며, 8절 3행을 *아인*(ע)으로 시작하는 절("그의 눈은 몰래 힘없는 자를 노립니다" עֵינָיו לְחֵלְכָה יִצְפֹּנוּ)로 보는 것이다. 이렇게 되면 *멤*과 *눈*의 순서가 뒤바뀌고 *아인*과 *페*의 순서가 뒤바뀌긴 하지만 알파벳 시편의 모습을 많이 복구할 수 있다. 하지만 모든 학자들이 여기에 동의하는 것은 아니다. 여기에 대해서는 Goldingay, *Psalms 1-41*, 164-5를 참고하라.

46. 칼뱅도 1절 탄식의 내용을 비유적으로 해석하면서 하나님의 품에 현재의 상황을 맡겨드리는 것으로 이해한다. Calvin, *Psalms*, 1:134-6.

포함하여 힘 있는 악인들에 의해 고통당하는 힘없는 자들을 총칭한다고 볼 수 있다. '심히 압박하다'로 번역된 단어는 원래 사냥감을 따라가면서 막다른 곳으로 몰아가는 행위를 의미한다(8-9절; 애 4:19; 창 31:36; 삼상 17:53, *HALOT*). 2행과 연결시켜 보면 음모를 꾸며서 힘없는 자를 괴롭히고 그의 인격과 존엄성을 짓밟고 재산을 갈취하는 악인의 모든 행동을 대표적으로 표현했다고 볼 수 있다. 다윗은 악인이 자신의 악한 음모에 스스로 걸려들게 해 달라고 기도하는데, 이것은 하나님의 정확하고 공의로운 심판에 대한 간구이다(7:15-16; 9:15-17). 2행은 간구가 아니라 확신("그들은 자신들이 베푼 꾀에 빠집니다.")으로 번역될 수도 있다.

3-6절에 묘사된 악인의 악행은 자신을 높이고 하나님을 무시하는 교만에 대한 것이다.

3절에서 언급하는 '마음의 욕심'과 '탐욕을 부리는 것'은 문맥상 불의한 음모를 꾸며서 가난한 자의 것을 빼앗으려는 행위를 가리킬 것이다.[47] 3절은 악인이 뻔뻔스럽게 이러한 악한 욕심을 자랑할 수 있는 것은 여호와를 모독하고 멸시하기 때문이라고 한다. 여기서 '배반하다'로 번역된 단어 *바라크*(בָּרַךְ)는 원래 '찬양하다'는 의미를 갖는다. 하지만 이 절은 명백하게 여호와를 '모독하는' 문맥이기에 완곡어법으로 이해하여 '배반하다'로 번역되었다(욥 1:5, 11의 예들 참조). 완곡어법으로 보지 않는 번역본들은 3절 2행을 "탐욕을 부리는 자를 축복하고 여호와를 멸시합니다."(NIV)로 번역하기도 한다. 가능한 번역이다.

4절에서는 '교만한 얼굴로'('콧대를 높이며')라는 표현과 악인의 교만한 말을 인용하여 3절에서 고발한 악인들의 교만한 태도를 더 적나라하게 묘사한다. 4절이 인용하는 악인의 말은 악인이 음모를 꾸며서 힘없는 자들의 것을 빼앗으려는 악행에 대해서 하나님은 아무런 심판도 하실 수 없다고 강조하

---

47. 김정우, 『시편주석 I』, 317.

는 것이다(6, 11, 13절 참조). 4절의 히브리어 본문에는 '말하다'는 단어가 없기에 일부 번역본은 "악인은 그 교만한 얼굴로 (하나님을) 찾지 않고/ 그 모든 사상에 하나님이 없습니다"로 번역하기도 한다(NIV 등). 하지만 "그 모든 사상에(혹은 "그 모든 음모 가운데")"로 번역된 부사구는 4절이 악인의 속생각을 드러내는 것임을 암시하고 있다. 13절은 동일한 표현 '심문하지 않는다'를 사용하여 이것이 악인의 생각임을 분명히 밝히고 있다. 또 '사상'으로 번역된 히브리어 단어 *메짐마*(מְזִמָּה)는 2절의 '음모'와 같은 단어이기에 여기서는 악인이 꾸미고 있는 '음모'를 가리키는 것으로 보는 것이 좋을 것이다. 즉, 4절 2행은 악인들이 악한 음모를 꾸미면서도 전혀 하나님의 심판을 두려워하지 않음을 강조하는 것이다.[48] 악인이 '하나님이 없다'고 한 표현은 '하나님이 존재하지 않는다'는 말이라기보다는 자신들의 악행에 대해 '하나님이 아무런 행동도 하지 않는다'는 말로서, 하나님이 자신의 악행을 보지도 않고(11절), 심판도 하지 않는다(5절)는 의미다. 하나님을 움직이지 않는 우상처럼 여기는 실천적 무신론자의 행동이다(14:1; 36:1).[49] '감찰하다'(דָּרַשׁ *다라쉬*)로 번역된 단어는 원래는 '찾다'는 의미를 갖지만, 9편 12절과 10편 13, 15절에서처럼 여기서도 죄를 '찾아서' 조사하고 그에 대해 '심판하는' 것을 의미한다.[50]

5절은 악인들이 '하나님이 없다'고 말하는 근거를 보여준다. 그들이 악을 행하는데도 그들은 번성하고 하나님의 심판은 보이지 않기 때문이다. 1행의 '견고하다'는 말은 원래 '힘 있게 되는 것'을 의미하는데 악인들이 무고한 자들의 재산을 빼앗아서 부유해지고 강해지는 것을 가리킨다.[51] 2행은 악인들이 번성하는 것은 하나님의 심판이 너무 지체되어서("주의 심판은 저에게서

48. Calvin, *Psalms*, 1:140 참조.
49. Calvin, *Psalms*, 1:139.
50. Kraus, *Psalms 1-59*, 197.
51. VanGemeren, *Psalms*, 157.

너무 높아서") 그런 것이라는 탄식을 표현한 것이다. 이것은 1절에서 다윗이 왜 하나님이 숨어 계시는지 따지는 이유이기도 하고, 73편의 시인이 고민하는 하나님의 정의로운 통치에 대한 질문이기도 하다. 그 결과가 3행에 나타나는데 그들은 자기 대적들을 ('콧방귀 뀌며') 멸시한다. 교만하여 어떤 대적들이 덤벼도 이길 수 있다고 생각한다는 것이다. 악인들은 하나님이 악을 참으시는 것을 하나님이 정의에 무관심하시고 불의에 무고하게 희생되는 자들에게 관심을 두시지 않는 것으로 착각한다는 것이다.[52]

6절에는 4절처럼 악인들의 말이 다시 인용되면서 그들의 교만이 강조된다. 그들은 아무리 악한 일을 저지르고 힘없는 사람들을 희생시켜도 자신들은 어떤 해('환난,' '불행')도 없이 대대로 잘 나갈 것이라고 생각한다. '흔들리지 않는다'는 표현은 원래 의인의 견고함을 약속하는 것(15:5; 16:8; 21:7; 62:2; 112:6)인데[53] 악인들이 자신들에게 적용하고 있다.

3-6절에서는 악인이 하나님 앞에서 얼마나 교만한지를 주로 노래했다면 7-10절은 악인들이 어떻게 힘없는 자들을 괴롭히고 공격하는지를 묘사한다.

7절은 먼저 그들이 꾸미는 음모(2, 4절)의 성격, 즉 그들의 '말'에 대해서 묘사한다. 이들의 입에는 혀의 가장 강력한 무기인 무고한 자들에 대한 저주와 거짓말과 포악(폭언)으로 가득하다(롬 3:14).[54] 그들은 자신들이 '저주'하면 그것이 주술적인 힘이 있어서 저주의 대상에게 그대로 이루어질 것이라고 믿었을 것이다. '거짓말'은 나봇의 포도원 사건에서 나오듯이(왕상 21:8-15) 거짓 증언이나 중상모략을 의미하는데,[55] 악인들은 이것으로 한 사람을 사회적으로 매장시키거나 남의 재산을 갈취한다. '포악'(폭언)은 온갖 협박과 위협을 의미할 것이다. 2행도 악인들의 말 속에 담긴 힘없는 자들에게 가

---

52. VanGemeren, *Psalms*, 157.
53. VanGemeren, *Psalms*, 156.
54. *NIV Study Bible*, 797; Kraus, *Psalms 1-59*, 197.
55. *NIV Study Bible*, 797.

하는 잔해(고통)와 죄악을 고발한다. '혀 밑에는'이라는 표현은 비록 악인들이 겉으로는 그렇게 말하지 않아도 실제로는 의인들에게 고통을 가하는 '위장'의 측면을 강조한다.[56]

8-9절은 악인들이 꾸미는 악하고 거짓된(7절) 음모(2, 4절)를 은밀한 곳에 숨어서 먹잇감을 사냥하는 것으로 비유하고 있다. 한 마디로 그들의 음모는 음흉하고 교활하다는 것이다. '그물'로 비유되는 모든 악한 방법을 통해서 그들은 '무죄한 자,' '가련한 자,' '가난한 자'를 죽이고 그들의 재산을 가로챌 음모를 꾸미고 실행에 옮기는 자들이다. 9절에서는 이것을 사자가 숨어 있다가 먹잇감을 낚아채는 모습으로(7:2; 17:12; 22:12-13, 16, 20-21; 35:17; 57:4; 124:6; 사 15:9 참조), 사냥꾼이 그물을 쳐 놓고 기다리다가 먹잇감이 걸렸을 때 잽싸게 그물을 끌어당겨서 잡는 모습으로 묘사하고 있다. 9절에 두 번 나오는 '가난한 자'는 8절 2행에 나오는 '가련한 자'(*헬레카* חֵלְכָה)와 평행을 이룬다. 이 표현은 10편에만 나오는 단어로서(10, 14절), 악인들의 공격에 속수무책인 힘없고 고통당하는 자를 가리킨다. 그들은 악인들의 공격을 받을 이유가 없는 '무죄한 자'(8절 1행)이기도 하다.

10절은 악인의 음모에 의해 '가련한 자들'이 희생되는 모습을 묘사한다. 개역개정에서 '그가 구푸려 엎드리니'로 번역된 1행은 악인의 교활한 행동을 묘사하는 것이다(JPS). 하지만 1행은 '그가 억눌리고(혹은 '억누르고') 엎드린다'로 번역될 수도 있는데, 그렇게 되면 악인들에 의해 넘어지는 가련한 자의 모습을 묘사하는 것이다. 여기서는 후자로 해석한다. '구푸리다' 혹은 '억누르다'는 동사는 9편 9절과 10편 18절에서는 명사로 등장하여 고통당하는 의인('압제당하는 자')을 부르는 말로 사용되고 있다. '그의 힘에 의해'에서 '힘'으로 번역된 단어는 악인들이 음모를 통해 행하는 위협과 폭력을 의미한다.

11절은 4, 6절처럼 악인들의 말을 다시 인용하면서 악인들이 가난한 자

---

56. Goldingay, *Psalms 1-41*, 180.

를 공격할 수 있는 근본적인 이유가 하나님의 심판을 두려워하지 않는 교만 때문임을 재차 강조한다. 그들은 자신들이 무고한 자에게 행한 불의가 당장 보응을 받지 않는 것을 보면서 기고만장해서 하나님의 심판을 부인하려고 한다(13절; 12:4; 42:3,10; 59:7; 64:5; 71:11; 73:11; 94:7; 115:2; 사 29:15; 겔 8:12 등 참조).[57] 11절은 1절에서 시인이 탄식한 말과 유사한 '하나님이 얼굴을 가리다,' '잊다,' '보지 않다'는 표현들을 악인의 말을 통해 반복함으로써, 악인의 악행에 대해 하나님이 심판하시지 않는 것에 대해서 시인이 항변하는 역할도 하고 있다.

8. 악인에 대한 심판과 가난한 자의 구원에 대한 간구(10:12-15)

12절부터 다시 알파벳 시 형식이 재개된다. 1절의 *라멧*(ל)에 이어서 여섯 개의 알파벳을 건너 뛴 다음에 12절은 *코프*(ק)로 시작한다. 1-11절에서 악인의 교만과 힘없는 자들에게 행한 불의를 고발했다면, 12-15절에서는 그 고발에 상응하는 심판을 내려주시길 간구하는 기도가 이어진다. 11절에서 악인이 하나님이 '잊으셨고' '보지 않는다'고 했기에, 12절에서는 '가난한 자들을 잊지 마십시오'라고 기도하고 있고 14절에서는 하나님께서 '보신다'고 고백한다. 이것은 9편 13절에서 다윗이 과거에 하나님께 자신의 상황을 '보시라고' 기도했던 내용과도 연결된다. 3, 4절에서 악인이 하나님을 '멸시하고' 하나님이 '감찰하시지' 않는다고 했기에, 13, 15절에서는 하나님을 '멸시하는' 악인의 죄를 샅샅이 찾으시고 '감찰하시길' 간구한다. 12, 15절이 기도라면 13, 14절은 기도의 근거이다.

12절 1행의 기도 "여호와여 일어나옵소서"는 9편 19절 기도의 반복이며 2, 3행은 이 기도의 보완이다. 마치 멀리 계서서 아무 조처도 취하시지 않는

---

57. *NIV Study Bible*, 797.

것 같은 하나님의 의로운 심판을 촉구하는 간구이다.[58] '손을 드는' 행위는 맹세를 위한 것(출 6:8; 민 14:30)일 수도 있지만 문맥상으로는 심판을 위한 것으로 보인다(삼하 20:21).[59] 다윗은 악인들의 공격에 의해 엄청난 고통을 당하고 있는 무고한 '가난한 자들'을 결코 잊지 마시길 촉구한다.

13절에서 시인은 악인들이 앞에서 하나님을 멸시하며 하나님의 심판을 부정했던 말들(3-4, 11절)은 있을 수 없는 일이라고 흥분한다. 그러면서 14절(ר *레쉬* 절)에서는 강조 구문("하지만 정녕 주께서는")까지 사용하면서 악인들은 하나님이 '보지 않는다'고 했지만(11절), 자신은 하나님께서 분명히 의인의 고통과 원한을 '보시고' 심판하실 것을 확신한다고 고백한다. '주의 손으로 갚다'로 번역된 표현은 '주의 손에 주시기 위해'로 직역되는데 이것은 하나님의 손으로 심판하시는 것에 대한 관용적 표현이다.[60] 시인은 계속해서 하나님을 고아를 돕는 분으로 부르면서 그렇기 때문에 자신을 비롯한 '외로운 자'(10절의 가련한 자와 같은 단어)가 주님의 도움을 의지한다고 고백한다. '의지하다'는 단어는 원래 '버리다'는 의미를 갖는데 여기서는 하나님께 자신의 전부를 던지듯이 의탁하는 행동을 묘사하는 것 같다. '고아'는 힘없는 사람의 대표이자 사회적인 약자의 대표다. 고아와 과부는 혹시 재산을 가지고 있을 수 있다고 하더라도 그것을 지킬 수 있는 힘이 제일 약한 사람들이다. 즉, 가장 쉽게 악인들의 공격에 희생될 수 있는 사람이다. 시인은 자신을 비롯한 힘없는 자를 고아와 동일시하고 있다. 왜냐하면 성경에서 하나님은 고아를 도우시는 분으로 고백되고 있기 때문이다(출 22:22-24; 신 10:18; 16:11,14; 사 1:17; 렘 7:6; 약 1:27).[61]

15절(ש *쉰* 절)에서는 12절의 기도가 다시 이어진다. 다윗은 악인의 팔을 꺾

58. Kraus, *Psalms 1-59*, 197.
59. Kraus, *Psalms 1-59*, 198.
60. VanGemeren, *Psalms*, 158.
61. VanGemeren, *Psalms*, 159.

어 주시길 기도하고 있는데, 여기서 '팔'은 악인들이 자랑하고 가난한 자를 공격하는 데 사용했던 '힘'(부와 권력 등, 5-7, 10절)을 대표하는 말이다.[62] 2행에서는 악인들이 반복해서 '하나님께서 자신들의 죄를 감찰하지 않는다'고 했던 것(4, 5, 6, 11, 13절)에 대해 꼭 보응해 주시길 기도한다. 악인들이 저지른 악을 샅샅이 찾아서 모두 갚아 주시길 간구한다.

9. 하나님의 의로운 통치에 대한 확신(10:16-18)

이 마지막 연은 의로운 왕이요 재판관이신 하나님이 악인에게 고통당하는 가난한 자들을 구원하실 것을 확신하는 부분이다. 마지막 알파벳인 *타브*(ת)로 시작하는 절은 17절이다.

16절에서 다윗은 먼저 하나님이 온 세상을 다스리시는 영원한 왕이시라고 고백한다. 이것은 시편 전체의 바탕이 되는 핵심적인 신앙고백이다. 모든 시인들은 하나님께서 공평과 정의와 사랑으로 세상을 다스리신다는 확신 위에서 탄식하고 감사하고 찬양하고 있다. 그리고 이런 고백은 하나님을 9-10편에서 '지존자'(9:2)-'의로운 재판관'(9:4, 8, 16, 19, 10:5, 18)으로 고백한 것과 그 맥을 같이한다.[63] 지존하신 왕이시자 재판관이신 여호와가 하나님을 대적하는 나라들과 악인들을 심판하시고, 불의를 교정하시고, 불의한 자들에게 고통당하는 자들을 구원하신다는 것이다(7:11; 9:7-8; 29:10; 145:13; 146:10 참조).[64] 16절에서 특이한 것은 1-15절까지는 '악인'으로 불리던 '가난한 자'의 대적이 갑자기 9편에서처럼(9:5, 15, 19, 20) '이방 나라들'로 바뀌어 표현된다는 것이다. 여호와께서 의인을 법정에서 변호하시는 분이시자 하나님 나라를 대적한 악한 나라들의 심판자이심이 동시에 표현되고 있다.[65] 이

62. *NIV Study Bible*, 797.
63. Kraus, *Psalms 1-59*, 198.
64. Kraus, *Psalms 1-59*, 198.
65. Kraus, *Psalms 1-59*, 198.

런 변화는, 이 시편에서 다윗을 악인들에게 공격당하는 의로운 개인으로 볼 수도 있지만 악한 나라들에게 공격당하는 이스라엘의 대표로도 볼 수 있게 한다. '그(주)의 땅에서 멸망하다'는 표현은, 여호와의 왕권을 대적한 가나안 족속들이나 이스라엘을 쳐들어 온 나라들을 전제하는 것 같다. 이런 표현은 거룩한 왕이신 하나님이 거하시고, 하늘 왕을 경외하는 거룩한 백성이 거하는 거룩한 땅에 불의한 나라들이 침략할 수 없음을 강조한다. 9편에서 노래한 가나안 정복이나 이방나라들에 대한 다윗의 승리를 반영한다. 물론 여기서의 '나라들'은 앞에서 자주 언급한 '악인들'의 예로 볼 수 있기에 하나님을 왕으로 인정하지 않는 이스라엘 내의 악인들을 배제하지 않는다. 온 세상의 왕이신 여호와가 다스리시는 영역에 궁극적으로 어떤 악한 세력이나 악인도 거할 수 없다(출 15:17-18; 시 125:3; 계 21:8).

17-18절은 기도 응답과 구원을 강하게 확신하는 부분이다. 17절 1행에서 시인은 12-15절에서 표현된 '가난한 자들(겸손한 자들)의 소원'을 하나님께서 들어 주실 것을 확신한다. 2-3행도 유사한 의미를 강조한다. '소원'으로 번역된 히브리어 단어는 3절에서 악인의 '욕심'으로 번역되었다. 이것은 악인들은 불의한 방법으로 사람들을 괴롭히고 재산을 빼앗는 '소원'을 자랑했지만, 결국은 하나님께서 '가난한 자들의 소원'을 들어 주심을 강조하는 문학적 장치다. 1-11절에 묘사된 강하고 번성하는 '악인'과 고통당하는 '가난한 자' '힘없는 자' '무고한 자'의 운명이 뒤바뀌는 순간이다. 2행의 '마음을 준비하시며'는 '마음을 굳게 하시며'로 번역되어 기도 응답을 통한 격려를 강조하며, 3행의 '귀를 기울이다'는 표현은 1행의 '듣다'에 호응한다.

18절 1행에서는 16절의 악한 나라들의 멸망과 대조적으로 하나님의 기도 응답이 재판정에서 고아와 '압제당하는 자'를 의롭다고 판결해 주시는 것으로 표현된다(18절 1행=9:4). 이것은 단순히 그들에 대한 변호만을 의미하지 않고 그들을 괴롭힌 악인들에 대한 심판까지 포함한다. 이것은 18절 2행에 암시되어 있다. 여기서 다윗은 교만하게 하나님을 멸시하고 힘없는 약자들을 괴롭혔던 세상에 속한 자('땅에 속한 인생')를 하나님이 심판하셔서 다시는 약자들을 위협하지 못하게 하실 것을 확신함으로 시를 마무리한다. '땅에 속한 인생(אֱנוֹשׁ *에노쉬*)'은 '하나님께 속하지 않은 자'임을 강조함과 동시에, 하늘의 왕이시자 재판관이신 하나님과 비교도 되지 않는, 흙으로 지음 받고 땅에서 살고 땅으로 돌아가는 연약한 인간을 가리키는 표현이다(9:19, 20). 인간이 거하는 땅의 낮음과 하늘의 높음이 대조되고 있다.[66] 그래서 그들은 궁극적인 위협이 될 수 없다(49:12, 20; 56:4, 11; 62:9; 78:39; 103:14-16; 118:6, 8-9; 144:4; 사 31:3; 렘 17:5 참조).[67] 18절의 확신은 2-11절에 묘사된 하늘을 찌를 것 같았던 악인들의 교만과 신성모독이 하늘 왕 앞에서 철저하게 낮춰질 것을 확신하는 것이다.

교훈과 적용

시편 9-10편의 교훈: 하늘 보좌에 좌정하여 온 세상을 공의로 다스리시는 의로운 왕이신 하나님은, 일시적으로는 악하고 강한 세력들(개인, 나라)에 의해서 의를 행하는 의인들(개인, 하나님 나라 공동체)에게 가난과 압제와 같은 고난을 허락하시지만, 고난 가운데서도 당신만을 의지하고 간절하게 부르짖는 가난한 의인들의 기도를 들으시고 결국은 악인들에게 심판을 행하시고 의인을 구원하시는, 찬양 받으시기에 합당하신 분이시다. 그러므로 의인은 어떤 고난 가운데서도 의로운 왕이자 재판관이신 하나님을 찾고 간구하기를 쉬지 말아야 한다.

1. 가난한 자의 하나님

하나님은 불의한 세상에서 의를 위해 고난당하지만 하나님께 기도하는 '가난한 자'의 하나님이시고, 압제를 당하는 자들의 요새와 피난처시다(9:9; 10:14). 가난한 자들을 환난에서 건져내셔서 그들의 의로움을 변호해 주신다(9:4; 10:18). 하나님을 찾고 의지하는 자들을 결코 잊어버리시거나 버리지 않으신다(9:10, 12, 18; 10:17). 종말의 시대를 살아가는 교회의 환난과 궁핍을 아시고 주님 오실 때까지 교회를 지키시고

66. Calvin, *Psalms*, 1:157.
67. *NIV Study Bible*, 798.

보호하신다(계 2:9-10).

참된 가난한 자들은 악인들에게 공격받아 비참하고 가난하게 된 상황에서도 절박함과 믿음으로 하늘의 의로운 왕께 나아가는 사람이다. 하나님밖에는 의지할 대상이 없는 사람이 참된 가난한 자다. 그래서 그들을 마태복음 5장 3절에서는 '마음이 가난한 자'로 명명한다. 그들은 가난한 자의 하나님, 피난처 되시는 하나님의 의로운 심판에 자신들의 문제를 맡긴다. 악인들의 불의를 고발하고 자신의 억울함을 호소하면서도(10:1-11) 하나님의 은혜로 고난과 비참함으로부터 자신을 건져 주시길 간구한다(9:13, 19-20, 10:12-15). 하나님은 이처럼 당신만을 의지하는 가난한 자의 기도에 귀를 기울이시기에 결코 그들은 실망하지 않을 것이다(9:10, 18; 10:17). 불의한 재판관에게라도 공의를 구하며 억울함을 호소하는 '과부'의 심정으로 하늘의 왕께 밤낮 부르짖는 자들을 속히 도우실 것이다(눅 18:1-8). 주님 오실 때까지 가난과 비참함 속에서도 하나님의 의가 이루어지기를 간구하는 참된 '가난한 자들'에게 복이 있다.

2. 공의로운 왕이요 재판관이신 하나님

하나님의 말씀에 순종하다가 고난당하는 '가난한 자(들)'이 하나님께 끝까지 간구할 수 있는 이유는 하나님이 공의로 세계를 심판하시는 왕이심을 믿기 때문이다(9:4, 7-8; 10:16; 11:4). 이스라엘은 출애굽과 가나안 정복과 같은 개인적, 국가적 구원 역사를 통해서, 하나님이 반드시 악인들의 악행을 감찰하시고(10:14-15) 때에 따라 심판하시는 공의로운 심판을 경험했다(9:3-6, 15-17). 그래서 비록 악인들에 의해 고통당하는 시간이 길어져도 하나님의 공의로운 심판을 확신하며 기도할 수 있었다(10:16-18). 의인들을 압제하는 악인들은 공의로운 하늘 왕이 이 세상의 모든 일을 감찰하시고 심판하신다는 사실을 믿지 않는다(10:1-11). 죄악에 대한 심판이 당장 내리지 않기에 담대하게 악을 행한다(전 8:11). 자신들의 욕심을 채우려고 온갖 악랄한 방법으로 무고하고 힘없는 자들을 압제하고 착취하고 죽인다. 그러나 하나님은 우리가 보기에는 지체하시는 것 같아도 악인들의 악행을 한순간도 놓치지 않고 감찰하시는 의로운 왕과 재판장이다(10:14-15; 11:4). 이 하나님을 교회는 찬양을 통해 온 세상에 선포한다(9:1-2, 11-12).

3. 참된 가난한 자요 의로운 왕이신 예수 그리스도

예수 그리스도는 가장 의로운 분이시지만 악인들에 의해 핍박받고, 중상모략을 당하고, 무고하게 고발당하셨다. 하지만 돌아가실 때까지 공의로운 왕이신 하나님께 피하여 부르짖으셨던 참된 '가난한 자'이셨다. 구약과 신약의 모든 가난한 자들의 대표로서 가장 비참한 죽음까지 당하셨다. 하지만 그냥 가난한 자로만 사라지시지 않고 '가난한 자'들의 구원을 위해 부활하시고 승천하셔서 하늘 보좌 우편에 온 세상을 다스리는 의로운 왕으로 좌정하셨다. 예수 그리스도의 십자가 죽음은 모든 가난한 의인들의 고난의 완성이며(고후 8:9), 예수 그리스도의 부활은 가난한 의인들의 회복의 증표다. 그래서 예수 그리스도는 가난한 자들에게 참된 복음이 되신다(눅 4:18 = 7:22, 14:13, 21). 주님은 우리의 '가난'을 가장 잘 아시는 의로운 왕으로서 가장 적합한 때에 우리를 그 '가난'에서 건지실 것이다. 마지막 날 다시 오셔서 모든 악한 세력들을 멸하시고 모든 참된 '가난한 자들'을 온전히 회복시키실 것이다.

시편 11편

흔들리는 세상,
견고한 하나님의 보좌

[다윗의 시, 인도자를 따라 부르는 노래]

1 내가 여호와께 피하였거늘
너희가 내 영혼에게
새 같이 네 산으로 도망하라 함은 어찌함인가[1]

2 악인이 활을 당기고
화살을 시위에 먹임이여
마음이 바른 자를
어두운 데서 쏘려 하는도다

3 터가 무너지면
의인이 무엇을 하랴

4 여호와께서는 그의 성전에 계시고
여호와의 보좌는 하늘에 있음이여
그의 눈이 인생을 통촉하시고
그의 안목이 그들을 감찰하시도다

5 여호와는 의인을 감찰하시고[2]

---

1. MT의 케팁 독법은 "너희는 새처럼 너희의 산으로 도망하라"(נוּדוּ הַרְכֶם צִפּוֹר)이지만, 개역개정은 케레 독법을 따라 문맥에 맞게 '너희' 대신 단수 '너'로 읽는다(נוּדִי הַרְךְ צִפּוֹר). G. T. M. Prinsloo, "Suffering as Separation: Towards a Spatial Reading of Psalm 11," *OTE* 28/3(2015): 787에서는 '너희'를 2절에 나오는 '정직한 자들'을 가리키는 것으로 보고 케팁 독법을 유지하여 복수로 번역한다. 칠십인역이나 탈굼역을 비롯한 아람어 역본들은 '너희'에 해당하는 접미어를 '~처럼'에 해당하는 전치사로 보고 *케모 칫포르*(כְּמוֹ צִפּוֹר)로 읽어 '새처럼'으로 번역하고 있다. 대부분의 현대 번역본들은 이를 따른다. 또한 일부 학자들은 여기서 한 걸음 더 나아가 '산'을 '급하게 하다'는 동사로 고쳐서 "급히 새처럼 (도망하라)"(מַהֵר כְּמוֹ צִפּוֹר)을 제안하기도 하지만 근거가 없다. 이 부분에 대해서는 Kraus, *Psalms 1-59*, 200-1 참조.
2. 칠십인역을 따라서 Goldingay, *Psalms 1-41*, 192와 Kraus, *Psalms 1-59*, 200에서는 5절의 문장을 다음처럼 끊어서 번역하고 있다. "여호와는 의인과 악인을 시험하셔서/ 폭력을 좋아하는 자를 미워하신다." 이렇게 번역하면 의인과 악인을 시험한 결과로 폭력을 일삼는 악인을 미워하게 되셨음을 말하게 되는 것이다. 또 이 번역은 '시험하다(감찰하다)'는 단어의 의미가 4, 5절에서 모두 '죄를 찾는다'는 의미로 사용되었음을 보여준다.

악인과 폭력을 좋아하는 자를 마음에 미워하시도다
6 악인에게 그물을[3] 던지시리니 불과 유황과
태우는 바람이 그들의 잔의 소득이 되리로다
7 여호와는 의로우사
의로운 일을 좋아하시나니
정직한 자는 그의 얼굴을 뵈오리로다[4]

본문 개요

시편 11편은, 악인들이 득세하여 의인들에게 소망이 보이지 않는 상황에서 의로우신 여호와의 통치를 확신하며 신뢰를 고백하는 다윗의 시편이다. 1-3절은 탄식 부분으로 볼 수 있고 4-7절은 하나님에 대한 신뢰를 고백하는 부분이지만 일반적인 탄식시편에 등장하는 '간구' 부분이 빠져있다. 그래서 학자들은 이 시편을 '신뢰시편' 혹은 '확신의 노래'로 보기도 한다.[5] 하지만, 1-3절은 불의한 상황에 대한 강력한 탄식으로 볼 수 있으므로, 이 시편은 하나님에 대한 신뢰 고백을 통해서 현재 불의한 상황으로부터 의인을 구원하시고 악인을 심판해 달라는 간접적인 기도시편으로 보는 것이 좋겠다.[6]

---

3. '그물'로 번역된 히브리어 단어는 MT에서는 *파힘*(פַּחִים)으로 되어 있다. 하지만 주동사가 '비 내리게 하다'이기에 뒤에 있는 '불'과 이 명사를 연관시키면 *HALOT*에서 제안하고 대부분의 영어 번역본들(NIV, JPS)이 따르듯이 '숯불'(פֶּחָם)로 고쳐 읽는 것이 더 자연스러워 보인다(잠 26:21; 사 44:12; 54:16 참조). 그러면 1행은 "악인들 위에 맹렬한 숯불과 유황을 비처럼 내리시네"가 된다. ESV는 이 '숯불'만 1행으로 연결시켜 "악인들 위에 숯불이 비처럼 내리게 하시길!/ 불과 유황과 뜨거운 바람이 그들 잔의 몫이 될 것입니다"로 기원형으로 번역하고 있는데 이 또한 가능하다.
4. 이 절은 칠십인역처럼 "그분의 얼굴이 정직한 사람들을 보시리"로 번역할 수도 있는데 그렇게 되면 하나님께서 의인들을 보살피시고 보호하심을 의미하게 된다.
5. 예를 들면 김정우, 『시편주석 1』, 328-9; Goldingay, *Psalms 1-41*, 188; Craigie, *Psalms 1-50*, 132.
6. Kraus, *Psalms 1-59*, 201도 이런 장르 정의에 동의하고 있다.

다윗이 언제 이 시편을 썼는지는 알 수 없지만, 시편의 내용은 사울의 공포 정치 시대나 압살롬의 반역 시대를 잘 반영하고 있다(1절과 삼상 23:14 참조).[7] 본 시편은 악인들이 득세하여 세상의 도덕적 질서가 무너져버린(3절) 상황에서, 주변의 하나님 백성들조차도 하나님을 의지하며 의를 위한 핍박을 인내하기보다는 인간적인 피난처('네 산'-1절)를 찾을 것을 충고하는 상황을 나타내고 있기 때문이다(1-3절). 다윗은 그런 상황에서도 오직 하나님의 의로우신 심판을 확신하면서 하나님만을 도움으로 삼고 기도하고 있다고 볼 수 있다.

시편 11편도 3-14편 그룹의 시편들과 여러 어휘를 공유하면서 공통된 주제를 잘 드러낸다.[8] 이 시편 역시 다른 시편들처럼 하나님을 하늘 왕궁에 좌정하셔서 온 세상을 통치하시는 의로운 왕으로 고백하고 있다(4절). 그래서 의로운 하늘 왕이 의인들을 지키시고(7절, 3:3, 8; 4:1, 3, 8; 5:2, 12; 6:1-2; 7:1, 3, 9; 8편; 9:4, 9; 10:14; 12:6; 14:5, 6) 악인들을 심판하실 것(4-6절, 5:2, 4, 5, 6, 10; 7:6, 8, 9, 11, 12-13; 8:2; 9:4-8, 12, 16, 19; 10:4, 5, 13, 14, 16, 18; 14:2)을 신뢰하고 있다. 특별히 하나님이 하늘 보좌에서 악인들의 죄악을 '보시고' '감찰하신다'는 내용은 9-10편의 내용과 밀접하게 연결된다(11:4-5; 9:7-8, 10:13-16). 11편에서 하나님의 감찰과 심판의 대상인 악인들은 '악인'(*라샤* רָשָׁע 2, 5, 6절; 3:8; 7:10; 9:6, 17, 18; 10:2, 3, 4, 13, 15; 12:9)으로, 하나님의 '시험'과 보호의 대상인 의인들은 '의인'(*차디크* צַדִּיק 2, 5절; 5:13; 7:10*2, 12; 14:5)으로 등장하여 서로 대조를 이루고 있는데, 이런 표현들 역시 3-14편에

7. 많은 주석가들은 다윗의 저작을 인정하지 않는다. 그래서 이 시편 저자의 상황을 다양하게 추측한다. 예를 들면, 야훼에 대한 신뢰를 고백하는 한 경건한 개인(Hossfeld & Zenger), 무고하게 고발당하여 성전에서 도피처를 찾는 사람(Kraus; W. H. Bellinger, "The Interpretation of Psalms 11," *EvQ* 56 [1984]: 95-101), 자신의 무고함을 증명하고자 제의적 의식에 참여한 한 피고인, 죄인 분별 의식에 참여한 한 피고인 등 다양하다. 이를 위해서는 Prinsloo, "Suffering as Separation," 784 각주 53 참조.

8. 이 문맥 부분은 김성수, "시편 3-14편," 75-7 참조.

자주 등장한다. 또 4절에 나오는 높으신 하나님과 대조되는 비천한 인간을 일컫는 표현인 '인생(인자)'(복수형, *베네 아담*, בְּנֵי אָדָם, 12:1, 8, 14:2, 단수형, *벤 아담* בֶּן־אָדָם, 8:4)은 3-14편 그룹에 자주 등장하는 '인생'(*베네 이쉬*, בְּנֵי אִישׁ, 4:2), '인생(사람)'(*에노쉬*, אֱנוֹשׁ, 8:4; 9:19, 20; 10:18)과 더불어 하나님의 보호와 감찰의 대상이 되고 있다.[9] 한편, 3-14편 그룹에서는 숨어서 의인들을 공격하는 악인들의 모습이 자주 등장하는데(7:15; 9:15; 10:8-10) 11편 2절에도 그런 모습이 등장하고 있다. 악인들이 득세하여 세상의 질서가 무너지는 상황은 12편에서도 유사하게 이어지고 있다(11:3; 12:1, 8).

문학적 특징과 구조

이 시편의 가장 중요한 문학적 특징은 여호와의 왕권과 통치의 강조이다. 이것을 강조하기 위해서 '여호와'라는 단어가 5회 반복되며(1, 4*2, 5, 7), 4-7절에서는 7절 2행을 제외하고는 전부 여호와를 주어로 하여 여호와의 통치를 묘사하고 있다. 또한 1절뿐만 아니라 4-7절에서도 '여호와'라는 단어는 어순상 도치되어 강조하는 자리에 있다.[10] 1절에서 다윗이 '여호와께 피하였다'는 주제를 선언하였다면, 가운데 부분인 4절은 다윗이 피한 곳이 여호와가 계신 하늘 '성전'임을 밝히고, 마지막 절에서는 결국 의인이 그 여호와의 얼굴을 뵐 것(여호와의 임재 가운데 거하게 될 것)임을 강조함으로써 주제를 발전시키고 있다. 또 다른 중요한 특징은 1절 3행부터 3절까지 동료 백성들이 다윗에게 하는 말을 길게 인용하고 있다는 점이다. 이런 인용은 다른 사람의 입으로 악인의 횡포를 묘사함으로써 의인(다윗)이 처한 상황이 얼마나

9. 김성수, "시편 3-14편," 76.
10. Goldingay, *Psalms 1-41*, 189.

고통스러운지를 간접적으로 보여준다. 그렇게 보면 이 시편은 자연스럽게 1-3절과 4-7절로 나눠진다. 1-3절이 다른 대안을 찾으라는 사람들의 충고라면 4-7절은 이에 대한 하나님의 의로운 심판과 구원에 대한 신뢰의 천명이다. 4-7절은 '보다'(*하자* חזה)는 동사로 수미쌍관을 이루어 하나의 연을 형성한다. 또 2절이 '마음이 바른(정직한) 사람들'(2절)에 대한 악인의 공격을 묘사한다면, 7절은 구원받은 '정직한 사람'이 하나님의 앞에 나아가는 대조적인 주제를 노래한다(7절). 한편 이 짧은 시편에는 '악인'(2, 5, 6절 + 5절 '폭력을 좋아하는 자')과 '의인'(3, 5, 7절? + 2, 7절의 '정직한 사람들')이 반복적으로 나오면서 대조되고 있고, 이들은 하나님 앞에서 '인생들'일 뿐임이 4절에서 강조되고 있다. 이런 특징들을 반영하여 구조를 분석하면 다음과 같다.

1-3절 악인이 득세하는 시대에 의인에게 하는 사람들의 충고
4-7절 여호와의 의로운 통치에 대한 의인의 확신

한편 이 시편은 공통된 어휘와 주제들에 의해 다음과 같이 교차 대구적으로 분석될 수도 있다.

A 1a절 "내가 여호와께 피하였다"
B 1b-2절 의인에 대한 '악인'의 음모
C 3절 '의인'의 고통
D 4절 하늘 성전에 좌정하신 여호와
C′5a절 여호와께서 '의인'을 시험하심
B′ 5b-6절 '악인'에 대한 여호와의 심판
A′ 7절 정직한 자가 여호와의 '얼굴을 볼' 것

이 도표는 4절에 있는 여호와의 왕권에 대한 고백(D 부분)을 중심으로[11] 교차 대구적인 구조를 보여준다. 악인들의 횡포에 의한 의인의 고통(B-C 부분, 1b-3절)과 그런 악인들에 대한 여호와의 심판과 의인에 대한 보호(B′-C′ 부분, 5-6절)가 서로 대칭을 이루면서('악인'-'의인'-'의인'-'악인') 대조되고 있고, 제일 바깥 테두리를 통해서(A와 A′ 부분, 1, 7절) 여호와께 피한 의인이 결국은 구원을 받아 여호와의 얼굴을 보게 될 것을 노래하고 있다.[12] 특별히 1절 1행과 4절과 7절이 하나님이 계신 '거룩한 전'이라는 장소와 관련되면서 전체의 틀을 이룬다. 결국 이런 구조는 다음과 같은 11편의 주제를 효과적으로 표현하고 있다. "의인은 악인들이 득세하는 상황에서도 온 세상을 의롭게 다스리시는 하늘 성전에 계신 여호와께 피할 때 결국은 여호와에 의한 악인 심판과 의인 구원을 경험할 수 있다."

본문 주해

표제: "다윗의 시, 인도자를 따라 부르는 노래"

원문은 "인도자를 따라. 다윗의."로 직역될 수 있다. 이것은 다윗이 지은 시로서 예배 시에 사용될 때는 예배나 찬양을 인도하는 레위인이 부르도록 했음을 의미할 것이다.

1. 악인이 득세하는 시대의 사람들의 충고(1-3절)

1절 3행-3절은 악인이 득세하여 횡포를 부리는 상황에서 이스라엘 백성

11. Prinsloo, "Suffering as Separation," 777, 785, 792, 794에서도 여호와의 왕권을 고백하는 4절의 이런 중심적인 기능을 강조하고 있다.

12. Prinsloo, "Suffering as Separation," 797에서도 이런 점들을 잘 관찰하여 유사한 구조를 제시한다.

들이 다윗에게 하는 말을 인용하고 있는데, 이는 시인이 처한 상황을 생생하게 보도하는 기능을 한다. 대부분의 현대 번역본은 이렇게 보고 있지만 개역개정에는 마치 1절 3행만 인용문인 것처럼 번역되어 있다. 또 2절까지만 인용된 것으로 보는 주석들도 있다.[13] 하지만 3절을 시인의 말로 보면 4절부터 나오는 그의 확신과 충돌되기에 여기서는 3절까지를 인용문으로 보겠다. 이런 인용은 제삼자의 말을 통해 당시의 상황이 얼마나 심각한지를 알리면서도 시인이 얼마나 하나님을 간절히 의지하는지(1절 1행)를 강조하는 효과를 자아낸다. 또한 이런 인용은 간접적으로 시인이 처한 상황에 대한 탄식을 표현한다고 볼 수 있을 것이다.

1절 1행은 7편 1절처럼 시인이 "여호와께 피한다"(בַּיהוָה חָסִיתִי)는 표현으로 시작한다. 이런 고백을 통해서, 자신은 이미 여호와께로 피하고 있는데 3행 이하에서 동료 백성들이 하나님이 아닌 다른 피난처를 제시한다는 점을 부각한다. '여호와'라는 단어가 제일 앞으로 나와 시인의 피난처이신 여호와를 강조한다. 이에 비해 사람들의 충고(1c-3절)에는 '여호와'라는 단어가 한 번도 나오지 않는다.[14] '여호와께 피하다'는 표현은 하나님에 대한 의지와 신뢰, 즉 하나님께 모든 것을 의뢰하는 것을 의미한다. 단지 어려움이나 위협을 피하기 위해서가 아니라 하나님의 뜻에 그 어려움과 위협을 맡기고 하나님의 도움을 요청하는 것이다. 이 표현은 시편 1권에 특별히 많이 나온다(5:11; 7:1; 11:1; 16:1; 17:7; 25:20; 31:1 등).[15] 모든 기도는 사실 왕이신 여호와를 신뢰하여 피하는 것이라고 할 수 있을 것이며, 하나님의 임재를 상징했던 법궤나 성전(성막)은 그런 의미에서 구약 성도들의 피난처였다(31:19; 36:7; 57:1; 61:4; 91:4; 왕상 1:50).[16] 11편에서는 왕이신 하나님의 왕궁인 하늘 성전(4절)

---

13. Goldingay, *Psalms 1-41*, 187, 190; Craigie, *Psalms 1-50*, 131, 133.
14. Goldingay, *Psalms 1-41*, 189.
15. Creach, *Yahweh as Refuge*, 74-7 참조.
16. Creach, *Yahweh as Refuge*, 30; Kraus, *Psalms 1-59*, 202 참조.

이 여호와께로 피하는 장소로 등장하고 있다. 의인은 불의한 세상의 한 가운데서도 하늘 왕의 의로운 통치를 믿고 그에게 피하고 있는데 이것이 불의한 세상에 대한 최선의 대책이자 저항이었다.

1절 2행에서 다윗은 자신에 대한 사람들('너희')의 충고를 인용한다. 그들은 세상이 악하여 하나님께 피하여 기도만 하는 것은 올바른 대책이 못되기에 다른 현실적인 대책을 찾아야 한다고 한다. 여기서 충고하는 주체인 '너희'를 다윗을 대적하는 악인들로 보고 인용된 그들의 말을 조롱하는 말로 볼 수도 있다.[17] 하지만 2-3절이 계속되는 악인들의 말이라면 자신들을 고발하는 것이 되기에 뭔가 좀 어색하다. 그래서 여기서 '너희'는 불특정한 하나님의 백성들로 보는 것이 더 낫겠다. 그들의 말은 위기 상황에 있는 다윗에게 하는 선의의 충고로 볼 수 있을 것이다.[18] 혹은 시인의 믿음을 천명하기 위해 수사학적인 목적으로 인용된[19] 가상의 말로도 볼 수 있을 것이다. 그들이 위기에 처한 다윗에게 충고하는 것은 (여호와만 의지하지 말고) '산으로 도망하라'는 것이다. 여기서 '산'은 여호와가 아닌 다른 피난처(예: 사람이나 이방 나라, 시 118:8, 9; 사 30:2)에 대한 상징적인 표현이다. '새처럼'이라는 말과 2절의 사냥이나 전쟁의 모습, 그리고 3절의 '기초가 무너진다'는 표현 등은 이 비유가 전쟁의 상황을 염두에 두고 있음을 암시한다.[20] 한 성이 군대에 의해서 포위되었을 때 대항할 의지와 희망을 잃어버리면 성의 기초는 포위

17. 대표적으로 Prinsloo, "Suffering as Separation," 787, 788 참고.

18. Kraus, *Psalms 1-59*, 202; Goldingay, *Psalms 1-41*, 189가 대표적으로 선의의 충고라는 견해를 지지하며, Craigie, *Psalms 1-50*, 132-3에서는 이 견해에다 시인의 내적인 음성일 수도 있다는 견해를 더한다. S. Sumner, "A Reanalysis of Psalm 11," in *ZAW* 131/1(2019): 86-7에서는 여기서 다윗 왕실에 이 충고를 하는 사람은 선지자(들)라고 본다. 다윗 왕실의 왕이 시온성이 포위된 가운데서 제사장을 통해 주신 하나님의 보호 약속을 믿지 말고 성을 떠나라는 선지자의 충고를 받았다고 보는 것이다. 하지만 그는 충분한 근거를 제시하지는 못한다.

19. Mays, *Psalms*, 75.

20. C. Quinne, "The Bird and the Mountains: A Note on Psalm 11," *VT* 67/3 (2017): 470-9에서는 아시리아의 기록들과 11:1-3을 절묘하게 연결시키면서 전쟁의 배경을 적절하게 지적한다.

한 군대에 의해 무너지고 만다. 그렇게 하기 전에 새처럼 신속하게 다른 도움을 찾아야 한다(겔 7:16; 애 3:52; 사 16:2 참조). 사냥꾼이 화살을 겨누고 있을 때 새가 산속으로 급히 도망가는 것처럼(124:7 참조). 그러므로 전쟁 상황에서 '산'은 임박한 것으로 보이는 함락이나 공격을 피할 수 있는 안전한 요새나 성을 의미할 것이다.[21] 일반적인 의미에서도 사무엘상에서 다윗이 사울의 추격을 피하여 산들의 요새로 도망 다닌 것처럼 '산'은 안전하게 피할 수 있는 장소를 의미한다(예: 삼상 23:14). 하여간 1절의 사람들의 제안은 악인들의 공격이 극심한 상황에서 언제 올지 모르는 '여호와'의 도움이 아닌 당장 피할 수 있는 다른 대안 피난처를 찾아야 한다고 충고하는 것으로 볼 수 있다. '내게' 대신에 '내 영혼에게'라는 표현을 쓴 것도 시인의 목숨과 관련된 절박한 상황에 대한 충고임을 강조하는 것 같다.[22] 하지만 1절의 초점은 다윗이 위급한 상황에서도 그런 충고를 받아들이지 않고 오직 여호와만 의지했다는 데 있다. 이것은 앗수르의 군대가 예루살렘을 포위한 위기 상황에서도 히스기야가 항복하지 않고 성전에서 여호와의 이름을 부르며 기도한 것과 유사하다.

2절과 3절은 둘 다 이유를 나타내는 부사 *키*(כִּי)로 시작하여 1절 3행에서 다윗에게 그렇게 충고하는 이유를 제시한다. 2절은 첫 번째 이유로 악인들이

---

21. '새장에 갇힌 새와 같은 성'의 왕들이 겁에 질려서 다른 성으로 도망가는 모습에 대한 아시리아의 기록들과의 관련성에 대해서는 Quinne, "The Bird and the Mountains," 475-6 참조. 하지만 Sumner, "Psalm 11," 84에서는, 여기서 '산'은 1절의 '피하다'는 말의 배경이나 4절의 성전에 대한 암시 등과 관련되어(84쪽) 시온산을 의미한다고 주장한다. 또 그는 '산'이라는 단어에 어떤 전치사도 없고 '도망하다'는 단어는 주로 '~로부터' 도망하다는 용례로 자주 사용되고, 여기서 시인은 왕실을 대표하는 사람이기에 MT가 기록된 대로 복수로 번역하는 것이 맞다고 보아 1절 4행을 "너희는 너희의 산(시온)으로부터 새처럼 도망하라"로 번역하고 있다(77-90쪽). Prilsloo, "Suffering as Separation," 787-788에서도 유사한 견해를 피력하고 있다. 이 견해는 문맥상 매우 설득력이 있기는 하지만 본문의 '산'이 명백하게 시온을 가리키고 있는지는 확실하지 않다.

22. Wilson, *Psalms 1*, 249도 그렇게 보지만 인용된 말들을 대적들이 하는 부정적인 의미의 조롱으로 해석한다.

의인들을 공격하기 위해서 음모를 꾸미는 상황을 비유적으로 제시한다. 이 비유는 1절의 '새'와도 연결되는데 사냥꾼들이 수풀에 숨어서 사냥감을 향해 활을 당기는 모습을 묘사한다(7:15; 9:15; 10:8-10 참조). 여기서는 그 사냥감이 1절의 '나'가 대표하는 '마음이 바른 사람들'이다. 이 어구는 '의인' 혹은 '신실한 자들'을[23] 가리키는 일반적인 표현이다('정직한' 7절; 32:11; 36:10; 64:10; 94:15; 97:11). 이것은 악인들이 악한 음모와 중상모략으로 의인들을 공격하는 것을 의미한다. 마치 사울이 다윗을 반역자로 몰아서 죽이려고 하는 것과 같다. 2절 2행이 묘사하는 것처럼 '어두운 데서' 일어나는 이런 악인들의 음모는 그야말로 도덕적 '어둠'을 만들고 질서를 전복시킨다. 그런 점에서 '어둠'은 의인을 수식하는 '바르다'라는 형용사와 대조를 이룬다. 이런 묘사는 다윗처럼 마음이 정직한 의인이 살기에 얼마나 힘든 상황이었는지를 간접적으로 보여준다.

3절은 1절 충고의 두 번째 이유를 제시한다. 그것은 그처럼 도덕적 질서가 전복된 세상에서 의인이 할 수 있는 것은 도망가는 것밖에 없다는 것이다. 3절에서는 2절의 '마음이 바른 자들'이 '의인'으로 바뀌어 등장하고 있다. '터'가 무너졌다는 것은, 건물의 기초가 무너져 모든 것이 허물어진 것처럼 의인이 존경받고 악인이 심판을 받는 도덕적인 질서가 전복되었음을 의미한다(82:5 참조). 혹자는 이 '터'를 여호와의 성전이 있는 시온산(1절의 산)의 기초로 이해하면서 시인이 의지하는 하나님의 도움의 부재를 강조한다고 본다.[24] 하지만 2절처럼 도덕적 질서가 파괴된 일반적 상황으로 보는 것이 더 좋을 듯하다. 악인들이 득세하고 의인들이 그들에게 압제를 당하는 상황이다. 1절 3행부터 3절까지 묘사된 이런 악인들의 공격(전쟁)은 6절에 나오는 불과 유황을 쏟아붓는 여호와의 의로운 '전쟁'(심판)에 의해서 평정될

---

23. Wilson, *Psalms 1*, 250.

24. Prilsloo, "Suffering as Separation," 789 참조.

것이다.

1-3절에서는 악인들이 득세하여 도덕적 질서가 무너진 고통스러운 상황에서도, 시인이 오직 그 도덕적 질서의 최후 보루이신 여호와께 피하여 그분의 의로운 통치가 이뤄지기를 기다린다는 의지를 천명하고 있다.

2. 여호와의 의로운 통치에 대한 의인의 확신(4-7절)

두 번째 연인 4-7절에서는 7절 2행을 제외하고는 '여호와'가 주어로 등장하면서 1연에서 왜 다윗이 여호와께 피했는지 그 이유를 알려준다. 1-3절에 나오는 사람들의 충고에 대한 답변이자 여호와 하나님의 의로운 통치에 대한 신뢰의 고백이다. 의인이 의지하는 여호와가 희망 없어 보이는 세상을 바로잡을 수 있다는 확신의 천명이다.[25] 이러한 신뢰 고백은 또한 악인이 득세하여 의인이 고통을 당하는 상황에서 하나님의 의로운 통치를 속히 실행해 주시라는 간접적 기도와 다름없다.

4절은 전체 시편의 한가운데 있으면서 핵심적인 고백을 담고 있다. 다윗이 여호와께로 피하는 이유가 여호와께서 온 땅의 왕으로서 하늘 성전(왕궁) 보좌에 좌정하셔서(1-2행) 악인과 의인을 다 감찰하고 계시기 때문(3-4행)이라고 한다. 다윗이 1절에서 피한 곳은 하나님이지만, 그 '하나님'은 비유적으로 표현하자면 당신의 왕궁이자 보좌인 하늘 성전에 계신다.[26] 다윗은 지금 기도를 통해 그곳에 가 있다. '성전'은 거룩하신 하나님의 왕궁이나 하나님의 보좌를 의미한다(103:19; 왕상 22:19; 사 66:1; 마 5:34; 23:22; 히 8:1; 계 5:13; 11:19; 14:17; 20:11 등 참조). 다윗시대의 시온에 있는 법궤(9:11)나 기브온의 성막, 그리고 다윗 이후에 지어진 시온 성전은 바로 이 하늘 성전에 대한 상징적 현현이다(왕상 8:13, 27, 30 "이스라엘이 이곳을 향하여 기도할 때

25. Goldingay, *Psalms 1-41*, 191.
26. Prilsloo, "Suffering as Separation," 790 참조.

에 주는 그 간구함을 들으시되 주께서 계신 곳 하늘에서 들으시고", 33-34, 36, 39 등 참조).[27] '하늘'은 땅보다 훨씬 높으신, 온 세상을 통치하시는 왕이신 여호와의 높으심과 존귀와 능력에 대한 상징이다. 하늘 보좌에 앉으셨다는 것은 땅에 대해 아무것도 하지 않고 계심을 말하기보다 여호와께서 능력과 공의로 온 세상을 다스리고 계심을 의미한다. 3-4행이 그 다스림을 묘사한다. 그 통치의 일환은 이 땅의 '인생들'을 감찰하시는 것이다. 악인들의 악행도 감찰하시지만, 선을 행하는 의인들의 중심도 점검하신다(3-4행). '눈'과 평행을 이루는 '안목'은 원래 눈꺼풀을 가리킨다. 이 명사들은 '통촉하다'와 '감찰하다'는 동사들과 합하여 인간의 행동과 마음의 동기까지 한 부분도 놓치지 않고 세밀하게 살피시는 하나님의 통치 행동을 강조한다. 2절의 어두운 데서 행해진 악인의 행동도 '살피신다'는 것이다.[28] '통촉하다'로 번역된 단어는 세밀하게 주목하는 행동을 가리키고, '감찰하다'로 번역된 단어 *바한*(בָּחַן)은 금속에 불순물이 있는지를 검사하거나 사람의 마음이나 행동을 시험하거나 관찰하는 것을 의미한다(*HALOT*, 17:3; 잠 17:3; 렘 9:6; 12:3; 20:12; 슥 13:9 등). 이 단어는 5절에서 의인에 대한 관찰에도 사용되고 있다.

5절은 4절 3-4행을 좀 더 세분화해서 표현한다. 1행은 의인에 대해서 하나님이 호의적으로 '감찰하시는,' 즉 의인들의 올바른 행동과 마음의 중심을 보시고 그들을 보호하시는 통치를 노래한다. 이와 대조적 평행을 이루는 2행은, 악인들에 대한 하나님의 미움을 노래하면서 6절에 나오는 하나님의 심판과 연결된다. 그런 점에서 5절 1행은 4절을 중심에 두고 3절과 대칭이 된다. 3절에서 도덕적 질서가 전복된 상황에서 '의인'이 할 수 있는 것이 없다

---

27. 다윗의 저작을 인정하지 않는 대다수의 주석들(예: Kraus, *Psalms 1-59*, 203)은 이 성전은 시온의 성전을 가리켜 1-2행이 하나님의 내재성과 초월성을 의미한다고 생각하지만 4절 1-2행은 동일한 의미를 반복하고 있는 평행법의 특징을 보여주기에 둘 다 하늘 성전을 가리키는 것으로 보아야 한다.

28. Craigie, *Psalms 1-50*, 134.

고 했다면, 5절 1행은 하나님이 의인의 선행과 마음을 살피셔서 다 알고 계시기에 불의한 상황에서도 하나님을 의지하고 선을 행하는 의인의 삶이 매우 의미 있다는 것을 강조한다. 5절 2행에서는 악인을 구체적으로 '폭력을 좋아하는 자'로 묘사하고 있다. 여기서 '폭력'은 악인들이 자신들의 욕심과 이익을 채우기 위해 하는 모든 압제와 횡포와 악행을 대표하는 행동이다. 악인들은 그런 것을 '좋아하지만' 하나님은 그런 행동을 하는 악인을 '마음에'(정말로-1절의 '내 영혼에게' 참조) '미워하신다.' 한 행 안에서의 이 대조가 절묘하다.

6절은 5절 2행의 자연스러운 귀결이다. 시인은 악인들의 횡포를 미워하시는 하늘 왕이 악인들을 심판하실 것을 확신하고 있다. 이 부분은 4절을 중심으로 악인들의 악행을 묘사하는 2절과 대칭을 이루며 대조된다. 2절이 악인들의 공격 전쟁이라면 6절은 이들의 공격에 대해 하늘 왕이 의인들을 지키는 방어 전쟁이라고 할 것이다. 4절의 하늘 왕에 대한 고백이 이런 대조를 낳고 있다. '그물'은 '숯불'로 고쳐 읽을 수 있는데 그렇게 되면 6절 1행은 "악인들 위에 맹렬한 숯불과 유황을 비처럼 내리시네"로 번역된다.[29] 악인들 위에 비처럼 쏟아지는 '숯불'과 '유황'과 '태우는 바람'은 하나님이 내리시는 심판의 무시무시함을 비유적으로 표현한 것이다(창 19:24; 사 34:9; 겔 38:22). '숯불'은 하나님의 불화살에 비유되는 천둥 번개에 대한 또 다른 형상화일 수 있다(18:12-14).[30] '뜨거운(태우는) 바람'은 아라비아 사막에서 불어오는 불처럼 뜨거운 바람인 시로코나 캄신을 의미할 수 있다.[31] 이런 표현은 하나님의 뜨거운 진노와 불태우는 심판을 잘 형상화한다(119:53 참조). 특별히 소돔과 고모라에 내렸던 심판의 모습을 떠오르게 하여(창 19:24; 눅 17:29; 유 7절) 심판의 심각성을 강조한다. '잔의 소득'이라는 어구도 악인들이 하

---

29. 대부분의 영어 번역본들(NIV, ESV, JPS)도 이렇게 읽고 *HALOT*도 그렇게 제안한다.
30. Goldingay, *Psalms 1-41*, 193.
31. Craigie, *Psalms 1-50*, 134.

나님이 내리시는 심판의 잔을 마시는 것이 자신들이 저지른 일에 대해서 합당한 대가를 치르는 것임을 비유적으로 표현한 것이다(75:8; 사 51:17, 22; 렘 25:15; 겔 32:32이하; 합 2:16). 이 표현은 의인들이 받을 상을 의미하는 16편 5절의 '잔의 소득'과 정 반대되는 것이다(23:5; 102:7; 116:13).

7절은 이 시편의 결론이면서 1절과 수미쌍관을 이룬다. 시인은 악인들이 횡행하는 세상에서도 자신처럼 오직 하늘 성소에 계신 여호와께 피한(1절) '의인'만이, 하나님께 구원받아 하나님의 얼굴을 볼 것이라고 확신 있게 마무리한다. 왜냐하면(7절은 이유를 나타내는 접속사 *키* כִּי로 시작함) 여호와는 의로운 분이시기 때문이다. 여기서 '의로우시다'로 번역된 단어는 앞에 나오는 '의인'(3, 5절='정직한 자' 2, 7절)과 같은 단어다. 의로우신 하나님의 통치에 복종하는 사람이 의인이기에 그들이 행하는 '의로운 일들'('의인'과 유사한 어근)을 '좋아하시는' 하나님이 결국 그들을 구원하실 것이다. 여기서 '좋아하다'는 단어는 5절의 폭력을 '좋아하는' 악인을 '미워하시는' 하나님의 모습과 대조되고 있다. 악을 좋아하는 자들에게는 명백하게 심판을 통해 악에 대한 미움을 표현하시지만(6절), 고난 가운데서도 의를 행하는 자들의 의에 대해서는 구원을 통해서 '좋아하심'을 표현하신다는 것이다(5:4-7). 하나님의 '얼굴을 뵙는다'는 표현은 고난에서 건져져 하나님의 임재 아래서 하나님의 호의와 은혜를 누리는 것을 비유적으로 말한 것이다(민 6:24-26 "그의 얼굴을 네게 비추셔서" "그의 얼굴을 네게로 향하여 드셔서"). 1절에서 하나님께 피하는 것이 하나님의 성소에 들어가 기도하는 것을 의미하듯이, 7절의 이 표현도 하나님의 성소에서 하나님을 예배하는 것을 의미한다(17:15; 27:4; 42:2; 출 34:20; 욥 33:26; 마 18:10). 이것은 하나님이 진노하셔서 얼굴을 가리신다는 표현과 대조된다(10:11; 욥 34:29; 사 8:17; 렘 33:5). 하나님의 진노가 아닌 구원의 잔을 넘치도록 받은 '의인들'은 하나님의 집에서 하나님의 얼굴을 뵈면서 영원히 살게 될 것을(23:5-6) 확신하면서 이 시편은 마무리되고 있다.

교훈과 적용

시편 11편의 교훈: 의인은 악인들이 득세하는 상황에서도, 온 세상을 의롭게 다스리시는 하늘 성전에 계신 여호와께 피할 때, 결국은 여호와에 의한 악인 심판과 의인 구원을 경험할 수 있다.

1. 악인이 득세해도 하나님께 피하라(1-3절)

악인들은 우리의 창조주시며 왕이신 하나님의 의로운 통치나 절대적인 진리를 인정하지 않고 오직 자신의 판단을 절대적으로 신뢰하려고 한다.[32] 그래서 자신의 이익과 욕망을 위해서 바르게 사는 사람들을 거짓과 폭력으로 압제하고 죽이려고 한다(2절). 그들에 의해 도덕적 질서가 무너지고 전복된다(3절). 이처럼 악인이 득세하는 세상에서 우리는 불의에 대해 침묵하거나 타협한다. 힘 있는 사람들이나 돈을 피난처로 삼으려 하고 심지어 다른 성도들에게도 그렇게 하라고 충고한다(1절 "네 산으로 도망하라").

하지만 11편은 악인이 득세하는 세상에서도 하나님께로 피하라고 한다(1절). 하나님께 피하는 것은 불의한 세상을 피해 교회로 도피하는 것을 말하지 않는다. 재물이나 이 세상의 것이 아닌 살아계신 하나님께 소망을 두고 항상 간구와 기도를 하는 것을 의미한다(고후 1:8-10; 딤전 4:10; 5:5; 6:17; 벧전 1:21). "긍휼하심을 받고 때를 따라 돕는 은혜를 얻기 위하여 은혜의 보좌 앞에 담대히" 나아가는 것을 말한다(히 4:16). 하나님께 불의한 상황을 올려드리고 악인을 두려워하지 않고 의로운 삶을 지속하는 것이다. 노아는 방주를 만들었고(창 7:7), 앗수르 군대에 포위된 히스기야 왕은 성전에 가서 하나님께 기도했으며(왕하 19:14-19), 예레미야는 핍박을 견디며 예언했다(렘 11:20, 12:3; 17:10; 20:12).[33] 예수님은 십자가에서 내려오시지 않고 자신의 영혼을 아버지 하나님께 맡겨드렸고(눅 23:46), 바울은 환난을 겁내지 않고 예루살렘으로 갔다(행 20:22-24). 끝까지 하나님께 피하는 자가 다윗이나 히스기야나 바울처럼 도우시는 하나님의 얼굴을 볼 것이다(7절; 31:19; 34:22).

---

32. Wilson, *Psalms 1*. 1, 260-2에서는 다원주의의 위협과 포스트모던 사회 속 절대 진리의 상대화, 개인주의화를 잘 지적한다.

33. Mays, *Psalms*, 76.

2. 하늘 보좌에서 온 세상을 의롭게 다스리시는 하나님(4-7절)

우리가 하나님께로 피해야 하는 이유는 하늘 보좌에서 온 세상을 의롭게 다스리시는 왕이신 하나님이 우리의 피난처이시기 때문이다(4절; 삼하 22:31; 계 4:1-10; 20:12). 우리를 위해 불의한 자들에게 고통당하셨지만, 죽음과 죄악에 승리하시고 부활하셔서 하늘 보좌 우편에 앉으신 예수 그리스도(사 32:1-2; 마 19:28; 25:31; 눅 22:30; 행 10:42)와, 그 하늘 보좌를 교회와 우리의 삶 한가운데로 가지고 오신 성령 하나님(요 16:7-11)이 우리의 피난처이시다. 삼위 하나님이 이 땅의 불의를 하나도 놓치지 않고 보고 계시고 악인들에게 의인들이 고통당하는 것을 알고 계신다(4-5절, 살전 2:4; 계 2;23). 하나님이 '의로우셔서' 의인들의 '의'는 사랑하시지만(7절), 악인들의 죄악은 미워하셔서 소돔과 고모라를 유황과 불로 심판하셨던 것처럼 이 땅의 악인들과 사탄의 세력을 무섭게 심판하실 것이다(6절, 롬 2:2, 5; 딤전 5:24; 벧전 1:17; 계 14:10; 19:20; 21:8). "하나님은 세상의 창조주로서 자신이 처음에 세우신 질서를 무시하거나 포기하지 않으신다."[34]

34. Calvin, *Psalms*, 1:129.

시편 12편

악인의 말 대(vs.) 여호와의 말씀

[다윗의 시, 인도자를 따라 여덟 째 줄에 맞춘 노래]

1 여호와여 도우소서
경건한 자가 끊어지며
충실한 자들이 인생 중에 없어지나이다
2 그들이 이웃에게 각기 거짓을 말함이여
아첨하는 입술과 두 마음으로 말하는도다
3 여호와께서 모든 아첨하는 입술과
자랑하는 혀를 끊으시리니
4 그들이 말하기를[1]
우리의 혀가 이기리라
우리 입술은 우리 것이니[2]
우리를 주관할 자 누구리요 함이로다
5 여호와의 말씀에
가련한 자들의 눌림과
궁핍한 자들의 탄식으로 말미암아
내가 이제 일어나
그[3]를 그가 원하는[4] 안전한 지대에 두리라 하시도다

---

1. 4절은 히브리어 접속사 *아쉐르*(אֲשֶׁר)로 시작하는데 여기서는 이유를 말하는 절을 이끄는 접속사로 봐야 할 것이다(*HALOT*, B c) 참조. G. T. M. Prinsloo, “Man's Word - God's Word: A Theology of Antithesis in Psalm 12.” *ZAW* 110/3 (1998): 396 각주 39에서는 *GKC* § 164d를 인용하면서 때를 말하는 접속사라고 하지만 3절과 4절의 관계를 볼 때 이유를 말한다고 보는 것이 더 적절한 것 같다.
2. 이 문장은 “우리의 입술이 우리와 함께 있다”로 직역되지만, 문맥상 “우리 입술은 우리 것”(개역개정; 칠십인역; JPS), “입술은 우리의 재산”(새번역) 등으로 번역되어 악인의 교만을 강조하고 있다.
3. 앞의 ‘가련한 자들’과 ‘궁핍한 자들’을 대표하는 단수로 보는 것이 좋을 것이다. 1절과 7절에도 단수와 복수가 교차적으로 사용되고 있다.
4. 이 단어(*야피아흐* יָפִיחַ)의 번역에 대해서는 논란이 많다. 원래 *푸아흐*(פּוּחַ)는 ‘숨쉬다’ 혹은 ‘불다’(아 2:17; 4:6, 16; 겔 21:36)는 뜻이지만, ‘말하다’ ‘선포하다’ ‘대적하여 증언하다’는 의미를 갖기도 한다(*HALOT* 참조). 개역개정의 ‘원하다’는 번역은 갈망하는 숨을 쉬는 모습으로 해석한 번

6 여호와의 말씀은 순결함이여
흙[5] 도가니에 일곱 번 단련한 은 같도다
7 여호와여 그들을 지키사
이 세대로부터 영원까지 보존하시리이다[6][7]
8 비열함이 인생 중에 높임을 받는 때에
악인들이 곳곳에서 날뛰는도다[8]

역이다. 하지만 JPS("'… 내가 지금 행동할 것이고, 그를 도울 것이다'라고 그분이 그에게 확언하셨다")는 '확언하다'로 번역하면서 인용문 밖의 여호와의 행동으로 해석한다. 또 NIV("내가 그들을 비방하는 자들로부터 그들을 보호할 것이다")처럼 '비방하다'는 의미(10:5처럼 '코웃음 치다')로 번역할 수도 있다(Kraus, *Psalms 1-59*, 210 참조). 잠언 6:19; 14:5, 25에서는 거짓을 '말하다'는 문장에, 잠언 12:17에서는 진실을 '말하다'는 문장에서 '말하다'는 의미로 번역되고 있다. J. G. Janzen, "Another Look at Psalm XII 6," *VT* 54/2 (2004): 157-64에서는 *야피아흐*를 '증인'을 의미하는 명사로 보고 "내가 구원으로 한 증인을 베풀리라"로 번역한다. 모두가 시인과 힘없는 자들을 거짓으로 고발하는 가운데서 의인들의 의를 증언할 증인을 세우는 것이 구원이 됨을 의미하고 궁극적으로 그 증인은 그들을 구원하실 하나님이라고 이해한다. 이와 유사하게 Prinsloo, "Psalm 12," 391과 각주 3에서는 "내가 안전하게 그를 위하여 증인을 데려오리라"로 번역한다.

5. 이 단어의 히브리어 표현은 "흙으로"라고 되어 있어서 많은 논쟁거리가 되었다. 도가니의 재료를 가리키는지, 아니면 제련할 때 녹은 금속이 흙으로 흘러내리는 것을 의미하는 것인지(Prinsloo, "Psalm 12," 391 각주 4), 아니면 그냥 흙 위에 있는 도가니를 가리키는 말인지(ESV) 번역상 어려움이 있다. 여기서는 재료를 의미하는 것으로 번역하였다. J. D. Smoak, "Amuletic Inscriptions and the Background of YHWH as Guardian and Protector in Psalm 12," *VT* 60/3 (2010): 422에서는 이 표현이 일부가 흙 속에 들어가 있는 철기시대 도가니의 모습을 표현한 것이라고 한다.
6. 원문에는 '그를'(JPS) 혹은 '우리를'(ESV, NIV)로 번역될 수 있는 인칭 접미어가 붙어 있지만 개역개정에서는 번역되지 않았다. 5절 마지막 행의 '그'처럼 1행에 나오는 의인의 대표('그')를 가리키거나 1행의 3인칭 복수를 1인칭 복수로 다시 표현한 것으로 보인다.
7. 비록 '지키다'와 '보호하다'가 미완료형으로 사용되기는 했지만 '여호와여'라는 호격과 같이 사용되었고 8절에 탄식이 나오기에 기도로 볼 수도 있을 것이다. Kraus, *Psalms 1-59*, 210에서는 이러한 기도와 확신의 두 측면을 다 강조한다. Goldingay, *Psalms 1-41*, 200-1에서도 기도로 번역한다.
8. 7절을 확신으로 본다면 8절은 "비록 ~날뛸지라도"의 양보절로 볼 수도 있을 것이다.

본문 개요

시편 12편은, 다윗이 거짓말을 일삼는 악인들이 활보하는 세상에서 신실한 여호와의 구원 말씀이 이루어지길 간구하는 개인 기도시편이다.[9] 1, 3(7?)절은 간구이며 2, 4, 8절은 악한 세상에 대한 고발이자 탄식으로서 기도시편의 특징을 강화한다.

다윗이 언제 이 시편을 썼는지는 알 수 없지만, 시편의 내용은 다윗이나 의로운 자들을 향한 악인들의 거짓말과 음모(2-4, 8절)가 판을 쳐서 경건한 자들이 견디기 힘든 상황(1절)을 반영하고 있다. 이처럼 온 나라가 이런 상황에 빠져 있는 경우라면 사울이 다윗을 반역자로 몰아붙이며 추격하던 상황이나 압살롬이 반역을 일으킨 상황과 연결될 수 있을 것이다. 특별히 도엑이 놉 땅의 성막에 갔던 다윗과 그곳의 제사장들에 대해 사울에게 중상모략 하여 수많은 경건한 자들이 죽임을 당했던 상황(삼상 21-22장)은 12편의 상황

---

9. 대부분의 주석들은 이러한 장르 구분에 동의한다(Craigie, *Psalms 1-50*, 137; Kraus, *Psalms 1-59*, 207; Wilson, *Psalms 1*, 266 등). 하지만 Kraus, *Psalms 1-59*, 207-8처럼 많은 비평학자들은 이 시편이 제의 선지자의 구원 신탁과 관련된 예전이라고 주장한다. 하지만, 이 시편의 실제 배경을 예배 상황으로 보기보다는 선지자적인 신탁을 문학화하여 기도의 간절함과 응답의 확실성을 강화시켰다고 보는 것이 더 좋을 것이다. 이 부분에 대한 설명은 Prinsloo, "Psalm 12," 393 참조.

10. 다윗의 저작을 인정하지 않는 대부분의 주석가들은 이 시편을 사 33:7-12이나 하박국의 불의한 시대와 연결시키면서 그 시대적 배경을 유다 말기로 잡고 있지만 확실한 근거는 없다. 이에 대해서는 Prinsloo, "Psalm 12," 394 참조. 각주 21에서는 부자들에 의한 가난한 자들의 착취가 일어난 시대가 이스라엘 역사의 후기에 속하기에 다윗의 저작권을 부정하지만 이 시편은 꼭 사회적인 가난만을 의미하지 않고 사울처럼 강한 권력자에 의한 다윗 같은 약자들 억압의 문제를 다루고 있기에 다윗시대로 봐도 문제가 되지 않는다. 또 P. J. Botha, "Pride and the Suffering of the Poor in the Persian Period Psalm 12 in its Post-Exilic Context," *OTE* 25/1 (2012): 40-56에서는 12편 혹은 9-14편과 잠 30:1-14 혹은 다른 잠언들 사이의 어휘들이나 주제들의 연관성을 제시하면서 12편이 포로귀환시대의 지혜 전통을 반영하고 있다고 주장한다. 그는 12편뿐만 아니라 9-14편 전체가 이런 전통에 의해 편집되었다고 주장하지만 그 근거가 취약하다. 잠 30:1-14나 말과 관련된 잠언들이 12편과 공통된 주제를 다루고 유사한 어휘들을 공유하지만 그런 공통성만으로 저작 연대를 추측하는 것은 무리다.

을 잘 반영하고 있다. 물론 이 시편이 성전에서 반복적으로 사용되었기에 다윗의 상황을 넘어서 이와 비슷한 모든 상황(예: 사 59:3-4, 13-14)에도 적용되었을 것이다.[10]

12편도 3-14편 그룹의 시편들과 여러 어휘를 공유하면서 공통된 주제를 잘 드러낸다.[11] 12편도 이 그룹의 많은 시편처럼 악인들로부터의 구원을 간구하는 기도(3:7; 4:1; 5:1-2, 8; 6:1-4; 7:1; 10:2, 12, 15; 13:3)로 시작한다. 다른 시편들에서 "여호와여 일어나소서"라는 표현을 사용하여(3:7; 7:6; 9:19; 10:12) 기도 응답의 긴박성을 강조했다면, 12편 5절의 여호와의 말씀은 그 응답을 제공한다. "가련한 자들의 눌림과 궁핍한 자들의 탄식으로 말미암아 내가 이제 일어나 그를 그가 원하는 안전한 지대에 두리라 하시도다." 12편에는 하나님을 구체적으로 왕으로 고백하는 표현은 없다. 하지만 여기서는 '여호와의 말씀'이라는 표현이 5, 6절에 두 번 나와서 악인들로부터의 의인의 구원이 왕의 명령에 의한 것처럼 묘사되고 있어서 간접적으로 여호와의 왕권을 드러낸다. 그런 점에서 12편도 3-14편 그룹의 다른 시편들처럼 왕이신 하나님께서 의인들을 곤경에서 구해 주시고(5-7절) 악인들을 심판하실 것(3절)을 믿고 간구하는 내용을 담고 있다. 12편에서도 다른 시편들에서처럼 '악인'들(8절; 3:8; 7:10; 9:6, 17, 18; 10:2, 3, 4, 13, 15; 12:9)이 '경건한 자'와 '신실한 자'(1절; 4:3)로 묘사된 의인과 대조를 이룬다. 이들은 3-14편의 악인들의 주요 무기인 말(2-4절의 '거짓' '아첨하는 입술' '두 마음으로 말하다' '자랑하는 혀' '말하기를' '우리의 혀' '우리의 입술'; 4:2; 5:6, 9; 7:14; 10:7)을 사용하여 하나님과 사람들에게 악을 행한다. 이에 대항하여 12편은 순결한 '여호와의 말씀'(4, 5절)을 대안으로 제시한다. 1, 8절에 반복된 표현인 '인생'(8:4; 14:2)은 시 3-14편 그룹에 자주 등장하는 비슷한 표현들(4:2; 8:4; 9:19, 20; 10:18)과 더불어 높으신 하나님과 대조되는 비천하거나 악한 인간들(세상의

11. 이 문맥 부분은 김성수, "시편 3-14편," 75-7 참조.

모습)을 가리킨다. 악인들이 득세하여 세상의 질서가 무너지는 상황은 11편을 잘 잇고 있으며, 악인들의 교만한 말의 인용인 4절 "우리의 혀가 이기리라 우리 입술은 우리 것이니 우리를 주관할 자 누구리요"는 10편 4절의 "여호와께서 이를 감찰하지 아니하신다" "하나님이 없다"나 10편 6절과 11절의 악인들의 말의 인용과도 밀접하게 연결된다. 그러면서 이 사상은 이어지는 13편 4절의 악인들의 말인 "내가 그를 이겼다"와 14편 1절의 '하나님이 없다'는 악인들의 생각에서도 발전적으로 반복되고 있다.

문학적 특징과 구조

이 시편의 가장 중요한 문학적 특징은 다음과 같이 '말'과 관련된 어휘들이 압도적으로 많이 등장하여 주제를 강조한다는 것이다.

2절 '거짓을 말하다' '아첨하는 입술' '두 마음으로 말하다'
3절 '아첨하는 입술' '자랑하는 혀'
4절 '말하기를' '우리의 혀' '우리의 입술'
5절 '여호와의 말씀에(원문: 말씀하시길)'
6절 '말씀'x2(원문: '여호와의 말씀은 순결한 말씀')

2-4절에 악인들의 악한 말에 대한 고발이 나온다면 5-6절에는 여호와의 구원 말씀이 나와 대조를 이룬다. 이러한 말의 반복과 탄식시편의 구성 요소를 중심으로 12편의 구조를 도식화하면 다음과 같이 교차 대구적인 모습을 보여준다.

A 간구("여호와여," 1a) + 거짓말이 횡행하는 현실 고발("인생 중에" 1b-2)
B 거짓되고 교만한 '말'에 대한 여호와의 심판 간구(3절) '입술' '혀'
C 악인들의 교만한 말(4절) "말하기를"
C′ 여호와의 구원 말씀(5절) "말씀하시길"
B′ 여호와의 순결한 '말씀'(6절) '말씀'x2
A′ 확신("여호와여," 7절)[12] + '악인들'이 활보하는 현실 고발("인생 중에" 8절)

위의 구조에서 두드러진 것은 "그들이 말하기를"로 시작하여 악인들의 말을 인용하는 4절(C)과 "여호와께서 말씀하시길"로 시작하여 여호와의 구원 말씀을 인용하는 5절(C′) 사이의 극명한 대조다.[13] 또 이 대조는 3절의 '거짓말'하는 자들에 대한 '여호와'의 심판(B)과 6절의 '여호와'의 '순결한 말씀'(B′)과의 대조로 더 강화된다. 또 간구(1a절)와 고발(1b-2절), 확신(혹은 간구, 7절)과 고발로 구성되고, "여호와여!" "인생 중에"라는 같은 어구들을 사용하고 있는 1-2절과 7-8절(A, A′)이 3-6절 사이의 대조들을 감싸면서 수미쌍관을 형성하고 있다. 1절은 그런 상황을 '경건한 자' '신실한 자'가 없어지는 시대로, 8절은 '비열함'이 높임을 받고 '악인'이 활보하는 시대로 묘사하고 있다.[14]

위의 교차 대구적인 구조는 크게는 1-4절의 '기도' 부분 혹은 악인들의 말

12. 비록 7절의 '지키다'와 '보존하다'가 미완료형으로 표현되기는 했지만 '여호와여'라는 호격과 함께 사용되었고 8절에 탄식이 나오기에 1절처럼 기도로 볼 수도 있을 것이다. Goldingay, *Psalms 1-41*, 200-1 참조.

13. Prinlsoo, "Psalm 12," 399, 400 등에서도 이것을 이 시편의 주요 전략으로 생각한다. 그래서 그는 이 시편에 대한 구조 분석에서 4-5절(사람의 말 대 하나님의 말씀)을 하나의 연으로 묶고, 1-3절(사람의 말)과 6-9절(하나님의 말씀)을 각각 대칭적으로 배치한다. 하지만 1절이나 7-8절을 사람의 말과 하나님의 말씀이라는 카테고리로 분류하는 것은 무리가 있어 보인다.

14. Prinsloo, "Psalm 12," 400에서도 이러한 점을 잘 관찰하고 있다.

부분과 5-8절의 '확신' 혹은 여호와의 말씀 부분 둘로 나누게 한다.[15] 하지만, 기도시편의 장르적 특성을 고려하면 아래와 같이 네 부분으로도 나눌 수 있을 것이다.

A 1-2절 도입 간구와 거짓이 횡행하는 현실 탄식
  B 3-4절 거짓말하는 자들에 대한 심판 간구
  B′ 5-6절 가련한 의인들에 대한 여호와의 구원 말씀
A′ 7-8절 마지막 확신과 악인들이 활보하는 현실 탄식

본문 주해

표제: "다윗의 시, 인도자를 따라 여덟째 줄에 맞춘 노래"

다윗이 지은 시(원래 악기를 연주하면서 부른 노래?)로서 예배 시에 사용될 때는 예배나 찬양을 인도하는 레위인이 부르거나 레위인을 따라 부르도록 했음을 의미할 것이다.

"여덟째 줄에 맞춰"(*알 쉐미닛* עַל־הַשְּׁמִינִית) '쉐미닛'은 '여덟째'라는 의미로 '여덟째 줄,' '8 현금,' 혹은 '8 성조' 등으로 해석된다. 역대상 15장 21절에서는 '여덟 번째 음에 맞추어 노래하다'로 번역된다. 즉 '한 옥타브 낮게'라는 뜻을 가진 셈이다. 그래서 저음의 분위기를 띤 곡조의 이름일 것으로 추측하기도 한다.[16] 6편 표제에도 나타난다.

---

15. Craigie, *Psalms 1-50*, 137에서는 이와 약간 다른 관점에서 "악한 사람들의 허망한 말"(1-4절)과 "하나님의 믿을 수 있는 말씀"(5-8절)로 구분하고 있다.
16. 루카스, 『시편과 지혜서』, 51-60; *NIV Study Bible*, 793; Kraus, *Psalms 1-59*, 21-32 참조.

1. 도입 기도와 거짓이 횡행하는 현실 탄식(1-2절)

다윗은 먼저 다급한 간구로 시를 시작하면서 자신이 처한 힘든 상황을 하나님 앞에서 탄식한다. 특별히 2절에서는 악인들의 거짓말에 대해서 고발한다.

1절은 다급한 간구(1행)와 간구의 이유(2-3행)를 밝히는 행들로 구성되어 있다. 다윗은 여호와를 부르며 '나를'이라는 목적어도 없이 도와달라는 간구로 시를 시작하고 있다(69:1). 그만큼 상황이 다급하다는 것을 보여준다. 목적어가 없어서 누구 혹은 무엇을 도와달라는 것인지 알 수 없지만, 뒤따르는 행들은 거짓이 판을 치는 세상에서 고통당하는 자신이나 의인들(5절)을 구해 달라는 간구임을 보여준다.[17] '도우소서'로 번역된 히브리어 동사(*야샤* יָשַׁע)는 고통이나 위험이나 압제로부터 구원하는 것을 의미한다. 5절에서 이 동사의 명사형(*예샤* יֵשַׁע)이 등장함으로써 여호와의 '구원'(개역개정: '안전함')이 약속되어 있었고 거기에 근거해서 다윗이 기도하고 있음을 알 수 있다.

1절 2-3행은 각각 이유를 나타내는 접속사(*키* כִּי)로 시작하면서 1행의 기도의 이유를 제시한다. 동의적 평행법을 통해서 세상이 악해서 경건하고 충실한 의인들이 사라지는 상황에 대해 두 번이나 탄식한다. 물론 8절처럼 이 표현은 과장법이다.[18] 의인이 하나도 없다는 말이 아니라 어떤 경건한 자도 견디기 힘들 정도로 다윗이 처한 상황이 악인들에 의해 장악되고 있음을 고발하는 말이다. '경건한 자들'(*하시드* חָסִיד '성도' 혹은 '거룩한 자'로 번역되기도 함)은 하나님께 깊이 헌신한 성도들을 가리키는 일반적인 표현으로 특별히 예배와 관련된 시편에 많이 나온다(4:3; 16:10; 30:4; 31:23; 50:5; 52:9; 97:10; 132:9, 16; 145:10; 148:14; 149:1 등; 삼상 2:9; 삼하 22:26). 이와 평

---

17. Goldingay, *Psalms 1-41*, 197에서는 목적어가 없는 것을 시인 자신이 아닌 공동체의 문제를 다루고 있기 때문이라고 한다. 하지만, 여기서는 자신의 문제를 통해서 본 공동체의 문제로 보는 것이 좋고 목적어가 없는 것은 다급함을 강조하는 것으로 해석하는 것이 더 좋을 것이다.

18. Mays, *Psalms*, 77.

행을 이루는 '충실한 자들'(אֱמוּנִים)이라는 단어도 하나님과 하나님의 언약에 신실하고 충성스러운 자들(신 32:20; 잠 13:17; 14:5; 20:6; 사 26:2)을 가리키는 표현으로 31편 23절에서도 '경건한 자'와 함께 등장한다.[19] 이들은 5절에서 '가난한 자'와 '궁핍한 자'로 표현되어 현재 악인들에게 극심한 고통을 당하고 있는 사람들임을 보여준다. '없어지다'로 번역된 동사(*가마르* גָּמַר)는 시편에만 다섯 번 등장하는 동사인데 3-14편 그룹에만 두 번 등장하고 있다(7:9; 12:1). 이와 평행을 이루는 동사(*파사스* פָּסַס)는 여기서만 한 번 등장하는데 역시 비슷한 의미를 지닌다. 다윗은 신실한 의인들이 '인생' 중에서 사라지고 있다고 탄식한다. '인생들'은 여기서 이스라엘 백성들 혹은 사회를 가리키는 일반적인 표현이다(8절 참조). 2절 동사에 주어가 명시되어 있지 않은데('그들') '인생들'이 주어라면 이 표현은 온 사회가 악인들로 가득한 상황을 강조할 것이다.

2절은 1절에 이어지는 탄식으로 신실한 의인들이 사라지는 이유가 신실하지 않은 악인들이 득세하기 때문임을 강조한다. 1행에서 '거짓'을 언급했다면 2행에서는 그것이 '아첨'과 '두 마음으로 하는 말'로 구체화하고 있다. 2절에 고발되고 있는 악인들의 특징은 한 마디로 '진실하지 않음'이다. 이것은 1절의 '경건한 자,' '충실한 자'와 극명한 대조를 이룬다. 이들의 진실치 못함을 강조하기 위해 '거짓,' '아첨하는 입술'(잠 7:21 "입술의 호리는 말"과 비슷한 표현)과 '두 마음'으로(3절까지 포함하면 '자랑하며') 말하는 모습이 상세하게 묘사된다(3절에서 반복하여 강조). 아마도 악인들이 다윗과 의인들을 거짓말로 고발하고 그 소문을 공동체에 퍼뜨려서 의인들이 고통당하는 것을 의미할 것이다.[20] 사울이나 그와 함께하는 자들이 다윗을 음해하

---

19. Kraus, *Psalms 1-59*, 208에서는 '경건한 자'를 하나님과 언약을 맺은 자로서 하나님과의 언약을 지키고 공동체에 대해 진실하여 '의인'이라고 불리는 자들이라고 하고, '신실한 자'도 여호와와 그의 언약에 진실한 자라고 해석한다.

20. Kraus, *Psalms 1-59*, 208.

는 거짓말을 퍼뜨려 다윗을 죽이려고 하는 상황이나, 모함을 통해 도엑이 놉의 제사장들을 전멸시킨 사건들(삼상 21-22장)이 이런 상황의 예들이다. '거짓'으로 번역된 단어(*샤베*, שָׁוְא)는 공허하고 가치 없는 것을 의미하지만, '말하다'는 동사와 함께 '거짓말하는' 것을 의미한다(*HALOT*, 41:6; 144:8, 11; 사 59:4; 겔 13:8). '아첨'(*할락*, חָלָק)도 '부드러움'이나 '미끄러움'을 의미하는 단어로(73:18; 창 27:11; 잠 5:3), 듣는 사람들에 좋도록 겉으로는 부드럽거나 아부하는 말을 하지만 실제로는 상대방을 속이고 파괴하여 자신의 목적을 성취하는 것을 말한다(잠 26:28; 동사 형태로 5:9; 36:2; 55:21; 잠 2:16; 7:5, 21; 28:23 등). 다윗의 상황에 적용하자면 도엑과 같은 악인들이 사울과 같은 권력자들에게 아첨을 떨며 정작 의로운 자들을 멸망시키려고 하는 것을 의미할 것이다. '두 마음'으로 번역된 단어는 '마음과 마음으로'(*베렙 바렙* בְּלֵב וָלֵב)로 직역되는 숙어로 아첨처럼 겉과 속이 다른 것을 의미하는 것으로 보인다(약 1:8 참조).[21] 많은 시편에서 원수들의 악행에 대한 고발은 주로 그들의 말에 집중되어 있다. 2-4절에서는 5편 9절처럼 말을 신체 기관들(입술, 혀, 마음)을 통하여 고발하고 있다. 많은 시편이 혀가 칼이나 활처럼 치명적이라고 토로하고 있는데(5:6, 9; 10:7; 55:21; 57:4; 64:3-4; 잠 12:18, 25:18 참조),[22] 그 이유는 그들의 거짓말이 사람을 파멸시키고 죽음에 이르게 하며 사회 질서를 무너뜨리기 때문이다(5:9 참조).

2. 거짓말하는 자들에 대한 심판 간구(3-4절)

3절에서는 2절의 탄식에 따르는 악인에 대한 심판 간구가 이어지고 4절에서는 그들이 심판받아야 하는 이유를 악인들의 말을 인용함으로써 제시한다. 3절에서 '입술'과 '혀' 순으로 말했다면 4절에서는 반대로 '혀'와 '입술'

---

21. 이와 유사한 표현으로 속이는 저울을 의미하는 "두 종류의 저울추"(신 25:13, '돌과 돌' *베에벤 바아벤* אֶבֶן וָאָבֶן)와 "두 종류의 되"(신 25:14, '되와 되' אֵיפָה וְאֵיפָה)를 참고하라.
22. *NIV Study Bible*, 791.

순으로(abba 패턴) 말함으로써[23] 자랑하는 악인들의 말에 대한 하나님의 정확한 심판을 강조한다. '혀'와 '입술'은 모두 말을 대표하는 환유다.

3절은 직접 하나님께 드리는 기도가 아니라 여호와를 3인칭으로 언급하는 기원문이다. 다윗은 자신이 고발한 악인들의 죄에 상응하는 하나님의 심판을 간구하기 위해 2절에서 사용한 표현("아첨하는 입술")을 반복하고, "자랑하는 혀"라는 표현을 추가한다. 악인들의 '입술'과 '혀'를 끊어 달라는 표현은 다소 잔인하게 느껴진다. 하지만, 이것은 악인들이 악한 음모와 거짓말로 힘없는 사람들을 파괴하고 사회 정의를 무너뜨리며[24] 하나님의 심판을 무시하는 죄악을 멈춰주셔야 한다는 하나님의 정의에 대한 호소이다. 120편에서 "거짓된 입술과 속이는 혀"에게 내리실 하나님의 심판인 "날카로운 화살과 로뎀나무 숯불"(2-4절)처럼 하나님의 정의로운 보응에 대한 호소이다. 아첨하는 입술이 사람만 속이는 것이라면 '자랑하는(위대함을 말하는) 혀'는 악인들이 하나님과 사람들을 무시하고 자신들의 뜻이 이루어지고 또 앞으로도 이루어질 것을 자랑하는 거만한 행동을 가리킨다(8절 참조).

4절은 왜 하나님이 심판하셔야 하는지를 제시하는 악에 대한 고발이다. 인용된 악인들의 말 가운데 3절에서 말한 교만한 자랑이 생생하게 표현되고 있다. "우리의 혀가 이기리라"는 말에는 악인들이 자신들의 '혀'(말)에 대해 갖는 자신감으로 가득하다. 그들은 자신들의 음모와 중상모략과 거짓말을 통해서 그 어떤 사람들도 이긴다고 자랑한다. 특별히 5절에 나오는 '가련한 자들'과 '궁핍한 자들'이 그들의 '혀'(음모)의 희생자들이다. '이기다' 단어는 용사처럼 힘이 세고 강하여(117:2; 창 7:18, 19; 삼하 1:23) 다른 대상보다 우세한(65:3; 출 17:11; 삼상 2:9) 모습을 묘사한다. 욥기 15장 25절에서는 같은 단어를 사용하여 "전능자에게 힘을 과시하였다"라고 표현함으로써 하

23. Goldingay, *Psalms 1-41*, 198.
24. Goldingay, *Psalms 1-41*, 198.

나님까지 이기려 하는 악인의 모습을 그리는데, 여기서도 사람뿐만 아니라 하나님까지 이기려고 하는 악인들의 교만을 고발한다고 볼 수 있을 것이다(73:8-9). 뒤따르는 3-4행이 그것을 암시한다. 자신들에게 있는 입("우리 입술은 우리 것이니"-3행)으로 자신들이 하고 싶은 대로 거짓말하고 악한 음모를 꾸미는데, 누가 그것을 말릴 수 있는지("우리를 주관할 자 누구리요?")를 수사 의문문으로 묻는다. 하나님을 자신들의 '주권자'로 받아들이지 않고, 하나님의 심판을 두려워하지 않는 오만한 모습이다(10:4; 14:1 참조). 이것은 3절에서 그들의 오만한 혀를 끊을 분이 여호와라고 한 시인의 고백과 극명한 대조를 이루어 심판의 정당성을 강화한다.

3. 가련한 의인들에 대한 여호와의 구원 말씀(5-6절)

두 번째 연이 악인들의 말에 관한 내용을 다룬다면 세 번째 연은 그들의 말과 대조되는 여호와의 말씀에 대한 고백을 담고 있다. 이 말씀은 4절에 인용된 악인의 말과 대조되도록 5절에 바로 인용되어 있고, 6절에서는 그 말씀의 확실성을 강조한다.

5절에서 여호와의 말씀을 직접 인용한 것은 4절의 악인들의 말처럼 생생한 현장성과 확실성을 전달한다. 이 말씀은 다윗이 직접 하나님께 들은 약속일 수도 있고, 제사장(삼상 1:17)이나 선지자(51:8; 삼하 12:13 참조)에 의해 들었던[25] 하나님의 말씀일 수도 있다(출 22:21-24; 사 3:13-15).[26] 약속의 핵심은 악인들에게 고통당하는 가난한 의인들을 구원하신다는 것이다. 4절에서 악인들은 자신들의 죄악을 아무도 말릴 수 없다고 말했지만, 하나님이

---

25. *NIV Study Bible*, 799.

26. 학자들은 이 시편을 제의에서 낭독한 것으로 보고 그 당시에 제의적 선지자나 제사장에 의해 전해진 신탁일 것이라고 보지만 명확한 증거는 없다. 오히려 시인이 여호와에 대한 신뢰를 표현하기 위해서 과거에 들었던 여호와의 말씀을 인용하여 생생하게 여호와를 등장시키는 시적인 기법(2:5-9; 50:4-5; 60:6-8; 81:6-16; 82:6-7; 89:19-37; 91:14-16 참조)이라고 보는 것이 더 나아 보인다. Prinsloo, "Psalm 12," 398; Mays, *Psalms*, 77 참조.

그들의 거짓되고 악한 혀와 입술을 지켜보시고 심판하실 뿐만 아니라, 그들의 악한 말로 고통당하는 의인들의 탄식 소리를 들으시고(2-3행) 그들을 구원하실 것이라고 하신다(4-5행). 3절 기도의 응답과도 같은 말씀으로 여호와의 의로운 왕권의 실행을 의미한다. 여기서 '가련한 자들의 눌림'과 '궁핍한 자들의 탄식'이라는 표현은 현재 다윗이나 경건한 의인들(예: 놉의 제사장들과 그 가족들)이 거짓된 악인들에게 당하고 있는 고통과 그로부터 비롯된 탄식을 의미한다. 9편과 10편에 반복적으로 등장한 '가난(련)한 자'(*아니* עָנִי, 9:12, 13, 10:2, 9, 12)와 '궁핍한 자'(*에브욘* אֶבְיוֹן, 9:18)는, 시편에서 주로 악인들의 거짓된 모함과 재판으로 인해서 가난해지고 비참해져서 오직 하나님 외에는 의지할 대상이 없는 자들을 주로 가리킨다. 이 단어들은 쌍으로 자주 등장하여 이들의 가련함을 강조하기도 한다(9:18; 37:14; 109:16, 22; 신 15:11; 욥 24:14; 잠 30:14; 사 25:4; 암 8:4 등). '눌림'(압제)으로 번역된 단어(*쇼드* שֹׁד)가 폭력적이고 파괴적인 악인들의 불의를 잘 표현하고 있으며(욥 5:21; 잠 24:2; 렘 6:7; 20:8; 겔 45:9; 암 3:10), '탄식'은 그런 악인들에게 압제를 당하고 음모에 희생된 의인들의 고통을 가리킨다(말 2:13). 하나님께서 그 탄식 소리를 들으신다. '내가 일어나겠다'는 여호와의 말씀은 1절이나 3절의 간구를 포함하여 '여호와여, 일어나소서'(3:7; 7:6; 9:19; 10:12 등)라고 부르짖었던 의인들의 간구에 대한 응답을 의미한다. 즉, '이제'(가장 적합한 하나님의 때에) 구체적인 행동을 취하시겠다는 의미다. 그 행동은 다음 행에서 '안전한 지대에 두는 것'으로 표현된다. 여기서 '안전한 지대'(*예샤* יֵשַׁע)으로 번역된 단어는 '구원' '보호' 등으로 다양하게 번역될 수 있는 단어로, 여기서는 가난하고 궁핍한 의인들을 고통으로부터 구출하는 것을 의미한다. 이 단어는 1절의 '도우소서'와 같은 어근이기에 1절의 간구에 대한 여호와의 응답인 셈이다. '원하다'로 번역된 단어는 '숨을 쉬다'는 의미를 갖는데 아마도 여기서는 이 구원이 고통당하는 의인들이 숨을 몰아쉬며 애타게 찾았던 것을 의미하는 것 같다(5행, 본문 각주 참조).

6절은 시인이 5절에 인용된 여호와의 말씀이 전혀 거짓이 없는 너무나 도 확실한 것임을 고백하는 것이다. 1행에서는 여호와의 말씀이 '순결하다'고 한다. 이 표현은 불순물이 없이 순수하거나 제의적인 면에서 정결하다는 말이다. 여기서는 하나님의 말씀을 수식하여 믿을 수 없는 사람들의 거짓말(1-4절)과는 달리 믿을 만하며 확실하게 성취되는 것을 의미한다(18:30; 19:9; 105:19; 119:140; 잠 30:5 참조).[27] 이러한 말씀의 '순결성'을 강조하기 위해 2행에서 사용된 비유는 완전하게 제련된 '은' 비유다(119:140; 잠 30:5도 유사한 비유 사용). "흙 도가니에 제련된, 일곱 번이나 정련된 은"으로 직역되는 2행은 이런 순수함을 강조하기 위해서 두 번이나 '제련된'과 '정련된'이란 수동 분사 수식어를 사용하고, 완전함을 상징하는 '일곱 번'이라는 표현을 사용한다. 이런 표현은 온통 불순물이 섞인 악인들의 거짓말[28]과 대조되는 하나님의 온전하고 진실한 말씀을 부각한다. '제련'은 은이나 금과 같은 금속을 광석에서 추출하는 과정을 의미한다. 고대에서는 광석을 도가니나 용광로에서 넣고 뜨거운 불로 가열함으로써 녹은 금속과 나머지 물질들을 분리하였는데, 이런 과정들을 많이 거칠수록 금속의 순도는 높아질 수 있었다. '제련된 은'은 바로 그런 과정을 거쳐 완전함에 가까운 순도를 지닌 은을 의미한다(삼하 22:31=시 18:30; 66:10; 사 1:25; 렘 6:29; 슥 13:9). '흙 도가니'는 뜨거운 불을 견딜 수 있는 용광로의 기능을 했다. 이곳에 나오는 단어(*아릴* עֲלִיל)는 한 번밖에 등장하지 않는 말인데, 자주 사용된 '풀무'(*쿠르* כּוּר)라는 단어(신 4:20; 왕상 8:51; 잠 17:3; 27:21; 사 48:10; 겔 22:18, 20, 22 참조)와 비슷한 도구를 가리킨다.

---

27. Prinsloo, "Psalm 12," 398; Kraus, *Psalms 1-59*, 210 "sincerity and integrity" 참조.
28. Craigie, *Psalms 1-50*, 137; Craigie, *Psalms 1-50*, 138.

4. 마지막 확신과 악인들이 활보하는 현실 탄식(7-8절)

제3연의 여호와의 말씀에 대한 고백은 제4연에서 확신으로 나아가고 있다. 7절에서 시인은 여호와를 부르며 그 확신을 고백한다. 번역에 따라 이 부분은 마지막 간구일 수도 있다(본문 각주 참조). 8절에서는 아직은 하나님의 말씀이 실현되지 않은 현실을 다시 한번 고발함으로써 특이하게 시를 마무리한다. 이것은 여호와를 부르며 기도하고 현실에 대해 탄식했던 1-2절과 수미쌍관을 이룬다. 1절과 8절에 '인생 중에'가 반복해서 나온다.

7절에서 시인은 '주(당신)-여호와'를 제일 앞으로 위치시키고(동사와 도치됨), 1절에서처럼 '여호와'를 부름으로써 악인들의 거짓에 고통당하는 의인들을 보호하실 분이 여호와밖에 없음을 강조하고 있다. 7절은 확신을 담은 고백이지만 8절과 연계해서 생각하면 고통스러운 현실에서 '지켜달라'는 간접적인 간구와 다름없다. 1절과 5절의 '구원'이 '지키다'와 '보존하다'는 동사들로 표현되고 있다. 이 두 동사의 의미는 큰 차이 없이 위험과 위협으로부터 보호하는 것을 의미한다. '이 세대'는 1-4절과 8절에서 묘사하고 있는 악인들이 악한 말로 힘 없는 의인들을 고통스럽게 만드는 사회 상황을 가리킨다. 하지만 그 '세대'는 하나님의 시간인 '영원'과 대조된다. 시인은 "이 세대로부터 영원까지"라는 표현을 통해, 일시적으로는 악인들이 득세할 수 있겠지만 결국은 의인들이 하나님에 의해 악인들로부터 영원히 보호받을 것임을 확신하고 있다(121:8 참조). 물론 '영원까지'라는 말에는 악인들의 완전한 멸망까지 12편과 같은 인내의 기도가 필요하다는 것도 내포되어 있다.[29]

8절에서 다윗은 하나님께 다시 한번 현재 자신이 처한 세상과 사람들, 즉 '이 세대'(마 11:16; 12:41; 23:36 등에서 예수님이 사용하신 용법 참조)의 악함을 고발하며 상기시킨다. 한 마디로 '이 세대'는 온갖 거짓말과 술수로 약자들을 압제하는 악인들이 "곳곳에서 날뛰는" 세대다. 그러한 악인들의 모

---

29. Calvin, *Psalms*, 1:137-8.

습을 한 마디로 '비열함'으로 표현했다. '비열함'이란 히브리어 단어(*줄루트* זֻלּוּת)는 여기서 단 한 번 사용된 단어지만 동사 형태(זלל)로는 자주 등장하여 야비하고 생각 없고 천한 모습을 묘사한다(신 21:20; 잠 23:20, 21; 28:7; 렘 15:19). 이런 비열함이 높임을 받고 인정을 받는 세대는 이런 일을 싫어하시는 의로우신 하나님의 통치를 거부하는 세대다(3-4절). 그런 점에서 8절은 이런 세대로부터 속히 의인들을 구원하셔서 의롭고 진실한 세대를 만드실 것을 하나님께 촉구하는 기능을 한다.

교훈과 적용

시편 12편의 교훈: 악인들이 거짓말과 악행으로 세상을 지배하여 의인들이 고통당해도, 그들의 거짓말을 심판으로 갚으시며 가련한 의인들을 구하시고 보호하시겠다고 하신 하나님의 말씀이 가장 확실한 진리이기에, 의인들은 그 약속을 붙들고 하나님께 기도해야 한다.

1. 거짓말과 비열함이 높아지는 세대(1-4, 8절)

사울과 압살롬의 세력들이 만들어낸 근거 없는 거짓말과 음모는 다윗과 경건한 의인들의 생명을 위협했을 뿐만 아니라, 이스라엘 사회 전체를 공포로 몰아넣어 의인들이 진실을 말하기 어렵게 만들었다(삼하 22장). 이런 악인들은 "거짓말쟁이요 거짓의 아비"(요 8:44)인 사탄을 따르는 것이자, "결정적으로 여호와의 길을 거부하고 대신에 자신의 힘과 자신의 이익을 선택하는 것이다."[30] 거짓의 아비 마귀를 따른 이스라엘 백성들은 자신들의 왕이신 예수님을 모함하고 거짓으로 고발하여(마 26:59, 60; 막 14:56-57) 죽였다. 예수님을 믿었던 스데반(행 6:13; 7장)을 비롯한 수많은 성도도 악인들의 거짓말에 희생당하였다. 거짓 사도들과 선지자들, 자기 이익을 추구한 거짓말쟁이들이 교회를 무너뜨리려고 했다(마 24:24; 고후 11:13; 갈 2:4; 계 16:13; 19:20). 오늘날도 교회 안팎에서 사람들이 자신의 이익을 위해서라면 중상모략, 비방, 조롱, 거짓말, 악플, 심지어 폭력과 살인까지 서슴지 않는다. 이런 시대에 경건한 그리스도인들은 어떻게 살아야 하는가?

---

30. Wilson, *Psalms 1*, 272.

2. 신실하신 하나님의 약속 붙들고 기도하기(1, 3, 5-7절)

다윗을 비롯한 '가난하고 궁핍한' 의인들이 악인들의 말로 고통당할 때 할 수 있었던 것은 기도밖에 없었다(1a, 3, 7절). 하지만 이 기도는 가장 강력한 무기였다. 왜냐하면 그 기도는 가장 확실한 하나님의 말씀을 의지한 것이었기 때문이다. 악인들의 말과 음모는 거짓되어 결국은 이루어지지 못하지만(3절; 잠 19:5, 9; 21:28), 의인들을 구원하시는 하나님의 약속은 확실하게 이루어지기 때문이다(5-6절).

> 그는 인간의 말에서 체험한 위험을 하나님의 말씀에 내재하여 있는 능력으로 격퇴할 수 있었다. 악한 말의 공격을 체험하는 사람들에게, 그 해결책은 적들에게 악한 말을 되돌려주는 데서가 아니라 확고부동한 하나님의 말씀을 확신하는 데서 찾을 수가 있다.[31]

그러므로 거짓말이 횡행하는 세상에서도, 성도는 오직 하나님의 말씀만이 참된 구원을 주는 순결한 말씀(6절)임을 믿고 그 약속을 따라 하나님께 기도해야 한다. 진리이신 성부, 성자, 성령 삼위 하나님의 말씀은 확실하게 이루어진다(19:9; 33:4; 요 1:17; 17:17; 엡 4:21). 하나님의 구원 약속의 가장 확실한 증거는 바로 진리이신 예수 그리스도시다(요 1:1-18).

또 하나님의 약속을 믿고 거짓된 악인들의 멸망과 의인의 구원을 간구하는 자들은, 십계명(출 20:16)을 비롯한 여러 말씀들을 따라 이웃을 해롭게 하는 거짓을 멀리해야 한다(출 23:1, 7; 레 19:12; 잠언 12:17; 골 3:9; 약 3:14). 어떻게 하든지 정직하고 진실을 말해야 한다(15:2; 잠 14:25; 요일 3:18; 엡 4:15, 25). 그것이 경건한 자들과 교회를 지키고 '비열함'이 높임을 받는 시대를 진리로 구원하는 길이다.

---

31. Craigie, *Psalms 1-50*, 139.

시편 13편

언제까지입니까

[다윗의 시, 인도자를 따라 부르는 노래]

1 여호와여 어느 때까지니이까 나를 영원히 잊으시나이까
주의 얼굴을 나에게서 어느 때까지 숨기시겠나이까
2 나의 영혼이 번민하고
종일토록 마음에 근심하기를 어느 때까지 하오며
내 원수가 나를 치며 자랑하기를 어느 때까지 하리이까
3 여호와 내 하나님이여 나를 생각하사 응답하시고
나의 눈을 밝히소서
두렵건대 내가 사망의 잠을 잘까 하오며
4 두렵건대 나의 원수가 이르기를 내가 그를 이겼다 할까 하오며
내가 흔들릴 때에 나의 대적들이 기뻐할까 하나이다
5 나는 오직 주의 사랑을 의지하였사오니
나의 마음은 주의 구원을 기뻐하리이다
6 내가 여호와를 찬송하리니
이는 주께서 내게 은덕을 베푸심이로다

본문 개요

13편은 원수들이 극심한 (중병의) 고통(3절)으로 시달리는 자신을 공격하는 상황(2, 4절)에서 다윗이 하나님께 올려드린 탄식시편이다(6편 개요 부분 참조). 이 시편은 탄식, 간구, 신뢰와 확신, 찬양의 맹세 등의 요소들을 골고루

1. Craigie, *Psalms 1-50*, 141; J. L. Mays, "Psalm 13," *Int*, 34/3 (1980): 279; 김정우, 『시편주석 I』, 358. Kraus, *Psalms 1-59*, 213에서는 탄식이 들어 있지 않고 기도만 있다고 보고 그냥 '기도시편'으로 보려고 한다. 하지만 1-2절은 탄식의 가장 확실한 모습을 보여준다고 할 수 있다. 물론 장르를 탄식시편 혹은 기도시편으로 정의하는 것은 초점의 문제이지 장르 자체의 문제는 아니다.

갖춘 개인 탄식시편의 전형적인 패턴을 보여준다.[1]

다윗이 언제 이 시편을 썼는지는 알 수 없다. 시편의 내용은 다윗이 '사망'의 위협을 느낄 정도로 심각한 질병에 걸려 있었던 것을 짐작하게 한다(3절).[2] 다윗의 원수들은 다윗의 고통을 하나님이 심판하신 증거로 여기고 자신들이 다윗을 이겼다며 자랑했을 것으로 보인다(2, 4절).[3] 만약 3절이 질병이 아닌 단지 극심한 고통에 대한 비유적 표현이라면, 사울시대나 압살롬시대처럼 다윗이 도망을 다니는 상황에서 느끼는 내외적인 고통을 말한 것일 수 있다. 물론 시인이 이런 상황에서 느끼는 가장 심각한 고통이라면, 그것은 고난이 길어짐에도 불구하고 자신을 돌보시지 않고 버리신 것 같은 하나님의 부재를 느끼는 것이다.[4]

시편 13편도 3-14편 그룹의 시편들과 어휘들을 공유하면서 공통된 주제를 잘 드러낸다.[5] 13편에도 이 그룹의 다른 시편들처럼 자신의 고통(2절; 6:2-3, 6-7)과 하나님의 잊으심(1절; 6:1, 3; 10:1, 11, 12)과 원수들의 공격(2절; 4:2-3; 5:9; 6:7; 7:2; 10:2-11; 11:2-3; 12:1-4; 14:1-4)에 대한 탄식으로 시작한다. 탄식에 이어 고통과 악인들로부터의 구원을 간구하는 기도(3:7; 4:1; 5:1-2, 8; 6:1-4; 7:1; 9:13, 19-20; 10:2, 12, 15; 13:3)가 나온다. 12편(1, 5절)에 이어서 13편에서도 간구 내용의 핵심이 '구원'이라고(6절) 말한다. 이 그룹의 다른 시편들처럼 기도와 관련된 '의지하다' 동사가 등장하며(5절; 4:5; 5:11; 7:1; 9:10; 10:14; 11:1; 14:2), 기도 응답과 관련된 '응답하다' 동사도 등장한다(3:4; 4:1, 3; 5:1, 2, 3; 6:8, 9; 10:17). 이 시편에서 악인은 시인의 고난을 기뻐

---

2. Craigie, *Psalms 1-50*, 141도 중병에 의해 야기된 죽음에 대한 공포가 이 시편을 쓴 배경이라고 생각한다. 188-89쪽에서는 이 시편이 말하는 원수가 죽음을 가리킬 가능성이 있다고 말하지만, 시편에서 원수는 주로 사람을 가리키며 추상적 대상을 가리킨 예는 없다.
3. Kraus, *Psalms 1-59*, 213도 비록 다윗의 저작을 인정하지는 않지만, 질병에 걸린 시인을 공격하는 원수들의 존재를 말하고 있다.
4. Kraus, *Psalms 1-59*, 213.
5. 이 문맥 부분은 김성수, "시편 3-14편," 75-7 참조.

하고 그것을 자신들을 높일 기회로 삼는 '원수'와 '대적'으로 등장한다(2, 4절; 3:7; 5:8; 6:7, 10; 7:4, 5; 8:2; 9:3, 6; 10:5). 다른 시편들에서처럼 여기서도 하나님과 가련한 의인들을 무시하고 조롱하는 악인들의 말이 인용되고 있다("내가 그를 이겼다" 4절; 3:2; 10:4, 6, 11, 13; 12:4; 14:1). 이들은 14편에서 묘사하는 어리석은 자이며, '사랑'으로 가난한 자를 돌보시는(5절; 8:4) 하나님과 정반대다.[6]

문학적 특징과 구조

이 시편은 "어느 때까지니이까?"라는 똑같은 의문사를 사용하는 네 번의 탄식으로 시작한다(1-2절). 이러한 반복은 탄식을 고양하고 강화한다.[7] 모든 행에 '나'라는 1인칭 주어와 접미어가 등장하여 시인의 고통과 확신이 강조된다. 1-2절은 탄식, 3-4절은 간구, 5절은 신뢰의 고백, 6절은 찬양의 맹세로 나눌 수 있다. 많은 주석은 5-6절을 확신 부분으로 하나로 묶지만[8] 여기서는 탄식시편의 구성 요소를 부각하기 위해서 분리했다.

1-2절 **탄식**: 여호와의 침묵, 육신의 고통, 원수의 공격
3-4절 **간구**: 여호와의 응답, 육신의 회복, 원수의 패배
5절 **신뢰와 확신**: 여호와께 대한 신뢰와 구원에 대한 확신의 고백
6절 **찬양의 맹세**

1절에서 탄식하는 여호와의 침묵은 6절에서 찬양하는 여호와의 은덕 베

6. 김성수, "시편 3-14편," 82.
7. 김정우, 『시편연구 1』, 358.
8. Kraus, *Psalms 1-59*, 213; Craigie, *Psalms 1-50*, 141; Wilson, *Psalms 1*, 277.

푸심과 대조되고, 2절에서 토로하는 시인의 '마음'의 고통과 슬픔은 5절에서 여호와의 '구원'을 확신하는 시인의 '마음'의 기쁨과 대조된다. 이러한 대조는 3-4절의 간구 과정을 중심으로 대칭을 이룬다. 즉, 고통과 탄식은 간구를 지나서 확신과 찬양으로 바뀌고 있다.

A 1절 여호와의 긴 침묵(탄식)
　B 2절 시인의 '마음'의 번민과 슬픔
　　C 3-4절 구원의 간구
　B′ 5절 시인이 '마음'으로 하나님의 구원을 기뻐함
A′ 6절 여호와의 은덕 베푸심(찬양)

한편, 1-2절의 탄식과 3-4절의 간구도 다음과 같이 똑같은 요소가 순서대로 배열되어 있다. 즉, 하나님('주여'), 시인 자신('나'), 원수들('그들')에 대한 탄식은[9] 하나님, 시인 자신, 원수들에 대한 간구 순으로 이어지고 있다.

1절 하나님에 대한 탄식 ⇨ 3a 하나님의 응답 간구
　(2인칭 탄식, '주여')
2a 시인의 고통에 대한 탄식 ⇨ 3b 고통으로부터의 회복 간구
　(1인칭 탄식, '내가')
2b 원수에 대한 탄식/고발 ⇨ 4절 원수의 패배 간구(간접적)
　(3인칭 탄식, '그들이')

9. Mays, "Psalm 13," 279에서도 이것을 적절하게 지적하고 있다.

본문 주해

표제: "다윗의 시, 인도자를 따라 부르는 노래"(원문: "인도자를 따라. 다윗의 시")

다윗이 지은 시(원래 악기를 연주하면서 부른 노래)로서 후에 예배 시간에 사용될 때는 예배나 찬양을 인도하는 레위인이 부르거나 레위인을 따라 부르도록 했음을 의미할 것이다.

1. 탄식: 여호와의 침묵, 육신의 고통, 원수의 공격(1-2절)

1-2절은 "어느 때까지니이까"(*아드 아나* עַד־אָנָה)라는 똑같은 외침으로 시작하는 네 번의 강렬한 탄식이 이어지며 하나의 연을 이룬다. 이 외침은 때를 묻는 의문사지만 여기서는 강렬한 탄식을 표현한다(비슷한 탄식은 합 1:2; 그 외 출 16:28; 민 14:11; 수 18:3; 렘 47:6; 시 62:3; 욥 19:2; 18:2 참조).[10] 이러한 탄식의 연속은 현재 시인의 상황이 얼마나 고통스럽고 절박한지를 잘 표현한다. 1절이 시인의 고통을 돌아보시지 않는 여호와에 대한 탄식이라면 2절은 시인의 고통과 원수에 대한 탄식으로 이루어져 있다.

1절은 고통당하는 시인을 돌보시지 않는 하나님에 대한 비슷한 탄식을 표현하는 두 개의 행으로 구성되어 있다. 1행의 첫 부분 "어느 때까지니이까, 여호와여!"는 1-2절 전체를 시작하는 감탄문으로 뒷부분인 "나를 영원히 잊으시나이까"와 분리할 수도 있다.[11] 시인은 이 탄식을 '여호와'를 부름으로써

10. 이와 유사하게 하나님께 드리는 질문 형식의 탄식은 '어느 때가지'(*아드 마타이* עַד־מָתַי, 6:3; 74:10; 80:4; 82:2; 94:3; 101:2 등), '언제까지'(*캄마* כַּמָּה, 35:17; 119:84, 혹은 *아드 마* עַד־מָה 79:5; 89:46), '어찌하여'(*라마* לָמָה 혹은 *람마* לָמָּה 10:1; 22:1; 42:9; 43:2; 44:24; 74:1, 11; 79:10; 80:12; 88:14; 115:2 등) 등이 있다.

11. Goldingay, *Psalms 1-41*, 205 참조.

시작한다. 오랫동안 지속되는('어느 때까지,' '영원히'[12]) 고난에도 부재하시는 것 같은 여호와를 떠나는 것이 아니라 오히려 부른다. 왜냐하면 그는 지금까지 경험한 하나님의 말씀과 행동을 통해 이 모든 상황을 주관하는 분이 여호와이심을 여전히 믿기 때문이다.[13] 그런 점에서 '언제까지입니까'라는 탄식은 상황 자체를 하나님께 올려드리는 믿음의 표현이자, 힘든 상황에서도 하나님을 부르며 인내하고자 하는 의지의 표현이다.[14]

1절의 두 탄식은 여호와의 '잊으심'과 '얼굴을 숨기심'에 대한 것으로 하나님으로부터 버림받은 느낌을 강렬하게 표현한다. 하나님이 실제로 자신을 잊었거나 자신을 떠나셨다는 사실을 말하는 것이 아니다. 계속되는 고난 가운데서 하나님의 침묵에 대해 느끼는 느낌을 그렇게 표현한 것이다. 여호와의 잊으심과 얼굴을 숨기심은 호의를 거두거나 심판하시는 행동에 대한 비유다. 하나님께서 실제로 당신의 얼굴을 숨기시는 대상은 주로 하나님을 부인하거나(78:11; 신 28:20; 삿 3:7; 삼상 12:9; 사 51:13; 렘 3:21; 호 2:13) 하나님께 불순종하는 자들이다(30:7; 신 31:17, 18; 사 54:8; 미 3:4). 하지만 시인의 경우는 정반대다. 하나님을 경외하며 순종해온 시인이 마치 하나님의 심판을 당하는 것처럼 고통당하고 있다. 이처럼 현실이 믿음과 괴리되는 상황에서 '언제까지 얼굴을 숨기실 것인지' 여호와 앞에 묻는 것은, 사실상 언약을 따라 의인을 고통으로부터 건져 주시길 촉구하는 것이다(10:11; 44:24; 51:9; 69:17; 88:14; 143:7; 대하 6:42; 욥 13:24;). 얼굴을 들어 은혜 베푸시길 촉구

---

12. G. T. M. Prinsloo, "Suffering Bodies-Divine Absence: Towards a Spatial Reading of Ancient Near Eastern Laments with Reference to Psalm 13 and An Assyrian Elegy(K 890)," *OTE* 26/3 (2013): 792-3.

13. Kraus, *Psalms 1-59*, 214; Mays, *Psalms*, 78; 칼뱅은 이렇게 말한다. "그(다윗)는 인간의 이성으로 판단했을 때 자신이 어디로 향해야할지 단 한 줄기의 소망의 빛도 볼 수 없었을 때, 슬픔에 잠겨 하나님께서 자신을 돌보시지 않는다고 부르짖고 있다. 하지만 바로 이 하소연을 통해서 그는 믿음이 그를 좀 더 높이 들어서 육신의 판단과는 반대로 그의 행복이 하나님의 손에서 확고해진다는 결론을 내리게 했다는 증거를 보여준다." Calvin, *Psalms* I:139.

14. Kraus, *Psalms 1-59*, 214.

하는 것이다(4:6; 11:7; 42:2; 67:1; 민 6:25-26; 대상 16:11; 단 9:17). '잊으십니까'라는 탄식도 고난 중에 있는 의인을 돌봐달라는 요청이다(9:12; 10:12; 42:9; 사 49:15; 합 3:2; 눅 12:6; 히 6:10).

2절 1-2행은 시인이 자신의 직접적인 고통을 아뢰는 탄식이다. 시인의 고통은 '영혼의 번민'과 '마음의 근심'으로 묘사되고 있다. 이 시적인 표현만으로는 시인이 어떤 고통에 처했는지 잘 알기 힘들다. 3절의 간구와 관련시켜 보면 육신의 질병과 원수들의 공격으로 말미암는 전인적('영혼,' '마음')이고[15] 극심한 고통인 것으로 보이며, 1-2행의 표현은 그것을 강조하는 것 같다. '번민'으로 번역된 단어(*에차* עֵצָה)는 충고, 계획, 생각 등으로 번역될 수 있지만(ESV, JPS, LXX처럼; NIV '내 생각과 씨름하며') 여기서는 뒤에 나오는 '근심'(*야곤* יָגוֹן)과 평행을 이루기에 '번민'으로 번역되는 것이 좋다(*HALOT*).[16] 아마도 다윗은 자신의 고난이 길어졌을 때 자신이 무슨 죄를 저질러서 그런 것인지 걱정하거나, 하나님이 오랫동안 도와주시지 않는 상황을 어떻게 이해해야 할지 많은 '생각'을 했을 것인데[17] 이런 '생각들'은 '번민'으로 표현될 수 있다.

2절 3행은 원수들이 다윗의 고난을 보고 기뻐하며 자신들이 이겼다고(4절 참조) 우쭐대는 모습에 대한 탄식이다. 2행을 직역하면 "내 원수가 나를 대항해서 높이겠습니까?"이다. 이것은 악한 원수들이 자신들의 대적인 다윗의 고통을 기뻐하며 자신들의 승리를 자랑하는 교만한 모습을 말한다. 아마도 다른 나라 왕들이나 이스라엘 내 다윗의 대적들은 다윗의 고통을 다윗의 죄에 대한 하나님의 심판으로 보고, 그의 고난이 깊어질수록 더 의기양양해

15. Prinsloo, "Suffering Bodies," 793에서는 '영혼'과 '마음'이 표현하는 이 전인은 감성과 지성과 이해 전반을 포괄하는 것이라고 한다.

16. Goldingay, *Psalms 1-41*, 206에서는 '번민'이 아니라 '계획들'로 번역하면서 시인이 아닌 대적들이 시인에게 반복적으로 심어주는 고통스러운 계획들이라고 해석하기도 한다.

17. Kraus, *Psalms 1-59*, 214.

졌을 것이다.[18] 하지만 이런 상황은 하나님의 통치 질서와 공의에 맞지 않기에 다윗은 여호와를 부르며 탄식한다.

2. 간구: 여호와의 응답, 육신의 회복, 원수의 패배(3-4절)

1-2절의 탄식의 순서(하나님 - 나 - 원수)대로 3-4절은 간구를 한다. 3절 1행이 하나님의 응답을 간구한다면, 3절 2-3행은 시인이 회복되도록, 4절은 원수들의 뜻이 이루어지지 못하도록 간구한다. 은밀하게 말하면 3절 1-2행이 접속사 없이 나열된 세 개 동사('생각하다,' '응답하다,' '밝히다')로 구성된 간구이고, 3절 3행부터 4절까지는 간구의 이유 혹은 목적을 말하는 세 개 문장이다. 이를 위해 '~하지 않도록'이라는 목적절을 이끄는 관계 접속사 *펜*(פֶּן)이 3절 3행과 4절 1행에서 사용되고 있다.

3절 1행은 1절의 탄식을 간구로 전환한 것이다. 시인은 자신을 잊으시고 외면하시는 것 같은 여호와(1절)를 '나의 하나님 여호와'로 부른다. '나의 하나님'이라는 말 속에는 시인과 하나님, 나아가 하나님과 언약 백성 이스라엘 사이의 친밀함이 표현되어 있다.[19] 지금까지 다윗과 이스라엘을 부르시고 돌보신 주인이신 하나님에 대한 고백이자, 지금은 언약에 약속하신 것과 반대되는 것처럼 행하시지만 여전히 '나의 하나님'으로서 언약에 신실하실 것을 요청하는 호칭이다(22:1 참조). 1절과 반대로 다윗은 자신을 '생각하시고'(직역: 보시고) '응답하시길' 간구한다. 자신에 관한 관심과 구원의 행동을 촉구하는 것이다.[20] 두 동사 사이에 접속사가 없는 것은 절박성을 나타낸다. 여기서 '생각하다'로 번역된 히브리어 동사(*나바트* נָבַט)는 주목하거나 눈여

---

18. Kraus, *Psalms 1-59*, 214.
19. Goldingay, *Psalms 1-41*, 207; Mays, "Psalm 13," 280; *Psalms*, 79에서는 이러한 관계성 속에 생명의 가능성이 달려 있음을 기도 가운데서 인식하고 있다고 말한다; Prinsloo, "Suffering Bodies," 794는 13편과 아시리아의 한 탄식시와 비교하면서 이런 관계성의 요소는 아시리아의 탄식시에서는 절대 찾아볼 수 없다고 한다.
20. Goldingay, *Psalms 1-41*, 207; Kraus, *Psalms 1-59*, 214.

겨보는 행동(119:6, 15, 18; 창 15:5; 민 21:9 등)을 주로 의미하는데 하나님이 주어일 경우에는 (하늘에서) 감찰하시거나 돌아보시는 행동(10:14; 33:13; 102:19; 욥 28:24 등)을 주로 의미한다. 여기서는 시인이 얼마나 큰 고통 가운데 있는지, 얼마나 그의 원수들이 억울하게 그를 공격하고 있는지를 하나님께서 헤아리시는 것을 의미한다. 이러한 헤아림은 자연스럽게 '응답하다'는 동사로 연결된다. 시인의 고통을 제대로 헤아리셔야 응답하실 수 있기 때문이다.

3절 2행은 2절 1-2행의 탄식에 상응하는 간구로서 1행에서 말한 기도 응답이 1차적으로는 시인을 현재의 고통에서 회복시키는 것임을 보여준다. "나의 눈을 밝히소서"는 "살 힘을 회복시켜 달라"[21] 혹은 '건강을 회복시켜 달라'는 간구다(19:8; 삼상 14:27, 29; 잠 29:13). 눈은 신체 전체를 대표하는 환유로 자주 사용된다. 눈이 어두운 것은 몸이 질병에 걸리거나 해서 심신이 고통당하고 지쳐 있는 상태를 비유적으로 표현한다(6:7; 31:9; 신 34:7; 욥 17:7; cf. 마 6:22-23; 눅 11:34). 시인을 회복시켜 주셔야 하는 첫 번째 목적을 밝히는 3행("내가 사망의 잠을 자지 않도록")은 그럴 가능성을 더 높여준다. 잠은 자주 죽음에 대한 비유로 사용되었다(욥 3:13; 14:12; 렘 51:39; 요 11:11, 13).[22] 이 말을 문자적으로 본다면 시인은 소위 소생 가능성이 없다고 할 만큼 심각한 질병을 앓고 있었을 것이다. 만약 이것을 질병이 아닌 다른 고통에 대한 비유로 본다면 사망의 잠이라 부를 만큼 고통스러운 상황을 뜻한다.

4절은 사실상 2절 3행의 탄식에 대한 간접적인 간구이다. 하나님께서 시인의 탄식과 간구에 응답하셔서 시인을 회복시켜 주셔야 하는 두 번째 목적이, 시인의 대적들이 자신의 고통이나 죽음으로 기뻐하거나 자랑하지 못하도록 하기 위함임을 밝힌다. 의인이 고통 속에서 그대로 죽는다면, 의인을 핍

21. Kraus, *Psalms 1-59*, 215. Calvin, *Psalms*, 1:141에서는 눈을 밝히는 것은 "생명력이 주로 눈에 나타나기에 생명의 호흡을 주는 것"과 같은 것이라고 한다.

22. Kraus, *Psalms 1-59*, 215.

박하거나 시기하던 악인들은 그 죽음을 하나님의 심판이 최종 확정된 것으로 자랑하며[23] 이겼다고 기뻐할 것이기 때문이다. 이런 간구에는 다윗이 현재 당하는 고통이 죄 때문이 아니며 하나님의 말씀대로 살려고 애쓰는 자에게 임한 이해할 수 없는 고난이라는 인식이 깔려있다. 그런 상황에서 죽는 것은 하나님의 공의도 아니고 악인들만 기뻐할 일이라는 항변도 들어 있다.[24] 예를 들면, 다윗이 사울의 핍박을 피해 도망 다니다가 질병에 걸려서 죽었다면 사람들은 정말로 다윗이 반역을 일으키려고 해서 하나님께 심판받았다고 생각할 것이다. 그러면 사울 지지자들은 더 거리낌 없이 죄를 지을 것이다. 이러한 악인들의 의기양양함을 생생하게 표현하기 위해 4절 1행은 그들의 말("내가 그를 이겼다")을 직접 인용한다. 이것은 2절 3행에 나온 원수의 의기양양함과 연결된다. "내가 흔들릴(*모트* מוט) 때에"는 문맥상 시인이 '사망(*마베트* מָוֶת, 어근 *무트* מות)의 잠'을 자는 것, 즉 잠으로 비유된 죽음이나 멸망을 의미한다.[25] 시편에서 '흔들리다'는 동사는 주로 인생이나 삶의 기반이 흔들리는 상황(멸망, 파산, 질병, 패배)을 묘사한다(10:6; 16:8; 21:7; 30:6; 62:2, 6; 112:6).

3. 여호와께 대한 신뢰와 구원에 대한 확신의 고백(5절)

5절은 시인이 앞에서 탄식하고 간구한 대상이 하나님이심을 인식하고 하나님에 대한 신뢰를 고백하고(1행) 하나님의 구원을 확신하는 부분(2행)이다. 이 신뢰 고백은 앞의 탄식 상황과 대조되기에 '하지만 나는'으로 시작한다. 상황과 반대되는 '나'의 확신을 강조한다.[26] 시인은 고통을 당하면서도 하

---

23. Kraus, *Psalms 1-59*, 215.
24. Calvin, *Psalms*, 1:141에서 이런 면을 잘 말하고 있다.
25. Prinsloo, "Suffering Bodies," 795도 여기에 동의하면서 3절의 '사망'(*마베트* מות)과 '흔들리다'(*모트* מוט)가 나타내는 비슷한 발음에 주목하면서 언어유희를 적절하게 지적하고 있다.
26. Kraus, *Psalms 1-59*, 215.

나님의 사랑을 의지한다고 고백한다. 그 '사랑'은 지금까지 하나님이 자신과 이스라엘에게 보여주셨던 '사랑'이다. '사랑'(*헤세드* חֶסֶד)은 원래는 부부, 부모와 자식, 친구, 주인과 종 등의 관계에서 그 관계에 필요한 강요되지 않는 자발적인 충성이나 신실함을 의미한다(*HALOT*, 창 19:19; 20:13; 47:29; 룻 2:20; 삼상 20:8; 삼하 3:8; 9:1).[27] 여호와 하나님과 관련해서는 '신실한 사랑'이나 '인자하심'으로 번역된다(21:7; 103:17; 136:1-26; 출 34:6-7; 렘 33:1 등). 여호와가 이스라엘을 선택하셔서 언약을 맺으시고 약속을 주신 것도 이스라엘의 자격 때문이 아니라 하나님의 사랑에서 비롯되었고, 이스라엘이 충성할 때이든 불순종할 때이든 그 언약의 약속을 신실하게 지키신 것도 하나님의 무한한 사랑에서 비롯되었다.[28] 시인은 자신과 이스라엘이 경험한 이러한 하나님의 무한한 사랑에 기대며 현재의 고난도 하나님이 능히 이기게 하실 것을 믿고 있다.[29]

하나님의 사랑에 대한 신뢰는 현재 고통에서 하나님이 건져 주실 것이라는 2행의 확신으로 이어진다. 원수들이 '기뻐하지' 못하도록(4절) 하나님이 시인을 고통에서 '구원'하심으로써 시인 자신이 '기뻐하게' 될 것을 확신한다. 2절에서 '번민'과 '근심'으로 가득했던 '내 마음'이 기쁨으로 가득하게 될 것이라고 확신한다.

4. 찬양의 맹세(6절)

5절의 신뢰와 확신은 구원받은 후에 하나님께 찬양을 드리겠다는 맹세로 이어진다. 다윗은 먼저 여호와를 찬송할 것이라고 맹세하고(1행) 그 이유로 하나님이 자신에게 은덕을 베푸실 것이기 때문(2행)이라고 한다. 시인은 여전히 고통 가운데 있다. 하지만 하나님이 거기서 건지시는 은혜를 베푸실 것

---

27. Wilson, *Psalms 1*, 279.
28. Kraus, *Psalms 1-59*, 155; Wilson, *Psalms 1*, 280.
29. Wilson, *Psalms 1*, 280; Mays, "Psalm 13," 280.

이 확실하기에 구원받은 후에 성도들 앞에서 하나님께 찬송할 것이라고 맹세하는 것이다. 이것은 1절의 여호와의 침묵에 대한 탄식과 상반되는 분위기를 보여준다. 이러한 찬양의 맹세는 탄식시편에서 자주 발견된다(7:17; 22:2 이하; 26:12; 28:6-7 등 참조). 실제로 하나님의 구원을 경험한 이스라엘과 시편 기자들은 구원에 대해 간증하며, 하나님께 감사와 찬양을 드렸다(30편; 50:14-15, 23; 107:22; 출 15:1, 21; 삿 5:1, 3; 삼하 22:1, 50). '은덕을 베풀다'는 동사는 원래 '갚다,' '젖을 떼다' 등의 의미를 갖는데 여기서는 '나를'(*알라이* עָלָי)과 합하여 '나에게 은덕을 베풀다'나 '나에게 후대하다'를 의미한다(116:7; 119:17). 하나님이 은덕을 베푸시는 것은 5절에서 시인이 신뢰한 하나님의 '사랑'의 성격을 보여주는데, 그것은 현재의 고통과 원수들로부터 '구원받는' 것이다. 이것은 3절 3행에서 원수가 '내게 대항하여'(*알라이*) 자신을 높이는 것과 대조된다.

교훈과 적용

시편 13편의 교훈: 성도는 마치 하나님이 우리를 외면한 것 같은 고난을 겪으며 대적들의 공격을 받는 절박한 상황에 있어도, 여전히 우리와 함께하시며 구원의 사랑을 베푸실 하나님에 대한 신뢰와 확신 가운데, 하나님께 고통을 아뢰고 거기서 구해 주시길 기도해야 한다.

1. 고통 가운데서의 탄식 - 하나님께 고통을 올려드리는 믿음의 표현(1-2절)

고난이 길어지고 사람들이 그 고난이 죄 때문이라고 수군거리기까지 하는데 하나님이 아무것도 해 주시지 않을 때 성도는 하나님께 버림받은 것 같이 느낄 수 있다. 하나님의 의로운 통치에 대한 의구심이 들기도 한다(욥처럼). 하지만 당장 병을 고쳐 주시지도 않고 불의한 악인들의 공격을 당장 물리쳐 주시지 않아도, 성도가 해야 할 일은 우리에게 이해할 수 없는 고난을 허락하신 바로 그 하나님을 부르는 것이다(1절 "여호와여" 3절 "여호와 내 하나님"). 하나님의 무응답에 대한 답답함, 몸과 마음의 고통, 악한 원수들의 불의와 중상모략을 그대로 하나님께 쏟아내는 것이다. 이것이 하나님께 고난을 맡겨드리는 믿음의 표현이다.

> 기도는 믿음의 언어이자 증언이다. 그것은 하나님이 계시다는 것과, 하나님은 우리가 부를 수 있고, 삶의 최악의 상황에 대해서도 제한 없이 말씀드릴 수 있고, 고통에 관심 가지시지 않는다는 탄식을 들으시고 받아들이시는 분이시라는 것을 증언한다.[30]

주님도 고난 가운데 탄식하셨다(마 27:46=막 15:34). 그리스도인들은 어떤 고난 속에서도 하나님을 불신하여 떠나기보다는 다윗과 주님의 모범을 따라 우리의 고통과 억울함을 하나님께 쏟아내어야 한다.

2. 고통 가운데서의 간구 - 하나님의 의로운 통치의 촉구(3-4절)

우리의 기도는 탄식으로 끝나서는 안 된다. 의인의 고난이 인간의 죄로 말미암은 환경 타락과 악인들의 죄악 때문이기에, 하나님의 의로운 통치 실현을 위해서라도 의인의 회복을 간구해야 한다. 하나님의 사랑과 의가 의인의 회복과 악인의 심판을 통해서 이 땅에 드러나기를 간구해야 한다("나라가 임하시오며 뜻이 하늘에서 이루어진 것 같이 땅에서도 이루어지이다" 마 6:10). 우리 기도에 대한 응답으로 사람들이 하나님의 통치를 목격하고 구원받도록 간구해야 한다.[31] 그것이 의인의 고난이 헛되지 않도록 하는 간구이다.

3. 고통 가운데서의 찬양 - 하나님의 '사랑'에 대한 신뢰(5-6절)

우리의 기도는 간구를 넘어 신뢰와 찬양으로 이어져야 한다. 우리가 의지할 것은 말씀과 삶 속에서 경험한 하나님의 무한한 사랑이다. 결코 의인의 삶을 헛되지 않게 하실 하나님의 전능하심과 신실하심이다. 13편의 다윗처럼, 십자가 위에서 자신의 생명을 하나님께 맡기셨던 주님처럼("아버지 내 영혼을 아버지 손에 부탁하나이다" 눅 23:46), 우리도 고난 속에서 사랑과 구원의 주님을 믿고 찬양할 수 있어야 한다. 그렇게 할 때 우리의 마지막 말은 "구원하심이 보좌에 앉으신 우리 하나님과 어린 양에게 있도다"라는 찬양이 될 것이다(계 7:10).

---

30. Mays, "Psalm 13," 281.
31. Wilson, *Psalms 1*, 284.

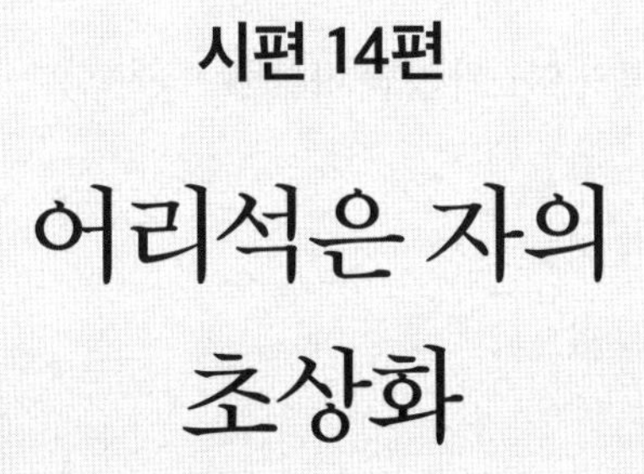

시편 14편

어리석은 자의 초상화

[다윗의 시, 인도자를 따라 부르는 노래]

1 어리석은 자는 그의 마음에 이르기를

하나님이 없다 하는도다

그들은 부패하고 그 행실[1]이 가증하니

선을 행하는 자가 없도다

2 여호와께서 하늘에서

인생을 굽어살피사

지각이 있어

하나님을 찾는 자가 있는가 보려 하신즉

3 다 치우쳐

함께 더러운 자가 되고

선을 행하는 자가 없으니

하나도 없도다[2]

4 죄악을 행하는 자는 다 무지하냐

그들이 떡 먹듯이 내 백성을 먹으면서

여호와를 부르지 아니하는도다[3]

---

1. 14편에서는 '행실'이라는 단어를 사용하지만 같은 내용의 53편에서는 '악'이라는 단어를 사용하여 악인들의 죄악을 더 강조한다. 방정열, "시편 14편과 53편의 전략적 배열에 대한 정경 비평적 고찰," 『한국개혁신학』 59(2018): 296 참조.
2. 칠십인역의 일부 사본들과 여러 가지 번역본들과 몇 개의 히브리어 사본들에는 다음과 같은 부분이 3절 이후에 첨가되어 있다. Craigie, *Psalms 1-50*, 146-7 참조.

   그들의 목구멍은 열린 무덤이고/ 그들의 혀로는 속임을 일삼으며

   그들의 입술에 독사의 독이 있고/ 그들의 입은 저주와 악독으로 가득하며

   그들의 발은 피 흘리기에 빠르고/ 그들의 길들에 파괴와 재앙이 있으며

   그들은 평화의 길을 알지 못하고/ 그들의 목전에는 하나님을 두려워함이 없네

   이 부분이 롬 3:13-18에 등장하고 있다. 혹자는 로마서가 저작된 이후에 그리스도인들이 이 부분을 칠십인역 시편 14편에 추가한 것으로 의심한다(Kraus, *Psalms 1-59*, 219). 아마도 바울은 여러 시편들에서 이 구절들을 인용했을 것이고, 이후에 이 구절들이 역으로 칠십인역에 추가되거나 히브리어로 번역되었을 가능성이 있다.

5 그러나 거기서 그들은 두려워하고 두려워하였으니
하나님이 의인의 세대에 계심이로다[4]
6 너희가 가난한 자의 계획을 부끄럽게 하나[5]
오직 여호와는 그의 피난처가 되시도다
7 이스라엘의 구원이 시온에서 나오기를 원하도다
여호와께서 그의 백성을 포로된 곳에서 돌이키실 때에
야곱이 즐거워하고 이스라엘이 기뻐하리로다

---

3. S. A. Irvine, "A Note on Psalm 14:4," *JBL* 114/3(1995): 463-6에서는 '무지하냐?'를 '생각하지 못하는가?'로 번역하고, '여호와를 부르다'를 여호와의 심판을 의미하는 '여호와를 만나다'로 번역하여 "내 백성을 떡 먹듯이 먹는/ 죄악을 행하는 모든 자들은/ 여호와를 만날 것이라/ 생각하지 않는가?"라는 수사 의문문으로 4절을 번역할 것을 제안한다. 이렇게 번역을 하면 하나님의 심판을 두려워하지 않는 악인들의 죄를 고발하는 것이 되어 1절의 실제적 무신론자들의 생각을 더 상세하게 말하는 것이 된다고 본다. 한편 Craigie, *Psalms 1-50*, 144에서는 4절을 3절에 이어지는 하나님의 말씀으로 보면서 다음과 같이 번역한다. "내 백성을 먹는 죄악을 행하는 모든 자들은 깨닫지 못하느냐? 그들은 떡을 먹으면서도 여호와를 부르지 않는다." 둘 다 문법적으로 가능하지만 1절처럼 4절도 악인들이 쉽게 악을 저지르는 이유가 하나님을 예배하지 않는 그들의 불신앙에 있음을 지적하는 것으로 보고 현재 번역을 그대로 두는 것이 더 나아 보인다.
4. 53:5은 14:5-6과 사뭇 다르게 표현되어 있다. 개역개정을 따르면 다음과 같다. "그들이 두려움이 없는 곳에서/ 크게 두려워하였으니/ 너를 대항하여 진 친 그들의 뼈를 하나님이 흩으심이라/ 하나님이 그들을 버리셨으므로 네가 그들에게 수치를 당하게 하였도다." 14편이 하나님께서 의인들과 함께 계셔서 악인들의 공격을 막으시는 것에 초점을 두고 있다면, 53편은 악인들을 하나님이 심판하셔서 의인들이 승리하는 것에 더 초점을 둔다. 이런 점은 Kraus, *Psalms 1-59*, 219에서도 지적하는 바이다.
5. Kraus, *Psalms 1-59*, 218에서는 6절 1행을 다음과 같이 하나님의 심판을 묘사하는 방향으로 번역하고 있다. "가난한 자를 대적하는 계획에서부터 너희들은 산산조각 날 것이다." (In the plan against the poor man you will go to pieces)

본문 개요

14편은 하나님의 의로운 통치를 무시하며 자신들의 욕심대로 온갖 악을 행하며 살아가는 어리석은 악인에 대해 교훈하는 지혜시편이다.[6] 7절의 기도를 제외하면 모든 절은 어리석은 자의 어리석음을 묘사하면서 그들의 심판을 강조한다. 특별히 1절의 '어리석은 자,' 2절의 '지혜로운 사람,' 4절의 '무지하다,' 6절의 '계획'[7] 등의 표현들은 지혜시편들이 자주 사용하는 것들이다. 그러면서도 이 시편은 하나님의 악인 심판에 대한 예언적인 요소와 힘없는 의인들의 피난처 되시는 하나님을 찬양하는 요소도 포함하고 있다.[8] 이 시편은 몇 부분을 제외하면 53편과 똑같다. 아마도 두 시편은 별개의 시편집에 포함되어 있다가[9] 현재 모습으로 문맥에 따라 배열되었을 것이다.[10]

다윗이 언제 어떤 배경에서 이 시편을 썼는지 알기는 힘들다. 하지만 분명한 것은, 다윗이 이 시편을 통해서 이스라엘의 구원 역사에서뿐만 아니라 자신의 삶 속에서 경험한 악인들의 어리석음에 대해 백성들에게 가르침으로써, 악인들에게 고통당하는 가련한 의인들을 격려하고자 했다는 것이다. 만약에 이 시편의 '어리석은 자'를 여호와 하나님의 존재를 믿지 않는 이방 민

---

6. Wilson, *Psalms 1*, 286; Goldingay, *Psalms 1-41*, 211 참조.
7. R. A. Bennett, "Wisdom Motifs in Psalm 14=53 - nābāl and 'ēṣāh," *BASOR* 220(1975): 15에서는 '계획'이라는 단어를 지혜시편적인 요소에 적절하게 포함시켜서 연구하고 있다.
8. Craigie, *Psalms 1-50*, 145; McCann, "Psalms," 729. Kraus, *Psalms 1-59*, 220에서는 1-3절을 탄식으로 보고 4절을 선지자의 절망에 가득 찬 질문으로 보며 5-6절을 선지자가 전하는 하나님의 말씀으로 보는 경향을 보여준다. 5절의 '내 백성'은 선지자의 백성을 가리키게 되고 6절은 악인들의 멸망에 대한 선포로 본다.
9. Kraus, *Psalms 1-59*, 220.
10. 14편과 53편은 거의 같은 시편이지만 시편 전체의 문맥에 따라 전략적으로 배치된 것으로 보인다. 이 두 시편의 차이점과 문맥적 기능에 대해서는 방정열, "시편 14편과 53편," 289-319를 참조하라. 가장 큰 차이점이라면, 53편에서는 '여호와'를 사용하지 않고 '하나님'만 사용하고, 5-6절에서 악인의 심판과 관련된 문장들이 추가된다는 것이다. 상세한 차이점은 5절 주해 부분에서 다룰 것이다.

족들로 본다면 14편은 이스라엘을 공격하는 이방 민족의 어리석음에 대한 시편일 것이다. 그런 관점에서 7절은 이방 민족으로부터 이스라엘의 구원을 구하는 기도로 해석될 수 있다. 하지만 이스라엘 내 지도자들이나 백성들로 볼 수도 있다.[11]

3-14편 그룹의 문맥에서 보면 8편의 찬양과 14편의 교훈시는 특이하다. 왜냐하면 나머지 시편들은 대부분 고난 가운데서 하나님께 부르짖는 탄식시편들이기 때문이다. 8편은 하나님의 대리통치자인 의인의 영광을 노래함으로써, 마지막 시편인 14편은 악인의 어리석음을 교훈함으로써 악인에게 고통당하는 의인을 격려하고 있다고 볼 수 있다.[12] 특별히 5-6절에서 하나님께서 의인들과 함께 계시면서 그들의 피난처가 되신다는 고백은 악인들에게 고통당하는 의인들을 격려하는 주제를 강조한다.[13] 14편은 기도시편은 아니지만 3-14편 그룹의 다른 시편들과 어휘들과 주제를 공유한다.[14] 먼저 12편(1, 5절) 13편(5절)에 이어서 이 시편도 이스라엘의 '구원'(3:2, 7, 8; 6:4; 7:1; 9:14)을 구하면서 그 구원을 '기뻐하고 있다'(7절; 13:5). 다른 시편들처럼 14편에서도 악인에게 고통당하는 의인들을 '가난한 자'로 부른다(6절, 9:12, 18; 10:2, 9, 12, 17; 12:5). 또한 가난한 의인을 공격하는 '악인'을 '악인'이 아닌 '어리석은 자'(1절) 혹은 '죄악을 행하는 자'(4절)로 부르면서 그들이 행하는 온갖 악행을 상세하게 고발한다. 다른 시편들처럼 선을 행하는 자를 찾기 어려운 세상을 '인생'(2절, 8:4; 11:4, 12:1, 8)으로 부른다. 이외에도 악인들의

11. Kraus, *Psalms 1-59*, 220; Wilson, *Psalms 1*, 286, 290 등에서는 7절이 후대에 원래 지혜 혹은 교훈시편으로 사용되던 시에 덧붙여진 것으로 보고 있다. Calvin, *Psalms*, 1:189, 194에서는 여기에 나오는 어리석은 악인들을 사울 당시의 대부분의 사람들, 특별히 지도자들이라고 보고 있다.
12. *NIV Study Bible*, 799-800. 방정열은 14편이 현재의 위치에서 13편이나 이전 시편들의 '하나님의 부재' 주제를 이어받아 전개하면서도 15편에서 다룰 '시온' 주제를 미리 언급함으로써 13편에서 15편으로 넘어가는 '가교 기능'을 한다고 적절하게 지적한다. 방정열, "시편 14편과 53편," 304-5.
13. 방정열, "시편 14편과 53편," 305-6 참조.
14. 이 문맥 부분은 김성수, "시편 3-14편," 75-7 참조.

내면을 묘사하는 "그의 마음에"(*베립보* בְּלִבּוֹ)를 10편과 공유하고 있다(1절, 10:6, 11, 13). 그들이 마음으로 하는 말("하나님이 없다")은 3-14편 그룹의 다른 시편에서도 종종 등장하여 하나님을 무시하고 반역하는 악인들의 특징을 강조한다(1절; 3:2; 10:4, 6, 11, 13; 12:4; 13:4). 한편, 여기서도 하나님은 3-14편 그룹에서 공통으로 강조하듯이 악인을 감찰하고 심문하시는 왕이요 재판관(2절, 5편; 7편; 8:2; 9-10편; 11편)이시자, 의인들을 구원하시고 보호하시는 왕(5, 6절, 3:3, 8; 4편; 5:2, 12; 6:1-2; 7편; 8편; 9:4, 9; 10:14; 11:7; 12:6)으로 고백된다.

문학적 특징과 구조

이 시편은 '어리석은 자'의 초상화와 그들의 종말을 제시하기 위해서 7절을 제외한 모든 절에 악인의 특징과 행동과 종말이 묘사된다. 반면 3절을 제외한 모든 절에 악인들이 무시하지만, 그들을 감찰하시고 심판하시는 '여호와'(2, 4, 6, 7절 네 번) 혹은 '하나님'(1, 2, 5절 세 번)이라는 단어가 등장한다. 이러한 전체적인 특징과 더불어 각 연에도 특정 어휘가 집중적으로 등장한다. 이것은 악인이 어리석은 것은, 그들이 두려워하지 않고 찾지 않는 하늘 왕 '여호와'께서 모든 것을 다 보시고, 그들이 착취하는 가난한 의인들은 구원하시고 그들은 심판하실 것이기 때문임을 강조한다. 이러한 어휘들과 주제를 중심으로 이 시편은 다음과 같이 세 부분으로 나눌 수 있다.[15]

15. 이와 비슷한 구분을 위해서는 Bennett, "Wisdom Motifs in Psalm 14=53," 15; A. P. Ross, *A Commentary on the Psalms 1* (Grand Rapids: Kregel Publications, 2011), 374 참조. 디모데 역간, 『예배와 영성』; Mays, *Psalms*, 81에서는 4절을 3절에 이어지는 어리석은 자들의 악행으로 보고 1-4절을 하나로 묶지만 여기서는 4절을 5-6절의 하나님의 개입에 대한 서론으로 본다.

1-3절 어리석은 자의 특징 - 하나님을 찾지 않고 악을 행함
4-6절 어리석은 자의 종말 - 하나님이 악인들에게 압제받는 의인과 함께 하심
7절 이스라엘의 구원에 대한 소망

위의 구조에서 1연은 모두 '어리석은 자'의 특징에 대해 묘사하고 있다. 1절과 3절은 '선을 행하는 자'라는 같은 표현과 네 번(1절에 두 번, 3절에 두 번)의 '없다'로 수미쌍관을 이루면서, 여호와 하나님이 하늘에서 하시는 행동을 말하는 2절을 감싸고 있다. 1, 3절의 모든 문장의 주어가 '어리석은 악인들'이라면 2절의 주어는 이와 대조적으로 하늘의 왕 '여호와'다.

2연은 어리석은 자의 악행 중에서 하나님의 의로운 백성을 압제하고 착취하는 행동이 두드러지고 있다. 이것을 강조하기 위해 매절에서 하나님의 의로운 백성이 등장하는데, 4절에서는 '내 백성,' 5절에서는 '의인들', 6절에서는 '가난한 자' 등으로 반복된다. 반면 어리석은 악인은 4절에서 '죄악을 행하는 자' '무지한 자'로 표현되고 있다. 1연처럼 4절과 6절 1행은 의인을 괴롭히는 악인의 행동에 대한 묘사로 수미쌍관을 이루고, 5절과 6절 2행은 가난한 의인의 피난처이신(6절) 하나님이 의인들 가운데 계신다는 고백(5절)을 통해서 하나님의 악인 심판을 간접적으로 암시한다. 1연에서처럼 2연도 악인의 행동과 하나님의 행동이 이런 방식으로 대조를 이룬다.

3연은 이스라엘의 구원을 소망하는 기도인 7절 한 절로 이루어져 있다. 이 절에서 시인은 어리석은 악인들에 의해 고통받는 '가난한 자'를 이스라엘로 확대하면서, 하나님이 시온에서 그들에게 구원을 베푸는 것, 즉 그들의 '운명'을 회복시켜 주시길 기도하고 있다.

본문 주해

표제: "다윗의 시, 인도자를 따라 부르는 노래"(직역: 인도자를 따라. 다윗의.)

다윗의 저작임을 알려주고, 예배나 찬양을 인도하는 레위인이 부르거나 레위인을 따라 부르도록 지시하는 표제다.

1. 어리석은 자의 특징(1-3절) - 하나님을 찾지 않고 악을 행함

1, 3절에서 묘사되는 어리석은 악인들의 근본적인 특징들은 하늘에서 그들을 살피시는 여호와의 모습과 대조를 이룬다. 하나님이 '없다'고 말하는 악인들이 판치는 세상에 선을 행하는 자가 '없다'는 표현이 1절과 3절에 등장하면서 비관적으로 이 연을 감싼다.

1절은 이 시편을 지배하는 주제인 '어리석은 자'의 근본적인 특징을 소개하면서 시작된다.[16] 이와 같은 매우 특이한 시작은 36편 1절과 비교될 수 있다.[17] 1-2행이 어리석은 자의 근본적인 문제가 하나님을 무시하는 그들의 교만함('하나님이 없다')임을 고발한다면, 3-4행은 교만의 결과로 나타나는 타락상을 묘사한다. 시인이 악인을 '어리석은 자'(*나발* נָבָל)로 부르는데, 그 이유는 악인들이 악을 행하는 가장 중요한 원인이 하나님을 무시하는 그들의 어리석음에 있음을 고발하기 위함이다. 그들의 '어리석음'은 머리가 나빠서 자신들의 것을 잘 챙기지 못하는 것이 아니다.[18] 반대로 그들의 어리석음은 하나님을 두려워하지 않기에 마음껏 악을 행하는 것이다(36:1; 39:8; 74:22; 욥 2:9; 렘 5:12).[19] 이러한 어리석음은 그들이 속으로 하는 말인 '하나님이

---

16. Miller, *Interpreting the Psalms*, 94.
17. Kraus, *Psalms 1-59*, 221.
18. Craigie, *Psalms 1-50*, 147; Miller, *Interpreting the Psalms*, 96 참조.
19. Bennett, "Wisdom Motifs in Psalm 14=53," 15-9에서는 '나발'이 갖는 의미를 통시적으로 연구

없다'로 생생하게 표현되고 있다(3:2; 10:4, 6, 11, 13; 12:4; 13:4의 악인들의 교만한 말 참조). 이러한 악인들의 확신은 '하나님이 상관하지 않아'("God does not care," JPS)라는 말로 풀어서 설명할 수 있다. 이들은 공개적으로 하나님의 존재 자체를 부인하지는 않지만[20] 하나님은 너무 높이 계셔서 인간들의 삶에 개입하지 않는다고 믿는다(10:1-4, 11; 73:11).[21] 그래서 마음 놓고 악을 행한다. 그런 점에서 이들은 이론적인 무신론자들이 아니라 소위 '실천적 무신론자들(practical atheism)'이다.[22] 하나님이 구속사에서 행하신 출애굽과 가나안 정복 등의 사건들을 아는 사람에게 이런 '무신론'은 치명적인 어리석음이다.[23] 물론 여기서 언급하는 '어리석은 자'가 주변 이방 나라들을 의미할 가능성을 배제할 수는 없다(신 32:21; 시 74:18).[24]

1절 3-4행은 악인들이 하나님을 무시한 결과로 선을 행하지 않는 모습을 묘사한다. '없다'는 단어가 원인과 결과를 다 말한다. 즉, 그 마음에 하나님이 '없으니' 선을 행하는 자도 '없다'(3절의 2회 반복도 같은 결과를 강조함).[25] 그들의 행동을 '부패하고 가증하다'는 두 가지 동사가 표현하고 있다. 이 동사들은 모두 사역형 동사로서 악인들이 적극적으로 행하는 전형적인 행동을 묘사한다. 먼저 '부패하게 행동하다'(*샤하트* שָׁחַת)는 동사는 근본적으로 '파괴하다' '황폐하게 하다'(창 18:28; 19:14; 삼상 6:5; 왕하 18:25)는 의

하면서 하나님과 하나님의 말씀/지혜를 무시함으로써 신적 질서와 사회적 질서를 깨뜨리고 파괴하는 '어리석음'의 의미들을 바르게 파악하여 제시하고 있다.

20. Kraus, *Psalms 1-59*, 221.

21. Miller, *Interpreting the Psalms*, 97; Irvine, "A Note on Psalm 14:4," 465.

22. Kraus, *Psalms 1-59*, 221; Miller, *Interpreting the Psalms*, 95에서는 다음과 같이 재미있게 표현한다. "그러면 이 시편에서 제기된 실제 문제는 무엇인가? 하나님의 존재에 대한 존재론적인 부인이 아니라 '하나님이 여기 계시지 않다' 혹은 '하나님이 현존하지 않는다'는 말이다. 마치 '나 돈이 없어' '음식이 없어'라는 말이 돈이나 음식의 존재 자체를 부인하지 않듯이."

23. Mays, *Psalms*, 81-2 참조.

24. VanGemeren, *Psalms*, 175 참조.

25. Miller, *Interpreting the Psalms*, 95.

미로(*HALOT*, 창 6:12; 습 3:7), 악인들의 행동이 자신과 세상에 매우 부도덕하고 파괴적임을 강조한다. 그 다음 동사인 '가증스럽게 행하다'(*타압* תָּעַב)는 주로 종교적이고 도덕적인 타락을 고발하기 위해 사용되어 하나님이 매우 싫어하시는 행동을 하는 것을 의미한다(왕상 21:26; 겔 16:52). 이 두 동사가 접속사 없이 나열되어 어리석은 악인들이 행하는 일이 얼마나 파괴적인지 강조한다. 뒤따르는 4행('선은 행하는 자가 없네')은 3행과 평행을 이루면서 같은 의미를 표현한다. 어리석은 악인의 타락하고 가증스러운 행동은 하나님의 율법이나 뜻에 맞는 '선'과 극명한 대조를 이룬다. 하나님을 부인하는 악인은 선을 행할 수 없다. 그래서 그들은 어리석다.

2절은 여호와를 생각하지 않는 땅에 있는 어리석은 악인들의 행동을 묘사한 1절과 대조적으로 하늘에 좌정하신 여호와의 행동을 묘사한다. 2절의 기능은 1절과 3절의 악인들의 행동이 얼마나 '어리석은지'를 보여주는 것이다. 악인들은 땅의 일들에 하나님이 상관하지 않는 것처럼 말했지만, 실제로 여호와 하나님이 '하늘'에 계실 뿐만 아니라 땅의 일을 일일이 돌보시고 통치하신다고 한다. 여호와가 하늘에 계신다는 것은, 그가 온 세상의 왕으로서 인간의 상상을 초월하는 존귀와 영광으로 온 세상을 다스리고 계심을 의미한다(9:7; 11:4; 20:6; 창 14:22; 신 4:39; 스 1:2; 전 5:2; 사 66:1; 단 5:23; 욘 1:9; 막 16:19; 계 11:13; 16:11). 그러한 통치를 2절 1-2행은 '굽어살피신다'로 묘사한다. '굽어살피다'(*샤카프* שָׁקַף)는 하늘에서 땅의 사람들을 내려다보시는 하나님의 행동을 묘사하면서, 이 땅에 대한 하나님의 관심과 세밀한 통치를 비유적으로 표현한다(102:19; 창 18:16; 출 14:24; 신 26:15). 하나님께서 내려다보시는 대상은 3-14편 그룹에 자주 등장하는 '인생'(8:4; 11:4; 12:1, 8)이다. 즉 하늘과는 먼 거리에 있는 땅의 사람들, 하나님과 비교해서 너무나도 연약하고 한계가 많지만, 하나님의 관심의 대상인 사람들이다. 그들을 내려다보시는 이유는 그들 중에 하나님을 찾는 지혜로운 사람이 있는지를 '보시기' 위해서다. 여기서 '지각 있는 자'(*마스킬* מַשְׂכִּיל)로 번역된 표현은 상황에 대해 이해력, 혹은 통찰력을 가지고 지혜롭게 행동하는 사람을 가리키는 분사형으로(욥 22:2; 잠 10:5, 9; 단 11:33; 12:3, 10; 암 5:13), 1절에 있는 '어리석은 사람'이나 4절의 '무지한' 악인과 정확하게 대조된다. 어떤 사람이 지혜로운지는 이 표현을 수식하는 어구인 '하나님을 찾는'이 설명한다. 1절에서 어리석은 사람은 하나님의 통치를 인정하지 않지만, 지혜로운 사람은 모든 일에서 하나님을 인정하고 그분의 뜻대로 살기 위해 그분의 도우심을 구하는 사람이다(22:26; 34:10; 77:2; 창 25:22; 출 18:15; 신 12:5; 암 5:4).[26] 이러한 하나님의 행동은 사람들이 당신의 뜻을 행하며 살기를 간절히 바라시는 하나님을 잘 보여준다(창 18:16; 19:28).

3절은 2절의 하나님의 기대에 '인생'이 얼마나 부응하지 못하는지를 잘 보여준다. 3절과 더 나아가서 4절 2행은 하나님 말씀의 인용으로 볼 수도 있지만[27] 여기서는 시인의 말로 번역하였다. 모두 다 '치우쳐 더러운 자가 되었다.' 1절의 '부패하고 가증하다'와 대칭을 이룬다. 여기에 악인들의 타락상을 강조하기 위해서 '다' '함께'라는 과장법적인 용어를 사용한다. 이런 표현들은, 창세기 6장의 상황처럼(창 6:9, 11) 한 사람도 예외 없다는 사실을 말하기보다는 많은 악인들이 주도권을 쥔 절망적인 상황을 강조한다(4, 6절). '치우치다'(빗나가다, 수르 סוּר)는 말은 하나님과 그의 길을 따르지 않고 벗어난 것을 의미한다(출 32:8; 신 9:12; 11:6; 삼상 12:20; 왕하 18:6; 욥 34:27). 그런 삶의 결과로 사람들은 '더러운 자가 되고'(욥 15:16) 하나님께서 기뻐하시는 '선'을 행하는 사람을 찾아보기 힘들 정도가 되었다. 이처럼 타락한 상황을 강조하기 위해서 1절에 등장했던 표현인 '선을 행하는 자가 없다'에다 '하나도 없다'가 추가되어 있다. 이 역시 과장법으로 아무도 선을 행하지 않는 것을 가리키기보다 그런 사람을 찾기 어려울 정도로 악인들이 날뛰는 상황을

26. Mays, *Psalms*, 82 참조.
27. Craigie, *Psalms 1-50*, 144; 김정우, 『시편주석 I』, 373 참조.

가리킨다고 볼 수 있다. 물론 이런 표현들은 하나님을 떠난 인류의 상황에도 확장되어 적용될 수 있다(롬 3:12 인용).[28]

2. 어리석은 자의 종말 - 하나님이 악인들이 압제하는 의인과 함께하심(4-6절)

1연이 어리석은 악인들의 일반적인 특성을 묘사했다면, 2연은 이스라엘 내에서 그들이 가난한 백성들에게 행하는 구체적인 악행을 고발하고(4절, 6절 1행) 결국은 그들이 실패하고 하나님의 심판을 두려워하게 될 것을 노래한다(5-6절). 역시 그들을 실패하게 하는 분은 1연처럼 '여호와'시다.

4절에서는 의문문 형식으로 악인들의 '무지함'(문자적으로 '그들은 알지 못한다')이 고발되고 있는데, 이것은 1절에서 '어리석은 자'와 비슷하고 2절의 '지각 있는 자'와는 반대되는 표현이다. 하나님의 의로운 통치에 대한 그들의 무지함의 결과는 서슴지 않고 '죄악을 행하는' 것이다(1행, 1절 3-4행과 비교됨). 그들이 행하는 구체적인 죄는 '떡 먹듯이 하나님의 백성을 먹는' 것이다(2행). 이 표현은 '가난하고 힘없는'(6절의 '가난한 자') 사람들을 억압하고 핍박해서 자신들의 이익을 채우는 악인들의 전형적인 행동에 대한 신랄한 고발이다. '먹는다'는 표현은 마치 짐승이 먹이를 삼키듯이 잔인하게 사람들을 착취하고 괴롭히는 모습을 묘사한다(124:6; 미 3:1-3에서는 유다 지도자들의 착취를 그렇게 표현함[29]). 다윗은 악인들에게 고통당하는 백성들을 '내 백성'으로 부르며 자신과 그들을 동일시한다. 악인들이 신실한 하나님의 백성을 '착취하는' 이유는 3행이 밝히는데 그것은 그들이 '여호와를 부르지 않기' 때문이다. 이 역시 1절의 '하나님이 없다'고 말하는 태도와 유사하다. 여호와를 부르는 행동은 2절의 '여호와를 찾는' 것과 비슷한데(사 55:6) 하나님께 예배드리거나 기도하며 의지하는 태도를 말한다(18:3; 31:17; 창 4:26;

28. Mays, *Psalms*, 83.
29. Calvin, *Psalms*, 1:196; Miller, *Interpreting the Psalms*, 96.

신 4:7; 삼상 12:17; 왕하 5:11; 사 55:6; 습 3:9). 칼뱅의 말처럼 '여호와를 부르는' 것은 하나님을 섬기는 삶 전체에 대한 대유법적인 표현이다.[30] 그런 점에서 3행은 악인들이 전혀 여호와를 의식하지 않고 마음 놓고 악을 행함을 강조한다.

5절은 이 시편에서 처음으로 악인들의 좋지 않은 결말을 말한다. 그것은 하나님이 의인들 편에 계시기에 결국은 악인들이 하나님의 무서운 심판을 당하게 되는 것이다. 이 절은 '거기서'로 시작한다. 이것은 악인들이 가난한 하나님의 백성들을 떡 먹듯이 먹는 바로 그 '현장'에, 자신들이 승리했다고 믿는 바로 그 순간에[31] 하나님이 '즉각적으로' 개입하시는 것을 강조한다(2행). 그 결과 힘없는 백성들을 삼키려는 악인들이 바로 그 자리에서 엄청난 두려움에 사로잡히게 될 것을 강조한다(1행). '겁에 질리다'로 번역된 표현은 '두려움을(으로) 두려워하다'로 직역될 수 있는, 소위 동족목적어를 가진 문장으로, 강력한 두려움에 사로잡힌 상황을 강조한다(신 28:67; 욥 3:25).[32] 이것은 악인들이 여호와를 두려워하지 않고(1절) 마음 놓고 악을 행하다가 당할 무서운 심판과 재앙을 강조한다(출 15:16; 대하 20:29; 욥 13:11; 31:23; 사 2:10, 19, 21). 2행은 그런 사실을 간접적으로 표현한다. 하나님이 '의인의 세대에 계시다'는 표현은 하나님의 적극적이고 의로운 통치를 표현한다. 악인들의 생각과 달리 하나님은 악인들에게 고통당하는 의인들과 함께하셔서 그들을 악인들의 손에서 건져내신다. 의인들을 구하기 위한 이러한 하나님의 통치는 악인들에 대한 심판을 동반할 수밖에 없다. '의인의 세대'라는 표현은 특정한 한 세대를 가리킨다기보다는 의인들의 무리(회중[33]) 혹은 의인

30. Calvin, *Psalms*, 1:197.

31. Calvin, *Psalms*, 1:19; Mays, *Psalms*, 83; Goldingay, *Psalms 1-41*, 215.

32. Craigie, *Psalms 1-50*, 145에서도 동일한 점을 지적한다.

33. F. J. Neuberg, "An Unrecognized Meaning of Hebrew Dôr," *JNES* 9/4(1950): 215-7에서는 우가릿 문헌의 용례를 들어 원래 '무리' 혹은 '회중'의 의미를 지녔던 *도르*(דּוֹר)의 의미가 일부 구약성경 용례(암 8:14; 시 84:11; 49:20; 14:5; 112:2 등)에 남아 있지만 결국은 '세대'라는 의미만 남

들의 편('의인의 편'[새번역] "in the company of the righteous"[NIV], "in the circle of the righteous"[JPS])을 가리킨다고 볼 수 있다(1:5 '의인의 회중' 참조). 여기서는 4절에서 악인들에게 고통당하는 '내 백성'을 의미할 것이다. 악인들은 하나님의 심판을 두려워하게 되겠지만 하나님이 함께하시는 의인은 더는 두려워하지 않게 될 것이다(27:1).

6절은 4-5절을 요약한다. 1행이 4절의 악행을 요약한다면 2행은 5절의 하나님의 의로운 통치를 요약한다. 4절의 '내 백성'은 5절에서는 '의인'으로, 6절에서는 '가난한 자'로 바뀌어 표현된다. 여기서 '가난한 자'(עָנִי *아니*)는 교만한 악인들에 의해서 착취와 고통을 당하는 백성들의 가련함을 표현함과 동시에, 사회적으로 의지할 대상이 없어 오직 하나님만 의지하고 억울함을 호소하는 자를 가리킨다(9:12, 18; 10:2, 9, 12, 17; 12:5 참조).[34] 그들은 진정으로 하나님을 '찾는' '지각 있는 자'(2절)이며 '여호와를 부르는' 자(4절)이다. '가난한 자의 계획(*에차* עֵצָה)을 부끄럽게 하다'는 표현은, 악인들의 압제와 착취(4절)로 말미암아 힘없는 백성들의 삶의 계획이나 경영이 송두리째 무너져 참으로 수치스럽고 비참하게 된 상황을 가리킨다. 혹은 가난한 자가 하나님만을 의지하고 살아가는 삶의 '경영 방식'을 조롱하며 수치스럽게 만들려고 하는 것을 의미할 것이다.[35] 2행은 5절처럼 또 한 번의 반전을 보여준다. 의로운 백성들이 그처럼 비참하고 수치스러운 상황에 있어도 하나님은 '거기에'(5절) 임하셔서 그들의 피난처가 되어 주신다고 한다. 의인들이 엄청난 고통 속에서도 하나님을 부르며 하나님께로 피할 때('피난처'의 동사형, 2:12; 5:11; 7:1; 11:1; 16:1), 하나님이 외면하지 않고 거기서 그들을 구원하시는 것

게 되었다고 주장한다.

34. Kraus, *Theology*, 150-4 요약.

35. Calvin, *Psalms*, 1:200; Goldingay, *Psalms 1-41*, 216 참조. Bennett, "Wisdom Motifs in Psalm 14=53," 19-20에서는 구약 성경의 용례들에서 '계획'은, 하나님의 섭리나 통치 질서를 존중하는 '계획' 혹은 '충고'와, 그렇지 않은 악인의 '계획' 혹은 '충고'로 나눠질 수 있음을 잘 지적한다.

을 의미한다(46:1; 61:3; 62:7, 8; 71:7; 사 25:4; 렘 17:17). 악인들이 개의치 않던(1, 4절) 여호와의 의로운 통치가 실현되는 순간이다.

3. 이스라엘의 구원에 대한 소망(7절)

다윗은 5절의 '의인들'과 6절의 '가난한 자'의 범위를 이스라엘('이스라엘,' '야곱')로 확장하며 이스라엘의 구원과 회복을 위해서 기원한다. 고난 가운데서도 하나님을 부르며 간구하는 참 이스라엘이 하나님 나라로서의 영광을 회복하여 하나님 안에서 기뻐할 수 있기를 기도한다. 1행이 이스라엘의 구원을 기도한다면, 2행은 '구원'의 내용을 노래하고, 3행은 그 구원의 결과를 노래한다. 1행에서 다윗은 이스라엘의 구원이 시온에서 나오길 기도한다. 여기서 '시온'은 하나님의 보좌를 상징하는 법궤가 있는 곳이자 성전이 세워질 곳이다. 그런 점에서 '시온에서 구원이 나온다'는 것은, 이스라엘이 시온에서 자신들의 왕이신 하나님께 드리는 기도를 들으시고 하나님이 구원을 베푸시는 것을 의미할 것이다.

1행에서 시인이 기도하는 '이스라엘의 구원'은 2행에서는 여호와의 백성이 '포로된 곳에서 돌이키시는 것'으로 표현되어 있다. 히브리어 단어 *쉐부트*(שְׁבוּת)는 개역개정처럼 자주 어근 *솨바*(שָׁבָה)에서 비롯되었다고 이해되어, '돌이키다'(*슈브* שׁוּב)는 동사와 함께 '포로들을 돌려보내다'로 자주 번역된다(85:1; 126:1; 신 30:3; 렘 29:14; 30:3, 18; 겔 16:53; 29:14; 습 3:20 등). 만약 14편 7절이 그런 의미를 갖는다면 블레셋 등의 나라들에 잡힌 이스라엘 포로들의 회복을 의미할 수도 있다. 하지만 *쉐부트*(שְׁבוּת)는 '돌이키다'(*슈브* שׁוּב)에서 파생된 명사로 '회복' 혹은 '운명'이라고 번역되는 것이 더 옳아 보인다. 욥기 42장 10절 등은 분명히 '운명을 회복시킨다'라는 의미로 사용되고 있기에 꼭 포로 회복의 의미로만 볼 필요는 없다(*HALOT*).[36] 이런 운명

36. VanGemeren, *Psalms*, 179도 동의한다.

의 회복이나 이스라엘의 구원은, '하나님이 없다'고 하는(1절) 블레셋과 같은 이방 나라들에 의해서 괴로움을 당하거나, 압살롬의 반역 시대와 같이 율법이 무너지고 백성들이 황폐하게 된 상황으로부터의 회복을 의미할 것이다.

3행은 하나님께서 이스라엘을 회복시키고 고통에서 구원하신 결과로 이스라엘이 누릴 기쁨을 노래한다. '이스라엘'과 '야곱'이 평행을 이루고 '기뻐하다'와 '즐거워하다'가 평행을 이루면서 하나님의 구원과 회복에 대한 감격을 강조한다. '야곱'은 이스라엘의 본명이면서도 오직 하나님의 은혜로만 운영되는 하나님 나라 이스라엘의 애칭이기도 하다(창 32장 참조).

교훈과 적용

시편 14편의 교훈: 하나님이 자신들의 악을 보지 않는다며 마음 놓고 의인들에게 악을 행하는 어리석은 자들은, 하늘에서 그들의 악행을 감찰하시고 그들이 압제하는 의인들의 편에 계신 하나님께, 반드시 무서운 심판을 당할 것이다.

1. 교회 안팎의 어리석은 자들(1, 3-4, 6절)

'하나님이 없다'고 생각하는 것이 모든 죄의 근원이고 그런 생각은 반드시 악한 행위로 드러나게 된다.[37] 교회 밖의 악인들은, 하나님을 알 수 있는 충분한 근거들이 있음에도 "스스로 지혜 있다 하나 어리석게 되어"(롬 1:22) "하나님을 마음에 두기 싫어하여"(롬 1:28) 자신의 정욕대로 온갖 악한 일들(롬 1:29-31)을 행하기를 고집한다(4절). 그들은 교회를 공격하고 하나님을 믿는 사람들을 의도적으로 조롱하고 경멸한다(6절). 그러나 그들은 사실 매우 어리석은 자이다. "하나님의 진노가 불의로 진리를 막는 사람들의 모든 경건하지 않음과 불의에 대하여 하늘로부터 나타날" 것이기 때문이다(5절, 롬 1:18; 살후 1:8-9).

교회 안에도 무신론자들이 많다. 그들이 비록 하나님을 믿는다고 말하고 하나님을 예배하지만, 하나님의 말씀대로 살지 않는다(마 7:21-23; 롬 2:17-29). 자신들의 이익을 위해 심지어 신실한 그리스도인들을 조롱하고 비방하며 교회를 무너뜨리는 일까지 서슴지 않는다. 사울이나 압살롬, 예수님 시대의 종교 지도자들처럼. 우리는 하나

---

37. Kraus, *Psalms 1-59*, 223.

님의 집으로부터 먼저 하나님의 심판이 시작될 것을 두려워 해야 한다(히 10:26-31; 벧전 4:17).[38]

이 세상에 스스로 지혜롭게 되어서 구원을 받고 선을 행할 의인은 하나도 없다(1, 3절; 롬 3:9-18). 그러므로 모든 사람은 하나님 앞에서의 어리석음을 버리고 하나님의 참 지혜(고전 1-2장)이신 예수 그리스도를 영접해야 한다. 그 지혜를 가지는 자만이 살아계신 하나님을 만나 '하나님이 없다'는 생각을 버리게 되고 성령 안에서 참된 선을 이루게 된다(딛 3:1-8).

2. 하나님은 항상 어리석은 악인들이 아닌 의인의 편이시다(2, 5-7절).

하나님이 악인들을 그들의 정욕대로 내버려 두실 때(롬 1:24, 28), 하나님 나라와 의를 구하는 의인들이 악인들에 의해 고통을 당한다(행 14:22). 어리석은 악인들에게 고통당하는 시간을 견디는 의인들에게는 많은 믿음의 인내가 요구된다(전 8:11; 히 10:32-37). 이들의 믿음의 인내를 격려하는 14편은, 오랫동안 악을 행하는 자들로부터 고통당했지만, 끝까지 믿음을 지켜 승리한 다윗과 수많은 구약 성도들의 신앙고백이다. 또 이 고백은 참된 의인이자 가난한 자로서 악인들에 의해 죽임을 당하셨지만, 끝까지 믿음을 지켜 죽음에서 부활하신 예수께서 우리에게 보여주시는 바이다. 하나님이 없다며 마음대로 죄악을 행하는 자들이 득세하는 순간에도 우리가 기억해야 할 사실은, 하나님은 의인 편에 계신다는 것이다(5절). 하나님은 악인들을 하늘에서 감찰하시고(2절) '자기 백성'과 함께 하신다. 하나님은 언제 어디서나 '하나님을 찾는'(2절) 의인들의 피난처와 구원이 되신다(6-7절). 예수 그리스도는 하나님을 찾는 자들에게 함께하시는 '임마누엘'로 영원히 우리와 함께하신다(마 1:23). "잠시 잠깐 후면 오실 이가 오시리니 지체하지 아니하시리라"(히 10:37).

---

38. Kraus, *Psalms 1-59*, 224.

시편 15편

하나님의 장막에 거할 자

[다윗의 시]

1 여호와여 주의 장막에 머무를 자 누구오며
주의 성산에 사는 자 누구오니이까
2 정직하게 행하며
공의를 실천하며
그의 마음에 진실을 말하며
3 그의 혀로 남을 허물하지 아니하고
그의 이웃에게 악을 행하지 아니하며
그의 이웃을 비방하지 아니하며
4 그의 눈은 망령된 자를 멸시하며
여호와를 두려워하는 자들을 존대하며
그의 마음에 서원한 것은 해로울지라도 변하지 아니하며[1]
5 이자를 받으려고 돈을 꾸어주지 아니하며
뇌물을 받고 무죄한 자를 해하지 아니하는 자이니
이런 일을 행하는 자는 영원히 흔들리지 아니하리이다

본문 개요

15편은 다윗이 지은 교훈적인 시편이다. 1절에서 다윗이 여호와께 질문을 하고 나머지 절에서 여호와가 대답하시는 형식을 취한다. 학자들은 1절의 질

---

1. 칠십인역에서는 "그는 이웃에게 맹세하고 그것을 깨뜨리지 않는다."로 번역하고 있는데 '손해가 되어도'(לְהָרַע)에 해당하는 히브리어 어구를 3절에 나오고 표기가 비슷한 '그의 이웃에게'(לְרֵעֵהוּ)로 읽었음을 의미한다. 한편 Craigie, *Psalms 1-50*, 149(=김정우, 『시편주석 I』, 387)에서는 "잘못으로부터 맹세하다"로 직역해서 '잘못을 행하지 않기로 맹세하다'로 번역하지만 크게 설득력은 없다. 한편 Goldingay, *Psalms 1-41*, 218, 222에서는 "재앙을 가져오기로 맹세하였다"로 번역하면서 1행과 연결시켜 불의한 자에게 합당한 벌을 내리기로 맹세한 것을 의미한다고 보지만 지나친 연결이다.

문을 이스라엘 백성들이 성전에 입장하기 전에 했던 질문에서 유래한 것으로 보고 15편과 24편을 소위 '토라 예전' 혹은 '성전 입장송'이라 부른다.[2] 이런 형식은 이사야 33장 14-16절이나 미가 6장 6-8절 등에도 나타난다. 어디서 이 형식이 유래되었든지 이 시편은 성막에 들어가는 자들에게 그들의 자격을 물었던 실제적인 질문이라기보다는, 하나님의 성소에서 예배하는 자들에게 그들이 어떻게 살아야 하며 어떤 존재들인지를 질문과 대답 형식으로 교훈하는 지혜시편으로 보는 것이 더 좋을 것이다.[3]

본 시편의 배경은 분명히 성막 혹은 성전 예배와 관련이 된다. 역대상 22-29장에 기록된 성전 건축 준비에 대한 다윗의 열정은 그가 15편과 같은 시편을 지었을 충분한 가능성을 열어준다고 할 것이다. 성전이 지어지고 난 이후 백성들이 성전 예배에 참석할 때 자신들이 예배할 하나님께 합당한 예배자의 모습 혹은 하나님을 예배하는 자들이 알아야 할 자기 정체성과 특권이 무엇인지를 문답 형식으로 교훈했을 가능성이 있고, 이런 기능은 성전에서 이 시편이 반복적으로 사용되면서 더 강화되었을 것이다.[4] 즉, 이 시편은 이스라엘이 만나야 할 하나님이 누구신가를 증언하면서 동시에 그의 백성들이 어떤 사람이어야 하는지를 교훈한다. 여호와는 제물만 바치면 좋아하는 신이 아니라 당신의 거룩함과 의로움에 기초하여 이스라엘에 주신 율법을 따라 세상을 다스리는 의로운 왕이심을 교훈한다(5:4-6; 11:4-7). 그러므로 여호와의 구원과 부름을 받고 그를 예배하기를 원하는 자들은 하나님의 의로우심과 거룩하심을 일상에서 드러내기를 열망하는 자들이 되어야 함을, 15편의 도덕적 덕목들을 강조한다고 볼 수 있다. 예배 시간에 이 시편을 낭송

---

2. P. D. Miller, "Poetic Ambiguity and Balance in Psalm XV," *VT* 29 (1979): 416; Kraus, *Psalms 1-59*, 226-7에서는 고대 근동의 여러 자료에서 신전에 입장하던 예배자들에게 그들의 종교적, 도덕적 자격에 관한 질문들을 했던 예들을 제시한다.

3. Craigie, *Psalms 1-50*, 150; VanGemeren, *Psalms*, 179 참조.

4. B. K. Waltke & J. M. Houston, *The Psalms as Christian Worship* (Grand Rapids: Eerdmans, 2010), 295-6 참조.

하고 들으면서 이스라엘 백성들은 자신들을 부르신 하나님에 의해 자신들이 이런 덕목들을 행하는 백성들이 될 수 있는 비전을 소유하게 되고 그것을 열망하게 되었을 것이다.[5]

시편 배열과 문맥에서 보자면 '의인의 초상화'를 다루는 15편은 '어리석은 악인의 초상화'를 다루는 14편과 대조를 이루면서, 15-24편까지 이르는 새로운 그룹을 시작한다고 볼 수 있다.[6] 스택(Stek)은 15-24편을 하나의 그룹으로 보면서 다음과 같은 도표로 구조를 설명한다.[7]

15 성전에 머물 자 누구인가?	24 성산에 오를 자 누구인가?
16 여호와에 대한 신뢰의 고백	23 여호와에 대한 신뢰의 고백
17 대적들로부터의 구원 요청	22 대적들로부터의 구원 요청
18 승리에 대한 왕의 찬양	20-21 왕의 승리에 대한 기도와 승리에 대한 찬양

19 창조와 토라에 나타난 여호와의 영광

이 그룹에서 15, 24편은 양 끝에서, 그리고 19편은 제일 가운데에서 나머지 시편들을 해석할 수 있는 일종의 신학적인 틀을 제공한다. 하나님의 율법적인 의를 지키는 일이 성소에 계신 왕이신 하나님을 인정하고 그분을 만나

---

5. Mays, *Psalms*, 85-6.
6. 15-24편이 하나의 그룹을 형성한다는 주장에 대해서는 P. D. Miller, "Kingship, Torah Obedience, and Prayer: the Theology of Psalms 15-24," in *Israelite Religion and Biblical Theology* (Sheffild: Sheffield Academic Press, 2000), 280; A. Groenewald, "Ethics of the Psalms: Psalm 16 within the Context of Psalms 15-24," *JSem* 18/2(2009): 425-6; Hossfeld & Zenger, *Die Psalmen I*, 109; P. Sumpter, "The Coherence of Psalms 15-24," *Bib* 94/2(2013): 186-209를 참조하라.
7. *NIV Study Bible*, 784, 800; 고든 D. 피, 더글라스 스튜어트, 『책별로 성경을 어떻게 읽을 것인가』, 길성남 역 (서울: 성서유니온 선교회, 2008), 167이나 W. Brown, "'Here Comes the Sun!' The Metaphorical Theology of Psalms 15-24," ed. E. Zenger, *The Composition of the Book of Psalms*, BETL 238 (Leuven: Peeters, 2010), 260에서도 유사한 구조를 제시하고 있다.

기를 열망하는 자들의 참된 삶의 모습이며, 그러한 삶을 통해서 창조 세계는 하나님이 임하시는 하나님의 성소, 하나님 나라가 된다는 것이다. 그리고 나머지 시편들은 이 신학적인 틀이 다윗의 생애와 이스라엘 가운데서 어떻게 구체적으로 나타나는지를 표현한다.[8] 이 그룹의 시편들은 무엇보다 이전 시편들과 달리 하나님 말씀의 의와 하나님의 성소에 초점을 맞추고 있다. 또 앞뒤의 그룹들과 달리 이 그룹에는 두 신뢰시편들(16, 23편)과 왕과 관련된 시편인 제왕시편들(18, 20, 21)이 들어 있다.

시편 15편은 무엇보다 24편과 많은 공통점을 갖고 있는데, 둘 다 누가 여호와의 성소 혹은 임재 앞에 나아갈 수 있는지를 묻고 답하는 형식을 취한다(신 23:1-8; 대하 23:19 참조).

> 15:1 여호와여 주의 장막에 머무를 자 누구오며
> 주의 성산에 사는 자 누구오니이까

> 24:3 여호와의 산에 오를 자가 누구며
> 그의 거룩한 곳에 설 자가 누구인가

이 질문들에 뒤를 이어 두 시편은 도덕적인 목록을 통해서 하나님의 율법에 순종하는 의로운 자[9]가 하나님의 성소에 들어가는 주인공이 될 수 있다고 답한다(15:2-5; 24:4-6). 그런 다음 두 시편은 성전 입장의 자격에 대한 판결이 아닌 율법의 의를 행하는 자들이 누릴 복에 대한 약속으로 마무리된다(15:5; 24:5).[10] 15편은 여호와께 질문하고 여호와가 대답하시는 형식으로, 24편은 하나님께 드리는 찬양 가운데서 교훈하는 형식으로 이런 주제

8. Sumpter, "Psalms 15-24," 200-4 참조.
9. Miller, "Theology of Psalms 15-24," 280.
10. McCann, "Psalms," 732.

들을 노래한다. 15편이 여호와의 성소에 '들어가는' 것을 구하는 것으로 시작한다면, 24편은 여호와께서 당신의 성소에 왕으로 '들어가는' 것으로 절정을 이루며 마무리되고 있다.[11] '누가' 성소에 들어갈 수 있는 자인가를 묻는 말로 시작한 이 그룹은(15:1; 24:3), 성소에 들어가는 영광의 왕이 '누구신지' 묻는 물음으로 끝난다(24:8, 10).[12] 24편은 하나님의 거룩한 성품을 담은 율법적 의를 행하는 성도들이 들어간 성소에 영광의 왕이신 창조주 여호와께서 들어가심으로써(24:7-10) 창조의 목적(24:1-2)을 완성하고 있는 셈이다.[13] 이렇게 두 시편 다 '율법적인 의'와 '왕이신 여호와의 성소'라는 주제를 도입하고 있다. 19편이 이 중에서 율법적인 의의 중요성을 집중적으로 노래한다면 15-24편 그룹의 나머지 시편들은 율법적인 의뿐만 아니라 성소에서의 하나님과의 교제도 함께 다루고 있다. 15편의 도덕적인 목록들에 나타난 어휘들은 율법을 묘사하는 19편의 구절들에도 많이 나타난다('온전한' 19:7, 13; '의' 19:9, '진실' 19:9; '여호와 경외' 19:9; '무고한' 19:12, 13). 신뢰시편인 16편도 여호와의 훈계(7, 8절)와 임재와 '흔들리지 않는' 삶을 연결하고(15:5; 16:8), 17편은 간구의 근거로 율법적인 의를 제시하며(17:1-5) '주의 날개 그늘' 등의 표현으로 성소의 하나님의 임재를 암시한다(17:8, 15). 왕의 승리를 노래하는 18편에도 다윗의 율법적인 의가 제시되고(20-24절) 있으며, 18편과 짝을 이루어 왕을 위한 기도와 왕의 승리에 대한 찬양을 담은 20, 21편은 성소에서 도우시는 하나님을 노래하고(특히 20:1-2) '흔들리지 않는' 왕의 미래를 노래한다(21:7). 17편과 짝을 이루는 탄식시편인 22편은 의로운 기도를 들으시는 하나님에 대한 확신과 성소에서의 찬양으로 가득하며(22-31절), 16편과 짝을 이루는 신뢰시편인 23편 역시 '의의 길'로 인도하시는 하나님의 집에서 영원히 살 것을 노래한다(23:3, 6절). 이런 공통점들은, 고난에도 불구

11. Brown, "Psalms 15-24," 164 참조.

12. Brown, "Psalms 15-24," 163.

13. Sumpter, "Psalms 15-24," 199 등에서 잘 다루고 있다.

하고 율법적인 의를 사모하고 그것을 이루기 위해 의로운 왕이신 하나님 앞에 탄식하며 기도할 뿐만 아니라, 기도에 응답하신 의로운 하나님을 찬양하는 자들이, 하나님의 성전에 들어가는 참된 예배자들이며 율법적인 의를 이루는 자들이라는 15-24편 그룹의 주제를 두드러지게 한다.[14]

문학적 특징과 구조

시편 15편은 질문(1절)과 대답(2-5절)으로 구성된 단순한 구조를 이루고 있다. 이런 구조 속에서 효과적으로 교훈을 전달하기 위해 여러 가지 문학적 기법을 사용한다. 먼저 두드러지는 것은 1절에서 두 번 '누가'의 질문을 했다면, 나머지 절들은 열한 개 혹은 열 개[15]의 목록으로 답을 하고 있다는 점이다. 2-5절까지 각각 세 개 목록을 가지고 있지만 5절의 마지막 행은 전체 목록에 대한 결론이자 하나님의 약속으로서 1절과 수미쌍관을 이룬다고 볼 수 있다. 이런 특징들은 다음과 같이 도표화될 수 있다.[16]

1절 질문: 누가 하나님의 성소에서 예배할 수 있는가
2-5절 2행 대답: 하나님을 예배하는 자들의 율법적인 덕목들
5절 3행 하나님을 예배하는 자들의 영원한 안전에 대한 약속

14. 문맥과 관련된 이 부분은 김성수, "'여호와의 산에 오를 자 누구인가?'-문맥으로 시편 15-24편 읽기," 『개혁신학과 교회』 24(2010년): 56-63을 참조하여 요약하였다.

15. 4절 1-2행을 하나의 목록으로 보면서 십계명처럼 손가락 열 개로 헤아리면서 읽을 수 있도록 기록했다고 보는 견해다. 예를 들면 Craigie, *Psalms 1-50*, 150-1 참조. Waltke & Houston, *The Psalms*, 292, 298에서도 유사한 견해를 취하면서 이 목록들을 '왕의 십계명' 혹은 '다윗의 십계명' 등으로 부른다.

16. 이와 유사한 구조를 위해서 Miller, "Psalm XV," 416; Craigie, *Psalms 1-50*, 150; VanGemeren, *Psalms*, 180 등 참조.

1절에서 누가 하나님의 성막에 머물며 예배할 수 있는지를 물었다면 5절 3행은 2-5절 2행에 나오는 의인들은 '영원히 흔들리지 않을 것'이라는 최종적 답을 주고 있다. 단지 하나님의 성막에서 잠깐 머물며 예배할 뿐만 아니라 하나님 앞에서 영원히 안전하게 거할 것이라는 약속으로 확대해서 답을 주고 있는 셈이다. 또 특징적인 것은 일곱 번(3절에 세 번, 4절에 한 번, 5절에 세 번)이나 '~않다'라는 부정어를 반복적으로 사용한다는 점이다. 마치 십계명에서 '~하지 말라'를 반복적으로 사용하여 강력하게 교훈하듯이[17] 하나님을 예배하는 자들은 죄악과 관련된 일들을 하지 말아야 함을 강조한다. 또 2-4절에는 '마음,' '혀,' '눈' 등 신체의 부분들을 가리키는 단어들이 나와서 의를 행하는 일과 악을 멀리하는 일에 대한 전인적인 헌신을 강조한다(신 6:5 나오는 "너는 마음을 다하고 뜻을 다하고 힘을 다하여 네 하나님 여호와를 사랑하라").

첫 번째 목록(2절)은 모두 행동하는 사람을 가리키기 위해서 세 번이나 분사형을 사용한다. 그리고 그 분사의 목적어들은 모두 율법을 가리키는 일반적이고 긍정적인 명사들이다('흠 없음' '의' '진실'). 이에 비해 두 번째 목록을 말하는 3절은 모두 부정어 + 완료형 동사로 구성되어 있고 세 가지 하지 말아야 할 행동('비방' '악' '비난')을 말한다.[18] 세 번째 목록인 4절의 두 행은 여호와를 경외하여 어떤 맹세도 지키는 의인의 태도를 말한다. 네 번째 목록인 5절 1-2행은 3절처럼 부정어 + 완료형 동사를 사용하면서 돈이나 뇌물과

---

17. Miller, "Psalm XV," 424에서도 동일한 점을 지적한다.

18. Miller, "Psalm XV," 417-23에서는 이런 구조 분석도 인정하면서도 다음과 같이 각각 2행으로 구성된 3절로 배열함으로써 새로운 관점으로 이 시편을 읽게 한다.

  2 정직을 행하는 사람/ 의를 실천하는 사람
  마음으로 진실을 말하는 사람/ 3 자신의 혀로 비방하지 않는 사람
  이웃에게 나쁜 짓을 하지 않는 사람/ 가까운 사람을 조롱하지 않는 사람

위와 같이 보면 첫 절은 포괄적인 선행을 의미하고, 두 번째 절은 말과 관련된 의를 말하며, 세 번째 절은 이웃에 대한 선행을 말한다는 것이다.

관련하여 부정하지 않아야 함을 말한다. 이런 문학적 특징들은 15편을 다음과 같은 교차 대구적 구조로도 볼 수 있게 한다.[19]

A 1절 성소에서 하나님의 보호를 받을 수 있는 사람('머물다,' 미완료동사)
  B 2절 율법적 의를 행하는 사람(일반적, 세 번의 분사형)
    C 3절 이웃에 대한 바른 태도(세 번의 부정어 + 완료동사)
      D 4절 1-2행 대조적인 평행법('여호와 경외' 여부, 경멸과 존대)
    C′ 4절 3행-5절 2행 이웃에 대한 바른 태도(세 번의 부정어 + 완료동사)
  B′ 5절 3a행 '이런 일을 행하는 자'(요약, 분사형)
A′ 5절 3b행 흔들리지 않는 안전함('영원히 흔들리지 않다,' 미완료동사)

중심 부분인 D에 여호와에 대한 태도와 관련해서 사람들을 경멸하거나 존대하는 부분이 나오는데, 이것은 '여호와 경외'가 앞뒤의 모든 율법적 덕목들을 가능케 하는 기초임을 잘 보여준다고 할 것이다.[20] 실제로 이 시편에는 '여호와'라는 단어가 1절과 4절에만 나온다. 이것은 14편에서 여호와를 경외하지 않는 태도가 모든 악행의 근본임을 말하는 것과 극명하게 대조된다.

본문 주해

표제: "다윗의 시"

다윗이 지은 시(원래 악기를 연주하면서 부른 노래?)다.

---

19. l. M. Barre, "Recovering the Literary Structure of Psalm XV," *VT* 34/2 (1984): 207-11이 이 구조를 잘 설명하고 있다.
20. Waltke & Houston, *The Psalms*, 292, 293 참조.

1. 질문: 누가 하나님의 성소에서 예배할 수 있는가(1절)

두 번의 비슷한 질문들로 구성된 1절은, 누가 하나님을 예배할 수 있는지 여호와께 묻는 형식으로 2절 이하에 열거되는 하나님을 참되게 예배하는 사람의 성품을 안내하는 기능을 한다. 예배를 드리러 온 순례자들이 성소에 들어갈 때 실제로 이런 질문을 했는지, 예배 중에 인도자와 성도들이 질문하고 답을 했는지는 알 수 없지만, 예배에 참석한 백성들에게 교훈을 주는 효과적인 방식이다.

1절은 '여호와여'라는 호격으로 시작하면서 이 시편이 여호와께 물어서 받은 답임을 밝히는 형식을 취한다. 이것은 하나님의 집에 머물 수 있는 사람은 집주인이신 하나님만이 정하신다는 것과 그 초대 대상을 말하는 2절 이하 목록의 권위를 강조한다. 이 호격 다음에 1, 2행은 '누가'(*미* מִי)라는 의문사로 똑같이 시작하면서 사실상 여호와를 예배하는 자가 '어떤 사람'이어야 하는지를 묻는다. 이것은 자격을 묻는 것 같지만 사실은 의로운 왕이신 하나님의 부름을 받고 하나님을 예배하기 위해 온 자들이 어떤 정체성을 가지고 무엇을 목표로 사는 사람들인지를 묻는 것이며,[21] 그것은 2절부터 나열된 도덕적 성품에 의해서 표현될 것이다.

여기서 여호와에 대한 예배는 예배 장소에 머무르는 것으로 표현되고 있다. 여호와의 '장막'과 '거룩한 산'에 머무는 것은 여호와가 지정하신 예배 장소에서 예배드리는 것을 의미한다. '장막'은 일반적으로 텐트를 가리키지만 '주의 텐트'는 성막을 가리킨다(출 28:43; 출 29:32). 다윗시대에 여호와의 장막은 예루살렘에 있는 법궤를 안치한 텐트를 가리켰을 것이다(삼하 6:17; 7:2, 6; 왕상 1:39; 2:28-30; 대상 15:1; 16:1).[22] '거룩한 산'은 법궤가 있었고 후에 성전이 세워진 시온산을 의미한다. 시온은 거룩하신 하나님이 임재

---

21. Mays, *Psalms*, 85, 121.
22. Waltke & Houston, *The Psalms*, 297 참조.

하시는 성소가 있는 산이기에 '거룩한 산'이라 불리게 되었으며, 예배 장소이자 하나님의 임재와 통치를 상징하는 산이 되었다(2:6; 3:4; 48:1; 99:5; 132:7, 13-16; 대상 28;2; 애 2:1; 마 5:35 참조).[23] 법궤가 거룩한 것은 하나님의 임재를 상징하기 때문이기도 하지만 그 법궤 안에 거룩한 하나님의 법이 들어 있기 때문이기도 하다. 이 율법은 이스라엘을 구원하신 하나님이 이스라엘의 정체성('하나님의 보배로운 소유,' '제사장 나라,' '거룩한 백성'-출 19:4-6)과 하나님의 거룩한 성품을 드러낼 방편이자 이 세상을 거룩하게 하는 도구로 주셨다. 이스라엘은 하나님을 예배하러 올 때마다 자신들이 율법의 의를 행해야 하는 소명과 정체성을 반복해서 확인해야 했다. 그런 점에서 예배와 율법적 의는 매우 밀접하게 연결되어 있었다.

하나님의 왕궁인 성소에 '머무르거나'(*구르* גּוּר) '사는'(*샤칸* שָׁכַן) 것은 "제사장이 아니라 하나님의 환대를 받는 손님으로서"(23:6; 27:4-6; 39:12; 61:4; 84:10)[24] 일시적으로 '머무는 것'을 의미한다(*HALOT* 창 21:23; 삿 19:1; 사 16:4; 출 24:16; 민 9:18, 23).[25] 그들은 순례자, 나그네로서 하나님의 보호를 받으려고 성소에 온 자들이다. 성소에 들어와서 하나님을 예배할 수 있게 된 자들은 성소의 주인이신 하나님에 의해 받아들여져서 거룩한 경내에서 '시민권'을 행사할 수 있게 되었음을 의미한다.[26] 이러한 '머묾'과 '예배'는 하나님 앞에서 '흔들리지 않는'(5절) 영원한 거주를 기대하게 하며 결국은 그렇게 될 것이다(23:6).

---

23. VanGemeren, *Psalms*, 94.
24. *NIV Study Bible*, 800; Waltke & Houston, *The Psalms*, 298.
25. Waltke & Houston, *The Psalms*, 296-7.
26. Kraus, *Psalms 1-59*, 228; Mays, *Psalms*, 84에서는 이방인 거주자와 같은 자들이 여호와께 허락을 받고 있는 것으로 묘사한다.

2. 하나님을 예배하는 자들의 율법적인 덕목들(2-5절 2행)

1절의 질문에 대한 대답이 2연에서 제공되고 있다. 총 열한 개(혹은 열 개) 목록이 제시되고 있는데 대부분 이웃에 대한 태도를 나타내는 신앙적, 도덕적 덕목들과 관계되며 율법과도 연결된다. 2절이 일반적인 요약이라면 3-5절은 구체적인 덕목들을 제시한다.[27] 제사만이 아니라 도덕적인 의로움이 여호와께로 나아갈 수 있는 길임을 제시한다(출 20:1-17; 삼상 15:22; 사 1:10-17; 암 5:21-24 등).[28] 이 목록은 성전 입장의 자격을 열거하기보다는 하나님께 구원받아 예배드릴 수 있게 된 자들이 추구해야 할 율법의 의, 하나님의 성품을 따라 형성된 백성들의 성품을 묘사하는 것으로 보는 것이 더 좋을 것이다.[29]

1) 일반적 요약: 세 가지 율법의 정신(2절)

2절의 세 항목은 모두 분사형으로 표현되어 있고 그 분사들의 목적어는 율법의 대표적인 정신 세 가지(정직, 공의, 진실)다. '정직하게'로 번역된 단어(*타밈* תָּמִים)는 '흠 없이' 혹은 '온전히' 등의 의미를 갖지만(ESV, JPS, NIV 'blamelessly', 레 3:9; 잠 1:12; 겔 15:5; 창 6:9; 17:1) '행하다'(혹은 '걷다')는 동사와 합하여 '정직하게' 혹은 '신실하게' 행하는 것을 의미하기도 한다(*HALOT* A.6.b. 참조, 84:12; 잠 28:18). 그런 점에서 여기서 '정직'은 하나님의 율법에 어긋남이 없이 살려고 하는 헌신적이고 일관된 태도를 가리킬 것이다.

1행이 태도를 말한다면 2, 3행은 그런 태도가 반영되는 행동과 말로 나아간다.[30] '공의를 실천한다'는 말은, 하나님이 창조 세계와 언약 백성들에게

---

27. *NIV Study Bible*, 800.
28. *NIV Study Bible*, 800.
29. McCann, "Psalms," 733; Mays, *Psalms*, 84.
30. Waltke & Houston, *The Psalms*, 299 참조.

행하시는 신실하고 올바른 행위(9:4, 8; 18:23; 37:18; 65:5; 96:13; 98:9; 호 2:21)와 그것을 반영하는 율법(19:10; 119:7, 62, 106, 123, 138; 습 2:3)을 따라 공동체에서 살아가는 것을 의미한다. '진실'도 앞의 두 항목과 큰 차이가 없는 덕목이다. 마음으로 진실을 말하는 것은 거짓말을 하거나 두 마음으로 말하지 않는 정직함을 의미하기도 하고(12:2; 왕상 22:16; 렘 9:4; 슥 8:16), 자신이 한 말을 잘 지키는 신실함을 가리키기도 한다. 이렇게 보면 2절의 목록은 뒤의 덕목들보다는 좀 더 일반적인 것들이며, 하나님과 사람들에게 신실하며 율법의 정신대로 살아가는 태도를 가리킨다고 할 것이다.

2) 이웃과 관련된 덕목들 - 해를 끼치지 않는 말과 행동(3절)

2절에서 일반적인 원칙을 말했다면 3절 이하에서는 구체적인 덕목들을 제시한다. 하지만 여기에 나오는 덕목들도 법정에서 해결해야 할 조항들이 아니라 일상적인 사회 생활에서 지켜야 할 덕목들이다.[31] 이것은 이 모든 덕목이 예배하러 온 자들에게 "여호와가 여러분의 일상적인 삶의 주님이십니까?"[32]하고 묻는 것이나 다름없음을 의미한다.

3절은 2절에서 말한 율법적인 정신이 이웃에게 어떻게 표현되어야 하는지 구체적인 예들을 들고 있다. 밀러는 흥미롭게도 2절과 3절의 동사가 다음과 같이 대칭을 이루고 있다고 한다.[33]

2절	**3절**
행하다(걷다)	(발로 걸으며) 비방하다
실천하다	행하다
말하다	모욕하다

31. Kraus, *Psalms 1-59*, 230.
32. Kraus, *Psalms 1-59*, 231.
33. Miller, "Psalm XV," 422.

모두 '~않다'라는 부정어를 동반한 완료형 동사를 사용해서 이웃에게 해를 끼치지 않는 일상적인 도덕적 덕목을 보여준다. '허물하다'(*라갈* רָגַל)는 동사는 '발'이라는 명사와 관련되어 주로 '걸어 다니다,' '정탐하다'는 의미를 갖는 동사이기에 '혀로'와 합하여 남을 모함하거나 비방하기 위해 돌아다니는 모습을 의미한다(삼하 19:27).[34] 이 덕목은 십계명 중에서 이웃에 대해 거짓 증언을 하지 말 것을 명령하는 제9계명과 관련된다. 특별히 법정에서의 잘못된 증언은 공동체에서 한 사람의 삶 전체를 파괴할 수 있다(출 23:1-2).

두 번째 덕목은 이웃에게 '악(나쁜 짓)'을 행하지 않는 것이다. 이웃에게 해가 되는 행동을 하지 않는 것을 의미한다(창 26:29; 삿 11:27; 느 6:2). 이것은 십계명 중에서 5-10계명 전부와 관련이 되겠지만 특별히 6-8, 10계명과 관련된다.

세 번째 덕목은 첫 번째 덕목과 비슷한데, 이웃을 비방하지(22:6; 단 11:18) 않는 것이다. '이웃'은 문자적으로 '가까운 사람'으로 한 공동체에서 가까이 살아가는 이웃이나 친척을 가리킨다(38:11; 출 32:27; 욥 19:14). '비방하다'는 동사는 '모욕을 안기는' 것을 의미하는데, 공동체 가운데서 특별히 말을 통해서 다른 사람을 수치스럽게 만들거나 모욕을 주는 행위를 가리킨다(69:7; 렘 15:15; 습 3:18 참조). 공동체 내에서 다른 사람의 인격과 명예와 가치를 존중하여 모독하지 않는 태도가 이 덕목에서 강조되고 있다(69:10; 삼상 25:39).[35]

3) 여호와 경외에 기초한 사람들에 대한 태도(4절)

세 번째 덕목 목록은 이 시편의 제일 가운데 위치한다. 즉 2-5절에 나열된 모든 덕목은 '여호와 경외'로부터 비롯된다는 주제를 이런 중심적 위치가 보

---

34. Waltke & Houston, *The Psalms*, 300 참조.
35. Waltke & Houston, *The Psalms*, 301.

여준다고 할 것이다. 이 시편에 단지 두 번만 언급되는 '여호와'가 4절에 나온다는 점도 이 절의 중심성을 강조한다.

4절은 하나님에 대한 태도와 관련된 것으로 십계명 중 1-4계명을 반영한다. 하나님을 예배하는 의인은 망령된 사람은 멸시하고(1행) 반대로 여호와를 경외하는 사람은 존중한다(2행). 1행의 원문은 "가증스러운 사람은 그의 눈에 경멸스럽다"로 직역될 수 있다. '눈'은 가치관이나 삶의 태도를 대표한다. 그는 하나님을 무시하는 사람이 결코 성공할 수 없고 결국은 멸망할 것을 믿는다. '망령된(문자적으로 '거부당한') 사람'은 하나님께 버림받거나 거부당할 정도로 가증스러운[36] 악을 행하는 사람을 가리킨다(사 54:6; 렘 6:30). 이와 대조적으로 '여호와를 경외하는 사람'은 여호와를 온 세상 왕이신 하나님으로 믿고 두려워하여 그의 뜻에 순종하는 사람을 의미한다. 의인은 이런 사람을 귀하게 여기고 이들의 승리를 믿는다(16:3 참조). 다른 사람에 대한 이러한 태도는 역으로 예배자가 여호와를 경외하는 사람임을 증명한다. 왜냐하면 하나님도 "나를 존중히 여기는 자를 내가 존중히 여기고 나를 멸시하는 자를 내가 경멸하리라"(삼상 2:30)고 하셨기 때문이다.

세 번째 행은 하나님의 이름으로 한 모든 서원 혹은 맹세를 손해가 되어도 끝까지 지키는 덕목을 말한다. 이것은 하나님을 경외하는 사람이 그 경외함을 나타내는 구체적인 실례이다(24:4; 레 19:12; 민 30:2; 신 23:21-23; 전 5:4-6; 마 5:33-37).[37] 십계명 중 "여호와의 이름을 망령되게 일컫지 말라"는 제3계명을 지키는 일이다. 물론 이것은 잘못된 맹세까지 지킨다는 것을 의미하지 않는다. 오히려 맹세한 것을 지키기가 매우 힘든 상황이 되거나 지키면 손해가 된다고 하더라도 그 맹세에 걸린 하나님의 이름을 존중히 여겨 그것을 끝까지 지키려고 하는 태도를 가리킨다.

---

36. *NIV Study Bible*, 800.

37. Waltke & Houston, *The Psalms*, 298도 그렇게 본다.

4) 돈 문제와 관련된 덕목들(5절 1-2행)

5절의 덕목들은 '돈'에 대한 태도와 관련되어 있다. 제1행은 하나님 나라 공동체에서 돈을 벌기 위해 높은 이자를 받고 돈을 꾸어주지 않는 것을 말한다. 돈을 빌려주되 고리를 받아서 이익을 챙기려는 목적이 아니라 지극히 가난한 형제를 돕고자 하는 목적으로 해야 함을 권한다(출 22:25-27; 레 25:36-37; 신 23:19; 잠 28:8; 겔 18:8, 13, 17; 22:12). 이방인에게는 이자를 받을 수 있어도 동족에게는 그렇게 하지 말 것을 규정하는 것은, 하나님의 자비와 사랑에 기초해서 이루어진 하나님 나라 공동체의 성격을 잘 드러낸다. 물론 당시 주변 국가들에서 사람들이 30-50%에 달하는 고리를 받고 돈을 빌려주었던 상황을[38] 생각하면 이것을 실천하는 일이 쉽지는 않았을 것이다.

2행도 돈과 관련되는데, 뇌물을 받고 거짓 증언이나 잘못된 판결 등을 하는 죄악을 행하지 않는 것을 말한다. 뇌물을 받는 것은 죄가 없는 무고한 사람에게 죄를 뒤집어씌우는 불의한 결과를 초래할 것이기 때문이다(출 23:8; 신 10:17; 16:19; 27:25; 잠 17:8, 23; 사 5:23; 33:15; 겔 22:12). 에스겔 22장 12절에도 이자와 뇌물이 함께 등장하고 있다.

3. 하나님을 예배하는 자들의 영원한 안전에 대한 약속(5절 3행)

5절 3행은 위에서 말한 덕목들의 결론이면서 그 덕목들을 행하는 사람들의 영원한 안전함에 대한 하나님의 약속이다. 이 행은 2절에 세 번 등장하는 사람을 가리키는 '분사형'과 3절과 4-5절 2행에 여섯 번 등장하는 '~않다'는 부정어로 구성되어 문법적으로도 결론으로서의 모습을 갖추고 있다.[39] '이렇게 행하는 사람'은 2-5절에서 나열한 덕목들을 비롯한 율법적인 의를 행하려고 애쓰는 사람을 의미한다. 이런 사람들이야말로 하나님의 구원 목적과 하

38. Kraus, *Psalms 1-59*, 230 참조.
39. Miller, "Psalm XV," 424.

나님을 예배하는 목적을 제대로 아는 사람들이다. 진심으로 하나님을 경외하여 거룩한 산에 와서 하나님을 예배하려고 하는 자들은 그렇게 살기를 열망할 수밖에 없다는 점을 강조한다. 그리고 그렇게 하나님을 예배하기 위해 시온의 '성소'에 '머무는'(1절) 사람들은 '영원히' '흔들리지 않을' 것이라는 약속을 받는다(16:8; 21:7; 잠 10:30). 시편에서 '흔들리다'(*모트* מוֹט)는 동사는 주로 인생이나 삶의 기반이 흔들리는 상황(멸망, 파산, 질병, 패배)을 묘사하는데(10:6; 13:4; 16:8; 21:7; 30:6; 62:2, 6; 112:6), 하나님의 성소에서 예배하는 의인들은 하나님께서 지키실 것이기에 영원히 안전할 것이라는 말이다. 그들은 여호와의 집에 '영원히 살' 것이다(23:6). 세상이 아무리 흔들려도 하나님이 계신 성은 흔들리지 않기 때문이다(46편).[40] 그런 점에서 5절 3행은 1절과 조화를 이루면서 하나님의 말씀대로 살고자 하나님을 예배하는 의인들을 격려하는 역할을 한다. 이것은 하나님을 무시하며 온갖 악을 행하는 어리석은 악인들의 심판을 강조하며 의인들을 격려하는 14편과 대조된다.

교훈과 적용

시편 15편의 교훈: 하나님은 이 땅에 새 성전인 교회를 허락하셔서 백성들이 하나님을 예배하며 거룩한 삶을 배우고 의로운 삶을 살도록 하셨다. 성도들은 의로우시고 거룩하신 하나님을 예배하는 자답게 이 땅에서 의를 행하는 삶을 구하며 영원한 하나님 나라를 꿈꾼다.

1. 순종하기 위해 드리는 예배(1-5절)

우리는 예배 전에 늘 15편 1절의 질문을 해야 한다. 누가 하나님을 예배할 수 있는가? 왜 하나님을 예배하려고 하는가? 하나님께서 예수 그리스도의 죽음과 부활, 성령으로 우리를 부르신 것은, 율법과 성경이 말하는 하나님 나라의 의를 이루는 삶을 살도록 하시기 위함이다(2-5절). 거룩하시고 의로우신 삼위 하나님을 예배하기를 원하는 열망으로 의를 행하며, 삼위 하나님을 예배하면서 그 의를 행할 힘과 열정을 다시

---

40. Waltke & Houston, *The Psalms*, 306.

회복한다. 예배를 통해 하나님이 얼마나 거룩한 분이시며 하나님이 우리가 거룩하게 살기를 얼마나 원하시는가를 거듭거듭 깨닫고, 그 기대에 응답하는 삶을 살기를 결심하게 된다. 순종하기 위해 예배하고 예배를 통해 순종으로 나아간다. 말씀 순종에 대한 열의가 없는 예배는 우상숭배와 같다(삼상 15:22-23; 사 1:10-17; 암 5:21-24).

거룩하신 하나님을 교회에서 예배하며 얻는 힘으로 하나님을 경외하는 형제들을 사랑하며(4절), 이웃에게 해를 끼치지 않고(3절) 적극적으로 이웃에게 의와 정직과 진실을 행하기 위해(2절) 애쓰게 된다. 말로 상처를 주거나 모욕하지 않고 남에 대한 거짓말을 퍼뜨리지 않으며, 자신의 이익을 위해 약자들을 억울하게 하는 일(5절)에 가담하지 않게 된다. 이것이 의로우신 하나님을 예배한 자들이 나타내는 하나님의 의다. "모든 사람과 더불어 화평함과 거룩함을 따르라 이것이 없이는 아무도 주를 보지 못하리라"(히 12:14)는 말씀도 이런 맥락에서 주신 말씀이다.

2. 하나님의 성전에서 영원히 사는 꿈(1, 5절)

이스라엘 백성이 시온 성전에서 거룩하고 의로우신 하나님을 뵙기 위해 나아온 것처럼, 신약 시대의 성도들도 거룩하고 의로우신 삼위 하나님과 영원히 사는 꿈을 꾸며 예배로 나아간다(1절). 이 땅에서의 의로운 삶과 영원하고 의로운 하나님 나라를 꿈꾸며 참 성전이신 예수 그리스도와 성령님을 붙든다(요 2:13-21). 새로운 성전인 교회(고전 3:16-17; 엡 2:19-20)에서 삼위 하나님을 예배하며, 마지막 날에 완성될 새 성전, 의로운 하나님의 나라에서 영원히 흔들리지 않는 삶(5절)을 꿈꾸게 된다. 불의한 자들, 즉 "속된 것이나 가증한 일 또는 거짓말하는 자"(계 21:27)와 "개들과 점술가들과 음행하는 자들과 살인자들과 우상 숭배자들과 및 거짓말을 좋아하며 지어 내는 자"(계 22:15)는 의로운 하나님 나라에 들어가지 못한다(고전 6:9-10; 갈 5:19-21; 엡 5:5). 항상 하나님을 예배하며 삶을 거룩하게 한 자들, 즉 "자기 두루마기를 빠는 자들"은 들어가게 될 것이다(계 22:14).

시편 16편

하나님 앞에 사는 환희

[다윗의 믹담]

1 하나님이여 나를 지켜주소서
내가 주께 피하나이다
2 내가[1] 여호와께 아뢰되
주는 나의 주님이시오니
주 밖에는 나의 복이 없다 하였나이다
3 땅에 있는 성도들은[2]
존귀한 자들이니 나의 모든 즐거움이 그들에게 있도다[3]
4 다른 신[4]에게 예물을 드리는 자는
괴로움이 더할 것이라
나는 그들이 드리는 피의 전제를 드리지 아니하며
내 입술로 그 이름도 부르지 아니하리로다
5 여호와는 나의 산업과 나의 잔의 소득[5]이시니
나의 분깃을 지키시나이다

---

1. MT의 동사 형태를 따라 '그녀가 말하다'로 번역하여 시인의 '영혼'이 말하는 것으로 보기도 하고(칼뱅), '당신이 말하다'로 번역하여 시인이 다른 사람에게 말하는 것으로 보기도 하지만(Craigie, *Psalms 1-50*, 153), 대부분 번역본은 문맥상 '내가 아뢰다'의 오기로 보고 개역개정처럼 번역한다. W. van Peursen, "Patterns and Pleasure - Participants in Psalm 16," in ed. J. Dekker & G. Wakkel, *Reading and Listening: Meeting One God in Many Texts* (ACEBTSup 16, Bergambacht: Uitgeverij 2VM, 2018), 180-1 참조.
2. '성도들'에 붙어 있는 전치사가 2절 1행의 '아뢰다' 다음의 '여호와'에 붙어 있는 전치사와 같아서 2절의 '아뢰다'와 연결하여 '성도들에게'로 번역할 수 있지만(Craigie, *Psalms 1-50*, 153, 2절에 이어 '당신은 거룩한 사람들에게 말했다'로 읽음), 그보다는 독립적으로 여기처럼 '~에 대해 말하자면'이라는 의미로 '성도들은'으로 번역하는 것이 더 낫다(17:4처럼). van Peursen, "Patterns and Pleasure," 182-3 참조.
3. 칠십인역에서는 '존귀한 자'를 '존귀하게 하다'는 동사로 보고 주어를 하나님을 가리키는 3인칭 남성 단수 '그'로 읽어서 "그는 그들 가운데 있는 그의 모든 기쁨을 크게 하였다"로 번역한다.
4. 원문에는 '신'이란 단어가 없지만, 문맥상 신을 지칭하는 것으로 보고 이렇게 번역했다.
5. 여기서 '소득'은 산업과 잔 모두에 걸리게 번역되었지만, ESV, NIV처럼 '여호와는 내 산업의 소득이요 나의 잔'으로 번역될 수도 있다.

6 내게 줄로 재어 준 구역은 아름다운 곳에 있음이여
나의 기업이 실로 아름답도다
7 나를 훈계하신 여호와를 송축할지라
밤마다 내 양심이 나를 교훈하도다
8 내가 여호와를 항상 내 앞에 모심이여
그가 나의 오른쪽에 계시므로 내가 흔들리지 아니하리로다
9 이러므로 나의 마음이 기쁘고
나의 영도 즐거워하며
내 육체도 안전히 살리니
10 이는 주께서 내 영혼을 스올에 버리지 아니하시며
주의 거룩한 자를 멸망시키지 않으실 것임이니이다
11 주께서 생명의 길을 내게 보이시리니
주의 앞에는 충만한 기쁨이 있고
주의 오른쪽에는 영원한 즐거움이 있나이다

본문 개요

16편은 다윗이 하나님께 피하여 하나님 앞에서 살아가는 삶의 풍성함과 환희를 노래하는 시편이다. 1절이 기도이고 전체가 하나님께 올려드리는 형

---

6. 이 시편의 장르에 관해서는 논란이 있다. 1절을 보면서 '기도시편' 혹은 '간구 시편'으로 보면서, 2절 이하의 신뢰나 확신의 고백을 현재의 고난 중에서 하나님의 기도 응답을 구하는 간접적인 기도로 보기도 한다. 또 P. J. Botha, "True Happiness in the Presence of YHWH: The Literary and Theological Context for Understanding Psalm 16," *OTE* 29 (2016): 61-84에서는 지혜시편의 특징을 중요하게 여겨 '토라-지혜시편'으로 분류하고 있다. 이 시편의 장르에 대한 상세한 논의를 위해서는 A. Groenewald, "Psalm 16 (LXX Ps 15) and Acts of the Apostles - Part I," *OTE* 21/1 (2008): 91-3 참조.

식을 취하고 있지만, 기도보다는 하나님에 대한 신뢰가 넘치는 '신뢰시편'이다. 아마도 이 시편은 고난 중에 드린 기도의 응답을 경험한 다윗이 하나님께 올린 신뢰의 고백이었을 것이다.[6]

다윗이 언제 이 시편을 썼는지는 알 수 없지만 다윗의 왕위가 안정되고 법궤를 예루살렘으로 옮긴 후에 쓴 것으로 보인다. 하나님께로 피한다는 말이나(1절) 하나님을 모시고 산다는 표현들, 그리고 기업의 안정 등은 그런 정황들을 전제하는 것처럼 보이기 때문이다.

시편 15편 개요 부분에서 다루었지만, 16편은 15-24편 그룹에서 두 번째에 위치하여, 역시 끝에서 두 번째에 위치한 23편과 대칭을 이룬다. 이 두 시편은 신뢰시편이라는 장르적인 공통점 외에도 많은 어휘들과 주제를 공유한다. 먼저, 16편 2절의 '나의 주님,' '나의 복'이라는 여호와에 대한 고백은 23편 1절의 '나의 목자'라는 고백과 '부족함이 없는' 공급과 연결된다. 두 번째, 16편 5절과 23편 5절은 둘 다 하나님의 풍성한 복에 대한 확신을 표현한다. '잔'(코스 כּוֹס)은 시편에서 드물게 나타나는데 '나의 잔'이라는 표현은 오직 이 두 곳에만 나타난다.[7] 세 번째, 여호와의 임재가 가져다주는 안전에 대한 확신이 16편 8절과 23편 4절에 공통적으로 나온다. 네 번째, 둘 다 하나님이 영혼을 회복시키셔서(16:10; 23:3)[8] '생명의 길'과 '의의 길'을 '가르치시고' '인도하실' 것을 고백한다(16:7, 11; 23:3).[9] 다섯 번째, 둘 다 하나님이 '죽음'의 영역에서 생명을 지키실 것과 하나님의 존전에서 풍성한 삶을 누릴 것을 확신한다(16:10; 23:4; 16:11; 23:6).[10]

또 16편에서는 '여호와의 장막,' '주의 성산'(15:1)에 '살고자'(*샤칸* שׁכן

---

7. Miller, "the Theology of Psalms 15-24," 289.

8. Botha, "True Happiness," 76.

9. Brown, "Psalms 15-24," 266 참조.

10. A. Groenewald, "The Ethical 'Way' of Pslam 16," in *The Composition*, 509.

15:1; 16:9) 하는 15편의 꿈이 성취된다.[11] '여호와를 두려워하는 자를 존대하는 자'(15:4)가 성산에 거할 수 있다면, '땅에 있는 성도들'을 '모든 즐거움'으로 삼는(16:3) 16편의 시인이 바로 그런 사람이다. 또 16편 7, 8절은 15, 19편이 강조하는 여호와의 훈계와 여호와의 임재를 연결해서 고백하면서(16:7, 11),[12] 이것이 자신이 흔들리지(*모트* מוט 8절; 15:5) 않을 이유라고 고백한다. 16편과 23편은 탄식시편인 17편과 22편에 나온 신뢰의 고백 부분(17:15, 22:3-5, 9-10)이 독립된 것처럼 두 기도시편에 확신을 더해 준다. 16, 23편에서 표현된 하나님의 임재로 말미암는 생명의 보호와 풍성한 삶의 기쁨은 제왕시편이자 기도와 감사의 시편들인 18, 20-21편에서 확증되고 있다.[13]

문학적 특징과 구조

시편 16편은 기도로 시작하지만 신뢰와 확신으로 가득하다. 1절의 '보호를 요청하는 기도'는 시인이 하나님과 함께 함을 통해서 응답되고 확실해지고 있음을 이어지는 절들이 반복적으로 강조한다(2, 5, 8, 9-11절). 형식적으로 보면 1-6, 9-11절은 시인이 하나님께 직접 올려드리는 신뢰의 고백이라면, 7-8절은 여호와를 3인칭으로 표현하는 시인의 찬양이다. 이런 고백과 찬양들을 통해 하나님에 대한 신뢰가 증가하고 있는데, 1절에서는 '피난처'로서 하나님이 암시되어 있고, 2절에서는 '주님,' '복을 주시는 분,' 5절에서는 시인의 '기업'이시자 '기업을 주시는 분'으로, 7절에서는 시인을 '가르치시는 교사'로, 8절에서는 시인의 '우편에서 지키시는 분'으로, 9-11절에는 구원을 베푸시는 '생명의 주'로 고백되고 있다. 이러한 고백으로 말미암는 기쁨과

---

11. Wilson, Psalms 1. 306; A. Groenewald, "Ethics of the Psalms," 428.
12. Brown, "Psalms 15-24," 266 참조.
13. 이상의 문맥적 관찰은 김성수, "시편 15-24편," 68-80에 있는 것을 요약한 것이다.

행복이 전 시편에 가득하다. 6절의 '아름다운 기업,' 9절의 '기쁨'과 '즐거움,' 11절의 '충만한 기쁨'과 '영원한 즐거움'이 그런 점들을 강조한다. '성도'(3, 10절)인 시인의 이런 기쁨은 다른 신을 섬기는 자들의 많은 '괴로움'과 대조된다(4절). 또 6, 7, 9절에는 하나님에 대한 신뢰 고백을 강조하기 위해서 '참으로'(*아프* אַף)라는 부사가 세 번이나 등장하고 있다.

이상의 문학적 특징들과 내용을 고려하여 이 시편의 구조를 분석하면 다음과 같다.[14]

1절 보호를 요청하는 기도[15]
2-4절 참 주님이신 여호와만 섬기겠다는 헌신의 고백
5-6절 기업을 주신 분이시자 기업 자체이신 여호와에 대한 고백
7-8절 여호와의 교훈과 보호에 대한 찬양
9-11절 죽음에서 보호하시는 생명의 주님이 주시는 기쁨

또한 이 시편은 반복되는 주제와 어휘들을 통해서 다음과 같이 두 부분으로 이루어진 대칭 구조로 분석할 수도 있다.[16]

A 1절 '보호'를 요청하며 하나님께로 '피함'
B 2-4절 주님-나의 '복'/ 성도들-'즐거움'/이방신 숭배자들의 '괴로움'
C 5-6절 '아름다운 땅'을 기업으로 주신 여호와

---

14. Waltke & Houston, *The Psalms*, 326의 구조는 큰 제목은 다르게 달았지만 비슷한 구조를 보여준다.
15. 대개 1절과 2절을 하나님에 대한 신뢰의 고백으로 하나로 묶지만(예: Kraus, *Psalms 1-59*, 234), 1절은 명백하게 간구이며 2절은 4절까지 이르는 여호와에 대한 헌신의 고백과 연결되기에 이렇게 구분하였다.
16. Botha, "True Happiness," 66-7, 69-71에서도 이와 같이 abc/abc 구조로 분석하고 있긴 하지만 1-2, 3-4, 5-6/7-8, 9-10, 11로 나눈다.

D 7절 나를 '교훈하시는' 여호와 송축

A′ 8절 항상 여호와를 '내 앞에 모심,' '오른쪽'에 계신 여호와

⇨ 흔들리지 않음

B′ 9절 보호하시는 하나님으로 말미암는 '기쁨'과 '즐거움'

C′ 10절 '스올'에서 구원해 주신 여호와

D′ 11절 생명의 길을 '보이신' 여호와 ⇨ 주의 '앞,' '오른쪽'

첫 부분인 1-7절이 모든 것을 풍성하게 채워주시는 시인의 '복'과 '기업'이신 하나님에 대한 신뢰와 헌신의 고백이라면, 뒷부분인 8-11절은 함께하시는 여호와의 보호와 구원으로 말미암는 기쁨의 고백이다. 첫 부분을 시작하는 1절의 피난처이신 하나님이 뒷부분을 시작하는 8절에서는 시인의 오른쪽에 계셔서 흔들리지 않게 지켜 주시는 분으로, 마지막 절에서는 성도와 함께하셔서 풍성한 생명과 기쁨을 주시는 분으로 고백되고 있다. 1절과 11절, 8절과 11절이 각각 수미쌍관을 이루면서 여호와의 '함께하심' 주제를 강조한다. 2-4절에서는 시인의 '주님'이시자 '복'의 근원이신 여호와로 말미암는 즐거움과 이방신 숭배자들이 당할 괴로움이 대비되는데, 이것은 여호와의 보호하심으로 말미암는 시인의 '즐거움'을 노래하는 9절과 대칭을 이룬다. 5-6절은 시인의 참된 '기업'이신 여호와께서 베푸신 '아름다운 기업'을 말하고 있다면, 이와 대칭을 이루는 10절은 이와 대조적인 어두운 '죽음'의 영역 스올에서 구원해 주시는 여호와를 노래한다. 마지막으로 7절에서는 시인을 '교훈하시는' 하나님을 찬양한다면, 이와 대칭을 이루는 11절에서는 생명의 길을 '보이신' 하나님으로 말미암는 즐거움을 노래한다.

본문 주해

표제: "다윗의 믹담"

다윗이 지은 시편인데 '믹담'은 당시의 시편의 한 종류로 보인다. 비록 칠십인역에서는 '글'(inscription)로 번역하고 있지만(*HALOT*) '믹담'의 의미는 불확실하다. 주로 큰 위기 가운데서 기도하는 '다윗의 시편들'의 표제로 사용되었다(16, 56-60편).[17]

1. 보호를 요청하는 기도(1절)

1절은 고난 중에 하나님께 피하는 기도이다. 다윗은 1행에서 하나님을 부르며 자신을 '지켜 달라'고 요청하고, 2행에서는 그 이유로 자신이 하나님께로 피했기 때문이라고 한다. 하나님께로 피하면 안전하게 보호받을 수 있다는 확신이 깔려 있는 기도이다. 이 기도는 10절이 암시하는 현재의 고난에 대한 간구일 수도 있지만, 이미 응답받은 과거의 기도를 인용하면서 미래의 비슷한 상황을 위해 기도한 것일 수도 있다. 그렇다면 이 시편은 고난 중에 드려진 기도 응답을 경험한 다윗이 그 경험을 기초로 하나님께 올린 신뢰의 고백이었을 것이다. 그런 점에서 이 기도는, 하나님에 대한 신뢰로 넘쳐나는 이 시편에서 사실상 하나님이야말로 언제든지 피할 수 있는 가장 안전한 피난처라고 서론적으로 고백하는 것이다.[18] 뒤따르는 2-11절은 하나님의 임재 안에서 누리는 안전과 풍성한 삶을 반복적으로 강조하면서 1절에서 하는 고백의 의미를 구체적으로 증명한다고 할 것이다.[19]

'하나님'으로 번역된 단어 *엘*(אֵל)은 3절의 "땅에 있는 성도들"을 지키시

---

17. Craigie, *Psalms 1-50*, 154 참조; *NIV Study Bible*, 801.
18. Craigie, *Psalms 1-50*, 156-7; Goldingay, *Psalms 1-41*, 227.
19. Mays, *Psalms*, 87.

는 하늘에 좌정하신 하나님의 초월성을 강조한다.[20] '지키다' 동사는 하나님이 세밀하게 돌보셔서 보호하시는 것을 묘사한다(17:8; 140:4; 141:9 참조).[21] 또 '피하다'는 단어는 2편 12절부터 자주 시편 1권에 등장하여(5:11; 7:1; 11:1; 16:1; 17:7; 25:20; 31:1 등)[22] 고난 중에 있는 성도가 여호와를 의지하는 모습을 강조한다. 이 피함은 '성소'에 계신 하나님을 의지하고 도움을 구하는 기도를 가리킨다. 이것은 '성소에 사는' 의인의 삶을 표현하는 15편과 연결되며 '하나님 앞에'(8, 11절) 있는 시인의 행복을 노래하는 16편 전체 주제를 강조한다. 또 하나님만 의지하는 이런 태도는 이방신을 섬기는 자들(4절)의 태도와 대조된다.

2. 참 주님이신 여호와만을 섬기겠다는 헌신의 고백(2-4절)

제2연은 여호와께로 피신한 다윗이 왜 하나님께 피했는지를 설명하듯이 하나님을 향한 자신의 헌신을 고백하는 부분이다. 이 고백은 하나님만이 참된 주님이시고 복의 근원이시라는 고백(2절)과, 그 고백에 따라 참 하나님을 섬기는 성도들은 존귀하게 여기지만(3절) 이방신들은 거들떠보지도 않겠다(4절)는 결심으로 구성되어 있다.

1) 고백: 참 주인이시자 복의 근원이신 여호와(2절)

다윗은 하나님께 직접 자기 신앙고백을 말씀드리며(31:14; 91:2; 140:6; 142:6 참조)[23] 하나님에 대한 확실한 신뢰를 표현한다. 여호와만이 '나의 주님'이시라고 먼저 고백한다. '나의 주님(*아도나이*, אֲדֹנָי)'이란 표현은 여호와

---

20. Waltke & Houston, *The Psalms*, 328.

21. Waltke & Houston, *The Psalms*, 328.

22. Creach, *Yahweh as Refuge*, 74-7 참조.

23. 여기서 '아뢰다'는 동사는 하나님에 대한 신앙의 고백을 도입하기에 '고백하다'는 의미로 사용되었다. Groenewald, "Psalm 16 and Acts, Part I," 97 참조.

와 시인의 친밀한 관계를 강조하면서도 온 세상과 자신의 주인이신 하나님께 종으로서 충성을 바치는 표현이기도 하다. 그 다음 행은 그것을 더 강조한다. '주밖에'(*발-알레이카* בַּל־עָלֶיךָ)는 '주를 떠나서는'(새번역, NIV)으로 번역되어도 무방하다. 여호와만이 자신의 복이시자, 모든 좋은 것(goodness)의 근원이심을 고백하는 표현이다(65:11; 68:10; 73:25; 약 1:17 참조). 그 예가 5-6절에 표현되고 있다. 자신과 세상의 모든 좋은 것은 주권자이신 여호와께 달려있기에, 여호와께만 충성하겠다고 고백하는 것이다.

2) 헌신 1: 성도들을 존귀하게 여기고 기뻐함(3절)

2절의 '주님이신 여호와'께 대한 충성은 성도들에 대한 사랑 고백으로 연결되고 있다. '땅에 있는 성도들'은 거룩하신 하나님을 위해 거룩하게 구별되고 하나님께만 충성하는 백성들을 가리킨다(34:10; 레 11:44; 19:2; 20:7, 26; 21:6; 민 15:40).[24] 10절에서는 '거룩한 자'로 다르게 표현되어 있다. '땅에 있는'이라는 수식어는 1절의 하늘의 '하나님'(*엘* אֵל), 2절의 온 세상의 '주

---

24. 이 표현은 다른 신들을 가리키는 표현으로, 혹은 영혼으로 존재하는 '강력한 죽은 자들'을 가리키는 표현이라고 주장되기도 하지만, 여기서는 '땅에 있는'이라는 표현을 이 땅의 사람들로 보기에 '성도들'로 해석한다. 이와 관련된 주장들을 위해서는 P. S. Johnston, "'Left in hell'? Psalm 16, Sheol and the Holy One," in eds. P. E. Satterthwaite, R. S. Hess, & G. J. Wenham, *The Lord's Anointed. Interpretation of Old Testament Messianic Texts* (Grand Rapids: Baker Books, 1995), 215 참조. 한편, H. G. L Peels, "Sanctorum Communio vel Idolorum Repudiatio? - A Reconstruction of Psalm 16,3," *ZAW* 112(2000): 239-51에서는 3-4절이 2절의 고백과 대조적으로 이방신 숭배를 배척하겠다는 고백이라고 보고 '거룩한 자들'은 '신들'로 번역하고(신 33:2; 시 89:6-8; 욥 5:1; 15:15; 단 4:13, 17, 23) '존귀한 자'를 그 동의어로 봐서 4절과 합하여 다음과 같이 번역한다. "땅에 있는 거룩한 자들, 즉 사람들이 내 모든 기쁨이 그들에게 있다고 하는 존귀한 자들인, 다른 신에게 예물을 드리는 자에게는 괴로움이 더할 것이라…" 가능한 번역이기는 하지만 '존귀한 자들'은 주로 신이 아닌 사람들을 가리키는 경우가 많고, '사람들의 말'을 추가해서 번역해야 하는 억지스러움이 존재하기에 무리가 있으며, 또 3절 전체가 이방신을 설명하는 것으로 보기에는 이상하며, 성도들에 대한 사랑의 표현이 하나님에 대한 헌신의 고백과 함께 등장하는 것이 불가능하다고 말하기 어렵기 때문에 현재 번역을 그대로 취한다. van Peursen, "Patterns and Pleasure," 183-4도 필자와 동일하게 해석하고 있다.

님'의 돌보심을 받으며 땅에서 하늘의 하나님을 나타내는 자들임을 강조한다. 그래서 다윗은 그들을 다시 '존귀한 자들'('강한 자들,' '귀인들,' 삿 5:13; 느 3:5; 10:30; 대상 23:20)로 부르며, 자신처럼 하나님께 헌신된 그들을 보는 것이 자신의 기쁨임을 고백한다. 이것은 하나님의 성소에서 예배하는 자들의 자질 중 하나이며(15:4), 2절에서 표현한 하나님에 대한 헌신의 연장선상에 있다.

3) 헌신 2: 이방 신들을 섬기지 않음(4절)

4절에서는 하나님에 대한 헌신이 다른 신들을 섬기지 않고 오직 하나님만 예배하는 것으로 표현되고 있다. '다른 신'(사 42:8; 48:11; 출 34:14)의 존재는 여호와만 '나의 주님'이라고 한 2절의 고백과 상충된다. 오직 여호와 한 분만이 참 주님이시자 참 하나님이심을 믿는다면 이방인들이 섬기는 거짓 신을 섬길 수 없음을 고백하는 것이다. 여호와를 버리고 이방신을 섬기거나 여호와와 이방신을 같이 섬기는 사람들은 이 땅에서 '복'을 더 받고 싶은 열망에서 그렇게 했을 것이다.[25] 하지만, 이것은 모든 복의 근원이신 하나님에 대한 2, 5-6절의 시인의 고백과 상반된다. '예물을 드리다'로 번역된(JPS, 개역개정) 동사(*마하르* מָהַר)는 '(돈을 지불하고) 아내로 삼다'는 의미를 갖는 출애굽기 22장 15절의 용례를 따른 것이다. 이 동사는 '서두르다'는 의미를 갖기에 '좇다'로 번역되기도 한다('run after,' ESV, NIV). 다윗은 거짓된 신들을 섬긴 결과는 '괴로움'의 증가라고 확신하는데, 이것은 2, 5-6절에서 여호와께만 '복'이 있음을 고백한 것과 대조된다. 그래서 다윗은 3-4행에서 이방신들에게 드리는 잘못된 제사에 가담하지도 않을뿐더러, 맹세나 기도의 의미로[26] 이방 신들의 이름조차도 부르지 않을 것(호 2:17 참조)이라고 (하나님 앞에

25. Goldingay, *Psalms 1-41*, 229, 230.
26. Goldingay, *Psalms 1-41*, 230 참조.

서) 다짐한다. '피의 전제'는 피를 붓는 제사로, 포도주 등을 붓는 성경적인 '전제'(drink offering, 출 29:41; 레 23:13, 18; 민 15:5)와 달리 이방신을 섬기는 제사들에서 행해졌던 제사 행위의 대표적인 예였을 것이다(사 57:6; 렘 7:18; 19:13; 32:29). 이방신들을 절대로 예배하지 않겠다는 단호한 결심을 이렇게 표현한 것이자, 하나님에 대한 절대적인 신뢰와 헌신을 고백하는 것이다(십계명 제1계명).

3. 기업을 주신 분이시자 기업 자체이신 여호와에 대한 고백(5-6절)

2절에서 여호와께서 '주님'이시고 자신의 '복'의 근원이시라고 했다면 여기서는 그 구체적인 예를 든다. 5절과 6절은 하나님께서 아름다운 기업을 자신(과 이스라엘)에게 주셨는데, 바로 이 기업이야말로 하나님이 자신의 삶을 풍성하게 채우시는 참된 기업되심을 증명하는 것이라고 고백한다.

5절 1행에서 다윗은 여호와가 자기 '산업의 소득'이시자 '잔의 소득'이시라고 고백한다. '산업의 소득'이라는 표현은 '소유의 몫' 혹은 '소유의 분량'이라는 의미로 여호와가 다윗의 모든 '산업'(소유)을 주시는 분이자 자신이 누릴 기업 그 자체시라는 고백이다. 이스라엘이 하나님의 '산업'(소유, 몫)이지만(신 32:9; 슥 2:16), 하나님이 이스라엘과 하나님의 백성의 '산업'이시기도 하다(73:26; 119:57; 142:5; 애 3:24; 레위인들의 기업이 하나님, 민 18:20; 신 10:9; 18:1; 수 13:14, 33; 18:7).[27] 이것은 2절처럼 주권자이신 하나님께 다윗과 이스라엘의 모든 소유와 행복이 달려 있음을 고백하는 것이다. 15-24편 그룹에서 대칭을 이루는 23편 1절의 고백과 동일하다. '잔의 소득'이라는 표현도 의인들에게 하나님이 베푸시는 풍성한 구원이나 상을 의미한다(23:5; 102:7; 116:13). 이것은 하나님이 악인들의 악에 대해 응분의 대가를 치르게 하신다는 의미인 11편 6절의 '잔의 소득'과 정반대다(75:8; 사 51:17, 22; 렘

27. Waltke & Houston, *The Psalms*, 331 참조.

25:15; 겔 32:32이하; 합 2:16).

5절 1행의 고백은 5절 2행과 6절에서 구체화된다. 5절 2행에서는 하나님이 시인에게 주신 분깃(기업)을 지키시는 것으로, 6절에서는 하나님이 경계를 지어서 시인에게 분배해 주신 기업이 아름답다는 고백으로 표현된다. 이러한 표현들은 다윗 개인의 고백을 하나님의 '성도들'(3절)인 이스라엘의 역사까지 확장시킨다. 기업을 '지키신다'는 말은 '붙드신다'로 직역할 수 있는데, 하나님이 기업을 주실 뿐만 아니라 이후 경작과 수확까지도 책임지신다는 말이다. 6절 1행은 '줄들이 나를 위해 아름다운 곳에 떨어졌다'로 직역될 수 있다. 여기서 '줄'은 기업을 분배할 때 땅을 측정하여 경계를 구분하는 줄을 가리키기에, 그 줄이 '아름다운 곳'에 '떨어졌다'는 것은 하나님이 다윗이나 이스라엘에게 제비를 뽑게 하셔서 기름진 땅을 분배하셨음을 의미한다. '아름답다'로 번역된 표현은 원래 '달콤하거나' '사랑스럽거나' '많은 즐거움을 주는' 것(133:1; 135:3; 147:1; 잠 22:18; 아 1:16)을 의미하여 하나님께서 허락하신 기름지고 풍성한 땅을 상징한다.[28] 11절에서는 같은 단어를 '즐거움'으로 번역하였다. 6절 2행의 '아름답다'도 비옥한 땅이 주는 기쁨을 표현한다. '실로'라는 부사어는 그 감격과 기쁨을 강조한다. 10절에서 언급하는 '스올'과 '무덤'이 하나님과의 단절을 의미한다면 5-6절의 기업은 시인 혹은 이스라엘이 하나님 임재 가운데서 '생명'과 '환희'를 누리는 땅이다.

4. 여호와의 가르치심과 보호에 대한 찬양(7-8절)

하나님의 '복'으로 인한 환희는 그분의 함께하심뿐만 아니라 '가르치심'과 '인도하심'의 결과였다. 이 연에서 다윗은 앞부분들과 달리 여호와께 직접 올려드리는 고백이 아니라 여호와를 3인칭으로 부르는 찬양의 형태로 하나님이 자신과 함께하시면서 자신을 가르치시고 지키신 것을 노래한다.

---

28. Waltke & Houston, *The Psalms*, 332.

1) 여호와의 가르치심에 대한 찬양(7절)

다윗은 자신에게 의롭고 좋은 길을 가르치시는 하나님을 송축한다. 1절에서 여호와를 피난처로 삼았고 2절에서는 '주님'으로 고백했는데, 피난처이자 주님이신 하나님이 가르치심을 통해서 자신을 의와 생명의 길로 인도하신 것을 찬양하는 것이다(23:3; 19:7). '송축하다'로 번역된 단어 *바라크*(בָּרַךְ)는 사람이 사람에게 표현할 때는 '축복하다'로 번역되지만, 여기처럼 사람이 하나님을 대상으로 표현할 때는 '송축하다'로 번역된다. 하나님께 인간이 드릴 수 있는 '복'이란 구원과 생명을 주는 능력의 근원이신 하나님(*HALOT*)을 찬양하는 것이다.[29] 그 구원과 생명의 길(11절)은 여호와의 가르치심과 인도하심에서 비롯된다. 그래서 1행에서는 여호와가 직접 자신을 가르치시는 것으로 고백하고, 2행에서는 자신의 '양심'(콩팥)이 '밤에도'(강조) 자신을 교훈하는 것으로 표현한다. 2행은 다윗의 깊은 중심을 깨우치시는 하나님의 가르침을 간접적으로 강조하는 것이다. 이것은 여호와께 피했을 때, 여호와가 의를 위해 고난당하는 의인을 격려하시고, 다시 올바른 길을 가르쳐 주시고, 그 고난을 이기고 벗어나 여호와 앞에서 풍성한 삶을 누릴 길로 안내해 주시는 모든 과정을 말한다(8, 11절, 23:3). 1행의 '가르치다'(*야차* עָצָה)는 권위자 혹은 교사가 누군가에게 성공을 위한 좋은 계획을 '충고하는'(출 18:19; 민 24:14; 삼하 17:15) 것을 말한다. 또 '교훈하다'(*야사르* יָסַר)로 번역된 단어는 '꾸짖다,' '징계하다'는 의미로 많이 사용되지만(6:1; 레 26:18, 28; 신 21:18; 22:18; 잠 19:18; 29:17) 여기서처럼 '교훈하다'(잠 31:1)는 일반적인 의미로도 사용된다.[30] 물론 여기서도 하나님이 징계나 훈계를 통해 양심으로 죄를 깨닫게 하신다는 의미를 배제할 수 없다. '양심'으로 번역된 단어 *킬야*(כִּלְיָה)는 원래 '콩팥'을 가리키지만, 시에서는 이곳처럼 모든 감정이 나오는 곳이

---

29. F.-L. Hossfeld, E. Zenger, *Psalms 3: A Commentary on Psalms 101-150*, trans. L. M. Maloney (Minneapolis: Fortress Press, 2011), 486.

30. Waltke & Houston, *The Psalms*, 332 참조.

자 결정이 이루어지는 깊은 내면의 '중심'을 의미한다(*HALOT*, 26:2; 73:21; 139:13; 출 29:13; 레 3:4, 10, 15; 렘 12:2; 욥 19:27). '밤마다(혹은 동안에도)' 라는 표현은 낮뿐만 아니라 깊은 밤에도 쉬지 않는 하나님의 가르치심을 강조하는 표현일 수도 있고, 깊은 밤과 같은 '고난 중에도'[31] 구원의 길로 인도하심을 강조하는 표현일 수도 있다.

2) 여호와의 함께하심과 보호하심에 대한 찬양(8절)

8절에서는 다윗이 항상 생명의 길을 가르치시는 하나님을 '항상' 모시고자 하는 결단으로 신뢰를 고백한다. '여호와를 항상 내 앞에 모신다(*샤바* שָׁוָה)'는 말은 시인이 자신과 함께하시며 자신을 가르치시는 여호와를 항상 생각하며(JPS) 의지하는 것을 의미한다(21:5; 89:19, "내 눈이 항상 여호와를 바라보네" NIV).[32] 2행은 1행처럼 하면 여호와가 자신을 보호하실 것을 다윗이 확신하는 부분이다(1절의 성취). '오른쪽에 계시다'는 것은 강력한 도움이나 보호를 의미한다(11절, 73:23; 109:31; 121:5; 사 63:12). 이 보호의 결과는 '흔들리지 않음'으로 나타난다. 15편 5절에서 하나님의 성소에 와서 예배하는 의인이 흔들리지 않을 것처럼 하나님이 함께하시는 사람은 '흔들리지' 않는다. 흔들리다'(*모트* מוֹט)는 동사는 주로 멸망, 파산, 질병, 패배 등을 당하여 인생이 파멸에 이르는 상황을 묘사한다(10:6; 13:4; 21:7; 30:6; 62:2, 6; 112:6). 4절에서 말하는 이방신을 섬기는 자들이 당하는 괴로움이 바로 이 '흔들림'이다. 이들과 여호와를 항상 앞에 모신 성도가 극명하게 대조되고 있다.

31. Groenewald, "Psalm 16 and Acts, Part I," 102 참조.
32. Calvin, *Psalms*, 1:228; Kraus, *Psalms 1-59*, 239에서도 그렇게 해석한다.

5. 죽음에서 보호하시는 생명의 주님이 주시는 기쁨(9-11절)

이 연은 '이러므로'로 시작하면서, 앞에서 다윗이 풍성한 기업을 주시는 '주님'이시자 함께하시고 가르치시는 '보호자'이신 하나님을 신뢰한 결과를 보여준다. 다윗은 여호와가 자신과 함께하셔서 자신을 죽음에서 구하시고 생명의 길로 이끄실 것을 확신하며, 그로부터 나오는 기쁨을 표현한다. 그래서 이 연은 '기쁨'과 '즐거움'으로 시작해서(9절) '기쁨'과 '즐거움'으로 마무리된다(11절). 그리고 그 기쁨의 이유가 되는 '안전하게 살다,' '스올에 버리지 않다,' '멸망시키지 않다,' '생명의 길' 등의 표현이 반복적으로 등장한다. 특별히 8-11절은 사도행전 2장 25-28절에 인용되어 예수님의 부활을 증언하는 본문으로 사용되고 있다.

9절에서 시인은 7-8절의 여호와의 임재하심, 가르치심, 보호하심의 결과로('이러므로') 자신이 안전하게 살 수 있게 되어(3행) 얼마나 기쁜지를 노래한다(1-2행). 1-2행은 시인이 얼마나 기쁜지를 '마음'과 '영'으로 기뻐한다고 표현한다. '영'으로 번역된 단어 *카보드*(כָּבוֹד)는 한 개인의 '명성'이나 '영광'을 의미하여 전 존재를 가리킨다(57:9; 108:1; 욥 19:9; 29:20).[33] 9절 각 행에는 '마음'과 '영'과 '육체'(+10절 1행의 '영혼'='목숨') 등 신체의 여러 부분을 반복적으로 언급하여 하나님에 의해 안전하게 된 전 존재로 하나님의 은혜를 기뻐함을 강조한다. 이 기쁨은 3절에 표현된 성도들에 대한 시인의 즐거움이나 6절의 기업에 대한 기쁨과 연결되지만, 이방신을 섬기는 자들의 '괴로움'과는 대조된다. 3행은 여호와의 임재하심으로 '안전하게 살게' 되었음을 강조하는데, 이것은 15편 1절에서 여호와의 거룩한 산에 '살기를' 열망한 것과 연결된다.[34] 성소에서뿐만 아니라 하나님이 허락하신 땅에서의(5-6절) '흔들

---

33. Waltke & Houston, *The Psalms*, 334에서는 우가릿 문서의 용례를 들며 '간'으로 번역하고, NIV는 '혀'로 번역한다.

34. Groenewald, "Psalm 16 within the Context," 428.

리지 않는'(8절) 삶을 말한다(신 12:10; 33:12, 28; 렘 23:6; 33:16).[35]

10절은 9절 3행에서 다윗이 고백한 안전하게 살게 된 이유를 구체적으로 밝힌다. 시인과 함께하신 여호와가 당신의 '거룩한 자(성도)'인 시인(='내 영혼'='내 목숨')을 죽도록 버려두지 않았기 때문임을 유의적 평행을 이루는 두 행이 강조한다. 죽음은 '스올에 버리다'로 '멸망시키다(무덤을 보다)'로 표현되고 있다. '*스올*'(שְׁאוֹל)은 신약에서 말하는 '지옥'을 가리키기보다는 '지하 세계'(신 32:22; 잠 9:18; 겔 31:16) 혹은 '죽음의 영역' 혹은 '무덤'을 가리키는 표현이다(6:5; 18:5; 49:14; 89:48; 잠 5:5; 욥 3:17-19; 욘 2:2). '멸망'으로 번역된 단어(*샤하트* שַׁחַת)는 원래 '웅덩이'나 '구덩이'를 가리키는 명사로서 (BDB, *HALOT*) 주로 시가에서는 '무덤'이나 '죽음'에 대한 비유로 사용된다(30:9; 49:9; 55:23; 103:4; 욥 33:18, 22, 24; 사 38:17; 51:14; 겔 28:8; 욘 2:7). 여기서는 '보다'는 단어와 합하여 '무덤을 보는 것,' 즉 죽음을 경험하는 것을 의미한다. 일부 번역본들(LXX, ESV, NIV)은 이 단어가 '부패하다' '멸하다'는 동사 *샤하트*(שָׁחַת, 창 6:11-13; 9:11, 15 등)에서 비롯된 명사로 보고 죽음 이후의 '부패' 혹은 '썩음'을 가리킨다고 보기도 한다.[36] 어떤 번역을 취하든 여기서 '무덤(썩음)을 보다'는 말은 '썩음'을 포함하는 모든 죽음의 과정을 포함한다고 볼 수 있다.[37] 여기서 '스올'이나 '무덤'은 하나님의 '성도'에게 부정적인 의미로 사용되었다. 하나님의 심판을 당하여 '멸망하는' 것처럼 죽는 것을 의미한다. '스올'은 이 시편이 특별히 강조하는 하나님과의 교제, '여호와의 임재'(5-6, 8, 11절)가 단절되는 곳이다.[38] 하나님께만 전적으로

35. Groenewald, "Psalm 16 and Acts, Part I," 105.

36. Waltke & Houston, *The Psalms*, 323-4 각주 76과 339쪽은 이런 주장을 옹호한다.

37. Ross, *Psalms 1*, 409-12 참조.

38. Johnston, "'Left in Hell'?" 216-21에서는 구약 성경에서 '스올'이 주로 악인들이 가는 죽음의 장소로 많이 언급되었고 의인들도 가는 일반적인 죽음의 영역으로 표현된 적은 거의 없다고 주장한다. 의인들과 관련되어 '스올'이나 '무덤'이 언급될 때는 모두 심판이나 부정적인 상황을 배경으로 한다고 주장한다. 여기서도 '스올'은 매우 부정적인 의미로 사용되고 있다.

헌신하고 충성하는 하나님의 '경건한' 언약 백성들을 가리키는 표현인 '거룩한 자(성도)'라는 표현(4:3; 31:23; 32:6; 132:9; 149:5; 삼상 2:9; 삼하 22:26 등 참조)은, 비록 3절의 '거룩한 사람들'과 동일한 표현은 아니지만 거룩하신 하나님의 백성이라는 유사한 의미를 갖는다. 3절에서 다윗이 하나님의 성도를 존귀하게 여기듯이 여기서는 하나님이 자신을 의지하고 자신에게 충성하는 성도 다윗의 생명을 아끼시는 것을 표현하고 있다. 베드로는 오순절 성령 강림사건 이후 8-11절을 인용하면서 그것의 참 의미가 그리스도의 부활에서 이뤄졌다고 설교한다(행 2:25-29). 바울도 비시디아 안디옥에서 10절의 일부를 인용하면서 역시 그리스도의 부활에 대한 예언으로 해석한다(행 13:35-37). 사도들은 다윗이 고백한 것의 진정한 의미는 참 '거룩한 자' 예수 그리스도의 부활에서 분명하게 성취되었다고 해석했다.[39] 그리스도의 부활이 하나님을 사랑하는 자들의 몸과 영혼의 영원한 생명을 보증하기 때문이다.

11절은 9절처럼 10절의 하나님의 구원 결과를 다시 한 번 보여준다. 그것은 '생명의 길'과 '충만한 기쁨'이다. 1행은 10절의 '죽음'이나 '멸망(무덤)'과 대조되는 '생명의 길'을 하나님이 알게 하셨다고 고백한다. 실제로 이 표현은 2, 5-6절이 예시하듯이 하나님이 허락하시는 풍성한 삶을 의미하며 죽음이나 멸망과 대조되고 있다(잠 2:18-19; 5:5-6; 5:24).[40] 이것은 7절의 '가르침'을 상기시킨다. 그 생명의 길은 여호와께서 가르치신 '의'와 '율법'을 따른 자들에게 주어진 길이다.[41] 단지 지적인 가르침만을 통해서가 아니라 죽음으로 내려가는 고난에서 건져주심(10절)을 통해서 하나님이 인도하시는 풍성한 '생명의 길'을 경험으로 알게 하셨다는 의미다. 그리고 그 결과는 자신과

---

39. 상세한 논의는 A. Groenewald, "Psalm 16 (LXX Ps 15) and Acts of the Apostles Part II," *OTE* 21/2 (2008): 345-57과 정창교, "사도행전에서의 부활 관련 구약 인용 - 사도행전 2장과 13장을 중심으로," 『신약논단』 19/4(2012 겨울): 1141-72, 특별히 1145-9를 참조.

40. Groenewald, "Psalm 16 and Acts, Part I," 105.

41. Groenewald, "Psalm 16 within the Context," 428, 431.

함께하시는('주의 앞에는', '주의 오른쪽에는') 생명과 구원의 하나님으로 말미암아 누리는 충만한 기쁨이다(=8-9절). 그 기쁨은 풍성할 뿐만 아니라 '영원한' 것이다. '즐거움'으로 번역된 단어는 6절 2행에서 '아름답다'로 번역된 단어와 같은 단어다. 하나님의 구원을 받아 하나님의 붙드심('오른쪽')과 임재 가운데 사는 기쁨은 기름진 땅이 공급하는 풍성한 생명처럼 즐겁고 행복한 것이다. 하나님의 가르침과 의로운 통치에 순종하며 하나님을 모시고 사는(7-8절) 성도에게 하나님이 공급하시는 영원한 생명의 기쁨이다.

교훈과 적용

시편 16편의 교훈: 하나님은 성도의 주님이시자 복의 근원이시며, 항상 성도와 함께하시며 생명의 길을 가르치시고, 죽음에서도 안전히 지켜 주시기에, 성도는 오직 하나님만 섬기며 성도들과 더불어 그의 앞에 사는 기쁨을 누린다.

1. 우리의 복과 기업이신 하나님과 함께 사는 기쁨(1-6절)

다윗은 여호와 하나님만이 자신의 '복'(2절)과 '기업'이시며(5절), 기름진 땅을 통해 풍성한 삶을 주시는 분(6절)이라고 고백한다. 그래서 이 세상의 어떤 신들도 섬기지 않고 자신과 같은 신앙고백을 하는 성도들과 함께 하나님만 섬길 것을 결단한다(3-4절). 우리에게 하나님 나라의 유업(엡 1:14)과 풍성한 생명과 복(요 10:10; 엡 1:3)을 주시기 위해서 오신 하나님이 바로 우리를 위해 죽으신 예수 그리스도시다(히 9:15; 요 3:16-17). 그런 점에서 예수 그리스도가 교회의 참된 양식과 잔(성찬)이시다(제롬).[42] 우리는 성찬을 통해 예수 그리스도의 몸과 피를 먹고 마시면서 삼위 하나님만이 우리 행복의 근원이시며, 풍성한 삶의 공급자이심을 깨닫는다. 성찬을 통해 삼위 하나님과 교제하며 하나님이 주시는 풍성한 하나님 나라의 생명을 누린다(요 6:27-40). 이 기쁨이 너무 크기에 성도는 세상의 모든 좋은 것들을 배설물로 여기게 되며(3-4절; 빌 3:7-9), '밭에 감춰진 보화' 같은 하나님 나라의 풍성한 삶을 위해서 세상적인 것들을 기꺼이 버릴 수 있게 된다(마 13:44). 예수 그리스도의 하나님이 나의 '전부'이시고 하나님 외에 나의 '복이 없다'(마 6:25-34).

42. Waltke & Houston, *The Psalms*, 310.

2. 생명의 길을 가르치시는 교사이신 하나님과 함께 사는 기쁨(7-8, 11절)

하나님은 풍성한 삶을 주시되 그 삶으로 가는 길을 교회와 성도들에게 말씀과 예배와 기도 응답을 통해서 가르쳐주신다(7-8절). 길과 진리요 생명이신 예수 그리스도(요 14:6)를 보내셔서 궁극적인 '생명의 길'을 알게 하셨다. 이와 더불어 하나님은 우리가 날마다 하나님 나라의 풍성한 삶을 누릴 수 있는 길을 가르쳐 주신다(11절; 신 30:15-16; 잠 5:6; 6:23; 요 14:26; 행 9:31). 때로 그 길은 좁고 고난이 따르는 길일 수도 있지만(마 7:14), 주님이 약속하신 참된 복이 거기에 있음을 믿고(마 5장의 팔복) 교사 되신 삼위 하나님을 잘 따라가야 할 것이다. 그렇게 할 때에 우리는 교사이신 삼위 하나님과 함께 사는 기쁨을 누리게 된다.

3. 우리를 지키시는 보호자이신 하나님과 함께 사는 기쁨(8-11절)

타락한 세상과 사람들은 근본적으로 하나님이 인도하시는 풍성한 생명의 길을 거부하고 죽음의 길을 달려가고 있다. 이런 세상에서 말씀대로 사는 성도들이 '죽음'과 같은 고통을 당할 수 있다. 하지만 고난을 겪는 의인들에게 빛과 보혜사로 오신 예수 그리스도(요 1장), 주님이 보내신 또 다른 보혜사 성령님(요 14, 16장)이 우리를 오른편에서 붙드시기에 우리는 흔들리지 않고 안전히 살 수 있다(8, 9절). 하나님을 사랑하고 의지하는 '성도'를 결코 헛된 '죽음'에 버려두시지 않으신 하나님(10절)은, 그 죽음조차 능히 이기는 '생명의 길'로 예수 그리스도를 보내셨다. 예수님은 "부활이요 생명으로서"(요 11:25-26) 우리가 하나님 나라 백성답게 사는 길을 위협하는 죽음을 무력화시키셨다. 이 예수님의 부활을 믿는 사람은 더 이상 고난과 죽음을 두려워하지 않는다(고전 15:57). 죽어도 다시 살 것이고 하나님 앞에서 영원히 살 것이다. 이 땅에서도 삼위 하나님과 기쁨의 교제를 나누고, 마지막 날에도 완벽한 하나님 나라를 누리며 삼위 하나님과 충만한 기쁨의 교제를 나눌 것이다(11절; 계 19:1-10; 22:1-5).

시편 17편

의롭다 함을 받게 하소서

[다윗의 기도]

1 여호와여 의의 호소를 들으소서
나의 울부짖음에 주의하소서
거짓 되지 아니한 입술에서 나오는
나의 기도에 귀를 기울이소서
2 주께서 나를 판단하시며
주의[1] 눈으로 공평함을 살피소서
3 주께서 내 마음을 시험하시고
밤에 내게 오시어서 나를 감찰하셨으나
흠을 찾지 못하셨사오니[2]
내가 결심하고[3] 입으로 범죄하지 아니하리이다
4 사람의 행사로 논하면[4]
나는 주의 입술의 말씀을 따라

---

1. 칠십인역에는 '내 눈'(עֵינַי)으로 읽는다. 그렇게 되면 이 행은 "내 눈으로 옳은 것을 보게 해 주십시오"가 된다. J. Leveen, "The Textual Problems of Psalm XVII," *VT* 11/1 (Jan., 1961): 48에서도 이 독법을 지지한다. 하지만 하나님의 판결이라는 면에서 보면 MT의 본문을 변경할 이유는 없다.
2. 이 동사들의 시제를 어떻게 볼 것인지 많은 논란이 있어 왔다. 실제로 현대의 번역본들은 과거(1-2행)-과거(3행, 개역개정, 새번역, JPS), 과거-미래(ESV), 현재-현재 등의 다양한 조합을 펼쳐놓는다. 이것이 시인의 의로움을 항변하는 것이라면 과거의 실제적인 경험보다는 스스로 하는 고백이기에, 1-2행은 조건절의 성격을 띠고 3행은 결과절을 의미한다고 보는 것이 좋을 것이다(NIV). 즉 "~하신다면 ~일 것입니다."의 의미이다. G. McConville, "Righteousness and the Divine Presence in Psalm 17," in eds. J. Middlemas, D. J. A. Clines, E. K. Holt, *The Centre and the Periphery* (Sheffield: Sheffield Phoenix Press, 2010), 196; G. Kwakkel, *According to My Righteousness: Upright Behaviour as Grounds for Deliverance in Psalms 7, 17, 18, 26 and 44* (Leiden: Brill, 2002), 72 참조.
3. NIV에서는 '결심하다'는 단어를 '악을 꾀하다'는 의미로 이해하여(31:14; 37:12) 3-4행을 다음과 같이 번역한다. "내가 악을 꾀했음을 찾지 못하실 것입니다/ 나는 입으로 죄를 범하지 않았습니다" 칠십인역에서는 명사로 읽어서 '나의 잘못'(*짐마티* זִמָּתִי, 26:10; 레 18:17; 삿 20:6; 욥 31:11)으로 번역하고 있는데('나의 잘못을 찾지 못하실 것입니다') Kwakkel, *My Righteousness*, 84 등과 일부 학자들은 이것을 따른다.
4. NIV는 '행사'를 '보상' 혹은 '뇌물'로 보고 "사람들이 내게 뇌물을 주려 했지만"으로 번역한다.

스스로 삼가서 포악한 자의 길을 가지 아니하였사오며[5]

5 나의 걸음이 주의 길을 굳게 지키고

실족하지 아니하였나이다

6 하나님이여 내게 응답하시겠으므로

내가 불렀사오니

내게 귀를 기울여

내 말을 들으소서

7 주께 피하는 자들을 그 일어나 치는 자들에게서 오른손으로 구원하시는

주여 주의 기이한 사랑을 나타내소서

8 나를 눈동자 같이 지키시고

주의 날개 그늘 아래에 감추사

9 내 앞에서 나를 압제하는 악인들과

나의 목숨을 노리는[6] 원수들에게서 벗어나게 하소서

10 그들의 마음은 기름에 잠겼으며

그들의 입은 교만하게 말하나이다

11 이제 우리가[7] 걸어가는 것을 그들이 에워싸서

노려보고 땅에 넘어뜨리려 하나이다

12 그는 그 움킨 것을 찢으려 하는 사자 같으며

은밀한 곳에 엎드린 젊은 사자 같으니이다

13 여호와여 일어나

그를 대항하여 넘어뜨리시고

주의 칼로 악인에게서

---

5. JPS처럼 "무법한 자들의 운명을 지켜보았습니다"로 번역할 수도 있다.

6. 히브리어 표현은 문자적으로 '목숨(영혼) 안에'(*베네페쉬* בְנֶפֶשׁ)인데, VanGemeren, *Psalms*, 197에서는 이것을 '탐욕적인'으로 번역한다. NIV, ESV 등은 여기처럼 '치명적인'으로 번역한다.

7. MT는 '나를'로 기록되어 있지만(케팁) '우리를'로 읽을 것을 추천하고 있다(케레).

나의 영혼을 구원하소서
14 여호와여 이 세상에 살아 있는 동안
그들의 분깃을 받은 사람들에게서[8] 주의 손으로 나를 구하소서
그들은 주의 재물로 배를 채우고
자녀로 만족하고
그들의 남은 산업을 그들의 어린아이들에게 물려 주는 자니이다
15 나는 의로운 중에 주의 얼굴을 뵈오리니
깰 때에 주의 형상으로 만족하리이다[9]

본문 개요

17편은 다윗이 대적들에게 억울하게 공격을 당하는 상황에서 하나님께 탄식하며 구원을 간구한 탄식시편이다. 이 시편에는 특별히 자신의 의로움을 천명하는 요소가 강력하게 나타난다(1-5, 15절). 거짓말로 자신을 공격하는 악한 대적들로부터 건져주심으로써 다윗이 무고하고 의롭다는 판결을 내려주실 것을 하늘 재판관에게 요청하고 있다.[10]

이 시편의 배경에 대해서는 구체적으로 알 수 없다. 다만 9-12절이나 14절은 다윗이 자신보다 더 강하고 부유한 자들에 의해 억울한 고난을 겪고 있음을 암시하기에 사울시대나 압살롬시대로 짐작할 수 있게 한다.[11] 이 시편

8. "이생에서 보상을 받는 이 세상 사람들로부터"(NIV 참조)로 번역할 수도 있다.
9. '보다'와 '만족하다'는 동사는 둘 다 청유형으로 되어 있어서 "~하게 하소서"로 번역될 수도 있다. 그러면 1-2절과 수미쌍관을 이루는 기도가 되는 셈이다. Goldingay, *Psalms 1-41*, 244 참조.
10. 이처럼 '의로움'을 호소하는 시편들로는 5, 7, 18, 26, 35, 38, 44, 59, 86, 109, 139편 등이 언급된다. Kwakkel, *My Righteousness*나 McConville, "Psalm 17," 193 참조. 김정우, 『시편주석 I』, 407에서는 이런 시편들을 '무죄천명 시'라고 적절하게 표현하고 있다.
11. 많은 학자는 3절의 '밤에'와 15절을 연결하여 모함을 당한 시인이 성전으로 피해서 밤을 지새우며

은 성전 예배에서 반복적으로 불리면서 억울한 고통을 당하는 의인들이나 불의한 나라들의 침략을 받은 이스라엘의 기도시편으로 사용되었을 것이다.

시편 15편 개요 부분에서 다루었지만, 17편은 15-24편 그룹에서 세 번째에 위치하여, 끝에서 세 번째 시편이고 역시 탄식시편인 22편과 대칭을 이룬다. 둘 다 신뢰시편인 16, 23편과 밀접하게 연결되면서도, 이 두 시편이 노래하는 '하나님의 충만한 임재'와는 극명한 대조를 이루는 '하나님의 부재'를 탄식하고 있다. 17편에서 다윗은 자신의 부르짖음의 근거로 자신의 율법적인 의를 제시하는데(1-5절) 이것은 유사한 표현과 주제를 공유하는 15, 19, 24편과 연결된다. 한편 16편 11절의 '주의 앞' 혹은 '주의 오른쪽' 등의 표현과, 17편 8절의 '주의 날개 그늘'이나 15절의 '주의 얼굴' 등의 표현은 15, 16, 23, 24편이 노래하는 성소의 하나님의 임재를 암시한다. 또 17, 22편의 기도는 18편과 20-21편이 노래하는 왕의 감사와 왕을 위한 기도를 감싸고 있다.[12] 17, 22편의 주 내용인 고난에 대한 탄식과 기도는 18편의 과거 회상 부분과 20편의 왕을 위한 기도 부분에서 반복되고, 18, 21편에 나오는 왕의 구원과 통치 가운데서 구체적으로 응답 되고 있다. 15, 24편에서 의인으로 인정된 사람들은 17, 22편에서 묘사하는 시련 가운데서 검증된 의인들이며, '곤고함'(22:24)에서 구원받은 자는 하나님의 영광과 존귀를 입은 '왕'으로 전환되고 있다(21:5).[13]

무엇보다 17편과 22편은 서로 많은 공통점을 공유하고 있다. 첫째, 이 시편들은 탄식시편들이 가지고 있는 '간구'의 요소들을 공통으로 갖는다. 두 시편 다 하나님을 *엘*(אֵל)로 부르면서(17:6; 22:1, 10) '듣다'(17:1,6; 22:24), '부르짖

하나님의 은밀한 '조사'를 받은 후에 하나님의 응답(무고함을 선고하는 판결)을 받아 새벽, 혹은 아침에 그것을 고백하는 것이라고 보기도 하지만 이것은 비유적인 표현들을 너무 문자적으로 오해한 것으로 보인다. J. W. McKay, "Psalms of Vigil," *ZAW* 91/2 (1979): 236-9; Kraus, *Psalms 1-59*, 245-6. 이에 대한 비판을 위해서는 McConville, "Psalm 17," 194-8 참조.

12. Hossfeld & Zenger, *Die Psalmen I*, 146.

13. Hossfeld & Zenger, *Die Psalmen I*, 114 참조.

다'(17:6; 22:3), '응답하다'(17:6; 22:2, 21) 등 기도나 기도 응답과 관련된 표현을 많이 사용한다. 두 시편에 동시에 나타나는 '밤'(17:3; 22:2)은 기도 시간을 나타낸다. 두 번째는, 두 시편 모두 '구원하다'는 동사군을 동원하여 대적들로부터의 '구원'을 기도하고 있다(17:7, 8, 13; 22:4, 5, 8, 20, 21, 특히 '나의 영혼을 구원하소서!' 17:13; 22:20, 29). 세 번째는, 두 시편에는 모두 원수들의 악함을 고발하고 그 원수들을 물리쳐 주시기를 기도하는 내용이 등장한다(17:9-14; 22:12-21). 두 시편의 원수 모두 다윗을 '둘러싸고'(압제하고) 있고(*나카프* נָקַף 17:9; 22:16),[14] '에워싸고' 있다(*사바브* סָבַב 17:11; 22:12, 16). 매우 주목할 만한 것은 두 시편 다 원수의 공격을 '찢는(*타라프* טָרַף) 사자'에 비유하고 있고(17:12; 22:13, 21),[15] 17편에서는 원수들을 '평생 세상으로부터 몫(*헬렉* חֵלֶק)을 받은 사람들'로 정의하는 반면, 22편은 다윗의 '겉옷을 나누는'(*할라크* חָלַק) 자로 묘사한다(18절)는 점이다. 네 번째는 구원의 확신과 관련된 공통 어휘들이다. 두 시편에는 모두 '주의 얼굴'(*파네이카* פָּנֶיךָ)을 뵙고, '주의 앞에'(*레파네이카* לְפָנֶיךָ) 예배하는 자들(17:15; 22:24, 27, 29)의 '만족'(17:15; 22:26)을 확신하는 내용이 나온다. 다윗은 자신의 '의'에 기초해서 기도했고, '의로운' 중에 주의 얼굴을 볼 것을 확신하고(17:15), 자신의 의를 따라 갚아 주실 하나님의 '의'를 찬양할 날을 바라보고 있다(17:1; 22:31).[16]

문학적 특징과 구조

시편 17편에는 탄식시편답게 기도가 많이 나온다. 1-2절이 도입 기도라면, 6-9, 13-14절은 악한 원수들로부터의 구원을 간구하는 기도다. 이런 기도들

---

14. 이 동사는 시편에서 단 네 번밖에 나오지 않는다.
15. Miller, "Theology of Psalms 15-24," 292 참조.
16. 이상의 문맥 관련 부분은 김성수, "시편 15-24편," 61-2, 74-80을 참고하여 요약하였다.

사이에 3-5절에는 자신의 의로움을 천명하는 부분이 나오고 10-12절에는 악인들에 대한 고발이 등장하지만, 마지막 15절에는 하나님의 변호와 악인들로부터의 구원에 대한 확신이 등장하며 마무리된다. 특별히 1-2절과 15절에는 '주의 얼굴('주 앞에서' 2절),' '의(1절),' '보다(살피다, 2절)'는 단어가 공통으로 등장하여 수미쌍관을 이루면서 기도한 대로 응답해 주실 것이라는 확신을 준다. 1-5절과 15절 등에는 '의,' '거짓되지 않음,' '공평함,' '주의 입술의 말씀,' '주의 길'과 같은 시인의 '의'와 관련된 표현들이 많이 등장하여 '의'가 기도의 기초임을 밝힌다. 한편, 이 시편에는 유독 신체와 관련된 표현들이 많이 등장한다. 시인의 '마음'(3절), '입'(3절), '걸음'(발, 5절), '영혼'(목숨, 9, 13절)이 주로 의를 행하는 기관이나 구원의 대상으로 언급되었다면, 하나님의 '귀'(1, 6절), '얼굴'(2, 14절), '눈'(2절), '입술'(4절), '오른손'(7절), '눈,' '눈동자,' '날개'(이상 8절), '손'(14절), '형상'(15절) 등은 하나님의 기도 응답이나 구원과 관련되어 있다. 이러한 하나님에 대한 신인동형론적 표현들은 의인인 시인의 필요에 민감하게 반응하시는 하나님의 사랑을 생생하게 강조한다.[17] 또한 이것은 9-12, 14절에 나오는 악인들의 특징들과 매우 대조적이다. 이러한 특징들을 가지고 구조를 분석하면 다음과 같다.[18]

A 1-5절 '의로운' 판결을 구하는 기도('의,' '주의 얼굴,' '보다')
　B 6-9절 원수들로부터의 구원 간구
　　C 10-12절 악한 원수들에 대한 고발
　B′ 13-14절 원수들로부터의 구원 간구

17. D. Charney, "Maintaining Innocence Before a Divine Hearer: Deliberative Rhetoric in Psalm 22, Psalm 17, and Psalm 7," *BI* 21/1 (2013): 52 참조.

18. 이와 같은 구조를 위해서는 Kraus, *Psalms 1-59*, 245; Kwakkel, *My Righteousness*, 82-102 참조. VanGemeren, *Psalms*, 193에서는 14절을 10-12절처럼 악인에 대한 묘사로 분리하는 것 외에는 이와 유사한 구조를 제시한다.

A′ 15절 ‘의로운 판결’과 구원에 대한 확신 혹은 기도
('의,' '주의 얼굴,' '보다')

이 구조는 악한 원수들의 악행 고발을 제일 가운데 두고 기도들과 확신으로 이 고발을 둘러싸게 함으로써, 악한 원수들의 공격으로부터 의인을 구원하셔서 그의 ‘의로움’을 증명해 주실 것을 요청하는 이 시편의 주제를 잘 드러낸다.

본문 주해

표제: “다윗의 기도”

“기도”(*테필라* תְּפִלָּה)로 번역된 이 표제는 ‘기도하다’는 동사에서 파생된 명사로서 17, 86, 90, 102, 142편의 표제로 나오는데 이 시편들은 모두 기도 시편들이다. 본문 1절에 이 단어가 등장하고 있다.

1. 의로운 판결을 구하는 기도(1-5절)

이 부분은 다윗이 자신의 의로움에 근거해서(3-5절) 자신을 의롭게 판결해 주시길 요청하는(1-2절) 기도이다.

1) 의로운 판결을 구하는 도입 기도(1-2절)

1-2절은 시인의 기도를 들어 주시길 간구하는 도입 기도로서 이곳에 응답을 간청하는 다섯 개 동사들(‘듣다,’ ‘주의하다,’ ‘귀 기울이다,’ ‘[판단이] 나오다,’ ‘살피다’)이 등장한다. 도입 기도에는 보통 상세한 기도 내용은 나오지 않는다. 여기서는 특별히 시인이 마치 재판정에서 무죄 판결을 요청하는 것처럼 하늘의 재판관에게 자신의 의로움을 호소하고 있다. 1절 1행의 ‘의’라는

단어와 2절의 '판단,' '공평함'은 모두 이런 점들을 강조한다. 또한 15절의 '의로움'과 합하여 전체 시편을 둘러싸면서 이 시편의 주제를 강조한다.

1절은 기도 응답을 촉구하는 간구이다. '의의 호소를 들어 주시길' 구하는 1행의 간구는 매우 독특하다. '의의 호소'로 번역된 '의'(*체데크* צֶדֶק)는 주로 하나님과 사람들과의 관계 속에서 요구되는 신실하고 올바른 행동을 의미하지만, 여기서는 '듣다'는 동사와 연결되기에 3-5절에 나오는 시인의 '의로움에 대한 호소' 혹은 '의로운 소송'을 의미한다. 이것은 마치 재판정이 열린 것처럼 하늘 재판관에게 의로운 판결과 조치를 호소하는 것이다(7:8-13 참조). 의인이 악한 대적들에게 당하는 억울한 고통을 해결해 주실 것을 이런 형식으로 기도하는 것이다. 칠십인역처럼 '나의 의'라고 표기하지 않은 것은 아마도 단지 시인만의 '의'가 아니라 세상의 모든 '의'에 대한 하나님의 주의를 촉구하기 위해서였을 것이다.[19] '의의 호소'는 2행에서는 '울부짖음'으로, 3-4행에서는 '거짓 되지 아니한 나의 기도'로 다르게 표현되고 있다. 이 역시 자신이 지금 악인들에게 당하는 일이 자신의 '의로움'과 상반되는 것이기에 억울함을 부르짖고 있음을 강조한다. 반면, '듣다,' '주의하다,' '귀 기울이다' 등의 동사들은 의로운 재판관이시자 왕이신 여호와가 억울한 호소를 잘 들으셔서 올바르게 판단하시고 해결해 주실 것을 간청하는 표현이다. 기도 응답은 의로운 판결과 그에 따른 조치인 셈이다.

2절은 1절의 의로운 판결을 호소하는 기도를 이어간다. 다만 1절에서는 여호와를 주어로 하는 명령형 동사들이 기도의 형태로 나오지만, 2절에서는 '공의로운 판결'과 '눈'이 주어가 되는 간접 명령형 동사들이 기도의 형태를 이룬다. 두 행 다 하나님이 시인의 호소에 대해 올바른 판결을 내리시고 시인의 무고함을 변호해 주시길 요청한다. 1행은 "주의 얼굴로부터 나에 대한 판결이 나오게 해 주십시오."로 직역될 수 있다. 재판관이신 하나님의 법정에

---

19. McConville, "Psalm 17," 200.

서 공의로운 판결이 내려지길 기도하는 것이다. 이와 평행을 이루는 '주의 눈이 살피다'는 표현 역시 하나님이 재판관으로서 다윗이 호소하는 송사에 대해서 자세히 살펴 판결하시는 것을 묘사한다. 하나님의 '얼굴'과 '눈'이 하나님의 '공의'를 행하는 대행자인 셈이다. 1행에서 '판결'로 번역된 단어(*미쉬파트* מִשְׁפָּט)는 '공의'나 '판결(심판)'을 의미하는데 여기서는 하나님이 법정에서 다윗의 무고함을 판결하시는 것이기에 '공의로운 판결' 혹은 '무죄 판결'(vindication)로 번역되는 것이 옳다. 2행의 '공평함'으로 번역된 단어도 '공의로운 판결'과 평행을 이루어, 다윗에 대한 악인들의 공격이 잘못되었음을 입증하는 다윗의 '옳음'이나 '무고함'을 의미한다.

2) 의로움 천명(3-5절)

이 부분에서는 앞(특히 2절 2행)에서 살피시길 요청했던 시인의 의로움을 천명한다.[20] 물론 여기서의 결백 주장은 절대적인 무죄를 의미하는 것이 아니라 자신을 공격하는 악인들의 비난과 공격에 대한 결백을 의미한다.[21] 3절에서는 시인 자신에 대한 하나님의 심문을 위한 '조사'에도 불구하고 자신의 무고함이 드러날 것을 천명한다면, 4-5절에서는 시인이 결백한 이유를 말한다.

3절에서는 재판관이 죄를 심문하는 것을 묘사하는 '시험하다,' '조사하다,' '감찰하다,' '찾다'는 표현이 연속적으로 등장한다. 다윗은 재판관 하나님이 자신의 죄에 대해 심문과 조사를 하셔도 죄를 발견할 수 없을 것이라고 주장한다. 이것은 거꾸로 다윗 자신이 하나님 앞에서 원수들이 주장하는 죄가 있는지 자세히 살피고 돌아보지만, 자신도 그것을 찾을 수 없고 하나님도 그것을 보여주시지 않았음을 의미한다. '밤에'라는 말은 하나님이 시인을

20. VanGemeren, *Psalms*, 195.
21. Craigie, *Psalms 1-50*, 162.

대면하시는 시간 혹은 시인 스스로가 조용히 자신을 돌아보는 시간을 의미할 것이다.[22] 한편, 이 시간은 15절의 '깰 때에'를 생각하면 하나님의 구원을 통해 자신의 의로움이 증명되는 것을 기다리며 기도하는 시간이다.[23] 조사를 의미하는 네 동사는 모두 철저하고 면밀한 조사나 심문을 강조한다(26:2; 66:10). 먼저 1행의 '시험하다'(*바한* בָּחַן)는 '정금'이나 '순은'을 얻기 위해 불순물을 제거하고 정련하는 것처럼(슥 13:9) 마음의 동기나 태도를 살피는 것을 의미한다(7:9; 11:4; 26:2; 66:10; 139:23; 욥 7:18; 23:10; 잠 17:3; 렘 12:3 등). 2행의 '조사하다'(*파카드* פָּקַד)는 단어는 '방문하다'(개역개정 "오시어서") '소집하다,' '지명하다' 등의 많은 의미를 갖지만(BDB) 여기서는 다른 동사들처럼 자세히 조사하는 것을 의미한다(삼상 14:17; 왕하 9:34; 욥 5:24; 7:18). '감찰하다'로 번역된 동사(*차라프* צָרַף)도 금속을 제련하거나 '정련하다'는 것을 의미하는데, 여기서는 불순물을 검사하는 의미로 사용되고 있다(26:2; 66:10; 105:19; 슥 13:9). 흥미로운 것은 이 동사는 '정결한' 하나님의 말씀을 묘사하기 위해 종종 사용된다는 점이다(12:6; 18:30=삼하 22:31; 119:140). 3행의 '찾다'(*마차* מָצָא)는 동사는 앞의 동사들이 의미하는 '조사'의 결과를 말하는데, '부정어'와 함께 결국은 그런 조사들로도 죄를 발견하지 못할 것을 말하고 있다.

3절 4행은 3행과 연결되어 다윗에게서 죄를 찾지 못한 이유를 제공한다. 그것은 '입으로 죄짓지 않기로 결심했기 때문'이다. 무고함의 근거를 제공한다는 점에서 이 행은 4-5절과 이어진다. '결심하다'는 히브리어 동사(*자맘* זָמַם)은 중얼거리는 모습에서 그 의미가 파생된 동사로 '생각하다,' '계획하다'는 의미를 갖는데(잠 31:16; 렘 4:28; 51:12; 슥 1:6) 문맥을 따라 '결심하다'로 번역하였다. 이것은 악을 행하기로 계획하는 것과 상반된다(31:14;

---

22. Craigie, *Psalms 1-50*, 162; Kwakkel, *My Righteousness*, 84 참조.
23. Kwakkel, *My Righteousness*, 84에서는 이 시편을 '저녁 기도'로 보기도 한다.

37:12). 여기서 '입'은 시인 자신이나 시인의 삶 전체를 대표하면서도 뒤따르는 4절의 하나님의 '입술의 말씀'과 연결된다. 시인 자신의 '입'으로 죄를 짓지 않고 하나님이 친히('입술로') 주신 말씀을 따랐음을 강조한다.[24] 반대로 10절의 악인들의 교만한 입과는 대조를 이룬다.

4-5절은 3절 4행에 이어 자신이 '무죄'인 이유를 제시한다. 다윗은 '입,' '입술,' '걸음' 등의 신체적인 부분들을 동원하여, 자신이 사람들이 주로 따르는 '포악한 자들'의 길이 아니라 하나님의 '입술의 말씀'과 하나님의 '발자취'를 전심으로 따라 살았기 때문이라고 한다. '의로움'으로 안내하는 의로운 말씀을 따라 살았기에 시인의 삶이 의로울 수밖에 없음을 주장하는 것이다. '사람의 행사로 논하면'은 3행의 '포악한 자의 길'과 연결되어 부정적인 뉘앙스를 띤다.[25] 사람들은 하나님의 뜻에 관심을 두기보다 당장 자신들에게 좋아 보이는 대로 살아간다는 것을 의미하는 것 같다. 아마도 다윗은 이런 악인들이 행하는 일을 했다고 모함받았을 수도 있다.[26] 그래서 그는 이와 대조적으로 '(정말) 나는'(강조, 6, 15절처럼) 하나님의 길을 따랐음을 강조한다(15편, 16:11; 18:21, 25-27; 19편; 23:3; 24편). 하나님의 '말씀'은 5절에서 하나님의 '길(발자취)'로도 표현되어 사람들의 '길'과는 대조를 이루면서 사람들이 좇아가야 하는 삶의 방식임을 나타낸다. '포악한 자'로 번역된 단어는 자기 이익을 위해서라면 '폭력'을 비롯한 모든 악한 방법까지도 동원하는 사람들을 의미하여(렘 7:11; 겔 7:22; 단 11:14) 악인들을 대표한다. 4절 3행의 악인들의 '길'과 5절의 하나님의 '길(발자취)'은 인생의 '발'(5절 2행)이 따르는 두 길을 대조시킨다. 결론은 시인은 하나님의 길을 꼭 붙들었기에(좇았기에) '실족하

---

24. Ross, *Psalms 1*, 422-3은 범죄하지 않은 '입'을 자신의 무고함을 주장할 때 범죄하지 않은 것을 의미한다고 보지만 문맥상 삶 전체의 무고함을 대표하는 것으로 보는 것이 더 낫다.

25. Kwakkel, *My Righteousness*, 86에 의하면 이 구절은 '사람들의 업적들' 혹은 '사람들이 제안하는 보상'을 의미할 수도 있는데 시인은 여기에 대해서 자랑하지 않거나 거절했음을 말하고 있을 수도 있다.

26. Goldingay, *Psalms 1-41*, 240.

지 않았다'는 것이다. 15, 16편에 계속 등장한 '흔들리다' 혹은 '넘어지다'는 동사는 '발'과 함께 사용되면 죄의 유혹에 넘어지는 것을 의미한다. 하지만 이것은 더 나아가서 삶의 실패나 멸망을 의미하기도 한다(10:6; 13:4; 15:5; 16:8; 21:7; 30:6; 62:2, 6; 112:6).

2. 악한 원수들로부터의 구원 간구(6-9절)

1-2절의 도입 기도는 이제 좀 더 구체적인 간구로 바뀌고 있다. 다윗은 하나님의 응답과 구원을 확신하면서 자신을 멸하려고 하는 악한 대적들의 공격에서 자신을 구해 주실 것을 간청하고 있다. 6-7절은 하나님의 응답과 구원을 확신하면서 드리는 간구라면, 8-9절은 현재의 구체적인 상황으로부터 확실한 보호를 요청하는 간구이다.

1) 하나님의 응답과 구원을 확신하며 드리는 간구(6-7절)

6절에서 다윗은 1절과 유사한 표현들을 사용하며('부르다,' '귀 기울이다,' '들다') 기도 응답을 간청한다. 특별한 것이 있다면 앞에서 여러 차례 말한 '무고한 내가'라는 것을 강조하기 위해 '내가'(번역상 2행에 나옴)를 제일 앞에 위치시킨 것(4, 15절처럼)과,[27] 2행에서(번역상 1행에 나옴) 하나님을 16편 1절이나 22편 1, 10절처럼 '*엘로힘*' 아닌 '*엘*'(אֵל)로 부르고 있다는 점이며, '의로운 자'에 대한 하나님의 기도 응답을 확신하면서 간구하고 있다는 점이다. 이런 확신은 간구의 힘을 더하는 것이며 7절에서도 이어진다.

7절에서도 다윗은 하나님이 대적에게서 건져 주실 것을 확신하면서(2행) 간구한다. 1행에서는(번역상 2행) '주의 기이한 사랑을 나타내시길' 간구하는데, 이것은 2행(번역상 1행)이 말하는 대적들로부터의 '구원'이 하나님이 베푸시는 기적적인 사랑의 행동임을 말한다. 이런 표현은 출애굽의 홍해 구

27. Kwakkel, *My Righteousness*, 89.

원 사건과 연결되는데(출 15:7, 11-13 참조), 다윗은 이스라엘을 구원하신 여호와의 기적적인 사랑을 새로운 구원(출애굽)이 필요한 자신에게 베푸시길 요청하고 있는 셈이다.[28] 이것은 반대로 다윗이 처한 상황이 하나님의 기적적인 사랑이 아니면 벗어나기 힘든 절박한 상황임을 보여주기도 한다.[29] 여기서 '사랑'(*헤세드* חֶסֶד)은 자기 백성들과 맺은 언약에 신실하신 하나님의 변함없는 사랑을 의미한다(출 34:6-7; 시 21:7; 33:5; 52:8; 103:17; 136:1-26; 렘 33:1 등). 하나님이 다윗을 구원하시는 것은 다윗의 자격 때문이 아니라 하나님의 무한한 사랑에서 비롯된다는 것을 다윗은 잘 알고 있다.[30]

2행에서는 하나님을 당신께 '피한 자들'을 '구원하시는 분'으로 부른다. 이런 부름 자체가 하나님이 대적들의 공격으로부터 자신을 구원하실 것을 확신하는 표현이다. '피하다'는 단어는 자주 시편 1권에 등장하여(2:12; 5:11; 7:1; 11:1; 16:1; 17:7; 25:20; 31:1 등)[31] 고난 중에 있는 성도가 여호와를 의지하여 기도하는 모습을 강조한다. '일어나 치는 자들'(59:1; 139:21; 욥 27:7)은 대적하여 일어난 적들을 가리키는데, 9절에서 좀 더 구체적으로 묘사된다. 한편 '주의 오른손으로'는 이 문장 제일 마지막에 등장하는데, 번역하기 쉽지 않다. 제일 첫 단어인 '기이한 (사랑을) 베풀다'와 연결되면 '주의 오른손으로 기이한 사랑을 나타내십시오'로 번역되어 '오른손'은 기적적인 사랑을 베푸는 수단이 된다. 하지만 우리 번역처럼 '구원하시는 주'와 연결하면 주의 오른손은 구원의 수단이 된다(대부분의 현대 번역본들). 한편, '피하는 자'와 연결되면 '주의 오른쪽에 피하는 자'가 되어서 장소를 의미하게 되고(ESV), '대적하는 자들'과 연결되면 '주의 오른손을 대적하는 자들'이 되어

---

28. Craigie, *Psalms 1-50*, 163에서는 7절의 '기이한' '사랑' '오른손' 등의 표현이 출 15:11-13에 나온다는 것을 강조하며 이 연결을 주장한다. Goldingay, *Psalms 1-41*, 241도 동의한다.
29. Calvin, *Psalms*, 1:243.
30. Kraus, *Psalms 1-59*, 155; Wilson, *Psalms 1*, 280.
31. Creach, *Yahweh as Refuge*, 74-7 참조.

거역의 대상이 된다. 이처럼 이 표현을 제일 뒤에 위치시킨 것은, 이 모든 의미가 가능하게 하려는 의도를 보여주는 것이기도 하다. 하나님의 은혜와 구원과 능력을 상징하는 7절과 14절의 '주의 (오른)손'이 모든 상황을 주관하고 있음을 강조하려는 의도일 수 있다.[32]

2) 원수들의 공격에서 구원을 요청하는 간구(8-9절)

8-9절은 대적들이 시인을 공격하는 구체적인 상황을 아뢰면서 그 상황에서 구해 주실 것을 간청하는 간구다. 먼저 8절에서 시인은 '눈의 눈동자처럼'이라는 직유와 '주의 날개 그늘'이라는 은유를 사용하여 보호를 간청한다. 이 두 비유는 이스라엘의 구원과 관련하여 등장하는데(신 32:10-11) 여기서도 다윗은 출애굽 시대 광야에서 하나님의 보호를 받은 이스라엘과 자신을 동일시한다.[33] '눈동자'(신 32:10; 잠 7:2)는 사람에게 사물을 보게 하는 가장 필수적이고 중요한 부분을 가리키기에 8절 1행의 기도는 시인을 그처럼 중요한 존재로 지켜달라는 요청이다. 원문에 명확하게 표현되어 있지는 않지만, 이 '눈동자'는 하나님의 '눈동자'를 의미할 것이기에 하나님께 가장 소중한 주의 성도를 비유하는 것으로 볼 수 있다. 또 원문에는 눈동자를 수식하는 '눈'이라는 표현이 함께 있다. 이것은 직역하면 '눈의 딸'(렘 2:18; 슥 2:12)인데 역시 '눈동자'를 의미할 수도 있다. '눈동자의 눈동자' 혹은 '눈의 눈동자'라는 표현은 눈동자의 소중함을 지극히 강조하는 것이다.[34]

8절 2행에서 다윗은 '주의 날개 그늘 아래' 자신을 숨겨 주실 것을 요청한다. 7절에서 하나님께 '피했다'고 했는데, 그렇게 피한 자들을 하나님이 안전하게 지키실 것을 간구하는 것이다. 여기서 하나님의 '날개'는 새가 날개를 펴서 위험에 처한 새끼를 보호하는 것을 연상시키며(신 32:11; 룻 2:12; 시

32. P. G. Mosca, "A Note on Psalm 17:7," *VT* 61 (2011): 388-92에서 논의된 것을 요약하였다.
33. Craigie, *Psalms 1-50*, 163.
34. Kwakkel, *My Righteousness*, 90 참조.

61:4; 91:4; 사 31:5; 마 23:37; 눅 13:34), '그늘'은 뜨거운 태양 아래 있는 사람에게 제공되는 시원한 피난처를 상징한다. 그러므로 하나님의 '날개 그늘'은 진정한 피난처와 보호를 상징하는 복합적인 비유라고 볼 수 있을 것이다(36:7; 57:1; 63:7).[35]

9절에서는 '원수'가 처음 언급되는데 시인이 자신을 멸하려고 하는 악한 원수들로부터 보호받아야 함을 강조한다. 먼저 1행은 이들을 "나를 압제하는 악인들"로 부르고 2행은 "(원문: 나를 둘러싸고) 나의 목숨을 노리는 원수"라고 부른다. 그들은 다윗의 원수이면서도 '악인들'이다. 의로운 다윗과 반대되며 하나님의 대적이기도 하다.[36] 1-5절 내용을 본다면 이들은 다윗이 자신들에게 잘못하지 않았는데도 다윗에게 누명을 씌워 죽이려고 하는 자들로 볼 수 있을 것이다. 예를 들면 사울의 세력이나 압살롬의 세력들이다. '압제하다'(혹은 '멸하다')로 번역된 단어는 매우 파괴적인 어감을 느끼게 하는 동사이며(137:8; 잠 11:3; 렘 5:6; 49:28; 겔 32:12), '나를 둘러싸고 목숨을 노리는'이란 표현도 죽이려고 작정하고 달려드는 원수들의 모습을 묘사한다. 그만큼 구원을 요청하는 다윗의 기도는 절박하다.

---

35. 많은 학자(예: Kraus, *Psalms 1-59*, 248-9)는 이 은유적 표현을 하나님의 법궤 위에 날개를 펼치고 있는 그룹의 날개에서 비롯되었을 가능성을 제시했는데(왕상 8:6; 대상 28:18; 대하 5:7 참조), G. Kwakkel, "Under YHWH's Wings," in P. van Hecke, A. Lahahn ed. *Metaphors in the Psalms*, BETL 231 (Leuven: Peeters, 2010), 153-5에서는 룻 2:12과 같은 성전과 관련 없는 본문의 예를 들면서 이 해석의 가능성을 배제한다. 그는 이 비유의 기원보다 더 중요한 것은 이 비유가 일반화되어서 하나님의 '보호'를 의미한다는 것을 받아들이는 것이라고 옳게 주장한다(162-5). J. M. LeMon, "Iconographic Approaches: The Iconic Structure of Psalm 17," in J. M. LeMon ed, *Method Matters: Essays on the Interpretation of the Hebrew Bible* (Leiden: Brill, 2010), 152-64에서는 고대 근동의 많은 그림을 제시하면서 여기서는 성전 그룹의 날개에 대한 비유라기보다는 고대 근동의 그림들처럼 칼을 가지고 사자를 죽이는 신을 연상시키면서도, '의로운 왕'을 보호하고, 힘을 지니고 세상의 질서를 유지하는 신적인 새에 비유한 것이라고 본다. = J. M. LeMon, *Yahweh's Winged Form in the Psalms: Exploring Congruent Iconography and Texts* (Fribourg: Academic Press, 2010), 59-112.
36. Kwakkel, *My Righteousness*, 92.

3. 악한 원수들에 대한 고발(10-12절)

이 연은 9절에서 언급한 악한 원수들의 구체적인 악행을 고발하는 탄식 부분이다. 10절이 '기름'과 '입'을 통해 악인들의 거만함을 묘사한다면, 11절은 그들의 살벌한 '눈'에 대한 묘사로, 12절은 '사자' 비유를 통해 무고한 자들에 대한 그들의 악랄한 공격성을 고발한다.

10절은 악인들의 교만함을 고발한다. 1행의 의미는 분명하지 않다. 직역하면 "그들은 자신들의 기름을 닫았다" 혹은 "그들은 자신들의 기름으로 두르다"가 된다. 이것은 동정하기를 거부하는 둔한 마음을 의미할 수도 있는데(119:70, "그들의 마음은 불쌍히 여기는 데 닫히다," ESV, JPS, NIV[37])[38] 그렇게 되면 시인과 같은 사람들에 대해 무자비함을 의미할 것이다. 만약 새번역처럼 "그들의 몸뚱이는 기름기가 번드르르 흐르고"로 번역한다면 하나님과 사람들을 아랑곳하지 않고 자신들의 '부'를 자랑하는 교만한 모습을 의미할 수 있다(14절; 73:7). 혹은 이 번역은 11-12절과 연결되어 사람들을 공격한 것으로 자신을 살찌우고 자신들을 치장하는 것을 의미할 수도 있다(겔 34:3). 그렇게 되면 2행은 그것을 자랑하는 거만을 표현하는 것이라고 할 것이다. 시인의 '입술'(1절)은 여호와의 '입술'의 말씀(4절)을 따르지만, 악인의 '입'은 교만하게 말한다.[39] '교만'으로 번역된 단어는 하나님의 '위엄'을 묘사하는 단어로 자주 사용되는데(93:1; 사 26:10) 여기서는 그 위엄을 악인이 취하고 있다. 하나님의 심판을 무시하고 약한 자들을 억압하고 착취하는 악인들의 교만을 신랄하게 고발하는 것이다.

11절에서는 약한 자들을 공격하여 얻은 것을 자랑하는 악인들이(10절) 무고한 약자들을 악랄하게 공격하는 모습을 고발한다. 11절은 9절을 좀 더 구

---

37. 이것은 MT를 고쳐서 번역한 것으로 보인다. 즉 "그들의 기름으로"(חֶלְבָּמוֹ)를 "그들의 기름진 마음"(חֵלֶב לִבָּמוֹ)으로 읽은 것이다. Leveen, "Psalm XVII," 51 참조.

38. Kwakkel, *My Righteousness*, 93은 이렇게 해석한다.

39. LeMon, "Psalm 17," 154.

체적으로 설명하는 것으로 볼 수 있다. 11절 1-2행은 악인들이 의로운 자들을 넘어뜨리려고 하는 과정을 순서를 따라 묘사하고 있다. 갑자기 '우리'가 등장한 것은 다윗이 자신과 함께 있는 혹은 자신과 같은 의인들을 대표하고 있었음을 의미한다. 악인들은 이 의인들의 '발걸음'을 공격하려고 에워싼다. 9절과 연결하면 발걸음을 넘어뜨려 죽이려고 하는(2행) 동작이다. 그런데 이 '발걸음'은 5절에 나오는 시인의 '걸음'과 연결되면 하나님의 말씀을 따르는 '걸음'이다. 2행은 넘어뜨리기 위해 의인들의 발걸음을 노려보는 모습을 묘사한다.

12절은 먹잇감을 노리는 '사자' 비유를 통해서 악인들의 악랄한 공격을 강조한다. 1행의 문장을 직역하면 "찢을 것을 간절히 찾는 사자"가 될 수 있는데 이것은 배고픈 사자가 먹잇감을 찾아서 찢으려고 하는 사나운 모습을 묘사한다. 12절 2행은 이와 유사하게 악인의 모습을 잘 안 보이는 곳에 숨어서 먹잇감을 노리는 '젊은 사자'에 비유한다. '젊은 사자'는 가장 힘이 세고 사나운 사자다. 시인과 같은 의인들이 여호와의 날개 아래 '숨는' 것과 대조적으로 악인들은 '숨어서' 의인들을 공격하려고 한다.[40] 이렇게 12절은 직유를 통해서 다윗을 비롯한 의로운 자들이 힘세고 포악한 악인들에 의해서 당하는 고통을 생생하게 표현하고 있다. 여기서 원수들은 '그'라는 단수로 표현되어 있는데 이것은 아마도 대표 단수일 것이다.[41]

4. 악한 원수들로부터의 구원 간구(13-14절)

악인들에 대한 고발을 한 후에 13-14절에서 시인은 6-9절처럼 다시 악한 원수들로부터의 구원을 간구한다. 6-8절이 악한 원수들의 공격으로부터 보호를 요청하는 소극적인 기도였다면, 13-14절은 그들을 멸함으로써 자신을

---

40. LeMon, "Psalm 17," 154.
41. Kwakkel, *My Righteousness*, 93은 이방 나라 군대의 지휘관을 의미한다고 한다.

구원해 달라는 적극적인 간구로 볼 수 있다.

13절에서 시인은 여호와께 '일어나 달라'고 간구하는데 이것은 다급한 상황에서 속히 행동해 주실 것을 요청하는 것이다(3:7; 7:6; 9:19; 10:12; 68:1; 민 10:35). 7절에서 대적들을 '일어난 자들'로 표현하고 있는데 시인은 자신을 향하여 일어난 대적들을 향해 여호와가 일어나 주시길 간구하는 것이다. 2행이 그런 흐름을 발전시킨다. 악인을 대항하시는 것은 '넘어뜨리시기(굴복시키시기)' 위한 심판의 대면이다. 그리고 악인들을 넘어뜨리시는 것은 무고하게 고통당하는 '생명'('내 영혼')을 '구원하시기' 위함이다. '넘어뜨리다'는 표현은 뒤따르는 시편인 18편 39절에도 나오는데, 흥미롭게도 이어 나오는 '구원하다'는 동사도 18편 43, 48절에서 반복된다. 이것은 이스라엘의 '왕'이 그런 구원을 경험하고 실행하는 자임을 보여준다. 여기서는 건져 내는 수단으로 '주의 칼'이 등장하는데, 이것은 악인들이 의인들에게 행한 폭력에 대한 하나님의 정의로운 심판을 상징한다. 하나님은 재판관이면서 그 판결을 시행하는 전사이시기도 하다. 시인은 개인적인 복수를 요청하는 것이라기보다는 세상의 어떤 재판관도 수행할 수 없는 공의로운 통치와 판결을 요청하는 것이다.

14절에서 다윗은 대적들을 '사람들'(*메팀* מְתִים)로 두 번이나 표현하면서 그들로부터 '구해 주시길' 요청하고 있다. 아마도 이런 표현이 등장한 것은 '하늘'에 계신 하나님과 '세상'만 보고 사는 사람들을 대조시키기 위한 것일 수 있다. 2행에 보면 악인들은 자신들의 몫을 하나님이 아닌 이 세상에서('이 세상에 살아 있는 동안' 혹은 '평생 세상에서') 찾기 때문에 무고한 의인들까지 공격하여 자신의 몫을 차지하려고 한다. 하나님의 구원 도구는 이번에는 '칼'이 아니라 하나님의 '손'이다. 이 표현은 '주의 능력으로 친히' 구해 달라는 의미다.

14절 3행부터 5행은 이해하기 쉽지 않다. '그들'에 대한 특별한 언급의 변화가 없기에 여기서 '그들'을 '악인들'로 볼 수 있을 것이다. 하지만 하나님이 그들의 배를 당신의 재물로 채우시고 그들의 자녀들과 그 자녀들의 자녀들까지 풍족하게 먹이신다는 표현은 악인들에 대한 멸망을 구하는 앞의 문맥과 상반되어 보인다. 그래서 일부 번역처럼 '주의 재물(쌓으신 것)'로 번역된 표현을 '주의 보배로운(숨기신) 자들'로 이해하여(83:4) "하지만 주의 보배로운 자들에게는[42] 주께서 그들의 배를 채우십니다"로 번역할(JPS) 수도 있다. 그렇게 되면 악인들이 아닌 의인들을 친히 돌보시는 하나님의 구원과 보호를 고백하는 것이 되어 15절과 연결될 것이다. 개역개정처럼 악인들에 대한 묘사로 본다면 다음과 같이 네 가지 정도로 해석할 수 있을 것이다. 첫 번째는, 이 부분을 악인들이 무고한 의인들을 억압하고 공격하는데도 떵떵거리며 잘 살고 있는 불의한 현실이 하나님에 의해 이루어지는 것처럼 하나님께 탄식하는 것으로 이해하는 것이다(욥 21:16).[43] 두 번째는, 악인들은 자신들이 잘해서 잘 사는 것처럼 착각하지만 사실은 하나님이 그들의 악을 잠시 허용해서 그들이 잘 되는 것처럼 보이는 것뿐임을 말하는 것으로 이해하는 것이다(욥 22:18). 그들이 배부르게 먹게 내버려 두는 것 자체가 저주라는 것이다(민 11:1-34의 메추라기 사건처럼).[44] 세 번째는, 이 부분을 악인들의 말을 인용한 것으로 이해하여 하나님이 잘 되게 하셔서 자신들이 잘사는 것이라고 교만하게 자랑하는 것으로 보는 것이다(10절). 마지막으로, '주의 쌓으신 것'을 재물이 아니라 '진노의 심판'으로 이해하고 그 심판이 원수들과 그 후손들에게까지 철저하게 베풀어질 것을 확신하는 것으로 보는 것이다(욥 21:19).[45] 어떻게 해석하든지 13-14절은 악인들을 멸하시고 의인을 구해 주시길 간구하는 문맥 속에 있음을 기억해야 한다.

---

42. Leveen, "Psalm XVII," 53 참조. Craigie, *Psalms 1-50*, 160-1도 여기에 동의한다.
43. Calvin, *Psalms*, 1:250-2.
44. Charney, "Maintaining Innocence," 55.
45. LeMon, *Yahweh's Winged*, 62-67; Kraus, *Psalms 1-59*, 244; Goldingay, *Psalms 1-41*, 244.

5. '의로운 판결'과 구원에 대한 확신(15절)

15절에서 다윗은 1-5절의 '의로움 천명'의 주제로 돌아가서, 악인이 아무리 배부르게 먹고 잘 되는 것 같아도 하나님이 결국 의인을 악인들의 손에서 구원하셔서 '의롭다고 해주실' 것을 확신하면서 이 시편을 마무리한다. 1-2절에서는 자신의 '의의 호소'를 들으시고 하나님이 자신의 '공평함'을 '감찰하시고' 하나님의 '얼굴 앞'에서 '무죄 판결'이 나오길 간구했는데, 여기서는 자신이 '의롭다고 판결받은 가운데(의로운 중에)' 하나님의 '얼굴'을 '볼 것'을 확신하고 있다.

다윗은 자신에게 자비와 사랑을 베푸셔서 의로움을 입증한 재판관이신 하나님의 호의를 입고 하나님의 존전에서 그를 예배하게 될 것을 확신한다.[46] 이 절을 시작하는 단어 '나는'('나로 말하자면')은 4, 6절의 경우처럼 강조를 위한 것이다. 아마도 이것은 14절에서 말한 악인의 운명과 대조시키기 위함일 것이다.[47] '의로운 중에'로 번역된 표현은 문맥상 하나님이 악인들을 멸하시고 의로운 시인을 구원하심으로써 1-2절의 기도대로 시인의 '의로움'을 입증한 것, 혹은 시인을 의롭게 판결한 것을 말한다. 이것은 동시에 악인이 악하다고 하시고 의인이 의롭다고 하시는 하나님의 '의'를 의미하기도 할 것이다.[48]

'주의 얼굴을 뵙는다'는 표현이나 2행의 '주의 형상'으로 만족한다는 표현은 시인이 환상 가운데서 하나님의 현현을 경험한 것을 가리킬 수도 있을 것이다(민 12:8의 모세처럼). 하지만 여기서는, 하나님이 악한 원수들에게 고통당하는 시인의 간구를 들으시고, 악인들을 멸하시고 시인을 건져 주심으로써, 시인이 하나님의 놀라운 호의를 경험하게 된 것을 의미할 것이다(창

---

46. Ross, *Psalms 1*, 430도 이렇게 이해한다.
47. Charney, "Maintaining Innocence," 56.
48. McConville, "Psalm 17," 205 참조.

33:10; 삼하 3:13; 14:24, 28, 32; 욥 33:26).[49] 앞에 등장하는 하나님의 '눈,' '입술,' '눈동자,' '손' 등이 하나님의 인도, 도우심을 의미하는 비유이듯이, 여기 나오는 '얼굴,' '형상'이라는 단어들도 확실한 기도 응답 가운데서 하나님이 온전히 임하시는 것을 느낀 것을 인간의 모습에 빗대어 비유적으로 표현한 것이다(11:7; 민 6:24-26 "그의 얼굴을 네게 비추셔서," "그의 얼굴을 네게로 향하여 드셔서").[50]

2행에서 잠에서 '깬다'는 것은, 시인이 당한 고난의 밤이 지나서 구원의 아침에 회복되는 것을 의미하기도 하고, 하나님의 의로운 재판이 이루어지는 아침에 하나님의 올바른 판결을 통해 구원을 경험하는 것을 의미하기도 할 것이다(30:5; 46:5; 90:14; 101:8; 143:8).[51] 왕들의 재판은 신선한 아침에 주로 이루어졌기 때문이다. 그러므로 "주의 형상으로 만족할 것입니다"는 마지막 고백도 시인에 대한 의로운 재판으로 시인이 구원받고 회복된 후에 자신과 함께하시는 하나님을 예배하는 풍성한 기쁨을 노래하는 것으로 볼 수 있다. 이것은 같은 주제를 다루는 15, 16편과 연결된다.

교훈과 적용

시편 17편의 교훈: 하나님만이 온 세상을 의롭게 다스리시는 참된 재판관이시기에 세상에서 억울하게 고통당하는 의인들을 지키시고 악인들에게서 건지셔서 예배 가운데 당신의 얼굴을 보게 하신다. 그러므로 성도는 하나님 앞에 자신의 의로움을 천명하고, 악인들의 악을 고발하며, 악인들로부터 건져 주셔서 하나님의 의로움을 나타내시길 간구해야 한다.

---

49. McConville, "Psalm 17," 197-8; Kwakkel, *My Righteousness*, 97; Goldingay, *Psalms 1-41*, 245 참조.

50. Calvin, *Psalms*, 1:255-6; Goldingay, *Psalms 1-41*, 245.

51. '아침'의 비유적인 의미에 대해서는 McConville, "Psalm 17," 198-9 참조.

1. 악인들에게 공격당하는 하나님의 '의롭게 된 자들'(7-14절)

그리스도인들은 모두 "그리스도 예수 안에 있는 속량으로 말미암아"(롬 3:24, 4:25) 하나님의 '기적적인' 사랑으로(7절) 하나님의 법정에서 '의롭다 하심'을 받은 자들이다(3-5절). 하나님께 의롭다 하심을 받은 자들은 하나님의 말씀의 '길'을 걷는 의인들이기에(4-5절; 롬 6:15-23), 그렇지 않은 악인들에게 공격받기 쉽다(7절). 악인들은 이 세상이 전부인 것처럼(14절) 물질과 복을 위해 악을 행하고, 죄 없는 사람들의 것을 빼앗고(9, 11-12절), 그렇게 얻은 재물로 교만해져서 하나님과 사람들을 무시한다(10절). 자신의 권력으로 의로운 다윗을 핍박한 사울이나, 죄 없으신 예수님을 죽여 자신들의 죄를 가리려 했던 이스라엘 지도자들이 그런 예들이다. 우리는 이런 상황에서도 하나님만이 참되고 의로우신 재판관이심을 믿어야 한다. 늘 기도를 통해 하나님 나라를 파괴하는 악인들의 죄악을 고발해야 한다(10-12절).

2. '의롭다 해 주시길' 간구하는 자들이 얻을 마지막 구원(1-5, 15절)

하나님의 말씀대로 살다가 악인들에게 억울하게 공격당하는 하나님의 자녀들은 늘 하나님의 재판정으로 나아가 억울함을 호소하고 자신의 의로움을 변호해 주시길 간구해야 한다(1-2절). 우리가 비록 완벽하게 의롭게 살지는 못해도 하나님의 은혜와 성령의 도우심으로 '의를 구하는 자들'로 살려고 노력했음을 천명할 수 있어야 한다(3-5절). 악한 세력들로부터 의인들을 구하시는 것이 하나님의 '의로우심'과 우리의 '의로움'을 증명하는 길임을 호소해야 한다. 이것이 우리가 해야 할 기도의 사명이다. 칼뱅은 이것을 다음과 같이 잘 표현하고 있다.[52]

> 이런 형태의 기도를 통해서 성령께서는 우리에게, 우리가 부지런히 올바르고 순결한 삶을 살려고 애써야 하며, 그러다가 우리를 고통스럽게 하는 사람들이 있다면 우리는 억울하게 비난받고 핍박받는다고 외칠 수 있어야 한다고 가르치신다. 다시 말해서, 악인들이 우리를 공격할 때, 같은 성령께서 우리가 기도에 열중하도록 요청하신다. 만약 누군가가 자신이 자랑하는 선한 양심의 증거만 믿고 기도하는 일을 소홀히 한다면, 그는 하나님께 자신의 소송을 부탁하지도 않고 하나님께서 그 일에 대해 판결하시고 결정하시도록 맡기지 않음으로써 하나님께 속한 영광을 빼앗는 것이다.

---

52. Calvin, *Psalms*, 1:236.

하나님은 우리의 기도를 들으시고 "악한 자의 죄를 정하여 그 행위대로 그 머리에 돌리시고 의로운 자를 의롭다 하사 그의 의로운 바대로" 갚으신다(왕상 8:32; 출 23:7). 의롭게 된 우리가 의롭게 살 수 있도록 하나님이 당신의 '눈동자'처럼 우리를 소중히 여기시고 우리를 당신의 '날개 그늘' 아래 지켜 주신다(8절; 롬 8:33-39). 우리 기도에 대한 응답을 통해 이 세상을 정화하시고 교회를 지키시며 하나님 나라를 전진시키신다. 이로 말미암아 교회는 하나님의 의로운 통치를 새롭게 경험하며 교회에 임재하시는 하나님의 '얼굴'을 뵙고 기쁨으로 예배하게 된다. 마지막 날에는 그것을 충만하게 누리게 될 것이다(15절, 단 12:2-3; 계 22:4).

시편 18편

다윗 왕조를 세우신 하나님 찬양

[여호와의 종 다윗의 시, 인도자를 따라 부르는 노래, 여호와께서 다윗을 그 모든 원수들의 손에서와 사울의 손에서 건져 주신 날에 다윗이 이 노래의 말로 여호와께 아뢰어 이르되]

1 나의 힘이신 여호와여 내가 주를 사랑하나이다[1]

2 여호와는 나의 반석이시요 나의 요새시요 나를 건지시는 이시요
나의 하나님이시요 내가 그 안에 피할 나의 바위시요
나의 방패시요 나의 구원의 뿔이시요 나의 산성이시로다[2]

3 내가 찬송 받으실 여호와께 아뢰리니
내 원수들에게서 구원을 얻으리로다

4 사망의 줄이 나를 얽고
불의의 창수가 나를 두렵게 하였으며[3]

5 스올의 줄이 나를 두르고
사망의 올무가 내게 이르렀도다

6 내가 환난 중에서 여호와께 아뢰며
나의 하나님께 부르짖었더니
그가 그의 성전에서 내 소리를 들으심이여
그의 앞에서 나의 부르짖음이 그의 귀에 들렸도다[4]

7 이에 땅이 진동하고

---

1. 이 칼 미완료형 동사(*에르함카* אֶרְחָמְךָ)는 주로 피엘형으로 표현되는 이 동사의 일반적인 경우와 구별되기에 학자들에 의해 '높이다'(*아로밈카* אֲרֹמִמְךָ)는 동사로 수정되곤 했다. 하지만 J. J. Evans, "Text-Critical Note on Psalm 18:2," *VT* 60/4 (2010): 659-61에서는 쿰란 문서와 시 116편과의 비교를 통해서 피엘 완료형으로 고쳐서 읽고 '사랑합니다'로 번역한다.
2. 2-3절은 삼하 22:2-4와 같은 부분이지만 시편 본문의 2절과 3절 사이에는 사무엘하 본문에 있는 "그에게 피할 나의 피난처시요 나의 구원자시라 나를 폭력에서 구원하셨도다" 부분이 빠져 있다. 그리고 2절의 '나의 하나님'은 삼하 22:3에서는 그냥 '하나님'으로 표기되어 있다. 이 외에는 같다. 이런 차이점들은 시편이 반복적으로 사용되면서 생긴 현상으로 보인다.
3. 삼하 22:5에는 '사망의 줄' 대신에 '사망의 물결'로 표현되어 있다.
4. 삼하 22:7에는 1행의 첫 번째('아뢰다')와 두 번째 '부르짖다'가 같은 단어이며, 4행의 '들렸도다'(이르다)에 해당하는 표현이 생략되어 있다.

산들의[5] 터도 요동하였으니
그의 진노로 말미암음이로다
8 그의 코에서 연기가 오르고
입에서 불이 나와 사름이여
그 불에 숯이 피었도다[6]
9 그가 또 하늘을 드리우시고 강림하시니
그의 발 아래는 어두캄캄하도다
10 그룹을 타고 다니심이여
바람 날개를 타고 높이 솟아오르셨도다[7]
11 그가 흑암을 그의 숨는 곳으로 삼으사
장막 같이 자기를 두르게 하심이여
곧 물의 흑암과 공중의 빽빽한 구름으로 그리하시도다[8]
12 그 앞에 광채로 말미암아
빽빽한 구름이 지나며 우박과 숯불이 내리도다[9]
13 여호와께서 하늘에서 우렛소리를 내시고
지존하신 이가 음성을 내시며
우박과 숯불을 내리시도다[10]

---

5. 삼하 22:8에서는 '산들' 대신 '하늘'로 표현되어 있는데 이것은 아마도 산들이 기둥이 되어 하늘을 떠받치고 있는 것을 의미했을 것이다.
6. 이 행은 "그로부터 숯불이 타올랐네"로 번역할 수 있는데, 여기서 '그'는 하나님을 가리키거나(ESV, JPS), '입'을 가리킬 수 있다. 개역개정은 아예 '그 불에'라고 해서 '불'로 본다.
7. 삼하 22:11에서는 '솟아오르다' 대신에 '나타나다'로 표기되어 있는데 시편의 본문이 문맥에 더 맞다.
8. 삼하 22:12은 시편 본문과는 달리 미완료 계속법으로 시작하고, 거기에는 시편 본문의 '숨는 곳'(덮개)이라는 단어가 없고, '장막'에 '그의'가 붙어 있지 않으며, '흑암'에 해당하는 단어도 다르다.
9. 삼하 22:13에는 2행에서 "숯불이 피었다"만 나온다.
10. 삼하 22:14에는 '하늘에서' 대신 '하늘로부터'가 나오고 "우박과 숯불"이라는 표현이 없다. 일부 히브리어 사본과 칠십인역에도 이 표현이 없는 것으로 보아 아마도 MT의 18편을 필사할 때 12절의 표현을 잘못 보고 다시 쓴 것으로 보인다. NIV에서는 이 부분을 생략했다.

14 그의 화살을 날려 그들을 흩으심이여
　많은[11] 번개로 그들을 깨뜨리셨도다[12]
15 이럴 때에 여호와의 꾸지람과
　콧김으로 말미암아
　물 밑이 드러나고
　세상의 터가 나타났도다[13]
16 그가 높은 곳에서 손을 펴사 나를 붙잡아 주심이여
　많은 물에서 나를 건져내셨도다
17 나를 강한 원수와
　미워하는 자에게서 건지셨음이여 그들은 나보다 힘이 세기 때문이로다
18 그들이 나의 재앙의 날에 내게 이르렀으나
　여호와께서 나의 의지가 되셨도다
19 나를 넓은 곳으로 인도하시고[14]
　나를 기뻐하시므로 나를 구원하셨도다
20 여호와께서 내 의를[15] 따라 상 주시며
　내 손의 깨끗함을 따라 내게 갚으셨으니
21 이는 내가 여호와의 도를 지키고
　악하게 내 하나님을 떠나지 아니하였으며
22 그의 모든 규례가 내 앞에 있고

---

11. '많은'으로 번역된(개역개정, NIV) 단어(*랍* רָב)는 여기서는 평행법이나 문맥으로 볼 때 창 49:23 처럼 동사 '번개를 번쩍이다'(*라바브* רָבַב)로 이해하는 것이 더 나아 보인다(새번역, ESV, JPS).
12. 삼하 22:15에는 '그의 화살'에서 '그의'가 없고 '많은'에 해당하는 단어가 없다.
13. 삼하 22:16에는 '물' 대신에 '바다'가 나오고 '나타나다' 앞에 '그리고'가 붙어 있으며, '꾸지람' 앞에 '~로부터'라는 전치사가 붙어 있고 뒤에는 '주의'가 생략되어 있으며, '주의 코'에서 2인칭 '주의' 대신에 3인칭 '그의'가 붙어 있다.
14. 삼하 22:20에서는 '나를'을 동사와 분리하여 목적격으로 따로 표시했다.
15. 삼하 22:21에서는 '의'(*체덱* צֶדֶק)에 대해 다른 명사(*체다카* צְדָקָה)를 사용하고 있다.

내게서 그의 율례를 버리지 아니하였음이로다[16]

23 또한 나는 그의 앞에 완전하여

나의 죄악에서 스스로 자신을 지켰나니[17]

24 그러므로 여호와께서 내 의를 따라 갚으시되

그의 목전에서 내 손이 깨끗한 만큼 내게 갚으셨도다[18]

25 자비로운 자에게는 주의 자비로우심을 나타내시며

완전한 자에게는 주의 완전하심을 보이시며

26 깨끗한 자에게는 주의 깨끗하심을 보이시며

사악한 자에게는 주의 거스르심을 보이시리니

27 주께서 곤고한 백성은 구원하시고[19]

교만한 눈은 낮추시리이다[20]

28 주께서 나의 등불을 켜심이여[21]

여호와 내 하나님이 내 흑암을 밝히시리이다[22]

29 내가 주를 의뢰하고 적군을[23] 향해 달리며

내 하나님을 의지하고 담을[24] 뛰어넘나이다

---

16. 삼하 22:23에서는 힢일 동사 대신에 칼 동사를 사용하고 '내게서' 대신에 '그것으로부터'를 사용하여 "내가 그것으로부터 떠나지 않았다"고 약간 다르게 표현한다.
17. 삼하 22:24에서는 '그의 앞에'(*임모* עִמּוֹ)에 해당하는 전치사를 다르게 사용하고(*로* לוֹ) 동사 어미에 *헤*(ה)를 첨가했지만, 의미상으로는 같다.
18. 삼하 22:25에서는 20절처럼 '의'(*체덱* צֶדֶק) 대신 같은 어근의 다른 명사(*체다카* צְדָקָה)를 사용하고 '손'을 생략하고 있다.
19. 삼하 22:28에서는 강조를 위한 "참으로 주께서"가 빠져 있고 대신에 '백성' 앞에 목적격을 나타내는 불변화사가 붙어 있다.
20. 삼하 22:28에는 "주의 눈들은 낮추시기 위해 교만한 자들 위에 있습니다"로 되어 있다.
21. 삼하 22:29에는 1행이 "여호와여, 참으로 주는 나의 등불이십니다"로 되어 있다.
22. 삼하 22:29에는 '내 하나님'이 빠져 있다.
23. JPS에서는 2행과의 평행을 생각하면서 '적군'을 '장벽'으로 번역한다.
24. P. Guillaume, "Bull-Leaping in Psalm 18," in *Metaphors*, 35-46에서는 고대 근동 지역에서 발견된 그림들을 근거로 '담'이 아니라 '황소'로 번역되어야 한다고 주장한다. 이 구절이 '황소'를 뛰어넘는 의식을 배경으로 삼아 시인이 하나님에 의해 새로운 힘을 얻고 바알이나 대적을 정복하러

30 하나님의 도는 완전하고
여호와의 말씀은 순수하니
그는 자기에게 피하는 모든 자의 방패시로다
31 여호와 외에[25] 누가 하나님이며
우리 하나님 외에 누가 반석이냐
32 이 하나님이 힘으로 내게 띠 띠우시며[26]
내 길을 완전하게 하시며
33 나의 발을 암사슴 발 같게 하시며
나를 나의 높은 곳에 세우시며
34 내 손을 가르쳐 싸우게 하시니
내 팔이 놋 활을 당기도다[27]
35 또 주께서 주의 구원하는 방패를 내게 주시며
주의 오른손이 나를 붙들고[28]
주의 온유함이[29] 나를 크게 하셨나이다
36 내 걸음을 넓게 하셨고
나를 실족하지 않게 하셨나이다
37 내가 내 원수를 뒤쫓아가리니[30]

가는 것을 비유적으로 표현했다는 것이다. 하지만 그 그림들과 이 구절을 그렇게 연결하기에는 고려해야 할 요소들이 너무 많다.

25. 삼하 22:32에는 이 두 번째 '~외에'(*줄라티* זוּלָתִי)를 앞에 나온 *미발아데*(מִבַּלְעֲדֵי)로 대체하고 있다.
26. 삼하 22:33에서는 "내게 띠 띠우다" 대신에 "나의 요새"가 등장한다.
27. S. Shnider, "Psalm XVIII: Theophany, Epiphany Empowerment," *VT* 56/3 (Jul., 2006): 395에서는 이 절의 다양한 번역들을 제시하고 있다. "그가 놋 활을 내 팔에 (내려) 놓았네," "그가 내 팔에 있는 뱀 같은 활로 지도하네," "쇠 활이 내 팔로 부러졌네" 등.
28. 삼하 22:36에는 "주의 오른손이 나를 붙들고"가 생략되어 있다.
29. Shnider, "Psalm XVIII," 396에서는 '온유함'으로 번역된 이 단어에 대해서 다음과 같은 다양한 수정과 번역들이 있었음을 보여준다. '주의 돌보심,' '주의 도움,' '주의 섭리,' '주의 응답,' '주의 승리' 등.
30. 삼하 22:38에서는 '뒤쫓아 가다'(*나샥* נָשַׁג) 대신에 '멸하다'(*샤마드* שָׁמַד)는 동사를 사용하고 있다.

그들이 망하기 전에는 돌아서지 아니하리이다
38 내가 그들을 쳐서 능히 일어나지 못하게 하리니[31]
그들이 내 발 아래에 엎드러지리이다
39 주께서 나를 전쟁하게 하려고 능력으로 내게 띠 띠우사
일어나 나를 치는 자들이 내게 굴복하게 하셨나이다
40 또 주께서 내 원수들에게 등을 내게로 향하게 하시고
나를 미워하는 자들을 내가 끊어 버리게 하셨나이다
41 그들이 부르짖으나[32] 구원할 자가 없었고
여호와께 부르짖어도 그들에게 대답하지 아니하셨나이다
42 내가 그들을 바람 앞에 티끌[33] 같이 부서뜨리고
거리의 진흙 같이 쏟아 버렸나이다[34]
43 주께서 나를 백성의 다툼에서 건지시고
여러 민족의 으뜸으로 삼으셨으니[35]
내가 알지 못하는 백성이 나를 섬기리이다
44 그들이 내 소문을 들은 즉시로 내게 청종함이여
이방인들이 내게 복종하리로다[36]
45 이방 자손들이 쇠잔하여

---

31. 삼하 22:39에는 제일 첫 부분에 "그리고 내가 그들을 전멸시켰다"가 첨가되어 있고, 다음 동사나 그다음 행이 모두 등위 접속사로 연결되어 있으며, '일어나다'를 위한 조동사(*야칼* יָכַל)가 빠져 있다.
32. 삼하 22:42에서는 '부르짖다'(*솨바* שָׁוַע)는 동사 대신에 '찾아보다'(*솨아* שָׁעָה)는 동사를 사용하고 있고, 2행에서 여호와 앞에 붙는 전치사가 *알*(עַל)이 아닌 *엘*(אֶל)이다.
33. 삼하 22:43에서는 '바람 앞에 티끌' 대신에 '땅의 티끌'로 표현하고 있다.
34. 삼하 22:43을 따라 "짓밟았습니다"(*라카* רָקַע)로 번역하기도 한다(JPS, NIV).
35. 삼하 22:44에서는 1행에서 '백성' 대신에 '내 백성'으로 표기하고 있고, '삼다'(*심* שִׂים) 대신에 '지키다'(*솨마르* שָׁמַר)는 동사를 사용하고 있다.
36. 삼하 22:45에서는 1행과 2행의 순서가 바뀌어 나오고 '복종하다'는 동사가 피엘형이 아니라 히트파엘형이다.

그 견고한 곳에서 떨며[37] 나오리로다

46 여호와는 살아 계시니

나의 반석을 찬송하며

내 구원의 하나님[38]을 높일지로다

47 이 하나님이 나를 위하여 보복해 주시고

민족들이 내게 복종하게 해 주시도다[39]

48 주께서 나를 내 원수들에게서 구조하시니[40]

주께서 나를 대적하는 자들의 위에 나를 높이 드시고

나를 포악한 자에게서 건지시나이다

49 여호와여 이러므로 내가 이방 나라들 중에서 주께 감사하며

주의 이름을 찬송하리이다[41]

50 여호와께서 그 왕에게 큰 구원을 주시며

기름 부음 받은 자에게 인자를 베푸심이여

영원토록 다윗과 그 후손에게로다

---

37. 삼하 22:46에서는 '걸치다' 혹은 '차다'(*하가르* חָגַר)는 동사가 나오는데 아마도 이것은 본문의 '떨다'(*하락* חָרַג)의 자음을 바꿔 쓴 결과로 보인다. 그래서 대부분 번역본은 시편 본문처럼 '떨다'로 고쳐서 번역한다.
38. 삼하 22:47에서는 '반석'을 추가하여 '내 구원의 반석'으로 하나님을 부르고 있다.
39. 삼하 22:48에서는 '복종하게 하다'(*다바르* דָּבַר)는 동사 대신에 '내려가게 하다'(*야라드* יָרַד)는 동사를 사용하고 있다.
40. 삼하 22:49에서는 '구조하다'(*팔라트* פָּלַט)는 동사 대신에 '이끌어내다'(*야차* יָצָא)는 동사를 사용하고 있고 뒤에 나오는 '참으로'라는 감탄사를 생략하고 있다.
41. 삼하 22:50에서는 호격 '여호와'가 '나라들 가운데서'보다 먼저 나오고 마지막의 '찬송하다'는 동사가 청유형이다.

본문 개요

18편은 다윗이 쓴 감사시편이다. 그러면서도 50절에서 이 노래가 '왕'에 대한 내용을 담고 있음을 분명히 말하고 있기에 제왕시편이기도 하다. 한 마디로 '왕의 감사시편'으로 볼 수 있다.[42]

아마도 다윗은 이 시편을 백성들과 함께 드리는 예배 가운데서 하나님께 올려드렸을 것이다. 다윗의 왕권과 다윗 왕조의 설립은 하나님 나라 이스라엘에 참된 안식과 안정을 가져다주었기 때문에 다윗 왕의 감사는 이스라엘 전체의 감사이기도 했을 것이기 때문이다.

이 시편은 사무엘하 22장의 다윗의 노래와 같은 시편으로[43] 이 시편의 주제는 사무엘서 전체의 결론을 잘 보여준다. 이 시편은 신실하고 의로운 당신의 종(표제) 다윗을 통해서 나라들의 위협을 물리치시고 이스라엘에 참된 안식을 주셨을 뿐만 아니라, 다윗과의 언약을 통해서(삼하 7장) 영원한 다윗 왕조를 약속하신 하나님을 찬양하는 내용을 담고 있다. 그래서 이 시편에는 여호와의 전쟁과 승리, 다윗의 전쟁과 승리가 교차적으로 상세하게 묘사되고 있으며, 이것을 하나님에 대한 감사와 찬양이 둘러싸고 있다. 이 시편은 아마

---

42. Craigie, *Psalms 1-50*, 171; Kraus, *Psalms 1-59*, 257. A. R. Gray, *Psalm 18 in Words and Pictures*, Biblical Interpretation Series (Leiden: Brill, 2014), 40-2는 감사시편이 아니라는 주장들에 대해 이 시편이 지닌 감사시편으로서의 특징들을 잘 분석하며 반박하고 있다. 과거 사건에 관한 기술과 하나님의 기도 응답과 구원에 대한 상세한 묘사들, 그리고 그러한 하나님의 구원에 대한 찬양과 감사가 그런 전형적인 특징들이다.

43. F. M. Cross, Jr., D. N. Freedman, "A Royal Song of Thanksgiving: II Samuel 22 = Psalm 18," *JBL*, 72/1 (Mar., 1953): 15-34에서 두 본문에 대한 이런 차이들을 분석하고 조화시키는 번역을 시도하고 있다. 위의 본문 번역 관련 각주들에서 언급했지만, 두 시편은 전체 여러 절에서 약간의 차이점들을 보여준다. 어느 시편이 더 오래되고 원문에 가까운 것인지에 대한 논란이 많이 있었지만, 학자들마다 견해가 다르다. 18편이 예배 시간에 반복적으로 불리면서 예배의 용도에 맞게 문법이나 내용 면에서 약간씩 수정되었을 가능성을 고려해야 할 것이다. Craigie, *Psalms 1-50*, 171 참조.

도 다윗이 사무엘하 7-8장이 보여주는 나라의 안정기 이후에 썼을 것이다.[44] 하지만 표제("인도자를 위하여")가 보여주듯이, 다윗시대 이후에도 이스라엘은 이 시편을 반복해서 부르며, 이스라엘의 왕들이 다윗처럼 참된 왕이신 하나님을 의지하고 그의 말씀대로 통치하여 이스라엘과 온 땅에 하나님의 의로운 통치를 이루기를 기대했을 것이다.

시편 18편은 시편 제1권에서 가장 긴 시편이다. 이것은 이 시편이 시편 1권의 주제를 요약하는 가장 중요한 시편임을 암시하는 것 같다. 이 시편의 내용이 다윗 왕가의 확립과 다윗 언약의 영원성을 노래하기에 시편 1권의 주제로 적합하다고 할 것이다. 또 18, 20, 21편은 모두 '왕'과 관련된 제왕시편들로서 15-24편 그룹의 제일 가운데 틀을 형성한다.[45] 이 세 편은 모두 2편의 주제이자 이 그룹의 또 다른 초점인 하나님의 기름 부음 받은 종인 '왕'을 부각한다.[46] 모두 '다윗의 시'라는 표제를 가지고 있을 뿐만 아니라, '왕'(*멜렉* מֶלֶךְ 18:50; 20:9; 21:1, 7) 혹은 '기름 부음 받은 자'(*마쉬아흐* מָשִׁיחַ 18:50; 20:6)라는 공통 어휘를 가지고 있다. 특별히 18편의 표제에 나오는 '여호와의 종'이라는 표현(78:70; 89:3, 20, 39; 132:10 등)과 본문에 등장하는 '다윗'(18:50)이란 이름은 하나님께 임명을 받은 대리통치자로서 '왕'의 위치를 잘 규정한다.[47] 세 시편은 많은 표현과 내용을 공유하면서 하늘 왕 여호와께서 대적들의 공격을 받는 왕의 기도를 들으시고 우주적인 능력으로 왕을 도우시고 승리를 주셔서 마침내 온 세상의 왕으로 세우신 것을 노래한다.[48] 이

---

44. Cross & Freedman, "A Royal Song," 20-1에서는 다윗이 저자라는 사실을 주장하지는 않지만, 히브리어 표현들이 고대의 문법을 보여준다는 사실 등에 기초해서 주전 10세기나 왕국의 매우 이른 시기에 작성되었다고 주장한다.

45. Miller, "Theology of Psalms 15-24," 280, 285.

46. Miller, "Theology of Psalms 15-24," 280.

47. Calvin, *Psalms*, 1:258; Miller, "Theology of Psalms 15-24," 281.

48. 이 부분에 대해서는 김성수, "시편 15-24편," 80-4; Goldingay, *Psalms 1-41*, 302; Wilson, *Psalms 1*, 397 참조. 왕과 백성들의 '환난'(18:6; 20:1) 중의 '부르짖음'(18:3, 6; 20:9)에 대한 '응답'(18:41; 20:1, 6, 9)으로 '구원'(승리, 18:2, 3, 27, 35, 46, 50; 20:5, 7, 9; 21:1, 5)이 '주어졌다'(18:32, 35, 47;

시편들은 '왕'을 하나님의 율법을 잘 지키고, 고난 중에도 하나님께 기도하고 응답받은 '의인'과 참 이스라엘의 대표이자,[49] 이스라엘과 온 세상에 하나님의 의로운 통치를 대행할 대리통치자로[50] 보여주면서 이웃하는 시편들과 연결한다. 15, 24, 19편에 강조된 '율법적 의'는 18편 20-30절이 보여주듯이 왕의 기도하는 기초이자(17:3-5의 결백 선언 참조) 기도 응답의 근거였다.[51] 의로운 왕은 성소에서 하나님께 기도했고(18:6; 20:2-4), 우주를 다스리는 하나님은(19:1-6) 우주적인 구원(18:6-15)을 통해[52] 하나님의 약속대로 '생명의 구원'과 열방을 다스리는 '복'을 받게 되었다(18:16-45; 21:3-6). 16편과 23편이 노래하는 비옥한 하나님의 땅에 이스라엘이 안식하게 되는 과정을

20:4; 21:2, 4). 하나님은 자신의 '오른손'(18:35; 20:6; 21:8)으로 왕을 '붙드셨다'(18:35; 20:2). 하나님은 왕의 모든 '원수들'(18:3, 17, 37, 38-40, 48; 21:8)과 왕을 '미워하는 자들'(18:17, 40; 21:8)을 '엎드러뜨리시고'(18:39; 20:8), 등을 '돌려' 패하게 하셨다(18:40; 21:12). 그들은 왕보다 '힘'(18:17)이 더 세었지만, 하나님이 왕을 '힘'으로 무장시키시고(18:32, 39), 자신의 '힘'으로 왕을 구원하셨다(21:1, 13). 사망과 재앙의 날이 왕에게 '이르렀지만(*카담* קָדַם),' 하나님은 왕을 구원하셔서 아름다운 복으로 '영접하셨다'(*카담* קָדַם 18:5, 18; 21:3). '시온' '성소'에서 왕이 드린 기도와 소제(20:2-4)를 하나님께서 하늘 '성전'(18:6)에서 들으시고 '하늘'(18:10, 14; 20:6)로부터 강림하셔서 '불'(18:8; 21:9)로 대적들을 '삼키셨다'(18:9; 21:9). 하나님 '앞에' 왕의 기도가 이르렀고, 기도 응답을 받은 왕은 하나님 '앞에서' 기뻐하고 즐거워한다(18:6; 21:6). '지존하신 분'(*엘욘* עֶלְיוֹן 18:13; 21:7)이 그의 '사랑'(18:25, 50; 21:7)으로 왕을 흔들리지 않게 하실 것이다(21:7). 원수의 '후손들'(21:10)은 멸망할 것이지만 왕의 '후손'은 영원토록 하나님의 은혜를 받을 것이다(18:50). 왕을 높은 곳에 '세우시고'(*솨바* שָׁוָה 18:33), 존귀와 위엄을 그에게 '입히시며'(*솨바* 21:5), 민족의 '머리'로 삼고(18:43), 그의 '머리'(21:3)에 순금 관을 씌우셨다. 그래서 '교만한(높은)'(18:27) 눈을 낮추시고 왕을 '높이신'(18:48) 하나님을 왕과 백성들은 '높이고'(18:46; 21:13), 구원의 하나님의 '이름'(18:49; 20:1, 5, 7)을 '찬양한다'(18:49; 21:13).

49. Miller, "Theology of Psalms 15-24," 283-5.

50. Miller, "Theology of Psalms 15-24," 281-2.

51. Brown, "Psalms 15-24," 272-3에서는 여호와의 말씀과 관련된 18, 19편의 공통 어휘들을 잘 분석하여 보여준다. 또한 브라운은 273쪽에서, 19편 11, 13절에서 다윗이 '주의 종'으로 자신을 표현한 것은 18편의 표제 '여호와의 종 다윗'이라는 표현과 연결되며, 15-24편 그룹에서 여호와의 율법을 사랑하는 자가 곧 이스라엘의 왕임을 보여준다고 적절하게 지적한다. 한편 그는 19편 전반부의 태양의 이미지는 18편의 우주적 통치자 여호와의 이미지와 연결되고, 그 해가 있는 하늘이 18편의 왕이 도움을 요청하는 장소가 되고 있음을 적절하게 설명한다(273-4 참조).

52. VanGemeren, *Psalms*, 201 참조.

보여주고 그곳이 하나님을 찬양하는 성전이 됨을 노래한다고 볼 수 있다. 또 전쟁에서의 왕의 승리는 하나님의 의로운 통치의 대행이자 하나님의 승리였기에(18:7-15, 31-45; 20:5; 21:8-12), 왕의 개선은 '영광의 왕'이신 만군의 여호와가 개선하는 것을 반영한다(24:7-10). 그런 점에서 15-24편 그룹은 외곽에 15, 24편을, 중심에는 19편을 두고, 신뢰(16)-> 기도(17)-> 감사(18), 신뢰(23)-> 기도(22)-> 감사(20-21)의 대칭적 구조를 보여준다. 즉, 우리는 이 왕의 노래들(18, 20, 21편)을 의인의 기도를 들으시는 하나님을 신뢰하는(16, 23편) 기도(17, 22편)에 대한 응답으로 읽어야 한다.

문학적 특징과 구조

다윗이 고난에서 구원받고 전쟁에서 승리한 것을 주로 다루는 이 시편에 압도적으로 많이 등장하는 단어는 다음과 같은 '구원'과 관련된 단어들이다.[53] '구원' 혹은 '승리'(*예솨* יֵשַׁע 2, 3, 27, 35, 46, *예슈아* יְשׁוּעָה 50), '건지다(구하다)'(*팔라트* פָּלַט 2, 43, 48), '건지다'(*나찰* נָצַל 17, 48), '건져 내다(끌어올리다)'(*마솨* מָשָׁה 16), '인도하다(끌어내다)'(*야차* יָצָא 19), '구원하다'(*할라츠* חָלַץ 19). 이 외에도 기도 응답(6절)을 통한 전쟁에서의 승리('크게 하다,' '넓게 하다,' '실족하지 않게 하다,' 이상 35, 36절)와 대적들의 패배('멸하다,' '치다,' '엎드러지다,' '굴복하다,' '등을 향하다,' '끊다,' '부서뜨리다,' '쏟다,' 37-42절, '섬기다,' '청종하다,' '복종하다,' '쇠잔하다,' '떨다,' 43-45, 47절)를 묘사하는 표현들로 이 시편은 가득하다. 특별히 7-15절에서 묘사하는 여호와

---

53. McCann, "Psalms," 747; D. K. Berry, *The Psalms and their Readers - Interpretive Strategies for Psalm 18*, JSOTSup. 153 (Sheffield: JSOT Press, 1993), 101 등은 이 시편의 핵심 단어가 '구원'이라고 옳게 지적한다.

의 우주적 강림은 하나님의 구원을 선명하게 보여준다.[54]

이 시편에는 하나님을 2인칭으로 부르며 하나님께 직접 감사의 내용을 올려드리는 부분이 대부분이지만, 하나님을 3인칭으로 묘사하는 고백의 부분들도 번갈아 등장한다. 1-3절과 46-50절이 하나님의 구원에 대한 감사와 찬양 부분으로 전체 시를 감싼다면 그 가운데 부분인 4-45절은 감사의 내용 혹은 간증 부분이다. 내용과 문학적인 특징을 따라 분석하면 아래와 같은 교차대구적인 구조를 보여준다.[55]

A 1-3절 서론적 찬양: 구원의 하나님 찬양
('나의 반석' '구원' '찬송 받으실')[56]
B 4-6절 고난 중에 다윗의 간구를 들으신 하나님('듣다' '두렵게 하다')
C 7-15절 우주적인 무기로 다윗의 원수들을 무찌르신 하나님
D 16-19절 다윗을 원수들로부터 구원하심 ('넓게 하다')
E 20-24절 다윗의 의를 따라 보상하심('깨끗함' '완전함')
E′25-29절 하늘 왕의 의로운 통치를 통한 승리('깨끗함' '완전함')

---

54. Berry, *Psalm 18*, 101.

55. VanGemeren, *Psalms*, 201에서는 20-29절을 한 부분으로 보는 것 외에는 위의 구조처럼 동일한 부분으로 나누어 교차 대구적으로 배열하고 있다. Gray, *Psalm 18*, 201에서는 20-24절과 25-27절을 제일 가운데 두고 그 아래에 28-31, 32-42절로 구분하는 것은 다르지만 전체 구조를 교차 대구적으로 분석하고 있다. J. K. Kuntz, "Psalm 18: A Rhetorical - Critical Analysis," *JSOT* 26 (1983): 4-8에서는 교차 대구적인 구조로 분석하지는 않지만, 31절을 앞 연에 포함시키는 것 외에는 동일한 연 구분을 보여준다. 한편, 쿤쯔(19-21쪽)는 1-30절은 한 개인이 쓴 것이고 31-50절은 왕이 쓴 또 다른 시편이라고 주장한 슈미트의 견해(H. Schmidt, *Die Psalmen*, HAT [Tubingen: J.C.B. Mohr, 1934], 27)에 대해서는 이 시편이 보여주는 문학적인 통일성을 근거로 거부한다.

56. Berry, *Psalm 18*, 100 참조. 베리(92쪽)는 3절을 구원에 대한 호소로 보고 6절까지 이어지는 2연에 포함하고, 30-42절을 하나의 연으로 보는 것을 제외하면 필자의 것과 동일한 구조를 보여주고 있다. 한편, Gray, *Psalm 18*, 56에서도 3절을 뒷부분과 연결하면서 1-2, 3-6, 7-15, 16-19, 20-24, 25-29, 30-36, 37-45, 46-50절로 구분하고 있다.

D′30-36절 다윗의 전쟁을 지도하심 ('넓게 하다')[57]

C′ 37-42절 하나님의 도움으로 원수들을 무찌른 다윗

B′ 43-45절 다윗을 열방의 우두머리가 되게 하신 하나님('듣다' '떨다')

A′ 46-50절 결론적 송영('나의 반석' '구원' '감사하다' '찬송하다')

먼저 감사와 찬양 부분(A/A′, 1-3, 46-50절)에는 '내 반석' 등의 '구원'의 하나님에 대한 고백과 '찬송 받으실' 하나님에 대한 찬양이 반복적으로 등장한다. 찬양 부분이 외곽 틀이라면 중심을 이루는 부분은 20-29절로서(E/E′) 하나님께서 다윗의 '율법적 의'를 따라 다윗에게 보상하신 것이 다윗의 '승리'(구원)임을 반복적으로 강조한다. 20-24절은 '내 의를 따라 보상하다'는 표현이 수미쌍관을 이루면서(20, 24절) 그 가운데 다윗 자신이 하나님의 말씀('도' '규례' '율례')에 순종한 '의'와 '깨끗함'과 '온전함'이 강조된다. 25-29절에서는 역시 '깨끗함' '완전함' 등의 표현들이 반복되면서 행한 대로 갚으시는 하나님의 통치 원리가 강조되고, 그런 원리를 따라 다윗에게 승리가 주어졌음을 말한다. 25-26절에는 하나님의 의로운 통치를 예시하는 같은 구조로 된 네 개의 행이 등장하고, 27-29절에는 '~왜냐하면' 혹은 '진실로'로 번역되는 히브리어 불변화사 *키*(כִּי)가 세 번 등장하면서 각 절을 이끌고 있다. 30절은 앞부분처럼 하나님 말씀의 완전함과 깨끗함을 언급하지만, 여기에서 말씀은 뒤따르는 다윗의 전쟁 승리에 대한 약속의 '말씀'으로서 31절 이하 단락을 이끌고 있다고 볼 수 있다.

B와 B′ 부분에서는, 하나님이 열방의 침략으로 '두려움'(6절) 가운데서 기도하는 다윗의 기도를 '들으신'(6절) 것을 감사하는 4-6절과 다윗의 소문

57. 30절은 내용상으로 보면 앞부분과 연결할 수도 있고 뒷부분과 연결할 수도 있다. 여기서는 여호와의 말씀에 대한 언급인 이 부분을 앞의 내용을 요약하면서도 전쟁에서의 새로운 가르침(34절)을 도입하는 것으로 보고 뒷부분에 포함했다. 30절과 32절에는 '이 하나님'이라는 표현이 공통으로 등장하여 30절이 뒷부분에 포함되어야 하는 또 하나의 근거를 제공한다.

을 '듣고'(44절) '떨며'(45절) 굴복하는 열방 위에 다윗을 지도자로 세우신 것을 감사하는 43-45절이 대칭을 이룬다. 다음으로 C와 C′ 부분에서는, 우주적인 현상들을 통해서 당신의 원수들을 물리치시는 하나님의 전쟁을 묘사하는 7-15절과 하나님이 능력으로 무장시키신 다윗이 직접 원수를 물리치는 것을 묘사하는 37-42절이 대칭을 이룬다. 마지막으로 D와 D′(16-19, 30-36절)는 모두 하나님의 도우심으로 다윗이 얻은 '구원'과 '승리'를 노래한다. 두 부분 모두에 '구원' 혹은 '승리'와 관련된 표현들이 반복적으로 등장한다('건지다' '구하다' '구원하다' '넓게 하다' 등).

본문 주해

표제: "여호와의 종 다윗의 (시). 인도자를 따라 (부르는 노래)."

다윗이 지은 시로서 (후대) 성전 예배에 사용될 때는 예배나 찬양을 인도하는 레위인이 부르거나 인도하도록 했음을 의미할 것이다.

"여호와의 종 다윗"이라는 표제는 이 시편이 한 신실한 성도의 감사 찬양일 뿐만 아니라, 하늘 왕이신 여호와께 기름 부음 받아 그의 대리통치자가 된 다윗 왕의 노래임을 부각한다(36편 표제; 132:10; 144:10 참조). 또 여호와께 헌신한 여호와의 종인[58] 다윗을 통해서 하나님의 왕조가 세워졌음을 암시하기도 한다(삼하 3:18; 7:5, 8, 20, 26; 왕상 3:6, 7; 8:24-26, 66; 11:13, 32, 34, 36, 38; 14:8; 왕하 8:19; 19:34 등 참조).

"여호와께서 그를(다윗을) 그 모든 원수의 손에서와 사울의 손에서 건져 주신 날에 (다윗이) 이 노래의 말로 여호와께 아뢰어 이르되"

---

58. 칼뱅은 '여호와의 종'이라는 표현이 다윗 스스로 왕위를 차지한 것이 아니라 하나님의 부르심에 순종해서 왕이 되었음을 말하는 것이라고 해석한다. Calvin, *Psalms*, 1:258-9.

역사적인 상황을 설명하는 이 표제는 사무엘하 22장 1절과 거의 같다.[59] 이 표제는, 다윗이 사울의 위협에서 벗어나 이스라엘의 왕이 되고, 주변 대적들을 물리치고 이스라엘에 참된 안식을 이룬 후에, 하나님이 주신 다윗 왕조에 대한 '언약'(삼하 7장)을 받고(50절) 이 시편을 쓴 것이라는 역사적 배경을 설명한다. 이 표제에 나오는 '여호와,' '손,' '원수들,' '건지다' 등의 표현들은 이 시편에 자주 반복되는 어휘들이기에, 이 표제 자체가 이 시편의 주제를 잘 요약하고 있다고 볼 수 있다.[60] 히브리어 성경에는 "아뢰어 이르되"가 1절에 포함되어 있지만, 표제에 포함해서 이후의 '노랫말'을 도입하는 것으로 봐야 한다. 즉, 이 표현은 이 시편 전부가 다윗이 간증이자 감사 찬양이라는 것을 밝히고 있다.[61]

1. 서론적 찬양: 구원의 하나님 찬양(1-3절)

1-3절은 구원(승리)의 하나님에 대한 감사와 찬양을 노래하는 부분이다. 1절은 '나의 힘'이신 여호와를 '사랑한다'는 서론적인 고백이다. 2-3절은 '구원'이라는 어근으로 수미쌍관을 이루면서, 다양한 비유들로 묘사된 '구원의 하나님'에 대한 찬양과 서론적인 구원 간증(3절)으로 구성되어 있다. 각 절마다 찬양의 대상인 하나님의 이름 '여호와'가 등장한다.[62] 이 부분은 비슷한 내용을 담고 있는 감사와 찬양 부분인 46-50절과 수미쌍관을 이룬다.

1절은 사무엘하 22장에는 없다. 다윗은 여호와를 '나의 힘'으로 부르면서 사랑한다고 고백한다. 여기서 '힘'은 2절의 여러 고백이나 뒤따르는 구원의

59. '말하다'는 동사가 앞의 이야기를 잇는 의미에서 '미완료 계속법' 형태로 나오는 사무엘하와는 달리 이 표제에는 관계 대명사와 함께 '완료형'으로 나오는 것과, 삼하 22:1에서는 이 표제에서 '손'으로 번역된 단어를 앞의 단어처럼 '손아귀'로 동일하게 사용하고 있는 정도의 차이만 있다.

60. Gray, *Psalm 18*, 57 참조.

61. R. E. Longacre, "Discourse Structure, Verb Forms, and Archaism in Psalm 18," *Journal of Translation* 2/1 (2006): 20.

62. Kuntz, "Psalm 18," 10.

내용을 요약한다. 특별히 사울의 위협과 주변 나라들과 전쟁 가운데 다윗에게 전쟁할 '힘'을 주시고(32, 39절) 구원하신 능력의 하나님을 의미한다. 그런 점에서 '나의 힘'은 '나의 구원'과 같은 의미일 것이다.[63] '사랑한다'(*라함* רָחַם)는 고백은 매우 특별하다. 이 단어는 자비와 사랑의 출처인 '배' 혹은 '자궁'을 의미하는 명사(*레헴* רֶחֶם)에서 파생된 동사로서, 자신과 이스라엘을 구원하신 하나님에 대해 다윗의 내면 깊은 곳에서부터 우러나오는 뜨거운 사랑을 표현한 것이다. 이 사랑 고백은 하나님에 대한 찬양이자 새로운 헌신의 맹세이기도 하다.

2-3절에는 1절의 서론적인 사랑 고백에 이어 '구원의 하나님'에 대한 다양한 비유적 고백들(은유)이 등장한다. 2절에 등장하는 모든 비유는 위험과 전쟁 상황에서 보호하시고 승리하게 하신 하나님에 대한 고백이다. 2절의 '반석,' '요새,' '바위,' '산성'은 모두 이스라엘 주변 지역에서 볼 수 있는 자연적인 지형에 여호와 하나님을 비유한 것이다. 이 단어들은 모두 높이 솟은 바위들, 절벽들, 바위산들을 일컫는다. 이들은 뜨거운 햇볕을 피하는 그늘을 제공하기도 하고, 숨을 수 있는 피난처가 되기도 하고, 전쟁에서 방어하거나 진을 펼치는 천연 요새나 산성이 되기도 하고, 든든한 기초가 되기도 하였다(삼상 13:6; 14:4; 22:4; 23:25, 28; 24:2, 22).[64] 특별히 다윗이 사울의 위협을 피해 광야에서 도망 다녔을 때 그런 장소들은 다윗의 주요 피난처였기에, 모든 위협에서 자신을 보호하시고 지키신 하나님을 그런 피난처에 비유한 것은 적절하다(19:14; 28:1; 31:2; 42:9; 46:7, 11; 62:2, 6; 71:3; 91:2; 신 32:31). 또 이런 은유들은 여호와의 임재 장소이자 온 세계의 반석 같은 피난처인 시온산성에서 비롯되어 이스라엘의 견고한 '산성과 반석'(31:3; 42:9)이신 하나님과 연결되었을 것이다.[65] '방패'라는 단어 역시 하나님이 참된 보호자가 되심

---

63. Gray, *Psalm 18*, 59 참조.
64. Kuntz, "Psalm 18," 23.
65. Kraus, *Psalms 1-59*, 259.

을 비유하는 것인데(3:3; 7:11; 28:7; 33:20; 59:12; 창 15:1; 신 33:29), 이 단어는 30, 35절에도 등장하여 하나님이 전쟁 상황에서 다윗을 철저하게 보호하셨음을 강조한다. '구원의 뿔'이라는 표현에서 '뿔'은 황소나 다른 짐승의 뿔처럼 '힘'을 상징한다(1절의 '나의 힘' 참조). 그래서 '구원의 뿔' 역시 하나님이 당신의 능력으로 시인을 대적의 위험에서 구원하시고(*HALOT*, 75:10; 132:17; 삼상 2:1, 10; 애 2:3; 겔 29:21) '피난처'가 되셨음(왕상 1:50이하; 2:28)을 의미한다.[66] 이상의 비유들은 이 시편이 하나님이 주신 구원과 승리에 대한 감사시편임을 강조한다.[67]

3절은 하나님이 시인을 구원해 주신 사건에 대한 간략한 간증과 찬양이다. 그렇게 보면 '아뢰다'나 '구원을 얻다'는 동사는 4절 이하의 절들처럼 미래형보다는 과거형으로 다음과 같이 번역하는 것이 더 나아 보인다. "찬양받기에 합당하신 분 여호와를 내가 불렀고 내가 내 원수들에게서 구원받았네." '찬송 받으실'(48:1; 96:4; 113:3; 145:3; 대상 16:25)이란 표현은 '찬양하다'는 동사(*할랄* הָלַל)의 수동분사로, 다윗의 기도('내가 불렀고')에 응답하셔서 그를 원수들에게서 구원하신 하나님이 찬양받으시기 합당하다는 것을 의미한다. 이 찬양은 4절 이하에서 상술할 구원 사건에 대한 요약적인 감사라고 할 수 있다. 이런 요약은 감사시편에 자주 등장한다(21:1-3; 30:1-2; 40:1-3; 118:4-6). 이어지는 부분들에서는 다윗이 어떤 상황에서 하나님을 '불렀는지,' 어떤 '원수들'에게서, 어떻게 '구원받았는지' 보고될 것이다.

2. 고난 중의 기도를 들으신 하나님(4-6절)

3절에서 간략하게 말했던 하나님의 구원 내용이 4절부터 45절까지 상술된다. 제2연인 4-6절은 그 첫 번째 부분으로 다윗이 어떤 상황에서 하나님의

---

66. Gray, *Psalm 18*, 66에서는 뿔과 바위의 뾰족한 모습이 비슷하여 여기에 뿔이 등장했을 수도 있음을 말하면서 뿔이 힘과 승리의 근원인 하나님에 대한 믿음을 표현한 것이라고 본다.

67. Gray, *Psalm 18*, 67-8 참조.

구원을 받게 되었는지를 묘사한다. '사망'과도 같은 환난 중에서(4-5절) 하나님께 부르짖었을 때 하나님이 응답하셨음을 간증한다(6절).

1) 과거의 고통에 대한 묘사(4-5절)

4-5절은 비슷한 구조(위협의 주체 + 동사 + 1인칭 어미) 가운데 비슷한 의미를 담은 행들이 반복되면서 다윗이 얼마나 고통스러운 상황 가운데 있었는지를 강조한다. 또 두 절 각각 교차 대구적인 구조(동사 + 주어/주어 + 동사// 주어 + 동사/ 동사 + 주어)로 주제를 강조한다.[68] 먼저 '사망,' '불의(멸망),' '스올,' '사망' 등의 표현은, 모두 다윗이나 이스라엘을 멸하려고 했던 사울의 세력이나 이방 나라의 침략이 얼마나 위협적이고 파괴적이었는지를 보여주는 비유적인 표현들이다. '불의'(*벨리야알* בְלִיַּעַל)로 번역된 단어는 악하고 비열한 자들을 가리키기도 하지만(41:8; 101:3; 삼상 20:1; 잠 6:12) 여기서는 모든 것을 없애버리는 멸망을 의미하는 것 같다(*HALOT*, NIV, ESV). 또 '줄들이 얽어매다'(116:3; 욘 2:6), '줄들이 두르다,' '올무가 이르다'(=18절 '대적들이 이르다') 등은 사냥과 전쟁의 비유가 혼합된 것이다(9:15; 31:4; 124:7).[69] 죽음이 사냥꾼이 되어 덫이나 올무로 다윗을 잡으려고 한다.[70] 이것은 사냥꾼처럼 집요하게 쫓는 사울의 군대가 다윗을 포위하거나, 블레셋이나 주변 나라 군대가 이스라엘을 압박하는 고통스러운 상황에 대한 묘사로 볼 수 있을 것이다.[71] '창수가 두렵게 하다'는 표현도 마치 홍수가 모든 것을 쓸어가듯이 이방의 군대가 엄청난 힘으로 이스라엘을 덮치는 것을 상징한다(124:4-5; 사 30:33; 렘 47:2).[72] 4절의 '두렵게 하다'는 동사는 두려움이 엄습

68. Kuntz, "Psalm 18," 10.

69. Gray, *Psalm 18*, 73.

70. Gray, *Psalm 18*, 70.

71. Gray, *Psalm 18*, 70에서는 '줄들'로 번역된 히브리어 단어(*헤벨* חֶבֶל)가 삼상 10:5, 10에서 '무리'로 사용된 용례를 제시하면서 군사적인 이미지도 함께 갖고 있음을 올바르게 지적한다.

72. Gray, *Psalm 18*, 71.

하는 것을 의미하는데(삼상 16:14이하; 사 21:4; 욥 3:5; 7:14; 9:34; 단 8:17 등), 여기서는 강한 침략 세력의 공격에 압도당하는 모습을 그려준다.[73]

공간적인 의미로 보자면 '불의(멸망)의 창수'는 바다와 관련된다. 고대 근동의 사람들은 '바다'를 질서를 깨뜨리는 혼돈의 세력으로 생각했고, 바다 밑에는 죽음의 세계, 즉 스올이 있다고 믿었다. 하늘과 반대편인 바다의 세력이 하늘 왕의 대리통치자를 혼돈과 죽음으로 끌고 가려는 모습이 4-5절에서 잘 형상화되었다고 볼 수 있다(33:7; 65:6-7; 69:1-2; 74:13-14; 88:7; 93편; 욘 2:4, 6).[74] 이런 표현들은 하나님 나라의 왕을 위협하는 세력들이 근본적으로 우주적인 파멸의 세력들임을 강조하고, 하나님이 이런 우주적 세력들로부터 당신의 왕을 구원하시는 우주적인 전쟁(7-15절)이 필요했음을 보여준다. 여호와가 세운 왕에 대한 위협은 여호와 자신의 통치에 대한 도전이었기 때문이다.[75] 그래서 하늘 왕이 하늘 성전에서 왕의 기도를 들으시고(6절), 바다 반대편인 '하늘'로부터 강림하셔서 하늘 무기들로 혼돈의 세력을 멸하시고(7-15절), 손을 내밀어 '많은 물에서' 그를 구원하셨다(16절).[76]

2) 여호와가 기도에 응답하심(6절)

6절은 환난 중에서 다윗이 하나님께 기도하며 부르짖었을 때 여호와가 응답하셨다고 하면서 자신의 구원 사건 전체를 간략하게 요약한다. 다윗은 죽음과 같은 환란 속에서도 여호와를 '내 하나님'으로 부르며 부르짖었다고 한다. 1행의 '환난'(*차르* צַר)은 매우 좁고 협착한 공간을 의미한다. 위의 비유

---

73. Gray, *Psalm 18*, 73.

74. Kuntz, "Psalm 18," 26; Kraus, *Psalms 1-59*, 260 참조.

75. Mays, *Psalms*, 91-2.

76. Kuntz, "Psalm 18," 27. 우가릿에서 발견된 바알 신화에 보면 폭풍의 신인 바알이 혼돈의 신인 바다(*얌*)와 죽음(*모트*)과 싸워 승리하는 내용이 나오는데, 본 시편은 그처럼 흔히 알려진 신화적인 내용을 차용하여 우주적인 차원으로 고난과 승리를 형상화했을 것이다. Craigie, *Psalms 1-50*, 174 참조.

들과 연결하면 다윗이 덫이나 그물에 걸려 옴짝달싹할 수 없는 상태에 갇힌 것처럼 고통당한 것을 가리킨다.[77] 그래서 '환난'에서 구원받는 것을 19, 36절에서는 넓은 곳으로 가는 것으로 표현한다. 2행의 '부르짖다'(*샤바* שָׁוַע)는 표현은 도움을 구하며 부르짖는 모습을 묘사하는데(*HALOT*, 22:24; 28:2; 30:2; 31:22; 88:13), 4행에서 '부르짖음'이라는 명사로 다시 나오고, 41절에서는 원수들의 부르짖음에 등장한다. 1-2행에서 시인이 부르짖은 것이 두 번 표현되었는데, 3-4행에서는 그것이 '내 소리,' '나의 부르짖음'으로 하늘 성전에 이르러 결국 하늘 왕이신 여호와가 들으셨다고 역시 두 번 표현된다. 4행의 '그의 앞에서'로 번역된 단어는 '그의 얼굴로'로 직역될 수 있는데, 이 어구는 또 다른 신인동형론적 표현인 '그의 귀에'와 합하여 하나님의 기도 응답을 생생하게 전달하고 있다. '듣다'와 '그의 귀에 들렸다(이르다)'는 표현은 바로 그런 기도 응답을 강조한다. 한편, 3행의 '성전'은 하늘 성전을 의미하는데 이 성전은 다윗이 죽음의 고통 가운데서 기도로 하나님의 보호를 요청하며 피하는 장소이자 하나님 자신을 의미한다. 그런 점에서 1-3절에 표현된 구원의 피난처이신 하나님에 대한 여러 고백은 이 하늘 성전에 피하는 것으로 형상화되고 있다고 볼 수 있다. 한편 이 성전은 온 세상 왕이신 하나님의 왕궁으로 7-15절은 하늘 왕궁에 계신 왕의 우주적 구원과 심판을 묘사한다.

3. 우주적인 무기로 다윗의 원수를 무찌르신 하나님(7-15절)

7-15절은 다윗의 기도가 하늘 성전에 이르렀을 때 여호와가 그 기도를 들으시고 땅에 내려오셔서 우주적인 무기들로 다윗의 원수를 무찌르시는 장면을 묘사한다. 천둥과 번개와 우박을 통한 하나님의 심판(삼상 2:10; 7:10; 12:17-18; 사 29:6)을 다양한 비유들을 통해서 하나님의 우주적인 전쟁으로

---

77. Gray, *Psalm 18*, 75.

형상화하고 있다(29편; 50:2-3; 68:7-8; 77:16-20; 97:2-5; 144:5-8).[78] 주로 하나님의 현현은 세상 나라들이나 이스라엘을 심판하기 위한 행동으로 묘사되고 있는데,[79] 다윗 개인을 구원하기 위해 이런 묘사가 사용된 것은 하나님 나라 왕의 구원이 세계적으로 중요한 사건임을 암시한다. 7절과 15절은 둘 다 땅의 기초를 떨리게 하고 드러내는 하나님의 진노를 그리면서 이 연을 묶고 있다. 우주적 심판자 하나님의 위엄과 진노를 생생하게 묘사하기 위해서 하나님에 대한 신인동형론적인 표현인 '코,' '입,' '발,' '목소리' 등이 등장하고 있다. 마지막 15절을 제외하면 모두 3인칭으로 여호와의 행동을 연속적으로 묘사하는데 다른 연들과 달리 이 연에는 시인('나')에 대한 언급이 전혀 등장하지 않는다.[80]

1) 하나님의 임하심으로 인한 우주적 떨림(7-8절)

7절부터는 여호와 하나님이 땅에 임하실 때 동반되는 우주적인 현상들에 대해서 시적으로 묘사하고 있다. 6절에서 하늘 성전에 다윗의 기도가 이른 결과로 하늘 왕이 하늘로부터 땅으로 강림하시는 것을 시적으로 그린다. 7절에서는 지진 현상을 의미하는 동사가 무려 네 번이나 사용되면서(개역개정의 번역은 두 동사 생략) 하나님의 임재에 동반되는 무서운 현상(97:2-5; 출 19:16-18; 신 33:2-3; 삿 5:4-5; 렘 10:10; 나 1:5; 합 3:4-6)[81]을 하나님의 '진노'에 대한 온 땅의 떨림으로 표현하고 있다. 네 동사(*가아쉬* גָּעַשׁ, *라아쉬* רָעַשׁ,

---

78. M. G. Klingbeil, "Metaphors That Travel and (Almost) Vanish: Mapping Diachronic Changes in the Intertextual Usage of the Heavenly Warrior Metaphor in Psalm 18 and 144," in *Metaphors*, 133에 의하면 하나님을 '하늘의 전사'로 묘사하는 비유는 특별히 시편 1권에 많이 나타난다. 예를 들면 2:4; 3:4, 8; 5:13; 7:11; 11:4-6; 14:2; 17:13; 21:9-10; 29편; 35:1-3 등이다. 이 논문에 의하면(132쪽) 144:5-7은 18편의 우주적 전사 비유를 포로기 이후 공동체의 소망으로 재해석해서 인용한 것이다. Mays, *Psalms*, 92 참조.

79. K. Nielsen, "Metaphorical Language and Theophany in Psalm 18," in *Metaphors*, 200 참조.

80. Kuntz, "Psalm 18," 10.

81. Kraus, *Psalms 1-59*, 260 참조.

라가즈 רָגַז, *가아쉬*) 중에 첫 번째와 네 번째는 같은 동사로서 수미쌍관을 이루고, 가운데 동사들은 발음과 의미의 유사성을 통해서 '떨림'의 효과를 증대시킨다. 흔들리는 주체는 '땅'과 '산들의 터'(15절의 '물 밑' '세상의 터' 참조)다. 당시의 세계관에서 보면 온 세상을 떠받치는 기둥과 같은 '산들의 터'는 온 세상을 지탱하는 근본이었기에, 그조차도 떨린다는 것은 하나님의 진노 앞에 떨지 않을 것이 아무것도 없음을 말하는 것이다.

8절은 7절의 하나님의 진노를 형상화한다. '코'는 '진노'와 동의어기에 코에서 연기가 올라간다는 것은 하나님의 무서운 진노를 상징한다. 이와 평행을 이루는 '입의 사르는(삼키는) 불'(신 9:3; 사 30:30; 암 1:4)이나 타오르는 '숯불'도 '번개'가 형상화하는 하나님 진노의 표현이다(13-14절). 이 장면은 출애굽기 19장 16-18절에서 묘사하듯이 먹구름으로 가득한 캄캄한 하늘에 천둥과 번개가 치는 모습을 묘사한 것으로 보인다. 출애굽기 19장이 율법을 주시기 위한 강림이라면 8절 이하의 하나님의 현현은 왕의 구원을 위한 것이다.[82] 율법의 수여와 왕의 구원에 임하시는 하나님의 모습은 그 사건들이 하나님 나라와 세상에 얼마나 중요한 구속사적인 사건인지를 보여준다.[83] 8절 이후에 묘사되는 천둥과 번개나 지진은 고대 세계에서 하나님의 진노가 얼마나 심각한지를 피부로 느낄 수 있는 자연 현상이었기에, 구약 성경에서 하나님의 대적들을 심판하는 도구로 종종 등장한다(29:7; 50:3; 삼상 2:10; 7:10; 12:17-18; 사 29:6). 이런 비유적 표현들은 전쟁터에서 군인들과 말들의 진격으로 인한 떨림, 불화살과 화염을 통한 공격을 경험한 고대의 사람들에게는 여호와의 전쟁의 맹렬함(수 8:8, 19; 11:11 등)을 느끼게 해 주었을 것이다.[84]

---

82. Gray, *Psalm 18*, 86.
83. Calvin, *Psalms*, 1:269에서는 다윗이 자신에게 베푸시는 하나님의 은혜를 그 은혜의 원형이라고 할 수 있는 출애굽 사건과 연결하는 것이라고 본다.
84. Gray, *Psalm 18*, 85.

2) 하늘 왕의 강림(9-11절)

9-10절은 연속되는 미완료 계속법 동사들을 통해 하나님의 강림 모습을 단계적으로 그리고 있다.[85] 9절은 하늘 성전에서 다윗의 기도를 들으시고 다윗을 구하시러 내려오시는 하나님의 모습을 그리고 있다. 당신의 '종(왕)'과 '백성'을 구원하시고 이 땅의 질서를 바로잡기 위한 이러한 강림은 가장 높은 하늘에 계신 하늘 왕의 '내려오심' 혹은 '낮아지심'이라고 할 수 있다(창 11:5, 7; 18:21; 출 3:8; 19:11, 18, 20; 34:5).[86] '드리우다'(*나타* נָטָה)는 단어는 돔처럼 생긴 하늘을 아래로 낮추는 것을 의미한다(144:5; 욥 9:8).[87] 낮은 하늘에 모인 짙은 먹구름들(='어두 캄캄하다')[88] 사이로 번개가 나오는 것을 하나님의 하늘 보좌가 구름에 둘러싸인 채로 내려와 심판의 불을 내뿜는 것(8절)으로 표현한 것이다. 구름 속에 계신 하나님에 대한 묘사(9, 11절)는 인간의 눈으로 직접 볼 수 없는 하나님의 위엄이나 악의 세력에 대한 무서운 진노를 표현한다(97:2; 겔 1:4; 출 19:16, 18; 나 1:3).

10절은 하나님이 법궤 위에 펼쳐진 그룹들(80:1; 99:1; 삼상 4:4; 왕하 19:15; 사 37:16; 겔 1장)을 타시고 강림하시는 것으로 묘사하고 있다. 하늘 보좌가 땅으로 임하고 있다. '바람 날개를 타고 높이 솟아오르셨다'는 표현도 천둥 번개에 동반되는 강한 바람을 하나님을 태운 날개들로 비유했다고 볼 수 있다(68:4; 104:3; 사 19:1). '높이 솟아오르다'로 번역된 동사(*다아* דָּאָה)는 '날다,' '빨리 오다'(ESV) 혹은 먹잇감을 낚아채는 독수리처럼 '솟아오르거나'(NIV, 개역개정) '급강하하다'는 의미로 번역될 수 있다(신 28:49; 렘 48:40; 49:22). 신명기 33장 26절에서는 하나님이 하늘을 타신 분으로,

---

85. Kuntz, "Psalm 18," 17.

86. Kraus, *Psalms 1-59*, 260.

87. Gray, *Psalm 18*, 86.

88. Calvin, *Psalms*, 1:270도 이것을 "구름이 하늘을 뒤덮는 때"를 묘사한 것이라고 하면서 "짙은 수증기가 공중을 채울 때 구름들이 우리에게 내려와서 우리 머리 위에 머무는 것처럼 보인다."고 적절하게 표현한다.

이사야 19장 1절에서는 구름을 타신 분으로 묘사되고 있다.

11절도 앞의 이미지(특별히 9절)를 이어간다. 천둥과 번개가 치는 하늘에 캄캄하고 빽빽한 비구름이 쌓여 있는 것을, 마치 먹구름이 하나님의 보좌를 덮개('숨는 곳')나 장막처럼 둘러싸고 있는 것처럼 묘사한다. 여호와의 보좌를 둘러싼 '흑암,' '물의 흑암(먹구름),' '빽빽한 구름'에 대한 반복적인 묘사는 여호와의 강림이 심판을 위한 것이고 위엄차고 무시무시하다는 것을 강조한다.[89] 이런 이미지는 바알 신화에 기록된 폭풍의 신 바알이 무기로 천둥과 번개를 손에 들고 구름을 타고 오는 장면과 연결될 수 있을 것이다. 하지만, 이것은 신화 그 자체를 의미한다기보다는 당시에 많이 알려진 신화적인 표현들을 사용해서 하나님이 참된 심판자요 구원자이심을 말하고자 한 것이다.[90]

3) 우박과 천둥과 번개로 대적들을 물리치심(12-14절)

12절부터 본격적으로 천둥과 번개에 대한 묘사를 시작한다. 8절에서는 하나님의 보좌 앞에서 타오르던 숯불이 12절에서는 우박과 함께 하나님을 둘러싼 먹구름 사이로 나오는 장면을 그리고 있다. 12절은 8절처럼 하늘 왕의 보좌 현상을 가리키는 것일 수도 있고, 13-14절처럼 그 보좌로부터 우박과 불붙는 숯불(번개?)이 쏟아지는 하나님의 무서운 심판이 시작된 것을 그리는 것일 수도 있다(11:6; 97:5; 104:32; 140:10; 사 30:30).[91] 여기서는 후자로 이해한다. 하나님 앞의 '광채'는 주변의 캄캄한 구름들과 대조를 이룬다. 이것은 어떤 구름들도 찬란한 하나님의 영광(겔 1:4, 13, 27; 10:4)을 가릴 수 없음을 말하면서, 그 영광의 광채(하나님 자신)로부터 우박과 번개가 나오는 것을 알려준다. '우박'도 전쟁에서 하나님의 대적들을 심판하는 무기

---

89. Gray, *Psalm 18*, 92.

90. Craigie, *Psalms 1-50*, 174 참조.

91. Kraus, *Psalms 1-59*, 260.

로 종종 등장한다('우박 재앙,' 78:47-48; 105:32 = 출 9:18-34; 수 10:11; 사 28:2, 17; 학 2:17).

13절에서야 7-12절에 묘사된 분이 '여호와'와 '지존하신 이'이심이 밝혀진다. 그리고 13절과 15절에 나오는 '여호와'란 이름은, 13-15절이 천둥과 번개 등의 자연 현상을 통한 본격적인 여호와의 전쟁을 묘사하고 있음을 밝혀준다.[92] 13절은 우박과 번개에 더하여 여호와의 무서운 심판의 목소리를 상징하는 우레(천둥)를 치게 하셨음을 묘사한다(29편). '지존하신 이'이란 표현은 온 세상의 주권자이자 하늘 왕이신 여호와의 위엄을 강조한다.

14절에서는 '번개'를 상세하게 묘사한다. 하나님의 '화살'로서 번개를 부르면서 하나님의 최고의 공격 무기인 '번개'로 대적들을 멸하셨음을 노래한다(77:17; 144:6; 합 3:9, 11; 슥 9:14).[93] '흩다'(68:1; 144:6; 삼상 11:11; 사 24:1; 겔 29:12; 합 3:14), '깨뜨리다' 혹은 '어지럽히다'(144:6; 출 14:24; 23:27; 수 10:10; 삿 4:15; 삼상 7:10)는 동사도 전쟁이나 심판을 통한 대적들의 멸망을 의미한다. 하나님이 천둥 번개가 상징하는 무기들로 악한 세력을 심판하는 것은 하늘 왕의 의로운 통치를 그려준다(계 4:5; 11:19 참조).

4) 여호와의 심판 앞에 드러나는 온 세상(15절)

15절은 7절의 어휘들과 비슷한 표현들을 사용하면서 하나님의 우주적인 강림이 가져온 죽음의 세력들에 대한 심판을 마무리한다. 7절이 하늘 왕 여호와의 강림과 진노로 나타나는 우주적인 현상, 특별히 지진을 강조했다면, 이 연의 마지막 절인 15절은 여호와의 심판 앞에 온 세상이 드러나는 현상을 묘사한다(겔 13:14; 미 1:6; 합 3:13). 7절과 8절이 노래한 죄악에 대한 심판의 '진

---

92. Kuntz, "Psalm 18," 11.

93. Shnider, "Psalm XVIII," 389에서는 고대 근동의 자료에 비추어 그룹 날개를 타고 화살을 쏘는 하나님의 모습은 하나님의 영광과 권세에 대한 상징으로 해석하고 이 권세가 34절에서는 하나님의 왕인 다윗에게 주어지고 있다고 본다.

노'가 여기서는 '꾸지람'(76:6; 104:7; 사 50:2; 51:20; 66:15)과 '콧김'('코의 바람'-출 15:8; 욥 4:9)으로 표현되어 있다. 여기서 '꾸지람'은 하나님이 대적들을 향해 위협하시는 엄청난 외침을 의미하고 '코의 바람'은 바닷물을 몰아내는 하나님의 진노의 내뿜음이다(JPS).[94] 하나님의 심판 앞에 드러나는 '물밑'은 온 세상을 이루는 주요 부분인 바다의 제일 밑바닥을 말한다(삼하 22:16에는 '바다'로 표현됨). 또 '세상의 터'는 7절의 '산들의 터'처럼 바닷물에 잠겨 있어 보이지 않지만, 고대인들이 하늘을 떠받치고 있다고 생각한 높은 산들의 뿌리를 의미한다. 그것들이 '드러나고' '나타난다'는 말의 의미는 바닷물이 하나님의 진노 앞에서 물러나 바닥을 드러냈다는 의미다. 이것은 출애굽기 15장 8절의 홍해 사건과 흡사하다. 다윗은 의도적으로 하나님의 '의로운 왕'인 자신의 구원 사건을 하나님의 구원 원형인 출애굽 사건과 연결하여 그 구속사적인 중요성을 강조하고 있다.[95] 이것은 하나님을 대적하거나 하나님의 백성들을 공격하는 어떤 세상의 세력들도 완전히 하나님의 심판 앞에 수치를 당하고 굴복할 수밖에 없음을 의미한다(욥 26:6; 38:17).[96] 4-5절에서 묘사된 다윗을 억압하던 죽음의 바다가 하나님의 진노 앞에 완전히 굴복하고 있다. 그렇다면 이제 남은 일은 다음 절들이 보고하듯이 하늘 왕이 당신의 종을 그 깊은 물에서 구하는 일이다.

4. 원수들에게서 다윗을 구원하신 하나님(16-19절)

앞부분이 의로운 하나님의 종 다윗과 하나님 나라 이스라엘을 위한 하나님의 우주적인 전쟁을 묘사했다면, 이 부분은 세상의 심판을 통한 다윗의 구원 혹은 다윗을 통한 이스라엘의 구원을 구체적으로 보고한다. 이 부분에는 30-36절처럼 구원과 관련된 표현들이 많이 등장하는데, 이것은 왜 다윗이

---

94. Gray, *Psalm 18,* 102, 103.
95. Calvin, *Psalms*, 1:275; Gray, *Psalm 18*, 103.
96. Gray, *Psalm 18*, 101-2.

1-3절에서 하나님을 그토록 많은 비유적 표현들로 참 '구원자'이심을 강조하는지를 보여준다. 1인칭 목적격 접미어를 가진 3인칭 단수 미완료형 동사가 무려 6번이나 등장하여 하나님이 '나'(하나님의 왕)를 고난에서 건져내셨음을 강조한다.[97]

16절에서 다윗은 하늘에 강림하신 하늘 왕이 친히 '손'을 내밀어 자신을 구원하셨음을 감격적으로 고백한다. 이어지던 미완료계속법 동사들에서 그냥 미완료 동사로 전환된 것은 이전과 구별되는 매우 중요한 순간을 맞이했음을 표시하는 것 같다.[98] 여기서 '높은 곳'(하늘)과 '많은 물'(바다)의 대조는 하나님이 가장 높은 곳에서 가장 낮은 곳(4절, 바다 밑에 있는 다윗)까지 손을 뻗치셔서 다윗을 구했음을 강조한다. '많은 물'(4절 참조)은 강력한 다윗의 대적을 상징하지만(29:3; 93:4; 144:7) 15절에서 말한 것처럼 이미 그 '밑'이 드러나 힘을 잃었다. 2행은 하나님이 '많은 물'로 상징되는 다윗과 이스라엘의 대적을 물리치시고 다윗을 건져내셨음을 말한다. '손을 내밀다'는 표현은 다윗을 곤경에서 구출하기 위해 도우셨음을 의미한다(138:7 참조). 여기서 '건지다'(*마샤* מָשָׁה)는 표현은 출애굽기 2장 10절에서 모세를 물에서 건져 올릴 때 사용된 동사이며, '모세'라는 이집트 이름에 대한 히브리어 이름의 어원이 되었다. 모세가 물에서 건져진 것처럼 다윗도 물에서 건져졌다. 이것은 다윗이 제2의 모세로서 사울이나 주변 나라들로부터 이스라엘을 구원하는 자로 건져졌음을 의미한다. 동시에 '많은 물'에서 구원받은 것은 홍해에서 대적들로부터 구원받은 이스라엘의 모습을 떠올리게 한다.[99]

17절은 16절에서 암시한 것을 밝힌다. 하나님이 다윗을 16절에서 '많은 물'로 상징된 강한 원수들(3절 참조)로부터 건지셨다고 한다. '다윗을 미워하는' 원수들은 다윗보다 더 '강하고' '힘센' '원수들,' 그야말로 '많은 물'과 같

97. Kuntz, "Psalm 18," 11.

98. Longacre, "Archaism in Psalm 18," 22.

99. Gray, *Psalm 18*, 107.

이 강력한 자들이었다. 이런 묘사들은 다윗을 구원하시는 일에 하나님의 우주적 능력이 필요했음을 강조한다.

18절은 다르게 구원을 표현한다. 다윗은 자신의 재앙의 시절, 즉 대적들이 자신을 공격하던 때에 하나님께서 보호해 주셨음을 고백한다. '재앙의 날'(신 32:35; 욥 21:30; 렘 18:17 등 8회 등장)은 사울에게 쫓겨 다니던 때를 의미할 수도 있고 이스라엘이 블레셋 등으로부터 압제당하던 시절을 의미할 수도 있다. '이르다(덮치다)'는 표현은 5절에서 '사망의 올무'에 사용되었다. 죽음의 올가미처럼 대적들이 다윗을 죽이려고 달려들었던 엄청난 고통의 순간이었음을 의미한다. 여호와께서 다윗의 '의지'가 되셨다는 말은, 사람이 의지하는 지팡이와 같이 그 고난을 버텨내고 이겨내게 하는 든든한 의지의 대상이 되셨음을 의미한다.

19절에서는 구원이 '넓은 곳으로 인도하고,' '구원하신' 것으로 묘사되었다. '넓은 곳'은 '좁은 곳'을 의미하는 6절의 '환난'(혹은 4-5절의 옥죄는 사망의 장소들)과 반대되는 구원의 장소를 의미한다(31:9; 118:5). 36절에도 비슷한 표현이 나온다. 전쟁이라는 상황과 연결하면 대적들의 공격에서 완전히 벗어난 안전한 공간을 의미한다.[100] 특별히 2행에서는 하나님이 다윗을 '기뻐하셔서' 그를 구하셨다고 한다. 이것은 20절 이하에서 묘사하는 다윗의 의로움에 대한 하나님의 기뻐하심을 안내한다. 하나님께 신실하고 순종하는 다윗을 기뻐하셨기에 하나님의 의로운 통치의 일환으로 다윗을 악한 자들로부터 건져 주신 것임을 의미한다.

5. 다윗의 의를 따라 보상하신 하나님(20-24절)

이 연은 19절에서 왜 하나님이 다윗을 기뻐하셔서 구원하셨는지 그 이유를 설명한다. 그것은 다윗이 대적들의 공격에도 굴하지 않고 하나님의 말씀

---

100. Gray, *Psalm 18*, 111.

을 따라 의롭고 정결하게 살았기 때문임을 보여준다. 이것은 마치 17편 1-5절에서 다윗이 자신의 의로움을 천명하며 구원해 주실 것을 기도한 것에 대한 응답처럼 보인다. 그래서 이 부분에는 하나님의 말씀을 가리키는 용어들('여호와의 도,' '규례,' '율례')과 '의'를 말하는 표현들('의,' '깨끗함,' '악하지 않음,' '완전함,' '지킴')이 반복적으로 등장하여 다윗의 의에 대한 보상을 강조한다. 이와 더불어 이 부분은 다음과 같은 교차 대구적인 구조를 통해 다윗의 의의 특징과 이에 대한 하나님의 보상을 부각한다.

a 20절 여호와의 보상: '의'와 '깨끗함'을 따라 '갚으심'
  b 21절 다윗의 의: 여호와의 도를 '지키고' '악하지' 않음
    c 22절 다윗의 의: 율법을 붙들고 버리지 않음
  b′ 23절 다윗의 의: 완전하고 '죄악'에서 자신을 '지킴'
a′ 24절 여호와의 보상: '의'와 '깨끗함'을 따라 '갚으심'

다윗의 의로움의 특징은 어떤 상황에서도 하나님의 율법을 붙들고(c) 그 법을 '지키며' 죄악에서 자신을 '지키는' 것이며(b, b′), 이에 대한 여호와의 보상은 그 '의'와 '깨끗함'을 따라 '갚으시는' 것이다. 하늘 왕에 대한 왕들의 순종은 다윗 언약의 중심 사상이기도 하다(삼하 7:14-16; 시 89:20-38; 132:12).[101]

20절은 이 연의 서론이자 19절의 하나님의 구원 이유를 제시하는 절이다. 다윗(과 이스라엘)이 사울과 주변 대적들로부터 구원받은 것은 온 세상을 다스리시는 하늘 왕 여호와가 '의'를 따라 통치하신 결과라는 것이 이 절이 말하는 핵심이다. 사울이나 원수들의 불의한 공격으로 다윗이나 이스라엘이 얼마나 억울한 고난을 겪고 있는지를 아시고, 의로운 재판관이신 하나님이

101. Gray, *Psalm 18*, 121-2은 교차 대구적인 구조와 그 신학적 강조점을 잘 연결하고 있다.

다윗을 구원하심으로써 그의 의로움을 인정해 주셨다는 것이다.[102] 구속사적으로 보면, 다윗이 사울에게 핍박받으면서도 하나님의 말씀을 따라 스스로 복수하거나 왕위를 찬탈하려고 하지 않은 것을 아시고(삼상 26:23-24 참조) 적합한 때에 그를 건져 주셨고, 하나님과 이스라엘을 향한 다윗의 헌신과 신실함을 보시고 그를 왕으로 세우셔서(의로운 왕, 신 17:18-20[103]) 이스라엘을 대적들의 손에서 건져 주셨음을 밝히는 것이다. 여기서 '의'는 여호와께 신실하여 그의 말씀에 순종한 것을 의미하고, '깨끗함' 역시 죄악을 멀리하고 정결하게 말씀을 따라 산 것을 의미한다. 이 두 단어는 다윗이 하나님을 사랑하는 중심으로 율법이 말하는 의를 행하기 위해 애쓴 대표적인 사람임을 보여준다(15:2; 17:3-5; 19:8; 24:4). '손'은 다윗의 삶이나 행동 전체를 대표한다. '상주다'로 번역된 단어(*가말* גָּמַל)는 어떤 행동을 정당하게 '다루거나' '대우하는' 것을 말하고(*HALOT*, 13:5; 103:10; 137:8; 삼상 24:18; 삼하 19:37; 잠 3:30), '갚다' 동사는 선이든 악이든 행한 대로 되돌려주는 것을 의미한다(창 50:15; 삿 9:56; 호 12:3, 15). 둘 다 다윗과 그의 원수들에게 행하신 하나님의 의로운 통치를 강조한다.

21-23절은 20절이 말한 다윗의 '의'와 '손의 깨끗함'이 무엇인지를 상술한다. 세 절 모두 첫 행은 긍정적인 표현으로 말씀을 지키려 했음을 강조하고, 두 번째 행은 부정적인 표현으로 말씀을 떠나지 않거나 죄악을 행하지 않기 위해 애썼음을 말한다. 21절에는 그것이 '여호와의 도를 지킨 것'과 '악하게 하나님을 떠나지 않는 것'으로 표현된다. '여호와의 도(길들)'는 하나님이 주신 율법과 모든 말씀 그 자체나 그것들을 따르는 삶의 방식을 가리킨다(30절; 19:7-9; 128:1; 창 18:19; 신 8:6; 잠 10:29; 호 14:9). 그 길을 지키지 않는 것은 2행이 말하는 것처럼 악하게 여호와를 배반하는 것이다.

---

102. Calvin, *Psalms*, 1:281 참조.

103. Mays, *Psalms*, 93.

22절은 21절과 같은 의미('앞에 있고,' '버리지 않음')를 표현하지만 '여호와의 도'를 '규례'와 '율례'로 바꾸어 표현한다. 이런 표현들은 율법에 대한 헌신을 강조하는 19편 7-9절과 119편에도 등장한다. 율법이 항상 다윗 앞에 있었고 그것을 떠나지 않게 했다는 것은 늘 그것을 묵상하고 기억하고 지켰음을 의미한다(1:2; 119:6). 이것은 시인을 가르치시는 여호와를 늘 앞에 모셨다는 16편 8절의 표현과 같은 의미다.[104] '규례'(*미쉬파트* מִשְׁפָּט)는 재판관이신 하나님이 내리시는 공의로운 판결들이나 그런 판결들이 기초한 법을 의미한다. '율례'(*후카* חֻקָּה)는 특별한 규정들을 가리키는 의미로 사용되었다. 하지만, 여기서는 규례나 율례 모두 하나님의 말씀을 가리킨다. 율법에서 떠나지 않으려고 하는(신 28:14; 왕상 15:5; 22:43 참조) 2행의 노력은 신명기 17장 19-20절이 규정한 하나님 나라 왕의 모습이기도 하다.[105]

23절도 다윗의 의로움을 강조한다. 1행은 하나님 앞에서 '완전함,' 즉 말씀에 벗어나지 않는 진실하고 흠이 없는 삶을 추구했음을 의미하고, 2행은 반대로 죄악을 저지르지 않기 위해서 삼갔음을 의미한다. '완전함'은 23-32절 사이에 무려 다섯 번이나(23, 25*2, 30, 32절) 등장하면서 율법적 의와 이에 대한 하나님의 의로운 보상을 강조하고, 그 결과로 전쟁에서 하나님이 다윗의 걸음을 완전하게(32절) 인도하셨음을 밝힌다.[106] 한편 21, 23절에 동시에 등장하는 '지키다'는 동사는 다윗이 하나님의 말씀을 '준수하여' 악으로부터 자신을 '삼갔음'을 강조한다.

24절은 20절과 같은 표현들('여호와,' '의를 따라,' '손의 깨끗함을 따라,' '갚다')을 사용하면서 이 연(20-24절)을 다시 요약하며 결론짓는다. 다윗이 앞에서 고백했던 율법적인 의를 따라 하나님이 다윗을 지키시고 구원하셨음을 고백한다. '그의 목전에서'는 하늘 재판관이시자 왕이신 하나님의 정확하

104. Gray, *Psalm 18*, 119.
105. Gray, *Psalm 18*, 119.
106. Gray, *Psalm 18*, 119-20.

고 공정한 판결을 따라 하나님이 의롭게 행하셨다는 것을 강조한다(사 1:16; 렘 16:17).

6. 하늘 왕의 의로운 통치를 통한 승리(25-29절)

이 연은 의로운 하나님의 통치라는 앞의 연의 주제를 이어가면서도 발전시킨다. 24절에서 말한 '그의 목전에서' '갚으신' 여호와의 판결과 통치가 어떤 근거에 의해서 이뤄졌는지를 밝힌다. 개역개정은 이 부분을 앞 절들과 달리 모두 미래형으로 번역하지만, 과거형이나 현재형으로 번역하는 것이 하나님의 의로운 통치를 묘사하기에 더 적합한 것 같다. 앞부분이 주로 다윗 자신의 의로움을 따라 하나님이 보상하셨음을 강조하고 있다면('여호와'-3인칭), 여기서는 행위를 따라 갚으시는 하나님의 의로운 통치 원리를 고백적으로('여호와'-2인칭) 강조한다. 비천하지만 의로운 자들은 하나님이 높여주시고 교만한 악인은 낮추시는 하나님의 통치를 강조한다. 25-26절에서는 네 행이 각각 '~하는 자에게는'으로 시작하고 재귀형 동사로 마치는 데 비해, 27-29절은 각각 '왜냐하면' 혹은 '참으로'로 번역될 수 있는 부사로 시작하는 것이 특징이다. 모두 미완료 동사들로 하나님의 행동을 묘사하고 있다.

25 '~하는 자에게는'(*임* עם־) '스스로 ~하시고'(히트파엘)
'~하는 자에게는'(*임* עם־) '스스로 ~하시고'(히트파엘)
26 '~하는 자에게는'(*임* עם־) '스스로 ~하시고'(히트파엘)
'~하는 자에게는'(*임* עם־) '스스로 ~하시고'(히트파엘)
27 참으로(왜냐하면) 주께서(*키 아타* כִּֽי־אַתָּה)
28 참으로(왜냐하면) 주께서(*키 아타* כִּֽי־אַתָּה)
29 참으로(왜냐하면) 주를(*키 베카* כִּֽי־בְךָ)

25-26절은 위에서 말한 대로 행위대로 갚으시는 하나님의 의로운 통치 패

턴을 같은 구조로 된 네 행으로 노래한다. 25절에서는 하나님이 '자비로운 자들'에게 '자비로우심을 나타내시는' 것과 '완전한 자들'에게 '완전하심을 보이심'을 노래한다. '자비로운 자'로 번역된 *하시드*(חָסִיד)는 주로 '충성된 자' 혹은 '신실한 자' 혹은 '경건한 자'로 번역되어 하나님과 그의 말씀에 신실하고 충성된 '성도'를 의미한다(12:1; 16:10; 30:4; 31:23; 삼상 2:9). 이어 나오는 동족 동사(여기만 등장하는 재귀형 동사)도 신실한 성도에게 '신실하게 응하시는' 하나님의 행동을 묘사한다. 2행은 말씀에 따라 흠 없고 진실하게 살려고 하는 '완전한' 자(23절)에게 역시 말씀에 조금도 어긋남 없이 '완전함을 나타내시는'('온전함'과 동족 동사, 여기만 등장하는 재귀형 동사) 하나님의 행동을 묘사한다.

26절 1행의 '깨끗함'은 같은 어근을 사용하는 20, 24절에서 말했던 다윗의 깨끗함과 연결되며, 성전 예배에 참여하는 성도의 깨끗함과도 연결된다(24:4). 죄악으로 더럽히지 않고 말씀대로 사는 자에게 조금도 말씀에 어긋나지 않게 갚아주시는 하나님의 '깨끗하심'('깨끗함'과 동족 동사, 드문 재귀형)을 강조한다. 이것은 그의 말씀의 '깨끗함'과도 연결된다(19:9). 2행은 '완전한'과 반대되는 '사악한' 자에 대한 하나님의 갚으심을 말한다. '사악한 자'로 번역된 단어(*이케쉬* עִקֵּשׁ)는 올곧은 하나님의 말씀에서 벗어나[107] 그릇되게 '구부러진 자'를 가리킨다(101:4; 잠 8:8; 11:20; 17:20; 22:5; 28:6). 그러므로 이에 대한 하나님의 공의로운 대응을 묘사하는 '거스르심을 보이다'(*파탈* פָּתַל)는 재귀형 동사는 '간교하게 행하다' 혹은 '절묘함을 보이다'(*HALOT*, 신 32:5; 욥 5:13; 잠 8:8)는 뜻이다. 하나님이 거짓과 불의로 행하는 자들의 행동이 그들의 뜻대로 되지 못하도록 뒤틀어버리시거나, 악인들이 악을 행하기 위해 간교하게 행하는 것처럼 그들의 악이 이루어지지 못하도록 절묘

---

107. *NIV Study Bible*, 804.

하게 행하심을 말한다.[108]

이상에서 노래한 것처럼 행위대로 갚으시는 하나님의 원리는 하나님의 용서나 은혜가 배제된 행동이 아니다. 오히려 이미 베푸신 은혜와 사랑과 사전 경고와 참으심의 기초 위에서 이루어지는 것이다(62:12; 99:8; 왕상 8:32, 39; 욥 34:11; 사 59:18; 렘 25:14; 마 16:27; 롬 2:6; 계 2:23). 다윗조차도 온전히 하나님의 말씀대로 살 수 없었다(삼하 11장 밧세바 사건처럼). 그러나 그는 이 시편에서 말하는 놀라운 하나님의 은혜를 경험한 사람으로서 하나님이 바라시는 하나님 나라 왕의 이상을 추구하며 끊임없이 하나님 앞에 엎드렸고, 그런 이상에서 추락했을 때도 포기하지 않고 하나님의 용서를 구하며 다시 하나님의 말씀의 길로 나아가려 했던 사람이었다. 그런 관점에서 보면 다윗은 후대 이스라엘 사람들에게 이상적인 왕이고 의로운 왕이었다(왕상 3:14; 9:4; 11:33-34, 38; 14:8).[109] 그러나 여기서 강조되는 것은 다윗의 의 그 자체가 아니라 그런 왕을 만들어 가신 하나님의 은혜롭고 의로운 통치에 대한 찬양과 고백이다.[110]

27-29절에서 다윗은 모두 '참으로'(*키* כִּי)로 시작하면서 하나님의 의로운 통치를 노래하고 동시에 그것이 자신에게서 어떻게 이루어졌는지를 고백한다. 27절은 25-26절의 하나님의 통치를 요약한다. 앞의 '자비로운(신실한) 자,' '완전한 자,' '깨끗한 자'는 여기서는 '곤고한 백성'으로 대표되고, '사악한(구부러진) 자'는 '교만한 눈'으로 대표되고 있다. 1행은 악인에게 고난당하여 낮아졌지만 하나님만 바라며 하나님의 의를 행하는 자('곤고한 백성')는 하나님이 그 '낮은 데서' 구원하신다는 고백이다(16절 참조). 이것은 다윗이 사울에게 쫓겨 다니던 데서 건짐을 받아 왕이 되고, 이웃 나라들의 공격으로 매우 곤고해졌던 이스라엘이 다윗의 통치 하에서 회복된 것을 경험한

108. Calvin, *Psalms*, 1:286-7 참조; Kwakkel, *My Righteousness*, 254-5.

109. Kwakkel, *My Righteousness*, 272-5 참조.

110. Kwakkel, *My Righteousness*, 280.

다윗의 고백이다. 한편 이 고백은 하나님 나라의 왕이 곤고하고 비천한 의로운 백성들과 자신을 동일시하는 것이기도 하다.[111] '교만한 눈'은 문자적으로 '높은 눈'으로 자기 신을 의지하고 자기 법대로 행하는 악인이나 이방 나라들을 의미한다(101:5; 131:1; 잠 6:17; 21:4; 사 2:11; 5:15; 10:12). 의인을 '높이시는'(48절) '높은' 분은 여호와 하나님밖에 없다(46절). 낮은 자를 높이시고 높은 자를 낮추시는(75:7; 147:6; 잠 29:23; 사 13:11; 25:11) 이러한 하나님의 의로운 통치는 한나에 의해서 노래되었는데(삼상 2:1-10), 같은 주제가 사무엘하 22장에서 노래되고 있기에 이 노래는 사무엘상하의 주제를 요약하고 있는 셈이다.

28-29절은 27절의 하나님의 의로운 통치가 다윗 자신에게 어떻게 실현되었는지를 노래하는 부분이다. 27절의 '곤고함'은 28절에서는 '흑암'으로 다시 표현되고 있는데, 이 어두움을 하나님이 밝혀주셨다고 고백한다. '등불을 켜거나' '흑암을 밝히는' 하나님의 행동은 죽음과도 같은 고난 속에 있었던(4-5절) 다윗에게 생명의 길, 회복의 길을 보여주시고 그 길로 인도하셨음을 의미한다(욥 29:3). 하나님이 밝히신 등불은 30절에서 '하나님의 도'와 '말씀'으로 밝혀진다(119:105; 잠 6:23).

29절은 28절의 이미지를 이어간다. 하나님이 밝혀주시는 길을 따라 고난 중에 있던 다윗이 하나님을 의지하고 그 고난의 장벽을 뛰어넘는, 혹은 전쟁에서 승리하는 장면을 그리고 있다. 다윗과 이스라엘을 괴롭히던 적군이나 고난(담)도 어둠을 밝히시며 길을 인도하시는 하나님과 함께 갈 때 능히 물리칠 수 있었다고 한다. 소망이 없어보이던 다윗과 이스라엘이 하나님의 인도와 능력 가운데서 온전한 승리의 길로 나아가고 있음을 표현한 것이다.

111. Kraus, *Psalms 1-59*, 263.

7. 다윗의 전쟁을 지도하신 하나님(30-36절)

30-31절은 앞의 의로운 말씀('완전한' 23, 25, 30)과 통치의 주제를 이어가면서 하나님의 인도하심에 의한 전쟁에서의 승리('완전하다' 32절)라는 새로운 주제를 도입하는 연결고리 역할을 한다.[112] 다윗의 의로움과 하나님의 의로운 통치가 그의 의로운 말씀에서 비롯되었음을 앞에서 노래했는데, 여기서는 같은 말씀이 의로운 전쟁에서 다윗을 지도하고 구원하는 능력이 되었음을 간증한다(30, 34절). 마치 여호수아 1장에서 모세의 율법이 가나안 정복 전쟁을 수행하기 전에 반드시 지켜야 할 길로 주어진 것과 같다고 할 것이다. 여기에 나오는 문장들의 주어는 대부분 하나님이다. 1-3절과 46-50절의 찬양 부분처럼 30-31절도 중간에서 하나님을 찬양하는 기능을 한다. 30-31절에 하나님의 이름이 다섯 번이나 나온다. '방패,' '반석' 등은 2절과 46절에도 등장한다. 30-31절이 하나님과 하나님 말씀의 위대함을 찬양하고 있다면, 32-36절에서는 하나님이 구체적으로 어떻게 다윗에게 전쟁을 가르치시고 준비시키셔서 승리하게 하셨는지를 간증한다. 두 부분은 모두 '이 하나님'(*하엘* הָאֵל)이라는 강조된 표현으로 시작한다. 35-36절은 다윗이 하나님을 2인칭으로 부르며 하나님께 직접 고백하는 형식을 취한다. 한편 30-36절은 대칭을 이루는 16-19절과 유사한 주제를 다룬다. 다윗을 많은 대적들과의 전쟁 가운데서 붙드시고 도우셔서 건져내신 것을 유사한 표현들(특별히 '넓다'라는 같은 어근[19, 36절]과 '구원'과 관련된 많은 어휘들)로 노래하고 있다.

30절은 하나님의 말씀을 찬양(1-2행)하고 하나님의 방패 되심(3행)을 노래한다. 3행은 참된 피난처이신 하나님을 찬양하는 31절로 이어진다. 30절과 32절을 시작하는 표현인 '이 하나님'('바로 이 하나님,' 47절)은 독자들을 여호와 하나님께 주목하게 하는 기능을 한다.[113] 이 하나님에 대한 30절의 찬

---

112. Gray, *Psalm 18*, 137.

113. Gray, *Psalm 18*, 137 참조.

양은 앞 단락의 주제나 어휘들('도,' '여호와의 말씀,' '완전함,' '순수함')과 연결되면서, 하나님의 의로운 통치(26-29절)나 다윗의 의로움(20-24절)이 말씀에 기초한 것임을 밝히는 기능을 한다. 동시에 이 고백은 앞으로 말할 전쟁에서의 구원과 승리 또한 하나님의 기도 응답을 통한 하나님의 '도(길)'와 계시의 '말씀'을 따른 결과임을 밝히는 기능도 한다(삼상 23:2; 28:6, 15; 30:8; 대하 20:14-17; 사 45:1이하).[114] 칼뱅은 이것을 신실한 당신의 종들을 지키시기로 하신 하나님의 '약속'의 말씀을 가리키며 이 말씀이 정확하게 이루어진 것을 고백하는 것으로 본다.[115] '순수하다'는 단어는 제련과 관련된 표현으로, 불순물을 제거하는 정련의 과정을 거친 순수한 금은처럼 하나님의 말씀이 흠이 없음을 의미한다(12:6; 66:10; 119:140; 잠 30:5). 이것은 다윗과 하나님의 '깨끗함'(24, 26절)과 연결된다. 하나님의 도의 '완전함' 역시 다윗과 하나님의 '완전함'과 연결된다(23, 25절). 3행은 1-2절과 다른 주제를 말한 것처럼 보인다. 하지만 이것은 전쟁에서도 당신의 '길'을 '완전하게 하시고'(32절) '가르치셔서'(34절) 승리하게 하시는 하나님과 그의 순수한 가르침을 연결하는 기능을 한다.

31절과 30절 3행은 하나님이 전쟁이나 고난 중에 하나님께 피하는 자들, 기도 가운데 당신을 의지하는 자들에게 '방패'(2, 35절)와 '반석'(2, 46절), 즉 구원자와 보호자가 되어 주신 것을 찬양하는 부분이다. 어떻게 다윗을 구원하셨는지를 말하는 32-36절을 도입하는 절이자 비슷한 표현들('피하는,' '방패,' '반석')이 나오는 1-2절의 고백을 상기시키는 기능을 한다.[116] 31절은 두 개의 수사 의문문(설의법)을 통해 여호와만이 참 하나님이시고 참 구원이심을 강조한다. 특별히 전쟁의 맥락 가운데서 이방 나라들이 섬기는 신들이 아니라 이스라엘의 하나님("우리 하나님") 여호와만이 참된 승리와 구원을 주

---

114. Kraus, *Psalms 1-59*, 264; Gray, *Psalm 18*, 138.

115. Calvin, *Psalms*, 1:290.

116. Gray, *Psalm 18*, 138.

시는 참 하나님이심을 천명하는 기능을 한다.

32절은 30절과 같은 표현 '이 하나님'으로 시작하면서 앞의 고백을 이어간다. 완전한 말씀을 주신 하나님이 전쟁에서 다윗을 인도하셨음을 고백한다. 하나님이 전쟁에서 인도하신 사실이 32-34절에 연속적으로 나오는 세 개의 분사('띠 띠우다,' '완전하게 하시다,' '가르치다')에 의해서 묘사되고 있다. 32절 1행은 다윗보다 훨씬 더 '힘이 세고' '강한' 대적들로 가득한(17절) 전쟁터에서, 다윗의 '힘'이신 여호와가(1절) 다윗을 당신의 '힘'으로 무장시키셨음을 먼저 고백한다.[117] '띠 띠우다'로 번역한 동사(*아자르* אָזַר)는 허리띠와 같은 것으로 옷을 단단하게 묶고 그 띠에 무기를 다는 것을 의미하는데(=39절; 30:11; 65:7; 삼상 2:4; 욥 38:3; 40:7; 사 45:5; 렘 1:17), 여기서는 하나님이 다윗을 당신의 능력으로 단단하게 무장시키신 것을 비유적으로 표현한 것이다. 1행과 평행을 이루는 2행은 전쟁의 '길'을 '완전하게' 하신 하나님의 은혜를 찬양한다. 이 표현은 하나님이 전쟁에 나가는 다윗의 길에 있는 장애물들과 위험들을 다 제거하셔서 '평평하게' 만드신 것을 의미한다.[118] 그런데 이 표현은 30절에서 하나님의 말씀에 대한 찬양에 그대로 사용되었다('완전하고'). 다윗의 모든 전쟁이 하나님의 능력뿐만 아니라 완벽한 '인도하심'에 의해서 이루어졌음을 고백하는 것으로 볼 수 있다. 그리고 그것은 다윗의 '완전함'(23절)에 대한 하나님의 '완전하게 하심'(25절)이다.[119]

33절 1행은 다윗의 발을 암사슴 발처럼 만드셨다고 노래한다. 하나님이 다윗을 힘으로 무장시키시고 길을 예비하신 후에(32절), 전쟁터에서 산과 골짜기를 가리지 않고 사슴처럼 날렵하게 움직일 수 있게 하셨음을 표현한 것이다(29절, 합 3:19). 2행은 그렇게 해서 가장 안전하고 전쟁에 유리한 '높은 곳'에 서서 전쟁하게 하셨음을 말한다. 구약 성경에서는 하나님이 높은 산들

117. Gray, *Psalm 18*, 142-3.
118. Gray, *Psalm 18*, 143.
119. Gray, *Psalm 18*, 143.

을 밟고 움직이시는 전사처럼 자주 묘사된다(신 33:29; 욥 9:8; 암 4:13; 미 1:3). 2절의 고백에 의하면 하나님 자신이 '높은 곳'에 위치한 '요새'와 '산성'이시다.

34절에서 다윗은 전쟁을 위해 하나님의 훈련을 받았다고 고백한다. 그 훈련의 대표적인 예는 놋 활을 당겨 쏘는 것이었다. 여기서 '가르쳐 싸우게 하시다'는 표현은 전쟁을 '가르치는'(144:1; 삿 3:2; 삼하 1:18) 것을 의미하는데, 이것은 30절의 여호와의 말씀과 밀접하게 관련된다. 다윗은 의로운 삶을 사는 일뿐만 아니라 전쟁을 위해서도 하나님의 말씀 지도를 받았음을 말한다. 이 표현은 하나님이 다윗 뒤에서 놋 활을 당기도록 붙드시는 장면을 연상시킨다.[120] 이렇게 하신 이유는 다윗이 하는 전쟁이 하나님의 거룩한 전쟁이기 때문이다. 즉, 전쟁 그 자체도 하나님의 의로운 통치의 일환이기 때문이다. '놋 활'은 놋을 입힌 강력한 나무 활이나 '놋' 화살촉을 가진 화살을 가리킨다.[121] 14절의 하나님의 화살과 연결하면, 하나님의 위엄과 능력이 담긴 강력한 무기로 인간 대적들을 물리치게 하셨음을 의미한다.[122] 혹은 하나님이 매우 무거운 활인 '놋 활'까지도 당길 힘을 왕에게 주셨음을 의미한다.[123]

35-36절에서는 다윗이 하나님을 2인칭으로 부르며 전쟁에서의 도우심에 대해 직접 감사하고 있다. 35절에서는 하나님이 전쟁터에서 친히 다윗을 위한 '구원하는 방패'를 주셔서(혹은 직접 방패로 막아주셔서[124]) 보호하시고(1행), 오른손으로 붙드셔서 전쟁터에서 지켜주신(2행) 결과로, 다윗을 '크게' 만드셨다고 고백한다. 여기서 하나님의 '온유함'이 다윗을 '위대하게' 만들었다는 표현은 매우 절묘하다. 하나님의 '낮아지심'으로 다윗을 '높였다'는

120. Craigie, *Psalms 1-50,* 176.

121. Craigie, *Psalms 1-50*, 176.

122. 고대 근동의 그림들을 가지고 신과 왕이 함께 전쟁에 참여하고 신이 왕에게 무기를 제공하는 모습에 대한 논의를 위해서는 Shnider, "Psalm XVIII," 386-98 참조.

123. Gray, *Psalm 18*, 147, 149.

124. Gray, *Psalm 18*, 151-2 참조.

의미가 된다. '온유함'이라는 단어는 27절의 '곤고함'과 같은 어근에서 나왔다. 이것은 다윗의 구원과 승리가 하늘 왕이 다윗의 고난의 현장에, 다윗의 전쟁터에 친히 강림하셔서 다윗을 가르치시고 보호하시고 붙드신 결과임을 강조한다. 하지만 다른 곳에서 하나님께 이런 표현을 쓰는 용례를 찾을 수 없으므로 하나님의 '응답'으로 번역하는 것도 가능하다. 이 기도 응답은 6절과 16절과 연결되어 전쟁의 위협에서 힘을 주시고 보호하신 것을 의미한다. '크게 하다'는 표현은 전쟁에서 큰 힘을 주셨음을 의미할 수도 있고, 43, 44, 48절이 말하는 것처럼 전쟁에서 승리한 후에 다윗을 높여주신 것을 의미할 수도 있다. 후자로 본다면, 34절은 하나님의 도우심(16절)이 없었다면 다윗이 전쟁에서 승리하여 이스라엘에 참된 안식을 가져다주고 이방 나라들의 머리가 되는 일(43, 44, 48절)은 없었음을 고백하는 것이다.

36절에서 다윗은 하나님이 자신의 걸음을 넓게 하셨다고 고백한다. 이 표현은 전쟁에서 넓고 안전한 길을 주셨음을 의미한다. 전쟁 중의 하나님의 확실한 보호를 말할 수도 있고, 19절처럼 다윗을 전쟁의 위협에서 구하시고 승리하게 하셨음을 표현한 것일 수도 있다. 길이 넓으면 미끄러지지 않고 안전하게 걸을 수 있다. 이것은 '좁은 곳'을 의미하는 6절의 '환란'이라는 표현과는 대조를 이룬다. 다윗이 다양한 고난과 전쟁의 위협이라는 좁은 곳에 끼어 있을 때 하나님이 거기서 건져내셔서 넓은 곳으로 인도하셨음을 의미한다. '실족하다'는 표현(26:1; 37:31; 욥 12:5)은 여기서 전쟁에서의 패배를 의미한다.

8. 하나님의 도움으로 원수들을 무찌른 다윗(37-42절)

앞부분이 하나님이 다윗을 전쟁 가운데서 도우신 부분을 강조한다면, 이 연은 다윗이 하나님의 도우심으로 대적들을 물리친 사실을 자세하게 보고한다. 그래서 동사들의 주어가 대부분 하나님이었던 앞부분과 달리 여기는 대부분 '나' 즉 다윗이다.[125] 개역개정은 37-38절을 미래형으로 번역하고 있지만, 과거 사실에 대한 회고로 보고 과거형으로 번역하는 것이 더 나아 보인다. 37-38절은 다윗이 대적들을 멸한 것을 말하고 있다면, 39-42절은 다윗이 2인칭으로 하나님을 부르며 하나님이 주신 승리를 감사하는 고백이다. 이 중에서 39-40절이 다윗의 승리를 위한 여호와의 도우심을 말한다면, 41-42절은 반대로 대적에 대한 여호와의 버리심을 말하고 있다. 이 부분에는 다윗의 '원수들'에 대한 언급이 매 절에 등장한다.

37-38절은 다윗이 원수들에게 승리를 거둔 과정을 상술한다. 다윗이 그들을 뒤쫓아 가서 따라잡아 그들을 쳐서 완전히 멸하는 과정이 각 행을 통해서 단계적으로 묘사되어 있다. 37절 1행은 뒤쫓아 가서 따라잡는 장면을(왕하 25:5-6의 유사한 장면 참조), 2행은 치열하게 전투하는 장면을, 38절은 다윗이 원수들을 쳐서 완전히 멸하는 과정을 보고한다. 이것은 다윗이 하나님의 '길'을 따라 순종하는 과정이기도 하고, 하나님이 당신의 종의 의로움을 보상하는 과정이기도 하다. '망하기 전에는'(끝내기까지) 돌아서지 않았다는 것은 순종의 측면을 강조하고, 대적들이 완전히 패배한 것을 말하는 38절은 보상의 측면을 강조한다. 38절의 '치다'(*마하츠* מָחַץ)는 동사는 완전히 박살을 내는 (심판의) 행동을 묘사하여(68:21; 민 24:8; 신 33:11; 삿 5:26; 욥 5:18; 합 3:13) 대적들의 철저한 멸망을 강조한다. 다윗에게 '사망'과도 같이 고통스러웠던 대적들(4-5절)이 반대로 다윗에게 '박살 나서' 철저한 '죽임'을 당하고 있는("일어나지 못했고" "엎드러졌습니다") 셈이다. 다윗을 향하여 '일어난 자들'(같은 동사, 39, 48절)이 이제는 일어나지 못하게 되고, 다윗의 발(위엄, 왕권)아래 영원히 쓰러지게 된 것이다. '발아래'라는 표현은, 고대 근동의 여러 그림에서 흔히 볼 수 있는 것처럼 쓰러진 대적들의 시체를 밟고 서 있는

125. Kuntz, "Psalm 18," 14.

승리한 왕의 모습을 연상시킨다(47:3; 110:1 참조).[126]

39-40절에서 다윗은 앞에서 자신이 대적들을 멸한 공로를 자기 자신이 아닌 여호와께 돌리며 감사드리고 있다. 39절 1행은 32절을 반복하는 것이다. 39절에서는 하나님의 능력으로 대적들을 굴복시킬 수 있었음을 말하고, 40절에서는 원수들이 등을 돌리고 도망가게 하신 분이 하나님이심을 고백하고 있다. 이 부분에서 대적들은 17절처럼 '내 원수들,' '나를 치는(향해 일어난) 자들,' '나를 미워하는 자들'로 다양하게 표현되고 있다. 하지만 이제 그들은 하나님 나라 왕을 위협하는 존재로서가 아니라 패배당한 자들로 언급되고 있다.[127] 39절 2행의 '굴복하다'는 단어는 '무릎 꿇다,' '엎드려 절하다' 등을 의미한다(*HALOT*, 22:29; 72:9; 95:6; 대하 7:3; 29:29; 에 3:2). 나를 향해 '일어난 자들'이 하나님의 왕 아래에 '엎드려 절하는' 대조가 절묘하다. 40절의 '등을 돌리다'는 표현은 전쟁에서 패배하여 도망가는 장면을 형상화한 것일 수 있다(출 23:27; 대하 29:6, 이와 유사한 표현들은 수 7:8, 12; 렘 2:27; 32:33; 48:39 참조). 하지만 원래 '등'으로 번역된 단어는 '뒷목'을 의미하기에 혹자는 문자 그대로 하나님께서 다윗에게 대적들의 목을 주셨다고 해석하여, 하나님의 왕이 대적들을 완전히 굴복시켜 그들의 목을 밟고 있는 장면을 말하는 것으로 보기도 한다.[128] 그렇게 되면 이어지는 '끊어 버리다'(37절 참조, 54:5; 69:4; 73:27; 94:23)는 동사와도 잘 연결된다. 하나님의 도우심에 의해 왕이 하나님의 거룩한 전쟁을 성공적으로 수행했음을 보여준다.[129]

41절은 원수들의 관점에서 상황을 다시 묘사한다. 하나님이 다윗의 '부르짖음'(6절)은 듣고 구원하셨지만, 악한 원수들의 부르짖음은 듣지 않고 구해

---

126. Gray, *Psalm 18*, 160-1.
127. Gray, *Psalm 18*, 164.
128. Craigie, *Psalms 1-50*, 171, 176; Gray, *Psalm 18*, 164도 그렇게 해석한다.
129. Gray, *Psalm 18*, 164 참조.

주지 않았다고 말한다. 만약 이 대적들이 이방 나라 군대라고 생각한다면 자신들의 신들의 이름을 다 불러도 응답이 없어서 이스라엘의 신에게까지 도움을 요청한 절박한 상황을 희화한 것으로 볼 수 있다. 이런 표현들은 여호와는 악한 대적들이 아닌 당신의 의로운 왕의 구원자였음을 부각하는 역할을 한다. 칼뱅은 이것을 역전 현상으로 보기도 한다. 사울처럼 의인을 공격하고 압박하면서도 오랫동안 번영을 이루었던 악인들은, 자신들이 여호와께 기도 응답을 받아서 그렇게 된 것이고 오히려 다윗 같은 의인들이 여호와께 버림받은 것이라고 공공연하게 주장했다. 그런데 결국에는 여호와가 의인들의 기도를 들으시고 악인들을 멸하심으로써 악인들의 기도에 응답하지 않으셨음을 보여주셨다는 것이다. 그들은 멸망의 상황에서 하나님을 다급하게 불렀을지는 몰라도 진실함이나 회개함으로 부르지 않았기에 하나님의 응답을 받을 수 없었다는 것이다.[130]

42절에서 하나님의 무응답은 결국 그들의 철저한 멸망으로 이어지고 있다. '부수다'(*솨하크* שָׁחַק)는 '가루를 내다'를(11절의 '구름'과 같은 어근, 출 30:36), '쏟다'(*릭* רִיק)는 뭔가를 비우거나 쏟아내는 것을 의미한다(창 42:35; 렘 48:12; 합 1:17). 이러한 이미지는 전쟁에서 철저하게 패하여 쓸모없게 되어버린 대적들의 수치스러운 최후를 묘사하는 것으로 보인다. 그렇게 강하게 보였던 대적들(17절)이 이제는 바람에 날아가 버리는 먼지나 거리에 버려지는 흙처럼 철저하게 멸망하여 사라지게 되었음을 의미한다.[131]

9. 다윗을 열방의 우두머리가 되게 하신 하나님(43-45절)

이 연은 전쟁에서 승리한 최종적인 결과로 다윗을 열방을 통치하는 지도자로 세우신 하나님의 사역에 대한 감사를 표현한 부분이다. 주변 나라 백성

---

130. Calvin, *Psalms*, 1:297.

131. Gray, *Psalm 18*, 166-8에서는 현재 MT가 보여주는 이러한 효과를 잘 설명하고 있다.

들이 다윗을 왕으로 섬기는 모습이 반복적으로 묘사되어 있다. 72편 8-11, 17절에서 노래하는 주제와 비슷하다. 이런 국제적인 측면을 강조하기 위해서 '백성,' '민족,' '내가 알지 못하는 백성,' '이방인들'(2회) 등이 반복적으로 등장한다.

43절에서 다윗은 전쟁의 승리를 통해서 하나님이 다윗을 열방의 '으뜸(머리),' 즉 지도자로 세우신 것을 감사한다(삼하 8장 참조). 다윗은 이스라엘을 주변 나라들의 침략에서 구하여 안식을 주었을 뿐만 아니라, 주변 나라들을 제압하고 정복함으로써 그들을 '공의와 정의'로 다스리는 제국의 왕이 되었다(삼하 8:15). 1행에 나오는 '백성(들)의 다툼'이 무엇을 의미하는지 파악하기 어렵지만, 뒤에 나오는 구절들을 생각해 보면 사울 세력과의 싸움보다는 주변 나라들과의 전쟁을 의미하는 것 같다.[132] '다툼'으로 번역된 단어는 주로 법정에서의 다툼을 말하지만(출 23:3, 6; 신 19:17; 21:5; 삼하 15:2, 4; 욥 29:16 등) 일반적인 싸움을 가리키기도 한다(31:20; 55:9; 창 13:7; 신 25:1; 사 58:4; 합 1:3). 여기서는 하나님의 법정에서 다투는 것에 비유될 수 있는 민족들과의 전쟁을 의미하는 것 같다(43:1; 삿 11:15; 렘 25:31 참조).[133] 그 다툼에서 의롭다고 인정받은(승리한) 다윗을 하나님이 그 나라들의 지도자로 세우신 것이다. 이상적인 의미에서 이것은 의로운 왕을 통하여 온 세상을 하나님 나라의 질서에 편입시키는 방법이다(2:8; 72:8-11, 17).

44-45절에서는 43절의 '내가 알지 못하는 백성'을 '이방인들'이라고 바꿔 표현하면서 다른 나라 백성들(144:7, 11; 창 17:12, 27; 출 12;43; 레 22;25; 느 9:2; 사 60:10; 62:8; 겔 44:7)까지 복종하는 다윗의 높아짐을 강조한다. 44절에서는 *솨마*(שָׁמַע) 동사가 두 번이나 등장하면서 처음에는 '듣다'로 두 번째는 '순종하다'는 의미로 사용되고 있다. 이 역시 다윗에 대한 다른 나라

132. Gray, *Psalm 18*, 169 참조.

133. 전쟁을 통한 하늘 재판관의 의로운 심판이라는 주제에 대해서는 Gray, *Psalm 18*, 180-1에 잘 설명되어 있다.

백성들의 복종을 강조하기 위해 도입한 언어유희다. 이것은 6절에서 보듯이 다윗의 기도에 대한 하나님의 '들으심'의 결과다. 시간 순서로 보자면 전쟁에서 자신들의 군대가 하나님 나라 왕과 그의 군대에 멸망했다는 소식을 들은 다른 나라 백성들의 반응을 보여준다. 2행에 나오는 '섬기다(굽실거리다)'(*카하쉬* כָּחַשׁ)는 동사는 가신이 된 백성들이 '종주'인 하나님의 왕 앞에서 '움츠러든' 모습으로 순종하는 것을 묘사한다(66:3; 81:16). 17절의 '강한' 모습이나 27절의 눈이 '높은' 모습과는 매우 대조적이며[134] 45절의 '쇠잔하다'(사기를 잃다)는 동사와 잘 연결된다.

45절 역시 이런 기조를 이어가면서 백성들이 다윗의 소문을 듣고 와서 다윗 앞에서 기를 펴지 못하고 두려워하는 모습을 생생하게 묘사한다(출 15:14-15; 대하 20:19; 렘 33:9). 이것은 다윗이 4절에서 사망과 같은 고난 속에서 두려워하던 것과 대조된다. '쇠잔하다'(*나발* נָבֵל)로 번역한 동사는 원래 '시들다'는 의미를 갖는데(1:3; 37:2; 사 1:30; 34:4; 40:71; 64:5), 여기서는 대적들이 전쟁에서 패배하여 기가 죽어서 승리한 왕에게로 나아오는 것을 묘사한다. 2행의 '떨며 나오다'(*하락* חָרַג)는 표현도 유사한 상황을 보여준다. 자신들의 군대가 멸망한 시점에서, 이스라엘 왕과 싸울 의지를 상실한 백성들이 두려움에 사로잡혀 항복하기 위해 '견고한 곳(요새)'에서 나오는 모습을 묘사한다.[135]

43-45절에 나타난 다른 나라에 대한 하나님 나라 왕의 최후 승리와 높아짐은 4-6절에 묘사된 그의 낮아짐이나 죽음과도 같은 고난과 극명한 대조를 이룬다. 가장 '낮은 곳'에서 가장 '높은 곳'에 계신 여호와께 드린 기도가 응답을 받아, 여호와가 '눈이 높은' 자들은 철저하게 낮추시고 '낮아진' 자신의 왕은 지극히 '높여주신' 결과다.

---

134. Gray, *Psalm 18*, 172-3.

135. Gray, *Psalm 18*, 174-5.

10. 다윗 왕조를 세우신 하나님 찬양(46-50절)

이 마지막 연은 앞에서 상술한 하나님께 드리는 감사 내용을 요약하고 미래를 하나님께 맡기면서 하나님을 찬양하는 부분이다. 1-3절의 도입 찬양 부분과 많은 어휘와 내용('반석,' '구원,' '찬양' 등)을 공유하며 대칭을 이루면서도, '왕'인 다윗과 다윗 왕가에 대한 하나님의 사랑을 언급하면서 이 찬양을 미래로 연결하고 있다. 그래서 여기는 '나'라는 1인칭 어미와 하나님의 이름이 자주 반복된다.[136]

46절은 하나님에 대한 세 번의 찬양으로 이뤄져 있다. 1행에서 시인은 살아계신 여호와를 찬양하는 반면, 2, 3행에서는 1-3절에서 찬양했던 자신의 '반석,' '구원의 하나님'이신 여호와를 송축하고 높인다. 연결하자면 살아계신 여호와가 다윗의 피난처와 구원자가 되어주셨음을 찬양하는 것이다. '여호와가 살아 계시다'(*하이-야훼* חַי־יְהוָה)는 표현은 매우 드문 찬양 내용이다. 이 표현은 주로 맹세와 관련해서 자주 나오지만(삿 8:19; 삼상 14:39, 45; 19:6; 왕상 1:29 등) 찬양으로 등장하지는 않는다. *하이*(חַי)가 맹세에 사용될 때에는 '생명'이라는 명사지만 여기서는 '살아계신'이라는 형용사로 주어 여호와를 서술하고 있다. 그래서 이 표현은 이 형용사가 수식하는 용도로 사용된 '살아계신 하나님'(*엘로힘 하임* אֱלֹהִים חַיִּים 혹은 *엘 하이* אֵל חַי)이라는 표현(42:3; 신 5:23; 삼상 17:26, 36; 렘 10:10; 수 3:10; 호 2:1)과 유사하다. 이 표현은 30-31절의 고백과 같이 여호와만이 유일하고 참된 하나님이심을 고백하는 것과 다름없다. 예레미야 10장 10절이 그런 점을 잘 보여준다. "오직 여호와는 참 하나님이시요 살아 계신 하나님이시요 영원한 왕이시라 그 진노하심에 땅이 진동하며 그 분노하심을 이방이 능히 당하지 못하느니라."(개역개정) 여호와가 유일한 참 하나님이시기에 피난처인 '반석'(2행, 2, 31절)이 되실 수 있고(2행), 참된 구원(3행, 2, 3, 27, 35, 50절)을 주실 수 있

---

136. Kuntz, "Psalm 18," 15.

다는 의미다. 그는 생명도 없고 허무한 이방 신들이나 우상이 아님을 말한다.[137] 2행의 '찬송하다(송축받으시다)'는 수동태 분사는 3절의 '찬양받으시다'와 같이 여호와가 다윗과 이스라엘에 베푸신 복으로 말미암아 찬양받으시기에 합당함을 의미한다(41:13; 89:52; 106:48 등). 3행의 '높이다'는 표현도 하나님의 구원과 사역으로 말미암아 그분의 왕 되심과 존귀하심(9, 13, 16절)이 온 세상에 인식되고 선포되는 것을 의미한다. '높으신' 하나님만이 자신의 왕을 '높이 드실 수'(48절, 35, 43절 참조) 있다.

47-48절은 앞 절이 노래한 찬양의 이유를 말한다. 30절과 32절에 나온 '이 하나님'이 다시 등장하면서 앞에서 다윗과 이스라엘에게 행하신 일을 요약한다. 그것은 먼저 다윗을 위해 전쟁에서 승리하게 하셔서 대적들이 행한 악행을 '보복하신 것'이다(47절 1행). 이 '보복'은 감정적인 것을 말하지 않고 앞에서 노래한 의인에 대한 하나님의 의로운 '갚으심'(79:10; 94:1; 민 31:2; 삿 11:36; 렘 50:15 등)을 의미한다(20-27절). 다시 말해서 다윗과 이스라엘에 행하신 여호와의 의로운 통치에 대한 감사를 표현하는 것이다. 47절 2행의 찬양 제목은 민족들이 하나님 나라의 왕인 '내게(원문: '내 아래') 복종하게 하신' 것이다. 이것은 전쟁에서 대적들을 다윗의 발아래 엎드러지게 하여 굴복하게 하신(38-39절) 결과로 그들이 하나님 나라 왕을 섬기게 된 것(43-45절)을 의미한다.

48절 1행은 47절 첫 부분에 나온 '이 하나님'을 '나를 내 원수들에게 구원하신'이라는 분사 구문을 통해 수식한다.[138] 그래서 48절 전체는 하나님이 다윗(과 이스라엘)을 원수들로부터 구하시고 승리하게 하셔서 대적들 위에 높이셨다고 노래한다(32-45절). 48절의 첫 번째 단어인 '구조하다'(*팔라*

---

137. Craigie, *Psalms 1-50*, 176; Kraus, *Psalms 1-59*, 264-5에서는 '죽었다가 부활하는' 바알의 신화에서 가져온 것이라는 주장을 언급하면서, 이 시편에서는 분명히 참 구원의 하나님으로 고백하는 표현이라고 옳게 주장한다.

138. Gray, *Psalm 18*, 182.

트 פָּלַט)는 단어는 2, 43절에 이어서 다시 반복되는데, 마지막 단어인 '건지다'(*나찰* נָצַל, 표제와 17절)와 수미쌍관을 이루면서 대적의 위협에서 시인을 '구원하신' 하나님의 사역을 강조한다. 한편 여기서는 원수에 대한 언급이 세 번('원수들,' '나를 대적하는 자들,' '포악한 자')이나 반복되면서(17, 39-40절 참조) 하나님이 다윗을 어떤 자들의 공격에서 구하셨는지를 감격적으로 되돌아본다. 마지막 표현인 '포악한 자'(140:1, 4, 11; 잠 3:31; 16:29)는 전쟁을 일삼는[139] 악한 대적들을 의미한다. '나를 대적하는 자들'이란 어구(39절 '나를 치는 자들' 참조)에서 '대적하다'는 동사는 '일어서다'(*쿰* קוּם)인데 이것은 '높이 들다'(*룸* רוּם)와 발음상 비슷하다. 여호와가 교만한 악인이 아닌 낮아진 자신(27절)을 높여주셨음을 강조한다.[140] 이것은 공간적인 표현으로 악인의 낮아짐과 의인의 높아짐이란 이 시편의 주제를 잘 요약한다.[141] 처음에 다윗이 스올이나 죽음에 가까운 가장 낮은(깊은) 곳에 있었고(4, 16, 27절), 시인을 공격하는 악인들은 강하고(17절) 자신을 높였다(27절). 하지만 가장 '높은 곳'에 계셨던 여호와가 손을 내밀어 낮은 곳에 있는 시인을 건지셔서(16절) 전장에서 높은 곳에 세우셨지만(33절), 대적들은 발아래 엎드러지게 하셨다(38, 39절). 그리고 마침내 시인을 모든 나라들 위에 높이 드시고 머리로 세우셨다(43, 48절). 이러한 운명의 역전을 가능케 하신 분은 '높으신'(9, 13, 46절) 여호와시다(27절).[142]

49절에는 46절에 이은 두 번째 찬양이 등장한다. 앞의 찬양에 이어지는 결론적인 찬양이면서도('이러므로') 미래의 다윗 왕조에 대한 하나님 사역(50절)도 찬양한다. '감사하다'로 번역된 단어(*야다* יָדָה)는 하나님이 하신 일을 감사하고 찬양하는 것을 의미한다('give thanks,' 7:17; 9:1; 28:7; 30:12;

139. Gray, *Psalm 18*, 184-5
140. Gray, *Psalm 18*, 183.
141. Berry, *Psalm 18*, 99.
142. Berry, *Psalm 18*, 101.

사 12:1 등). 2행의 '찬양하다'는 단어(*자마르* זָמַר)는 악기를 연주하면서 하나님을 찬양하는 데서 비롯된 표현일 것이다(*HALOT*, 33:2; 71:22; 98:5; 144:9; 149:3). '이방 나라들 중에서'라는 표현은, 다윗이 자신을 구원하셔서 높이 세우신 하나님 찬양이 이스라엘에서 자신이 다스리게 된 나라들(43-45절)로 확장되어야 함을 표명한 것이다. 바울은 로마서 15장 9절에서 이 구절을 인용하여 이방인 전도의 목적이 바로 이것임을 밝히고 있다.

50절은 49절의 찬양 이유를 두 개의 분사('[구원을] 크게 하다,' '베풀다')를 통해 표현하고 있다. 이 분사들의 목적어는 다윗 왕뿐만 아니라 그의 후손 왕들에게까지 베푸실 하나님의 구원(승리)과 사랑이다. 하나님의 '왕'(*멜렉* מֶלֶךְ)과 하나님의 '기름 부음 받은 자'(*마시아흐* מָשִׁיחַ)가 하나님의 구원과 사랑의 대상으로 나온다. '기름 부음 받은 자'는 하나님의 특별한 사역을 위해서 성령으로 세운 직분을 말하지만, 사무엘상 2장 이후에 이 단어가 수식어 없이 독립적으로 사용될 때는 대부분 하나님의 대리통치자인 '왕'을 가리킨다(2:2; 20:6; 28:8; 84:9; 89:38; 132:10; 삼상 2:10, 35; 12:3, 5; 24:7, 11; 삼하 23:1; 합 3:13; 사 45:1). 마지막 행은 그들이 다윗과 다윗의 '후손들'임을 밝히고 있다. 하나님이 이들에게 앞에서 노래한 놀라운 '구원'과 '사랑'을 베푸신다는 것은, 하나님과 그의 말씀에 순종하여 하나님 나라의 왕이 된 다윗에게 상으로 베푸신 '다윗 언약'을 요약한 것이다(삼하 7장; 삼하 23:5; 시 89:3, 28). 하나님이 이 언약을 지키셔서 다윗 왕조를 통해 온 세상에 당신의 의로운 통치를 '영원히'(50절) 펼쳐 가시기로 약속하신 것을 가리킨다(삼하 7:12-16; 23:1-7; 시 89:29-38).[143] 그러므로 50절은 하나님이 다윗의 승리를 통해 지상에 당신의 정부와 대리통치자를 세우는 일을 완성하셨고 그것을 영원히 번성케 하실 것이라는 18편의 주제를 요약한다. 이 주제는 뒤에 나오는 제왕시편들인 72편이나 89편, 110편 등과 연결될 것이다.

---

143. Gray, *Psalm 18*, 186.

교훈과 적용

시편 18편의 교훈: 온 세상을 다스리시는 왕이신 하나님이, 당신의 지상 왕으로 기름 부으신 의로운 종 다윗을 도우셔서 대적들과 열방과의 전쟁에서 승리하게 하시고 열방의 왕으로 높이심으로써, 다윗의 의로움을 보상하시고 다윗 왕가가 하나님을 대신하여 이스라엘과 열방을 다스리게 하셨다. 이것은 예수님을 기름 부은 왕(그리스도)으로 세우셔서 사탄과 죄악의 세력을 물리쳐 이기게 하시고 온 세상의 왕으로 높이셔서 하나님 보좌 우편에 앉히신 구원과 승리를 예표한다. 다윗의 승리를 통해 이스라엘을 구원하시고 높이신 하나님, 그리스도의 승리를 통해 그리스도인들을 구원하시고 높이신 하나님은 찬양받으시기에 합당하시다.

1. 하나님 나라 왕의 고난과 구원은 교회(성도)의 고난과 구원(4-19절)

하나님이 하나님 나라 왕으로 기름 부은 당신의 의로운 종 다윗은, 사울과 세상 나라의 공격으로 '사망'과 '스올'이라 부를 수 있을 만한 엄청난 고난을 겪었다(4-5절). 하지만 다윗은 가장 낮은 곳에서도 참된 왕이 계시는 가장 높은 하늘 성전을 향해 간절히 기도했고, 하나님은 온 우주적 무기를 동원하셔서 당신의 왕을 구원하셨다(6-15절). 하늘 왕은 가장 깊고 낮은 고난의 현장, 가장 강력한 대적의 소굴까지 내려가서 능력으로 하나님 나라 왕을 건져 올리셨다(16-19절).[144] 다윗의 자손, 예수 그리스도(50절, 마 1:1)도 대적들의 공격으로 '죽음까지 내려가시는' 엄청난 고통을 당하셨다. 이에 하늘 아버지는 '죽음까지 내려가셔서' 당신의 아들, 당신의 왕을 성령의 능력으로 죽음에서 건져 올리셨다(행 2:24). 다윗 왕의 구원이 이스라엘의 구원이었듯이, 예수님에 대한 하나님의 기도 응답인 부활은 예수님을 그리스도로 믿는 자들의 구원에 대한 보증이다. 우리의 참된 힘이시고 도움이시고 구원이신 삼위 하나님을 찬양하자(1-3절).

2. 하나님 나라 왕의 승리는 교회(성도)의 승리(20-45절)

다윗을 구원하셔서 이스라엘과 주변 나라들을 물리치고 다스리게 하신 하나님은, 그리스도를 죽음에서 일으키셔서 온 세상을 다스리시는 왕으로 하나님 보좌 우편에 앉게 하셨다(110:1; 막 16:19; 롬 8:34; 히 1:3; 12:2). 다윗이 하나님 나라를 공격하던 나라들을 멸하고 굴복시킨 것처럼, 다윗의 자손(50절) 예수 그리스도도 부활과 승천

144. Kraus, *Psalms 1-59*, 265-6.

을 통해 사탄의 세력을 근본적으로 물리치셨다. 이 승리가 이미 교회에 주어졌고 최종 적 승리가 약속되었다. 칼뱅은 무자비하게 보이는 다윗의 전쟁과 승리는 그리스도의 승리에 대한 예표라고 하면서 다음과 같이 말한다.[145]

> 더 나아가 이 예표 아래에 절대 패배하지 않는 그리스도 왕국의 특징과 상태가 암시되어 있다는 것을 명심하자. 그리스도는 하나님의 능력을 신뢰하고 이 능력을 공급받으면서 자기 원수들을 전복시키고 파멸시키시며, 모든 접전 속에서 한결같이 승리하시며, 세상이 자신의 권위와 능력에 대해 어떤 저항을 해도 지속해서 왕권을 행사하신다. 그리고 그분께 확보된 승리는 우리에게 확보된 유사한 승리들을 포함하고 있으므로, 여기에는 우리에 대한 사탄의 모든 노력, 죄의 획책, 육신의 모든 유혹에 대한 난공불락의 방어가 약속된 것이다.

그리스도의 남은 싸움을 수행하는 군대인 교회가 따라야 할 싸움의 가장 중요한 원리는 주님과 다윗처럼 의로운 말씀을 따라 살아가는 것이다("믿음의 선한 싸움," 딤전 1:18, 6:11-12; 딤후 4:7). 반드시 하나님이 의로 갚으셔서 승리하게 하실 것이다(20-29절). 싸움의 두 번째 원리는 철저하게 성령의 가르침과 도움을 의지하는 일이다(30-36절). 다윗처럼 예수님처럼 하나님이 인도하시는 방법을 따라, 하나님께서 제공하시는 성령과 복음으로 사탄의 세력과 싸워야 한다(엡 6:10-18). 세 번째 싸움의 원리는 실제로 전쟁터에 나가서 악의 세력과 맞서 싸우는 일이다. 하나님의 도움을 의지하면서 교회 안의 불의, 이 세상의 불의를 철저하게 제거하는 일이다(37-42절). 그렇게 할 때 다윗과 그리스도께 악한 세상을 굴복시키신 하나님이 교회에 악한 세상을 굴복시키실 것이다(43-45절, 고전 15:22-28). 그리고 마지막 날 그리스도께서 모든 악한 세력들을 멸하시고 승리하실 것이다(계 19:11-21). 우리의 영적 전쟁을 도우시고 지도하셔서 사탄의 세력 위에 승리하게 하시는 삼위 하나님의 높으심을 항상 찬양하자(46-49절; 계 7:9-12; 롬 15:9).

---

145. Calvin, *Psalms*, 1:295.

시편 19편

하늘과 말씀에 나타난 하나님 영광

[다윗의 시, 인도자를 따라 부르는 노래]

1 하늘이 하나님의 영광을 선포하고
궁창이 그의 손으로 하신 일을 나타내는도다

2 날은 날에게 말하고
밤은 밤에게 지식을 전하니

3 언어도 없고 말씀도 없으며
들리는 소리도 없으나

4 그의 소리가 온 땅에 통하고
그의 말씀이 세상 끝까지 이르도다
하나님이 해를 위하여 하늘에 장막을 베푸셨도다

5 해는 그의 신방에서 나오는 신랑과 같고
그의 길을 달리기 기뻐하는 장사 같아서

6 하늘 이 끝에서 나와서
하늘 저 끝까지 운행함이여
그의 열기[1]에서 피할 자가 없도다

7 여호와의 율법은 완전하여 영혼을 소성시키며
여호와의 증거는 확실하여 우둔한 자를 지혜롭게 하며

8 여호와의 교훈은 정직하여 마음을 기쁘게 하고
여호와의 계명은 순결하여 눈을 밝게 하시도다

9 여호와를 경외하는 도는 정결하여 영원까지 이르고
여호와의 법도 진실하여 다 의로우니

10 금 곧 많은 순금보다 더 사모할 것이며
꿀과 송이꿀보다 더 달도다

---

1. 이 단어는 원래 '해' 자체를 가리키지만(아 6:10; 사 24:23; 30:26) 여기서는 문맥상 햇빛이나 햇볕을 가리키는 것으로 보인다.

11 또 주의 종이 이것으로 경고를 받고
이것을 지킴으로 상이 크니이다
12 자기 허물을 능히 깨달을 자 누구리요
나를 숨은 허물에서 벗어나게 하소서
13 또 주의 종에게 고의로 죄를 짓지 말게 하사
그 죄가 나를 주장하지 못하게 하소서
그리하면 내가 정직하여
큰 죄과에서 벗어나겠나이다
14 나의 반석이시요 나의 구속자이신 여호와여
내 입의 말과 마음의 묵상이
주님 앞에 열납되기를 원하나이다

본문 개요

19편은 해가 대표하는 창조 세계를 통해서 선명하게 보고 들을 수 있고 (1-6절), 율법을 통해서 완벽하게 계시 되고 맛볼 수 있는(7-11절) 하나님의

---

2. 비평학자들은 이 시편을 두 개의 다른 시편(1-6절의 찬양시, 7-14절의 율법시)이 어떤 역사적 배경하에서 하나가 된 것으로 보고 여기에 대한 다양한 편집비평적인 가설을 내어놓았다. 하지만 우리는 다윗이 지은 하나의 통일된 시로 보고 전체의 메시지를 파악할 것이다. 편집비평적인 가설들에 대해서는 김진명, "시편 19편에 나타난 하나님의 '창조'와 '구원'과 '율법': 편집비평과 수사비평적 연구," 『한국기독교신학논총』 108(2018): 8-9 참조. 김진명은 10-11쪽에서 1-6절과 12-14절이 원래 하나의 시편이었고 거기에 7-10절이 붙고 이것을 연결하기 위해서 11절이 추가되었다고 추정하는데 그 근거가 약하다. B. D. Sommer, "Nature, Revelation, and Grace in Psalm 19: Towards a Theological Readings of Scripture," *HTR* 108 (2015): 388-90에서는, 고대 근동의 태양신과 관련된 시편들에서 해와 공의와의 연결이 자연스럽고 흔했던 점과 이 시편의 앞부분과 뒷부분의 다양한 연결점을 지적하면서 이 시편의 통일성을 주장하고 있다. 특별히 '빛'과 '말씀'(공의)은 매우 자연스럽게 연결될 수 있다는 점과 1-6절에 말씀과 관련된 표현들이 많이 등장한다는 점이 설득력 있는 근거들이다.

영광(1절)을 찬양하는 시편이다.[2] 해가 온 세계 구석구석까지 미치며 창조 세계에 온기와 빛으로 활력과 생명을 주는 것처럼, 하나님의 율법도 하나님의 능력과 의로움으로 인간에게 생명을 주고 길을 제시함으로써 하나님의 영광을 드러낸다(119:89-96; 147:15-20 참조).[3] 이 시편이 찬양시편이긴 하지만, 7-9절은 하나님의 말씀이 주는 유익을 강조하고 있기에(7-11절) 1, 119편과 같은 지혜(토라)시편의 요소도 들어있고,[4] 또한 13-14절에는 죄에서 벗어나게 해 달라는 기도의 요소도 있다. 그래도 1-4절과 14절은 하나님의 영광에 대한 찬양으로 이 시편을 둘러싸고 있어서 찬양시편의 요소가 더 압도적이라고 할 것이다.

이 시편은 다윗의 시편인데 다윗이 언제 어떤 배경에서 이 시편을 지었는지는 확실하지 않다. 항상 온 세상의 창조주이자 왕이신 하나님의 말씀에 민감하게 살았던 다윗의 삶의 고백으로 적합한 시편이다. 다윗 이후 성전 예배에서 이스라엘 회중들은 이 시편을 반복적으로 부르면서 하늘과 말씀 가운데 드러난 하나님의 영광을 인식하고 그 영광 앞에 겸비한 삶을 사는 신실한 하나님의 '종'(11, 13절)이 되기를 다짐했을 것이다.

시편 19편은, 15편 개요 부분에서 다루었지만, 15-24편 그룹에서 제일 중심에 위치하여 외곽을 이루는 15, 24편과 함께 '율법적 의' 혹은 '율법(토라) 경건'의 중요성을 노래한다. 19편 1-6절이 말하는 '하나님의 영광'에 대한 하늘의 찬양은 24편 1-2절의 창조 찬양으로 연결되고, 승전하신 위대한 왕이신 하나님의 영광을 찬양하는 7-10절의 성전 찬양으로 마무리된다.[5] 19편은 제

---

3. McCann, "Psalms," 752; Mays, *Psalms*, 97 참조.

4. A. Lenzi, "The Metonic Cycle, Number Symbolism, and the Placement of Psalm 19 and 119 in the MT Psalter," *JSOT* 34/4 (2010): 447-73에서는 19편이 갖는 '창조'와 '토라'의 조화가 19년마다 한 번씩 이뤄졌던 일력과 월력의 조화(메톤 순환 주기)와 연결되기에 시편을 배열했던 사람이 19라는 숫자가 갖는 상징성을 중시하였다고 보고, 이런 상징성을 고려하여 두 토라시편인 19편과 119편을 현재의 위치에 배치했다고 주장한다.

5. Brown, "Psalms 15-24," 265 참조.

왕시편들이자 전후에 이웃하는 18, 20-21편들 사이에서 '왕'이 지녀야 할 율법적 의에 대한 기초를 제공한다. 특별히 하나님이 왕에게 베푼 구원과 승리의 기초가 되는 왕의 율법적 의를 고백하는 18편 20-26절 부분과 19편은 많은 어휘를 공유하고 있다('주[여호와]의 종,' '내 반석,' '온전함,' '정직함,' '법규,' '의,' '순결함,' '비추다,' '지키다,' '여호와의 도,' '여호와의 말씀,' '규례,' '죄악,' '허물,' '죄,' '죄과'). 이것은 18편에 등장하는 다윗이 율법을 잘 지킨 모범적인 이스라엘의 왕이자 대표임을 보여준다. 또 18편 7-15절의 하나님의 우주적 강림은 하나님의 우주적 영광을 찬양하는 19편 1-6절의 자연 계시의 한 예를 보여준다.[6] 19편 5절이 해를 용사에 비유하고 있는데 이 용사의 모습은 18, 20-21편이 노래하는 용사로서 왕의 모습과 연결되어[7] 왕의 승리가 하나님 영광의 현현임을 암시한다. 19편 14절에서 '내 입의 말과 마음의 묵상'이 주님 앞에 기쁘게 드려지기를 기도한 것은, 20편 4절과 21편 2절에 나오는 왕의 '마음의 소원'대로 이루시길 구하는 기도와 그 응답에 대한 감사로 이어진다.[8] 이것은 19편 11절에서 율법을 지키는 자에게 약속한 '상'과 다름없다(21:3-6). 또 탄식시편인 17편에서 다윗이 자신을 의롭게 판결해 주시길 기도하는 부분(1-5절)도 19편이 노래하는 율법의 주제와 밀접하게 연결된다. 또 다른 탄식시편인 22편에서도 다윗은, 고난당하는 의인의 기도를 들으시는 하나님의 '의'(31절; 19:9)를 19편의 하늘처럼 성도들과 온 세상에 '선포하고,' '전할'(30-31절, 19:1) 것이라고 맹세한다. 그리고 16편 2-4절은 율법적 의에 기초한 다윗의 삶에 대한 고백이며, 이 고백에 기초하여 두 신뢰시편인 16편과 23편에서 다윗은 하나님이 자기 영혼을 회복시키시고(16:10;

---

6. 이 부분과 관련해서는 L. C. Allen, "David as Example of Spirituality: the Redactional Function of Psalm 19," *Bib* 67 no. 4(1986): 544-6과 Hossfeld & Zenger, *Die Psalmen I*, 122를 참조하였다.
7. Brown, "Psalms 15-24," 273.
8. Wilson, *Psalms 1*, 399 참조.

23:3; 19:7) '의의 길'(3절, 19:9)로 인도하실 것을 확신한다. 23편이 말하는 '푸른 풀밭,' '쉴만한 물가,' '여호와의 집의 잔치'는 율법적 의에 대한 상이다(19:7-11).

결론적으로, 19편은 15, 24편과 더불어서 15-24편 그룹에 속한 시편들에게 '율법적 의'가 기도의 근거요(17, 18, 20, 22편), 왕과 모든 하나님의 종들의 삶의 규범이며(18, 20-21편), 율법적 의에 대한 하나님의 응답으로서의 구원과 승리와 복이 감사와 찬양의 이유이며(18, 21, 22편) 확신의 기초(16, 23편)라는 사실을 알리고 있다.[9]

문학적 특징과 구조

이 시편의 가장 중요한 특징은 '말'과 관련된 단어들이 압도적으로 많이 등장한다는 사실이다. 1절에 '선포하다,' '전하다'는 분사가 나오고, 2절에는 '말'과 '지식,' 3절에는 역시 '말'과 '언어'와 '소리'가 나오며, 4절에도 '소리'와 '말씀'이 나온다. 또한, 7-10절에는 하나님의 말씀과 관련된 어휘들이 집중적으로 등장하는데 한 절에 두 단어씩 나온다. '율법'과 '증거'(7절), '교훈'과 '계명'(8절), '여호와 경외'와 '법'(9절)이 그것이다. 한편 14절에는 여호와의 말씀에 대한 반응으로서 다윗의 '말'과 '묵상'이 등장하여 전체를 마무리한다. 이러한 특징들은 이 시편이 창조 세계와 특별계시 가운데 나타난 하나님의 말씀과 영광의 찬양임을 강조한다. 또 이런 특징은 이 시편이 원래 두 편의 시였다는 비평학자들의 주장을 반박하게 한다.[10]

여호와의 말씀을 노래하는 부분(7-10절)에는 이 말씀을 수식하는 용어로

---

9. 이 부분은 김성수, "시편 15-24편," 63-8 부분을 요약하여 정리한 것이다.
10. Sommer, "Psalm 19," 389에서도 이것을 강조한다.

'여호와'가 여섯 번이나 등장하여 율법이 사람의 말이 아닌 이 세상을 다스리고 구원하시는 왕 '여호와'의 말씀임을 강조한다. 또 여기에는 이 말씀의 특징을 묘사하는 '의로움'과 관련한 용어들이 여섯 번 나온다('완전함,' '확실함,' '정직함,' '순결함,' '정결함,' '진실함'). 그리고 이러한 말씀이 사람에게 주는 유익을 묘사하는 분사가 7-9절에 다섯 번 나오고('소성시키고,' '지혜롭게 하고,' '기쁘게 하고,' '밝게 하고,' '이르다'), 마지막에는 완료형으로 한 번 나오며(9절 '의롭다'), 10절에는 분사와 명사 형태로 각각 한 번씩 나온다('사모할 만하고,' '달다'). 11절의 '경고를 받는 것'과 '상을 받는 것'도 여기에 포함할 수 있을 것이다.

전반부인 1-6절은 '하늘'로 묶이는데, 1-4절 2행에서 '하늘' 그 자체가 선포하는 여호와의 말씀을 강조한다면, 4절 3행-6절은 그중에서 '해'가 나타내는 하나님의 영광을 노래한다. 1-4절 2행에는 '말'과 관련된 표현들과 '하늘'을 가리키는 대명사들이 많이 나오는 반면, 4절 3행-6절에는 '해'와 관련된 대명사들과 해의 활동을 묘사하는 표현들이 많이 등장한다. 11-13절에는 '죄'와 관련된 단어들이 반복적으로 등장하면서 말씀을 지킴으로써 죄악에서 벗어날 수 있기를 간구하는 내용을 강조한다. 또 11절과 13절은 둘 다 '또'(*감* גַּם)로 시작해서 '큰(많은)(*랍* רַב)'으로 끝난다. 또 두 절의 주어는 '주의 종'으로 같아서 11-13절을 결속시킨다.[11] 한편 1절이 하나님의 '영광'을 선포하는 하늘의 말이라면 14절은 하나님의 '말씀'에 대한 시인의 '말'과 '묵상'이다. 이 찬양과 말은 전체를 수미쌍관으로 묶는다. 이상의 특징들을 가지고 전체의 구조를 분석한다면 다음과 같이 될 수 있다.

---

11. J. R. Wagner, "From the Heavens to the Heart: The Dynamics of Psalm 19 as Prayer," *CBQ* 61 (1999): 257 참조.

1-6절 하늘이 '선포하는' 하나님의 '영광'

1) 1-4절 2행 하늘이 전하는 하나님의 영광

2) 4절 3행-6절 해가 세계에 전시하는 하나님의 영광

7-10절 여호와의 말씀이 말하는 하나님의 영광

11-14절 죄악에서 벗어나 말씀대로 살기를 구하는 기도와 찬양[12]

한편, 주제나 어휘를 중심으로 구조를 분석한다면 다음과 같다.

A 1절 하늘이 여호와의 영광을 '선포함'

B 2-6절 하늘과 해가 전하는 여호와의 영광(창조 세계 통치)

x 2-4절 2행 하늘이 전하는 여호와의 영광('말,' '언어,' '소리,' '말')

y 4절 3행-6절 피할 수 없는 해의 열기('숨을 수 없음')

B′ 7-13절 율법이 전하는 여호와의 영광(인간 세계 통치)

x 7-10절 율법이 전하는 여호와의 영광('율법,' '증거,' '교훈,' '계명' 등)

y′11-13절 죄에서 벗어나 말씀대로 살기를 구하는 기도('숨은 허물')

A′ 14절 시인이 여호와께 찬양의 '말'을 드림

A와 A′(1, 14절) 부분이 하나님에 대한 하늘과 시인의 찬양을 노래한다면, 그 사이로 하늘이 전하는 온 세상 창조 원리로서의 여호와의 계시(B, 2-6절)와 기록된 율법이 전하는 인간 통치 원리로서의 여호와의 계시 부분

---

12. J. T. Glass, "Some Observation on Psalm 19," in eds., K. G. Hoglund et al. *The Listening Heart*, JSOTSup. 58 (Sheffield: JSOT Press, 1987), 155-6에서는 12-14절이 단지 두 번째 파트인 7-11절의 여호와의 말씀에 대한 반응만이 아니라 첫 번째 파트인 1-6절의 하늘과 태양의 계시에 대한 반응이기도 함을 강조하면서 이 시편이 단순히 1-6, 7-14절로 나눠질 수 없음을 강조한다. 김진명, "시편 19편," 13에서도 1-6절 하나님의 영광과 태양과 관련된 찬양시, 7-11절 야웨의 율법에 관한 시, 12-14절 기도와 간구 세 부분으로 나눈다. T. A. Perry, *Psalm 19 - Hymn of Unification* (Peabody: Hendrickson Publishers, 2016), 4도 여기에 동의하고 있다.

(B′, 7-13절)이 가운데 부분을 이룬다. 이 두 부분은 각각 계시 그 자체(x와 x′, 2-4절 2행, 7-10절)와 사람과 온 세상에 은혜를 베풀고 죄를 드러내는 계시의 효과를 노래하는 부분(y와 y′, 4절 3행, 11-13절)으로 구성되어 있다. x와 x′ 부분에 '말'과 관련된 용어들이 반복적으로 등장한다면, y와 y′ 부분에는 '숨다'는 어근이 반복적으로 등장하여 하나님의 계시가 창조와 인간 세계에 베푸는 유익을 강조한다. 전체적으로 보면, 위의 구조는 하늘이 해를 통해서 소리 없이 모든 창조 세계에 하나님의 영광을 비추는 것처럼, 하나님의 말씀은 모든 인간 세계에 말을 통해서 하나님의 영광을 전하고 있음을 보여준다.[13]

본문 주해

표제: "인도자를 따라. 다윗의 시."

다윗이 지은 시(원래 악기를 연주하면서 부른 노래?)로서 후대에 예배 시에 사용될 때는 예배나 찬양을 인도하는 레위인이 부르거나 레위인을 따라 부르도록 했음을 의미할 것이다.

1. 하늘이 선포하는 하나님의 영광(1-6절)

이 시편의 제1연은 하늘과 태양이 전하는 하나님의 영광과 계시를 노래한다. 이 부분의 계시는 온 '세계'에 선포되는 '비언어적 계시'로서 7-11절이 '사람들에게' 선포하는 '언어적 계시'와 대조된다. 1절이 하늘을 통한 찬양을 의미한다면, 2-4절 2행은 하늘이 온 세상에 미치도록 전하는 비언어적 계시를

---

13. K. A. Deurloo, "Psalm 19: Riddle and Parable," in eds. K.-D. Schunck, M. Augustin, *Goldene Äpfel in silbernen Schalen* (Frankfurt am Main: Peter Lang, 1992), 93-100, 특히 96-7에서는 이런 측면을 잘 강조한다. Glass, "Psalm 19," 147, 154도 참조.

노래하는 것이고, 4절 3행-6절은 하늘에 속하지만 매일 하늘을 가로지르며 운행하는 해가 전시하는 비언어적 계시의 절정을 노래한다.

1) 하늘이 하나님의 영광을 선포함(1절)

1절은 이 시편의 어조와 장르를 결정하는 절이다. 이 절은 하늘이 하나님이 친히 만드신 하늘의 피조물들에 담긴 하나님의 영광을 알린다고 노래한다. 이것은 간접적인 하나님 찬양이다. 마치 8편 1절(9절)이나 3절처럼 하나님이 만드신 창조 세계 가운데서 하나님의 영광과 위엄을 보고 찬양하는 것이라고 할 수 있다. 1절은 다음과 같은 교차 대칭 구조를 보여주는데, 하늘이 찬양하는 대상을 가운데에 두면서 강조한다.

주어 - 동사 - 목적어
(하늘) (선포하다) (하나님의 영광)
목적어 - 동사 - 주어
(그의 손으로 하신 일) (나타내다) (궁창)

'하나님'으로 번역된 단어 *엘*(אֵל)은 당시 가나안에서 일반적으로 사용하던 '신'과 동일한 표현으로서 언약 백성인 이스라엘이 부르는 하나님의 이름인 '여호와'(7절 이하에 일곱 번 등장)와 비교된다. 즉, 하늘과 창조 세계는 이스라엘이 아닌 누구에게라도 '하나님'의 영광을 깨닫게 한다는 점을 강조하는 것 같다.[14] 그러면서도 7-14절을 통해 그 '하나님'이 바로 이스라엘의 하나님 여호와임을 밝혀준다고 할 것이다. 찬양의 주체로 등장하는 두 하늘 중에 두 번째 '하늘'인 '궁창'은 돔처럼 땅과 세상을 덮고 있으며 넓게 편 판처럼

14. Craigie, *Psalms 1-50*, 182; Sommer, "Psalm 19," 396-7.

보이는 하늘(sky)을 의미하고(창 1:6-7; 겔 1:22),[15] 첫 번째 '하늘'(heavens)은 보이지 않는 위의 영역까지 포함하는 모든 하늘을 말한다. 여기서는 두 단어가 일반적인 하늘을 가리키는 동의어로 사용되었다(창 1:8). '전하다'는 동사(*사파르* סָפַר)는 사람들이 하나님의 이름이나 행하신 일이나 영광을 선포하여 찬양하는 표현으로 자주 사용되었다(9:1, 14; 22:22; 79:13; 96:3; 102:22; 118:17; 출 9:16). 이 시편에서는 하늘이 주체가 되어 마치 말로 하나님의 영광을 찬양하는 것처럼 표현하고 있다. 또 '알리다'(*나가드* נָגַד)는 동사도 '말하여 알게 하다' 혹은 '선포하다'는 의미다(9:11; 22:31; 30:9; 40:6; 사 42:12). 이 동사들은 둘 다 계시 혹은 말과 관련된 동사들로 뒤에 나오는 하나님 말씀의 기능과도 연결된다. 1행의 '하나님의 영광'은 2행에서 하나님이 '손으로 하신 일(만드신 것들)'로 표현되어 있다. 이것은 하나님이 손으로 만드신 모든 피조물(8:6; 102:25; 103:22; 138:8)을 가리킬 수도 있지만, 여기서는 특별히 넓은 판처럼 펼쳐진 하늘(sky)에 박혀 있는 해와 달과 별들(4절 이하, 8:3)을 의미한다. 이런 천체를 통해 창조주 하나님의 영광과 위엄이 온 세상에 알려짐을 노래하는 것이다.[16] 하나님의 영광을 광채나 빛과 관련시킨다면(출 24:17; 신 5:24; 사 4:5; 24:23; 60:1, 19; 계 21:23), 하늘의 별들이나 4절 3행부터 나오는 해가 그 영광을 전시하는 것이 된다(50:6; 89:5-8).

2) 하늘이 '소리 없이' 온 세계에 말씀을 전함(2-4절 2행)

이 부분은 하늘이 어떻게 하나님의 영광을 선포하는지를 알려준다. 하늘이 해와 달과 별들과 같은 것으로 하나님의 영광을 알리는 계시는, 비록 소리는 없지만 강력하고 확실하게 온 땅에 뻗어 나가는 것이라고 한다. 2절은 낮과 밤, 즉 모든 시간에 쉬지 않고 하나님의 영광이 하늘로부터 선포되고 있음

---

15. Kraus, *Psalms 1-59*, 270 참조.
16. Kraus, *Psalms 1-59*, 270.

을 말하는데, 이것은 아마도 낮에는 해로, 밤에는 달과 별들로 하나님의 영광이 온 세상에 나타나는 것을 의미할 것이다. 창세기 1장 14-19절에는 해와 달과 별들이 낮과 밤과 계절을 주관하도록 만들어졌다고 말하는데, 2절은 이것을 하나님의 영광 계시와 연결하고 있다. 2절 1행에서 '날이 (다음) 날에게 말하다'는 표현은 5-6절에 묘사된 해의 계시와 관련된다. '말하다'는 동사(*나바* נָבַע, 78:2; 94:4; 119:171; 145:7; 잠 15:2; 18:4)는 마치 물이 솟구쳐 나오듯이 하늘이 해를 통해 강력하고 열정적으로 하나님의 영광('말')을 쏟아내는 것을 묘사한다. 그러한 낮은 다음 낮으로 이어진다.[17] 2행에서 '밤은 (다음) 밤에게 지식을 전한다'고 한 것도 달과 별들을 통해서 하나님에 대한 '지식'이 선포되는 것('알리다,' '선포하다,' *하바* חָוָה, 욥 15:17; 32:6, 10, 17)을 의미한다. 역시 그러한 밤은 다음 날에도 이어진다. 이러한 선포는 낮과 밤으로 구성된 날이 날로 이어지는 한 영원히 계속될 것이다.[18]

3-4절 2행은 1-2절에서 말했던 하늘이 천체를 통해서 전하는 말의 특징을 노래한다. 인간의 언어처럼 구체적인 말로 전달되는 것은 아니지만 온 세상의 피조물들이 분명히 '볼 수 있는' 소리 없는 계시라고 한다(8:1, 3, 9; 롬 1:19-20). 3절에는 세 번의 부정어와 세 번의 '말' 관련 어휘가 결합되어 '소리 없는 계시'의 특징을 강조한다('언어도 없고,' '말씀도 없고,' '들리는 소리도 없다'). 이것은 사람의 언어를 초월하여 누구에게나 이해될 수 있는 계시임을 강조한다.[19] 여기서 '소리'와 4절 1, 2행의 '소리'와 '말씀'에 붙은 3인칭 복수 인칭 접미사('그들의')는 누구를 가리키는지 불분명하다. 2절의 낮과 밤을 가리킬 수도 있고, 하나님(장엄복수형의 대명사, 개역개정)으로 볼 수도 있지만, 천체를 포함한 1절의 '하늘(들)'로 이해하는 것이 좋을 것이다.[20] 왜

17. Kraus, *Psalms 1-59*, 270.
18. Perry, *Psalm 19*, 25.
19. Perry, *Psalm 19*, 29.
20. Perry, *Psalm 19*, 28.

냐하면 '하나님'을 복수형으로 받는 일도 드물고 4절 3행에 나오는 개역개정의 '하늘'은 3인칭 복수 대명사 '그들'을 번역한 것이기 때문이다.

4절 1-2행은 '말 없는 계시'('그들의 소리,' '그들의 말')가 온 세상에 퍼져 나가는 것을 형상화한다. 하늘에 전시된 하나님의 영광을 보며 온 세상은 들리지 않는 소리를 듣는다. '귀로 보는 경험'[21] 혹은 '눈으로 듣는 경험'이다. '통하다(미치다)'는 동사는 하늘로부터 하나님의 영광에 대한 계시가 퍼져나가는 것을 묘사한다. '소리'로 번역된 명사(*카브* קַו)는 무언가를 측량하는 '줄'을 가리키지만(왕상 7:23; 사 28:17; 34:17; 겔 47:17)[22], 여기서는 다음 행에서 평행을 이루는 '말(씀)'과 조화되고, 칠십인역이 채택한 번역을 따른 것이다(사 28:10, 13 참조).[23] '온 땅'과 '세상 끝'은 말 없는 하늘의 계시가 하나님의 창조 세계 중에 미치지 않는 곳이 없음을 강조하는 표현이다. 1-3절이 말한 하늘 선포의 청중이 하늘 아래 세상 전체임을 알려준다. 이것은 6절에서 해의 열기에서 피할 것이 없음을 말하는 것이나 12절에서 하나님의 말씀 앞에서 모든 죄가 드러나는 것과 연결될 수 있다. 온 세상에 '소리 없는 하나님의 말씀'으로 가득하기에 이 세상은 그 말씀으로 질서정연하게 돌아갈 수 있고, 동시에 어떤 누구도 하나님을 보지 못했다고 핑계할 수 없음을 말한다(롬 1:20). 바울은 이 구절을 이방인에게 복음이 전파되었음을 증명하는 구절로 사용한다(롬 10:18).

---

21. Mays, *Psalms*, 97.

22. 그래서 혹자는 이 '선'이라는 번역을 그대로 취하여 이것은 하늘의 천체들이 항상 일정하게 움직이는 선과 같은 코스를 가리키는 것으로 보거나 건축자들의 측량줄로 이해한다. 이렇게 보면 이 '선' 혹은 '줄'은 하늘이 계시하는 창조 흔적, 창조 질서와 완전함을 의미한다고 볼 수 있다. A. Cooper, "Creation, Philosophy and Spirituality: Aspects of Jewish Interpretation of Psalm 19," in eds. J. Reeves, J. Kampen, *Pursuing the Text*, JSOTSup. 184 (Sheffield: Sheffield Academic Press, 1994), 21 각주 18.

23. Craigie, *Psalms 1-50*, 178은 3절에 나오는 '소리'(*콜* קוֹל)의 오기(*라멧* ל 생략)로 본다.

3) 하늘의 해가 전시하는 하나님의 영광(4절 3행-6절)

4절 하반 절부터 하늘 중에서 가장 선명하게 하나님의 영광을 전시하는 해에 대한 묘사가 시작되어 6절까지 이어진다. 앞에서 말했던 '소리 없는 말씀'의 대표적인 예로서 해가 등장하고 있다. 해는 1절의 하늘의 선포, 찬양의 수행자다. 그의 임무 수행은 하늘의 끝에서 끝까지 운행함으로써 이루어진다.[24] 4절 3행은 해를 위한 거처를 하나님이 제공하셨음을 알리고, 5절과 6절은 해가 나오는 방과 처소를 언급하면서 그 이미지를 이어간다.[25]

4절 3행은 '소리 없는 말씀'의 실례로 해를 제시한다. 하나님이 하늘에 해를 위한 장막을 치셨다는 것은, 창세기 1장 14-18절에 나오는 해의 창조를 가리키면서 하나님이 해를 하늘에 배치하신 것을 시적으로 노래한 것이다. 마치 해가 동쪽 지평선 위의 하늘 끝에 장막을 치고 살면서 매일 '하늘의 길'을 따라 이 끝에서 저 끝까지 운행하는 것처럼 묘사하고 있다. 이런 묘사는, 고대 사람들이 생각하듯이 해는 예배해야 할 신적인 존재가 아니라 하나님이 부여하신 기능을 수행하는 피조물임을 알리는 역할도 한다(신 4:19; 17:3; 왕하 23:5, 11 등).[26] 이 시편이 해를 묘사하는 어휘들은 메소포타미아, 이집트, 가나안 등에서 발견되는 태양신에 대한 찬양시의 그것들과 공유하고 있기는 하지만, 그것들과 달리 해를 신격화시키지 않고 의인화하면서 하나님을 찬양하는 피조물로 묘사하고 있다.[27] 혹자는 '궁전'이라는 말 대신에 '장막'이라는 단어를 선택한 것도 그런 목적이라고 한다.[28] 브라운(William P. Brown)

---

24. Glass, "Psalm 19," 151-4.
25. Glass, "Psalm 19," 152-3.
26. Sommer, "Psalm 19," 386-8에서는 이 시편 자체가 태양신 숭배를 배척하기 위한 변증적 목적으로 지어진 것은 아니지만, 해와 율법 모두 하나님의 피조물임을 강조함으로써 여호와 하나님을 태양(신)과 동일시하려던 당시 이스라엘의 왜곡된 신앙을 바로잡아 주는 기능을 한다는 점을 설득력 있게 지적한다.
27. Craigie, *Psalms 1-50*, 181.
28. Kraus, *Psalms 1-59*, 272.

은 이것을 율법을 기록한 두 돌판이 들어 있는 성막을 암시한다고 보고, 해가 장막에서 나와 세상에 빛을 비추듯 율법이 하나님의 보좌에서 나와 지혜의 빛을 비추는 것을 암시한다고 본다.[29]

5절은 하늘을 힘 있게 운행하는 해의 모습을 두 가지 이미지로 비유하고 있다. '신방에서 나오는 신랑'은 세상에서 가장 행복하고 기운 넘치는 존재다. 해가 아침에 뜰 때 그런 신랑처럼 날마다 새롭고 활기차게 떠오르는 것을 비유하는 것으로 보인다(렘 7:34; 16:9; 25:10; 33:10-11 참조). '그의 길을 달리기 기뻐하는 장사' 비유는 아무런 주저함이나 두려움 없이 당당하고 힘차게 달리는 용사의 모습에 해가 하늘길을 따라 끊임없이 움직이는 모습을 비유한 것이다.[30] 다윗은 해가 찬란하게 떠서 움직이는 것을, 매우 유쾌하게 하나님의 영광을 전시하며 힘 있게 온 세상에 빛과 열을 전하는 소명을 감당하는 것으로 보고 있는 셈이다. 이 또한 7절 이하의 율법과 연결될 수 있다. 율법은 하나님의 '길'로 자주 표현되는데 해가 하늘에서 매일 자신의 길을 가면서 빛과 열을 비추어 온 세상에 생명을 공급하듯이, 하나님의 길인 하나님의 말씀도 그것을 읽는 사람들을 회복시키고 의와 생명을 공급한다(119:32).[31]

6절 1행은 5절의 비유를 풀어서 다시 묘사한다. 이 묘사는 해가 마치 하늘의 이 끝(동쪽)에 있는 자신의 방에서 나와서 낮 동안 서쪽 끝까지 운행하여 다시 자신의 방으로 돌아가는 것처럼 표현하고 있다(전 1:4).[32] 그리고 그

---

29. W. P. Brown, *Seeing the Psalms: A Theology of Metaphor* (Louisville: Westminster John Knox, 2002), 97.

30. Perry, *Psalm 19*, 35에서는 해가 떠서 빛을 비추는 모습과 전쟁하기 위해 전사이신 하나님이 나오심을 연결하고 있다. 호 6:3; 삿 5:31 등.

31. Brown, *Seeing the Psalms*, 97.

32. 해는 고대 근동에서 신이 펼쳐놓은 하늘에 놓인 띠 모양의 길을 따라 움직이는 정의의 신으로 숭배되곤 했다(신 4:19; 왕하 23:5; 렘 8:2등). 이집트 문헌에는 태양신은 양쪽 지평선 위에 있는 입구와 출구 사이의 하늘을 배를 타고 다니는 모습으로 묘사되고 있다. 19편의 해와 고대 근동 자료들(이집트, 메소포타미아, 히타이트 문서들)과의 관련성 및 비신화적인 요소로의 전환에 대해서는 Sommer, "Psalm 19," 382-6에서 잘 설명하고 있다.

러한 해의 운행을 통해 온 세상이 햇빛과 햇볕을 공급받는다는 것을 노래한다. 하늘이 땅 '끝'까지 하나님의 영광을 선포하듯이, 해도 이런 식으로 하나님의 영광을 전시한다. 햇빛은 온 세상 구석구석까지 비추어 온기를 공급함으로 생명체가 자라고 회복되게 한다. 이러한 회복과 비춤의 기능은 7-11절이 노래하는 여호와의 율법의 역할과 유사하다. 동시에 해가 모든 어두운 곳까지 드러내듯이('피할 수 없다') 여호와의 율법도 '숨은 죄'까지 드러낸다(12절).[33] 하나님의 비언어적 계시가 온 세상에 선명하게 전해지고 역사하고 있다.[34]

2. 여호와의 말씀이 말하는 하나님의 영광(7-10절)

1-6절이 하늘을 통해서 소리 없이 계시한 하나님의 영광을 노래했다면, 7-10절은 여호와가 이스라엘에게 특별히 주신 말씀을 통해서 계시한 하나님의 영광을 노래한다. 그 영광은 주로 사람을 회복시키고 지혜롭게 하고 인도하는 말씀의 역할 가운데서 나타난다. 이것은 4-6절에 언급된 해의 역할과 많은 면에서 유사하다. 해도 변함없이 하늘을 운행하면서 만물에 빛과 열을 공급하여 만물을 회복시키기 때문이다.[35] 하나님의 말씀은 삶을 인도하는 빛이다(119:105; 119:130; 렘 31:35). 구약 성경에는 빛과 말씀 혹은 말씀의 정신인 '공의'가 함께 등장하는 부분이 많다(37:6; 잠 4:18; 사 51:4; 58:8; 62:1;

---

33. Perry, *Psalm* 19, 32도 여기에 동의한다.
34. 외경인 집회서 43:1-5에서는 하늘과 해를 통한 하나님의 영광 계시를 19편과 매우 유사하게 묘사한다(카톨릭성경).
    1. 맑은 창공은 드높은 곳의 자랑이며 하늘의 모습은 찬란한 영광 속에 드러난다.
    2. 동이 틀 때 떠오르는 태양은 놀라운 도구가 되어 지극히 높으신 분의 위업을 선포한다.
    3. 한낮의 태양은 땅을 메마르게 하니 누가 그 열을 견디어 내겠는가?
    4. 화덕에 풀무질하는 자는 뜨거운 열기 속에서 일을 하지만 태양은 그 세 배나 되는 열기로 산을 달군다. 태양은 그 불꽃같은 열기를 내뿜고 그 강렬한 빛으로 눈을 멀게 한다.
    5. 태양을 만드신 주님께서는 위대하시고 그분의 명령에 따라 태양은 제 궤도를 바삐 돈다.
35. Glass, "Psalm 19," 155 참조.

호 6:5; 미 7:9; 습 3:5; 말 3:20 등).[36]

7-9절은 모두 두 행으로 구성되는데 각 행은 여호와의 율법의 특징과 유익을 말하면서 여호와를 찬양하고 있다. 사실 율법을 통해 이스라엘은 율법의 수여자이신 하나님의 성품을 경험했다.[37] 여기에 나오는 율법의 특징들이 신명기 32장 4절에서 하나님의 성품으로 나열되고 있는 것이 그 증거다(9절 해설 참조). 각 행에 '율법,' '증거,' '교훈,' '계명,' '여호와 경외,' '법' 등의 여섯 가지 표현들이 등장하고 있다. 각기 특별한 의미들을 지니고 있긴 하지만 모두 여호와의 말씀을 가리키는 동의어다. 이 모든 단어는 '여호와의'로 수식되고 있는데, 이것은 모든 말씀이 이스라엘의 구원자이신 참 하나님에게서 나온 것임을 강조한다. 7-8절의 각 행은 똑같은 구조로 구성되어 있다(말씀 + 여호와 + 형용사 + 분사 + 목적어).

7절 1행은 여호와의 율법의 완전함과 사람을 회복시키는 능력에 대한 찬양을 담고 있다. 율법(*토라* תּוֹרָה)은 모세 율법을 의미할 수도 있지만, 그보다는 여호와의 모든 가르침이나 말씀을 가리키는 것으로 보아야 한다. 하나님의 율법은 완전하신 하나님의 성품을 반영하여 조금의 결함도 없이 온전하고 충분하다(18:30; 신 32:4). 해가 하나님을 대행하여 마치 죽은 것 같았던 세상을 아침마다 깨우고 온 땅을 비추고 따뜻하게 하듯이, 이 완전한 율법도 하나님을 대신하여 사람들을 완전하게 회복시키는 사역을 한다. 목마른 사람에게 물을 주고 배고픈 사람에게 음식을 주어 몸의 활력이 살아나게 하듯이,[38] '완전한' 율법은 사람에게 의롭고 바른길을 안내하여 죄와 타락과 왜곡과 상처들로부터 삶을 온전하게 회복시키는 사역을 한다(23:3; 룻 4:15; 왕상

---

36. Sommer, "Psalm 19," 389.

37. W. Harrelson, "Psalm 19: A Mediation on God's Glory in the Heavens and in God's Law," in eds., M. P. Graham, R. R. Marrs, S. L McKenzie, *Worship and the Hebrew Bible*, JSOTSup. 284 (Sheffield: Sheffield Academic Press, 1999), 146.

38. Sommer, "Psalm 19," 385 참조.

17:21; 잠 25:13; 애 1:11, 16, 19).

7절 2행은 여호와의 '증거'의 확실함과 무지한 사람을 지혜롭게 하는 사역을 노래한다. 여기서 '증거'(*에두트* עֵדוּת)는 법정의 증인처럼 하나님이 시내산에서 친히 증인이 되셔서 주신 언약의 말씀이나 약속의 조항들을 가리키지만(78:5; 출 25:16, 21; 40:20), 넓게는 하나님이 주신 모든 말씀을 가리킨다(25:10; 81:5; 119:88; 신 4:45; 6:17, 20). '확실하다'(*아만* אָמַן)는 분사는 '신실하다' 혹은 '믿을 만하다'(삼상 2:25; 잠 25:13; 사 8:2)는 의미에서 확실하다는 것이다(89:37; 93:5; 111:7; 119:86; 대상 17:23). '우둔한 자'로 번역된 단어는 삶의 지혜와 경험이 부족해서 교육을 받아야 하는 사람을 의미한다(잠 1:4; 7:7). 이런 사람들이 확실한 증거의 말씀을 배울 때, 이 말씀은 그들을 사회 속에서 하나님을 경외하는 믿을 만한 사람이 되어가도록 '지혜롭게 만든다'(신 4:6).

8절 1행은 여호와의 '교훈'의 정직함과 사람의 마음을 기쁘게 하는 사역을 노래한다. '교훈'(*피쿠딤* פִּקּוּדִים)은 하나님이 정하신 규정들이나 교훈하신 말씀들을 가리킨다(103:18; 111:7; 119:4, 128 등 119편에만 21번). 그 말씀은 '바르고' '정직한' 길을 알려주기 때문에 사람들에게 참된 기쁨을 준다(16:7-9; 룻 2:13; 렘 15:16). 이 기쁨은 정직한 교훈을 실천하여 얻게 되는 풍성한 삶이 가져다주는 기쁨을 의미하기도 한다(신 30:9-10).

8절 2행은 여호와의 '계명'의 순결함이 사람의 눈에 빛을 비추는 사역을 노래한다. '계명'(*미츠바* מִצְוָה)은 여호와가 명령하신 규정들을 의미하지만 역시 모든 말씀을 가리키는 말이다. '순결하다'는 표현은 그야말로 불순물이나 더러움이 없는 깨끗한 말씀의 특징을 묘사한다(18:20, 24; 24:4; 73:1; 아 6:10 '해처럼 순결한 신부'[39]). '눈을 밝게 하다' 혹은 '눈에 빛을 비추다'는 표현은 '영혼을 소성시키다'는 7절의 표현처럼 참된 회복을 가져다주는 것을

39. 김정우, 『시편주석 I』, 475.

의미한다(13:3; 삼상 14:27, 29; 스 9:8; 잠 15:30; 29:13). 혹자는 이 표현이 눈을 '뜨게 하다'(*파카흐* פָּקַח)는 표현처럼(창 3:5, 7; 21:19; 왕하 4:35; 6:17, 20) 깨달음을 의미한다고 보지만, 그런 용례를 찾을 수는 없다.[40]

9절 1행은 구조상으로는 7-8절의 행들과 비슷하지만 내용에 있어서는 약간 다르다. 율법의 사역이나 유익의 측면보다는 여호와를 경외하게 하는 율법 전체가 영원함을 강조한다. '여호와를 경외하는 도'는 원문의 '여호와 경외'를 의역한 것이다. 이것은 율법의 정신을 한마디로 요약하는 것이기에 여호와 경외를 가르치는 말씀 전체를 의미한다(34:11; 86:11; 신 17:19; 28:58; 31:12-13). 이 표현은 하나님을 믿고 그의 말씀에 순종하는 태도를 말하며(출 14:31; 레 19:3, 14, 32; 신 4:10; 6:24; 10:12) 지혜의 근본적인 정신으로 자주 등장한다(111:10; 112:1; 욥 1:8; 2:3; 28:28; 잠 1:7; 9:10; 전 12:13). '정결하다'는 표현은 불순물이 없이 순수하거나 제의적인 면에서 정결하다는 말인데, 여기서는 하나님의 말씀이 거짓이 없이 온전히 성취되는 것을 의미한다(12:6; 18:30; 105:19; 119:140; 잠 30:5 참조).[41] 사람들이 가르치는 길이 아니라 창조주 하나님이 가르치시는 말씀이 온전히 이루어질 것이고 영원할 것이라고 한다. 그런 '정결함'과 '영원함'이 결국은 사람들에게 유익하다. 클라인즈는 7-9절에 나오는 율법과 관련된 표현들('영혼을 소성시키다,' '우둔한 자를 지혜롭게 하다,' '마음을 기쁘게 하다,' '눈을 밝게 하다,' '영원까지 이르다')과 창세기 2-3장에 나오는 '선악을 알게 하는 나무'에 대한 표현들의 밀접한 관련성에 착안하여, 사람들이 여호와를 경외하지 않아서 선악을 알게 하는 나무 열매를 따 먹은 결과 오히려 어리석게 된 것과는 달리, 율법은 참된 지혜와 지식을 주는 여호와 경외의 수단임을 이 시편이 강조하

---

40. D. J. A. Clines, "The Tree of Knowledge and the Law of Yahweh (Psalm XIX)," *VT* 24/1 (1974): 11에서는 이렇게 이해하면서 창 3장과 19편의 관련성에 대해 논한다.

41. Prinsloo, "Psalm 12," 398; Kraus, *Psalms 1-59*, 210 "sincerity and integrity" 참조.

는 것이라고 설득력 있게 주장한다.[42]

9절 2행은 여호와의 법이 진실하고 의로움을 노래한다. 이 행은 앞의 행과 더불어 지금까지의 율법 찬양을 요약하는 기능을 한다.[43] 하나님의 말씀이 하나님처럼 '신실하고' '진리이며'(25:5; 26:3; 51:6; 119:142, 151, 160; 132:11) '의로운' 것(5:8; 22:31; 9:4, 8; 96:13; 119:138, 142)을 강조한다. '법'(*미슈파트* מִשְׁפָּט)은 재판관이신 하나님의 판결을 가리키지만 앞의 구절들의 문맥을 생각하면 그 판결이 근거로 삼는 공의로운 법규들, 즉 율법 전체를 의미할 것이다(18:22; 출 15:25; 레 18:4; 민 36:13; 신 4:8; 왕상 2:3). 이처럼 진실하고 의로운 하나님 말씀은 그 말씀을 지키는 자를 진실하고 의롭게 만든다.

요약하자면, 하나님이 사람들에게 주신 모든 말씀은 하나님의 성품과 영광을 반영한 것들이기에 가장 확실한 하나님의 '영광'의 계시가 된다. 해가 온 세상에 빛을 주고 자신의 온기로 세상을 살리듯이 하나님의 영광이 반영된 하나님의 말씀이 죄로 오염된 사람들의 영혼을 바른길로 인도하고 회복시킬 것이다. 신명기 32장 4절은 하나님의 이런 성품이 율법에 반영되었음을 잘 보여준다.[44]

> 그는 반석이시니 그가 하신 일이 완전하고(7절, *타밈* תָּמִים) 그의 모든 길이 정의롭고(9절, *미슈파트* מִשְׁפָּט) 진실하고(7절, *에무나* אֱמוּנָה) 거짓이 없으신(8, 9절의 '깨끗한' '순결한') 하나님이시니 공의로우시고(9절, *차디크* צַדִּיק) 바르시도다(8절, *야샤르* יָשָׁר)

10절은 9절과 이어지는 절이면서도 앞에서 선언한 여호와의 말씀이 계시

---

42. Clines, "The Tree of Knowledge," 8-14, 특별히 12-3 참조. 클라인즈는 여기서 더 나아가서 19:1-6은 창 1장의 천지창조를 반영하고 11-14절은 2-3장의 타락을 반영한다고 주장한다.
43. Craigie, *Psalms 1-50*, 182.
44. Wagner, "Psalm 19 as a Prayer," 260.

하는 하나님의 영광에 대한 인간의 반응을 보여준다. 10절의 주어는 앞에서 노래한 여호와의 모든 말씀이다. 1행은 7-9절에서 묘사한 여호와의 말씀이 보여주는 하나님의 영광과 사랑 때문에, 여호와의 말씀은 가장 귀한 것을 상징하는 '금'이나 '순금'보다 더 사모할 만하다(119:127; 욥 28:15-19; 잠 16:16; 20:15)고 노래한다. '사모하다'는 단어는 에덴동산의 많은 나무처럼 풍성한 생명과 기쁨을 주는 대상들에 대해 탐스러워하고 사랑하는 태도를 가리킨다(창 2:9; 3:6; 21:20). 2행은 여호와의 말씀이 가진 가치를 '맛'으로 표현한다. 당시 사람들에게 가장 달콤한 음식이었던 꿀보다 여호와의 말씀이 더 달콤하다고 노래한다(119:103; 잠 16:24). '꿀'은 대추야자나 포도를 끓여서 만든 시럽일 수도 있고, 벌들이 집을 지어서 만든 야생 꿀일 수도 있다(*HALOT*, 삼상 14:25; 잠 16:24; 24:13; 25:16). '송이꿀'로 번역된 단어는 꿀로 가득한 벌집이나 그런 벌집에서 떨어지는 꿀 방울을 가리킨다(*HALOT*, 잠 16:24). 이 단맛은 7-9절에서 노래한 하나님의 말씀대로 살아가는 자들이 받아 누리는 풍성한 복으로 인한 기쁨과 감격뿐만 아니라, 말씀에 대한 깨달음이 주는 모든 만족을 표현한 것으로 볼 수 있다.

3. 여호와의 계시대로 죄악에서 벗어나길 구하는 기도(11-13절)

11-13절은 여호와를 2인칭으로 부르며 여호와께 직접 아뢰는 기도이다. 11절과 13절의 주어는 '주의 종'이며, 두 절 다 '또'(*감* גַּם)로 시작해서 '큰(많은)(*랍* רַב)'으로 끝난다. 이 기도는 하늘과 해와 말씀이 선명하게 선포하는 하나님의 영광을 목격한 '여호와의 종'의 반응이다. 하나님의 말씀이 드러내는 죄에서 벗어나 말씀이 주는 상을 누리게 해 달라는 간구다. 그래서 '죄'와 관련된 단어들('허물,' '숨은 허물,' '고의적인 죄들,' '큰 죄과')이 반복적으로 등장하고 '벗어나다'는 동사가 12, 13절에 반복된다. 이 기도 부분은, 아무리 율법이 하나님의 영광을 드러내고 풍성한 삶을 약속한다고 하더라도 사람에게 그것을 지킬 힘까지 줄 수는 없음을 보여준다. 율법을 주신 하나님의

도우심과 죄에서의 구원을 통해서만 율법이 제시하는 길을 걸어갈 수 있음을 보여준다.[45]

11절에서 다윗은 자신을 하나님께 온전히 헌신한 '주(당신)의 종'(18편 표제, '여호와의 종'=왕)으로 표현하면서 하나님의 말씀이 자신에게 주는 유익을 직접 하나님께 말씀드린다. 첫째로 그것은 말씀을 통해서 '경고를 받는 것'이고,[46] 두 번째는 그것을 지켜서 풍성한 보상을 받는 것이다. 부정적인 측면에서 하나님의 말씀은 사람이 가지 말아야 할 길을 경고한다(전 4:13; 12:12; 겔 3:21; 33:4). 그 경고대로 따르면 위험과 멸망을 피할 수 있다. 2행에서는 긍정적으로 말씀대로 살았을 때 그 말씀을 주신 하나님이 약속하신 풍성한 삶을 누릴 수 있다고 한다. 이것은 17, 18편에서 다윗이 경험하고 노래한 것을 일반화한 것이라고 할 수 있을 것이다(17:1-5; 18:20-24). '상이 크다'는 표현은 '풍성한 결말' 혹은 '푸짐한 상'을 의미한다(119:33, 112; 잠 22:4).

12절은 11절이 말한 '경고의 유익'을 기도로 표현한다. 다윗은 수사 의문문으로 하나님께 질문을 던지며, 아무도 스스로는 자신의 잘못을 제대로 깨달을 수 없기에 하나님의 말씀을 통해서 자신이 깨닫지 못하는 허물도 깨닫게 해 달라고 기도한다. 율법은 죄를 드러내고 깨닫게 한다(롬 3:20). 2행에서는 숨겨진 허물을 깨달을 뿐만 아니라 그런 허물에서 벗어나게 해 달라고 기도한다. '숨은 허물'은 '숨겨진 것'으로 번역되는데, 이 동사는 6절에서 해의 열기로부터 아무것도 '숨을 수' 없다고 한 데서 나왔던 동사다. 모든 것을 밝히 드러내는 해처럼 하나님의 말씀이 숨겨진 허물을 드러내는 것을 고백한 것이다(레 5:2-4). '벗어나다'(*나카* נָקָה)는 단어는 죄가 없다고 선언하는 것(죄 용서)이나 죄로부터 자유롭게 되는 것을 의미한다(삿 15:3; 욥 9:28; 10:14; 렘 2:35). 단지 죄를 용서받는 것뿐만 아니라 죄를 짓고자 하는 죄성까

45. Mays, *Psalms*, 100.

46. 이 표현(*자하르* זָהַר)은 '빛나다'는 의미도 갖는데(*HALOT* זהר I, 단 12:3) 이 의미를 여기서 취한다면 이 표현은 1-6절의 해의 이미지와 밀접하게 연결된다. Wagner, "Psalm 19 as a Prayer," 258.

지 없애 달라는 것으로 볼 수 있다.[47]

13절은 12절의 기도를 더 구체적으로 표현한다. 13절은 11절과 같은 단어로 시작하고 끝나며('또,' '큰') '주의 종'이란 표현도 반복해서 사용한다. 다윗은 11절의 긍정적인 유익을 얻기 위해 부정적인 죄에서의 해방을 간구한다. 1행에서는 여호와의 종답게 고의적인 죄들을 짓지 않게 해 달라고 기도한다. '고의적인 죄'(*제드* זֵד)로 번역된 단어는 주로 '교만한(자들)'으로 번역되는데(86:14; 119:21, 51, 69; 사 13:11), 12절의 '숨은 허물'과 달리 하나님의 뜻이 아닌 줄 알면서도 뻔뻔하게 의도적으로 저지르는 죄를 뜻한다. 태초에 아담과 하와가 저지른 죄의 근본도 '교만'이라고 말할 수 있다.[48] 민수기 15장 30-31절에서는 이런 죄는 여호와를 비방하고 여호와의 말씀을 멸시하고 그의 명령을 파괴하는 것으로 보고, 이런 죄를 저지르는 자는 백성 중에서 끊어져야 한다고 말한다. 그래서 시인은 1행에서는 그런 죄를 '짓지 않도록 지켜 주시길'(*하삭* חָשַׂךְ, 창 20:6; 삼상 25:39; 왕상 5:20; 욥 33:18; 전 24:11) 기도하고, 2행에서는 그런 죄가 자신을 '주장하지' 못하게 해 달라고 기도한다. 3-4행에서는 결과적으로 그래야 하나님 말씀의 특성처럼 자신이 '완전해져서(정직하여)'(7절) 하나님을 대적하고 사람들을 파괴하는 '큰 죄과(끔찍한 죄악)'에서 벗어날 수 있기 때문이라고 한다. 이 마지막 행은 12절의 기도를 반복하는 것으로 말씀을 통해서 죄를 깨달아 그런 죄들로부터 완전히 '벗어나는 것'이 시인의 간절한 기도 제목임을 강조한다. 다윗의 경우로 본다면 밧세바 사건(삼하 11장)과 같은 엄청난 죄악에서 벗어나는 것을 의미할 것이다.

4. 여호와께 드리는 시인의 '말'(찬송, 14절)

다윗은 마지막으로 여호와 하나님을 자신의 '반석'과 '구속자'로 부르며

---

47. Goldingay, *Psalms 1-41*, 295.

48. Clines, "The Tree of Knowledge," 13-4에서는 이 표현을 '교만의 죄'로 이해하고 이것과 13절 마지막의 '큰 죄과'를 창 3장의 인간의 범죄와 연결시키고 있다.

자신의 '말'을 하나님이 기쁘게 받으시길 간구한다. 18편에서 자주 나온 '내 반석'(18:2, 31, 46)이란 표현은 전쟁과 고난에서 자신을 지키시고 구원하시고 승리하게 하신 하나님에 대한 비유라면, 이 시편에서는 죄악에서 자신을 벗어나게 하셔서 말씀을 따라 온전케 하시는 하나님에 대한 비유다. 9절에서 언급했듯이 율법에 당신의 성품을 반영하신 신명기 32장 4절의 하나님도 '반석'으로 고백 되고 있다.

'구속자'(*고엘* גֹּאֵל)란 표현은 가난한 친족의 '기업을 무르는 자'(레 25:33, 48이하; 27:13, 15, 19; 룻 3:13; 4:4, 6)나 피에 대해 복수하는 자(민 35:12; 신 19:6; 수 20:3, 5, 9)를 의미하는 용어다. 동시에 고통당하던 이스라엘을 구속하신 분(출 6:6; 15:13; 사 43:1, 14) 혹은 이 절에서처럼 죄로부터 경건한 의인을 구원하신 분(69:18; 103:4; 119:154)으로서 하나님에 대한 비유로도 많이 사용되었다. '내 입의 말과 마음의 묵상'은, 앞에서 많이 반복되었던 하나님의 '말씀'에 반응하는 인간의 '말'로서 다윗이 하나님께 올려드린 이 시편 전체를 가리킬 것이다. 여기서 '주님 앞에 열납되기를(기쁨이 되기를) 원하나이다'는 문장은 제사에 자주 사용되었다(레 1:3; 19:5; 22:19, 21, 29; 23:11; 사 56:7). 시인은 하늘과 말씀을 통해 영광을 계시하신 하나님을 찬미한 자신의 제사인 이 시편을 제물처럼 기쁘게 받으시길 간구한다고 볼 수 있다(잠 8:35; 12:2; 18:22 참조).[49] '묵상'(*힉가이욘* הִגָּיוֹן)으로 번역된 말은 중얼거리거나 부르짖거나 연주하는 소리에 대한 의성어(*하가* הָגָה)에서 파생된 명사로, 92편 3절처럼 악기를 연주하는 소리와 같은 시인의 찬양을 의미할 수 있다(9:16의 *힉가이욘* 참조). 그렇게 되면 이것은 1절의 찬양과 수미쌍관을 이루면서 이 시편 전체를 하나로 묶는 기능을 한다.[50] '내 입술의 말과 마음의 묵상'이라는 말은 또 하나님의 말씀에 대한 반응으로서 이 말씀을 따르고자

---

49. *NIV Study Bible*, 806.
50. Craigie, *Psalms 1-50*, 183에서도 14절을 찬양으로 보면서 1절과 연결시킨다.

하는 자신의 외적인 '말'과 그 말씀대로 살려고 하는 몸부림으로서 내적 '묵상'(1:2)을 의미할 수도 있다.[51] 말씀을 주신 하나님에 대한 최고의 찬양은 그 말씀대로 살아가는 삶의 제사일 것이다(롬 12:1).

교훈과 적용

시편 19편의 교훈: 하늘과 해가 선포하는 것은 하나님이 이 세상을 창조하시고 섭리하시는 영광이며, 하나님의 말씀이 나타내는 것은 사람들을 사랑하셔서 그들을 의롭고 풍성한 삶으로 인도하시는 하나님의 영광이다. 그러므로 우리는 창조와 말씀 가운데 나타난 하나님의 영광과 사랑에 부응하여, 말씀이 드러내는 죄악들을 멀리하고 말씀의 길을 따라 살아서, 하나님이 약속하신 달콤하고 풍성한 삶을 누려야 한다.

1. 하늘과 해가 선포하는 하나님의 영광(1-6절)

하늘과 해가 선포하는 것은, 매일 매일 햇빛이 온 세상 구석구석을 비추어 만물에 새로운 생명을 주듯이 이 세상을 창조하시고 돌보시는 창조주 하나님의 영광이다(104편; 창 1-2장). 이처럼 하늘뿐만 아니라 온 창조 세계가 계시하는 하나님의 영광을 볼 수 있는 자들은, 이 세상이나 우리의 삶이 전능하시고 완벽하신 하나님의 따뜻한 사랑과 돌보심 가운데 있음을 확신하고 영광의 하나님께 삶을 맡길 수 있다. 매일 매일 우리의 생명을 새롭게 하시고 돌보시는 성령께 매일의 삶을 의지할 수 있다. 반대로 하늘을 통해 계시 되는 하나님의 영광은, 하나님을 믿지 않고 자신이 이 세상과 자기 삶의 주인인 것처럼 살아가는 사람들의 죄를 핑계하지 못하게 한다. 아무도 하늘을 보지 않고 살 수 없고 아무도 햇빛을 피할 수 없듯이, 명백하게 계시 되는 하나님의 영광을 아무도 부인할 수 없다. "창세로부터 그의 보이지 아니하는 것들 곧 그의 영원하신 능력과 신성이 그가 만드신 만물에 분명히 보여 알려졌나니 그러므로 그들이 핑계하지 못할지니라"(롬 1:20). 햇빛을 볼 때마다 그 빛과 온기를 공급하시고 세계를 운행하시는 하나님께로 속히 삶을 돌이켜야 한다.

2. 하나님의 말씀이 선포하는 하나님의 영광(7-14절)

하나님이 이스라엘과 교회에 계시로 주신 모든 말씀도, 창조주요 구속자이신 하나

---

51. Wilson, *Psalms 1*, 372는 이렇게 이해한다.

님이 이 세상과 우리 삶을 돌보시고 의롭고 풍성하게 인도하심을 알려준다(7-11절). 하나님의 말씀을 읽을 때마다 우리는 하나님의 영광을 깨닫고 느끼며, 의롭고 풍성한 삶을 확신하는 가운데 말씀의 길을 걸어갈 수 있다. 그 말씀의 맛은 이 세상 그 어떤 것보다 더 달콤하다. 말씀은 이 세상과 인생이 나아갈 길을 환하게 밝혀 주기에 이 세상 그 어떤 것보다 더 보배롭고 귀중하다(10절). 이렇게 명확하게 하나님의 영광을 비추는 말씀이 있어도 사람들이 그 영광을 깨닫지 못했을 때, 하나님은 당신의 아들 예수 그리스도를 통해서 그 말씀을 더 선명하게 보여주셨다. "말씀이 육신이 되어 우리 가운데 거하시매 우리가 그의 영광을 보니 아버지의 독생자의 영광이요 은혜와 진리가 충만하더라."(요 1:14) 예수님은 마지막 말씀이시며 "만물을 붙드시고 죄를 정결하게 하시는" "하나님의 영광의 광채시요 그 본체의 형상이시다."(히 1:1-3) 그러므로 예수 그리스도를 영접하는 일은 영광의 하나님을 받아들이는 일이자 하나님이 제시하시는 말씀의 길을 믿는 것이다. 죄악의 삶을 벗어나 창조주요 구속자께서 제시하시는 의롭고 풍성한 삶의 길로 나아가는 것이다. 신구약의 모든 성경은 이처럼 예수님에게서 절정에 이른 하나님의 사랑과 영광을 풍성하게 누리게 한다(딤후 3:15-17).

우리는 날마다 창조와 말씀에 나타난 하나님의 사랑과 영광을 보고, 날마다 우리 자신과 세상을 고통스럽게 하는 죄를 깨닫고 벗어나게 해 달라고 성령께 간구하며, 말씀대로 하나님이 약속하신 의롭고 풍성한 삶의 길을 걸어야 한다(12-14절). 의롭고 풍성한 삶을 공급하시는 하나님의 사랑과 영광을 온 세상에 선포하는 삶을 살아야 한다(1, 4, 14절; 롬 10:18).

시편 20편

왕의 승리를 구하는 기도

[다윗의 시, 인도자를 따라 부르는 노래]

1 환난 날에 여호와께서 네게 응답하시고
야곱의 하나님의 이름이 너를 높이 드시며
2 성소에서 너를 도와 주시고
시온에서 너를 붙드시며
3 네 모든 소제를 기억하시며
네 번제를 받아 주시기를 원하노라 (셀라)
4 네 마음의 소원대로 허락하시고
네 모든 계획을 이루어 주시기를 원하노라
5 우리가 너의 승리로 말미암아 개가를 부르며
우리 하나님의 이름으로 우리의 깃발을 세우리니
여호와께서 네 모든 기도를 이루어 주시기를 원하노라
6 여호와께서 자기에게 기름 부음 받은 자를 구원하시는 줄 이제 내가 아노니
그의 오른손의 구원하는 힘으로
그의 거룩한 하늘에서 그에게 응답하시리로다
7 어떤 사람은 병거, 어떤 사람은 말을 의지하나
우리는 여호와 우리 하나님의 이름을 자랑하리로다
8 그들은 비틀거리며 엎드러지고
우리는 일어나 바로 서도다
9 여호와여 왕을 구원하소서
우리가 부를 때에 우리에게 응답하소서[1]

---

1. 원래 MT는 "우리가 부르는 날에 그가 우리에게 응답하기를!"이지만 이런 표현이 어색하기에 개역개정을 비롯한 대부분의 현대 번역본들은 간접 명령형(יַעֲנֵנוּ)으로 된 이 표현에서 제일 앞의 *요드*를 *바브*로 고쳐 읽고 명령형으로 읽어 '우리에게 응답하소서'로 번역하고 있다. 한편 이 구절은 MT의 끊어 읽기를 따라(JPS) "여호와여, 승리를 주소서/ 왕께서 우리가 부르는 날에 우리에게 응답하시길!"로 번역할 수도 있는데, 이렇게 되면 '왕'은 하나님을 가리킨다. Mays, *Psalms*, 102 참조.

본문 개요

20편은 전쟁에서의 왕의 승리를 위해서 백성들(혹은 왕의 군대)이 불렀던 기도시편이다.[2] 동시에 6, 9절에 '왕'에 대한 언급이 나오기에 제왕시편이기도 하다. 1-5절에 등장하는 '너(당신)'은 왕을 말하며 '우리'는 왕의 군대나[3] 백성들로 볼 수 있다. 이 기도는 아마도 왕과 군대가 전쟁하러 나가기 전에 성소에서 드리는 예배 시에 올려드렸을 가능성이 크다(대하 20:1-30의 여호사밧 왕의 기사 참조).[4] 이 시편은 어떤 특정한 전쟁을 위해 지었을 수도 있고, 전쟁에 나가기 전에 성소에서 부르기 위한 일종의 예전으로 만들었을 수도 있다.[5] 2절의 시온 성소에 대한 언급이나 3절의 제사에 대한 언급은 그러한 배경을 암시한다.[6]

20편은 15편 개요 부분에서 다룬 것처럼 15-24편 그룹에서 21편, 18편과 함께 왕의 승리를 노래하는 제왕시편으로서, 제일 가운데 있는 19편을 둘러싸는 첫 번째 틀을 이룬다. 이 세 편은 모두 '왕'(*멜렉* מֶלֶךְ 18:50; 20:9; 21:1, 7) 혹은 '기름 부음 받은 자'(*마쉬아흐* מָשִׁיחַ 18:50; 20:6)라는 공통 어휘를

---

2. 1-5절의 동사 형태가 직접적인 기도가 아닌 간접적 기원이기 때문에 Goldingay, *Psalms 1-41*, 301에서는 이것을 하나님께서 기도를 응답하신다는 확신의 천명이나 축복의 선포라고 본다.
3. Wilson, *Psalms 1*, 382는 군대라고 보는 것이 상황에 더 맞다고 본다.
4. Craigie, *Psalms 1-50*, 185 참조.
5. Calvin, *Psalms*, 1:231; Kraus, *Psalms 1-59*, 278-9 참조.
6. 20편과 매우 유사한 표현들을 가지고 있는 아람어 시('호러스 신에게 드리는 기도' 혹은 찬양)가 이집트에서 발견되었는데(Papyrus Amherst 63), 학자들은 이 시를 통해 20편의 기원에 대해 많은 추측을 했다. 하지만 20편이 아람어 시를 가지고 와서 개작했다는 주장은 받아들일 수 없다. 아마도 이집트에 갔던 이스라엘 사람들이 불렀던 20편의 영향으로 아람어 시가 만들어졌을 가능성이 더 클 것이다. 이와 관련된 논문들은 다음과 같다. C. F. Nims, R. C. Steiner, "A Paganized Version of Psalm 20:2-6 from the Aramaic Text in Demotic Script," *JAOS*, 103/1 (1983): 261-74; K. A. D. Smelik, "The Origin of Psalm 20," *JSOT* 31 (1985): 75-81; Z. Zevit, "The Common Origin of the Aramaicized Prayer to Horus and of Psalm 20," *JAOS*, 110/2 (1990): 213-28.

가지고 특별히 '왕'을 위한 노래임을 나타내고 있다.[7] 아래 구절들이 보여주듯이, 21편은 왕에게 승리를 주신 하나님께 드리는 감사시편으로 마치 20편에 대한 응답처럼 놓여서 내용상으로 20편과 자연스럽게 연결된다.[8]

> **20:4** 네 마음의 소원대로 허락하시고
> 네 모든 계획을 이루어 주시기를 원하노라
> **21:2** 그의 마음의 소원을 들어 주셨으며
> 그의 입술의 요구를 거절하지 아니하셨나이다

20편(승리를 위한 기도)과 21편(승리에 대한 감사)이 합쳐져서 18편의 주제를 반복하고 있는 셈이다. 이 외에도 이 세 시편은 많은 공통점을 가지고 있다.[9] 성소에서 드린 왕의 기도(20:2-4)는 '생명의 구원'과 아름답고 지극한 '복'으로 응답되었다(18:6; 21:3-6). 왕의 '환난'(18:6; 20:1) 중의 '부르짖음'(18:3, 6; 20:9)에 대한 '응답'(18:41; 20:1, 6, 9)으로 '구원'(승리, 18:2, 3, 27, 35, 46, 50; 20:5, 7, 9; 21:1, 5)이 '주어졌다'(18:32, 35, 47; 20:4; 21:2, 4). 하나님은 자신의 '오른손'(18:35; 20:6; 21:8)으로 왕을 '붙드셨다'(*사아드* סָעַד 18:35; 20:2).[10] 하나님은 왕의 모든 '원수들'(18:3, 17, 37, 38-40, 48; 21:8)을 '엎드러뜨리시고'(18:39; 20:8), 등을 '돌려' 패하게 하셨다(18:40; 21:12). '시온' '성소'에서 왕이 드린 기도(20:2-4)를 하나님이 하늘 '성전'(18:6)에서 들으시고 '하늘'(18:10, 14; 20:6)로부터 강림하셔서 '불'(18:8; 21:9)로 대적들을 '삼키셨다'(18:9; 21:9).[11] 한편 20-21편은 백성들이 하나님

---

7. Miller, "Theology of Psalms 15-24," 280.
8. Miller, "Theology of Psalms 15-24," 286; Hossfeld & Zenger, *Die Psalmen 1*, 135, 139.
9. Goldingay, *Psalms 1-41*, 302; Wilson, *Psalms 1*, 397 참조.
10. 이 단어는 시편에서 모두 여섯 번 사용되었는데 이 그룹에서 두 번이나 사용되고 있다.
11. 이상의 문맥 관련 부분은 김성수, "시편 15-24편," 80-4를 요약한 것이다.

나라의 대표인 왕의 승리를 함께 기도하고 함께 축하하는 공동체적 차원을 보여준다(20:5; 21:1, 6).[12] 이런 공통점들은 다윗 왕조의 '왕'은 하나님의 대리통치자로서 하나님 나라의 승리를 확실하게 하는 자임을 보여준다.[13]

20편의 환난 날에 올리는 백성들의 기도는 15-24편 그룹에서 역시 환난 날에 드린 17, 22편의 다윗의 기도와 연결된다. 17, 22편에 있는 다윗 개인 기도들을 국가적인 차원으로 끌어올린다. 또 20편 6-8절의 기도 응답의 확신과 하나님에 대한 신뢰는 두 신뢰시편인 16, 23편과 연결된다. 하늘 성소로부터 다윗(왕가의) 왕에게 승리를 주시는 하나님에 대한 20편의 확신은, 다윗의 오른쪽에 늘 계시는 16편 8절의 하나님과 영원히 다윗을 당신의 집으로 초대하여 살게 하시는 23편 6절의 하나님과 긴밀하게 연결된다.

문학적 특징과 구조

20편은 전쟁에 나가는 왕을 위한 백성들의 기도다. 이 기도는, 왕을 2인칭으로 부르며 그의 승리를 비는 부분(1-5절), 하나님의 기도 응답을 확신하고 하나님에 대한 신뢰를 고백하는 부분(6-8절), 하나님께 직접 기도하는 부분(9절)으로 나뉜다.[14]

1-5절 왕을 위한 백성들의 기원
6-8절 하나님의 기도 응답에 대한 확신과 신뢰

12. Sumpter, "Psalms 15-24," 203-4; Brown, "Psalms 15-24," 274.

13. J. K. Kuntz, "King triumphant: a Rhetorical Study of Psalms 20 and 21," *HAR* 10 (1986): 157-76, 특히 174에서는 이런 점을 잘 지적하고 있다.

14. 이와 동일한 구조를 위해서는 Kraus, *Psalms 1-59*, 278; Wilson, *Psalms 1*, 382 참조.

6절 하나님의 기도 응답에 대한 천명(회중의 대표[15])
7-8절 무기가 아닌 하나님을 신뢰하는 백성의 고백
9절 왕의 승리를 위한 백성들의 기도

20편은 왕의 승리를 구하는 기도이기 때문에 '승리'와 관련된 표현들이 많이 등장한다(5, 7, 10절에 네 번). 또 '응답하다'는 표현이 1, 7, 9절에 등장하면서 승리를 위한 기도에 하나님이 응답하시길 촉구하고 있다. 이것은 2, 6절에서 '성소'와 '시온'과 '거룩한 하늘'로부터의 도우심과 연결되고, 3절에서는 왕의 제사를 받으시는 것으로, 4-5절에서는 왕의 '소원,' '계획,' '바람'을 이루시는 것으로 표현되고 있다. 한편 왕에게 승리를 주시는 하나님의 '이름'이 1, 5, 7절에 반복되면서 강조되고 있다. 이런 문학적 특징들을 가지고 전체의 구조를 파악하면, 다음과 같이 1절과 9절을 사이에 두고 기원과 확신 부분이 대칭을 이루는 형식(ABCD/B′C′D′A′)을 취한다고 볼 수 있다.

A 1절 왕에게 백성들이 승리를 기원함(여호와, 응답하다, 날에)
B 2-3절 시온 성소로부터 왕을 위한 도움이 나오길 기원함
C 4절 하나님이 왕의 소원을 이루시길 기원함('기억하다')
D 5절 왕의 백성이 왕의 승리를 환호하길 기원함
B′ 6절 거룩한 하늘로부터 승리의 응답이 나오는 것을 확신함
C′ 7절 무기가 아닌 하나님을 신뢰함('기억하다')
D′ 8절 왕의 대적들의 패배와 왕의 백성의 승리 확신
A′ 9절 여호와께 백성들이 '왕'의 승리를 기도함(여호와, 응답하다, 날에)

---

15. Craigie, *Psalms 1-50*, 185에서는 제사장이나 선지자일 가능성도 제시하고, Ross, *Psalms 1-41*, 492-3, Goldingay, *Psalms 1-41*, 301에서는 '왕'이라고 보기도 하지만 여기서는 다수 주석들의 견해를 따라 회중의 대표로서 한 레위인으로 보려고 한다.

위의 구조를 보면 먼저 1절과 9절이 '여호와,' '응답하다,' '날(때)에' 등의 공통된 표현으로 수미쌍관을 이루면서 전체 시를 왕을 위한 하나의 기도로 묶고 있다. B(2-3절)와 B′(6절) 부분은 시온 성소로부터 왕을 위한 도움이 나오는 것을 기도하고, 하늘 성소(거룩한 하늘)로부터 승리의 응답이 올 것을 확신하는 것으로 대칭을 이룬다. 왕의 소원을 이루셔서 승리를 주시길 기원하는 C(4절)와 하나님에 대한 신뢰를 고백하는 C′(7절)에는 모두 '기억하다'(7절에서는 '의지하다'로 번역됨)는 동사가 나오면서 대칭을 이룬다. D(5절) 부분이 왕의 승리로 말미암는 백성들의 환호를 구체적으로 기도한 부분이라면, D′(8절) 부분은 대적들의 패배와 이스라엘의 승리를 구체적인 표현들로 확신한 부분으로 서로 대칭을 이룬다.

본문 주해

표제: "다윗의 시. 인도자를 따라(부르는 노래)."

다윗이 지은 시(원래 악기를 연주하면서 부른 노래?)로서 후대 예배 시에 사용될 때는 예배나 찬양을 인도하는 레위인이 부르거나 레위인을 따라 부르도록 했음을 의미할 것이다.

1. 왕의 승리를 위한 백성들의 기원(1-5절)

이 부분은 전쟁하러 가는 왕을 향하여 왕의 군대 혹은 백성들이 승리를 기원하는 부분이다. 이들은 거룩한 전쟁을 하러 가기 전에 하나님의 성소에 함께 모여서 하나님이 자신의 군대, 특별히 하나님의 대리통치자인 왕에게 승리를 주시길 기원하고 있다.[16] 1-5절의 모든 동사는 직접 하나님께 드리는 기

16. Craigie, *Psalms 1-50*, 186에서는 왕이 제사를 드리는 동안에 회중들이 왕을 위해 기도함으로써

도의 형식이 아니라 간접 명령법이나 청유형을 취하여 왕을 위한 기원을 간접적으로 표현한다. 또 이 부분에는 왕을 가리키는 2인칭 대명사 접미어('너' 혹은 '당신')가 각 절에 두 번씩 무려 열 번이나 등장하면서 이 부분을 '당신'인 '왕'을 위한 기원으로 강하게 결속시킨다. 한편 1절과 5절은 '여호와,' '하나님의 이름' 등의 공통된 표현으로 수미쌍관을 이루고 있다.

1) 왕에게 백성들이 승리를 기원함(1절)

1절은 시를 여는 기원으로, 백성들은 전쟁하러 가는 왕('너')에게 여호와가 왕이 드린 기도에 응답하셔서 승리를 주시길 직접 기도가 아닌 기원문으로 기도하고 있다(5절까지). 이 절은 '여호와,' '~날에,' '응답하다' 등의 같은 표현을 반복하는 마무리 기도인 9절과 함께 전체 시를 하나로 묶는다. 이 시편의 배경은 '환난 날'이다. 이것은 이스라엘의 힘으로는 감당할 수 없는 강력한 대적들이 이스라엘을 쳐들어온 전쟁의 위기를 가리킨다(5, 7절 등 참조). 이런 위기 속에서 왕과 함께 예배하던 군대나 백성들은 먼저 여호와가 왕의 기도를 응답해 주시길 기원한다. 아마도 왕이 먼저 백성들을 대표해서 제사 드리면서(3절) 전쟁의 승리를 위해 기도했을 것이다(4, 5절의 '마음의 소원'과 '계획'과 '기도[바람]'). 2행에서는 백성들이 왕의 기도에 대한 응답으로 '야곱의 하나님의 이름이 왕을 높이 드시길(지키시길)' 기원한다. '높이 들다'로 번역된 히브리어 동사(*사갑* שָׂגַב)는 높은 곳에 안전하게 두어서 대적들이 접근하지 못하도록 보호하는 것을 의미한다(*HALOT*, 59:1; 69:29; 91:14; 107:41). 백성들은 하나님을 1행에서는 '여호와'로, 2행에서는 '야곱의 하나님'으로 부르는데 이 표현은 특별히 '야곱'의 후손들인 '이스라엘'을 이집트에서 구원하셔서 가나안 땅에 하나님 나라를 세우게 하신 언약의 하나님에 대한 기억을 상기시킨다(24:6; 46:7, 11; 출 3:6, 15, 16; 4:5; 삼하 23:1;

제사에 동참했다고 보지만 정확하게 알 수는 없다.

사 2:3).[17] 과거에 이스라엘에게 베푸신 구원 사역이 왕과 그의 군대를 보호하시는 사역에서도 그대로 이어지기를 기도한다고 볼 수 있다. 여기서 왕을 보호하는 주체인 하나님의 '이름'은 성소에 임하시는 하나님의 대행자이면서 구원하시고 보호하시는 하나님의 능력과 언약적인 약속을 대표한다(44:5; 118:10-12; 124:8; 잠 18:10).[18]

2) 시온 성소로부터 왕을 위한 도움이 나오길 기원함(2절)

2-3절은 1절의 기원을 하나님의 이름이 머물러 있는[19] 성소의 관점에서 새롭게 표현한다. 히브리어 구문을 보면, 2절에서는 '성소'와 '시온'이(도움을 보내다 - 성소 - 시온 - 붙들다), 3절에서는 '소제'와 '번제'가 가운데 오고(기억하다 - 모든 소제 - 번제 - 받다) 양쪽으로 동사가 대칭을 이루는 교차 대구적인 구조를 보여준다. 2절에서는 성소가 강조되고 3절에서는 제사가 강조되는 셈이다. 1절에서 기도한 '응답'은 백성들이 지금 예배하고 있는 시온 성소에 계신 하나님에게서 나온다. 그래서 2절의 회중들은 '성소'와 '시온'을 함께 언급하며 하나님의 보좌를 상징하는 법궤가 있는 시온의 성소로부터 하나님이 왕에게 '도움'과 '지원'을 주시길 기원한다. '도와주시고'는 원어로 보면 '도움을 보내다'이다. 하나님이 '성소에서 도움을 보내시는' 그림은 하나님의 도우심에 대한 매우 회화적인 표현이다. 전쟁터에 하나님의 법궤가 직접 갈 수 없다면(민 10:35; 수 6장; 삼상 4:3, 5), 성소의 법궤 위에서 당신의 대리자로 '도움'과 '지원'을 보내 달라는 간절함이 묻어나는 기원이다. 여기에 응답한 것처럼 18편 7-15절에서는 하나님이 우주적인 무기들로 왕을 돕는 장면이 기록되어 있고, 30-36절에서는 전장에서 왕을 돕고 지원하는 하나님의 모습이 매우 생생하게 묘사되어 있다. '붙들다'로 번역된 단어는 '지

---

17. VanGemeren, *Psalms*, 224 참조.

18. Kraus, *Psalms 1-59*, 280; Kuntz, "Psalms 20 and 21," 166 참조.

19. Kraus, *Psalms 1-59*, 280.

지하다' 혹은 '지원하다'는 뜻을 갖는데(41:3; 94:18; 119:117) 18편 35절과 여기에 사용되어 전쟁터에서 하나님이 왕을 도우시는 것을 묘사한다.

3절은 1절에서 말한 왕의 기도에 대한 응답 요청을 제사 용어로 바꾸어 표현하고 있다. 왕은 아마도 군대와 함께 제사('소제,' '번제')를 드리면서 자신의 기도를 올려드렸을 것이다. 그러므로 기도 응답은 하나님이 제사를 받으시는 것과 같은 것으로 볼 수 있다. 이 제사는 하나님 나라 군대가 하나님의 거룩한 전쟁을 수행하기 전에 하나님의 뜻을 이루기 위해서 자신들을 거룩하게 헌신하는 제사였을 것이다(삼하 7:9-10; 13:9-12; 왕상 8:44). 여기서 하나님이 제사를 받으시는 것을 '기억하다'와 '받으시다'로 표현하고 있다. '기억하다'는 동사는 거룩한 전쟁을 위한 왕과 군대의 헌신을 하나님께서 받으시는 것을 의미할 것이다. '받으시다'는 히브리어 동사(*다샨* דָּשֵׁן)는 '기름을 바르다'(23:5; 잠 15:30)는 의미를 가질 수도 있지만 여기서는 '기름으로 여기다'는 의미다. 하나님이 자신의 것으로 구별된 희생제물의 '기름'(레 3:14-17)을 받는 것처럼 제물을 기쁘게 받으시는 것을 의미한다(*HALOT*).[20] 3절을 4절과 연결하면 제물을 기쁘게 받으시는 것은 제물과 함께 드린 왕의 기도를 '기쁘게 여기시고' '기억하셔서' 응답하시는 것을 의미한다.

'셀라'는 총 32개 시편에서 71번 사용된 예전적인 지시어로 이 단어의 의미와 지시어로서 기능은 확실하지 않다. 다양한 의견에 대해서는 서론의 '표제' 부분을 참조하라.

3) 하나님이 왕의 소원을 이루시길 기원함(4절)

3절이 성소에서 드린 제사를 받으시는 것에 대한 기원이라면 4절은 그 제물과 함께 올려드린 왕의 '기도'에 대한 응답에 초점을 맞춘 기원이다. 그래서 2, 3절처럼 4절도 '소원'과 '계획'이 강조되는 교차 대구적인 구조(주다 -

---

20. Kuntz, "Psalms 20 and 21," 167; 김정우, 『시편주석 I』, 485; Goldingay, *Psalms 1-41*, 305.

소원 - 계획 - 이루다)를 이룬다. '마음의 소원'과 '모든 계획'이 평행을 이루는데, 회중들은 이런 표현들을 통해서 전쟁을 위한 왕의 기도가 꼭 응답 되기를 기원한다. 2편(7절)이나 다윗언약(삼하 7:14)에 나타난 여호와와 그의 지상 왕의 관계는 아버지와 아들로 표현되고 있는데, 그런 면에서 왕의 기도는 땅의 아들이 하늘 아버지와 나누는 친밀한 교제와도 같은 특권이었다.[21] '마음의 소원'으로 번역된 단어는 '마음'에 대한 의역인데 완전한 표현은 21편 2절에 나온다. 거룩한 전쟁에 나가는 왕이 가지고 있는 승리의 소원과 전쟁 계획은 단지 왕에게만 승리를 안겨주지 않는다. 하나님의 뜻을 이루고 하나님 나라를 견고하게 한다. 그래서 백성들은 그 뜻이 꼭 이뤄지길 기원한다고 볼 수 있다. 이것은 5절 3행에서 다시 반복된다.

4) 왕의 백성이 왕의 승리를 환호하기를 기원함(5절)

5절 1-2행에서는 기원의 대상이 '너'에서 '우리'로 바뀌면서 백성들이 왕의 승리에 대한 찬양을 부르며 즐거워하게 하시길 기원한다. 이것은 앞의 기원을 이어가면서도 6절 이하에서 여호와께 직접 올리는 백성의 확신으로 바꾸는 기능을 한다. 5절 1-2행도 2-4절처럼 교차 대구를 이루어 찬양의 내용이 하나님의 이름으로 이루실 '승리'임을 강조한다(개가를 부르다 - 너의 승리로 말미암아 - 하나님의 이름으로 - 깃발을 세우다). 또 이 부분의 동사들은 모두 청유형 동사들로 이루어져 있기에 기원으로 번역하지 않고 미래형으로 번역할 수도 있다. 그렇게 되면 이것은, 하나님이 왕에게 승리를 주실 때 백성들이 그것을 환호하고 승리를 주신 하나님의 이름을 찬양하겠다는 찬양의 맹세가 된다. 1행의 '승리'라는 단어는 보통 '구원'으로 번역되지만, 전쟁의 문맥에서는 대적들로부터의 구원을 의미하는 '승리'로 번역된다(6, 9절). '개가를 부르다'는 동사는 승리에 대한 기쁨의 외침이나 하나님에

21. Kraus, *Psalms 1-59*, 280 참조.

대한 찬양의 외침을 의미한다. '깃발을 세우다' 혹은 '깃발을 휘날리다'는 동사는 군대가 승리의 깃발을 휘날리며 개선 행진하는 것을 상상하게 만드는데(아 6:4, 10 참조)[22], 이 또한 하나님이 주신 승리를 세상에 선포하는 것이다. 2행의 '하나님의 이름'은 1절의 기도를 상기시킨다. 하나님의 이름이 왕에게 승리를 주었기에 그 이름으로 깃발을 세워 그 이름을 찬양하는 것이다. 5절 3행에서 백성들은 4절의 기원을 반복하며 왕의 기도('바램')가 응답되기를 간절히 구한다.

2. 하나님의 기도 응답에 대한 확신과 신뢰(6-8절)

이 시편의 후반부인 6-9절 부분은 6, 9절에 '여호와,' '승리(구원),' '응답하다,' '기름 부음 받은 자'와 '왕' 등 많은 어휘가 반복되면서 수미쌍관을 이루어 하나의 연을 이룬다. 6절과 9절에서는 1-5절에서 2인칭으로('너,' '당신') 부르던 그 사람이 바로 하나님의 기름 부음 받은 왕임을 밝히고 있다. 1-5절이 기원문을 이루는 동사들의 연속이었다면 여기서는 '나'와 '우리'가 주어가 되는 직설법 동사들로 확신과 신뢰를 표현한다. 6, 8절이 왕의 승리에 대한 확신을 표현한다면, 7절은 하나님에 대한 신뢰를 고백하는 부분이며, 9절은 마무리하는 기도이다. 그래서 여기서는 9절을 따로 해설하였다.

1) 거룩한 하늘로부터 승리의 응답이 나오는 것을 확신함(6절)

지금까지는 왕의 군대나 백성들인 '우리'가 말하다가 갑자기 이 절에서는 '나'가 말한다. 아마도 이것은 예배의 한 순서를 맡은 레위인이나 회중의 대표가[23] 왕의 승리에 대한 하나님의 확신을 전달하는 말일 것이다(대하 20:14 참조). '이제'는 제사가 끝난 것과 같은 상황의 전환을 의미할 수

---

22. Goldingay, *Psalms 1-41*, 306도 이렇게 해석하고 있다.
23. 앞선 각주 15 참고.

도 있다.[24] '이제 내가 안다'는 표현은 마치 '결론은 이런 것이다'라고 선언하는 것과 같은 표현(출 18:11; 삿 17:13; 왕상 17:24)으로 하나님의 구원이 정말로 확실함을 강조한다.[25] 마치 하나님이 음성으로 들려주시기나 하신 것처럼, 마치 하나님이 왕에게 주신 승리(구원)가 이미 이루어진 것처럼(완료형 동사) 그것을 선언하고 있다.[26] 1행은 앞에서 '당신'으로 불렸던 왕을 구원(승리)하실 것이라는 확신을 천명한다. 여기서 왕은 여호와께 '기름 부음 받은 자'(2:2; 18:50; 89:38; 132:10; 삼상 2:10, 35; 삼하 23:1)로 불리는데, 이 표현은 하나님이 자신을 대리하여 이스라엘을 다스리도록 성령으로 기름 부어 세운 직분이 왕이라는 것을 알려준다. 2-3행은 그 승리의 과정이 1-2절 기도의 응답임을 말한다. 2절에서 언급한 시온의 '성소'가 대표하는 하늘 성소('거룩한 하늘')에서 하나님이 왕에게 응답하셔서(1, 9절 참조) 승리(구원)를 주실 것을 확신한다. 18편 16절의 하늘로부터의 구원과 18편 7-15절의 여호와의 우주적 강림을 통한 구원을 상기시킨다. 2절에서 백성들은 '성소'에서 하나님이 '도움'을 당신의 대행자처럼 보내 주시길 기원했는데, 여기서(2-3행)는 하나님의 '오른손의 힘'을 대행자로 보내셔서[27] '강력한 승리'를 왕에게 안겨 줄 것을 확신하고 있다.

2) 무기가 아닌 하나님을 신뢰함(7절)

앞에서(1-5절) 왕을 위해 기도했던 회중들이('우리') 6절의 확실한 승리에 대한 선언을 듣고 하나님에 대한 분명한 신뢰를 고백한다. 그들은 이방인들처럼 당시 가장 강력한 무기였던 (철)병거나 말을[28] 의지하기보다는 왕을 지

---

24. Craigie, *Psalms 1-50*, 186; Kuntz, "Psalms 20 and 21," 168.
25. VanGemeren, *Psalms*, 228.
26. Craigie, *Psalms 1-50*, 184에서는 '예언적 완료형'으로 본다.
27. Kuntz, "Psalms 20 and 21," 168.
28. Mays, *Psalms*, 102 참조.

키시고 왕의 군대에게 승리를 가져다줄 '여호와 우리 하나님의 이름'(1, 5절) 을 의지하겠다고 고백한다. 이것을 강조하기 위해서 '어떤 사람은'과 '그러나 우리는'이 대조적으로 나온다. 이 고백은 여호와의 거룩한 전쟁에 참여하는 왕이나 백성들이 반드시 선언해야 하는 원칙이며(33:16-19; 44:3, 6-7; 147:10-11; 신 17:14-20; 사 31:1 반대의 경우),[29] 다윗이 골리앗과의 싸움에서 고백한 것이다(삼상 17:45-47). 지나간 구원 역사 속에서 아무리 강한 세상 나라 왕들이나 무기라도 다 물리치시고 이스라엘에게 승리를 주신 하나님(예: 출 14장의 이집트 군대와 병거; 삿 4:12-16의 시스라의 군대와 철병거들)이 현재와 미래의 전쟁에서도 승리를 주실 것을 믿는 고백이다. 이 절의 제일 마지막에 등장하는 '의지하다'는 동사는 3절에 나오는 '기억하다' 동사의 사역형으로 '상기시키다,' 혹은 '자랑(고백)하다'(45:18; 출 23:13)는 의미를 지닌다. 여기서는 언급과 기억을 통해 '의지함'을 천명하는 것으로 해석했다. 하나님이 왕의 제사를 '기억하시듯이'(2절) 왕과 백성은 전쟁터에서 하나님만 '기억한다.'

3) 왕의 대적들의 패배와 왕의 백성들의 승리 확신(8절)

8절은 7절의 결과를 보여준다. 무기를 의지한 나라들과 하나님을 의지한 하나님 나라 백성들의 전쟁 결과는 극명한 대조를 이룬다. 7절에 이어 8절에서도 '그들은'과 '그러나 우리는'이 대조되면서 하나님 나라 군대의 승리에 대한 확신이 강하게 표현되고 있다. 5절에서 기원했던 왕의 승리가 구체적으로 표현되고 있는데 그들은 '비틀거리고 엎드러지지만' 우리는 '일어나 바로 서는' 것으로 대조되고 있다. '비틀거리다'(*카라* כָּרַע)로 번역된 단어는 '무릎 꿇다' 혹은 '굽히다'는 뜻을 갖는데 전쟁 상황에서는 패배나 죽음을 의미한다(삿 5:24; 왕하 9:24). '바로 서다'(*우드* עוּד)로 번역된 동사는 희귀하

---

29. Mays, *Psalms*, 102.

게 재귀형을 취하고 있는데, '둘러싸다'(119:61)나 '돕다'(146:9; 147:6)는 능동형 의미를 생각하면 '서로 돕다' 혹은 '힘을 모으다'(JPS)는 뜻을 가지게 될 것이다(*HALOT*). 대적들에 대한 왕과 그의 군대의 명백한 승리를 표현한다.

3. 여호와를 향하여 백성들이 '왕'의 승리를 기도함(9절)

왕의 군대와 백성들은 6-8절에서 승리에 대한 확신과 하나님에 대한 분명한 신뢰를 표현한 다음 9절에서 하나님께 직접 올려드리는 그들의 기도로 마무리한다. 그들은 1-5절에서 '당신'으로 표현된 사람을 '왕'으로 분명히 표현하면서 하늘 왕이신 여호와께서 그에게 승리를 주시길 간구한다. 2행은 1절을 반영하고 있다. 1절에서는 '환난의 날에' '왕에게' '응답하시길' 요청했는데, 여기서는 백성들이 하나님을 '부르는 날(때)에' '백성들에게' '응답하시길' 기도한다. 왕의 기도와 백성들의 기도가 하나 되고 있고 그에 대한 응답인 왕의 승리는 백성들의 승리가 되고 있다.[30] 거룩한 전쟁에서의 승리 안에서 하나님 나라 왕과 백성이 하나 되고 있다.

교훈과 적용

시편 20편의 교훈: 하나님의 백성들은 참 승리를 주시는 하나님을 신뢰하며, 하나님이 거룩한 전쟁을 수행하는 하나님 나라 왕과 백성에게 승리를 주셔서 그 승리를 기뻐하며 하나님을 찬양하게 해 주시길 기도하며 확신해야 한다.

1. 예수 그리스도의 승리 안에 성취된 왕의 승리를 위한 기도(1-5, 9절)

왕의 승리를 구하는 구약 성도들의 간절한 기도는 다윗의 후손 예수 그리스도('기름 부음 받은 자')에게서 완벽하게 응답되었다. 이것은 또한 왕이신 예수님의 '마음의 소원'(4절)에 대한 하늘의 응답(6절)이기도 하다. 겟세마네 동산의 기도는 하나님 나라 전쟁의 승리를 위한 처절한 기도였다(눅 22:41-44). 예수 그리스도께서 십자가를 지시고 돌아가셨지만 부활하신 것은 하나님 나라를 위협하는 죄와 죽음과 사탄의 권세에 대한

---

30. Calvin, *Psalms*, 1:236; Kraus, *Psalms 1-59*, 280

하나님 나라의 승리였다(요 16:33; 행 2:30-36; 골 2:15). 그리스도는 "모든 원수를 그 발아래에 둘 때까지 반드시 왕 노릇 하실 것"이다(고전 15:25). 그래서 우리는 "우리 주 예수 그리스도로 말미암아 우리에게 승리를 주시는 하나님"(고전 15:57)께 늘 감사하며 찬양을 올려 드려야 한다(5절).

2. 오직 하나님을 믿고 교회의 승리를 확신하며 기도하라(6-8절)

예수님의 부활과 승천은 미래의 완전한 승리를 보증한다. 비록 현실은 교회가 세상에 패배하는 것처럼 보일지라도(계 13:6-7), 교회는 왕이신 예수님의 승리로 반드시 승리한다는 사실을 확신해야 한다(6-8절, 마 16:18; 요일 2:13-14; 4:4; 5:4-5). 지금도 교회의 승리를 위해 기도하시는 그리스도의 기도(롬 8:34)를 하나님이 들으시고 응답하신다는 사실을 믿어야 한다. 동시에 그리스도의 왕적 임무를 대행하는 교회(롬 5:17; 딤후 2:12; 계 5:10; 20:6)는 그리스도께서 이루신 승리가 우리 개인과 교회의 영적 전투에서 날마다 실현되도록 기도하고 헌신해야 한다. 우리 삶의 모든 영역에서 그리스도의 부활 능력이 나타나 죄와 사탄의 권세를 이기도록 기도하고 분투해야 한다(계 2:7, 11, 17, 26 등). 우리에게 필요한 무기는 눈에 보이는 돈과 권세와 사람이 아니라, 우리 왕이신 예수님이 보내신 성령님, 그리고 성령께서 주시는 무기인 말씀과 기도와 성례와 교회다(7절, 엡 6:10-13). 이러한 은혜의 방편들을 통해서 영적인 전쟁을 수행하면서 우리 왕이신 그리스도께서 속히 오셔서 최후 승리를 이루시길 기도해야 한다(계 17:14; 계 19:11-21). 그리스도 안에서 우리는 우리의 최후의 적인 '죽음'에 승리를 거두게 될 것이다(8절, 고전 15:54-55). 그리스도께서 "모든 정사와 모든 권세와 능력을 멸하시고 나라를 아버지께 바칠"(고전 15:24) 때까지 "왕에게 승리를 주소서"라는 우리의 기도를 멈추지 말자.

시편 21편

왕의 승리,
왕의 영광

[다윗의 시, 인도자를 따라 부르는 노래]

1 여호와여 왕이 주의 힘으로 말미암아 기뻐하며
주의 구원으로 말미암아 크게 즐거워하리이다
2 그의 마음의 소원을 들어 주셨으며
그의 입술의 요구를 거절하지 아니하셨나이다 (셀라)
3 주의 아름다운 복으로 그를 영접하시고
순금 관을 그의 머리에 씌우셨나이다
4 그가 생명을 구하매
주께서 그에게 주셨으니
곧 영원한 장수로소이다
5 주의 구원이 그의 영광을 크게 하시고
존귀와 위엄을 그에게 입히시나이다
6 그가 영원토록 지극한 복을 받게 하시며
주 앞에서 기쁘고 즐겁게 하시나이다
7 왕이 여호와를 의지하오니
지존하신 이의 인자함으로 흔들리지 아니하리이다
8 왕의 손이 왕의 모든 원수들을 찾아냄이여
왕의 오른손이 왕을 미워하는 자들을 찾아내리로다
9 왕이 노하실 때에[1] 그들을 풀무불 같게 할 것이라
여호와께서[2] 진노하사 그들을 삼키시리니

---

1. 직역하면 "당신의 얼굴의 때에"(לְעֵת פָּנֶיךָ)가 되어 어색하다. 그래서 F. J. Morrow, Jr., "Psalm XXI 10 - An Example of Haplography," *VT* 18/4(1968): 558-9에서는 이것을 "당신의 얼굴 앞에서"(לְעֻמַּת פָּנֶיךָ)를 제안하기도 한다. Craigie, *Psalms 1-50*, 189도 여기에 동의한다.
2. 일부 학자들은 '여호와'를 첫 행에 붙는 호격으로 보고 이 행 동사의 주어인 '당신'을 왕이 아닌 여호와로 보려고 한다. 그렇게 되면 9-12절의 2인칭 '당신'은 왕이 아닌 여호와 하나님을 가리키게 된다. 대표적으로 A. da Silva, "Psalm 21-A Poem of Association and Dissociation," *OTE* 8 (1995): 54-5에서 이 견해를 지지하면서, 8절부터 특별한 언급 없이 주어가 3인칭에서 2인칭으로 바뀌고

불이 그들을 소멸하리로다
10 왕이 그들의 후손을 땅에서 멸함이여
그들의 자손을 사람 중에서 끊으리로다
11 비록 그들이 왕을 해하려 하여
음모를 꾸몄으나
이루지 못하도다
12 왕이 그들로 돌아서게 함이여
그들의 얼굴을 향하여 활시위를 당기리로다
13 여호와여 주의 능력으로 높임을 받으소서
우리가 주의 권능을 노래하고 찬송하게 하소서

본문 개요

21편은 왕에게 승리를 주신 하나님에 대한 찬양과 감사를 담고 있는 감사시편이다. 또 이 시편은 왕의 승리를 축하하고 미래 왕의 승리를 축복하는 제왕시편이기도 하다. 아마도 21편은 다윗 왕과 그의 군대가 전쟁에서 승리하고 돌아올 때 왕과 백성이 함께 불렀을 것이다. 표제가 보여주듯이 이 시편은 유사한 상황에서 성전 예배에서 반복적으로 불렸을 것으로 보인다. 이런 반복적인 사용을 통해서 이스라엘은 즉위시편들에서처럼(2, 110편 등) 하나님 나라 왕에 대한 신학을 배우고 왕을 축복했을 것이다.[3]

있고 13절도 주어가 여호와이기에 여호와로 보는 것이 더 좋다고 한다. 하지만 여기서는 대부분의 현대 번역본들을 따라 위처럼 '여호와'를 2행을 시작하는 단어로 보고 8-12절의 주어인 '당신'을 왕으로 보고자 한다.

3. F. C. Fensham, "Ps 21 - A Covenant Song?" *ZAW* 77/2(1965): 193-202에서는 이 시편이 여호와 하나님과 다윗 왕조의 언약 갱신과 밀접하게 관련된 즉위시편이라고 본다. 그는 7절이 하늘 왕에게 충성하는 지상 왕을 향하여 복을 선언하는 언약의 핵심이며, 1-6절은 충성하는 왕에 대한 하

21편은 15편 개요 부분에서 다룬 것처럼 15-24편 그룹에서 18편, 20편과 함께 왕의 승리를 노래하는 제왕시편으로서 제일 가운데 있는 19편을 둘러 싸는 첫 번째 틀을 이룬다. 21편의 왕의 승리 감사는 역시 왕의 승리에 대한 감사시편인 18편과 많은 어휘와 주제를 공유하고 있고, 20편의 승리 간구에 대한 응답처럼 내용상으로 밀접하게 연결된다.[4] 자세한 내용은 20편 개요 부분을 참고하라.

18, 21편에서 노래한 왕의 승리에 대한 감사 찬양은 15-24편 그룹에서 20편뿐만 아니라 17, 22편의 기도에 대한 응답으로도 위치한다. 또 21편에서 노래하는 승리한 왕에게 주는 존귀와 영광과 복은 두 신뢰시편인 16, 23편에서 하나님이 다윗에게 주시는 풍성한 복과 긴밀하게 연결된다. 이 그룹의 문맥에 대해서는 15편 개요를 참고하라.

문학적 특징과 구조

이 시편은 여러 가지 반복과 화자와 인칭의 변화 등을 통해서 다음과 같은 교차 대구적인 구조를 보여준다.[5]

나님의 복을, 8-13절은 왕의 대적에 대한 하나님의 심판을 언약적인 표현들로 노래한 것이라고 본다. 그는 히스기야 통치 시대에 이 시편이 지어진 것으로 본다. 그의 견해에 다 동의하기 힘들어도 이 시편이 삼하 7장의 다윗언약에 기초한 것임을 알려준다는 면에서 그의 제안은 매우 유익하다. Kuntz, "Psalms 20 and 21," 161-3에 의하면 이 시편의 배경에 대한 다양한 의견들이 있다. 매년 왕의 즉위나 생일을 기념하는 노래(궁켈), 매년 거행되는 왕의 즉위식 예전(바이저, 크레이기), 전쟁하러 나가기 전에 부른 노래(모빙클, 외스터리), 시온 축제 때에 부른 노래(크라우스) 등이 그 예다. 하지만 쿤쯔 자신은 우리의 견해를 따라 (특별한) 전쟁에서의 승리에 대한 감사시편으로 본다.

4. Miller, "Theology of Psalms 15-24," 286; Hossfeld & Zenger, *Die Psalmen 1*, 135, 139.

5. *NIV Study Bible*, 807을 참조하여 분석하였다; Craigie, *Psalms 1-50*, 190에서는 1-6절의 감사 부분, 7절의 전환 문장, 8-13절의 미래의 성공 선포와 회중의 응답(13절)으로 나누면서도 1절과 13절의 수미쌍관도 강조한다. VanGemeren, *Psalms*, 229에서도 유사한 구조를 제시한다.

A 1절 승리를 주신 여호와의 능력에 대한 왕의 찬양('여호와여,' '힘')

B 2-6절 여호와가 왕에게 베푸신 승리와 복에 대한 감사
('주'[당신]께서 '그'에게)

a. 주제: 왕의 기도를 들어 주심(2절)

b. 주제의 발전: 왕에게 승리와 복과 영광을 주심(3-5절)

c. 요약: 왕이 누릴 영원한 복과 기쁨(6절)

C 7절 여호와를 의지하는 왕의 안전에 대한 확신 선언

B′ 8-12절 미래에 왕이 누릴 승리에 대한 백성들의 축복
(당신[왕]이 '그들'[대적들]에게)

a. 주제: 왕의 오른손이 원수들을 찾아냄(8절)

b. 주제의 발전: 왕이 여호와의 진노로 원수들을 멸할 것(9-11절)

c. 요약: 미래에 누릴 왕의 승리(12절)

A′ 13절 승리를 주시는 여호와의 능력에 대한 백성들의 찬양
('여호와여,' '힘,' '권능')

이 교차 대구적 구조에서 제일 바깥 틀을 이루는 1, 13절은 왕과 그의 군대에게 승리를 주신 여호와의 능력에 대한 감사 찬양으로, '여호와여,' '주의 힘으로 말미암아'와 같은 공통된 표현들로 수미쌍관을 이루며 전체 시를 하나로 묶는다. 1절이 왕의 찬양이라면 13절은 백성들('우리')의 찬양이다. 그 가운데 하나님이 왕에게 베푸신 승리와 놀라운 복에 대한 감사를 노래하는 B 부분(2-6절)과 미래에 하나님이 왕에게 베푸실 승리를 확신하고 왕가를 축복하는 B′ 부분(8-12절)이 대칭을 이룬다. 2-6절에는 여호와('당신')가 왕('그')에게 베푸신 승리와 복에 대해 백성들이 감사한다면, 8-12절에서는 왕('당신')이 원수들('그들')을 멸하게 될 것을 백성들이 축복한다. 각 부분은 각각 주제를 먼저 말하는 부분(2, 8절)과 그 주제를 정교하게 표현하는 부분(3-5절, 9-11절)과 마지막으로 요약하는 부분(6, 12절)으로 이루어져 있다. 그리고 제

일 중심 부분(C, 7절)에 여호와를 의지하는 왕의 안전이 하나님의 사랑 안에서 확실하게 이루어질 것을 선언하는 주제 구절이 배치되어 있다. 또 1, 5절에 등장하는 '구원(승리)'이라는 표현과 1, 13절에 등장하는 승리를 주신 여호와의 '힘'과 '능력'이 반복적으로 왕의 승리를 강조하고, 8-12절에서는 미래에 이룰 왕의 '승리'가 세밀하게 표현되어 있다. '두다,' '놓다'(*쉬트* שִׁית)는 동사가 네 번이나 반복되는데, 3, 6절에서는 왕에게 하나님이 주시는 복을 강조하기 위해 사용되었고, 9, 12절에서는 왕이 대적들을 멸하는 것을 강조하기 위해 사용되고 있다.

본문 주해

표제: "인도자를 따라. 다윗의 시."

다윗이 지은 시(원래 악기를 연주하면서 부른 노래?)로서 후대의 성전 예배에 사용될 때는 예배나 찬양을 인도하는 레위인이 부르거나 레위인을 따라 부르도록 했음을 의미할 것이다.

1. 승리를 주신 여호와의 능력에 대한 왕의 찬양(1절)

시편 20편 1, 9절이 수미쌍관을 이루며 왕의 승리를 기원했듯이, 21편도 1, 13절이 '여호와여'와 '주의 힘으로 말미암아'라는 똑같은 표현으로 수미쌍관을 이루며 하나님이 왕에게 능력으로 베푸신 승리를 기뻐하고 찬양한다. 한편 1절에서 노래하는 왕의 즐거움은 6절에서 다시 등장하면서 1-6절을 하나의 연으로 묶는다.

1절의 찬양은 백성들이 개선한 왕을 앞에 두고 부른 것일 수도 있고, 다윗 왕이 자신을 3인칭으로 지칭하며 부른 것일 수도 있다. 여기서는 다른 부분들처럼 백성들이 부른 것으로 이해한다. 여호와 앞에서 왕이 기뻐하는 것은 '주의 힘'과 '주의 구원(승리)'이다. 이것은 20편 6절에서 확신했던 것의 성취로 볼 수 있다. 하늘 왕이 하늘 성소에서 왕과 백성의 기도를 들으시고 '능력으로 이루신 승리'를 의미한다. 이 시편은 전쟁터에서 하나님이 도우셔서 왕과 왕의 군대가 승리한 것을 노래하고 있기에 '구원'으로 번역된 단어 *예슈아*(יְשׁוּעָה)는 20편에서처럼 '승리'를 의미한다(새번역, NIV). '힘'과 '승리'가 평행을 이루는 본문들(28:8; 118:14; 140:7; 사 12:2; 26:1)은 대개 군사적인 문맥에서 나타나고 있다.[6] 하나님의 '힘'으로 이루신 '승리'에 대한 찬양은 모세와 이스라엘 백성의 노래 가운데서도 나타나는데(출 15:2), 이 힘은 온 세상을 통치하시는 힘이자 자기 백성을 사랑하셔서 구원하는 하늘 왕의 전능한 '힘'이다(80:2). 이러한 힘으로 여호와가 베푸신 승리에 대한 왕의 반응은 1절에서 '기뻐하고' '즐거워하는' 것으로 나타난다(6절, 35:9; 사 25:9). 이스라엘 군대와 왕의 승리는 하나님의 대리통치자인 왕과 그의 군대가 수행한 하나님의 거룩한 전쟁에서의 승리이기에 왕은 더 크게 기뻐한다. 하나님의 의로운 통치가 세상에 실현되었기 때문이다(삼하 5, 8장).

2. 여호와가 왕에게 베푸신 승리와 복에 대한 감사(2-6절)

2-6절은 1절에서 왕이 기뻐하는 이유를 세밀하게 묘사하는 부분이다. 2절에 주제가 제시된 다음 3-5절에 그 주제가 확대되어 묘사되고 6절에 그 요약이 나온다.[7] 백성들이 하나님을 2인칭('주[당신]')으로 부르면서 자신들과 함께 있는 '왕'('그,' 3인칭 남성 단수 접미어 11회 반복)에게 하나님이 베푸신(2인칭 동사들) 승리와 복에 대해 감사를 표현하고 있다.

---

6. 김정우, 『시편주석 I』, 493 참조.
7. *NIV Study Bible*, 807.

1) 주제: 왕의 기도를 들어 주심(2절)

2절은 여호와가 왕의 기도를 응답하신 결과로 승리를 주셨다고 노래한다. 20편 4, 5절과 매우 비슷한 표현을 사용하면서('마음의 소원,' '입술의 요구'= '마음,' '계획,' '기도') 백성들이 왕의 요청을 들어 주시길 기도한 것이 응답받은 것처럼 노래하고 있다. 즉, 왕이 거룩한 전쟁에서 하나님의 뜻을 이루려고 했던 소원을 응답하셨음을 의미한다. 평행을 이루는 두 행은 유사한 표현들을 통해 하나님의 기도 응답을 강조한다. '마음의 소원'이 '입술의 요청'과 평행을 이루는데 마치 마음의 소원이 입술의 기도로 표현된 것처럼 묘사되어 있다. '들어 주시다'는 1행의 표현도 '거절하지 않다'는 부정적 표현으로 다시 강조된다. 2절의 이런 표현들은 하나님의 대리통치자이자 아들인 왕이 하늘 왕이자 아버지인 하나님께 요청한 기도(2:8; 20:4; 왕상 3:5이하)에 대한 응답을 통해서 하나님의 의로운 통치가 이루어졌음을 잘 보여준다.[8]

'셀라'는 다윗이 이 시편을 지을 때 붙여졌다기보다는 후대 성전 예배에서 사용될 때 예전적 지시어로 붙여진 것으로 그 의미와 용도는 알기 어렵다. 서론의 '표제 해설' 참조.

2) 주제의 발전: 왕에게 승리와 복과 영광을 주심(3-5절)

3-5절은 왕의 기도에 대한 응답으로 하나님이 주신 승리가 가져온 결과를 노래한다. 한 마디로 그것은 복과 생명과 영광이다. '참으로'(*키* כִּי)로 시작하는 3절은 2절의 '이유'를 말하는 것일 수도 있지만 2절의 결과를 강조하는 것 같다. 하늘 왕이신 여호와가 개선하는 자신의 대리통치자인 인간 왕을 친히 영접하시되 '아름다운 복'과 '순금 관'으로 영접하셨다고 한다. '아름다운 복'으로 번역된 표현은 '좋은 복들' 혹은 '복의 복들'로 번역될 수 있는데, 최고의 복을 하나님이 풍성하게 주셨음을 강조한다. '순금 왕관'도 전리품으

8. 김정우, 『시편주석 I』, 494

로 빼앗은 승리를 상징하는 적국 왕의 왕관(삼하 12:30) 혹은 지속적인 왕권을 가리키면서도, '순금'이라는 수식어를 통해 하나님이 당신의 지상 왕(종)에게 베푸신 최고의 영광(에 8:15; 사 28:5)을 강조한다. 이것은 창세기 14장 18-20절에서 멜기세덱이 아브라함을 영접하여 축복한 것을 떠올린다. 하나님이 자기 뜻에 순종하여 거룩한 전쟁을 수행한 지상의 종을 친히 맞아 하늘의 풍성한 복을 부어 주시고 왕권을 계속 수행하게 하시는 것이다.

4절에서는 왕이 기도한 대로 전쟁터에서 왕의 생명을 보호하셨을 뿐만 아니라 '영원한 장수'를 누리게 하신 은혜를 찬양한다. '생명을 주셨다'는 표현은 전장에서 생명을 지키시고 승리하게 하셨음을 의미한다. '영원한 장수'는 매우 강조된 표현이다. '장수'는 문자적으로 '오랜 날들'인데(23:6; 91:16; 신 30:20; 잠 3:16) 여기에 '영원히'라는 말이 추가되어 있기 때문이다. 그러므로 이것은 단지 다윗 왕이 하나님의 뜻을 충분히 다 이룰 수 있도록 완전한 수명을 누리게 하셨음을 의미할 뿐만 아니라(61:6; 왕상 3:11, 14; 단 2:4), 다윗 왕가가 다윗과 같은 의로운 왕들을 통해 영원히 지속될 것을 노래한다고도 볼 수 있을 것이다(삼하 7:13, 16, 29).[9] 그런 점에서 4절은 대적들과 그 후손들의 멸망을 노래하는 10절과 대조적이다.

5절은 3절 2행을 확대한 것으로, 왕에게 허락하신 승리(구원, 1절)를 통해서 하나님이 얼마나 왕을 영화롭게 했는지를 '영광,' '존귀,' '위엄'이라는 유사한 단어들을 세 번씩 써가며 강조한다. 18편 43-48절에서 노래한 것처럼, 이 영광은 왕이 승리를 통해 이스라엘에서뿐만 아니라 이방 나라 가운데서도 높임을 받은 것을 포함할 것이다. 2행의 '그에게 입히다'는 표현은 문자적으로 '그의 위에 두다(*샤바* שָׁוָה)'이다. 이 동사는 16편 8절에서 다윗이 하나님을 늘 앞에 '모신다'고 할 때 사용한 것으로 6절의 하나님의 지속적인 임재와 연결된다. 하나님이 '존귀'와 '위엄'을 왕의 위에 두셨다고 함으로써, 하늘

9. Craigie, *Psalms 1-50*, 191.

왕의 영광과 위엄(8:1; 96:6; 104:1; 145:5; 148:13)이 그의 지상 왕에게 임하게 하셨음을 알린다(8:5; 45:3-4; 96:3; 대상 29:25; 슥 6:13). 왕은 하나님의 대리통치자로서 직분 수행을 위해 하나님의 영광과 존귀까지 부여받은 특별한 존재로 드러나고 있다.[10]

3) 요약: 왕이 누릴 영원한 복과 기쁨(6절)

6절은 3절처럼 '참으로'로 시작하고 3절에서 언급한 복과 1절에서 언급한 기쁨을 다시 언급하면서 1-6절, 혹은 2-6절을 요약한다. 1행에서는 하나님이 왕에게 '영원토록 복을 받게 하셨다'고 함으로써, 전쟁에서의 승리로 누리게 된 복(3절, '아름다운 복')이 그의 평생과 이후의 왕조에 계속 이어지게 하실 하나님의 은혜를 찬양한다. 왕이 받는 이러한 복은 왕의 통치를 통해서 하나님이 왕의 통치 영역인 이스라엘과 주변 나라들에 베푸시는 복이기도 하다(72:17).[11] 왕이 받는 복은 하나님이 왕과 함께하신다는 표현이기에, 2행에서는 '주 앞에서' 왕을 즐겁게 하시는 하나님의 은혜를 찬양한다. '주 앞에서'로 번역된 표현은 '주의 얼굴과 함께'로 직역되는 관용구인데, 이것은 은혜와 사랑으로 함께하시는 하나님의 임재를 의미한다(16:11; 17:15; 14:6 참조). 전쟁에서뿐만 아니라 늘 자신의 지상 왕과 함께하시는 하나님의 은혜가 왕의 근본적인 기쁨이다. 또 이 표현은 9절에서 '당신의 얼굴의 때'('왕이 노하실 때')로 직역되는 왕의 전쟁 때와 극명한 대조를 이룬다. 6절의 임재의 기쁨과 1절의 승리의 기쁨은 1-6절을 기쁨의 어조로 함께 묶는다.

---

10. Craigie, *Psalms 1-50*, 191; S. Z. Aster, "On the Place of Psalm 21 in Israelite Royal Ideology," in eds., N. S. Fox, D. A. Glatt-Gilad, M. J. Williams, *Mishneh Todah: Studies in Deuteronomy and Its Cultural Environment* (Winona Lake: Eisenbrauns, 2009), 311.
11. Kraus, *Psalms 1-59*, 286.

3. 여호와를 의지하는 왕의 안전에 대한 확신 선언(7절)

7절은 이 시편의 주제 구절로 여호와가 왕의 어떤 자질을 보시고 승리와 복을 주셨는지를 선언하고, 앞으로도 어떤 왕에게 어떻게 승리를 주실 것인지를 선언한다. 그래서 이 절은 이유를 나타내는 접속사 *키*(כִּי)로 시작한다. 아마도 예배를 집례하는 제사장이나 레위인이 선언했을 것이다. 1행 "왕이 여호와를 의지하오니"는 하나님 나라 왕의 핵심적인 자질을 말한다. 왕의 승리는 그가 하나님만을 의지한 결과였고(20:7-8) 다윗의 후손들의 승리도 이 믿음에 달려 있을 것이다. 여기서 '의지하다'는 단어는, 자신과 언약을 맺으신 하나님을 하나님 나라의 참된 왕으로 믿고 하나님께 전쟁과 통치를 위탁하고 순종하는 태도 전체를 의미한다. 다윗이 전쟁의 시종을 하나님께 여쭤보고 수행했던 사무엘상하의 기사는 그런 측면을 보여준다. 그런데 2행에서는 왕이 흔들리지 않는 것이 단지 그의 믿음 때문만이 아니라 하나님의 '인자하심' 덕분이라고 선언한다. '의지하다'와 '인자하심'은 자주 평행을 이루어(13:5; 32:10; 52:8; 143:8) 하나님을 의지하는 자에게 베푸시는 하나님의 무한한 사랑을 강조한다.[12] 하나님이 다윗과 맺으신 언약에 신실하셔서 한량없는 사랑으로 다윗 왕가를 견고하게 지키실 것이라는 확신이다(삼하 7:14-16).[13] 이 '인자하심'은 이른바 '다윗에 대한 인자하심'(*하스데이 다비드* חַסְדֵי דָוִד, 사 55:3)이다(89:24, 28, 33).[14] "그를 위하여 나의 인자함을 영원히 지키고 그와 맺은 나의 언약을 굳게 세우며."(89:28) '지존하신 이'란 표현은 온 세상의 주권자이신 하늘 왕 여호와의 위엄을 강조한다(18:13 참조). '흔들리지 않을 것이라'는 말은 지존하신 여호와가 당신의 사랑으로 자기 왕의

12. 김정우, 『시편주석 I』, 497 참조.

13. Kuntz, "Psalms 20 and 21," 171에서는 그런 점에서 '의지하다'는 동사나 '인자하심'이라는 명사는 둘 다 하늘 왕과 지상 왕을 묶는 지속적인 관계의 근본적인 성격을 보여주는 언약적인 표현이라고 본다. Craigie, *Psalms 1-50*, 191.

14. Kraus, *Psalms 1-59*, 287.

안전과 행복을 분명하게 지키실 것을 부정적 표현으로 강조한 것이다(15:5; 16:8; 17:5 참조).

4. 미래에 왕이 누릴 승리에 대한 백성들의 축복(8-12절)

2-6절이 왕의 승리에 대한 감사를 표현했다면 8-12절은 미래에 왕이 이룰 승리에 대한 축복을 담고 있다. 그래서 대부분의 동사는 미래형으로 번역된다. 하나님을 2인칭으로 불렀던 1-6절과 달리 여기서는 백성들이 왕을 2인칭('당신,' 2인칭 남성 단수 인칭 접미사 6회 반복, 개역개정은 '왕'으로 번역함)으로 부르면서 왕이 그의 대적들('그들,' 3인칭 남성 복수 인칭 접미사 7회 반복)에게 행할 일들과 이룰 승리를 노래하고 있다. 8절이 주제를 말하고, 9-11절이 그 주제를 발전시키고, 12절은 요약하는 기능을 한다.

1) 주제: 왕의 오른손이 원수들을 찾아냄(8절)

8절에서 백성들은 왕이 이룰 미래의 승리를 축복한다. 정확하게 평행을 이루는 두 행으로 구성된 이 절에서 왕의 '손'과 '오른손'은 각각 전쟁에서 승리하게 하는 왕의 힘을 상징한다. 20편 6절에 나오는 왕에게 승리를 주시는 하나님의 능력의 '오른손'을 상기시킨다. '원수들'과 '왕을 미워하는 자들'은 대적들에 대한 흔한 표현들이다. 근본적으로 하나님이 세우신 왕의 대적이나 하나님 나라에 대해 적대적인 세력을 의미한다. 두 번 반복되는 '찾아내다'는 동사는 전쟁에서 오른손이 표적을 '발견하는' 행동을 의미하는 것 같다.[15] 하지만 여기서 이 동사는 왕이 대적들과 맞서서 손에 든 무기로 그들을 물리치고 전리품을 획득하는 모든 행동을 단번에 표현한 것이다(삿 5:30; 삼상 23:17; 사 10:10).

---

15. 존 월튼, 빅터 매튜스 편, 『IVP 성경배경주석-구약』, 정옥배 역 (서울: IVP, 2000), 752.

2) 주제의 발전: 왕이 여호와의 진노로 원수들을 멸할 것(9-11절)

9-11절은 8절의 주제를 훨씬 더 구체적으로 묘사한다. 왕을 대적하던 세력들의 완전한 멸망을 노래한다. 9절은 왕이 여호와의 진노로 대적들을 멸할 것이라고 한다. 1행에서 '왕이 노하실 때'로 번역된 표현은 "당신의 얼굴의 때에"(*레엣 파네이카* לְעֵת פָּנֶיךָ)로 대부분의 현대 번역본들처럼 "당신(왕)이 나타날 때"로 번역하는 것이 더 낫다. 이 말은 왕이 전쟁에 나갈 때를 말한다(삼하 17:11 참조). 왕이 전쟁에서 대적들을 '풀무 불(불타는 가마)처럼' 만든다는 말은 맹렬하게 불타는 가마에 집어넣는 것처럼 그들을 완전히 멸망시키는 것을 비유한 것이다(말 4:1). 여기서 '풀무(가마)'는 도자기나 벽돌을 굽거나 금속을 벼리고 녹이고 주조하는 큰 가마를 가리키는데,[16] 당시 사람들에게는 하나님의 진노 표현에 가장 적합한 이미지를 제공했을 것이다. 1행의 왕의 승리가 2-3행에서는 여호와의 진노에 의한 대적들의 소멸로 표현되고 있다. 하늘 왕의 거룩한 전쟁을 대행하는 왕의 대적 진멸은 사실은 여호와의 진노를 표현한 것이기 때문이다.[17] 이 절에는 '불'이 두 번이나 반복되며 그 불이 하나님 나라 대적들을 삼키고 소멸할 것이라고 한다. 대적들에 대한 여호와의 심판이 철저하고 맹렬하다는 것을 강조한다(18:8; 사 30:27; 33:11-12; 말 4:1).[18]

10절은 왕과 여호와의 진노가 대적들의 후손들에게까지 미쳐 그들도 완전히 멸할 것이라고 노래한다. 한 마디로 하나님 나라 대적들의 완전한 멸망을 의미한다. '후손들'과 '자손들'로 번역된 단어는 '열매들'과 '씨들'로 직역될 수 있는데 이것은 한 나무의 시작인 씨와 마지막인 열매 전체를 아우르는

---

16. 『IVP 성경배경주석-구약』, 1066.

17. 일부 학자들은 1행의 '당신'을 여호와로 보고 2행의 '여호와'를 1행에 붙는 호격으로 번역하기도 한다. 그렇게 되면 9-12절의 '당신'은 모두 '여호와'를 가리키게 된다. 대표적으로 da Silva, "Psalm 21," 54-5에서 이 견해를 지지하면서, 8절부터 특별한 언급 없이 주어가 3인칭에서 2인칭으로 바뀌고 있고 13절도 주어가 여호와이기에 여호와로 보는 것이 더 좋다고 한다.

18. Kraus, *Psalms 1-59*, 287 참조.

표현으로,[19] 이들이 사람들이 살아가는 세상(1행 '땅,' 2행 '사람')에서 흔적도 없이 소멸당하는 생생한 그림을 제공한다. 전쟁에서 후손들까지 전멸시키는 내용은 고대 종주권 언약의 저주 형식 안에서 자주 발견된다(37:28 참조).[20] 이것은 4, 6, 7절 등에 암시된 충성스러운 하나님의 종 다윗 후손들이 번영하는 것(18:50)과 극명하게 대조된다.

11절은 왕의 승리와 반대되는 대적들의 실패를 묘사한다. 하나님이 왕의 소원을 들으셔서 그의 '계획'은 성공하게 하셨지만(2절, 20:4), 왕을 해하려는 대적들의 음모는 수포가 될 것이라고 한다(2:1-5; 사 7:7). 이것은 대적들의 작전 실패뿐만 아니라 하나님 나라를 공격하는 대적들의 모든 악한 계획과 공격 실패까지 가리키는 것이다.

3) 요약: 왕이 미래에 누릴 승리(12절)

12절은 왕이 미래에 누릴 승리의 결론 부분으로 왕의 최종적인 승리를 노래한다. 개역개정에는 없지만 12절은 '오히려'라는 역접(혹은 '왜냐하면')으로 시작하면서 11절과 대조적인 결과를 강조한다. '돌아서게 하다'는 표현은 직역하면 "당신이 그들로 어깨를 보이게 하다"로 적들이 겁먹고 도망가는 모습을 그린 것이다. 그들이 도망하는 이유는 왕이 그들에게 활시위를 당길 것이기 때문이다(2행). 대적들의 공격은 실패하고 왕의 공격은 성공하여 대적들이 멸망하게 될 것을 요약하는 표현이다. '어깨를 보이게 하다'에 사용된 히브리어 동사는 원래 '두다' '놓다'는 의미로 3, 6절에서는 왕에게 하나님이 주시는 복을 강조하기 위해 사용됐지만, 9, 12절에서는 대적들의 멸망을 강조하기 위해 사용되고 있다.

---

19. Aster, "Psalm 21," 314.
20. Fensham, "Ps 21 - A Covenant Song?" 199 참조.

5. 승리를 주시는 여호와의 능력에 대한 백성들의 찬양(13절)

13절은 1절과 수미쌍관을 이루면서 왕에게 승리를 주시고 앞으로도 승리를 주실 하나님의 능력에 대한 백성들의 찬양으로 이 시편을 마무리하고 있다. 1행에서 백성들은 다윗 왕과 그의 군대에 승리를 주신 하나님의 능력을 찬양한다. '높임을 받으소서'라는 기원은 승리를 주시는 하나님의 능력으로 말미암아 백성들이 하나님의 높으심(7절의 '지존하신 분'), 온 세상의 왕 되심을 고백하고 찬양하는 것이다. 2행은 개역개정처럼 기원 형식으로 번역될 수도 있고 맹세로 번역할 수도 있다(NIV). 둘 다 백성들이 앞으로 하나님이 다윗 왕가에 베푸실 승리의 능력을 계속 찬양할 것이라는 맹세를 의미한다. 이 찬양은 요한계시록에서 승리하신 예수 그리스도를 위해 다시 불리고 있다(계 5:12).

교훈과 적용

시편 21편의 교훈: 하나님 나라 백성들은, 참된 왕이신 하나님께서 당신을 의지한 신실한 지상 왕(그리스도)에게 승리와 영광을 베푸신 것을 찬양하고 누리며, 앞으로도 하나님께서 왕(그리스도)을 통해 이루실 완벽한 승리를 기대하며 기도해야 한다.

1. 우리 왕에게 승리를 주신 하나님의 능력을 찬양하라(1, 13절)

다윗 왕의 기도를 들으시고 다윗 왕에게 승리를 주신 하나님은 우리 왕이신 예수 그리스도의 간구도 들으시고 승리를 주셨다. 그리스도는 십자가를 지시기 전에도 하나님의 백성을 괴롭히는 마귀와 죄악의 세력을 하나님의 능력으로 물리치셨다(눅 4:36; 4:14 참조). 또 겟세마네와 십자가 위에서 자신이 드린 기도에 응답하신 하나님의 능력, 성령의 능력으로 죽음의 권세와 사탄의 세력을 물리치시고 부활하셨다. 이로써 당신이 21편이 노래한 참된 하나님 나라의 왕이심을 보여주셨다(롬 1:4). 예수 그리스도의 승리 덕분에 그분 안에서 그의 백성도 구원을 받았고 성령의 능력으로 승리할 수 있기에 우리는 그런 승리를 이루신 하나님의 능력을 찬양하지 않을 수 없다(고후 13:4).

2. 우리 왕의 승리가 주는 풍성한 복과 영광을 누려라(2-6절)

하나님께서 다윗 왕에게 주신 영광과 존귀와 승리의 전리품들은 사실은 그의 나라 백성들을 위한 것이었다(2-6절). 예수 그리스도의 승리를 통해 하나님이 영광을 받으셨고, 그리스도도 영광과 존귀함을 받으셨다(요 13:31-32). "죽임을 당하신 어린 양은 능력과 부와 지혜와 힘과 존귀와 영광과 찬송을 받으시기에 합당하다."(계 5:12) 교회와 성도 개인에게 있는 모든 좋은 것들은 모두 승리하신 주님을 통해서 하나님이 우리에게 주신 성령의 은사들이다(엡 4:7-12). 그러므로 교회는 그리스도께서 선물로 주시는 생명과 복과 영광을 감사하고 누리면서 우리에게 남기신 전투를 잘 수행해야 할 것이다. 복음을 담대하게 전하고 말씀대로 살며 하나님 나라를 확장하는 일에 매진해야 한다. 우리는 바울 사도처럼 교회가 우리 왕의 영광과 성령의 능력으로 강건하게 되기를 늘 기도해야 할 것이다(엡 3:16; 6:10). 그것이 우리의 왕이신 예수 그리스도의 승리를 빛나게 하는 길이다.

3. 하나님을 의지하는 왕과 교회는 영원히 승리할 것을 확신하라(7-12절)

하나님만을 의지하며(7절) 기도하고 하나님의 뜻을 이루기 위해 전쟁한 다윗 왕에게 사랑의 하나님께서 승리를 주셨고 미래의 승리도 약속하셨다(8-12절). 이처럼 예수 그리스도의 승리도 결정적 승리이자 미래의 영원한 승리에 대한 보증이다. 지금도 교회의 원수인 마귀와 그의 세력들은 끊임없이 그리스도의 교회와 성도들을 위협하지만, 그리스도와 그의 성령께서 교회를 위해 싸우시며 우리의 승리를 보증하신다(고후 15:55-58). 우리가 그리스도 안에서 하나님만 의지한다면, 하나님은 지금도 우리에게 승리를 주시고 최후의 날에 그리스도를 통해 원수들을 완전히 멸하실 것이다(계 19:11-16). 그리스도의 영원한 승리에 대한 이 확신이 교회가 고난과 위협 가운데서도 인내할 수 있게 하는 힘이다(벧전 1:7; 요일 5:4).

시편 22편

하나님 나라 왕의 탄식과 찬양

[다윗의 시, 인도자를 따라 아얠렛샤할에 맞춘 노래]

1 내 하나님이여 내 하나님이여 어찌 나를 버리셨나이까
어찌 나를 멀리하여 돕지 아니하시오며
내 신음 소리를 듣지 아니하시나이까
2 내 하나님이여 내가 낮에도 부르짖고
밤에도 잠잠하지 아니하오나
응답하지 아니하시나이다
3 이스라엘의 찬송 중에 계시는 주여
주는 거룩하시니이다[1]
4 우리 조상들이 주께 의뢰하고
의뢰하였으므로 그들을 건지셨나이다
5 그들이 주께 부르짖어 구원을 얻고
주께 의뢰하여 수치를 당하지 아니하였나이다
6 나는 벌레요 사람이 아니라
사람의 비방 거리요 백성의 조롱거리니이다
7 나를 보는 자는 다 나를 비웃으며
입술을 비쭉거리고
머리를 흔들며 말하되
8 그가 여호와께 의탁하니 구원하실 걸,
그를 기뻐하시니 건지실 걸 하나이다
9 오직 주께서 나를 모태에서 나오게 하시고
내 어머니의 젖을 먹을 때에 의지하게 하셨나이다
10 내가 날 때부터 주께 맡긴 바 되었고

1. 이 절은 끊어 읽기에 따라서는 NIV처럼 "주는 거룩한 분으로 좌정해 계시고/ 이스라엘의 찬송이십니다"로 번역될 수도 있다(신 10:21; 시 109:1; 렘 17:14 참조). Kraus, *Psalms 1-59*, 290, 292.

모태에서 나올 때부터 주는 나의 하나님이 되셨나이다
11 나를 멀리 하지 마옵소서
환난이 가까우나
도울 자 없나이다
12 많은 황소가 나를 에워싸며
바산의 힘센 소들이[2] 나를 둘러쌌으며
13 내게 그 입을 벌림이 찢으며
부르짖는 사자 같으니이다
14 나는 물 같이 쏟아졌으며
내 모든 뼈는 어그러졌으며
내 마음은 밀랍 같아서
내 속에서 녹았으며
15 내 힘이 말라 질그릇 조각 같고
내 혀가 입천장에 붙었나이다
주께서 또 나를 죽음의 진토 속에 두셨나이다
16 개들이 나를 에워쌌으며
악한 무리가 나를 둘러
내 수족을 찔렀나이다
17 내가 내 모든 뼈를 셀 수 있나이다
그들이 나를 주목하여 보고
18 내 겉옷을 나누며
속옷을 제비 뽑나이다
19 여호와여 멀리 하지 마옵소서
나의 힘이시여 속히 나를 도우소서

2. 원래는 '바산의 힘센 것들'이지만 앞 행의 '소들'이 생략된 것으로 보고 이렇게 번역한 것이다.

20 내 생명을 칼에서 건지시며
　내 유일한 것을 개의 세력에서 구하소서
21 나를 사자의 입에서 구하소서
　주께서 내게 응답하시고 들소의 뿔에서 구원하셨나이다
22 내가 주의 이름을 형제에게 선포하고
　회중 가운데에서 주를 찬송하리이다
23 여호와를 두려워하는 너희여 그를 찬송할지어다
　야곱의 모든 자손이여 그에게 영광을 돌릴지어다
　너희 이스라엘 모든 자손이여 그를 경외할지어다
24 그는 곤고한 자의 곤고를 멸시하거나 싫어하지 아니하시며
　그의 얼굴을 그에게서 숨기지 아니하시고
　그가 울부짖을 때에 들으셨도다
25 큰 회중 가운데에서 나의 찬송은 주께로부터 온 것이니
　주를 경외하는 자 앞에서 나의 서원을 갚으리이다
26 겸손한 자는 먹고 배부를 것이며
　여호와를 찾는 자는 그를 찬송할 것이라
　너희 마음은 영원히 살지어다
27 땅의 모든 끝이 여호와를 기억하고 돌아오며
　모든 나라의 모든 족속이 주의 앞에 예배하리니

---

3. 1행에서 '그들이 먹다'(אָכְלוּ)로 번역된 동사는 2행과 평행을 이루지 못하기 때문에 26절의 '먹다'를 보고 잘못 필사한 것으로 생각하여 '진실로 그에게'(אַךְ לוֹ)로 끊어서 읽기를 제안하는 학자들이 많다(Kraus, *Psalms 1-59*, 176). 그러면 1행은 "진실로 그에게 땅의 모든 부자가 경배할 것이며"가 되어 2행과 정확하게 평행을 이루게 된다. 이와 더불어 제3행 "자기 목숨을 살리지 못하는 자(וְנַפְשׁוֹ לֹא חִיָּה)"는 칠십인역처럼 "내 영혼이 그를 위해 살 것이다(וְנַפְשִׁי לוֹ חִיָּה)"로 읽기를 제안하는 사람들도 있다. 앞의 두 가지 제안은 Shaul Bar, "Critical Notes on Psalm 22:30," *JBQ* 37/3 (2009): 169-74에 나온다. 두 제안은 가능하나 사본들의 증거가 없기에 여기서는 MT를 따른다.

28 나라는 여호와의 것이요
여호와는 모든 나라의 주재심이로다
29 세상의 모든 풍성한 자가 먹고[3] 경배할 것이요
진토 속으로 내려가는 자
곧 자기 영혼을 살리지 못할 자도 다 그 앞에 절하리로다
30 후손이 그를 섬길 것이요
대대에 주를 전할 것이며
31 와서[4] 그의 공의를 태어날 백성에게 전함이여
주께서 이를 행하셨다 할 것이로다

본문 개요

22편은 극심한 고통 가운데서 탄식하며 기도하는 다윗의 탄식시로서 복음서의 예수 그리스도의 수난 본문에 가장 많이 인용되거나 암시되고 있는 시편이다(막 15:24, 29, 34; 마 27:35, 39, 43, 46; 눅 23:34; 요 19:23~24, 28; 히 2:11).[5] 1-21절에서 다윗이 쏟아 놓는 내적이고 외적인 고통에 대한 절박한 묘사들과 그 가운데서도 간절하게 하나님을 붙들고 간구하는 모습은 탄식시편의 전형을 보여준다. 22-31절이 앞의 분위기와는 완전히 다르게 찬양의 내용을 담고 있어서 이 시편을 찬양시나 감사시로 분류할 수도 있지만, 이 부분은 탄식시편에 자주 나타나는 찬양의 맹세가 길게 확장된 것으로 보는 것

4. 여기서 '오다'는 동사를 30절 마지막 단어인 세대와 연결시키면 30절은 "올 세대에게 주님에 대해 선포할 것이다"(칠십인역, JPS 등)가 된다. 의미상 큰 차이는 없다.
5. Mays, *Psalms*, 105에 의하면 수난 기사에 인용되거나 암시된 구약 본문 중에서 22편이 다섯 번으로 가장 많다고 한다.

이 더 좋을 것이다.[6]

다윗이 구체적으로 어떤 역사적 배경에서 이 시편을 썼는지는 본문 자체만으로는 알기 힘들다. 본문에서는 대적들의 공격이 극심하고 그로 인한 다윗의 정신적 육체적 고통이 한계점에 이른 것을 볼 수 있다.[7] 이와 더불어 대적들이 아닌 동료 백성들이 그처럼 비참해진 다윗을 조롱하는 내용도 등장한다(6-8절). 이런 내용을 고려한다면 다윗이 사울 왕을 피하여 광야를 전전하던 사울의 공포정치 시대를 유력한 배경으로 생각해 볼 수 있을 것이다. 칼뱅은 다윗이 사울에게 당했던 한 가지 사건만을 언급하기보다는 사울시대 모든 고난을 총체적으로 표현한 것으로 보는데[8] 필자도 여기에 동의한다. 이러한 다윗의 고난은 의인의 고난의 모범이면서도 다윗 왕국을 통한 의로운 하나님 나라 건설의 매우 중요한 과정이다. 다윗이 엄청난 고난 속에서도 믿음으로 탄식하며 의를 행하며 기도한 것(1-21절)에 대한 응답으로 하나님이 다윗 왕국을 세우셨다(18, 20-21편). 이렇게 세워진 왕국은 의를 행하는 자를 구원하시는 하나님의 의로운 왕권을 선포하게 될 것이다(22-31절).

시편 22편은 15편 개요에서 설명한 것처럼 15-24편 그룹에서 끝에서 세 번째에 위치하며 앞에서 세 번째에 위치하는 또 다른 탄식시편인 17편과 대칭을 이루고 있다. 이 시편의 문맥적 기능과 17편과의 관련성에 대해서는 17

---

6. E. F. Davis, "Exploring the Limits: Form and Function in Psalm 22," *JSOT* 53 (1992): 97에서도 여기에 동의하고 있다. 그는 96-97쪽에서 22편을 두 장르가 복합된 것으로 보거나(H. Gunkel) 22-31절이 후대에 첨가된 별도의 시로 보는 견해(B. Duhm)를 반박하면서, 이 시편 전체는 처음부터 하나님에 대한 찬양의 요소를 가지고 있고 전체 시편을 통해 그 분위기가 흘러가고 있다고 보면서 이 시편의 통일성을 옹호한다. 22편이 두 개 시편이 합쳐졌다고 보는 견해나 원래의 탄식시에 설명이나 찬양이 첨가되는 편집 과정을 거쳐 오늘날의 모습을 갖게 되었다는 비평적 견해들에 대해서는 J. R. Wood, "Writing and Rewriting of Psalm 22," *SR* 48/2 (2019): 189-215, 특별히 190쪽을 참조하라.

7. Craigie, *Psalms 1-50*, 198에서는 이 시의 용도가 극심한 질병을 앓고 죽음의 위협을 받는 사람들을 위한 기도문이었을 것이라고 본다. Kraus, *Psalms 1-59*, 292-3에서도 유사한 견해를 주장한다. 하지만, 다윗이 사울시대에 당한 고난과 연결하는 것이 훨씬 더 이 시편의 배경을 설명하기 쉽다.

8. Calvin, *Psalms*, 1:357.

편 개요 부분을 참고하라. 22편은 23편과 밀접하게 연결되면서도(특히 22편 3-4, 9-10절의 신뢰의 고백 부분), 23편의 '하나님의 충만한 임재'와는 극명한 대조를 이루는 '하나님의 부재'를 탄식하고 있다. 한편 22편 21-31절에 길게 나오는 찬양의 맹세 부분은 24편의 영광의 왕이신 하나님의 통치에 대한 찬양과 긴밀하게 이어진다.[9] 15, 24편에서 의인으로 인정된 사람들은 17, 22편에서 묘사하는 시련 가운데서 검증된 의인들이며, '고통'(22:24)에서 구원받은 자는 하나님의 영광과 존귀를 입은 '왕'으로 전환되고 있다(21:5).[10]

문학적 특징과 구조

이 시편은 무엇보다 분위기와 내용에 따라 '멀리하다'는 탄식(1절)으로 출발해서 '멀리하지 말라'는 간구(19절)로 끝나는 1-21절의 '기도' 부분과 하나님이 베푸시는 구원의 의를 선포하는 것으로 시작해서 마무리하는 22-31절의 '찬양의 맹세' 부분으로 나눌 수 있다. 이 부분들은 문학적 특징들을 따라 아래와 같이 ABC/A′B′C′의 대칭적 형태를 보인다.

1. 1-21절 고통의 호소와 기도

A 하나님의 멀리하심과 이스라엘의 신뢰

1-2절 탄식 1: 하나님의 멀리하심(부르짖음을 듣지 않으심)

3-5절 신뢰의 고백 1: 의지하는 이스라엘을 구원하신 하나님 ('이스라엘의 찬송')

---

9. N. L. declaussé-Walford, "An Intertextual Reading of Psalms 22, 23, and 24," in P. W. Flint & P. D. Miller ed., *The Book of Psalms Composition & Reception*, VTSup. 99 (Leiden: Brill, 2005), 147-51에서는 22편의 극심한 탄식에 해답을 주는 신뢰의 고백으로 23편이 위치하고, 창조주-왕을 찬양하는 24편은 22:22-31의 주제를 이어간다고 적절하게 주장한다.

10. Hossfeld & Zenger, *Die Psalmen I*, 114 참조.

B 백성의 조롱과 다윗의 신뢰

6-8절 탄식 2: '벌레' 같은 다윗에 대한 백성의 비방과 조롱

9-10절 신뢰의 고백 2: 태어날 때부터 다윗의 '의지'와 '안전'이 되셨던 하나님

11절 간구 1: "나를 멀리하지 마옵소서"

C 대적들의 공격과 구원을 위한 간구

12-18절 탄식 3: 대적들의 공격과 그로 인한 다윗의 엄청난 고통

19-21절 간구 2: "나를 멀리하지 마옵소서"

2. 22-31절 찬양에 대한 맹세

A′ 하나님의 외면치 않으심과 '이스라엘의 찬송'

22절 찬양의 맹세 1

23-24절 찬양의 내용1 - 외면하지 않고 부르짖음을 들으심('이스라엘')

B′ 주를 경외하는 회중의 찬송과 비천한 자의 구원

25절 찬양의 맹세 2 - 주를 경외하는 자들과 함께 드리는 찬송

26절 찬양의 내용 2 - 주를 '찾는' 겸손한 자의 '만족'과 찬송

C′ 모든 나라 모든 족속과 후손들의 찬송

27-28절 모든 나라 모든 족속의 찬송

29절 모든 사람의 찬송과 경배

30-31절 후손들의 찬송

A 부분(1-5절)은 하나님이 극심한 고통 가운데서 탄식하는(부르짖다, 신음

소리) 다윗을 외면하시고 멀리하시는 것을 노래하는 탄식 부분과 과거 '이스라엘'이 하나님을 의지했을 때 구원하신 것을 회상하는 부분으로 구성되어 있다. 그런데 이것은 A′ 부분(22-24절)과 정확하게 대조를 이룬다. 1-2절에서는 하나님이 다윗의 '신음 소리'와 '부르짖음'을 듣지 않았는데, 25절에서는 하나님이 비천한 자의 '부르짖음'을 '외면하지 않고' '들으심'을 강조하고 있고(24절), 참 '이스라엘' 백성들에게 과거 '이스라엘의 찬송'이셨던 하나님(3절)을 '찬송하라'고 초대하고(23절) 있기 때문이다. 4-5절이 '선조들'(문자적으로 '아버지들')의 찬송이셨던 하나님의 구원을 말한다면 23절은 야곱과 이스라엘의 '자손들'(두 번, 문자적으로 '씨', 31절의 '후손'도 동일한 단어)이 새로운 구원을 찬양하는 것을 말한다.[11]

B 부분(6-11절) 또한 B′ 부분(25-26절)과 대조적 대칭을 이룬다. 6-8, 11절에서는 다윗이 백성들에게 조롱을 당하면서 도움을 간구하는 반면, 25-26절에서는 하나님께 구원을 받은 다윗이 여호와를 경외하는 '큰 회중' 가운데서 찬송하며 그들과 감사의 제물을 먹고 있다.[12] 다윗의 구원이 조롱하는 백성들을 찬송하는 백성들로 바꾸어놓고 있다. 또 9-10절에서는 과거에 다윗의 '의지'가 되시고 다윗을 그의 어머니 품에서 충분히 '만족'하게 하셨던 하나님을 노래하고, 26절에서는 하나님이 다시 하나님을 '찾는' '겸손한 자'를 구원하시고 만족스럽게 먹이셔서 참된 의지가 되셨음을 고백하고 있다. 한편 백성들은 다윗을 조롱했는데(6-8절) 다윗은 그들을 축복한다(26절).

C 부분(12-21절)은 바산의 강한 소들처럼 강력한 대적들의 공격을 받는 다윗의 극심한 고통에 대한 탄식과 그로부터의 구원을 간구하는 부분으로

---

11. J. S. Kselman, "'Why Have You Abandoned Me?' A Rhetorical Study of Psalm 22," in D. J. A. Clines, D. M. Gunn, and A. J. Hauser eds., *Art and Meaning: Rhetoric in Biblical Literature*, JSOTSup. 19 (Sheffield: JSOT Press, 1982), 189 참조.

12. Mays, *Psalms*, 108; VanGemeren, *Psalms*, 236은 구조 부분에서는 같지 않아도 이러한 대조를 강조한다.

구성되어 있는데 이 부분도 C′ 부분(27-31절)과 대조적으로 대칭을 이룬다. 앞부분에서 다윗이 사나운 짐승들과 같았던 대적들에게 공격을 당하여 거의 죽음에 이르고 있다면, 뒷부분에서는 죽음에서 건져진 다윗의 간증을 듣고(15절 '죽음의 진토에 두심,' 29절 '진토 속으로 내려가는 자') 모든 나라와 사람들과 후손들이 여호와 하나님을 경배하고 찬양하기 때문이다. 앞부분에서는 다윗의 생명이 대적들에 달린 것처럼 보였지만, 28절에서는 모든 나라에 대한 왕권이 하나님께 있음을 고백하고 있다. 17절에는 고난당하는 다윗이 자신의 뼈를 '세고'(*사파르* סָפַר) 있다면 30절에서는 그러한 다윗에 대한 하나님의 구원이 후대에게 '전해지고'(*사파르*) 있다.

이 시편의 가장 두드러진 문학적 특징은 1-21절의 탄식과 기도가 22-31절에서 급격하게 찬송으로 반전하는 것이다. 1-21절에는 1인칭 어미들(40회 이상)과 1인칭 주어로 된 동사들이 반복적으로 나오면서 '나'의 고통이 강조되고 있다면, 22-31절에는 하나님의 구원에 대한 '회중들'과 '백성들'과 '열방'의 찬양과 경배가 강조되고 있다. 첫 단락이 구원과 도움 어휘들(도우소서, 구하소서, 건지소서, 구원하소서, 응답하소서, 멀리하지 마소서)의 반복으로 채워져 있는 반면에, 두 번째 단락은 찬양과 경배 어휘들(선포하다, 찬송하다, 영광을 돌리다, 경외하다, 경배하다, 절하다, 전하다)로 가득 차 있다. 이 외에도 시인과 하나님의 거리감을 표현한 '멀리하다'는 단어가 1절에서는 탄식으로, 11, 19절에는 '멀리하시지 말라'는 간구로 반복되고 있다. 또 1-21절에는 신뢰를 표현하기 위해서 '의지하다'는 단어가 반복적으로 사용되고 있다(4-5절에서 세 번, 9절에서 한 번). 한편 3-5절에 나오는 이스라엘의 '선조'의 믿음은 23절의 '야곱의 자손,' '이스라엘 모든 자손,' 30-31절의 '후손들'의 찬양으로 이어짐으로써 다윗의 구원 사건이 이스라엘의 믿음을 지키는 중요한 사건임을 보여준다.

또 이 시편에는 하나님과 시인과 대적들에 대한 비유들이 많이 사용되고 있다. 하나님은 9-10절에서는 아기를 돌보는 '아버지'의 역할을 하는 분으로 묘사되어 있고, 19절에서는 '나의 힘'으로 비유되어 있으며, 28절에서는 '왕'으로 찬양받고 있다. 또한 대적들의 야만적인 공격은 여러 동물과 무기로 비유되어 있다. 탄식 부분인 12-13, 16절에서는 '많은 황소,' '바산의 힘센 소들,' '찢고 부르짖는 사자,' '개들,' '(수족을 찌르는) 칼' 순으로 비유되어 있고, 20-21절에서는 '칼,' '개의 세력,' '사자 입,' '들소 뿔'의 역순으로 비유되고 있다. 이들의 공격과 사람들의 조롱에 시달리는 시인의 고통도 그에 대한 다양한 비유를 통해서 강조되고 있다. 6절에서 시인이 자신을 '벌레'로 비유했고, 14-15절에서는 자신의 상태를 '쏟아진 물,' '녹아내리는 초,' '질그릇 조각,' '죽음의 진토에 누운 자'로 비유하고 있다. 한편 14-15절의 '어그러진 뼈'나 '입천장에 붙은 혀,' 17절의 '셀 수 있는 뼈,' 18절의 빼앗긴 '겉옷'과 '옷'은 시인의 고통과 비참한 상황을 잘 묘사하는 상징들이다.

본문 주해

표제: "다윗의 시, 인도자를 따라 아얠렛샤할에 맞춘 노래"

다윗이 지은 시(원래 악기를 연주하면서 부른 노래?)로서 후대 성전 예배에 사용될 때는 예배나 찬양을 인도하는 레위인이 부르거나 레위인을 따라 부르도록 했음을 의미할 것이다.

"아얠렛 샤할에 맞춰"(עַל־אַיֶּלֶת הַשַּׁחַר)는 이 시편에만 등장하는 표제로 아마도 이 시편이 성전 예배에서 불릴 때에 '새벽 암사슴'이라는 뜻을 가진 곡조에 맞춰 부르도록 했음을 가리킬 것이다. 칠십인역에서는 '아얠렛'을 이 시편 19절에 등장하는 단어처럼(*에얄룻* אֱיָלוּת) 읽어 '아침의 도움(힘)에 관하여'로 번역하고 있다.

1. 탄식 1: 멀리 계시는 하나님에 대한 탄식(1-2절)

시편을 여는 이 탄식은 전체 시편의 기조를 결정하는 서론이라고 볼 수 있다.[13] 다윗이 자신의 모든 고통을 허락하신 하나님, 그러면서도 멀리 계신 것 같은 하나님을 붙들고 자신의 고통을 맡기는 기능을 한다. 공간적으로는 '멀리 계시고'(1절) 시간상으로는 어느 때도(밤낮) '응답지 않으시는'(2절) 하나님의 총체적 부재에 대한 시인의 느낌이 매우 절박하다. 이것은 뒤따르는 신뢰의 고백 속에서는 반대로 나타난다. 공간적으로는 (성소에서) 이스라엘 가운데 좌정하셨고(3절), 시간상으로는 과거의 이스라엘 선조들의 시대(4-5절)와 다윗의 지난날들(9-10절) 가운데 함께하셨다. 나중에 다윗을 구원하신 하나님은 공간적으로는 이스라엘과 온 세상 가운데서 찬양받으실 것이며(22-29절), 시간상으로는 현재와 미래의 모든 사람에게 찬양받으실 것이다.[14]

1절에서 다윗은 하나님께 자신의 상황을 구체적으로 아뢰기 전에 먼저 '하나님'에 대한 탄식으로 시작한다. 이 탄식을 통해 자신이 엄청난 고통을 당하는데도 불구하고 자신에게서 멀리 계신 것 같은 하나님에 대한 거리감을 하소연한다. 1절에서는 두 번의 '어찌' 질문(10:1; 42:9; 43:2; 44:23, 24; 74:1, 10; 80:12; 88:14)을 통해서 자신을 버리신 것 같은 하나님에 대한 절박한 탄식을 올리고 있다. 두 번 연속 '내 하나님'을 부르는 것은 고난의 깊이가 그만큼 깊다는 표시다.[15] 1절 1행은 '내 하나님'이 나를 '버리셨다'는 모순으로 연결되어 있다(119:8; 창 28:15; 사 49:14; 54:7; 애 5:20; 시 88:14 참조). 자신을 사랑하시고 자신의 편이신 것으로 확신했던 '내 하나님'(1-2절에 세 번 반복, 10절)이 마치 자신을 버리신 것처럼 고통 가운데 내버려 두신다는 것을 이렇게 표현한 것이다. 2행은 "어찌 나를 구원하는 데서, 내 신음 소리로부터 멀리하십니까?"로 직역된다. 다윗이 오랜 고통 가운데 '신음하는 것'을 아시

13. Kselman, "Psalm 22," 183 참조.

14. Kselman, "Psalm 22," 183-4, 189.

15. Kraus, *Psalms 1-59*, 294.

면서도 '멀리 계시는' 것처럼 그 고통에서 구해 주시지 않는다는 것이다. '신음 소리'로 번역된 표현은 원래 사자와 같은 짐승의 울부짖음을 의미하여(14절; 욥 4:10; 사 5:29; 슥 11:3) 다윗의 고통이 그만큼 극심하다는(32:3; 욥 3:24 참조) 것을 표현한다. '멀리하다'는 표현은 실제로 하나님이 멀리 계심을 말하기보다는 너무나 멀리 떨어져 계시는 것처럼 자신의 기도에 오랫동안 반응하지 않으시는 것을 탄식하는 것이다. 1행의 '버리다'와 같은 의미다. 이 탄식은 악인들은 버리시고 멀리하셔도(119:155; 잠 15:29) 하나님을 의지하는 의인에게는 그렇게 하시면 안 된다는 것을 말하는 것이다. 그래서 11, 19절에서 다윗은 반대로 '멀리하지 말라'는 간구를 하고 있다.

2절은 1절의 탄식을 발전시킨다. 하나님의 버리심이나 멀리 계심은 기도에 응답하지 않는 것으로 표현된다. 2절에서 다윗은 밤낮 쉬지 않고 부르짖는 자신의 기도를 응답하지 않으시는 하나님께 왜 그러시냐고 항변하고 있다. 1행과 3행이 낮과 밤에 부르짖는다고 말하고 그 사이에 있는 2행이 응답하지 않는다고 함으로써 절망스러운 감정을 더 세밀하게 묘사한다. 그만큼 지금 '내 하나님'이 나에게 행하시는 것이 이해하기 힘들고 고통스럽다는 것이다. 3행의 '잠잠하지 않음'은 지속적인 탄식과 눈물을 의미한다(렘 14:17; 애 2:18; 3:49).

십자가에 달리신 예수님께서 1절 1행을 자신의 탄식으로 인용하셨다(마 27:46; 막 15:34). 자신을 고난당하는 의인과 동일시하신 것이다. 예수님에게나 다윗에게 1-2절의 탄식은 그러실 리가 없으신 하나님이 자신을 버리신 것 같은 상황에서도 여전히 곁에 계신 '내 하나님'(세 번이나 부름)께 매달리며 그분께 상황을 맡기는 믿음의 행위다.

2. 신뢰의 고백 1(3-5절): 의지하는 이스라엘을 구원하신 하나님

이 부분은 과거 역사 가운데서 하나님이 자신을 의지한 이스라엘을 구원하셨던 것을 회고하면서 하나님에 대한 신뢰를 표현한다. 이러한 신뢰의 고백은 지금도 하나님을 의지하는 자신을 구원해 주시길 간접적으로 촉구하는 부분이다. 3절은 하나님에 대한 신앙 고백이며, 4-5절은 그 고백의 근거가 되는 하나님의 구원 회상이다.

3절에서 다윗은 갑자기 2절까지의 탄식의 분위기를 바꾸어 하나님에 대한 신앙 고백을 한다. 3절 첫 부분의 원어는 '하지만 주는'이라는 강조 구문으로 시작하며 1-2절의 하나님의 모습과 대조적인 하나님의 모습을 상기시킨다(9절 참조). '내 하나님'으로 부른 1-2절에 이어 다윗은 하나님을 '주'(2인칭 '당신')로 부르면서 반복해서 하나님과의 친밀한 관계를 표현하며 과거의 하나님으로 돌아와 달라고 간접적으로 촉구한다. 2절까지가 다윗 개인의 고난에 대한 것이었기에 이스라엘의 거룩하신 하나님에 대한 3절의 고백은 좀 뜻밖으로 보인다. 이것은 다윗이 이스라엘의 대표로서 하나님이 이스라엘과 맺으신 언약에 기초해서 자신의 간구를 올리고 있음을 보여준다.[16] 그런 점에서 다윗을 곤경에서 구원하시는 하나님의 응답은 다윗과 같은 언약 신앙을 가진 공동체의 찬양으로 연결될 것이다(22-26절). 이런 공동체의 찬양은 이미 이스라엘 역사 속에서 이뤄져 왔음을 3절이 보여준다. '이스라엘의 찬송 중에 계신다'는 고백은 하나님께서 이스라엘의 성소에 왕으로 좌정하셔서 이스라엘의 찬양을 늘 받아오셨음을 말한다(99:1, 3; 사 6:3). 하나님은 항상 이스라엘의 "찬송의 이유와 대상과 본질이셨다."[17] '거룩하시다'는 고백은 단순히 하나님의 성품만이 아니라 하나님의 창조와 구원과 말씀에 나타난 그분의 위엄과 능력 전체에 대한 고백이다. 3절의 고백은, 이러한 찬송이 다윗의 구원을 통해서 다시 이스라엘 가운데서 지속되어야 함을 간접적으로 요청하는 기능을 하여 22절부터 나오는 이스라엘 회중들의 찬양과 연결된다. 그런 점에서 다윗은 극심한 고통에 대한 깊은 탄식 속에서도 이미

16. Charney, "Maintaining Innocence," 47.
17. Kraus, *Psalms 1-59*, 295.

하나님에 대한 찬양을 염두에 두고 있다.[18]

4-5절은 이스라엘이 늘 하나님의 거룩하심을 찬송한 이유가 과거에 그들이 하나님을 믿고 의지했을 때 그들을 구해 주셨기 때문임을 강조한다. '의뢰하다'는 단어를 무려 세 번을 사용하고 이와 동의어로 '부르짖다'는 기도의 용어를 사용한다. 그 결과는 하나님의 '건지심'과 '구원하심'과 '수치를 당하지 않게 하심'이다. 이스라엘이 정말로 하나님을 '의뢰한다'는 표현으로 환란 가운데서 기도했을 때마다[19] 하나님이 응답하셔서 그들을 곤경에서 구해 주셨음을 고백하는 것이다(신 26:7; 수 24:6-7; 삼상 12:8 참조). 21편 7절에서 왕이 승리한 이유도 하나님을 의지했기 때문이었다. 이러한 회상은 지금도 조상들처럼 하나님을 의지하고 부르짖는 다윗을 고통에서 건져 주실 것을 믿는다는 고백이면서도 하나님의 의로운 방식을 따라 속히 행하실 것을 촉구하는 것이기도 하다.[20]

3. 탄식 2(6-8절): 백성의 비방과 조롱

1-2절의 탄식이 하나님에 대한 것이었다면 이 부분은 사람들이 고난당하는 자신에게 하는 비방과 조롱에 대한 탄식이다. 이들은 12-18절에 묘사된 대적들과는 다른 다윗의 동료 백성들로 보인다.[21] 다윗은 이 탄식을 통해, 고난이 길어지는 것도 힘들지만 그런 자신을 보는 사람들의 비방과 조롱도 너무나 견디기 힘들다고 토로하고 있다.

6절의 원어는 '하지만 나는'으로 시작하면서 하나님을 의지하여 구원을 받은 이스라엘의 과거 역사와 현재 자신의 모습을 대조시킨다(3절 참조). 5절

---

18. Kselman, "Psalm 22," 184 참조.
19. Miller, *Interpreting the Psalms*, 102에서는 '의지하다'와 '부르짖다'의 평행을 주목하면서 이 둘은 신뢰할 만한 하나님에 대한 신뢰를 구성하는 부분들이라고 적절하게 표현한다.
20. Miller, *Interpreting the Psalms*, 103.
21. 김상기, "시편 22편: 탄식과 찬양의 변증법," 『신학연구』 49 (2006): 41도 여기에 동의한다.

끝에서 그들은 '수치를 당하지 않았다'고 했는데 자신은 반대로 엄청난 수치를 당하고 있음을 대조적으로 표현하는 것이다.[22] 언약공동체 이스라엘을 대표하는 다윗(3-5절)이 그 공동체 내에서 조롱을 받는 것은 다윗의 정체성에 엄청난 위기를 초래한다. 그런 점에서 다윗이 곤경에서 구원받는 것은 다윗의 믿음과 동시에 언약공동체의 전통적 신앙을 지키는 길이며, 언약공동체의 찬양(22-26절)을 이끌어 내는 중요한 사건이 될 것이다. 6절에서 다윗은 자신이 인간의 존엄성을 잃고('사람이 아닙니다,' 여호와의 종의 경우, 사 52:14; 53:3) 가장 비천한 '벌레'처럼 되었다고 탄식한다(욥 25:6; 사 41:14). 이런 표현들은 고난당하는 다윗의 모습이 그만큼 비참하게 되었다는 것을 말하면서도 2행이 보여주듯이 사람들이 다윗을 벌레처럼 비방하고 조롱하고 있음을 의미한다(의인이 사람들에게 당하는 조롱에 대해서는 31:11; 69:7-10, 19-20; 109:25; 119:22, 141; 욥 16:10 등 참조). 아마도 사람들은 다윗이 고난당하는 모습을 보면서 다윗이 큰 죄를 지어 하나님께 버림받았다고 생각하고 조롱했을 것이다. 혹은 사울의 세력 등이 퍼뜨린 다윗에 대한 거짓된 소문을 믿고 다윗을 비난했을 것이다.

7절에서는 사람들이 행동으로, 8절에서는 말로 다윗을 조롱하는 것을 묘사한다. 7절 1행에서는 자신을 보는 사람마다 자신을 비웃는다(느 2:19; 4:1; 욥 21:3의 비웃음 참조)고 탄식한다. 그러면서 2-3행에서 그 비웃는 행동을 묘사한다. '입술을 비쭉거리다'로 번역된 표현은 원래 입술을 (넓게) 열어 조롱하는 행동을 의미한다(*HALOT*, 35:21; 욥 16:10의 유사한 표현 참조). 머리를 흔드는 행동도 조롱의 행동이다(109:25; 욥 16:4; 애 2:15; 마 27:39; 막 15:29 참조; 유사한 표현 시 44:14).

8절에는 백성들이 다윗을 조롱하면서 하는 말이 인용되어 있다. '여호와께 의탁하니'로 번역된 히브리어 표현은 '여호와께 굴리라'로 직역될 수 있

22. Miller, *Interpreting the Psalms*, 104; 김상기, "시편 22편," 41.

다. '굴리다'는 단어는 '여호와께'와 합쳐져서 여호와께 필요나 고통을 의탁하는 행동을 가리킨다(37:5; 잠 16:3). 명령법이지만 이것은 다윗이 평소에 자주 했던 말을 인용하는 것이기에 '그래, 네가 여호와께 의탁한다면'이란 가정적인 의미를 담은 직설법 문장이다. 이것은 평행을 이루는 2행의 '그(여호와)가 그(다윗)를 기뻐하시기 때문에'에서 잘 나타난다. 다윗은 하나님께 자신을 의탁하였기에 하나님이 자신을 기뻐하실 것이라고 하지만 사실은 이미 하나님이 다윗을 버렸다는 뜻의 조롱하는 말이다. 현재 다윗이 처한 비참한 상황이 다윗의 말이 진실이 아님을 증명한다고 보는 것이다. 이처럼 이 조롱의 말은 다윗을 비참하게 만드는 기능을 하면서도 역설적으로 언약공동체가 다윗의 신앙에 대해 증언을 하는 기능도 한다. 이들이 증언하는 다윗의 믿음이 참된 것이라면 하나님이 그의 간구에 응답하지 않는 것은 이스라엘의 신앙(4절)과 하나님의 명예에 위협이 될 것이라는 점을 보여준다.[23] 십자가에 달린 예수님을 조롱하는 백성들의 말에 이 절이 인용되고 있다(마 27:43). 이것은 예수님이 자기 백성에게 오해받고 조롱당한 의인의 모든 고난에 동참하시고 그 고난을 완성하셨음을 보여준다.

4. 신뢰의 고백 2(9-10절): 태어날 때부터 다윗의 의지가 되셨던 하나님

3-5절에서의 신뢰 고백이 과거 이스라엘의 역사를 회고한 것이었다면, 9-10절의 두 번째 신뢰 고백은 다윗 개인의 삶을 회고한 것에 기초한다. 원어로 보면 '모태,' '어머니 품,' '자궁,' '모태'라는 유사한 표현들이 각 행에 등장하면서[24] 시인이 태어나기 전부터 지금까지 하나님이 아버지처럼 자신을 돌보신 것을 강조한다. 한편 히브리어 원문은 다음과 같이 소리와 의미를 통한 교차 대구적 구조를 통해서 하나님과 시인의 밀접한 관계를 강조한다.[25]

---

23. Charney, "Maintaining Innocence," 48.
24. 김정우, 『시편주석 I』, 513.
25. Kselman, "Psalm 22," 177 참조.

주(*아타* אַתָּה)
　　나를 나오게 하신 분(*고히* גֹחִי)
　　　　모태로부터(*밋베텐* מִבֶּטֶן)
　　　　　　내 어미 품에(*알 쉐데* עַל־שְׁדֵי)
　　　　　　주께(*알레이카* עָלֶיךָ)
　　　　모태로부터(*밋베텐* מִבֶּטֶן)
　　나의 하나님(*엘리* אֵלִי)
주(*아타* אַתָּה)

3절처럼 9절에서도 다윗은 '하지만 주는(오직 주께서)'으로 시작하면서 자신의 고난에도 불구하고 자신이 하나님을 신뢰하고 있음을 고백한다. 9절 1행에서 다윗은 자신이 태어난 것이 창조주 하나님에 의해 가능했음을 고백한다. 2행의 번역은 쉽지 않다. 1행에 이어 하나님이 다윗을 태어나게 하셔서 어머니 품에 안기게 하신 분임(JPS)을 의미할 수도 있고, 많은 번역본(개역개정, ESV, NIV)처럼 어머니 품에서부터 하나님을 의지하게 하신 것을 의미할 수도 있기 때문이다. 여기서는 후자로 번역하여 태어날 때부터 다윗이 하나님을 의지했음을 고백하는 것으로 보았다(71:5-6). 어떻게 번역하든 다윗은 출생 이전부터 지금까지 자신을 아버지처럼 돌보신 분이 오직 하나님이셨음을 고백하고 있다.[26]

10절에서도 그러한 고백을 이어간다. 10절 1행은 "모태(자궁)로부터 내가 주께로 던져졌고"로 번역될 수 있는데 이것은 다윗의 삶 전체가 하나님께 온전히 맡겨진 것을 생생하게 묘사하는 것이다. 2행은 그것을 더 분명하

---

26. Mays, *Psalms*, 109에서는 이 절이 아버지의 역할로 하나님을 비유한다고 본다. 즉, "그 아버지는 태어나는 아이를 받고, 젖을 먹을 수 있도록 어머니의 가슴에 안겨주며, 그 아이의 일생 동안 필요와 안녕을 제공해 주는 역할을 한다."라고 보는 것이다. Calvin, *Psalms*, 1:369-70.

게 고백한다. 모태로부터 '주는 내 하나님'이셨다는 고백은 1-2절에서 세 번이나 반복적으로 불렀던 '내 하나님'과 함께 1-10절을 하나로 묶는다. 하나님이 지금까지 다윗의 삶을 책임지시고 돌봐주신 주권자였음을 고백하는 것이다. 이것은 현재의 고통스러운 상황에서는 고백하기 어려운 것이다. 그런데도 다윗은 '주는 내 하나님'이라고 신뢰 고백을 하며 현재 고통을 하나님께 맡긴다.

5. 간구 1(11절): "멀리하지 마십시오"

'멀리하신'(1절) 하나님에 대한 '멀리하지 말라'는 간구가 이제야 등장한다. 그런 점에서 이 절은 '나의 하나님'이 나오는 1-2절, 10절과 함께 수미쌍관을 이루어 첫 번째 탄식인 1-11절을 하나의 연으로 묶는 기능을 한다. 동시에 이 절은 비슷한 간구를 담고 있는 두 번째 간구인 19절과 함께 두 번째 탄식인 11-21절을 하나로 묶기도 한다.[27]

11절의 간구는 두 번의 탄식(1-2, 6-8절)과 두 번의 신뢰 고백(3-5, 9-10절) 다음에 등장하는 첫 번째 간구다. 다윗은 하나님을 의지하여 하나님께 부르짖었던 조상들처럼(5절) 하나님을 신뢰하며 기도한다. 이 짧은 간구 속에 모든 기도 내용이 함축되어 있다. 1절에서 '멀리 계신 것' 같은 하나님께 탄식했기에 '멀리하지 마시길' 간구한다(35:22; 38:21). 이전처럼 고난에서 자신을 건져 주셔서 자신과 가까이 계심을 보여 달라는 간구다. 2행과 3행은 각각 이유를 나타내는 접속사로 시작하면서 그렇게 간구하는 이유를 말한다. 첫 번째는 환난이 가까이 있기 때문이라고 한다. 하나님은 멀리 느껴지고 그 자리를 환난이 메우고 자신을 압도하고 있다는 것이다.[28] 이 환난은 12절 이하에서 훨씬 더 구체적으로 묘사될 것이다. 두 번째 이유는 6-8절에서 탄식했

---

27. Kselman, "Psalm 22," 186에서는 이러한 11절의 이중적 기능을 '야누스적'이라고 부른다.
28. Mays, *Psalms*, 109.

던 것처럼 다윗의 의로움을 알아주고 다윗을 환난에서 건져 줄 사람이 없기 때문이라고 한다. 하나님만이 자신을 도울 분이라는 강력한 고백이다.

6. 탄식 3(12-18절): 대적들의 공격과 그로 인한 다윗의 엄청난 고통

이 부분에서는 대적들에게 공격을 받는 다윗의 고통에 대한 본격적인 탄식이 열거된다. 여기에 묘사된 공격적인 대적들은 6-8절의 사람들과는 다른 사람들로 보인다.[29] 다윗은 대적들을 사나운 짐승들에 비유하면서 그들의 공격이 얼마나 악랄한 것인지를 고발함과 동시에 자신이 얼마나 고통스러운 상황에 있는지를 많은 비유를 동원하며 상세하게 아뢴다. 그래서 이 부분에는 대적들의 행동을 묘사하는 동사들이 많이 등장하고 고통당하는 '나'를 가리키는 1인칭 접미어가 20여 회나 반복되고 있다.

1) 강력한 대적들의 공격(12-13절)

12-13절(+16절)에서 다윗은 강력한 대적들에 완전히 포위되어 있다고 탄식한다. 그는 대적들을 소들과 사자(+ 개, 16절)에 비유한다. 12절은 '에워싸다 - 황소들 - 바산의 힘센 소들 - 둘러싸다'의 교차 대구적인 구조를 통해서 강력한 대적들에게 둘러싸인 시인의 곤경을 강조한다. 가운데 부분에 나오는 황소들이나 바산의 힘센 소들은 당시에 매우 강하고 공격적인 대적들에 대한 비유로 적합했다. 비옥한 바산(지금의 '골란고원')에서 자란 힘세고 뿔이 튼튼한(21절 참조, 신 32:14; 겔 39:18; 암 4:1) 황소들은 매우 위협적으로 느껴졌을 것이다. 그런 소들처럼 강력한 대적들이 다윗을 '둘러쌌다'고 두 번이나 탄식함으로써 옴짝달싹할 수 없는 자신의 고통을 강조한다.

13절에서는 잔인한 사자(21절, 7:2; 10:9; 17:12; 욥 4:10)에 대적들을 비유

---

29. 김상기, "시편 22편," 45에서는 6-8절의 사람들은 지나가는 구경꾼들이고 16-18절의 사람들은 시인을 에워싸고 그의 죽음을 기다리는 '악한 무리들'이라고 적절하게 구분한다.

한다. 먹이 앞에서 입을 크게 벌리고 먹이를 찢고 포효하는 사자처럼 많은 대적이 다윗을 둘러싸고 죽이려고 하는 상황이 잘 묘사되어 있다(35:21; 애 2:16; 3:46). 이런 상황에서 다윗이 느낀 두려움이 얼마나 컸을지 상상할 수 있다. 수많은 사울의 군대가 다윗을 포위하고 압박하는 상황은 가장 적절한 예이다(삼상 23:26).

2) 대적들의 공격으로 말미암는 엄청난 고통(14-18절)

대적들의 공격에 의한 다윗의 고통이 얼마나 컸는지는 14-15절, 17-18절에 상세하게 묘사되어 있다. 14-15절에는 몸과 마음이 기진맥진한 다윗의 상태가 다양한 비유들로 표현되고 있다. 사울의 군대를 피하여 광야를 전전하던 다윗이 육체적으로나 심적으로 겪었을 질병이나 고통들을 생각해 볼 수 있을 것이다.

14절에서 다윗은 자신이 쏟아져버린 물 같고(수 7:5), 모든 뼈가 분리된(어그러진) 것 같고, 자신의 마음은 (불 앞의) 초(68:2; 97:5; 미 1:4 참조)처럼 녹아내리는(용기를 잃어버린, 수 2:11; 5:1; 7:5; 사 13:7; 19:1; 겔 21:7) 상태라고 한다. 육체의 모든 것들이 다 해체된 것처럼 다윗의 육체와 영혼이 탈진되고 고통스러운 상태를 묘사한다.

15절에서도 이런 고통 묘사는 계속된다. 힘은 질그릇 조각처럼 바짝 말랐고, 혀는 입천장에 붙었다고 탄식한다. 이것 역시 몸 안에 아무런 활기나 힘도 남아 있지 않은 목마르고 탈진한 상태를 묘사한다. 요한복음 19장 28절은 출혈과 탈수로 인한 예수님의 목마름이 극에 달한 모습을 보여주는데, 15절이 반영된 것이라 할 수 있다. 3행은 일종의 결론적인 묘사로 하나님이 다윗을 '죽음의 진토 속에 눕게 하셨다'고 표현한다. 하나님이 죽음의 흙구덩이에 몰아넣으신 것처럼 다윗이 모든 의욕과 힘을 잃고 죽어가는 상태를 처절하게 표현한 것이다(30절; 욥 7:21; 17:16; 20:11; 21:26; 사 26:19; 단 12:2). 비록 대적들이 자신을 공격하여 자신이 고통을 당하고 있기는 하지만 이 모든 상황은 하나님의 주권 아래서 일어나고 있음을 알기에 하나님께 이렇게 탄식하는 것이다(욥 10:3, 8-22 참조).[30]

16절은 이유 혹은 강조를 나타내는 접속사로 시작하여 14-15절에 묘사된 다윗의 고통스러운 상태에 대한 이유가 12-13절처럼 대적들의 공격 때문이라고 한다. 16절에도 12절에서처럼 대적이 '개들'에 비유되고 있고, '에워싸다,' '둘러싸다'는 유사한 표현들이 나와 다윗에 대한 대적들의 공격이 치명적임을 강조한다. 여기서 '개들'은 '악한 무리'와 평행을 이루면서 나오는데, 먹이를 찾아 떼지어 다니며 쓰레기 더미를 뒤지고 썩은 고기의 피를 핥는(59:6, 14-15; 68:23; 왕상 14:11; 16:4; 잠 26:11) 개들의 경멸스러운 모습에 악인들의 무리를 비유한 것으로 보인다.[31] '개들'이 12-13절에 함께 나오지 않는 이유는 아마도 죽어가는 시인에 대한 비열한 공격 모습이 '개들'의 습관과 닮았기 때문일 수도 있다. 16절 3행의 번역은 쉽지 않다. '찌르다'로 번역된 표현(*카아리* כָּאֲרִי)은 사실 문자적으로는 '사자처럼'이다(JPS). 그런데 이렇게 읽으면 문장이 성립이 안 되고 13절에 이미 '사자'가 등장했기에 다수의 사본과 번역본들은 다른 독법을 제시한다. 여기서는 칠십인역처럼 동사(*카라* כָּרָה 혹은 *쿠르* כּוּר)로 읽어서 '함께 묶다'(*HALOT*, 네 번째 의미) 혹은 '찌르다'로 번역한다.[32] 후자가 더 문맥에 맞는 것으로 보인다. 20절에는 '칼'과 '개의 손아귀'가 평행을 이루고 있어서 그것을 암시하고 있다. 수

---

30. Miller, *Interpreting the Psalms*, 106; 김상기, "시편 22편," 49 참조.

31. 『IVP 성경배경주석-구약』, 753.

32. 이 부분에 대해서는 많은 논쟁이 있었는데, 사해사본의 독법을 따라서 '찌르다'로 번역하는 것을 지지하는 논문들로는 C. R. Gren, "Piercing the Ambiguities of Psalm 22:16 and the Messiah's Mission," *JETS* 48/2 (June 2005): 283-99; S. Hopkin, "The Psalm 22:16 Controversy: New Evidence from the Dead Sea Scrolls," *Brigham Young University Studies*, 44/3 (2005): 161-72가 있고, '사자처럼'으로 읽는 독법을 택하되 끊어 읽기를 달리하여 "개들, 즉 악한 무리들이 나를 에워쌉니다/ 사자처럼, 그들은 내 손들과 발을 둘러쌉니다."로 이해하는 논문은 K. M. Swenson, "Psalm 22:17: Circling Around the Problem Again," *JBL* 123/4 (2004): 637-48이며, 고대 근동의 도상학과의 연관을 통해서 '사자처럼'으로 읽되 원래 그 뒤에 있던 동사를 잃어버린 것으로 보는 논문은 B. A. Strawn, "Psalm 22:17b: More Guessing," *JBL* 119/3 (2000): 439-51이다. Kraus, *Psalms 1-59*, 291-2에서는 '묶다'로 번역하고 있다.

족을 찌르는 것은 시인을 죽이려는 행동을 의미할 것이다. 여호와의 종, 메시아, 예수 그리스도에게 이런 표현들이 사용되고 있다(사 53:5; 슥 12:10; 요 19:34, 37 참조).[33]

17절 1행에서 다윗은 다시 자신의 고통에 대해 탄식하면서 대적들의 불의한 행동을 고발한다(17절 2행-18절). 17절 1행에서 다윗은 자신이 모든 뼈를 셀 수 있다고 탄식한다. 이것은 아마도 모든 것을 탈취당하여(18절) 벌거벗겨진 상태를 가리킬 수도 있겠지만, 피골이 상접한 상태를 가리키는 것으로 보인다("뼈마디 하나하나가 다 셀 수 있을 만큼 앙상하게 드러났으며," 새번역; 102:5; 욥 19:20; 33:21 참조). 14절에서 언급한 '뼈들'을 다시 반복하면서 기진맥진한 상태로 죽어가는 자신의 고통스러운 상태를 아뢴다고 볼 수 있다. 그처럼 비참하게 죽어가는 시인의 모습을 대적들이 의기양양하게 내려다본다는 탄식이 2행에 이어진다.

18절은 대적들이 시인의 옷들을 전리품으로 챙기기 위해서 제비를 뽑는다는 탄식을 담고 있다(요 19:23-24 인용). '겉옷'과 '옷'을 탈취한다는 표현은 다윗이 가진 모든 것을 남김없이 빼앗아가는 악인들의 악랄함을 강조한다.

17-18절의 상황을 하나의 특정한 고난에 대한 문자적 묘사로 볼 필요는 없는 것 같다. 앞에서처럼 다윗이 극심한 고통 가운데 처해있고 그런 다윗으로부터 모든 것을 앗아가려고 하는 악인들의 악랄함을 고발하는 총체적이며[34] 비유적인 표현으로 볼 수 있을 것이다. 이런 표현들은 모든 고통당하는 의인들이 자신의 고통을 묘사하기 위해 사용할 수 있는 표현인 셈이다.[35] 이런 비유적 표현이 예수님께는 문자적으로 이뤄졌다고 볼 수 있다.

---

33. *NIV Study Bible*, 808.
34. Mays, *Psalms*, 101 참조.
35. Miller, *Interpreting the Psalms*, 106 참조.

7. 간구 2(19-21절): '멀리하지 마시고 대적들로부터 구하소서'

절박한 탄식에 이어 두 번째 간구가 나온다. 19절이 포괄적인 간구라면 20-21절은 구체적인 구원 간구다. 20-21절은 12-18절에서 대적들에 대해서 묘사했던 순서와 역순으로 자신의 생명을 대적들로부터 구해 주실 것을 기도한다. 앞에서는 소 - 사자 - 개 - 칼(16절 '찔렀나이다'에 암시됨) 순(12, 13, 16절)이었다면 여기서는 칼 - 개 - 사자 - 소 순이다(20-21절).[36] 이러한 문학적 기법은 22절 이후의 대적들의 공격을 정확하게 역전시키는 하나님의 구원을 준비한다.[37] 그리고 21절의 동사 '응답하다'('구해 주십시오'로 번역)는 2절의 동일한 단어와 함께 탄식과 기도 부분(1-21절)을 하나로 묶는다.[38]

19절 원어도 3절과 9절에서처럼 앞의 절박한 탄식과 대조를 이루며 '하지만 주(2인칭, 당신) 여호와여'로 시작한다. 다윗은 11절에 이어 다시 '멀리하지 마옵소서'라고 기도한다. 2행에서는 매우 희귀한 단어인 나의 '힘(*에얄룻* אֱיָלוּת, 혹은 도움)'으로 여호와를 부르며 속히 '나의 도움'이 되실 것을 간구한다. 20-21절에서 말하고 있듯이 칼이나 황소나 사자나 개들처럼 강력하게 자신을 공격하는 대적들을 물리치실 수 있는 분이 하나님이시기에 하나님을 '나의 힘'으로 부르는 것은 적절하다. 19절의 기도는 11절처럼 요약적인 기도로서 하나님이 죽어가는 자신을 속히 도우심으로써 자신을 멀리하지 않았음을 보여주시라는 간구이다.

20-21절은 19절 기도를 구체화한다. 20절은 16절 탄식의 역순이다. 자신을 죽이려고 하는 대적들의 (찌르는) '칼'과 '개'의 손아귀에서 건져 주시길 간구한다. '내 유일한 것'은 1행의 '내 생명'과 평행을 이루어 하나뿐인 귀한

---

36. N. H. Ridderbos, *Studies on Psalms: Style-Figures and Structure-Certain Considerations, with Special Reference to Pss. xxii, xxv, and xlv*, Oudtestamentische Studien 13 (Leiden: E. J. Brill, 1963), 56; 김상기, "시편 22편," 44.

37. Kselman, "Psalm 22," 188.

38. Kselman, "Psalm 22," 179.

(ESV, NIV) 목숨을 일컫는다. 이 기도는 35편 17절("내 생명을 저 멸망자에게서/ 내 유일한 목숨을 사자들로부터 구해 주십시오)과 매우 유사하다.[39]

21절에서 다윗은 12-13절 탄식의 역순으로 대적들의 공격으로부터 구원을 요청한다. '사자의 입'과 '들소의 뿔'은 13절과 12절에서 비유했던 강력한 대적들의 공격을 상징한다. 사자의 가장 강한 무기는 먹이를 물어뜯는 입이고 야생 들소의 가장 강한 무기는 '뿔'이기 때문이다. 2행에서 '내게 응답하시고 … 구원하셨나이다'로 의역된 표현(*아니타니* עֲנִיתָנִי)은 문맥상으로 보면 매우 번역하기 힘든 단어이다. 많은 번역본처럼 이 완료형을 과거형로 번역하면 '나에게 응답하셨습니다'이다. 그래서 일부 학자들은 이렇게 과거형으로 번역하여 21절에 와서 제사장이나 선지자를 통해 하나님의 구원 신탁(예: 사 41:8-13, 14-16 혹은 렘 15:19-21)을 들은 것을 고백하는 것으로 보기도 한다.[40] 이렇게 보면 22-31절의 구원에 대한 찬양으로 자연스럽게 연결될 수 있기 때문이다. 하지만 그렇게 보기에는 모든 것이 너무 갑작스럽고 어색하다.[41] 신탁의 존재에 대해서 문맥 속에서 어떤 힌트도 나타나지 않았기 때문이다. 또 다른 견해는 미래에 이루어질 하나님의 응답과 구원에 대한 확신을 표현하는 '예언적 완료형'으로 이해하여 과거형으로 번역하거나, 단순히 미래형으로 번역하여 확신을 표현한 것으로 보는 것이다.[42] 앞에서 하나님께 드렸던 탄식들과 신뢰 고백들, 간구들 가운데서 다윗은 하나님의 응답을 확신했다고 보는 것이다.[43] 하지만 다수 영어 번역들(NIV, JPS)처럼 완료형 동

---

39. Kselman, "Psalm 22," 179는 이 외에도 시 22:22, 25절과 35:18, 22:13과 35:21, 22:11, 19절과 35:22 사이의 유사점을 잘 관찰하고 있다.
40. Kraus, *Psalms 1-59*, 292, 293-4, 298; Craigie, *Psalms 1-50*, 198이 이렇게 주장한다.
41. 이처럼 21절과 22절 사이의 갑작스러운 분위기 전환에 대한 학자들의 견해를 차준희, "시편 22편에 대한 신학적 읽기," 『성령과 신학』 23(2007): 27-9에서는 다음과 같이 정리하고 있다. 1. 기도를 통한 심리적 변화 2. 신뢰의 확신 3. 과거의 은혜 회고 4. 제사장의 구원 신탁 5. 공식적 기도문
42. G. T. M. Prinsloo, "Hope against Hope - a Theological Reflection on Psalm 22," *OTE* 8 (1995): 74에서는 "주께서 내게 응답하실 것입니다"로 번역하여 확신의 천명으로 본다.
43. 김상기, "시편 22편," 49에서는 탄식과 기도 가운데서 '가까운 하나님'을 경험함으로써 고난으로

사를 앞의 명령형 동사에 이어지는 명령형 '구원하소서'(혹은 응답하소서)로 번역하는 것이 더 자연스럽다.[44] 확신으로 보든지, 간구로 보든지, 22-31절을 미래에 드릴 찬양에 대한 맹세로 보는 데는 아무 문제가 없다.

8. 하나님의 구원에 대한 찬양의 맹세 1(22-24절): 이스라엘의 찬양

어떤 주석가들은 21절 후반부를 '구원하셨다'로 번역하면서 22-31절을 구원하신 하나님에 대한 찬양으로 이해한다. 하지만 이 부분은 22, 25절에서 나타나듯이 미래에 고통에서 구원받은 후에 하나님께 올려드릴 찬양을 맹세하는 부분이다. 하나님에게는 너무나 확실한 구원이기에 그 구원이 이루어지면 회중 앞에서 그 구원을 간증하고 찬양할 것을 고통 가운데서도 맹세하고 있다고 볼 수 있다. 이런 맹세는 기도시편들에서 흔하게 나타나는데(7:17; 13:6), 이 시편에서는 매우 길다. 이 부분에는 '선포하다,' '찬송하다,' '경외하다,' '영광을 돌리다,' '경배하다,' '절하다,' '섬기다,' '전하다' 등 찬양과 예배와 관련된 단어들이 압도적으로 많이(15여 회) 쏟아지면서 찬양의 주제를 강조한다. 기도와 탄식 부분인 1-21절에서는 다윗을 조롱하는 자들과 대적들이 다윗을 둘러싸고 있다면, 찬양의 맹세 부분인 22-31절에서는 다윗과 함께 하나님을 찬양하는 백성들이 그를 둘러싸고 있다. 이들의 정체는 형제, 회중, 여호와를 두려워하는 너희, 야곱의 모든 자손, 이스라엘 모든 자손, 곤고한 자, 큰 회중, 주를 경외하는 자, 겸손한 자, 여호와를 찾는 자, 땅의 모든 끝, 모든 나라의 모든 족속, 세상의 모든 풍성한 자, 진토 속으로 내려가는 자, 자기 영혼을 살리지 못할 자, 후손, 대대, 태어날 백성 등으로 확장되면서(무려 18회 언급) 앞에 나온 대적들을 압도하는 효과를 자아내고 있다. 이러한 특징

부터의 해방을 선취하였다고 표현한다. 그러면서 22-31절 부분을 '찬양서원'으로 옳게 분석한다.

44. D. J. Armitage, "Rescued Already? The Significance of עניתני in Psalm 22, 22," *Biblica* 91/3 (2010): 335-47에서는 이 완료형 동사가 기원형으로 읽힐 수 있다고 제안한다. VanGemeren, *Psalms*, 246에서도 여기에 동의하고 있다.

들은 다음과 같은 교차 대조적인 구조를 형성한다.

a 22-23절 내가 '주'와 '주의 이름'을 선포함, 이스라엘의 '자손'('씨')에게
b 24-25 '곤고한 자'(24)의 찬송(25)
c 26 겸손한 자들이 먹고 찬송함
d 27 '모든 나라' 모든 족속의 경배
e 28a 왕이신 여호와
d′ 28b 여호와의 '모든 나라' 통치
c′ 29a 모든 부자가 먹고 경배함
b′ 29b '진토 속으로 내려가는 자/자기 영혼을 살리지 못할 자'의 예배
a′ 30-31 '후손'('씨')이 '주'와 '주의 공의'를 선포함, '태어날 백성'에게

'씨'(이스라엘 자손, 태어날 백성)에 대한 하나님의 의로운 구원 사역 선포가 전체를 묶는 틀이라면(a와 a′), 제일 가운데에 그 핵심 주제로서 의로운 구원을 통해 드러난 '여호와의 왕 되심'이 고백 되고 있다(e). 그리고 그런 구원의 결과는 여호와의 의로운 통치를 받는 비천한 자들뿐만 아니라(b와 b′) 부자들(c와 c′)의 참된 만족과 모든 나라(d와 d′)의 찬양과 경배를 불러일으킨다. 다윗의 구원은 이처럼 놀라운 파급 효과를 불러일으키는데, 이는 예수 그리스도의 고난과 부활 가운데서 성취되었다고 볼 수 있다.

22-24절은 첫 번째 찬양의 맹세(22절)와 그 찬양에 초대할 대상(23절)을 언급하고 찬양할 내용(23-24절)을 노래한다. 이들의 찬양은 먼저 함께 예배하는 이스라엘 공동체 가운데서 이루어진다. 이 부분에는 3절의 '이스라엘의 찬송'에서 나왔던 표현인 '찬양하다'와 '이스라엘'이 반복되면서 1-5절과 연결된다.

1) 찬양의 맹세(22절)

다윗은 하나님이 자신을 극심한 고통과 곤경으로부터 건져 주신다면 하나님을 예배하는 회중 가운데서 그 구원을 간증하고 하나님을 찬양할 것이라고 맹세한다. '형제'는 문자적으로 친척들이나(50:20), 친구들(35:14; 122:8)을 가리킬 수 있으나 여기서는 함께 하나님을 예배하는 회중을 가리킨다(133:1). 믿음의 '형제들'이다.[45] 히브리서 2장 12절은 고난을 겪으시고 부활하신 그리스도가 성도들을 '형제'라 부르며 자신과 동일시하신 것을 확증하기 위해서 이 구절을 인용하고 있다. 다윗의 구원이 믿음의 형제들을 불러 모았듯이 그리스도의 부활이 모든 믿는 자들을 그리스도의 형제로 만들었다. 또 '회중'이라는 단어는 하나님을 예배하기 위해서 모인 경건한 의인들의 무리를 가리키는 전문적인 용어이다(25절; 35:18; 107:32; 149:1; 출 16:3; 레 4:13이하; 민 10:7; 15:15 등).[46] 기도 응답을 통해 고난에서 구원받은 성도는 회중 가운데서 감사제를 드리며 자신의 구원에 대해서 간증하고 감사했던 것 같다(25절; 시 50:14; 61:8; 레 7:15-21). 찬양의 맹세는 1행에서는 하나님의 사역과 성품을 대변하는 '하나님의 이름을 선포하는' 것으로 표현되고 있다. 다윗에게 임하셔서 능력으로 구원하신[47] 하나님의 일을 간증하면서 하나님이 어떤 분이신지를 낱낱이 알리겠다는 의미다. 이 '선포하다'는 단어는 17절에서 뼈를 '헤아리다'는 표현에 사용되었다. 고통 가운데서 자신의 앙상한 뼈를 '헤아리던' 시인이 하나님의 구원을 받아 그 구원의 은혜를 '헤아리며' 백성들에게 알리는 날을 내다보고 있다(30절 참조). 2행도 1행의 의미를 유사하게 강화한다. 2행에서는 하나님의 '이름'이 아니라 직접 하나님을 찬송하겠다고 맹세한다. 이 '찬송하다'는 단어는 3절에 나온 '찬송'이라는 명사와 같은 어근을 갖는데 하나님에 대한 과거 이스라엘의 찬양이 구원받은 다

---

45. Mays, *Psalms*, 111.
46. Kraus, *Psalms 1-59*, 299.
47. Kraus, *Psalms 1-59*, 299.

윗과 그의 언약공동체에 의해 지속됨을 보여준다.

2) 이스라엘의 찬양 내용(23-24절)

23-24절은 구원받은 다윗이 미래에 회중 가운데서 드릴 찬양의 내용을 담고 있다. 23절은 회중들을 찬양으로 초대하는 부분이고 24절은 그 찬양의 내용이다. 23절에서 다윗은 22절의 회중들을 '여호와를 두려워하는 너희,' '야곱의 모든 자손,' '이스라엘의 모든 자손' 등 세 가지로 부른다. 진정으로 여호와를 믿고 순종하고 예배하는 '여호와를 경외하는 자들'이라면, 하나님을 예배하는 참 이스라엘[48]이라면, 다윗의 구원에 대해서 듣고 여호와를 찬양하지 않을 수 없다는 것을 강조한다. 3절과 연결하면 과거 이스라엘 선조들의 찬송을 다윗시대 이스라엘이 이어가는 것이다. '찬송할지어다'와 '영광을 돌릴지어다'와 '경외할지어다'는 표현은 모두 구원의 하나님께 합당한 예배와 찬양을 올려드리는 자세를 표현한 것이다. 세 번째의 '경외하다'(*구르* גּוּר)는 단어는 하나님 앞에서 두려워하는 겸비한 자세를 의미한다(33:8 참조).

24절에는 미래에 다윗과 회중들이 찬양할 내용이 나온다. 이 부분이 간증의 핵심이 될 것이다. 그것은 하나님이 다윗과 같이 극심한 고통(6-8, 12-18절 참조) 가운데 있는 '곤고한 자'의 고통을 멸시하거나 외면하시지 않고 울부짖는 그들의 기도를 들으신다는 것이다. 백성들은 '곤고한 자'인 다윗을 하나님께 버림받았다고 조롱했지만(6-8절, 6절의 '조롱'과 24절의 '멸시하다'는 같은 단어), 하나님은 그렇게 하지 않으신다는 것이다(1행). '곤고한 자'는 하나님을 경외하는 의인이지만 악인들에게 고통당하는 가운데서도 오직 하나님만 의지하는 '가난한 자'를 가리킨다(26절의 '겸손한 자' 참조). '곤고'(*에누트* עֱנוּת)로 번역된 단어는 '간구'로 번역되기도 하고(JPS, LXX) '경건함'으로 번

48. Kraus, *Psalms 1-59*, 299.

역되기도 한다.[49] '싫어하다'는 단어는 제의에서 부정한 제물이나 생물을 혐오하는 것처럼 혐오하는 행동을 의미한다(레 11:11, 13; 신 7:26). 또 2행에서 다윗은 하나님이 결국은 당신의 얼굴을 그에게 숨기지 않으신 것을 찬양할 것이라고 한다(2행). 이것은 1-2절에서 다윗이 말한 '거리감'과 '소외감'을 뒤집는 고백이다. '얼굴을 숨기지 않는' 것은 은혜와 사랑과 구원을 거두시지 않는다는 의미다(30:7; 44:24; 69:17; 88:14). 3행은 1-2행의 의미가 구체적으로 무엇을 의미하는지를 밝힌다. 그것은 하나님이 당신을 의지하여 울부짖는 자들의 기도를 응답하시는 것이다. 2절의 탄식과 21절의 기도가 응답되고, 8절의 백성들의 조롱 내용이 실제가 되는 순간이다. 이런 하나님의 모습이 3-5절에서 다윗이 고백했던 자신을 의지하는 자들에게 구원을 베푸시는 이스라엘의 하나님, 언약에 신실하신 하나님의 모습과 일치한다.

9. 찬양의 맹세 2(25-26절): 하나님을 경외하는 회중의 찬송

이 부분은 두 번째 찬양의 맹세(25절)와 내용(26절)이다. 6-8절에서 다윗을 조롱하는 백성과 이 부분에서 함께 하나님을 찬양하는 하나님을 경외하는 회중이 극명한 대조를 이룬다.

1) 찬양의 맹세(25절)

다윗은 22절에 이어서 다시 한번 찬양의 맹세를 드린다. 1행에서는 구원받은 이후에 그는 절기를 지키러 모인 온 회중('큰 회중,' 35:18; 40:9, 10)[50] 가운데서 '주께로부터 온 찬송,' 즉 자신에게 베푸신 하나님의 구원하심과 은혜에 대한 찬송을 부르겠다고 한다. 하나님이 모든 찬송의 이유이자 근원이심을 고

---

49. 고대 근동 언어들의 어근들과의 비교를 통해 '경건함'으로 번역하려는 시도들에 대한 소개는 Kselman, "Psalm 22," 180-1에 상세하게 이뤄지고 있다.

50. Kraus, *Psalms 1-59*, 299.

백하는 것인데 '이스라엘의 찬송'(3절)이 '내 찬송'이 된 것이다.[51] 2행에서는 더 나아가 여호와를 경외하는 회중(23절, 참 이스라엘) 앞에서 구원을 간증하고 감사하며, 감사제를 올려드리는 자신의 서원을 완수할 것이라고 한다(50:14; 56:12; 61:8; 65:1; 66:13; 116:14, 18).[52] 그런데 이처럼 다윗을 둘러싸고 있는 '많은 회중'이나 '주를 경외하는 자들'은 6-8절에서 비천한 상황 가운데 있는 다윗을 조롱했던 백성들과는 극명한 대조를 보인다. 거기서는 '비참한 자'의 고난을 조롱했지만, 여기서는 하나님이 그를 구원하셨기에 그 구원의 복음을 듣고 함께 기뻐한다.[53]

2) 찬양의 내용(26절)

26절은 하나님께 구원받은 후에 회중과 함께 드릴 찬양, 즉 다윗의 간증 내용이다. 다윗은 회중과 함께, 사람들에게 '벌레' 취급받을 정도로(6절) 참담한 상황에서도 자신처럼 '여호와를 찾는' 의인들인 '겸손한(비천한) 자들'(24절 참조)을 온전히 회복시키시는 하나님을 찬양할 것이다. 여호와를 찾는 사람들은 어떤 고난 중에도 여호와의 주권을 인정하고 그분의 뜻대로 살기 위해 그분의 도우심을 구하는 사람을 의미한다(24:6; 34:10; 창 25:22; 출 18:15; 신 12:5; 암 5:4, 6, 14). 그런 점에서 이들의 구원은 6-8절에 나오는 '여호와를 의지하는 자'에 대한 조롱의 역설적인 성취이며, 9-10절의 신뢰에 대한 응답이다. 1-2행에서 다윗은 그처럼 하나님을 찾는 '겸손한 자들'을 하나님이 배부르게 먹여 주실 것이라고 확신한다. 먹고 배부른 것은 구원의 상징이자(78:29; 출 16:8-12; 욜 2:26)[54] 온전하고 풍성한 삶의 상징이다. 이런 찬양의 상황은 서원을 갚기 위해서 감사제를 드릴 때 사회적인 약자들

---

51. Kraus, *Psalms 1-59*, 299 참조.

52. Kraus, *Psalms 1-59*, 299.

53. Mays, *Psalms*, 112.

54. 김상기, "시편 22편," 55.

을 초대해서 함께 식사하는 상황에 잘 맞는다(레 7:16-21; 신 12:11, 12; 16:11; 24:29; 26:11).[55] 이들은 비천함에서 구원받아 하나님께 감사드리는 다윗과 함께 나누는 식사를 통해서 하나님을 더 '찬송하게' 될 것이다. 3행에서 다윗은 그들을 향해 '마음으로' 행복하고 풍성하게 살기를 축복할 것이라고 한다. 이 구절은 69편 32절과 매우 유사하다. "비천한 자들이 이를 보고 기뻐하나니/ 하나님을 찾는 자들아, 너희 마음이 살기를!"

10. 모든 나라 모든 족속과 후손들의 찬양(27-31절)

이 마지막 부분은, 다윗의 구원과 이스라엘 백성들의 찬양을 듣고 세상 나라들과 모든 종류의 사람들, 이스라엘의 후손들이 온 세상을 다스리시는 하나님께 나아와 예배하고 찬양하게 될 것을 전망하는 절정 부분이다. 12-21절 부분에서 의로운 다윗을 죽이려고 공격하던 대적들과 다윗의 찬양을 듣고 하나님을 예배하는 세상 나라 모든 사람이 극명한 대조를 보인다.

1) 세상 나라들의 찬양(27-28절)

27절은 고통 가운데서 구원받은 '의인' 다윗의 구원은 이스라엘 회중이 하나님을 찬양하는 계기(22-26절)가 될 뿐만 아니라 '땅의 모든 끝'과 '모든 나라 모든 족속'이 하나님께 돌아와 예배하는 계기가 될 것이라고 한다. '땅의 모든 끝'이나 '모든 나라 모든 족속'이라는 표현은 온 세상을 포괄하는 표현이다. 고난당하던 다윗이 하나님께 구원받아 이스라엘의 왕이 된 것이 이 시편의 배경이라면 이런 표현들은 더욱 설득력이 있다. '기억하다'는 동사는 인식하거나 깨닫는 것을 의미하는데 여기에는 목적어가 없어서 무엇을 기억하는지 모호하다. 아마도 26절에서 다윗이 간증한 내용이나 28절이 노래하는 여호와의 우주적 왕권에 대한 깨달음을 의미할 것이다. 1행에서 땅의 모

55. Kraus, *Psalms 1-59*, 299 참조.

든 끝의 '돌아옴'은 12-18절에 묘사된 의인을 핍박하는 대적들이 악한 행동에서 돌이키는 회개를 포함하기에, 다윗의 구원이 만들어 내는 이들의 돌아옴은 매우 극적이다.

28절은 고난당하던 다윗이 하나님께 구원받은 이후의 간증이나 찬양이 세상 사람들에게 전할 메시지의 핵심을 노래한다. 다윗의 구원 사건은 여호와가 온 세상과 나라를 다스리시는 참된 왕이심을 드러낸 사건이기 때문이다(창 12:2-3; 신 32:21; 롬 10:19). '나라'로 번역된 단어(*멜루카* מְלוּכָה)는 하나님의 '왕권'이나 '왕국'을 의미한다(삼상 11:14; 옵 1:21). 2행에서는 여호와가 '모든 나라의 주재'라고 표현되어 있는데 역시 나라들을 '다스리시는 왕'이심을 의미한다(59:13; 66:7; 89:9; 삿 8:23; 대상 29:12). 이 왕권은 3절에서 암시된 '거룩하신' 하나님의 '좌정'과 연결되는데, 다윗의 구원을 통한 의로운 왕권의 실현은 하나님의 거룩하심의 실현도 되고 이스라엘의 찬양 이유도 된다. 만약 22편이 다윗이 사울과 그의 세력들로부터 온갖 수모와 고통을 당하다가 왕이 된 사건을 의미하거나, 이방 나라들로부터의 승리를 가리킨다면, 그의 구원은 하나님의 의로운 통치를 온 세상에 선명하게 보여주는 사건이 될 것이다(18:49-50).

2) 모든 사람의 찬양(29절)

29절은 또 다른 찬양 주체의 범위를 밝힌다. 이 세상에 사는 부유한 자나, 스스로 생명을 지킬 수 없어서 죽음의 진토 속으로 내려갈 수밖에 없는 비천한 자 할 것 없이(28:1; 30:3,9; 88:4; 갈 3:28), 즉 빈부귀천, 남녀노소를 불문하고 모든 사람이 함께 먹으며(26절 참조) 하나님을 예배할 것이라고 한다. '풍성한 자들'(문자적으로 '살찐 자들')과 '진토 속으로 내려가는 자들'의 대조에 사용된 문학적 기법은 세상의 가장 존귀한 자들과 가장 비천한 자라는 양극단을 가리켜 그 안의 모든 대상을 포괄하는 양단법(merismus)이다(115:13, "높은 사람이나 낮은 사람을 막론하고"). 특별히 '진토 속으로 내려가는 자들'이라는 표현은 15절에서 '죽음의 진토'에 누운 것 같은 다윗의 상황을 정확하게 반영한다. 혹자는 이 표현과 '자기 영혼을 살리지 못하는 자'를 이미 '죽은 자'를 가리키는 것으로 보지만[56] 그보다는 죽은 자와 다를 바 없는 가장 비참한 자들을 가리킨다고 보는 것이 좋을 것이다.[57] 이것은 하나님의 구원이 마치 죽은 자를 일으키는 것처럼 부활의 능력으로 이루어지고, 그래서 모든 사람이 하나님 앞에 경배할 수밖에 없음을 강조한다. '자기 영혼(목숨)을 살리지 못할 자'라는 표현도 자신의 힘으로는 도저히 회복될 수 없었던 다윗처럼 비참한 지경에 있는 사람을 가리킨다. 이것은 26절 3행에 나온, 구원받아 하나님 안에서 영원히 '살게 된' 사람들과 대조된다.

3) 후손들의 찬양(30-31절)

30-31절은 다윗과 그의 회중들의 찬양이 그들 세대뿐만 아니라 이후 세대에게도 영원히 이어질 것을 노래한다. 다윗의 세대가 이전 세대에게서 하나님의 구원 역사를 전수 받았듯이(3-5절), 30절에서는 후손들도 다윗 세대의 구원 간증을 듣고 여호와 하나님을 섬길(예배할) 뿐만 아니라, 그들 이후에도 대대로 그들의 '주님'(*아도나이*)이신 하나님을 전할 것이라고 한다. 22절에 나왔던 '전하다(선포하다)'는 동사가 다시 나와 하나님이 행하신 구원의 은혜를 헤아리며 전하는 모습을 강조한다(17절의 '헤아리다'와 같은 단어, 대조적 의미).

31절은 30절을 반복한다. 다윗의 세대처럼 그들의 후손들도 여호와의 '공의'와 그의 모든 행하신 일들을 앞으로 태어날 자신들의 후손들에게 전하게 될 것이다. 여기서 '공의'는 2행의 '주께서 이를 행하셨다'가 가리키듯이, 왕이신 하나님이 다윗처럼 고난당하는 약자들을 돌보시고 보호하시고 구원하

---

56. 김상기, "시편 22편," 58 참조.

57. Davis, "Psalm 22," 101-3에서는 이 표현들이 '죽은 자'에 대한 묘사로 보면서도 이것을 시적인 과장으로 보려고 한다.

시는 의로운 통치 행위를 가리킨다(=28절). 고난당하는 의인 다윗(왕)의 탄식과 간구가 응답 되어 그가 구원받아야 하는 이유는 그 구원이 이스라엘뿐만 아니라 온 세상 사람들과 미래 세대들에게 하나님의 의로운 통치를 나타내고 하나님을 찬양하게 할 것이기 때문이다. 그런 점에서 1-21절의 간절한 탄식과 간구는 우주적인 의미가 있다.

교훈과 적용

시편 22편의 교훈: 하나님은 때로 자신의 의로운 종이 오랫동안 대적들에게 극심한 고통을 겪게 하시지만, 그 가운데서도 당신께 탄식하고 간구하는 종에게 구원을 베푸심으로써, 교회와 온 세상이 그 구원 가운데 드러난 당신의 의로운 왕권을 찬양하게 하신다. 그러므로 의를 행하다가 고난을 겪는 성도는, 이처럼 확실한 하나님의 구원과 왕권에 대한 온 세상의 찬양을 기대하며 끝까지 하나님을 부르며 탄식하고 기도해야 한다.

1. 그리스도의 탄식과 기도에서 성취된 다윗의 탄식과 기도(1-21절)

그리스도의 고난은 22편에서 묘사하는 의인이 당하는 모든 고통의 절정이다.[58] 예수님은 22편이 묘사한 비방과 조롱과 위협과 육체적인 고통 등(1-21절) 모든 고통을 총체적으로 당하셨고, 그 고통의 마지막은 죽음이었다. 그 모든 순간에도 아버지 하나님은 자신이 세우신 왕을 버리신 것처럼 그를 그 고통에서 건져내지 않으셨다. 그런 아버지께 예수님은 십자가상에서 다윗처럼 "나의 하나님, 나의 하나님, 어찌하여 나를 버리십니까?"라고 절규하셨지만(1절, 막 15:34, 마 27:46), 자신의 영혼을 아버지께 부탁하셨다(눅 23:46). 이러한 예수 그리스도의 절규와 기도는 22편에서 다윗이 죽음의 지경에서 보여준 하나님에 대한 신뢰와 탄식과 기도를 완성한다. 이처럼 의로운 왕 예수 그리스도의 고난과 죽음을 통해 아버지 하나님은 모든 죄인에 대한 의를 이루

---

58. Mays, *Psalms*, 105; J. H. Reumann, "Psalm 22 at the Cross: Lament and Thanksgiving for Jesus Christ," *Int* 28/1 (1974): 49. 40-42에 의하면 22:1의 탄식은 막 15:34, 마 27:46에, 22:7의 '고개를 흔들며' 조롱하는 장면은 막 15:29, 마 27:39에, 22:8의 하나님이 구원하게 하라는 조롱은 마 27:43, 눅 23:35에, 22:18의 옷을 나누는 모습은 막 15:24, 마 27:35, 눅 23:34, 요 19:24에 인용되거나 암시되어 있다고 본다. 이 외에도 22:15의 혀가 입천장에 붙었다는 목마름의 표현은 요 19:28에 반영되었다고 본다.

셨고, 당신의 용서를 온 세상에 선포하였고, 예수께서 다스리시는 하나님 나라를 세우셨다. 다윗 왕의 고난과 고난 중의 믿음이 하나님 나라 이스라엘을 고통에서 건져내고 하나님 나라로 회복시키는 하나님의 의가 되었던 것처럼.

2. 의인 구원의 성취이자 하나님의 의로운 통치의 선포인 그리스도의 부활(22-31절)

다윗이 고난 중에도 하나님을 믿으며 끝까지 기도한 것은 자신의 구원을 통해 하나님의 의로운 통치가 이스라엘과 온 세상에 선포되는 것이었다. 이 기도의 온전한 응답은 참된 하나님 나라의 왕이신 예수 그리스도의 부활과 승천에서 이루어졌다. 그리스도의 부활은 고난 중에도 하나님을 붙든 의로운 왕의 간구에 대한 응답이자 구원이었다. 또한 그것은 의인의 편이신 하나님의 의로운 통치를 온 세상에 선포하는 사건이었다. 부활과 승천으로 예수 그리스도는 하나님 보좌 우편에서 온 세상을 다스리는 하나님 나라의 왕으로 선포되셨고, 그를 믿는 온 세상 백성들이 그와 하나님께 나아와 예배하며 의로운 하나님의 왕권을 찬양하게 되었다(27-28절; 빌 2:9-11; 계 5:9-14; 11:15-19). 성만찬을 통해 부활을 축하하며 풍성한 하나님 나라 잔치에 참여할 수 있게 되었다. 그리스도의 구원과 부활에 참여하는 자들은 '먹고 배부를 것'이다(26, 29절; 고전 11:25-26; 행 2:46).[59] 이제 그리스도의 남은 고난을 채워야 하는 그리스도의 교회는, 고난 중에도 그리스도처럼 22편으로 탄식하며, 22편으로 기도하고, 22편으로 찬양의 날을 고대할 수 있어야 한다. 고난당하는 성도의 탄식이 하나님에 대한 찬양으로 변화되어 세상 사람들이 왕이신 하나님께로 돌아올 때까지.

59. Calvin, *Psalms*, 1:261; Reumann, "Psalm 22," 55 참조.

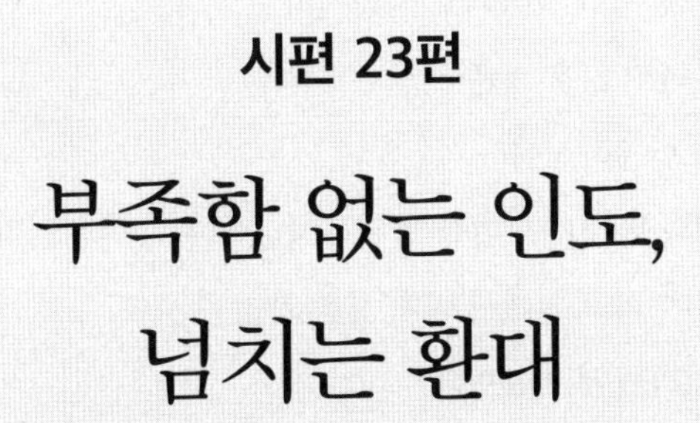

시편 23편

부족함 없는 인도, 넘치는 환대

[다윗의 시]

1 여호와는 나의 목자시니
내게 부족함이 없으리로다
2 그가 나를 푸른 풀밭에 누이시며
쉴 만한 물가로 인도하시는도다
3 내 영혼을 소생시키시고
자기 이름을 위하여 의의 길로 인도하시는도다
4 내가 사망의 음침한 골짜기로 다닐지라도
해를 두려워하지 않을 것은
주께서 나와 함께하심이라
주의 지팡이와 막대기가 나를 안위하시나이다
5 주께서 내 원수의 목전에서 내게 상을 차려 주시고
기름을 내 머리에 부으셨으니
내 잔이 넘치나이다
6 내 평생에 선하심과 인자하심이 반드시 나를 따르리니
내가 여호와의 집에 영원히 살리로다

본문 개요

23편은 다윗이 여호와에 대한 신뢰를 고백하는 신뢰시편이다. 그는 여호와를 '목자'와 '집주인'으로 비유하며 자신에 대한 여호와의 부족함 없는 인도와 환대를 고백하고 있다.[1]

---

1. 크라우스(Kraus, *Psalms 1-59*, 305)는 4, 5절에서 여호와를 2인칭으로 부른 것은 이 시편이 기도 시임을 보여준다고 하지만 전체적으로 신뢰시의 어조가 훨씬 더 강하다고 할 것이다.

목자로 사는 삶을 경험했고 이스라엘 왕으로 목자의 역할을 했던 다윗에게 목자 비유는 매우 실감 나는 것이다. 그러나 다윗이 언제 이 시편을 썼는지는 추측하기 쉽지 않다. 4절의 '사망의 음침한 골짜기'나 5절의 '원수들'의 존재가 다윗의 상황을 암시한다면 원수들이 다윗을 공격하는 고통스러운 상황일 수도 있겠지만,[2] 전반적인 흐름은 삶 전체를 회고하는 듯하다. 그는 '사망의 음침한 골짜기'와 같은 상황을 지나 '푸른 풀밭'과 여호와의 집에서 열린 풍성한 잔치에 이른 경험을 나누고 있다. '여호와의 집'에서의 식사가 감사 제사를 의미한다면, 이 시편은 아마도 다윗이 성소에서 원수들의 공격에서 구원해 주신 하나님께 감사 제사를 드리면서 부른 노래일 것이다.[3] 한편 23편의 표현들은 이스라엘을 이집트에서 구원하셔서 광야에서 보호하시고 가나안 대적들을 물리치고 정착하게 하신 하나님의 구원 역사를 떠올리게 한다. 이런 민족적 구원 역사는 하나님이 다윗을 사울과 다른 대적들로부터 구원하셔서 이스라엘의 왕으로 세우시고 성소에서 예배하게 하신 개인적 구원 역사와 평행을 이루고 있다고 말할 수 있다.[4]

시편 15편 개요 부분에서 다루었지만, 23편은 15-24편 그룹에서 끝에서

2. 예를 들면, 다윗이 압살롬의 반역으로 쫓겨나서 광야에서 머물 때가 그런 상황일 수 있다. J. R. Lundbom, "Psalm 23: Song of Passage," *Int* 40 (1986): 6-16 참조.

3. *NIV Study Bible*, 809에서는 22:22-31이 반영하는 찬양 축제 시에 부른 것이라고 하고, 크라우스(Kraus, *Psalms 1-59*, 306)는 하나님의 성전에서 하나님의 판결로 고발자들의 고발에서 벗어난 시인이 감사 제사를 드리면서 부른 기도의 노래라고 설명한다.

4. N. Freedman, "The Twenty-Third Psalm," in *Pottery, Poetry, and Prophecy: Studies in Early Hebrew Poetry* (Winona Lake: Eisenbrauns, 1980), 275-302; P. Milne, "Psalm 23: Echoes of the Exodus," *SR* 4/3 (1974): 237-47에서는 23편이 출애굽 모티브를 이용하여 바벨론에 있는 포로들의 새로운 출애굽을 기대하는 시편으로 지어졌다고 본다. 이 외에도 출애굽 모티브를 위해서는 김성진, "시편 23편 분석: 히브리 시 분석 방법론과 이미지 수사학적 분석," 『ACTS 신학저널』 제32집(2017): 28과 각주 22, 23을 참조하고, Craigie, *Psalms 1-50*, 207을 참조하라. M. Goulder, "David and Yahweh in Psalms 23 and 24," *JSOT* 30/3 (2006): 463-73에서는, 23편이 다윗 왕이 예루살렘을 취한 것(삼하 5:1-10)을 기념하고, 24편은 이어서 그가 예루살렘으로 여호와의 법궤를 이동하는 사건(삼하 6장)을 기념하는 것이라고 본다. 하지만 이것은 이 시편들을 너무 좁게 해석하는 것이다.

두 번째 위치하여 앞에서 두 번째 위치하면서 역시 신뢰시편인 16편과 대칭을 이룬다. 이 두 시편은 신뢰시편이라는 장르적인 공통점 외에도 많은 어휘와 주제를 공유한다. 16편과 23편은 여호와의 임재가 제공하는 복과 안전뿐만 아니라 하나님의 확실한 인도하심에 대한 신뢰를 고백하고 있다. 이에 대한 상세한 논의는 16편의 개요를 참조하라.

16편과 23편은 각각 탄식시편인 17편 앞과 22편 뒤에 위치하여 기도에 확신을 더해 준다. 이 탄식시편들에 등장하는 하나님에 대한 신뢰의 고백 부분(17:15; 22:3-5, 9-10)은 16, 23편과 긴밀하게 연결된다. 22편 마지막 부분(22-31절)이 하나님의 성전에서의 예배를 예상하고 있는데 23편의 마지막은 '여호와의 집'에서의 영원한 거주로 마무리되고 있다.[5] 23편 4절의 하나님의 '함께하심'은 17편에서는 간절한 기도의 제목이 되고 있으며(7, 8, 15절), 하나님이 '멀리 계시는' 것과 같은 22편의 상황(1, 11, 19절)과 대조를 이룬다.[6] 하나님의 구원과 '의의 길'(מַעְגְּלֵי־צֶדֶק)로 인도하시는 것의 최종 목적이 '자기 이름을 위한' 것인데(23:3), 탄식의 목표도 구원받은 후에 '그의 이름'(22:22)과 '의'(צְדָקָה)를 찬양하는 것이다(22:31).[7] 17편과 22편의 간구 내용이 원수(대적)들의 멸망과 원수들로부터의 구원이라면(17:7-14; 22:5-8, 12-21), 23편 5절은 그 기도에 대한 응답과 확신이다. 하나님의 구원을 받은 세상의 모든 '풍성한 자'(דָּשֵׁן)가 하나님을 경배할 것인데(22:29), 23편 5절에서 하나님은 다윗의 머리에 '기름을 부으신다(דִּשַּׁן).'[8] 한편, 16, 23편에서 표현된 하나님의 임재에서 비롯된 생명의 보호와 풍성한 삶의 기쁨은, 18, 20-21편에 나오는 하나님의 '기름 부음 받은 자,' 즉 '왕'인 다윗에게서 성취되고 있다. 23편

5. McCann, "Psalms," 769; Wilson, *Psalms 1*, 430.

6. Hossfeld & Zenger, *Die Psalmen 1,* 146.

7. Hossfeld & Zenger, *Die Psalmen 1*, 152.

8. 이 단어도 시편에서 일곱 번 사용된 드문 표현이다. Miller, "the Theology of Psalms 15-24," 294; Hossfeld & Zenger, *Die Psalmen 1*, 152.

의 의인의 보호와 여호와의 집에서의 환대는, 15, 24편에서는 여호와의 성산에서 예배하는 의인들에게 베풀어진다.[9]

문학적 특징과 구조

이 시편의 가장 중요한 문학적 특징은 여호와에 대한 두 비유라고 볼 수 있다. 1-4절에서는 '목자' 은유가 지배한다면 5-6절에는 손님을 환대하는 '집주인(host)' 비유가 나온다.[10] 이 두 비유는 모두 하나님이 다윗에게 베푸시는 놀랍고 풍성한 은혜를 강조하면서도 동시에 목자 같은 하나님의 부족함 없는 인도가 당신의 집에서의 환대, 즉 예배를 통해 이뤄지고 있음을 노래한다고 볼 수 있다.[11] 1절과 6절에만 '여호와'란 단어가 나오고 유사한 소리가 나는 '부족하지 않다'(*하사르* חָסַר)와 '인자하심'(*헤세드* חֶסֶד)이 나온다.[12] 이렇

9. 이상의 문맥적 관찰은 김성수, "시편 15-24편," 68-80에 있는 것을 요약한 것이다.

10. Kraus, *Psalms 1-59*, 304-5에는 다양한 견해들에 대한 논의를 한 후에 필자와 같은 견해를 밝힌다. M. D. Wiseman, "Thou with Me: A Study in the Structure of Psalm 23," *SJOT* 30/2 (2016): 286-7에서는 '목자' 비유가 2절에서 끝나고 3-6절 1행까지는 인간 상황을 직접 노래하는 것으로 보며, 4절 4행에서 7절 이후의 잔치 비유와의 비교를 위해 잠시 다시 등장한다고 본다. 또 R. Ahroni, "The Unity of Psalm 23," *HAR* 6 (1982): 23-4에 요약된 바에 의하면, 목자 비유에서 갑작스럽게 '집 주인' 비유로 전환된 것은 이 시편의 통일성을 저해한다고 생각한 학자들(예: E. Power, "The Shepherd's Two Rods in Modern Palestine and in Some Passages of the Old Testament," *Bib* 9 [1928]: 439-40)이 5절 본문의 수정(예: '상'을 '무기'로 수정)이나 단어의 다른 해석(예: 머리에 기름 바름을 양에게 적용) 등을 통해서 '목자' 비유가 이어진다고 주장하기도 했다. 또 A. E. Arterbury and W. H. Bellinger, Jr., "'Returning' to the Hospitality of the Lord: A Reconsideration of Psalm 23, 5-6," *Bib* 86/3 (2005): 387에 의하면 혹자는 목자 비유가 1-2절에서 끝난다고 보고(Mowinckel), 혹자는 3절에서 끝난다고 보며(E. Vogt), 혹자는 전체를 목자 비유가 지배한다고 본다(Mays, McCann, Jr.). 하지만, 목자로부터 호스트로의 비유 전환이 이 시편의 통일성을 저해하지도 않을 뿐만 아니라 오히려 길을 인도하신 이후에 집으로 초대하셔서 환대하시는 여호와에 대한 견고한 신뢰를 강화하는 것으로 보인다.

11. Goldingay, *Psalms 1-41*, 346.

12. M. S. Smith, "Setting and Rhetoric in Psalm 23," *JSOT* 41 (1988): 62 참조.

게 수미쌍관을 이루면서 1절은 여호와가 '목자'이심을 선언하고 6절은 '집주인'이심을 고백한다. 1절은 여호와가 목자이시기에 '부족함이 없다'는 고백으로, 6절은 '여호와의 집에 영원히 거한다'는 고백으로 이 시편의 주제를 함께 선언한다. 한편 이 시편에는 동사가 없는 명사문이 1절 "여호와는 나의 목자," 4절 "주께서 나와 함께 하십니다," 5절 "내 잔이 넘칩니다," 6절 "내가 여호와의 집에 사는 것이 영원할 것입니다" 등 가장 중요한 부분들에 등장하여 시인의 고백이 시간의 구애를 받지 않고 영원함을 강조한다.[13]

한편 1-4절과 5-6절은 아래처럼 abc/abc의 대칭적인 구조를 보인다.[14]

1-4절 목자이신 여호와 - 부족함 없는 인도

A 1-2절 목자 여호와의 부족함 없는 인도(푸른 풀밭, 쉴만한 물가) - 3인칭

  B 3절 '생명'과 '의'의 길로 인도하심 - 3인칭

    C 4절 힘든 상황에서도 함께하심("내가 해를 두려워하지 않음") - 2인칭

5-6절 집주인이신 여호와 - 넘치는 환대

A′ 5절 풍성한 식탁을 차려주심(상, 기름, 넘치는 잔) - 2인칭

  B′ 6a '선하심'과 '인자하심'이 나를 따름 - 3인칭

    C′ 6b '여호와의 집'에 영원히 거하게 하심("내가 영원히 거함") - 3인칭

---

13. Wiseman, "Thou with Me," 291 참조.

14. VanGemeren, *Psalms*, 252에서는 위의 구조처럼 세밀하게 나누지는 않지만 두 개의 은유를 따라 1-4절 여호와는 나의 목자, 5-6절 여호와는 나의 집주인 두 부분으로 나누고 있다. A. Cooper, "Structure, Midrash and Meaning: The Case of Psalm 23," *Proceedings of the World Congress of Jewish Studies*, vol. Division A: The Period of the Bible (1985): 111에서는 2-3절과 4절이 각각 12개의 같은 수의 어절로, 5절과 6절이 각각 10개의 같은 수의 어절로 구성된 점을 잘 관찰하여 각 부분의 통일성과 대칭적인 측면을 강조한다.

1절과 4절에서는 '내가 부족함이 없다'와 '내가 해를 두려워하지 않는다'는 두 부정문의 고백이 수미쌍관을 이루어 1-4절을 하나의 연으로 묶는다.

1절의 '여호와는 나의 목자'라는 고백은 4절의 '나와 함께하심'과 '지팡이와 막대기'로 형상화되고 있다. 5절이 잔칫집의 광경으로 시작한다면 6절은 그 잔칫집이 여호와의 집임을 밝히며 하나의 연을 형성한다.

1-2절(A)이 풍성한 꼴과 물이 있는 곳으로 인도하는 목자의 모습을 그린다면, 5절(A′)은 풍성한 식탁으로 초대하는 집주인의 모습을 묘사한다. 3절(B)이 '생명'을 회복시키고 '의'의 길로 인도하는 것을 노래한다면, 6절 1행(B′)은 '선하심'과 '인자하심'이 따르는 인생길을 노래한다.[15] 마지막으로 4절(C)은 음침한 골짜기에서의 목자의 '함께하심'을, 6절 2행(C′)은 여호와의 집에서 '함께 거주함'을 노래하여 대칭을 이룬다. 전체적으로 여호와는 목자로서 다윗 '앞에서' 인도하시다가(1-3절), 골짜기에서 '함께'하시며(4절), 선하심과 인자하심으로 '뒤따르신다.'(5-6절)[16] 한편 각 연은 다음과 같이 긍정적인 이미지와 부정적 이미지를 한 쌍으로 갖는다.[17]

1연 푸른 풀밭과 쉴만한 물가(2절 긍정) - 사망의 음침한 골짜기(4절 부정)
2연 원수들의 목전 (5절 부정) - 여호와의 집(6절 긍정)

또한 여호와에 대한 인칭은 3인칭(1-3절) - 2인칭(4절) - 2인칭(5절) - 3인칭(6절) 순으로 교차 대구적으로 배열되어 있다.[18] 이러한 배열 가운데서 목

---

15. 이러한 '여행' 이미지에 대해서 Wiseman, "Thou with Me," 289도 동의하고 있다.
16. Smith, "Psalm 23," 62.
17. 김성진, "시편 23편 분석," 20-1 참조.
18. Goldingay, *Psalms 1-41*, 347에서는 이런 인칭 변화에 기초해서 이 시편의 구조를 3인칭으로 여호와를 부르는 1-3절과 6절 사이에 2인칭으로 여호와를 부르는 4절과 5절이 들어 있는 교차 대구적인 구조로 분석한다. 김성진, "시편 23편 분석," 33 참조. 한편, W. Creighton Marlowe, "David's I-Thou Discourse," *SJOT* 25/1 (2011): 107에서는 인칭을 따라 1-4a절과 4b-6절로 나누면서 '나-그' 연과 '나-당신' 연으로 구분하는데, 이것은 6절이 3인칭으로 된 것과 4a절도 사실은 2인칭으로 이루어진 절로 포함될 수 있다는 가능성을 생각하지 않고 분석하였기에 불완전하다.

자와 집주인이신 여호와에 대한 3인칭의 고백(1-3, 6절)이 시인 개인의 삶에 어떻게 구체적으로 나타나는지를, 가운데 절들(4, 5절)에서 2인칭으로 하나님께 고백하고 있다고 볼 수 있다.

본문 주해

표제: '다윗의 시'

다윗이 지은 시로 이 '시'는 원래 악기를 연주하면서 부르는 시편을 지칭하는 것 같다.

1. 목자이신 여호와(1-4절)

이 연은 목자이신 여호와가 다윗을 풍성한 길로 인도하심을 노래한다. 목자이신 여호와 이미지가 전체 연을 지배하며, 1절의 '부족함이 없다'와 4절의 '두려워하지 않는다'는 부정문의 고백이 이 연을 감싼다. 1절의 '여호와는 나의 목자'라는 고백은 4절의 '나와 함께하심'과 '지팡이와 막대기'로 형상화되고 있다.

1) 부족함 없는 인도(1-2절)

1절은 23편 전체의 주제를 제시한다. 다윗이 여호와를 '목자'로 고백하면서 목자이신 여호와의 인도하심이 부족함이 없다고 한 것은 1-4절 전체를 지배한다. 한편 이 시편의 첫 번째 단어인 '여호와'는 6절에서만 반복되면서 전체 시를 '여호와'에 대한 고백으로 감싼다. 1절의 '부족함이 없다'는 표현은 6절 2행이 노래하는 여호와의 집에 사는 백성의 '결핍 없는' 삶과 밀접하게 연결된다.

여호와를 민족적인 의미가 아닌 개인적인 의미로 '나의 목자'로 고백하는 것은 구약에서 매우 찾기 힘든 특별한 경우다.[19] 이 고백은 여호와께서 다윗의 모든 삶을 인도하시는 참된 왕이라는 고백이다. 다윗 외에 여호와를 자신의 '목자'로 고백하는 사람은 역시 목자의 삶을 살았던 '야곱'이다(창 48:15 '나를 기르신 하나님'은 '나의 목자 하나님'으로 번역될 수 있다).[20] 다윗이 왕이 되고 난 이후에 이 시를 쓴 것이라면, 이 고백은 자신이 이스라엘 왕이지만 사실은 하늘 왕이신 여호와의 종이라는 고백과 다름없다. 고대 근동의 문헌들에도 신이나 왕을 목자로 비유하는 경우들이 많다(사 44:28).[21] 이러한 비유는 왕의 권위와 능력을 표현하면서도 완벽하게 백성을 보호하는 능력을 상징하였다.[22] 성경에서도 '왕'을 목자로 비유하는 표현들이 많고(78:70-72; 삼하 5:2; 사 44:28; 렘 2:8; 3:15; 23:1-4; 미 5:4 참조), 특별히 하나님이 이스라엘의 목자이시고 이스라엘은 그의 기르시는 양들임을 고백하는 내용들이 많이 등장한다(28:9; 79:13; 80:1; 95:7; 100:3; 창 48:15; 사 40:11; 렘 17:16, 31:10, 50:19; 겔 34:11-16 참조).[23] 80편 1절이 대표적이다. "요셉을 양 떼 같이 인도하시는 이스라엘의 목자여, 귀를 기울이소서/ 그룹 사이에 좌정하신 이여 비추소서." 이 구절에서는 여호와의 왕권이 분명히 드러난다. 이런 배경에서 신약 성경도 예수님을 백성들의 목자로 비유하고 있다(요 10:11, 14; 히 13:20; 벧전 5:4; 계 7:17).[24] 이런 공동체적인 배경에서 여호와를 '나의 목

---

19. Freedman, "Twenty-Third Psalm," 276.

20. Cooper, "Psalm 23," 109-10, 112에서는 이런 점을 지적하면서 23편을 야곱의 삶에 대한 시적/해석적(midrashic) 묵상이라고 보는데 이는 너무 제한적인 해석이다. 하지만, 창 28:20-21, 31:3, 5, 35:3 등에 나오는 '함께하심,' '보호,' '라반의 추격,' '돌아감'(창 28:21과 시 23:6 '돌아가다'로 번역), '벧엘(하나님의 집, 6절)에 제단을 쌓음' 등의 표현들이나 주제들은 23편과 많이 관련되어 있음을 부인할 수 없다. 그가 말하는 것처럼(114쪽) 야곱의 삶이 보여주는 23편의 전형적인 패턴은 출애굽과 이스라엘, 그리고 이스라엘 백성들의 삶 속에서 반복되었다고 볼 수 있다.

21. Kraus, *Psalms 1-59*, 306-7; Goldingay, *Psalms 1-41*, 348 등은 고대 바빌로니아의 함무라비나 아시리아의 앗술바니팔, 페르시아의 고레스 왕 등이 목자로 비유되고 있다고 한다.

22. Goldingay, *Psalms 1-41*, 348.

23. *NIV Study Bible*, 810; VanGemeren, *Psalms*, 253.

24. *NIV Study Bible*, 810.

자'로 고백한 것은, 여호와가 이스라엘에 언약 가운데 약속하신 것들을 왕이나 백성들 개개인에게도 신실하게 이루실 것임을 고백하는 것이다.

2행은 여호와가 목자인 민족과 개인에게는 '부족함이 없다'는 고백을 담고 있다. 하지만 이 서론적인 고백에는 구체적으로 어떤 것들이 부족하지 않은지에 대한 언급이 없다. 이 고백은 삶 전반에 걸쳐 부족함을 느끼지 못한다는 총체적인 고백으로, 2절부터 구체적인 내용들이 등장한다.[25] '부족함이 없다'는 고백은 먼저 주관적인 고백으로 해석할 수 있다. 객관적으로는 결핍이 있어도 주관적으로는 모든 것을 다 가지고 계신 하나님이 함께하시며 인도하시기에 전혀 결핍을 느끼지 못한다는 고백일 수 있다. 두 번째는, 결론적인 고백으로 이해할 수 있다. 여호와가 왕으로서 인도하시는 백성은 비록 결핍과 고난을 겪어도 여호와께서 늘 함께하시기에 충분히 이겨낼 수 있고, 최종적으로는 부족함이 없게 될 것이라는 고백으로 볼 수 있다. 즉, 결국은 왕이신 여호와가 약속하신 '가나안 땅의 안식'이나 '여호와의 집'에서의 풍성한 삶을 누리게 된다는 고백이라고 할 수 있다(34:10; 신 2:7; 느 9:21).[26] 신명기 8장 1-10절은 이런 면을 잘 표현한다. 여호와께서 이스라엘이 40년간 광야를 걸어갈 때 때로는 주림과 목마름으로 시험하기도 하셨지만(1-3절), 40년 내내 이스라엘에게 만나를 먹이셨고 이스라엘의 '의복이 해어지지 않고 발이 부르트지 않도록' 하셨다(4절). 이런 여호와의 인도를 잘 따라가면 결국은 "네가 먹을 것에 모자람이 없고 네게 아무 부족함이 없는 땅"에 들어가게 될 것이라고 한다(9-10절). 다윗도 사울의 핍박이나 대적들의 침략 등으로 오랫동안 많은 고난을 겪었다. 하지만, 결국에는 함께하시는 하나님의 도우심으로 그 모든 고난을 이겨내고 예루살렘 성소에서 감격스럽게 하나님을 예배하게 되었다.

---

25. Mays, *Psalms*, 116 참조.
26. Waltke & Houston, *The Psalms*, 438에서도 유사한 견해를 말하고 있다.

2절은 같은 의미를 전달하며 평행을 이루는 두 행으로 구성되어 1절의 '목자'이신 여호와의 '부족함 없는' 인도하심을 구체화한다.[27] '인도하다'는 표현은 3절에도 나오는데, 비록 두 단어가 같지는 않지만 둘 다 인도하심의 구체적인 면들을 묘사한다. '푸른 풀밭'과 '쉴만한 물 가'로 인도하신다는 고백은 양들에게 가장 필요한 '꼴'과 '물'을 풍성하게 공급하는 목자의 이미지를 그린다.[28] 또 "푸른 풀밭에 누이시며"는 목자의 인도로 꼴을 만족스럽게 먹고 그것을 되새김질하며[29] 평안하게 누워있는 양 떼의 쉼을 묘사한다. 이러한 표현들은 다른 성경에서도 자주 등장한다(사 14:30, 17:2; 렘 33:12; 습 2:7, 3:13; 슥 10, 11장).[30] 특별히 에스겔 34장 14-15절은 여호와가 종말에 이스라엘에게 하실 일을 매우 비슷하게 묘사하고 있다.

> 좋은 꼴을 먹이고 그 우리를 이스라엘 높은 산에 두리니 그것들이 그곳에 있는 좋은 우리에 누워있으며 이스라엘 산에서 살진 꼴을 먹으리라 내가 친히 내 양의 목자가 되어 그것들을 누워있게 할지라 주 여호와의 말씀이니라

한편 '쉴만한 물 가'는 '잔잔한 물 가'로 자주 번역된다(ESV, NIV). 이 번역은 양들의 안전을 위협하는 빠르게 흘러가는 물 가가 아닌, 잔잔한 샘물이

---

27. Goldingay, *Psalms 1-41*, 349와 Wiseman, "Thou with Me," 286 등에서는 2행을 3절 1행과 연결하여 하나의 절로 보는데 이것은 2절의 평행법을 깨는 것이기에 받아들일 수 없다.

28. R. S. Tomback, "Psalm 23:2 Reconsidered," *JASL* 10 (1982): 93-6에서는 이 표현들이 등장하는 아카드나 수메르 문헌들과의 비교를 통해서 2절의 표현이 왕을 통한 안전과 행복을 노래하는 것이라고 적절하고 제안한다.

29. D. J. A. Clines, "Translating Psalm 23," in *Reflection and Refraction Studies in Biblical Historiography in Honour of A. Graeme Auld*, ed. R. Rezetko, T. H. Lim and W. B. Aucker, VTSup. 113 (Leden: Brill, 2006), 70-1 참조.

30. *NIV Study Bible*, 810; Goldingay, *Psalms 1-41*, 349 참조.

나 냇가에서 마음껏 물을 마실 수 있게 하는[31] 목자의 인도를 떠올리게 한다. 하지만 '쉴만한'(*메누하* מְנֻחָה)으로 번역된 단어는 '쉼'을 가리키기에, 2행은 양들이 편안하게 쉬면서 언제든지 물을 마실 수 있는 안전한 물 근원으로 인도하는 것을 의미한다고 보는 것이 더 좋을 것이다.[32] '인도하다'(*나할* נָהַל)는 단어는 연약한 대상을 돌보면서 안전하게 데려가는 것을 의미한다(31:3; 대하 28:15, *HALOT*).[33] 특히 이 동사는 이스라엘이 출애굽 할 때나 바벨론에서 나올 때 목자 여호와께서 백성들을 인도하시는 상황에 사용되고 있다(출 15:13; 사 40:11).[34] 특히 이사야 49장 10절은 시편 23편 2절처럼 물을 마실 수 있게 하는 인도하심을 그리고 있다.

2) '생명'과 '의'의 길로 인도하심(3절)

3절은 2절의 결과이면서 동시에 목자가 양에게 베푸는 새로운 일을 말한다. 그것은 '영혼의 소생'과 '의의 길'로의 인도이다. 3절 1행을 2절과 연관시키면 풍성한 꼴과 달콤한 물을 충분히 먹은 양의 생명력, 기력의 회복을 말하는 것이 된다.[35] 이 비유는 목자이신 하나님이 주시는 생명력으로 다윗이 기진맥진한 고난의 상황(예: 22:14-15)에서 회복되는 것을 의미한다(19:7 "영혼을 소성케 하는 말씀"; 룻 4:15 "생명의 회복자"; 잠 25:13 ; 애 1:16 참조[36]). 생명

---

31. Kraus, *Psalms 1-59*, 307.

32. Goldingay, *Psalms 1-41*, 350 참조.

33. Goldingay, *Psalms 1-41*, 349.

34. Milne, "Psalm 23," 240-1은 이런 목자 모티프가 출애굽과 출 바벨론과 관련된 본문들에 많이 등장하는 점을 상세히 다루면서 23편은 출애굽의 전통을 가지고 바벨론으로부터의 귀환에 적용한 시편으로 본다.

35. VanGemeren, *Psalms*, 254; T. M. Willis, "A Fresh Look at Psalm XXIII 3A," *VT* XXXVII/1 (1987)에서는 이 동사를 '모으다'로 번역하면서 3절 1행이 2절의 결과가 아니라 우리로 양을 모으는 행위를 가리키는 것으로 해석한다. 하지만 목적어인 '영혼'과 어울리지도 않고 '우리'에 대한 언급도 없기에 이러한 해석을 받아들이기 힘들다.

36. *NIV Study Bible*, 810.

의 회복, 생명의 누림 주제는 선한 목자이신 예수 그리스도가 '양으로 생명을 얻게 하고 더 풍성히 얻게 한다'는 말씀(요 10:10)에서 그 완성을 보게 된다.

3절 2행은 2절에 이은 또 다른 목자의 '인도하심'을 노래한다. '인도하다'(*나하* נָחָה)는 단어는 2절의 그것과는 다르지만, 출애굽 등에서 여호와의 신실하신 인도를 가리키는 동사로 앞의 동사보다 훨씬 더 많이 사용되었다(31:3; 60:9; 67:4; 78:14, 53, 72; 창 24:48; 출 13:21; 신 32:12; 느 9:12, 19). '의의 길'(*마겔레 체덱* מַעְגְּלֵי־צֶדֶק)에 대한 해석은 다양하다. 일차적으로 이 행은 앞의 절과 이어져 양들이 안전하게 목적지로 갈 수 있는 '바르고 곧은' 길(right path)을 의미할 수 있다. 즉, '굽고 위험한 길'과 대조적인 의미다.[37] 이러한 비유가 여호와와 다윗의 관계에 적용되면 여호와가 자기 왕을 도덕적으로 의로운 길(path of righteousness)로 인도하시는 것을 말한다고 볼 수 있다(잠 2:9; 4:11).[38] 고통이 따라도 악인들의 위협에 굴복하지 않고 율법이 말하는 의로운 길을 걷도록 인도하시고 지키시는 것을 의미한다. 두 번째로 '의로운 길'은 2절에서 보여주듯이 안전하고 먹이가 많이 있는 곳으로 인도하는 것을 의미한다.[39] 이것은 목자이신 여호와가 다윗을 안전하고 형통한 길로 인도하시는 것을 의미하여 1행과 평행을 이루게 된다(잠 8:18, 20-21; 21:21; 사 48:18 참조).[40] 4-5절과 두 번째 의미를 연결하면 고난이나 악인들의 위협에서 구원하는 것을 의미할 수도 있다.[41] 5편 8절이 그런 점을 보여준다. "여호와여 나의 원수들로 말미암아 주의 의로 나를 인도하시고 주의 길을 내 목전에 곧게 하소서." 바로 앞의 시편인 22편 31절이 선포하듯이 여호

---

37. VanGemeren, *Psalms*, 254.
38. Miller, *Interpreting the Psalms*, 115 참조. P. J. Botha, "Following the 'tracks of Righteousness' of Psalm 23," *OTE* 28/2 (2015): 283-300에서 보타는 23편이 위에 언급한 잠 2:9와 4:11와 연결되어 하나님을 삶의 길을 의롭게 인도하시는 인도자로 묘사하고 있다고 주장한다.
39. Clines, "Translating Psalm 23," 74도 여기에 동의하고 있다.
40. *NIV Study Bible*, 810.
41. Kraus, *Psalms 1-59*, 307.

와의 의로운 통치는 의인을 악인들로부터 구원하시는 데서 가장 선명하게 나타나기 때문이다. 이것은 의인을 불의한 고난에서 구원하심으로써 그의 의를 변호하시는 것을 의미하기도 한다(17:1 '의의 호소').[42]

"자기 이름을 위하여"(25:11; 31:3; 106:8 등 참조)라는 표현의 의미는 이런 점에서 분명하다. 목자가 자신의 명예를 걸고 혹은 '목자'라는 이름에 걸맞게 양 떼를 안전하고 바른길로 인도하듯이, 왕이신 여호와가 자기 백성을 당신의 이름에 걸맞게[43] '의로운' 길로 인도하신다는 것이다. 결국, 그렇게 했을 때 하나님의 이러한 인도하심을 경험한 자들은 여호와의 '의로우심'을 깨닫게 되고 여호와의 이름을 '찬양하고 높이게' 될 것이다(왕상 8:41-42; 사 48:9; 렘 14:21; 겔 20:9, 14, 22 참조).[44]

3) 힘든 상황에서도 함께하심(4절)

4절은 3절의 '의의 길'의 또 다른 측면을 소개한다. 4절에서 다윗은 하나님께 직접 고백하는 형식을 취하면서 목자로서 자신을 위험 가운데서도 안전하게 지켜 주시는 하나님에 대한 신뢰를 표현한다. '해를 두려워하지 않는

---

42. A. T. Abernethy, "'Right Paths' and/or 'Paths of Righteousness'? Examining Psalm 23.3b within the Psalter," *JSOT* 39/3 (2015): 299-318에서는 23편 자체와 시편 전체의 문맥 가운데서 '의의 길'이라는 표현을 분석하면서 이 표현에는 '바른 길'과 '의의 길'의 두 가지 의미가 동시에 들어 있음을 적절하게 결론 내리고 있다. 이에 반해 Goldingay, *Psalms 1-41*, 350에서는 도덕적인 의미의 '의의 길'의 의미보다는 하나님의 신실하심과 헌신으로 채워지는 길이라는 의미로 '신실한 길들'로 번역하고 해석해야 한다고 주장한다. 하지만 '의'는 신실함과 도덕적인 의미를 동시에 함축하고 있기에 둘을 다른 개념으로 분리할 필요는 없다. Miller, *Interpreting the Psalms*, 115도 그렇게 주장한다. 한편 P. J. Nel, "Yahweh is a Shepherd, Conceptual Metaphor in Psalm 23," *HBT* 27 (2005): 79-103, 특히 98-101에서는 목자 비유 자체는 목양의 개념과 동시에 고대 근동의 자료들이 자주 목자 비유로 표현하는 의로운 왕권의 실행이라는 의미도 함축하고 있다고 주장한다.

43. D. Pardee, "Structure and Meaning in Hebrew Poetry: The Example of Psalm 23," *Maarav 5-6* (Spring, 1990): 274.

44. *NIV Study Bible*, 810.

다'는 표현은 1절의 '부족함이 없다'와 수미쌍관을 이루어 제1연인 1-4절을 마무리한다. 3절에서 말하는 '의의 길'이 반드시 편안한 길만을 의미하지는 않는다. 푸른 풀밭이나 쉴만한 물 가 같은 곳으로 인도하는 '바른' 길은, 때로는 위험해 보이는 깊은 골짜기를 지날 수도 있다.[45] 4절은 목자가 때로는 양들을 깊은 골짜기로 인도하지만, 양들과 함께하며 야수들과 위험으로부터 보호하는 그림을 그린다.

1행에 나오는 '사망의 음침한'(*찰마베트* צַלְמָוֶת)으로 번역된 히브리어는 '그늘'(*첼* צֵל)과 '죽음'(*마베트* מָוֶת)의 합성어이다. 직역하면 '죽음처럼 어두운 골짜기'가 되는데, 이것은 깊고 어두워서 매우 위험한 골짜기를 가리킨다.[46] 이 단어는 과거 이집트에서의 노예 생활을 가리키는 의미로 몇 번 사용되어 역시 이스라엘의 구속사를 회상하게 한다(107:10, 14; 렘 2:6).[47]

2행에서 시인은, 양들이 위험한 골짜기에서도 자신들과 함께하고 보호해 주는 목자가 있어서 어떤 해도 두려워하지 않는 것처럼, 자신도 목자이신 하나님의 보호를 믿고 어떤 고난 상황에서도 해를 두려워하지 않는다고 고백한다. 여기서 '해'로 번역된 단어는 도덕적인 '악'(3절의 '의'와 반대말)을 가리킬 수도 있지만 모든 종류의 위험을 가리킨다. 이 위험은 5절에서는 '원수들'의 공격으로 표현되고 있다.

3행에서는 이 시편에서 처음으로 '여호와'를 2인칭 '주(You)'로 부르면서 해를 두려워하지 않는 이유를 고백한다. 신뢰시편에서 2인칭으로 하나님을

---

45. Goldingay, *Psalms 1-41*, 351에서는 목초지와 물은 오히려 골짜기 주변에 놓여 있는 경우가 많아서 야수들도 많고 위험 요소들도 많다고 한다.
46. VanGemeren, *Psalms*, 254. 혹은 이 단어를 *찰무트*(צַלְמוּת)로 읽어서 '깊은 어둠'을 의미한다고 해석하기도 한다('deep darkness,' NIV, JPS). W. L. Michel, "ṢLMWT, 'Deep Darkness' or 'Shadow of Death'?" *Biblical Research* 29 (1984): 5-20은 여기에 대해 반박하며 MT를 그대로 유지하여 '죽음의 그늘' 혹은 죽음의 신 '모트의 처소'로 읽기를 제안한다.
47. Milne, "Psalm 23," 242-3에서는 이 단어가 이어지는 표현들인 '두려워하지 않는다,' '함께하시다'와 함께 출애굽과 출 바벨론과 관련된 본문들과 많이 관련된다는 점을 지적한다.

부르는 경우는 특별하다. 다윗이 해를 두려워하지 않는 첫 번째 이유는 양들과 늘 함께 하는 목자처럼 여호와가 자신과 '함께하심' 때문이라고 한다. 이스라엘 백성들은 위험하고 고통스러운 광야를 거쳐서 안식의 땅 가나안으로 들어갔고, 다윗 또한 사울의 핍박으로 광야를 십수 년 이상 전전한 이후에야 참된 안식을 얻을 수 있었다. 하지만, 그때에도 이스라엘과 다윗은 '함께하겠다'라고 하신 여호와의 언약을 믿고 두려워하지 않고 그 길을 지날 수 있었다(25:11; 31:3; 79:9; 106:8; 109:21; 143:11; 출 3:12; 사 48:9; 겔 20:44 참조).[48]

4행에서는 다윗이 해를 두려워하지 않는 두 번째 이유가 여호와의 확실한 보호 때문이라고 한다. "주의 지팡이와 막대기"는 단지 양들과 함께할 뿐만 아니라 야수들의 공격을 물리치고, 위험으로부터 양들을 지키고, 양들을 인도하는 목자의 행동에[49] 대한 환유적인 표현이다. 목자가 지니고 다녔던 '지팡이'는 양의 숫자를 세고(레 27:32; 렘 33:13; 겔 20:37), 양들을 이끌어 인도하고, 양을 구하거나 보호하는 도구로 나타난다면(삼상 17:43; 미 7:14), '막대기'는 목자가 의지하는 도구로 나타난다(출 21:19; 왕상 4:29, 31; 18:21; 사 36:6; 겔 29:6; 슥 8:4).[50] 하지만 여기서는 그런 구분 없이 모두 보호와 인도를 의미하는 것 같다. 또 '지팡이'는 백성들을 올바르게 인도하고 대적들로부터 백성들을 보호하는 왕의 '규'를 의미하기도 한다(2:9; 창 49:10; 삿 5:14; 사 9:3; 겔 19:11 등). 그런 점에서 '지팡이와 막대기'는 여호와가 참된

---

48. VanGemeren, *Psalms*, 254.

49. Goldingay, *Psalms 1-41,* 351.

50. *NIV Study Bible*, 810; Kraus, *Psalms 1-59*, 308. Ahroni, "Unity of Psalm 23," 21-34, 특별히 26-30에서는 '지팡이'는 하나님의 정의, 즉 자신의 언약 백성에 대한 의로운 징계를 상징하고, '막대기'는 하나님의 자비, 즉 징계한 백성을 회복시키는 것을 상징한다고 본다. 그래서 3절의 '의의 길'은 전자를, 6절의 '선하심과 인자하심'은 후자의 행동을 대표한다고 본다. 하지만, 이 논문이 분석한 '지팡이'와 '막대기'의 성경 용례 이해는 이 시편에서 얼마든지 다르게 적용될 소지가 있기에 여기서는 두 단어 전체를 목자의 인도하심과 보호를 상징하는 비유로 보는 것이 좋을 것이다.

왕으로서 당신의 지상 대리자인 다윗과 그의 백성들을 대적들로부터 지키시고 의의 길로 이끄신다는 것을 암시하기도 한다. '안위하시다'는 안심시키고 위로한다는 고백이다. 지키고 인도하는 목자가 있을 때 양들이 안심하듯이, 여호와가 함께하셔서 지키시고 인도하심을 믿는 자들은 어떤 위험 가운데서도 안심하고 위로를 얻는다는 것이다(71:21; 86:17; 룻 2:13; 사 12:1; 40:1; 49:13; 51:12).[51]

2. 집주인이신 여호와(5-6절) - 넘치는 환대

1-4절을 '목자' 비유가 지배한다면, 5-6절은 환대하는 '집주인'(host) 비유가 지배한다. 이 비유를 통해 다윗은 부족함 없이 풍성하게 대접하시고 영원히 함께 살게 하시는 자비하신 여호와에 대한 신뢰를 표현한다. 5절이 잔칫집의 광경으로 시작한다면, 6절은 그 잔칫집인 여호와의 집에서 영원한 거주하는 것으로 마무리된다.

1) 잔칫상을 차려주심(5절)

2인칭으로 여호와를 부르는 고백이 4절에 이어 5절에도 나오지만, 여호와에 대한 은유는 '목자'에서 잔칫상을 차려주시는 '집주인'(host)으로 바뀌고 있다(잠 9:1-2). 이제 다윗은 집주인의 융숭한 대접을 받는 손님이 되고 있다. 그 집은 6절에서 '여호와의 집'으로 밝혀진다. 1-4절에서 목자가 이끌었던 여정은 여호와의 집에서 베푸는 잔치를 위한 것이었다. 5절의 풍성한 '상', '기름', '잔'은 목자가 제공했던 2절의 '푸른 풀밭'과 '쉴만한 물 가'와 비슷한 심상을 제공하며 대칭을 이룬다.

1행의 '내 원수들'은 다윗이 여호와의 집으로 오기까지 겪었던 모든 위험(4절의 '사망의 음침한 골짜기' 혹은 '해') 중에서 가장 중요한 요소다. 구속

---

51. *NIV Study Bible*, 810.

역사에서 보자면 이집트에서 탈출한 이스라엘은 하나님과 교제할 장소, 거룩한 처소인 가나안 땅으로 들어가기까지 많은 대적들의 공격을 겪어야 했다. 다윗 개인의 생애로 보자면 '원수들'은 다윗이 예루살렘에 자신의 왕궁을 짓고 성소를 마련하기까지 겪은 사울의 핍박과 광야에서의 고난, 블레셋 등의 침략을 가리킨다.[52] 그런데 이제 여호와께서 그 원수들의 '목전에서 내게 상을 차려주신다'고 고백한다. 목자로서 당신의 백성들을 이끄신 여호와가, 이제는 그들의 목적지에 계셨던 집주인으로서 그들을 맞이하여 대적들이 보란 듯이 잔칫상을 베푸신다는 말이다.[53] '대적들'을 염두에 둔다면 이것은 승리를 축하하는 잔치일 수도 있을 것이다.[54] 패배하여 왕이신 하나님의 종들이 되어 축하연에 참석한 그들의 존재는 여호와의 영광을 부각하는 기능을 한다.[55] 하지만 여기서 잔치는 좀 더 포괄적이다. 이 이미지는 출애굽 때 광야에서 '식탁을 베푸신' 하나님을 떠올리게 한다(78:19). 또 잔칫상을 베푸시는 주인의 이미지는 자신과 언약을 맺은 봉신들에게 식사를 베푸는 '왕'의 이미지도 반영하고(41:9; 창 31:54; 삼하 9:7-13; 욥 7절 참조),[56] 성소에서 기도를 들으신 하나님께 올려드린 감사제물을 함께 먹는 광경을 반영하기도 한다. 이것은 22편 26절에서 고난으로 비천하게 된 '곤고한 자'가 결국은 여호와의 성소에서 풍성하게 먹게 될 것이라고 한 말씀의 성취다.

'기름을 내 머리에 부으셨다'는 표현은 집주인이 잔치에 초대받은 손님들을 영화롭게 환대하는 상징적인 행동이다. 여러 가지 향유가 섞인 올리브기름

---

52. Arterbury & Bellinger, "Psalm 23, 5-6," 391-2에서는 고대 근동과 성경의 손님 환대가 단지 융숭한 대접뿐만 아니라 위험으로부터의 보호도 포함한다는 점을 잘 지적하고 있다.

53. Clines, "Translating Psalm 23," 77-8에서는 '잔치를 배설하시고'로 번역할 것을 제안한다.

54. Pardee, "Structure and Meaning," 276에서는 왕이 대적들의 공격으로부터 하나님의 도움으로 승리한 후에 갖는 축하 잔치로 본다.

55. B. Tanner, "King Yahweh as the Good Shepherd: Taking Another Look at the Image of God in Psalm 23," in *David and Zion, Biblical Studies in Honor of J. J. M. Roberts*, ed. B. F. Batto & K. L. Roberts (Winona Lake: Eisenbrauns, 2004), 279-83 참조.

56. *NIV Study Bible*, 810.

을 머리에 부어 그들을 진심으로 환영하였다(45:7; 92:10; 133:2; 삼하 12:20; 전 9:8; 단 10:3; 암 6:6; 눅 7:46).[57] '내 잔이 넘치나이다'는 표현 또한 잔치에서의 풍성한 환대를 상징한다(예: 창 18:5-8 아브라함의 환대). '넘치다'는 표현은 '만족'이나 '풍성함'을 의미하는데 이 표현을 통해서 다윗은 자신의 삶 전체에서 경험한 하나님의 풍성한 복과 은혜에 대한 감사를 표현한 것으로 볼 수 있다.[58] 특이한 것은 16편 5절과 이곳에서만 '내 잔'이라는 표현이 등장한다는 점이다. 이상의 표현들은, 구속사적으로 보자면 이스라엘이 가나안 땅에서 누리게 된 모든 복을 상징하며, 다윗이 모든 고난에서 구원받아 이스라엘의 왕으로서 누리게 된 안식과 복을 상징한다. 더 나아가 이 표현은 이스라엘이 온 세상을 위한 '제사장 나라'로 기름 부음 받고, 다윗이 여호와의 성소가 있게 될 예루살렘에서 여호와의 '종'인 왕으로 기름 부음 받은(삼하 5:3) 특권적인 소명을 상징하기도 한다.

2) 선하심과 인자하심으로 인도하심(6절 1행)

6절 1행은 3절과 대칭을 이룬다. 3절에서 다윗을 회복시키는 '의의 길'로 인도하신 하나님이 이제는 당신의 '선하심'과 '인자하심'을 보내셔서 다윗의 인생길을 따라가게 하신다고 표현한다. 이 행과 비슷한 구조를 가진 4절에서는 '지팡이'와 '막대기'로 보호하신다고 고백했다면 여기서는 더 적극적으로 다윗을 돕는 모습을 그린다.[59] 여호와의 집에 초대받은 손님들을 이제는 대적들이 '따라가지('쫓지,' *라다프* רָדַף)' 않고(7:1, 5; 31:15; 35:3; 143:3) 여호와의 선하심과 인자하심이 '따라간다'(34:14; 신 16:20; 잠 21:21; 사 51:1

---

57. VanGemeren, *Psalms*, 255. Kraus, *Psalms 1-59*, 308. Arterbury & Bellinger, "Psalm 23: 5-6," 392에서는 올리브기름을 손님에게 바르는 행동은 환대의 의미와 함께 중동의 태양에 노출되었던 피부를 보호하는 기능도 한다는 점을 지적한다.

58. Craigie, *Psalms 1-50*, 208.

59. Milne, "Psalm 23," 238-9.

참조).[60] 마치 집주인이신 여호와가 당신의 손님을 계속 도와주는 사신들로 '선하심'과 '인자하심'을 보내신 것처럼(43:3에서는 '빛'과 '진리').[61] 여기서 의인화된 여호와의 '선하심'이나 '인자하심'은 의미가 별도로 구분되기보다는 하나의 의미를 강조하는 일종의 중언법이다.[62] 선하시고(34:8; 52:11; 54:6; 86:5) 언약에 신실하신 하나님의 사랑 많으심을 의미할 뿐만 아니라(100:5; 106:1; 107:1; 118:1, 29; 136:1), 문맥 속에서 보면 그런 성품의 결과로 하나님이 베푸시는 풍성한 복(4:6; 21:3; 25:7; 민 10:29; 욥 22:18; 30:26)이나 의로운 삶(14:1, 3; 36:4; 37:3; 52:3; 욥 34:4; 잠 16:29)을 강조한다. 즉, 앞에서 말한 목양과 풍성한 공급과 보호와 환대 전체를 포괄한다.[63] 그리고 그것을 '평생'('생명의 날들') 베푸신다고 노래하는데, 이것은 2행의 '영원히'('긴 날들')와 평행을 이루어 여호와의 복이 일시적이지 않고 영원할 것을 강조한다.

3) 여호와의 집에 영원히 거하게 하심(6절 2행)

이 마지막 행은 23편 전체의 결론이다. 목자로서 이스라엘과 다윗의 여정을 지키신 여호와가, 당신의 집인 약속의 땅 혹은 그 땅을 대표하는 예루살렘 성소에 그들을 초대하셔서 풍성한 복을 베푸시며 거기서 영원히 교제하며 살게 하신다는 확신이다(27:4와 같은 표현; 36:7-9; 52:8; 61:4). 여호와의 집은 풍성한 생명과 안전의 상징으로서 1절의 '부족함이 없다'는 고백이 문자적으로 이뤄지는 곳이다. 2절이 말하는 '쉴만한(*메누하* מְנֻחָה) 물 가'는

---

60. Miller, *Interpreting the Psalms*, 116에서도 유사한 견해를 표현한다.

61. Arterbury & Bellinger, "Psalm 23: 5-6," 393에서는 성경 외의 자료들에 있는 적극적인 환대 모습과 더불어 창 18:2-5나 왕하 4:8의 아브라함과 수넴 여인이 지나가는 나그네들과 엘리사에게 먼저 가서 적극적으로 집으로 초대하는 것을 이 절과 연관시킨다.

62. M. L. Barré, "The Formulaic Pair חסד (ו) טוב in the Psalter," *ZAW* 98/1 (1986): 103 참조.

63. Goldingay, *Psalms 1-41*, 352.

궁극적으로 '하나님의 쉬는 곳(*메누하*)'(132:8)인 '여호와의 집'인 셈이다.[64] 문자적으로 번역하면 "내가 여호와의 집에 사는 것이 영원하리라"로 변치 않는 진리를 표현한다. '살다'로 번역된 동사를 맞소라 본문을 따라(*베샤티* וְשַׁבְתִּי) '돌아가다'로 읽으면, 시인이 여호와의 손님으로서 여호와의 집으로 반복적으로 돌아가서 예배하고 다시 그분의 환대를 경험하는 것을 의미하게 될 것이다.[65] 지상 성소에서의 반복적인 예배는 하늘 성소에서의 온전하고 영원한 삶을 상징하고 지향한다. 여기서 '영원히'로 번역된 표현(*레오렉 야밈* לְאֹרֶךְ יָמִים)은 '장수'(21:4; 91:16; 욥 12:12; 잠 3;2, 16)나 '오랫동안'(신 30:20)을 의미하지만, 다윗이 죽음 전까지의 시간만으로 제한했다고 보기는 어렵기에 '영원히'가 적절한 번역이 될 수 있다(93:5 참조).

목자-왕이신 여호와가 당신의 종과 백성들을 풍성하고 부족함이 없게 인도하셔서 결국에는 당신의 성소에서 참된 안식과 풍성한 하나님 나라를 누리게 하신다. 동시에 그런 인도와 풍성한 복의 장소는 하늘 성소가 상징하는 여호와 자신이시다(90:1). 24편은 성소에서의 예배와 찬양을 노래하며 이 주제를 이어간다.

---

64. Nel, "Yahweh is a Shepherd," 100 참조.

65. MT에는 "그리고 내가 돌아갈 것이다"(*베샤티* וְשַׁבְתִּי), 즉 '돌아가다'(*슈브* שׁוּב)는 동사의 완료계속법으로 표기되어 있다. 하지만 많은 번역본은 칠십인역을 따라 "그리고 내가 여호와의 집에 사는 것은 ~일 것이다"로 번역함으로써 '살다'(*야샤* יָשַׁב)의 부정사 연계형으로(*베쉽티* וְשִׁבְתִּי) 고쳐 읽는다. 이것이 문맥에 더 적합하기에 여기서도 이 번역을 취한다. 이것은 27:4의 표현과 동일하다. 한편 E. A. Knauf, "Psalm XXIII 6," *VT* 51/4 (2001): 556에서는 MT 그대로 읽으면서 "내가 평생 동안 항상 여호와의 집에 돌아갈 것이라"고 번역함으로써 문맥상의 어색함을 없애려고 하였다. Arterbury & Bellinger, "Psalm 23: 5-6," 393-4에서도 '돌아가다'로 번역하는 것이 고대의 손님과 주인의 관습에 적합하다고 보며, 그 예로 수넴 여인의 집을 자주 방문한 엘리사의 경우를 들고 있다.

교훈과 적용

시편 23편의 교훈: 우리의 참된 왕이신 삼위 하나님은 교회와 성도의 삶에 목자처럼 동행하시며, 우리가 하나님 나라와 의를 이루는 일을 위해 필요한 것들을 부족함 없이 공급하시며, 원수들과 고난 가운데서 보호하시고, 예배로 초대하셔서 잔치 같은 하나님의 은혜를 누리게 하신다. 그러므로 성도는 이러한 하나님의 부족함 없는 인도를 확신하고 하나님 나라에서 누릴 최후의 잔치를 소망하며 하나님이 인도하시는 '의의 길'을 걸어가야 한다.

1. 부족함 없이 인도하시는 목자 하나님(1-4절)

시편 23편에서 다윗이 고백하는 목자 하나님의 '부족함 없는' 인도하심은 '선한 목자'이신 예수 그리스도에 의해 성취되었다(요 10:11; 마 2:6; 히 13:20 '양들의 큰 목자이신 우리 주 예수'; 벧전 2;25 '너희 영혼의 목자와 감독 되신 이'; 벧전 5:4 '목자장'). '사망의 음침한 골짜기' 같은 죄와 죄의 고통 가운데 있던 백성들 가운데 '함께하셔서'(4절, 마 1:23 '임마누엘'), 그들을 회복시키시고 의로운 길로 인도하셔서(3절, 요 10:10, 16) 그들을 '푸른 초장'이나 '쉴만한 물 가'와 같은 하나님 나라의 복을 누리게 하셨다(2절, 눅 1:78-79). 하나님이 광야에서 이스라엘을 먹이신 것처럼 선한 목자 예수님도 광야에 식탁을 베푸시고 백성들을 먹이시고(마 14:13-21), '목자 없는 양' 같은 백성들을 돌보셨다(마 4:23-25; 9:35-36). '선한 목자' 예수님은 당신의 양들을 조금도 '부족함 없는' 하나님 나라로 인도하시기 위해 목숨까지 버리셨다(요 10:11). 예수님을 이어 성령님도 교회를 세우시고, 세상 나라들의 엄청난 핍박과 환란 가운데서도 사도들과 직분자들과 은사들을 교회에 공급하시고, 환란 당하는 성도들의 믿음을 지키셔서, 목자같이 교회를 진리 가운데 보호하시고 인도하셨다(요 16:13).

하나님의 교회와 성도는 목자이신 삼위 하나님이 인도하시는 '의의 길'을 따라가는 양들이다. 우리는 항상 삼위 하나님이 우리와 '함께 계시며'(4절; 마 28:20; 요 14:17, 23; 행 18:10; 빌 4:9), 하늘의 평강과 은혜를 언제든지 공급하시고(고전 15:10; 고후 13:13; 몬 1:25; 딤후 4:22; 요이 1:3), 악에서 건지시며(마 6:11-13), 죽음 이후에도 우리와 함께 계실(눅 23:43; 빌 1:23) 것을 믿고(고전 15:26) 의의 길을 걸어야 한다.

2. 예배와 하나님 나라 잔치로 초대하시는 집주인 하나님(5-6절)

하나님께서 목자처럼 이스라엘과 다윗을 모든 환난 속에서도 안전하게 이끄신 곳은 하나님의 집, 성소였다(6절). 호스트 하나님이 풍성하게 대접하시는 예배의 자리였고 하나님 나라 잔치의 자리였다(5절). 목자이신 예수 그리스도, 성령님의 인도를 받는 우리의 목적지는 성도들과 함께 하나님을 예배하는 자리, 하나님 나라의 잔치를 맛보는 자리다. "주의 집에서 사는" 것이다.[66] 예수님은 세리와 죄인과 함께 먹고 마시며 그들에게 하나님 나라 잔치의 맛을 보여주셨다(눅 5:29-30). '주의 만찬'인 성찬도, 목자이신 주님의 죽음과 인도하심의 목적이 하나님 나라의 풍성한 생명을 누리고 소망하는 것임을 보여준다(눅 22:17-20). 한 목자의 인도하심을 받는 자들은 목자가 공급하시는 하나님 나라 양식을 공평하게 함께 나누며 하나님 나라 잔치를 소망한다(고전 11:17-34; 행 11:3). 모두 하나님의 "상에서 먹고 마시며"(눅 22:30) 온 세상을 하나님 나라로 변화시키는 자들이다. 우리를 위해 고난의 '잔'을 마신(눅 22:42) 우리의 목자 예수 그리스도께서 주시는 '축복의 잔'을 마시며(5절, 고전 10:16), 하나님 나라와 의를 구하며 살다가, 결국에는 하나님 나라의 잔치에서 넘치는 '잔'을 공급받을 자들이다(마 22:2; 눅 13:29; 계 19:9). 예배와 성찬을 통해 하나님 나라 잔치를 배설하고 우리를 맞을 준비를 하고 계시는 호스트 하나님을 만날 그날을 간절히 소망하자(계 19:1-10).

66. Calvin, *Psalms*, 1:270.

시편 24편

영광의 왕이 들어가신다

[다윗의 시]

1 땅과 거기에 충만한 것과

세계와 그 가운데에 사는 자들은 다 여호와의 것이로다

2 여호와께서 그 터를 바다 위에 세우심이여

강들 위에 건설하셨도다

3 여호와의 산에 오를 자가 누구며

그의 거룩한 곳에 설 자가 누구인가

4 곧 손이 깨끗하며

마음이 청결하며

뜻[1]을 허탄한 데에 두지 아니하며

거짓[2] 맹세하지 아니하는 자로다

5 그는 여호와께 복을 받고

구원의 하나님께 의를 얻으리니

6 이는 여호와를 찾는 족속이요

야곱의 하나님의 얼굴을 구하는 자로다[3] (셀라)

7 문들아 너희 머리를 들지어다

영원한 문들아 들릴지어다

---

1. MT에는 '뜻'이 '나의 영혼(뜻)'으로 표기되어 있으나 문맥으로 볼 때 '그의 영혼'의 오기로 보인다. 하지만 S. Spangenberg, "Psalm 24: Reading from Right to Left and from Back to Front," *OTE* 24/3 (2011): 750-1에서는 '내 영혼'으로 읽으면서 '나'를 하나님으로 본다. 즉, "나를 우상으로 다루지 않는 자"로 이 행을 번역한다. 하지만 이런 표현은 문맥상 너무 갑작스럽다. JPS는 "내 생명으로 거짓된 맹세를 하지 않는 자"로 번역하는데 다른 곳에서 이런 용례를 찾기 어렵다.
2. 칠십인역에서는 '이웃에게'가 추가되어 있지만 여기서는 MT를 따른다.
3. MT는 "야곱, 주(당신)의 얼굴을 구하는 자들"로 표기되어 있다. 만약 이 본문이 옳다면 갑자기 이 행이 하나님께 드리는 고백이 되고, 1행의 '여호와를 찾는 족속'과 2행의 야곱이 평행을 이루게 된다. 개역개정은 칠십인역이나 시리아역을 따라서 번역한 것이다. P. Sumpter, "The Coherence of Psalm 24," *JSOT* 39/1(2014): 37-9에서는 다른 학자들(Botha, "Questions," 539-40)의 견해를 따라 MT의 사본을 "이런 세대-그를 찾고 주의 얼굴을 구하는 자들-가 야곱입니다"로 번역하여 의로우면서도 '참 이스라엘'인 사람들이 참 예배자들임을 규정하는 것으로 해석한다.

영광의 왕이 들어가시리로다
8 영광의 왕이 누구시냐
강하고 능한 여호와시요
전쟁에 능한 여호와시로다
9 문들아 너희 머리를 들지어다
영원한 문들아 들릴지어다
영광의 왕이 들어가시리로다
10 영광의 왕이 누구시냐
만군의 여호와께서 곧 영광의 왕이시로다 (셀라)

본문 개요

24편은 여호와께서 성소에 좌정하시는 의식을 거행하면서 이스라엘의 왕이신 여호와가 온 세상을 다스리시는 왕이심을 찬양하는 예전 시편이다(특히 7-10절).[4] 이런 '행렬 예전'(processional liturgy, 47, 68, 118, 132편 참조)은 온 세상의 왕이신 여호와가 이스라엘을 대적들로부터 구원하시고 승

4. 예전이나 의식이 명확하지 않다는 이유로 VanGemeren, *Psalms*, 257에서는 그냥 '찬양'이라고 정의한다. Craigie, *Psalms 1-50*, 211-2에서도 이 시편이 전쟁에서 승리를 가져오는 여호와의 임재를 상징하는 여호와의 언약궤와 관련되는 것으로 보면서도, 이 시편의 장르를 그것과 관련한 엄격한 예전으로 보기보다는 좀 더 일반적으로 여호와의 왕권을 찬양하는 의식에 사용된 찬양시로 보려고 한다. 한편 D. Smart, "The Eschatological Interpretation of Psalm 24," *JBL* 53 (1933): 175-80에서는 이사야서와의 유사성에 착안하여 24편을 여호와의 최후 강림에 대한 예언으로 보기도 한다. 비평학자들은 24편이 원래 둘(1-6/7-10절) 혹은 세 개(1-2/3-6/7-10절)의 예전 자료들을 편집하여 하나로 만든 것이라고 주장하기도 한다. 그래서 과거의 예전 자료들로 구성된 현재의 형태는 예전적 기능을 상실하고 교훈적인 시로 바뀌었다고 주장하는 학자도 있다. Sumpter, "Psalm 24," 38-9; P. Botha, "Answers Disguised as Questions: Rhetoric and Reasoning in Psalm 24," *OTE* 22 (2009): 544, 546-7 참조.

리하신 것을 축하하는 개선 행진이다.[5] 또 24편 3절에서 성전에서 예배하는 백성들이 누구인지를 묻고 4-6절에서 그들의 도덕적인 특징에 대해 답하는 형식은 15편과 매우 유사하기에, 학자들은 15편과 24편을 소위 '토라 예전' 혹은 '성전 입장송'이라 부른다(사 33:14-16; 미 6:6-8).[6] 이 시편은 이런 예전 형식 속에서 왕이신 여호와(7-10절), 그가 다스리시는 영토인 온 세상(1-2절), 그를 예배하고 섬기는 의로운 백성(3-6절) 세 요소로 구성된 하나님 나라를 노래한다.

다윗시대에 이런 예전 시편이 불렸을 법한 상황은 다윗이 예루살렘을 정복하고 난 후에 여호와의 법궤를 예루살렘으로 옮긴 사건일 것이다(삼하 6장).[7] 법궤를 옮긴 이후에 다윗이 아삽과 레위인들에게 24편과 유사한 주제를 담은 시(=96편)를 가르치는 것을 기록한 역대상 16장 7-36절은 그런 정황을 반영한다.[8] 여호와의 보좌를 상징하던 법궤가 예루살렘에 옮겨진 것은

---

5. *NIV Study Bible*, 810.
6. Miller, "Psalm XV," 416.
7. *NIV Study Bible*, 810. M. Goulder, "Psalms 23 and 24," 463-73은, 23편이 다윗 왕이 삼하 5:1-10에 나오는 사건인 예루살렘을 취한 것을 기념하고, 24편은 이어서 그가 예루살렘으로 여호와의 법궤를 이동하는 사건(삼하 6장)을 기념하는 것이라고 본다. A. Cooper, "Ps 24:7-10: Mythology and Exegesis," *JBL* 102/1 (1983): 38-9에는 다윗의 법궤 이동 사건 외에도 솔로몬 성전 건축, 스룹바벨 성전 건축, 혹은 마카비시대 성전 재봉헌(M. Treves, "The Date of Psalm XXIV," *VT* 10 [1960]: 428-34)을 배경으로 보는 주석가들이나 논문들을 소개하고 있다. 또 쿠퍼의 논문은 이 시편의 배경을 법궤를 가지고 전쟁에서 승리하고 돌아오는 이스라엘 군대의 개선 때로 보는 견해도 소개하고, 제의적 배경으로 여호와의 등극을 축하하는 축제나 신년 축제 등과 연결하는 견해도 소개하고 있다. 하지만, 여기서는 표제와 연결하여 다윗시대로 그 배경을 한정시킬 것이다. 다만 다윗 이후 시대에 이 시편이 다양한 목적으로 예배에 사용되었을 가능성은 충분히 열려 있다. Sumpter, "Psalm 24," 34에서는 학자들이 추측하는 예전적 배경을 다음과 같이 요약한다. 1-2절은 성전으로 가는 순례자들이 가는 길에 부른 찬양이다. 그들이 도착했을 때 행렬에 참여한 사람 중 한 명이 3절의 질문을 하고 제사장이 4, 5절의 대답을 한다. 예식에 참석한 사람들이 자신들의 정결함을 6절에서 고백하면 성전 봉사자들이 여호와(법궤)를 모신 행렬이 들어가도록 문들을 연다. 그러면 7-10절을 교창하며 행렬이 성전으로 들어간다. 유사한 추측은 Kraus, *Psalms 1-59*, 312 참조.
8. Botha, "Psalm 24," 550은 이런 유사성을 포로 귀환 상황과 연결하려 하지만 사실 이것은 다윗시대와 연결해야 할 것이다.

여호와가 예루살렘에 온 세상의 왕으로 좌정하신 것을 의미하였다. 그렇게 하심으로써 여호와가 예루살렘을 하나님 나라의 수도이자 거룩한 산이자 온 세상의 중심이 되도록 하신 것이다(48편 참조). 이런 신학적인 고백이 24편을 통해 표현되고 있기에, 이 시편은 성전이 완공된 이후에도 성전의 신학적 의미를 노래하는 시편으로 자주 불렸을 것이다. 성전에 모인 백성들은 이 시편을 부름으로써 자신들이 온 세상의 창조주-왕으로 성전에 좌정하신 여호와의 거룩한 백성들임을 거듭 인식하게 되었을 것이다.

15-24편 그룹에서 제일 마지막 시편인 24편의 배경과 내용은 첫 번째 시편인 15편과도 잘 어울린다. 24편과 15편은 둘 다 누가 여호와의 성소 혹은 임재 앞에 나아갈 수 있는지를 묻고(15:1; 24:3) 답하고(15:2-5; 24:4) 축복하는(15:5; 24:5-6) 소위 '성전 입장송'(신 23:1-8; 대하 23:19 참조)의 요소를 갖추고 있다.[9] 15편이 성전 건축을 준비하던 다윗이 성전 예배에 참석하는 백성들이 누구인가를 교훈한 것이라고 본다면(대상 22-29장)[10], 24편은 거기에 호응하면서도 그들이 예배하는 온 세상의 통치자 하나님을 강조하고 있다. '누가' 성소에 들어갈 수 있는 자인가를 묻는 물음으로 시작한 이 그룹은(15:1; 24:3) 성소에 들어가는 영광의 왕이 '누구신지'에 대한 질문으로 끝난다(24:8, 10).[11] 24편은 하나님의 거룩한 성품을 담은 율법적 의를 행하는 성도들이 들어간 성소에 영광의 왕이신 창조주 여호와가 들어가심으로써(24:7-10) 창조의 목적(24:1-2)을 완성하고 계심을 노래하고 있다.[12] 이렇게 두 시편 다 '율법적인 의'와 '왕이신 여호와의 성소'라는 주제를 도입하고 있다. 15-24편 그룹의 나머지 시편들도 율법적인 의(16:7-8; 17:1-5; 18:20-24; 19:7-14; 23:3)뿐만 아니라 성소에서 하나님과의 교제(16:7-11; 17:8, 15; 20:1-

9. McCann, "Psalms," 732, 772.

10. Waltke & Houston, *The Psalms*, 295-6 참조.

11. Brown, "Psalms 15-24," 163.

12. Sumpter, "Psalms 15-24," 199 등에서 잘 다루고 있다.

2; 22:22-31; 23:4-6)를 함께 다루고 있다. 모든 대적을 물리치고 시온에 입성하신 '전쟁에 능하시고' '강하고 능하신' '영광의 왕'의 모습(24:7-10)이, 18편 32-45절이나 21편 8-12절이 노래하는 인간 왕의 모습 가운데 반영되고 있다. 율법적인 의를 이루어야 하는 의미에서 왕은 인간의 대표지만, 하나님의 통치를 실현해야 하는 면에서는 하나님의 대표인 셈이다. 이런 공통점들은 15-24편 그룹이 율법적인 의를 이루는 자들이 왕 하나님의 참된 예배자들이며, 그 왕의 통치를 받는 자들만이 율법적인 의를 이룰 수 있다는 주제를 강조한다.[13] 15, 19, 24편이 하나님의 율법적인 의를 지키는 일이 성소에 계신 왕이신 하나님을 만나기를 열망하는 자들의 참된 삶의 모습이며, 그러한 삶을 통해서 창조 세계는 하나님이 임재하시는 하나님의 성소가 된다는 것을 말한다면, 15-24편의 나머지 시편들은 이 신학적인 틀이 다윗의 생애와 이스라엘 역사 속에서 어떻게 구체화되고 있는지를 표현한다.[14]

문학적 특징과 구조

1-2절은 영광의 왕이 창조하신 하나님 나라의 영토인 창조 세계를 노래하고, 3-6절은 영광의 왕을 예배하는 하나님 나라 백성들을 소개하며, 7-10절은 보좌에 좌정하신 하나님 나라 왕이신 하나님('영광의 왕')을 찬양한다. 즉, 이 시편은 하나님 나라의 세 요소인 영토와 백성과 왕을 순서대로 노래한다고 볼 수 있다.[15] 1-2절에서 '땅'과 '세계'와 '바다'와 '강들'과 그 가운데 있는 '만

---

13. 문맥과 관련된 이 부분은 김성수, "시편 15-24편," 56-63을 참조하여 요약하였다.

14. Sumpter, "Psalms 15-24," 200-4 참조.

15. Sumpter, "Psalm 24," 43에는 이와 유사하게 보는 H. Spieckermann(*Heilsgegenwart: Eine Theologie der Psalmen* [Göttingen: Vandenhoeck & Ruprecht, 1989], 208)과 M. Oeming(*Das Buch der Psalmen: Psalm 1-41*, NSK, 13 [Stuttgart: Katholisches Bibelwerk, 2000], 161)의 견해가 소개되어 있다.

물'이 등장한다면, 3-6절에서는 그 창조 세계의 대표인 '여호와의 산'에 구원의 하나님 '여호와를 찾는' 백성들이 모여 있다. 또 7-10절에는 그 여호와의 산에 있는 성소의 '문'으로 '영광의 왕' 여호와가 '들어오셔서' 보좌에 좌정하시는 것을 백성들이 환영하며 찬양하고 있다. 세 부분에는 여호와의 보좌가 '온 세상'에서 '여호와의 산,' 다시 '성소 혹은 성'으로 점강적으로 좁혀지고 있다. 이것은 창조된 질서 정연한 세계(1-2절)는 성소에서 그 완성된 모습을 보게 되는데(7-10절) 거기에 들어가는 자는 율법적인 의를 추구하는 자(3-6절)라는 점을 보여준다.[16] 한편 이 시편의 구조는 왕이신 여호와를 찬양하는 주체가 '온 세상'에서 이스라엘 '백성들'로 (성소 혹은 성의) '문'으로 좁혀지고 있음도 강조한다. 다음의 구조는 이러한 특징을 잘 보여준다.

1-2절 여호와가 창조하신 하나님 나라의 영토
    1절 온 세상의 주인이신 여호와
    2절 여호와가 창조하신 하나님 나라의 영토
3-6절 여호와를 왕으로 섬기는 하나님 나라 백성
    3절 질문: 누가 여호와의 산에서 그를 예배할 수 있는가?
    4절 대답: 여호와를 예배하는 자들의 특징
    5-6절 하나님 나라 백성들에 대한 축복
7-10절 보좌에 좌정하시는 하나님 나라의 왕
    a 7절 영광의 왕이 문으로 들어가심
        b 8절 영광의 왕은 강하신 여호와
    a 9절 영광의 왕이 문으로 들어가심
        b′ 10절 영광의 왕은 만군의 여호와

16. Sumpter, "Psalm 24," 47.

1-2절은 온 세상의 창조주요 왕이신 여호와를 찬양하고 있고, 7-10절은 '영광의 왕'으로서 시온에 입성하시는 여호와를 환호하고 있다.[17] 2절에 한 번, 10절에 두 번 등장하는 여호와를 강조하는 3인칭 대명사 '그'(*후* הוּא)는 두 부분을 연결하는 기능을 한다.[18] 영광의 왕은 '만군의 여호와'와 '전쟁에 능한 여호와'(8, 10절; 출 15:1-18)로서, (출애굽 이후부터 다윗이 예루살렘을 정복할 때까지) 이스라엘의 모든 대적을 물리치시고 마침내 자신의 안식처인 시온의 성소에 개선하시는 것으로 묘사되고 있다(46, 48편 등 참조).[19] 여호와의 왕권에 대한 24편의 이러한 강조는 24편 3-6절의 질문과 대답의 의미를 더 엄중하게 만든다. 즉, 이 부분은 누가 하나님의 통치 아래로 들어갈 수 있는지를 묻고 있는 셈이다.[20] 그래서 '누가'(*미* מִי, 15:1에 두 번, 24:3에 두 번 사용) 여호와 앞에 나아갈 수 있는지를 물었던 물음은, '누가'(8, 10절) '영광의 왕'인지를 묻는 물음으로 바뀌고 있다. 이런 질문들에 대한 답은 '이'(*제* זֶה)라는 지시어로 이루어지고 있다(6, 8, 10절). 이러한 질문과 대답의 형식은 모두 하나님 나라 백성과 왕이 누구인지를 주목하게는 하는 시적 기법이다.[21] 이런 기법을 통해서 영광의 왕이신 여호와께 나아갈 만한 자는 그분의 통치에 순종하는 자임을 강조한다. 거꾸로 하나님의 성소에 머물며 영광의 왕이신 하나님을 예배하는 자들만이 그분의 능력으로 율법을 이루는 삶을 살 수 있음을 강조하기도 한다. 즉, 하나님의 임재가 하나님을 닮은 성품을 가지는 것을 가능케 하는 능력이며, 이스라엘은 이런 소망으로 성소에 나아와서 일상적 삶 속에서 그렇게 살도록 격려받는다.[22]

이 시편에서 또 하나의 특별한 문학적 특징은 4절과 5절에 두 번, 7, 9절에

---

17. *NIV Study Bible*, 810, 811.
18. Botha, "Psalm 24," 544 참조.
19. *NIV Study Bible*, 811.
20. McCann, "Psalms," 772, 773.
21. Botha, "Psalm 24," 544-5도 이런 점을 적절하게 관찰하고 있다.
22. Mays, *Psalms*, 86; Groenewald, "Ethics of the Psalms," 427.

네 번 나오는 '들다' 동사(*나사* נָשָׂא)의 반복이다. 이 동사의 반복은, 4-5절에서 백성들이 거짓된 것에 마음 '두기'를 거부하는 것과 하나님에게 복을 '받는 것'이 7-10절에서 문들이 머리를 '들며' 여호와를 환호하는 예배 행위와 밀접하게 연결되어 있음을 보여준다.

본문 주해

표제: "다윗의 시"[23]

다윗이 지은 시(원래 악기를 연주하면 부른 노래?)다.

1. 여호와가 창조하신 하나님 나라의 영토(1-2절)

다윗은 성도들과 함께 여호와께서 온 세상의 창조주이신 것을 선포하는데 이것은 여호와를 '영광의 왕'으로 선포하는 7-10절과 함께 전체 시를 묶는 틀이 된다. 1-2절에서는 여호와의 주권을 강조하기 위해서 온 세상 만물이 그가 '지은' 그의 영토임을 노래한다. 이것은 여호와를 위해 '지은' 세상의 축소판인 7-10절의 '성소'와 연결된다.

1절은 유사한 내용을 전달하는 두 행으로 구성되어 세상 만물이 여호와의 것임을 선언한다(고전 10:26에 인용됨). '여호와의 것'이라는 표현이 제일 앞에 나오면서 여호와가 온 세상의 창조주이자 주권을 가진 왕이심을 강조하고 있다(95:3-5). 서로 평행을 이루는 '땅과 그 안에 있는 모든 것'이라는 표현이나 '세계와 그 안에 사는 것들'이라는 표현은 함께 온 세상 만물을 가리킨다. '땅과 거기에 충만한 것'이라는 표현은 문자적으로 보면 땅 자체와 땅

23. 칠십인역 표제에는 '한 주간의 첫날(안식 후 첫날)을 위한'이 붙어 있는데 이것은 후대 유대교 전승을 반영한 것으로 보인다. Craigie, *Psalms 1-50*, 210, 211; Kraus, *Psalms 1-59*, 312-3 참조.

을 채우고 있는 모든 생물을 각각 가리키지만, 이 둘은 함께 세상 만물을 가리키는 관용적 표현으로 자주 사용된다(신 33:16; 사 34:1; 렘 8:16; 47:2; 겔 12:19; 19:7; 미 1:2 등). '세계와 그 가운데에 사는 자들'이란 표현을 1행의 표현과 굳이 구별하여 사람들이나 동물들과 이들이 사는 땅을 가리킨다고 볼 수도 있겠지만(33:8; 98:7; 사 18:3; 26:9, 18 참조),[24] 1행과 합하여 온 세상과 그 안에 사는 생물을 가리킨다고 보는 것이 더 좋을 것이다.

2절은 1절에서 선언한 세상 만물에 대한 여호와의 주권이 여호와의 세상 창조에서 비롯되었다고 노래한다. 비슷한 내용을 노래하는 두 행(유의적 평행법)으로 구성되어 1절에서 언급한 '세계'를 바로 '그(여호와)'가(강조형)[25] 바다나 강 위에 기초를 두고 건설하셨다고 노래한다(136:6). 세계 '건축'에 사용된 동사들('터를 세우다,' '건설하다')은 집이나 성전 건축과 관련되어 사용되었기에(78:69; 왕상 5:17; 6:1; 스 3:10-12), 하나님을 위해 '지은' 집인 성소를 강조하는 7-10절과 연결된다. 성소는 질서 정연한 소우주이자 하나님의 임재의 중심이다.[26] 2절의 시적 표현은 하늘과 땅과 땅 아래의 바다(창 1:6; 출 20:4; 신 33:13)로[27] 구성된 세계의 구조에 대한 당시 사람들의 세계관을 반영한다.[28] 여호와의 세계 창조는 자주 2절처럼 '땅의 터(기초)를 세우는' 것으로 표현된다(78:69; 89:11; 104:5; 욥 38:4; 잠 3:19; 사 48:13; 슥 12:1). 여호

---

24. Kraus, *Psalms 1-59*, 313에서는 '세계'를 농사짓고 사람들이 사는, 혼돈의 바다와 구분된 대륙으로 설명한다(18:15; 77:16-18; 93:1).
25. Kraus, *Psalms 1-59*, 313.
26. Sumpter, "Psalm 24," 46.
27. Limburg, *Psalms*, 76; Kraus, *Psalms 1-59*, 313; Spangenberg, "Psalm 24," 756 참조.
28. Craigie, *Psalms 1-50*, 212에서는 가나안 신화에 나오는 주제를 비신화적으로 표현했다고 본다. 즉 바알이 혼돈의 세력('바다,' '강')을 물리치고 왕권을 확립하고 왕궁을 건설했듯이, 여호와가 질서 정연하게 이 세계를 창조하신 후에 왕권 확립의 표현으로 성전을 건축하고 좌정하셨음(7-10절)을 표현했다는 것이다. 하지만 굳이 그렇게 연결하지 않아도 이 표현을 당시 사람들의 세계관에서 비롯된 창조 신앙의 고백으로 보는 데 어려움이 없다. 이 견해에 대한 요약을 위해서 Sumpter, "Psalm 24," 34-5 참조.

와의 창조에 대한 이런 고백은 온 세상을 다스리시는 그의 왕권에 대한 분명한 선언이라고 볼 수 있다(50:12; 89:11; 93:1; 97:5 참조). 그리고 이런 왕권은 여호와와 그의 백성들을 대적하는 자들을 심판하고 개선하시는 '영광의 왕'이신 여호와를 환영하는 7-10절에 강조되어 나타나고 있다.

2. 여호와를 왕으로 섬기는 하나님 나라 백성(3-6절)

이 연은 1-2절과 확연하게 다른 주제를 다루는 것처럼 보인다. 하지만 이 연은 세상 만물의 창조주이자 왕이신 여호와가 택하신 땅의 한 곳인 '여호와의 산'에 누가 오를 수 있는지를 물음으로써 '영토'에서 '백성'의 주제로 이 시를 이어간다. 이것은 왕이신 여호와가 정한 창조 세계의 한 중심에서 그를 예배하고 그의 구원과 은혜를 누리는 백성에 대한 노래이다. 그래서 이 연은 자기 백성들을 위해 싸우시고 승리하셔서 그 백성들의 환호를 받으며 자신의 산으로 개선하시는 것을 그리는 다음 연(7-10절)과 자연스럽게 이어진다. 3절이 여호와를 예배하는 백성들의 자격에 대한 질문을 담고 있다면, 4절은 그들의 영적이고 도덕적인 특징에 대해 답하며, 5-6절은 이런 하나님의 백성에 대한 축복을 담고 있다. 3절에서는 '누가' 여호와를 예배하는 백성인지를 묻고 6절에서는 '이'라는 지시어로 답하면서 2연을 하나로 묶는다. 또 3절이 예배에 대한 질문으로 시작한다면 6절은 참 예배를 드리는 백성에 대한 축복으로 마무리함으로써 수미쌍관을 이룬다.[29]

1) 질문: 누가 여호와를 예배할 수 있는가(3절)

3절은 여호와가 창조하신 온 세상 중의 한 장소를 가리키며 누가 거기에 갈 수 있는지를 묻는 두 개의 질문으로 구성되어 있다. 그 장소는 '여호와의 산'과 '그의 거룩한 곳'으로 표현되는 성소가 있는 시온이다. 여호와는, 온 세

---

29. 김정우, 『시편주석 I』, 549-50에서도 이에 동의하고 있다.

상이 당신의 영토이지만 그중에서 시온산을 당신의 임재 장소이자 왕적인 통치가 이뤄지는 온 세상의 중심으로 삼으셨다(48:1). 그것을 상징하는 것이 하나님의 왕궁인 시온 성소이다. 1행의 '여호와의 산'(혹은 '여호와의 집의 산,' 사 2:2; '하나님의 [거룩한] 산,' 68:15; 사 30:29; 겔 28:14, 16)은 온 세상의 왕 여호와의 통치 장소인 시온산을 가리킨다. 또 2행의 '거룩한 곳'은 1행과 평행을 이루어 왕이신 여호와의 공식적인 예배 장소인 시온 성소를 가리킨다(스 9:8, '거룩한 산,' 2:6; 3:5; 15:1; 43:3; 48:1; 99:9; 사 11:9; 56:7; 겔 20:40; 단 9:16, 20; 욜 2:1).[30] 그러므로 평행을 이루는 이 두 번의 질문은 15편 1절과 더불어 온 세상의 왕이신 여호와가 계시는 산에 감히 누가 '오를' 수 있는지, 그의 성소에 감히 누가 '설' 수 있는지를 묻는다. 시온산으로 '오른다'고 말한 것은, 단지 지형적인 이유만이 아니라 '높으신' 하나님이 거기 계신다는 영적인 이유 때문이기도 하다(47:5; 122:4; 출 34:24; 삼상 1:3; 삼하 6:12, 15; 왕상 8:4; 12:33; 사 2:3 등).[31] '그의 거룩한 곳에 설 자가 누구인가'라는 질문은, 자격을 묻는 실제적인 질문이기도 하고 그의 은혜 없이는 아무도 그의 거룩하심을 견딜 수도 없고 그를 예배할 수도 없음(1:5 참조)을 말하는 설의법(수사적 질문)이기도 하다.[32] 이 질문들은 구원과 율법을 베푸셔서(4-6절) 이스라엘을 당신을 예배하는 백성으로 삼으신 여호와의 놀라운 은혜의 기초 위에서 하는 것이다. 즉, 율법을 완벽하게 지키는 자가 누구인가를 질문하여 성소 입장을 막으려는 것이라기보다는, 하나님의 은혜로 구원받아 그를 찾는 자들로서(6절) 그의 율법에 신실하게 반응하며 사는 사람이

---

30. Spangenberg, "Psalm 24," 760 참조.

31. Kraus, *Psalms 1-59*, 313.

32. Botha, "Psalm 24," 545-7에서도 4절과 7, 9절에 나오는 모든 질문을 '아무도 없다.'는 답을 예상할 수 있는 수사적인 질문이라고 본다. 4절이나 8, 10절에 답이 나온 것은 진정한 답을 주기 위함이라기보다는 강조와 확신을 위한 것이라고 옳게 지적한다. R. K. Duke, "Form and Meaning: Multi-layered Balanced Thought Structures in Psalm 24:4," *TB* 62/2 (2011): 230.

바로 참된 예배자라는 확신을 주는 것으로 볼 수 있을 것이다.[33] 그런 점에서 이 질문은 항상 왕이신 여호와 앞에 서서 예배하는 하나님 나라 백성 이스라엘의 정체성과 특권과 의무를 동시에 일깨운다고 할 것이다.

2) 대답: 여호와를 예배하는 자들의 특징(4절)

4절은 성소에서 여호와를 예배하는 하나님 나라 백성의 자질을 한 마디로 율법적인 의를 이루는 사람으로 규정한다. 창조의 질서(1-2절)가 사회적 혹은 도덕적으로 반영된,[34] 하나님 나라 법을 지키려는 사람들이다. 이것은 성전에 들어갈 수 있는 자격을 갖추기 위한 율법적인 조건이 아니라 회중을 위한 신학, '의인'의 모범적인 모습을 가르친다고 할 것이다.[35] 1, 2행은 '긍정적으로,' 3, 4행은 '부정적으로' 대표적인 의를 표현하고 있는데,[36] 15편과는 달리 구체적이지 않고 일반적이다.[37] 첫 번째 자질인 '손이 깨끗한' 것은 책잡을 것이 없이 흠 없는 삶을 상징한다. '손'은 삶의 행동 전체를 대표하는 환유적 표현이고(7:3; 26:6; 73:13; 대상 12:17; 욥 16:17; 22:30; 31:7; 사 59:3, 6),[38] '깨끗하다'는 단어는 '죄 없는' '무고한' 등으로 자주 번역되는(10:8; 15:5; 잠 1:11) 단어이다. '마음이 청결하다'는 표현도 앞의 행처럼 삶의 순결함을 의미한다. '손'이 외적인 행동을 가리킨다면 '마음'은 드러나지 않는 내면의 동기를 강조하고(58:2; 73:13; 욥 11:13; 31:7)[39] '청결하다'는 단어는 율법의 특징

---

33. Botha, "Psalm 24," 547; Duke, "Psalm 24:4," 231 참조. Smart, "Psalm 24," 178에서는 사 33:10 이하 본문과의 비교를 통해 이 질문은 종말론적이라고 제안하지만, 이것은 너무 한정적으로 이 질문을 해석한 것이다. 종말 상황에 적용할 수는 있지만, 오직 이 상황을 위해 이 시편이 지어졌다고 하는 것은 오류다.

34. Craigie, *Psalms 1-50*, 212.

35. Mays, *Psalms*, 121.

36. VanGemeren, *Psalms*, 260.

37. Kraus, *Psalms 1-59*, 314 참조.

38. Duke, "Psalm 24:4," 225.

39. Duke, "Psalm 24:4," 225에서는 이처럼 '손'과 '마음'으로 행동과 내면을 표현하여 삶 전체를 포

처럼(19:8) 불순함이나 악이 섞이지 않은 순결함을 의미한다(73:1; 욥 11:4).

3행과 4행은 거짓말이나 거짓 맹세를 하지 않는 도덕적인 의를 말하는 것일 수도 있고, 거짓된 신들을 예배하거나 그 신들의 이름으로 맹세하지 않는 신앙적인 의를 말하는 것일 수도 있다. 만약 NIV처럼 "우상을 신뢰하지 않고 헛된 신으로 맹세하지 않는 사람"으로 번역하면 후자가 될 것이다. 십계명에서 '여호와의 이름을 헛되게 일컫지 말라'는 3계명은 여호와의 이름으로 하는 맹세와 관련이 있기에 4행과 연결되며, 3행은 우상숭배를 금지하는 2계명과 연결될 수도 있을 것이다.[40] 3행에서 '허탄한 데'(*샤베* שָׁוְא)로 번역된 단어는 일반적으로 '거짓'이나 '헛됨'을 의미하지만, 몇몇 구절에서는 또 다른 '헛됨'(*하블레 샤베* הַבְלֵי שָׁוְא)이라는 단어와 합하여 '헛된 우상'을 가리키기도 한다(31:7; 욘 2:8). 한편, '뜻(영혼)을 두다(들다, *나사* נָשָׂא)'는 표현은 무엇인가를 간절히 바라는 행동(신 24:15; 호 4:8)을 가리키기도 하고, 하나님께 위탁하는(25:1; 86:4; 143:8) 것을 가리키기도 한다. 하지만 이곳에서는 별도의 추가어 없이 '헛됨'이라는 단어가 독립적으로 사용되었기에 도덕적 의미의 '거짓말'이나 '헛된 것'을 추구하는 행동으로 이해하는 것이 더 좋을 것이다(60:11; 108:12; 119:37). 하나님이 주신 말씀의 길이 아닌 헛되고 거짓된 것에 집착하는 행동을 가리킬 것이다(예: 사울은 순종보다 승리에 집착).[41] 이것은 4행에서 더 강조된다. '거짓으로 맹세하다'는 표현은 자신의 목적을 이루기 위해 진실하지 않은 맹세까지 동원하는 것을 말한다(예: 야곱, 창 27:35, 야곱의 아들들, 34:13). 이처럼 거짓으로 맹세하지 않는 의로운 백성의 모습은 유사한 목록을 담고 있는 15편 4절이 말하는 '해가 되어도 맹세한 것을 바꾸지 않는' 진실함을 의미한다(레 19:12; 민 30:2; 신 23:21-23; 전

괄하는 문학적 기법을 '양단법'(Merism)이라 부르고 있다.

40. Spangenberg, "Psalm 24," 751에서는 실제로 그렇게 연결하고 있다.

41. Kraus, *Psalms 1-59*, 314에서는 명확한 근거를 제시하지 않고 헛된 우상을 숭배하는 것을 의미한다고 주장한다.

5:4-6; 슥 8:17; 마 5:33-37).

3) 여호와를 예배하는 자들에 대한 축복(5-6절)

5-6절은 4절에서 묘사한 율법적인 의를 이루기 위해 애쓰는 하나님 나라 백성, 즉 시온 성소에서 여호와께 예배하는 하나님 나라 백성들이 정말 복된 사람이라는 축복을 담고 있다. 이것은 다윗이 함께 예배하는 백성들에게 하는 말이자 이 노래를 부를 후대의 백성들을 축복하는 말이다.

5절은 하나의 동사(*나사* נָשָׂא)에 걸리는 두 개의 평행하는 행들('복을 받다' '의를 얻다')로 이루어져 있다. 같은 동사를 사용한 4절 3행에서는 거짓에 영혼을 '들지' 않는 것을 말했는데 여기서는 그 결과로 하나님으로부터 복이나 의로움을 '받는' 것을 말하고 있다. 1행은 율법을 지키는 하나님의 백성들(4절)이 레위기 26장이나 신명기 28장에서 약속한 복을 "여호와께" 받을 것이라고 한다. 율법을 지키면 그 결과는 자연스럽게 복이 되겠지만 근본적으로 그 복은 1-2절에서 찬양한 창조주 여호와가 주시는 것임을 고백하는 것이다. 1행과 평행을 이루는 2행은 그 복을 '의를 얻는 것'으로 표현한다. 이 문맥에서 '의'는 4절에서 묘사된 의로운 삶에 대해 하나님이 인정하시는 것이나 의에 대한 하나님의 복이나 보상(JPS '의로운 보상')을 받는 것을 의미한다. 2행에서는 '여호와'와 평행을 이루는 어구로 '구원의 하나님'이 등장한다. 6절과 연결해서 보자면 이 표현은, 하나님이 당신을 예배하며 기도하는 의로운 백성들의 기도에 응답하시고 그들을 원수들의 공격에서 건져 주셔서(구원, 22:31; 98:2; 사 51:6; 56:1) 그들의 의를 보상하시는 분이심을 고백하는 것이다. 왕이신 여호와의 법대로 살려고 하는 백성의 의가 반드시 보상을 받고 그들이 하나님의 복(103:17; 사 54:14; 59:8; 60:17; 61:10-11; 욜 2:23)을 누리는 나라가 하나님 나라라고 말하는 것이다. 그리고 이런 구원은 왕이신 하나님의 '승리'로 가능하기에 승리한 왕의 개선은 그를 예배하는 백성들에게 당연히 환호와 찬양의 대상이 된다(7-10절).

6절은 하나님의 참 백성('참 이스라엘'[42])은 어떤 상황에서도 항상 하나님을 '찾고' 하나님께 '구하는' 자들이기에 복을 받는다고 말한다. 이 연을 시작하는 3절에서 하나님을 예배하기 위해 나아온 자들에 대해 언급하고 있는데, 6절도 하나님에 대한 그들의 예배와 기도를 언급하며 연 전체를 하나로 묶는다. 1행에서는 여호와를 '찾는 족속'으로 2행에서는 '야곱의 하나님의 얼굴을 구하는 자들'로 하나님의 백성들을 묘사한다. 여호와를 찾는 사람들은, 어떤 고난 중에도 여호와의 주권을 인정하고 여호와의 뜻대로 살기 위해 여호와를 예배하고[43] 여호와의 도우심을 간구하는 사람을 의미한다(22:26; 24:6; 34:10; 77:2; 창 25:22; 출 18:15; 신 12:5; 암 5:4, 6, 14). 하나님의 얼굴(혹은 임재)을 구한다는 것도 유사하게 하나님께 나아가 하나님의 도우심과 은혜를 구하는 것을 의미한다(27:8; 105:4; 삼하 21:1; 호 5:15; 잠 29:26; 대상 16:11; 대하 7:14). '족속'이라는 표현은 주로 한 사람이 태어나서 자신의 첫째 아들을 낳을 때까지의 일정한 기간을 가리키는 '세대'를 가리키지만(*HALOT*), 여기서는 4절이 표현하는 율법적인 의를 추구하는 '참 하나님 나라 백성'이라는 특별한 그룹을 가리킨다(14:5; 73:15; 잠 30:11-14; 사 53:8 참조). 좀 더 구체적으로는 하나님을 예배하는 '회중'을 가리킨다.[44] '야곱의 하나님'은 이스라엘의 하나님이신 여호와에 대한 별칭(삼하 23:1; 사 2:3; 미 4:2; 시 114:7; 146:5)으로 여기서는 자기 백성들에게 은혜와 구원을 베푸시는 왕이신 하나님을 가리킨다. 전체적으로 3-6절은 하나님 나라 백성의 정체성을 다음과 같이 규정한다. 그들은 왕이신 하나님을 예배하러 나아와(3절) 율법적인 의를 이루기 위해(4절) 그의 자비와 도우심을 구함으로써(6절) 결

---

42. Kraus, *Psalms 1-59*, 314.

43. Kraus, *Psalms 1-59*, 314에서는 성소에 대한 순례를 가리키는 전문적인 용어로 보고, VanGemeren, *Psalms*, 260, 261에서는 언약적 충성의 표현으로 하나님과 교제하는 것을 의미한다고 말한다.

44. A. G. Hunter, "'The Righteous Generation' - the Use of *Dôr* in Psalms 14 and 24," in *Reflection And Refraction*, 187-205에서는 이 용어가 적어도 24편과 같은 곳에서는 예전적인 의미에서 '회중'을 의미한다고 옳게 주장한다.

국은 하나님께 복을 얻는 자들(5절)이다.

'셀라'는 예배 시간에 시편을 부를 때 사용된 예전적 지시어인 것은 분명하지만 어떤 의미를 지니는지는 명확하지 않다.

3. 보좌에 좌정하시는 하나님 나라의 왕(7-10절)

이 마지막 연은 온 '세상 만물'을 보좌로 삼고 다스리시는 여호와가(1-2절), 자신을 예배하기 위해 '시온'에 온 백성들(3-6절)의 환호를 받으며, 그들의 예배 장소이자 이 땅에 있는 하나님의 왕궁인 '성소'의 보좌에 좌정하시는 장면을 노래하고 있다. 영광의 왕의 개선과 좌정은 의인화된 '문들'의 반복된 존경의 표현 혹은 환호를 통해 강렬하게 표현되고 있다. 7, 9절이 개선하시는 영광의 왕을 환영하는 것이라면, 8, 10절은 그 영광의 왕이 전쟁에 강한 용사이신 만군의 여호와임을 찬양하는 것으로 abab 구조를 보인다.

7절과 9절은 각 절 2행의 '들다'가 7절에서는 수동형, 9절에서는 능동형으로 표현된 것만 빼고는 같다. 여기서는 백성들이 성문 혹은 성소의 문들을 의인화하여 부르면서 개선하시는 왕이신 여호와를 환영하고 있다. 이것을 다윗이 시온성에 법궤를 옮기는 상황과 연결하면, 영광의 왕이신 '만군의 여호와,' '전쟁에 능하신 여호와'(8, 10절; 출 15:1-18)가, 출애굽 이후부터 다윗이 예루살렘을 정복할 때까지 이스라엘의 모든 대적을 물리치시고, 마침내 자신의 안식처인 시온 성소에 좌정하시는 것(46, 48편; 출 15:17-18 참조)을 묘사하는 것으로 볼 수 있다.[45]

'문들'은 왕이신 하나님의 성인 시온 성문을 가리킬 수도 있겠지만, 성소의 '문들'을 의미할 가능성이 더 크다(100:4; 118:19-20; 사 26:2 참조). 문들이 '머리를 든다'는 것은 비유적인 표현이다. 고대 이스라엘에는 머리를 드는 형태의 문들이 없기 때문이다. 그러므로 이 표현은 개선하는 영광의 왕이

---

45. *NIV Study Bible*, 811.

들어가시도록 문을 충분히 넓히고 높이는 행동을 의미하거나, 문의 인방을 아무리 높여도 능히 수용할 수 없는 여호와의 영광을 강조하는 것이거나, 문들이 대표하는 시온 백성 혹은 성소 예배자들이 여호와를 환영하며 찬양하고 경배하는 행동을 상징한다(사 14:31 참조).[46]

7절과 9절에 네 번이나 반복된 '들다'는 동사(*나사* נָשָׂא)는 4, 5절에서 이미 사용된 동사다. 7-10절에서 이 동사가 네 번 반복되는 것은, 거짓된 것에 마음을 '두지' 않고 하나님으로부터 복을 '받는' 자는 악한 자들을 물리치고 개선하시는 영광의 왕을 '환호할' 수밖에 없음을 보여준다. '영원한 문들'은 '고대의 문들'로도 번역이 가능하다. 시온성은 오래전부터 존재했고(창 14:18) 다윗이 정복하기 전에는 여부스 사람들이 머물던 오래된 성(삼상 5장)이었는데[47] 다윗이 정복하여 하나님의 도성이 되었음을 알리는 것일 수 있다. 하지만, 그보다는 '영원한 문들'이라는 표현은 시온산의 성소가 영원한 하늘 성소를 상징하면서도 여호와가 창조하신 온 우주(1-2절)를 대표하는 것을 의미할 것이다.[48] 하나님의 왕궁(성소)의 성문은 하나님처럼 영원하다는 것을 가리킬 것이다(132:14 '이는 나의 영원히 쉴 곳').

7-10절에 다섯 번이나 등장하는 '영광의 왕'이란 표현은 악한 세력들을 물리치고 개선하시는 왕의 찬란한 영광을 강조하면서도(21:5; 29:1-2, 9) 하늘 보좌에서 내려오셔서 시온 성소의 보좌에 좌정하시는 하늘 왕의 '영광'을 강조한다('영광의 하나님,' 29:3 참조). 법궤는 하늘 왕의 보좌였기에 그것을 빼앗겼을 때 '영광'이 떠났다고 표현된다(삼상 4:21-22; 겔 10:18-19, 22-23 참조; 영광의 회복, 겔 43:4-5 참조).

---

46. Botha, "Psalm 24," 547. Cooper, "Ps 24:7-10," 46-7에서는 이집트 신화나 가나안 신화에 근거하여 문지기들에게 자랑스러워하라고 명령하는 것으로 이해한다.

47. VanGemeren, *Psalms*, 262.

48. Kraus, *Psalms 1-59*, 314. Cooper, "Ps 24:7-10," 43-5에서는 이집트 신화에 나오는 '문들아 머리를 들어라'와 유사한 표현에 근거를 두고 '영원한 문들'은 지하 세계에서 나오는 문이자 성소의 문을 의미한다고 보지만 이런 연결은 억측으로 보인다.

8절과 10절 또한 유사한 질문과 답으로 '영광의 왕'이 전쟁에서 이기신 전능하신 만군의 여호와이심을 부각한다. 3절에서 '누가'로 질문하고 6절에서 '이는'이라는 지시어로 답하면서 하나님 나라의 백성을 부각하는 것과 유사하다. 10절 마지막 행 "만군의 여호와께서 곧 영광의 왕이시로다"라는 표현은 찬양의 절정이다. 7, 9절과 연결해서 보자면 8, 10절에 반복되는 "영광의 왕이 누구시냐"는 질문은 의인화된 문들로부터 나온 것이다. 이 질문은 청중들이 영광의 왕 여호와를 주목하게 한다.[49]

8절의 답 "강하고 능한 여호와시요 전쟁에 능한 여호와"는 전쟁에서 승리하고 개선하시는 힘세고 강하신 여호와('전사'이신 여호와, 사 42:13)가 '영광의 왕'이라고 강조한다. 이에 비해 이 시편의 클라이맥스인 10절에서는 '만군의 여호와'가 '영광의 왕'이라고 답한다. 두 표현은 여호와가 어떤 세력들도 능히 물리치실 수 있으시고, 어떤 세력도 덤빌 수 없는 용사이시고(출 15:2-3; 민 10:35; 신 10:17; 사 10:21; 렘 32:18; 사 13:13)[50] 전능하신 왕(사 6:5 "만군의 여호와이신 왕")이라는 같은 의미를 표현한다. '영광의 왕'으로 개선하시는 여호와는 1-2절에서 노래했듯이 온 세상을 창조하신 창조주이시기 때문이다(29:9, 10 참조). 그런 점에서 10절의 '만군의 여호와'라는 표현은 적절하다. '만군'이라는 표현은 '이스라엘의 군대'(삼상 17:45)나, '별들'(33:6; 신 4:19; 사 40:26; 욜 2:10-11)이나, '여호와의 하늘 왕궁에서 사역하는 천상의 존재들'('하늘 군대,' 쉬운 성경, 89:6-8; 103:20-21; 148:2; 왕상 22:19)을 가리킬 수 있다. 하지만, 1-2절과 연관시키면 '만군의 여호와'는 '땅과 하늘의 모든 존재'(창 2:1)를 동원해서라도 악한 세력을 물리치시는 여호와, 즉 '전능하신 여호와'(NIV)를 가리킨다고 보는 것이 좋을 것이다(*HALOT*).[51] 법궤는 '만군의 여호와'의 이름으로 불리는 하나님의 보좌를 상징하기에 법궤의 예

---

49. Botha, "Psalm 24," 547-8.

50. VanGemeren, *Psalms*, 262.

51. *HALOT*에 의하면 '만군의 여호와'는 구약 성경에 265회 나타난다.

루살렘 이동은 이처럼 승리하신 왕의 임재를 상징한다(46:7, 11; 48:8; 84:1; 삼상 4:4; 삼하 6:2; 사 18:7). 결국 24편은, 창조주 여호와(1-2절)께서 창조 질서를 어지럽히고 의로운 다윗과 이스라엘(3-6절)을 대적하는 악한 세력들을 물리치시고(5절의 '구원자 하나님') 성소에 좌정하심으로써, 영광스러운 하나님 나라를 회복시키고 계심(7-10절)을 찬양하고 있다.

6절에도 나오는 '셀라'는 의미가 불확실한 예전적인 지시어인데 칠십인역에는 없다. NIV 번역도 이를 따른다.

교훈과 적용

시편 24편의 교훈: 온 세상을 하나님 나라로 창조하시고 다스리시는 여호와 하나님은(1-2절), 이스라엘과 세계의 수도 시온의 성소에 좌정하셔서 자기 백성에게 구원과 승리를 주시는 강하신 영광의 왕이시며(7-10절), 그 백성의 의로운 삶을 통해 온 세상이 하나님 나라 되도록 성소에서 그들의 예배를 받으시고 복을 주신다(3-6절).

1. 개선하는 '영광의 왕' 예수 그리스도(1-2, 7-10절)

시편 24편의 개선하시는 '영광의 왕' 여호와의 승리(7-10절)는 예수 그리스도 안에서 온전히 성취되었다. 예수 그리스도는 이 세상을 지으신 창조주요(1-2절) 온 세상의 왕으로서 하나님 나라를 회복시키시러 이 땅에 오셨다(요 1:1-4). 왕이신 예수님은 죄와 사탄의 권세를 십자가와 부활로 물리치시고, 자기 백성들을 구원하셔서 영과 진리로 하나님을 예배하게 하셨다(요 4:23-26). 부활하신 하나님 나라 왕이 '영광의 왕'으로서 하늘 성소로 개선하여 들어가시고, 거기서 온 세상을 다스리는 하나님 나라 왕으로 좌정하셨다(히 8:1-2).[52] '영광의 왕' 예수 그리스도의 승리는 오직 그를 믿어 하나님의 백성이 될 자들의 승리와 영원한 하나님 나라의 승리를 위한 것이다(고전 15:50-58; 엡 1:20-22). 그래서 예루살렘으로 입성하시는 예수님을 향한 이스라엘 백성들의 찬양과 환호는 새 하나님 나라 공동체인 교회의 것이 되어야 한다. "찬송하리로다 주의 이름으로 오시는 왕이여 하늘에는 평화요 가장 높은 곳에는 영광이로다."(눅 19:38) "… 모든 피조물이 이르되 보좌에 앉으신 이와 어린 양에게 찬송과 존

52. VanGemeren, *Psalms*, 258에 의하면 24편은 승천 기념일에 주로 사용되었다고 한다.

귀와 영광과 권능을 세세토록 돌릴지어다 하니."(계 5:13) 교회는 영광의 왕 예수 그리스도의 승리를 찬양하며 완전한 승리를 이루시려고 다시 오실 영광의 왕을 기다린다(계 19:11-21).

2. '영광의 왕' 예수 그리스도의 대리통치자 교회(3-6절)

하나님이 이집트에서 구원하신 이스라엘 백성에게 하나님 나라 헌법인 율법을 주신 것은, 이스라엘이 하나님 나라의 의로운 백성으로 살아 약속의 땅에서 온전한 하나님 나라를 세우도록 하시기 위함이었다. 하나님은 먼저 그들을 당신의 능력으로(8, 10절) 구원하시고, 성소(3절) 예배를 통해 그들과 함께하시며 복을 주셔서(5-6절), 그들이 의로운 삶(4절)을 살도록 도와주셨다. 이처럼 예수 그리스도께서 영광의 왕으로서 십자가와 부활로 승리하신 것은, 그를 믿는 자들을 하나님 나라에 걸맞은 의로운 백성으로 만드시기 위함이다(딛 2:14). 왕이신 주님은 교회에 말씀을 가르치시고 성령을 보내심으로 교회가 능력있게 의를 행하게 하셨다. 하나님께서 창조하신 세상이 온전히 하나님의 것이 되는 것은(1-2절) 하나님의 의로운 통치를 대행하는 교회의 의로운 삶과 통치를 통해 이루어진다. 교회는 영광의 왕이신 예수 그리스도와 함께 영적으로 하늘에 앉은(엡 2:6) '왕적인 존재들'로서, 주님이 다시 오실 때까지 하나님 나라를 이루기 위해 신실하게 '왕 노릇'을 해야 할 것이다(계 5:10). "교회는 그[그리스도]의 몸이니 만물 안에서 만물을 충만하게 하시는 이의 충만함이니라."(엡 1:23) 교회는 영과 진리로 하나님을 예배할 때마다 예배의 목적이 교회의 의로운 삶을 통한 하나님 나라 건설이어야 함을 기억하고, 항상 하나님을 찾고 은혜를 간구해야 한다. 하나님 나라와 의를 구해야 한다(마 6:33).

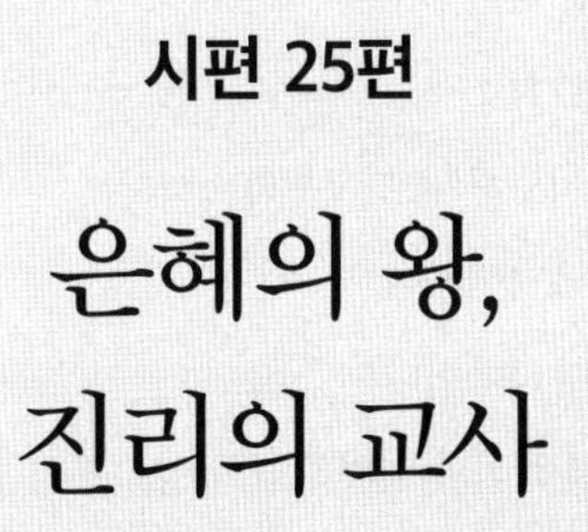

시편 25편

은혜의 왕,
진리의 교사

[다윗의 시]

1 여호와여 나의 영혼이 주를 우러러보나이다

2 나의 하나님이여[1]

내가 주께 의지하였사오니 나를 부끄럽지 않게 하시고

나의 원수들이 나를 이겨 개가를 부르지 못하게 하소서

3 주를 바라는 자들은 수치를 당하지 아니하려니와

까닭 없이 속이는 자들은 수치를 당하리이다

4 여호와여 주의 도를 내게 보이시고

주의 길을 내게 가르치소서

5 주의 진리로 나를 지도하시고 교훈하소서

주는 내 구원의 하나님이시니

내가 종일 주를 기다리나이다[2]

6 여호와여 주의 긍휼하심과 인자하심이 영원부터 있었사오니

주여 이것들을 기억하옵소서

7 여호와여 내 젊은 시절의 죄와 허물을 기억하지 마시고

주의 인자하심을 따라 주께서 나를 기억하시되

주의 선하심으로 하옵소서[3]

8 여호와는 선하시고 정직하시니

---

1. 이 시편이 알파벳 이합체 시이기에 2절이 *베트*(ב)로 시작하는 '주를'(*베카* בְּךָ)이 아닌 *알렙*(א)으로 시작하는 '나의 하나님'(*엘로하이* אֱלֹהַי)으로 시작하는 것은 어색하다. 그래서 주석가들은 *BHS*의 조언을 따라 1절에 3절과 같은 동사 '내가 바랍니다'(*키비티* קִוִּיתִי)를 첨가하고 2절의 '나의 하나님'에 '~께'(*엘* אֶל) 전치사를 넣고 1절에 포함시켜 "여호와여, 내가 주를 바라며 나의 하나님께로 내 영혼을 듭니다"로 읽는다. 하지만 사본상의 증거는 없다. Craigie, *Psalms 1-50*, 290, 291 참조.
2. Craigie, *Psalms 1-50*, 215-6에서는 *BHS*의 조언을 따라 사라진 *바브*(ו) 절을 살리기 위해 3행 앞에 접속사 *베*(וְ)를 첨가하여 해석한다("그리고"). 이것은 칠십인역과 시리아역을 따른 것이기도 하다.
3. '주의 선하심으로 말미암아(*레마안 투베카* לְמַעַן טוּבְךָ)'가 들어 있는 이 행은 번역하기 까다롭다. JPS는 "주의 선하심에 맞게 나를 위하여 은혜를 고려해 주십시오"로 번역하고 있고, NIV는 "나를 기억해 주십시오/ 여호와여, 주는 선하시기 때문입니다"로 번역하고 있다.

그러므로 그의 도로 죄인들을 교훈하시리로다
9 온유한 자를 정의로 지도하심이여
온유한 자에게 그의 도를 가르치시리로다
10 여호와의 모든 길은
그의 언약과 증거를 지키는 자에게 인자와 진리로다
11 여호와여 나의 죄악이 크오니
주의 이름으로 말미암아 사하소서
12 여호와를 경외하는 자 누구냐
그가 택할 길을 그에게 가르치시리로다
13 그의 영혼은 평안히 살고
그의 자손은 땅을 상속하리로다
14 여호와의 친밀하심이 그를 경외하는 자들에게 있음이여
그의 언약을 그들에게 보이시리로다
15 내 눈이 항상 여호와를 바라봄은
내 발을 그물에서 벗어나게 하실 것임이로다
16 주여 나는 외롭고 괴로우니
내게 돌이키사 나에게 은혜를 베푸소서
17 내 마음의 근심이 많사오니
나를 고난에서 끌어내소서
18 나의 곤고와 환난을 보시고
내 모든 죄를 사하소서
19 내 원수를 보소서 그들의 수가 많고
나를 심히 미워하나이다
20 내 영혼을 지켜 나를 구원하소서
내가 주께 피하오니
수치를 당하지 않게 하소서

21 내가 주를 바라오니
성실과 정직으로 나를 보호하소서
22 하나님이여 이스라엘을
그 모든 환난에서 속량하소서

본문 개요

25편은 다윗의 기도시편이다. 이 시편에는 다윗이 하나님께 올려드리는 기도가 많이 등장한다(1-7, 11, 16-22절). 22절에서 다윗은 자신의 기도를 이스라엘을 위한 기도로 확장하고 있다. 물론 이 시편에는 기도시편이 갖는 또 다른 요소인 하나님에 대한 신뢰와 기도 응답의 확신 부분도 많은 절에 나타난다(8-10, 12-15절). 다윗은 자신(혹은 이스라엘)의 죄에 대한 하나님의 징계로 고통당할 뿐만 아니라(7, 8, 11, 18, 22절), 그 고통을 빌미로 자신에 대해서 거짓말을 퍼뜨리는 원수들로부터도 공격당하고 있었던 것 같다(3, 16-19, 22절). 이런 상황에서 다윗은 하나님의 자비에 기초한 죄 용서와 고난으로부터의 구원과 언약의 길로의 인도하심을 간절히 기도한다. 다윗의 생애 가운데서 이 시편의 배경이 될 수 있는 상황으로 밧세바 사건(삼하 11-12장), 압살롬의 반역(삼하 13-18장), 혹은 인구 조사로 인한 심판(삼하 24편) 등을 생각할 수 있다. '죄 용서' 주제나 22절의 '이스라엘에 대한 속량' 간구는 성전 건축 터가 나오는(삼하 24:18-25) 인구 조사 사건과 관련성을 시사한다. 23편에서 여호와의 집에 거할 것을 확신하고, 24편에서 왕이신 여호와께서 성소에 좌정하신 것을 노래했는데, 25편은 거기에 계신 하나님께 '죄 용서'를 통한 의로운 길로의 인도를 구함으로써 성소의 본질적 목적을 천명하고 있는 셈이다.[4]

---

4. N. Lohfink, "Covenant and Torah in the Pilgrimage of the Nations - The Book of Isaiah and

이 시편은 각 절의 첫 글자가 히브리어 알파벳 순서로 시작하는 소위 '알파벳 이합체 시'다. 하지만 *바브*(ו)와 *코프*(ק) 두 알파벳은 빠지고[5] *레쉬*(ר, 18, 19절)는 두 번 반복되며, 16절에 등장했던 *페*(פ, 16절)는 마지막 절인 22절에 다시 등장한다. 이런 배치는 의도적인 것으로 보인다. 시작하는 절(1절)이 *알렙*(א), 제일 가운데 절인 11절이 *라멧*(ל), 끝(22절) 절이 *페*로 시작하는데, 이 세 자음을 합하면 첫 알파벳의 이름인 '*알렙*'이 된다. 동시에 이 어근(*알랖* אָלַף)은 '가르치다' 혹은 '배우다'가 되어 이 시편의 교훈적인 성격과 주제를 강조하게 된다.[6] 이런 기법은 시편 1권의 또 다른 알파벳 이합체 시인 34편에서도 등장하는데, 25편과 34편은 주제나 어휘 면에서도 많은 공통점을 갖고 있다.[7] 알파벳 이합체 시편은 아마도 다윗이 이 시편에서 구하고 있는 하나님의 죄 용서, 원수와 고통으로부터의 구원과 인도하심, 그리고 그 모든 것을 가능케 하는 하나님의 언약적인 자비의 '완전함'('A부터 Z까지' 혹은 '알파와 오메가'와 유사함)을[8] 표현하는 듯하다. 이 시편이 가지고 있는 이런 교훈적인 특성은 이 시편에 등장하는 하나님의 말씀과 가르침에 대한

Psalm 25," in ed. N. Lohfink and E. Zenger, *The God of Israel and the Nations: Studies in Isaiah and the Psalms*, trans. E. R. Kalin (Collegeville: Michael Glazier, 2000), 58-64에서는 22-26편의 문맥적 관련성을 언급하면서 이 시편을 포로귀환시대에 이방 나라 백성들이 시온으로 귀환하면서 쓴 것(사 2:2-4와 미 4:1-3의 상황)으로 본다. 그래서 75-83쪽에서는 그런 관점에서 각 부분을 해석한다. 어휘적인 관련성만 가지고 그렇게 시대를 연결하는 것은 무리가 있지만, 시온 성소를 순례자들이 와서 하나님께 죄 사함과 인도하심을 구하고 확신을 하는 장소로 연결한 것은 일리가 있다.

5. 비록 첫 글자는 아니지만 *바브*(ו)는 알파벳 순서를 따라 *헤*(ה)절인 5절에, *코프*(ק)는 순서를 따라 *차데*(צ)절인 17절에 등장하며, 19절의 *레쉬*(ר)절에는 다음 알파벳인 *신*(שׁ)도 등장하여 이 시편에는 사실상 모든 알파벳이 다 등장하고 있다.
6. A. R. Ceresko, "The ABCs of wisdom in Psalm xxxiv," *VT* 35(1985): 99-100 참조.
7. L. D. Maloney, "A Word Fitly Spoken Poetic Artistry in the First Four Acrostics of the Hebrew Psalter," (Ph.D Diss., Baylor University, 2005), 127; 이성혜, "시편 1권에 나타난 알파벳시편 연구,"『성경과 신학』27(2014): 20 참조.
8. B. Doyle, "Just you, and I, Waiting - The Poetry of Psalm 25," *OTE* 14/2 (2001): 206-7에서도 다른 학자들의 견해를 동원하면서 이런 부분을 강조하고 있다.

반복적인 언급이 잘 강조하고 있다. '도,' '길,' '진리,' '정의,' '언약,' '증거'와 같은 단어들(8, 9, 10, 12, 14절)과 '가르치다,' '알게 하다,' '지도하다,' '인도하다' 등(4, 5, 8, 9, 12, 14절)의 표현들, 그리고 '여호와 경외'에 대한 언급들(12, 14절; 잠 1:7; 3:7; 9:10; 14:2 등)은 지혜시의 특징을 잘 보여준다(잠 1:15; 2:8, 12 등 참조).[9] 혹자는 이 시편을 기도문의 형식을 빌린 교훈시라고 부른다.[10]

시편 제1권에 나오는 알파벳 이합체 형식의 시편들 중에서 25편은 어휘나 내용 면에서 34, 37편과 밀접한 관계를 보여준다.[11] 25편과 37편은 둘 다 '온유한 자'(25:9; 37:11)와 그의 자손(25:13; 37:25)이 '땅을 상속할 것이다(차지할 것이다)'(25:13, 37:11)라는 독특한 표현을 공유함으로써 확실하게 서로 연결되어 있다. 이와 더불어 두 시편이 갖는 많은 어휘와 주제적 공통점들은 적어도 25-37편이 하나의 큰 그룹을 형성하는 것을 암시한다.[12] 25편과 34편은 위에서 언급한 것처럼 알파벳 *바브*(ו)로 시작하는 절이 생략된 대신에 마지막 22절이 *페*(פ)로 시작한다는 형태적 공통점도 갖고 있고,[13] 많은 어휘와 주제들도 공유한다. 이러한 공통점은 같은 알파벳 절에 비슷한 어휘들이 동원된 결과이기도 하다.[14] 이것은 25편과 34편이 37편과 더불어 하나의 시편 그룹들을 형성하는 기둥과 같은 역할을 한다는 것을 보여준다. 혹자는 25-34편을 하나의 그룹을 형성하는 것으로 본다.[15] 하지만, 주제 면에서 34편은 37편

---

9. D. J. Human, "The Tradition-historical Setting of Psalm 25: How Wisdom Motives Contribute to its Understanding," *SK* 17/1 (1996): 80, 83-4 참조.

10. Mays, *Psalms*, 125.

11. 이 부분은 필자의 "문맥으로 시편 25-33편 읽기," 『구약논단』 19/2 (2013): 68-98을 요약한 것임을 밝힌다. 25편과 37편이 갖는 많은 공통점에 대해서는 P. J. Botha, "The Relationship between Pss 25 and 37," *OTE* 20/3 (2007): 543-66에서 상세하게 다루고 있는데, 특별히 546-50을 보라.

12. 김창대, 『한권으로 꿰뚫는 시편』, 109-10 참조.

13. A. R. Ceresko, "Psalm xxxiv," 99-100; 이성혜, "알파벳시편 연구," 13 참조.

14. Maloney, "the First Four Acrostics," 127에 상세한 내용이 나온다. 이성혜, "알파벳시편 연구," 20; Botha, "Pss 25 and 37," 561-3 참조.

15. Hossfeld & Zenger, *Die Psalmen 1*, 13가 그 대표적인 경우이다.

과 함께 '의인'과 '악인'의 대조적인 운명을 강조하면서 같은 주제를 다루는 35-36편을 감싸는 반면,[16] 25편은 하나님의 인자하심에 기초한 죄 용서를 구하고 하나님께로 피하는 장소인 '성소'의 중요성을 강조하는 26-33편과 내용적으로 더 밀착된다. 이상의 그룹 분석이 맞는다면 기도시편인 25편처럼 유사 알파벳 이합체 형식(22절)을 취하는 찬양시편인 33편이 25편과 더불어 또 하나의 작은 그룹(25-33편)을 형성하게 된다.[17] 전체로 보자면 25-37편은 '누가 땅을 차지하여 하나님의 복을 누리며 사는가'라는 질문에 대한 두 가지의 답을 준다. 첫 번째는 성소에서 오직 하나님께 죄 용서와 고난에서의 구원을 구하는 자(25-33편)이고, 두 번째는 멸망할 악인들과 달리 '악을 버리고 선을 행하는' 의인(34-37편)이다.

25-33편 그룹에서 하나님의 구원을 구하는 25편은 하나님의 구원을 찬양하는 시편인 33편과 함께 26-32편을 감싸는 틀의 역할을 한다. 이 그룹의 제일 중심에는 찬양시편인 29편이 위치하고 그 사이에 각각 26/32편, 27/31편, 28/30편이 대칭을 이룸으로써 이 그룹의 전체적인 구조는 다음과 같이 교차 대구적인 형태를 보인다.[18]

---

16. 로버트슨, 『시편의 흐름』, 142에서도 비슷한 견해를 표현하고 있다; 한편, 김창대, 『한권으로 꿰뚫는 시편』, 134에서는 37편이 34편의 내용을 반복한다고 말하고, 김정우, 『시편주석 I』, 725에서는 34, 37편이 알파벳 시편으로서 '의인의 고난과 최종적인 승리'라는 주제로 연결된다고 한다. Wilson, *Psalms I*, 82-3은 이 그룹을 '악인들의 멸망에 대한 희망'이라는 주제 아래 하나로 묶는다.
17. 로버트슨, 『시편의 흐름』, 361, 370에서는 하나님을 위한 '영원한 거주지'에 대한 언급이 26-32편에 공통적으로 등장하고 있다고 하면서, 하늘 왕의 거주지로부터 말씀하시는 우레 같은 '여호와의 소리'를 제시하는 29편이 중앙에서 절정을 이룬다고 한다.
18. *NIV Study Bible*, 784, 811; 피 & 스튜어트, 『책별로 성경을 어떻게 읽을 것인가』, 170.

25 알파벳 이합체시
언약적 긍휼을 구하는 기도

26 '무흠한' 자의 기도

27 거짓 고소자들에 대한 간구

28 '무덤으로 내려가는 자'의 기도

29 창조 세계의 왕에 대한 찬양

30 '무덤으로 내려가는' 데서 구원받은 자의 찬양

31 거짓 고소자들에 대한 간구

32 참회하는 자의 복

33 알파벳 이합체 형식
하나님의 선하신 통치에 대한 찬양

위 그룹의 틀을 이루는 25편과 33편은 비록 장르는 달라도 다음과 같은 많은 어휘와 내용을 공유한다.[19] '의지하다'(25:2; 33:21), '구원'(25:5; 33:17), '인자하심'(25:5, 6; 33:5, 18, 22), '정직'(혹은 '올바름,' 25:8, 21; 33:1, 4), '정의'(25:9; 33:5), (여호와의) '이름'(25:11; 33:21), '많은'(25:11; 33:16, 17), '경외하다'(25:12, 14; 33:8, 18), '택하다'(25:12; 33:12), '눈'(25:15; 33:18), (여호와께서) '보시다'(25:18, 19; 33:13), '구원하다'(25:20; 33:16, 19) 등이다. 특별히 두 시편은 어근은 다르지만 '바라다'는 의미의 비슷한 표현들을 반복적으로 사용하고 있다(25:1, 3, 5, 15, 21; 33:20, 21, 22). 이상의 공통된 어휘들은 여호와를 '바라며' '경외하는 자'에게 여호와는 '정의'의 통치 방식을 따라 그들의 고난을 '보시고' '구원하신다'는 공통된 주제를 만들어 낸다. 그리고 두 시편은 개인적인 구원과 더불어 '이스라엘'의 구원도 강조한다(25:22; 33:12, 19). 두 시편은 26-32편에 공통적으로 등장하는 '성소'와 관련된 언급은 하지 않지만, 하나님을 '바라는' 기도와 구원에 대한 찬양은 성소를 전제하고 있다.

또한 25편은 26편과도 많은 주제를 공유하고 있는데 이에 대해서는 26편 개요 부분에서 설명할 것이다.

---

19. 김성수, "시편 25-33편," 73-4 부분을 요약하였다.

문학적 특징과 구조

25편은 알파벳 이합체 시편이지만 전체적으로 교차 대구적인 구조를 통해 주제를 잘 드러낸다. 각 부분의 장르와 어휘를 따라서 다음과 같은 교차 대구적 구조로 나누었다.[20]

A 1-3절 원수들로부터의 구원 **간구**
('하나님' '내 영혼' '수치를 당하다' '바라다' '원수')
B 4-7절 여호와의 길로의 인도, 구원, 용서 **간구**
(7절, 내 죄를 기억하지 마소서)
C 8-10절 여호와의 길로의 인도와 구원 **확신**
D 11절 죄 용서를 구하는 **간구**
C′ 12-15절[21] 여호와의 길로의 인도, 구원, 복 **확신**
B′ 16-18절 고난에서의 구원과 죄 용서 **간구**
(18절, 내 모든 죄를 사하소서)
A′ 19-22절 원수들로부터의 구원과 죄 용서 **간구**
('하나님' '내 영혼' '수치를 당하다' '바라다' '원수')

전체적으로는 1-7절, 19-22절의 기도 부분 가운데 8-15절의 신뢰와 확신

20. 위의 구조와 같은 구조는 Lohfink, "Psalm 25," 73에서 볼 수 있다. Von Lothar Ruppert, "Psalm 25 und die Grenze kultorientierter Psalmenexegese," *ZAW* 84/4 (1972): 576-7에서 제시하는 구조는 15절을 16-18절의 확신 부분에 포함한 것만 다르고 위의 구조와 같다. 또 Doyle, "Psalm 25," 202-3, 207-8에 나오는 구조와 위의 구조와의 차이점은 1절을 2-3절과 분리하고 21-22절을 19-20절과 분리해 별도로 대칭을 이루는 연으로 나눈 것이다.

21. 15절은 확신 단락의 마지막 절로도 볼 수 있고 16절부터 이어지는 기도 단락의 시작 부분으로도 볼 수 있다. 여기에 대한 학자들의 견해도 둘로 나뉜다. Human, "Psalm 25," 79 참조. 여기서는 15절이 여호와께 직접 올리는 기도가 아니고 2행은 확신을 담고 있기에 앞부분에 포함했다.

부분이 끼워져 있다. 그리고 이 확신 부분의 제일 가운데 부분인 11절에 죄 용서를 구하는 기도가 위치한다. 이러한 구조는 자신의 죄와 원수들의 공격으로 고통당하는 시인이 하나님께 말씀과 은혜의 길로 인도하셔서 용서하시고 구원해 주시길 간구하고 확신하는 이 시편의 주제를 잘 드러낸다.

먼저, 1-3절과 19-22절의 기도 부분(A와 A′)은 '하나님'(2, 11절), '내 영혼'(1, 20절), '바라다'(3, 21절), '원수'(2, 19절), '수치를 당하다'(2, 3, 20)와 같은 단어들의 반복을 통해 수미쌍관을 이루며 전체의 틀을 이룬다. 둘 다 원수들로부터의 구원에 대한 간구다.

둘째로, 4-7, 16-18절의 기도 부분(B와 B′)은 둘 다 죄 용서를 구하는 기도(7, 18절)로 마무리되는 공통점을 가지고 있다. 이와 더불어 고통당하는 시인에게 '인자하심'과 '은혜'를 베푸셔서(6, 16절) '구원'해 주시길 간구하는 공통된 내용(5, 17절)을 갖고 있다. 두 연의 차이점이 있다면, 4-7절 부분에는 주의 길을 '알려주소서,' '가르치소서,' '지도하소서,' '기억하소서' 등의 인도를 간구하는 동사들이 압도적으로 많이 등장한다면, 16-18절 부분에는 '돌이키소서,' '은혜를 베푸소서,' '끌어내소서' 등의 구원을 구하는 동사들이 많이 등장한다는 점이다. 이것은 구원을 통해 주의 길을 깨닫게 해 달라는 이 시편의 주제를 표현한 것으로 이해할 수 있다.

세 번째로 대칭을 이루는 8-10, 12-15절의 확신 부분(C와 C′)은 4-7절의 기도를 하나님에 대한 신뢰와 하나님의 도우심에 대한 확신으로 바꿔 표현하고 있다. 그래서 두 연은 4-7절과 많은 표현을 공유하고 있다. 먼저 하나님의 선한 성품과 관련된 '긍휼하심'과 '인자하심'과 '선하심'과 '성실'과 '정직' 등의 표현들(6, 7, 8, 10절)이 반복되어 하나님에 대한 신뢰를 표현한다. 이와 더불어, 하나님의 의로운 말씀과 언약에 기초한 의로운 통치를 강조하는 '도,' '길,' '진리,' '정의,' '언약,' '증거,' '비밀'과 같은 단어들(4, 5, 8, 9, 10, 12, 14절)과 하나님이 당신의 길을 '가르치고,' '알게 하고,' '지도하고,' '인도하시는' 사역 관련 동사들(4, 5, 8, 9, 12, 14절)이 반복적으로 등장한다. 8-10절과 12-15절의 이런 특징은 앞과 뒤에서 말하고 있는 하나님을 바라는 백성에 대한 하나님의 구원이 그의 의로운 통치와 말씀을 따르는 것이고, 하나님의 인자하심과 선하신 성품의 결과임을 강조한다고 볼 수 있다.

넷째로, 이 시편의 제일 가운데 부분인 11절에는[22] 죄 사함을 구하는 기도가 나온다. 7, 18, 22절에도 죄 사함을 구하는 기도가 나오는데 11절은 시편의 중심에 나오고 있고 나머지는 각 연에서 마지막 절에 나오고 있다. 특히 22절의 죄 사함을 구하는 기도는 이 시편 전체의 마지막에 나옴으로써 11절과 함께 죄 사함의 주제를 강조한다. 즉, 시인과 이스라엘에 대한 하나님의 구원이 하나님을 바라는 자들에 대한 죄 용서의 결과임을 강조한다.

본문 주해

표제: "다윗의 (시)"

'다윗에게 속한' 혹은 '다윗을 위하여' 등으로 번역될 수 있지만 이 시편을 다윗이 저작했음을 말하는 것으로 보인다. 칠십인역에는 '시'라는 단어가 첨가되어 있다.

1. 고난과 원수들로부터의 구원 간구(1-3절)

첫 번째 연에서 다윗은 자신의 고통스러운 상황을 여호와 하나님께 맡기면서(1절 "나의 영혼이 주를 우러러보나이다," 2절 "주께 의지하였사오니," 3절 "주를 바라는 자들"), '수치를 당하지 않게 해 달라'는 기도(2, 3절)로 원수들로부터의 구원을 간구하고 있다. 구조 부분에서 말했듯이 이 연은 마지

---

22. Lohfink, "Psalm 25," 74에서는 11절 전후, 즉 1-10절과 12-22절이 각각 22행으로 구성되어 있음을 보여줌으로써 11절이 정확하게 중심을 이룬다는 것을 말하고 있다.

막 연인 19-22절과 짝을 이루며 이 시편을 하나로 묶는다.

1(*알렙* א)절에서 다윗은 자기 영혼으로 주를 우러러본다고 한다. 이 표현은 영혼을 하나님께 들어 올리는 것으로 직역되는데, 여호와께 영혼을 드는 행동은 여호와께 손을 들거나(28:2; 63:5; 134:2) 눈을 드는(121:1; 123:1 참조) 것처럼 기도하는 행동이자,[23] 자신의 삶 전부를 의탁하며 오직 하나님께만 소망을 두는[24] 신뢰의 행동이다(86:4; 143:8; 신 24:15; 호 4:8; 잠 19:18). 24편 4절에 같은 표현("허탄한 데 내 영혼을 올려드리지 않다")이 나와 거짓된 것(혹은 헛된 우상)에 소망을 두지 않겠다는 의지를 표현한 바 있다. 이처럼 현재 고통스런 상황을 하나님께 올려드리는 '기도' 혹은 '신뢰'의 행동은 성소의 상황을 전제하며 성소에서 이스라엘 백성이 하는 가장 전형적인 행동이다. 그런 점에서 25편은 성소에 좌정하신 '영광의 왕'을 노래한 24편 마지막 부분과 바로 연결된다고 할 것이다. 이 시편에는 하나님을 의지하고 기도하는 표현들이 반복적으로 등장한다. 바로 다음 절에 등장하는 '의지하다'를 비롯하여, '바라다'(3, 5, 21절), '눈이 여호와를 향함'(15절), '피하다'(20절) 등이다. 이런 표현들은 모두 성소에 좌정하신 하나님께 현재 모든 고통을 올려드리며 오직 하나님으로부터의 도움과 구원만을 기대하는 모습을 묘사한다.

2(*베트* ב)절 1행에서 다윗은 '의지하다'는 말로 자신이 하나님의 기도 응답을 분명히 '신뢰한다'는 것을 표현하며[25] 자신을 원수들 앞에서 '부끄럽지 않게 하시길' 간절하게 기도한다. '부끄럽게 하다'는 동사는 3절에서는 '수치를 당하다'로 번역되고 있는데, 같은 동사가 2, 3절에서 무려 세 번이나 반복되어 기도의 간절함을 더한다(20절 참조). 원수들은 다윗 혹은 이스라엘이 죄 때문에 하나님께 징계받는 것을 이용해서 악하고 거짓된 말로 공격했던 것

23. Mays, *Psalms*, 124.
24. Calvin, *Psalms*, 1:414.
25. Kraus, *Psalms 1-59*, 320.

같다(3절). 만약 다윗이 징계로 인한 고통 가운데서 하나님의 용서와 구원을 받지 못하여 '수치를 당하게 되면,' 다윗의 원수들은 자신들이 이겼다고 할 것이다. 이러한 모습을 2절 2행이 표현하고 있다. '개가를 부르다(승리를 뽐내다)'는 표현은 자신들의 말이 옳았다며 의기양양하게 뽐내는 모습을 가리킨다. 예를 들어 사무엘하 24장의 인구 조사 사건에서, 만약 하나님이 다윗과 이스라엘에 대한 징계를 거두시지 않는다면 이웃 나라들은 여호와 하나님이 다윗과 이스라엘을 버리셨다고 좋아했을 것이다. 그런 점에서 원수들에게 '수치를 당하지 않게 해 달라는' 기도는 죄를 용서하시고 징계에서 건져 주셔서 원수들의 말이 틀렸음을 입증해 달라는 기도와 다름없다.

3(*김멜* ג)절에서도 1-2절의 주제는 이어진다. 3절의 동사는 1-2절의 기도에 확신을 주는 평서문으로 볼 수도 있고(개역개정, 새번역, NIV, ESV), 앞의 기도를 이어가는 기원문으로 볼 수도 있다. 다윗은 하나님께 자신의 영혼을 '들고,' 하나님을 '의지할' 뿐만 아니라 이제는 '주를 바란다'고 한다. '바라다'는 동사 또한 신뢰에서 오는 끊임없는 주목과 기다림(5, 21절; 27:14; 130:5)을 표현한다.[26] 하나님이 다윗처럼 하나님을 바라는 자들은 구원하셔서 수치를 당하지 않게 하시고(1행, 21절), 거짓으로 의인을 모함하는 원수들('까닭 없이 속이는 자들')은 도리어 심판하셔서 수치를 당하게 하실 것을 확신한다. 3절을 시작하는 히브리어 단어는 '정말로'라는 감탄사로서 다윗의 확신을 강화한다.

2. 여호와의 길로의 인도, 구원, 용서 간구(4-7절)

다윗은 이 연에서 앞의 기도를 이어가되 좀 더 다른 방향으로 기도한다. 단지 자신의 구원만 구하는 것이 아니라 그 구원을 통해 하나님의 '길'을 깨닫게 되기를 간절히 기도한다(5절 '내가 종일 주를 기다리나이다'). 4-5절에

---

26. Kraus, *Psalms 1-59*, 320.

서 다윗이 구원을 통해 주의 길을 가르치시길 구한다면, 6-7절에서는 하나님의 긍휼과 인자하심을 통한 죄 용서를 구한다.

1) 하나님의 진리를 가르치소서(4-5절)

4-5절에는 '주의 도,' '주의 길,' '주의 진리'가 유사한 뉘앙스를 가지고 반복되고 있고, '보여주십시오,' '가르쳐 주십시오,' '지도해 주십시오,' '교훈해 주십시오' 등 네 개의 명령형 동사도 반복되면서 하나님의 길을 보고자 하는 다윗의 간절한 열망이 강하게 표현되고 있다. 이런 기도는 8-10절, 12, 14절에서는 확신의 형태로 반복되고 있다.

다윗이 여기서 하나님의 길을 가르쳐 달라고 기도했을 때, 어떤 것을 기도하고 있는지는 몇 가지로 해석될 수 있다. 첫째는, 악한 원수들에 대한 복수심을 참지 못하고 악하고 어리석게 행동하지 않고 하나님이 인도하시는 길로 행하게 해 달라는 간구일 수 있다.[27] 3절이나 19절과 연결되면 그렇게 해석될 가능성도 있다. 하지만 그렇게 보기에는 가르침에 대한 표현들이 너무 다양하며, 5절은 이 가르침이 단지 어리석은 행동을 가리키는 것이 아니라 구원에 대한 갈망과 연결되어 있음을 보여주기에 이 해석을 지지하기 어렵다.

둘째는, 현재 곤경에서 벗어나게 하는 하나님의 구원 말씀을 (선지자나 제사장을 통해) 계시해 달라는 기도일 수 있다(130:5).[28] 하지만 이렇게 해석하는 것도 가르침에 대한 많은 표현을 너무 제한적으로 보는 것이다.

셋째는, 지금 자신이 하나님의 말씀을 어겨서 이런 고통 가운데 있기에 죄에서 벗어나 의롭게 살 수 있도록 다시금 하나님의 율법을 가르쳐 달라는 간구일 수 있다. 7, 11, 18절의 죄 사함을 구하는 기도가 그 증거가 될 수 있다.

---

27. Calvin, *Psalms*, 1:416-8.
28. Kraus, *Psalms 1-59*, 320-321.

이 견해가 가장 많은 해석자가 취하는 전통적인 입장이다.[29]

넷째는, 자신의 죄와 원수들의 공격으로 생긴 현재의 곤경으로부터 구원해 주심으로써 하나님의 자비로운 성품(6, 7, 8절)과 악인들에게 고통당하는 비천한 의인을 구해 주시는 하나님의 의로운 통치(9, 12-14절)를 깨닫게 해 달라는 기도일 수 있다.[30] 5절 2-3행에서 '내 구원의 하나님을 종일 기다린다'는 고백이 그것을 뒷받침한다. 또 4, 5, 8, 9, 12, 14절에 나오는 가르침에 대한 표현들은, 금송아지 우상을 만든 이스라엘을 용서하시는 하나님의 자비로운 성품과 구원의 '길'을 알리는 출애굽기 32장 8절, 33장 1절, 34장 6-7절, 시편 103편 7-8절과 67편 2절 등과 밀접하게 관련되어 있다. 그러므로 여기서도 4, 5절과 이어지는 절들을 출애굽 때에 보여주신 용서와 구원을 다시 한번 베풀어 주셔서 하나님의 자비와 의에 기초한 구원의 길을 보여 달라는 기도로 해석하는 것이 더 옳아 보인다.[31] 문맥으로 볼 때 네 번째 해석이 가장 적절하게 보이지만 결국 현재의 곤경으로부터 다윗을 건지시는 하나님의 '길'은 율법의 길들을 확증해 주는 것이기에 결과적으로는 세 번째 해석도 포함한다고 볼 수 있다. 즉, 다윗은 비록 현재 자신의 죄에 대한 징계와 그로 인한 원수들의 공격을 받고 있지만, 현재 가장 큰 소망은 하나님의 뜻대로 회복되어 이전처럼 그 하나님의 뜻대로 살게 되는 것임을 밝히고 있다.

4(*달렛* ד)절은 같은 기도를 담은 두 행으로 이루어져 있다. 두 행에 등장하는 '도'나 '길들'은 사실상 같은 말로서 8, 9, 10, 12절 등에서 여러 번 반복되어 강조된다. 이들은 5절의 '진리'와 더불어 주로 하나님이 자기 백성들에게 주신 '언약적인 요구 사항들'(18:21; 95:10; 119:3, 15; 신 8:6; 30:16; 수 22:5, 8-9 등 참조)이나, 지켜 복을 누리게 하시는 하나님 나라의 법을 가리

29. 이 견해에 대해서 A. T. Abernethy, "God as Teacher in Psalm 25," *VT* 65 (2015): 342-4에서 잘 설명하면서 비판하고 있다.

30. 이 견해는 대표적으로 Abernethy, "Psalm 25," 344-50에서 취하는 입장이다.

31. Abernethy, "Psalm 25," 346-7 참조.

킨다(신 28장). 하지만 위에서 밝힌 것처럼 여기서 '길'이나 '도'는 일차적으로 하나님이 하나님을 바라는 죄인을 용서하시고 징계의 고통과 그를 공격하는 악인들의 불의함에서 건져 내시는 '하나님의 의로운 행위'를 가리킨다(138:5; 77:14; 103:7; 145:17).[32] 또 1행의 '보이다' 동사는 '알다' 동사의 사역형으로 '알게 하다'라는 의미를 가지며, 2행의 '가르치다'는 단어 또한 '배우다'의 사역형으로 5절에서 두 번째 동사('교훈하소서')로 다시 등장한다. 이런 동사들은 선생님이신 하나님께 학생 다윗이 용서와 구원을 통해 하나님의 통치와 구원과 성품을 더 많이 깨닫게 해 달라는 바람을 표현하고 있다. 다윗의 최종 목표는 고난에서 구원받는 것만이 아닌 그 구원을 통해 하나님과 그분의 뜻을 더 많이 아는 것이다.

5(*헤* ה)절은 4절의 기도와 유사한 기도를 담은 1행과 4-5절 기도의 이유를 밝히는 2, 3행으로 구성되어 있다. 4절이 '길들'(*데렉* דֶּרֶךְ)이란 명사로 시작했다면 5절은 이 명사의 동사형인 '지도하소서'(*다락* דָּרַךְ)로 시작한다. '진리로' 혹은 '진리 안에서' 지도해 달라는 기도는 '진리인 하나님의 말씀대로'(19:9; 26:3; 86:11; 119:142, 151, 160) 인도해 달라는 것일 수도 있고, 6절의 '긍휼하심'이나 '인자하심' 등의 하나님 성품과 연결되어 '신실하게'(30:10; 31:6; 43:3; 54:5; 71:21) 인도해 달라는 것일 수도 있다. 2, 3행은 이런 기도의 이유로 하나님이 구원의 하나님이시고 그래서 자신이 하나님을 종일 '기다리고' 있기 때문이라고 한다(3절). 여기에 제시된 이유는, 앞의 기도들이 단지 고난 중에 하나님의 말씀을 다시 가르쳐 달라는 기도가 아니라 구원을 통해 하나님의 구원과 의의 길을 보여 달라는 기도임을 강하게 암시한다. '내 구원의 하나님'을 기다리는 목적이 죄 용서와 곤경에서의 구원을 통해 하나님의 의로운 통치의 '길'을 알게 되는 것이다(24:5; 86:11; 145:17).

---

32. A. A. R. Crollius, "DeReK in the Psalms," *BTB* 4 (1974): 315, Abernethy, "Psalm 25" 346에서 재인용.

2) 주의 인자하심을 따라 용서하소서(6-7절)

다윗은 4-5절의 기도가 하나님의 긍휼과 인자가 아니면 이루어질 수 없음을 인식하고 6-7절에서 하나님의 성품에 호소하여 죄 용서를 구한다. 6-7절에 '긍휼하심,' '인자하심'(두 번), '선하심'이 반복되면서 다윗의 기도가 철저하게 하나님의 무한한 사랑에 기대어 있음을 강조한다. 또 다윗은 여기서 '기억하다'는 동사를 세 번 사용하여, 하나님의 '긍휼하심'과 '인자하심'(6절), 그리고 고통당하는 '자신'은 기억하시되(7절 3행), 자신의 '죄'와 '허물'은 기억하지 마시기(7절 1행)를 기도한다.

6(*자인* ז)절에 나오는 '긍휼하심'과 '인자하심'은 자주 함께 등장하는 하나님의 성품이다(40:11; 51:1; 103:4; 사 63:7; 렘 16:5; 호 2:19 등 참조). '긍휼하심'(*라하밈* רַחֲמִים)은 원래 이런 감정을 느끼는 장소인 '내장'이나 '사람의 속'을 가리키는 말에서 기원한 말로, 자비나 사랑의 감정을 가리킨다(*HALOT*). 이와 유사하게 '인자하심'은 언약하신 바를 끝까지 지키시는 신실하고 변함없는 하나님의 사랑을 의미한다. 이런 하나님의 성품이 '영원부터 있었다'는 말은 하나님이 창조와 구원을 통해 처음부터 긍휼과 인자를 이 세상과 이스라엘에 베풀어 오셨고 이스라엘이 그것을 경험해 왔음을 의미한다. 대표적인 표현이 출애굽기 34장 6절에 나오는 금송아지를 섬긴 이스라엘에 베푸신 하나님의 긍휼하심과 인자하심이다("여호와라 여호와라 자비롭고 [긍휼하시고] 은혜롭고 노하기를 더디하고 인자와 진실이 많은 하나님," 86:15; 103:8; 145:8; 느 9:17; 욘 4:2 등). 다윗은 고난 가운데 이러한 하나님의 용서하는 긍휼과 사랑을 다시 '기억해 주시길' 기도하고 있다.

7(*헤트* ח)절 1행은 6절 2행과 사실상 같은 의미의 기도이다. 하나님의 긍휼하심과 인자하심을 기억하는 것은 다윗의 죄를 기억하시지 않는 것, 즉 그의 모든 죄를 용서하시는 것을 의미한다. '젊은 시절의 죄들과 허물들'은 현재 자신의 고난의 원인이 되는 죄뿐만 아니라 이전의 모든 죄도 포함하는 것이다. 다윗은 여기서 자신의 어떤 죄도 기억하지 않고 용서하시는 하나님

의 자비를 간구하고 있다. 젊었을 때부터 많은 죄와 허물을 저질렀지만 이미 그런 것들을 기억하지 않으시는 하나님의 은혜와 사랑으로 고통당하는 자신을 돌보시고 구원해 달라는 기도다. 이어지는 2-3행에서 '나를 기억해 달라'는 기도는 바로 그것을 표현하고 있다. '죄와 허물'은 자주 함께 등장하여 죄의 총체성을 표현한다(32:1; 59:4; 창 31:36; 수 24:19; 욥 13:23; 사 58:1). '죄'(*하타트* חַטָּאת)가 과녁을 빗나가는 것과 같이 법을 어기는 것에서 비롯된 말이라면 '허물'(*페샤* פֶּשַׁע)은 사회적으로 처벌받을 만한 위법 행위를 말한다(*HALOT*). 7절 2-3행에서 다윗은 다시 한번 하나님의 성품인 '인자하심'과 '선하심'을 따라 자신을 기억해 주시길 간구한다. 자신의 고난을 보시고 죄를 용서하시고 구원해 달라고 하는 것인데, 자신의 선행이나 자격 때문이 아니라 오직 하나님의 사랑과 선하심을 따라 그렇게 해 주시길 간구한다. '선하심'은 하나님이 기쁘신 뜻을 따라 베풀어 주시는 호의와 친절을 의미한다(*HALOT*, 27:13; 31:19; 145:7 참조).

3. 여호와의 길로의 인도와 구원 확신(8-10절)

제3연은 제2연과 많은 어휘('도,' '길,' '가르치다,' '인도하다,' '인자하심,' '선하심,' '진리' 등)를 공유하면서 2연의 기도들에 대한 응답의 확신을 담고 있다. 한편, 이 연은 죄 용서를 구하는 11절을 가운데 두고 유사한 확신을 담고 있는 12-15절과 대칭을 이룬다.

8(*테트* ט)절에서는 7절에서 언급했던 하나님의 '선하심'과 7절에서 언급한 '죄'를 저지르는 '죄인'이 다시 등장한다. 다윗은 4절 이하에서 기도한 대로 하나님이 선하시고 정직하시기에(혹은 '올바르시기에') 죄인들에게 그의 길을 교훈해 주신다고 확신한다. 이 '교훈하다'는 동사(*야라* יָרָה)에서 '토라'(תּוֹרָה, 율법, 교훈)라는 단어가 나왔다. 그래서 '길'과 관련된 어근들이 이 부분에서 네 번이나 등장한다('도,' '지도하다,' '도,' '길'). 언뜻 보기에 이것은 하나님이 다윗처럼 죄를 범한 '죄인들'에게 다시 하나님의 말씀을 교훈하

셔서 그들이 올바른 길로 돌아오도록 하심을 의미하는 것처럼 보인다. 하지만 4절에서 해석한 것처럼 여기서 '죄인들'에게 교훈하시는 하나님의 '길'은, 5-7절에서 기도한 것처럼 하나님의 긍휼과 인자와 선하심으로 (회개하며 하나님을 바라는) 죄인들을 용서하시고 그들을 고통에서 건져 주시는 것을 말한다. 물론 그런 용서와 구원의 목적은 죄인들이 다시 하나님의 '올바른' 길을 따라 사는 것이다. 즉, 어떤 죄인도 포기하지 않으시고 용서하시고 구원하셔서, 결국은 당신의 선하고 올바른 길로 인도하신다는 그런 의미에서 하나님은 '선하시고 정직하시다.'[33]

9(*요드* י)절에서 '죄인'은 '온유한 자들'로 바뀌어 등장한다. '온유한 자'(*아나브* עָנָו, 16, 18절의 '괴로움'과 유사한 어근)로 번역된 히브리어 단어는, 여기서는 자신의 죄로 징계를 받은 상태에서 대적들의 모함으로 매우 비참한 상태에 있는 자이다. 그래서 대적들에 대한 자신의 억울함을 풀어 주시고 자신을 용서하시고 회복시켜 주실 유일한 재판관이신 하나님만 바라보는 '가난하고' '겸손한' 자를 가리킨다(9:12; 10:2; 22:26; 34:2; 37:11; 69:32; 76:9; 149:4).[34] 하나님은 이처럼 당신만을 바라보는 겸비한 자를 용서하시고 고통에서 구해 주심으로써 악인들의 공격이 잘못되었음을 입증하신다. 이것이 9절에서 시인이 확신하는 하나님이 '온유한 자들'을 인도하시고 가르치시는 '정의'이자 하나님의 '도'이다. 즉, 다윗이 고난 가운데서도 분명히 가르침 받을 것이라 확신하는 하나님의 길은, 자신만을 바라보는 고통당하는 죄인을 긍휼히 여기셔서 용서하시고, 악인들의 공격과 고통에서 건져 주시는 '인자'와 '정의'의 길이다. 10절이 그것을 말하고 있다.

10(*카프* כ)절에서는 8절의 '죄인'과 9절의 '온유한 자'가 하나님의 '언약과 증거를 지키는 자들'로 바뀌어 등장한다. 다윗은 비록 죄를 범하여 고통

33. Calvin, *Psalms*, 1:422.

34. Kraus, *Psalms 1-59*, 93; Kraus, *Theology*, 150-4 참조.

가운데 있지만, 하나님과 이스라엘이 맺은 언약(출 24장)에 담긴 율법과 말씀들('언약과 증거')을 지키기를 열망하며 하나님의 용서와 구원을 간절히 구하는 사람이다. 다윗은 하나님이 그런 자들을 자신의 언약에서 약속하신 대로(출 34:10, 14) '인자'와 '진리'('신실하심, 5절)로 돌보신다고 확신한다.[35] 이것이 다윗이 고난 중에도 경험하고 배우기를 기대하는 하나님의 길이다. 여기에 나오는 '지키다'(*나차르* נָצַר) 동사는 '보호하다'는 의미로 많이 사용되지만(*HALOT*, 21절; 시 12:8; 31:23; 32:7; 신 32:10; 사 42:6 등), 시로 된 본문들에서 '언약'이나 '증거들'과 함께 사용되었을 때는 '준수하다'는 의미다(119:2, 22, 129; 신 33:9).[36]

4. 죄 용서를 구하는 기도(11절)

11(*라멧* ל)절은 10절에서 말한 하나님의 인자하심과 신실하심을 의지하여 죄 용서를 구하는 기도다. 7절에서는 하나님의 '인자하심을 따라,' '주의 선하심으로 말미암아' 죄와 허물은 기억하시지 말고 자신은 기억해 달라고 기도했는데, 여기서는 '주의 이름으로 말미암아'(23:3; 31:3; 106:8 등 참조) 죄를 용서해 주시길 기도한다. 이것은 이 기도가 하나님의 명예에 호소하는 간구임을 강조한다. 여기서 '여호와'라는 이름은 회개하고 자비를 구하는 죄인을 용서하시는 하나님의 사역을 대변한다(출 34:6). 다윗이 '내 죄악이 크오니'라고 고백한 것은 하나님 앞에서 자신의 죄가 얼마나 큰지를 잘 알고 현재의 징계를 달게 받아들이고 있으며, 그 죄를 회개하고 있음을 고백하는 것이다. 이 고백과 함께 아무리 '큰' 죄라도 용서하셔서 능히 자신을 하나님의 의로운 길에 다시 세우실 하나님의 무한한 사랑과 구원을 간청하는 것이

---

35. Human, "Psalm 25," 81에서는 10, 11절에 나오는 이런 '언약'과 '증거'와 '인자'와 '진리' 등의 표현들이 출 34장에도 함께 나오는 점을 들어 이 시편의 배경을 출 32-34장 등의 시내산 언약과 연결시킨다.
36. Human, "Psalm 25," 82.

다. '사하다'로 번역된 동사(*살라흐* סָלַח)는 완료형이지만 7절에 이어지는 기도로 번역된다.[37] 이 동사의 주어는 항상 '하나님'으로 나타나는데, 모세는 2행과 같은 표현으로 금송아지를 숭배한 이스라엘의 죄를 용서해 주시길 기도했다(출 34:9; 렘 31:34). 다윗은 출애굽을 이루신 하나님의 명예에 호소하며 다시 한번 성막 건축에서 약속하신 용서를 자신에게 베풀어 주시길 간구한다. 그런 의미에서 25편은 '성소'에 대한 언급은 없지만 성막이나 성전이 상징하는 하나님의 죄 용서를 강조하고 있다(레 4:20, 26, 31, 35; 5:10, 13, 16, 18, 26; 민 14:19, 20; 15:25, 28; 왕상 8:30, 34, 36, 39, 50; 대하 6:21, 25, 27, 30, 39; 7:14).

5. 여호와의 길로의 인도, 구원, 복에 대한 확신(12-15절)

이 연은 11절을 사이에 두고 8-10절과 많은 어휘를 공유하면서 여호와를 경외하는 자에 대한 하나님의 인도하심과 구원, 복을 확신하는 부분이다. 9절의 '온유한 자,' 10절의 '그의 언약과 증거를 지키는 자'는 12, 14절에서는 '여호와를 경외하는 자'로 바뀌어 등장한다. 또 이 연은 여호와를 경외하는 자로 시작하지만 15절에서 여호와를 바라보는 것으로 끝남으로써 수미쌍관을 이룬다. 15절은 기도를 표현한다고 보고 16절과 연결될 수도 있지만 15절 2행은 여전히 확신의 고백을 담고 있기에 이 연에 포함했다.

12(*멤* מ)절 1행에서는 "누가 과연 여호와를 경외하는 사람인가?"라는 의문문(15:1; 24:3, 8, 10; 사 63:1; 렘 46:7; 애 3:37 참조)을 통하여 주의를 환기한다. 몰라서 묻는 것이 아닌 '여호와를 경외하는 사람'이 누리게 될 복에 독자들의 관심을 집중시키는 질문이다. 다윗은 비록 자신의 죄로 징계를 당하고 원수들에게 공격을 당하고 있어도 여전히 여호와를 경외한다. 죄를 회개

---

37. VanGemeren, *Psalms*, 268. Craigie, *Psalms 1-50*, 217에서는 이 완료형을 '기원적 완료형'(희구적 완료형, precative or optative perfect)이라고 부른다.

하며 다시 하나님을 의지하고 그분의 말씀을 지키기를 열망하고 있다. 2행에서는 이런 자가 '택할 길'을 하나님이 가르치시실 것이라고 한다. '가르치다'는 단어는 8절 동사의 반복으로 4-5절의 기도에 대한 응답의 확신을 표현한다. 하나님이 죄 용서와 구원을 통해 죄인에게 하나님의 '길'을 보여주셔서 '여호와를 경외하는 자'로서 그대로 살게 하신다는 말이다.

13(눈 נ)절은 여호와께서 보이신 '택할 길'(12절)을 배우고 그대로 사는 '여호와를 경외하는 자들'이 누릴 하나님의 복을 노래한다. 그것은 신명기 28장 등에서 약속한 언약적 복으로서 1행에서는 '평안'을 말하고 있다. '평안'이라는 말은 문자적으로 '선하고' '좋은' 것이다. 1행의 의미는 '선하신'(7, 8절) 하나님이 주시는 모든 '좋은 것'(행복)을 누리며 사는 것을 의미한다. 여호와를 경외하는 자가 받을 두 번째 복은 '그의 후손이 땅을 상속하는 것'(2행, 37:9, 11, 18, 22, 29, 34; 69:36; 사 60:21 참조)이라고 한다. 이것은 하나님을 경외하는 자들에게는 후손들이 끊어지지 않을 뿐만 아니라, 그들이 대대손손 하나님이 그들에게 나눠주신 기업이자 삶의 터전인 땅에서(사 57:13; 60:21; 65:9),[38] 그분의 은총 가운데서 행복하고 번성하는 삶을 지속하는 것을 의미한다.[39] 이 표현은 여호와를 경외하는 자의 의로운 삶에 대한 복이기도 하지만, 역으로는 하나님의 통치가 의인들의 순종적인 삶을 통해 땅에서 실현되는 것을 말하는 것이기도 하다.[40] 신약에서 이 복은 예수 그리스도가 제자들에게 약속하신 하나님 나라에서의 영원한 행복으로 적용되고 있다(마 5:5).

---

38. Kraus, *Psalms 1-59*, 405.
39. P. D. Miller, "The Land in the Psalms," in eds. J. van Ruiten and J. C. de Vos, *The Land of Israel in Bible, History, and Theology Studies in Honour of Ed Noort*, VT Sup. 124 (Leiden; Brill, 2009), 190.
40. Mays, *Psalms*, 161. Changdae Kim, "The Blessing of Inheriting the Earth in Psalm 37: Its Theological Meaning in the Context of the Psalter," *Scripture and Interpretation* 1/2(2007): 101에서는 '땅을 상속하는 복'은 야훼가 의도하신 창조와 역사의 질서가 실현되는 것을 의미한다고 주장한다.

14(*사멕* ס)절은 개역개정에서 '친밀하심'으로 번역된 단어(*소드* סוֹד)의 번역에 따라 두 가지로 해석될 수 있다. 먼저 이 단어는 '비밀'이나 '경륜'으로 번역될 수 있다(JPS, NIV). 이것은 신뢰하는 친구에게만 털어놓는 비밀이나 중요한 계획을 지칭한다(*HALOT*, 창 18:17-19; 욥 29:4; 잠 3:32).[41] 즉, 여기서 '비밀'은 하나님의 주권적인 경륜 혹은 하나님의 비밀이나 신비를 가리킨다.[42] 그렇게 되면 앞에서 수차례 말했던 것처럼(4-5, 9, 10, 12절) 여기서도 여호와를 경외하는 자들에게 복을 주심으로써 하나님의 의로운 통치의 '길'을 알게 하신다는 것을 의미하게 된다. 2행의 '언약'은 1행의 '비밀'과 평행을 이루어 하나님의 의로운 통치 경륜이 하나님이 이스라엘과 맺으신 언약 안에 들어 있음을 의미하게 된다. 하나님을 경외하는 자들에게 복을 주시는 언약(예: 신 28장)의 진실성을 알게 하신다는 의미다. 하지만, *소드*는 '친밀하심' 혹은 '우정'(욥 29:4)으로 번역될 수도 있는데(개역개정), 그렇게 되면 이것은 13절에 이어 지속적인 하나님의 은혜가 여호와를 경외하는 자들에게 임하는 것을 말한다. 2행도 하나님이 언약에서 약속하신 복을 그들에게 주시는 것(4절)을 의미할 것이다(새번역: "언약이 진실함을 확인해 주신다.").

15(*아인* ע)절은 8절부터 시작된 확신을 마무리하면서 16절 이하의 간구로 연결된다. 여호와를 향하는 시인의 '두 눈'(쌍수)과 하나님이 벗어나게 하시는 시인의 '두 발'(쌍수)이 절묘한 의미를 창출한다. 제1행에서 다윗은 1-7절에서 자신이 취했던 기도하는 자세로 돌아온다. 제1행에서 다윗의 '두 눈'이 항상 여호와를 향하여 있는 것은 3, 5절처럼 구원의 하나님을 간절하게 바라보는 것을 의미한다(3, 21절 참조). 2행은 다윗이 그렇게 하는 이유를 말한다. 그것은 오직 하나님만 원수들이 자신을 잡기 위해 쳐 놓은 '그물,' 즉 그들의 악하고 거짓된 공격(3절 "까닭 없이 속이는 자들")으로부터 자신을 벗

41. VanGemeren, *Psalms*, 269 참조.
42. Mays, *Psalms*, 126 참조.

어나게 하실 수 있음을 믿기 때문이다. 시편에서는 거짓말로 모함하는 원수들의 악한 공격이 사냥꾼의 '그물'에 자주 비유된다(9:15; 10:9; 31:4; 35:7-8; 57:6; 140:5).

6. 고난에서의 구원과 죄 용서에 대한 간구(16-18절)

제6연인 이 부분은 제2연인 4-7절처럼 '죄 용서'를 간구하는 내용을 담고 있다. 1-3절에서는 다윗이 단지 원수들로부터의 구원을 기도했다면, 이 부분에서는 현재 자신이 죄와 원수들 때문에 당하는 모든 고통으로부터 구원해 주심으로써 죄를 용서하셨음을 보여주시길 기도한다. 그런 점에서 이 부분의 기도는 4-7절이 강조하는 하나님의 긍휼하심과 인자하심과 선하심을 의지하는 기도라고 볼 수 있다. 16절의 '은혜를 베푸소서'라는 기도가 그것을 대표한다.

16(*페* פ)절에서 다윗은 자신이 매우 외롭고 고통스러운 상황에 있음을 하나님께 아뢰면서, 그런 자신에게 돌이키셔서 은혜 베푸시길 기도한다(86:16; 119:132 참조). '은혜를 베푸소서'라는 기도는 25-33편 그룹 내에서 자주 반복되는데(26:11; 27:7; 28:2; 30:8, 10; 31:9), 자신의 자격이 아니라 4-7절이 강조하는 하나님의 긍휼하심과 인자하심과 선하심에 호소하는 간구로 볼 수 있다. 1, 3, 5, 15절에서 다윗이 하나님을 간절히 바라본 것처럼 이제는 하나님이 당신의 얼굴을 자신에게로 향하실(돌이키실) 때임을 알리고 있다. 얼굴을 향하는 것은 호의를 가지고 돌보는 것을 의미한다(31:16; 80:3, 19; 민 6:25, 26). 2행(원어상)은 1행의 간구의 이유를 말하는 탄식이다. '외롭고 괴롭다'는 표현은 다윗이 자신의 죄로 말미암아 큰 고통(아마도 질병)을 당하는 가운데서 하나님과 가까이 있는 사람들로부터 극심한 소외감을 느낀 것을 표현한 것으로 보인다. 자신을 공격하는 대적들의 소리만 들리는 고통스럽고 비참한 상황에 대한 묘사다.

17(*차데* צ)절에서는 16절의 기도(기도-탄식)를 역순으로(탄식-기도) 표현

한다. 다윗은 자기 마음에 '근심이 많다'고 하며 고난으로부터 건져 주시길 기도한다. 1행은 16절 2행처럼 고통에 대한 탄식이다. '근심이 많다'는 표현은 마음의 고통이 점점 증가하여 차고 넘칠 지경임을 의미한다. 그래서 2행에서는 당장 그 엄청난 고난에서 건져 달라고 기도한다. 그런데 1행에서 '많다'(넓어지다)는 말은 좀 어색하고 2행과 평행을 이루지도 않는다. 그래서 *BHS*에서는 맛소라 본문의 동사 *히르히부*(הִרְחִיבוּ)를 *하르헵*(הַרְחֵיב) + *우*(וּ)로 끊어 읽을 것을 제안하고 있다. 그렇게 되면 17절은 "(내 마음의 고통을) 덜어 주십시오/ 그리고 (나의 고난들로부터 건져 주십시오)"가 되어 1, 2행이 완벽한 평행을 이루게 된다(새번역, NIV).[43] 하지만 16, 17, 18절은 모두 탄식과 기도로 구성되어 있기에 현재 번역대로 두는 것이 더 나아 보인다.

18(*레쉬* ר)절은 '보소서'로 시작한다. 다윗은 하나님께 다시 한번 16, 17절에서 탄식했던 자신의 곤고와 환란을 주목해 주셔서 그 고통의 원인이 되는 모든 죄를 용서해 달라고 7, 11절에 이어 세 번째로 기도한다.

7. 원수들로부터의 구원과 죄 용서 간구(19-22절)

이 연은 1-7절과 16-18절의 기도를 요약하면서 마지막으로 원수들로부터의 구원과 이스라엘에 대한 죄 용서를 간구하는 연이다. 1연과 많은 표현('하나님,' '원수들,' '내 영혼,' '수치를 당하지 않게 하소서,' '바라다')을 공유하며 수미쌍관을 이루어 전체 시를 하나로 묶는다. 22절은 죄 용서와 구원의 기도를 이스라엘에게로 확대하고 있다. 16-18절이 주로 다윗의 고통에 집중되어 있었다면 19-20절은 2-3절처럼 원수들에게 집중되어 있다.

19(*레쉬* ר)절도 18절처럼 '보소서'로 시작한다. 이것은 19절이 18절과 같이 자음 *레쉬*로 시작함으로써 다음 히브리 알파벳인 *코프*(ק)절이 생략되었

---

43. Craigie, *Psalms 1-50*, 216, 217에서는 이렇게 읽기를 제안한다. VanGemeren, *Psalms*, 271도 참조하라.

음을 의미한다. 다윗은 원수들의 수가 많을 뿐만 아니라(17절에서는 내면의 고통이 많음) 그들이 자신을 심히 미워한다고 고발한다. 제2행은 "폭력적인 미움으로 그들이 저를 미워합니다"로 직역될 수 있다.[44] 공동번역은 "미워서 잡아먹을 듯 달려든다"고 적절히 번역했다. 이것은 3절에서 알 수 있듯이, 다윗이 악인들에 대해 느끼는 감정이 얼마나 격렬한 것인지를 잘 묘사한다. 피난 가는 다윗에 대한 압살롬 세력들의 모함이나, 인구 조사 후에 전염병에 시달릴 때 이방 나라들이 했을 법한 다윗 왕에 대한 비방이 그런 예가 될 수 있을 것이다.

20(*쉰* ש)절은 1-3절의 기도를 요약적으로 표현한 것이다. 하나님께 올려드린 자신의 '영혼'(1절)을 지키셔서 이제는 원수들의 비방에서 구원해 주시길(17절) 기도한다. 2행에서는 2절에서처럼 자신이 끝내 회복되지 못하여 원수들에게 수치를 당하지 않게 해 달라고 기도한다. 3행은 1-2행의 기도의 이유를 제시하는데, 자신이 하나님께로 '피하였기' 때문이라고 한다. '피하다'는 단어는 하나님께 자신의 구원을 의뢰하는 기도를 함의하는데 1절의 '영혼을 듦,' 2절의 '의지함,' 3, 5, 21절의 '바람,' 15절의 '눈이 향함'과 같은 맥락의 표현이다. 이 단어는 시편 1권에 특별히 많이 나온다(2:12; 5:11; 7:1; 11:1; 16:1; 17:7; 31:1, 19; 34:8, 22 등).[45] 이처럼 의로운 자들의 피난처 되시는 하나님은 25-33편 그룹에 자주 등장하는 성소를 암시하고 있다.

21(*타브* ת)절에서 다윗은 4-15절에서 빈번하게 언급했던 하나님의 '성품' 혹은 하나님의 '길'의 특징인 성실과 정직으로 자신을 지키시길 기도한다. 1행은 간접 명령법으로 된 기원으로 이 기도는 두 가지로 해석될 수 있다. 먼저 다윗이 하나님께 하나님 자신의 '성실'(온전함)과 '정직'(8절)으로 지켜 주시길 기도하는 것으로 볼 수 있다. 그렇게 해석하면 자신을 무고하게 공격하

---

44. 1행과 2행의 의미가 이어지면서 점점 강화되는 이런 문학적 기법을 'enjambment(시구 걸치기)'라고 한다. Doyle, "Psalm 25," 209.

45. Creach, *Yahweh as Refuge*, 74-77 참조.

는 의인들로부터 건져 주시는 것이 온전하고 바른 하나님의 통치를 보여주는 길이다. 이것은 4-14절에서 기도했던 '길'을 가르쳐 달라는 기도와 맥을 같이 하는 것이다. 두 번째는 '성실과 정직'을 다윗의 성품으로 해석하는 것이다(37:37; 욥 1:1, 8; 2:3; 왕상 9:4).[46] 즉, 하나님이 가르쳐주신 대로(4-14절) 온전하고 바르게 살아 하나님의 보호를 받도록 해 달라는 기도가 될 수 있다. 문맥으로 보자면 첫 번째 견해가 옳아 보인다. 실제로 21절의 '보호하다'는 동사는 10절의 "언약과 증거를 지키는 자"에 사용된 동사와 같다. 언약과 증거를 지키는 자를 하나님의 '성실과 정직'이 지킨다. 다윗은 단순히 현재의 고통으로부터 구해 달라고만 하지 않고 구원을 통해 자신을 보호하시는 하나님의 온전하심과 올바르심을 깨닫게 (4-14절) 해 달라고 기도하는 것이다. 결국 그런 경험은 하나님처럼 온전하고 올바르게 살고자 하는 열망을 불러일으킬 것이다. 그래서 여전히 다윗은 하나님만을 바라본다(3, 5, 21절).

21절이 히브리어의 마지막 알파벳 *타브*로 시작하고 22절은 알파벳 *페*(פ)로 시작하기에 학자들은 이 절이 후대에 첨가된 것이라고 생각한다.[47] 하지만 다윗이 의도적으로 알파벳 이합체 시의 틀에서 벗어나서 이 시를 이스라엘 민족에게 적용했다고 봐도 무방하다. 같은 알파벳 이합체 시인 34편의 마지막 절인 22절도 *페*로 시작하는 같은 동사를 사용하고 있다. 이스라엘을 대표하는 자로서 다윗은 자신을 용서하시고 곤경에서 건져 주시는 것처럼 이스라엘도 그렇게 해 달라고 기도하고 있다고 볼 수 있다. 혹은 현재 다윗이 당하는 고통과 공격이 국가 전체의 운명과 연결되었기에 이스라엘을 대표하여 기도하는 것일 수도 있다. 예를 들어 사무엘하 24장의 인구 조사 때문에 생긴 전염병은 왕과 백성 모두에 대한 심판이었다. 하여간 이 시편은 개인의 시편을 공동체적으로 노래하고 적용할 가능성을 열어 놓는다. '속량하

---

46. 칼뱅을 비롯한 많은 현대 학자들은 두 번째 견해를 취한다. Calvin, *Psalms*, 1:435-6; Craigie, *Psalms 1-50*, 221.
47. Craigie, *Psalms 1-50*, 221-2.

다'(*파다* פָּדָה)는 동사는 대가를 대신 치른다는 근본적인 의미(출 13:13, 15; 34:20; 민 18:15; 레 27:27)에서 파생되어, 여기서는 하나님이 이스라엘의 죄를 용서하시고 고난으로부터 그들을 구원함을 의미한다(31:5; 44:26; 77:42; 신 7:8; 13:5; 미 6:4). 이스라엘의 죄 용서와 구원은 그것이 이루어지는 장소인 '성소'를 암시한다.

교훈과 적용

시편 25편의 교훈: 성도가 자신의 죄와 원수들의 공격으로 고통당할 때 하나님을 간절히 바라며 기도해야 할 것은, 하나님이 긍휼과 인자하심으로 자신의 죄를 용서하시고 고난에서 구원하셔서 하나님의 의와 인자하심의 길을 배우고 그 길을 따라 살게 해 달라는 것이다.

1. 긍휼과 인자하심으로 죄인을 용서하고 구원하시는 하나님

하나님은 성막과 제사 제도와 계시들을 통해서 이스라엘 백성들에게 그들의 '큰 죄'(11절)도 용서하시는 당신의 긍휼하심과 인자하심을 알리셨다. 다윗은 이러한 하나님의 인자하심을 의지하여 자신과 이스라엘의 죄 용서를 간구한다(7, 11, 18, 22절). 그 죄가 가져온 비참한 고통과 원수들의 공격으로부터 구해 주시길 간절히 하나님께 기도한다(1-5, 16-21절).

우리의 죄성과 연약함을 아시는 하나님은 때로 우리를 징계하시면서도 거기서 우리를 일으키실 긍휼과 사랑의 용서와 선한 길을 준비하신다. 그 길은 하나님이 당신의 독생자를 희생시켜야만 할 정도로 값비싼 하나님의 선물이다. 우리가 성찬식에서 늘 마시는 잔은 "죄 사함을 얻게 하려고 많은 사람을 위하여 흘리신" 예수 그리스도의 언약의 피다(마 26:28). "우리는 그리스도 안에서 그의 은혜의 풍성함을 따라 그의 피로 말미암아 속량 곧 죄 사함을 받았다."(엡 1:7; 골 1:14) 하나님의 은혜는 이처럼 정말 풍성하고 값비싼 것이지만 값없이 우리에게 주셨다(롬 3:24). 그 은혜를 의지하며 우리는 날마다 개인과 교회의 죄 용서를 구하고, 죄가 가져온 고난과 그것을 빌미로 우리를 공격하는 악한 세력의 공격(1-3, 16-22절)에서 구원해 주시길 간구해야 한다. 우리는 날마다 하나님의 "긍휼하심을 받고 때를 따라 돕는 은혜를 얻기 위하여 은혜의 보좌 앞에 담대히" 나아가야 한다(히 4:16).

2. 죄 사함과 구원을 통해 진리의 길로 인도하시는 하나님(4-10, 12-15절)

하나님이 거듭 죄를 범하여 고통에 빠지는 우리를 긍휼하심과 인자하심과 선하심으로 용서하시고 구원하시는 이유가 무엇일까? 그것은 우리를 거룩하고 의롭게 만드시기 위함이다. 용서와 구원을 통해 하나님의 인자하심과 신실하심을 깨닫게 하실 뿐만 아니라 하나님께서 인도하실 의와 진리의 길을 가르치시기 위해서다. 그래서 구약 성도들에게 성전은 죄 사함을 받고 다시 하나님이 인도하시는 율법과 거룩한 삶에 헌신하는 장소였다. 성소는 은혜의 왕이시자 진리의 교사이신 하나님을 계시하였다.

예수 그리스도는 우리의 죄를 용서하시고 우리를 고통에서 건져 주시는 참 성전이실 뿐만 아니라, 우리를 진리로 인도하시는 참 선생님이다. 예수님은 죄 사함과 구원을 통해 율법을 폐하러 오신 것이 아니라 완전하게 하러 오셨다(마 5:17). 우리를 은혜로 값없이 용서하신 것은 우리를 '의롭다' 하시기 위해서이기에 그리스도에 대한 우리의 믿음은 의의 '율법을 세우는 것'이다(롬 3:31; 행 13:38; 요 8:11). 그래서 주님은 회개하여 당신의 이름으로 세례받고 죄 사함을 받은 자들에게 율법의 요구를 이루시기 위해서(롬 8:4) '성령의 선물'을 주신다(행 2:38). 그러므로 우리가 우리 죄로 고통당할 때 우리는 성령께 죄로 무너진 삶에서 하나님의 은혜로 일어나 그 은혜의 길, 진리의 길, 말씀의 길을 배우고 그 길을 걷게 해 달라고 기도해야 한다(4-5절). 그 길을 걸을 때 죄가 주는 고통과 정반대되는 풍성한 하나님의 복, 하나님 나라를 영원히 상속하는 복을 누릴 수 있음을 확신해야 한다(13절).

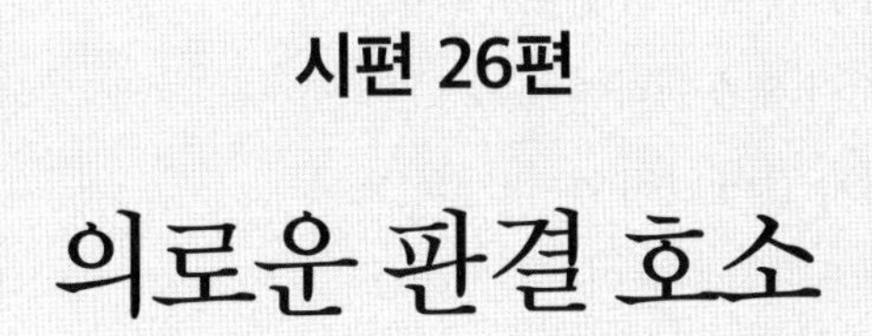

시편 26편

의로운 판결 호소

[다윗의 시]

1 내가 나의 완전함에 행하였사오며
흔들리지 아니하고
여호와를 의지하였사오니
여호와여 나를 판단하소서
2 여호와여 나를 살피시고 시험하사
내 뜻과 내 양심을 단련하소서
3 주의 인자하심이 내 목전에 있나이다
내가 주의 진리 중에 행하여
4 허망한 사람과 같이 앉지 아니하였사오니
간사한 자와 동행하지도 아니하리이다
5 내가 행악자의 집회를 미워하오니
악한 자와 같이 앉지 아니하리이다
6 여호와여 내가 무죄하므로 손을 씻고
주의 제단에 두루 다니며
7 감사의 소리를 들려 주고
주의 기이한 모든 일을 말하리이다
8 여호와여 내가 주께서 계신 집과[1]
주의 영광이 머무는 곳을 사랑하오니
9 내 영혼을 죄인과 함께,
내 생명을 살인자와 함께 거두지 마소서
10 그들의 손에 사악함이 있고
그들의 오른손에 뇌물이 가득하오나

---

1. 칠십인역에서는 '주의 집의 아름다움'이라고 번역하고 있다.

11 나는 나의 완전함에 행하오리니
　나를 속량하시고 내게 은혜를 베푸소서
12 내 발이 평탄한 데에 섰사오니
　무리 가운데에서 여호와를 송축하리이다

본문 개요

26편은 다윗의 기도시편이다. 이 시편에서 다윗은 하늘의 의로우신 재판관이신 하나님께 자신의 의로움과 믿음을 주장하며, 모함당하는 자신의 억울함을 풀어 주시고 고통에서 구원해 주시기를 요청하고 있다.[2] 이런 면에서 이 시편은 7편이나 17편과 유사하다. 그래서 이 시편은 일반적인 탄식시편들처럼 고난의 상황을 상세하게 묘사하기보다는 기도를 들어 주셔야 하는 근거에 대해서 길게 제시한다. 다윗은 그 근거로서 하나님에 대한 자신의 믿음과 그에 따른 의로운 삶을 제시한다. '내가 나의 완전함에 행하다'는 표현이 1절과 11절에 반복되어 수미쌍관을 이루며 그것을 강조한다. 아마도 다윗은 앞뒤의 시편들(25, 27, 28편)에서처럼 악한 원수들의 모함과 위협을 받고 있었던 것 같다(4, 9절 참조).[3] 이 시편이 강조하는 다윗의 믿음과 의로움

2. W. H. Bellinger, Jr., "Psalm XXVI: A Test of Method," *VT* 43/4(1993): 456-7 참조. Calvin, Psalms, 1:437; Kraus, *Psalms 1-59*, 325-6도 참조할 것. E. Vogt, "Psalm 26, Ein Pilgergebet," *Bib* 43/3 (1962): 328-37에서는 구체적인 악인의 위협이나 고발이 표현되어 있지 않은 점 등을 들어 이 시편은 순례자들이 성전 문에서 제사장에게 자신의 의로움을 주장하면서 성전 입장을 간청했던 의식을 담은 노래라고 한다. Craigie, *Psalms 1-50*, 224. 하지만, 1절이나 4-5, 9-10절을 일반적인 악인에 대한 묘사로만 보기는 힘들기에 그들을 현재 다윗이 겪는 고난의 배경으로 이해하는 것이 더 나을 것이다.

3. P. J. Botha, "Poetry and Perlocution in Psalm 26," *OTE* 24/1 (2011): 30에 이 시편의 배경과 장르에 대한 학자들의 다양한 해석이 소개되어 있다. 예를 들면, 위기에 처한 왕 혹은 개인의 기도, 정결 의식을 위한 예전, 순례자의 기도, 억울하게 고발당한 자의 반박, 성전 입장을 위한 의식과 관련

과 성소에 대한 열정(6-8절)은 사무엘서 등에서 찾아볼 수 있다(78:72; 삼상 17:37; 24:6-7; 25:32-33; 26:9; 삼하 1:13-16; 왕상 9:4; 대상 22, 28, 29장).[4]

26편은 25편과 자연스럽게 연결되는 시편이다. 다윗은 25편 5, 6, 7, 10절에서처럼 26편 3절에서도 하나님의 '인자하심'과 '진리(신실하심)'를 기대하고 있고, 26편 11절에서는 25편 16, 22절에서처럼 하나님이 은혜 베푸셔서 속량해 주시길 간구한다. 특별히 두 시편 모두 '발'의 이미지를 사용하여 곤경으로부터의 해방을 확신하고 있다(25:15, 26:12). 25편 4, 5, 8, 9, 12절 등에서 다윗이 하나님의 길을 깨닫게 해 달라고 간구했다면, 26편에서는 그런 길을 행하고 있음에 대한 고백들로 가득하다(1-8, 11절). 특별히 25편 9절과 26편 1절은 모두 의로운 판결을 구하고 있고, 25편 21절과 26편 1, 11절 또한 의로운 자에 대한 하나님의 구원을 요청하고 있다.[5] 또한 26편은 23, 24편이나 뒤에 나오는 27, 28편에서처럼 '여호와의 집'인 성소를 언급하는데, 이곳은 사랑의 대상(26:8)이자 대적들로부터의 피난처이며 기도하는 장소이다(27:4-6; 28:2).

한편, 자신의 온전함을 주장하며 변호해 주시기를 구하는 26편은 25-33편 그룹에서 죄를 용서받아 온전케 된 자의 행복을 노래하는 시편인 32편과 짝을 이룬다(25편 개요 참조). 둘 다 초점은 '죄인으로 여김을 받지 않는 것'이다. 두 시편은 여호와 앞에서의 의로운 삶이나 죄 사함을 통해 의롭게 되는 두 길 모두가 시인이 여호와를 '의지하고'(26:1; 32:10) 시인에게 그분의 '인

된 고백, 성전 봉사를 위한 제사장의 준비 기도 등이다. Botha는 이 논문에서(41-46쪽) 이러한 제의적인 해석을 거부하고 1, 3절의 '온전함 가운데 행하다(걷다)'는 표현이나 2절의 시험과 관련된 표현들, 그리고 악인과 의인의 대조 등이 지혜 문학의 영향을 보여준다고 하면서, 이 시편은 포로기 이후 페르시아 시대에 다윗을 모델로 독자들을 격려하기 위해 순수하게 문학적으로 지어졌다고 주장한다. A. Potgieter, "Walking Wisely: Sapiential influence in Psalm 26," *TS* 69/1 (2013): 1-5. 하지만, 이런 그의 주장은 동의하기 어려운 것이다.

4. Kwakkel, *My Righteousness*, 145, 각주 159 참조.
5. 이런 문맥적인 관련성을 위해 Hossfeld & Zenger, *Die Psalmen 1*, 163 참조.

자하심'(26:3; 32:10)이 임할 때임을 25, 33편처럼 강조하고 있다. 그러기에 26편에서는 여호와가 계신 '집'으로 피하여 무죄함을 천명하며 보호를 요청하고 있고(6-8절), 32편에서는 그 성소가 상징하는 '은신처'인 여호와께 피하여 죄 사함의 표현인 환난에서의 보호를 요청하고 있다(7절). 또 26편에서 여호와께 자신의 정직하고 온전한 '마음'을 살펴보시기를 간구하고 있다면(2절), 32편에서는 마음에 있는 죄를 아뢰지 않았을 때의 고통을 길게 묘사한다(3-4절). 다음으로 26편에서 의로운 여호와의 뜻을 '행하는' 시인의 삶(1, 3, 11절)과 32편에서 죄 사함 받은 자에게 의로운 '행할' 길을 가르쳐 주시는 하나님의 모습(8절)이 조화를 이루고, 여호와를 사랑하여 그의 단을 '두루' 다니는 26편의 시인의 모습(6절)은 32편에서 자신을 의뢰하는 자를 인자함으로 '두르는' 여호와의 모습(7, 10절)과 조화를 이룬다. 이상에서 살펴본 대로 26, 32편이 강조하는 여호와의 '인자하심' 안에서의 의로운 삶이란 주제는 25-33편 그룹 전반에 걸쳐 나타나고 있다.[6] 이 시편에는 '걷다'(1, 3, 11절), '서다'(12절), '앉다'(4, 5절, 특별히 '악인들과 함께 앉지 않는다'는 5절의 표현은 1:1과 유사)는 표현들이 등장하면서 의인의 삶을 묘사하고 있는데 이것은 1편과 매우 닮았다.[7]

문학적 특징과 구조

이 시는 기도시편이지만 악인에 대한 고발(10절)이나 시인의 고통에 대한 탄식보다는 시인의 결백함이나 의로움에 대한 천명이 더 많이 등장한다. 1-3절 부분의 기도 자체도 그런 요소들을 가지고 있고(1절 2행-2절), 4-8절은 특

6. 이 부분은 김성수, "시편 25-33편," 74-5 부분을 요약한 것이다.

7. *NIV Study Bible*, 812-3.

별히 그런 부분에 할애되어 있다. 6-8절에 나오는 여호와의 집에 대한 사랑 고백은 매우 특별하다. 시인의 기도도 자신의 의로움에 근거한 '판결'(1절)과 그것을 입증하는 '구원'(9-11절)에 집중되어 있다. 이런 요소들은 반복되는 표현들을 보여주는데, 이런 반복되는 어휘들을 중심으로 분석하면 이 시편은 아래와 같은 교차 대구적인 구조를 갖게 된다.[8]

A 1-3절 '완전함에 행한'(1) 자신을 의롭게 판결해 주시길 간구함
B 4-5절 악인들과 '함께' 행하지 '않았음'을 천명함
C 6-8절 주의 계신 집에 대한 사랑의 고백
B′ 9-10절 악인들과 '함께' 자신의 영혼을 거두지 '마시기'를 간구함
A′ 11-12절 '완전함에 행하는'(11) 자신을 구원해 주시길 간구하고 확신함

먼저 1-3절과 11-12절(A와 A′)은 같은 표현과 반복되는 내용으로 수미쌍관을 이루며 전체 시편을 하나로 묶는다. 가장 특징적인 것은 1절과 11절에 '내가 나의 완전함에 행하다'는 거의 같은 문장이 반복되어 기도의 근거로 제공되고 있다는 점이다. '여호와여, 나를 판단(변호)하소서'로 시작한(1절, *샤프테니 야훼* שָׁפְטֵנִי יְהוָה) 시편은 12절에서는 '내가 여호와를 송축할 것입니다'(*아바레크 야훼* אֲבָרֵךְ יְהוָה)라는 찬양으로 마무리되고 있다. 한편 1, 3절에서 시인이 자신의 '완전함 안(*베* בְּ)'에서 행하고, '여호와를(*베*)'를 신뢰하고, 하나님의 '신실하심 안(*베*)'에 행했음을 고백한다면, 12절에서는 '평탄한 곳 안(*베*)'에 서 있을 것을 고백함으로써 또 다른 조화를 이룬다. 한편, 이 두 부분에는 소리의 유사성(언어유희)도 감지된다. 1절 마지막 표현인 "내가

8. 이러한 구조에 대해서는 Bellinger, "Psalm XXVI," 460과 P. G. Mosca, "Psalm 26: Poetic Structure and the Form-Critical Task," *CBQ* 47(1985): 233 이하 참조. P. Auffret, "Dans les Assemblées Je Bénirai YHWH: Nouvelle Étude Structurelle du Psaume xxvi," *VT* 56/3 (2006): 310에서도 약간의 차이는 있지만 이와 유사한 구조를 제시한다.

흔들리지(*엠아드* אֶמְעָד) 않습니다"와 12절 두 번째 단어 "(내 발이) 섰습니다"(*아메다* עָמְדָה), 그리고 2절 첫 어구 "나를 살피십시오"(*베하네니* בְּחָנֵנִי) 와 11절의 마지막 어구 "그리고 내게 은혜를 베푸소서"(*베한네니* וְחָנֵּנִי)는 절묘한 발음상의 유사성으로 연결되고 있다.[9]

4-5절 무죄 천명 부분은 9-10절 기도 부분(B와 B′)과 여러 반복되는 어휘들을 통해서 대칭을 이루고 있다. 두드러진 것은 '악인들'과 관련된 표현들이 4-5절에는 네 번이나 나오고 9절에는 두 번 나오고 10절에는 관계 대명사와 인칭 대명사로 세 번 등장한다는 점이다. 이와 관련하여 부정적 표현이 4-5절에는 세 번(*로* לֹא), 9절에는 한 번(*알* אַל) 나오며, '함께'(*임* עִם)라는 표현이 4-5절에 세 번, 9절에 두 번 등장하여, 시인이 악인들과 함께 행동하지 않았기에 악인들과 함께 망하지 않게 해 달라는 간구로 연결되고 있다.

제일 가운데 부분은 6-8절(C)인데 하나님의 집에 대한 시인의 사랑을 천명하는 부분이다. 이 부분은 4-5절이나 9-10절에 나오는 악인들의 모습과 가장 대조를 보이는 부분이다. 이를 강조하기 위해 5절에서는 행악자들의 모임을 '싫어한다'로 표현했지만 8절에서는 의인들의 회중(12절)이 모이는 하나님의 성소를 '사랑한다'고 표현하고 있다. 6절에는 여호와의 '제단'에 대한 언급이 나오고 8절에는 '주의 계신 집'과 '주의 영광이 머무는 곳'이라는 성소를 가리키는 표현이 반복적으로 등장하고 있다. 그러므로 이 가운데 부분에서 여호와의 성소에 대한 사랑 고백은, 성소가 시인이 자신의 무죄함을 천명하고, 여호와가 자신의 의로움을 판결해 주시며(1절), 회중들이 고난에서 구해 주신 여호와께 찬양을 드리는(7, 12절) 곳이라는 이 시편의 주제를 두드러지게 만든다.

한편, 이 시편에는 신체 기관들이 자주 언급이 된다.[10] 2, 3절에는 시인

---

9. Auffret, "Psaume xxvi," 310 참조.

10. 이와 관련해서는 Mosca, "Psalm 26," 222; Auffret, "Psaume xxvi," 311; Botha, "Psalm 26,"

의 '심장'(콩팥)과 '마음'과 '눈들'이 나오고 6절에는 '손들'이 나오는데 모두 시인의 의로움과 무죄함을 강조한다. 이와 대조적으로 10절에서는 악인들의 '손들'과 '오른손들'이 등장하여 범죄의 도구로 표현되고 있다. 9절에서는 시인의 '영혼'과 '생명'(목숨)이 등장하여 의로운 '존재'인 시인의 생명을 강조하고 12절에서는 '발'이 나와 시인의 존재가 안전하게 구원받았음을 알린다.

본문 주해

표제: "다윗의 (시)"

'다윗에게 속한' 혹은 '다윗을 위하여' 등으로 번역될 수 있지만, 이 시편을 다윗이 저작했음을 말하는 것으로 보인다.

1. 온전하게 행한 자신을 의롭게 판결해 주시기를 간구함(1-3절)

제1연은 모함을 당하는 다윗이 여호와께 자신의 '완전함'과 '믿음'을 보시고 자신을 의롭게 판결해 주실 것을 간구하는 기도이다. 1절 1행이 의로운 판결을 구하는 간구라면, 뒤따르는 1절 2행부터 3절까지는 그 근거로 하나님에 대한 믿음과 하나님의 은총 가운데서 온전하게 행했음을 천명하는 부분이다.

1절과 3절은 '내가 ~가운데 행하다'는 표현으로 수미쌍관을 이루면서 1-3절을 하나의 연으로 묶는다.[11] 두 문장의 구조는 아래와 같이 교차 대구적으로 이루어져 있다.

38-9 참조.

11. Bellinger, "Psalm XXVI," 453.

1 *베툼미*(בְּתֻמִּי)	*할락티*(הָלַכְתִּי)	(나의 온전함 가운데/ 내가 행하였고)
3 *베힛할락티*(וְהִתְהַלַּכְתִּי)	*바아밋테카*(בַּאֲמִתֶּךָ)	(내가 행하였고/ 주의 신실하심 가운데)

1절이 '나의 온전함 가운데 행함'을 강조한다면 3절은 대조적으로 하나님의 신실하심을 믿고 의지하면서 '행함'을 강조하여 이 연의 두 가지 주제를 부각한다.[12] 즉 자신의 '온전함'과 '믿음'을 보시고 현재 대적들의 모함을 당하는 상황에서 자신에 대해서 올바르게 판결해 달라는 기도이다.

1절의 (원어상) 첫 기도인 "나를 판단하소서"는 이 시편 전체의 주제를 보여준다. '~위해 판결하다'는 동사는 의로우신 재판관이신 하나님께서 현재 억울하게 대적들에게 모함을 당하고 있는 다윗을 의롭게 판결하시고 그의 억울함(10절)을 풀어주는 것을 의미한다. 올바른 판결은 의로운 다윗에게는 억울함을 풀어주는 '신원' 혹은 '변호'가 될 것이고, 대적들에게는 불의에 대한 심판의 판결이 될 것이다(7:8; 35:24; 43:1; 54:1; 135:14 참조).[13]

기도에 뒤따르는 행들(1절 2행, 3절 1행)은 이유를 밝히는 관계 접속사 *키*(כִּי)로 시작하면서 왜 하나님께 시인을 위한 의로운 판결을 간구하는지를 말한다. 1절은 요약적으로 두 가지를 말한다. 첫째는, '완전함에 행하였다'는 것이고, 둘째는, '여호와를 의지하였다'는 것이다. 이 두 절의 문법적인 구조는 전치사(*베* בְּ, ~안에)구 + 1인칭 동사로 같다.

12. Mosca, "Psalm 26," 224 참조. Botha, "Psalm 26," 41-2에 의하면 '온전함 가운데 행함'이라는 표현(삼하 15:11; 왕상 9:4; 시 101:2; 잠 2:7; 10:9; 19:1; 20:7; 28:6)이나 이 표현이 여호와를 신뢰하는 것과 평행을 이루는 용례들(잠 3:5; 16:20; 28:25; 29:25)이 지혜 문학에 자주 등장한다는 점을 들어서 지혜시적인 요소들을 갖고 있다고 지적한다. 하지만, 이런 예들이 Botha가 말하는 것처럼 이 시편이 포로기 이후에 기록되었다는 증거는 아니다.

13. VanGemeren, *Psalms*, 276. 성소나 성전에 와서 재판관이나 하나님의 의로운 판결을 구하는 내용은 성경 여러 군데(출 22:6-8; 민 5:11 이하; 신 17:8; 왕상 8:31-32) 나온다. Mays, *Psalms*, 128.

베툼미(בְּתֻמִּי) *할락티*(הָלַכְתִּי) (나의 온전함 가운데/
내가 행했습니다)

우바야웨(וּבַיהוָה) *바타흐티*(בָּטַחְתִּי) (그리고 여호와를/
내가 신뢰했습니다)

이러한 평행적인 표현은 '온전함' 가운데 행하는 것(순종)이 여호와를 '의지하는 것'(믿음)과 사실상 같다는 것을 의미한다. 믿음에서 순종이 나온다. '완전함' 혹은 '흠 없음'은 물론 도덕적으로 완전무결하다는 의미가 아니다. 현재 악인들이 시인을 공격하는 것과 같은 그런 불의에 대해서는 무흠하며,[14] 지금까지 여호와를 신뢰하여 그의 뜻을 따라 사는 일(순종)에 전심을 다 했음을 의미한다(15:2; 18:23; 37:18; 84:1 등). '행하다'로 번역된 단어는 원래 '걷다'는 의미를 갖지만, 여기서는 행위나 삶의 방식을 나타내는 의미로 사용되고 있기에 '살았다'로 번역해도 무방하다(1:1; 15:2; 사 33:15). '흔들리지 않았다'는 말은 여호와를 믿는 믿음이 '미끄러지지 않고' 견고하였고, 율법을 따라 살았다는 것을 말한다(37:31참조).[15] 이 표현은 12절의 '평탄한 데 서다'는 표현과 수미쌍관을 이룬다.

2, 3절은 이러한 근거 주장에 대한 부연 설명이다. 먼저, 2절은 1절에서 말했던 '완전함에 행했다'는 사실에 대한 근거 천명이다. 다윗은 재판장이신 여호와께 자신의 온전함을 확인하시기 위해 자신을 직접 살펴보시라고 요청한다. 2절과 두 가지 같은 동사를 사용하는 17편 3절의 확신("주께서 내 마음을 시험해 보시고/ 밤에 나를 조사하시고 검사하셔도/ 아무것도 찾지 못하실 것입니다.")이 여기서는 기도로 표현되고 있는 셈이다. '살피다,' '시험하다,' '단련(검사)하다'는 비슷한 동사들을 연속해서 사용하는 것은 강조

14. Calvin, *Psalms*, 1:439-40 참조.
15. 김정우, 『시편주석 I』, 588-9 참조.

를 위해서다. 먼저 '살피다'(*바한* בָּחַן)는 마치 '정금'이나 '순은'을 얻기 위해 불순물이 있는지 살피고 검사하듯이 자신에게 악인들이 고발하는 흠이 있는지를 찾아보시라고 요청하는 것이다(17:3; 66:10; 105:19; 슥 13:9). '시험하다'로 번역된 동사(*나사* נָסָה)는 하나님이 이스라엘의 믿음을 시험하시는 문맥에 자주 사용된 동사로 역시 테스트하는 것을 의미한다(창 22:1; 출 15:4; 20:20; 신 8:2). '단련하다'로 번역된 동사(*차라프* צָרַף)도 금속을 제련하거나 '정련하다'는 의미인데 여기서는 불순물을 검사하는 의미로 사용되고 있다(26:2; 66:10; 105:19; 슥 13:9). 2절에서 조사의 대상으로 '자신'과 '뜻'과 '양심'을 반복한 것은 다윗의 외적인 행위와 삶뿐만 아니라 그러한 삶을 결정하는 내면의 동기까지도 온전함을 강조하기 위해서다(7:9; 11:4; 렘 11:20 참조).[16] '뜻'(원래 '신장')으로 번역된 단어는 사람의 가장 내밀한 부분이나 중심을 의미하여 자주 '마음'과 함께 사용된다(*HALOT*, 7:10; 73:21; 139:13; 욥 19:27; 잠 23:16 등).[17] 2절은 그런 의미에서 '무죄함'에 대한 주장(7:3-5; 17:4-5)이면서도 여호와가 누구보다 자신의 '온전함'을 제일 잘 아신다는 확신을 고백하는 것이기도 하다.

3절은 1절 기도의 두 번째 근거로 다윗이 여호와에 대한 '믿음'을 주장하는 것이다. 그래서 3절도 이유를 밝히는 관계 접속사 *키*(כִּי)로 시작한다. 1절에서 '흔들리지 않고 여호와를 의지하였다'는 고백을 했는데 그것이 이 절에서 구체적으로 설명되고 있는 셈이다(21:7; 33:21-22 참조). 다윗은 이 절에서 자신이 항상 하나님의 인자하심을 '눈앞에' 두고, 그의 '진리(신실하심)' 안에서 행하였다고 고백한다. '인자하심'과 '신실하심'은 자기 백성들에 대한 언약을 지키셔서 끝까지 그들을 사랑하시는 하나님의 성품 혹은 사역을 의미한다. 이스라엘과 하나님의 모든 자녀는 한시라도 그분의 '인자하심'과

16. VanGemeren, *Psalms*, 276.

17. Craigie, *Psalms 1-50*, 223에 의하면 '심장'으로 번역된 단어는 원래 '신장'을 가리켜 감정의 소재지로 생각되었고, '마음'은 '심장'을 가리켜 지성의 소재지로 생각되었다고 설명한다.

'신실하심' 없이는 살 수 없음을 수없이 고백해 왔다(25:10; 36:5; 40:10,11; 57:3,10; 출 34:6; 삼하 2:6; 15:20 등). 여기서 다윗도 철저하게 여호와의 '인자하심과 신실하심'을 의지하며 살았고, 또한 하나님의 '인자하심'과 '신실하심' 덕분에 자신이 '온전함' 가운데 행할 수 있었다고 1-3절의 결론으로 천명하는 것이다.[18] 다윗이 '신실하신' 하나님 앞에서 '신실하게' 행했음을 여러 본문이 증언한다(왕상 2:4; 3:6).[19]

2. 기도의 근거 1(부정): 악인들과 함께하지 않음(4-5절)

이 연은 1-3절에서 다윗이 기도의 근거로 제시했던 '온전함 가운데 행함'을 부정적인 언어로(세 번의 '~않다') 좀 더 상세하게 부각한다. 그것은 지금 자신을 모함하는 자들과 같은 악인들(10절)과 함께(세 번의 '함께' 전치사) 하지 않는다는 것이다. 이 연은 악인들과 관련된 기도를 담고 있는 9-10절과 긴밀하게 연결된다. 이 연은 '앉지 않다'는 표현으로 시작해서 같은 표현으로 마무리되면서 통일성을 이룬다.

4, 5절 둘 다 첫 동사는 완료형, 두 번째 동사는 미완료형을 써서 언제든지 악인들의 죄악에 참여하지 않는다는 단호한 거부를 표현하고 있다. '싫어하다'도 '~않다'처럼 부정적 의미다. 다윗은 '허망한 사람들,' '간사한 사람들,' '행악자들,' '악한 자들'로 표현되는 사람들(아래의 기울임 표시)과의 연합을 거부하고 있다. 이들은 모두 하나님을 의지하지 않고 그분의 말씀에도 관심이 없는 자들, 지금 무리를 지어서 거짓말로 의로운 다윗을 모함하는 자들을 가리킨다. 또한 두 절은 아래의 도표와 같이 교차 대구적으로 구성되어 있다. 5절 2행에는 '~함께'라는 전치사는 없지만 '모임'이 그것을 함의하고 있다.

---

18. VanGemeren, *Psalms*, 276.
19. Botha, "Psalm 26," 42 참조.

4 **내가 앉지 않습니다**(완료)
*위선적인 사람들*과 **함께**
5 내가 싫어합니다(완료)
*악인들*과 **함께**

*속이는 사람들*과 **함께**
내가 가지 않습니다(미완료)
행악자들의 모임을
내가 앉지 않습니다(미완료)

4절에 나오는 '허망한 사람들'로 번역된 표현은 '공허한 것'이나 헛된 우상을 섬기는 사람들을 가리킬 수도 있으나, 4절 자체의 문맥과 10절을 참작해 보면 거짓말로 의인을 모함하는 '속이는 사람들'을 가리킨다(욥 11:11, 대부분의 영어 번역본들 참조). '간사한'으로 번역된 수동 분사는 원래 '숨겨진' 혹은 '감춰진'이란 의미다(레 4:13; 민 5:13; 왕상 10:3; 욥 28:21). '간사한 사람들'은 앞의 '속이는 사람들'처럼 겉으로는 선을 말해도 속으로는 악을 꾀하는 사기꾼이나 위선자들을 가리킨다(28:3; 119:37; 욥 11:11; 잠 6:12-14).[20]

5절의 "행악자들의 집회"는 하나님을 예배하며 그분의 뜻을 행하려고 성소에 모인 '의인들의 회중'(12절; 1:5; 22:25; 40:9-10; 149:1)과 대조된다. 악인들의 삶의 방식은 자신들의 이익을 위해서 다윗처럼 의로운 자들을 모함하기를 서슴지 않고, 온갖 악행을 저지르기를 쉬지 않는 것이다(9-10절 참조). 그래서 다윗은 그들과 '함께 앉지 않고'(4, 5절에 각각 한 번), '함께 가지 않으며,' 그들의 모임을 '싫어한다'고 단호하게 선언한다. 이러한 선언들은 하나님의 말씀과는 거리가 먼 악인들의 삶의 방식을 좇지 않을 뿐더러, 눈앞의 이익을 위해서 그들의 악한 도모에도 가담하지 않는 '의로운' 삶에 대한 천명이다(1, 11절). 이것을 강조하기 위해서 세 번이나 '함께'라는 전치사(*임* עִם)를 사용하고, 세 번이나 '~않다'는 부정어(*로* לֹא)를 사용할 뿐만 아니라 '싫어한다'고 표현한다. 1편 1절의 의인의 모습과 매우 유사하다. 또한 악인을 '멀리하는' 것은, 여호와의 인자하심과 신실하심을 '가까이'하는 다윗의 삶과도 극

---

20. VanGemeren, *Psalms*, 277.

명하게 대조된다(3절).[21] 이처럼 악을 멀리하는 다윗의 중심이 하나님이 다윗의 의로움을 변호해 주셔야 하는 하나의 근거가 된다.

3. 기도의 근거 2(긍정): 하나님의 집을 사랑함(6-8절)

이전 연에서 악인들의 모임을 '미워한다'(5절)고 고백했던 다윗은 이 연에서는 의인들이 예배하러 모이는 곳인 여호와의 집을 '사랑한다'고 고백한다(8절). 즉 다윗은 악인들의 죄악에 동참하기보다는 하나님의 성소에 나와 성도들과 함께 하나님을 찬양하는 것을 더 좋아한다고 고백한다. 이 연에는 성소를 표현하는 단어들과 그와 관련된 행위들이 집중되어 있다.[22] 6절에서는 '주의 제단'이 나오고 8절에서는 '주께서 계신 집'과 '주의 영광이 머무는 곳'이 등장한다. 그리고 가운데 절인 7절에서는 여호와의 집에서 행하는 예배의 행동이 묘사되고 있다.

6절은 성소에 나아올 때 손을 씻으며 무죄함을 선언했던 의식을 염두에 둔 표현인 것 같다. 하나님의 제단에 나아오는 예배자로서 물로 손을 씻음으로써, 자신이 악으로부터 정결하거나 '무죄하다는 것'을 선언하는 것(신 21:6; 마 27:24)이라고 볼 수 있다. 손과 마음이 정결한 자, 즉 하나님의 용서를 받아 악을 멀리하고 의를 행하기를 구하는 자만이 하나님의 성소에 나아올 수 있기 때문이다(24:4; 73:13; 사 1:16). 이것은 '손'에 사악함과 뇌물이 가득한 악인들과 극명한 대조를 이룬다(10절). 6절 1행과 2행은 연속된 의식적 절차로서 평행을 이룬다. 손을 씻은 후에 예배자들은 행렬을 이루어 "제단을 두루 돈다." 그 목적은 예배자들이 모인 하나님의 제단에서 하나님의 구원 역사를 노래하고 회중들을 그 찬양에 초대하기 위해서이다(7절과 43:4 참조).[23] 이것 자체가 고난 가운데서 구해 주신 하나님의 구원이 이뤄졌음을

---

21. Bellinger, "Psalm XXVI," 454; Mosca, "Psalm 26," 225-6.
22. Mosca, "Psalm 26," 226-7.
23. *NIV Study Bible*, 813.

의미하기에 32편 7절에서는 "주는 구원의 노래로 나를 두르실 것입니다"로, 32편 10절에서는 "(여호와의) 인자하심이 여호와를 신뢰하는 자를 두를 것이다"로 바꿔 표현하고 있다.[24]

7절은 6절의 행위들의 목적을 보여줌(동사 형태가 부정사)과 동시에 6절의 의식들에 이어지는 의식을 묘사한다고 볼 수 있다(118:27 참조). 성소 예배의 절정은 성도들을 초청하며 소리 높여 하나님의 구원에 대한 감사 찬양을 올려드리는 것이다. '감사의 소리를 들려주다'로 번역된 표현은 소리 높여 구원에 대한 감사 찬양을 드리는 것을 의미한다. 즉 제2행이 밝히는 것처럼, 하나님의 "기이한 모든 일," 즉 기적을 동반하든지 않든지 하나님이 행하신 모든 구원 역사(출애굽을 비롯한 개인적이며 공동체적인 구원, 출 3:20; 34:10)를 노래하는 것이다(9:1; 75:1; 78:4; 96:3). 12절에서는 악인들로부터 구원받는 다윗의 감사 찬양도 여기에 포함될 것이 확실시되고 있다. 이런 감사 찬양에는 감사제물이 동반되기도 했다(50:14, 23; 107:22; 116:7).[25]

8절은 이러한 예배가 드려지는 곳인 성소에 대한 다윗의 사랑을 노래하고 있다. 다윗은 악을 꾀하는 행악자의 모임은 미워하지만(5절), 고난 가운데서 하나님께 구원받은 의인들이 모여서 그 구원을 노래하는 곳인 성소는 사랑한다고 고백한다(23:6; 27:4; 84:1, 4). 그들이 그곳에 모이는 이유는 그곳은 하나님이 "계신 집"이고 그의 "영광이 머무는 곳"이기 때문이다. '주의 계신 집'이라는 표현은 '주의 집의 거처'(*메온 베테카* מְעוֹן בֵּיתֶךָ)라는 의미다. 이것은 하나님이 온 세상을 공의로 다스리시는 하나님의 왕궁으로서의 성소('하늘 처소,' 68:5; 신 26:15; 대하 30:27; 렘 25:30; 슥 2:17, '성전' 대하 36:15)나 피난처로서의 성소(71:3)를 가리킨다. 또 '영광이 머무는 곳'이라는 말은 성소가 하나님이 백성들 가운데 친히 임하시는(출 24:16; 33:22), 즉 하

24. Botha, "Psalm 26," 45-6.

25. VanGemeren, *Psalms*, 278.

나님의 영광이 충만하게 임하는(출 40:34; 왕상 8:11; 겔 43:4) 장소라는 것을 강조한다.[26] 성소는 백성들을 향한 하나님의 거룩하심을 나타냄과 동시에 인자하고 신실하신 하늘 왕의 영광스러운 임재를 보여준다(3절). 그러므로 성소에 대한 사랑은 하나님에 대한 사랑과 다름없다. 이 사랑 고백은 시인이 악인들에게 모함을 당할지라도 성소에 임하시는 의롭고 자비로운 재판관이신 하나님에 대한 신뢰를 천명하는 것이다(1, 3절).

4. 악인들과 함께 자기 영혼을 거두지 마시기를 간구함(9-10절)

다윗의 첫 번째 기도가 하나님을 믿고 의롭게 살았던 자신을 위해 의롭게 판결해 달라는 것이었다면(1절), 9-10절의 두 번째 기도는 그 증거로 악인들처럼 죽지 않게 해 달라는 것이다. 다윗은 이 연에서 다시 4, 5절과 유사한 용어들을 사용하면서('~함께,' '마소서,' '죄인,' '살인자') 악인들이 받는 죽음의 심판을 받지 않게 해 달라고 간구한다.

9절에서 다윗은 현재의 고통 가운데서 마치 죄를 지은 사람이나 살인을 저지른 악인들처럼 비참하게 죽지 않게 해 달라고 기도한다. 악인들을 싫어하고(4-5절) 하나님의 집을 사랑하는(6-8절) 다윗과 같은 하나님의 '의인'이 죄인들과 함께 멸망하는 것은 하나님의 의로운 통치에 맞지 않기 때문이다(창 18:25; 삼상 15:6). '살인자'로 번역된 단어는 '피의 사람들' 혹은 '피에 굶주린 사람들'로 직역될 수 있는데(55:23; 59:2; 139:19; 잠 29:10), 이들은 무고한 사람의 피를 흘리기 좋아하는 사람들이다.[27] 이것은 다른 사람을 해쳐서라도 자신의 이익을 챙기는 악인들의 극단적인 행동을 부각하는 표현이다.

10절에서는 이러한 악인들의 모습에 대해 부연 설명하고 있다. 성소에서 씻은 무죄한 '손'을 가진 의인 다윗과 달리(6절), 악인들의 '손'에는 '사악함

---

26. *NIV Study Bible*, 813.
27. Wilson, *Psalms 1*, 476 각주 25.

(음모)'이 있고, 그들의 '오른손'에는 부당하게 취한 뇌물이 가득하다. 이 모습은 다윗을 모함하고 다윗을 죽이기 위한 음모를 꾸미는 자들에 대한 묘사처럼 보인다(4절). '사악함'(*짐마* זִמָּה)으로 번역된 단어는 정말 혐오스럽고 파렴치한 행동을 가리킬 수도 있지만(새번역은 '음란한 우상'으로 번역, 레 18:17; 19:29; 겔 16:27, 43, 58; 23:21, 27, 29 참조), 음모를 가리킬 수도 있다. '음모'나 '뇌물'은 모두 자신들의 이익을 위해 부당하게 사람들을 해치는 모습을 상징하기 때문이다. 아마도 이들은 거꾸로 다윗을 '피 흘린 사람'이라고 모함하면서(예: 시므이, 삼하 16:7-8) 다윗을 공격하고 있었을 것이다.[28]

5. 완전함에 행하는 자신을 구원해 주시길 간구하고 확신함(11-12절)

11절에서 다윗은 1절의 표현을 그대로 반복하면서 마지막으로 자신을 구해 주시길 기도한 후에 12절에서는 그것을 확신하면서 성도들 가운데서 찬양할 것을 맹세한다.

1) 완전함에 행하는 나를 속량해 주십시오(11절)

다윗은 앞 절에 묘사한 악인들과 자신을 대조시킨다. 그래서 이 절은 원어상 "그러나 나는" 혹은 "그러나 나로 말하자면"으로 시작한다. 다윗은 제1행에서 1절에서 고백했던 자신의 무흠한 삶의 방식을 다시 천명한다. 개역개정은 미래형으로 번역했지만, 삶의 방식을 천명한 것으로 본다면 "나는 나의 완전함에 행합니다"처럼 현재형으로 번역하는 것이 더 좋을 것이다. 다윗은 악을 행하며 이 세상에서 잘살고 있는 자들에게 유혹당하지 않고 하나님의 말씀대로 의롭게 살 것을 마지막으로 확고하게 천명한다.[29] 2행은 최후의 기도로 채워진다. '속량하다'는 동사는 기본적으로 값을 지불하고 대속하

---

28. Wilson, *Psalms 1*, 476 각주 25.
29. Calvin, *Psalms*, 1:448.

는 의미가 있지만(25:22), 여기서는 현재 자신을 모함하고 있는 악인들처럼 죽지 않도록(9절) 그들로부터 '구해 달라'는 간구이다(31:5; 49:15; 55:18 등). '은혜를 베푸소서'라는 기도가 뒤따르는 것은 하나님의 구원은 다윗의 온전함 때문이 아닌 하나님의 은혜와 인자하심에서 나오기 때문이다(3절). 그것은 1절처럼 재판관이신 하나님이 다윗의 의로움을 제대로 판결하신 결과일 것이다.

2) 구원에 대한 확신과 찬양의 맹세(12절)

마지막으로 다윗은 하나님의 구원을 확신하면서 성소 예배에 참석한 회중들 앞에서 여호와를 찬양할 것을 맹세한다. "내 발이 평탄한 데 섰습니다." 라는 표현은 미래에 일어날 구원에 대한 확신을 표현한 것 같다. '평탄한 데'는 가파르고 미끄러지기 쉽고(1절의 '흔들리다' 참조) 위험한 절벽과 대조되는 걷기 편하고 자유로운 평지다. 먼저, '평탄한 데 서다'는 '의로움 가운데 서다'로 번역될 수 있는데(67:5; 사 11:4; 말 2:5), 그렇게 되면 이 표현은 11절 1행을 이어받아 율법적인 의로움 가운데 계속 살 것이라는 결심이 된다. 그러면 2행은 그런 삶의 결과를 말하는 것이 된다.[30] 이 해석은 1절의 '흔들리지 않는다'는 말과 같은 의미를 갖는데, 1절의 '흔들리다'(*엠아드*)와 12절의 '서다'(*암메다*)는 발음상으로도 유사하다(언어유희).[31] 두 번째로, '평탄한 데 섰다'는 것은 하나님의 도우심으로 악인들처럼 죽지 않고(9절) 대적들의 모함으로부터 구원받는 것을 의미한다(27:11; 143:10; 사 40:4; 42:16). '흔들리지 않고' 하나님의 말씀대로 살고 하나님을 의지한(1-3절) 삶의 결과이다. 세 번째로, '평탄한 데'를 6-8절이나 12절 2행과 연결하면 하나님의 성소가 될 수 있다. 하나님의 구원을 받아 성도들과 함께 하나님의 구원을 감사하는 안전

---

30. Craigie, *Psalms 1-50*, 227에서도 '평탄한 데 서다'는 표현을 성소, 미래의 구원과 예배에 대한 확신, 도덕적 완전함에 대한 은유 세 가지로 다 해석하고 있다.

31. Bellinger, "Psalm XXVI," 455; Botha, "Psalm 26," 38 참조.

한 장소인 성소에 오게 되었음을 의미할 수 있다. '평탄한 데'는 비유적으로 하나님이 보호하시고 복 주시는 안전한 장소를 가리킨다(*BDB*). 세 가지 중 어떤 해석도 가능하지만 여기서는 두 번째와 세 번째를 합쳐서 이해하는 것이 좋을 것 같다. 즉, '평탄한 데 서다'는 고난에서 구원받아 성소에 와서 하나님을 찬양할 수 있게 하실 것이라는 확신을 표현한 것으로 보는 것이다.

2행에서 그러한 구원을 이루어 주실 하나님을 성소에 모인 무리 앞에서 송축하겠다고 맹세하는 것은 당연하다. 6-7절의 고백이 성취되는 순간이다. '무리'로 번역된 단어는 이곳과 68편 26절에만 나오는 단어로 특별한 절기들과 관련된 종교적 대 행렬을 의미한다고 이해되기도 한다.[32] '송축하다'는 동사는 원래 하나님께서 백성들에게 '복주다' 혹은 사람이 사람을 '축복하다'는 의미로 많이 사용되지만, 여기서는 그 복을 주시는 하나님의 능력과 위엄을 찬양하는 것을 가리킨다(*HALOT*). 지금까지 늘 그래왔듯이 다윗은 회중들 앞에서 하나님이 자신을 위해서 행하신 구원을 간증하며 감사 찬양을 드릴 것을 맹세하고 있는 것이다(7절, 7:17; 50:14-15 등 참조). '악인들의 모임'을 싫어하는 다윗은(5절) 의인들의 '회중'(1:5; 22:25; 35:18; 40:9-10; 111:1; 149:1) 가운데서 하나님을 찬양할 것이다.

교훈과 적용

시편 26편의 교훈: 악인들이 다윗처럼 하나님을 믿고 순종하려고 하는 의인을 거짓말과 음모로 공격할 때, 의인은 자신의 결백함을 하나님 앞에 아뢰며 악인들의 공격으로부터 구원하셔서 그 결백함을 증명해 주시길 기도해야 하는데, 그런 기도의 목적은 하나님의 의로운 통치를 하나님을 예배하는 회중들 앞에 간증하고 찬양하기 위함이다.

---

32. Craigie, *Psalms 1-50*, 224.

1. 억울한 공격을 당할 때도 하나님의 의로운 판결을 구하자(1-5, 9-10절)

사람들은 우리를 모함하고 불의하다고 공격해도 하나님만은 우리의 의로움을 아시는 분이심을 믿고 그 의로움을 살펴주시길 간구해야 한다(2절). 예수님의 의로 우리를 의롭다 하신 하나님께로 피하여 우리의 의로움을 변호해 주시도록 기도해야 한다(1절). 다윗이나 예레미야처럼 악인들의 공격이 거짓임을 아뢸 뿐만 아니라, 욥이나 다니엘처럼 악을 멀리하기를 애쓰며 얼마나 하나님 말씀대로 살기 위해 노력했는지도 아뢸 수 있어야 한다(4-5절). 그리고 하나님이 의로운 재판관이시기에 당신의 의로운 자녀를 악인과 함께 멸하시지 않는 분이심을 고백해야 한다(9-10절; 창 18:25). 불의한 재판관에게 찾아간 과부처럼 우리가 당한 불의를 풀어 주시기를 간절히 기도한다면, 하늘의 재판관께서 속히 "밤낮 부르짖는 택하신 자들의 원한을 풀어주실" 것이다(눅 18:8). 사탄과 악인들 앞에서 우리를 의롭다 선언하심으로 하나님의 의로운 통치를 드러내실 것이다. 욥은 친구들의 정죄에 맞서서 끝까지 하나님이 자신의 의로움을 변호해 주실 줄을 믿고 기도했으며(욥 19:25-26), 그 기도는 응답을 받았다(욥 42:7-9). 하나님은 십자가에서 억울하게 돌아가신 예수님의 의로우심을 부활로 변호해 주셨다. 비록 이 땅에서는 억울하게 죽임을 당한다고 하더라도(계 6:10 '순교자들의 신원 간구') 마지막 날에 주님께서 오셔서 의로운 심판을 하시며 우리의 의로움을 선언해 주실 것이다(계 19, 20장). 그러므로 우리는 자신뿐만 아니라 이 땅에서 억울하게 고난당하는 성도들과 교회들을 하나님께서 변호하시고 고난에서 건져 주시길 항상 기도해야 한다.

2. 하나님께 흔들리지 않는 믿음을 고백하자(1, 3, 6-8, 11-12절)

오직 하나님의 무한한 사랑과 자비로 의롭다 함을 받은 것처럼, 우리에게 조금의 의로움이라도 있다면 그 또한 하나님의 사랑과 자비의 결과임을 고백해야 한다(3, 11절). 그러므로 고난 가운데서도, 고난에서 건짐을 받은 후에도 우리는 하나님에 대한 믿음과 하나님에 대한 사랑을 고백해야 한다. 날마다 참 성전이신 그리스도 안에서 성령을 통해 하나님의 임재 앞에 나아가 예배하길 기뻐하고, 성도들과 함께 의와 구원의 하나님을 찬양하기를 좋아하며, 의와 찬양의 공동체인 하나님의 교회를 사랑한다고 고백하자(6-8절). 아무리 악인들이 우리를 공격하고 그들이 이 땅에서 잘되는 것처럼 보여도, 성령님을 의지하며 말씀대로 살기로 결단하는 고백을 하나님께 올려드리자(11절). 그렇게 사는 우리에게 주어질 하나님의 의로운 판결과 구원을 성도들과 더불어 찬양할 날을 꿈꾸면서(12절).

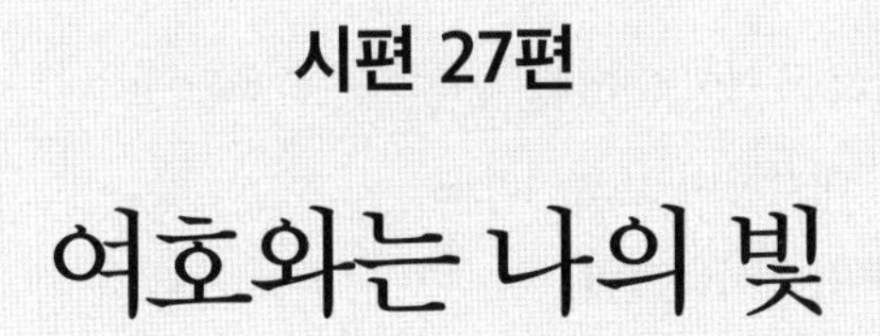

시편 27편

여호와는 나의 빛

[다윗의 시]

1 여호와는 나의 빛이요 나의 구원이시니
내가 누구를 두려워하리요
여호와는 내 생명의 능력이시니
내가 누구를 무서워하리요
2 악인들이 내 살을 먹으려고
내게로 왔으나
나의 대적들, 나의 원수들인
그들은 실족하여 넘어졌도다
3 군대가 나를 대적하여 진 칠지라도
내 마음이 두렵지 아니하며
전쟁이 일어나 나를 치려 할지라도
나는 여전히 태연하리로다
4 내가 여호와께 바라는 한 가지 일
그것을 구하리니
곧 내가 내 평생에
여호와의 집에 살면서
여호와의 아름다움을 바라보며
그의 성전에서 사모하는 그것이라
5 여호와께서 환난 날에
나를 그의 초막 속에 비밀히 지키시고
그의 장막 은밀한 곳에 나를 숨기시며
높은 바위 위에 두시리로다
6 이제 내 머리가 나를 둘러싼
내 원수 위에 들리리니
내가 그의 장막에서

즐거운 제사를 드리겠고
노래하며 여호와를 찬송하리로다
7 여호와여 내가 소리 내어 부르짖을 때에 들으시고
또한 나를 긍휼히 여기사 응답하소서
8 너희는 내 얼굴을 찾으라 하실 때에
내가 마음으로 주께 말하되
여호와여 내가 주의 얼굴을 찾으리이다 하였나이다
9 주의 얼굴을 내게서 숨기지 마시고
주의 종을 노하여 버리지 마소서
주는 나의 도움이 되셨나이다
나의 구원의 하나님이시여
나를 버리지 마시고 떠나지 마소서
10 내 부모는 나를 버렸으나
여호와는 나를 영접하시리이다
11 여호와여 주의 도를 내게 가르치시고
내 원수를 생각하셔서
평탄한 길로 나를 인도하소서
12 내 생명을 내 대적에게 맡기지 마소서
위증자와 악을 토하는 자가
일어나 나를 치려 함이니이다
13 내가 산 자들의 땅에서
여호와의 선하심을 보게 될 줄
확실히 믿었도다
14 너는 여호와를 기다릴지어다
강하고 담대하며
여호와를 기다릴지어다

본문 개요

27편도 앞의 시편들(25, 26편)에 이어 다윗의 기도시편이다. 다윗은 대적들의 공격 가운데서도 구원의 하나님에 대한 확실한 신뢰를 고백하며(1-6, 13-14절) 하나님의 구원을 간구하고 있다(7-12절). 그래서 이 시편은 일반적인 기도시편들과 달리 하나님에 대한 신뢰 고백이 압도적이고, 구체적인 상황에 대한 탄식 부분은 3절이나 12절 정도에 암시적으로만 나타난다.[1] 만약 2-3절이나 6절과 같은 내용을 국가적 전쟁 상황 묘사로 본다면 이 시편은 다윗이 왕으로서 전쟁에 나가기 전에 성소에서 부른 시편일 것이다.[2] 하지만 이 시편의 원수들을 단순히 다윗을 모함하여 공격하는 악인들('거짓 증인들,' 12절)로 볼 수도 있다.[3] 이것은 다윗이 사울과 그의 군대에 쫓길 때 놉 땅 성막으로 피했던 상황을 연상시킨다(삼상 21장). 혹은 다윗이 압살롬의 군대를 피하여 도망갔을 때 성소에 갈 수 없었던 상황을 표현한 것일 수도 있다.

27편도 앞뒤 시편들과 많은 어휘나 주제를 공유하고 있다. 무엇보다 4-6절은 26편 6-8절처럼 '여호와의 집'에 대한 시인의 사랑과 헌신을 선언하고 있는데, 이는 역시 28편 2절에 나오는 성소에서의 기도와 연결된다. 또 27편은 26편의 시인처럼 여호와를 신뢰하며(25:2; 26:1; 27:3['태연하다'] '신뢰하다'는 동일한 어근 사용), '평탄한 곳'에 설 것을 확신하며(26:12; 27:11), 대적들과는 차별적인 '생명'의 구원에 대해 간구하며(26:9; 27:12), '악인'으로서의 대적들에 대해 언급하며(26:5; 27:2), '긍휼히 여기시길' 기도한다(25:16; 26:11; 27:7).[4] 또 고난으로부터의 구원을 통한 가르침과 인도하심을 구하는

---

1. Kraus, *Psalms 1-59*, 332 참조.
2. Craigie, *Psalms 1-50*, 231 참조.
3. *NIV Study Bible*, 813.
4. Hossfeld & Zenger, *Die Psalmen 1*, 172.

27편 11절의 간구는 25편 4, 8, 12절(또한 26:1-5)과 잘 연결된다.[5]

한편 이 시편은 25-33편 그룹에서 짝을 이루는 31편과 밀접하게 관련되어 있다(25편 개요 참조). 31편도 무고하게 다윗을 공격하는 악인들의 위협 가운데서 구원을 간구하는(27:2, 3, 6, 11; 31:11, 13, 15, 18) 다윗의 탄식시편이다. 둘 다 시인의 피난처인 성소에 숨기시는(27:1, 4, 5; 31:2, 5, 19, 20, '숨기다,' '감추다,' '피난처,' '숨는 곳,' '집' 등의 표현 공유) 여호와의 구원을 노래하며, 여호와의 '긍휼히 여기심'(27:7; 31:9=25:16; 26:11; 30:11)과 '선하심'(27:13; 31:19)을 믿고(27:3; 31:6, 14; 25:2; 26:1) 기대한다('바라다,' '기다리다,' 27:14; 31:25; 25:3, 5, 21). 그 외, 가르침과 인도하심에 대한 간구(27:11; 31:3), 여호와를 '요새'로 고백함(27:1; 31:2, 4), '반석'에 대한 언급(27:5; 31:3), '빛'과 '구원'의 언급(27:1; 31:2, 16), '평탄한 길' 혹은 '넓은 곳'으로의 인도(26:12; 27:11; 31:8)도 주목해야 한다. 이 외에도 많은 공통 어휘들이 등장하여(30개의 어휘) 공통된 주제를 강조한다.[6] 무엇보다 둘 다 마음을 강하고 굳세게 하여 여호와를 바랄 것을 권면하면서 마무리된다(27:14; 31:24).[7] 다음의 구절을 보라(필자 사역).

> 27:14 여호와를 바라라/ 마음을 강하고 굳세게 하라/ 여호와를 바라라
> 31:24 여호와를 바라는 모든 이들아/ 마음을 강하고 굳세게 하라

---

5. P. J. Botha & B. Weber, "'Thd LORD Is my Light and my Salvation...' (Ps 27:1): Psalm 27 in the Literary Context of Psalms 25-34," *JNSL* 45/2 (2019): 26-35에서 25-27편 그룹의 문맥적 관련성을 다루고 있는데, 특별히 30쪽에서는 25편과 27편이 공통으로 노래하는 여호와의 가르치심에 대해서 다루고 있다. 이 논문에 의하면 25, 26, 27편은 '성전의 역할,' '피난처와 신뢰,' '원수들과 질병,' '구원과 소망,' '삶의 길에서의 인도하심' 등의 주제를 공유하고 발전시키고 있다.
6. 김성수, "시편 25-33편," 75-7 참조. Botha & Weber, "Psalm 27," 36-44에서도 27편과 31편의 문맥적 관련성을 잘 관찰하고 있는데, '고통과 고난,' '명예와 수치,' '은혜와 구원,' '야훼의 성전 임재와 인도하심,' '의에 대한 보상' 등의 공통된 주제를 찾아내고 있다.
7. *NIV Study Bible*, 813.

문학적 특징과 구조

전체적으로 보면 27편은 여호와를 3인칭으로 부르는 확신 부분(1-6절)과 2인칭으로 부르는 기도 부분(7-14절)로 나뉠 수 있다. 하지만 좀 더 세밀하게 말하면 신뢰와 확신 부분들(1-6, 13-14절)이 기도 부분(7-12절)을 둘러싸는 형태로 구성되어 있다. 신뢰와 확신 부분들에는 여호와가 참된 구원이심에 대한 고백(1절), 대적들로부터의 구원 확신(2-3절), 성소를 통한 구원과 찬양의 확신(4-6절), 여호와를 바라라는 자기 격려(13-14절)의 요소들이 들어 있다. 반면에 기도 부분에는 여호와의 얼굴을 구하는 하나님의 종에게 응답해 달라는 간구(7-10절)와 거짓말로 모함하는 원수들로부터 안전하게 구해 달라는 간구(11-12절)가 들어 있다. 이러한 요소들은 다음과 같이 교차 대구적인 형태로 구성되어 있다.

A 1절 구원이신 여호와에 대한 신뢰의 고백
　B 2-3절 대적들의 공격을 두려워하지 않는 확신의 고백
　　　(악인들, 대적들, 원수들, 그들, 군대, 전쟁)
　　C 4-6절 성소를 통한 보호와 성소에서 찬양할 것을 확신함
　　　　(‘구하다,’ ‘바라다,’ 여호와의 집, 성전, 초막,
　　　　장막 은밀한 곳, 바위)
　　C′ 7-10절 환난 중에 여호와의 얼굴을 구하는 간구
　　　　(‘부르짖다,’ ‘찾다*2,’ 여호와의 얼굴*3)
　B′ 11-12절 대적들의 공격에서 건지시길 간구함
　　　(‘원수,’ ‘대적,’ ‘위증자,’ ‘악을 토하는 자’)
A′ 13-14절 여호와의 구원에 대한 확신과 격려

전체 시편의 틀을 이루는 1절과 13-14절(A와 A′)에서는 참 구원자이신

여호와에 대한 믿음을 고백하면서(1절 1, 3행, 13절) 누구도 '두려워하지 않는'(1절 2, 4행, 3절) 용기와 굳센 마음(14절)을 표현하고 있다. 이런 확신은 두 부분에 모두 등장하는 '생명'(1, 13절- '산 자')이라는 표현으로 강조되고 있다.

2-3절이 확신의 고백이라면 11-12절은 대적들로부터의 구원 간구이다. 이 두 부분(B와 B′)에는 '대적들'이 반복적으로 언급된다. 또 3절에는 전쟁이 시인을 '치려 한다'고 하고, 12절에서는 위증자와 악인들이 시인을 '치려 한다'고 고발하며 대적들의 공격을 묘사하고 있다.

가운데 부분인 4-6절과 7-10절(C와 C′)은 각각 '확신'과 '간구'로 장르는 달라도 성소의 기능에 대한 공통된 인식을 보여준다. 4-6절에서는 '여호와의 집'인 성소를 대적들의 공격에서 피하는 장소이자 그 공격에서 구원을 받은 자가 하나님과 함께 교제하며 찬양하는 곳으로 노래한다. 7-10절에는 '성소'에 대한 언급은 없어도 성소를 암시하는 여호와의 '얼굴'에 대한 언급이 세 번 나와 그의 얼굴을 '찾아' 도움을 구하는 기도의 집인 성소의 기능을 암시하고 있다(27:5; 31:20 비교, 24:6; 대하 7:14; 호 5:15 참조). 4절에서 시인은 여호와의 집에 사는 것을 '찾고'('바라다') 있다면 8절에서는 여호와의 얼굴을 '찾고' 있다. 또 5절에서는 여호와가 시인을 '숨기시는' 것을 말하지만, 9절에서는 여호와의 얼굴을 '숨기지' 마실 것을 간구한다.[8]

이러한 구조는, 시인이 비록 대적들의 공격으로 고통 가운데 있지만, 성소에서 여호와의 도우심을 구함으로써 결국은 구원받아 '구원의 하나님'을 찬양할 것을 확신하고 있음을 잘 드러낸다. 즉, 성소가 시인에게 기도하게 하고 확신을 하게 하는 중요한 장소가 된다.

---

8. P. Auffret, "'Yahvé M'accueillera': Étude Structurelle du Psume 27," *Science et Esprit* 38/1 (1986): 109-10.

본문 주해

표제: "다윗의 시"

원문에는 '시'라는 말이 없다. '다윗의'는 '다윗에게 속한' 혹은 '다윗을 위하여' 등으로 번역될 수 있지만, 이 시편을 다윗이 저작했음을 말하는 것으로 보인다.

1. 대적들로부터 구원해 주실 여호와에 대한 신뢰(1-3절)

다윗은 대적들의 공격 앞에서도 여호와의 도우심을 확신하기에 두려워하지 않는다는 선언으로 시를 연다. 1-3절은 1절에서 '두려워하리요'와 '무서워하리요'로 시작해서 3절에서 '두렵지 않다'와 '태연하다'로 마무리된다. 1절의 '나의 빛'(*오리* אוֹרִי)과 1, 3절의 '내가 두려워하다'(*이라* אִירָא)는 표현은 발음상의 유사성으로 연결된다.[9] 하나님에 대한 확실한 신뢰에서 비롯되는 평안함이다. 또 1절에서는 여호와를 "나의 빛," "나의 구원," "내 생명의 능력(요새)"으로 세 번 고백하는 반면에, 2절에서는 자신을 공격하는 자들을 "악인들," "나의 대적들," "나의 원수들"이라고 세 번 부르고 있다. 이것은 아무리 강하게 보이는 원수들이라 할지라도 다윗에게는 그들보다 훨씬 더 강하신 여호와가 계심을 강조해서 천명하기 위함인 것 같다.[10] 1절의 주제인 여호와를 의지함은 14절에서 반복되고(둘 다 '여호와'를 두 번 언급) '생명'이라는 단어는 13절에서 반복되어 수미쌍관을 이룬다.

1) 구원이신 여호와에 대한 신뢰의 고백(1절)

1절에서 다윗은 대적들의 공격을 두려워하지 않음을 두 번의 수사 의문문

9. 김정우, 『시편주석 I』, 602.
10. Calvin, *Psalms*, 1:450.

(누구를 두려워하리요, 누구를 무서워하리요?)을 통해서 강조한다. 그리고 그 이유가 여호와가 자신의 '빛,' '구원,' '생명의 요새'이기 때문이라고 한다. 9절에서도 다윗은 여호와가 '나의 도움,' '나의 구원'이라고 고백한다. 이 고백들은 모두 다윗이 당면한 엄청난 공격과 위협으로부터 그를 구원할 수 있는 분이 여호와뿐이심을 확신하는 것이다. 특별히 '빛'이라는 고백은 평행을 이루는 '구원'과 근본적으로 같은 고백이다. 즉, 여호와가 '어둠'으로 비유될 수 있는 모든 고통과 위험과 압박으로부터 구원, 승리, 생명의 보호('생명의 요새' + 5절), '선하심(복)'(13절)을 이루시는 분이심에 대한 고백이다(18:28; 31:16; 36:9; 사 9:2; 60:1-2; 요 1:4; 8:12).[11] 세 번째 고백인 '생명의 능력(요새)'은 여호와가 생명을 안전하게 지켜주고 보호해 주는 '요새'와 피난처 같은 분이심을 비유한 것이다(18:2; 28:8; 31:2, 4; 43:2).

2) 대적들의 공격을 두려워하지 않는 확신의 고백(2-3절)

2절은 1절의 '누구'를 구체적으로 말한다. 그들은 다윗의 "살을 먹으려고" 다윗을 대항해서(*알라이* עָלַי, 세 번) 오는(공격하는) 악인들, 대적들, 원수들이다. 그들은 사자와 같은 사나운 짐승이 먹잇감을 물고 찢듯이(7:2; 10:9; 17:12; 22:12-13 등 참조) 다윗을 죽이려고 하는 자들이다. 만약 여기서 '먹다'는 단어가 '참소하다'(단 3:8; 6:24)를 의미한다면 이것은 12절이 말하는 거짓으로 다윗을 중상모략하는 것을 의미할 것이다.[12] 3-4행에서 다윗은 그들의 최종적인 멸망을 확신한다. '그들은(바로 그들)'이라는 강조적인 표현과 '나의 원수들,' '나의 대적들'을 반복적으로 써 가면서, 결국은 다윗이 아니라 그들이 '실족하여' '넘어질 것'이라고 한다. 4행의 두 동사 '실족하여 넘어지다'는 1-2행의 두 동사, 시인의 살을 '먹으려고 온' 것과 정확하게 대조되며 그들의

11. VanGemeren, *Psalms*, 281 참조.
12. VanGemeren, *Psalms*, 282.

철저한 실패를 강조한다.[13] 이것은 과거 경험에서 나온 확신이자, 1절에서 고백한 구원의 하나님 여호와에 대한 신뢰에서 비롯된 확신이다.

3절은 악인들의 공격을 '군대'의 공격과 '전쟁'으로 표현한다. 다윗은 대적들이 군대를 동원하여 전쟁을 일으킨다고 하더라도 그 전쟁 가운데서도 두려워하지 않고 '태연할' 것이라고 한다. 여기서 군대와 전쟁이 사실적 표현이라면 이방의 침략을 가리키겠지만, 비유적 표현이라면 다윗을 중상모략하는 자들의 공격이 군대가 전쟁을 일으키는 것만큼 강력하다는 것을 의미할 것이다. 혹은 사울이 다윗에 대한 거짓 소문을 퍼뜨리며 군대를 동원하여 잡으려고 하는 상황과 같은 실제 상황을 의미할 수도 있다(삼상 23:26 이하 참조).[14] '마음'은 2행의 '나'와 평행을 이루어 삶의 중심이 여호와로 인하여 견고함을 강조한다. '태연하다'는 단어는 '신뢰하다'(26:1) 동사의 수동 분사로 하나님을 믿기에 마음이 '견고함'을 의미한다.

2. 성소를 통한 보호와 성소에서 찬양할 것을 확신함(4-6절)

4-6절에서 다윗은 1-3절의 대적에 대한 승리 확신에서 성소에서 여호와를 가까이하는 삶에 대한 확신으로 한 걸음 더 나아가고 있다.[15] 이것을 강조하기 위해 성소를 가리키는 '여호와의 집,' '성전,' '피난처,' '초막,' '장막 은밀한 곳' 등의 표현들이 반복적으로 등장하고 있다. 이것은 26편 6-8절에서 노래했던 하나님의 집에 대한 사랑 고백과 매우 닮았다. 이 부분은 여호와의 집에 가서 여호와의 아름다움을 보고(4절), 그 집이 상징하는 여호와의 보호하심을 확신하며(5절), 그 집에서 승리의 노래를 부르며 찬양할 것을 맹세하는 데(6절)로 나아가고 있다.

---

13. Auffret, "Psaume 27," 99-100 참조.
14. D. Kidner, *Psalms 1-72* (TOTC; Downers Grove: IVP, 1981), 121. 다산글방 역간, 『시편 주석 상』.
15. Auffret, "Psaume 27," 105.

1) 여호와의 집에 거하며 여호와의 아름다움을 보기 원함(4절)

4절은 매우 강조된 문장이다. '한 가지'라는 목적어가 제일 앞에 나와 강조되는데, 이것은 다음 행에서 '그것'으로 반복되고, 3행에서 '사는 것'으로 구체화하고 있다. 또한 '바라다'와 '구하다'는 유사한 동사가 등장하면서 간절함을 더하고 있다. 즉, 4절은 다윗이 여호와께 간절하게 구하는 '유일한' 한 가지가 '여호와의 집에 사는 것'임을 강조한다(42-43, 84편). 사울에게 쫓겨 다니는 다윗의 상황을 가정한다면, 다윗은 지금 자신에게 가족들을 만나는 것보다 더 간절하게 하고 싶은 일이 하나님의 집에 가서 하나님을 예배하는 일이라고 말하는 셈이다.[16] 만약 전쟁에 나가기 전에 하는 말이라면 무기나 군대를 잘 준비하는 일보다 더 중요한 것은 하나님 앞으로 나아가는 것임을 고백하는 것이다. '여호와의 집에 평생 살다'는 표현은 23편 6절처럼 하나님의 초대받은 손님으로서 그분의 집에 나아가서 자유롭게 예배하며, 평생 하나님의 임재 앞에서 사는 것을 의미한다(15:1; 61:4; 84:10 참조).[17]

다윗은 이어서 여호와의 집에 살면서 하고 싶은 일, 즉 예배와 관련된 모습을 두 가지(부정사형)로 표현한다. 먼저 그것은 "여호와의 아름다움을 바라보는"(*라하조트 베노암 야훼* לַחֲזוֹת בְּנֹעַם־יְהוָה) 것이다. '아름다움'으로 번역된 히브리어는 외모의 아름다움을 묘사하기도 하고(아 1:16; 7:1), '즐거움'(잠 3:17 등)이나 '은총'(90:17), '우정' 등으로도 번역되기도 한다. 여기서는 우리에게 진정한 기쁨이 되시는 하나님의 성품과 그분이 베푸시는 모든 은혜와 선하심을 의미한다(135:3).[18] 이 시편의 문맥에서 보자면 하나님의 의로운 통치의 결과로 다윗을 대적들로부터 구원하시는 것을 가리킬 것이다.[19] '바라본

---

16. Calvin, *Psalms*, 1:453.
17. *NIV Study Bible*, 800.
18. VanGemeren, *Psalms*, 283. J. D. Levenson, "A Technical Meaning for N'M in the Hebrew Bible," *VT* 35/1 (1985): 61-7에서는 이것을 그 다음 행의 '묻다'와 연결해 시인의 물음에 대한 긍정적인 혹은 확신을 주는 '징조'를 가리키는 표현이라고 보지만 너무 지나친 구체화이다.
19. D. Erbele-Küster, "Poetics and Ethics: Psalm 27 as an Exemplary Reading," 『Canon &

다'는 단어는 여기서는 주목하고 응시하는 것으로 앞에서 말한 하나님의 아름다움을 깊이 경험하고 하나님과의 교제를 누리는 것을 의미한다.[20] 13절에서는 "여호와의 선하심을 보다"(*리르오트 베툽 야훼* לִרְאוֹת בְּטוּב־יְהוָה)는 비슷한 소망이 등장하여 4절에서 말하는 소원의 성취를 확신하고 있다. 여호와의 집에 살기 원하는 두 번째 목적은 "그의 성전에서 사모하는 것"이다. '사모하다'로 번역된 단어(*바카르* בַּקֵּר)는 '구하다'(NIV) '방문하다'(JPS), "묻다"(ESV) 등의 뜻으로 주로 사용된다. 크라우스는 다윗이 당한 위기 가운데서 하나님이 주실 구원의 신탁을 기다리는 행동이라고 하지만(왕하 16:15 참조),[21] 여기서는 성소에서 하나님의 뜻을 구하는 일반적인 행동으로 보인다(삼상 22:15 참조). 11절이 그것을 반영한다. 3행의 '여호와의 집'은 6행에서는 '성전'으로 불리는데 이것은 다윗시대의 '성막'을 가리키는 관습적인 표현이다. 5절에서는 '초막'(장막)으로 불린다.

2) 여호와께서 환난 날에 성막 속에 숨기실 것을 확신함(5절)

위기 가운데서 여호와의 집에 가기를 원하는 다윗의 열망은 5절에서 더 분명한 이유를 발견한다. 그것은 '여호와의 집'이 위기로부터의 피난처를 상징하기 때문이다. 그곳은 여호와께서 환난 날에 자신의 집으로 온 손님 혹은 자신을 의지하는 백성들을 안전하게 보호하시는 것('비밀히 지키다,' '숨기다')을 상징한다.[22] 5절에서 여호와의 집은 '초막,' '장막,' '은밀한 곳,' '바위'

Culture』, 10/1(2016년 봄): 47. 이 논문은 이 '아름다움'이 나머지 절들에서 의로운 시인을 괴롭히는 악인을 심판하시는 '정의'의 실현, 즉 윤리의 형태로 표현되고 있다는 점을 예리하게 관찰한다.

20. VanGemeren, *Psalms*, 283.

21. Kraus, *Psalms 1-59*, 334. J. W. McKay, "Psalms of Vigil," *ZAW* 91/2 (1979): 232에서는 이 단어가 '아침'과 같은 어근이라는 사실과 왕하 16:15의 칠십인역 번역을 기초로 '아침을 기다리다'로 번역하고, 27편이 원수들이 공격하는 고난의 밤에 성전에서 하나님께서 가져오실 구원과 하나님의 임재의 아침을 기다리는 시편으로 보려고 한다.

22. Kidner, *Psalms 1-72*, 121.

등으로 표현되어 성막에 계시는 하나님이 성도들의 참된 피난처이심을 강조한다(31:20; 32:7; 61:4; 91:1 참조). '초막'으로 번역된 표현(*쏘크* סֹךְ)은 수풀이나 나무로 지은 움막 같은 것을 가리키지만(10:9) 여기서는 피난처인 성막을 가리킨다(31:20). 이것은 초막절에 이스라엘 백성들이 머물던 '초막'(*쑤카* סֻכָּה)을 연상시키는데, 이 초막은 애굽에서 나온 이스라엘 백성들에게 광야에서 피난처가 되어 주신 하나님의 사역을 상징한다(레 23:42-43).[23] '장막 은밀한 곳'이란 표현도 하나님 안에 안전하게 피하는 곳으로서의 '성막'을 가리킨다(31:20; 32:7; 61:4; 91:1). '바위'는 아무도 공격할 수 없는 안전한 장소를 상징하면서 동시에 하나님에 대한 비유로 자주 사용된다(28:1; 31:2; 신 32:4). '바위 위에 두신다(올려 주신다, *룸* רוּם)'는 표현 또한 성막에 임재하신 하나님이 대적들의 공격으로부터 구원하셔서 안전하게 지키시는 것을 상징한다(61:2; 78:35; 89:26; 95:1). 이것은 6절에서 다윗의 머리가 원수들 위에 '들리는' 것(*룸* רוּם)으로 이어진다. 다윗은 침략군을 향해 나아가기 전에 하나님의 성소에서 하나님을 예배하기를 열망했는데, 그것은 그곳에 계시는 여호와께 숨는 행위, 즉 전쟁을 여호와께 맡기는 행위와 다름없다. 만약 도망 다니는 상황이라면 멀리서라도 그 성소를 열망하면서 그 성소로부터 임할 하나님의 안전한 보호를 확신하는 것이다.

3) 여호와의 구원을 확신하며 성막에서 예배할 것을 서원함(6절)

다윗이 여호와의 집에 거하기를 원하는 이유(4절)는 환난의 때를 피하기 위함만이 아니라(5절) 환난을 면하게 해 주실 여호와께 찬양과 감사의 제사를 드리기 위해서이다. 다윗은 자신이 지금 피난처로 삼고 있는 여호와가 계시기에 '자신의 머리가 자신을 둘러싼 원수들 위에 들릴 것,' 즉 자신이 대적들에게 승리할 것(3:3; 83:3; 110:1 참조)을 확신한다. 그러면서 그 승리의 날

---

23. Limburg, *Psalms*, 87.

에 자신이 피해서 숨었던(5절) 여호와의 '성막'에서 감사의 찬양과 제사를 드릴 것을 서원한다. "즐거운 제사를 드린다"는 문장은, 하나님이 허락하신 승리 혹은 구원에 대한 감격으로 즐겁게 환호하면서 드리는 감사의 제사를 의미한다(33:3; 47:5; 89:15). 연속되는 '노래하다', '찬송하다' 두 동사는 노래를 부르거나 악기를 연주하며 찬양하는 것으로 구분될 수도 있지만, 일종의 중언법으로 하나님께 찬양을 드리는 행동을 강조한다. 감사제에 동반된 구원에 대한 감사 찬양을 의미한다.

3. 환난 중에 여호와의 얼굴을 구하는 간구(7-10절)

앞에서의 확신과 서원을 근거로 다윗은 하나님께 본격적으로 기도한다. 7절은 기도에 응답해 달라는 서론적 간구이고, 8-10절은 고난 가운데 버리지 마실 것을 구하는 기도이다. 4-6절에서 노래한 피신과 예배 장소로서 성소의 의미가 '여호와의 얼굴을 찾는' 8-10절의 기도 부분과 밀접하게 연결되고 있다. 7-10절에는 '성소'에 대한 언급은 없어도 성소를 암시하는 여호와의 '얼굴'에 대한 언급이 세 번 나와 그의 얼굴을 '찾아' 도움을 구하는 기도의 집으로서 성소의 기능을 암시하고 있다(27:5; 31:20 비교, 24:6; 대하 7:14; 호 5:15 참조). 4절에서 시인은 여호와의 집에 사는 것을 '찾고'(바라고) 있고 8절에서는 여호와의 얼굴을 '찾고' 있다. 또 5절에서는 여호와가 시인을 '숨기시는' 것을 말하지만, 9절에서는 여호와의 얼굴을 '숨기지' 마실 것을 간구한다.[24]

1) 부르짖음에 응답하소서(7절)

다윗은 본격적으로 자신이 부르짖는 소리를 들어 주시길 간구한다(28:2에도 사용됨). 2행에서는 자신을 긍휼히 여기셔서(25:16; 26:11; 30:10; 31:9

---

24. Auffret, "Psume 27," 109-110.

참조) 응답하시길 간청한다. '부르짖을 때 들으소서'라는 형식의 기도는 많은 시편에서 사용된 전형적인 표현이다(3:4; 4:1; 17:6; 22:2; 86:7; 91:15; 120:1 참조).[25] 본격적인 기도를 도입하는 부분이지만 기도자의 절박함과 간절함이 느껴진다.

2) 여호와의 얼굴을 찾는 '주의 종'을 버리지 마소서(8-10절)

이 부분에서 시인은 주로 고난 중에 여호와의 얼굴을 구하는 자신을 버리지 말라고 기도한다. 여호와의 '얼굴'(세 번)이라는 표현과 '버리다'와 관련된 표현이 반복되고 있다. 8절의 히브리어 본문은 번역하기 어렵다. 그래서 몇몇 번역본들은 맛소라 본문 중에서 '내 얼굴'을 '주(당신)의 얼굴' 혹은 '그의 얼굴' 등으로 고쳐 읽어 "내 마음이 주(당신)께 말하기를, '내가 부지런히 주(당신)의 얼굴을 찾았습니다.'"(칠십인역) 혹은 "내 마음이 주에 대해 말하기를, '그의 얼굴을 구하라.'"(NIV)로 번역한다. 하지만 몇몇 번역들(JPS, ESV)은 개역개정처럼 맛소라 본문을 고치지 않고 '내 얼굴을 찾으라'를 하나님이 하신 말씀의 인용으로 보고 번역한다.[26] 여기서는 시인이 "내 얼굴을 찾으라"고 말씀하신 하나님의 명령을 떠올리며 하나님 앞에서 그렇게 결심하는 것으로 보는 것이 좋겠다. '여호와의 얼굴을 찾는다'는 것은 '여호와를 찾는다'(렘 50:4-5; 호 3:5; 슥 8:22)는 말처럼 하나님을 예배하고 하나님께만 헌신하는 것도 포함하겠지만,[27] 더 나아가 고난 가운데서 여호와의 '은총'과 '도우심'을 구하는 것을 의미한다고 볼 수 있다(24:6; 105:4; 삼하 12:16; 대하 7:14; 호 5:15 참조). '찾는다'는 동일한 동사가 4절에서는 여호와의 집에서 여호와의 임재를 '구하는' 것으로 표현되었다. 특별히 이 표현은 여호와의 집에 나아

---

25. *NIV Study Bible*, 922.

26. Kraus, *Psalms 1-59*, 331에서는 "내 마음이 주님을 향하여 (주의 명령을) 붙듭니다. '너희는 내 얼굴을 찾으라.'"로 번역한다.

27. VanGemeren, *Psalms*, 285.

와 기도하는 장면[28]을 떠올리게 하여 4, 5절의 주제를 반복하고 있다고 볼 수 있다. 그런 점에서 '여호와의 얼굴'은 4-6절의 성소와 연결된다.

9절은 8절과 '주의 얼굴'이라는 표현으로 연결되면서 네 번의 연속적인 기도로 절박함을 잘 표현한다.[29] 다윗은 하나님의 약속대로 그분의 얼굴을 찾고 있기에 "주의 얼굴을 내게서 숨기지 마소서"라고 기도한다. 얼굴빛을 비추는 것이 '은총'과 '구원'을 베푸시는 것을 의미한다면(31:16), 얼굴을 숨기는 것은 그것을 거두는 것을 의미한다(30:7; 44:24; 69:17; 88:14; 102:2; 143:7).[30] 뒤따르는 행들이 그것을 설명하고 있다. 마치 진노로 심판하시는 것처럼("노하여") 당신의 종을 버리지 마시길 기도한다. '주의 종'이란 표현은 오직 여호와께만 헌신한 사람을 의미하지만, 시편에서 자주 다윗과 연결된다(18, 36편 표제; 78:70; 89:3, 39, 50; 132:10; 144:10). 그렇게 보면 9절의 기도는 사무엘하 7장에 나오는 다윗 왕가에 주시는 여호와의 언약에 근거한 기도라고 할 수 있다(삼하 7:5, 8, 19, 20, 21, 25, 26, 27, 28, 29 등에 나오는 '종'이라는 표현들 참조). 이 시편의 배경이 전쟁과 관련된다면 이 표현은 여호와의 통치를 수행하는 왕으로서 다윗이 대적들의 침략을 받고 있음을 돌봐 주시라는 의미다. 다윗은 3행에서 여호와가 지금까지 자신의 '도움'이 되어 주셨다고 하며, 4행에서는 '도움'과 유사한 의미를 지닌 '구원'의 하나님으로 여호와를 부른다(1절 참조). 이런 고백은 여호와가 자신을 '떠나거나' '버리시는' 것에 반대되기에 5행의 기도에 매우 적합하다.

10절에서 다윗은 여호와가 결코 자신을 '버리고 떠나지' 않으실 것을 확신으로 고백한다. "내 부모는 나를 버렸으나"는 표현은 "혹시 내 부모는 나를 버릴지 몰라도"라는 양보절로 번역하는 것이 더 좋겠다(사 49:15 참조).[31]

---

28. Calvin, *Psalms*, 1:458.

29. Limburg, *Psalms*, 88.

30. *NIV Study Bible*, 799.

31. S. M. Paul, "Psalms 27:10 and the Babylonian Theodicy," *VT* 32, 4(1982): 489-90에서는 이

부모가 버렸다면 더는 의지할 사람이 없다. 하지만 여호와가 계시다. 그렇게 보면 10절 2행에서 말하는 '영접하다'는 표현은 부모가 자식으로 받아들이고 보살피는 것을 의미한다(*HALOT* 세 번째 용례, 삼하 11:27; 수 20:4; 신 22:2 참조). 이것은 앞 절의 '종'이라는 표현처럼 여호와가 다윗 왕가의 왕을 '아들'로 삼으시겠다고 한 약속을 떠올리게 한다(삼하 7:14; 시 2:7). 다윗은 여호와의 아들로서 아버지의 구원과 도움을 확신하는 것이다.

4. 대적들의 공격에서 건지시길 간구함(11-12절)

이 연은 앞에서 여호와께 자신을 버리지 마실 것을 기도한 내용이 원수들로부터의 구원임을 상기시키는 기도들로 이루어져 있다. 이 부분은 2-3절에 나오는 확신 부분처럼 '대적들'에 대한 잦은 언급을 통해 그들의 악행을 고발하고 있다. 3절과 12절에 공통으로 시인을 '대항해 일어나다'(일어나 치다)는 표현이 등장한다.

11절에서 다윗은 25편 4절에서처럼 여호와의 길을 가르쳐 주시길 기도한다. 이것은 여호와께서 원수들을 물리치시고 자신을 구원하심으로써 당신의 의로운 통치를 보여 달라는 기도이다. 단지 구원해 달라는 것만이 아니라 그 구원을 통해 여호와의 말씀이 옳다는 것을 가르쳐 달라는 간구이다(5:8). 2-3행에서는 1절의 기도를 구체화한다. 적들로부터 건져 달라는 기도이다. '내 원수를 생각하셔서'라는 표현은 '내 대적들로 말미암아'로 번역하는 것이 더 낫다. 개역개정 각주에서는 '원수들'(*쇼레르* שׁוֹרֵר)을 어근에 기초하여 '엎드려 기다리는 자들'로 번역하고 있는데(새번역: "내 원수들이 엿보고 있으니"), 반대하거나 거역하거나 비난하는 적대적인 사람들을 가리키는 것으로 보는 것이 좋을 것이다(5:8; 54:5; 56:3; 59:10). 다윗은 2-3절에서 묘사한 것처럼

표현과 메소포타미아 문서 『바벨론 신정론』에 나오는 구절이 매우 유사하다는 이유로 그곳처럼 이 시편에서도 부모가 어릴 때 죽었음을 의미한다고 해석하지만 본 시편의 문맥과 맞지 않는다.

원수들이 자신의 '살을 먹으려고' 대적하는 상황(12절)으로부터 '평탄한 길로' 인도해 주실 것을 간구하고 있다. 평탄한 길은 26편 12절처럼 하나님께서 보호하시는 안전한 장소, 즉 하나님의 구원을 의미한다(5절의 '반석'). 하지만 1행과 연관시켜 보면 이것은 '주의 도,' 즉 의롭고 바른길로 해석될 수도 있다. 다윗은 단순히 원수들로부터의 구원만이 아니라 그것을 통해 하나님의 의로운 말씀이 이루어지길 기도하는 것이다(25:4; 139:24; 143:8-10).

12절의 1행은 "나를 내 대적들의 뜻에 내어주지 마십시오"로 번역되는 것이 더 낫다(ESV, NIV, JPS). '생명'으로 번역된 단어는 여기서는 대부분의 영어 번역본처럼 대적들의 '욕망'이나 '뜻'을 가리킨다(41:2). 이렇게 되면 11절의 기도와 잘 조화를 이루게 된다. 다윗은 악인들이 자신을 공격하여 멸망시키려고 하는 '악한 길'이 아니라 여호와의 의로운 통치와 인도하심에 자신을 맡기는 것이다. 12절 2행은 대적들이 '위증자들'이고 '악(폭력)을 토하는 자' 혹은 둘을 합하여 '폭력적인 증인들'[32]로 고발하고 있기에 이러한 대조는 더 분명해진다.[33] '위증'은 십계명 중 제9계명을 위반하는 것이자 잠언에서 악하고 어리석은 행동으로 정죄하는 것이다(출 20:16; 신 19:18; 잠 6:19; 14:5 참조). 만약 악인들의 뜻이 이루어진다면 하나님의 길은 무너지기에 그렇게 하지 마시기를 간구하는 것이다. '일어나 치다'는 표현은 3절처럼 '대항해서 일어나다'로 직역될 수 있다. 한편 12절 2행은 다윗의 현재 상황에 대해서 암시하고 있다. 다윗을 공격하는 자들이 군대이건 개인이건 그들은 다윗을 근거 없이 모함하고 다윗 왕에 대해서 악담하고 있음이 분명하다.

5. 여호와의 구원에 대한 확신과 격려(13-14절)

13-14절은 1절과 함께 참 구원자이신 여호와에 대한 믿음과 구원의 확신

32. Craigie, *Psalms 1-50*, 229, 230.

33. VanGemeren, *Psalms*, 285.

을 고백하면서(1절 1, 3행, 13절) 누구도 '두려워하지 않는'(1절 2, 4행) 용기와 굳센 마음(14절)을 표현하고 있다. 이런 확신은 두 부분에 동시에 등장하는 '생명'(1, 13절- '산 자')이라는 표현으로 강조되고 있다.

1) 구원에 대한 확신(13절)

다윗은 다시 1-6절에서 고백했던 확신의 고백으로 시를 마무리한다. 유대인 번역(JPS)은 이 절을 시작하는 히브리어 접속사 "만약 ~하지 않았더라면"을 참작하여 "내가 만약 산 자들의 땅에서 여호와의 선하심을 보게 될 것을 믿지 않았다면…"이라는 미완성 문장으로 번역한다. 하지만 대개는 그냥 개역개정처럼 이 접속사를 '확실히'라는 강조어로 번역한다(*HALOT*).[34] 어떻게 번역하든 대적들의 무서운 모함과 공격에서 살아남아 여호와의 선하심을 보게 될 것을 확신하는 고백으로 볼 수 있다. '믿었다'는 표현(116:10)은 자신의 존재를 여호와 안에 견고하게 세웠음을 강조하는 것이다.[35] '산자들의 땅'은 '죽지 않고 살아서'라는 의미로(욥 28:13; 시 52:5; 116:9; 142:5 참조) 1절과 연결되어, 그런 확신이 '생명의 능력(요새)'이신 여호와로부터 비롯되었음을 알려준다. 또한 '선하심'은 4절에서 다윗이 성소에서 보기 원했던 여호와의 '아름다움'과 연결된다.[36] 여호와께서 다윗 왕가에 약속하신 '좋은 것들'이기도 하다(삼하 7:28).[37]

2) 스스로에 대한 격려(14절)

다윗은 마지막으로 여호와에 대한 믿음 가운데서 여호와를 바랄 것을 스

34. J. Niehaus는 12절 제2행과 13절을 연결하여 "12b 거짓 증인들과 폭력을 내뿜는 자들이 나를 이겼을 것입니다./ 13 만약 내가 산자의 땅에서 여호와의 선하심을 볼 것을 믿지 않았다면 말입니다."로 번역한다. "The Use of LÛLE in Psalm 27," *JBL* 98(1979): 88-9.

35. Kraus, *Psalms 1-59*, 336.

36. Kraus, *Psalms 1-59*, 336.

37. *NIV Study Bible*, 814.

스로 격려한다(42:5, 11; 43:5; 62:5 등 참조).[38] 이 격려는 자신에게 하는 것이지만 이 시를 읽는 독자나 회중들에게 적용되는 것이다.[39] 특별히 국가의 대표인 왕으로서 하는 것이라면 더 그렇다. 두 번이나 반복된 '기다리라'는 명령은 현실은 여전히 고통스럽다고 하더라도 여호와의 구원을 인내하며 소망하라는 것이다(130:5, 6). 8절에서 '내 얼굴을 찾으라'고 하셨던 여호와의 명령에 대한 또 다른 화답이다. 하지만 기다림에는 용기가 필요하다. 그래서 다윗은 대적들의 위협 앞에서도 여호와에 대한 믿음으로 마음을 강하고 굳세게 하라고 격려한다. 전쟁을 앞둔 여호수아에게 모세와 여호와가 같은 격려를 했듯이(신 31:7; 수 1:6-7, 9, 18) 악인들과의 전쟁을 앞둔 성도에게도 이런 격려가 필요하다.[40] 이러한 격려는 1-3절에서 고백했던, 여호와가 구원이시므로 아무도 무서워하지 않고 태연하다는 확신으로 돌아가는 것이다.

교훈과 적용

시편 27편의 교훈: 하나님의 종은 대적들의 비방과 공격 가운데서도, 하나님이 성소에서 당신을 찾는 자들에게 '구원'과 '빛'이 되시고 결국에는 찬양을 받으시는 분이심을 확실히 믿고, 간절하게 하나님을 찾으며 대적들로부터의 구원을 간구해야 한다.

1. "여호와는 나의 빛이시니 내가 누구를 두려워하리요!"(1절)

이 땅에는 '내 살을 먹으려고'(2절) 거짓말하고 악을 토하는 원수들(12절)이 많다. 그들의 공격은 전쟁처럼 강력하고 가혹하다(3절). 사탄은 이처럼 자신의 이익을 위해서 물불을 가리지 않고 모함과 악을 일삼는 자들을 통해서 성도들을 파멸시키려 한다. 요셉, 모세, 다윗, 예레미야, 느헤미야, 예수님, 초대교회, 바울 등 모두 이러한 공격 가

---

38. *NIV Study Bible*, 814.

39. Mays, *Psalms*, 132, Limburg, *Psalms*, 87 등에서는 이미 시인은 성소에서 주를 바라고 있으므로 자신에게 하는 격려가 아닌 자신과 같은 처지에 있는 개인과 회중들에게 하는 것으로 본다. 하지만, 아직 시인의 고난이 끝난 상황이 아니기에 앞에서 했던 확신과 기도 가운데서 마지막으로 다시 스스로 믿음을 격려하는 것으로 보는 것이 더 좋을 것이다. 물론 이것은 동시에 독자들을 격려하고 있다.

40. Wilson, *Psalms 1*, 491.

운데서 고통을 당했다.[41] 이런 고통의 '어두움'은 우리를 '두려움'에 빠지게 한다. 하지만 이 두려움은 믿음과 반대되는 것이다. 어떤 위협 속에서도 우리에게 구원과 생명의 빛(1절; 요 1:5; 8:12; 14:27)을 비추시는 삼위 하나님에 대한 믿음을 가져야 이런 두려움을 이길 수 있다(1, 3, 13절). 예수님을 통해서 우리에게 보여주신 하나님의 구원과 생명과 축복의 빛으로 두려움을 쫓아내야 한다.[42] 바울은 하나님이 우리를 의롭다고 하시고 자기 아들을 아끼지 않고 우리를 위해 내어 주셨기에(롬 8:32, 33), 아무도 우리를 정죄하고 대적할 수 없다고 확실하게 주장한다. "하나님이 우리를 위하시면 누가 우리를 대적하리요?"(롬 8:31) "누가 능히 하나님께서 택하신 자들을 고발하리요?"(롬 8:33) 어떤 상황에서도 두려워하지 말고 빛이고 구원이신 주님을 신뢰하자.

2. "평생 여호와의 집에 살면서 여호와의 아름다움을 보는" 소원(4절)

우리가 대적들의 위협 앞에서 하나님을 신뢰할 수 있는 길은 다윗처럼 하나님의 성소로 피하는 것이다(4, 5, 8절). 하나님을 예배하고, 하나님의 도우심을 간절히 기도하며(7, 9절), 하나님의 말씀대로 이루시길 기도하는 것(11절)이 확신과 용기와 소망을 준다. 하나님은 구약의 성소처럼 예수 그리스도와 성령님과 교회를 우리에게 주셨다. 그래서 우리가 언제든지 그리스도의 이름으로, 성령 안에서, 교회를 통해, 하나님을 예배하고 하나님께 기도할 때 우리를 도우시고 우리를 통해 찬양받으신다. 그러므로 어떤 두려운 순간에도 성도는 삼위 하나님께 피하고 기도함으로 하나님의 도움받을 수 있다. 하나님의 집에서 기도하는 우리를 구하셔서 평생 하나님의 집에서 하나님의 아름다움을 보게 하실 것이다.

물론 하나님을 빛으로 모시고, 하나님의 존전에 나가서 그분의 도우심을 구한다고 할지라도 우리의 구원이 당장 이루어지지 않을 수 있다. 우리가 '산 자들의 땅에서 여호와의 선하심을 보게 될 것'은 너무나 확실하지만(13절), 그 시간이 오래 걸릴 수 있다. 그럴 때 우리의 마음은 약해지기 쉽다. 우리는 약해도 성령께서 주시는 무기와 용기로 우리를 무장하여 하나님의 구원이 이루어질 날을 인내와 담대함으로 기다리자(14절; 엡 6:10-17).

41. Mays, *Psalms*, 132.

42. Wilson, *Psalms 1*, 489-90.

시편 28편

악인들의 행위대로 갚으소서

[다윗의 시]

1 여호와여 내가 주께 부르짖으오니
나의 반석이여 내게 귀를 막지 마소서
주께서 내게 잠잠하시면
내가 무덤에 내려가는 자와 같을까 하나이다
2 내가 주의 지성소를 향하여
나의 손을 들고
주께 부르짖을 때에
나의 간구하는 소리를 들으소서
3 악인과 악을 행하는 자들과 함께
나를 끌어내지 마옵소서
그들은 그 이웃에게 화평을 말하나
그들의 마음에는 악독이 있나이다
4 그들이 하는 일과
그들의 행위가 악한 대로 갚으시며
그들의 손이 지은 대로 그들에게 갚아
그 마땅히 받을 것으로 그들에게 갚으소서
5 그들은 여호와께서 행하신 일과
손으로 지으신 것을 생각하지 아니하므로
여호와께서 그들을 파괴하고
건설하지 아니하시리로다
6 여호와를 찬송함이여
내 간구하는 소리를 들으심이로다
7 여호와는 나의 힘과 나의 방패이시니

내 마음이 그를 의지하여 도움을 얻었도다[1]
그러므로 내 마음이 크게 기뻐하며
내 노래로 그를 찬송하리로다
8 여호와는 그들의 힘이시요
그의 기름 부음 받은 자의 구원의 요새이시로다
9 주의 백성을 구원하시며
주의 산업에 복을 주시고
또 그들의 목자가 되시어 영원토록 그들을 인도하소서

본문 개요

28편은 앞의 시편들에 이어지는 다윗의 기도시편이다. 여호와의 구원에 대한 확신에서 출발하여 기도로 마무리되는 27편과 반대로 28편은 구원을 구하는 기도(1-5절)로 시작하여 여호와의 구원에 대한 확신(6-9절)으로 마무리되고 있다.[2] 1절의 '무덤으로 내려가는 자와 같다'는 표현 때문에 다윗이 심각한 질병 가운데서 이 시편을 부르고 있다고 생각하는 학자들도 있으나 반드시 그렇게 보기는 어렵다. 오히려 3-5절에서 묘사된 것처럼, 악한 거짓말로 다윗을 모함하는 자들[3]의 치명적인 공격 가운데서 성소로 피하여 기도하고 있다고 볼 수 있을 것이다(2절). 8절에 나오는 '기름 부음 받은 자'는 다윗 자신을 가리킬 수도 있고 다윗 왕가의 왕들에 대한 일반적인 언급일 수도 있다. 단순히 이 단어 때문에 이 시편을 제왕시편으로 볼 수는 없다고 하

1. JPS는 *BHS*의 구분을 따라 "내 마음이 그를 의지했네. 나는 도움을 얻었고 내 마음은 크게 기뻐하며…"로 번역하고 있다.
2. VanGemeren, *Psalms*, 287
3. Kraus, *Psalms 1-59*, 340.

는 학자들이 있지만, 우리는 이 시편을 하나님 나라의 대리통치자인 다윗의 기도와 확신이라는 관점으로 읽을 수 있을 것이다. 그런 관점에서 보면 9절은 25편 22절처럼 왕으로서 하나님의 백성들을 위해서 드리는 기도가 된다.[4]

27편이 26편과 많은 요소를 공유했던 것처럼 28편도 27편에 나오는 주제와 어휘들을 공유하고 있다. 하나님을 의지함(27:3; 28:7 '의지하다'는 동사 사용), 하나님께 부르짖되(27:7; 28:1) 소리 내어 부르짖음(27:7; 28:2, 6), 마음으로 하나님을 의지함(27:3,8; 28:7), '무덤'에 내려가지 않고(28:1) '산 자의 땅'(27:13)에서 하나님을 찬양할 것을 맹세함(27:6; 28:7), 시인의 기도를 들으시길 요청함(27:7; 28:1, 2, 6), '요새'이신 여호와(27:1; 28:8), 반석이신 여호와(27:5; 28:1), 성소로 피함(27:4-6; 28:2),[5] '구원'이신 여호와(27:1,9; 28:8),[6] '도움'이 되신 여호와(27:9; 28:7) 등이다. 또 28편은 뒤따르는 29편과도 주제와 어휘 면에서 잘 연결되는데 이에 대해서는 29편 해설을 참고하라.

한편 28편은 25-33편 그룹에서 고난 가운데서 구원받은 이후에 부른 감사시편인 30편과 짝을 이루며 긴밀히 연결된다(25편 개요 참조). 무엇보다 두드러진 것은, 28편 1절에서 '무덤에 내려가지 않도록' 기도한 것에 마치 응답이라도 하듯이 30편 3절은 '무덤으로 내려가지 않도록' 하신 것을 감사하고 있다. 아래에서 보듯이 두 절은 히브리어 표현이 매우 유사하다.

28:1 내가 무덤에 내려가는 자처럼(*임 요르데 보르* עִם־יוֹרְדֵי בוֹר) 되지 않도록

30:3 내가 무덤으로 내려가는 데서(*미요르데 보르* מִיּוֹרְדֵי־בוֹר) 나를 살리셨습니다

---

4. Craigie, *Psalms 1-50*, 237; VanGemeren, *Psalms*, 287.

5. Hossfeld & Zenger, *Die Psalmen 1*, 172.

6. VanGemeren, *Psalms*, 287.

또 28편에서 부르짖으며 간구를 했다면(2, 6절) 30편에서는 간구를 회상하면서(8, 10절) 감사하고 있다. 또 두 시편은 "여호와여, 내가 주께 부르짖으오니"(*엘레이카 야훼 에크라* / אֵלֶיךָ יְהוָה ׀ אֶקְרָא, 28:1; 30:2)와 "내가 주께 울부짖다"(*쉽바티 엘레이카* / שִׁוַּעְתִּי אֵלֶיךָ, 28:2; 30:2)라는 유사한 표현들을 사용하고 있으며, 여호와의 '들으심'에 대해서도 간구하고 확신하는 내용(28:2; 30:10)이 공통되게 나온다. 여호와의 '도움'(28:7; 30:10)과, 여호와의 '힘' 되심(28:7, 8; 30:7 '굳게')도 함께 나와서 여호와에 대한 시인의 신뢰를 강조한다. 이 외에도 두 시편은 개인적인 기도와 확신을 공동체로 확대하고 있다(28:8, 9; 30:4). 이런 공통점들은 대적들이나 개인적인 죄로 말미암아 초래된 위기 가운데서 '성소'로 피해서 부르짖으며 긍휼을 간구하는 성도의 기도를 여호와가 들으시고 구원하신다는 공통 주제를 끌어낸다. 한편 '힘'이라는 주제는 29편을 감싸는 핵심적인 주제다(29:1, 11절).[7]

문학적 특징과 구조

이 시편은 앞에서 말했던 대로 전반부는 기도(1-5절), 후반부는 그 기도에 대한 확신(6-9절)으로 구성되어 있다. 5절은 4절에 이어지는 악인에 대한 고발이지만 그들의 멸망을 확신하고 있기에 6절과도 이어지는 일종의 연결부라고 할 수 있을 것이다.

1-5절 기도
  A 1-2절 도입 기도: "내 간구 소리를 들으소서"('나')
    B 3-5절 악인들에 대한 정의로운 심판 간구('그들')

7. 이 부분의 설명은 김성수, "시편 25-33편," 78-9의 내용을 요약한 것이다.

6-9절 확신

A′ 6-7절 기도 응답에 대한 확신과 찬양의 맹세('나')

"내 간구하는 소리를 그가 들으시네"

B′ 8-9절 여호와의 백성에 대한 복을 간구함('그들')

전반부는 1절과 3절에 반복적으로 등장하는 ('무덤에 내려가는 자들,' '악인들'과) '함께'라는 전치사구로 연결되어 있다. 후반부는 6절에서 '송축하다'(*바라크*, בָּרַךְ)로 시작해서 9절에서는 같은 어근인 '복을 주시다'(*바라크*, בָּרַךְ)로 마치면서 수미쌍관을 이룬다. 기도 부분은 서론적인 기도(1-2절)와 구체적인 간구(3-5절)로 구분되고, 확신 부분은 기도 응답의 확신과 찬양의 맹세(6-7절)와 공동체를 위한 확신과 기도(8-9절)로 나눌 수 있다.

이런 구조 속에서 1-2절 부분은 '나'와 관련된 기도 부분이기에 '나'와 관련된 접미사(7회)와 동사들(2회)이 많이 나오는데, 6-7절 부분에도 이와 비슷하게 1인칭 접미어(6회)와 동사(2회)가 많이 등장한다. 이 두 부분의 가장 밀접한 관련성은 2절에서 "내 간구 소리를 들으소서"(2절)라고 기도했는데 6절에서는 "내 간구하는 소리를 그가 들으시네"라고 확신하는 것이다. 이뿐만 아니라 1절의 여호와에 대한 '내 반석'이라는 고백은 7절의 '내 힘,' '내 방패'로 이어지고 있다. 한편 1-2절의 '간구 소리'는 7절의 '찬양 소리'와 대조를 이룬다.

기도 부분의 두 번째 연인 3-5절에는 악인들에 대한 고발과 그들을 멸해 달라는 간구가 많이 등장한다. 이것을 위해서 '악인들'을 지칭하는 표현들('악인들,' '악을 행하는 자들')과, 이들을 '그들'로 표현하는 3인칭 복수 접미어(11회)와 동사들(2회)이 반복적으로 등장한다. 이와 유사하게 확신 부분의 두 번째 연인 8-9절에는 여호와의 '백성'에 대한 언급과 이들을 지칭하는 '그들'(2회)이라는 표현이 자주 등장한다. 이런 유사함 가운데서 내용 면에서는 악인들의 멸망과 의로운 백성에 대한 복이 대조되고 있다. 3절의 악인들과 함께 '나를 끌어내지 말라'는 기도는 9절의 백성들을 영원히 '이끌어 달라'는 간구와 극명한 대조를 이룬다.

이런 특징들을 종합하면 위처럼 aba′b′ 구조로 28편을 나누게 한다.

본문 주해

표제: "다윗의 (시)"

'다윗에게 속한' 혹은 '다윗을 위하여' 등으로 번역될 수 있지만, 이 시편을 다윗이 저작했음을 말하는 것으로 보인다.

1. 도입 기도: "내 간구 소리를 들으소서"(1-2절)

1-2절은 본격적인 기도(3-4절)에 앞서 기도 응답을 요청하는 도입 기도 혹은 서론적 간구다(4:1; 5:1; 17:1; 22:1-2 등 참조). 도입 기도에서는 주로 '부르짖다,' '응답하소서' 등의 표현들이 많이 나오는데 여기서도 그런 표현들이 반복되며 기도의 절박성을 강조하고 있다. 1절 1-2행과 2절 1-4행이 기도 응답을 요청하는 부분이라면, 가운데 부분인 1절 3-4행은 '~하지 않도록'의 절을 이끄는 접속사 *펜*(פֶּן)을 통해서 간구의 이유를 설명하고 있다.

다윗은 극심한 고통과 위기 가운데서 여호와를 향하여 부르짖으면서 기도를 들어 주시길 간청한다. 이런 간절한 도입 기도에서 우리는 네 가지 특징을 살펴볼 수 있다. 먼저, 1-2절에서 느낄 수 있는 것은 기도하는 태도의 간절함이다. 1절 1행과 2절 2행에서 반복되는 '부르짖다'와 '울부짖다,' '간구하는 소리,' '두 손을 들고' 등의 표현은 간구의 절박함을 강조한다. 2절의 '부르(울부)짖다'(*샤바* שָׁוַע)는 표현은 도움을 구하기 위해 간절하게 외치는 것(*HALOT*, 18:6; 22:24; 88:13; 욥 19:7; 24:12; 욘 2:3; 합 1:2)을 의미하는데, 이웃하는 30편 2절과 31편 3절에도 등장한다. 마치 하나님이 듣지 못하셔서 고통 가운데 내버려 두시기라도 하는 것처럼 소리를 지르는 모습(72:12; 88:13; 욥 29:12 등 참조)을 연상시킨다. '간구'로 번역된 단어는 자비와 긍휼을 구하는 기도, 즉 '은혜 베푸소서'라고 기도하는 것을 의미한다(2, 6절; 26:11; 27:7; 30:8, 9; 31:9 참조). '손을 드는' 자세는 하나님의 보호를 요청하는 보편적인 기도 혹은 예배의 자세로서, 대개 하나님의 임재를 상징하는 장소인 성소나 하늘을 향한다(63:4; 134:2; 141:2; 왕상 8:35, 38, 42; 애 2:19; 3:41; 느 8:6; 딤전 2:8). 시인은 소리로만이 아니라 몸으로도 기도하는 것이다.

두 번째로, 다윗은 자신이 강렬하게 부르짖고 소리치는 이유를 1절 2, 3행에서 하나님이 자신으로부터 '귀를 막으시고' '잠잠하시지' 않도록 하기 위해서라고 한다. '귀를 막으심'과 '잠잠하심'은 2절 1행의 '들으심'과 반대로 시인의 기도를 들으시지 않거나 현재의 고통스러운 상황에 대해서 아무런 말씀도 하시지 않는 침묵을 의미한다. 이것은 27편 9절의 '얼굴을 숨기심'과 같이 은혜를 베풀지 않고 고통당하는 시인을 외면하심을 의미한다. 더 나아가 버리심과 심판을 의미할 수도 있다.[8] 이와 반대로 기도를 들으시는 것은 고통당하는 시인을 돌아보시고 은혜를 베푸시고 구원하는 것을 의미한다.

세 번째로, 다윗은 1절 4행에서 '무덤에 내려가는 자들과 같이 되지 않도록' 해 달라고 기도한다. 이것은 다윗이 처한 현재의 절박한 상황에 대한 묘사로 기도에 응답해 주시지 않으면 곧 죽을 수밖에 없음을 탄식하는 것이다. 이 탄식이 다윗이 질병에 걸렸다는 것을 암시할 수도 있으나 그보다는 3-5절에 묘사된 악인들의 공격 때문에 당하는 위기를 가리킬 것이다. '무덤에 내려가는 자들처럼'(*임 요르데 보르* עִם־יֽוֹרְדֵי בֽוֹר)이란 표현은 3절에 반복해 나오는 '악인들처럼'(*임 레샤임* עִם־רְשָׁעִים)과 같은 구조를 보여준다. 이것은 무덤에 내려가는 자들과 같이 되지 않게 해 달라는 기도가 악인들의 운명에 자

8. VanGemeren, *Psalms*, 288.

신이 처하지 않게 해 달라는 것임을 나타낸다. '무덤'으로 번역된 단어는 원래 깊은 '웅덩이' 혹은 '물이나 곡식의 저장소'를 가리킨다(7:16; 창 37:20; 출 21:33; 렘 38:6, *HALOT*). 여기서처럼 비유적으로는 매우 고통스러운 상태나 '무덤' 혹은 '스올'과 같은 장소, 즉 '죽음의 세계'나 '죽음의 깊이'를 의미하기도 한다(30:3; 40:2; 88:4, 6; 잠 1:12; 사 14:15, 19, *HALOT*).[9]

네 번째로, 다윗은 '여호와여, 주께(당신)'(1절을 시작하는 어구), 그리고 "주의 지성소를 향하여"(2절을 마무리하는 어구)[10] 기도한다. 그리고 1절 2행에서 여호와를 "나의 반석"이라고 부른다. 이런 표현들은 이처럼 절박한 상황에서 다윗을 구하실 수 있는 분은 여호와밖에 없다는 것을 고백하는 것이다. '반석'은 여호와가 가장 안전한 보호자와 피난처이시며(18:2, 31, 46; 31:2-3; 42:9; 62:7; 사 17:10), 구원자(19:14; 62:2; 78:35; 95:1; 신 32:15)이심을 상징한다.[11] 반면 '지성소'는 반석이신 여호와의 보좌를 상징하는 언약궤가 놓여 있는 성막의 지성소(왕상 6:5; 8:6-8)를 가리키면서도, 궁극적으로는 하늘 보좌를 가리킨다. 다윗은 가장 깊은 '구덩이'로 내려가면서 가장 높은 곳에 계신 하늘 왕에게 부르짖고 있는 셈이다.[12]

2. 악인들에 대한 정의로운 심판 간구: "악인들의 행위대로 갚으소서"(3-5절)

2연은 본격적인 기도로 다윗은 여호와께 자신은 구원하시고 악을 행하는 자들은 심판하시길 요청한다. 제2연에는 '행하다'(*파알*, פָּעַל) 혹은 '만들다'(*아사*, עָשָׂה) 등의 히브리어 어근들에서 파생된 단어들이 여러 번 반복되면서 전체를 하나의 연으로 묶는다. 3절의 악을 '행하는' 자들, 4절의 그들의 '한 일,' 그들의 '행실,' '손이 행한 대로'는 5절의 여호와가 '하신 일'과 '손이

---

9. Kraus, *Psalms 1-59*, 340 참조.

10. VanGemeren, *Psalms*, 288.

11. *NIV Study Bible*, 803.

12. 김정우, 『시편주석 I』, 616, 619 참조.

행한 것'과 대조를 이룬다.[13] 다윗은 이스라엘과 다윗 왕가에 행하신 하나님의 '행위'를 인정하지 않고 하나님과 자신에게 악을 '행하는 자들'을 그들의 행위대로 심판해 주시기를 기도하고 있다.

3절에서 다윗은 악인들을 고발하면서 자신을 그들과 함께 '끌어내지' 마시라고 요청한다. 여기서 '끌어내다'는 말은 심판을 위한 것이다(욥 24:22). 26편 9-11절에서 했던 기도처럼 다윗은 여기서 자신이 악인들과 같은 심판을 받지 않게 해 달라고 간구하고 있다. 다시 말하면 자신을 현재의 고통으로부터 구해 주셔서 자신이 악인들처럼 혹은 악인들과 함께 심판을 받는 것처럼 보이지 않게 해 달라는 것이다(1절의 '무덤에 내려가는 자들과 함께' 여기지 말라와 유사한 표현).[14] 의인과 악인을 함께 멸망에 버려두시는 것이 하나님의 의가 아니므로, 3절 1-2행의 기도는 하나님의 정의를 호소하는 것이자 자신의 의로운 삶을 아시는 하나님에 대한 신뢰를 간접적으로 표현하는 것이기도 하다.[15] 만약 3절 3-4행에서 말하는 악인들의 위선이 다윗을 거짓말로 공격하는 행동을 말하는 것이라면, 1-2행은 그들이 말하는 거짓과 자신은 전혀 관련이 없음을 하나님께 항변하는 것이기도 하다.[16] 다윗은 자신의 대적들을 '악인들,' '악을 행하는 자들,' "이웃에게 화평을 말하나 마음에는 악독이 있는 자들"이라고 고발한다. 마지막 표현은 겉으로는 좋게 말해도 속으로는 이웃을 해칠 악독한 음모를 가진 위선자들을 의미한다(27:12의 '거짓 증인들,' '악을 토하는 자' 참조, 렘 23:17; 38:4). 다윗에게 고통을 가하는 자들은 다윗과 가장 가까운 자들이었지만 다윗을 배반하고 거짓되고 악한 소문을 퍼뜨리는 위선자들임을 암시한다(예. 압살롬과 그의 세력들).

4절은 3절의 고발에 이은 악인들에 대한 정의로운 심판을 간구하는 기도

13. Craigie, *Psalms 1-50*, 237.

14. VanGemeren, *Psalms*, 289.

15. Calvin, *Psalms*, 1:468.

16. Kraus, *Psalms 1-59*, 341.

다. 다윗은 "그들이 한 일대로," "그들의 행위가 악한 대로(악한 행실대로)," "그들의 손이 지은 대로," "그들이 마땅히 받을 것으로" 그들에게 갚아 주시길 간구한다. 이처럼 네 번씩이나 악인들의 행위를 언급하는 것은 다윗이 경험한 그들의 악행이 얼마나 심각했는지를 반영하는 것 같다.[17] 하지만 4절의 저주처럼 보이는 기도(대표적으로 109:6-15 참조)는 개인적인 보복에 대한 간구는 아니다. 온 세상의 왕이시자 하늘의 재판관이신 여호와께 개인이나 공동체에 행해진 악인들의 악행을 고발하고, 그들의 악행에 응당한 벌을 내리심으로써 불의한 상황을 교정해 주시도록 요청하는 것이라고 보는 것이 좋을 것이다.[18] 이 세상의 어떤 재판관이 아닌 하늘 재판관이신 여호와 하나님만 해결하실 수 있는 상황에 대해 정의로운 판결을 의뢰하는 것이다.

5절은 악인들의 악행이 근본적으로 하나님의 행하신 일에 대한 무시 때문임을 밝히고 그들에 대한 하나님의 심판을 선언한다. 그들은 자신들이 '하는 일'과 "손이 지은 일"(4절)을 통하여 "여호와께서 행하신 일과 손으로 지으신 것"(5절 1, 2행)에 대해 주의를 기울이지 않고 오히려 대적하고 있음을 드러내었다. 여호와가 행하신 일은 주로 세상을 창조하신 일, 이스라엘을 이집트에서 구속하셔서 하나님 나라로 세우신 일(언약을 통해, 출 19-24장), 당신의 백성을 다스리는 지상의 대리통치자로 다윗과 그의 후손들을 지명하신 일(역시 언약을 통해, 삼하 7장)을 가리킨다.[19] 이들이 다윗과 그의 왕가를 무너뜨리려 하는 것은 바로 하나님이 세우신 하나님 나라와 그의 왕을 대적하는 것이다.[20] 이렇게 보면 8-9절의 확신과 기도가 자연스럽게 보인다. 혹은 여기서 말하는 '여호와의 하신 일들'은 악인들이 생각지 못하고 있는 하나님의 감찰과 심판을 가리킬 수도 있다(10:4이하; 54:3; 73:17이하; 사 5:12;

17. Calvin, *Psalms*, 1:468.
18. *NIV Study Bible*, 792.
19. *NIV Study Bible*, 815.
20. Calvin, *Psalms*, 1:470; *NIV Study Bible*, 815.

28:21; 합 1:5 참조).[21] 그래서 다윗은 5절 3-4행에서 여호와께서 반드시 악인들을 파괴하고 건설하지 않을 것을 확신하며 선언한다. 이 부분은 일부의 번역(쉬운성경, 공동번역, JPS, 칼뱅)처럼 "여호와께서 그들을 파괴하셔서 다시 건설치 아니시기를!"이라는 기원문으로 볼 수도 있다. 하나님의 심판과 구원을 '헐고 건설하는' 건축 이미지로 표현하고 있다(렘 1:10; 24:6; 42:10 등 참조). 이것이 끝까지 하나님을 거역하고 하나님이 손으로 행하신 것을 파괴하려는 자들에 대한 정당한 하나님의 심판이다.

3. 기도 응답에 대한 확신과 찬양의 맹세(6-7절)

이 부분은 1-2절의 기도에 대한 응답을 확신하며 하나님의 구원에 대한 감사 찬양을 부를 것을 맹세하는 부분이다. 1절의 기도에서 여호와를 '내 반석'으로 불렀는데 7절의 찬양에서는 유사하게 '나의 힘'과 '나의 방패'로 고백한다. 1-2절에서처럼 6-7절에도 1인칭 접미어 '나'와 1인칭이 주어인 동사들이 반복적으로 등장하고 있다. 1-2절에서는 기도 '소리'가 들린다면, 6-7절에서는 그 소리에 응답한 하나님을 찬양하는 '소리'가 들린다.

6절 1행에 여호와에 대한 찬양이 나온다면 2행은 그 이유를 말한다. "여호와께서 송축 받으시길(여호와를 찬송함이여)!"(*바룩 야웨*, בָּרוּךְ יְהוָה)이라며 수동태 표현으로 찬양한다(31:22; 68:19, 35; 124:6; 144:1 참조). 이 찬양은 기도에 응답하셔서 다윗을 구원하실 여호와의 높으심과 위대하심을 그대로 인정하는 고백이다(26:12 참조).[22] 2행에서 다윗은 2절의 기도를 평서문으로 바꿔 그대로 인용하면서 하나님이 자신의 간구를 들으신다고 확신한다. 이러한 반복은 여호와께서 다윗의 간구를 정확하게 응답하신다는 것을 보여주기에 효과적이다. 31편 22절에서도 유사한 표현이 반복된다.

---

21. Kraus, *Psalms 1-59*, 341.
22. Kraus, *Psalms 1-59*, 341.

2절 나의 간구하는 소리를 들으소서 שְׁמַע קוֹל תַּחֲנוּנַי

6절 내 간구하는 소리를 그가 들으시네 שָׁמַע קוֹל תַּחֲנוּנָי

31:22 주는 내 간구하는 소리를 들으셨습니다 שָׁמַעְתָּ קוֹל תַּחֲנוּנַי

'듣다'는 히브리어 동사는 완료형으로 되어 있는데, 어떤 번역본들(새번역, ESV, NIV)은 현재 완료형으로 '들으셨다(has heard)'로 번역하고, 어떤 번역본들(JPS, 개역개정)은 현재형으로 번역한다. 완료형으로 번역했다고 하더라도 이것은 과거에 일어난 사건으로 이해하기보다는 미래의 구원에 대한 확실성을 강조하는 것으로 보는 것이 좋을 것이다. 다윗은 여전히 고난 가운데 있지만, 자신이 드린 간구를 하나님이 들으시고 구원해 주실 것을 확신하는 것이라고 볼 수 있다(27:13 및 3:8; 6:8-10; 7:10-17 등 참조).

7절은 찬양의 이유를 밝히며 지속적인 찬양을 맹세하는 부분이다. 시인은 "나의 힘과 나의 방패"이신 여호와를 의지하여 도움을 얻는다고 한다. 이 표현 역시 미래의 구원에 대한 확신의 표현이라고 보는 것이 좋겠다. 1절에서 여호와를 비유한 '반석'이란 표현과 더불어 '힘'과 '방패'라는 비유도, 전쟁이나 고통 가운데서 당신의 종을 능히 구원하시고 도우시는 보호자와 구원자를 의미한다(27:9 참조). '힘'이라는 표현은 대표적으로 출애굽기 15장에서 이집트 군대를 물리치신 용사이신 하나님에게 적용되고 있다(2, 3절). '방패' 또한 전쟁에서 방어하고 보호하는 무기로 사용되지만 자주 백성의 보호자인 왕(7:10; 47:9; 59:11; 84:9; 89:18등)과 여호와(18:2, 30; 33:20; 84:11; 115:9-11; 144:2; 창 15:1; 신 33:29; 잠 30:5)에 대한 비유로 사용된다.[23] "마음이 그를 의지하여"라는 표현은 다윗이 자신의 구원을 위해서 전 존재로 그를 믿는다는 것이며(26:1; 27:13과 비교), '도움을 얻다'는 표현은 앞에서 말했던 죽음의 고통에서 구원을 얻는다는 말이다(30:10, 33:20에 '방패'와 '도움'이

---

23. *NIV Study Bible*, 790.

같이 나온다). 구원을 확실히 믿기에 '마음'(전 존재의 중심)으로 크게 기뻐하며(*알라즈* עָלַז) 노래로 여호와께 감사의 찬양을 드릴 것이라고 맹세한다. 이것은 기도를 드린 바로 그 성소(2절)에 모인 회중 앞에서 감사의 찬양(26:7의 '감사'와 같은 어근)을 올려드리는 것을 의미한다.

4. 여호와의 백성들을 위한 복을 간구함(8-9절)

6-7절의 개인적인 구원에 대한 확신은 공동체를 위한 구원의 확신과 축복 기도로 확대된다. 다윗은 여기서 3-4절에서 고발한 악인들('그들')은 하나님께 멸망할 것이지만, 다윗처럼 하나님을 믿고 기도하는 의로운 하나님 나라 백성들('그들)은 하나님의 구원과 복을 누리게 될 것을 확신하며 간구하고 있다.

8절에서 다윗은 여호와는 단지 자신의 '힘'이실 뿐만 아니라 하나님의 '백성'에게도 힘이시라고 고백한다. 또 그의 '기름 부음 받은 자,' 즉 하나님께서 기름을 부어 성령의 은사로 당신의 나라를 통치하게 하신 다윗 왕(혹은 다윗 왕가의 왕, 2:2; 18:50; 20:6; 84:9; 89:38, 51 등)의 '구원의 요새,' 즉 구원을 위한 피난처(27:1 '생명의 요새')라고 찬양한다. 이것은 1절 '내 반석'이라는 표현과 수미쌍관을 이루는 고백이다. 다윗의 구원은 단지 개인 생명의 보존이라는 차원을 넘어 하나님 나라와 백성을 위한 '왕'의 생명 보존을 의미한다. 그런 의미에서 5절은 하나님이 세우신 왕으로서의 다윗을 인정하지 않는 악인들에 대한 고발이었다. 다윗은 사울에게 쫓겨 다닐 때부터 그의 통치의 말년까지 자기 왕을 보호하시는 '구원의 요새'로서의 하나님을 수없이 경험했다(18:50; 20:6). 그래서 이 고백은 왕도 스스로 자신을 지키는 자가 아니라 참된 왕이신 여호와를 늘 구원의 피난처로 모시는 존재임을 고백하는 것이다. 다윗이 자신과 후대의 다윗 왕가의 왕들을 '그의 기름 부음 받은 자'라는 객관적 이름으로 부르는 것은 28편 전체를 '왕'의 기도와 구원의 확신이라는 관점에서 읽도록 한다.

9절에서는 8절의 고백이 백성들을 위한 기도로 나아가고 있다. 다윗은 하나님의 기름 부음 받은 왕으로서 자신을 구원하시는 것처럼(혹은 자신을 구원하심으로써) 하나님의 백성을 구원하시고 그들에게 복 주시길 간구한다. 이스라엘은 하나님이 “큰 능력과 펴신 팔로 인도하여 내신 산업(기업)”(신 9:29), 즉 여호와의 뜻을 이 땅에 펼쳐 열국에 그의 복을 나눠 주는 지상의 ‘하나님 나라’이기 때문이다(33:12; 74:2; 78:62; 94:5; 신 4:20 등 참조). 여기서 ‘기업’은 백성 자체를 가리키기도 하지만 그들의 땅을 의미하기도 한다. ‘구원하심’과 ‘복 주심’은 이스라엘의 왕이신 하나님이 자기 백성들의 복된 삶을 이루어 가시는 두 가지 통치 행위로서, 하나님은 고통 중에 있는 그들을 건지실 뿐만 아니라 매일 그들의 일과 삶이 열매를 맺도록 복을 주신다.[24] 이러한 하나님의 통치가 9절 3행에서는 ‘목자로서의 인도하심’으로 표현되고 있다. ‘목자가 되다’는 동사는 여호와가 백성의 참된 왕으로서 앞에서 언급한 구원과 복의 길로 인도하시는 것을 말한다(23:1; 79:13; 80:1; 95:7; 사 40:11; 겔 34:11-15). ‘인도하다’로 번역된 동사는 목자로서 인도하거나 필요한 것을 공급하는(보살피는) 것을 의미한다(사 63:9; 왕상 9:11; 에 9:3; 스 1:4; 8:26). 자주 ‘목자’로 불렸던 왕조차도 참된 왕이신 하나님의 인도하심을 대리하는 사역자로서 존재할 뿐이다(8:70-72; 삼하 5:2; 사 44:28; 렘 3:15; 23:1-4).[25]

교훈과 적용

시편 28편의 교훈: 여호와는 악인들의 악을 공의롭게 갚으시고 그들에게 고통당하는 의인들을 구원하시는 온 세상의 왕이기에, 성도는 악인들로 말미암는 고통이 길어지는 상황에서도, 악인들에 대한 하나님의 의로운 심판과 성도와 교회에 내려 주실 구원과 복을 확신하며 그것을 위해 날마다 하나님 보좌 앞에서 부르짖어야 한다.

---

24. *NIV Study Bible*, 815.
25. Calvin, *Psalms*, 1:474.

1. 악인이 행한 대로 갚으시길 기도하라(3-5절)

이 땅을 살아가는 그리스도의 제자들, 하나님 나라 백성들의 고통은 주로 이 세상에서 악을 행하는 자들에게서 온다. 그들은, 교회 안에 있든 밖에 있든, 마치 우리들을 위하는 것처럼 말하지만, 혹은 하나님을 매우 경외하는 것처럼 말하지만, 오직 자신들의 이익만을 위해서 온갖 악을 품고 그것을 추구하는 위선자들이다(3절). 이들에 의해서 의인들은 재산을 빼앗기기도 하고, 명예를 잃고, 생명의 위협을 당한다(1절). 이들은 하나님께서 행하신 창조와 섭리와 예수 그리스도 안에서 행하신 구원을 인정하지 않기에 우리의 왕이신 그리스도를 욕되게 하며, 교회와 사회를 불의와 폭력으로 파괴하는 일도 서슴지 않는다. 그러므로 이런 악인들에 의해서 고통을 당하는 그리스도인들은, 하나님께서 악인들이 행한 대로 갚아 주셔서 이 땅에 하나님 나라의 정의가 임하도록 기도해야 한다. 이런 기도는 단지 개인적 복수심에서 비롯되는 것이 아니라 하나님 나라를 이루기 위한 사명감과 열정에서 비롯되어야 한다. 사탄과 그의 일꾼들도 '광명의 천사,' '의의 일꾼'으로 가장하지만 결국 그들은 그 행위대로 심판받을 것이다(고후 11:14-15). 하나님은 결국 사람들이 행한 대로 갚으신다(마 16:27; 딤후 4:14; 벧전 1:17; 계 20:12-13; 22:12).

2. 악인에게 고통당하는 의인의 구원을 확신하며 부르짖으라(1-2; 6-7절)

무덤에 내려가기 직전과 같은 최악의 위기 속에서도 낙심치 말고 '나의 반석'(1절), '나의 힘'(7, 8절), '나의 방패'(7절), '구원의 요새'이신(8절) 하나님을 의지하고 구해 주시길 간구하며 부르짖어야 한다. 예수 그리스도의 이름으로 은혜의 지성소로 나아가서 몸으로, 목소리로, 전심으로 간절히 부르짖어야 한다. 귀를 여시고 잠잠하지 않으실 때까지 기도하면(1-2절), 하나님은 속히 "그 밤낮 부르짖는 택하신 자들의 원한을 풀어 주실"(눅 18:7, 8) 것이다. 이것이 진정한 믿음이다(7절).

3. 예수 그리스도 안에서 완성된 구원을 날마다 자신과 교회에 적용하라(8-9절)

불의하고 악독한 위선자들(3-5절)에 의해서 '무덤으로 내려가셨지만' 하나님에 의해서 다시 살리심을 받은 예수 그리스도 우리 왕의 승리는 28편에 대한 응답이자 우리의 구원에 대한 가장 확실한 증표다. 하나님은 당신의 '기름 부음 받은 자'(메시아)이신 그리스도를 다시 살리셔서 온 세상의 '구원의 요새'가 되게 하시고, 당신의 백성들을 위한 선한 목자-왕으로서 구원과 복을 베풀게 하셨다(8-9절, 요 10:11-14; 히

13:20; 벧전 5:4 참조). 왕의 부활은 백성들의 부활이며, 왕의 승리는 백성들의 승리를 보장한다. 비록 악한 세상에 살면서 불의한 고난 가운데 있어도, 그리스도 안에 있는 풍성한 구원과 복이 날마다 교회와 성도 개인의 삶에 차고 넘치길 28편의 시인처럼 기도하자.

시편 29편

온 땅을 제압하는 여호와의 소리

[다윗의 시]

1 너희 권능 있는 자들아
영광과 능력을 여호와께 돌리고 돌릴지어다
2 여호와께 그의 이름에 합당한 영광을 돌리며
거룩한 옷을 입고 여호와께 예배할지어다
3 여호와의 소리가 물 위에 있도다
영광의 하나님이 우렛소리를 내시니
여호와는 많은 물 위에 계시도다
4 여호와의 소리가 힘 있음이여
여호와의 소리가 위엄차도다
5 여호와의 소리가 백향목을 꺾으심이여
여호와께서 레바논 백향목을 꺾어 부수시도다
6 그 나무를 송아지 같이 뛰게 하심이여
레바논과 시룐으로 들송아지 같이 뛰게 하시도다
7 여호와의 소리가 화염을 가르시도다
8 여호와의 소리가 광야를 진동하심이여
여호와께서 가데스 광야를 진동시키시도다
9 여호와의 소리가 암사슴을 낙태하게 하시고
삼림을 말갛게 벗기시니
그의 성전에서 그의 모든 것들이 말하기를 영광이라 하도다
10 여호와께서 홍수 때에 좌정하셨음이여
여호와께서 영원하도록 왕으로 좌정하시도다
11 여호와께서 자기 백성에게 힘을 주심이여
여호와께서 자기 백성에게 평강의 복을 주시리로다

본문 개요

29편은 앞의 기도시편들과는 달리 온 창조 세계를 지으시고 다스리시는 왕이신 '여호와의 영광'(1, 2, 3, 9절)을 찬양하는 시편이다. 특별히 여기에서는 '우렛소리'로 표현되는 '여호와의 소리'가 바다와 온 땅에 퍼져나가면서 여호와의 왕권과 영광과 능력을 강력하게 드러냄을 노래하고 있다(3-9절). 지중해(서쪽) 위에 형성된 폭풍우가 천둥을 치면서 동쪽 가나안 땅(레바논, 시룐)과 가데스 광야로 이동하면서 천지와 만물을 뒤흔드는 모습에 대한 묘사다.[1] 19편에서는 여호와의 영광이 창조 세계 안에 '보이고' 있지만(19:1-6; 8:1, 9), 29편에서는 강력한 소리로 '들리고' 있다.[2] 그리고 이 주제를 감싸듯이 서론부에서는 천상의 천사들이 왕이신 여호와의 영광과 능력을 찬양하고(1-2절), 결론부에서는 땅에 있는 백성들이 자신들에게 복 주시는 여호와를 찬양하는 것으로 마무리되고 있다(10-11절).[3] 찬양의 배경이 천상 성전(1-2절)에서 '만물' 성전(9절)으로 내려오고, 다시 예루살렘 성소(10-11절)로 이동한다.

이 시편은 고대 가나안에서 폭풍의 신으로 알려진 바알의 현현을 찬송하는 시와 매우 유사한 용어들과 배경들을 공유하고 있어서, 일부 학자들은 이 시편이 가나안에서 도입되어 여호와에 대한 노래로 고쳐진 것이라고 주장한다.[4] 이 시편이 가나안 시와 유사한 배경과 시적인 언어를 공유하고 있기는

---

1. Kidner, *Psalms 1-72*, 124, 126; *NIV Study Bible*, 815 참조.
2. *NIV Study Bible*, 815.
3. Kidner, *Psalms 1-72*, 124,
4. 대표적으로 Kraus, *Psalms 1-59*, 346 이하를 참조하라. T. H. Gaster, "Psalm 29," *JQR* 37/1 (1946): 55-65에서는 29편과 메소포타미아의 창조 신화인 에뉴마 엘리쉬와 우가릿의 바알 신화를 비교하면서 대적들을 이기고 승리한 신에 대한 찬미로서 29편이 이들 신화와 밀접하게 연관되어 있다고 본다. 이 외에도 J. Day, "Echoes of Baal's Seven Thunders and Lightnings in Psalm XXIX and Habakkuk III 9 and the Identity of the Seraphim in Isaiah VI," *VT* 29/2 (1979): 143-51은 우가릿 문헌에서의 '일곱 번개'와 29편의 일곱 우렛소리를 비교하고, M. l L. Barré, "A Phoenician Parallel to Psalm 29," *HAR* 13 (1991): 25-32에서는 29:11과 페니키아의 자료(*KAI* 26

하지만 원래의 가나안 시를 도입했다고 주장하는 것은 무리가 있다. 오히려 의도적으로 가나안적인 양식 언어와 이미지를 활용하여, 흔히 폭풍의 신으로 알려진 바알과 비교할 수 없는 능력과 영광으로 세상을 다스리시는 여호와 하나님에 대해서 변증하고자 했다고 보는 것이 더 좋을 것이다.[5] 5, 6절에 나오는 '시룐'은 바알 숭배의 본산지인 헤르몬산을 가리키는데, 이 헤르몬산을 흔들고 레바논의 백향목을 부순다는 것은 가나안의 안전과 명예를 부수고 바알의 본거지를 뒤흔들어 버린다는 것을 의미할 수 있다.[6] 그래서 크레이기는 출애굽기 15장 모세의 노래와 이 시편을 비교하면서 이 노래를 여호와의 승리를 찬양한 일반적인 '승리의 찬가'라고 규정한다.[7]

29편은 25-33편의 교차 대구적인 구조에서 제일 가운데에 위치하여(25편 개요 참조), 이 그룹에 속한 기도와 찬양시편들에 만물을 영광과 능력으로 다스리는 왕이신 여호와가 우리의 하나님이라는 신학적 기초를 제공한다.[8] 29편에서 하나님의 이름 '여호와'가 집중적으로 반복되는 것은 25-33편 그룹의 다른 시편들의 기도와 감사와 찬양이 온 세상을 다스리며, 자기 백성에게 힘을 주시는 여호와께 드려져야 함을 보여준다. 그 이름은 여호와의 '영광'을 드러내는데(1-3, 9절), 그 영광은 성전에 임한 '영광'(26:8)이자 사람의 '영광'(전 존재)으로 찬양해야 하는(30:13) 영광이다. 29편에서는 다른 시편

A III 2-7 = C III 16-IV) 사이의 유사성을 연구하였지만 크게 설득력이 없다. 이 외에도 A. Malamat, "The Amorite Background of Psalm 29," BZAW 100 Sup. (1988): 156-60에서는 29편을 고대 바빌로니아의 길가메쉬 서사시와 마리의 야둔-림(Yahdun-Lim) 왕의 비석과 비교하면서 29편이 담고 있는 내용의 기원을 우가릿 시대보다 훨씬 더 고대인 고대 바빌로니아, 혹은 아모리 시대(중기 청동기)로 주장하기도 한다.

5. Craigie, *Psalms 1-50*, 245-6; D. Pardee, "On Psalm 29: Structure and Meaning," in *Composition & Reception*, 158 참조.
6. 김정우, 『시편주석 I』, 628.
7. Craigie, *Psalms 1-50*, 245-6과 또 그가 쓴 논문 "Psalm XXIX in the Hebrew Poetic Tradition," *VT* 22/2(1972): 143-51을 참조.
8. *NIV Study Bible*, 815.

들에서 노래하는 여호와의 사역이 모두 창조 세계(3-9절)와 당신의 백성들(11절)에 대한 '왕'(*멜렉* מֶלֶךְ)으로서의 사역임을 강조한다(10절). 이스라엘의 '기름 부음 받은 자'(28:8)와 전쟁의 수행자인 '왕'(33:16)은 그의 종에 불과하다.[9] 그 왕권은 먼저 '영원하다'(10절). 왕이신 여호와의 계획이 '영원히' 서고(31:11), '영원한' 목자로서 백성들을 인도할 것이며(28:9), '영원한' 인자하심과 구원을 베풀 것이다(25:6; 31:1). 그의 왕권은 '소리'를 통하여 발휘된다(3-9절). 그의 소리는 온 세상을 창조한 '말씀'(33:4, 6, 9)이었고, 사람들의 기도와 간구 '소리'(27:7; 28:2; 31:22)에 대한 응답으로 모든 대적하는 것들을 파괴하며, 성도들의 감사의 '소리'를 이끌어 낸다(9절; 26:7). 왕은 '홍수' 위에 좌정하고 있다(10절). 홍수 혹은 '많은 물'(3절)은 이웃하는 시편들에서 등장하는 여호와의 백성과 통치를 위협하는 세력을 암시하며(32:6; 33:7), 그 세력들은 결국은 여호와의 통치에 순종할 수밖에 없음을 의미한다. 왜냐하면 왕-여호와의 '힘'(*오즈* עֹז, 1, 4, 11절)이 그 모든 것을 이기고 자기를 의지하는 백성들에게 '힘'과 구원을 주기 때문이다(28:7, 8).[10] 여호와의 힘 앞에서 용사의 '힘'(*코아흐* כֹּחַ)은 쓸모없다(33:16). 왕으로 천상에 '좌정하신'(*야샵* יָשַׁב, 10절; 33:13, 14) 여호와는 악한 자와 함께 '거하지' 않고(26:4-5), 여호와의 집에 '거하는'(27:4) 자들에게 복을 주고, 세계에 '거주하는' 사람들(33:8, 14)을 감찰한다. 그는 자기를 예배하고 의지하는 '성도들'(30:4; 31:23; 32:6)인 자기 '백성'(11절; 28:9; 33:12) '이스라엘'(25:22)에게는 구원과 '샬롬'의 '복을 주신다'(11절; 28:9). 그래서 그들은 여호와를 송축한다(26:12; 28:6; 31:21). 다른 시편들이 '성전'을 주로 감사의 장소(26:6-7; 27:6), 사랑의 대상(26:7), 여호와를 사모하는 곳(27:4), 피난처와 기도의 장소(27:5; 28:2; 31:1, 20; 32:7), 용서의 집(30편 표제)으로 말했다면, 29편

---

9. Hossfeld & Zenger, *Die Psalmen 1*, 177.

10. VanGemeren, *Psalms*, 287.

은 하늘과 땅과 사람들 모두가 거룩하신(*코데쉬*, קֹדֶשׁ) 여호와께 영광을 돌려드려야 하는 거룩한 장소로 강조하고 있다(28:2; 29:2; 30:5; 33:21). 비록 이 그룹에는 기도시편들이 많이 나오지만, 여호와께 올리는 찬양과 감사가 반복적으로 등장하고 있다(26:12; 27:6; 28:6, 7; 30:4, 12; 31:21; 32:7, 11; 33편). 29편은 그런 찬양을 집중적으로 모아 놓았다고 볼 수 있다.[11]

문학적 특징과 구조

29편의 전체적인 구조는 대체로 서론적 찬양(1-2절), 본론부(3-9절), 마무리 찬양(10-11절)으로 구성된다. 이런 구조를 만드는 데 있어서 결정적인 것은 본론부에 일곱 번이나 등장하는 '여호와의 소리'라는 표현이다. 이 표현은 본론부의 주제이자 전체 시편의 주제를 강조한다. 이를 둘러싼 서론부와 결론부에는 '여호와'라는 하나님의 이름이 각각 네 번씩 등장하여 균형을 이룬다. 서론부에서는 찬양의 대상으로, 결론부에서는 통치와 구원의 주어로 등장한다.[12] 본론부에 나오는 열 번과 합하면 무려 열여덟 번 등장하는 셈이다. 여호와의 이름에 합당한 영광을 돌리는 일의 중요성(2절)과, 온 세상의 왕이신 여호와의 완전한 통치에 대한 강조가 이런 반복을 통해서 표현되고 있다고 할 것이다. 서론부와 결론부는 하나님의 이름 외에 '힘'이라는 단어를 통하여 수미쌍관을 이룬다(1, 11절). 서론부에서 찬양의 제목인 '힘'이 결론부에서는 백성들을 위해서 사용되고 있다. 1-2절이 천상의 보좌에 좌정하신 여호와를 전제한다면 10절은 온 땅과 예루살렘 성소에 좌정하신 왕이신 여호와를 그리고 있다. 이와 관련하여 9절의 세 번째 행인 "그의 성전에

---

11. 김성수, "시편 25-33편," 79-81 참조하여 요약함.

12. D. N. Freedman and C. F. Hyland, "Psalm 29: A Structural Analysis," *HTR* 66(1973): 240.

서 그의 모든 것들이 말하기를 영광이라 하도다" 역시 성전 예배를 언급하면서 본론부와 서론, 결론부를 잇는 다리 역할을 한다고 볼 수 있다.[13] 한편 본론부는 세 부분,[14] 혹은 네 부분으로 나눠질 수 있다. 3-4절이 지중해 위의 폭풍우를 노래한다면, 5-7절은 레바논의 백향목들과 시리아의 산들을 뒤흔드는 모습을, 8-9b절은 광야와 숲을 황폐화하는 모습을 그리고 있다고 볼 수 있다. 이러한 여호와의 소리에 대한 땅 성전의 반응이 9c절이라고 볼 수 있다면 따로 구분하는 것이 좋을 것이다. 한편 '영광'이라는 단어가 1, 2절과 3, 9절에 반복적으로 등장하며 '여호와의 소리'가 여호와의 '영광'을 드러내는 방편임을 표현한다. 이런 점들을 고려하면 29편의 구조는 다음과 같이 표현될 수 있을 것이다.

A 1-2절 천상의 찬양: 왕이신 여호와의 영광과 힘에 대한 송영
　B 3-9절 '여호와의 소리'를 통해 나타난 여호와의 영광 찬양
　　3-4절 물 위에서 힘차게 들리는 여호와의 소리(우렛소리)
　　5-7절 레바논의 백향목을 꺾고 산들을 떨게 하는 여호와의 소리
　　8-9b절 가데스 광야를 진동시키는 여호와의 소리
　　9c절 여호와의 소리로 인해 성전에서 드리는 송영: "영광!"
A′ 10-11절 지상의 찬양: 자기 백성에게 힘과 복을 주시는 왕이신
　　　여호와 찬양

---

13. Freedman & Hyland, "Psalm 29," 241.

14. G. Barbiero, "The Two Structures of Psalm 29," *VT* 66 (2016): 381-4에서는 1-2절과 10-11절을 서론부와 결론부로, 3-9절을 본론부로 나누면서 3-9절을 3-4, 5-7, 8-9절로 나누고 이렇게 나눈 이유를 설명하고 있다. 그러면서도 이 논문에서는 태초의 혼돈 세력들을 정복한 창조주 하나님에 대한 천상의 찬양인 1-4절과 현재 폭풍우 가운데서 이스라엘 땅에 드러난 창조주 하나님에 대한 지상의 찬양인 5-9절로도 구분하며, 1-4절은 10절에서 그 주제를 이어가고 5-9절은 11절에서 그 주제를 이어간다고 본다.

동시에 이 시편은 다음과 같이 교차 대구적인 집중형의 구조를 통해서 여호와의 왕권의 범위를 선명하게 보여준다고도 볼 수 있다.

A 1-2절 '하나님의 아들들'이 '여호와께' '힘'과 영광을 돌리는 송영
B 3-4절 '물' 위에서 힘차게 들리는 '영광'의 하나님 여호와의 소리
C 5절 레바논의 백향목을 꺾는 여호와의 소리
D 6절 레바논과 시룐을 뛰게 하는 여호와의 소리(지진)
E 7절 하늘을 가르는 번개
D′ 8절 가데스 광야를 진동시키는 여호와의 소리(지진)
C′ 9ab절 암사슴을 조산케 하고 삼림을 드러내는 여호와의 소리
B′ 9c-10절 '홍수' 위에 좌정하신 왕이신 여호와의 '영광' 찬양
A′ 11절 '여호와'가 '자기 백성들에게' '힘'과 평강의 복을 주심

1-2절과 11절(A와 A′)은 전체를 하나로 묶는 틀이다. 1-2절에서 '천사들'이 여호와께 영광과 '힘'을 '돌려드리는' 것과 반대로 11절에서는 여호와께서 '자기 백성들'에게 '힘'과 복을 '주는'[15] 것을 노래한다. 천사들이 찬양하는 여호와의 '힘'이 백성들에게 평강의 복을 주는 근원이 된다. 여호와는 천상과 지상을 다스리시고 그들에게 찬양받는 왕이심을 보여준다.

3-4절과 9c-10절(B와 B′)은 찬양의 내용을 핵심적으로 전달한다. 3-4절이 혼돈의 물을 제압하시는 '영광'의 하나님의 소리를 노래한다면, 9c-10절은 역시 '홍수' 위에 좌정하신 온 땅의 왕이신 여호와의 '영광'을 찬양한다. 하나님은 모든 바다와 그 바다가 상징하는 반역의 세력들을 통치하시는 왕이심을 노래한다.

---

15. Pardee, "Psalm 29," 164와 각주 31에서도 1-2절의 '돌리다'와 11절의 '주다'를 이런 의미로 관련시키고 있다.

5-6절과 8-9b절(C/D와 C′/D′)은 각각 레바논과 가데스 광야에 미치는 '여호와의 소리'의 파괴적인 힘을 보여준다. 두 부분에는 공통적으로 지명('레바논'과 '시룐,' '가데스')이 등장하고, 그 지역의 식물과 동물들('백향목'과 '송아지'와 '들 송아지,' '삼림'과 '암사슴')이 등장한다. 또한 6절에 나오는 '뛰게 하다'는 동사는 8-9절에 세 번이나 나오는 '진동시키다'는 동사와 상응한다. 이 중에서 5절과 9ab절(C와 C′)은 폭풍우가 식물과 동물에 미치는 파괴적인 힘을 묘사한다면, 6절과 8절(D와 D′)은 폭풍우로 인한 지진 현상이 레바논과 가데스를 뒤흔드는 모습을 그린다.[16] 여호와 하나님이 바다뿐만 아니라(B와 B′) 산과 땅과 땅의 동식물을 다스리시는 하나님이심을 보여준다.[17]

제일 가운데 부분인 7절은 1행만으로 구성된 절로 '여호와의 소리'인 우렛소리를 만드는 '번개'를 노래하고 있다. 즉 들리는 소리만이 아니라 보이는 '불'도 왕이신 여호와의 영광을 온 세상에 전시하고 있음을 강조한다.[18]

본문 주해

표제: "다윗의 시"

다윗이 지은 시로 이 '시'는 원래 악기를 연주하면서 부르는 시편을 지칭하는 것 같다. 칠십인역에는 '장막절 집회를 위해'라는 표제가 붙어 있는데 이것은 아마도 제2 성전시대에 장막절 마지막 날 성회 시에 이 시편이 사용된 용도를 표현하는 것 같다.

---

16. P. M. Venter, "Spatiality in Psalm 29," in. *Psalms and Liturgy*, eds, D. J. Human and C. J. A. Vos (London: T&T Clark, 2005), 238 참조.
17. Venter, "Psalm 29," 241.
18. 7절이 갖는 이런 중심적 특징에 대해서는 Barbiero, "Psalm 29," 381과 각주 12에서 잘 다루고 있다.

1. 천상에서의 찬양: 왕이신 여호와의 영광과 힘에 대한 송영(1-2절)

제1연은 찬송시에 전형적으로 나타나는 찬양으로의 부름이다. 다윗은 하늘 성전에 있는 '권능 있는 자들'('하나님의 아들들'로 직역됨, 천사)을 향하여 세 번이나 여호와께 '영광과 능력'을 돌려드리자(송영)고 초대하고, 마지막에는 경배하자고 초대한다. 이것은 아마도 예배자들이 희생 제사와 제물들을 여호와 앞에 드리도록 초대하는 성소에서의 예전적 행위를 반영하는 것 같다(96:7-9는 1-2절의 확장; 대상 16:28-29 참조).[19] '여호와께 돌리라'는 같은 부름이 세 번 반복되면서 뒤따르는 구들은 찬양의 주체와 내용을 차례로 밝혀준다. '여호와'가 네 번이나 나오고 '영광'이라는 단어가 두 번이나 나와 찬양의 핵심적인 내용이 여호와의 영광이라고 요약한다. 1절에서 천사들이 여호와께 찬양으로 돌려드린 '능력(힘)'을 여호와는 11절에서 자기 백성들에게 주신다.

먼저, 1-2절은 '여호와께'라는 표현을 네 번이나 반복하며 찬양과 경배의 대상이 여호와이심을 강조한다. 열여덟 번이나 반복되는 '여호와'라는 이름은 이 시편에서 가장 중요하다.[20] 영광을 받으셔야 하는 분은 바알이나 그 어떤 신들이 아닌 여호와이심을 강조한다. 이 이름은 이스라엘과 온 세상에 행하신 하나님의 구속 행위를 떠올리게 하는(출 3:14-15; 34:6-7) 언약적인 이름이다.[21]

둘째, 1절 1행은 찬양의 주체가 천상의 성전에서 하나님을 예배하는 '권능 있는 자들'이라는 것을 호격으로 밝힌다. 이 표현은 '하나님의 아들들'(*베네 엘림* בְּנֵי אֵלִים)로 직역되는데 여기에 대한 해석은 다양하다. 고대의 가나안(우가릿)이나 메소포타미아 문헌들에서 이 표현은 주신인 바알이나 마르둑을 찬양하고 그들에게 경배하는 신분이 낮은 신들로 이루어진 수행원

19. VanGemeren, *Psalms*, 293.
20. Kraus, *Psalms 1-59*, 348.
21. VanGemeren, *Psalms*, 293.

들이나 총회를 가리킨다.[22] 성경에서는 여호와의 지존하심을 강조하기 위해서, 당시 사람들의 생각을 빌려 마치 여호와를 경배하는 낮은 신들이 있는 것처럼(82:1; 97:7 참조) 이 표현을 사용하기도 했다.[23] 하지만 29편 1절은 하나님의 천상 총회를 구성하거나 하늘 성전에서 왕이신 하나님을 시중들고 찬양하는 영적인 존재들이나 천사들을 가리킨다고 보는 것이 더 좋을 것이다(89:7; 103:20; 148:1이하; 왕상 22:19; 사 6:2이하; 욥 1:6; 2:1; 38:7).[24] 영어 번역본들(ESV, NIV, JPS 등)의 '천상의 존재들' 혹은 '신적 존재들'이라는 번역도 이것을 반영한다. '권능 있는 자들'로 번역한 새번역이나 개역개정은 *엘림*을 '하나님'이나 '신들'로 보지 않고 거기서 파생된 의미인 '권능'(창 31:29; 신 28:32; 잠 3:27; 미 2:1 등, BDB, 7.)을 가리킨다고 보고 번역한 것이다. '하나님의 아들들'로 표현된 것은 아마도 이들이 왕이신 여호와의 궁정에서 하나님의 뜻을 정확하게 수행하는 하나님의 '무리'에 포함되었기 때문일 것이다.[25] 이런 하늘 성전에서의 찬양은 땅의 성전에서의 찬양과 조화를 이룬다(9, 10-11절).

셋째, 1절 2행과 2절 1행은 찬양의 내용을 요약적으로 노래한다. 그것은 여호와의 '영광과 능력'이고 '그의 이름에 합당한 영광'(66:2; 79:9; 96:8)이다. '영광'이 두 번이나 강조된다. 여호와께 영광을 돌려드리는 것, 즉 '송영'(頌榮, doxology)이 이 시편의 목적임을 보여준다.[26] 1-2절에서 네 번이나 반복되는 하나님의 이름 '여호와'는 그의 사역들과 사역들 가운데서 드러난 하나님의 '영광'과 '능력'을 대표한다. '영광'은 여호와가 창조와 구원 가운데서 행하신 능력 있는 행위들 가운데서 나타내신 당신의 위엄과 능력과 아름다우

---

22. Freedman & Hyland, "Psalm 29," 246.
23. Kraus, *Psalms 1-59*, 347.
24. Kraus, *Psalms 1-59*, 347.
25. J. L. McKenzie, "The Divine Sonship of the Angels," *CBQ* 5/3(July, 1943): 293-300.
26. Mays, *Psalms*, 136.

심이라고 할 수 있다.[27]

2절 1행은 바로 그 영광을 돌려드리라는 것이다. 특별히 이 명령은 3-9절에서 노래하는 '여호와의 소리'의 활동이 드러내는 '영광'을 제대로 인식하고 그 영광을 찬양하라는 의미이기도 하다.[28] 그래서 9절의 셋째 행은 '영광!'이라는 외침으로 화답하고 있다. 1절에서 이 '영광'과 함께 나오는 단어인 '능력(힘)'은 28편 8절에서 고백되었고 11절에 다시 등장한다. 이 힘은 창조와 구원의 사역의 원동력이다.

마지막으로 2절의 마지막 행은 찬양을 드리라는 명령으로 이루어진 앞의 행들과 달리 여호와께 예배할 것을 명령하고 있다. 이것은 1절의 찬양과 함께 '하늘 성소'를 암시한다. '거룩한 옷을 입고'(*베하드랏-코데쉬* בְּהַדְרַת־קֹדֶשׁ)로 번역된 어구는 성경 곳곳에서(96:9; 110:3; 대상 16:29; 대하 20:21) 다양하게 번역된다. 앞의 단어 *하다라*(הֲדָרָה)는 '영광,' '위엄'(4절), '장식'을 의미할 수 있고 뒤의 단어는 '거룩함'이나 '성소'를 가리킬 수 있다. 칠십인역에서는 96편 6절을 반영하여 "성소의 뜰"로 번역하고 있고, 여러 학자는 우가릿 문헌에서 *하다라*와 같은 어근의 번역인 '신현'의 의미를 참조하여 "그의 거룩한 현현 앞에서"[29] 혹은 "그가 나타나신 성소에서"[30]로 번역한다. 또 110편 3절이나 역대하 20장 21절 등은 예배자들이 하나님께 나아갈 때, 혹은 하나님의 사역을 할 때 입었던 '거룩한 옷'을 가리키는 것으로 해석한다.[31] 그래서 신약에서는 이 표현이 '거룩한 행실'을 상징하는 비유적 의미로 사용되기도 한다(계 3:4; 4:11).[32] 여기서는 4절에 반복된 이 단어의 의미가 여호와의 '위

27. Mays, *Psalms*, 136.
28. J. L. Mays, "Psalm 29," *Int* 39(1985): 61 참조. J. M. Kennedy, "Psalm 29 as Semiotic System: A Linguistic Reading," *JHS* 9 (2009): 19-20. http://jhsonline.org/Articles/article_114.pdf.
29. Kraus, *Psalms 1-59*, 348.
30. Freedman & Hyland, "Psalm 29," 243-5.
31. Craigie, *Psalms 1-50*, 247.
32. 김정우, 『시편주석 I』, 635.

엄'을 표현하고 있고, 2절에서도 '여호와'를 수식하는 어구로 보아 "거룩함의 광채에 싸인"(ESV, NIV, JPS)으로 번역하는 것이 더 나아 보인다. 이것은 여호와의 '영광'을 그림처럼 묘사한다.

2. '여호와의 소리'를 통해 나타난 여호와의 영광 찬양(3-9절)

이 부분은 이 시편의 본론부다. 1-2절에서 찬양의 주제였던 여호와의 '영광'이 우렛소리를 통해서 들려지는 '여호와의 소리' 가운데서 어떻게 창조세계에 나타나는지를 노래한다. 그래서 '여호와의 소리'라는 표현이 일곱 번 등장하고 있는데 '영광'이라는 단어가 3절과 9절에 등장하여 이 부분을 감싸고 있다. 공간적으로는 바다(지중해, 3-4절) 위에서 레바논과 시룐(헤르몬, 5-7절)을 거쳐 가데스 광야(8-9절)로 이동한다.

1) 물 위에서 힘차게 들리는 여호와의 소리(우렛소리, 3-4절)

이 부분은 여호와의 소리를 대변하는 폭풍우(천둥 + 번개 + 폭풍)가 (지중해) 바다 위에서 강력한 소리를 발하는 모습을 그리고 있다. 이는 뒷부분들에 나타나는 우레의 구체적인 묘사에 대한 서론 기능을 하면서 가장 제어하기 힘들게 보이는 '많은 물,' 즉 바다를 제압하고 계시는 여호와의 통치를 찬양한다. 폭풍우는 우주에 대한 하나님의 주권을 상징하는 '표적'인 셈이다.[33]

3절은 3행으로 구성되어 있는데 1행과 3행에 '물들 위에'라는 표현이 두 번이나 등장해서 전체를 하나로 묶는다. 1행은 여호와의 소리가 바다 위에서, 혹은 혼돈을 상징하는 바다를 제압하며 울리는 장면을 서론적으로 선포한다. 2, 3행은 1행에 대한 부연 설명으로 '영광의 하나님' 여호와 자신이 그 소리를 물들 위에 울리게 하신다고 노래한다. 3절에서 보아야 하는 것은 '여호와의 소리'를 여호와의 영광을 드러내는 여호와의 대리자로 소개하고 있

33. Mays, *Psalms*, 138.

는 점이다. 3, 5, 8절에서 자주 '여호와의 소리'와 '여호와'가 교차적으로 사용되는데, 이것은 이런 사실을 명확하게 반영한다.

3절 a **여호와의 소리**가 물들 위에 있네
b 영광의 하나님이 천둥치게 하시네
a′ **여호와가** 많은 물들 위에 (천둥치게 하시네)
5절 a **여호와의 소리**가 백향목을 부순다
a′ **여호와가** 레바논의 백향목을 부수신다
8절 a **여호와의 소리**가 광야를 진동시킨다
a′ **여호와가** 가데스 광야를 진동시키신다

a행에서 여호와의 소리가 하는 일은 a′행에서 여호와가 하시는 일로 바뀌어 표현되는데 이것은 바로 여호와의 소리가 여호와의 대리자임을 보여주는 것이다.[34]

3절 2행은 무엇이 '여호와의 소리'를 드러내는 매개체인지를 밝힌다. 그것은 영광의 하나님이 발하시는 우렛(천둥)소리이다. 천둥소리는 당시의 세계에서 경험할 수 있는 가장 강력하고 무서운 소리였다. 천둥소리 자체가 여호와의 소리는 아니다. 하지만 '쾅'하며 울리는 천둥소리는 사람들에게 창조주요 온 세상의 심판자이신 여호와의 능력의 소리(말씀)를 상기시키기에 충

34. Freedman & Hyland, "Psalm 29," 247-8; J. H. Tigay, "The Voice of YHWH Causes Hinds to Calve (Psalm 29:9)," in *Birkat Shalom: Studies in the Bible, Ancient Near Eastern Literature, and Postbiblical Judaism Presented to Shalom M. Paul on the Occasion of His Seventieth Birthday*, ed. C. Cohen et al. (Winona Lake: Eisenbrauns, 2008), 406-11에서는 '소리'를 창 4:10; 사 52:8; 렘 10:22; 아 2:8에서처럼 '들어라!'는 감탄사로 번역해야 한다는 일부의 주장들(예: E. L. Greenstein, "YHWH's Lightening in Psalm 29:7," *MAARAV* 8 [1992]: 56)을 반박하면서, '여호와'와 '여호와의 소리'가 교차적으로 나오지만 '소리'를 '들어라'로 번역할 경우 3절을 빼고는 무엇을 들으라는 것인지 불분명하게 된다고 적절하게 지적한다.

분했다(18:13; 46:6; 68:33; 77:17; 104:7; 욥 37:4이하; 사 30:30; 욜 4:16).[35]

한편, 3절 1, 3행에서 '물들 위에 있다'와 '많은 물 위에 계시다(혹은 물들 위에 천둥치게 하시다)'는 표현은 중요한 의미를 지니고 있다. 여기서 물은 10절의 '홍수'라는 표현과 더불어 사실적으로 보자면 이스라엘 백성들에게 가장 가까이 있었던 바다인 '지중해'를 가리킬 가능성이 크다. 하지만 이 바다는 신학적으로 보자면 하나님을 대적하는 세력들을 상징한다. 고대 근동의 신화들(가나안, 메소포타미아)에서도 '바다'라는 신(*얌*, *티아맛*)은 주신인 바알과 마르둑을 대적하는 가장 강력한 혼돈의 세력으로 등장한다. 하지만 우리 시편에서는 그런 신적인 개념을 의미하기보다는 가장 제어하기 힘든 창조계의 현상(93:3-4)을 상징한다.[36] 지중해에서 발생한 폭풍우와 그 폭풍우가 동반하는 바람, 번개, 천둥이 바다 위에서 강력한 힘을 발휘하는 모습은, 그런 바다와 같은 세력들까지도 제어하시는 여호와의 능력을 보여주는 이미지가 된다. 동시에 바다와 이 세상을 통제하는 신은 바알이 아니라 여호와이심을 변증하는 의미도 포함한다.[37]

4절에서 다윗은 지중해 위에서 천둥소리가 울려 퍼지는 모습을 보면서 '여호와의 소리'가 '힘 있고' '위엄차다'고 노래한다. 이것은 1, 2절의 천상의 찬양과 바로 연결된다. 비록 단어는 다르지만 1절에서 천사들은 여호와의 '힘'을 찬양하고 있으며, 2절에서는 '위엄'이라는 같은 단어로 '거룩함의 광채(위엄)' 가운데 계신 여호와를 찬양하고 있기 때문이다. 결국 4절은, 천사들이 찬양하는 창조주-왕이신 여호와의 힘과 위엄이 천둥소리를 통해서 온 세상에, 특별히 사람들에게 두려움과 혼란을 가져다주는 대상들을 제압하는 능력으로 현현하고 있음을 찬양하는 것이다.

---

35. Kraus, *Psalms 1-59*, 349.
36. Kidner, *Psalms 1-72*, 126.
37. VanGemeren, *Psalms*, 294; Craigie, *Psalms 1-50*, 247.

2) 레바논의 백향목을 꺾고 산들을 떨게 하는 여호와의 소리(5-6절)

5-6절에서는 지중해에서 일어난 폭풍우(3-4절)가 동쪽으로 이동하여 이스라엘 북쪽 산악 지대 레바논의 백향목을 부수고 산들을 뒤흔드는 모습을 묘사하면서, 역시 그 가운데 드러난 '여호와의 소리'의 능력을 노래한다. '레바논'이라는 지명이 두 절을 하나로 묶으며 그 지명이 상징하는 교만한 자들을 제압하시는 여호와의 통치를 찬양한다. 한편, 이 연은 7절을 사이에 두고 가데스 광야에서의 유사한 장면을 묘사하는 8-9b절과 대칭을 이룬다. 6절의 '뛰다'는 동사는 8-9절에 세 번 나오는 '진동하다'에 상응한다.

3절에서 여호와의 소리가 제압하는 대상이 바다였다면 5절에서 제압당하는 대상은 레바논의 백향목이다. '레바논'은 시리아의 산맥 이름으로 이 산맥은 지중해로부터 북동쪽으로 약 160㎞ 정도 뻗어 있다. 산맥의 능선에 있는 석회암과 눈으로 인해 '흰 산'이라는 뜻인 '레바논'이란 이름을 갖게 되었다.[38] 5-6절은 사실적으로 보면 폭풍우가 레바논 산맥의 백향목 가지를 부러뜨리고 나무를 넘어뜨리는 현상을 묘사한 것이지만, 신학적으로는 보다 중요한 의미를 함의하고 있다. 레바논의 백향목은 중동 지역에서 자라는 나무 중에서 매우 키가 크고 아름다우며 값비싼 나무로서 자주 교만하고 높은 자들(사 2:13; 10:34; 렘 22:6; 겔 31:3-14)이나 번성하고 안정적인 것들(92:12; 104:16; 아 5:15)에 대한 상징으로 사용되었다.[39] 그러므로 5절은 쉽게 꺾이거나 부서지지 않을 것 같은 백향목들이 폭풍우에 맥없이 쓰러지듯이, 여호와의 힘차고 위엄 있는 소리(4절)에 이 세상에서 강하다고 자랑하는 것들도 쓰러질 수밖에 없음을 노래한다고 볼 수 있다. 다윗의 상황을 생각하면 주변의 교만한 나라들이나 다윗을 공격하는 사울이나 압살롬의 세력들을 연상시킨다.

---

38. Venter, "Psalm 29," 235.

39. Kraus, *Psalms 1-59*, 349; *NIV Study Bible*, 816.

6절은 한 걸음 더 나아간다. 이번에는 여호와의 소리에 레바논 산맥의 거대한 산들이 놀란 송아지같이 뛴다고 노래한다. '뛰다'(*라카드* רָקַד)는 펄쩍 펄쩍 뛰는 모습이나 춤추는 모습을 가리킨다(114:4, 6; 전 3:4; 사 13:21; 욥 2:5). 폭풍우에 의한 지진 현상을 의미하겠지만 여호와의 소리 앞에서 매우 두려워하며 떨고 있는 산들의 모습을 떠올리게 한다. 개역개정은 6절 1행에서 '나무'가 뛴다로 번역하고 있다. 하지만 원문에는 나무라는 말은 없고 '그것들'이라는 3인칭 복수 접미어만 있다. '그것들'은 앞의 나무들을 가리키는 것으로 볼 수도 있지만, 고대 셈어에 등장하는 전접어 *멤*(前接語, enclitic mem[ם])으로 볼 수도 있다. 이것은 큰 의미 없이 동사를 강조하는 기능을 한다.[40] 혹은 이 3인칭 복수 접미어를 뒤에 나오는 레바논과 시룐을 가리키는 것으로 볼 수도 있다. 그래서 "레바논을 송아지처럼/ 시룐을 들소처럼 뛰게 하시네"로 번역할 수 있다. 6절 2행에 나오는 '시룐'은 가나안 북쪽의 안티레바논 산맥 남부에 높이 솟아 있는 헤르몬산(신 3:9; 시 89:12 참조)의 페니키아식 이름이다.[41] 이처럼 높이 솟아 있는 산들로 이루어진 거대한 산맥이 송아지처럼 뛴다는 것은 매우 극적인 표현이다. 이 산들은 가나안 사람들에게 신들(특히 바알)의 거처로 알려졌기에, 이런 산들이 흔들린다는 것은 이스라엘의 하나님께서 그들의 거처를 뒤흔들어 버리거나,[42] 그들이 여호와의 소리 앞에서 벌벌 떤다(114:4)[43]는 변증적 기능을 한다.

3) 번개 치게 하는 여호와의 소리(7절)

7절은 5-6절과 8-9절의 한 가운데 혹은 시편 전체의 한 가운데서 천둥소

---

40. 강승일, "구약 성경 고대 시가에 나타나는 전접어 멤(前接語, enclitic mem) 연구," 『구약논단』 15/3 (33집, 2009): 161; Craigie, *Psalms 1-50*, 243.
41. J. P. van der Westhuizen, "A Proposed Reinterpretation of Psalm 29 Based on a Stylistic-Exegetical Analysis," *JSem* 5/2 (1993): 115.
42. VanGemeren, *Psalms*, 294-295.
43. Kraus, *Psalms 1-59*, 349.

리를 동반하는 번개가 치는 모습을 형상화함으로써 여호와의 소리의 파괴력 혹은 두려움을 극대화하고 있다. 번개는 자주 하나님의 무기('화살')를 상징한다(18:9; 97:3-4; 사 30:27).[44] '가르다'(*하찹* חָצַב)로 번역된 단어를 이 문맥에서 정확하게 번역하기 쉽지 않다. 혹자는 '불꽃을 일으키다'(JPS, 'kindle,' 'ignite')로, 혹자는 '(불꽃으로) 치다'(NIV)로, 혹자는 '번쩍이게 하다'(ESV) 등으로 번역한다.[45] 이 동사는 원래 도끼나 연장 등으로 돌 같은 것을 자르는 것(신 6:11; 대하 26:10; 느 9:25; 렘 2:13)이나 뭔가를 새기는 것(욥 19:24)을 의미한다. 여기서는 비유적으로 사용되어 마치 천둥이 바위를 쪼개듯 하늘에서 번개를 여러 갈래로 나누는 것을 형상화한 것 같다(행 2:1-4 참조).[46] 원래는 번개가 치고 그 소리가 천둥으로 나타나지만, 여기서는 천둥이 여러 갈래로 번개를 나눠 땅에 내리꽂는다는 고대인들의 생각을 반영한 것이다. 한편, '가르다'는 분사는 5절 처음에 나오는 또 다른 분사인 '꺾다'에 상응하여 파괴적인 능력을 나타낸다.

4) 가데스 광야를 진동시키는 여호와의 소리(8-9b절)

8-9b절은 폭풍우가 레바논 산맥을 넘어 가데스 광야로 나아가는 그림을 묘사한다. 7절을 사이에 두고 5-6절과 대칭을 이룬다. 그곳처럼 여기서도 지명과 지역이 나온다. 거기는 레바논 산맥이었다면 여기는 가데스 광야다. 또 거기서는 백향목을 꺾었다면 여기서는 숲을 파괴한다. 거기서는 산들을 '뛰게 했다'면 여기서는 광야와 광야의 동물을 '진동시킨다'(8, 9절에 세 번).

8절은 폭풍우가 광야를 진동시키는 지진 현상을 묘사한다. 가데스라는 지역은 가나안 남부 지역에 있는 가데스 바네아(민 13:26) 지역을 가리킬 수도

---

44. 김정우, 『시편주석 I』, 639.
45. Greenstein, "Psalm 29:7," 49-57에서는 이상의 견해들을 비판하면서 아예 본문을 고쳐 "들어라! 여호와, 그의 화살(*하치브* חציו)은 불꽃이네"로 번역하기도 한다.
46. Kidner, *Psalms 1-72*, 127.

있겠지만[47] 시리아의 오론테스 강가의 가데스 광야를 가리킬 가능성이 더 크다. 이 광야는 사막을 가리키는 표현이라기보다는 영구적인 거주는 불가능해도 목축은 할 수 있는 스텝(Steppe) 지역을 가리킨다.[48] 여호와가 먼 광야까지도 다스리시고 제압하신다는 것을 강조하는 것이다.[49] '진동시키다'(훌 חוּל)는 표현은 6절처럼 여호와의 소리 앞에 두려워 떠는(96:9; 114:7) 모습을 상징한다. 이 동사는 바로 다음 절에서 '낙태시키다' 혹은 '산통을 겪고 낳다'는 의미로 다시 등장한다.

9절 1-2행은 8절에 이어 폭풍우가 가데스 광야에 일으키는 지진 현상이 그곳의 동식물에 미치는 무서운 영향을 묘사하면서 '여호와의 소리'의 사역을 마무리한다. 1행은 "암사슴을 낙태하게(새끼를 낳게) 하고" 2행은 "숲을 말갛게 벗기는" 것으로 표현되었다. '낙태케 하다'로 번역된 동사는 8절에서 '진동시키다'로 번역된 동사와 같은 단어로 산고의 진통을 겪는 모습이나(사 13:8; 23:4이하; 26:17; 합 3:10) 새끼를 낳는 것(90:2; 신 32:18; 욥 39:1; 잠 25:23; 사 51:2)을 묘사한다. 2행은 폭풍우가 숲의 나뭇잎들을 떨어뜨리고 나무들을 넘어지게 만들어 무성하던 숲의 속을 드러내는(*하사프* חָשַׂף) 것을 형상화한 것이다.[50] 현재처럼 번역된 1행은 2행과 어울리지 않는다는 이유로 *BHS*는 '암사슴'(*아얄롯* אַיָּלוֹת)을 '상수리나무'(*엘롯* אֵילוֹת)로 고쳐서 읽도록 모음을 약간 바꾼 형태를 추천한다. NIV와 쉬운성경, 공동번역이 이를 따라 "여호와의 소리가 상수리나무를 흔들리게 하며"로 번역한다.[51] 혹은 '암사슴'은 그대로 두고 '숲'(*예아롯* יְעָרוֹת)을 '암사슴'과 어울리게 '산 염소'(*예알*

---

47. Barbiero, "Psalm 29," 385-7에서는 예루살렘을 중심으로 5-6절에서는 북쪽의 레바논을, 8-9절에서는 남쪽의 가데스 바네아를 말한다고 보지만, 지중해에서 시작된 폭풍우의 길을 생각하면 자연스럽지 않다.
48. Pardee, "Psalm 29," 169-70에서 이것을 잘 설명하고 있다.
49. Craigie, *Psalms 1-50*, 248.
50. Calvin, *Psalms*, 1:481.
51. VanGemeren, *Psalms*, 295.

롯 יַעֲלוֹת)로 고쳐 읽을 것을 제안한다. 하지만 현재처럼 번역해도 동식물의 세계에 미치는 폭풍우의 파괴적인 힘을 묘사하기에 큰 문제가 없다.[52]

5) 성전에서 드리는 찬양: "영광!"(9c절)

이 행은 3-9b절까지 노래한 '여호와의 소리'에 대한 반응으로 자연스럽게 흘러나오는 성전 예배자들의 외침을 보여준다. 여기에 나오는 지상 성전은 1-2절의 천상 성전과 대칭을 이룬다.

'여호와의 소리'가 펼치는 파노라마가 끝나면서 이제 이 시편은 절정에 이른다. 9절 3행은 여호와가 천둥소리로 행하신 모든 사역에 대한 그의 성전에 있는 "그의 모든 것들"의 반응을 노래한다. '성전'은 23-28편까지 계속 이어오던 중요한 주제였다. 그러면 여기서 말하는 성전은 어떤 성전을 가리키는가? 첫 번째 견해는 이 성전을 1-2절이 암시하는 하늘 성전이라고 보는 것이다. 그렇게 되면 '그 모든 것들'은 하늘 성전에 있는 모든 천사를 가리킨다(11:4; 19:2; 148:1; 150:1; 미 1:2; 합 2:20; 사 6:3).[53] 두 번째는, 이 성전은 예루살렘의 성소를 가리키면서 10-11절의 성도들의 찬양을 도입하는 역할을 한다고 보는 것이다.[54] 그렇게 되면 '그 모든 것들'은 성전의 모든 예배자를 가리킨다. 마지막으로, '그의 모든 것들'이라는 표현은 앞에서 노래했던 창조 세계의 모든 것들을 의미하는 것으로 보고 여기서 성전은 창조주의 성전인 창조 세계 전체를 가리킨다고 보는 것이다.[55] 여기서는 10-11절의 도입 부분

---

52. Barbiero, "Psalm 29," 387과 각주 33에서는 8, 9절에 세 번 나오는 동사를 긍정적인 형태로 번역하면서(예: '낙태 시키다' 대신 '낳게 하다'로) 이 동사들이 창조주 하나님이 황량한 광야에 가져다주는 긍정적인 변화를 말한다고 주장한다. 하지만 평행을 이루는 2행의 동사 '벗기다'는 주로 부정적이고 파괴적인 곳에 사용되기에(사 30:14; 47:2; 52:10; 렘 13:26; 49:10; 욜 1:7) 받아들이기 어렵다.
53. Kraus, *Psalms 1-59*, 350.
54. Craigie, *Psalms 1-50*, 248.
55. *NIV Study Bible*, 816.

으로 보기에 예루살렘 성소로 해석하지만, 예루살렘 성소의 예배는 하늘 성전과 창조 세계 전체의 예배를 대표하기에 하늘과 창조 세계의 예배도 포함하는 것으로 볼 수 있다.

3. 자기 백성들에게 힘과 복을 주시는 왕이신 여호와 찬양(10-11절)

10-11절은 9절 3행의 성전 찬양을 이어간다고 볼 수 있다. 이제 예루살렘 성소에서 여호와의 백성들이 1-2절 혹은 1-9b절에서의 천상의 찬양에 화답하여 여호와를 찬양한다. 1-2절에서 네 번 나온 '여호와께'가 '여호와가'라는 주어로 바뀌어 각 행의 첫 부분에 네 번 나오고, '자기 백성에게'가 두 번 나온다. 1-2절에서 하나님의 아들들이 돌려드린 '힘'을 자기 백성에게 주시는 왕이신 여호와를 11절에서 찬양한다.

10절은 여호와가 왕으로 좌정하셨음을 노래하되 "홍수 때에" 좌정하셨다고 노래한다. 개역개정이 "홍수 때에"로 번역한 것보다는 3절과 비교할 때 '홍수 위에'로 번역하는 것이 더 나아 보인다. 이 표현은 3절처럼 5-9b절 내용에 대한 요약이자 결론으로 온 세상에 당신의 '소리'를 발하셔서 제압하시는 하나님이 '홍수'가 대표하는 온 세상의 왕이심을 찬양하는 것이다. 혹자는 '홍수'는 천상의 물을 가리켜 9절 3행이 하늘 성전에서의 찬양을 암시한다고 한다.[56] 하지만 여기서 '홍수'는 3절의 '많은 물'처럼 여호와를 대적한 모든 세력이나 제어하기 힘들어 보이는 창조계의 모든 현상을 대표한다고 보는 것이 더 낫다. '홍수'라는 단어는 창세기 6-11장의 노아 홍수 사건에 나오고 여기에 처음 나오는데, 온 세상의 창조질서를 뒤집어버리는, 자연의 힘들 중에서 가장 센 것을 대표한다.[57] 그러므로 여기서 '위에 좌정하다'라는 표현은 홍수를 보좌로 삼았다는 뜻이 아니라 3절에서처럼 장악한다는 의미

---

56. Kennedy, "Psalm 29," 20.
57. Kidner, *Psalms 1-72*, 127.

다.[58] 여호와가 홍수를 통제하신다는 것은, 온 세상에 대한 왕권이 바알이 아닌 이스라엘의 하나님 여호와께 '영원히' 있음을 선언하는 것이다.[59] 칼뱅은 "(중략) 여전히 땅에 멸망의 두려움을 주고 있는 저 홍수들이 하나님의 섭리로 통제되고 있는데, 모든 시대에 모든 것들을 다스리시는 분이 그분 혼자라는 것을 명확하게 만드는 방식으로 통제된다는 것을 우리 마음에 심어주고 있다"라고 적절하게 설명한다.[60]

11절은 10절에서 노래한 여호와의 왕권이 어떻게 자기 백성들에게 긍정적으로 적용되는지를 노래한다. 즉 10절까지 여호와의 왕권과 영광이 대적하는 세력들을 제어하고 심판하는 모습으로 나타났다면, 11절에서는 왕이신 여호와가 '자기 백성에게' '힘'(1절 참조)과 '평강의 복'을 주시는 모습으로 나타난다. 천상의 성전에서 여호와께 돌려드린 '힘'은, 지상의 성전에서 여호와의 영광을 찬양하는 백성들을 위한 구원과 복의 '힘'이 되는 것이다. 11절에 두 번 나오는 '자기 백성에게'는 1-2절에 세 번 나오는 찬양의 대상을 가리키는 '여호와께'와 대칭을 이뤄 '힘'과 '복'의 수혜의 대상으로 나온다. '평강'의 복은 홍수가 상징하는 모든 혼돈의 세상 속에서도 하나님이 가져다주시는 온전한 위안과 행복을 의미한다.[61] 이것은 25-28(특히 28:8-9)편까지의 기도에 대한 응답이다. 11절은 일부 번역본들(ESV, JPS)처럼 기원으로 번역할 수도 있다.

교훈과 적용

시편 29편의 교훈: 온 세상을 진동시키는 폭풍우와 우렛소리는 여호와 하나님이 하늘과 땅과 바다를 통치하시며 반역의 세력들을 제압하시는 하나님 나라 왕이심을

58. Pardee, "Psalm 29," 171-2 참조.
59. Mays, "Psalm 29," 62.
60. Calvin, *Psalms*, 1:483.
61. Calvin, *Psalms*, 1:483; *NIV Study Bible*, 816.

계시하기에, 그의 백성들은 자신들에게 이 영광으로 힘과 복을 주실 여호와를 천사들과 온 세상과 함께 찬양해야 한다.

1. 창조 세계에 들리고 보이는 하나님의 영광을 믿고 찬양하라(1-4, 10-11절)

자연계에 나타난 무시무시한 하나님의 영광이 불순종하는 자에게는 심판의 경고음이지만, 하나님을 경외하고 예배하는 자들에게는 복음이다. 그 소리는 온 세상의 악을 제어하시고 우리에게 힘과 복을 주시는 하나님의 영광을 들려준다(11절). 이러한 하나님 영광의 현현으로 예수 그리스도께서 오셨다(요 1:14; 17:1-8; 고전 2:8; 고후 4:6).[62] 그리스도는 거친 바다를 잔잔하게 하셨다(막 4:35-41; 6:45-52). 무엇보다 십자가에서의 죽음을 통해 구원의 소리를 온 세상에 들려주셨다. 그러므로 악인들이나 사탄의 공격에 고통당하는 교회와 의인들은 자연계의 우렛소리를 들으며 사탄과 악의 세력들을 멸하실 예수 그리스도를 바라보아야 한다. '물' 위에 좌정하신 하늘 왕이신 하나님이 지금도 땅과 바다를 밟고, 반역하는 세상을 향한 심판을 준비하고 계심을 믿어야 할 것이다(3-4, 10절; '일곱 우레' 계 10:1-3). 우리는 고난 가운데서도 성령님을 통해 영광의 하나님이 주시는 힘을 공급받는다(11절). 결국은 온 성도들과 더불어 하늘 성소에서 부르는 천사들의 찬양(1-2절)에 동참하게 될 것이다. '오직 하나님께 영광!'이라고 외치게 될 것이다(9절). "나라와 권세와 영광이 아버지께 영원히 있다."(마 6:13) 사탄의 세력을 무너뜨리고 결국은 하나님 나라를 완성하실, '하나님 나라의 왕'이신 하나님만이 하늘과 땅의 모든 피조물이 송영을 드려야 하는 유일한 분이시다(계 5:13).

2. 창조 세계에 들리고 보이는 하나님의 영광을 두려워하라(3-9절)

폭풍우의 우렛소리로 형상화된 자연계에 나타난 '여호와의 소리'는 창조주의 능력 있는 말씀이 온 세상을 제압하고 다스리고 있음을 들려준다. "보좌로부터 번개와 음성과 우렛소리가 나고 보좌 앞에 켠 등불 일곱이 있으니 이는 하나님의 일곱 영이라"(계 4:5; 8:5; 11:19; 16:18). 칼뱅의 말대로 이런 창조 세계의 소리는 인간의 완고함, 미친 교만, 온갖 가증스러운 죄악을 일깨우는 확성기다.[63] 우리 주변의 환경과 역사 가운데

---

62. Mays, *Psalms*, 138에 의하면 29편은 예수님이 세례를 통해 세상에 자신을 드러내신 것을 기념하는 주현절에 사용되어 왔다고 한다. 하늘에서 들리는 '소리'는 "이는 내 아들이라"는 말씀이었다.
63. Calvin, *Psalms*, 1:481.

분명하게 나타나는 죄악에 대한 이런 심판의 경고음을 듣고도 무시한다면, 3-9절에 묘사된 물과 산들과 나무들과 광야처럼 우리는 하나님의 무서운 심판 앞에서 떨게 될 것이다. 그러나 자연의 소리만으로는 부족하다. 하나님의 심판에 대한 가장 큰 소리는 예수 그리스도의 십자가에서 들린다. 주님이 돌아가시기 직전에 폭풍우 치는 날처럼 온 땅에 어둠이 임했고, 주님은 크게 소리를 지르고 돌아가셨다. 땅이 진동하며 바위가 터지는 현상도 동반되었다(마 27:45-51). 죄와 사탄의 세력에 대한 하나님의 심판 소리다. 이 심판의 소리를 들을 줄 아는 교회는 천둥소리와 십자가에 나타난 하나님의 의로운 통치와 심판을 거역하는 세상에 끊임없이 외쳐야 할 것이다.

시편 30편

진노는 잠깐
은총은 평생

[다윗의 시, 곧 성전 낙성가]

1 여호와여 내가 주를 높일 것은
주께서 나를 끌어내사
내 원수로 하여금 나로 말미암아 기뻐하지 못하게 하심이니이다
2 여호와 내 하나님이여 내가 주께 부르짖으매
나를 고치셨나이다
3 여호와여 주께서 내 영혼을 스올에서 끌어내어
나를 살리사 무덤으로 내려가지 아니하게 하셨나이다[1]
4 주의 성도들아 여호와를 찬송하며
그의 거룩함을 기억하며 감사하라
5 그의 노염은 잠깐이요 그의 은총은 평생이로다
저녁에는 울음이 깃들일지라도 아침에는 기쁨이 오리로다
6 내가 형통할 때에 말하기를
영원히 흔들리지 아니하리라 하였도다
7 여호와여 주의 은혜로 나를 산 같이 굳게 세우셨더니
주의 얼굴을 가리시매 내가 근심하였나이다
8 여호와여 내가 주께 부르짖고
여호와께 간구하기를
9 내가 무덤에 내려갈 때에 나의 피가 무슨 유익이 있으리요
진토가 어떻게 주를 찬송하며 주의 진리를 선포하리이까
10 여호와여 들으시고 내게 은혜를 베푸소서
여호와여 나를 돕는 자가 되소서 하였나이다
11 주께서 나의 슬픔이 변하여 내게 춤이 되게 하시며

---

1. MT에 기록된 본문(케팁)에는 '구덩이로 내려가는 사람들 가운데서'로 되어있고 제안된 읽기 본문(케레)에는 '내가 구덩이로 내려가는 데서'로 되어있지만, 다수의 사본과 칠십인역 등은 케팁의 본문대로 번역한다. 이것은 28:1과 비교해도 타당하게 보인다.

나의 베옷을 벗기고 기쁨으로 띠 띠우셨나이다
12 이는 잠잠하지 아니하고 내[2] 영광으로 주를 찬송하게 하심이니
여호와 나의 하나님이여 내가 주께 영원히 감사하리이다

본문 개요

30편은 다윗이 회중들 앞에서 죽음의 질병(2절, 혹은 고통)으로부터 자신을 구원하신 여호와를 찬양한 감사시편이다. 만약 이 시편의 표제인 '성전 봉헌가'(*쉬르 하누카트 합바이트*, שִׁיר־חֲנֻכַּת הַבַּיִת)가 이 시편의 저작 배경을 알려주는 것이라면, 이 시편은 역대상 21장 1절에서 22장 6절(삼하 24장)에 나오는 다윗의 인구 조사 사건과 관련되었을 것이다. 다윗과 이스라엘이 군대의 수를 의지하여 교만해졌을 때(6절) 하나님의 징계로 많은 백성이 전염병으로 죽게 된다. 이때 다윗이 하나님께 죄를 고백하여 하나님의 은혜로 국가적인 재앙에서 벗어나게 되고(5절), 하나님을 위해 제단을 쌓았던 오르난의 타작마당에 지어질 성전 건축을 준비하게 된다. 아마도 다윗은 이런 사건의 내용을 담아 하나님의 용서와 구원을 상징하는 성전의 봉헌을 위해서 이 시편을 미리 지었을 것이다.[3] 혹은 솔로몬 성전이 완공된 후에 그 시대 사람들이 성전 봉헌식에 이 시편을 사용하기 위해서 이 표제를 붙였을 수도 있다. 그 이후에 30편은 성전 봉헌을 기념할 때마다 불렀을 것이다. 혹자는 포로 귀환자들이 제2성전을 봉헌할 때(주전 515년) 표제를 붙인 것으로 보는데(스 6:16-18; 느 12:27-43),[4] 이것 또한 이 시편이 새롭게 사용된 하나의 예로

---

2. MT에는 '나의'라는 접미어가 없지만 칠십인역은 '내 영광'으로 번역하고 있다. 문맥상 추가해서 읽는 것이 자연스럽다.
3. *NIV Study Bible*, 816; Hossfeld & Zenger, *Die Psalmen 1*, 188 참조.
4. VanGemeren, *Psalms*, 296.

볼 수 있을 것이다. '봉헌'(*하누카*)이라는 말은 수전절(요 10:22)을 가리키기도 한다. 이는 헬라 왕 안티오커스 에피파네스에 의해 더럽혀진 성전을 유다 마카비가 정화하고 다시 봉헌한 것(주전 165년, 마카비1서 4:52이하; 마카비2서 10:5이하; 요 10:22 참조)을 기념하는 절기다. 이처럼 수전절에 부르고자 이 시편을 지었다고 주장하는 학자들도 있지만, 그보다는 다윗이 지은 시편을 그 절기에도 불렀다고 보는 것이 더 좋을 것이다.[5] 물론 '성전'으로 번역된 '집'을 굳이 성전으로 볼 필요는 없다. 그래서 칼뱅은 "다윗의 집을 봉헌할 때 부른 노래"라고 제목을 붙이며, 다윗이 압살롬 반역을 겪은 후에 더럽혀진 자신의 왕궁을 정결하게 하나님께 드리면서 불렀다고 해석한다.[6] 하지만 여기서는 성전을 가리키는 말로 보는 것이 더 나아 보인다(왕상 8:19 이하; 사 6:4; 스 3:12; 6:3 참조).

표제에 있는 집을 '성전'으로 본다면 이 시편은 23-28편에 반복적으로 등장하는 '성전' 주제를 잇는다고 할 수 있다. 특별히 이 감사시편은 앞의 기도시편들에서 다윗이 구원받은 후에 성전에서 하나님께 감사 찬양을 드리겠다고 한 맹세(26:7, 12; 27:6; 28:7)가 실제로 이루어진 것처럼 노래하고 있다. 만약 이 시편의 배경이 인구 조사 사건이라면, 이후에 성전 터가 된 오르난의 타작 마당에서 다윗이 백성들과 함께 속죄와 감사의 제사를 드린 후에 이 시편을 부른 것은 용서와 구원, 감사와 찬양의 집으로서의 성전 신학을 잘 드러낸다고 볼 수 있을 것이다.

30편은 25-33편 그룹에서 짝을 이루는 28편과 많은 공통점을 가지고 있다(25편 개요 참조). 28편이 '무덤으로 내려가는 자'가 간절하게 기도한 것

---

5. Kraus, *Psalms 1-59*, 353; *NIV Study Bible*, 816; Craigie, *Psalms 1-50*, 252-3 참조. J. A. Loader, "Psalm 30 Read Twice and Understood Two Times," *OTE* 16/2 (2003): 291-308에서는 표제를 마카비 혁명 이후 수전절 제정을 그 배경을 갖고 있는 것으로 이해하고 302-7쪽에서는 본문을 수전절 관점으로 재해석한다.

6. Calvin, *Psalms*, 1:484.

이라면, 30편은 '무덤으로 내려가던 자'(30:3)가 구원받아서 부른 감사 찬송이다. 더 자세한 공통점에 대해서는 28편 개요를 참고하라. 한편, 이 시편은 이웃하는 다른 시편들과도 공통된 주제와 어휘를 갖고 있다. "여호와여 들으시고 불쌍히 여기소서"라는 표현(30:10; 27:7), 여호와의 도움에 대한 언급(30:10; 27:9; 28:7; 33:20; 30:10), '영광'에 대한 언급(30:12; 26:8; 29:1, 2, 3, 9), 찬양의 맹세(30:12; 26:7, 12; 27:6; 28:7; 29:1-2; 31:21), 상황 진술을 위해 시인 스스로 하는 말의 인용(30:8; 31:22), '힘'(*오즈*, עֹז)에 대한 언급(30:7; 28:7; 29:1, 11; 31:2), 자비롭고 도우시는 여호와(27:7; 28:7; 30:8-10; 31:22), 긍휼에 대한 간구(30:8, 11; 25:16; 26:11; 27:7; 28:2, 6; 31:9, 22)[7], '성도'에 대한 언급(30:4; 31:23; 32:6) 등이다. 무엇보다 29편에 나오는 하늘과 땅의 성전에서 부른 찬양은 30편에 나오는 성전에서의 감사와 연결된다(29:9와 30:12 '영광'; 30:11의 '춤'과 29:8 이하의 '진동하다' 공통 어근).[8]

문학적 특징과 구조

30편은 감사시편들이 가지고 있는 전형적인 요소들을 가지고 있다. 여호와께서 다윗을 질병과 죽음으로부터 건져 주신 것에 대한 간증 혹은 보고(1-3절은 서론적 간증; 6-11절은 자세한 간증) 부분, 성도들을 향한 찬양에의 초대와 교훈(4-5절), 찬양의 맹세(12절)가 그것들이다. 1절에서 여호와를 높이는 찬양으로 시작하고 12절에서 여호와를 찬양하겠다는 맹세로 마무리된다. 특별히 이 시편에서 중요한 단어는 '감사하다' 혹은 '찬양하다'는 의미를 지니는 *야다*(יָדָה)동사이다. 이 동사는 이 시편에서 4, 9, 12절에 세 번이나 등

7. Hossfeld & Zenger, *Die Psalmen 1*, 186.
8. Hossfeld & Zenger, *Die Psalmen 1*, 182.

장하여 이 시편이 감사의 노래임을 강조한다. 이러한 특징을 고려하면 이 시편은 아래와 같은 구조를 보여준다.

1-3절 서론적인 찬양과 요약적 간증
4-5절 회중들을 향한 찬양에의 초청과 교훈
6-11절 여호와의 은혜로운 구원에 대한 구체적인 간증
　6-7절 교만하여 여호와께 징계받음
　8-10절 죽음의 위기에서 여호와께 부르짖음
　11절 여호와의 기도 응답과 놀라운 구원
12절 찬양의 맹세

위의 구조는 내용과 반복되는 어휘에 따라 아래와 같은 집중형 구조로 나눌 수도 있다.

A 1a절 서론적 찬양('높이다')
　B 1b-3절 요약적 간증: 무덤으로 내려가는 데서 울부짖어 구원받음
　　C 4-5절 성도들과 함께 찬양함
　B′6-11 상세한 간증: 무덤으로 내려가는 데서 간구하여 구원받음
A′12절 찬양의 맹세('찬송하다,' '감사하다')

위의 구조에서 1절과 12절(A와 A′)은 '찬양'의 내용으로 수미쌍관을 이루고, 2-3절과 6-11절(B와 B′)은 고난 가운데서 기도했을 때 하나님께서 구원하셨다는 유사한 내용을 간증하고 있다. 이 부분들에는 비슷한 어휘들('부르짖다,' '스올,' '무덤,' '내려가다,' '간구하다,' '여호와여')도 많이 등장한다. 위의 구조에서 중심을 이루는 4-5절은 다윗이 예배 시간에 성도들과 함께 하나님의 놀라운 '은총'을 찬양하는 내용을 담고 있다. 이 구조는 공동체가 다

윗의 간증을 듣고 함께 하나님의 은총을 찬양하는 내용이 이 시편의 핵심임을 보여준다. 5절의 찬양 제목은 11절에서 좀 더 구체적으로 표현되고 있다.

이 감사시편에서 가장 중요한 문학적 특징은 대조적인 어휘를 통한 극적인 하나님의 구원과 은총을 강조하는 것이다.[9] 그것은 간증들(1b-5절; 6-11절) 가운데서 두드러진다.

1-3절 '높이다'(1), '끌어내다'(1, 3), '고치다'(2), '살리다'(3)/
　　'스올'과 '무덤'으로 '내려가다'(3)
5절 '노염'/'은총,' '잠깐'/'평생,' '저녁'/'아침,' '울음'/'기쁨'
7, 9절 '은혜'/'얼굴을 가리심,' '세우심'/'근심함,' '산'(7)/'무덤,' '진토'(9)
11절 '슬픔'/'춤,' '베옷'/'기쁨'

본문 주해

표제: 다윗의 시, 곧 성전 낙성가(원래 순서: 시. 성전 혹은 궁전 봉헌 노래. 다윗의.)

이 시편이 원래 다윗이 지은 시이지만 후대에 성전 봉헌가로 사용되었음을 말해 준다. '봉헌 노래'에서 '노래'에 해당하는 히브리어 단어인 *쉬르*(שִׁיר)는 '다윗의 시'에서 '시'에 해당되는 *미즈모르*(מִזְמוֹר)와는 약간 다른 의미를 지닌다. 전자는 목소리로 노래하는 시편이나 합창으로 부르는 노래를 가리키는 것 같고,[10] 후자는 악기를 연주하며 불렀던 시편을 가리키는 것 같다.[11] '성전 봉헌가'와 관련해서는 위의 개요 부분을 참조하라.

---

9. Loader, "Psalm 30," 295-6 참조.
10. Hossfeld & Zenger, *Die Psalmen 1*, 188.
11. Kraus, *Psalms 1-59*, 21-2 참조.

1. 서론적인 찬양과 요약적 간증(1-3절)

다윗은 먼저 여호와를 찬양함으로 시를 시작하고(1절 1행), 그 이유를 요약적 간증으로 제시한다(1절 2행-3절). 이 서론적 찬양은 12절의 찬양 맹세와 수미쌍관을 이뤄 이 시편이 감사시편임을 알려준다.

1) 서론적인 찬양(1a절)

1절의 첫 행에서 다윗은 여호와를 '높일 것'이라고 한다(34:3; 99:5, 9; 118:28; 145:1; 출 15:2; 사 25:1).[12] '높이다'는 말은 찬양을 통해 자신을 고통에서 '끌어내셔서'(1, 3절) '높여 주신'(27:5, 6 참조) 하나님의 위대하심을 회중에게 알리겠다는 것이다. 이러한 '높여드림'은 다윗이 과거에 고통 중에 '무덤으로 내려가던 것'(3절)과 대조를 이룬다.

2) 요약적 간증(1b-3절)

이 부분은 이유를 나타내는 접속사 '왜냐하면'(*키* כִּי)으로 시작하면서 1절 1행에서 여호와를 높이겠다고 한 찬양의 이유를 요약적으로 간증한다.

1절 2행과 3행은 찬양의 첫 번째 이유를 보고한다. 2행에서는 다윗을 고통에서 끌어내셔서 구원하셨다고 노래한다. 2행에서 '끌어내다'(*달라* דָּלָה)에 쓰인 히브리어는 우물에서 두레박으로 물을 길어 올리는 것을 의미하는데(출 2:16, 19; 잠 20:5),[13] 이것은 하나님이 다윗을 얼마나 '깊은' 고통에서 구원하셨는지를 강조하는 것이다(69:2, 15; 71:20; 88:6; 130:1; 애 3:55; 욘 2:2 등 참조). 이 고통은 3절의 '스올,' '무덤,' 5절의 '노염,' '저녁,' 9절의 '무덤,' '피,' '진토,' 11절의 '슬픔,' '베옷' 등에서 반복적으로 강조되고 있다. 1절 2행은 3절에서 유사한 표현으로 재차 강조된다.

---

12. Kraus, *Psalms 1-59*, 354; VanGemeren, *Psalms*, 297.
13. Kraus, *Psalms 1-59*, 354.

1절의 세 번째 행은 하나님의 구원은 다윗의 멸망을 기대하고 있었던 악한 원수들이 기뻐하지 못하게 한 결과를 낳았다고 노래한다. 그들은 다윗이 겪었던 심각한 질병(고통)을 보면서 하나님이 다윗과 그의 왕조를 버리셨다고 좋아했을 것이지만, 하나님이 다윗을 고통에서 구원하심으로써 오히려 다윗에게 기쁨을 주신 것이다(11절; 5절 참조).[14] 역대상 21장의 인구 조사 사건을 예로 들자면, 여기서 '원수들'은 이방 나라들을 가리키거나 다윗 왕가를 적대시했던 베냐민 지파 사람들을 가리킬 수 있다.

2절에서 다윗은 두 번째 찬양의 이유가 자신의 울부짖음에 하나님이 응답하셔서 고쳐주셨기 때문이라고 한다. 다윗은 1절에서는 '여호와여'로 하나님을 불렀지만, 2절에서는 자신의 편이 되어 주신 '내 하나님'을 덧붙여 친근하게 부름으로써(12절에 반복) 감사의 강도를 더한다. '울부짖다'에 사용된 히브리어 단어(*솨바* שָׁוַע)는 절박하고 고통스러운 상황에서 도움을 구하며 외치는 것을 의미한다(28:2; 31:22 참조). 이 울부짖음은 8-10절에 나오는 기도의 내용을 압축하는 것이다. '고치다'는 단어는 주로 질병으로부터의 치료를 의미하지만(6:3; 103:3; 147:3) 고통스러운 상태로부터의 회복을 의미하기도 한다(60:2; 대하 7:14; 렘 33:6; 호 6:1; 14:5). 다윗이 심각한 질병이나 고통에서 회복되었다고 보는 것이 좋을 것이다. 역대상 21장의 상황이라면 전염병으로 고통당하는 백성들의 치유와 하나님이 다윗의 희생 제사를 받으신 것을 의미할 것이다. 5절에서 이것은 '은총'으로 표현된다.

3절은 세 번째 찬양의 이유를 담고 있는데 그것은 죽음의 고통에서 회복시켜 주셨다는 것이다. 1행과 2행은 그것을 유사한 표현으로 두 번 강조한다. '스올'과 '무덤'이 평행을 이루고 '끌어내다'와 '살리다'가 평행을 이룬다. 1행의 '스올'(18:5; 욘 2:2)은 죽음의 영역이나 무덤을 가리키는데 거기서 '끌어내었다'는 것은 죽지 않게 하셨음을 의미한다. 또 2행에서 '무덤'으로 번역된

---

14. VanGemeren, *Psalms*, 297-9.

단어는 원래 깊은 '웅덩이' 혹은 '물이나 곡식의 저장소'를 가리키지만(7:16; 창 37:20; 출 21:33; 렘 38:6, *HALOT*), 여기서처럼 비유적으로 매우 고통스러운 상태나 '스올'과 동일한 장소인 '무덤,' 즉 '죽음의 세계'를 의미하기도 한다(28:1; 40:2; 88:4, 6; 143:7; 잠 1:12; 사 14:15, 19; 38:18, *HALOT*).[15] '구덩이로 내려가는' 상황은 다윗이 깊은 질병 등의 고통으로 죽음의 힘 앞에 노출된 상황, 즉 죽음 직전의 고통스러운 상황에 있었음을 알려준다. 9절에서도 이런 상황을 '무덤,' '피(죽음),' '진토' 등으로 표현하고 있다. 그러므로 '살리다'는 2행의 동사는 하나님과 생명으로부터 단절된 영역인 '스올'이나 '무덤'에서 생명(영혼)을 회복시키신 하나님의 놀라운 은혜를 부각한다.

2. 회중들을 향한 찬양으로의 초청과 교훈(4-5절)

여호와가 '무덤으로 내려가는 데서' 자신을 건져내신 구원을 경험한 다윗은, 자신의 간증과 찬양을 듣고 있는 회중을 향해 자신과 함께 하나님을 찬양하자고 초청한다. 개인의 감사가 공동체의 감사로 바뀌는 순간이다.[16] 그리고 5절에서는 자신이 경험한 하나님의 은혜를 교훈으로 선포한다. 이것은 이 시편을 읽는 모든 독자에게 이 시편이 말하고자 하는 핵심적인 교훈이다. 이 시편이 인구 조사 사건(삼하 24장; 대상 21장)을 배경으로 한다면 다윗의 고백은 전염병에서 회복된 이스라엘을 대표하는 고백이다.

1) 찬양으로의 초청(4절)

4절에서 다윗은 성소 예배에 참여한 성도들을 부르며 함께 여호와를 찬양하자고 초청한다. 이것은 고통 가운데 있을 때 하나님이 구원해 주시면 회중들 앞에서 구원의 은혜를 찬양하겠다고 했던 맹세를 지키는 것이다(특

---

15. Kraus, *Psalms 1-59*, 340 참조.
16. Loader, "Psalm 30," 297 참조.

별히 28:7; 25-33편 그룹의 26:7, 12; 27:6; 29:1-2; 31:21 참조; 22:22 이하; 35:18; 40:9; 116:14 등 참조). 초청의 대상은 '성도들'인데 이 표현은 여기서 하나님을 예배하기 위해서 모인 회중들을 가리키지만, 단어 자체는 하나님께만 전적으로 헌신하고 충성하는 하나님의 '경건한' 언약 백성들을 가리킨다(4:3; 31:23; 32:6; 132:9; 149:5 등 참조). 또 '찬송하다'(12절의 첫 번째 동사로 반복)로 번역된 동사는 원래 악기를 연주하면서 노래하는 것을 뜻한다(표제의 '시'의 어근). 2행에서는 '찬송하다'와 평행을 이루어 '감사하다'가 사용된다. 이 동사는 이 시편에서 가장 중요한 단어로 '감사하다' 혹은 '찬양하다'는 의미를 지니는 *야다*(יָדָה)이다(7:17; 9:1; 18:49; 28:7; 145:10). 이 동사는 이 시편에서 4, 9, 12절에 세 번이나 등장하여 이 시편이 감사의 노래임을 강조한다. 2행을 정확하게 번역하면 '그의 거룩한 이름(기억)에 감사하라'이다. 여호와가 행하신 구원의 사역들을 상기시키는 '이름'(출 3:15; 97:12; 111:2-4; 122:4; 135:13; 145; 사 26:8)을[17] 찬양함으로써 여호와의 구원 행동을 가슴에 새기는 것이다.[18]

2) 간증의 교훈(5절)

5절은 이유를 나타내는 접속사 '왜냐하면'(*키* כִּי)으로 시작하면서 4절에서 성도들을 찬양으로 초대한 이유를 말한다. 다윗은 여기서 자신이 구원 경험을 통해서 깨닫게 된 하나님의 은총과 사역을 교훈적으로 선포한다. 이런 표현을 통해서 자신의 개인적 경험을 공동체에 일반적으로 적용하고 있다고 볼 수 있다.[19] 다윗은 하나님의 진노로 인한 고통과 그와 대조적인 구원의 은총을 대조되는 단어 쌍들(노염/은총, 잠깐/평생, 저녁/아침, 울음/기쁨)을 사용하여 두 문장으로 표현하고 있다. 1행에서는 그것을 '노염은 잠깐, 은총

---

17. VanGemeren, *Psalms*, 297-9.
18. Kraus, *Psalms 1-59*, 355.
19. Kraus, *Psalms 1-59*, 355.

은 평생'으로 표현한다. 하나님의 '노염'이 머문 시간은 비록 '스올'이나 '무덤'처럼(3, 9절) 매우 깊고 고통스러웠지만, '은총'을 베푸신 시간에 비하면 눈 깜짝할 사이에 지나가 버리는 순간에 불과하다는 선언이다. 여기서 '노염'은 하나님이 다윗의 죄를 정의롭게 징계하신 것을 말하며, '은총'은 하나님이 베푸신 용서와 고통으로부터의 회복을 의미한다(7절; 106:4; 사 49:8; 60:10; 61:2 참조).[20] '잠깐' 혹은 '순식간'이라는 '짧음'에 대한 강조(73:19; 출 33:5; 민 16:21; 17:10)는 2행에서 나그네처럼 잠깐 머문다는 의미를 지닌 '깃들이다'는 동사에서 다시 표현된다.

2행에서는 저녁의 울음과 아침의 기쁨이 대조된다. 어두운 '저녁'은 고난의 시간을 가리키고 '울음'은 하나님의 진노로 초래된 '고통'을 상징한다. 반면 '아침'은 하나님의 구원 시간을 상징하고(46:5; 90:14; 143:8 참조) '기쁨'은 하나님의 구원이 가져다주는 감격을 의미한다. 2행은 어둠이 아침 빛에 순식간에 사라지듯이 구원의 기쁨이 고난의 슬픔을 몰아내는 것을 형상화한다. 5절은 단지 하나님의 진노나 그로 말미암는 고통의 시간은 밤처럼 짧고 구원의 시간은 길다는 것만을 표현하지 않는다.[21] 하나님의 은총이 얼마나 놀랍고 풍성한지, 아무리 고통의 시간이 길고 힘들었다고 해도 언제 하나님의 진노가 있었는지 언제 슬퍼했는지조차 모를 정도임을 표현한다. 5절은 결국 하나님이 백성의 악과 죄에 대해 심판하셔도 심판이 아닌 사랑과 은혜 베푸시길 더 기뻐하신다는 것을 가르친다.[22] 이러한 5절의 고백은 11절에서 간증의 형식으로 다시 표현된다.

---

20. VanGemeren, *Psalms*, 299.
21. E. Landau, "The Word-pair Morning/Evening as a Parallel Word-pair in Biblical Poetry," *JBQ* 45/4 (2017): 261-2에서는 '저녁부터 아침'을 빨리 지나가는 시간을 강조하는 것으로만 해석하는데 이것만이 5절의 강조점이라고 보기는 어렵다.
22. Loader, "Psalm 30," 298.

3. 여호와의 은혜로운 구원에 대한 상세한 간증(6-11절)

이 부분은 1-3절에서 요약적으로 간증했고, 4-5절에서 '은총'과 '기쁨'으로 암시적으로 말했던 하나님의 은혜로운 구원 내용을 이야기처럼[23] 시간적 순서를 따라 상세하게 간증하는 부분이다. 6-7절은 다윗이 교만해서 징계받은 것을 회상한 부분이고, 8-10절은 그 고난 속에서 하나님께 기도한 것을 회상하는 부분이며, 11절은 기도에 응답하신 하나님의 놀라운 은총을 회고하는 부분이다.

1) 교만하여 여호와께 징계받음(6-7절)

이 부분은 과거에 다윗이 하나님께 징계를 받았던 상황을 회상한 것이다. 5절에서 말한 '진노'와 '저녁의 울음'의 상황을 설명한다.

6절에서 다윗은 '그러나 나는'이라는 역접과 '나'에 대한 강조로 시작하면서 5절에서 찬양한 은총의 하나님을 배신했던 자신의 과거를 회상하기 시작한다. 다윗은 모든 일이 잘될 때 자기 스스로 한 말("내가 영원히 흔들리지 아니하리라")을 인용하여 교만했던 자신의 모습을 생생하게 전달한다. 하나님의 은총이 아니라 자기를 신뢰하는 이런 말은 어리석은 악인들이나 하는 매우 교만한 말이다(10:6; 잠 10:12; 신 8:1이하). '흔들리지 않는다'는 말은 1행에서 말한 '형통한' 상태, 편안한 상태의 지속을 의미한다. 역대상 21장에 보면 다윗은 자신이 주변의 대적들을 다 정복하고 이스라엘이 안전하게 된 것이 마치 군사력 덕분이었던 것처럼 미래의 안전을 위해 군인 수를 조사하고 있다. 이것은 하나님에 대한 배신이자 교만의 극치였다.

7절에는 6절의 첫 단어인 '나'와 대조적으로 '여호와'가 제일 앞에 나와서 다윗을 형통하게 하신 분이 다윗 자신이 아니라 여호와임을 강조한다. 2행은

---

23. 감사시편은 구원받은 이야기를 회중들에게 간증하는 요소를 반드시 포함한다. Loader, "Psalm 30," 298-9에서는 이 부분을 '이야기'(narrative)라고 부르며 그 순서들을 간과(6) - 두려움(7) - 기도(8-10) - 역전(11) - 찬양(12) 순으로 열거하고 있다.

여호와의 은총이 사라지자 곤두박질칠 수밖에 없었음을 노래한다. 7절 1행은 번역하기가 까다롭다. 개역개정의 "나를 산 같이 굳게 세우셨다"를 비롯해 "나를 태산보다 더 든든하게 세우셨다"(새번역), "나를 견고한 산 위에 세우셨다," "나의 아름다움에 힘을 더하셨다"(칠십인역) 등 다양한 번역이 제안되고 있다. 하지만 이런 번역들이 나오기 위해서는 맛소라 본문과 다르게 읽어야 하는데 그런 증거들은 없다.[24] 맛소라 본문대로 직역하면 "내 산(NIV 'my royal mountain')을 굳게 세우셨다"이다. 이것은 하나님이 다윗을 자신의 왕궁이 있는 시온산에 굳게 세우신 것이나, 대적들을 물리치고 왕위를 견고하게 하신 것을 의미한다(18:33; 27:5 참조).

7절 2행에서 다윗은 자신이 하나님의 은혜로 견고하게 된 것을 부인했을 때 여호와가 얼굴을 가리시는 징계를 하셨다고 회상한다. 얼굴빛을 비추는 것이 '은총'과 '구원'을 베푸시는 것을 의미한다면(31:16), 얼굴을 숨긴다는 말은 그것들을 거두는 것을 의미한다(30:7; 44:24; 69:17; 88:14; 102:2; 143:7).[25] 5절에서 말한 여호와의 공의로운 '진노'가 발휘된 것이다. 그래서 다윗은 '근심했다'고 한다. '근심하다'는 단어는 정신을 잃어버릴 정도로 놀라고 낙담한 것을 의미한다(*HALOT*, 6:10; 48:5; 83:17; 90:7; 출 15:15; 삼상 28:21). 5절이 말한 '울음'의 상황이고, 무덤으로 내려가는 죽음 직전의 상황이었다(3, 9절). 역대상 21장의 상황이라면 전염병으로 수많은 백성이 죽어 나가는 상황이다. 견고하게 보이던 다윗과 그의 왕국이 완전히 무너지게 된 상황이다.

---

24. Von Ludwig Wächter, "Drei umstrittene Psalmstellen (Ps 26:1; 30:8; 90:4-6)," *ZAW* 78 (1966): 64-5에서도 위에서 말한 번역들을 비롯하여 MT를 고쳐서 읽는 학자들의 다양한 번역들을 소개하고 있다. 이 논문에서는 "주께서 나를 보호하는 산들을 두셨습니다."(125:2 참조)는 번역을 제안하고 있다.

25. *NIV Study Bible*, 799.

2) 죽음의 위기에서 여호와께 부르짖음(8-10절)

이 연은 다윗이 위기 상황에서 하나님께 기도한 것을 회상하는 부분으로 2절에 대한 설명이다. 8절의 '부르짖다'와 '간구하다'는 2절의 '울부짖다'와 연결된다. 9-10절은 당시에 기도했던 내용을 인용하고 있다.

8절에서는 하나님의 심판을 당한 다윗이 비로소 자신에게서 눈을 돌려 자기 삶과 왕국의 '주인'('주님,' Lord)이신 여호와를 향하여 부르짖으며 간구했다고 보고한다. '간구하다'는 긍휼을 구하는 것을 의미하는데, 10절의 '은혜 베풀다'와 같은 어근을 갖는다(25:16; 26:11; 27:7; 28:2,6; 31:9 참조).

9-10절은 과거에 기도했던 내용을 인용한 것이다. 이 중에서 9절은 세 번의 수사 의문문(당연한 대답을 강조하기 위해 의문문으로 표현한 설의법)으로 구성되어 있다. 이 의문문들은, 다윗이 하나님의 징계로 죽어버린다면 하나님을 찬양할 사람을 잃게 되는 것이므로 하나님께는 전혀 도움이 안 된다는 것을 강조한다. 하지만 이것은 뻔뻔한 요구가 아니라 자신을 살려 주셔서 놀라운 하나님의 은혜를 성도들 앞에서 찬양하게 해 달라는 간절한 기도와 다름없다(6:5; 88:4-5; 115:17; 사 38:18-19 참조). 언약 백성의 존재 목적은 여호와께 영광을 돌리고 그의 이름을 찬양하는 것이기 때문이다.[26] 시인은 모세(출 32:9-14)나 아브라함(창 18:23-33)이나 욥(욥 22:2-3)처럼 자신의 회복이 하나님의 명예와 정의로운 통치와 직결되어 있음을 상기시키며 기도하고 있다.[27] 9절은 3절의 어휘들을 반복하고 있다. 3절에서 말했던 '무덤에 내려가는 것'은 '피'와 '진토'로 표현되어 있다. 여기서 '피'는 죽음에 대한 환유이고, '진토'는 무덤에 대한 환유(22:15, 29; 욥 7:21; 20:11; 21:26)이다. 9절 1행의 '무슨 유익이 있으리요'는 다윗이 죽으면 하나님을 찬양할 수 없어서 하나님께 도움이 안 된다는 것을 의미한다. 이어지는 두 행에는 '감사하다'

---

26. Kraus, *Psalms 1-59*, 356.
27. Loader, "Psalm 30," 299-300 참조.

는 4절의 동사와 '선포하다'는 동사가 나온다. 이 동사들은 다윗의 구원 간구의 근본적인 목적이 회중들 앞에서 언약에 신실하신('진리') 하나님의 구원을 감사하고 찬송하는 것이었음을 강조한다.[28] 4-5절은 그것이 실현된 상황이다. 이 부분은 히스기야가 질병에서 치유 받은 후에 여호와께 드린 기도와 유사하다(사 38:18-19와 시 30:4-5, 9절 비교).

10절은 기도 응답("들어 주십시오")에 대한 촉구이다. 1행의 "여호와여, 들으시고 내게 은혜를 베푸소서"라는 전형적인 간구는 이웃하는 시편들의 간구와 유사하다(25:16; 26:11; 27:7; 31:9 참조). 다윗은 자신이 하나님의 진노 중에 죽어도 마땅한 것을 알기에 하나님이 은혜 베푸시길 간구한다. 2행에서 나를 '돕는 자'가 되어 달라고 한 것은, 하나님의 진노로 말미암아 고통 중에 있는 자신을 구해 달라는 말이다. 하나님이 징계하신 고통에서 벗어날 길은 하나님의 도우심밖에 없음을 알기 때문이다(27:9; 28:7; 33:20).

3) 여호와의 응답하심과 놀라운 구원(11절)

11절은 5절에서 회중들에게 했던 교훈이 다윗의 어떤 경험에서 비롯되었는지를 보여준다. 그것은 여호와의 기도 응답과 자신의 놀라운 회복에서 비롯되었다. 다윗은 5절에서처럼 다시 대조적인 단어 쌍들(슬픔/춤, 베옷/기쁨, 벗기다/띠 띠우다)을 사용하여 급격하고 근본적인 상황의 변화를 강조한다. '바꾸다'는 동사는 바다를 땅으로, 저주를 복으로, 통곡을 기쁨으로 바꾸는 것과 같은 급진적인 변화를 의미하는 동사다(66:6; 78:44; 105:29; 신 23:5; 느 13:2; 렘 31:13). '슬픔'은 장례식에서 곡하는 것을 의미하여 다윗이 죽음의 고통 가운데서 흘린 눈물과 회개의 통곡을 반영한다. 이에 비해 '춤'은 잔치에서 누리는 최고의 기쁨을 표현하는 것이었다(삿 21:21; 렘 31:13; 애

---

28. Mays, *Psalms*, 141.

5:15).[29] '베옷'은 당시 상을 당한 사람들이 입었던 상복을 가리키는데, 주로 염소 털로 조잡하게 짠 검은 색 직물로 만든 옷으로 애통과 회개를 표현할 때 주로 입었다(*HALOT*, 35:13; 69:11; 사 50:3; 계 11:3; 창 37:34 참조).[30] 2행에서는 '벗기다'와 '띠 띠우다(입히다)'는 대조되는 동사가 죽음의 슬픔을 잔치의 기쁨으로 바꾸신 하나님의 놀라운 구원을 묘사하고 있다. 1절에서는 하나님이 원수들로 기뻐하지 못하게 하셨다고 했는데 여기서는 다윗에게 기쁨을 입혀 주셨다고 대조적으로 말한다. 이처럼 급격한 변화는 5절에서 고백하듯이 이전의 '노염'과 '울음'을 무색하게 하는 정말로 놀라운 하나님 은총의 결과이다.

4. 구원의 결과-찬양에 대한 맹세(12절)

12절은 구원의 결과로 9절에서 기대했던 찬양을 드릴 것을 맹세하는 마무리 부분이다. 1절 1행과 수미쌍관을 이루어 하나님의 구원은 결국은 하나님에 대한 감사와 찬양으로 이어진다는 것을 강조한다. 4절에 등장한 '찬송하다'와 '감사하다'(4, 9절)는 동사가 반복되고 있다. 1행은 여호와가 다윗을 구원해 주신 목적을 말하는 것으로 '~을 위하여'라는 의미의 불변화사(*레마안* לְמַעַן)로 시작하고 있다. 그 목적은 "내 영광이 잠잠하지 아니하고 주를 찬송하도록" 하는 것(4절 참조)이다. 이것은 9절이 강조하는 바였다. 다윗은 지금 죽음으로 내려가던 데서 건짐을 받아 하나님의 구원을 사람들 앞에서 찬양하고 있다. '영광'은 사람의 내적인 중심인 '마음'이나 존재의 핵심, 혹은 전 존재, 혹은 인간으로서 가진 존엄성을 가리키는 말(7:5; 16:9; 57:8; 108:1)이다. 찬양은 사람의 전 존재인 '영광'이 하나님의 영광(29:1, 2, 3, 9 참조)을 드러내는 것이다. 2행의 '여호와 나의 하나님'은 2절에 있었던 친근한 호칭

---

29. Kraus, *Psalms 1-59*, 356.
30. *NIV Study Bible*, 817.

의 회복이다. 여호와의 구원은 그가 '나의 하나님'이심을 보여주신 사건이었다. 다윗은 나의 하나님이신 여호와께 '영원히' 감사 찬양을 드리겠다고 한다. 지금 한 번 성도들 앞에서 찬양하는 것으로 그치지 않고 계속 찬양을 드리겠다는 맹세다. 이 '영원히'는 6절에서 다윗이 자신의 왕권이나 왕조의 영원성에 대해 말했던 교만한 '영원히'와 대조적으로 하나님께 모든 것을 의뢰하는 겸손한 '영원히'다. 역대상 21장에 적용하자면, 이것은 하나님의 용서와 구원을 상징하는 성전을 지어 성도들과 함께 그 용서와 구원을 영원히 노래하겠다는 성전 신학을 반영한다고 할 것이다.

교훈과 적용

시편 30편의 교훈: 성도가 징계를 받아 고통당하는 가운데서라도 하나님께 용서와 구원을 바라며 기도할 때, 하나님은 그 기도에 응답하셔서 진노를 은총으로, 슬픔을 기쁨으로 바꿔주심으로써, 회복된 성도가 회중들 앞에서 하나님이 베푸신 구원의 은총에 감사하며 찬양하게 하신다. 성전은 그런 하나님을 만나는 기도와 은총의 집이자 감사와 찬양의 집이다.

1. 하나님의 진노는 잠깐이요 은총은 평생임을 기억하라(5, 8-11절)

우리도 다윗처럼 모든 면에서 견고하게 섰다고 생각했을 때(6절) 넘어질 수 있다(7절, 고전 10:12). 하나님보다 자신이나 세상을 더 의지하기 쉽다. 그럴 때 하나님은 우리의 교만과 죄악을 징계하고 교정하기 위해 사랑의 매를 드신다. 그 매는 때에 따라서는 매우 혹독하다. 전염병으로 수만 명이 목숨을 잃을 수도 있고, 나라 전체를 잃고 많은 백성이 강대국에 포로로 끌려갈 수도 있다(왕하 25장). 하나님의 징계는 '무덤으로 내려가는 것'에 비길 만큼 고통스럽다(3, 9절). 기쁨과 춤은 슬픔으로 변하고(애 5:15) 통곡(5, 11절)이 저절로 나온다.

징계에서 회복되는 극적인 하나님의 은총을 경험한 다윗은 하나님의 노염은 잠깐이요 은총은 평생이라고 한다(5절; 사 54:7-8). 하나님이 우리를 징계하시는 목적은 '재앙' 자체가 아닌 '평안'과 '미래'와 '희망'을 주시기 위함이다(렘 29:11). 죄에서 돌이켜 용서를 구하라고 하신다. 우리의 죄를 용서하시고 회복시키시는 하나님의 은혜에 비하면, 징계의 고통은 아무것도 아니다(사 35:10; 51:11; 61:3). 하나님의 은총은 모든 고통을 잊게 할 만큼 풍성하다.

예수 그리스도의 십자가는 그 은혜의 영원성과 풍성함을 보여준다. "하나님이 그 아들을 세상에 보내신 것은 세상을 심판하려 하심이 아니요 그로 말미암아 세상이 구원을 받게 하려 하심이라."(요 3:17; 12:47) 주님이 친히 '무덤에 내려가시는' 죽음을 경험하심으로써(마 27:60; 막 15:46; 눅 23:53; 요 19:41-42) 자신들의 죄로 '무덤에 내려가는 자들'에 대한 구원의 길이 열렸다. 우리 주님은 '무덤에 내려가는 자들'을 끌어내어 넉넉하게 회복시키시는 부활의 주님이시다(요 11:17-44). 이 구원의 은혜는 죽음을 넘어 영원히 지속할 것이다(고후 4:17). 다윗처럼 고통 가운데서라도 다시 이러한 하나님의 은총을 의지하며 부르짖고 간구할 때(8-10절), 하나님은 이전의 고통을 모두 잊게 할 만한 놀라운 역전의 은혜로 우리를 용서하시고 회복시키실 것이다(11절; 에 9:22). 우리는 이 땅에 살면서 자신과 세상의 죄와 고통으로 '잠깐' 근심할 수 있다. 그러나 주님이 오시면 그 모든 고통을 잊고 크게 기뻐하게 될 것(벧전 1:3-6; 5:10)을 믿고 항상 회복의 은총을 간구해야 할 것이다.

2. 은총으로 진노를 푸신 하나님을 찬양하고 세상에 전하라(1-3, 4, 9, 12절)

하나님의 놀라운 구원, 말로 형용할 수 없는 기쁨은 반드시 찬양과 감사로 표현되어야 한다. 고난 가운데서 구원을 간구하는 우리 기도의 궁극적 목적은 하나님의 은총에 감사하고 구원의 하나님을 찬양하는 것이기 때문이다(9, 12절; 엡 1:3, 6, 12, 14). 하나님이 우리에게 베푸신 놀라운 역전의 은총을 우리만 간직하지 말고 성도들 앞에서 간증하며 찬양할 때, 교회와 세상도 하나님의 은총을 사모하게 될 것이다(고후 4:14-15; 살후 1:5-10). 이것이 이 땅에 교회가 존재하고 예배를 드리는 목적이다. 교회는 모일 때마다 진노를 은총으로 바꾸시는 놀라운 하나님의 은혜를 감사하며 찬양하는 공동체다(엡 5:19; 골 3:16). 교회는 그런 점에서 기도와 은총의 집이자 감사와 찬양의 집이다.

시편 31편

나의 영을 하나님 손에 맡깁니다

[다윗의 시, 인도자를 따라 부르는 노래]

1 여호와여 내가 주께 피하오니
나를 영원히 부끄럽게 하지 마시고
주의 공의로 나를 건지소서

2 내게 귀를 기울여
속히 건지시고
내게 견고한 바위와
구원하는 산성이 되소서

3 주는 나의 반석과 산성이시니
그러므로 주의 이름을 생각하셔서
나를 인도하시고 지도하소서[1]

4 그들이 나를 위하여 비밀히 친
그물에서 빼내소서[2]
주는 나의 산성이시니이다

5 내가 나의 영을 주의 손에 부탁하나이다
진리의 하나님 여호와여 나를 속량하셨나이다[3]

6 내가 허탄한 거짓을 숭상하는 자들을 미워하고
여호와를 의지하나이다

7 내가 주의 인자하심을 기뻐하며 즐거워할 것은
주께서 나의 고난을 보시고

---

1. '인도하다'와 '지도하다'는 미완료형 동사로 확신을 표현하는 것으로 볼 수도 있지만(ESV, JPS) 2절의 명령법을 지속하는 기원으로 번역하는 것이 더 나아 보인다(개역개정, 새번역, NIV).
2. '빼내다'는 동사는 미완료형으로 확신을 표현하는 것으로 볼 수도 있지만(ESV, JPS) 2절의 명령법을 지속하는 기원으로 번역하는 것이 더 나아 보인다(개역개정, 새번역, NIV).
3. '속량하다' 역시 미완료형으로 확신으로 볼 수도 있지만(개역개정, 새번역, ESV, JPS) 1-2절의 명령법을 지속하는 기원으로 번역하는 것이 더 나아 보인다(NIV).

환난 중에 있는 내 영혼을 아셨으며[4]

8 나를 원수의 수중에 가두지 아니하셨고

내 발을 넓은 곳에 세우셨음이니이다

9 여호와여 내가 고통 중에 있사오니 내게 은혜를 베푸소서

내가 근심 때문에 눈과

영혼과 몸이 쇠하였나이다

10 내 일생을 슬픔으로 보내며

나의 연수를 탄식으로 보냄이여

내 기력이 나의 죄악 때문에[5] 약하여지며

나의 뼈가 쇠하도소이다

11 내가 모든 대적들 때문에

욕을 당하고

내 이웃에게서는 심히 당하니

내 친구가 놀라고

길에서 보는 자가

나를 피하였나이다

12 내가 잊어버린 바 됨이 죽은 자를 마음에 두지 아니함 같고

깨진 그릇과 같으니이다

13 내가 무리의 비방을 들었으므로

사방이 두려움으로 감싸였나이다

그들이 나를 치려고 함께 의논할 때에

내 생명을 빼앗기로 꾀하였나이다

14 여호와여 그러하여도 나는 주께 의지하고

---

4. 칠십인역에서는 '구원하셨다'고 읽는다.

5. 일부 번역본들(새번역, NIV)은 '내 죄악으로'(*바아보니* בַּעֲוֹנִי)가 문맥상 맞지 않는다는 이유로 칠십인역을 따라서 '내 비천함(가난) 중에'(*바아니* בַּעֳנִי)로 읽는다. 가능성이 있는 독법이다.

말하기를 주는 내 하나님이시라 하였나이다

15 나의 앞날이 주의 손에 있사오니

내 원수들과 나를 핍박하는 자들의 손에서 나를 건져 주소서

16 주의 얼굴을 주의 종에게 비추시고

주의 사랑하심으로 나를 구원하소서

17 여호와여 내가 주를 불렀사오니 나를 부끄럽게 하지 마시고

악인들을 부끄럽게 하사 스올에서 잠잠하게 하소서

18 교만하고 완악한 말로 무례히 의인을 치는

거짓 입술이 말 못하는 자 되게 하소서

19 주를 두려워하는 자를 위하여 쌓아 두신 은혜

곧 주께 피하는 자를 위하여

인생 앞에 베푸신

은혜가 어찌 그리 큰지요

20 주께서 그들을 주의 은밀한 곳에 숨기사

사람의 꾀에서 벗어나게 하시고

비밀히 장막에 감추사

말 다툼에서 면하게 하시리이다

21 여호와를 찬송할지어다

견고한 성에서

그의 놀라운 사랑을 내게 보이셨음이로다

22 내가 놀라서 말하기를

주의 목전에서 끊어졌다[6] 하였사오나

내가 주께 부르짖을 때에

---

6. MT의 *가라즈*(נִגְרַזְתִּי)는 애 3:54처럼 자음 순서가 바뀌어 *가자르*(נִגְזַר)로 읽히거나, 유사한 표현을 담고 있는 욘 2:5처럼 '쫓겨나다'는 의미의 동사(*가라쉬* נִגְרַשׁ)로 읽어야 한다고 제안되기도 한다(*HALOT*). 하지만 뜻의 큰 변화는 없다.

주께서 나의 간구하는 소리를 들으셨나이다
23 너희 모든 성도들아 여호와를 사랑하라
여호와께서 진실한 자를 보호하시고
교만하게 행하는 자에게
엄중히 갚으시느니라
24 여호와를 바라는 너희들아
강하고 담대하라

본문 개요

31편은 다윗이 절박한 상황 가운데서 하나님께로 피하여 구원을 간청하는 기도시편이다. 하지만 31편 19-24절에는 강한 신뢰와 찬양의 요소가 들어 있어서 18절까지의 기도와 탄식 이후에 구원받은 시인이 감사를 드리는 시편이라고 보기도 한다.[7] 하지만 여기서는 9-13절이 묘사하는 탄식의 상황에서도 하나님께 찬양할 구원의 날을 바라고 확신하면서 간절히 기도하는 것으로 본다. 이 시편의 여러 구절은 구약 성경의 다양한 부분들에 다시 나타나고 있어서 전형적인 탄식과 신뢰와 간구의 모습을 갖추고 있다고 할 수 있다. 즉 어떤 고난을 당하는 성도라도 이 시편을 자신의 기도로 활용할 수 있다는 것이다. 예를 들면 1-3절은 71편 1-3절에서 반복되고, 6절은 요나 2장 8절에, 13절은 예레미야 6:25, 20:10, 46:5, 예레미야 애가 2:22 등에 등장한다. 특별히 5절은 예수님이 십자가 위에 계실 때 인용하셨을 뿐만 아니라(눅 23:46) 신약 성경 다른 곳에서도 인용되고 있다(행 7:59; 벧전 4:19). 크레이기는 무

7. Kraus, *Psalms 1-59*, 360.

려 40% 이상의 표현이 다른 성경에 사용되고 있다고 주장한다.[8]

이 시편이 구체적으로 어떤 상황에서 드려졌는지는 불확실하다. 20절이나 23절은 다윗이 이 시편을 성막에서 예배하는 중에 성도들 앞에서 드렸음을 암시해 준다. 다윗은 아마도 몸과 마음이 극도로 쇠약한 상황에서(9-10, 12절) 대적들의 거짓 고발과 모욕과 공격에 시달렸던 것 같으며(11, 13, 15-18, 20절), 가까운 사람들로부터도 배신당한 것 같다(11절). 다윗이 대적들의 거짓 고발과 악랄한 핍박 때문에 성소로 피해 와서 하나님의 공의로운 판결을 구한다는[9] 면에서(1, 23절) 이 시편은 26-28편과 닮았다.

이 시편은 25-33편 그룹에서 짝을 이루는 기도시편인 27편과 밀접하게 관련되어 있다(25편 개요 참조). 가장 특징적인 것은 둘 다 성도들에게 마음을 강하고 굳세게 하여 여호와를 바랄 것을 권면하면서 마무리된다(27:14; 31:24)는 점이다. 자세한 것은 27편의 개요 부분을 참조하라. 31편은 25-33편 그룹이 그런 것처럼 '성소'와 '공동체'에 대한 관심을 나타낸다(25:22, 28:9, 29:11, 30:4, 32:11, 33:1, 12). 또 31편은 26편처럼 공의로운 판결을 요청하고 있으며(26:1; 31:1), 25편(16절), 26편(11절), 27편(7절), 28편(2,6절), 30편(8, 10절)처럼 '은혜 베푸시길' 간구한다. 특별히 28편 6절과 31편 21, 22절은 매우 닮았다.

28:6 여호와가 송축받으시길! (בָּרוּךְ יְהוָה)/
　　이는 내 간구 소리를 들으셨기 때문이네 (כִּי־שָׁמַע קוֹל תַּחֲנוּנָי)
31:21 여호와가 송축받으시길! (בָּרוּךְ יְהוָה) …
　22 주께서 내 간구 소리를 들으셨습니다 (שָׁמַעְתָּ קוֹל תַּחֲנוּנַי)

8. Craigie, *Psalms 1-50*, 259-60 참조.

9. Kraus, *Psalms 1-59*, 361.

한편 호스펠트는 다음과 같이 바로 앞의 시편인 30편과 많은 공통된 요소를 가지고 있음을 관찰하고 지적하였다. 여호와를 '나의 하나님'으로 부름(30:2, 12; 31:14), 여호와의 얼굴을 의지함(30:7; 31:17), 여호와의 은혜를 구함(30:8, 10; 31:9), 여호와께 부르짖음(30:8; 31:17; 30:2와 31:22), 시인의 생명에 대한 언급(30:3, 31:9), 잠잠함에 대한 언급(30:12; 31:17), 스올에 대한 언급(30:3; 31:17), 여호와의 들으심(30:9; 31:2, 22), 얼굴을 숨김(30:7; 31:20), 성도들에 대한 교훈(30:4; 31:23), 여호와께서 시인을 세우심(30:7; 31:8), 성전에 대한 암시(30:7; 31:3이하, 20절), '신실함'에 대한 언급(30:9; 31:5 '신실하신 하나님'), 시인이 스스로 한 말 인용(30:6; 31:22), 질병과 죄와의 관련성(30:5-6; 31:10) 등.[10] 32편과의 관련성에 대해서는 32편 개요에서 언급할 것이다.

문학적 특징과 구조

31편에는 기도와 신뢰의 고백, 탄식 등이 번갈아 가면서 나오기 때문에 구조를 파악하기가 쉽지 않다. 특별히 19-24절 부분을 어떻게 보느냐가 중요하다. 어떤 이들은 이전 부분의 기도에 대한 응답을 받고 시인이 그에 대해서 감사와 찬양을 올려드리는 것이라고 주장한다.[11] 하지만 이 부분은 탄식시편들에 자주 등장하는 기도 응답의 확신 부분으로 생각하는 것이 더 맞는 것 같다. 여러 가지 문학적 특징과 주제를 고려하여 아래와 같이 구조를 나누는 것이 적합해 보인다.[12]

---

10. Hossfeld & Zenger, *Die Psalmen 1*, 193-4.

11. Craigie, *Psalms 1-50*, 258; Kraus, *Psalms 1-59*, 361.

12. J. H. Potgieter, "'David' in Consultation with the Prophets: The Intertextual Relationship of Psalm 31 with the Books of Jonah and Jeremiah," *OTE* 25/1 (2012): 116-20에서는 5절

A 1-5절 서론적 간구: 신실한 피난처이신 여호와의 구원 간구
B 6-8절 신뢰 고백: 하나님의 구원하시는 인자하심에 대한 확신
C 9-13절 고통스러운 상황에 대한 탄식
9-10절 영혼과 몸의 고통에 대한 탄식
11-13절 대적들의 치명적인 공격과 무리의 비방에 대한 탄식

A′ 14-18절 구체적인 간구: 신뢰에 기초한 시인의 구원과 원수의 멸망 간구
B′ 19-24절 신뢰 고백: 미래의 구원에 대한 확신과 성도들에 대한 권면
19-20절 하나님의 구원에 대한 확신
21-22절 구원에 대한 확신으로 드리는 찬양
23-24절 성도들에 대한 권면

위의 구조는 각각 간구와 신뢰의 고백으로 구성된 1-8절(AB)과 14-24절(A′B′) 사이에 시인의 고통 탄식 부분(9-13절, C)이 나오는 집중형 구조를 보여준다. 9-13절에 나오는 탄식이 시인의 현재 상황이며, 앞뒤에 나오는 간구와 신뢰의 고백은 그런 상황에서 하나님께 보이는 시인의 반응이라고 할 수 있다.[13] 1절에서 시인이 여호와께 피하고 있는데 19절에서는 주께 피하는 자에 대한 하나님의 은혜를 확신하고 있고, 2절에서는 귀를 기울여 주시길 기도하고 있는데 22절에서는 그 간구를 들으심을 확신하며, 1절에서는 하나님의 의로운 판결과 구원을 기대했는데 23절에서는 하나님의 의인 구원과 악

을 신뢰 고백으로 6-8절 부분에 배치하는 것 외에는 위의 구분과 같은 구분을 하고 있다. E. Wendland, "Genre Criticism and the Psalms, as exemplified by Psalm 31," 33-43. https://www.academia.edu/7923161/GENRE_CRITICISM_AND_THE_PSALMS_as_exemplified_by_Psalm_31에서도 이와 동일한 구분을 하고 있다. 하지만 44쪽에서 그는 1-8절과 9-24절의 두 부분으로 크게 나누는데 이것은 우리의 구분과 차이가 난다.

13. 전체적으로 보면 가운데 탄식을 중심으로 간구와 신뢰의 고백과 찬양이 두 번 반복되는데 골딩게이는 이것을 스토리의 반복이라고 부른다. Goldingay, *Psalms 1-41*, 436-7.

인 심판을 선포하고 있다. 시작과 끝이 잘 조화된다. 1-5절과 14-18절의 기도 부분에는 '부끄럽게 하지 마소서'(1, 17절), '건지소서,' '구원하소서,' '지도하소서,' '인도하소서,' '빼내소서,' '속량하소서' 등의 구원을 요청하는 동사들이 반복적으로 등장하여(1, 2, 3, 4, 5절; 15, 16절) 통일성을 이룬다. 한편 신뢰를 고백하는 요소들도 반복적으로 등장한다. '주의 손'에 맡김(5, 15절), 신뢰함(6, 14절), 인자하심을 기대함(7, 16, 21절) 등이 그것이다. 피난처이신 하나님에 대한 묘사가 2-4절에 집중적으로 등장하는데(바위, 산성, 반석, 피난처), 20절에서는 이에 상응하여 성소의 '은밀한 곳,' '피난처' 등이 언급된다. 9-13절에는 고통을 아뢰는 탄식이 집중되어 있고, '원수'와 '악인'에 대한 언급들도 반복적으로 등장한다(8, 11, 13, 15, 17, 18, 20, 23절).

본문 주해

표제: "다윗의 시, 인도자를 따라 (부르는 노래)." 원문에는 '부르는 노래'라는 말은 없다.

다윗이 지은 시(원래 악기를 연주하면서 부른 노래?)로서 후대의 성전 예배에 사용될 때는 예배나 찬양을 인도하는 레위인이 부르거나 인도자를 따라 부르도록 했음을 의미할 것이다. 칠십인역에는 22절에 나오는 '놀람 가운데'라는 말이 붙어 있다.

1. 서론적 간구: 신실한 피난처이신 여호와의 구원 간구(1-5절)

이 서론적 간구 부분에서 다윗은 자신의 상황에 대한 특별한 언급 없이 절박하게 하나님의 구원을 요청한다. 이 부분에서는 특별히 피난처이신 여호와를 의지하는 다윗의 모습이 부각 되고 있다. 그래서 1절에서는 '내가 주께 피한다'는 고백으로 시작해서 5절에서는 '내가 내 영을 주의 손에 부탁합니다'로 마무리된다.

1절에서 다윗은 '주께'를 제일 앞에 내세우며 자신이 고통 가운데서 다른 누구도 아닌 여호와께로 피한다는 것을 강조해서 말한다. 이 표현은 20절처럼 하나님의 임재를 상징하는 성소에 피했음을 의미할 수도 있다.[14] 19절에서는 같은 표현을 통해 하나님께 피하는 자에게 베푸시는 구원의 은혜를 확신한다. '피하다'는 단어는 하나님에 대한 의지와 신뢰를 함의하고 있으며, 하나님께 안전과 행복을 의뢰하는 것을 의미한다. 이 단어는 시편 1권에 특별히 많이 나온다(2:12; 5:11; 7:1; 11:1; 16:1; 17:7; 25:20; 34:8; 36:7; 37:40 등).[15] 2-4절에는 여호와를 '피난처'로 고백하는 표현들이 반복된다.

다윗은 1절 2행에서는 25편 2, 3절에서처럼 '영원히' 부끄럽게 하지 마시길 구한다. 이 기도는 17절에서도 반복되고 있는데 거기서는 반대로 악인들이 부끄러움을 당하게 해 달라고 한다. 이 기도는, 비록 일시적으로 악인이 의인을 이기는 것처럼 보일 수 있지만, 하나님이 결국은 당신께 '피하는' 의인을 '영원히' 승리하게 해 달라는 기도다. 다윗이 악인들의 기대대로 고통 중에서 죽게 된다면, 마치 자신의 죄 때문에 그렇게 된 것처럼 악인들에게 뿐만 아니라 이웃들에게(11-12절) 모든 명예를 잃어버리고 모욕 거리로 남게 될 것이다(욥 30:1, 8-10 참조).[16] 또 그것은 하나님의 공의가 아니기에 3행에서는 하나님의 '공의'로 자신을 건져 주시길 기도한다. 이것은 의로운 재판관이신 하나님이 강한 원수들에게 모함당하는 자신을 구해 달라는 간청이다(5:8; 22:31; 89:16; 사 63:1; 렘 9:23; 미 7:9). 성소는 그러한 의로운 재판과 구원이 이루어지는 왕이신 하나님의 임재 장소였다. 또 이 '공의'는 하나님이 의로운 백성들을 언약에 약속하신 대로 당신의 '신실하심(진리)'(5절)

---

14. Kraus, *Psalms 1-59*, 362.

15. Creach, *Yahweh as Refuge*, 74-7 참조.

16. A. Basson, "'Friends Becoming Foes': a Case of Social Rejection in Psalm 31," *Verbum et Eccles. JRG* 27/2 (2006): 407-9.

과 '인자하심'(7, 16, 21절)으로 돕는 것을 의미한다.[17] '건지다'(7절; 22:4, 8; 37:40; 71:2; 91:14)는 동사는 2절의 '건지다,' '구원하다,' 3절의 '인도하다,' '지도하다,' 4절의 '빼내다,' 5절의 '속량하다' 등과 같이 곤경으로부터 구원받는 것을 의미한다.

2절에서 다윗은 자신의 기도에 '귀 기울여 주셔서'(1행), '속히' '건지시고'(2행) '구원해 주시길'(4행) 간구한다. 이런 표현은 그만큼 현재 상황이 절박하다는 것을 나타낸다. 이런 절박성은 1-5절뿐만 아니라 15-18절에서도 유사한 기도들이 반복되어 강조된다. 15절에서는 '핍박하는 자들의 손에서 건져 주시길' 명확하게 하면서 2행의 기도를 반복하고, 16절에서는 4행처럼 '나를 구원하소서'라고 반복한다. '귀를 기울여 달라는' 간구는 22절에서 기도 응답의 확신('내 간구 소리를 들으셨습니다')으로 연결된다.

2절 3행부터 4절까지는 18편 2절과 유사하게 여호와를 견고한 피난처와 안전한 구원을 상징하는 이미지들('견고한 바위,' '구원하는 산성,' '반석,' '산성')로 표현한다. 이런 반복적 표현은 1절의 '피함'과도 연결되면서 다윗의 상황이 그만큼 보호가 필요한 절박한 상황임을 암시한다. 2절 3-4행이 구원의 피난처가 되어 달라는 기도라면, 3절 1행과 4절 2행은 피난처 하나님에 대한 고백이다. '바위,' '반석,' '산성,' 등의 표현은 모두 이스라엘 주변 지역에서 볼 수 있는 높이 솟은 절벽들과 바위산들을 가리킨다. 이들은 뜨거운 햇볕을 피하는 그늘을 제공하기도 하고, 숨을 수 있는 피난처가 되기도 하고, 전쟁에서 방어하거나 진을 펼치는 천연 요새가 되기도 하고, 든든한 기초가 되기도 하였다(삼상 13:6; 14:4; 22:4; 23:25, 28; 24:2, 22).[18] 특별히 다윗이 사울의 위협을 피해 광야에서 도망 다녔을 때 그런 장소들은 다윗이 주로 피하는 곳이었기에, 모든 위협으로부터 자신을 보호하시고 지키신 하나님을

17. Wendland, "Psalm 31," 34, 각주 14 참조.
18. Kuntz, "Psalm 18," 23.

그런 피난처에 비유한 것은 적절하다고 할 것이다(18:2; 19:14; 28:1; 62:2, 6; 71:3; 91:2; 신 32:31). 또 이런 은유들은 여호와의 임재의 장소이자 온 세계의 반석으로서의 시온산성과도 연결된다(42:9).[19]

3절 2행은 23편 3절처럼 "주의 이름을 위해(생각하셔서)" 자신을 인도하시고 이끄시길 구하는 기도다. 여기서 '이름을 위해'는 1절의 '공의'와 연결된다. 즉, '여호와'라는 이름이 갖는 의미대로, 지금까지 역사 가운데서 행하신 하나님의 의로운 통치와 언약에 신실하게, 그래서 하나님이 영광을 받으시는 길로(23:3; 25:11; 106:8) 자신을 인도해 달라는 것(27:11)이다. 언약을 통해서 여호와의 이름은 이스라엘 백성의 운명과 밀접하게 관련되게 되었고,[20] 특별히 자신의 지상 왕으로 세운 다윗이 불의하게 고통당하는 것은 여호와의 명예를 훼손하는 중요한 사건이 되었다. '인도하다,' '지도하다'로 번역된 두 동사는 모두 23편 2, 3절에 등장하여 왕이신 하나님이 목자처럼 호위하고 돌보면서 올바른 곳으로 데리고 가는 그림을 제공한다(*HALOT*, 5:8; 27:11; 77:20; 출 13:17, 21; 15:13; 사 40:11; 58:11).

4절 1행에서는 대적들의 행동을 사냥꾼 이미지로 표현한다. 사냥꾼들이 새를 잡으려고 몰래 그물을 치듯이(9:15; 10:9; 25:15; 35:7-8; 57:6; 140:5) 대적들이 무고한 자신을 죽이려고 몰래 꾸미는 음모(11, 13, 18절)로부터 빼내 주시길 기도한다. '빼내다'는 동사는 이스라엘이 이집트의 무거운 짐 밑에 있을 때 여호와께서 모세를 통해서 구원하시는 행동을 묘사하는 데 자주 사용되었다(출 3:10, 11, 12; 6:6, 7, 13). 3행에서는 기도의 근거로 2절에 나온 '산성'이신 여호와에 대한 신앙을 고백하고 있다.

5절 1행은 1절처럼 여호와에 대한 신뢰를 표현한 것이다. 다윗은 자신의 모든 것을 하나님께 의뢰한다. '영'은 '생명의 호흡' 혹은 생명 그 자체를 가

---

19. Kraus, *Psalms 1-59*, 259.
20. VanGemenren, *Psalms*, 263.

리키며(77:3; 142:3; 143:4, 7; 창 6:3, 17; 7:15, 22; 욥 7:11; 19:17; 사 26:9; 슥 12:1), '부탁하다'는 표현은 완전히 소유권을 넘겨 드리는 것을 의미한다(레 6:4; 왕상 14:27; 사 10:28; 렘 36:20, *HALOT*).[21] 하나님의 '손'은 하나님의 주권과 능력과 돌보심을 의미하는데, 15절에서 다시 같은 표현의 신뢰가 등장한다. 예수님은 십자가 위에서 하나님에 대한 자신의 신뢰를 분명하게 표현하시기 위해서 이 구절을 인용하셨다(눅 23:46).

5절 2행에는 하나님의 구원에 대한 다윗의 확신이 뒤따른다. 개역개정에는 확신으로 번역되어 있지만 NIV처럼 1-4절에 이어지는 기원으로 번역할 수도 있다. 다윗은 여호와를 "진리의 하나님"로 부르고 있는데, "언제나 진실하시고 변치 않으시기에 의지하고 신뢰할 수 있는 하나님"이라는 뜻이다.[22] 이것은 앞에서 고백한 '반석,' '산성'(3-4절) 비유를 확실하게 하는 고백이면서도[23] 6절의 '헛된 우상'과 대조시키는 고백이다.[24] '속량하다'(*파다* פָּדָה)는 동사는 대가를 대신 치른다는 근본적인 의미(출 13:13, 15; 34:20; 민 18:15; 레 27:27)에서 파생되어, 여기서는 '구원하다'와 같은 의미로 사용되었다(25:22; 26:11; 44:26; 49:15; 55:19; 69:18 참조). 즉 1절부터 기도의 내용으로 반복된 '구원하소서'를 마무리한다.

2. 신뢰의 고백: 하나님의 구원하시는 인자하심에 대한 확신(6-8절)

다윗은 비록 지금은 극심한 고난 가운데 있지만 결국은 자신을 원수들로부터 구원하실 하나님의 인자하심을 신뢰한다. 아마도 이 부분은 다윗이나 이스라엘이 과거에 원수들에게 위협받을 때 경험한 하나님의 구원 사건들을

---

21. Kraus, *Psalms 1-59*, 363.
22. Mays, *Psalms*, 143.
23. Mays, *Psalms*, 143.
24. 김정우, 『시편주석 I』, 670.

기억함으로써 가능했을 것이다.[25]

6절은 5절에 나오는 "진리의 하나님"에 대한 다윗의 충성과 신뢰를 천명하는 표현이다. 그는 1행에서 먼저 이방신 숭배자를 미워한다는 대조적인 선언을 통해 여호와에 대한 충성을 고백한다. 이런 미움은 여호와에 대한 사랑(23절)과 대조적이다. '허탄한 거짓'(*하블레 샤베* הַבְלֵי־שָׁוְא)으로 번역된 표현은 이 문맥에서는 '헛된 우상들'로 번역되는 것이 더 나아 보인다. '헛된 우상들'은 '쓸모없고 헛된 것들'이라는 의미이지만, 여기서는 "진리의 하나님"(5절)과 대조적으로 아무런 도움도 안 되고 실제로 존재하지도 않는 헛된 이방신을 가리키는 관용적 표현이다(욘 2:8; 신 32:21; 왕상 16:13; 렘 8:19; 14:22).[26] '의지하다'는 동사는 원래 '지키다'는 의미지만 여기서는 붙들고 헌신하는 숭배의 행위를 가리켜(*HALOT*, 잠 27:18; 호 4:10), 2행의 '의지하다(믿는다)'는 동사와 대조를 이룬다. 2행에서는 헛된 신이 아닌 참된 하나님이신 여호와만 '믿는다'고 긍정적으로 천명한다(25:2; 26:1). 이 고백은 14절로 이어진다.

7-8절에서는 한 걸음 더 나아가 고난 가운데서 자신을 구원하실 하나님의 '인자하심'을 기뻐하고 즐거워하겠다고 한다(7절 1행). 히브리어 구문으로 보자면 7절 2행부터 8절은 관계 대명사를 통해 모두 '인자하심'을 수식하지만 개역개정은 이유를 나타내는 문장들로 번역했다. 이 말은 7절 2행부터 8절 2행까지는 하나님의 '인자하심'에 대한 설명이라는 것이다. '인자하심'(16, 21절)은 하나님이 자기 백성들에게 하신 언약을 지켜 베푸시는 모든 은혜와 긍휼과 무한한 사랑을 요약하는 단어다(신 7:9, 12 '인애'). 다윗으로서는 특별히 자신과의 언약에 '신실하신 하나님'(5절)의 인자하심(89:24, 28, 33, 49; 삼하 7:15; 사 55:3)이다. '즐거워하고 기뻐하다'는 이중적 표현은 현

25. *NIV Study Bible*, 817 참조.
26. Kraus, *Psalms 1-59*, 363.

재 상황이 아무리 고통스러워도 주님이 베푸실 '인자하심'만 생각하면 기뻐할 수밖에 없음을 강조한다. 이 인자하심(16, 21절)이 31편에서 다윗이 고백하는 하나님의 보호와 구원의 기초이자, 하나님에 대한 다윗의 사랑과 신뢰와 기쁨의 원천이 되는 가장 중요한 주제이다.[27]

다윗이 고백하는 하나님의 인자하심의 첫 번째는, 고난당하는 자신을 보시고 아셨다는 것이다(7절 2행, 이집트에서 고통당하는 이스라엘, 출 2:24-25; 3:7). 과거뿐만 아니라 현재 다윗이 얼마나, 어떻게, 누구에게 고통을 당하는지(9-13절) 다 헤아리고 계시는 사랑이다. 특별히 의인들이 억울한 고통을 당하는 것을 다 아신다. 두 번째는, 고난당하는 다윗을 원수들의 손아귀에 넘기시지 않은 인자하심이다(8절 1행). 다윗이 원수들에게 억울하게 고난당하는 것을 아시기에 원수들의 공격이 성공하지 못하도록 하시고 그들을 물리치셨음을 의미한다(15, 17-18, 20절). 여호와의 '손'에 맡겨진 영혼(5절)이 원수의 '손(수중)'에 넘겨지지(레 26:25; 렘 44:30; 애 2:7) 않는다(106:10)는 표현이 절묘한 대조를 이룬다. 세 번째 인자하심은 다윗의 발을 '넓은 곳에 세우신' 것이다(8절 2행). "내 발을 넓은 곳에 세우셨다"는 것은 어떤 원수의 압제나 고통도 없는 넓고 자유로운 곳으로 인도하셨다는 것, 즉 극적으로 구원해 주셨다는 것을 의미한다(15, 20절, 4:1; 18:19; 31:8; 66:12; 118:2 참조. 26:12와 27:11의 '평탄한 곳'과 비슷함.).[28] 이어지는 9절에서 '고통'으로 번역된 단어는 이와 대조적으로 '좁은 곳에 끼어 있는 상태'를 의미한다. 7절 2행과 8절이 과거형으로 번역된 것은, 과거 구원의 인자하심에 대한 회상에 근거하여 여호와의 미래 구원이 너무나도 확실함을 표현한 것으로 볼 수 있다.

---

27. Wendland, "Psalm 31," 46-7. 이성훈, "탄원에서 구원의 찬양으로: 시편 31편을 중심으로," 『한국기독교신학논총』 34집(2004): 59-81에서는 여호와의 '인자하심'을 언약적 개념으로 파악하면서, 고난당하는 여호와의 '종'이 여호와의 언약에 근거하여 하나님의 인자하심을 의지하여 기도할 수 있는 것은, 언약에의 신실함 혹은 의로움을 의미하는 '인자하심'이 고난으로부터의 구원을 가져다 주는 동기와 수단이 되기 때문이라고 본다.

28. Kraus, *Psalms 1-59*, 148.

3. 고통스러운 상황에 대한 탄식(9-13절)

다윗은 9절에 와서야 자신의 고통스러운 상황, 대적들의 위협과 악행에 대해서 하나님께 아뢴다. 전체 시편에서 이 부분이 중심을 이룬다. 6-8절에서 여호와에 대한 신뢰를 먼저 표현한 후에 탄식이 나온다는 것이 의미심장하다. 9절에서 '여호와'를 한 번 부른 후에 고통스러운 상황에 대한 탄식이 쏟아지고 있다. 9-10절이 영혼과 몸의 고통에 대한 탄식이라면 11-13절은 대적들의 공격과 이웃의 외면에 대한 탄식이다.

1) 영혼과 몸의 고통에 대한 탄식(9-10절)

9절에서 다윗은 먼저 자신이 지금 온몸과 마음으로 느끼는 엄청난 고통을 호소하며 은혜 베푸시길(불쌍히 여겨주시길, 25:16; 26:11; 27:7; 30:10 참조; 22절의 '간구'와 동일 어근) 간구한다. 이 간구는, 비록 자신이 억울하게 고통을 당한다고 하더라도 자신은 구원을 호소할 자격이 없고, 오직 자신의 고통을 '보고 아시는'(7절) 하나님의 불쌍히 여기심에 호소할 수밖에 없음을 보여준다. 9절 2행부터 10절까지는 고통이 얼마나 엄청난지를 묘사한다. 여기서 다윗은 '눈,' '영혼'(목), '몸'(배), '뼈' 등의 신체 기관들과 '내 일생,' '내 연수,' '내 기력'을 나열하며 자신의 전 존재와 전 삶이 송두리째 고통 가운데 있다고 호소한다. 또 '쇠하다'(9, 10절에 각각 한 번), '약해지다'는 동사와 '고통,' '괴로움'(근심), '슬픔,' '탄식,' '죄악' 등의 명사들을 함께 사용하여 얼마나 그 고통이 극심한지를 표현한다. 아마도 다윗이 치명적인 질병에 걸리거나 굉장한 고통 가운데 있어서, 죄 때문에 심판을 받아 죽을 것이라는 원수들의 비방과 공격의 대상이 되었던 것 같다.[29] '영혼과 몸'이라는 표현은 육체

---

29. T. Collins, "The Physiology of Tears in the Old Testament: Part II," *CBQ* 33 (1971): 185-7에서는 이 시편이 표현하는 육체적인 고통에 대한 묘사는 고통으로 슬퍼하는 시인의 아픔에 대한 묘사이지 실제적인 질병에 대한 것은 아니라고 본다. 하지만 비유적으로 본다고 하더라도 질병이 아니라고 단정할 수는 없다.

와 영혼, 혹은 내면과 외면을 구별하는 표현이라기보다는 전 존재, 인격체 전체를 가리킨다(6:3; 44:25; 63:1 참조).[30] '눈'이나 '뼈'도 육체 전체를 대표한다고 보는 것이 좋을 것이다.

9, 10절에 두 번 등장하는 '쇠약하다'(*아쉐쉬* עָשֵׁשׁ)는 표현은 '약해지다'는 의미 외에 '해체된다'는 의미도 포함한다(6:7 참조). 10절에서는 몸 중에서 가장 강한 '뼈가 해체되는 고통'을 표현했다고 볼 수 있다. 또 10절 1-2행을 아우르는 동사 '보내다(소진되다)'는 슬픔과 탄식으로 '일생'과 '연수'로 표현되는 수명이 빨리 끝나게 되었다는 강한 의미를 나타낸다(102:3; 욥 7:6; 렘 20:18). 이어 10절 3행의 '약해지다'로 번역된 단어(*카샬* כָּשַׁל)는 원래 '걸려 넘어지다,' '비틀거리다'는 의미지만 여기서는 '기력'이 주어이기에 기력이 무너지거나 약해지는 상태를 가리킨다고 볼 수 있다(27:2; 105:37; 107:12; 109:24; 느 4:10).

10절 3행에서 '죄악'으로 번역된 단어는 실제로 다윗이 지은 죄악으로 당하는 '징계'나 혹은 그 결과로 느끼는 고통을 가리키거나, 그냥 인간의 죄로 이 땅에 들어오게 된 일반적 고난이나 고통 자체를 가리킬 수도 있다.[31] 이 하나의 단어로 다윗이 죄를 지어서 현재의 고통을 당하고 있다고 단정 짓기는 곤란하다. 더군다나 이 단어는 칠십인역처럼 '죄악' 대신에 '비천함' 혹은 '가난'으로 읽는 것이 문맥에 더 맞는 독법일 수도 있기 때문이다.

2) 대적들의 치명적인 공격과 무리의 비방에 대한 탄식(11-13절)

11-13절에서 다윗은 대적들이 자신의 고통을 두고 지어낸 거짓말과 악한 음모 때문에 괴로울 뿐만 아니라, 이웃들과 사회 속에서도 극심한 소외를 겪게 되었다고 탄식한다. 다윗이 앓고 있는 질병이나 당하고 있는 고난은 원수

---

30. *NIV Study Bible*, 792.

31. VanGemeren, *Psalms*, 306.

들이 다윗에 대해 중상모략하며 음모를 꾸미고 비방을 할 빌미가 되었을 것이다. 아마도 다윗이 죄를 지어 하나님의 심판을 받아 죽을 것이라고 공격했을 것이다.

11절의 "대적들 때문에"라는 표현은 이러한 상황을 암시한다. 그들의 공격이 얼마나 교묘하고 설득력이 있었던지 다윗은 가까운 이웃들과 친구들에게조차 극심한 모욕을 당하고(2-3행), 사람들이 다윗을 보면서 마치 하나님의 무서운 심판이라도 본 듯이 놀라며(두려워하며, 4행) 피했다(달아났다)고 한다(5-6행). 고난은 자주 하나님의 심판으로 여겨져서 가까운 사람들에게조차 소외당하는 이유가 되었다(38:11; 41:9; 55:12-14; 69:8; 88:8, 18; 욥 19:13-19; 렘 12:6; 15:17).[32] '이웃들,' '친구들' 등의 표현은 가까운 사람들을 가리키는 표현들이기에 그들에게 당하는 소외는 더 힘들게 느껴졌을 것이다.

12절은 11절의 결과로 이제 다윗이 마치 죽은 사람이나 깨져버린 그릇과 같이 사람들에게 '마음으로부터' 잊혔음을 말한다. 사회 가운데서 자신의 존재 자체에 대한 의식이 사라졌다는 비참한 소외의 상황을 묘사하는 탄식이다. 이런 상황은 이웃들과의 관계가 매우 중요했던 고대 사회에서 일종의 '사회적 죽음'과도 같았다.[33] '깨진 질그릇'은 하나님의 심판을 받아 더는 쓸모없게 되었다는 것을 비유한 것이다(렘 22:28; 48:38 참조). 예를 들면 다윗이 압살롬의 세력에 의해 광야로 쫓겨났을 때 사람들이 다윗을 조롱하고 다윗의 왕권을 무시했던 것과 같은 상황이다(삼하 16장).

13절은 지금 대적들이 다윗을 공격하는 상황에 대한 구체적인 묘사로서 11-12절 상황의 이유를 보여준다('~때문에'라는 접속사로 시작함). 1행의 '무리'는 아마도 대적들을 가리킬 것이다. 그들은 3-4행이 묘사하는 것처럼 다윗의 목숨을 빼앗기 위해서 온갖 음모를 꾸미고 작전을 짰을 것이다. 1-2행

---

32. *NIV Study Bible*, 818.
33. Basson, "Psalm 31," 406-7 참조.

은 아마도 그런 모습을 묘사하는 것 같다. 1행의 비방은 악한 소문이나 보고를 의미한다(민 13:32; 14:36; 잠 10:18; 겔 36:3; 렘 20:10). 또 3행의 '함께 의논하다'는 표현은 함께 모여 머리를 맞대고 그런 소문을 지어 내는 모습을 묘사하고, '꾀하다' 역시 악을 계획하는 것을 의미한다. 그리고 그들이 속삭이는 음모를 표현한 2행의 "사방에 두려움이!'"라는 관용적인 표현은 다윗이 대적들의 협박과 위험을 도저히 벗어날 수 없는 사면초가의 상황을 가리킨다(렘 6:25; 20:10; 46:5; 49:29; 애 2:22).[34]

4. 구체적인 간구: 시인의 구원과 원수의 멸망에 대한 간구(14-18절)

이 부분은 구체적인 탄식에 이은 기도로서 1-5절에 나오는 기도들을 구체화한 것이다. 그래서 1-5절의 동사들이 반복되고 있다.

14절에서 다윗은 기도를 시작하기 전에 다시 한번 여호와께 대한 신뢰를 고백하는데, 6절 2행의 고백을 반복한다. 14절의 첫 단어는 "그러하여도 나는"이다. 앞의 고통스러운 상황이나 대적들의 극심한 공격에도 불구하고, '나는' 흔들리지 않고 하나님을 의지하겠다는 것이다(25-33편 그룹의 공통된 특징, 25:2; 26:1; 27:3; 28:7; 32:10; 33:21). 2행에서 '내 하나님'이라고 고백한 것(25-33편 그룹의 공통된 특징, 25:2, 5; 27:9; 30:2, 12)은 다른 거짓된 신들이 아닌 여호와만이 자신의 하나님이시자(6절 참조), 자신의 피난처와 구원자이심을 고백한 것이다(2-4절 '나의 반석' '나의 산성' 참조). '말하다'는 표현을 굳이 사용한 것은 대적들 앞에서 의지적으로 그렇게 고백한다는 것을 강조한다.

15절부터 본격적인 기도가 나온다. 5절에서 자신의 삶 전부를 하나님의 손에 의탁했기에, 15절에서는 자신의 앞날(시간들), 즉 삶의 남은 날들이 하

---

34. Potgieter, "Psalm 31," 124-5에서는 13절 1행과 렘 20:10a이 유사한 배경과 의미를 지니고 있음을 지적하면서 두 본문이 포로 귀환 이후 시대의 동일한 편집자의 산물이라고 보는데 이것은 너무 지나친 추측이다.

나님의 손에 달렸다고 고백한다.[35] 그래서 8절에서 확신한 것처럼 자신을 핍박하는 원수들의 '손'에서 '건져 주시길'(2절과 같은 동사) 간구한다. 2행에서 '원수들'을 달리 표현한 '핍박하는 자들'은 악인들이 다윗을 죽이려고 음모를 꾸미고 추격하는 그림을 연상시킨다(7:1, 5; 69:26; 71:11; 109:16; 119:84; 143:3).

16절에서는 7절에서 확신한 하나님의 '인자하심(사랑하심)'을 구한다. '얼굴을 비춰 달라'는 것은 하나님의 호의와 은혜를 베풀어 주시길 기도하는 것이며(67:1; 80:3, 7, 19; 119:135; 민 6:25), 하나님의 자비로운 임재를 구하는 것이다. 현재 다윗의 상황에서 그것은 하나님만을 섬기는 '종'(6, 14절처럼)인 다윗을 구원해 주시는 것이기에 2행에서는 '구원하소서'(2절 마지막의 동사 반복)라고 기도한다. 하나님의 사랑하심(=인자하심)에 대한 확신은 언약에서 약속하신 대로 곤경에 처한 하나님의 종에 대한 구원을 간구하는 동기가 된다.[36]

17-18절은 11-13절에서 고발했던 원수들의 멸망을 위해서 기도한다. 앞에서 고발했던 것처럼 그들의 공격은 근거 없는 것이며, 불의하고 악한 것이기에(13절; 17절 "악인들") 의로우신 재판관이신 하나님(1절 '공의')이 속히 이 상황을 바로잡아달라는 부르짖음(17절 '부르짖음,' 1-5절)이다. 17절의 기도는 1절 기도의 확대로, 의로운 자신은 '부끄럽게 하지' 마시고 악인들은 '부끄럽게 하시라'는 것이다. 다시 말하면, 자신은 회복시켜 주시고 악인들은 "스올에서 잠잠하게" 해 달라는 것이다(2행). 30편 3, 9절이 암시하듯이 '스올' 혹은 '무덤'이 의미하는 죽음의 세계에는 찬양도 할 수 없지만, 악을 꾀하고 의논할 수도 없다(13절). 그러므로 다윗의 이 기도는 그들을 멸하셔서 그들이 더는 악을 꾀하지 못하게 하시라는 것이다.

35. Mays, *Psalms*, 144 참조.

36. 이성훈, "탄원에서 구원의 찬양으로," 72.

18절 1행에서도 악인들이 침묵하게 해 달라는 기도는 이어지고 있다. 2행에서 악인들이 침묵해야 할 정확한 이유가 진술되고 있다. 그들은 지금 '교만'과 '완악함'이 실린 무례한 태도로 의인을 공격하는 거짓말을 하고 있기 때문이다(4, 13절 참조). 교만은 하나님과 그의 말씀을 생각하지 않고 오직 자신들의 이익만 추구하는 악인들의 전형적인 태도이다. 교만은 의롭고 약한 사람들에 대한 '멸시(완악함)'(119:22; 123:3-4)와 함께 간다(10:2; 73:6; 잠 14:3; 사 13:11). '거짓말'(*쉐케르* שֶׁקֶר)은 악인들이 자기 이익을 위해 의인들을 죽이려고 할 때 저지르는 대표적인 악이다(7:14; 27:12; 109:2; 119:69, 78; 120:2). '무례히'(*아타크* עָתָק)라는 표현도 거만한 태도를 가리킨다(75:5; 94:4; 삼상 2:3). 결국, 17, 18절의 악인들이 '잠잠하게 해 달라는' 두 번의 기도는, 그들을 멸하셔서 다시는 그런 악을 행치 못하게 해 달라고 하는 의를 구하는 간구다. 23절은 그런 교만한 악인들에 대한 하나님의 심판을 선언하고 있다.

5. 신뢰의 고백과 찬양: 미래의 구원에 대한 확신과 성도들에 대한 권면(19-24절)

이 마지막 연은 6-8절에 상응하여 하나님의 구원을 확신하고 하나님께 찬양을 드리는 신뢰와 확신 부분이다. 두 부분 모두에 하나님의 '인자하심'이 신뢰와 확신의 핵심적인 이유로 등장하며(7, 21절), 고통 가운데서의 구원의 확신(7-8, 20-22절), 우상 숭배자들에 대한 미움과 하나님에 대한 사랑과 찬양(6, 19, 21, 23-24절)이 공통되게 나온다.

1) 하나님의 구원에 대한 확신(19-20절)

19-20절에서 다윗은 과거에 자신과 이스라엘에 베푸신 하나님의 선하심과 구원을 돌아보며 미래의 구원을 확신하는 고백을 하나님께 드린다. 19절에서 그는 하나님을 '두려워하는(경외하는) 자'와 하나님께 '피하는 자'를 위해 베푸시는 하나님의 '은혜'의 풍성함을 찬양한다. '은혜'로 번역된 단어(*튭*

טוֹב, 27:13; 출 18:9; 민 10:29,32; 신 26:11 등 참조)는 하나님이 의로운 백성들에게 베푸시는 모든 '좋은 것'을 의미하는데, 고난당하는 자들에게는 구원(20절)을 의미하고 일반적으로는 복이나 은혜를 가리킨다. '두려워하는(경외하는) 자'는 하나님을 믿고 존경하기에 그분의 뜻대로 살려고 하는 자를 가리킨다면(25:12; 33:18; 34:7 참조), '피하는 자'는 오직 하나님만을 의지하는 믿음의 사람을 가리킨다(1절, 2:12; 5:11-12; 34:21-22 등). 23절에 나오는 '성도'나 '진실한 자'와 유사한 말이다. '쌓아 두다'는 표현은 20절에서는 '감추다'로 번역되고 있는데 하나님이 당신의 충성된 종들을 위해서 언약에서 약속하신 복들(신 28장)을 쌓아 놓고 계심을 강조한 것이다. 구원을 "인생 앞에서" 베푸셨다는 것은, 지금 자신을 공격하는 대적들이나 자신을 소외시키는 이웃들이 보라는 듯이 다윗을 지키시고 은혜를 베푸셨음을 강조한다. 그래서 대적들의 말이 틀리고 다윗이 의롭다는 것을 보여주신 것이다(23:5 '원수의 목전에서,' 86:17 참고).[37]

20절은 19절을 현 상황과 연결하여 표현한다. 19절에서 말한 하나님의 '은혜'는, 지금 다윗이 직면한 대적들이 꾸며낸 거짓된 소문과 자신을 멸하려는 흉계로부터 자신을 보호하실 구원의 은혜이다. 다윗은 하나님이 지금까지 의인을 멸하려는 '사람의 꾀(흉계)'와 '말다툼(고발하는 말들)'으로부터(13, 18절) 그들을 보호해 오셨음을 고백하며, 지금도 그 보호가 자신에게 이루어질 것을 확신한다. 그 보호는 여호와께로 '피한'(1절) 다윗을 하나님 앞에 있는('주의 앞') '은밀한 곳(숨는 곳)'과 '장막'에 숨기시는 것으로 표현된다(27:5와 유사함). "주의 은밀한 곳"에서 '주의'는 '주의 앞' 혹은 '주의 얼굴'로 직역된다. 이것은 하나님의 임재를 의미하기에, 주님이 임재하시는 '은밀한 곳'과 '장막(피난처)'은 '성막'을 가리키면서도, 2-4절에서 고백한 산성과 바위와 반석이신 여호와 자신을 가리킨다. 여호와의 얼굴이 빛을 비추는(18절)

---

37. *NIV Study Bible*, 818; Kraus, *Psalms 1-59*, 364.

여호와의 임재 장소 앞에서 원수들의 공격은 힘을 잃는다.[38]

2) 구원에 대한 확신으로 드리는 찬양(21-22절)

여호와의 미래 구원을 확신하면서 다윗은 하나님께 찬양을 올려드린다. 모든 완료형 동사들이 과거형으로 번역된 것은 미래에 이렇게 구원하실 하나님을 믿고 미리 찬양하는 것이기 때문이다. 21-22절에서 다윗은 미래의 구원을 확신하며 자신의 '간구하는 소리'를 들으시고 구원하시는 여호와께 찬양을 드린다(=28:6).

21절 1행에서 '찬송하다(송축하다)'는 동사는 여호와가 행하신 구원에 나타난 위대하심과 영광을 여호와께 돌려드리는 것이다. 21절에서는 기도 응답이 "견고한 성에서 그의 놀라운 사랑을 내게 보이셨음"으로 표현되었다. '견고한 성'(*이르 마초르* עִיר מָצוֹר, 개역개정, JPS, 60:9; 대하 11:5)은 '포위당한 성'(ESV, 새번역, 신 20:19; 왕하 24:10 등)이라는 상반된 의미로 번역되기도 한다. 둘 다 가능한 번역이지만 여기서는 원수들의 공격이 치열한 현재의 고통스러운 상황에 대한 비유로서 후자로 보는 것이 더 좋겠다. '놀라운 사랑(=인자하심, 7, 16절)'은 하나님만이 보여 주실 수 있는 기적적이고 특별한 사랑의 행동을 가리킨다. 불가능하게 보이는 원수들의 공격에서 구원하시는 것을 의미한다. 16절에서 기도한 하나님의 사랑하심에 근거한 구원의 확신은 찬양으로 이어지고 있다.[39]

22절은 다윗이 구원받을 상황에 대한 부연설명이다. 대적들의 음모 속에서 중상모략을 당할 때 다윗은 너무나 '놀라서 급하게'(116:11) 이렇게 속으로 말했다고 고백한다. "주의 목전에서 끊어졌다." 즉 하나님이 자신에게 '얼굴을 숨기셔서'(30:7) 절망적인 상태에 빠졌다고 생각했다는 것이다. 그런데

---

38. Kraus, *Psalms 1-59*, 364.

39. 이성훈, "탄원에서 구원의 찬양으로," 75-6.

그런 상황에서 부르짖었을 때도(28:1; 30:2) 여호와는 그 간구하는 소리를 들으셨다고 한다. '그러나'라는 역접어로 시작하는 3행은, 자신의 불신앙적인 두려움에도 불구하고 자신의 간구를 들으신(2, 17절 기도의 응답) 하나님의 사랑에 대한 확신의 고백이다. 한편, 22절의 표현들은 요나 2장 2, 5절의 표현들("내가 말하기를 내가 주의 목전에서 쫓겨났을지라도," "내가 부르짖었더니 주께서 내 음성을 들으셨나이다.")과 매우 유사하다. 아마도 요나는 성전에서 많이 불렀던 31편의 가사들에 익숙했을 것이다.[40]

3) 성도들에 대한 권면(23-24절)

다윗은 자신의 확신에 찬 고백을 듣고 있는(혹은 '들을') 회중들을 향하여 권면함으로써 시를 마친다(28:14; 32:11; 33:1; 30:4 참조). 확신과 찬양의 절정 부분으로 볼 수 있다. 23절에서는 먼저 여호와를 사랑하라고 권면한다. 그 이유는 여호와께서 당신의 진실한 종들은 지키시고, 교만한 악인들에게는 그들의 악대로 갚으시기 때문이라고 한다. 이것은 하나님의 공의가 나타나는 것이기에 1절 기도의 응답이다. 여호와를 사랑하는 것은, 신명기 6장 5절 이하에서는 여호와를 신뢰하며 그분의 율법을 기억하고 지키고 가르치는 것으로 표현되어 있다(26:8). 여기서 '진실한 자들'은 앞의 '성도들'(19절 '주를 경외하는 자들'과 4:3; 12:1; 16:10; 37:28; 86:2; 97:10 참조)과 유사하게 오직 하나님과 그의 말씀에 순종하고 헌신하는, '주를 사랑하는' 자들을 가리킨다. '성도들'(*하시딤*)이 여호와의 '인자하심'(*헤세드*)에 상응한다면, '진실한(신실한) 자들'(*에무님*)은 5절의 '진리(신실함)'(*에메트*)의 하나님에 상응한다. 반대로 '교만하게 행하는 자'는, 여호와와 그의 뜻과는 상관없이 자신을 의지하고 자기 뜻을 법으로 삼을 뿐만 아니라 자주 헛된 신들을 섬기는

40. Potgieter, "Psalm 31," 123-4에서는 포로귀환시대에 같은 그룹의 편집자들에 의해 이런 유사한 구절들이 첨가되었을 것이라고 보지만 억측으로 보인다.

자들이다(6, 18절; 10:2-11; 렘 13:9-10 참조).[41] 이런 자들에게 하나님은 '엄중히' 혹은 '충분히' 갚으실 것이다. 이것은 18절 기도의 응답이다.

24절은 27편 14절과 비슷한 권면이다. 자신처럼 환란 속에서도 여호와를 기다리고 바라는 자들(1, 19절의 주께 '피하는 자들,' 33:18, 20, 22; 130:5, 6 참조)은 여호와에 대한 믿음으로 마음을 강하게 하고 굳세게 하라고 한다. 현재의 고난과 대적들의 위협 앞에서도 여호와가 결국은 구원해 주실 것이라는 믿음으로 용기를 가지라는 말이다. 모세와 여호와가 전쟁을 앞둔 여호수아에게 이처럼 격려하셨듯이(신 31:7; 수 1:6-7, 9, 18) 악인들의 공격 가운데 고통당하는 성도에게도 같은 격려가 필요하다.[42]

교훈과 적용

시편 31편의 교훈: 다윗처럼 몸과 마음의 고통과 대적들의 공격에 시달릴 때, 성도는 신실하고 사랑 많으신 피난처이신 하나님께로 피하여, 현재의 고통을 토로하며 구원을 간구할 뿐만 아니라 개인의 삶과 죽음, 교회의 미래를 하나님께 온전히 맡겨드려야 한다.

1. 우리의 고통을 헤아리시는 피난처 하나님께 피하라(1-5, 7, 9-18절)

성도들에게 가장 견디기 힘든 순간은 하나님과 그의 나라를 위해서 신실하고 의롭게 살았는데 대적들에게 공격을 받고, 내가 당하는 가난, 질병, 실직 등의 어려움이 하나님께 버림받은 증거라고 사람들에게 비방을 받을 때다(9-13절). 우리는 그 순간에도 억울하게 고통당하는 우리를 '보고 아시는' 하나님(7절)을 기억해야 한다(1절). 억울한 조롱과 오해와 핍박과 육체적 고통과 심지어 죽임까지 당하신 예수님이 우리의 그 모든 고통을 친히 겪으시고 헤아리셨음을 기억해야 한다(히 4:15). 주님이 그렇게 하신 이유는 우리를 그 모든 공격과 고통에서 숨겨주시는(20절) 우리의 피난처가 되시기(2-4절) 위함이다. 그러므로 하나님께 피하여 숨는 것(1절)이 제일 빠른 길이다. 성령 안에서 예수님의 이름으로 은혜의 보좌 앞에 나아가 모든 고통을 아뢰며, 원수

---

41. *NIV Study Bible*, 818.
42. Wilson, *Psalms 1*, 491.

의 악행을 고발하며(9-13절), 악인의 손에서 건져 주시길 기도하는 것(14-18절)이 제일 빠른 길이다. 이 땅의 교회들은 성도들이 하나님을 찾는 피난처가 되고, 함께 기도하며 위로하는 공동체가 되어야 할 것이다.

2. 사랑 많으신 하나님의 손에 삶과 죽음을 맡기라(5-8, 19-24절)

다윗은 탄식이 저절로 나오는 가장 힘든 순간에도 자신의 영을 하나님의 손에 부탁했고(5, 15절), 하나님에 대한 신뢰를 고백하고(6, 14절), 여호와만 '내 하나님'이라고 선언했다(14절). 한순간도 하나님에 대한 신뢰를 놓지 않았다. 사람으로서는 감당하기 불가능한 고통과 어려움도 '신실하신 하나님'(5절), '사랑 많으신 하나님'(7, 16, 21절)은 해결하시기 때문이다. 예수님도 극심한 십자가의 고통 가운데서 당신의 영혼을 아버지의 손에 부탁하셨다(5절; 눅 23:46). 고통을 회피하기 위한 '의뢰'도 아니고, 죽음을 거부하기 위한 청탁도 아닌, 삶과 죽음 전부를 하나님의 손에 맡겨드린 믿음의 극치였다.[43] 하나님께 우리 삶과 죽음을 맡기는 것은, '고통'과 '고난'이 아닌 하나님의 손이 우리가 있어야 할 최후의 장소임을 믿는 믿음의 행위다.[44] 하나님 보좌 우편에 계신 예수님은 이제 우리가 우리 영혼을 맡길 우리의 보호자가 되신다. 스데반은 예수님께 자신의 영혼을 받아달라고 했고(행 7:59), 많은 순교자도 그 뒤를 따랐다(벧전 4:19). 바울도 이렇게 권면한다. "이로 말미암아 내가 또 이 고난을 받되 부끄러워하지 아니함은 내가 믿는 자를 내가 알고 또한 내가 의탁한 것을 그날까지 그가 능히 지키실 줄을 확신함이라."(딤후 1:12) 삶과 죽음, 고통을 하나님께 맡기는 의인들은 구원하시고 교만한 악인들은 심판하실(1, 23절) 하나님을 끝까지 바라보자(24절). 죽음의 위협 앞에서도 그의 말씀을 지킴으로 그를 사랑하자(23절). "하나님께서는 당신의 능력으로 삶의 길을 끝까지 안전하게 데리고 오신 자들을 그들의 죽음 시에는 마침내 자신에게로 받아들이신다."[45]

---

43. F. J. Matera, "The Death of Jesus according to Luke: A Question of Sources," *CBQ* 47 (1985): 476-7.
44. W. D. Tucker, Jr., "Between Text & Sermon: Psalm 31:1-5, 15-16," *Int* 65/1 (2011): 71.
45. Calvin, *Psalms*, 1:503.

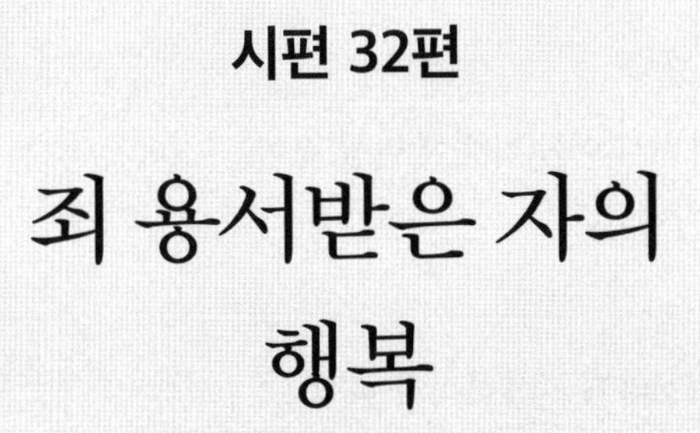

시편 32편

죄 용서받은 자의 행복

[다윗의 마스길]

1 허물의 사함을 받고

자신의 죄가 가려진 자는 복이 있도다

2 마음에 간사함이 없고

여호와께 정죄를 당하지 아니하는 자는 복이 있도다

3 내가 입을 열지 아니할 때에

종일 신음하므로 내 뼈가 쇠하였도다

4 주의 손이 주야로

나를 누르시오니

내 진액이 빠져서 여름 가뭄에 마름 같이

되었나이다[1] (셀라)

5 내가 이르기를

내 허물을 여호와께 자복하리라 하고

주께 내 죄를 아뢰고

내 죄악을 숨기지 아니하였더니

곧 주께서

내 죄악을 사하셨나이다 (셀라)

6 이로 말미암아 모든 경건한 자는

주를 만날 기회를 얻어서

주께 기도할지라

진실로 홍수가 범람할지라도

그에게 미치지 못하리이다

7 주는 나의 은신처이오니

---

1. 3-4행은 매우 까다로운 부분으로 칠십인역에서는 본문을 다르게 읽어 "내가 가시에 단단히 찔려 고통스럽게 되었습니다."로 번역하고 있다. 새번역은 '진액'을 '혀'로 고쳐서 읽는다. 하지만, 여기서는 대부분의 현대 번역본들처럼 MT를 따른다.

환난에서 나를 보호하시고
구원의 노래로
나를 두르시리이다 (셀라)
8 내가 네 갈 길을 가르쳐 보이고
너를 주목하여 훈계하리로다
9 너희는 무지한
말이나 노새같이 되지 말지어다
그것들은 재갈과 굴레로 단속하지 아니하면
너희에게 가까이 가지 아니하리로다[2]
10 악인에게는 많은 슬픔이 있으나
여호와를 신뢰하는 자에게는 인자하심이 두르리로다
11 너희 의인들아 여호와를 기뻐하며 즐거워할지어다
마음이 정직한 너희들아 다 즐거이 외칠지어다

본문 개요

32편은 자신을 깊은 고통으로 몰아넣었던 죄를 용서받은 다윗이 그것을 간증하면서 하나님께 감사드리고(3-7; 11절), 회중들에게 교훈하는(1-2; 8-10절) 시편이다. 그래서 이 시편은 개인 감사시편으로 분류되기도 하지만, 죄로 말미암는 위기의 상황에서 어떻게 하나님을 신뢰하고 나아갈 수 있는지에 대한 교훈으로 가득한 지혜시로 분류되기도 한다.[3] 여기서는 개인 감사시

---

2. JPS에서는 "네게서 그것을 멀리하라"로 번역하여 무지하게 되지 말라는 말로 이해한다.
3. 이 시편의 장르에 대해서는 지혜시적 요소가 가미된 개인 감사시, 또는 개인 감사의 요소를 빌려 회중들에게 교훈하는 지혜시로 의견이 나뉜다. P. J. Botha, "Psalm 32: A Social-Scientific Investigation," *OTE* 132/1 (2019): 12-3에서 이런 논쟁에 대해서 잘 정리하고 있다. 보타 자신은

로 보면서 그 감사의 결론으로 회중들에게 교훈을 주는 요소가 포함된 것으로 볼 것이다. 구체적으로 어떤 상황인지는 알 수 없지만, 아마도 다윗은 죄를 용서받고 징계의 고난에서 회복된 후에 성소에서 드리는 예배에서 이 시를 불렀던 것 같다. 사무엘하 24장의 인구 조사 사건이나 사무엘하 11장의 밧세바 사건이 예들이 될 수 있을 것이다. 기독교 전통에서 이 시편은 일곱 편의 참회 시편들(6, 32, 38, 51, 102, 130, 143편) 중의 하나였다.[4] 이 시편은 참회 그 자체보다는 죄를 고백하고 회개했을 때 하나님이 주시는 죄 용서의 기쁨을 나누고 가르치는 것에 더 강조점을 두고 있다.

25-33편 그룹에서 이 시편은 자신의 온전함을 주장하며 변호해 주시기를 구하는 26편과 짝을 이룬다(25편 개요 참조). 26편에서는 이 그룹의 다른 시편들(25-31편)에서처럼 원수들이 시인을 정죄하는 것이 문제가 되었다면, 본 시편에서는 시인 스스로 고백하는 죄가 문제가 되고 있다. 26편에서는 원수들의 정죄로부터 하나님의 변호와 보호를 받아 계속 온전하게 사는 것이 중요하다면, 32편에서는 하나님의 용서를 통해서 의로움을 회복하는 것이 중요하다. 하나님 앞에서의 도덕적인 '온전함'이라는 목표는 같다. 32편은 또한 죄 용서를 다룬다는 면에서 죄 용서를 위해 기도하고 있는 25편과 관련이 있고(32:1, 2, 5와 25:11, 18; 31:11), 교훈적인 가르침이라는 점에서도 25편이나 27편(32:8과 25:4-5, 8-9; 27:11)과 연결된다. 다른 시편들처럼 성도들에게 권면하는 내용이 나오고(9, 11절; 27:14; 30:4-5; 31:23-24; 33:1등), 하나님을 '숨는 곳'이라고 함으로써(32:7) 다른 시편들처럼 성소를 암시하면서 하나님의 구원과 보호라는 비슷한 주제를 말한다(27:5, 9; 30:8; 31:20). 6절의 '홍수' 주제는 29편 3, 10절과 연결되며, 10절의 여호와에 대한 신뢰 주제는 다

포로 후기에 다윗으로 대표되는 모범적인 인물의 경험을 빌린 지혜시라고 주장하지만 지혜시를 모두 포로 후기로 돌리는 그의 주장은 받아들일 수는 없다.

4. VanGemeren, *Psalms*, 310.

른 시편들(25:2, 26:1, 27:3, 28:7, 31:6, 14, 33:21)에 자주 나온다.[5]

32편은 31편과도 많은 점을 공유하고 있다. '뼈'에 대한 언급(31:10; 32:3), 고난에 대한 언급(31:7, 9; 32:7), 여호와께서 피난처가 되실 것에 대한 신뢰(31:20; 32:7), 여호와의 보호하심(31:23; 32:7), 여호와가 구원하심(31:1; 32:7), '성도'에 대한 고려(31:22; 32:6), 여호와를 신뢰함(31:6, 14; 32:7), '의인'에 대한 언급(31:18; 32:11), 여호와의 '인자하심' 경험(31:7, 16, 21; 32:10), '악인'(31:17; 32:10), 악인과 의인의 상반된 운명에 대한 교훈(31:23; 32:10) 등이다.[6] 33편 1절에는 32편 마지막 절과 유사한 표현이 등장하는데, 33편과의 관련성에 대해서는 33편 서론에서 다룰 것이다. '행복하도다'(*아쉬레* אַשְׁרֵי)는 표현이 1, 2편에 나온 후에 처음으로 32(1-2절), 33(12절), 34편(9절)에 연속해서 등장하는 점이 눈여겨볼 특징이다.[7]

문학적 특징과 구조

이 시편은 기본적으로 감사시편으로서의 핵심 요소인 '감사'를 가운데 부분에(3-7절) 갖고 있다. 그리고 교훈하는 요소, 즉 '지혜'의 요소들이 그 부분을 감싼다(1-2, 9-10절). 11절은 마무리하는 찬양의 권면이다.[8] 1-2절과 11절은 다윗이 회중들에게 한 말로 볼 수 있고, 3-7절은 다윗이 하나님께 말하는 것으로 보이며, 8-10(혹은 9)절은 제사장이나 다윗이 회중들에게 전한 하나님의 말씀으로 볼 수 있다.[9]

---

5. 이 부분에 대해서는 김성수, "시편 25-33편," 68-98 참조.
6. Hossfeld & Zenger, *Die Psalmen 1*, 193-4.
7. 강소라, "시편 32편에 나타난 하나님의 죄 사함을 받은 자의 행복," 『교회와 문화』 21(2008): 162.
8. Craigie, *Psalms 1-50*, 265 참조.
9. Kraus, *Psalms 1-59*, 368.

한편 이 시편은 크게 죄 용서함을 다루는 1-5절과, 의인을 보호하고 구원하시는 하나님에 대한 신뢰를 다루는 6-11절 두 부분으로 나눌 수 있다. 1-2절과 5절은 '허물,' '죄,' '죄악,' '사하다,' '가리다' 등의 공통된 표현들로 1-5절을 하나의 단위로 묶고 있다. 어휘들의 순서로 보면 '사하다 - 가리다 - 가리다 - 사하다'의 역순이며, '허물 - (죄, 죄악) - (죄, 죄악) - 허물'의 역순이다. 6-7절과 10-11절도 '경건한 자,' '여호와를 신뢰하는 자들,' '의인들,' '마음이 정직한 너희들'(6, 10, 11절)이란 공통된 대상들을 언급할 뿐만 아니라, '모든'(6, 11절), '많은'(6, 10절), '환호'(7절의 '노래,' 11절의 '외칠지어다'), '두르다'(7, 10절) 등의 공통 단어들로 6-11절을 또 하나의 단위로 묶는다.[10] 이상의 문학적 특징들과 주제들을 염두에 두면 아래와 같은 대칭적 구조를 찾을 수 있다.[11]

A 1-2절 교훈: 죄 용서받은 의인의 행복
  B 3-5절 감사: 죄를 숨길 때의 고통과 고백할 때의 행복
    C 6-7절 확신: 경건한 자에 대한 여호와의 보호와 구원
  B′ 8-10절 교훈: 완고하고 무지한 악인의 고통과 의인의 행복
A′ 11절 찬양: 의인들의 기쁨과 찬양

1-2절(A)에는 하나님께 죄를 용서받아 '의롭게 된' 사람의 행복('복이 있도다' 두 번)을 노래하고 있다면, 11절(A′)에서는 그런 의인들의 기쁨('기뻐하고 즐거워하라')과 찬양이 나와 대칭을 이룬다. 또 1-2절이 '복이 있도다'(*아*

---

10. Craigie, *Psalms 1-50*, 265 참조.

11. J. H. Potgieter, "The Structure and Homogeneity of Psalm 32," *HTS Theological Studies* 70/1 (2014): 2-3, 5; Botha, "Psalm 32," 16-8에서도 1-5절과 6-11절의 두 연으로 크게 나눈 후에 교차대구적인 구조로 나눈다. 하지만 거기서는 위의 구조와 약간 다르게 5절과 6-7절을 여호와께 죄를 고백하고, 기도한다는 점에서 대칭을 이루는 부분으로 보고 10절과 11절을 합쳐 하나의 연으로 구분한다. 이렇게 구분하면 3-4절과 8-9절의 대칭이 애매해지고 10절을 여호와의 교훈에서 제외해야 하기에 여기서는 위처럼 구분하였다.

쉬레 אַשְׁרֵי)로 시작한다면 11절은 발음이 비슷한 '마음이 정직한 자'(*이쉬레 렙* יִשְׁרֵי־לֵב)로 마칠 뿐만 아니라, 2절의 '영'과 11절의 '마음'도 서로 연결되고 있다.[12]

3-5절(B)이 다윗 개인의 간증이라면(화자: '나') 8-10절(B′)은 하나님의 교훈(화자: '나')이다. 전자는 다윗이 죄를 숨겼을 때의 고통과 죄를 고백했을 때 용서받은 행복을 대조시킨다. 반면, 후자는 하나님의 교훈을 듣지 않으려고 하는 완고하고 무지한 악인의 고통과 여호와를 믿는 자에 대한 하나님의 인자하심을 대조시킨다. 이를 위해 먼저 3, 4절의 '신음,' '뼈가 쇠함,' '주의 손의 누름,' '여름 가뭄' 등의 부정적인 표현들과 10절의 '많은 고통'이 연결되고, 다음으로 5절의 '죄를 사함'과 8절의 '너를 주목하여' 등의 긍정적인 표현들과 10절의 '인자하심이 두름'이 연결된다. 특별히 4절의 여호와의 손이 시인을 짓누르는 장면과 8절의 여호와의 눈이 시인 위에서 보호하는 장면은 극명한 대조를 이룬다.[13]

6-7절(C)은 이 시편의 중심으로 다윗이 여호와께 고백하는 형식을 취하고 있어도 사실은 회중들에게 간접적으로 권면하고 있다. 죄를 지었지만 기도하는 자들을 용서하셔서 그들에게 참된 피난처가 되어 주시는 하나님에 대한 고백과 확신을 담고 있다.

본문 주해

표제: "다윗의 마스길"

"마스길"(מַשְׂכִּיל)은 '지혜롭게 하다'는 어근에서 나왔다(8절의 '가르치

12. Potgieter, "Psalm 32," 3, 5.

13. Potgieter, "Psalm 32," 6.

다'와 같은 어근). 그래서 경건한 교훈을 담은 지혜의 시(47:7 참조)를 가리키는 말일 수도 있고, 예술적으로 정교하게 잘 갖춰진 노래를 가리킬 수도 있다. 적어도 32편은 교훈적 성격을 많이 갖고 있다. 이 표제는 32, 42, 44, 45, 52-55, 74, 78, 88, 89, 142편 등에서 13회 사용되고 있다.

"셀라"(4, 5, 7절) 표제는 아니지만 총 32개 시편에서 71회 사용된 예전적인 지시어이다. 하지만 이 단어의 의미와 기능에 대한 의견은 다양하다.[14]

1. 교훈: 죄 용서받은 자의 행복(1-2절)

이 부분은 하나님께 죄 용서받은 행복을 다루는 큰 단위인 1-5절의 제1연이다. 1-5절은 다음과 같은 교차 대구적 구조를 보여주며[15] 죄를 고백하지 않았을 때의 고통(3-4절)과 대조되는 고백했을 때의 행복(1-2, 5절)을 강조한다.

1-2a 여호와께 죄 용서받은 자의 복
    2b 마음에 거짓이 없음
        3 죄를 고백하지 않아 고통당함
        4 여호와의 손에 의해 고통당함
    5a-b 죄를 아뢰고 숨기지 않음
5c 여호와가 죄를 사하심

다윗은 1-2절에서 하나님으로부터 죄를 용서받은 사람의 행복을 선언한다. 다윗이 자신의 경험을 통해서 배운 것으로 이 시편의 핵심적인 교훈을 요약하는 기능을 한다.[16] 1절에서는 긍정적으로 표현하고 2절에서는 부정적인

---

14. 루카스, 『시편과 지혜서』, 88 참조.
15. 이 부분은 P. Auffret, "Essai sur la structure littéaire du Psaume 32." *VT* 38 (1988): 257-61을 참고하여 수정한 것이다.
16. 강소라, "시편 32편," 163.

표현들로 선언한다.[17]

1절과 2절을 각각 시작하는 감탄사는 복수 연계형 명사인 *아쉬레*(אַשְׁרֵי)로서, '복이 있도다' 혹은 '행복하도다'로 번역될 수 있다. 이 감탄사는 하나님을 경외하고 그분의 말씀대로 사는 사람이 하나님의 돌보심과 보호 아래 살아가는 행복을 선언하면서도, 이런 경험과 확신을 가진 자로서 다른 사람에게 그렇게 살기를 격려하는 교훈적인 기능도 한다(1:1; 2:12; 33:12; 34:9; 40:5; 41:2 등 참조).[18] 1절에서 '사람'으로 번역된 말은 분사지만 2절의 '사람'은 일반적인 '사람'(아담)을 가리킨다. 이런 표현은 누구든지('모든 경건한 자,' 6절; '마음이 정직한 사람 다,' 11절) 여호와께 죄 용서를 받은 자가 참 행복한 사람이라는 점을 강조한다.[19]

1-2절에 반복적으로 등장하는 죄와 관련된 표현들인 '허물'과 '죄'와 '죄악'과 '간사함' 등은, 구체적인 죄의 측면들도 보여주면서도 죄의 '총체성'을 강조하는 것이라고 볼 수 있다.[20] 또 '사함을 받다,' '가려지다,' '여호와께 정죄를 당하지 않다'는 표현들은 죄 용서의 주체이신 '여호와'와 그 분의 한량없는 용서를 강조한다. 원래 '허물'(*페샤* פֶּשַׁע)은 관계를 깨뜨리는 반역을 의미하고, '죄'(*하타아* חֲטָאָה)는 하나님과 율법의 기준에 미달하거나 실패하는 것을 말한다(*HALOT*). 2절에서 "정죄를 당하지 아니하는"이란 말은 재판장이신 하나님이 '유죄'라고 판결하시지 않는(창 15:6; 삼하 19:20) 것을 의미한다. 여기서 '죄악' 혹은 '유죄'에 해당하는 단어(*아본* עָוֹן)는 왜곡이나 잘못

17. 김정우, 『시편주석 I』, 686.

18. *NIV Study Bible*, 788; Kraus, *Psalms 1-59*, 115 참조.

19. '복이 있도다' 감탄사와 아담이 결합한 경우는 32:2, 84:5, 12와 잠 3:13, 8:34, 28:14 등으로 지혜 교훈과 매우 밀접하게 관련되어 있다. Botha, "Psalm 32," 26, 각주 52 참조.

20. 강소라, "시편 32편," 173, 175에 의하면 '죄'와 관련된 용어는 시편 중 제1권에 가장 많이 나온다(75회 중 29회). 시인이 죄를 인정하고 고백하는 장면은 31-41편에 집중되어 있다. 이 시편에서 죄와 관련된 용어들은 시인의 죄 고백과 용서를 강조한다.

이나 그릇됨을 의미한다.[21] 그리고 마지막의 '간사함'으로 번역된 단어(*레미야* רְמִיָּה)는 '속임,' '거짓,' '배반' 등을 의미하여(*HALOT*) 앞에서 열거한 죄악의 대표적인 예를 보여준다. '마음(영)에 거짓이 없다'는 말은 용서받기 위해 하나님 앞에 진심으로 회개하는 상태를 의미할 수도 있고,[22] 죄 용서함을 받은 결과로 거짓 없이 하나님의 뜻을 행할 수 있게 된 상태를 가리킬 수도 있다.[23] 여기서는 후자로 해석한다. 1절의 '사함을 받다'는 수동태 분사는 죄에 대한 징계나 무거운 짐을 치우는 것을 가리키기도 하지만(5절)[24], 하나님이 그 죄의 짐을 대신 지시는 것을 의미하기도 한다(*HALOT*, 5절; 창 4:13; 출 34:7; 민 14:18; 사 33:24; 미 7:18; 고후 5:21; 히 9:28). 또 '가려지다'는 수동 분사는 하나님에 의해서 죄가 가려지는 은혜로운 속죄를 의미한다(86:2).[25] 잠언 10장 12절, 17장 9절에서는 사람이 사랑으로 이웃의 잘못을 덮어주는 데 이 말을 사용하고 있다. 바울은 로마서 4장 6-8절에서 1-2절을 인용하며 조건 없이 죄를 용서하시는 하나님의 은혜를 강조하고 있다.

2. 감사: 개인적으로 경험한 하나님의 용서에 대한 간증(3-5절)

다윗은 이제 1-2절에서 선언한 죄 용서받은 자의 행복의 예로서 자기 경험을 간증한다. 이것은 하나님께 고백하는 형태로 되어 있기에 하나님이 행하신 놀라운 죄 용서에 대한 감사이기도 하다. 3-4절은 죄를 고백하지 않았을 때의 고통을, 5절은 죄를 고백했을 때의 용서받은 행복을 노래한다. 3절과 4절은 둘 다 '때'를 가리키는 접속사 *키*(כִּי)로 시작하고 끝에서 두 번째 어절

21. VanGemeren, *Psalms*, 310; Kraus, *Psalms 1-59*, 115 참조.

22. VanGemeren, *Psalms*, 310.

23. Kraus, *Psalms 1-59*, 115.

24. Wilson, *Psalms*, 547, 549-50.

25. VanGemeren, *Psalms*, 310.

('신음 가운데,' '여름 가뭄에')에 때를 가리키는 전치사 *베*(בְּ)가 붙어 있다.[26]

3-4절은 다윗이 죄를 짓고도 하나님 앞에서 죄를 고백하거나 회개하지 않고 '침묵할 때' 겪었던 고통을 묘사한다. 여기서 묘사된 고통은 죄를 고백하지 않을 때 느꼈던 죄책감이 주는 내적인 고통에 대한 비유일 수도 있다. 하지만 그보다는 죄로 인해서 하나님께 징계를 받아(4절) 심적으로나 육체적으로 당한 극심한 고통(예: 인구 조사 후의 전염병과 백성들의 죽음)을 의미할 가능성이 더 크다.[27]

3절에서 그는 종일 고통 때문에 '신음 가운데' 있었다고 한다. '신음'으로 번역된 단어는 고통스러워서 지르는 비명을 의미할 수도 있다(*HALOT*, 22:1; 욥 3:24). 이 단어는 사자의 포효 소리로도 사용되는데(욥 4:10; 사 5:29; 슥 11:3), 그런 점에서 9절의 짐승에 대한 비유와 연결될 수도 있다. 2행에서 다윗은 뼈가 '쇠했다'고 한다. '뼈'가 대표하는 신체 전체나 전 존재가 해체되거나 닳아 없어지는 것처럼 고통스러웠다는 것이다(31:11 해설 참조). 이상의 묘사는 과장되었기는 하지만 얼마나 고통이 극심했는지를 말하는 것이다.

4절은 3절에서 말한 고통이 여호와의 심판에 의한 것이었기에 더 고통스러웠음을 비유적으로 묘사한다. 3절에서 '종일'이라고 한 것이 이제는 '주야'로 연장되었다. 1-2행에서 다윗은 극심한 고통 가운데서 한순간도 쉬지 않고 하나님의 진노와 징계의 손이 자신을 무겁게 내리누르는 것을 경험했다고 탄식한다(31:11; 삼상 5:6, 11; 욥 23:2 참조). 이것은 아마도 38편 3절("주의 진노로 말미암아 내 살에 성한 곳이 없사오며/ 나의 죄로 말미암아 내 뼈에 평안함이 없나이다.")이 말하는 것 같은 상황일 것이다.[28] 그래서 다윗은

26. Potgieter, "Psalm 32," 3.

27. Kraus, *Psalms 1-59*, 370 참조.

28. Kraus, *Psalms 1-59*, 369.

2행에서 자신의 기운이 빠져서 과일이나 나무가 여름의 건조한 열기에 물기를 상실하여 바짝 마르듯이 되었다고 회상한다(1:3의 시냇가에 심긴 나무와 대조적). '진액'으로 번역된 단어는 민수기 11장 8절에만 나오는데 거기서는 '과자'(케이크)로 번역되어 있다. 아마도 여기서는 '기력'이나 '기운'(ESV, NIV, JPS)에 대한 비유적 표현으로 사용된 것 같다.

5절에서 극적인 반전이 일어난다. 그것은 '침묵하던 입'을(3절) 엶으로써 시작되었다. 다윗은 여호와께 감사드리는 형식을 취하여 간증한다. 침묵했을 때 고통당하던 다윗이 잘못을 자백하기로 다짐하였고(3-4행), 그것을 실행에 옮겼다(1-2행)고 한다. 자신이 '허물을 자백하고,' '죄를 아뢰고,' '죄악을 숨기지 않았을 때' 여호와가 기적과 같이 자신의 죄를 용서하셨다고 한다. 1-2절에서 죄 용서에 대한 표현이 세 번 나온 것과 대칭을 이룬다. 또 1-2절에서 사용한 죄에 대한 용어들을 다시 모두 사용하면서 모든 죄를 하나님께 '고백하는' 것이 얼마나 중요한지를 강조한다. 이런 점은 잠언 28장 13절("자기의 죄를 숨기는 자는 형통하지 못하나 죄를 자복하고 버리는 자는 불쌍히 여김을 받으리라")과 매우 유사하다.[29] '자백하다'(*오디아카* אוֹדִיעֲךָ)와 '아뢰다'(*오데* אוֹדֶה)는 의미와 발음에 있어서 비슷하다. '자백하다'에 사용된 표현은 '누군가에게 무엇을 알게 하다'는 의미인데, 25편 14절에서는 하나님이 당신의 비밀을 다윗에게 알게 하셨다는 반대의 의미로 사용되고 있다(16:11 '생명의 길'). '아뢰다'에 사용된 동사는 대개는 하나님이 구원해 주신 은혜를 감사하고 찬양하는 의미로 사용되지만(28:7; 30:4, 12; 33:2 참조) 여기서는 죄에 대한 고백과 진심 어린 회개를 의미한다(잠 28:13 참조). '숨기다'는 1절의 '가리다'와 같은 동사로 죄를 덮고 숨기지 않을 때(욥 31:33; 잠 28:13) 하나님이

---

29. Botha, "Psalm 32," 22-3; "Psalm 32 as a wisdom intertext," *HTS Theological Studies* 70/1 (2014): 4-6에서 이런 점이 잘 설명되고 있다. 이 구절은 32편에 나오는 어휘들을 공유하고 있다. 하지만, 보타의 주장처럼 이 구절과의 유사성이 원래 이 시편이 교훈을 위한 지혜시로 지어졌음을 증명하지는 않는다.

그 죄를 덮어 주심을 강조하는 것이다.[30] 5행의 "곧 주께서"란 표현은 용서의 즉각성을 강조하고 용서의 주체가 하나님이심을 부각한다.[31] 마지막 행에서 말하는 '내 죄악과 죄를 사하셨다'는 말은 죄에 대한 용서와 더불어 '죄로 인한 징계'를 제하셨음을 의미하여, 정신적·육체적 고통을 치유하셨음을 말한다.[32] 죄의 고백과 회개에 대한 하나님의 온전한 용서를 강조한다.

3. 확신: 경건한 자에 대한 여호와의 보호와 구원(6-7절)

이 시편의 두 번째 큰 단위는 6-11절이다. 1-5절처럼 6-11절도 다음과 같은 집중적 구조를 보여준다. 여호와의 악인 심판과 의인 구원에 대한 확신과 기쁨이 교훈을 감싸고 있다. 여호와의 보호와 구원을 받는 자(6-7, 10-11절)는 그의 가르침에 귀를 기울이는 자(8-9절)여야 함을 잘 나타낸다.

6-7절 여호와가 경건한 자를 보호하시고 구원하심 확신
('모든,' '*하시드*[경건한 자],' '많은,' '그[의인]'에게, '환호,'
'나를 두르심')
8-9절 완고하게 되지 말고 여호와의 교훈에 귀 기울이라
10-11절 여호와의 악인 심판과 의인 보호에 대한 기쁨과 환호
('많은,' '악인에게,' '*헤세드*[인자하심],' '그를 두름,'
'환호하다,' '모든')

6-7절에서 다윗은 여호와께 그의 보호와 구원에 대한 확신을 고백하면서 간접적으로 회중들을 권면하고 있다. 이런 고백과 권면은 자신이 앞에서 간증했던 놀라운 죄 용서와 구원 경험에 근거한 것이다. 6절을 시작하는 '이로

---

30. VanGemeren, *Psalms*, 314.
31. 강소라, "시편 32편," 168.
32. Botha, "Psalm 32," 21 참조.

말미암아'는 3-5절에서 고백한 경험을 가지고 하나님께 말씀드린다는 의미다. 이 연은 전체 시의 중심으로 주제적 교훈을 선언하고 있다고 볼 수 있다. 바로 위의 구조에서 볼 수 있듯이 이 연은 10-11절과 많은 어휘를 공유하면서 의인을 보호하시고 구원하시는 여호와의 사역을 강조한다.

6절 1-3행은 번역본 대부분이 그렇게 하듯이 기원문으로 번역하는 것이 더 좋다. '경건한 자'는 하나님께 헌신한 신실한 '성도'를 가리킨다(30:4; 31:24 참조). 의롭게 살고자 자신의 죄를 고백하여 용서받은 다윗 자신이 이런 '경건한 사람'의 본보기다.[33] 개역개정에서 "주를 만날 기회를 얻어서"로 번역된 부분의 원문에는 만나는 대상이 명시되어 있지 않다. 그래서 새번역은 "고난을 받을 때에"로, 유대인 번역은 "죄를 발견할 때"(JPS, 개역개정 각주)라고 번역하기도 한다. 여기서는 이사야 49장 8절의 "은혜의 때" 혹은 "구원의 날"이나 55장 6절의 "여호와를 만날 만한 때"처럼, 주님을 만나고 주께 피하는 적절한 때를 가리키는 것으로 보는 것이 좋겠다.[34] 1-5절에 이어지는 문맥으로 볼 때 여기서 '기도하는' 목적은 죄의 고백과 회개, 그리고 죄로 인한 징계의 고통으로부터 구해 주시길 간구하는 것이다. 4-5행에서 다윗은 성도가 위기의 때에도 주를 찾아 기도해야 하는 이유를 하나님께 제시한다. 그것은 갑자기 범람하는 파괴적인 홍수처럼 아무리 엄청난 고난이 닥쳐와도(18:4-5, 16; 124:4; 144:7; 사 8:7-8) 하나님께 기도하는 자를 해할 수 없기 때문이다. 다윗은 위에서 간증한 자신의 경험을 통해서 아무리 죄가 깊고 징계가 고통스러워도 하나님께 고백하며 기도할 때 하나님이 거기서 구해 주신다는 것을 확신하게 되었을 것이다. 29편 3, 10절은 여호와가 이런 홍수 위에 좌정하셨다고 함으로써 그 어떤 위협도 하나님의 통제 아래 있다고 노래하고 있다.

---

33. 강소라, "시편 32편," 168-9.

34. Kraus, *Psalms 1-59*, 370.

7절은 바로 앞에서의 확신을 다시 여호와께 고백한다. 다윗은 자기 죄와 그로 인한 고난에서 지켜주신(2행) 여호와가 자신의 '은신처,' 즉 가장 안전한 피난처라고 고백한다. 이 비유는 여호와를 가리키면서도 여호와의 임재를 상징하는 성소를 암시하기도 한다(27:5, 9; 31:20 참조). 이것을 1-2, 5절과 연결하면, 여호와가 '죄'를 가려주시는 분이심을 의미한다. 그렇게 보면 3-4행 "구원의 노래(환호)로 나를 두르십니다"가 자연스럽게 이해된다. '구원의 노래'는 다윗이 죄 용서와 구원으로 인해 감사 제사를 드릴 때 회중들이 둘러싸서 즐겁게 찬양하는 소리를 가리키는 것으로 보는 것이 좋겠다(35:37 참조). 구원과 그로 인한 예배 모두를 하나님의 은혜로 여기며 감사하고 있다.

4. 교훈: 완고하고 무지한 악인의 고통과 의인의 행복(8-10절)

8-10절(쉬운성경) 혹은 8-9절(새번역)은 제사장이나 다윗이 회중들을 향하여 하나님의 말씀을 인용하며 회중들을 교훈하는 부분이다.[35] 문맥으로 보자면, 여기서 이 교훈을 인용하는 목적은 하나님의 백성들이 죄를 지어 징계를 당한 상황에서도 피난처이신(7절) 하나님의 말씀에 귀를 기울여 회복시키는 하나님의 인자하심을 누리도록 하기 위함이다. 하나님의 말씀에 귀를 기울이는 의인의 모습과 완고하게 거부하는 악인의 모습이 대조되는데, 이것은 3-5절에서 죄를 고백하지 않는 완고한 모습과 죄를 고백하여 죄 용서를 받는 모습과 대칭을 이룬다.

8절에서 하나님은 징계받아 고난당하는 백성들을 응시하시며 그들에게 회복의 길을 인도하시는 목자로서 말씀하신다. 여기에 나오는 '너'는 9절 이하에 나오는 '너희,' 즉 '의인들'의 회중(11절)을 가리키는 대표 단수다. 하나님은 지혜롭고 경건한 자들이 '갈 길'을 지도하고 가르치시겠다("가르쳐 보

---

35. *NIV Study Bible*, 819; Kraus, *Psalms 1-59*, 371 참조. 새번역과 쉬운성경은 아예 "주님께서 말씀하십니다."라는 말을 첨가하고 있다.

이고")고 한다. 그 '길'은 일반적인 하나님의 말씀을 가리킬 수도 있지만, 여기서는 죄의 징계로 당한 깊은 고난의 상황에서 온전히 구원받고 다시 의로운 삶으로 회복되는 길이다. 그 길은 앞에서 이미 말한 죄를 고백하고 회개하여 용서받는 것(1-5절)과 피난처이신 여호와께 기도하여 그의 보호를 받는 것(6-7절)에 이어, 여호와의 말씀을 청종하여 온전한 회복으로 나아가는 것이다. 이 절에는 '지도하다,' '가르치다,' '훈계하다'가 삼중적으로 나와서 당신의 백성들을 온전한 길로 이끄시려는 여호와의 의지가 강조되고 있다(비교: 1-2절의 삼중적 죄 용서, 5절의 삼중적 죄 고백). 이런 어휘들은 잠언에서 많이 등장하며(잠 3:5-8; 4:11 참조)[36] 25편과 27편에서도 나왔던 것들이다(25:4-5, 8-9; 27:11). "너를 주목하여"는 "내 눈이 네 위에 있어"로 직역되어 하나님의 눈이 하나님의 길을 따르려는 경건한 자 위에 있어서 보살피시는 모습을 그려준다(34:18 참조). 이것은 4절의 여호와의 손이 시인을 짓누르는 장면과 극명한 대조를 이룬다.[37]

9절에서 하나님은 8절과 대조적으로 '말과 노새'를 비유적으로 등장시켜서 고집스럽게 여호와의 말씀을 거역하는 자들처럼 되지 말라고 경고하신다. 이 동물들의 특징은 '무지해서,' 즉 주인의 뜻을 알지 못하고 무감각해서 '재갈과 굴레' 같은 것으로 단속하지 않으면 움직이지 않는다(잠 26:3; 사 1:3 참조)는 점이다.[38] 참된 구원과 회복의 길로 인도하시는 주인 되신 하나님께 가서 그의 말씀 듣기를 완고하게 거역하는 모습을 보여준다. 이런 태도는, 죄를 지었으면서도 고집스럽게 입을 다물고 하나님께 고백하지도 않고 돌이키지도 않았던 3-4절의 다윗의 태도를 상기시킨다. 그런 점에서 말과 노새에게 씌운 '재갈과 굴레'는 죄의 고백을 거부한 자들에게 내려진 징계와 유사하다.

---

36. Botha, "Psalm 32," 23에서 이런 특징들을 강조한다.
37. Potgieter, "Psalm 32," 6.
38. Botha, "Psalm 32 as a wisdom intertext," 7에서는 잠 26:3과 9절과의 관계뿐만 아니라 73:22와의 관련성에 대해서도 상세히 다루고 있다.

재갈과 굴레처럼 징계도 죄인을 억지로라도 주인 되신 하나님께로 이끄는 역할을 하기 때문이다(왕하 19:28; 잠 26:3). '장치' 혹은 '장신구'(출 33:4-6)라는 단어가 '재갈과 굴레' 앞에 붙어 있지만 재갈과 굴레와 동어 반복이 되기에 대부분의 현대 번역본들은 이 단어 번역을 생략하고 있다. 칠십인역은 '턱'으로 읽으면서 재갈과 굴레로 턱을 제어하는 것을 암시하고 있다. 유대인 번역(JPS)에서는 "그의 움직임"으로 번역한다. 최대한 이 단어의 원래 의미를 살리면 "재갈과 굴레 장치로"로 번역할 수 있다.[39]

10절에서는 결론적으로 9절에서 비유한 말이나 노새처럼 끝까지 자신의 길을 고집하는 자인 '악인'과 여호와의 말씀에 귀를 기울이는 '여호와를 신뢰하는 자'의 상반된 결말이 대조되고 있다(31:23 참조). '여호와를 신뢰하는 사람'은 6절의 '경건한 사람'이다. 여호와께 고난을 의뢰하고 기도할 뿐 아니라 하나님이 제시하시는 구원과 회복의 길에 귀 기울이는 자이다. 1행에서는 3-4절의 시인처럼('신음,' '뼈가 쇠함,' '진액이 마름') '악인'에게는 많은 '슬픔' 혹은 '고통'(38:17; 41:3; 69:26, 6절의 '많은 물'과 유사한 표현)이 따르게 될 것이라고 한다. 하지만 2행에서는 반대로 하나님의 '인자하심'(31:7, 16, 21)이 여호와를 신뢰하는 사람을 두를 것이라고(7절에는 구원의 노래가 다윗을 두름) 한다. '인자하심'은 하나님께서 신실한 백성에게 베푸시는 모든 언약적인 복과 은혜와 사랑을 의미하는데, 여기서는 죄로 인한 고통에서 구하셔서 온전한 회복의 길로 인도하시는 사랑을 의미한다. 이처럼 여호와의 가르침을 따르는 의인(11절)의 행복과 회개와 순종을 거부하는 악인의 심판에 대한 주제는 32편처럼 '복이 있도다'로 시작하는 1편의 주제이기도 하다. 1편과 32편은 많은 어휘를 공유하면서 의인과 악인의 대조적인 운명을 교훈한다.

---

39. Botha, "Psalm 32," 17 참조.

5. 찬양: 의인들의 기쁨과 찬양(11절)

이 부분은 죄 용서를 통해 고난에서 구원하시고 의로운 길로 인도하시는 하나님에 대한 찬양으로 의인들을 초대한다. 11절은 죄 용서받은 자의 행복을 두 번 노래한 1-2절처럼 여호와에 대한 의인들의 기쁨이 두 번(혹은 세 번) 강조되면서 수미쌍관을 이룬다.

다윗은 회중들을 향하여 용서와 구원을 베푸시고 온전한 의의 길로 인도하시는 여호와를 기뻐하며 즐거워하고, 환호하자고(즐겁게 외치자, 7절) 권면한다(33편 1절 참조). 여기서는 3-4절의 '신음'이나 10절의 '슬픔'과 대조적으로 '기쁨'이 강조된다. 회중들을 "의인들", "마음이 정직한 너희들"로 부른다. 이것은 2절의 '마음에 간사함이 없는 자,' 6절의 '경건한 자,' 10절의 '여호와를 신뢰하는 자'에 상응하는 호칭이다. 특별히 여기서는 9-10절이 말한 하나님의 교훈을 따라 의의 길을 걷는 자의 모습을 부각한다. 이들에 대한 축복을 표현한 1-2절의 '복이 있도다'(*아쉬레* אַשְׁרֵי)로 이 시편이 시작했는데, 이들에게 찬양을 요청하는 11절은 발음이 비슷한 '마음이 정직한 사람'(*이쉬레 렙* יִשְׁרֵי־לֵב)으로 마친다.[40] 2절의 '마음(영)'과 이 부분의 '마음'도 서로 상응한다. 비록 죄를 지어 고통을 당했어도 여호와께 돌아와 죄를 고백하여 그의 구원을 받고 온전한 의의 길로 걸어가게 된 의인들의 찬양이 환호로 울려 퍼진다.

교훈과 적용

시편 32편의 교훈: 하나님은 죄를 지은 자에게 징계의 고통을 주셔서라도 죄를 깨닫게 하시며, 죄를 고백하는 자를 용서하시고 고난에서 구하셔서 의의 길로 온전히 인도하시기에, 경건한 성도는 징계의 고통 가운데서도 하나님께 죄를 고백하고 그의 말씀에 귀를 기울여 죄 용서의 행복과 그가 베푸시는 온전한 회복의 기쁨을 누려야 한다.

---

40. Potgieter, "Psalm 32," 5.

1. 하나님께 죄를 고백하여 용서와 회복의 사랑을 누리라

하나님은 우리의 죄에 대한 징계를 허락하실지라도 언제든지 당신께 나아와 죄를 고백하고 하나님의 용서와 회복의 은혜를 구하여 누리기를 간절히 바라신다(6-7절). 죄의 길에서 벗어나 온전한 의의 길로 회복되길 원하신다(8-10절). 하나님의 용서하심과 회복을 경험하는 것보다 더 행복한 길은 없다(1-2절). 하나님의 용서하시는 사랑은 '홍수' 같이 어마어마한 죄의 결과도 덮을 만큼 풍성하다(7절, 130:7; 출 34:7). 예수 그리스도의 십자가는 늘 죄지은 우리를 하나님의 용서하시는 사랑으로 초대한다(눅 1:77; 행 2:38; 엡 1:7; 요일 2:12). 그러므로 우리가 하나님과 사람들 앞에 지은 죄를 부인하거나 하나님께 자백하지 않는 것은 정말 어리석은 행동이다(3-4절). 그런 행동은 우리의 내적인 죄책감과 징계의 고통을 더할 뿐이다(10절). 죄를 지었으면서도 죄가 없다고 하는 것은 그것을 다 아시는 하나님을 거짓말쟁이로 만드는 큰 죄다(요일 1:10). 죄의 고통에서 해방되는 지름길은 자비로우신 하나님께 죄를 인정하고 고백하는 것이다. 죄의 고백은 우리 죄를 대신 '짊어지신'(용서하신) 예수 그리스도의 하나님께 나아가는 믿음의 행위다.[41] 죄의 고백 자체가 우리의 의도 아니며 하나님의 용서를 주제넘게 가정하는 것도 아니다.[42] 하지만 그것은 죄를 안타깝게 여기고 의를 열망하는 '상한 심령'(51:17)의 고백이며, 하나님의 죄 용서를 간절하게 열망하는 고백이다. 이런 우리에게 하나님은 언제든지 십자가의 용서를 베푸신다(5절). "만일 우리가 우리 죄를 자백하면 그는 미쁘시고 의로우사 우리 죄를 사하시며 우리를 모든 불의에서 깨끗하게 하실 것이요."(요일 1:9)

2. 하나님께서 베푸시는 용서와 회복의 사랑을 간증하고 찬양하라

다윗은 자신이 죄를 고백하여 하나님의 용서와 회복을 경험한 것을 성소에서 간증하며 성도들과 함께 하나님을 찬양했다(3-7, 11절). 그리스도인은 예수 그리스도를 믿음으로 값없이 죄 사함을 받아 하나님 앞에 의롭게 여김을 받은 자들이다(롬 3:24). 이것은 예수 그리스도 안에서 하나님께서 우리가 지은 죄를 '간과하심으로'(롬 3:25) 우리의 죄를 '치워 주시고' '덮어 주시고' '죄책을 인정하지 않으시기에'(1-2절) 가능한 복이며 은혜다. 그래서 바울은 로마서 4장 7-8절에서 32편 1-2절을 인용하면서 이 행복을 "일한 것이 없이 하나님께 의로 여기심을 받은 사람의 복"이라고 선언하고 있다. 우

---

41. Calvin, *Psalms*, 1:532.
42. Mays, *Psalms*, 148.

리는 이 행복을 예수 믿는 순간뿐만 아니라 삶의 마지막까지 누리는 자들이다.[43] 우리는 이 놀라운 행복을 누릴 뿐만 아니라 다윗처럼 성도들과 온 세상에 전해야 한다. 그리스도 안에서 경험하는 죄 사함의 은혜, 의로운 삶으로의 온전한 회복의 은혜를 교회와 세상에 간증하여 그들과 함께 기뻐하며 하나님을 찬양해야 한다(11절). 그래서 그들도 우리처럼 기꺼이 우리에게 다가오셔서 우리를 용서해 주시는 하나님을[44] 만나, 용서와 고통에서의 구원과 의로운 삶으로의 회복을 경험하게 해야 한다.

43. Calvin, *Psalms*, 1:524, 526.

44. Calvin, *Psalms*, 1:533.

시편 33편

창조와 통치와
구원의 하나님 찬양

1 너희 의인들아 여호와를 즐거워하라
찬송은 정직한 자들이 마땅히 할 바로다
2 수금으로 여호와께 감사하고
열 줄 비파로 찬송할지어다
3 새 노래로 그를 노래하며
즐거운 소리로 아름답게 연주할지어다
4 여호와의 말씀은 정직하며
그가 행하시는 일은 다 진실하시도다
5 그는 공의와 정의를 사랑하심이여
세상에는 여호와의 인자하심이 충만하도다
6 여호와의 말씀으로 하늘이 지음이 되었으며
그 만상을 그의 입 기운으로 이루었도다
7 그가 바닷물을 모아 무더기 같이 쌓으시며[1]
깊은 물을 곳간에 두시도다
8 온 땅은 여호와를 두려워하며
세상의 모든 거민들은 그를 경외할지어다
9 그가 말씀하시매 이루어졌으며
명령하시매 견고히 섰도다[2]
10 여호와께서 나라들의 계획을 폐하시며

---

1. '무더기'(*네드* נֵד)는 칠십인역에서는 '항아리' 혹은 '병'(*노드* נֹד)으로 읽히고 있는데 그렇게 되면 새번역처럼 "모아 독에 담으셨고"로 번역할 수 있다.
2. 9절의 주어가 무엇인지 불확실하다. 왜냐하면 8절의 '땅'과 '세계'는 여성인데 9절 동사의 주어는 3인칭 남성 단수이기 때문이다. 여기서는 8절에서 두 번 언급한 남성 단수 명사인 (땅과 거주자들) '모두,' 즉 온 창조 세계와 사람들을 가리키는 것으로 보는 것이 좋을 것이다. N. Lohfink, "The Covenant Formula in Psalm 33," in *The God of Israel and the Nations*, 93에서는 1행은 말씀으로 하늘과 천체를 지은 것을 말하고, 2행은 명령으로 바다를 정복한 것을 가리킨다고 하지만 굳이 그렇게 볼 근거는 없다.

민족들의 사상을 무효하게 하시도다
11 여호와의 계획은 영원히 서고
그의 생각은 대대에 이르리로다
12 여호와를 자기 하나님으로 삼은 나라
곧 하나님의 기업으로 선택된 백성은 복이 있도다
13 여호와께서 하늘에서 굽어보사
모든 인생을 살피심이여
14 곧 그가 거하시는 곳에서
세상의 모든 거민들을 굽어살피시는도다
15 그는 그들 모두의 마음을 지으시며
그들이 하는 일을 굽어살피시는 이로다
16 많은 군대로 구원 얻은 왕이 없으며
용사가 힘이 세어도 스스로 구원하지 못하는도다
17 구원하는 데에 군마는 헛되며
군대가 많다 하여도 능히 구하지 못하는도다
18 여호와는 그를 경외하는 자
곧 그의 인자하심을 바라는 자를 살피사
19 그들의 영혼을 사망에서 건지시며
그들이 굶주릴 때에 그들을 살리시는도다
20 우리 영혼이 여호와를 바람이여
그는 우리의 도움과 방패시로다
21 우리 마음이 그를 즐거워함이여
우리가 그의 성호를 의지하였기 때문이로다
22 여호와여 우리가 주께 바라는 대로
주의 인자하심을 우리에게 베푸소서

본문 개요

33편은 온 세상을 말씀으로 창조하시고, 당신의 뜻대로 통치하시며, 자기 백성을 구원하시는 이스라엘의 하나님 여호와를 찬양하는[3] 찬양시편이다.[4] 히브리어 알파벳 수인 22절로 구성되어 있을 뿐만 아니라 25편이나 34편과 같은 알파벳 이합체 시의 특징을 가지고 있다. 예를 들면 내적인 구조 면에서 각 절은 모두 2행으로 구성되고 거의 같은 길이를 가지고 있다. 그리고 같은 단어들을 반복적으로 사용하여 통일성을 꾀하고 있다.[5] 비록 찬양시편이지만 알파벳 이합체 시편들이 가지고 있는 교훈적인 특징들을 가지고 있는데(12절 참조), 이는 이 시편이 지혜의 관점에서 하나님을 높이는 교훈적인 목적도 갖고 있음을 보여준다.[6] 이런 특징들은 33편이 25-33편 그룹에서 알파벳 이합체 시편인 25편과 더불어 그 안에 속해 있는 시편들을 둘러싸는 틀이 됨을 의미한다. 33편과 25편은 많은 공통 어휘들을 통해서, 여호와는 '정의'의 통치 방식을 따라 당신을 '바라며' '경외하는 자'들의 고난을 '보시고' '구원하신다'는 공통된 주제를 노래한다. 두 시편은 26-32편에 공통으로 등

3. 석진성, "시편 전체의 문맥 속에서 본 시편 33편의 신학적/해석학적 기능: 창조 주제를 중심으로," 『구약논집』 13(2018): 84-9에서는 104편과 146편과 33편을 비교하면서 세 시편이 모두 창조와 통치와 구원을 다룬다는 점을 잘 분석하고 있다.

4. 찬양시편이지만 이 시편은 기도로 마무리되는데 이런 예들은 19:12-13; 104:31-35; 139:19-24 등에서도 볼 수 있다. Lohfink, "Psalm 33," 96-7, 각주 23 참조.

5. Craigie, *Psalms 1-50*, 271.

6. 김정우, 『시편주석 I』, 698 참조. P. J. Botha and J. H. Potgieter, "'The Word of Yahweh Is Right': Psalm 33 as a Torah-Psalm," *Verbum et Eccles.* 31/1 (2010): Art. #431, 1-8에서는 이 시편 장르 자체를 토라시편으로 규정한다. 이 시편이 하나님 말씀의 능력에 의한 창조와 이스라엘의 구원과 세상에 대한 통치를 포로귀환시대 이스라엘에게 교훈하기 위한 노력의 하나라는 것이다. D. Jacobson, "Psalm 33 and the Creation Rhetoric of a Torah Psalm," in *My Words Are Lovely: Studies in the Rhetoric of the Psalms*, eds. R. L. Foster and D. M. Howard, LHBOTS 467 (London: T&T Clark, 2008), 108에서도 이 시편을 토라시편으로 본다. 하지만, 33편에서는 토라에 대한 교훈이 중심을 이루지도 않고 포로귀환시대의 배경이 명확하게 나타나지도 않는다.

장하는 '성소'와 관련된 언급은 하지 않지만, 하나님을 '바라는' 기도와 여호와의 창조와 통치에 대한 찬양은 성소를 전제하고 있다고 할 것이다. 33편이 25편과 갖는 공통점과 25-33편 그룹에서 33편이 하는 역할에 대해서는 25편 개요를 참고하라.

이 시편이 언제 불렸는지는 33편 자체로서는 정확하게 알기 어렵다. 32편 마지막 절과 33편 첫 번째 절이 유사하고(아래 참조), 33편의 표제가 없는 것으로 봐서 이 두 시편은 밀접하게 관련된다. 33편의 맛소라 본문에는 표제가 없어도 다수의 히브리어 필사본들과 칠십인역이나 사해사본 중 한 본문(4QPs[q])에는 '다윗의' 혹은 '다윗의 시'라는 표제가 붙어 있다. 아마도 33편은 32편과 원래 하나의 시편은 아니었겠지만 매우 밀접한 관계가 있는 '다윗의 시편'이었을 가능성이 크다.[7] 다윗이 이 시편의 저자라면 성소에서 교훈적인 의미로 함께 부르기 위해서 지은 찬양의 노래라고 볼 수 있다. 혹자는 3절의 '새 노래'를 특별한 구원 사건에 대한 찬양을 담은 노래로 봐서 여호사밧 시대의 유다 구원(대하 20장)이나 히스기야 시대의 아시리아로부터의 구원(왕하 19장)과 같은 국가적인 구원에 대한 찬양과 연결하기도 한다.[8] 하지만 33편의 내용은 단지 전쟁에서의 구원(16-17절)만이 아닌 창조와 통치라는 일반적인 주제를 노래하고 있기에 성전 예배에서 여호와를 찬양하는 시편으로 불렸다는 정도만 확실하게 말할 수 있을 것이다. 그래서 이 시편은 찬양 인도자가 1-3절을 부르고, 4-19절은 찬양대가 합창을 하고, 20-22절은 회중들이 화답하도록(혹은 4-5절과 20-22절은 찬양대의 합창, 6-12절과 13-19절은 찬양대의 두 파트가 교창) 의도되었을 수도 있다.[9]

---

7. McCann, "Psalms," 809 참조. G. H. Wilson, "The Use of Untitled Psalms in the Hebrew Psalter," *ZAW* 97/3 (1985): 405-7에서는 이런 점을 잘 설명하면서 두 시편이 예배 시에 함께 사용되었을 가능성을 제기한다. Wilson, *Psalms 1*, 555-6; Craigie, *Psalms 1-50*, 270 참조.
8. *NIV Study Bible*, 820.
9. *NIV Study Bible*, 820; Craigie, *Psalms 1-50*, 271-2.

33편은 32편과 여러 면에서 관련되는데 무엇보다 33편 1절은 32편의 마지막 절을 반영한다. 아래에 표시한 부분들이 똑 같이 반복되고 있다.

> 33:1 너희 **의인**들아(צַדִּיקִים) **여호와께**(בַּיהוָה) *즐거이 외치라*(רַנְּנוּ)/
> 찬송은 정직한 자들(לַיְשָׁרִים)이 마땅히 할 바로다
> 32:11 너희 **의인**들아(צַדִּיקִים) **여호와를**(בַּיהוָה) 기뻐하며 즐거워할지어다/
> 마음이 정직한 너희들아(יִשְׁרֵי־לֵב) 다 *즐거이 외칠지어다*(וְהַרְנִינוּ)

이 외에도 두 시편은 많은 중요한 주제와 어휘들을 공유하고 있다. 하나님에 대한 신뢰(32:10; 33:21), '모든'(32:3, 6, 11; 33:4, 6, 8, 13, 14, 15), 하나님의 '인자하심'(32:10; 33:5, 18, 22), 보호하시는 하나님의 '눈'(32:8; 33:18), '많은' 혹은 '큰'(32:6; 33:16-17), 백성들이 '기뻐함'(32:11; 33:21), '복이 있도다'(32:1-2; 33:12), '마음'(32:11; 33:11, 15, 21), '말하다'(32:5; 33:9), '되다'(32:9; 33:9), '고백하다,' '감사하다'(32:5; 33:2), '물'(32:6; 33:7), '영' 혹은 '숨'(32:2; 33:6), '사람'(32:2; 33:13), '말'(32:9; 33:17), '없다'(32:2,9; 33:16), 하나님의 '훈계'와 '계획'(32:8; 33:11) 등이다.[10]

마치 33편은 32편에서 죄 용서함을 받은 자들이 용서해 주신 하나님을 찬양하고 있는 듯하다.

문학적 특징과 구조

33편의 구조에 대해서 다양한 의견들이 있지만, 1-3절은 회중들을 찬양으로 초대하는 부분이고, 4-19절은 '왜냐하면'이라는 접속어로 시작하는(4절

10. 석진성, "시편 33편," 77-8에서도 이런 공통점들을 다루고 있다.

첫 단어) 찬양의 이유 혹은 내용 부분이며, 20-22절은 화답하는 찬양 부분으로 볼 수 있다.[11] 젱어는 1-3절은 '너희,' 4-19절은 '그,' 20-22절에는 '우리'라는 대명사를 통해서 구분되고 있다고 적절하게 지적한다.[12] 문제는 4-19절을 어떻게 나누느냐이다. 크레이기는 크라우스와 유사하게 4-9절은 '여호와의 말씀'('말씀,' '입,' '말씀하시다,' '명하다'), 10-12절은 '여호와의 계획'('계획,' '생각'), 13-15절은 '여호와의 눈'('굽어보다,' '살피다,' '지켜보다'), 16-19절은 '여호와의 능력'('군대,' '용사,' '힘,' '말')이라는 주제를 노래한다고 구분한다.[13] 이들의 견해에 기본적으로는 동의하지만 16-19절은 '능력'보다는 이 부분에 더 많이 등장하는 주제인 '구원'으로 바꾸는 것이 더 좋을 것 같다('구원,' '구하다,' '구원하다,' '도망하다,' '건지다,' '살리다'). 또 4-9절은 다시 찬양의 신학적 주제를 요약하는 4-5절과[14] 여호와 말씀의 창조 능력을 강조하는 6-9절로 구분될 수 있을 것이다. 그리고 하나님의 언약 백성으로 선택받은 이스라엘의 행복을 노래하는 12절은 10-12절의 결론이기도 하지만 전체 시편의 중심으로서 찬양의 가장 중요한 이유가 될 것이다. 이런 점들을 참조하여 33편을 아래와 같이 교차 대구적인 구조로 나누었다.[15]

---

11. Lohfink, "Psalm 33," 96-7이 대표적이다. 여기서는(101쪽) 본론부를 첫 번째 본론 4-9절과 두 번째 본론 13-19절로 다시 세분하고 그 가운데 있는 10-12절을 중심부로 별도로 명명하며 이 시편의 초점을 거기에 맞춘다. 석진성, "시편 33편," 70-1에서는 4-5절을 서론부에 포함하고 있다. 그 이유 중의 하나로 1절의 '의인들'과 '정직한 사람들'에 사용된 어근이 4절과 5절에 나오는 여호와의 통치의 특징인 '정직'과 '공의'에 다시 나오는 것을 든다. 하지만, 1-3절은 찬양으로 초대하는 것이고 4절부터는 찬양의 이유를 말하는 내용으로 보는 것이 더 나아 보인다.
12. Hossfeld & Zenger, *Die Psalmen 1*, 205.
13. Craigie, *Psalms 1-50*, 271; Kraus, *Psalms 1-59*, 374-5 참조.
14. Hossfeld & Zenger, *Die Psalmen 1*, 205, 208.
15. Von Markus Witte, "Das neue Lied - Benbachtungen zum Zeitverständnis von Psalm 33," *ZAW* 114 (2002): 524-5에서도 교차 대구적으로 이 시편을 분석하지만 위의 구조와는 약간 다르게 분석한다. A(1-3) - B(4-5) - C(6-8) - D(9-11) - D′(12-14) - C′(15-17) - B′(18-19) - A′(20-22). 나누는 기준은 하나님의 사역 내용으로서의 창조와 역사에서의 활동이다. 하지만 이 기준보다는 창조, 통치, 구원으로 구분하는 것이 더 나아 보인다. Jin Sung Seok, "'God as Creator and Sovereign' : The Intertextual Relationship of Psalm 33 with the Book of Isaiah," 「ACTS 신

A 1-3절 찬양에의 초대(찬양대 지휘자)(즐거워하다, 의인들, 정직한 자들)
B 4-19절 찬양의 내용(찬양대)
a 4-5절 찬양 주제의 요약-창조와 통치의 기초: 정직, 진실, 공의, 정의, '인자'
b 6-9절 여호와의 말씀-창조의 능력 (하늘, 바다, 온 땅, 세상의 모든 거민)
c 10-11절 열방의 계획을 폐하심(나라들, 백성들)
c′ 12절 여호와가 자기 백성을 선택하심(나라, 백성)
b′ 13-15절 세상의 모든 인생을 살피심 (하늘, 모든 인생, 세상의 모든 거민)
a′ 16-19절 여호와의 '인자하심'을 바라는 자를 구원하심
A′ 20-22절 화답 찬양과 기도(회중들)(즐거워하다, 여호와를 바라고 의지하는 자들)

1-3절(A)에는 '너희'를 향한 찬양의 명령들로 구성되어 찬양과 관련된 어휘들이 많이 등장한다(악기들, 즐거워하다, 감사하다, 찬송하다, 노래하다, 연주하다 등). 한편 1-3절과 수미쌍관을 이루는 20-22절(A′)에는 '우리'가 반복되고 '바람'과 '의지함'과 '즐거움' 등의 어휘와 고백적 어휘가 주류를 이룬다. 1-3절이 '의인들'과 '정직한 자들'을 찬양으로 초대하고 있다면 20-22절은 여기에 '여호와를 바라며' '여호와를 즐거워하며' '그의 이름을 의지하는' '우리'가 화답하는 형식을 취한다고 볼 수 있다.

이 시편의 본론부인 4-19절(B)은 1-3절과 20-22절의 서론부와 결론부 사이에 등장한다. 그중에서 첫 번째 연인 4-5절(a)에는 여호와의 통치 특징과

학저널」 (33, 2017): 18-9에서도 본 주석의 구분과 동일하게 구분하지만 교차 대구적인 요소는 강조하지 않는다.

그의 성품을 묘사하는 단어들('정직,' '진실,' '정의,' '공의,' '인자하심')이 많이 나오는데, 그중에서 '인자하심'은 이 부분과 대구를 이루는 16-19절(a′)에서 당신을 경외하는 자들을 구원하시는 여호와의 성품으로 다시 반복된다(18절). 16-19절에서 '인자하심'은 4-5절의 여호와의 모든 성품을 대표하며 그런 성품들이 집약된 것이 16-19절이 노래하는 고난당하는 의로운 백성의 구원이다.

본론부에서 두 번째 대구를 이루는 부분은 6-9절(b)과 13-15절(b′) 부분인데, 여기서는 '하늘'과 '땅'의 모든 거주자인 사람들이 공통으로 등장한다. 전자가 하나님의 창조 대상들로 이들을 내세운다면, 후자는 하나님의 통치 대상들로 언급한다.[16] 특별히 6-9절에는 '하늘,' '바다,' '땅'이라는 창조의 삼대 영역이 등장하여 통일성을 이룬다.[17]

본론부의 제일 가운데 부분에서 대구를 이루는 부분인 10-11절(c)과 12절(c′)에는 '나라'와 '민족'이 공통으로 등장하면서 하나님의 선택받은 백성과 그렇지 않은 백성들 사이의 대조를 보여준다.

본문 주해

1. 찬양에의 초대(찬양대 지휘자, 1-3절)

시인(혹은 찬양대 지휘자)은 하나님을 예배하러 모인 회중들에게 여호와께 찬양하자고 초대하면서 시를 연다. 1-3절의 모든 용어는 찬양과 관련되는데 1-3절 전체는 기쁨이 넘치며 악기 연주를 동반한 찬양을 격려하는 말들로 가득하다.

---

16. Lohfink, "Psalm 33," 99에서도 이런 부분을 적절하게 언급한다.
17. 김정우, 『시편주석 I』, 702.

1절에서 회중들은 '의인들'과 '정직한 자들'이라고 불리는데 이는 기본적으로 하나님의 존전에 선 예배자들은 하나님과 그의 말씀에 헌신하여 그 말씀대로 의롭고 정직하게(올바르게) 살려고 힘쓰는 자들이기 때문이다(15, 24편 참조). 1행에서 '즐거워하라'로 번역된 단어는 하나님의 구원과 통치에 대해 회중들이 기쁘게 환호하는 반응으로서의 찬양을 표현한다. 1절 2행에서 정직한 자들에게 찬송이 '마땅한 것'이라고 말한 것은, 예배자들이 4-19절에서 노래할 하나님의 놀라운 창조와 구원을 경험했기에 그것에 대해 여호와께 감사하며 찬양을 올려드리는 것은 아름답고도 적합한(147:1; 잠 17:7; 19:10; 26:1) 반응이라는 의미다.

2절에서는 악기를 연주하면서 감사와 찬양을 드릴 것을 권하고 있다. '수금'과 '비파'는 모든 악기의 대표로 등장하고 있다.[18] 2행에서 '비파'(lyre)로 번역된 악기는 열 줄짜리 현악기로 나타나며(92:3; 144:9), '수금'으로 번역된 악기는 그보다는 줄 수가 적은 현악기로 보인다(57:8; 71:22; 81:2; 92:3). 이 악기들은 목재로 만든 곡선 혹은 직사각형 모양의 공명통을 갖고 있었고, 모두 손에 들고 연주했던 것으로 보인다.[19] 이런 악기들의 연주는 하나님에 대한 감사와 찬양의 감정과 마음을 고양했을 것이다.

3절 1행은 '새 노래'를 부르라고 초청한다. '새 노래'는 아마도 하나님의 과거 구원을 회상하고, 현재의 새로운 구원에 대해서 감격스럽게 찬양하며,[20] 과거와 현재의 구원이 온전한 모습으로 완성될 미래를 기대하면서 불렀던 구원의 노래로 보인다(40:3; 96:1; 98:1; 144:9; 149:1; 사 42:10; 계 5:9; 14:3).[21] 3절 2행은 '즐거운 소리'와 함께 2절에서 언급한 아름다운 악기 연주

---

18. Craigie, *Psalms 1-50*, 272.

19. 『IVP 성경배경주석-구약』, 757; VanGemeren, *Psalms*, 1011 참조.

20. Wilson, *Psalms 1*, 556-7; VanGemeren, *Psalms*, 318.

21. R. D. Patterson, "Singing the New Song: An Examination of Psalms 33, 96, 98, and 149," *BSac* (2007), 431-4; Craigie, *Psalms 1-50*, 272는 '새 노래'가 "하나님의 승리 왕권에 대한 찬양의 새로운 신선함"을 가리킬 수 있다고 보고, Kraus, *Psalms 1-59*, 375는 시공간을 초월하는 종말

로 찬양할 것을 요청한다. '즐거운 소리'는 하나님의 구원에 대한 감격적이고 기쁜 외침을 의미하고(27:6), '아름답게'는 '솜씨 있게,' '멋지게'의 의미다.

2. 찬양의 내용(찬양대, 4-19절)

4절은 '왜냐하면'(이는 ~때문이라)이라는 접속사로 시작하면서 왜 회중들이 '마땅히' 여호와를 찬양해야 하는지를 알려준다. 이 찬양의 이유 부분을 5절까지로 한정할 필요는 없다. 4-19절 전체가 찬양의 이유이자 내용이라고 보면 될 것이다. 아마도 이 부분은 찬양대가 합창했을 것이다.

1) 찬양 주제의 요약-창조와 통치의 기초: 정직, 진실, 공의, 정의, 인자(4-5절)

4-5절은 여호와의 '말씀'으로 이루어진 창조를 강조하는 4-9절에 속해 있지만 동시에 하나님의 말씀과 하시는 일 전체에 대한 찬양 주제를 요약한 것으로 볼 수 있다. '말씀'과 관련된 단어들('말씀'-4, 6절, '입김'-6절, '말씀하다'-9절, '명하다'-9절)이 4-9절을 하나로 묶고 있다. 4-5절이 강조하는 여호와의 창조와 통치의 기초가 되는 여호와의 성품들, 특별히 그의 '인자하심'은 16-19절에 나오는 여호와의 구원 기초가 된다(18절).[22]

4절은 여호와의 '말씀'과 모든 '행하시는 일'의 성격을 교차 대구적으로('정직한' - '여호와의 말씀' - '그의 행하시는 모든 일' - '진실한') 노래한다. 그래서 여호와의 말씀대로 이루어진 일들의 신뢰성을 강조한다.[23] 먼저, 온 세상을 지으시고 다스리시는 왕이신 하나님의 법령을 나타내는 '말씀'은 '정직하다'고 한다. '정직하다'로 번역된 단어는 하나님의 말씀이 올바르다는 것을

론적 의미의 찬양이라고 본다.

22. Lohfink, "Psalm 33," 102-3은 4절에서는 여호와의 말씀이 주제로 나오고 5절에서는 '인자하심'이 주제로 등장하여 이 시편 전체의 주제들을 미리 요약하고 있다고 본다. 그리고 이 두 주제 중에서 6-9절이 여호와 말씀의 능력을 강조한다면, 13-19절은 여호와의 '인자하심'이란 주제를 여호와의 '보심'을 통해서 강조한다고 적절하게 주장한다.

23. Seok, "Psalm 33," 21-2.

말하면서도 그대로 이루어진다는 것을 가리킨다(19:8; 25:8; 92:15). 이 단어는 1절의 '정직한 사람들'과 연결되는데 그들은 올바른 말씀대로 사는 사람들이다. 4절 2행에서는 1행과 평행을 이루면서 여호와가 '행하시는 일'이 다 '진실하다'고 한다. 여기서 '행하시는 일'은 여호와께서 만드신 것들(8:3, 6; 19:1; 102:25; 103:22; 138:8; 145:9)을 가리킬 수도 있지만, 창조와 통치의 모든 영역에서 행하시는 여호와의 행동이나 사역(64:9; 107:24; 111:2; 118:17; 출 34:10; 신 32:4; 수 24:31)을 가리킨다. 이 일을 '진실함 가운데서' 행하신다는 것은 뜻하시고 약속하신 대로 신실하게 그것을 이루시는 것을 의미한다(36:5; 40:10; 88:11; 89:1). 문맥으로 보자면 6절부터 노래하는 하나님의 창조와 통치가 하나님이 말씀에서 뜻한 바대로 정확하게 이루어졌음을 의미하면서, 하나님의 창조와 통치가 무질서하거나 거짓되거나 변덕스럽지 않고 질서 정연하고 바르고 믿을 만함을 말한다. 창세기 1장에 반복되는 '보시기에 좋았다'라는 표현이 이를 반영한다.

5절은 여호와의 말씀과 일 가운데 나타나는 여호와의 성품에 대해서 노래한다. 하나님의 말씀과 일은 그분이 '공의'와 '정의'를 사랑하시는 분임을 드러낸다고 한다. 원래 관계적인 올바름을 나타내는 '공의'와 법정적인 올바름을 의미하는 '정의'는, 하나님 통치의 기초이자 하나님 나라 법의 핵심적 두 가지 정신으로서, 하나님 나라 왕들과 백성들이 반드시 가져야 했던 성품이었다(72:1-2; 89:14; 97:2; 103:6; 창 18:19; 사 5:7). 그래서 1절에서는 이런 성품을 가진 하나님의 백성들을 '의인들'로 부르고 있다. 창조 세계와 역사 모두에 하나님의 올바른 질서인 공의와 정의가 반영되어 있다. 여호와가 공의와 정의를 사랑하신다는 것은, 비록 그가 창조와 역사에서 행하시는 모든 것이 때로 우리가 보기에는 불공평하거나 정의에 맞지 않은 것처럼 보일지라도 궁극적으로는 공의롭고 정의롭다는 것을 말한다.[24] 또 2행은 하나님의 무

---

24. VanGemeren, *Psalms*, 319.

한한 사랑과 은혜를 의미하는 '인자하심'이 하나님의 백성들에게만이 아니라(18, 22절) 세상('땅,' 전 피조물)에도 가득하다고 노래한다(36:5; 119:64). 하나님의 영광(57:11; 72:19; 108:5)이 아닌 인자하심이 온 세상에 가득하다는 표현은 매우 독특하다. 이 인자하심은 앞에서 말한 여호와의 '정직'과 '진실'과 '공의'와 '정의'를 하나로 모은 결론과도 같다.[25] 10-12절에서의 하나님의 심판과 선택, 13-19절의 심판과 구원을 위한 하나님의 '살피심'과 하나님의 구원은 모두 이런 '공의'와 '정의'의 실현으로 볼 수 있다. '인자하심'은 그런 정의로운 통치가 여호와를 바라는 고난당하는 백성들에게 실현되는 방식이다(18절).[26]

2) 여호와의 말씀-창조의 능력(6-9절)

이 부분은 4절에서 찬양한 여호와의 '정직한' '말씀'의 창조와 섭리의 능력을 노래한다.[27] 이것은 창세기 1장에 대한 묵상에서 비롯되었을 것이다. '하늘'과 그 안의 '만상(별들)'(6절)과 '바다'와 그 안의 '깊은 물'(7절)과 '온 땅'과 그 안의 '모든 거민들'(8절)이 왕이신 여호와의 말씀대로 창조되고 유지되고 있다(9절)고 노래한다. 하늘 ⇨ 바다 ⇨ 땅의 순서는 창세기 1장의 순서를 반영한다.

6절은 먼저 창조가 '말씀'으로 되었음을 강조한다(창 1:3; 요 1:1, 3; 히 11:1-3). 시편 중에서 이렇게 명확하게 세상이 '말씀'으로 지어졌다고 말하는 것은 33편이 유일하다.[28] 9절과 함께 온 세상의 왕이신 여호와가 당신의 법령인 말씀으로 온 세상을 창조하신 것을 강조한다. 말씀이 이룬 첫 번째 창조

---

25. Jacobson, "Psalm 33," 110.
26. Lohfink, "Psalm 33," 105-6 참조.
27. Jacobson, "Psalm 33," 110은 4절과 6절이 네 개의 어근(여호와, 말씀, 만들다, 모든)을 공유한다고 예리하게 관찰하고 있다.
28. Jacobson, "Psalm 33," 107.

는 '하늘'의 창조(창 1:6-8)와 하늘을 구성하는 '천체(만상),' 즉 해와 달과 별들의 창조(8:3; 147:4-5; 창 1:14-18; 2:1; 욥 38:31-32; 사 40:26)다. 19편 1절에서는 말씀으로 창조된 하늘이 하나님 말씀의 능력을 선명하게 전시하고 있다고 노래한다. 2행에서 '말씀'에 상응하는 '입 기운'은 입에서 내뿜으시는 숨과도 같은 하나님 말씀의 능력에 대한 비유로 볼 수 있다(47:4; 사 40:26). 이 부분이 창세기 1-2장과 밀접하게 관련이 되기에 여기서 '숨(기운)'은 창세기 1장 2절의 창조의 영인 하나님의 '영'을 암시한다.[29] 하나님의 말씀이 창조의 영에 의해 실현된 것으로 이해할 수 있을 것이다.[30]

7절은 말씀으로 이루신 두 번째 창조인 '바다'의 창조를 노래한다. 1행의 "바닷물을 모아 무더기같이 쌓으시며"로 된 번역은 "바닷물을 모아 항아리에 담으시고"로 읽을 수도 있다(새번역, NIV, 위의 각주 참조). 이렇게 되면 2행과 더 완전한 평행을 이루면서 궁창 위의 물과 아래의 물을 모으는 창조 때의 상황을 연상시킨다(창 1:9-10). 어떻게 번역하든 우리는 7절의 동사들이 분사로서 현재형으로 번역되고 있음을 유의해야 한다. 7절은 창조 때의 상황과 출애굽이나 요단강을 건널 때의 상황(출 15:8; 수 3:13, 16 참조)뿐만 아니라 현재 바닷물을 넘어오지 않게 하시는 섭리의 상황까지 다 암시한다.[31] 창조가 역사 속에서 지속되고 있고, 창조가 섭리와 분리되지 않는다는 것을 암시한다. 그러므로 2행의 '깊은 물을 곳간에 넣으시다'는 표현도, 창조 시에 하늘의 창고(135:7; 신 28:12)에 두었다는 표현일 수도 있지만, 하나님이 깊은 바다의 물(107:26; 출 15:5,8; 사 63:13)을 곳간에 잘 보관하듯이 경계를 넘지 않게 하시는 것을 말하기도 한다(104:7-9; 렘 5:22). 고대인들에게 혼돈

---

29. 차준희, "구약에 나타난 창조의 영," 『구약논단』, 21/1(통권 55, 2015): 195.

30. 차준희, "창조의 영," 196-7; G. Wainwright, "Psalm 33 Interpreted of the Triune God," *Ex Auditu* 16 (2000): 101-20에서는 이 구절이 교부들이나 종교개혁자들에 의해서 삼위일체를 증언하는 구절로 사용된 역사를 정리하고 있다.

31. Witte, "Psalm 33," 526-7.

과 위협이 되었던 바다를 하나님의 복과 심판을 성취할 자연의 자원으로 유지하시는 하나님의 창조 능력을 말한다.[32] 이것이 4절에서 그가 하시는 일이 '진실함' 가운데 이루어졌다고 한 말의 한 예가 된다.

8-9절은 세 번째 창조인 온 '땅'의 창조를 노래한다(창 1:10-12절). 8절은 땅과 그 거민들에게 하는 간접 명령으로 1-3절의 찬양으로 초대와 비슷한 기능을 한다. 8절에서는 시인이 하나님께 지음을 받은 온 땅과 그 땅의 거주자들이 여호와를 경외하기를 바란다면, 9절에서는 그 이유를 여호와가 그들을 말씀으로 지으시고 견고하게 세우셨기 때문이라고 밝힌다. 8절에서 '온 땅'과 평행을 이루는 "세상의 모든 거민들"(14절 "땅의 모든 거주자들")이란 표현은, 주로 땅에 사는 사람들을 가리키지만 다른 생물들도 포함될 수 있다(창 1:24-27; 시 75:3 참조). '세상'으로 번역된 단어는 여기서 거주와 경작을 할 수 있는 땅을 의미한다(*HALOT*, 18:15; 19:4; 24:1; 50:12).[33] 이들에게 여호와를 '두려워하고' '경외하라'고 하는 것은 땅과 거주민들의 창조주이신 여호와를 의지하고 그의 말씀에 순종하라는 말이다(19:9; 잠 1:7).[34] 18절에 여호와를 '경외하는 사람들'이 나타난다.

9절은 8절 명령의 이유를 제공한다. 원문에 의하면 이 절에서는 '그'라는 인칭 대명사가 1행과 2행에 각각 한 번씩 등장하여 말씀으로 세상을 창조하신 분이 오직 여호와뿐이심을 강조한다. 즉, 온 땅과 땅의 거주자들이 여호와를 경외해야 하는 이유는 오직 여호와만이 말씀으로 온 세상을 창조하시고 다스리시는 유일한 왕이시기 때문이라는 것이다. 이 절은 4, 6절과 호응을 이루면서 온 세상의 왕이신 여호와의 법령인 말씀의 놀라운 능력을 재천명한다. 여호와의 '정직한' 말씀(4절)과 명령에 따라 세상은 생겨났고 견고하게 섰다(창 1:3, 7, 9 등 '그대로 되니라'; 147:15-20; 148:4; 사 45:23; 48:13;

---

32. Jacobson, "Psalm 33," 111.
33. Kraus, *Psalms 1-59*, 313 참조.
34. Jacobson, "Psalm 33," 112.

55:11). 1행이 창세기 1장을 그대로 반영한다면, 2행은 하나님의 명령에 대한 피조물의 순종으로 창조 세계가 견고하게 서게 되었음을 노래하여 여호와의 왕권을 강조한다.[35] '견고히 서다'는 동사는 창조와 동시에 창조 세계에 대한 신실한(4절) 섭리까지도 함축하는 말이다. 10절 이하는 그것을 노래하고 있는데 11절에는 같은 동사가 나와서 여호와의 계획, 즉 그의 섭리가 영원히 '선다'고 노래한다.

6-9절은 4절에서 말한 대로 하늘과 바다와 땅과 그 안의 모든 것들이 여호와의 '정직한' 말씀에 대한 순종으로 생겨난 하나님의 '진실한' 작품들임을 노래한다고 요약할 수 있다.[36]

3) 열방의 계획을 폐하고 여호와의 계획을 세우심(10-11절)

이 연의 주제는 역사 가운데서 악한 나라들의 계획을 폐하시고 당신의 계획을 세우시는 여호와의 '계획' 혹은 섭리에 대한 찬양이다. 이것은 창조 시에 '말씀'대로 세상을 지으신 것(6-9절)에 상응한다.

10절과 11절은 같은 어휘들('계획,' '생각')과 반의적 어휘들을 통해 나라들의 계획 실패와 여호와의 계획 성공을 예리하게 대조시킨다. '나라들'이나 '민족들'은 '여호와'와 대조되고 그들의 계획이나 생각이 '폐하고' '무효화 되는' 것은 여호와의 계획과 생각이 '영원히' 그리고 '대대로' 지속하는 것과 극명하게 대조된다. 이런 대조는 창조 때에만이 아니라 역사가 진행되는 가운데서도 여호와가 왕이 되셔서 온 세상을 다스리는 것을 강조하는 방법이다. 이런 대조는 구원에 있어서 군대의 무능력과 하나님의 능력을 대조하는 16-19절에서도 유사하게 이루어진다.[37]

10절에서는 먼저 여호와가 나라들의 계획을 폐하신 역사를 말한다. 여호

35. Jacobson, "Psalm 33," 112.
36. Jacobson, "Psalm 33," 113.
37. Lohfink, "Psalm 33," 103.

와께 지음받은 창조 세계가 그분에게 보여야 할 유일한 반응은 '경외하는 것'(8절)뿐이다. 그런데도 역사 가운데서 이러한 여호와의 뜻에 대항하여 자기 생각대로 세계를 경영하려는 인간 나라들(이집트, 블레셋, 모압, 암몬 등)이 일어났다. 이들의 계획은 모두 창조주이시자 역사의 주인이신 여호와에 의해 망하고 말았다(사 8:10; 19:17; 렘 29:11; 잠 19:21). 10절의 고백은 이런 역사를 반영하면서 역사의 주권이 여호와께 있음을 고백하는 것이다.

11절에서는 10절과 대조적으로 여호와의 계획은 '영원히' '대대에' 견고하게 선다고 한다(사 14:24; 46:10). 여기서 '계획'이나 '생각'은 4, 6절의 '말씀'에 상응하는 것으로서, 후자가 창조의 능력이었다면 전자는 역사의 주인이신 여호와가 역사를 진행하시는 섭리의 능력이다.[38] '말씀'과 '계획'은 종종 함께 등장하곤 한다(106:12-13; 107:11; 사 8:10; 44:26; 46:10-11).[39] 말씀으로 창조 세계가 '견고히 섰듯이'(9절), 여호와의 계획도 역사 속에서 '영원히 선다'(11절). 창조의 말씀은 섭리의 '계획' 가운데서 지속되고 완성되어 간다. 이런 계획은 창조된 세계 가운데 하나님 나라를 세우는 것을 말하는데, 그것의 절정은 12절이 말하는 '하나님 백성'의 선택으로 이루어진다.

4) 중심절: 여호와가 자기 백성을 선택하심(12절)

12절은 11절에서 말한 여호와의 계획의 절정이자 요약[40]인, 이스라엘의 선택(구원)에 대한 예배자들의 감격적인 선언이다(144:15와 유사). 이 절은 전체 시편의 중심으로서 이 절을 중심으로 앞부분이 모이고, 이 절을 중심으로 뒷부분이 흩어진다.[41] 열방의 계획이 무너지고 여호와의 계획이 가장 감격적

38. Kraus, *Psalms 1-59*, 378.

39. 석진성, "시편 33편," 74, 각주 13 참조.

40. Craigie, *Psalms 1-50*, 273.

41. Lohfink, "Psalm 33," 100에 의하면 '복이 있도다'가 81번째 단어인데 그 전에 80 단어, 그 후에 80 단어가 나온다고 한다.

으로 이루어진 예의 핵심은 이 땅에 하나님 나라로서 이스라엘이 탄생한 것이다. 이 절의 '나라'와 '민족'은 10절의 '나라들'과 '민족들'과 대조적으로 단수이다. 이것은 많은 나라 중에서 이스라엘만 "여호와를 자기 하나님으로 삼은 나라"이고, 많은 백성 중에서 이스라엘만 여호와가 "자기 기업으로 선택하신 백성"임을 강조한다. 12절은 하나님이 '계획'(11절)을 따라 세상 많은 나라 중에서 자신의 기업으로 빼낸 백성(28:9; 신 9:29; 32:9; 창 19:5)으로서 이스라엘이 누리는 하나님의 보호와 인도와 복 주심에 대한 행복 선언이다. 그러면서도 이 행복 선언은 백성으로서는 순종해야 할 교훈이기도 하다. 10절의 '나라들'이나 '백성들'과 달리 이들은 여호와의 '기업,' 혹은 여호와의 나라로서 인간의 야망에 근거하지 않고 항상 여호와의 계획과 말씀에 순종해야 함을 의미한다.[42] 실제로 12절은 '나는 너희(이스라엘의) 하나님이 되고 너희는 내 백성이 되리라'(레 26:12; 렘 31:1, 33; 겔 11:20; 34:24; 호 1:9-10; 2:23)는 언약 문구의 변형이다. 하지만, 독특하게도 이 언약 문구에는 146편 5절("야곱의 하나님을 자기의 도움으로 삼으며/ 여호와 자기 하나님에게 자기의 소망을 두는 자는 복이 있도다")에서처럼 '이스라엘'에 대한 언급이 없다. 그런 점에서 12절의 행복 선언은 이스라엘의 선택과 구원을 암시하면서도, 5절이나 이 시편 전체가 말하는 온 세상 가운데서 여호와의 인자하심을 바라는 모든 자(18절)에게 해당하는 것으로 볼 수 있을 것이다.[43]

5) 온 세상의 인생들을 살피심(13-15절)

이 연에서 찬양하는 주제는 여호와께서 모든 인생을 '살피심'이다. 이 부분은 10-12절을 가운데 두고 6-9절과 대칭을 이룬다. 6-9절처럼 13-15절에

---

42. Jacobson, "Psalm 33," 114 참조; Craigie, *Psalms 1-50*, 273.

43. Lohfink, "Psalm 33," 107-17에서는 이러한 보편적인 선택에 대한 암시가 '모든'의 반복, 공간과 시간의 총체성, 온 세상을 가득 채우는 여호와의 인자하심에 대한 언급(5절), 모든 사람들에 대한 여호와의 통치에 대한 언급들에 나타난다고 본다(112-3쪽).

서도 '하늘'과 '땅'의 모든 거민이 공통으로 등장한다. 앞부분이 말씀으로 그들을 창조하셨음을 강조했다면 여기서는 그들을 살피시는 통치를 강조한다. 이것은 12절의 주제를 온 세상으로 확대하여 역사 가운데서 여호와가 자신을 하나님으로 삼는 백성을 찾으시는 이미지를 제공한다.[44]

이 연에서는 먼저 왕이신 여호와를 '하늘'에 거하시는 왕으로 고백한다. 이 '하늘'은 6절에서 언급한 하나님의 피조물이다. 하지만 13절의 '하늘'은 실제로 하나님이 거하시는 공간을 의미하기보다는, 고대인들에게 가장 높은 영역인 '하늘'보다 높고 존귀하신 왕이신 여호와를 상징한다. 13절과 14절이 평행을 이루어 14절에서 '하늘'은 "그가 거하시는 곳"으로 바뀌어 표현된다. 하나님의 '거주지'와 인생의 '거주지'('땅')가 대조된다. 이런 표현은 여호와는 비유적으로 하늘 왕궁에 좌정하신 높고 높으신 왕으로서 땅에 사는 낮고 낮은 모든 인생을 살피신다는 사실을 강조한다(11:4; 14:2; 102:19; 잠 15:3; 렘 16:17). 15절에서는 여호와가 사람들의 "마음을 다 지으신" 창조주이심을 고백하며, 사람들의 마음까지도 다 아시고 살피시는 그분의 사역을 노래한다(7:9; 94:11; 139:13; 대상 28:9; 잠 16:2; 21:2; 렘 11:20; 슥 12:1; 살전 2:4).

두 번째로 이 연에서 노래하는 '살피심'은 여러 유사한 동사들로 표현되고 있다. '굽어보다,' '살피다'(13절), '굽어살피다'(14절), '굽어살피다(헤아리다)'(15절) 등의 유사한 동사들이 특별히 사람들을 보살피시는 하늘 왕의 모습을 강조한다. 이 동사들은 모두 높은 곳에서 세밀하게 사람들의 생각과 행동을 살피시는 하나님의 통치를 묘사한다. 하늘의 왕좌는 땅과 단절된 폐쇄된 공간이거나 여호와께서 한가로이 즐기고 있는 왕궁이 아니라 땅을 감찰하는 통치가 이루어지는 곳이다.[45] 이 연에서 말하는 여호와의 살피심은 부정적으로는 창조와 역사의 주인이신 그를 무시하고 악을 계획하는 자들이나

44. Witte, "Psalm 33," 530-1.
45. Calvin, *Psalms*, 1:549.

나라들을 심판하시는 결과를 초래할 수 있다(10절; 10:4, 13; 암 9:8). 하지만 이 사실을 알고 여호와를 의지하는 자들에게 여호와의 살피심은 큰 위로와 구원이 될 것이다. 다음 연은 그것을 노래하고 있다. 특별히 18절은 그런 사상을 잘 전달한다. "진실로 여호와의 눈은 그를 경외하는 자들에게로 향한다." 이런 점은 4-5절에서 말한 여호와의 통치가 정의와 인자하심으로 이루어지는 예이다.

세 번째로 여호와가 살피시는 대상은 "모든 인생"(13절), "세상의 모든 거민들"(14절), 그들의 "마음"과 "그들이 하는 모든 일"(15절, 4절의 하나님이 하시는 '일'과 대조)이다. '모든'이란 표현이 세 번이나 반복되면서 하나님 통치의 총체성을 강조한다. 이런 표현은 하나님의 심판에 대해서는 모든 사람이 두려워 해야 함을 의미하고, 하나님의 구원과 관련해서는 어떤 비천한 자들도 그들을 보살피시는 하나님을 바라볼 수 있음을 의미한다. 다음 연은 이런 점을 잘 보여준다.

6) 여호와의 구원(16-19절)

찬양의 마지막 주제는 창조주 여호와가 역사 가운데서 발휘하시는 구원의 능력이다. 18절은 하나님의 '인자하심'을 바라는 경건한 사람들을 언급하는데 이것은 여호와의 '인자하심'을 노래한 4-5절과 대구를 이룬다. 16-19절은 앞에서 노래한 모든 사람을 감찰하시는 하늘 왕(13-15절)을 믿고 의지하는 것만이 구원의 길임을 교훈한다. '구원 얻다,' '구원하다'(16절), '구원,' '구하다'(17절), '건지다,' '살리다'(19절) 등의 동일 어휘군이 집중적으로 이어지면서 '구원'의 주제에 집중한다. 16-17절에서는 군대나 힘이 참된 구원을 주지 못한다고 강조한다면, 18-19절에서는 반대로 여호와만이 참된 구원이심을 노래한다. 이런 대조는 10-12절에서 열방에 대한 심판과 하나님 백성의

선택에서 나타난 것이다.[46]

16-17절에서 시인은, 말과 군대와 힘은 일반 왕들이 전쟁을 위해서 가장 의지하는 것들이지만 그런 것들이 궁극적인 구원이나 승리를 주지는 못한다고 교훈한다(20:7; 사 30:15-16; 31:1 이하 참조). 세 번이나 반복된 '많은' 군대, '많은(센)' 힘, '많은(센)' 군대(힘) 등의 표현은 사람들이 주로 구원을 얻기 위해 의지하는 것이 무엇인지를 강조한다. 하지만 여기서는 '없다,' '못한다,' '헛되다' 등 네 번의 부정어 반복을 통해 그런 '많은' '힘들'이 절대 구원이 될 수 없음을 강조한다.[47] 출애굽에서 이런 사실은 분명하게 드러났다. 세계 최강이었던 이집트의 말과 군대는 참된 전사이신 여호와(출 15:3)에 의해서 철저하게 멸망했다(출 15:1, 4).[48] 이것은 가나안 정복이나 다윗의 정복 전쟁에서도 분명하게 증명된 것이었다. 여호와께 선택받은 백성(12절)인 이스라엘과 이스라엘의 '왕'(16절)은 10절에 나오는 '나라들'처럼 절대로 그들의 하나님보다 군대를 더 의지해서는 안 된다는 것을 16-17절이 교훈한다. 사무엘하 24장의 인구 조사 사건은 그들이 군대를 더 의지할 때 어떤 비참한 결과를 맛보게 되는지를 잘 보여주는 사건이다. 17절 2행의 개역개정 번역("군대가 많다 하여도")은 대부분의 영어 번역과 차이가 난다. '군대'로 번역된 표현에는 '그의'라는 3인칭 남성 단수 접미사가 붙어 있는데 이 접미어가 '왕'을 가리킨다고 보면 '힘'을 의미하는 명사와 합해서 '그의 군대'로 번역될 수 있다. 하지만 이 접미어가 '말'을 가리킨다고 보면 '그것의 힘이 세다하여도'로 번역되어야 한다. 여기서는 '그'를 멀리 떨어진 왕으로 보기보다는 '말'로 보는 것이 더 나아 보인다.

18-19절은 군대나 말이 아니라 '여호와의 눈'이 궁극적인 구원을 준다고 강조한다(28:8). 여호와의 '눈'은 천지를 창조한 여호와의 '입'(6절)과 비교

---

46. Lohfink, "Psalm 33," 103.
47. Kidner, *Psalms 1-72*, 137.
48. Craigie, *Psalms 1-50*, 274.

된다.[49] 13-15절에서 강조했던 여호와의 '살피심'이 누구를 향하여 구원을 베푸는지를 노래한다. 이런 대조를 위해 18절은 '보라!'는 감탄사로 시작한다. '여호와는 ~살피사'로 번역된 표현은 '여호와의 눈이 ~에게로'라는 명사문을 의역한 것이다. 이 두 명사문은 여호와의 '눈'은 고통 가운데서도 여호와를 경외하고 그의 '인자하심'을 바라는 자를 돌보시기 위해 그들에게 향한다(32:8; 34:15; 대하 16:9; 잠 22:12)는 점을 강조한다. 여호와를 경외하고 그의 인자하심을 바라는 것은 12절에서 말한 하나님 백성의 가장 중요한 자질이다. '경외하는 자들'은 8절의 명령에 순종하여 여호와를 창조주요 왕으로 고백하며 그의 의로운 통치에 순종하는 사람들이다. 또 "그의 인자하심을 바라는 자들"도 4-5절에 나타난 여호와의 창조와 통치의 특징들을 믿고 온 땅에 가득한 그의 '인자하심'(5절)을 온전히 의지하는 자들을 가리킨다.

19절은 여호와의 눈이 그를 경외하는 자들에게 향한 목적이 당신을 바라보는 자들의 구원임을 밝힌다. 여호와는 사망과 굶주림과 같은 최악의 위험에서라도 자기를 경외하는 자를 건져 내시고(34:9; 37:19) 살리신다고 노래한다.[50] 이것은 아무리 많은 군대라도 목숨을 '건질' 수 없다고 한 16절과 대조된다. 이것이 18절에서 바라보았던 '인자하심'의 실행이다. 더불어 4-5절에서 나열한 여호와의 정직하고 의로운 말씀과 행동, 통치의 결과이다. 그래서 여호와를 자기 하나님으로 모신 나라는 행복하다(12절).

3. 화답 찬양과 기도(회중들, 20-22절)

이상에서 찬양한 창조와 역사에서의 여호와의 주권과 자기 백성의 구원에 대한 화답의 찬양(20-21절)과 기도(22절)로 이 시편은 마무리된다. 화자는 '우리'로 표현된 회중들로 이 부분이 1-3절에서 찬양으로 초대된 '너희'('의인들,'

---

49. Jacobson, "Psalm 33," 117.

50. Kraus, *Psalms 1-59*, 378 참조.

'정직한 사람들')의 화답임을 보여준다.

20절에서 회중들은, 창조주요 온 세상의 왕이신 여호와의 인자하심을 '바라는' 자에게 구원이 있기에(18-19절) 이스라엘의 도움과 방패이신 여호와를 바란다고 한다(20, 22절). 군대나 이방신들이 아닌 오직 여호와를 의지하고 오직 그의 도우심과 구원을 기대한다는 말이다. '도움과 방패'(28:7; 115:9, 10, 11; 신 33:29)는 죽음과 굶주림과 같은 고난에서도 구원해 주시는 하나님(19절)에 대한 비유이다. 군대가 아니라(16-17절) 여호와가 참된 방패이시라는 것이다. '방패'는 군사적인 의미 외에도 보호자인 왕을 비유하는 말로 자주 사용되었기에(47:10; 84:10) 여호와를 보호하시는 왕으로 고백하는 것과 다름없다.

21절에서는 하나님 자신과 그의 사역을 대표하는 그의 '거룩한 이름'(성호)을 의지하는 백성들의 즐거움을 노래한다. '우리'는 하나님이 지어주신 '마음으로'(15절) 창조주이신 그를 즐거워한다.[51] 여호와에 대해 즐거워하는 것은 1, 2절의 즐거운 찬양에 상응하며, 12절의 행복 선언에 대한 가장 자연스러운 반응이다. 이스라엘이 여호와의 거룩한 이름을 의지하여 기뻐할 수 있는 것은 4-19절에서 노래한 여호와의 창조와 통치와 구원을 확신하기 때문이다.

22절에서는 여호와에 대한 신뢰의 고백으로 기도가 등장한다. 예배자들은 여호와를 바라보며 그가 온 땅에 가득하게 하신 그의 인자하심(5절)이 자신들에게 임하길 기도한다. 즉, 이들은 18-19절의 교훈을 믿고 "그의 인자하심을 바라는 사람들"이 된다(18절). 이것은 일종의 축복 기도 같은 것으로 온 세상을 공의와 인자하심으로 다스리시는 창조주-왕(4-5절)에 대한 올바른 반응이다.[52] 여기서 '인자하심'은 앞에서 고백한 여호와의 창조와 통치와 구원의 모든 풍성함을 담은 것으로, 창조주-왕이신 여호와가 기업으로 택하신 자기 백성에게 약속하신 모든 은총과 복을 망라한다.

---

51. Jacobson, "Psalm 33," 118.
52. Jacobson, "Psalm 33," 118.

교훈과 적용

시편 33편의 교훈: 하나님은 정직하고 신실한 말씀과 행위, 의와 인자하심으로 온 세상을 지으시고 통치하시는 창조주-왕이시다. 그러므로 그의 나라로 부름을 받아 의롭게 된 백성은 오직 왕이신 여호와만을 경외하며, 즐겁게 찬송하며, 그의 인자하심을 바라보아야 한다.

1. 말씀으로 온 세상을 창조하시고 통치하시는 왕이신 하나님을 찬양하라(1-11절)

하나님은 온 세상을 당신의 뜻대로 창조하시고 다스리시는 창조주요 왕이시다. 이 세상에 질서를 세우는 그의 말씀과 행위는 바르고 신실하며 의롭고 인자하다(4-5절). 하나님의 말씀은 이 땅의 피조물들을 존재케 하고, 이 세상과 역사 속에 하나님의 뜻과 계획을 분명하게 이루는 창조주-왕의 명령이고 능력이다(6-9, 11절; 사 40:8; 55:11). 인간의 죄로 타락한 창조 세계에 재앙들이 생기지만 여전히 하나님은 의롭고 인자하게 이 세상이 질서 가운데 움직이도록 역사하신다. 이 세상 역사도 강자들에 의해 불의하고 무질서하게 움직이는 것 같지만 결국은 하나님의 의로운 뜻이 세워지는 방향으로 나아간다(10-11절).

이런 하나님의 의롭고 인자하신 통치는 예수 그리스도를 통해서 분명하게 세상에 드러났다. "그(아들)로 말미암아 모든 세계를 지으신" 하나님은, "이 모든 날 마지막에 아들을 통하여 우리에게 말씀하셨다."(히 1:2, 11:3; 요 1:1, 3) 예수 그리스도는 이 세상을 하나님 나라로 바꾸는 말씀의 현현이자 타락한 세상에 대한 창조주의 인자한 사랑의 현현이다. 창조의 영이신(6절, 창 1:2) 성령님은 무질서한 우리의 삶과 세상을 교회와 하나님의 말씀을 통해 회복시켜 가신다(행 9:31; 10:38; 롬 8:2; 14:17; 고전 2:13; 6:11; 갈 5:16, 18).

이처럼 신실하고 의롭고 인자함으로 온 세상 만물을 주관하시고 통치하시는 삼위 하나님을 우리가 찬양하며, 찬양을 통해 더욱 하나님을 의지하는 것은 너무나도 마땅하다. 이 세상 가운데 늘 새롭게 창조의 능력으로 역사하는 하나님의 말씀과 성령의 역사를 누리는 하나님의 백성으로서, 날마다 하나님을 즐겁게 환호하며 찬양하자(1-3절).

2. 자기 백성들을 주목하시고 구원하시는 하나님만을 바라보라(12-22절)

창조주 하나님의 뜻은 자기 백성들을 선택하셔서 무질서한 이 땅에 하나님 나라를 세우시는 것이었다(12절). 이런 하나님의 백성으로 택함을 받아 의롭고 인자하신 하나님의 통치에 동참하는 백성은 정말로 행복하다(엡 1:23; 딤 2:14; 계 5:10). 하지만 우리는 그리스도인으로서 하나님의 교회가 사탄과 그의 종들에 의해서 무너질 것만 같은 순간들을 만난다. 그때마다 우리는 33편 13-19절을 기억해야 한다. 교회를 공격하는 세력들을 심판하시기 위해 하늘에서 감찰하시는 하나님(13-15절), 같은 눈으로 당신의 의로운 백성들을 구원하시기 위해 돌보시는 하나님(16-19절)을 바라보아야 한다. 하나님은 당신의 인자하심을 바라는 자들을 그의 일곱 눈, 성령으로 살피시며(슥 4:10; 계 5:6) '죽음' 가운데서라도 다시 살리시는 분이시다(19절). 아무리 상황이 다급해도 하나님을 제쳐 놓고 세상의 권력이나 물질을 더 의지하여 문제를 해결하려고 해서는 안 된다(16-17절). 예수 그리스도와 성령 안에서 모든 죽음의 권세를 물리치시고 우리를 구원하시는 창조주 하나님을 끝까지 '바라보고,' 십자가에서 확증하신 하나님의 '인자하심'을 '바라야' 한다(20, 22절). 그래서 이 역사와 창조 가운데서 펼쳐지는 하나님의 신실하고 의로운 섭리와 통치를 새롭게 경험하고, 그 경험을 창조주-왕이신 하나님을 찬양하는 '새 노래'(1절), '새로운 간증'으로 불러야 한다. 하나님의 창조와 통치가 완성된 나라에서 우리는 영원히 이 '새 노래'를 부를 것이다(계 5:9; 14:3).

시편 34편

여호와의 선하심을 맛보라

[다윗이 아비멜렉 앞에서 미친 체하다가 쫓겨나서 지은 시]

1 내가 여호와를 항상 송축함이여
내 입술로 항상 주를 찬양하리이다
2 내 영혼이 여호와를 자랑하리니
곤고한 자들이 이를 듣고 기뻐하리로다
3 나와 함께 여호와를 광대하시다 하며
함께 그의 이름을 높이세
4 내가 여호와께 간구하매 내게 응답하시고
내 모든 두려움에서 나를 건지셨도다
5 그들이 주를 앙망하고 광채를 내었으니
그들의 얼굴은 부끄럽지 아니하리로다[1]
6 이 곤고한 자가 부르짖으매 여호와께서 들으시고
그의 모든 환난에서 구원하셨도다
7 여호와의 천사가 주를 경외하는 자를 둘러 진 치고
그들을 건지시는도다
8 너희는 여호와의 선하심을 맛보아 알지어다
그에게 피하는 자는 복이 있도다
9 너희 성도들아 여호와를 경외하라
그를 경외하는 자에게는 부족함이 없도다
10 젊은 사자는 궁핍하여 주릴지라도
여호와를 찾는 자는 모든 좋은 것에 부족함이 없으리로다

1. 1행은 NIV나 ESV처럼 '그를 앙망하는 자들은 빛이 나리니'로 의역하는 것이 문맥에 더 어울린다. 칠십인역은 "그를 가까이 하라 그리고 빛나라/ 너희의 얼굴이 부끄러움을 당하지 않을 것이다"로 번역하고 있는데 이것은 MT의 동사를 명령법으로 읽고 3인칭 복수 접미어 '그들의'를 2인칭 '너희의'로 바꾼 것이다. 크라우스는 이 번역을 따른다. Kraus, *Psalms 1-59*, 382. 하지만 7절과 연결해서 본다면 3인칭으로 번역하는 것이 더 문맥에 맞기에 MT를 유지하는 것이 더 낫다.

11 너희 자녀들아 와서 내 말을 들으라
내가 여호와를 경외하는 법을 너희에게 가르치리로다
12 생명을 사모하고 연수를 사랑하여
복 받기를 원하는 사람이 누구뇨
13 네 혀를 악에서 금하며
네 입술을 거짓말에서 금할지어다
14 악을 버리고 선을 행하며
화평을 찾아 따를지어다
15 여호와의 눈은 의인을 향하시고
그의 귀는 그들의 부르짖음에 기울이시는도다
16 여호와의 얼굴은 악을 행하는 자를 향하사
그들의 자취를 땅에서 끊으려 하시는도다
17 의인이 부르짖으매 여호와께서 들으시고
그들의 모든 환난에서 건지셨도다
18 여호와는 마음이 상한 자를 가까이 하시고
충심으로 통회하는 자를 구원하시는도다
19 의인은 고난이 많으나
여호와께서 그의 모든 고난에서 건지시는도다
20 그의 모든 뼈를 보호하심이여
그 중에서 하나도 꺾이지 아니하도다
21 악이 악인을 죽일 것이라
의인을 미워하는 자는 벌을 받으리로다
22 여호와께서 그의 종들의 영혼을 속량하시나니
그에게 피하는 자는 다 벌을 받지 아니하리로다

본문 개요

시편 34편은, 다윗이 생명이 위협받는 위기에서 하나님의 도우심으로 놀라운 구원을 경험한 후에 성도들 앞에서 자신의 구원을 간증하며 그들에게 여호와를 경외할 것을 교훈하는 시편이다. 각 절이 히브리어 알파벳 순서대로 시작하는 알파벳 이합체 시다. 그런 면에서 이 시편은 하나님께 구원을 감사하는 감사시편의 요소를 갖고 있으면서도 지혜를 교훈하는 지혜시편의 요소도 갖고 있다.[2] '악인과 의인에 대한 대조'(15-16절)나 회중을 '아들들아'로 부른 것(11절), '여호와 경외'에 대한 교훈들(7, 8, 10, 11절), '복이 있도다'의 등장(8절) 등은 지혜의 요소들을 반영하고 있다.[3] 교훈적인 특징이 두드러진 34편 12-16절은 역시 신약 성도들을 교훈하기 위해 베드로전서 3장 10-12절에 인용되어 있다.

이 시편의 배경에 대해서는 표제가 정보를 제공하고 있다. 다윗이 '아비멜렉 앞에서 미친 체하다가 쫓겨났을 때' 지은 시라고 한다. 이 사건은 사무엘상 21장 10-15절에 기록되어 있다. 다윗은 사울에게 쫓겨 블레셋의 가드 왕 아기스에게로 도망갔지만 아기스가 그를 죽이려하자 미친 체함으로써 목숨을 겨우 건졌다. 이 표제에 가드의 왕 '아기스' 대신에 '아비멜렉'이라는 단어가 사용된 것은 아마도 '아비멜렉'이 이집트의 '바로'처럼 블레셋 지역의 왕을 가리키는 이름이었기 때문일 것이다.[4] 표제와 시편의 내용이 맞지 않는

---

2. P. J. Botha, "Annotated History - The Implications of Reading Psalm 34 in Conjunction with 1 Samuel 21-26 and Vice Versa," *OTE* 21/3 (2008): 595에서는 '개인 감사기도'의 형식으로 기록된 지혜시라고 부른다. 다윗의 감사시편인 것처럼 하면서 실제로는 포로기 이후의 독자들을 교훈하는 시라는 것이다. 하지만, 여기서는 실제로 다윗이 예배 중에 자신의 구원 경험으로 말미암아 하나님께 감사를 드리면서 동참한 성도들을 교훈하는 감사시편으로 볼 것이다.
3. P. J. Botha, "The Social Setting and Strategy of Psalm 34," *OTE* 10/2 (1997): 188.
4. Craigie, *Psalms 1-50*, 278. Botha, "Psalm 34 in Conjunction," 605 각주 54에 의하면 이것은 아마도 삼상 21:11의 표현 '아기스 왕'(*아키쉬 멜렉* אכיש מלך)을 *아비멜렉*(אבימלך)으로 잘못 읽

것처럼 보이지만, 다윗이 아기스의 손에서 벗어나게 하신 하나님의 기적적인 도우심을 경험한 후에 이 시편을 지은 것으로 보면 문제가 없다. 혹은 보타처럼 이 표제를 사무엘상 21-26장에 기록된 다윗의 도피 여정 가운데서 하나님이 도우신 것을 요약한 것으로 볼 수도 있다. 보타는 사무엘상 21-26장에 나오는 어휘들이나 주제들과 시편 34편과의 관련성을 세밀히 관찰하면서 34편의 표제가 다윗이 사울로부터 도망 다니면서 얻은 교훈 전체를 반영하고 있음을 잘 논증하고 있다.[5] 다윗은 여러 위기 가운데서 자신을 구해 주신 하나님께 감사하면서 성도들에게 간증하고, 그들에게 어떤 상황에서도 하나님께 피하여 끝까지 의를 행하는 경건한 자가 될 것을 교훈하기 위해 이 시편을 쓴 것으로 보인다.[6] '미친 체하다'로 번역된 히브리어 문장은 '맛(*타암* טַעַם)을 바꾸다(*샤나* שָׁנָה),' '분별력(감각)을 바꾸다'로 직역될 수 있는 표현으로 사무엘상 21장 14절에서 사용된 표현을 가져온 것이다. 그런데 '맛' 혹은 '분별력'에 해당하는 단어의 어근이 8절에서는 '맛보라'는 명령형 동사로 사용되고 있다. 이런 점은 목숨을 부지하기 위해 '맛'을 바꿔야 했던 비참한 상황에서 극적으로 구원받아 하나님의 선하심을 '맛보는' 상황으로 변화된 것을 강조하는 것 같다.[7]

시편 34편은 25편과 매우 유사한 형태의 알파벳 이합체 시다. 각 절이 히브리어 알파벳 순서대로 시작하면서도 절묘하게 신앙적인 메시지들을 전달하고 있다. 25편처럼 히브리어 알파벳 *바브*(ו)로 시작하는 절이 생략된 대신

었거나 다윗을 도왔던 *아히멜렉*(אחימלך) 제사장과 혼동해서 생긴 현상일 수 있다고 주장한다.

5. Botha, "Psalm 34 in Conjunction," 604-15.

6. Calvin, *Psalms*, 1: 555-7에도 이와 유사한 설명을 하고 있다. R. Apple, "Psalm 34 - Does the Heading Fit?," *JBQ* 46/2 (2018): 99에서도 시편 내용은 다윗이 미친 체한 행동보다는 다윗을 구원하신 하나님의 행동에 초점을 맞추고 있다고 이해한다. 하지만, 학자들은 이 시편과 표제의 내용이 맞지 않는다는 이유로 표제의 신빙성을 의심하기도 한다. Craigie, *Psalms 1-50*, 278 참조.

7. Botha, "Psalm 34 in Conjunction," 607-8에서는 이 단어가 삼상 25:33에서 다윗이 아비가일의 지혜를 칭찬하는 문맥에서 '지혜'로 번역된 것을 주목한다.

에 22절은 끝 자음이 아닌 *페*(פ)로 끝나고 있다. 그래서 1절이 *알렙*(א), 제일 가운데 절인 11절이 *라멧*(ל), 끝 절(22절)이 *페*로 각각 시작한다. 이 세 자음을 합하면 첫 알파벳의 이름인 '*알렙*'(אָלֶף)이 되고, 동시에 이 어근은 '가르치다' 혹은 '배우다'가 되어 이 시편의 교훈적인 성격을 강조하는 효과를 거두게 된다.[8] 이에 더하여 11절 제일 마지막 단어는 '배우다,' 혹은 '가르치다'는 의미를 가진 *라마드*(לָמַד)라는 동사이다. 아마도 다윗은 25편과 같은 알파벳 시편의 기교를 사용하여 자신의 교훈을 전달했을 것이다. 25편이 하나님이 직접 다윗에게 여호와를 경외하는 교훈을 가르치신 것을 노래하고 있다면, 34편은 다윗이 그러한 하나님의 구원을 경험한 자로서 여호와를 경외하는 도에 대해서 가르치는 내용을 담고 있다(25:9, 12와 34:11 비교). 25편과 34편은 주제나 어휘 면에서도 많은 공통점을 갖고 있다(25편 개요 참조).[9]

25, 34편은 또 다른 알파벳 이합체 시이며 유사한 주제를 공유하는 37편과 더불어 시편의 작은 그룹들(25-33, 34-37편)을 형성하는 기둥과 같은 역할을 한다. 34편과 37편은 35, 36편을 둘러싸면서 '의인의 구원과 악인의 멸망'이라는 주제를 공유하는 하나의 그룹(34-37편)을 형성한다.[10] 실제로 34편 14절의 "악을 버리고 선을 행하라"는 표현은 37편 27절의 그것과 같을 뿐만 아니라, '선을 행하다'(34:14; 37:3, 27)는 표현과 '악을 행하다'(34:16; 37:1, 7)는 표현도 두 시편에 동시에 등장한다. 특별히 34편 13절과 37편 30절은 '말'과 관련된 선악의 문제를 유사하게 다룬다. '의인'(34:15, 19, 21; 37:12, 16, 17, 21, 25, 29, 30, 32, 39)과 '악인'(34:21; 37:10, 12, 14, 16, 17, 20, 21, 28, 32, 33, 34, 35, 38, 40)이라는 표현도 두 시편에는 매우 자주 등장하는데 의인을 가리키는 여러 표현도 공유한다(예: '여호와께 피하는 자' 34:8,

---

8. A. R. Ceresko, "The ABCs of wisdom in Psalm xxxiv," *VT* 35(1985): 99-101 참조.
9. Maloney, "the First Four Acrostics," 127; 이성혜, "알파벳시편 연구," 20 참조.
10. 김성수, "시편 34-37편 문맥 속에서 시편 37편 읽기," 『장신논단』 50/5(2018): 27.

22; 37:40), 34편 16절의 '악인을 땅에서 끊는다'는 표현은 37편에 여러 번 등장하여 주제를 형성한다(37:9, 22, 28, 34, 38). 또 두 시편 다 여호와가 의인은 환난 중에서 구원하셔도(34:6, 17; 37:39) 악인은 재판 시에 심판받을 것이라고(34:21-22; 37:40) 노래한다. 이 외에도 '여호와'란 단어가 34편에는 16회, 37편에는 15회 등장하면서 의인을 도우시고 악인을 멸하시는 주체가 여호와이심을 강조한다.[11] 34편과 35편의 공통점들은 35편 개요에서 다룰 것이다.

문학적 특징과 구조

위의 장르 부분에서 말한 것처럼 이 시편은 알파벳 이합체 시답게 모든 절이 2행으로 구성되어 있다. 이 시편은 의인의 초상화를 여러 용어로 묘사하면서 고난당해도 여호와를 찾고 경외하는 의인에 대한 하나님의 구원을 강조한다. '곤고한 자들'(2), '곤고한 자'(6), '여호와를 경외하는 자들'(7, 9), '그에게 피하는 자'(8, 22), '성도들'(9), '여호와를 찾는 자'(10), '자녀들'(11), 의인들(15, 19, 21), '마음이 상한 자들'(18), '통회하는 자들'(18), '그의 종들'(22) 등이 의인을 묘사하는 용어들이다. 이 외에도 이 시편에는 이들을 가리키는 인칭 대명사들로 가득하다.[12] 이와 더불어 이 시편에는 이들과 여호와 간의 다양한 행동들이 나타나고 있는데, 곤고한 의인들이 여호와를 찾고, 부르짖고, 그에게 피하고, 여호와를 찬양하고, 송축하고, 높인다면, 여호와는 그들에게 귀를 기울이시고, 대답하시고, 눈을 향하시고, 가까이하시고, 그들을 구원하시고, 구하시고, 그들의 뼈를 부러지지 않게 지키시고, 그들을 구속하시고,

11. 김성수, "시편 34-37편," 29-30의 내용을 요약했는데 더 많은 공통점이 여기에 열거되어 있다.
12. Botha, "Strategy of Psalm 34," 185 참조.

그들이 부끄러움을 당하지 않게 하시고, 부족하거나 배고프지 않게 하시고, 정죄를 당하지 않게 하신다.[13] 전체적으로 이 시편에는 '듣다'는 단어가 각 연에 반복적으로 등장하면서 통일성을 이룬다. 2절에서는 시인의 감사(간증)를 자신과 같은 곤고한 사람이 '듣고 기뻐할' 것을 말하고, 6절에서는 그 이유로 '곤고한 자'인 자신의 부르짖음을 여호와가 '들으셨기' 때문이라고 한다. 이런 구조는 11, 17절에서 반복된다. 11절에서는 자녀들에게 하나님의 들으심을 경험한 시인의 교훈을 '들으라'고 초청하고, 17절에서는 의인의 외침을 여호와가 '들으신다'고 권면한다.[14] 또 34편에는 '모든'(콜 כָּל)이라는 히브리어 단어가 1, 4, 6, 10, 17, 19, 20, 22절에 여덟 번이나 등장하면서 다윗의 경험과 교훈이 모든 의인에게 적용될 수 있는 보편적인 것임을 강조한다. 이것은 알파벳 이합체 시가 '처음부터 끝까지'라는 전체성, 온전함을 강조하는 형식이라는 사실을 더 강조하는 특징일 것이다.[15]

34편은 알파벳 이합체 시이지만 내용이나 형식 면에서 크게 세 부분으로 나눌 수 있다. 여호와께 구원받은 다윗('나')이 여호와를 찬양하면서 자신의 구원을 간증하는 1-7절, 성도들을 부르며 직접 교훈하는(2인칭 명령법) 부분인 8-14절, 악인의 심판과 대조되는 의인의 구원을 다루는 교훈인 15-22절이 그것이다. 1-7절의 간증과 15-22절은 주제적으로나 어휘적으로 연결되어 있는데, 그 한 가운데 직접적인 교훈인 8-14절이 위치한다.

A 1-7절 곤고한 시인을 구원하신 여호와 찬양과 간증
  B 8-14절 성도들에 대한 권면: 여호와를 경외하라
A′ 15-22절 곤고한 의인들에 대한 여호와의 구원과 악인 심판

---

13. Botha, "Strategy of Psalm 34," 187.
14. L. J. Liebreich, "Psalms 34 and 145 in the Light of Their Key Words," *HUCA* 27 (1965): 186.
15. Botha, "Strategy of Psalm 34," 182에서도 이에 동의하고 있다.

이러한 집중형 구조는 여러 동질 어휘들로 강조되고 있다. 1-3절에는 '송축하다,' '찬양하다,' '높이다,' '영화롭게 하다'는 찬양의 용어들이 집중되어 있고, 4-7절에는 '응답하다,' '건지다,' '듣다,' '환난에서 구원하다,' '둘러 진치다' 등의 기도 응답과 구원에 관련된 동사들이 집중적으로 등장하여 통일성을 이룬다.

8-14절은 2인칭 명령법 동사들('맛보라,' '보라,' '경외하라,' '들으라,' '금하라,' '행하라,' '따르라')이 많이 등장하면서 이 부분이 성도들("너희 성도들아"-10절)에 대한 직접적인 권면임을 표현하고 있다. 이 부분에서만 '선'(*토브* טוֹב)이라는 단어가 8, 10, 12, 15절에 나오면서 선을 행할 때 여호와의 선하심을 누릴 수 있음을 강조한다. 또한 '경외하다'는 어근이 9, 11절에 세 번 등장하면서 여호와를 경외하는 자가 선을 행하는 자이며 그들이 복을 받는다고 강조한다.

15-22절에는 '의인'이라는 단어가 여러 번 등장하면서(15, 19, 21절, '마음이 상한 자' '중심에 통회하는 자'-18절, '그에게 피하는 자'-22절) 멸망하는 '악인'(16절 '행악하는 자,' 21절 '악인,' '의인을 미워하는 자')의 운명과 대조적으로 여호와가 그들을 구원하심을 강조한다. 특이한 것은 15-18절에서는 연속적으로 '여호와'가 두 번째 단어로 등장하면서 의인을 구원하시는 분이 여호와이심을 강조한다. 또 구원을 강조하기 위해서 '눈을 향하다,' '귀를 기울이다,' '듣다,' '건지다,' '가까이하다,' '구원하다,' '보호하다,' '구속하다'는 동사들이 집중적으로 등장한다. 이들은 4-7절에 나왔던 동사들과 유사한데, 이것은 다윗 개인의 경험이 의인들에게 보편적으로 적용되는 것을 나타낸다.

세부적으로 보면 1-7절은 여호와를 찬양하고 자랑하는 1-3절과, 개인의 구원 간증인 4-7절로 나눌 수 있다. 그리고 8-14절은 성도들을 불러 여호와를 경외하는 복을 교훈하는 8-10절과, '자녀들'을 불러 여호와를 경외하는 길을 교훈하는 부분인 11-14절로 구분된다. 마지막으로 15-22절은, 악인 심판과 의인 구원을 교훈하는 15-17절과 21-22절 부분이 고통당하는 의인에 대한 구원을 강조하는 18-20절을 감싸는 구조를 보인다. 이것을 도식화하면 아래와 같다.

1-7절 개인적 감사와 간증
  1-3절 구원하신 여호와 찬양
  4-7절 여호와의 구원 간증

8-14절 여호와를 경외하라는 권면
  8-10절 (성도들아,) 여호와를 경외하는 자의 복
  11-14절 (자녀들아,) 여호와를 경외하는 길(선을 행하고 악을 멀리하라)

15-22절 여호와의 악인 심판과 의인 구원에 대한 확신
  15-17절 악인 심판과 의인 구원
    18-20절 고통받는 의인에 대한 구원('많은,' '모든,' '모든,' '하나도')
  21-22절 악인 심판과 의인 구원 ('정죄를 당하다' 반복)

본문 주해

표제: "다윗이 아비멜렉 앞에서 미친 체하다가 쫓겨나서 지은 시." 다윗이 사무엘상 21장에 기록된 사건과 관련하여 지은 시편임을 말하는 것 같다. 배경에 대해서는 위의 개요 참조.

1. 개인적 감사와 간증(1-7절)

이 부분은 다윗이 회중들을 초대하여 구원의 하나님 여호와께 감사 찬양을 드리면서 자신이 경험한 구원을 간증하는 내용을 담고 있다. 전형적인 개

인 감사시편의 순서를 따른다.

1) 구원하신 여호와 찬양(1-3절)

1-3절은 다윗이 4-7절에서 간증하고 있는 하나님의 기도 응답과 구원의 은혜에 대해서 회중들 앞에서 감사를 드리는 부분이기에, 찬양과 관련된 어휘들로 채워져 있다.

1(*알렙* א)절에서 다윗은 먼저 자신을 절박한 위기에서 건져 주신 여호와를 '항상,' '언제나' 찬양할 것이라고 맹세한다. 그를 건지신 하나님의 은혜가 너무나 커서 그것을 한순간이라도 찬양하지 않을 수 없음을 고백하는 표현이다. 하나님에 대한 감사의 표현은 찬양이다. 1절 1행의 '송축하다'는 동사는 원래 하나님이 백성들에게 '복주다' 혹은 사람이 사람을 '축복하다'는 의미로 많이 사용된다. 하지만 여기처럼 하나님이 목적어가 되면 당신의 종을 위기 속에서 건져 주신 하나님이 그런 특별한 구원과 복을 주시는 능력의 근원이심을 선포하는 것을 의미한다(*HALOT*, 103:1-2, 20-22 참조). 이것은 1절 2행에서 '그를 찬양함'으로 표현되고 있고, 2(*베트* ב)절 1행에서는 같은 어근으로 이루어진 재귀형 동사 '자랑하다'(*할랄* הָלַל)로 표현되고 있다. '찬양'은 기본적으로 여호와가 행하신 일에 대해서 자랑하는 것이기에 '송축하다'는 단어와 같은 의미다. 다윗은 자신에 대해 자랑하는 것이 아니라 자신을 구원하신 놀라운 하나님에 대해서 자랑한다. 사무엘상 21장 13절에서 이 '자랑하다'는 단어는 다윗이 아기스 왕 앞에서 '미친 체하다'는 의미로 사용되고 있다.[16] 그의 고난을 묘사하는 말이 찬양의 말로 변화된 것이다. 1절의 '입술'과 2절의 '영혼'은 찬양이 나오는 신체 기관이지만 시인의 삶 전부를 대표한다.

2절 2행과 3(*김멜* ג)절에서 다윗은 자신처럼 하나님과 의를 위해 고난당

---

16. Botha, "Psalm 34 in Conjunction," 605 참조.

하여 오직 여호와만 의지하는 '곤고한 자들'(6절 참조)인 회중들을 자신의 찬양에 동참시키고 있다. 자신을 위기 가운데서 구원하신 하나님의 사역에 대한 감사와 간증을 듣고 그들도 기뻐할 수 있기를 바란다(2절 2행). 감사 찬양은 사실 회중에게 하나님을 간증하여 그들이 더 하나님을 신뢰하고 그의 구원을 기뻐할 수 있도록 하는 역할을 한다(32:11; 40:16; 64:10 등 참조). 그래서 3절에서 다윗은 회중들을 향하여 자신의 간증을 듣고 함께 여호와를 높여드리자고 초대한다. '여호와를 광대하시다 하자,' '그의 이름을 높이자'는 초대는 찬양을 통하여 그분을 영화롭게 하고 그분의 위대하심을 선포하는 것이다(30:1; 69:30; 99:5, 9; 출 15:2). 근본적으로 '송축하다'는 표현과 같은 의미를 지닌다고 볼 수 있다. 3절 2행의 '여호와의 이름'은 여호와의 모든 성품과 사역을 대표하는 것이기에 1행의 '여호와'와 평행을 이루고 있다.

2) 여호와의 구원 간증(4-7절)

4-7절은 1-3절에서 하나님께 감사 찬양을 드린 이유를 말하는 일종의 간증 부분이다. 어떻게 하나님이 다윗의 기도에 응답하시고 구원해 주셨는지를 말한다. 4절과 6절은 유사한 어휘들을 사용하여 다윗이 여호와께 기도했을 때('간구하다,' '부르짖다') 여호와께서 응답하셔서('응답하다,' '듣다') 자신을 절박한 위기('모든 두려움,' '모든 환난')에서 구하셨다('건지다,' '구원하다')는 것을 간증하는 부분이다. 이에 비해 5절과 7절은 그런 다윗 개인의 경험을 일반화시키는 교훈적인 고백이다. 그래서 4, 6절이 '나,' '이 곤고한 자'라는 자신을 가리키는 표현을 쓰고 있는 반면에, 5, 7절에서는 '그,' '그들' 등의 3인칭 표현을 쓰고 있다. '다윗'이 '그를 앙망하는 자들'(5절)과 '그를 경외하는 자들'(7절)로 일반화되면서 여호와는 자신처럼 하나님을 경외하는 의인들을 구원하신다는 고백으로 이어진다.[17] 이런 고백은 15-22절에서

17. 스택은 *NIV Study Bible*, 821에서 이것을 a-b/a-b 구조라고 부른다.

두드러진다.

4(*달렛* ד)절에서 다윗은 자신이 여호와께 '간구했다'고 하는데 이 동사의 원래 의미는 '찾다'이다. 이것은 위기 상황에서 오직 여호와만 바라보고 간절히 기도했음을 의미한다(10절; 77:2 참조). 이처럼 여호와를 '찾는' 것은 어떤 상황에서도 여호와를 의지하고 기도하는 여호와를 경외하는 의인의 필수적인 모습이다. 이처럼 여호와를 '찾은' 다윗의 절박한 간구에 응답하신 여호와가 다윗을 '모든 두려움'의 상황에서 건져 주셨다고 간증한다. 다윗이 아기스 왕 앞에서 생명의 위협을 느껴 미친 체했던 절체절명의 위기를 떠올리면 '모든 두려움'이라는 표현이 좀 더 생생하게 다가온다. 그처럼 두려운 상황에서 벗어나 안전하게 된 것을 다윗은 '그분이 나를 건졌다'고 표현한다. 얼마나 그 '건짐'이 크게 느껴졌겠는지 짐작할 수 있다.

5(*헤* ה)절은[18] 다윗의 경험을 일반화한 고백이다. 4절에서 '여호와를 찾은' 다윗을 말했다면 5절은 그것을 '그를 앙망하는 자들'로 바꾸어서 표현하고 있다. '앙망하다'는 동사도 '찾다'처럼 어떤 상황에서도 오직 여호와만을 바라는 것(*HALOT*, 욘 2:5; 슥 12:10)을 의미한다. 이처럼 여호와만 앙망하는 사람은 2절과 6절의 '곤고한 자'와 다름없다. '광채를 내다'(*나하르* נָהַר)는 표현은 간절히 하나님을 앙망하는 자들이 비록 어둠과 같은 위기 가운데 있어도 하나님의 구원으로 말미암아 기뻐하며(사 60:5; 렘 31:12)[19] 얼굴이 환하게 된 것에 대한 비유이다. 4절의 '모든 두려움'이 기쁨으로 변화된 것을 가리킨다. 5절 2행이 표현하듯이 이것은 주로 빛이 나는 부분인 그들의 얼굴이 하나님의 구원으로 인해 부끄러움을 당하지 않는 것을 의미한다.

---

18. 5절 첫 행은 히브리어 자음 *헤*(ה)로 시작하고 둘째 행은 다음 알파벳인 *바브*(ו)로 시작한다. 그리고 6절은 *바브*가 아닌 그 다음 알파벳인 *자인*(ז)으로 시작한다. *바브*가 5절 2행에 등장하는 것이 알파벳 순서를 따른 것일 수도 있지만, 3-7절까지의 모든 절의 제2행에는 *바브*가 등장하기에 의도적이 아닐 가능성이 크다.

19. Kraus, *Psalms 1-59*, 384; deClaisse-Walford, et al., *Psalms*, 325 참조.

6(*자인* ז)절에서 다윗은 자신을 '이 곤고한 자'(2절 '곤고한 사람'과 동일 어근)로 바꿔서 표현한다.[20] 이 표현은 오직 하나님만 바랄 수밖에 없었던 다윗의 절박한 상황을 암시한다. 다윗은 자신이 그런 상황에서 여호와께 부르짖었고 여호와께서 그 기도를 들으셨다고 간증한다. '부르짖다'는 동사가 여호와를 부르고 그의 앞에서 간절히 기도하는 것(17절 '외치다')을 의미하는 전형적 표현이라면, '듣다'는 동사도 기도 응답을 의미하는 전형적인 표현이다(15, 17절 참조). 그리고 그 기도 응답은 2행에서 보여주듯이 기도하는 자가 처한 '모든 환난'의 상황에서 그를 구원하시는 것을 의미한다. '구원하다'는 단어는 곤경에 있는 자를 도와서 구해내는 것을 의미하므로 4절의 '건지다'는 단어와 같은 의미다. 17, 18절에서도 이 두 동사가 교차적으로 사용되고 있다. 사무엘상 26장 24절에서 다윗은 자신을 쫓던 사울 앞에서 "내 생명을 여호와께서 중히 여기셔서 모든 환난에서 나를 구하여 내시기를 바라나이다"라고 하는데 6절의 유사한 표현은 이 확신에 대한 응답인 셈이다.[21]

7(*헤트* ח)절은 5절과 같이 다윗의 경험을 일반화하는 고백이다. 여호와가 당신의 군대인 '여호와의 천사'를 보내셔서라도 당신을 경외하는 종들을 보호하시고 건지심을 그림처럼 묘사하고 있다. 이런 그림(103:20 이하; 창 32:1, 2; 출 14:19; 수 5:14; 슥 9:8)[22]은 바로 하늘 왕이 자신의 종들의 도움이심을 묘사한다. 사무엘상 23장 27절에서는 '전령'(천사와 같은 단어)이 사울에게 와서 블레셋의 침략 소식을 전하는데 이것이 다윗에게는 구원의 소식이 되고 있다. 또 '둘러 진치다'는 표현은 아이러니하게도 사무엘상 26장 3, 5절에서 다윗을 잡으러 온 군대가 사울을 보호하는 상황을 묘사하는데 그

---

20. VanGemeren, *Psalms*, 325는 여기서 '이 곤고한 자'를 회중 중의 한 사람을 가리키는 표현이라고 보지만 다윗 자신의 경우를 예로 들어서 권면하는 상황임을 생각하면 여기서는 자신을 가리키는 것으로 봐야 할 것이다. Calvin, *Psalms*, 1:561; 김정우, 『시편주석 I』, 730 참조.

21. Botha, "Psalm 34 in Conjunction," 606 참조.

22. Kraus, *Psalms 1-59*, 384.

들은 실제로 사울을 지키지 못하고 있다.[23] 7절 2행의 '건지다(구하다)'는 단어는 4절의 '건지다'나 6절의 '구원하다'는 단어와 유사한 의미를 전달한다(6:4; 18:19). 여기서 다윗은 '그를 경외하는 자들'로 일반화되고 있다. 여호와를 '경외하는 것'은 단지 여호와를 두려워하는 것만을 가리키기보다는, 여호와의 하나님 되심을 믿고 그분의 뜻에 순종하는 삶을 살려고 하는 것을 의미한다. 즉, 여호와 '경외'는 행동과 삶의 방식을 결정한다.[24] 시인은 엄청난 '두려움'(4절) 속에서도 여호와를 '두려워'함으로써 그 상황적인 두려움을 이겨낸다.[25] 이 주제는 8-14절에서 상세하게 다뤄질 것이다.

2. 여호와를 경외하라는 권면(8-14절)

하나님의 구원의 은혜를 경험한 다윗은 8-14절에서 자신의 경험에 근거해서 회중들에게 꼭 필요한 교훈들을 가르친다. 명령법의 등장과 9, 11절의 '성도들'과 '아들들'에 대한 부름이 그것을 표현하고 있다. 11절에서 다윗은 마치 자신의 학생들을 부르듯이 회중들을 '아들들'로 부르며 자기에게 '들으라'고 하고 여호와 경외에 대해 '가르치겠다'고 한다. 이 부분의 교훈적 어조는 열 번이나 반복되는 명령법 동사들에서도 분명히 드러난다. '여호와 경외'에 대한 가르침을 강조하기 위해서 9, 11절에 '경외'를 나타내는 어근이 세 번씩이나 등장한다. 여호와 경외는 9, 11절에서는 '여호와께 피하는 것'과 '여호와를 찾는 것'으로 표현되고 있다. 또 '선' 혹은 '좋은 것'으로 번역되는 히브리어 단어 *토브*(טוֹב)가 네 번이나 등장한다. '선'(14절)을 행함으로 여호와를 경외했을 때, 하나님의 '선하심'(9절, *토브*, טוֹב)과 모든 '좋은 것'(10, 12

---

23. 이 부분에 대해서는 Botha, "Psalm 34 in Conjunction," 604, 608 참조.

24. Kraus, *Psalms 1-59*, 385.

25. VanGemeren, *Psalms*, 325. 이일례, "히브리산파들의 저항과 '시편 언어'의 친연성(親緣性)-상호텍스트성으로 본 출애굽기 1장 15-22절과 시편 34편," 『구약논단』 23/4(통권 66, 2017): 62-3에서는 출 1:15-22에서 히브리 산파들이 바로에 대한 두려움을 여호와 경외로 극복하는 것을 이 시편이 노래하는 것과 연결하고 있다.

절, *토브*, טוֹב)을 누릴 수 있다고 권면한다.

1) (성도들아,) 여호와를 경외하는 복에 대한 교훈(8-10절)

8-10절은 '성도들에게' 여호와를 경외하는 자들이 누리는 복에 대해서 교훈한다.

8(*테트* ט)절은 "여호와의 선하심을 맛보아 알지어다"라는 권면으로 시작한다. 이 권면은 그에게 피하는 사람이 얼마나 복된 사람인지에 대한 행복 선언으로 이어진다. 여호와께 피하는 사람은 반드시 여호와가 얼마나 좋으신지 맛보는 행복을 누리게 된다는 선언이다. 먼저 여호와께 피하는 사람은 의로운 고난 가운데서도 오직 하나님만을 의지하고 기도하는 다윗과 같은 의인을 가리키는데, 4, 5절에서는 여호와를 찾거나 앙망하는 모습으로 묘사되었다. 또 이어지는 9절에서는 '성도들,' '여호와를 경외하는 사람들'로, 10절 2행에서는 '여호와를 찾는 사람들'로 불리고 있다. 또 '선하심'으로 번역된 단어는 '좋음,' '복' 등으로 번역될 수 있는 히브리어 단어 *토브*(טוֹב)이다. 이것은 여호와께 피하는 자가 경험하게 될 하나님의 선하신 성품(23:6; 25:7-8; 27:13; 100:5; 1361; 대하 5:13; 7:3; 스 3:11 등)도 가리키겠지만, 무엇보다 하나님이 베푸실 구원의 은혜와 복을 의미한다(10, 12절에서 이런 의미로 이 단어가 반복됨). 다시 말해서 여호와께 피하는 자는 그를 보호하실 뿐만 아니라 '복과 은혜'를 베푸시는 '좋으신' 하나님을 경험하게 될 것이다. 경험에 해당하는 단어로 두 동사가 사용되고 있는데 하나는 '맛보다'이고 다른 하나는 '알지어다'로 번역된 '보다'이다. 이러한 미각과 시각의 동사들은 하나님의 '좋으심'을 회중들이 '느끼게' 만든다. 12절에서도 '좋은 것을 보다(복 받다)'라는 비슷한 표현을 사용하고 있다. 한편 '보고' '맛보라'고 하는 것은 위기에서 구원받아 다윗이 하나님께 드리는 감사 제물을 함께 나누자는 의미일 수도 있다. 감사 제물을 함께 나눔으로써 다윗이 경험한 하나님의 '좋으

심'에 대해 간증하고 그 '좋으심'을 함께 누리게 되었을 것이다.[26] 베드로전서 2장 3절에도 이 구절을 인용하면서 그리스도인들이 그런 좋으심을 맛본 사람들이라고 말한다.

9(*요드* י)-10(*카프* כּ)절은 8절의 선언을 재차 강조하는 절들로 두 절에 '부족함이 없다'는 표현이 반복적으로 등장한다. 9절에서 다윗은 회중들을 '성도들'로 부르면서 여호와를 경외하라고 권면하는데, 그 이유로 여호와를 경외하는 사람에게는 부족함이 없을 것이기 때문이라고 한다. 이 권면은 7절에서 말한 다윗의 간증과 이어진다. '성도들'로 번역된 단어는 유일하게 여기서만 사람들을 가리키는 용도로 사용되었다. 성도들은 하나님의 '거룩하심'을 닮기를 사모하여 오직 하나님께만 헌신한 경건한 사람들을 가리킨다 (*HALOT*). 여호와가 거룩하시기에 그의 백성들도 거룩해야 한다(레 11:44-45; 19:2; 20:7; 21:6; 민 15:40[27]). 그런 점에서 '여호와를 경외하라'는 권면은 성도들의 정체성을 지키라는 말과 같다. 여호와를 경외하는 것이 여호와를 하나님과 왕으로 경외감 가운데서 존중하며(창 22:12; 출 14:31; 24:14; 수 4:24), 그분께 '피하고'(혹은 '믿고' 1절) 그분의 말씀에 '순종하여'(신 5:29; 6:2) 거룩해지는 것이기 때문이다. 이렇게 여호와를 경외하는 자들에게는 '부족함이 없을 것'이라고 9절 2행과 10절 2행이 두 번이나 강조한다(신 2:7; 8:9 참조). 이 표현들은 8절의 '복이 있도다'는 선언과 맥을 같이 한다. 그들이 모든 '좋은 것'에 부족함이 없는 이유는 '선하신(좋으신)' 여호와가 그들에게 '좋은 것'을 아끼지 않고 베푸시기 때문이다. 사실 현실에서 보면 여호와를 경외하는 자들이 항상 복을 누리거나 부족함이 없는 것은 아니다(19절). 때로는 궁핍하고 굶주릴 때도 있다(2, 6절의 '곤고한 자' 참조). 하지만 모든 좋은 것을 주실 수 있는 하나님이 늘 그들과 함께하시기에 부족함이 없다(23:1).

26. deClaisse-Walford, et al., *Psalms*, 326.
27. VanGemeren, *Psalms*, 326.

궁극적으로 하나님이 그들에게 모든 '좋은 것'으로 채워 주실 것이다. 사무엘상 25장 18, 35절에서 하나님은 아비가일을 통해서 고난 중에 있는 다윗의 무리에게 풍성한 음식을 공급하시는데 이것이 9-10절의 한 예가 될 수 있을 것이다.[28]

10절 1행에서 여호와를 찾는 사람들은 '젊은 사자들'과 비교되고 있다.[29] 이 사자들은 힘이 넘쳐서 언제든지 자신들이 원하는 먹이들로 배를 채울 수 있다. 그런 점에서 이들은 하나님 없이도 잘 살 수 있을 것 같은 세상의 힘 있는 자들에 대한 비유이다.[30] 다윗은 고통의 시간들을 보낸 다음에 하나님의 놀라운 구원을 경험하고 나서 확신을 가지고 선언한다.[31] 젊은 사자들 같은 힘 있는 자들도 결국은 굶주리고 망할 수밖에 없지만, 어떤 고난의 상황에서도 '여호와를 찾는 자들,' 즉 여호와만 의지하고 그에게 피하는 자들은 결국은 하나님이 주시는 모든 '좋은 것'을 누리게 될 것이라고.

2) (자녀들아,) 여호와를 경외하는 길에 대한 교훈(11-14절)

11-14절에서는 회중들을 마치 제자들을 부르듯이 '자녀들(아들들)'로 부르며(11절) 여호와 경외에 대한 새로운 측면을 교훈한다. 8-10절이 여호와를 의지하고 여호와께 기도하는 측면을 강조했다면 여기서는 악을 멀리하고 선을 행하는 경외의 길을 강조한다.

11(*라멧* ל)절에서 다윗은 회중들을 '자녀들(아들들)'로 부르면서 제자들 혹은 자녀들을 가르치듯이 여호와를 경외하는 지혜를 가르치고자 한다. '아

---

28. Botha, "Psalm 34 in Conjunction," 607 참조.
29. '사자들'로 번역된 단어를 칠십인역에서는 '부자들'로 읽고 있는데 이것은 사자 비유가 문맥상 뜬금없다고 생각해서 바뀐 결과로 보인다. 하지만 여기서 이 비유는 매우 강렬하게 하나님만 의지하는 자들의 복과 대조되고 있어서 적절하다고 볼 수 있다. 욥 4:7-11 참조. J. J. M. Roberts, "The Young Lions of Psalm 34:11," in *Bib* 54(1973): 265-7.
30. deClaisse-Walford, et al., *Psalms*, 326.
31. Liebreich, "Psalms 34 and 145," 184.

들들아, 와서 들으라'는 표현은 잠언(1:8, 4:10, 20 등)에서 자주 등장하는 지혜 문학의 표현법이다. 이러한 표현들은 이 시편이 갖는 교훈적인 경향을 뚜렷하게 보여준다.

12(*멤* מ)절에서 다윗은 질문을 통해서 8-10절에서 강조했던 여호와를 경외하는 자들에게 주어지는 복에 관한 관심을 유발한다. 여기서 '생명'은 창세기(2:9; 3:22, 24)나 잠언(3:18; 11:30; 13:12; 15:4)에 등장하는 '생명 나무'가 상징하듯이 하나님 안에서 누리는 풍성하고 기쁘고 행복한 삶(*HALOT*, 16:11; 잠 5:6; 15:24)을 의미한다. 제2행에서는 이것의 예로 '장수'와 '복(낙 혹은 좋은 것, *토브*, טוֹב)을 누림(봄, 전 2:1; 3:13; 5:18)'이 등장한다. 단순히 오래 사는 것이 아니라 하나님이 주시는 복을 누리며 오래 사는 것을 의미한다. 이런 생명과 복에 대한 추구를 '사모하다,' '사랑하다'는 동사로 표현한다. 이것은 말씀을 기뻐하고(1:2; 40:8; 119:35) 하나님을 경외하는 지혜를 열망하는(잠 4:6; 8:17, 21; 12:1) 태도를 의미한다. 한편 12-16절은 고난 가운데서도 의로운 삶을 교훈하는 베드로전서 3장 8-12절에 인용되고 있다(교훈과 적용 부분 참조).

13-14절은 12절의 질문에 대한 답이자 11절의 '여호와 경외'의 구체적인 길이다. 한 마디로 그것은 하나님이 규정하신 악을 버리고 선을 행하는 것이다. 13(*눈* נ)절에서는 매우 구체적인 예로 말에 관해 교훈한다. 이웃을 해치는 '악'과 '거짓말'을 금하라는 것이다(잠 6:17, 19; 10:18; 12:17, 19, 22 등의 많은 교훈과 시 15:2-3; 약 3:5-10 참조).

14(*사멕* ס)절에서는 교훈이 일반화되고 있다. 여호와 경외는 여호와께서 규정하신 '악'으로부터 '돌아서서(버리고)' 여호와가 말씀하신 '선'(*토브*, טוֹב)을 '행하고' 화평을 '찾아 따르는 것'이라고 한다(=37:27; 암 5:5). '선'과 '화평'('평화를 구하라'- 37:37; 120:7; 잠 12:20; 슥 8:19; 마 5:9; 롬 12:18; 고

전 7:15; 고후 13:11; 살전 5:13; 히 12:14; 약 3:17-18 참조[32])은 하나님과 이웃과의 관계에 대해 하나님의 율법이 규정하는 모든 선한 것을 의미한다. 정말로 여호와를 살아계신 하나님으로 인정한다면 하나님의 말씀이 선임을 믿고 순종해야 한다는 것을 강조한다. 역시 다윗의 경험에서 이 교훈의 예를 찾을 수 있다. 다윗은 비록 고난 가운데 있었지만, 사울과 그의 세력들의 거짓과 악을 똑같이 갚으려 하지 않고 사울을 죽이지 않음으로써 끝까지 선과 평화를 추구했다(삼상 24, 26장). 또 사무엘상 25장 32-33, 39절에 보면, 다윗은 아비가일을 통해서 나발에게 끝까지 '평화'를 추구하게 하시고(삼상 25:6 '평화' 언급 참조) '악으로부터' 그를 지켜주신 하나님을 찬양하고 있다.[33]

3. 여호와의 악인 심판과 의인 구원에 대한 확신(15-22절)

8-14절에서 여호와를 경외하는 길의 결론으로 악을 버리고 선을 행할 것을 권면했다면(13-14절), 15-22절에서는 그 이유로 여호와가 결국 악인을 멸하시고 의인을 구원하시기 때문이라고 한다. 앞부분이 회중을 불러 직접 교훈하는 형태를 취한다면 이 부분은 고백과 확신의 형태로 교훈한다. 9-10절에 등장했던 '여호와를 경외하는 사람들'이나 '여호와를 찾는 사람'은 '의인들'로 바뀌고 있다. 15, 19, 21절에 '의인'이라는 단어가 반복되면서 의인을 고난에서 건져 내시는 여호와의 구원을 강조한다. 의인은 18절에서 '마음이 상한 자,' '통회하는 자' 등으로 표현되기도 하고, 22절에서는 여호와께 '피한 자'(8절)로 표현되기도 한다. 한편, 의인과 대조적으로 결국은 멸망할 악인에 대한 강조도 나타난다. 16절에서는 '악을 행하는 자'로 21절에서는 '악인'과 '의인을 미워하는 자들'로 반복되어 나타나면서 결국은 심판과 멸망을 당할 그들의 운명을 강조한다. 또 의인의 구원을 강조하기 위해서 4-7절에서 다

---

32. *NIV Study Bible*, 822.

33. Botha, "Psalm 34 in Conjunction," 607, 609.

윗 개인의 구원 간증에 사용했던 동사들('건지다,' '구원하다')이 다시 반복적으로 등장하고 있고(17, 18, 19절), '속량하다'는 새로운 단어도 22절에 등장한다. 반면에 악인에 대해서는 '끊다,' '죽이다,' '벌을 받다'(17, 21절)는 동사가 사용되고 있다.

1) 악인 심판과 의인 구원(15-17절)

15-17절에서는 여호와가 의인의 부르짖음을 반드시 들으시고 구원하시는 반면, 악인들은 멸하시는 교훈을 다룬다. 이 부분에서는 여호와에 대한 신인동형론적 표현들('여호와의 눈,' '그의 귀,' '여호와의 얼굴')을 통해 의인의 기도를 들으셔도 악인들은 대적하신다는 사실을 생생하게 묘사한다. 15, 17절의 의인에 대한 기도 응답 주제가 16절의 악인 심판 주제를 둘러싸는 구조를 보여준다. 특별히 15-18절 네 절 모두 '여호와'란 단어가 두 번째 단어로 위치하면서 의인을 구원하시는 주체가 여호와이심을 강조한다.

15(*아인* ע)절에서는 '여호와의 눈'과 '귀'가 고통 가운데서 하나님을 향하여 울부짖는 의인들을 향하신다는 것을 노래한다. 하나님이 무고하게 고난당하는 의인들의 기도에 예민하게 반응하시는 사실을 비유적으로 표현한 것이다. '의인'은 하나님을 경외하는 자(7절)로서 하나님을 의지하고(8, 22절) 하나님의 뜻을 행하는 일에 헌신한 성도(9, 14-15절)이다. 또 '부르짖음'으로 번역된 단어는 그냥 고통 가운데서 울부짖는 소리를 가리킬 수도 있지만(출 2:33; 삼상 5:12), 여기서는 무고한 고통 가운데서 하나님만을 의지하며 절박하게 도움을 요청하는 의인의 부르짖는 기도(39:12; 40:1; 102:1; 145:19 등, *HALOT*)를 가리킨다(6절 참조).

16(*페* פ)절은 15절과 대조적으로 악인을 대항하셔서 심판하시는 하나님의 모습을 그리고 있다. 여기서 여호와의 얼굴이 '악을 행하는 자들'을 향하는 것은 심판하시기 위함이다. '자취를 땅에서 끊다'는 표현은 완전한 멸망과 심판을 의미한다(37:9, 22, 28, 34, 38; 신 11:17; 32:36 참조). '자취'로 번

역된 단어는 '기억,' '이름,' 혹은 '이름에 대한 언급'(*HALOT*) 등으로 번역되지만, 여기서는 '끊다'는 동사와 연결되어 아무도 그 이름을 기억하지 못하도록 자취조차 사라져 버리는 것을 의미한다. '아말렉'(출 17:14; 신 25:19)이나 죽은 자들(26:14; 전 9:5), '악인들'(109:15; 욥 18:17)은 그런 운명에 처하지만, 의롭고 경건한 자들의 기억은 영영히 사라지지 않는다(112:6; 잠 10:7).

17(*차데* צ)절은 15절의 의미를 강화하면서 기도 응답의 결과로 여호와가 의인들을 '건지신다'는 것을 강조한다. 17절은 6절과 거의 같은데 이것은 이 교훈이 다윗 개인의 경험이 일반화된 것임을 보여준다. 17절의 첫 문장을 개역개정은 "의인이 부르짖으매'로 번역하지만, 원문에는 주어가 명시되어 있지 않고 3인칭 복수 동사('그들이 ~하다')만 나온다. 하지만 문맥상 '부르짖는' 자들은 의인들이라고 할 수 있다. '부르짖다'로 번역된 동사는 15절의 '울부짖음'이나 6절의 '부르짖다'는 단어와 유사한 단어로, 여호와께 도움을 요청하기 위해 간절하게 부르짖는 것을 의미한다(88:1; 107:6, 28; 출 14:10, 15 바로 군대의 추격 앞에서 이스라엘의 부르짖음).

2) 고통당하는 의인에 대한 구원(18-20절)

18-20절은 고난당하는('마음이 상한,' '통회하는,' '고난') 의인들에 대한 여호와의 구원 자체('구원하다,' '건지다,' '보호하다')를 강조한다. 아무리 고난이 극심해도 여호와가 그들을 구원하시고 온전히 보존하시는 것을 노래한다.

18(*코프* ק)절은 15-17절의 주제인 여호와가 고난당하는 의인에게 가까이 하심을 이어가면서도 17절에서 말한 의인들이 당하는 '환난'이 어떤 것인지를 좀 더 세밀하게 표현한다. 그 환난은 의인의 마음을 '상하게'(*샤바르* שָׁבַר) 하고 그의 영이 '부서지게 하는'(*다카* דָּכָא) 하는 것이다. 이런 표현들은 악인의 공격이든지 아니면 가난이나 질병 등과 같은 것이든지 고난으로 말미암는 고통스러운 상황을 묘사한다. 1행의 '마음이 상한 자'는 마음이나 감정을

포함하여 내면이나 삶의 중심이 '깨어진' 사람을 가리키는데,[34] 여기서는 의인이 고난으로 인해 극심하게 고통당하고 있는 것을 묘사한다(51:17; 69:20; 147:3; 사 61:1; 렘 23:9). 이 표현과 평행을 이루어 2행에 나오는 '충심으로 통회하는 자'는 문자적으로 '영이 부서진(가루가 된) 사람'으로 직역될 수 있다. 이는 파괴적인 고통으로 모든 힘과 희망을 잃어버릴 정도로 힘겨운 상황에 있는 사람의 이미지를 제공한다.[35] 몹시 고통당하고 낙담한 의인의 상태를 표현한다(51:19; 사 65:14; 57:15 참조).[36] 개역개정에서 '충심으로 통회하는 자'로 번역한 것은 하나님 앞에서 죄에 대해 마음 아파하고 회개한다는 의미로 번역한 것이다. 하지만, 본문의 문맥은 '낙심하다'는 번역을 더 지지한다. 이처럼 비참하고 죽을 지경이 되었을 때도 하나님이 가까이 계신다는 것은 우리의 감정과 이성으로는 도저히 믿을 수 없는 일이다.[37] 그래도 다윗은 18절을 통해서 하나님은 무고한 고난으로 인해 고통당하며 낙심하여 오직 여호와만 의지하는 의인[38] 가까이 계셔서 결국은 그들을 그 고난에서 구원하신다고 고백한다. '가까이 계심'은 적극적인 임재와 보호의 행위다(21절).[39] 이러한 하나님의 임재가 '고난'이 있어도 그 고난 자체를 두려워하지 않을 수 있게 만든다(15, 19절).[40] 그래서 20절에서는 의인의 뼈가 하나도 '상하지'(*샤바르* שָׁבַר) 않게 하신다고 확신한다. 한편 18절의 '마음'과 '영,' 20절의 '뼈'는 22절의 '영혼'과 더불어 몸의 일부분을 가리키면서도 전인을 대표한다. 18절이 고통당하는 의인의 모습을 그린다면, 20, 22절은 거기서 벗어

34. S. Eder, "'Broken Hearted' and 'Crushed in Spirit': Metaphors and Emotions in Psalm 34,19," *SJOT*, 30/1(2016): 8.
35. Eder, "Psalm 34,19," 9.
36. Botha, "Psalm 34 in Conjunction," 600-1 참조.
37. Calvin, *Psalms*, 1:571.
38. Kraus, *Psalms 1-59*, 386.
39. Kraus, *Psalms 1-59*, 386.
40. VanGemeren, Psalms, 326, 327; Eder, "Psalm 34,19," 12-3.

나 안전하게 된 의인의 상태를 강조한다.[41]

19(*레쉬* ר)절에서 다윗은 의인에게 고통이 많다는 것을 인정한다. 의롭게 살기 때문에 '의인을 미워하는 자들'(21절)이 판치는 악한 세상에서 고난을 많이 당할 수밖에 없음을 의미할 것이다. 하지만 중요한 것은 끝까지 하나님을 바라보고 그의 의를 구하는 의인을 하나님이 반드시 그 모든 고통에서 건져 주신다는 것이다. 다윗은 '모든 두려움'(4절)과 '모든 환난'에서(6절) 자신을 건지신 하나님을 경험했기에 이것을 확실하게 고백할 수 있다. 의인이 '고난'(*라아* רָעָה)에서 건짐을 받는 데 비해, 악인은 그 '고난'(*라아*)에 의해 죽임을 당할 것이다(21절).

20(*쉰* שׁ)절은 하나님의 구원이 완벽함을 '뼈'를 온전히 보호하시는 비유로 간결하게 묘사한다. '뼈들'은 의인의 몸과 영혼 전체를 대표한다. 2행은 하나님이 지키시기에 의인의 그 어떤 것도 상할 수 없음을 강조한다. '꺾이다'는 단어는 18절의 '상하다'는 단어와 같다. 이것을 연결해서 보자면 일시적으로 의인이 상한 것처럼 보일 수 있지만 결국은 하나님이 온전히 회복시키실 것이라는 사실을 강조하고 있다고 할 것이다. 2행은 십자가에 달린 예수 그리스도에게 적용되어 인용되고 있다(요 19:36). 요한은 뼈 하나도 꺾이지 않으신 예수님을 이 시편이 말하는 온전한 의인으로 보고 있다.

3) 악인 심판과 의인 구속(21-22절)

21-22절은 '벌을 받다'(*아샴* אָשַׁם)는 같은 동사를 통해서 15-17절처럼 악인과 의인의 운명을 대조시킨다. '의인을 미워하는 자들,' 즉 악인들은 하나님께 벌을 받을 것이지만(21절), '여호와께 피하는 모든 사람,' 즉 의인들은 하나님께 속량 받아 벌을 받지 않을 것이라고 한다(22절).

21(*타브* ת)절 1행에서 '악이 악인을 죽인다'는 표현은 자신들이 저지른 악

---

41. Eder, "Psalm 34,19," 10 참조.

때문에 악인들이 벌을 받아서 멸망 받게 된다는 응보의 원리를 말하는 것이다(7:13-16; 잠 1:18). 이것은 하나님의 의로운 심판에 대한 고백이며, 하나님이 이 세상을 통치하고 계신다는 믿음의 표현이기도 하다. 아마도 다윗은 나발이나 사울의 죽음을 보면서 그것을 확신했을 것이다(삼상 25:38, 39).[42] 그래서 시인은 13-14절에서 악인들의 악에 대응하기보다는 선을 구하고 평화를 추구하라고 권면했다.[43] 만약에 '악'(*라아* רָעָה)을 19절에서처럼 '고난'으로 번역한다면, 이것은 악에 대한 심판으로 고난을 받아 죽을 것을 말한다. 의미상 큰 차이는 없다. 2행에서는 1행의 '악인'이 '의인을 미워하는 사람들'로 표현되고 있다. 악인은 하나님의 말씀을 무시할 뿐만 아니라 자신들의 이익을 위해서 하나님의 말씀대로 사는 자들도 미워하고 공격한다는 점을 강조하는 표현이다. '벌을 받다'는 동사는 법정적인 의미로서 죄가 있다고 판결을 받아서 그 죄에 대한 대가를 치르는 것을 말한다. 악인이 심판을 받아 멸망하는 것을 가리킨다.

22(*페* פּ)절은 21절과 반대로 의인들은 벌을 받지 않는다고 교훈한다. 여호와의 '종들'과 여호와께 '피하는 자'(8절)가 의인들을 가리키는 표현으로 등장한다. 전자는 신실하게 여호와의 뜻을 행하는 자들을 가리키고 후자는 그것을 위해 오직 여호와만 의지하는 자들을 가리킨다. 또 1행의 '속량하다'는 동사가 2행의 '벌을 받다'와 대조적 의미로 사용되고 있다. '속량하다'(*파다* פָּדָה)는 동사는 대가를 대신 치른다는 의미도 있지만(출 13:13, 15; 34:20; 레 27:27; 민 18:15), 여기서는 고난으로부터 구원한다는 일반적인 의미로 사용되었다(25:22; 44:26; 77:42; 신 7:8; 13:5; 미 6:4). 다윗은 이스보셋을 죽인 림몬의 아들 레갑과 그의 형제 바아나(삼하 4:9)와 솔로몬에게(왕상 1:29) 같은 동사를 사용하여 여호와가 여러 환난 가운데서 자신의 생명을 '건져 주셨

---

42. Botha, "Psalm 34 in Conjunction," 607.

43. deClaisse-Walford, et al., *Psalms*, 328 참조.

다'고 고백한다.[44]

교훈과 적용

시편 34편의 교훈: 하나님은 악인들에게 많은 고난을 당할 수밖에 없는 의인을 구하시고 보호하실 뿐만 아니라 부족함이 없는 풍성한 은혜를 베푸신다. 그러므로 의인은 그 고난 중에도 악을 버리고 선을 행하며 여호와께 피함으로 여호와의 구원과 선하심을 맛보며 찬양과 감사로 그 은혜를 성도들과 나눠야 한다.

1. 감사와 찬양은 하나님이 하신 일에 대한 간증(1-7절)

다윗이 자기 생명이 위협을 당하는 위기 가운데서 하나님께 부르짖었을 때(6절) 하나님은 그 기도에 응답하셔서 그를 구원하셨다(4, 6절). 이러한 하나님에 대한 다윗의 반응은 성도들 앞에서 하나님께 드린 감사와 찬양이다(1-7절). 감사와 찬양은 하나님 자랑이며(2절) 구원의 은혜를 베푸신 하나님께 영광을 돌리는(3절) 우리의 반응이다. 이런 감사와 찬양은 유사한 위기 상황에서 구원의 하나님을 바라는 성도들에게 하나님에 대한 신뢰를 심어준다.[45] 그래서 교회의 예배는 "감사하는 마음으로 하나님을 찬양하는" 시간이다(골 3:16).

2. 여호와를 경외하여 그의 선하심을 맛보라(8-14절)

여호와를 경외하는 것은 어떤 어려운 상황에서도 여호와께 '피하고' 여호와를 '찾는' 것이며(8, 10절), 세상이 무너져도 하나님을 두려워하여 악을 멀리하고 선을 행하는 것이다(13-14절). 그럴 때 하나님께서 모든 좋은 것을 부족함 없이 부어주셔서 당신의 '선하심'을 맛보고 누리게 하신다(8절). 베드로도 34편 8, 12-16절을 인용하며(벧전 2:3, 3:8-12) 로마의 핍박으로 인해 엄청난 시련을 겪던 그리스도인들에게 하나님을 의지하며 의로운 삶을 살 것을 설교하고 있다.[46] 베드로는 미래의 영원한 생명과 좋은 날을 기대하는 자들답게 또 현재 그 생명을 누리기 위해서 34편의 교훈을 받아들

---

44. Apple, "Psalm 34," 102 참조.
45. deClaisse-Walford, et al., *Psalms*, 329.
46. M. J. Gilmour, "Crass Casualty or Purposeful Pain? Psalm 34's Influence on Peter's First Letter," *Word & World* 24/4 (2004): 408-9.

이라고 한다.[47] 성찬식은 그리스도를 통한 하나님의 구원을 맛보는 시간이자, 그리스도 안에서 부족함이 없이 모든 '좋은 것'을 베푸시는 하나님을 맛보는 시간이다(마 26:26-28). 그 시간은 성찬식의 영어 표현(*유카리스트*, eucharist)이 보여주듯이 구원의 하나님께 '감사' 드리는 시간이기도 하다.[48]

3. 의인을 구원하시고 악인을 심판하시는 하나님의 통치(15-22절)

시편 34편은 하나님의 선하신 통치를 나이브하게 말하지 않는다.[49] 오히려 의인에게 고난이 많음을 고백하고 있다(19절). 하지만 이런 고난에서 구원받은 다윗은, 의인이 악한 세상에서 고난을 받아 마음이 상하고 낙심해도 하나님은 반드시 그들에게 가까이하셔서 그들을 구원하신다는 확신을 가지고 교훈한다(18절). 죽음의 위기 속에 있는 의인의 '뼈'를 보호하셔서 그중에 하나도 꺾이지 않게 하신다고 한다(20절). 의인 중의 의인이신 예수님은 악인들에 의해 고통당하시고 돌아가셨지만, 하나님께서 그 '뼈' 중의 하나도 꺾이지 않은(요 19:36) 온전한 몸으로 다시 살리셨다. 이처럼 고난은 있어도 그 고난이 의인을 파멸시킬 수 없다. 오히려 의인들에게 고통을 주는 악인들의 자취는 땅에서 끊어지고 말 것이다(16절).

---

47. S. M. Christensen, "Solidarity in Suffering and Glory: The Unifying Role of Psalm 34 in Peter 3:10-12," *JETS* 58/2 (2015): 335-52.
48. McCann, "Psalms," 816.
49. Kraus, *Psams 1-59*, 386-8 참조.

시편 35편

나와 다투는 자와 다투소서

[다윗의 시]

1 여호와여 나와 다투는 자와 다투시고

나와 싸우는 자와 싸우소서

2 방패와 손 방패를 잡으시고

일어나 나를 도우소서

3 창을 빼사

나를 쫓는 자의 길을 막으시고

또 내 영혼에게

나는 네 구원이라 이르소서

4 내 생명을 찾는 자들이

부끄러워 수치를 당하게 하시며

나를 상해하려 하는 자들이

물러가 낭패를 당하게 하소서

5 그들을 바람 앞에 겨와 같게 하시고

여호와의 천사가 그들을 몰아내게 하소서

6 그들의 길을 어둡고 미끄럽게 하시며

여호와의 천사가 그들을 뒤쫓게 하소서

7 그들이 까닭 없이 나를 잡으려고 그들의 그물을 웅덩이에 숨기며[1]

까닭 없이 내 생명을 해하려고 함정을 팠사오니[2]

8 멸망이 순식간에 그에게 닥치게 하시며

---

1. MT는 '그물 구덩이'로 되어 있는데 어색한 표현이다. 또 2행의 '파다'는 동사에는 목적어가 없다. 아마도 '구덩이'는 '그물'이라는 단어와 도치되거나 2행에 위치하여 '파다'의 목적어였을 텐데 필사 과정에서 현재의 위치로 잘못 기록된 것으로 보인다. 이런 상황을 반영하여 많은 영어 번역본처럼(ESV, NIV 등) "그들의 그물을 숨기고 … 웅덩이를 팠사오니"로 번역하는 것이 더 나아 보인다. Kraus, *Psalms 1-59*, 391 참조.
2. 칠십인역에서는 '파다'(*하파르* חָפַר) 대신에 자음이 바뀐 '비방하다'(*하라프* חָרַף)로 읽는다. 비록 '파다'는 동사에 목적어가 없긴 하지만 문맥상 MT가 더 잘 어울린다.

그가 숨긴 그물에 자기가 잡히게 하시며
멸망[3] 중에 떨어지게 하소서
9 내 영혼이 여호와를 즐거워함이여
그의 구원을 기뻐하리로다
10 내 모든 뼈가 이르기를
여호와와 같은 이가 누구냐
그는 가난한 자를 그보다 강한 자에게서 건지시고
가난하고 궁핍한 자를 노략하는 자에게서 건지시는 이라 하리로다
11 불의한 증인들이 일어나서
내가 알지 못하는 일로 내게 질문하며
12 내게 선을 악으로 갚아
나의 영혼을 외롭게 하나[4]
13 나는 그들이 병 들었을 때에[5]
굵은 베 옷을 입으며
금식하여 내 영혼을 괴롭게 하였더니
내 기도가 내 품으로 돌아왔도다
14 내가 나의 친구와 형제에게 행함 같이 그들에게 행하였으며
내가 몸을 굽히고 슬퍼하기를
어머니를 곡함 같이 하였도다[6]
15 그러나 내가 넘어지매 그들이 기뻐하여 서로 모임이여

---

3. 시리어역(페쉬타)은 8절에 두 번 나오는 '멸망'(*쇼아* שׁוֹאָה) 대신에 7절을 반영하여 '구덩이'(*슈하* שׁוּחָה)로 읽는다. 한편 칠십인역도 앞과 뒤의 글자가 약간 다르기는 하지만 둘 다 '함정'으로 읽는다.
4. 시리아역(페쉬타)에는 "그들이 내 영혼을 노립니다"로 되어 있는데 '외로움'(*쉐콜* שְׁכוֹל 대신에 '노리다'(*사카* שָׂכָה)로 읽었음을 의미한다. *BHS* 난하주와 *HALOT* 참조.
5. 칠십인역에서는 "그들이 나를 괴롭힐 때"로 번역하고 있다.
6. 칠십인역에서는 이 행에서 '어머니'(*엠* אֵם)를 전치사 '~와 더불어'(*임* אִם)로 읽고 '애도'를 동사로 읽어 3행과 합하여 "나는 스스로 애도하고 슬픈 사람처럼 낮추었습니다"로 번역한다.

불량배가
내가 알지 못하는 중에 모여서[7]
나를 치며 찢기를 마지아니하도다[8]
16 그들은 연회에서[9] 망령되이 조롱하는 자 같이[10]
나를 향하여 그들의 이를 갈도다
17 주여 어느 때까지 관망하시려 하나이까
내 영혼을 저 멸망자에게서[11] 구원하시며
내 유일한 것을 사자들에게서 건지소서
18 내가 대회 중에서 주께 감사하며
많은 백성 중에서 주를 찬송하리이다
19 부당하게 나의 원수된 자가 나로 말미암아 기뻐하지 못하게 하시며
까닭 없이 나를 미워하는 자들이 서로 눈짓하지 못하게 하소서
20 무릇 그들은 화평을 말하지 아니하고
오히려 평안히 땅에 사는 자들을
거짓말로 모략하며
21 또 그들이 나를 향하여 입을 크게 벌리고
하하

---

7. ESV는 뒤의 행과 연결시켜 "내가 모르는 비열한 자들이 나를 쉬지 않고 찢었습니다"로 번역하는데 이것은 MT의 끊어 읽기를 따른 것으로 보인다.
8. 칠십인역에서는 2행의 불량배들을 '전염병' 혹은 '재앙'으로 읽고 '찢다'를 '흩어지다'로 읽어서 "하지만 그들은 나를 대항하여 기뻐하였고, 전염병이 나를 향해 강력하게 몰려왔고 나는 그것을 알지 못했습니다. 그들은 흩어졌지만 회개하지 않았습니다"로 번역하고 있다.
9. 칠십인역은 '불경한 자들과 함께'(*베한페* בְּחַנְפֵי)를 "그들이 나를 시험했고(*베하누니* בְּחָנֻנִי)"로 읽고 번역한다.
10. *BHS*에서는 15절의 첫 어구와 평행을 이루도록 "내가 절뚝거릴 때"(בְּחָנְפִי)로 읽을 것을 제안한다.
11. '저 멸망자에게서'(*미쇼에헴* מִשֹּׁאֵיהֶם)를 칠십인역은 "그들의 악행으로부터"로 읽지만, *BHS*는 뒤에 나오는 사자와 연결시켜 '포효들로부터'(*미쇼아김* מִשֹּׁאֲגִים)로 읽기를 제안하고 있다. ESV와 NIV는 '그들의 파괴들'로 번역하고 새번역은 '살인자들'로 번역한다.

우리가 목격하였다 하나이다

22 여호와여 주께서 이를 보셨사오니 잠잠하지 마옵소서

주여 나를 멀리하지 마옵소서

23 나의 하나님, 나의 주여 떨치고 깨셔서

나를 공판하시며 나의 송사를 다스리소서

24 여호와 나의 하나님이여 주의 공의대로 나를 판단하사

그들이 나로 말미암아 기뻐하지 못하게 하소서

25 그들이 마음속으로 이르기를

아하 소원을 성취하였다 하지 못하게 하시며

우리가 그를 삼켰다 말하지 못하게 하소서

26 나의 재난을 기뻐하는 자들이

함께 부끄러워 낭패를 당하게 하시며

나를 향하여 스스로 뽐내는 자들이

수치와 욕을 당하게 하소서

27 나의 의를 즐거워하는 자들이

기꺼이 노래 부르고 즐거워하게 하시며

그의 종의 평안함을 기뻐하시는 여호와는 위대하시다

하는 말을 그들이 항상 말하게 하소서[12]

28 나의 혀가 주의 의를 말하며

종일토록 주를 찬송하리이다

---

12. 새번역처럼 기원문이 아닌 평서문으로 번역하는 것도 가능하다.

본문 개요

35편은, 다윗이 선을 악으로 갚는 파렴치한 악인들의 위협 가운데서 무고한 자신을 구해 주시길 간구하는 기도시편이다. 다윗이 구체적으로 어떤 역사적 배경에서 이 시편을 썼는지는 알 수가 없다. 다만 다윗에게 많은 호의를 받은 자들이(12-14절) 다윗이 어려움을 당했을 때(15, 26절) '까닭 없이' 거짓말로(7, 11, 19, 20절) 그를 공격하고 있다는 점에서, 사울에게 쫓겨 다닐 때가 하나의 예가 될 수는 있을 것이다. 다윗이 사울에게 쫓길 때 한 말 "이스라엘 왕이 누구를 따라 나왔으며 누구의 뒤를 쫓나이까 죽은 개나 벼룩을 쫓음이니이다. 그런즉 여호와께서 재판장이 되어 나와 왕 사이에 심판하사 나의 사정을 살펴 억울함을 풀어 주시고 나를 왕의 손에서 건지시기를 원하나이다 하니라"(삼상 24:14-15)은 본 시편 1-4절, 23-24절과 매우 밀접하게 연결된다.[13] 아마도 대적들은 다윗의 '고난'을 그의 죄에 대한 하나님의 심판으로 보고 다윗을 공격했을 것이다. 크레이기는 이 시편의 배경이 국제적이라고 생각한다. 이방 나라 대적들이 조약 위반을 구실로 전쟁의 위협을 가하는 상황에서, 왕이 전쟁하러 나가기 전에 성전에서 거행한 예배에서 불렀다고 추측한다.[14]

35편은 경건한 의인의 구원과 악인의 멸망이라는 주제를 공유하는 34-37편 그룹의 두 번째 시편으로 36편과 짝을 이룬다(34편 개요 참조). 34편과 35편은 많은 점을 공유한다. 34편이 엄청난 고난을 당하던 의인이 구원받아 감사를 드리며 성도들을 교훈하는 시편이라면, 35편은 역시 엄청난 고난 가운데서 악인들에게 극심한 고난을 당하는 의인이 구원을 간구하는 기도이다. 34편에서는 고난 가운데서도 끝까지 여호와를 경외한 의인에 대

---

13. Mays, *Psalms*, 154; Goldingay, *Psalms 1-41*, 490. Calvin, *Psalms*, 1:378도 사울의 핍박과 연관시킨다.
14. Craigie, *Psalms 1-50*, 285.

한 교훈에 초점이 맞춰졌다면, 35편은 의인을 공격하는 악인들에 대한 고발과 심판 간구에 초점이 맞춰져 있다. 악인들은 '의'와 '의인을 미워하는 자들'이며(35:19; 34:21), '평화를 구하지 않으며'(35:20; 34:14), '젊은 사자처럼'(35:17; 34:10) 강하며, 의인의 '고난'을 꾀하여(35:4, 12; 34:19) '악'을 행하며(35:12; 34:13, 14, 16) 거짓말을 퍼뜨리는 자들(35:11, 20; 34:13)이다. 이에 비해 의인은 악인들에게 고난을 받는 '곤고한 자' 혹은 '가난한 자'이며(35:10, 13; 34:2, 6, 18), '선'(35:12; 34:8, 10, 12, 14)과 '의'를 행하는(35:24, 27, 28) '의인'(34:15, 19, 21)이자 여호와의 신실한 '종'(34:22; 35:27)이다. 여호와는 고난당하는 의인의 기도를 들으시고 자신의 '천사들'(35:5, 6; 34:7)을 통해 의인을 보호하고 악인을 심판하시며, 의인의 '영혼'(35:3, 4, 7, 9, 12, 13, 17, 25; 34:2, 22)을 '환난'(35:4, 15, 26; 34:6, 17)에서 구원하고(35:3, 9; 34:6, 18) 건지신다(35:10; 34:4, 17, 19). 의인은 '부끄러움을 당하지' 않게 하시지만 악인은 '수치를 당하게' 하셔서(35:4, 7, 26; 34:5), 의인은 '기뻐하게' 하시지만 악인은 '즐거워하지' 못하게 하신다(35:9, 15, 19, 24, 26, 27; 34:2). 이렇게 하여 하나님의 '의'의 통치가 이루어진다(34:21; 35:24, 27, 28). 그래서 의인은 자신의 '입'(35:28; 34:1)과 구원받은 자신의 '뼈'(35:10; 34:20)로 '언제나'(35:27; 34:1) 하나님을 '높이며'(35:26, 27; 34:3) '찬양한다'(35:9-10, 18, 28; 34:1-3). 이 외에도 두 시편은 많은 어휘를 공유하며 유사한 주제를 강조한다.[15] 35편과 36편 사이의 연관성에 대해서는 36편 주석 부분에서 다룰 것이다.

---

15. 김성수, "시편 34-37편," 30-2 참조.

문학적 특징과 구조

35편에서는 시인을 괴롭히는 악인들을 부르는 말들이 연속해서 등장하면서 시인이 당하는 고통의 깊이를 강조하고, 하나님께 드리는 기도의 간절함을 더하고 있다. 악인들은 "나와 다투는 자," "나와 싸우는 자"(1절), "나를 쫓는 자들"(3절), "내 목숨을 노리는 자들," "나를 해치려는 자들"(4절), "강한 자들," "약탈자들"(10절), "불의한 증인들"(11절), "비열한 자들"(15절), "악한 자들"(16절), "사자들"(17절), "나의 원수 된 자들," "나를 미워하는 자들"(19절), "나의 고난을 기뻐하는 자들," "나를 향해 스스로 뽐내는 자들"(26절) 등으로 불리고 있다. 이런 표현들 외에도 악인들의 악행을 묘사하기 위해 3인칭 복수나 단수 동사들이 지속해서 등장하고, 그들을 가리키는 인칭 대명사들도 자주 등장한다(특히 4-8, 11-17, 19-21, 25-26절). 또 시인이 겪는 고난의 억울함을 강조하는 '까닭 없이' 혹은 '(내가) 알지 못하다' 등의 표현들과(7, 8, 11, 15, 19절에 7회), 생명의 위협과 구원을 강조하는 '영혼'이 반복적으로(3, 4, 7, 9, 12, 13, 17, 25) 등장한다. 또 '말하기를'이라는 표현과 더불어 하나님과 시인과 악인들의 말을 인용하는 부분들이 3(하나님의 구원 선포), 10(시인의 찬양), 21, 25절(악인들의 교만과 조롱)에 등장하는데, 이런 장치는 시의 생생한 현장감을 불러일으킴과 함께 1절에서 말하는 '다툼'이 말의 '다툼'이기도 함을 보여준다. 이뿐만 아니라 '기쁨' 혹은 '즐거움'과 관련된 동사나 명사들이 반복적으로 등장하여(9, 15, 19, 24, 26, 27절 등에 10회) 각각 하나님과 시인과 악인들이 기뻐하는 것이 무엇인지를 나타낸다.

이상의 문학적 특징들에 더하여 35편의 독특한 특징들은 이 시편의 구조를 다음과 같은 형태로 구분하게 만든다.

A 1-10절 대적들로부터의 구원 기원과 찬양의 맹세
('부끄러움,' '수치,' '창피함' + '나를 상해하려 하는 자들,' 4절 + 의인들

의 기쁨, 9절)

1-3절 대적들로부터의 구원에 대한 간구(여호와, 2인칭, '구원')

4-8절 대적들의 멸망을 구하는 기원(3인칭 간접 명령)

9-10절 여호와의 구원에 대한 기쁨과 찬양 맹세('주님,' '구원,' '건지심')

B 11-18절 대적 고발과 찬양의 맹세

11-16절 선을 악으로 갚는 파렴치한 악인들 고발

(악인들에 대한 묘사)

17-18절 여호와의 구원 간구와 찬양 맹세

('여호와,' 2인칭, '건지시다')

A′19-28절 대적들로부터의 구원 기원과 찬양의 맹세

('부끄러움,' '수치,' '창피함' + '내 재앙을 기뻐하는 자들,' 26절 + 의인들의 기쁨, 27절)

19-21절 원수들이 기뻐하지 말게 해 달라는 기원(3인칭 간접 명령)

22-24a절 시인의 구원과 의로운 판결 간구

(여호와, 나의 하나님, 2인칭)

24b-26절 원수들이 기뻐하지 말게 해 달라는 기원(3인칭 간접 명령)

27-28절 여호와의 구원에 대한 기쁨과 찬양 맹세('여호와,' '의,' '형통함')

위의 구조에 의하면 각각 대적들로부터의 구원 기원과 찬양의 맹세 부분으로 이루어진 1-10절과 19-28절이, 악인들에 대한 고발과 찬양의 맹세 부분으로 이루어진 11-18절을 둘러싸는 ABA′의 집중형 구조로 배열되어 있다.[16] 1-10절과 19-28절은 '재판'의 주제(1-3, 22-24절), '부끄러움,' '수치,' '창피함'

16. VanGemeren, *Psalms*, 328에서도 이와 유사한 집중형 구조를 제시하고 있다.

의 주제(4, 26절), 시인의 '재앙'을 기뻐하는 악인들의 주제(4, 26절), 의인들의 기쁨의 주제(9, 27절) 등을 공유한다. 1-3절과 22-24a절에는 여호와를 2인칭으로 부르면서 그의 의로운 판결을 요청하는 직접적 기도가 등장한다(17절 참조). 여기서 시인은 1-3절에서 말한 '다툼'이 법정적 '송사'이며, 재판관이신 하나님의 의로운 판결 혹은 심판의 결과로 시인이 구원받을 수 있음을 밝히고 있다. 이 부분에는 '여호와,' '주님,' '나의 하나님' 등 무려 여섯 번이나 하나님에 대한 호칭이 등장하며 기도의 간절함을 더한다. 4-8, 19-21, 24b-26절에는 대적들의 멸망을 구하는 3인칭 간접 명령문 형태의 기원문들이 나오고, 여호와의 구원과 의로운 통치에 대한 찬양과 기쁨이 9-10, 27-28절에 각각 표현되고 있다. 각 연의 마지막에 등장하는 찬양의 맹세 부분(9-10, 17-18, 27-28절)에 주로 하나님에 대한 호칭('주님,' '여호와여')과 '구원' 관련 어휘들('구원,' '건지다,' '의,' '형통함')이 등장하면서 각 연을 나눈다.[17] 한편 1-3절의 간구와 27-28절의 찬양 맹세는 4-26절을 감싸는 틀을 이룬다. 3절에 인용된 여호와의 말씀 "나는 네 구원이라"와 27절에 인용된 의로운 회중들의 말 "여호와는 위대하시다"가 절묘하게 조화를 이룬다.

본문 주해

표제: "다윗의 (시)" 원문에는 '시'라는 말이 없다. 다윗이 이 시편의 저자임을 의미할 것이다.

---

17. Craigie, *Psalms 1-50*, 285-6에서도 위의 구조와 유사하게 각 부분 마지막의 '찬양의 맹세'를 인식하면서 세 연으로 나눈다. 많은 학자들도 이 시편을 1-10, 11-18, 19-28절 세 부분으로 나눈다. Goldingay, *Psalms 1-41*, 489; 김정우, 『시편주석 I』, 742-3 참조.

1. 대적들로부터의 구원에 대한 간구(1-3절)

1-3절은 이 시편 전체의 주제를 함축하는 서론적 간구다.[18] 법적인 소송(1절 1행, 22-24절 참조)과 전쟁의 이미지(1절 2행-3절 2행)를 동원하여, 하나님이 시인을 고난에서 구하시는 일이 하나님 나라의 의를 드러내는 판결이나 전쟁에서의 승리와 같은 것임을 암시한다.

1절의 기도는 매우 당돌하게 느껴질 만큼 직설적이다. 그만큼 시인의 고통이 크고 다급하다는 것을 느끼게 한다. 1행은 법정에서의 다툼을 연상시킨다. '다투다'(*립* רִיב)는 동사는 개인적인 관계에서의 싸움(창 26:20-22; 출 21:18)을 의미하기도 하지만 많은 경우 법정에서의 소송을 가리킨다(*HALOT*, 103:9; 출 23:2; 욥 9:3; 40:2; 사 3:13; 50:8; 렘 2:9; 호 4:4). 1행은 현재 다윗을 거짓말로 공격하며 고통을 주는 악인들(7, 15, 20-21절)에 대해서 '재판장'이신 하나님이 직접 판결하시고 심판해 달라는 간구이다(22-24절). 이것은 하나님만이 의로운 재판관이시기에 악인들의 악을 제대로 심판하실 수 있다는 신뢰에 근거한 것이자, 그들의 고발에 대해 무죄한 자신을 하나님은 제대로 아신다는 확신에 근거한 것이다.

1절 2행부터는 전쟁의 이미지가 시작된다. 1행과 평행을 이루어 2행은 자신과 전쟁하는 자들과 전쟁해 달라는 간구이다. 악인들의 공격은 시인에게는 전쟁이 가져다주는 비참함과 고통을 안겨주었을 것이다(109:3). 만약 압살롬의 난과 관련된 것이라면, 실제로 다윗 왕에 대한 반역자들의 거짓된 고발은 그들의 전쟁을 합리화하는 구실이 되었을 것이다. 그래서 다윗은 자신의 힘으로는 악인들과 싸울 수 없기에, 여호와께서 재판관으로서만이 아니라 전쟁의 지휘관으로서 직접 자신을 위해 싸워 달라고 요청하고 있는 것이다(이스라엘을 위한 전쟁의 예: 출 14:14, 25; 수 10:14, 42; 느 4:20 참조). 이런 요청을 할 수 있었던 것은 다윗이 여호와를 위한 싸움을 싸우고 있었던 그의 군

18. 김정우, 『시편주석 I』, 743에서도 이에 동의하고 있다.

사이자 대리통치자였기 때문이다(삼상 17장; 25:28).

2절은 1절의 전쟁 이미지를 구체적으로 이어간다. 2절은 시인을 보호하시는 전사 하나님('전쟁에 능하신 여호와,' 24:8, 10)의 행동을 촉구하는('일어나 주십시오,' 3:7; 7:6-9 참조) 기도다.[19] '방패'는 가죽으로 나무를 둘러싸서 만든 방어용 무기다. 하나님은 의로운 종들의 보호자로서 자주 '방패'로 비유되고 있다(3:3; 7:11; 18:2, 30, 35; 28:7; 33:20; 59:12; 창 15:1; 신 33:29). '몸 방패'로 번역된 단어도 유사한 이미지를 강조하는데, 보통 보병들이 전신을 방어하는 큰 방패나 세우는 방패를 의미하여 앞에 나오는 '방패'와 자주 함께 사용된다(*HALOT*, 왕상 10:16, 17; 대하 9:15; 렘 46:3; 겔 23:24).[20]

3절 1-2행은 2절의 방어용 무기가 아닌 공격용 무기인 '창'으로 대적들을 막아 달라는 간구다. '막다'는 동사(*사가르* סָגַר)는 적들을 가두는 모습을 그린다(출 14:3; 욥 12:14). 하지만 이 단어는 스키타이인들이 쓰던 양날을 가진 도끼와 발음이 비슷하여 많은 영어 번역본들이나 새번역은 명사 '단창'(*사가르* סָגָר 혹은 *쎄게르* סֶגֶר)으로 번역하고 있다(*HALOT*, *BHS*). '창'이 들고 찌르는 무기라면 '단창'은 던지는 무기로 사용되었다.[21] 맛소라 본문이 문제가 없으므로 여기서는 맛소라 본문과 칠십인역이나 개역개정의 번역을 따른다. '들다'(*리크* רִיק)로 번역된 단어는 칼을 칼집에서 빼는 행동(출 15:9; 레 26:33; 겔 5:2, 12)을 의미하는데 여기서는 창을 준비하는 행동을 가리킨다. 하나님이 마치 다윗의 '무기 드는 자'처럼(삼상 14:7, 12-14, 17; 17:7, 41; 31:4-6; 삼하 18:15) 방패와 창을 들고 계시는 모습은 당신의 종에 대한 친밀한 신뢰와 자비와 사랑을 나타낸다. 자신의 명예가 달린 지상 통치자의 명예를 지

19. Kraus, *Psalms 1-59*, 393 참조.

20. L. Sutton, "A Position of Honour or Shame? YHWH as an Armour Bearer in Psalm 35:1-3," *Acta Theologica Supplementum* 26 (2018): 271.

21. Sutton, "Psalm 35:1-3," 272 참조.

키기 위해 친히 그를 보호하러 나서는 것이다.[22]

3절 3-4행에서 다윗은 특이하게도 하나님이 직접 "나는 너의 구원"이라 말씀해 주시길 요청한다. 이것은 고통당하는 현재 상황에서 확신과 위로를 주는 약속을[23] 해 달라는 의미일 수도 있겠지만, 1-2행과 관련시키면 대적들을 물리치신 후에 여호와가 참 구원자(승리자)이심을 선포해 달라는 간구일 가능성이 더 크다. '나에게' 대신에 '내 영혼에게'라고 표현한 것은 '영혼,' 즉 '목숨'이 대적들에게 위협을 받고 있기 때문일 것이다(4, 7절). '나는 너의 구원'이라는 표현은 여호와 하나님만이 대적들의 위협적인 공격에서 의로운 자신의 종을 구하실 수 있다는 선언으로 이 시편 전체의 '주제'를 담고 있다(9, 10, 17절 참조, 68:19; 사 12:2). 이런 직접적인 인용은 10, 21, 25절에도 등장하는 이 시편의 특징 중의 하나로 생생함을 느끼게 만든다.

2. 대적들의 멸망을 구하는 기원(4-8절)

4-8절은 대적들의 멸망을 구하는 구체적인 기도로, 1-3절과는 달리 모두 3인칭 복수로 표현된 대적들에 대한 간접 명령문 형식(기원형, Jussive)을 취하고 있다. 4절의 기원은 같은 표현들로 이루어진 26절의 기원과 수미쌍관을 이룬다. 여기에 나오는 악인들의 멸망에 대한 일종의 저주 기도는 단지 개인적 복수심에서 나온 것이 아니다. 하나님을 대적하고 하나님 나라의 질서를 깨뜨리는 자들에 대한 하나님의 의로운 판결과 통치의 시행을 촉구하는 문학적 표현이다.

4절에서 시인은 자신을 해치려는 대적들이 수치를 당하기를 바라고 있다. '부끄러워하다,' '수치를 당하다,' '낭패를 당하다'는 유사한 동사를 세 번이나 반복하며, 하나님의 심판 결과로('물러나다') 대적들이 수치를 당하게 되

22. Sutton, "Psalm 35:1-3," 280-1 참조.

23. Kraus, *Psalms 1-59*, 393에서는 제사장의 구원 신탁을 의미한다고 본다.

기를 간절히 바라고 있다. 26절에도 이 기도는 다시 등장하여 대적들의 멸망에 대한 시인의 열망을 강조한다. 이 절과 거의 같은 40편 14절, 70편 2절에도 이 세 동사는 함께 등장하며 의미상 큰 차이 없이 '수치'의 주제를 강조한다(26절; 34:5; 71:24; 74:21; 삼하 10:5; 스 9:6; 사 50:7; 54:4). '(뒤로) 물러나다'는 표현은 여기서 전쟁에서 패배하여 도주하는 모습을 그린다(129:5; 삼하 1:22). 4절에서 대적들은 '내 목숨을 노리는 자들'과 '나를 상해하려는 자들'('나의 해를 꾀하는 자들')로 표현되고 있는데, 둘 다 대적들의 악함과 시인이 느끼는 위협의 크기를 잘 드러낸다(1절 참조).

5-6절은 4절에 이어서 하나님에 의한 대적들의 패배 기원을 연속적으로 이어간다. 두 절 모두에서 시인은 하늘 왕인 여호와의 군사들이자 사자(使者)인 천사에 의해 대적들이 패주하고 멸망하게 되기를 기원하고 있다. 5절 1행은 도망가는 대적들을 바람 앞에 가볍게 날아가 버리는 겨(1:4; 욥 21:18; 사 17:13; 29:5; 호 13:3; 습 2:2)에 비유하고 있다. 곡식을 수확하여 타작할 때 곡식의 쭉정이들이 바람에 날아가는 그림은 2행에서 원수들이 천사들에 의해 급하게 도망가는 모습과 연결되고 있다. 여호와의 천사가 눈에 보이지 않는 하늘 군대의 전사로서[24] 1-3절에 요청했던 여호와의 심판이나 전쟁을 실행하고 있다(출 14:19; 삼하 24:16; 왕상 19:35). 이런 묘사가 시편에 등장하는 것은 드문 일인데 특이하게도 이 부분과 바로 앞의 34편 7절에 등장한다. 2행의 '몰아내다'는 단어는 기본적으로 '밀다'는 의미를 가지고 있지만(118:13; 140:4) 여기서는 문맥상 전쟁에서 원수들을 쳐서 흩어버리는 것을 묘사한다.

6절은 도망가는 대적들의 길이 어둡고 미끄럽게 하셔서(렘 23:12 참조) 여호와의 천사에게 추격을 받아 결국은 멸망하게 해 달라는 기원이다. 3절에서는 대적들이 시인을 추격하고 있었다면 여기서는 하나님에 의한 전세 역

---

24. Kraus, *Psalms 1-59*, 393.

전을 바라보고 있다.

7절은 '왜냐하면'이라는 접속사로 시작하여 5-6절의 기원의 이유를 설명한다. 이 이유는 8절 기원의 이유이기도 하다(NIV). 이 절은 사냥 비유로 대적들의 음모를 묘사하는 유사한 두 행으로 구성되어 있다. 1행은 대적들이 몰래 친 그물을, 2행은 몰래 파 놓은 함정을 언급한다. 구덩이를 파고 덫이나 그물이나 올무를 숨겨놓는(9:15; 10:8-10; 31:4; 142:3; 렘 18:22) 사냥의 관습으로 다윗을 죽이려고 대적들이 몰래 음모를 꾸미는 것을 묘사하고 있다. 1행과 2행에 두 번이나 나오는 '까닭 없이'라는 표현은(11, 19절; 38:19; 69:4; 109:3; 119:161; 욥 1:9; 2:3), 시인이 알지도 못하는 잘못을 꾸며내어 시인을 멸하려고 하는 대적들의 음모가 거짓되고 악의적이라는 것을 강조한다. 1행의 '나'는 '내 생명'(내 영혼)과 평행을 이루어 악인이 시인의 삶 전체를 파괴하려는 의도를 강조한다.

8절은 6절까지 이어지던 기원의 연속으로 7절의 사냥 비유를 역전시키고 있다. 즉, 악인이 시인을 잡으려고 쳐 놓은 그물에 자신이 잡히고 그들이 판 함정에 자신들이 빠지게 해 달라는 기원이다(7:15-16; 9:15-16; 57:6; 141:10 참조). 만약 3행의 '멸망'(*쇼아* שׁוֹאָה)라는 단어가 유사한 발음을 가진 7절의 '웅덩이'(*슈하* שׁוּחָה)로 읽는 것이 옳다면(7절의 각주 참조), 7-8절은 8절 1행의 '멸망'을 가운데 두고 '그물'(7절 1행) - '웅덩이'(7절 2행) - '그물'(8절 2행) - '웅덩이'(8절 3행)의 대칭을 이룬다. 이런 구조는 시인에 대한 악인의 음모가 정확하게 악인 자신에게 임하여 순식간에 멸망하는 것을 강조한다.[25] 1행에 '폭풍'(겔 38:9)이나 '황무지'(38:27)가 상징하는 '멸망' 혹은 '재앙'(욥 30:3; 사 47:11)이라는 단어가 등장한 것은, 그것이 7절에서 언급한 음모의 목적이었기 때문이다. 그런데 그 '멸망'이 도리어 악인에게 닥치길 시인이 기도하는 이유는 그것이 하늘 왕의 의로운 통치이기 때문이다. '순식간에'는

---

25. 김정우, 『시편주석 I』, 750 참조.

악인이 '알지 못하는 사이,' 부지불식간에 멸망이 닥치는 것을 말하는데, 이 표현은 시인이 '알지 못하는' 이유를 들어 '까닭 없이' 음모를 꾸미는 악인의 모습에 대한 정확한 응징의 표현이다(11, 15, 19절의 반복 참조).

3. 여호와의 구원에 대한 기쁨과 찬양의 맹세(9-10절)

9-10절은 대적들의 멸망을 기원한 4-8절의 끝에 등장하는 찬양의 맹세 부분으로 '그러면'으로 시작한다.[26] 다윗은 하나님이 대적들을 멸하시고 자신을 구원하실 것을 확신하며, 미래의 구원에 대한 기쁨과 찬양을 표현하고 있다.

9절에서 다윗은 미래에 자신을 악인의 음모에서 건져 구원하실 여호와를 즐거워하게 될 것(1행)이라고 확신한다. 악인들이 지어낸 음모로 멸하려고 했던 시인의 '영혼'(목숨, 7절)이 하나님에 의해 구원받는다면 그 기쁨이 얼마나 클 것인가! 9절의 핵심 단어는 '구원'으로, 이 주제는 3절에서 이미 선포되었고 17절에서 다시 등장할 것이다. 시인의 기도를 들으시고 여호와가 악인에게서 의인을 건져내실 때 시인이 누릴 감격은 자신의 구원뿐만 아니라 그 구원을 통해 드러난 여호와의 의로운 통치에 대한 기쁨이기도 하다. 그래서 '즐거워하고' '기뻐한다'고 강조해서 표현한다. 이 기쁨은 의인의 넘어짐을 즐거워하는 악인들의 그것과 대조적이며(15, 19, 24, 26절), 의인의 구원을 기뻐하는 의로운 백성들의 기쁨으로 확장된다(27절).

10절에서는 '내 모든 뼈'(9절의 '내 영혼' 참조)가 시인을 대표하여 하나님께 찬양을 드릴 것을 맹세한다(6:2; 31:10; 34:20; 38:3; 51:8). 전 존재와 삶으로 찬양하겠다는 말이다. 그의 찬양의 말이 2-4행에 인용되어 있다. 이 찬양은 9절의 '구원'의 의미를 풀어서 노래한 것이다. 시인이 하나님의 구원을 받는다면 시인은 여호와가 가난하고 궁핍한 의인을 강한 약탈자들에게서

---

26. VanGemeren, *Psalms*, 330 참조.

건지시는 분으로 찬양할 것이라고 한다. 2행의 질문("여호와와 같은 이가 누구냐")은 답이 필요 없는 설의법(수사의문)으로, 이 세상에 여호와처럼 약자를 강한 악인에게서 건지시는 능력 있고 의로운 신이나 왕은 없음을 찬양하는 것이다(18:30; 71:19; 86:8; 89:8; 출 15:11; 미 7:18). 출애굽의 하나님을 현재의 다윗과 이스라엘에 적용하고 있는 셈이다.[27] 3행과 4행은 2행의 찬양의 이유를 설명한다. 문법적으로는 앞에 나오는 '여호와'를 수식하는 분사 '건지시는 이'로 연결되어, 하나님의 구원 행동을 묘사한다. 이 두 행에는 두 번 반복되는 '가난한 자'와 '궁핍한 자'가 '강한 자들'과 '노략하는 자'와 대조를 이루고 있다. 전자가 대항할 아무런 힘이나 재산이나 인맥을 갖지 못해 오직 하나님만 의지하는 고난당하는 의인을 가리킨다면(9:12, 13, 18; 10:2, 9, 12; 34:6; 37:14; 40:17; 70:5), 후자는 약자들을 억압하고 공격하는 불의하고 교만한 권력자들(69:4; 잠 22:22)을 의미한다. 다윗이 사울 군대에게 쫓겨 다니던 때가 하나의 예가 될 수 있을 것이다.

4. 선을 악으로 갚는 파렴치한 악인들 고발(11-16절)

11-16절은 시인이 베푼 선을 악으로 갚는 악인들의 파렴치함을 고발하는 탄식 부분이다. 그래서 이 부분에는 악인들을 가리키는 3인칭 복수 명사나 동사들이 반복적으로 등장한다. 13-14절이 과거에 시인이 악인들에게 베푼 선을 회상하는 것이라면, 11-12, 15-16절은 이와 대조되는 악인들의 파렴치함을 고발하는 부분이다.

11-12절은 7절에서 비유적으로 말했던 현재의 고통스러운 상황을 구체적으로 말한다. 11절은 법정 용어를 사용하고 있는데, 다윗은 악인들을 '불의한 증인들'로 부르며 그들이 법정에서 무고한 자신을 대항해서 '일어서' 있다고 고발한다. 그들은 악의적인 거짓말로 다윗이 행하지도 않은("내가 알지 못하

---

27. Goldingay, *Psalms 1-41*, 495 참조.

는") 일로 자신을 '질문한다'(심문한다)라고 한다. 이것은 실제 상황이라기보다는 다윗의 대적들(예: 블레셋, 사울의 세력, 압살롬의 세력)이 그에 대한 거짓된 소문을 퍼뜨려 그를 죽이려고 하는 상황을 비유적으로 표현한 것일 가능성이 크다. '내가 알지 못하는'이라는 표현은 7절에 두 차례 등장하는 '까닭 없이'와 같은 의미를 담고 있고 8절의 '부지불식간에'와 같은 표현으로 그곳의 상황과는 대조를 이룬다.

12절은 악인들의 파렴치함을 고발한다. 11절에서 묘사한 악인들의 악의적인 행동이 거짓된 것일 뿐만 아니라, 시인이 그들에게 선을 행한 것에 대한 배신이라는 점에서 더 파렴치하다고 한다(38:20; 109:4-5; 삼상 25:21 나발의 예; 잠 17:13; 렘 18:20 예레미야를 죽이려는 악인들의 예). 다윗이 그들에게 행한 선에 대해서는 13-14절이 부연하고 있다. 2행은 악인들이 악으로 선을 갚은 결과로 다윗이 처한 외로움에 대한 탄식이다. '외로움'으로 번역된 단어는 자식을 잃었을 때 느끼는 것과 같은 비통함이나 고립감을 의미한다(창 43:14; 삼상 15:33; 아 4:2; 사 47:8, 9; 49:21; 렘 18:21).[28] 이 '외로움' 혹은 '버림받음'은 13-17절에 잘 나타나고 있다. 이런 '외로움'을 느낀 적절한 예는 다윗이 사울에 의해 추격을 당하여 가족들이나 사랑하는 사람들을 만날 수 없었던 상황이 될 수 있을 것이다(69:8).

13절은 "하지만 나는"이라는 강조된 표현으로 시작하며 14절과 함께 과거에 대적들이 병들었을 때 자신이 했던 선행을 열거한다. 먼저 깊은 애도를 상징하는 검은 염소 털로 직조한 거친 '베 옷'(*HALOT*, 30:11; 69:11; 창 37:34; 삼하 3:31)을 입었다고 한다(1행). 두 번째는 스스로 괴롭게 하는 금식(속죄일의 금식처럼, 레 16:29, 31; 23:27, 32; 민 29:7; 사 58:3, 5)을 하면서 기도했다고 한다(2행). 하나님 앞에서 간절하게 기도하는 이런 모습은 주

28. J. G. Janzen, "The Root škl and the Soul Bereaved in Psalm 35," *JSOT* 65 (1995): 55-69에서는 '외로움'으로 번역된 이 어근의 구약 용례들을 살피면서 자식을 잃은 어머니의 비통함이 고대 세계에서 가장 비통하고 고통스러운 고립에 대한 적절한 비유임을 잘 논증하고 있다.

로 눈물과 금식과 베옷과 재 뿌림을 동반했다(69:10-11; 109:24; 느 9:1; 에 4:3, 에스더 시대의 유대인 전멸 위협 가운데서; 단 9:3). 그만큼 다윗은 지금의 대적들의 질병을 진심으로 슬퍼했고 그들의 회복을 위해 간절하게 기도했다는 것이다. 4행은 해석하기 쉽지 않다. 가톨릭성경은 "기도로 제 가슴을 채웠습니다"로, ESV는 "나는 머리를 내 가슴에 숙여 기도했습니다"로 번역하면서 앞의 행과 이어지는 선행으로 해석한다. 대적들의 고통을 자신의 가슴에 품고 간절하게 기도했다는 것이다.[29] NIV는 "내 기도들이 응답되지 않고 내게 돌아왔을 때"로 번역하며 14절과 연결한다. 즉, 자신이 기도한 대로 그들이 회복되지 못해서 더 깊이 애도했다는 말이다. 한편 유대인성경(JPS)은 "내가 기도한 것이 내게 일어나게 해 주십시오"라는 기원으로 번역한다. 이런 해석들이 다 가능하다. 개역개정의 번역은 단순히 기도가 응답되지 않은 상황보다는, 악인들이 자신의 그런 간절한 기도에도 불구하고 자신에게 악을 갚는 방식으로 자신의 기도를 되돌려 주고 있는 불의한 상황을 말하는 것처럼 보인다.

14절은 다윗이 병든 대적들을 위해서 마치 친구나 형제와 어머니, 즉 가장 가까운 사람들이 아픈 것처럼 진심으로 애도하고 자신을 겸비하게 하며 슬퍼했다고 한다. 이 슬픔을 표현하기 위해서 세 동사가 사용되었다. 1행의 '행하다'로 번역되는 동사는 슬퍼하며 다니는 모습을 그린다(43:2). '슬퍼하다'(*카다르* קָדַר)는 분사는 어둡게 되거나 더럽혀지는 것을 묘사하여(욜 2:10), 검은 옷을 입거나 재나 티끌로 옷을 더럽힌 상태로[30] 몹시 슬퍼하는 것을 나타내는 표현이다(38:6; 42:9; 43:2; 렘 8:21; 14:2). '굽히다'는 동사(*샤하흐* שָׁחַח)는 몸을 웅크리거나 구부리는 자세를 묘사한 것으로, 자신의 고통 때문인 것처럼(38:6; 107:39) 다른 사람들을 위해 스스로 낮추는 행동이다. 이

29. Janzen, "Psalm 35." 60에서는 12절의 자식 잃은 어머니의 '외로움' 비유와 14절의 자식을 위한 '어머니의 애도'와 연결하여 그렇게 이해한다.

30. Goldingay, *Psalms 1-41*, 497.

것은 매우 특별한 사랑의 표현이다. 이 세 동사에 더하여 '곡함'이라는 명사(창 37:35; 에 6:12; 욥 29:25; 사 57:18; 62:2, 3; 애 1:4)가 어머니와 연결되어 나온다. 이것은 어머니의 고통(혹은 죽음)에 대해 애통해 하는 것(혹은 자식의 고통에 대해 어머니가 애통해 하는 것[31])을 가리켜 다윗이 대적들의 고통에 대해 얼마나 슬퍼했는지를 강조한다. 다윗은 암몬 왕 나하스의 죽음을 애도하여 그의 아들 하눈에게 사절단을 보낸 적이 있다(삼하 10:1-5).[32]

15절은 13-14절과 대조적인 악인들의 파렴치한 행동을 고발하고 있다. 1행에서 시인의 '넘어짐'(*첼라* צֶלַע)이 언급되고 있는데 이것은 시인이 당하는 고난을 의미한다(38:17; 욥 18:12; 렘 20:10). 하지만 이 말만으로는 그의 고난의 성격을 알 수 없다. 13절이 대적들의 질병을 언급했기에 여기서도 시인의 질병으로 볼 수 있겠지만[33] 확신할 수는 없다. 중요한 것은 시인의 고난에 대한 악인들의 태도가 13-14절에 열거된 시인의 모습과는 너무 대조적이라는 점이다. 그들은 마치 기다렸다는 듯이 기뻐하면서 모여서 시인을 공격하고 있다. 그들은 시인의 고난이 하나님의 심판 증거라고 보고 시인에 대한 거짓말을 퍼뜨리고 공격했을 것이다. 1행과 2행에 '모이다'는 표현이 두 번이나 나온 것은, 악인들이 합세해서 고통당하는 시인을 공격하는 위협적인 모습과 다윗을 소외시키고 사회적으로 매장하는 행동을[34] 강조한다. 사울의 핍박 때에 온 백성들이나 군대가 다윗을 잡으려고 했던 상황이 좋은 예가 될 수 있을 것이다. 그런데 그들의 공격은 7, 11절이 말하는 것처럼 이유를 알 수 없는 것, 즉 이유도 없는 무고한 공격이다. 여기서 악인들은 '불량배(비열한 자들)'(*나케* נָכֶה)로 표현되어 있다. 이 단어는 '치다'는 어근(*나카* נָכָה)에서 비

31. Janzen, "Psalm 35," 59에서는 12절에 나오는 자식을 잃은 어머니의 '외로움'과 이 절을 연결하여 '어머니가 애도하듯이'로 번역하는데, Goldingay, *Psalms 1-41*, 497도 이를 따른다.

32. VanGemeren, *Psalms*, 332 참조.

33. Goldingay, *Psalms 1-41*, 496 참조.

34. 김정우, 『시편주석 I』, 755.

롯된 것으로 마음이 일그러진 자들을 의미할 것이다.[35] 4행은 그들이 모인 목적을 밝히는데 그것은 시인을 쉬지 않고 '찢기' 위함이라고 한다. '찢다'로 사용된 단어는 주로 슬픔의 표시로 옷을 찢을 때 사용된 동사지만(창 37:29; 민 14:6; 삿 11:35; 삼하 1:2, 11) 여기서는 말이나 행동을 통한 치명적인 공격을 의미한다. NIV에서는 '조롱하다'로 번역하고 있다.

16절은 15절의 이미지를 이어간다. 1행의 맛소라 본문은 개역개정 혹은 ESV처럼 "그들은 연회에서 망령되이 조롱하는 자 같이"로 읽힌다. 만약 개역개정처럼 번역한다면 연회석에 앉아 사람들을 조롱하며 죽이려고 모의하는 상황을 의미할 것이다.[36] 하지만 '연회'로 번역된 단어(*마옥* מָעוֹג)는 '떡'이나 '케이크'를 의미하여(왕상 17:12) '연회'와 썩 잘 연결되지는 않는다. 그래서 칠십인역이나 NIV는 '조롱하다'는 어근이 부정사 절대형 + 완료형으로 연결되는 것으로 고쳐 읽고(*라옥*[*라악*] *라아구* לָעוֹג[לַעַג] לָעֲגוּ) '심하게 조롱하다'로 번역한다. 1행의 '망령되이'로 번역된 표현은 하나님을 염두에 두지 않고 마음껏 악을 행하는 '불경한 자들'을 가리킬 수도 있다("불경한 자들과 함께"; 욥 13:16; 17:8; 20:5; 사 9:16; 10:6; 33:14). 2행은 조롱과 분노의 표현으로 대적들이 '이를 간다'고 고발한다(37:12; 112:10; 욥 16:9; 애 2:16). 이러한 적대적이고 악의적인 대적들의 태도는, 13-14절에 열거된 시인의 선행을 생각하면 정말 파렴치한 것이다.

5. 여호와의 구원 간구와 찬양의 맹세(17-18절)

17-18절에서는 무고한 시인을 공격하는 파렴치한 대적들에 대한 고발을 한 후에 9-10절에서처럼 '구원'을 간구하고 찬양을 맹세한다.

17절은 다윗이 하나님을 '주님'(아도나이)으로 부르면서 대적들의 공격

---

35. MT에서 '불량배'로 번역된 히브리어 표현(*네킴* נֵכִים)에 대해 *BHS* 난하주에서는 '이방인들처럼'(*케나케림*, כְּנָכְרִים)으로 읽을 것을 제안한다. NIV에서는 '공격자들'로 번역한다.

36. Calvin, *Psalms*, 1:387.

에서 구해 주시길 간구하는 기도다. 1행의 '어느 때까지'로 시작하는 탄식은 주님의 빠른 응답과 구원 행동을 촉구한다(유사한 표현, 6:3; 74:10; 82:2; 90:13; 94:3 참조). 악인들이 시인을 공격하는 것이 불의한 것이기에, 의로운 재판관이시자 온 세상과 다윗의 삶의 '주인'이신 하나님(다윗은 '그의 종,' 27절)이 보고만 있지 마시고 그들의 공격에서 자신의 생명을 구원하시길 기도한다. '구원하다'는 동사는 '회복시키다'는 의미로 3절과 9절의 '구원'의 이미지를 이어간다. 2행의 '내 영혼'(목숨)과 3행의 '내 유일한 것'(생명, 22:20)이 평행을 이루며 등장하여 시인의 상황이 생명을 다투는 급박한 것임을 강조한다. 2행의 '저 멸망자에게서(*미쇼에헴* מִשֹּׁאֵיהֶם)'의 의미는 불확실하다. 칠십인역은 "그들의 악행으로부터"로 읽지만, *BHS*는 뒤에 나오는 사자와 연결하여 '포효들로부터'(*미쇼아김* מִשֹּׁאֲגִים)로 읽기를 제안하고 있다. ESV와 NIV는 '그들의 파괴들'로 번역하고 새번역은 '살인자들'로 번역한다. 멸망과 파괴를 위한 이런 악인들의 '공격'이 얼마나 극심한지를 강조하기 위해 3행에서는 34편 10절에서처럼 '(젊은) 사자들'에 악인들을 비유한다. 다윗은 자신의 처지를 가장 힘이 센 사자 앞에 두려워 떨며 죽음을 맞이해야 하는 먹잇감으로 비유한 것이다. 젊은 사자 비유는 특별히 거짓말로 시인을 죽이려는 악인들의 음모가 얼마나 위협적인지를 알려준다(20, 25절). 그들이 위증하기 위해 입을 크게 벌린 모습(21절), 시인을 찢으려고 하고(15절) 시인을 향해 이를 가는 모습은 이 사자 이미지와 밀접하게 연결되어, 적들의 잔인함과 그들의 집요한 공격을 잘 강조한다(22:13 참조).[37]

18절은 17절의 기도 응답을 확신하며 하나님께 드리는 찬양의 맹세다(22:22 참조). 10절처럼 11-18절의 연을 마무리하는 기능을 한다. 여호와가 자신을 파렴치한 대적들의 공격에서 건지시고 회복시키실 때 함께 예배하

37. A. Basson, "'Rescue me from the Young Lions,' An Animal Metaphor in Psalm 35:17," *OTE* 21/1 (2008): 14.

는 많은 백성의 회중('대회,' 절기를 지키러 모인 온 회중,[38] 22:25; 40:9, 10) 가운데서 감사의 찬양을 드릴 것을 맹세한다. 다윗은 거기서 자신이 구원받은 이야기를 간증하게 될(감사드릴) 것을 확신하고 있다. 다윗의 상황이 전쟁 상황이라면 다윗의 구원은 그와 함께한 백성들의 구원이기도 하기에, 그들은 악한 대적들로부터 의로운 자들을 구원하시는 여호와를 함께 찬양하게 될 것이다.

6. 원수들이 기뻐하지 말게 해 달라는 기원(19-21절)

19-28절은 세 번째 연으로 첫 번째 연에서처럼 악인들의 멸망과 시인의 구원을 요청하고 있다. 19(20-21절은 기원의 이유), 24b-26절은 악인들의 심판에 대한 간접 명령형의 기원이고, 22-24b절은 직접 여호와를 부르며 시인을 위한 의로운 재판을 구하는 간구이며, 27-28절은 찬양의 맹세로 1-10절과 균형을 이룬다.[39] 19-25절에는 '~하지 못하게'라는 부정어(*알* אַל)가 악인들의 멸망을 구하는 기원형 동사 앞에 여섯 번(19, 22, 24, 25절)이나 나오면서 이 연을 하나로 묶는다.

19-21절은 15절에서 고발한 것처럼 시인의 고난을 기뻐하는 대적들이 더는 기뻐하지 말게 해 달라는 기원이다. 19절이 기원이라면 20-21절은 그 이유를 설명하는 악인들에 대한 고발이다.

19절은 유사하게 평행을 이루는 두 행이 다음과 같이 교차 대구적으로 배치되어 있다.

a 나로 말미암아 기뻐하지 못하게 해 주십시오
  b 이유 없이 나의 원수 된 자들이

38. Kraus, *Psalms 1-59*, 299.
39. Goldingay, *Psalms 1-41*, 498에서도 여기에 동의한다.

b′ 까닭 없이 나를 미워하는 자들이
a′ 서로 눈짓하지 못하게 해 주십시오

이상의 구조는 무고한 시인을 거짓말로 공격하는 악인들의 공격이 실패하게 해 달라는 기원을 효과적으로 강조한다. 시인의 '넘어짐'을 보고 기뻐하며 거짓말로 그를 공격했던 악인들의 시도가 실패로 돌아가기를 바라는 간절함이 '기뻐하지 못하게 해 달라'는 표현에 담겨 있다. 이것은 24절에 다시 등장하는데, 9절에서 다윗이 확신한 의인의 구원으로 말미암는 기쁨과 대조를 이룬다. 이와 평행을 이루는 '눈짓하다'는 표현은, 잠언 6장 13절에서는 '음모를 꾸미는' 행동을 암시하지만, 여기서는 16절이 묘사하는 것처럼 의인이 멸망하는 것을 기뻐하거나[40] 조롱하는 행동으로 보인다(*HALOT*, 잠 10:10). 가운데 부분은 7절의 표현을 떠올리게 하고 11-16절에서 고발했던 대적들의 파렴치함을 다시 요약한다. 그들이 시인을 대적할 이유가 하나도 없다는 점을 '부당하게(이유 없이)'와 '까닭 없이'라는 부사어가 강조한다(7, 11, 15절). "이유 없이 나의 원수 된 자들"과 "까닭 없이 나를 미워하는 자들"이라는 표현은 구약 성경에 종종 등장하며(38:19; 69:4; 109:3; 119:78, 86, 161; 애 3:52) 요한복음 15장 25절에 인용되어 예수님을 대적하는 자들을 가리키고 있다.

20-21절은 '왜냐하면'이라는 접속사로 시작하면서 19절 기원의 이유를 말한다. 즉, 악인들의 악행에 대한 또 다른 고발이다. 20-21절은 둘 다 거짓말로 선량한 의인들을 괴롭히고 공격하는 악인들의 모습을 묘사한다. 20절에서는 악인들이 "평안히 땅에 사는 자들"과 말로 '평화'를 도모하기보다는, '거짓말'(34:13; 36:3)을 지어내어 선량한 사람들을 고통에 빠뜨리는 자들이라고 한다. 여기서는 '말'이 두 번이나 나오면서 악인들의 주요 공격 수단이 그들

40. 김정우, 『시편주석 I』, 758 참조.

의 거짓말임을 강조한다. '평안히 땅에 사는 자들'은 남들에게 피해를 주지 않고 선량하게 살아가는 일반 백성 혹은 의로운 사람들을 가리킨다. 그들의 대표가 바로 시인인 다윗이다.

21절은 20절에서 악인들이 지어냈다고 하는 거짓말의 내용을 인용하면서 생생하게 그들의 악행을 고발한다. 그들은 선량한 사람들이 하지도 않은 일을 목격한 것처럼 위증하고 있다.[41] '하하'는 남이 안 된 것을 악의적으로 기뻐하는 것을 표현하는 감탄사이며(25절; 40:15; 70:3; 겔 25:3; 26:2; 36:2), '입을 크게 벌리다'는 말은 거짓말을 하면서도 확실하다고 호언장담하는 모습에 대한 묘사이다(사 57:4).[42]

7. 시인의 구원과 의로운 판결 간구(22-24a절)

악인들에 대한 고발에 이어 다윗은 1-3절을 연상시키는 간구를 여호와께 직접 올려드린다. 이 부분에는 시인의 격렬한 감정이 느껴진다. 1-3절에서처럼 의로운 판결과 심판을 위한 절박한 간구를 쏟아낸다. 시인의 절박함이 하나님을 부르는 연속되는 호격들(여호와여, 주님, 나의 하나님, 나의 주님, 여호와 나의 하나님)과 간구들에서 강하게 느껴진다. 1-3절이 전쟁 용어들을 많이 사용하고 있다면 여기서는 1절 1행처럼 법정 용어들이 많이 등장한다.

22절에는 악인들이 다윗이 저지르지도 않은 악을 '보았다'고 거짓말하는 것을 묘사한 21절과 반대로, 여호와가 그런 악인들의 모습을 '보셨다'는 고백이 등장한다. 다윗은 온 세상의 '주님'이신(2행, 17절) 여호와가 악인들의 악행을 '보셨음'을 확신하기에(17절), 의로운 왕으로서 잠잠하거나 악인에게 고통당하는 자신을 멀리하지 마시길(22:11; 38:21; 71:12) 간청한다.

23-24a절에서 시인은 '나의 하나님,' '나의 주님,' '여호와 나의 하나님'으

41. Kraus, *Psalms 1-59*, 394.

42. Goldingay, *Psalms 1-41*, 499에서는 엄청난 거짓말을 하는 모습을 묘사한다고 설명한다.

로 연속적으로 하나님을 부르며, 자신을 위해 의로운 재판을 해 주시길 간구하고 있다. '나의 편'이신 '나의 하나님'이 자신과 온 세상의 주권자로서('나의 주님') 무고하게 공격당하고 있는 '나를'(여호와의 종, 27절) 하나님의 의를 따라 재판해 주시길 간청한다. 23절 1행은 마치 하나님이 주무시는 것처럼 '떨치고 깨시길' 간청하는데, 이것은 2절의 '일어나 달라'는 간구와 밀접하게 연결된다. 22절처럼 절박한 자신의 간구를 지체하지 말고 속히 응답해 달라는 촉구이다(7:6; 44:23; 59:4-5). 이처럼 하나님의 잠을 깨우는 것같이 당돌하게 보이는 간구는, 사실은 오직 하나님만이 의로운 통치자로서 현재의 불의한 상황을 고치실 수 있는 분이심에 대한 믿음에서 비롯된 것이다.[43] 23절 1행의 "나를 공판하시며"는 "나의 재판을 위해"로 직역된다. 그렇게 보면 각 행에 반복적으로 등장하는 '나의 재판,' '나의 송사,' '주의 의를 따른 재판' 등은 모두 현재의 불의한 상황을 고치는 하나님의 구원에 대한 비유적 표현이다. 악인들의 거짓된 공격에 대해 시인의 의로움을 인정하고 거기에 따라 판결을 내리는 것이란(7:6-8), 현실적으로는 악인들의 공격으로부터 시인을 구하는 것이자 불의한 악인들에게 심판을 내리는 것으로 표현될 것이다. 물론 그 판결은 하나님의 '의'를 따라 이루어진다(24절 1행). 23절 2행의 '송사'로 번역된 단어는 1절 1행에서 '다투다'로 번역된 단어와 같은 어근을 갖는다.

8. 원수들이 기뻐하지 말게 해 달라는 기원(24b-26절)

이 부분에는 19-21절에서 기원했던 것이 다시 등장하는데 22-24a절에서 간구했던 의로운 재판의 결과를 보여준다. 그것은 악인들의 거짓말과 의인에 대한 공격이 수포로 돌아가게 하셔서 악인들이 기뻐하지 못하게 되는 것

---

43. B. F. Batto, "The Sleeping God: an Ancient Near Eastern Motif of Divine Sovereignty," *Bib* 68 (1987): 171-2.

이다. 24절 2행부터 27절까지는 22-24절 1행과 달리 하나님을 2인칭으로 부르며 올리는 직접적인 간구가 아니라 4-8, 19절처럼 3인칭 복수인 대적들('그들')에 대한 간접적인 기원이다.

24절 2행의 기원은 19절 2행의 그것과 같다. 이 기원은 9, 27절에서 의인들이 하나님의 구원을 기뻐하는 것과 대조적으로 악인들이 심판을 받아 기뻐하지 말게 해 달라는 것이다.

25절에서는 20절에서처럼 악인들의 말을 인용하면서 그들의 뜻이 이루어지지 못하기를 기원한다. 2행과 3행이 같은 뜻을 전달하고 있는데, 그것은 고난당하는 의로운 다윗에 대해 거짓된 고발을 하고 그를 멸하려던('우리가 그를 삼켰다') 그들의 음모('소원,' 7, 11, 15-16, 20-21절)가 이루어지지 않기를 간절히 바라는 것이다. 21절에도 나왔던 '하하'는 다윗이 망하고 자신들의 뜻대로 된 것을 기뻐하는 것을 표현하는 감탄사다(40:15; 70:3; 겔 25:3; 26:2; 36:2). '마음'과 '소원'(영혼)이 함께 나와 악인의 깊은 악함이 강조되는데, '목구멍'으로도 번역될 수 있는 '영혼'은 3행의 '삼키다'와 연결되어 그런 점을 더 부각한다.[44] 이렇게 되기 위해서는 의로운 재판관이신 하나님이 그들을 심판하시고 의인을 구해내셔야 한다. '삼키다'는 표현은 15절의 '찢다'는 표현처럼 땅이나 불이나 큰 물고기가 사람들을 삼키는 잔인하고 무서운 이미지를 연상시켜(124:3; 출 15:12; 민 16:30, 32, 34; 욘 2:1; 합 1:13), 악인들이 다윗을 멸하려는 공격의 잔인함을 강조한다.

26절은 악인들이 부끄러움, 낭패, 욕을 당하기를 원하는 기원으로, 거의 유사한 기원을 담고 있는 4절과 함께 4-26절 전체를 하나로 묶는다. 여기서 악인들은 "나의 재난을 기뻐하는 자들"과 "나를 향해 스스로 뽐내는 자들"로 등장한다. 그들은 자신들에게 선을 베푼 무고한 다윗의 고난(해)을 꾀하고(4절) 그의 넘어짐을 기뻐했던(15절) 자들이었다. 그들이 스스로 높이는 '뽐

---

44. D. T. Adamo, "Reading Psalm 35 in Africa (Yoruba) Perspective," *OTE* 32/3 (2019): 941.

내는' 교만(38:16; 55:12)은, '넘어져' 고통당하는 가련한 약자를 대항해 모이고 조롱하고(4, 15-16절) 입을 크게 벌리고 거짓 증언을 하면서(21절) 힘을 과시하는 모습에서 나타난다. 그래서 다윗은 이처럼 악하고 교만한 대적들이(15절) 다 '함께' 수치를 당하길 기원한다(2행; 렘 20:11). 그것이 악하고 교만한 악인들에 대한 하나님의 의로운 심판이기 때문이다. 4행에서 수치(부끄러움)와 욕을 '옷 입는다(당한다)'라고 표현한 것은 악인들이 망하여 부끄러움의 옷을 입은 것처럼 사람들 앞에서 수치를 당하는 비참한 모습을 그려준다(109:29; 욥 8:22).

9. 여호와의 구원에 대한 기쁨과 찬양 맹세(27-28절)

이 부분은 19-26절의 기원 부분을 마무리하는 세 번째(9-10, 17-18절 참조) 찬양의 맹세 부분이면서 동시에 이 시편 전체를 마무리하는 결미다. 1-3절의 간구와 함께 4-26절을 감싸는 틀을 이룬다. 3절에 인용된 여호와의 말씀인 "나는 네 구원이라"와 27절에 인용된 의로운 회중들의 말 "여호와는 위대하시다"가 절묘하게 조화를 이룬다.

27절 1-2행은 의로운 회중들이 고통당하는 의인에 대한 하나님의 '구원'을 보고 노래를 부르면서 환호하고 즐거워하길 바라는 기원이다. 이 절에는 '기쁨'과 관련된 표현들이 네 번이나 등장하며 의인들의 기쁨을 강조한다. 의인들의 기쁨은 9절에 나오는 미래에 이루어질 구원에 대한 시인의 기쁨에 상응하고, 망하여 기뻐하지 못할 악인들의 모습과 대조를 이룬다(19, 24절). '나의 의'는 고난에서 시인을 건지셔서 하나님이 결국 그의 무고함을 증명하시는 것을 의미한다. 이것은 또한 1-3절, 22-24절에서 간구한 시인을 의롭게 판결하신 결과이기도 하다. 그것을 기뻐하는 자들이란 하나님의 의로운 통치를 시인처럼 기뻐하는 선량하고 의로운 백성들(20절), 함께 예배할 회중들을 가리킨다. 이들이 '기뻐하는' 것은 3행에 나오듯이 여호와가 자신의 의로운 '종'의 구원과 평안함(샬롬)을 '기뻐하시기' 때문이다. 이것은 '평화'(샬롬)를 말하지 않고(20절) 의인의 고난을 기뻐하는(26절) 악인들의 그 것과 대조된다.[45] 여호와가 당신의 뜻을 대행하는 종(지도자들이나 왕, 18편 표제, 수 1:1; 8:33; 사 42:19)을 곤경에서 구하시는 것이, 그의 종에게는 '의로움'이고(1행) 안전하고 풍성한 삶을 의미하는 '평안함'(샬롬)이 된다.[46] 그리고 그것이 그의 구원을 함께 기대한 의로운 백성들의 감격스럽고도 지속적인('항상') 찬양의 제목이 된다. 3절에서 '나는 너의 구원'이라 하신 여호와의 말씀은 고통당하는 의인의 구원을 통해서 구체적으로 이루어지며, 그런 구원을 이루시는 '여호와는 위대하시다'고 하는 백성들의 찬양을 통해 다시 들려지게 되는 셈이다(4행). 이렇게 성도들에 의해 고백되는 여호와의 '위대하심'은 스스로 '위대하다'라고 뽐내는 악인들의 자랑과(26절) 대조적이다.[47]

28절에서는 마지막으로 시인이 여호와에 대한 찬양을 맹세하며 시를 마무리한다. 여호와의 위대하심을 회중들이 '항상' 찬양한다면(27절), 28절에서 시인은 의로운 당신의 종을 구원하셔서 의로운 통치와 판결을 이루신 여호와의 '의'와 그에 대한 '찬송'을 '온종일' 선포하겠다고 한다. 2행은 "온종일 주께 대한 찬송을 선포하겠습니다"로 직역된다. '의'와 '찬양'이 평행을 이루는 것은 '찬양'의 내용이 악인을 심판하고 의인을 구원하신 그의 '의'기 때문이다. '선포하다'는 동사는 원래 동물의 울음소리(사 31:4; 38:14; 59:11)나 중얼거리는 소리(1:2; 사 33:18)를 나타내는 의성어지만 여기서는 말하여 선포하는 행동을 묘사한다(37:30; 71:23).

교훈과 적용

시편 35편의 교훈: 의인이 고난당할 때 선을 악으로 갚는 악인들이 무고하게 그를 공격하여 자신들의 이익을 취하려고 한다. 그럴 때 힘없는 의인은 의로운 재판장, 능

---

45. Goldingay, *Psalms 1-41*, 502.
46. Kraus, *Psalms 1-59*, 394-5.
47. Goldingay, *Psalms 1-41*, 502.

력의 전사이신 하나님을 향하여 악인들의 음모가 무위로 돌아가게 하시고 의인을 구하셔서 회복시키시길 간절히 부르짖는다. 성도들과 함께 하나님의 구원과 의로운 통치를 찬양할 날을 확신하며.

1. 뼈아픈 배신감과 고통을 헤아리시는 하나님(7, 11-16, 20-21절)

다윗은 하나님 나라를 위해 헌신했지만, 그에게 돌아온 결과는 사울 왕과 백성들의 배신이었다(삼상 23장). 왕이 된 후에는 이방 나라들에게 배신을 당하기도 하고(삼하 10장) 목숨처럼 사랑하고 아꼈던 아들과 백성들에게 배신을 당하기도 했다(삼하 15-18장). 의인을 배신하며 고통당하는 의인을 무고히 공격하는 상황은 인류와 세상의 타락이 가져온 비참한 참상이다(욥 19:13-19; 렘 18:20-22). 백성들과 제자들을 극진히 돌보시고 사랑하셨던 예수 그리스도는 이 땅에서 가장 비참한 배신을 당하시고 십자가에서 돌아가셨다(요 15:25, 마 26-27장). 그래서 주님은 이 땅에서 의인이 당하는 고난과 뼈아픈 배신감을 누구보다 잘 헤아리신다. 하나님의 종들인 우리가 외면당하고 공격받을 때 우리는 직접 보복하려 하거나 의를 행하기를 포기하기 쉽다. 그럴 때도 우리는 35편의 다윗처럼 우리의 고통과 배신감을 깊이 헤아리시는 하나님께, 우리 대신 친히 배신당하신 그리스도의 이름으로, 악인들의 파렴치함을 고발하고, 현재 당하는 고통과 억울함을 낱낱이 아뢰어야 한다(11-16절). 그리스도처럼 "오직 공의로 심판하시는 이에게 부탁해야" 한다(벧전 2:23). 성령님도 우리의 연약함을 도우셔서 "말할 수 없는 탄식으로 우리를 위하여 친히 간구하신다"(롬 8:26).

2. 의인 대신 싸우시는 의로운 재판관, 거룩한 전사 하나님(1-10, 17-18, 19-28절)

하나님은 우리의 배신감과 고통을 헤아리실 뿐만 아니라 우리 대신 싸워주신다. 악인들의 배신과 파렴치한 공격이 당신의 의로운 '종들'(27절)을 죽이고 하나님 나라를 파괴하는 것이기 때문이다(4, 7, 20-21절). 이스라엘을 위해 바로의 군대와 싸우셨던 하나님, 사울의 세력과 이방 나라들을 심판하시고 다윗을 통해 하나님 나라를 세우셨던 하나님, 불의하게 죽임당한 당신의 독생자 예수를 위해 부활의 능력으로 싸우셨던 하나님이, 의인의 탄식을 들으시고 '깨시고' '일어나셔서' 의로운 심판을 위해 재판정에 앉으신다(1-3, 22-24절). 그러므로 불의한 일을 당하고 감당할 수 없는 공격을 받을 때, 성도와 교회는 의로운 재판관이신 하나님, 능력 많으신 전사이신 하나님께 우리의 싸움을 의뢰해야 한다. 악인들의 악이 망하여 그들이 수치를 당하도록 기도하는 일(4-8, 19-21, 25-26절)이 하나님 나라 전투에서 가장 우선적인 일이다. 동시에 강력한 사탄과 죄악의 세력에 고통당하는 그리스도인들과 교회를 악에서 건져 주셔서 하나님 나라와 의가 이루어지길 날마다 기도해야 한다(마 6:10, 13). 하나님의 뜻은 의인들을 "환난 받게 하는 자들에게는 환난으로 갚으시는"(살후 1:6) 것이다. 마지막 날에 전사이신 예수 그리스도께서 모든 악의 세력들을 "공의로 심판하시며"(계 19:11-21) 자기 백성들을 구하셔서 의와 평화의 나라를 세우실 것이다(27절, 계 21:1-8). 그때 악인들의 배신과 음모와 공격에서 구원받은 허다한 무리가 큰 소리로 "구원하심이 보좌에 앉으신 우리 하나님과 어린 양에게 있도다"하며 찬양할 것이다(3, 9-10, 17-18, 27-28절; 계 7:10).

시편 36편

망하는 삶,
풍성한 삶

[여호와의 종 다윗의 시, 인도자를 따라 부르는 노래]

1 악인의 죄가
그의 마음속으로 이르기를[1]
그의 눈에는
하나님을 두려워하는 빛이 없다 하니
2 그가 스스로 자랑하기를
자기의 죄악은 드러나지 아니하고 미워함을 받지도 아니하리라 함이로다
3 그의 입에서 나오는 말은 죄악과 속임이라
그는 지혜와 선행을 그쳤도다
4 그는 그의 침상에서 죄악을 꾀하며
스스로 악한 길에 서고
악을 거절하지 아니하는도다
5 여호와여 주의 인자하심이 하늘에 있고
주의 진실하심이 공중에 사무쳤으며
6 주의 의는 하나님의 산들과 같고
주의 심판은 큰 바다와 같으니이다
여호와여 주는 사람과 짐승을 구하여 주시나이다
7 하나님이여[2] 주의 인자하심이 어찌 그리 보배로우신지요

1. ESV와 개역개정은 칠십인역을 따라 '말씀'을 '말하다'로, '나의 마음'을 '그의 마음'으로 고쳐 읽어 위처럼 번역한다. MT를 따라 직역하면 "악인의 잘못에 대한 말씀이/ 내 마음에 있네"로 될 수 있다(NIV 참조). Craigie, *Psalms 1-50*, 289, 290은 '잘못에 대한 신탁'이라는 표현의 용례를 다른 곳에서 찾을 수 없어서 1행을 "신탁. 죄는 악인의 것이다."로 번역한다. 그러면서 1-4절과 12절을 신탁의 내용으로 본다(393쪽). Kraus, *Psalms 1-59*, 398에서는 '죄'라는 단어 자체가 여호와에 대한 반역과 반란을 나타내기에 1절 1-2행에서 이미 악인들의 악을 고발하는 것으로 보고 '말씀'을 '기쁨'으로, '내 마음'을 '그의 마음'으로 고쳐 읽는다. 하지만 '잘못'을 뒤에 나오는 악인들의 특징에 대한 총체적 표현으로 보지 못할 이유는 없다.
2. MT에서 이 단어는 2행의 첫 단어로 나와 '신적인 존재들과 인류가'로 연결되도록 배치되어 있지만

사람들이 주의 날개 그늘 아래에 피하나이다
8 그들이 주의 집에 있는 살진 것으로 풍족할 것이라
주께서 주의 복락의 강물을 마시게 하시리이다
9 진실로 생명의 원천이 주께 있사오니
주의 빛 안에서 우리가 빛을 보리이다
10 주를 아는 자들에게 주의 인자하심을 계속 베푸시며
마음이 정직한 자에게 주의 공의를 베푸소서
11 교만한 자의 발이 내게 이르지 못하게 하시며
악인들의 손이 나를 쫓아내지 못하게 하소서
12 악을 행하는 자들이 거기서[3] 넘어졌으니
엎드러지고 다시 일어날 수 없으리이다

본문 개요

36편은 다윗의 기도시편이다. 다윗은 놀라운 인자하심과 공의를 베푸시는 하나님을 안중에 두지 않아 온갖 악을 자행하는 악인들의 멸망과 하나님의 인자하심을 의지하는 의인들의 구원을 기도한다(10-12절). 이 시편에는 시인의 고난에 대한 탄식이 많이 등장하지 않는다. 악인들이 개인적으로 시인을 공격하는 것을 고발하기보다는 일반적인 악인의 교만과 죄악과 거짓말에 대해서 고발하고(1-4절),[4] 하나님이 인자하심과 공의를 베푸실 때 얼마나 놀라운 복이 넘치는지를 찬양 형식으로 상세하게 고백한다(5-9절). 그런 점

여기서는 1행의 마지막 단어로 읽어 호격으로 번역하였다.

3. *BHS*에서는 '거기서'(*샴* שָׁם)를 '그들이 황폐하게 되다'(*샤메무* שָׁמְמוּ)로 읽을 것을 제안하고 있지만 사본적인 근거는 없다.

4. Kraus, *Psalms 1-59*, 398 참조.

에서 이 시편은 기도와 찬양과 교훈을 함께 담고 있는 시편이다.[5] 다윗이 언제 어디서 이 시편을 썼는지는 불확실하다. 다만 7-8절이나 11절을 볼 때, 다윗은 성도들과 함께('우리,' 9절) 성소에서 하나님의 인자하심을 의지하며 악인들로부터의 보호와 그들의 멸망을 기도하고 있는 것으로 보인다.

36편은 경건한 의인의 구원과 악인의 멸망이라는 주제를 공유하는 34-37편 그룹의 세 번째 시편으로 35편과 짝을 이룬다(34편 주석 개요 부분 참조).[6] 36편은 짝을 이루는 35편처럼 악인들의 죄악을 고발하면서 그들에 대한 공의로운 심판과 그들로부터의 구원을 기도하고 있다.[7] 36편 1절에서 악인의 '눈에는 하나님을 두려워하는 빛이 없다'고 진단한 것은 34, 35, 37편에 고발된 악인들의 악에 대한 근본적인 이유를 설명해 준다. 36편에는 하나님을 두려워하지 않는 악인의 '죄악'에 대한 언급들이 '죄'(*페샤* פֶּשַׁע, 36:1), '죄악'(*아본* עָוֹן, 36:2), '죄악'(*아벤* אָוֶן, 36:3, 4, 13), '속임'(*미르마* מִרְמָה, 36:3; 34:13; 35:11, 20), '악'(*라* רַע, 혹은 *라아* רָעָה, 36:4; 34:13, 14, 16, 21; 35:12; 37:27), '악한 길'(36:4) 등으로 자주 등장한다. 이것들은 34-37편에 반복적으로 나오는 율법의 길인 '공의 혹은 심판'(36:6, 10; 35:24, 27, 28; 37:6)과 '의'(36:6; 35:23; 37:6, 28, 30)와 '정직함'(36:10; 37:14, 37)과 '진실함'(36:5; 37:3)과 '완전함'(37:18, 37) 등의 단어와 반대되는 것이다. 하나님을 두려워하지 않고 마음대로 죄악을 행하는 자들을 36편에서는 '악

---

5. VanGemeren, *Psalms*, 335에서는 이 시편의 장르를 지혜시로 규정한다. 이 시편의 지혜시적인 특징에 대해서는 J. S. Kselman, "Psalm 36," in *Wisdom, You Are my Sister: Studies in Honor of Roland E. Murphy, O. Carm., on the Occasion of His Eightieth Birthday*, ed. M. Barré (Washington DC: Catholic Biblical Association of America, 1997): 3-17에서 상세하게 논의하고 있다. 36편의 다양한 장르적 성격 때문에 비평학자들은 이 시편을 여러 시편이 합쳐진 것으로 보기도 했는데, 이것은 그들이 가지고 있었던 장르에 대한 선입관에서 비롯된 것이다. 최근 주석들은 이 시편의 통일성에 대해서 문제 제기하지 않는다. P. J. Botha, "The Textual Strategy and Ideology of Psalm 36," *OTE* 17/4 (2004): 506-7에 과거의 견해들이 소개되어 있다.
6. 이하의 문맥 설명은 김성수, "시편 34-37편," 32-4의 내용을 인용하거나 요약한 것이다.
7. 김성수, "시편 34-37편," 28.

인'(36:1, 11; 34:21; 37:10, 12, 14, 16, 17, 20, 21, 28, 32, 33, 34, 35, 38, 40), '교만한 자'(36:11), '죄악을 행하는 자'(36:12; 유사한 표현들 34:16; 37:1, 9) 등으로 부른다. 이런 표현들은 34-37편 전반에 걸쳐 나오는 악인에 대한 표현들과 같거나 유사하다. 특별히 이것은 35편에서 시인 개인과 관련하여 "나와 다투는 자," "나와 싸우는 자"(1절), "나를 쫓는 자들"(3절), "내 목숨을 노리는 자들," "나를 상해하는 자들"(4절) 등(10, 11, 15, 16, 17, 19, 26절 참조)으로 불린 악인들과 밀접하게 관련된다. 35편에서 악인들의 죄악에 대한 하나님의 정의로운 심판을 촉구하고 있는데 36편에서도 그런 간구가 이어지고 있다. 이것은 34-37편 그룹의 전반적인 특징이다('정의' 혹은 '심판,' 36:6; 34:21; 35:7-8; 37:13, 14-15, 32-33; '응보 간구,' 36:12; 34:21; 35:5, 8; 37:2, 9, 10, 20, 22, 28, 34, 36, 38). 36편에서 의인은 하나님의 '인자하심'과 '진실하심'을 사모하여(36:5, 7, 10) 그의 '날개 그늘 아래 피하는 자'(36:7; 34:8, 22; 37:40)이며, 하나님을 '아는 자'(36:10), '마음이 정직한 자'(36:10; 37:14, 37)이다. 의인들이 받을 놀라운 복이 8-9절에서 묘사되어 있는데, 이 모든 복은 37편에서 의인이 땅을 상속하고 거기서 '풍성한 샬롬'을 즐기는 것(37:11)과 같은 것이라고 할 것이다(34:8-12 하나님의 '선하심'을 풍족하게 누림; 35:27 '샬롬'; 37:11, 18, 19, 22, 26, 27, 29, 34, 37). 이 외에도 36편은 35편과 '구원'이라는 어근(36:6; 35:3, 9), '말'(36:3; 34:13; 35:20; 37:30), 악인들의 '눈'(36:1, 2; 35:19, 21), '미워하다'(36:2; 35:19), '종'(36편 표제; 34:22; 35:27), '일어나다'(대적들, 36:12; 35:1, 10), '몰아내다'(35:5; 36:12), '길'(36:4; 35:6), '오다'(36:11; 35:8), '알다'(36:10; 35:8, 11, 15), '넘어지다'(36:12; 35:8), '하나님'(36:1, 7; 35:23, 24) 등의 어휘들을 공유하며 유사한 주제를 강조한다.

문학적 특징과 구조

36편의 두드러진 문학적 특징은 악인들의 죄와 하나님의 인자하심과 공의의 대조라고 할 수 있다. 1-4절이 악인들의 악을 고발하고 11-12절이 그런 악을 행하는 악인들의 멸망을 기도하고 있다면, 그 가운데 부분인 5-10절은 여호와의 인자하심과 공의의 특징과 그것이 가져오는 놀라운 복을 노래하면서 의인의 구원을 간구하고 있다.[8] 가운데 부분에는 '여호와'를 부르는 표현들과 '주'(당신)라는 2인칭 접미어가 반복적으로 등장하면서 전체를 하나의 연으로 묶는다. 이런 특징들을 반영하여 좀 더 세분하면 36편은 다음과 같은 집중형 구조를 갖는다.[9] 이 구조는 악인들이 판을 치는 세상에서도 여호와의 인자하심과 공의를 의지할 때 악인들의 악이 아닌 여호와가 주시는 복이 의인들에게 임할 것이라는 주제를 잘 드러낸다.

A 1-4절 악인의 죄에 대한 고발
　　('죄,' '악인,' '죄악,' '죄악,' '속임,' '악')
　B 5-7a절 보배로운 여호와의 인자하심과 공의
　　　('인자하심,' '진실하심,' '공의,' '심판(=정의)')
　　C 7b-9절 여호와의 인자하심이 주는 복

---

8. 김정우, 『시편주석 I』, 764에 의하면 많은 학자들은 5-9절과 10-12절을 찬양과 기도로 각각 나누지만, 이것은 5-10절이 여호와 하나님을 부르며 2인칭 접미어로 표현하는 공통된 특징으로 통일성을 이루고, '인자하심'이라는 표현으로 5, 10절이 수미쌍관을 이루는 것을 간과한 것이다. 예를 들면 VanGemeren, *Psalms*, 335에서는 악인들의 특징을 노래하는 1-4절과 악으로부터의 보호를 구하는 기도인 10-12절이 대구를 이루며, 그 가운데 하나님의 지혜를 노래하는 5-6절과 지혜의 기쁨들을 노래하는 7-9절이 대구를 이루는 교차 대구 구조를 제안한다.
9. Craigie, *Psalms 1-50*, 291에서는 '악인'을 다루는 1-4절과 11-12절이 바깥 틀을 이루고 '인자하심'을 다루는 5-9절과 10절이 가운데 틀을 이룬다고 분석한다. 하지만, 여기서는 7b-9절이 '인자하심' 자체보다는 그것이 가져다주는 복을 노래하고 있기에 중심 연으로 분리하였다.

B′ 10절 여호와의 인자하심과 공의를 의인에게 베푸시길 간구함
('인자하심,' '공의')
A′ 11-12절 의인 보호 기원과 악인 멸망에 대한 확신
('교만한 자들,' '악인들,' '악을 행하는 자들')

위의 구조에 의하면 틀을 형성하는 1-4, 11-12절(A와 A′ 부분)에서는 '악인들'과 그들의 '죄악'에 대한 언급들을 공유하고 있다. 1-4절이 악인들의 죄를 고발하는 부분이라면, 11-12절은 악인들의 멸망을 확신하면서 기도하는 부분이다. 이 두 부분에는 악인들의 악을 묘사하기 위해 몸의 기관들이 반복적으로 등장한다(눈, 입, 발, 손). 악인들에 대한 묘사에 '~없다,' '~않다'는 부정적 표현이 1, 4절에 세 번 사용되었다. 이처럼 12절에도 두 번의 '~않다'는 부정적 표현이 악인들이 의인에게 미치지 않게 해 달라는 기도에 사용되고 있고, 13절에는 '~않다'는 부정어가 악인들의 멸망에 사용되고 있다.[10]

두 번째 틀을 이루는 5-7a, 10절(B와 B′ 부분)에서는 여호와의 '인자하심'과 '공의'와 관련된 표현들을 공유하면서, 전자는 여호와의 인자하심과 공의의 보배로움을 노래하고 후자는 그것들을 의인에게 베푸시길 기도한다('인자하심'과 '공의'가 5, 6, 10절에 등장하여 수미쌍관을 이룸). 이 틀이 노래하는 여호와의 '인자하심'과 '공의'는 1-4절이 묘사하는 악인들의 악과 대조된다.

제일 가운데 부분인 7b-9절은 여호와의 인자하심과 공의가 가져다주는 풍성한 복을 노래한다. 이런 복을 노래하기 위해서 많은 직유와 은유 표현들('주의 날개 그늘,' '주의 집의 살진 것,' '복락의 강물,' '생명의 원천,' '빛' 등; 5절의 '하늘,' '공중,' '산들,' '큰 바다'도 참조)이 사용되고 있다. 이 복은 악인들의 죄악이 가져다주는 멸망과 뚜렷하게 대조를 이룬다.

---

10. Botha, "Psalm 36," 512-3 참조.

본문 주해

표제: “여호와의 종 다윗의 시, 인도자를 따라 부르는 노래” 원문에는 ‘시’와 ‘부르는 노래’라는 말이 없다.

“인도자를 따라” 성전 예배에서 사용될 때 찬양 인도자가 부르거나 인도자를 따라 부르라는 지시어일 수 있다.

“여호와의 종 다윗” 이 표제는 이 시편이 한 신실한 성도의 감사 찬양일 뿐만 아니라 하늘 왕이신 여호와께 기름 부음 받아 그의 대리통치자가 된 다윗 왕의 노래임을 부각한다(18편의 표제; 78:70; 89:3, 20; 132:10; 144:10 참조). 또 여호와께 헌신한 여호와의 종인[11] 다윗을 통해서 하나님의 왕조가 세워졌음을 암시하기도 한다(삼하 3:18; 7:5, 8, 20, 26; 왕상 3:6, 7; 8:24-26, 66; 11:13, 32, 34, 36, 38; 14:8; 왕하 8:19; 19:34 등 참조).

1. 악인의 죄에 대한 고발 (1-4절)

1-4절에서 다윗은 악인의 죄에 대해 고발을 하는데 자신에 대한 악행보다는 14편처럼 일반적인 악인들의 잘못된 특징들을 열거한다. 1절이 악인의 근본적인 문제를 말한다면 2-4절은 그 문제로 말미암아 드러나는 구체적인 증상들을 다룬다. 다윗은 아마도 이런 악인들에게 고통을 당하고 있었을 것이다(11절 참조).

1절 1-2행에 대해서는 이 부분의 각주가 보여주듯이 다양한 번역들이 제시되고 있다. 1-2행의 맛소라 본문은 “악인들의 잘못에 대한 말씀이/ 내 마음에 있네”로 직역된다. 이것은 뒤따르는 절들에 대한 도입 절로서, 악인의 근본적인 ‘죄,’ 즉 악인들이 죄를 저지르는 원인을 제공하는 근본적으로 잘

---

11. 칼뱅은 ‘여호와의 종’이라는 표현이 다윗 스스로 왕위를 차지한 것이 아니라 하나님의 부르심에 순종해서 왕이 되었음을 말하는 것이라고 해석한다. Calvin, *Psalms*, 1:258-9.

못된 생각에 대한 하나님의 '말씀'을 전하는 것이다. 개역개정에서 '이르기를'은 '말씀'으로 번역되는 히브리어 명사(*네움* נְאֻם)다. 이 명사는 대부분 용례에서 '하나님'이나 '여호와'라는 단어와 함께 등장하여 하나님의 '신탁'이나 '말씀'을 의미한다(110:1; 창 22:16; 민 14:28; 24:3, 15; 삼상 2:30; 왕하 9:26; 사 56:8; 슥 12:1 등 참조). 그 말씀이 다윗의 마음에 있다는 것은 하나님이 직접 계시한 것일 수도 있고 평소에 듣고 깨닫고 기억하고 있던 하나님의 말씀을 가리킬 수도 있다. 3-4행에 그 말씀의 내용이 나온다. 악인들의 근본적인 잘못은 하나님을 두려워하지 않는 것이다. 말로는 하나님의 존재를 인정하는지 몰라도 실제로는 하나님이 없는 것처럼 하나님의 법이 아닌 자기 뜻과 욕망대로 사는 것을 의미한다(3:2; 10:4; 11:13; 14:1 등). 이런 특징이 2-4절에 묘사되고 있다. 로마서 3장 18절에서는 죄인인 인간의 전형적인 특징을 묘사하기 위해 3-4행을 인용하고 있다.

2절은 히브리어 접속사 *키*(כִּי)로 시작한다. 이것은 1절의 이유를 가리킬 수도 있지만 1절의 잘못된 생각에 따른 행동을 '강조'하는 것으로 보는 것이 좋겠다. 2절 1행은 "정말로 그는 자기 눈앞에서 자신에게 아첨한다"로 직역될 수 있다. 개역개정에서 '자랑하다'로 번역된 단어(*할락* חָלַק)는 남을 속이기 위해서 아첨하거나(5:9; 잠 28:23) 음녀의 말로 유혹하는 것을 가리킨다(잠 2:16; 7:5). 그렇게 보면 1행은 하나님을 두려워하지 않는 악인이 스스로에 대한 과대망상에 빠져 자신을 속이는 거짓말을 하는 것을 의미한다. 악인의 '눈'은 자신만을 바라본다. 그는 자기의 생각을 항상 모든 것의 기준으로 삼고, 하나님의 뜻이 아니라 자신에게 좋아 보이는 대로 산다.[12] 2행은 그런 과대망상의 결과를 보여준다. 개역개정처럼 번역하면, 하나님 보시기에 엄청난 죄를 지으면서도 하나님의 심판을 두려워하거나 그것을 돌이킬 생각을 하지 않는 악인의 교만함을 고발하는 것이 될 것이다. 혹은 "자기 죄를 찾지

12. deClaisse-Walford, et al., *Psalms*, 341.

도 미워하지도 않네"로 직역하면 자신에게 있는 죄를 깨달을 수도 없고 그것을 미워하여 버릴 생각도 못하는 영적, 도덕적 불감증에 걸린 상태를 고발하는 것이다. '찾다'와 '미워하다'는 두 부정사가 접속사 없이 연결되어 악인의 일상적인 특징을 잘 강조한다. 이것은 3절 2행에서도 비슷하게 나타난다.

3절은 하나님을 두려워하지 않고(1절) 교만하여 마음 놓고 악을 행하는(2절) 악인들의 구체적인 말과 행동의 특징을 묘사한다. 1행은 마음의 생각이나 인격이 드러나는 악인의 말이 '죄악'과 '속임'이라고 규정한다. 2절의 '눈'이 악인의 교만을 상징한다면 악인의 '입'은 교만에서 흘러나오는 죄를 상징한다. '죄악'으로 번역된 단어는 4절과 13절에도 반복되는 단어로 '죄악'이라는 의미 외에도(5:5; 66:18; 94:23) '속임'이나(사 41:29) '재앙'이나(90:10; 욥 5:6) '헛된 것'(호 12:12)을 의미하기도 하여 악인들이 추구하는 것이 주로 그런 것들임을 강조한다. '속임(혹은 거짓말)'도 죄악의 일종으로 악인들이 주로 사용하는 것이다(5:6; 10:7; 17:1; 24:4; 34:13; 35:20 등). 1행이 악인의 말에 대한 고발이라면 2행은 그들의 행위에 대해 말한다. 지혜롭게 행하지도, 선을 행하지도 않는 악인들의 특징을 2절 2행처럼 접속사 없이 연결된 두 개의 부정사를 통해서 강조한다. 슬기롭지 못해서 하나님이 말씀하시는 선을 행하지 않는 악인의 모습은 14편 1-3절에도 등장한다.[13] '지혜롭게 행하다'는 동사는 구약에서 자주 하나님의 뜻과 말씀을 깨닫고 거기에 주의를 기울여(14:2; 41:1; 64:9; 106:7; 101:2; 잠 16:20; 사 44:18; 렘 9:23) '선을 행하는 것'(51:18; 119:68; 125:4; 사 1:7; 렘 4:22)을 의미한다. 여기서 '그치다'는 동사가 사용된 것은 악인 스스로가 하나님을 경외하고 그의 말씀대로 사는 지혜와 선의 길을 포기했음을 강조한다.

4절은 3절을 반복하면서도 강화한다. 1행에는 3절에 나온 '죄악'이란 단어가 제일 앞에 나오면서 그 죄악이 악인의 입을 통해 나오게 된 것이, 악인이

13. Kselman, "Psalm 36," 9.

밤에 잘 때에도("침상에서") 하나님이나 그의 말씀을 묵상하기보다(1:2; 4:4; 16:7) 죄악을 꾀한 결과임을 고발한다(미 2:1). 2행에서 악인은 죄악을 꾀하는 데서 실행의 길로 나선다. 3절에 나온 '선'이란 어근이 반복되면서 '선하지 않은 길'('악한 길'로 번역됨)로 나서는 악인의 모습을 그려준다. '길에 서다'는 표현은 작정하고 선하지 않은 길(잠 16:29; 사 65:2 참조), 3행의 '악'의 길에 버티고 서는 것을 의미한다(1:1, 6 참조). 1행이 사적인 영역을 말하고 2행이 공적인 영역을 말하여 악인이 항상 악을 저지르는 모습을 강조한다.[14] 3행("악을 거절하지 아니함")은 하나님을 두려워하지 않는 악인이 자신에게 이익이 된다면 악행도 서슴지 않는 것을 의미한다. 4절의 악인의 모습은 항상 여호와의 말씀을 마음에 간직하고 지켜야 하는 여호와 백성의 모습과 정반대다(신 6:6-7).[15]

2. 보배로운 여호와의 인자하심과 공의(5-7a절)

1-4절에서 악인의 모습을 고발한 다윗은 5-7a절에서 악인의 죄악과 대조되는 여호와의 인자하심, 진실하심, 의, 심판(=공의)이 얼마나 보배로운지를 노래한다. 5절에 등장한 '인자하심'이라는 단어가 7a절에 다시 나와 수미쌍관을 이루며 하나의 연을 이루고, 10절에 다시 나와 5-10절을 하나로 묶는다. 이 부분에서는 '여호와'와 '하나님'을 2인칭으로 부르며(5, 6, 7절) 여호와의 성품을 찬양하는 형식을 취한다. 하나님의 성품에 대한 묘사는 하늘 - 구름 - 산들 - 바다 순으로 하강하는 형태를 취하는데, 이것은 하나님의 인자하심과 공의가 '하늘과 산들(땅)과 바다'로 이루어진 온 우주를 채우고 있음을 잘 그려준다.[16]

5절에서 시인은 1-4절의 시인의 죄악과 악행과 대조되는 여호와의 인자하

---

14. Kselman, "Psalm 36," 5.

15. Kselman, "Psalm 36," 9.

16. McCann, "Psalms," 823; Kselman, "Psalm 36," 9-10.

심과 진실하심을 찬양한다. '하늘' - '인자하심' - '진실하심' - '공중(구름)' 순의 교차 대구적인 구조로 여호와의 인자하심과 진실하심의 보배로움을 강조한다. '하늘'과 '공중'은 인간이 볼 수 있는 가장 높은 장소를 상징한다. 그래서 하늘과 구름까지 닿는다(사무친다)는 것은, 하나님의 '인자하심'과 '진실하심'은 세상이 다 담을 수 없을 정도로 귀하여(왕상 8:27 참조) 그 풍성함을 다 측량할 수도 없으며, 온 우주에 가득 차 있음을 찬양하는 것이다(33:5; 57:10=108:4; 78:23; 신 33:26; 욥 38:37; 사 45:8; 렘 51:9).[17] 악인들의 죄가 아니라 여호와의 인자하심이 세상에 충만함을 강조한다.[18] '인자하심'과 '진실하심'은 시편에 자주 같이 등장한다(40:10; 88:11; 89:1, 2; 92:3; 98:3; 100:5). 두 단어는 함께 하나님이 언약하신 것에 신실하게 당신의 창조 세계와 백성들에게(6절 2행 "사람과 짐승") 한량없이 베푸시는 사랑과 은혜를 의미한다.

6절 1-2행은 5절과 유사한 구조로 역시 여호와의 '의'와 '심판(=정의)'을 노래한다. 1행은 여호와의 의가 '하나님의 산들' 같다고 노래하고 2행은 여호와의 '심판(=정의)'을 '깊은 바다'에 비유한다. '의'가 관계와 공동체에서의 신실함이나 의로움을 가리킨다면 '정의'는 법적으로 올바른 판결이나 법정적인 의로움을 의미한다. 하지만, 여기서는 함께 창조 세계와 인간 사회를 향한 왕이신 하나님의 섭리와 통치의 의로움을 말한다(33:5; 37:6; 89:14; 99:4; 사 9:7). 그런 의로운 통치는 악인들의 죄악에 대해서는 심판하는(11절) 모습으로 나타난다.[19] '하나님의 산들'로 번역된 단어는 '(가장) 높은 산들'로도 번역되는데, 여기서 히브리어 *엘*(אֵל)은 최상급을 의미한다(50:10; 80:10; 사 14:13, *HALOT*, 새번역, NIV, JPS). 이 표현은 2행에 나오는 '큰 바다'와 평행을 이루는데, 전자가 '높이'를 나타낸다면 후자는 '깊이' 혹은 '넓

17. Kraus, *Psalms 1-59*, 399 참조.
18. Kraus, *Psalms 1-59*, 399.
19. Kraus, *Psalms 1-59*, 399.

이'를 강조한다. '큰 바다'로 번역된 단어는 '깊은 바다' 혹은 '광활한 깊음' 등으로 번역될 수 있다. '바다'는 태초의 '깊음'이나 바다를 가리킬 수도 있지만(104:6; 창 1:2), 여기서는 일반적인 깊은 바다(33:7; 77:16; 78:15; 107:26; 135:6; 잠 3:20)를 가리킨다. '높은 산들'과 '깊은 바다'의 비유는 5절처럼 측량할 수 없을 만큼 위대한 하나님의 공의와 정의를 묘사할 뿐만 아니라(롬 6:33), 온 세상 가운데 빈틈없이 이루어지는 하나님의 의로운 통치를 강조한다.[20]

6절 3행은 앞의 네 행에서 노래한 '인자'와 '진실'과 '공의'와 '정의'로 여호와가 사람과 짐승을 구해 주신다는 것을 노래한다. 사람과 짐승은 앞에서 언급한 '하늘'과 '산들'과 '바다'에 사는 피조물들을 대표한다(렘 32:43; 36:29; 겔 14: 13, 17; 36:11; 욘 4:11; 슥 2:8).[21] '구하다'는 동사는 그들이 고통당하지 않도록 보호하시고(NIV) 돌보시는(새번역) 여호와의 모든 행동을 가리킨다(104:10-18, 21, 27-28; 147:9; 욥 38:39-41).[22]

7절 1행은 5-6절에서 노래한 모든 내용을 요약하는 고백이다. 창조주이신 '하나님'을 부르며, 하나님의 모든 성품의 대표로 '인자하심'을 다시 언급하며(5절 1행) 그것의 '보배로움'을 감탄문으로(8:1, 4, 9; 31:19; 104:24) 찬양한다. '보배로운'으로 번역된 단어는 희귀하고 값진 보석처럼(삼하 12:30; 왕상 10:2, 10; 욥 28:16) 소중하고 값진 것을 의미한다(116:15). 이 찬양에는 하나님의 '인자하심'이 없으면 창조 세계와 인간이 제대로 유지되거나 살 수 없다는 고백이 깔려있다.

3. 여호와의 인자하심이 주는 복(7b-9절)

7b-9절은 5-7a절에서 찬양했던 하나님의 '인자하심'과 그의 의로운 통치

---

20. Craigie, *Psalms 1-50*, 292.
21. Kselman, "Psalm 36," 10.
22. Kraus, *Psalms 1-59*, 399 참조.

가 사람들에게 가져다주는 은혜와 복을 고백한다.

7절 2행에서 다윗은 앞에서 찬양했던 여호와의 '인자하심'과 '의로우심'이 주는 첫 번째 은혜로 그의 '피난처' 되심을 고백한다. 이것은 6절 3행의 고백에서 한 걸음 더 나아가 창조주 하나님만이 인류를 보호하실 수 있음을 찬양하는 것이다. '사람들'로 번역된 표현('사람의 아들들,' 11:4; 14:2; 31:19; 49:3; 신 32:8; 삼하 7:14; 왕상 8:39; 사 52:14)은 하나님에 의해 창조된 사람들 모두를 가리키는 표현이다. 1-4절에서 노래한 악인들까지도. 인류는 창조주 하나님의 '날개 그늘' 아래로 언제든지 피할 수 있고 또 피해야 한다고 노래한다. 여기서 하나님의 '날개'는 새가 날개를 펴서 위험에 처한 새끼를 보호하는 것을 연상시키며(신 32:11; 사 31:5; 마 23:37; 눅 13:34; 61:4; 91:4; 룻 2:12), '그늘'은 뜨거운 태양 아래 있는 사람에게 제공되는 시원한 피난처를 떠오르게 한다(91:1; 121:5). 그러므로 하나님의 '날개 그늘'은 진정한 피난처와 보호를 상징하는 복합적인 비유라고 볼 수 있을 것이다(17:8; 57:1; 63:7).[23] '피한다'는 것은 어려움 가운데서 하나님께 도움을 요청하고 모든 삶의 순간에 하나님을 의지하는 것을 의미한다(2:12; 5:11; 7:1; 11:1; 16:1; 34:8, 22; 37:40 등). 8절 1행의 '하나님의 집'은 실제로 하나님의 도움을 요청하고 의지하는 피난처다.

8절 1행은 여호와의 '집'을 7절 2행의 '피난처' 이미지와 연결하면서도 풍성한 복이 흘러나오는 근원으로도 소개한다. '인류'가 하나님께 피했을 때 창조주 하나님은 그들에게 살찐 것(63:5; 65:11; 삿 9:9; 사 55:2; 렘 31:14)으로 먹이신다고 한다. 다윗과 이스라엘에게 하나님의 '집'은 성소를 가리킨

---

23. 많은 학자들(예: Kraus, *Psalms 1-59*, 248-9)은 이 은유적 표현을 법궤 위에 날개를 펼치고 있는 그룹의 날개에서 비롯되었을 가능성을 제시했는데(왕상 8:6; 대상 28:18; 대하 5:7 참조), Kwakkel, "Under YHWH's Wings," 153-5에서는 룻 2:12과 같은 성전과 관련 없는 본문의 예를 들면서 이 해석의 가능성을 배제한다. 그는 이 비유의 기원보다 더 중요한 것은 이 비유가 일반화되어서 하나님의 '보호'를 의미한다는 것을 받아들이는 것이라고 주장한다(162-5쪽).

다. 성소에서 백성들이 하나님을 예배하며 (감사) 제물을 함께 먹는데(레 3, 7장), 이것은 왕이 베푼 왕궁의 식탁에서 그의 백성들이 마음껏 먹고 마시는 것을 상징한다(23:5-6; 출 24:9-11 참조). 8절은 바로 그런 상징을 이용한 것으로, 인류가 하나님의 '집'이자 성전으로 창조된 땅에서 창조주가 허락하신 살찐 것과 생수를 마음껏 먹고 마시는 것을 의미한다.[24] 그런 점에서 '복락'(행복과 기쁨)으로 번역된 단어는 의미심장하다(104:10-18; 창 1:29-30; 2:16). 이 단어는 히브리어 단어 *에덴*(עֵדֶן)을 번역한 것으로 창조 세계의 축소판이었던 에덴동산의 이름이다(창 2:8, 10, 15). 또 '강'이라는 표현 역시 에덴동산에서 발원하는 강들을 상기시키며(창 2:10-11) 여호와의 성전에서 흘러나와 만물을 살리는 생명수에 대한 에스겔과 요한의 환상을 내다본다(46:4; 겔 47:1-12; 계 22:1-2). 이 그림은 하늘 누각에서 비를 통해 강에 물을 공급하셔서 땅을 적시는 이미지를 노래하는 104편 13절과도 연결된다(65:9; 사 30:25). 이런 그림들은 모두 앞에서 노래한 하나님의 '인자하심'과 '공의'의 통치와 돌보심은 당신이 지으신 인류와 창조 세계에 풍성한 행복과 기쁨을 제공하는 것을 강조한다.

9절은 8절의 생각을 더 강조한다. 1행에서는 '인자하신' 창조주께서 인류의 삶을 풍성하게 만드는 근원이심을 '생명의 원천(샘)'이라는 표현을 통해 강조한다. 이 이미지는 앞 절의 '복락의 강물'의 이미지를 좀 더 구체화한 것이다. 하나님께 피하는 사람은 생명의 원천이신 하나님으로부터 모든 생명의 힘을 공급받아(6, 7절) 풍성한 삶을 누리게 된다는 말이다. 잠언에서는 여호와를 경외하는 지혜가 '생명의 샘'으로 등장한다(잠 10:11; 13:14; 14:27; 16:22). 이스라엘은 이 '생명 샘'이신 하나님을 버리고 다른 우상들을 섬김으로써 '생명'을 상실하게 된다(렘 2:13; 17:13). 2행에서는 '생명 샘'이 하나님의 '빛'으로 표현되고 있다. '주의 빛'은 대체로 하나님의 '얼굴빛'으로 구

---

24. Craigie, *Psalms 1-50*, 292.

체화하기도 하는데(67:1; 80:3; 89:15; 민 6:25) 인류에게 베푸시는 하나님의 은혜와 호의를 상징한다. 이스라엘은 성전에 임재하시는 하나님에게서 이 빛을 보았다.[25] 그래서 주의 빛 안에서 '우리가 빛을 본다'는 말은, 하나님께 피하고 의지하는 자('우리,' 성소의 예배자들)가 하나님의 임재 가운데서 그의 은혜와 복과 구원을 경험하고 누리게 된다는 것을 말한다(4:6; 27:1; 44:3; 49:19; 50:2; 56:13; 89:15; 97:11; 112:4; 욥 3:20; 33:28; 사 2:5; 60:1).[26]

4. 여호와의 인자하심과 공의를 의인에게 베푸시길 간구함(10절)

10절에서 다윗은 5-9절의 결론으로 앞에서 노래한 여호와의 '인자하심'과 '공의'(5, 6, 7절)를 의인에게 베푸시길 기도한다. 이 기도는 사실은 온 창조 세계와 인류에게 보장된 하나님의 '인자하심'과 '공의'로 말미암는 복(7b-9절)이, 하나님을 '알고' '마음이 정직한 자들'인 의인들(9절의 '우리')에게 임하기를 구하는 것이다. 아무리 하나님이 인류를 위해 풍성한 삶을 위한 복을 준비해도 하나님께로 피하여 도움을 구하지 않는 1-4절의 악인과 같은 사람들은 그 복을 받을 수 없기 때문이다. 하나님을 '아는 자들'은 하나님과 친밀한 관계를 맺고 있는 하나님을 '사랑하는 사람들'이다.[27] 즉, 하나님의 계시와 하나님이 베푸신 구원과 은혜를 경험하여, 하나님에 대한 올바른 지식을 가지고 그를 믿고 그의 뜻대로 행하는 사람이다(9:10; 79:6; 91:14; 출 5:2; 삼상 2:12; 욥 18:21; 렘 2:8; 호 2:22; 5:4). 이와 유사하게 2행의 '마음이 정직한 자들'도 하나님 말씀대로 살려고 하는 의인들로(7:10; 32:11; 64:10; 94:15) '공의'와 '정의'를 베푸시는 하나님의 성품에 화답하는 자들이다.[28] '베풀다'는 단어는 '끌어내다'에서 파생되어 '뻗다'는 의미를 가진 단어

---

25. Kraus, *Psalms 1-59*, 400.

26. Brown, *Seeing the Psalms*, 197-8에서도 그렇게 해석한다.

27. Craigie, *Psalms 1-50*, 292-3.

28. Kselman, "Psalm 36," 13.

로(109:12; 렘 31:3) 하나님이 당신의 인자와 공의를 빼어서 의인들에게 베푸시는 그림을 연상시킨다.

5. 의인 보호 기원과 악인 멸망에 대한 확신(11-12절)

10절에서 다윗이 2인칭으로 여호와를 부르며 의인들에게 복을 베푸시길 간구했다면, 11절은 다윗 자신을 악인들로부터 보호해 주시길 간접 명령 형식(Jussive)으로 기원하는 절이며, 12절은 악인들의 멸망을 확신하는 절이다. 11-12절은 1-4절의 악인 고발 부분과 연결되는데, '악인들'이나 그들의 '악'에 대한 어휘들이 두 부분에 함께 등장하면서 시 전체를 하나로 묶는다. 앞에서는 악인들의 '눈'과 '입'이 등장했다면 여기서는 그들의 '발'과 '손'이 악의 도구로 등장한다.

11절은 다윗이 이 시편에서 처음으로 '나'를 위한 기도를 하는 간접 명령 형식의 기원문이다. 이 절의 교차 대구적인 구조는 기도의 목적을 잘 나타낸다.

내게 이르지 못하게 해 주십시오
교만한 자들의 발이
악인들의 손이
나를 쫓아내지 못하게 해 주십시오

가운데 부분에는 '교만한 자들'과 '악인들'이 등장하여, 11절의 다윗('나')이 대표하는 10절의 '주를 아는 자들'과 '마음이 정직한 자들'과 대조를 이룬다. 1행의 '교만한 자들'은 1-2절에서 묘사한 하나님을 두려워하지 않고 자신에 대해 자랑하는 모습을 함축한 표현이다. 이에 비해 2행의 '악인들'은 12절의 '악을 행하는 자들'과 함께 3-4절에서 묘사하는 악을 행하는 그들의 특징을 요약한다. 또 악인들의 악행의 수단으로 등장하는 '발'과 '손'은 의인들에 대한 그들의 음모(4절)와 죄악과 속임을 상징한다.

바깥 부분에는 기도가 배치되어 있다. 1행의 첫 번째 기도는 악인들이 꾀하는 악(3-4절)이 이루어지거나 악인들이 승리하지 못하게 해 달라는 기도다. 악인들의 '발'이 이른다는 것을 새번역과 유대인 번역에서는 '짓밟는' 것으로 번역되고 있는데 이것은 악인들의 공격과 승리로 해석한 것이다. 발로 목을 밟는 행동은 전쟁에서의 승리를 의미하곤 했다(110:1).[29] 2행에서 '쫓아내다'로 번역된 동사(누드 נוּד)는 '흔들리거나'(왕상 14:15; 렘 4:1) 본토나 고향에서 떠나 '유리하는'(창 4:12; 왕하 21:8) 모습을 그리는 동사다. 그러므로 '나를 쫓아내지 못하게' 해 달라는 기도는 악인들이 승리하거나 득세하여 의인들을 몰아내지 못하게 해 달라는 것을 의미한다.[30] 악인들로부터 의인을 보호해 달라는 이러한 기도는 뒤집으면 악인들의 멸망을 구하거나 악인들이 저지르는 악행이 이루어지지 않기를 기도하는 것이다.

12절에서 시인은 1-4절에서 고발했던 '죄악을 행하는 자들'이 '넘어지고 엎드러져 일어나지 못할 것'을 확신하고 있다. '죽음'과 '멸망'을 암시하는 세 동사가 함께 사용된 것은 악인들의 철저한 패배와 멸망을 강조한다. 이것은 11절의 기원이 이루어질 것에 대한 확신이며 4절에서 '악을 꾀하며' 악한 길에 '나섰던' 악인의 모습과 극명한 대조를 이룬다.[31] 이런 확신은 5-9절에서 고백했던 여호와의 '인자하심'과 '공의'의 통치를 믿는 데서 비롯된 것이다. 이 절을 시작하는 부사어 '거기서'는 좀 엉뚱하게 보인다. 하지만 1-4, 11절과 연결하면 여기서 '거기'는 악인들이 죄악을 행하여 의인들을 해치려고 하는 모든 장소나 때('그때')를 가리킨다고 할 것이다(*HALOT*, 14:5; 132:17 참조). 혹은 '거기'는 5-10절에서 노래한 여호와의 인자하심이 임하는 곳(8절의 하

---

29. Kraus, *Psalms 1-59*, 400; 김정우, 『시편주석 I』, 777 참조.

30. Kraus, *Psalms 1-59*, 400; Kselman, "Psalm 36," 13에서는 성전으로 피한 시인을 내쫓는 것을 의미한다고 보지만 이것은 너무 좁게 이해하는 것으로 보인다.

31. Kselman, "Psalm 36," 15.

나님의 집[32])을 의미할 것이다.[33]

교훈과 적용

시편 36편의 교훈: 악인들이 득세하여 죄악과 불의가 판을 치는 세상에서도, 의인이 여호와의 인자하심과 공의가 이 땅에 이루어질 것을 믿고 여호와를 의지하며 의를 행할 때, 여호와께서 의인에게는 풍성한 은혜와 복을 베푸시지만 악인들은 멸하실 것이다.

1. 악인들이 득세하는 세상의 종말을 확신하라(1-4, 11-12절)

36편이 묘사한 세상처럼, 사람들은 눈에 보이지 않는 하나님을 두려워하지 않고 자신들의 지혜와 세상의 악한 흐름을 따라 온갖 죄악과 거짓과 술수를 행한다. 의로운 예수님이 악인들의 거짓말로 십자가에 달려 돌아가셨을 때 제자들은 의로운 하나님 나라가 이루어질 수 없다고 절망했을 것이다. 사도 바울도 다윗의 고발에 동의하면서(롬 3:18) 하나님을 떠난 죄인들의 이런 모습을 신랄하게 고발한다(롬 1:28-32). 이런 세상에서는 자기 눈에 지혜롭게 행하는 악인들이 승리하는 것처럼 보인다. 성도들도 하나님의 말씀보다는 악인들의 꾀(4절)로 삶을 채우고 싶은 유혹을 느낄 정도다. 이럴 때 우리는 성경에서 블레셋이나 사울, 바벨론과 로마처럼 의로운 교회를 핍박한 나라들과 악인들의 비참한 종말을 기억해야 한다. 그들에게 하나님의 통치가 임했을 때 그들은 '넘어지고 쓰러져 다시 일어나지' 못했다(12절). 의로운 성도와 교회를 공격하는 악인들은 반드시 멸망하고 만다는 것을 확신해야 한다.

2. 인자하고 의로운 하나님의 통치를 누리고 소망하라(5-10절)

그리스도인들이 악한 세상에서 살면서 기억해야 할 것은 악인들의 비참한 종말만이 아니다. 다윗처럼 하나님께서 당신의 사랑과 공의로 이 세상을 다스리고 계시며, 사랑과 공의의 선물인 풍성한 생명으로 가득한 하나님 나라를 세우고 계심을 확신해야 한다(5-9절). 예수 그리스도는 참 생명의 빛이시고(요 1:4; 6:35; 8:12) 우리에게 생수를 공급하시는 생명의 샘이시다(9절, 요 4:10, 14). 우리는 참 성전이신 예수 그리스

---

32. deClaisse-Walford, et al., *Psalms*, 340, 각주 7과 345 참조; Kselman, "Psalm 36," 14-5에서는 '거기'를 '죽음의 세계'를 의미한다고 보기도 한다.
33. Mays, *Psalms*, 158.

도 안에서 풍성한 하나님 나라를 선물로 받고 성령의 생명수를 마신다(8절; 요 7:37-39; 14:19; 계 21:6; 22:17).[34] 교회는 예배와 성례에 참여함으로 하나님의 풍성한 생명을 받아 누린다.[35] “온갖 좋은 은사와 온전한 선물이 다 위로부터 빛들의 아버지께로부터 내려온다.”(약 1:17) 그러므로 성도와 교회는 그리스도를 통해 우리에게 주어진 하나님의 사랑(요 3:16)과 ‘공의’(롬 3:21-26)를 힘입어 빛이신 하나님의 자녀들로 살아야 한다(엡 5:8-11). 날마다 하나님께 피하여 성령 안에서 주시는 신비하고 풍성한 하나님 나라의 생명을 맛보고 누려야 한다. 세상의 “알 수 없는 혼란 중에서도 경탄과 놀라움으로 하나님의 은밀한 섭리를 묵상하는 데까지 우리의 생각을 높여야”[36] 한다.

---

34. Mays, *Psalms*, 158.
35. Mays, *Psalms*, 158.
36. Calvin, *Psalms*, 2:7.

시편 37편

온유한 자가
땅을 차지한다

1 악을 행하는 자들 때문에 불평하지 말며
불의를 행하는 자들을 시기하지 말지어다
2 그들은 풀과 같이 속히 베임을 당할 것이며
푸른 채소 같이 쇠잔할 것임이로다
3 여호와를 의뢰하고 선을 행하라
땅에 머무는 동안 그의 성실을 먹을 거리로 삼을지어다
4 또 여호와를 기뻐하라
그가 네 마음의 소원을 네게 이루어 주시리로다
5 네 길을 여호와께 맡기라
그를 의지하면 그가 이루시고
6 네 의를 빛 같이 나타내시며
네 공의를 정오의 빛 같이 하시리로다
7 여호와 앞에 잠잠하고
참고 기다리라[1]
자기 길이 형통하며
악한 꾀를 이루는 자 때문에 불평하지 말지어다
8 분을 그치고 노를 버리며
불평하지 말라 오히려 악을 만들 뿐이라
9 진실로 악을 행하는 자들은 끊어질 것이나
여호와를 소망하는 자들은 땅을 차지하리로다
10 잠시 후에는 악인이 없어지리니
네가 그곳을 자세히 살필지라도 없으리로다

---

*37편의 주석은 김성수, "시편 34-37편," 13-34를 수정하고 확장한 것이다.

1. 칠십인역에서는 1-2행을 "주님께 저를 맡기고 그에게 간구하라"로 읽고 있다. 아퀼라 역본에서는 2행을 '기다리라'로 번역하는데 이것은 아마도 MT의 *히트홀렐*(הִתְחוֹלֵל) 대신 '기다리다'는 의미를 가진 *호헬*(הוֹחֵל)로 읽었기 때문일 것이다(*BHS* 난하주).

11 그러나 온유한 자들은 땅을 차지하며
풍성한 화평으로 즐거워하리로다
12 악인이 의인 치기를 꾀하고
그를 향하여 그의 이를 가는도다
13 그러나 주께서 그를 비웃으시리니
그의 날이 다가옴을 보심이로다
14 악인이 칼을 빼고
활을 당겨
가난하고 궁핍한 자를 엎드러뜨리며
행위가[2] 정직한 자를 죽이고자 하나
15 그들의 칼은 오히려 그들의 양심을 찌르고
그들의 활은 부러지리로다
16 의인의 적은 소유가
악인의 풍부함보다 낫도다
17 악인의 팔은 부러지나
의인은 여호와께서 붙드시는도다
18 여호와께서 온전한 자의 날을[3] 아시나니
그들의 기업은 영원하리로다
19 그들은 환난 때에 부끄러움을 당하지 아니하며
기근의 날에도 풍족할 것이나
20 악인들은 멸망하고
여호와의 원수들은 어린 양의 기름 같이
타서 연기가 되어

2. 칠십인역에서는 MT의 '길' 대신에 '마음'으로 읽고 있다.
3. 칠십인역에서는 '길들'로 읽고 있다.

없어지리로다

21 악인은 꾸고 갚지 아니하나

의인은 은혜를 베풀고 주는도다

22 주의 복을 받은 자들은 땅을 차지하고

주의 저주를 받은 자들은 끊어지리로다

23 여호와께서 사람의 걸음을 정하시고

그의 길을 기뻐하시나니

24 그는 넘어지나 아주 엎드러지지 아니함은

여호와께서 그의 손으로 붙드심이로다

25 내가 어려서부터 늙기까지

의인이 버림을 당하거나

그의 자손이 걸식함을 보지 못하였도다

26 그는 종일토록 은혜를 베풀고 꾸어 주니

그의 자손이 복을 받는도다

27 악에서 떠나 선을 행하라

그리하면 영원히 살리니

28 여호와께서 정의를 사랑하시고

그의 성도를 버리지 아니하심이로다

그들은 영원히 보호를 받으나[4]

악인의 자손은 끊어지리로다

29 의인이 땅을 차지함이여

거기서 영원히 살리로다

---

4. 주석가들은 28절 3행을 시작하는 본문을 비평적으로 교정하는 *BHS*의 제안과 칠십인역을 참조하여 다음과 같이 제안한다. "불의한 자들은 영원히 멸망할 것이다"(עַוָּלִים לְעוֹלָם נִשְׁמָדוּ). 이렇게 하면 28하-29절을 *아인*(ע) 절로 분리할 수 있다(NIV가 그 제안대로 번역한 전형적인 번역이다). 하지만 충분한 사본상의 근거가 없어서 여기서는 27-29절을 하나의 단위로 다룰 것이다.

30 의인의 입은 지혜로우며

그의 혀는 정의를 말하며

31 그의 마음에는 하나님의 법이 있으니

그의 걸음은 실족함이 없으리로다

32 악인이 의인을 엿보아

살해할 기회를 찾으나

33 여호와는 그를 악인의 손에 버려 두지 아니하시고

재판 때에도 정죄하지 아니하시리로다

34 여호와를 바라고

그의 도를 지키라

그리하면 네가 땅을 차지하게 하실 것이라

악인이 끊어질 때에 네가 똑똑히 보리로다

35 내가 악인의 큰[5] 세력을 본즉

그 본래의 땅에 서 있는 나무 잎이 무성함과 같으나[6]

36 내가 지나갈 때에[7] 그는 없어졌나니

내가 찾아도 발견하지 못하였도다

37 온전한 사람을 살피고 정직한 자를 볼지어다

모든 화평한 자의 미래는 평안이로다

38 범죄자들은 함께 멸망하리니

악인의 미래는 끊어질 것이나

39 의인들의 구원은 여호와로부터 오나니

---

5. 칠십인역에서는 "스스로 매우 높이 치켜세우는"으로 번역하는데 이것은 아마도 '무자비하다'(*아리츠* עָרִיץ)를 '스스로 높이는'(*알리츠* עָלִיץ)으로 읽은 결과일 것이다.
6. 칠십인역에서는 MT(*우미트아레 케에즈라흐 라아난* וּמִתְעָרֶה כְּאֶזְרָח רַעֲנָן) 대신에, "스스로 레바논 백향목처럼 높이는"(*우미트알레 케아르제 하레바논* וּמִתְעַלֶּה כְּאַרְזֵי הַלְּבָנוֹן)으로 읽고 있다.
7. 이 번역은 '그가 사라지다'로 번역되는 MT가 아닌 칠십인역을 따른 것이다.

그는 환난 때에 그들의 요새이시로다
40 여호와께서 그들을 도와 건지시되
악인들에게서 건져 구원하심은
그를 의지한 까닭이로다

본문 개요

37편은 잠언 형식의 교훈들로 가득한 다윗의 지혜시편 혹은 '교훈시'(didactic poetry)다.[8] 1-11절에 반복되는 '명령문들'(훈계)은 잠언에 자주 등장하는 '아비' 혹은 '스승'이 '자녀' 혹은 '제자들'에게 하는 지혜 교훈들과 유사하다.[9] 이후에 나오는 악인과 의인의 특징이나 운명에 대한 절들도 잠언에 등장하는 많은 교훈과 유사하다. 특별히 잠언 2장 21-22절은 마치 37편의 주제를 요약하고 있는 듯하다.[10] 혹자는 예배 중에 사용된 '설교'(homily)라고 부르기도 하지만[11] 교훈적인 기능을 한다는 면에서 차이는 없다. 37편은 의인이 고난당하는 것에 대한 현실적인(realistic) 시각을 견지하면서도, 결국은 그 고난이 끝나고 여호와를 통한 의로운 '응보'(retribution)가 실현될 것임을 확신하는 미래적(futuristic) 시각도 동시에 보여주는 전형적인 지혜

8. Kraus, *Psalms 1-59*, 404.
9. A. Weiser, *The Psalms* (OTL; Philadelphia: The Westminster Press, 1998), 315. 바이저는 37편의 시인은 실용적인 목적으로 기존의 잠언들에 자신의 경험에 기초한 교훈들을 덧붙인 것이라고 말한다.
10. S. C. Jones, "Psalm 37 and the Devotionalization of Instruction in the Postexilic Period," in *Prayers and the Construction of Israelite Identity*, eds. S. Gillmayr-Bucher and M. Häusl (Atlanta: SBL, 2019), 179 참조.
11. E. S. Gerstenberger, *Psalms Part 1 with an Introduction to Cultic Poetry* (Grand Rapids: Eerdmans, 1988), 158에서는 이 시편이 유대인 회당에서의 예배 상황에서 설교로 사용되기 위해 지어졌다고 본다.

시편이다.[12] 그런 점에서 37편의 지혜는 '소박한 종교적 낙관주의'가 아니라 수많은 싸움과 경험들 가운데서 시험을 받은 확고한 믿음의 표현이고,[13] 이런 확신은 하나님이 세상을 다스리신다는 확신으로부터 온 것이다(13절).[14]

이 시편이 알파벳 이합체 시라는 특징도 지혜를 담기에 용이하다. 약간 불규칙하기는 하지만 대개 한 알파벳에 두 절씩 할당되어 있다. 앞뒤 시편들은 주로 하나님을 향하여 올리는 많은 탄식이나 고백 혹은 찬양(34편)으로 이루어져 있지만, 37편은 다른 지혜시편들처럼 사람이 사람들에게 주는 교훈들로 이루어져 있다. 그러면서도 이 시편의 중심 동사인 '끊다,' '상속하다'는 단어는 잠언보다는 신명기나 레위기 등에서 자주 등장하는 말들이다.[15] 이런 특징은 일반 잠언과 달리 긴 문맥을 가진 완결된 시편 속에서 하나의 주제를 노래하는 시편만의 독특성을 보여주는 것이기도 하다.

이 시편의 배경이 예배 상황이든지 그렇지 않든지, 그것은 그렇게 중요한 것은 아니다. 어떤 상황을 염두에 두든지 하나님의 백성에게 경건한 교훈을 주려고 하는 목적은 변하지 않는다. 37편의 표제는 이 시편을 다윗의 삶과 관련시키고 있다. 34편의 표제가 보여주듯이 다윗은 한때 사울에게 쫓겨 땅에서 추방되듯이 도망 다녔던 적도 있다. 하지만 사무엘하 7장의 다윗 언약의 내용은 대적들을 물리치고 나라를 안정시킨 다윗을 통해 이스라엘이 땅에서 안식을 누리게 되었음을 강조하고 그의 후손들을 통한 땅에서의 번영

---

12. J. K. Kuntz, "The Retribution Motif in Psalmic Wisdom," *ZAW* 89(1977): 230-2 참조.

13. Weiser, *The Psalms*, 316. 이와 반대로 L. P. Maré, "The Ethics of Retribution in Psalm 37," *Ekklesiastikos Pharos* 92 (2010): 264-74, 특히 273쪽에서는 37편은 욥의 친구들처럼 현재 고통당하는 자들의 탄식이나 저항을 고려하지 않은, "매우 비실제적이고, 소박하고, 한편에 치우친" 응보의 윤리를 말하고 있다고 보지만, 이것은 매우 피상적인 관찰이라고 할 수 있다.

14. McCann, "Psalms," 828.

15. W. Brueggemann, "Psalm 37: Conflict of Interpretation," in eds. H. A. McKay and D. J. A. Clines, *Of Prophets' Visions and the Wisdom of Sages Essays in Honour of R. Norman Whybray on his Seventieth Birthday*, JSOTSup. 162 (Sheffield: Sheffield Academic Press, 1993), 232-3.

을 약속하고 있다. 이런 다윗의 생애는 37편(특히 8-16절)과 매우 밀접하게 관련된다.[16] 즉, 37편은 다윗 개인의 고난과 승리의 경험뿐만 아니라 이스라엘의 역사 전반에 걸친 관찰에서 비롯된 교훈이라고 할 수 있을 것이다.

37편과 25편은 둘 다 알파벳 이합체 시편으로 '온유한 자'(혹은 '가난한 자,' *아나브*, עֲנָו, 25:9; 37:11)와 그의 자손(25:13; 37:25)이 '땅을 상속할 것이다'(*야라쉬 에레츠* יָרַשׁ אֶרֶץ)라는 독특한 표현을 공유함으로써(25:13, 37:11) 서로 밀접하게 연결되어 있다.[17] 한편, 37편은 또 다른 알파벳 이합체 시편인 34편과 함께 악인과 의인의 운명에 대해 다루는 34-37편 그룹을 형성하고 있다(34편 개요 참조). 25-37편 그룹 전체는 누가 땅을 차지하여 하나님의 복을 누리며 사는가에 대한 답을 준다. 첫 번째는 성소에서 오직 하나님께 죄 용서와 고난에서의 구원을 구하는 자(25-33편)이고, 두 번째는 멸망할 악인들과 달리 '악을 버리고 선을 행하는' 사람(34-37편)이다. 37편은 25-37편 그룹, 34-37편 그룹의 결론 시편으로서, 특별히 35-36편의 기도에 대한 응답으로서, 의인과 악인의 특징들과 그에 따른 그들의 상과 벌을 상세하게 교훈한다. 이런 특징은 34편 14절의 "악을 버리고 선을 행하라"는 표현(*수르 메라 봐아세 토브* סוּר מֵרָע וַעֲשֵׂה־טוֹב)이 37편 27절에도 똑같이 나오면서 이 그룹의 주제를 강조하는 데서 확인할 수 있다. 또 35편 16절과 37편 27절에는

---

16. 다윗을 저자로 보지 않는 학자들은, 이 시편이 바벨론에서 돌아온 포로 귀환자들에게 고난 가운데서도 인내와 여호와 신뢰와 정의의 추구를 통해 땅의 완전한 회복을 기대하도록 하려는 목적에서 지어졌다고 보기도 한다. Jones, "Psalm 37," 167-88 참조. H. Irsigler, "Quest for Justice as Reconciliation of the Poor and the Righteousness in Psalms 37, 49 and 73," *SK* 19/3 (1988): 585 참조.

17. 김창대, 『한권으로 꿰뚫는 시편』, 109-10에서도 25-37편을 온유한 자가 복을 받는다는 공통 주제로 묶일 수 있다고 주장한다. 25-37편 그룹이 '의인의 복과 번영'을 강조한다는 그의 주장은 그의 논문 Kim, "Psalm 37," 102에서도 나타나고 있다. 25편과 37편이 갖는 많은 공통점에 대해서는 Botha, "Pss 25 and 37," 543-66에서 상세하게 다루고 있는데, 특별히 546-50쪽은 그것을 잘 정리하고 있다. 보타(550쪽)는 두 시편이 포로기 이후에 같은 신학적 관점을 가진 사람들에 의해 지어졌을 것이라고 추측한다.

악인이 의인에게 이를 가는 표현이 똑같이 등장한다. 이 외에도 이 그룹의 시편들은 악인과 의인에 대한 다양한 표현들을 공유하고, 악인의 악행을 고발하고, 의인의 고난과 궁극적인 구원과 복을 다 같이 강조한다.[18]

문학적 특징과 구조

37편은 대부분 훈계나 교훈 형태의 잠언들로 이루어져 있다. 이 시편은 여호와의 의로운 통치를 따르는 악인의 멸망과 의인의 번영을 뚜렷하게 대조한다. 아래의 도표는 그러한 특징들을 잘 보여주고 있다.

절	장르	의인	악인	하나님	의인의 특징/결과	악인의 특징/결과
1	명령	너	행악자들, 불의를 행하는 자들		악인 때문에 분노/ 시기 말 것	
2	교훈/ 이유	너				풀/채소처럼 쇠잔할 것
3	명령	너		여호와	여호와 의뢰/ 선을 행함	
4	명령/ 약속	너		여호와	땅에 거주/ 성실 실천함	
5	명령/ 약속	너		여호와	여호와 안에 기뻐함/	
6	약속	너			그가 소원을 이루심	
7	명령	너	형통하며 악한 꾀를 이루는 자	여호와	여호와께 길을 맡김/ 의지 -> 그가 이루심	
8	명령	너			여호와가 '의'와 '공의'를 빛나게 하심	
9	교훈/ 이유	여호와를 소망하는 자	행악자들	여호와	여호와 앞에 참고 기다림, 악인 때문에 불평하지 않음	끊어질 것

18. 이 부분에 대해서는 김성수, "시편 34-37편," 29-34에서 상세하게 다루고 있다.

10	교훈		악인		악을 만들 분노와 불평 버림	잠시 후 흔적 없이 사라질 것
11	교훈	온유한 자들			땅을 차지할 것	
12	묘사/ 관찰	의인	악인			의인을 향한 음모를 꾸미고 이를 감
13	교훈		그	주님	땅을 차지하고 풍성한 화평을 누림	주님께서 멸망할 악인을 비웃으심
14	묘사/ 관찰	가난하고 궁핍한 자/ 행위가 정직한 자	악인들			의인을 공격하여 멸망시키려고 함
15	교훈		그들			자신들이 도리어 멸망함
16	교훈	의인	악인들		의인의 적은 소유가 악인의 많은 소유보다 낫다	
17	교훈/ 이유1	의인들	악인들	여호와	여호와께서 붙드심	팔이 부러짐
18	교훈	온전한 자들		여호와	여호와께서 그의 '날' 아심/ 기업이 영원할 것	
19	교훈	그들			환난과 기근의 날에도 풍족함	
20	교훈/ 이유2		악인들, 여호와의 원수들	여호와		어린양의 기름처럼 허무하게 멸망함
21	관찰	의인	악인		너그럽게 베풀고 줌	꾸고 갚지 않음
22	교훈/ 이유	그의 복을 받는 자들	저주받은 자들	그	땅을 차지할 것	끊어질 것
23	교훈	사람/ 그		여호와	여호와가 기뻐하셔서 걸음을 견고케 하심	
24	교훈/ 이유	그		여호와	넘어져도 쓰러지지 않음, 여호와가 붙드심	
25	목격담/ 관찰	의인/ 그의 자손			버림당하지 않고 자손들도 음식 구걸하지 않음	
26	목격담/ 관찰	그/ 그의 자손			너그럽게 빌려줌 -> 자손이 복을 받음	
27	명령/ 약속	너			악에서 떠나 선을 행하라 -> 영원히 거주함	
28	교훈/ 이유	성도/ 그들	악인들의 자손	여호와	여호와가 영원히 버리지 않고 보호하심	끊어질 것

29	교훈	의인들			땅을 차지하여 영원히 거주함	
30	관찰	의인			지혜와 정의를 말함	
31	관찰/교훈	그		하나님	하나님의 법이 마음에 있음 -> 실족하지 않음	
32	관찰	의인	악인			의인을 죽일 기회를 엿봄
33	교훈	그	그	여호와	여호와가 악인의 손에서 건져 정죄하지 않으심	
34	명령/약속	너	악인들	여호와	여호와를 바라고 도를 지킴 -> 땅을 차지하게 하심, 악인의 멸망 볼 것	끊어질 것
35	목격담/관찰		악인			나무처럼 번성하는 것 같음
36	목격담/역접		그			순식간에 흔적조차 사라짐
37	명령/교훈	온전한 사람 정직한 자 화평한자, 너			평안한 미래	
38	교훈/역접		범죄자들/악인들			멸망하고 미래가 끊어질 것
39	교훈	의인들		여호와	여호와가 구원하시고, 환난 날의 요새가 되심	
40	교훈	그들	악인들	여호와	여호와 의지-> 도우시고 악인들에게서 건지심	

37편의 동사들이나 각 절의 장르들은 지혜 교훈적 특징들을 잘 드러낸다. 특별히 명령형 동사들이 자주 등장하여 직접적으로 훈계(exhortation)를 하는 형식을 취한다(1, 2, 4, 5, 7, 8, 27, 34, 37절). 이 훈계들의 주요 내용은 악인들의 형통함을 보고 불평, 분노하거나 부러워하지 말고 여호와를 바라며 선을 행하라는 것이다. 명령법의 형식을 취하는 훈계 외에도 3인칭을 주어로 직설법 형태를 취하는 '교훈'(admonition)들이 압도적으로 많이 등장하는데(2, 9, 10, 11, 13, 15, 16, 17, 18, 19, 20, 22, 23, 24, 28, 29, 33, 37, 38, 39,

40절), 이 교훈들은 주로 악인들과 의인들의 결말에 관한 내용을 담고 있다. 또한, 2인칭 '너'에게 약속하는 형태를 취하여 교훈하는 장르도 명령형 훈계들 뒤에 등장한다(4, 6, 27, 34절). 이 또한 독자들에게 의인의 미래에 대한 긍정적인 확신을 준다. 마지막으로 등장하는 장르는 악인들과 의인들의 삶의 특징이나 결과를 '관찰'이나 '목격담' 형식으로 제시하는 교훈들이다(12, 14, 21, 25-26, 30-31, 32절). 이런 목격담도 독자적으로나 이어지는 '교훈'과 함께 의인의 긍정적 미래와 악인들의 멸망에 대한 확신을 제공한다.[19]

37편의 각 절이 지혜 문학의 장르들을 취하기 때문에 이 절들은 또한 지혜 문학에서 자주 등장하는 어휘들을 반복적으로 사용한다. 특별히 이 시편은 악인과 의인의 대조적인 특징과 운명을 강조하기 때문에, 위의 도표도 분명히 보여주듯이 거의 모든 절에 '악인'이나 '의인,' 혹은 그들을 가리키는 유사한 표현들이 등장하고 있다. 예를 들면, '의인(들)'이란 단어는 모두 9회(12, 16, 17, 21, 25, 29, 30, 32, 39절) 등장하고, '악인(들)'은 모두 14회(12, 14, 16, 17, 20, 21, 28, 32, 33, 34, 35, 38, 40절) 반복된다. 이외에도 의인은 하나님과의 관계에서 신실함을 강조하는 '여호와를 소망하는 자'(9절), '성도'(28절), 악인들과의 관계에서 고통당하는 것을 묘사하는 '온유한 자'(11절), '가난하고 궁핍한 자'(14절), 율법대로 사는 것을 강조하는 '행위가 정직한 자'(14, 37절), '온전한 자'(18, 37절), '화평한 자'(37절), '그(여호와)의 복을 받은 자들'(22절), 의인의 '자손'(25절) 등으로 표현되고 있다. 명령법의 대상이 되는 '너'도 사실상 '의인'에 속한다고 볼 수 있다. 악인을 가리키는 표현들은 '악을 행하는 자'(1, 9절), '불의를 행하는 자'(1절), '악한 꾀를 이루는 자'(7절), '여호와의 원수들'(20절), '그(여호와)의 저주를 받은 자들'(22절), '범죄

19. Kim, "Psalm 37," 96-7에서는 동사의 형식을 분류하여 1-11절에 주로 나오는 '명령형'들과, 12-16절에 세 번 나오는 '분사형'들과, 27-33절에 각각 한 번씩 나오는 '명령형'과 '분사형,' 34-40절에 나오는 '명령형'들과 정동사에 주목하면서 구조를 분석하지만, 이것을 각 절이 갖는 잠언들의 하위 장르와는 연결하지 않고 있다.

자들'(38절) 등이다. 또 악인들을 가리키기 위해서 '그'나 '그들' '악인들의 자손'(28절) 등이 사용되기도 한다. 이에 더하여 의인들이나 악인들의 특징들도 훈계나 관찰들 가운데서 반복적으로 표현되고 있다. 의인들의 특징은 불의한 상황에서도 여호와를 의뢰하고 기다리며(3, 4, 5, 7절), 악을 버리고 율법을 따라 선을 행하는(3, 6, 21, 27, 30, 31, 34절) 것이다. 이처럼 많은 반복은 이 시편이 '의인(들)'의 삶을 격려하고 그들의 긍정적인 미래에 대한 확신을 주는 데 효과적이다. 이에 비해 악인들은 의인을 멸하기 위해서 악을 꾀하고 공격하며(12, 14, 32절), 이웃에게 악을 행하는(21절) 자들이다.

'의인'과 '악인'보다 더 많이 언급되는 대상은 하나님이다. 도표에서 보여주듯이 하나님은 '여호와'로 15회, '하나님,' '주님'(*아도나이*)으로 각각 1회 등장하며, 동사의 주어나 인칭 대명사 '그'로도 반복적으로 등장한다. 이런 반복의 목적은 악인들이 멸망하고 결국 의인이 땅을 차지하게 되는 것이 인과응보의 원리가 기계적으로 작동되어서 그런 것이 아님을 강조하기 위해서이다. 현실적으로는 응보의 원리가 잘 작동되지 않는 것 같지만 온 세상을 의롭게 통치하시는 여호와께서 결국 악인을 멸하시고 의인에게 복을 주실 것을 강조하는 것이다.

악인의 종말을 강조하기 위해서 가장 많이 반복되는 표현은 '끊다'의 수동형 '끊어지다'(9, 22, 28, 34, 38절 모두 5회)이다. 이 외에 '베임 당하다'(2절), '쇠잔하다'(2절), '없다'(10, 36절), '칼에 찔리고' '활이 부러지다'(15절), '팔이 부러지다'(17절), '사라지다'(20절), '없어지다'(20절), '멸망하다'(38절) 등이 사용되고 있다. 이처럼 '끊다'는 동사가 반복되는 이유는 악인의 결국을 땅을 '차지하는' 의인의 특징과 대조시키기 위함이다. 반면, '상속하다' 혹은 '차지하다'(9, 11, 22, 29, 34절 모두 5회)가 의인들의 미래를 강조하기 위해서 자주 반복된다. 이와 더불어 '(땅에) 머물다'(3절), '풍성한 화평을 즐거워하다'(11절), '여호와가 붙드시다'(17절), '그들의 기업이 영원하다'(18절), 환난 때에 '부끄러움을 당하지 않고' 기근의 날에 '풍족하다'(19절), '여호와께서 걸음을 정하시고 그의 길을 기뻐하시다'(23절), '복을 받다'(26절), '영원히 살다'(27절), '여호와께서 버리지 않고 보호하시다'(28절), '실족하지 않다'(31절), '여호와께서 버려두지 않고 정죄하지 않으시다'(33절), '미래가 평안하다'(37절), '여호와가 도와 건지시고 구원하시다'(40절) 등의 다양한 표현들이 의인의 행복한 미래를 반복적으로 강조하고 있다. 이러한 특징은 이 시편이 악인의 멸망보다는 의인의 행복한 미래를 더 강조한다는 사실을 보여준다.

이 시편에 나타나는 많은 반복은 알파벳 이합체 시에서 주제의 발전 없이 같은 사상들이 반복적으로 표현되는 것처럼 보이게 하기에 이 시편의 명확한 구조를 파악하기는 쉽지 않다. 하지만, 위의 도표가 보여주는 것처럼 훈계와 교훈, 약속 등의 장르[20]나 어휘, 주제의 반복 등은 나름대로 소주제들을 강조하는 문학적 구조를 보여준다. 아래의 구조는 위의 도표에서 보여주는 이런 특징들이 강조하는 주제의 흐름을 따른 것이다.[21]

1-11절(*알렙* א-*바브* ו) 의인에게 하는 서론적 훈계와 이유
훈계: 악인의 형통함에 분노하지 말고 선을 행하라(1, 3-8절)
이유: 의인은 땅을 차지해도 악인은 땅에서 끊어질 것(2, 9-11절)
a 12-15절(*자인* ז-*헤트* ח) 의인들을 공격하는 악인들이 도리어 멸망할 것

---

20. 교훈과 훈계, 약속 등의 장르를 인식하면서 구조를 분석한 사람은 Gerstenberger이다(*Psalms Part 1*, 157-9). 하지만 그 또한 의인 단락과 악인 단락에 대한 구분보다는 장르 분석에만 치우쳐 있다. 그의 구조는 다음과 같다(157쪽): I. 표제(1a) II. 교훈(1b-7b) III. 교훈과 약속(7c-11) IV. 원수에 대한 묘사와 저주(12-15) V. 의인과 악인에 대한 묘사(16-26) VI. 교훈과 약속(27-33) VII. 교훈과 약속(34-40).

21. 대부분의 주석은 이 시편이 알파벳 이합체 시라서 명확한 구조를 제시하는 일에 어려움을 겪는다. 각자가 관찰한 흐름을 따라서 분석하지만, 객관적인 문학적 특징들을 근거로 제시하지 못한다. 그 중에 대표적인 예는 Wilson, *Psalms 1*, 603의 구조이다: 1-11절 악인들의 번영에도 불구하고 여호와를 신뢰하라는 교훈, 12-22절 악인들의 궁극적인 운명, 23-29절 신실한 자들의 복, 30-34절 대조적인 현재, 35-38절 대조적인 미래, 39-40절 여호와에 대한 확신.

b 16-22절(*테트* ט-*라멧* ל) 악인과 의인의 대조적인 삶과 대조적인 결과

c 23-31절(*멤* מ-*페* פ) 여호와가 붙드시는 의인의 복

b′ 32-38절(*차데* צ-*쉰* שׁ) 악인과 의인의 대조적인 미래

a′ 39-40절(*타브* ת) 의인을 구원하실 여호와

악을 행하는 자들이 오히려 형통한 것을 보면서 분노하며 시기하고 하나님의 통치에 대해 불평할 수도 있는 의인들을 격려하는 것이 이 시편의 목적이다. 1-11절이 악인들 때문에 불평하거나 그들을 시기하지 말라고 충고하는 서론적 훈계라면, 12-40절은 이 훈계에 대한 근거들과 확신을 제공하는 기능을 한다. 이 부분에는 악인들의 갑작스러운 멸망과 땅에서 복을 누릴 의인들의 미래에 대한 약속 혹은 교훈들이 다양한 방식으로 제공되고 있다. 12-40절은 주제상 집중적인 구조를 보여준다. 12-15, 39-40절(a와 a′)이 각각 의인을 공격하는 악인의 최종적 멸망과 악인들에게 공격당하는 의인의 최종적 구원을 대조해서 노래한다면, 16-22, 32-38절(b와 b′)은 각각 악인과 의인의 삶과 미래를 대조하고 있으며, 제일 가운데 부분인 23-31절(c)은 의인이 받을 복에 대해서 노래하고 있다. 악인과 의인의 대조 가운데 의인이 받을 복을 둠으로써 독자들이 충분히 격려받도록 하는 구조다.

본문 주해

표제: "다윗의 시"

원문에는 '시'라는 말이 없다. 이 시편이 다윗에 의해 지어졌음을 의미할 것이다.

1. 의인에게 하는 서론적 훈계(1-11절)

'악인의 형통함에 분노하거나 시기하지 말고 여호와를 믿고 선을 행하라'는 것이 이 연의 핵심 교훈이다. 1-2절(*알렙* א절)은 1-11절 전체의 서론이다. 1절과 7b-8절에는 '불평하지 말라'는 훈계(명령법)가 등장하고, 2절과 9-11절에서는 접속사 *키*(כִּי)를 사용하여 그 이유를 제시하는 문장들이 등장하면서 수미쌍관을 이룬다. 여기서 공통으로 제시하는 이유는, 악인은 결국 '쇠잔하고' '끊어지고' '없어지지만'(2, 9, 10절), 의인은 땅을 '차지하여' 풍성한 행복을 누리기 때문이라는 것이다(11절). 이러한 틀 가운데 있는 3-7a절에는 여호와를 신뢰하고 선을 행하라는 훈계들이 반복적으로 등장한다. 이런 구성은 아래와 같이 정리될 수 있다.

a 1절 명령: 악인들 때문에 불평하지 말라("불평하지 말라")
　b 2절 이유(כִּי): 악인의 비참한 종말에 대한 교훈("시들고 마르다")
　　c 3-7a절 명령들: 여호와를 신뢰하고 선을 행하라
a′ 7b-8절 명령: 악인들 때문에 분노하지 말라("불평하지 말라"*2)
　b′ 9-11절 이유(כִּי): 악인과 의인의 대조적인 종말("끊어지다"-"땅을 차지하다")

1) 풀처럼 시들어 버릴 악인들 때문에 불평하지 말라(1-2절)

1절에서 다윗은 형통한 악인들을 보면서 '불평하지 말라'고 훈계하고, 2절에서는 그 이유가 악인들이 풀처럼 순식간에 망할 것이기 때문이라고 한다. 1절의 훈계는 7절과 8절에 다시 등장하여 이 연의 주제를 강조한다. 1행의 '불평하다'(*하라* חָרָה)는 단어는 '화내다' '흥분하다' 등의 의미에 가깝다(*BDB*, 잠 24:19).[22] 이것은 의인들이 악을 행하는 자들이 잘 되는 것을 보면

---

22. deClaisse-Walford, et al., *Psalms*, 352.

서(7절) 분노하거나 초조해하는('fret', NIV, ESV) 것을 의미한다. 2행에서 이 표현과 평행을 이루는 표현인 '시기하다'(*카나* קָנָא)는 단순히 분노하는 데서 한 걸음 더 나아가 부러워하는 것을 가리킬 수 있다. 하지만 여기서는 앞의 '불평(분노)하다'는 단어처럼 악인들이 잘되는 것을 용납할 수 없어서 분노하거나 흥분한 상태를 의미할 수도 있다(*HALOT*, 73:3; 창 30:1; 37:11; 잠 3:31; 23:17). 이처럼 경쟁자나 악인들에 대해 분노하거나 시기하는 표현들은 다른 성경에도 나온다(73:3; 창 30:1; 37:11; 잠 3:31; 23:17; 24:1, 19). 이 중에서 잠언 24장 19절은 1절과 거의 유사하다. 의인들의 분노와 시기의 대상은 '악을 행하는 자들'과 '불의를 행하는 자들'의 형통함이다. 악을 행하는 자들이 형통하다는 것은, 여호와를 믿고 그의 율법대로 사는 것이 바르고 잘 되는 길임을 믿고 살아온 의인들에게는 불평의 이유가 될 수 있다. 이 시편은 악인이 번영하고 의인이 고통당하여 의인들의 믿음이 흔들리는 상황에서, 의인들의 이런 분노와 의혹을 가라앉히고 그들이 이런 상황에서 지녀야 할 바른 태도를 교훈하기 위해 씌었다고 볼 수 있다.[23] 다윗이 사울 왕에게 쫓겨 다녔던 상황이나 불의한 블레셋이 이스라엘을 압제했던 상황 등은 의인들의 분노와 시기를 자아내기에 적합한 상황이었다고 할 것이다.

2절은 1절 훈계의 이유로 순식간에 이루어질 악인들의 멸망을 든다. 악인들의 급속한 멸망을 강조하기 위해서 '풀'이 베임을 당하고(시들고) '푸른 채소'가 말라버리는 비유를 사용한다. 이 비유에다가 '속히'(*메헤라*, מְהֵרָה)라는 부사를 덧붙여 악인들이 비록 풀처럼 일시적으로 번영하는 것처럼 보여도 순식간에 멸망할 것을 강조한다.[24] 이 단어는 10절의 '잠시 후에'와 같은 의미다. 풀이나 채소가 빨리 자라지만 금방 시들어 버리는 이미지는 인생이나 악인의 허무한 종말에 대한 비유로 자주 사용된다(90:6; 102:4, 11; 129:6; 욥

---

23. Mays, *Psalms*, 159-60.

24. 이 단어는 1절의 '불평하다'(분노하다)의 *하라*(הָרָה)와 소리로 언어유희를 만들어 낸다.

14:2; 사 40:6-8; 약 1:10-11; 벧전 1:24). 이 비유는 20절 '양의 기름'과 35-36절 '무성한 나무'처럼 악인들의 허무한 결말을 비유적으로 강조한다.

2) 여호와를 신뢰하고 선을 행하라(3-7a절)

앞서 악인들에 대해 분노하지 말라는 부정적인 명령이 나왔다면, 이 부분에는 '여호와'를 바라보고 '선을 행하라'는 긍정적인 훈계들이 나온다. 악인들의 형통함에 대한 분노와 시기는 여호와의 의로운 통치에 대한 불신이 될 수 있기에 곧바로 여호와를 신뢰하라는 훈계가 이어진다고 할 것이다.[25] "여호와를 의뢰하라," "여호와를 기뻐하라," "네 길을 여호와께 맡기라," "여호와 앞에 잠잠하라," "참고 기다리라"는 반복되는 명령문들은 그런 점들을 강조한다. 각 알파벳에 할당된 절들은 '여호와'를 한 번 이상 언급한다.

두 번째 알파벳 *베트*(ב)로 시작하는 3-4절은 연속적으로 이어지는 다섯 번의 훈계(3-4a절)와 하나의 약속(4b절)으로 이루어져 있다. 3절 1행의 첫 번째 훈계는 여호와를 의뢰하라는 것이다. 이 훈계는 악인들이 형통하여 여호와의 선한 통치가 무너지는 것 같아도 의로우신 여호와를 믿고 그를 의지하라는 것이다(잠 3:5; 16:20; 28:25; 사 26:4 참조). 1행의 여호와를 의뢰하는 것과 "선을 행하라"라는 두 번째 훈계는 인과적으로 설명된다. 여호와를 의뢰한다면 그분이 '선'이라고 하는 것을 행하라는 말이다. 즉, 믿음으로 여호와의 말씀을 지켜 행하라는 훈계이다(14:1, 3; 34:14; 36:3).

3절 2행에 세 번째와 네 번째 훈계 나온다. 세 번째 훈계인 "땅에 머물라"는 명령은 좀 어색하다. 만약 이것이 악인들이 날뛰는 세상에서도 포기하지 말고 견디라는 의미라면 신실한 삶을 촉구하는 뒤따르는 명령과 자연스럽게 연결될 수 있다.[26] 하지만 27절에서도 이 단어는 명령문으로 나오지만 사실

25. Kraus, *Psalms 1-59*, 405.

26. Kraus, *Psalms 1-59*, 405.

상 영원한 거주에 대한 약속으로 이해될 수 있고, 29절에서는 명백하게 땅에서의 영원한 거주에 대한 약속을 가리킨다. 그러므로 3절 2행은 두 개의 명령문으로 이루어져 있지만 4절 2행과 같은 약속으로 이해할 수 있을 것이다.[27] 또한 "성실을 먹을 거리로 삼으라"로 번역된 표현은 문자적으로는 '신실함(*에무나* אֱמוּנָה)을 먹고 살라/먹이라(*라아* רְעֵה)'로 번역될 수 있다. 이 표현은 양을 치듯이 신실하기 위해 최선을 다하고 신실함을 실천하라는 의미도 될 수 있고(*HALOT*, 잠 15:14; 사 44:20; 호 12:2, 개역개정, JPS), 신실함에 익숙해지라는 의미(ESV)도 될 수 있다. 하지만 NIV처럼 '신실함'에 해당하는 단어를 '안전함'으로 번역하면(사 33:6), 2행의 명령문들은 "그러면 네가 땅에 거하여 하나님이 신실하게 공급하시는 안전함을 누릴 수 있을 것이다"는 약속으로 해석될 수도 있다(11절 참조).[28]

4절 1행의 '여호와를 기뻐하라'는 훈계는 '분노하지 말라'(혹은 '시기하지 말라')는 명령과 정반대의 감정을 지시한다(11절의 '즐거워하다'과 같은 단어). 이 훈계도 3절 1행의 '여호와를 의뢰하라'와 같은 의미를 띤다. 불의한 세상에서 잘나가는 악인들에 대해 화를 내기보다는 여호와의 의로운 통치를 신뢰하고 기뻐하라는 권면(욥 22:26; 27:10; 사 58:14)이기 때문이다.[29] 2행에서 약속이 등장한다. 여호와가, 그의 의로운 통치를 신뢰하고 신실하게 선을 행하는 자들에게, 그들이 마음에 소원하는 대로 주신다는 약속이다. 땅을 차지하여 거기서 복을 누리며 사는 것은 하나님의 선물이지만, 동시에 그것은 그 땅을 주신 하나님의 뜻과 법을 따라 살아갈 때 보상으로 주어지는 것이다(신 4:5, 25; 6:18; 8:1; 11:18-21; 12:1 등). 그런 점에서 땅은 축복의 영역이면

27. 문법적으로도 이것은 가능하다. cf. *GKC* 110c; Goldingay, *Psalms 1-41*, 520.

28. 칠십인역에서는 '성실'을 '부' 혹은 '재물'로 읽고 있으며, VanGemeren, *Psalms*, 343에서는 신실하게 양을 돌보는 것으로 해석한다. 한편, J. A. Kselman, "Two Notes on Psalm 37," *Bib* 78/2 (1997): 252에서는 '신실함'을 '믿을 만한 음식 공급'으로 해석한다.

29. VanGemeren, *Psalms*, 342.

서 동시에 순종의 영역이다.[30]

김멜(ג)로 시작하는 5-6절은 두 번의 명령과 세 번의 약속으로 구성되어 있다. 3-4절처럼 두 명령은 여호와와 관련한 훈계이다. 5절 1행에서는 여호와께 '길'을 맡기라고 훈계한다. 이것은 뒤따르는 명령인 '그를 의지하라'는 명령과 함께 이해될 수 있다(개역개정은 '그를 의지하면'으로 번역함). 3절의 '의뢰하다'와 5절의 '의지하다'는 같은 단어로서, 5절은 여호와를 의지한다(믿는다)면 선을 행하고, 선을 행했을 때의 결과, 즉 삶의 '길'을 하나님께 맡겨야 함을 가리킨다.[31] '맡기라'로 번역된 단어는 '굴리다'는 의미로, 대상이 하나님일 경우에 필요와 고통을 하나님께 의뢰하는 모습을 그린다(22:8; 잠 16:3).

5절 2행부터 6절까지는 그렇게 했을 때 주어지는 약속들이다. 5절 2행에서는 의인이 불의한 세상에서도 여호와를 신뢰하며 선을 행하면, 여호와가 '몸소'('그'가 강조됨) 그 선의 열매를 맺게 하신다('이루신다')고 한다. 이것의 의미는 6절에서 더 분명하게 밝혀진다. 하나님이 의인이 행한 '공의'(*체데크*, צֶדֶק)와 '정의'(*미쉬파트*, מִשְׁפָּט)를 대낮의 환한 빛처럼 드러내실 것이라고 한다. 1행의 '빛'은 2행의 '정오(의 빛)'로 강조되고 있는데, 이것은 정오의 햇빛처럼 온 세상 모든 사람이 볼 수 있도록 의인의 의로움을 선명하게 드러내는 것에 대한 비유다. 이 약속은 여호와가 의인이 행한 공의와 정의에 대해 약속한 구원이나 복을 내리심으로써 이들이 행한 의를 세상에 드러내시는 것을 의미한다(잠 4:18; 8:18; 21:21 참조).[32] 이처럼 의인에게 돌아간 '공의'와

---

30. P. D. Miller, Jr. "The Gift of God: the Deuteronomic Theology of the Land," *Int* 23(4, 1969): 458-9; "The Land in the Psalms," 184, "땅은 하나님의 언약적 선물이고 그 선물을 주신 분의 명령과 가르침에 따라 사는 언약적 순종의 공간이 되어야 한다."(105:11; 78편)

31. Kraus, *Psalms 1-59*, 405; VanGemeren, *Psalms*, 343에서는 이 '길'을 악인들 때문에 생긴 분노나 시기의 감정으로 보고 그것을 여호와께 맡기는 것이라고 이해하지만, '길'이라는 단어는 삶 전체의 방향을 의미하기에 의롭게 살아가는 삶 자체를 가리킨다고 보는 것이 더 좋을 것이다.

32. *NIV Study Bible*, 825.

'정의'는 하늘 왕의 의로운 판결의 결과이기도 하다.

달렛(ד)으로 시작하는 7절은 한 절이지만 네 행으로 구성되어 있다. 7절 1-2행은 여호와와 관련된 훈계로 앞의 훈계들을 이어간다. 여호와 앞에서 잠잠하게 참고 기다리라는 훈계는, 선을 행한 열매를 금방 맛보지 못하고 불의한 자들이 판을 쳐도 쉽게 흥분하거나 바로 보복하려 하지 말고,[33] 하나님의 의로운 통치가 이루어질 때까지 참고 기다리라는 것을 의미한다. 여호와 앞에 잠잠하고 그를 기다리라는 명령은 여호와를 신뢰하거나 여호와 안에서 즐거워하라는 3-5절의 명령과 다르지 않다. 2행에서 '참고 기다리라'로 번역된 동사는 출산의 고통이나(사 13:8; 23:4-5) 괴로워서 몸을 비트는 것(욥 15:20; 렘 23:19)을 묘사한다. 불의한 세상 가운데서 하나님의 뜻이 이루어지길 기다리는 것이 그만큼 고통스러움을 보여준다.

3) 끊어질 악한 자의 형통함에 대해 분노하지 말라(7c-11절)

7c-8절에서는 1절의 주제를 반복하면서 악인들의 형통함 때문에 분노하지 말라고 다시 훈계하고, 9-11절에서는 모든 문장이 접속사 '그리고'(*바브* ו)로 이어지며 2절처럼 앞 절이 하는 훈계의 이유를 길게 설명한다.

7절 3행부터 8절(*헤*, ה)에서는 1절처럼 악한 자의 형통함 때문에 불평하지 말라고 네 번이나 경고한다. 1절에 나왔던 '불평하지 말라'는 훈계가 7절 3행과 8절 2행에 반복되고, 8절 1행에서는 "분을 그치라," "노를 버리라"는 명령이 나오는데 거의 유사한 의미를 지닌다. '그치다'와 '버리다'는 동사는 폭발하는 분노를 억누르고 참는 것을 잘 묘사한다. 1절과 달리 여기서는 분노의 대상이 '악한 자의 길의 형통함'과 '악한 꾀를 이루는 사람'으로 구체화되어 있다. '악한 자의 길이 형통하다는' 것은, 악을 행하며 살아가는 삶의 방식에도 그의 삶이 번성하는 것을 의미한다. 하지만 5절에서 이미 '의인의 길'을 여호

33. Goldingay, *Psalms 1-41*, 521.

와가 이루실 것, 즉 형통하게 하실 것이라고 했기에, 7절의 악한 자의 길의 형통함은 일시적일 수밖에 없다. '악한 꾀(계획)를 이루다'는 표현은 일반적인 계획을 세우는 것이 아닌 다른 사람을 해치기 위해서 음모나 악을 꾀하는 것을 의미한다(12, 32절, 10:2, 4; 21:11; 139:20). 8절 마지막 행은 악인들이 잘되는 것에 대해서 쉽게 분노하면 오히려 악을 저지를 뿐이라고 경고한다. 분을 참지 못하면 믿음에서 넘어질 뿐만 아니라(73:2-3), 악인에게 스스로 복수하거나 이웃을 해치고(73:15) 하나님께 불순종하는 악을 행하는 결과를 초래한다는 것이다.[34]

9-11절은 접속사 *키*(כִּי)로 시작하면서 악인의 형통함에 대한 분노를 가라앉혀야 할 이유를 개략적으로 제시한다. 한 마디로 그것은 악인은 사라지고 대신 의인이 땅을 차지하여 복을 누리기 때문이다.

9절 1행과 *바브*(ו)로 시작하는 10절에서는 악인의 멸망을 '끊어지다'(*이카레툰*, יִכָּרֵתוּן)는 수동태 동사와 반복되는 부사어 '없다'(*엔*, אֵין)를 통해서 강조한다. 9절 1행의 '끊어지다'는 표현은 2행의 '땅을 차지하다'와 대조를 이루어, 모든 복의 근원인 땅으로부터 단절되는 '심판'을 의미한다. 그것은 '잠시 후에 없어지다'는 10절의 반복적 표현과 '그의 거주지'(그의 장소)라는 표현으로 강조된다. 이런 표현들은 개인적인 죽음이나 가문의 소멸, 악한 계획의 실패를 가리키기도 하지만 궁극적인 멸망을 가리키기도 한다. 악인의 이러한 멸망은 37편이 반복해 강조하는 바이며(20, 22, 28, 34, 36, 38절) 다른 성경들도 강조하는 것이다(101:8; 삼하 4:11; 왕상 13:34; 사 11:13; 욥 8:22; 잠 10:25, 28; 11:7; 24:20 참조). 악인들이 '잠시 후에'(2절 참조) 없어진다(끊어진다)는 10절의 표현은 조금 번성하다가 없어진다는 의미라기보다는, 영원히 번성할 것같이 오랫동안 번성할지라도 하나님의 때에 순식간에 그리고 너무나도 허무하게 멸망하는 것을 가리킨다(신 11:17; 수 23:16 참조). 73편

---

34. VanGemeren, *Psalms*, 344; Goldingay, *Psalms 1-41*, 522.

19절이 하나님에 의한 악인의 갑작스런 멸망을 그렇게 표현한다.

9절 2행과 11절에서는 악인들의 허무한 멸망과 대조적으로 의인의 미래에 대해서 두 번씩이나 '땅을 차지할 것'이라고 강조한다. 그리고 11절에서는 이와 평행을 이루어서 '풍성한 행복(화평)으로 즐거워할 것'이라고 한다. 온갖 악한 방법으로 의인들의 땅까지 차지하고 번성하는 것 같았던 악인들이 심판을 받아 없어졌을 때, 그 땅을 의인이 대신 차지하는 것으로 그리고 있다. '땅'은 하나님이 창조하시고 구속하셔서 주시기로 약속하신 땅이며[35] 하나님의 선물이자 삶의 터전이다(25:13; 사 57:13; 60:21; 65:9).[36] 그런 점에서 땅을 '차지한다'(*야라쉬* יָרַשׁ)는 것은, 신명기에서처럼 단순히 땅을 처음으로 얻는 것(신 3:19; 12:1; 19:2, 14; 25:19; 26:1)뿐만 아니라,[37] 11절 2행이 말하듯이 땅에 계속 거주하면서 땅이 주는 풍성한 복들을 누리는 것도 포함한다.[38] 이 표현은 의로운 삶에 대한 보상의 표현이기도 하면서(6절), 역으로 하나님의 목적이 의인들의 순종적인 삶을 통해 땅에서 실현되는 것을 말하는 것이기도 하다.[39] 풍성한 '화평(행복)'(*샬롬*, שָׁלוֹם)은 땅에서의 안전뿐만 아니라 땅에서 번성하며 땅의 모든 복(건강, 물질, 평화 등)을 풍성하게 누리는 것을 가리킨다(레 26:5-6; 신 15:4; 16:20; 23:21; 28:8; 30:16; 사 32:17-18; 렘 33:6).[40] '즐거워하다' 혹은 '누리다'는 이 단어(*아낙*, עָנַג)는 4절에서는 여호와 안에서 '기뻐하라'는 훈계에 등장한다. 여호와를 누리는 자가 결

---

35. *NIV Study Bible*, 825.

36. Kraus, *Psalms 1-59*, 405.

37. Miller, "The Gift of God," 455. Irsigler, "Quest for Justice," 588은 "땅을 차지하다"는 표현은 구약 성경에 총 89회 등장하는데 그중에서 신명기에만 47회 등장한다고 한다.

38. Miller, "The Land in the Psalms," 190.

39. Mays, *Psalms*, 161. Kim, "Psalm 37," 101에서는 37편이 말하는 '땅을 상속하는 복'은 여호와가 의도하신 창조와 역사의 질서가 실현되는 것을 의미한다고 주장한다.

40. Miller, "The Gift of God," 458. 하경택, "'하나님 닮아가기' *Imitatio Dei*로서의 정의-시편을 통해서 본 구약성서의 '정의' 신학," 『장신논단』 48/2(2016): 42에 의하면 여기서 '샬롬'은 '체다카'(공의)의 결과로 나타난다.

국은 여호와가 땅을 통해 주시는 복을 누리게 됨을 잘 표현하고 있다.[41] 이것은 갑자기 땅에서 끊어져 땅을 통해 제공되는 복을 누리지 못하게 되는 악인들의 운명과 극명하게 대조된다.[42] 이 절들에서는 '의인'이라는 표현 대신에 "여호와를 소망하는 자들"(9절)과 "온유한 자들"(11절)이라는 표현을 사용하고 있다. '여호와를 소망하는 자'는, 3-7절에서 강조한 것처럼 여호와를 신뢰하여 불의한 세상에서도 여호와의 뜻을 행하며 여호와가 악인들을 심판하실 때까지 잠잠히 참는 자를 요약적으로 표현한 것이다. 반면 '온유한 자'(*아나브*, עָנָו)는 12, 14, 32절에서 묘사하듯이, 신실하게 의를 행함에도 불구하고 악인들에 의해 고통을 당하면서도 보복하거나 오만하지 않은 '낮은 자,' 그래서 오직 겸손하게 여호와 하나님만 바라보는 자를 가리킨다. 번성하는 악인들에게 고통당하는 의인을 '낮은 자,' '겸손한 자'로 표현하는 것은 시편에 흔하게 나타난다(9:12, 18; 10:12, 17; 34:2; 69:32 등 참조).[43] 특별히 14절에서는 "가난하고 궁핍한 자"(*아니 붸에브욘* עָנִי וְאֶבְיוֹן)라는 중첩된 표현으로 강조되어 있다.[44]

1-11절의 서론적 교훈은 연속적인 명령문과 약속들을 통해서 의인이 악인들의 번영에도 불구하고 분노하지 않고 참고 기다려야 할 이유를 효과적으로 제시한다. 그것은 결국은 여호와가 악인들을 순식간에 땅에서 끊으시고 의인들로 땅에서 번성케 하실 것이기 때문이라고 한다. 이어지는 절들에서는 악인들의 멸망과 의인들의 번성에 대해 상세하게 교훈한다.

---

41. VanGemeren, *Psalms*, 344.
42. Kim, "Psalm 37," 105-6에서는 이 주제를 의인들을 대표하는 왕에 대한 땅의 상속 약속(2편)과 왕의 대적들의 끊어짐(21편)의 주제와 적절하게 연결하고 있다.
43. McCann, "Psalms," 829 참조.
44. Miller, "The Land in the Psalms," 191에서는 68:10의 "궁핍한 자"(עָנִי)에 대한 설명에서 이 단어는 "악인들의 행동으로 고통당하는 가난하지만 신실한 자들을 포괄적으로 의미한다"라고 옳게 말한다.

2. 악인의 영원한 멸망에 대한 교훈(12-15절)

이 부분에서는 서론에서 잠깐 언급한 악인들의 악행을 좀 더 세밀하게 묘사하면서(12, 14절) 그 결과가 하나님에 의해 사필귀정으로 귀결될 것(13, 15절)이라고 교훈한다. 이것은 다음과 같은 구조를 통해 효과적으로 표현되고 있다.

a 12절 의인을 공격하려고 음모를 꾸미는 악인
 b 13절 악인을 비웃고 심판의 날을 예비하는 주님
a′ 14절 의인을 칼과 활로 멸하려 하는 악인
 b′ 15절 자기 칼과 활에 멸망할 악인

1) 의인을 공격하는 악인을 비웃는 주님(12-13절)

자인(ז)으로 시작하는 12절에서는 먼저 의인을 공격하려는 음모를 꾸미는 악인의 모습이 묘사되어 있다. (음모를)'꾀하다(꾸미다)'(*자맘*, זָמַם)는 단어는 7절에 나오는 '악한 꾀'(*메지마*, מְזִמָּה)라는 명사와 같은 어근의 분사형으로서, 7절에서 말한 악인들의 꾀가 의인을 공격하기 위한 것임을 밝힌다(31:13; 140:8). 2행에서는 의인에 대한 악인의 적대적인 태도 혹은 분노를 터뜨리는 모습이 '이를 갈다'는 표현에 잘 나타난다(35:16; 욥 16:9; 애 2:16).

13절은 12절에서 묘사된 악인들이 그들의 악행을 아시는 하나님에 의해 심판을 받게 될 것을 교훈한다. 의도적으로 '주님'(*아도나이*, אֲדֹנָי)이라는 단어를 사용해서 땅에 있는 악인의 운명을 좌우하는 의로운 하늘 왕의 주권을 강조한다. 악인들은 남모르게 악을 꾸미지만, 하늘에서 그것을 보시고 비웃으시는(2:4; 59:8) 주님이 그들에게 내리실 심판의 날('그의 날'-삼상 26:10; 욥 18:20처럼 '죽음의' 시간, *HALOT*)이 예비되어 있다고 경고한다. 의인이 악인의 형통함에 대해 분노하지 않을 수 있는 이유는 이처럼 의로운 주권자의 심판 '계획'을 믿기 때문이다.

2) 의인을 칼과 활로 멸하려 하는 악인의 자멸(14-15절)

헤트(ח)로 시작하는 14절에 12절처럼 다시 의인들에 대한 악인들의 공격이 등장한다. 12절이 음모를 꾸미는 단계를 묘사한다면 14절은 '칼'과 '활'이라는 무기로 의인을 죽이려고 하는 행동을 묘사하고 있다. 여기서 칼과 활은 실제적이라기보다는 악인들이 의인을 공격하기 위해 사용하는 모든 잔인한 공격 수단들을 상징할 것이다.[45] 7, 12, 33절은 모함을 통하여 의인을 치는 상황을 암시하고 있다. 악인들의 공격이 더 파렴치한 것은, 그들의 공격 대상이 '의인들'이고(12절) "행위('길,' 5절)가 정직한 자들"(14절)일 뿐만 아니라, "가난하고 궁핍한 자"(14절, 11절의 '온유한 자' 참조)이기 때문이다. 즉, 자신들에게 어떤 해도 가하지 않는 힘없는 자들을 오직 자신들의 이익을 위해서 사회에서 매장하려고 하는 것이다. 여기서 '엎드러뜨리다'와 '죽이다'는 단어는 앞에서 악인들의 심판을 묘사한 '끊다'와 맥을 같이 한다. 악인들이 자신들의 힘으로 의인들을 땅에서 끊으려고 하는 심판의 행동을 하는 것을 의미한다.

15절은 악인들 자신이 도리어 심판당할 것이라고 교훈한다. 자신들이 동원한 칼에 자신들이 찔리고 그들의 활은 부러져 그들의 공격이 실패할 것이라고 한다. 사필귀정의 보응 사상을 보여준다. 의인들을 공격하는 악인들의 꾀가 이루어지는 것처럼 보이는 실존적인 상황이 있을 수 있지만, 결국은 여호와께서 악인들을 심판하실 것이라는 확신의 표현이다(13절). 이것은 시편이나 잠언 등에 자주 나타나는 일반적인 응보 사상이다(7:15-16; 9:15-16; 삼상 25:39; 왕상 2:32; 느 4:4; 에 7:9-10; 잠 1:18, 31; 11:5; 겔 18:13, 20).

3. 악인과 의인의 대조적인 삶과 대조적인 결말(16-22절)

앞의 연이 악인들의 악행과 그들에 대한 하나님의 보응에 대해 주로 교

---

45. Goldingay, *Psalms 1-41*, 524 참조.

훈했다면, 이 연에서는 악인과 의인의 삶의 방식과 그런 삶의 방식들의 결말을 반복적으로 대조시키면서 의인들을 격려한다. 그래서 이 부분에서는 한 절에 악인과 의인이 동시에 등장하기도 하고(16, 17, 21, 22절) 교차적으로(18-19절 의인, 20절 악인) 등장하기도 한다. 이 부분의 구조는 아래와 같다.

a 16절 교훈: 의인과 악인의 비교
  b 17절 이유(כִּי): 악인과 의인의 결말
    c 18-19절 의인(온전한 자)의 번영
    c′ 20절 대조(כִּי): 악인들의 멸망
a′ 21절 관찰: 의인과 악인의 비교
  b′ 22절 이유(כִּי): 악인과 의인의 결말

a와 a′ 부분(16, 21절)은 악인과 의인의 삶에 대한 관찰이나 묘사라면, b와 b′ 부분(17, 22절)은 그 이유로 악인과 의인의 결말을 제시한다. 가운데 부분(c와 c′, 18-20절)은 의인과 악인들 대조적인 결말을 두 부분(18-19, 20절)으로 제시한다. 결국, 이 부분에서 강조하는 것은 악인과 의인의 대조적인 삶에 따르는 상반된 삶의 결말이라고 할 수 있다.

1) 의인과 악인의 대조적인 삶과 결말(16-17절)

테트(ט)로 시작하는 16절에서는 먼저 의인의 적은 소유가 악인이 많은 재산보다 더 낫다는 교훈을 제시한다. 이런 교훈은 잠언에 종종 등장한다(잠 15:16; 16:8; 17:1; 28:6). 이 잠언들은 재산이 적어도 의를 행하며 평안을 누리는 것이 많은 재산을 가지고도 불의를 행하고 다투는 것보다 더 낫다는 것을 교훈한다. 이 시편의 문맥에서 '의인의 적은 소유'라는 말은 악인에게 고통을 당하는 11절의 '온유한 자'나 14절의 '가난하고 궁핍한 자'와 연결된다. 의인은 불의한 사회에서 악인에게 착취당하고 빼앗겨 소유가 적을 수밖

에 없다.

17절은 16절 교훈의 이유를 악인과 의인의 궁극적인 결말에서 찾는다. 악인의 '팔,' 즉 그들이 가진 많은 재산을 기반으로 약자들을 압제하는 그들의 힘(NIV, 'power,' 35절의 '큰 세력,' 욥 22:8; 35:9; 38:15)[46]이나 권세는 반드시 꺾이겠지만, 가난해도 의를 행하는 의인(의 '팔')은 여호와께서 끝까지 붙드시기(24절, 3:5; 54:4; 119:116) 때문이다. 악인의 '팔'이 부러진다는 것은 15절에서 악인의 활이 부러지는 것과 연결된다. 이것은 풀처럼 시들고(2절), 땅에서 끊어지고(9, 10, 20, 22, 28절), 자신의 칼에 쓰러지는(15절) 악인의 심판을 의미한다. 이에 비해 17절 2행은 의인들에 대한 보호의 약속(24, 32-33, 39절 참조)이다. 여호와의 보호를 통해 소유가 적은 의인이 결국은 땅을 영원히 차지하게 될 것이다(11, 18, 22절).

2) 의인의 번영과 악인들의 멸망(18-20절)

18-20절에서는 17절을 부연 설명하듯이 의인의 삶의 번영과 악인의 멸망을 교훈한다. 먼저 18-19절은 17절 2행이 말한 여호와가 의인을 붙드시는 것이 어떻게 이루어지는지를 말하는 듯하다. 요드(י)로 시작하는 18절에서 그것은 여호와가 온전한 자들(말씀대로 '흠 없이' 살려고 하는 자들)의 '날들을 아시는' 것으로 표현된다. 의인들이 하나님이 선물로 준 땅에서 지내는 날들 동안[47] 여호와가 그들의 삶을 돌보신다('알다,' 144:3; 삼하 7:20; 나 1:7)는 의미다. 이와 평행을 이루는 '기업은 영원하리로다'는 말도 의인들이 땅(9, 11절; 민 26:53, 56; 신 4:38; 수 13:6)에서 대대로 살게 될 것을 의미한다. 물론 이것은 현실을 반영하기도 하지만 미래에 완성될 의인의 최종적 운명에 대한 약속이다. 18절이 강조하는 의인의 '영원한(장구한)' '날들'은 13절의 악인

46. VanGemeren, *Psalms*, 347.

47. Goldingay, *Psalms 1-41*, 525-6.

이 맞이할 멸망의 '날'과 대조적이다.[48]

19절에서는 18절에서 말한 여호와의 돌보심이 좀 더 구체화된다. 의인들은 '환난' 때나 '기근' 때에도 여호와의 돌보심 가운데서 풍성한 삶을 누리게 될 것이라고 한다(11절 참조). 그들은 기근 때에도 양식이 없어서 '부끄러움을 당하지 않을 것'이라고 한다. 적은 소유를 가진 '가난하고 궁핍한' 의인(11, 13, 16절)에 대한 하나님의 특별한 돌보심의 결과다. 이 또한 고난 가운데서도 함께하시는 여호와의 은혜와 최종적으로는 미래에 이루어질 온전한 돌보심에 대한 약속이다.

카프(כ)로 시작하는 20절은 이와 반대로('그러나' כִּי) 악인들의 철저한 멸망에 대해 교훈한다. 악인들의 비극적인 종말을 강조하기 위해서 파멸과 관련된 동사가 세 번('멸망하다,' '사라지다,' '사라지다')이나 나온다. 이것은 9절과 10절의 '끊어지다,' '없다'는 표현의 반복이며 강화이다. 그리고 순식간에 사라지는 악인의 종말을 타서 연기가 되어 없어지는 '어린 양(숫양)의 기름'에 비유한다. '어린 양'으로 번역된 단어(*카르*, כַּר)는 '초장으로 번역될 수도 있어서 이 비유는 연기 속에 타서 소멸하는 '기름진 *초장*'('초장의 영화')[49]를 가리킬 수도 있다. 이 비유도 2절의 비유를 반복하고 강화하는 것이다. 여기서 악인들은 '여호와의 원수'로 불린다. 이것은 여호와의 '의'를 따라 행하는 의인들의 원수가 여호와의 원수와 동일시되는 것을 의미한다. 또 의인들을 죽이려 하는 악인들의 행동(12, 14절)이 하나님 나라를 공격하는 '아말렉'이나 적국들(83:2; 89:51; 삼상 30:26; 삼하 12:14; 삿 5:31)의 행동과 같은 것임을 암시한다. 이것이 바로 그들이 철저하게 멸망하는 이유다.

48. VanGemeren, *Psalms*, 346.

49. 쿰란 동굴에서 나온 문서의 본문에서는 "솥이 타는 것처럼"(כיקוד כורם)으로 읽기도 한다(*HALOT* 참조). 한편 칠십인역에서는 "여호와의 원수들이 존귀하고 높임을 받는(וּכְרוּם) 순간에 연기가 사라지듯이 완전히 사라질 것이다"로 읽고 있다.

3) 의인과 악인의 대조적인 삶과 결말(21-22절)

라멧(ל)으로 시작하는 21-22절은 16-17절처럼 악인과 의인의 행동과 그 이유를 제시한다. 21절에는 악인의 '꾸고 갚지 않는' 행동과 의인의 '은혜를 베풀고 주는' 행동이 대비되어 있다. 이것은 꾸고도 갚지 않는 악인의 탐욕과 먼저 은혜를 베풀고 주는 의인의 '관대함'(26절, 112:5)을 대비한 것일 수도 있다.[50] 1절과 9절이 말하는 '악'이나 '불의'의 예와 3절이 말한 '선'의 예를 보여주는 것이다. 그렇게 되면 22절은 그 결과로 그들의 삶의 결말이 달라지는 것을 강조하는 것이 된다. 하지만 22절을 시작하는 히브리어 *키*(כִּי)가 이유를 말하는 것이라면, 21절은 악인과 의인의 상태를 묘사하는 것일 수 있다. 즉 기근과 환란을 당해(19절) 악인은 '꾸어도 갚지 못하지만' 의인은 넉넉히 베풀 수 있는 상황을 가리킨다.[51] 22절이 말하는 이유는 악인들은 여호와의 '저주를 받는 자들'이기 때문이고, 의인들은 여호와의 '복을 받는 자들'이기 때문이다. 여호와가 결국에는 의인들에게는 복을 주셔서 "땅을 차지하여" 넉넉하게 베풀게 하시겠지만, 악인들은 저주하셔서 꾼 것도 갚을 수 없게 하시다가 "땅에서 끊어지게" 하실 것을 천명하는 것이다(9절의 반복).

4. 여호와가 붙드시는 의인의 복(23-31절)

12-15절이 악인들의 삶의 방식과 그들의 영원한 멸망을 교훈했다면, 23-31절은 의인들의 삶의 방식과 그에 따르는 그들의 영원한 복을 교훈한다. 이 부분이 12-15절보다 훨씬 긴 이유는 이 시편이 교훈하는 초점이 의인들에게 지속해서 선을 행하도록 격려하는 데 있음을 보여준다(27절). 이 부분에는 '악인'에 대한 언급이 딱 한 번(28b) 나오지만, 이것조차도 의인의 복을 강조하기 위한 것이다. '교훈'과 '목격담'과 '관찰' 등이 이어지면서 내용

---

50. Wilson, *Psalms 1*, 606에서는 그렇게 보고 있다.

51. Kraus, *Psalms 1-59*, 406; 김정우, 『시편주석 I』, 803; Goldingay, *Psalms 1-41*, 527 등이 이런 입장을 취하고 있다.

대부분이 의인의 삶의 방식과 그들이 받을 복에 집중되어 있다. 이 연의 구조는 아래와 같다.

a 23절 교훈: 여호와가 의인의 걸음을 견고케 하심
　b 24절 이유: 여호와가 의인을 붙드심
　　c 25-26절 목격담(증거): 여호와가 의인을 붙드는 것에 대한 증언
a′ 27절 명령(27): 악에서 떠나 선을 행하라
　b′ 28-29절 이유: 선을 행하는 의인이 땅에서 영원히 거주할 것
　　c′ 30-31절 관찰(증거): 지혜와 법을 행하는 의인의 걸음이 실족하지 않음

위의 구조는 교훈 혹은 훈계와 그 이유로 구성된 23-24절과 27-29절 다음에, 그것을 뒷받침하는 목격담(25-26절)과 관찰(30-31절)이 배치되는 abc/a′b′c′ 형태이다. 이 연에는 특별히 여호와가 의인을 보호하신다는 주제가 반복된다. 그것을 강조하기 위해서 23절에서는 의인의 '걸음(*미츠아드*, מִצְעָד)을 견고케 한다는' 교훈으로 이 연을 시작하고, 31절에서는 의인의 '걸음(*아슈르*, אֲשֻׁר)은 실족하지 않는다'는 유사한 표현으로 연을 닫으면서 수미쌍관을 형성한다. 또한 이 연에는 '정하다(견고하다)'(23절), '붙들다'(24절), '버리지 않다'(25, 28절), '영원히 살다'(27, 29절), '보호하다'(28절), '실족하지 않다'(31절) 등의 의인에 대한 여호와의 보호와 관련된 어휘들이 집중적으로 등장한다. 또 의인이 복을 받는 이유인 '선'을 강조하기 위해서 '길'(23절), '선'(27절), '정의'(28, 30절), '지혜'(30절), '하나님의 법'(31절) 등의 다양한 표현들로 통일성을 이루고 있다.

1) 여호와가 의인의 걸음을 견고케 하심(23-26절)

멤(מ)으로 시작하는 23절은 "여호와에 의해 사람의 걸음이 견고케 되고

그가 그의 길을 기뻐한다"로 직역할 수 있다. 이것을 일부 영어 번역본들처럼(ESV, JPS) "여호와께서 사람의 길을 기뻐하실 때/ 그의 걸음은 여호와에 의해 견고케 된다"로 번역하면, 여호와가 의인의 길을 기뻐하는 것이 걸음이 견고하게 되는 이유가 된다. 하지만, 2행의 '그'가 의인이고 '그의 길'의 '그'가 여호와라면(34절처럼) '여호와의 길'을 의인이 기뻐할 때 그의 걸음이 견고하게 된다는 의미가 된다(NIV).[52] 어느 번역을 택하든지 의미상의 큰 차이는 없다. '길'과 '걸음'이 함께 나오면서(잠 20:24 참조) 하나님 말씀의 '길'을 걷는 의인의 '발걸음'을 하나님이 지키신다는 것을 절묘하게 교훈한다. 개역개정에서 '정하다'로 번역된 '견고히 서다'는 동사는 견고하게 세워져 영원히 지속하는 것을 말한다(7:9; 40:2; 87:5; 90:17; 99:4). 의인이 하나님의 보호 속에서 영원히 땅에서 산다는 주제는 이어지는 27-29절에서 반복적으로 강조되고 있다.

24절은 23절에 대한 부연 설명일 수도 있고, 이유를 말하는 것일 수도 있다. 의인이 견고한 이유는 의인이 전혀 고난을 겪지 않기 때문이 아니라, 고난당해도(넘어져도) 완전히 멸망하지(엎드러지지) 않도록 여호와가 손으로 붙드시기 때문이라고 한다. 의인의 최종적인 운명이 하나님의 의로운 통치 안에서 회복된다는 점을 강조한다. 이것은 17절 2행의 교훈을 반복한 것이며, 14절의 악인의 의도에 반하는 것이자, 바로 앞의 시편인 36편 12절의 악인의 운명과 대조되는 것이다.

눈(ן)으로 시작하는 25-26절에서는 23-24절의 교훈이 목격담(목격담, '내가 보았다' 형식) 형식의 '증거'로 강화된다. 잠언과 전도서 등에 자주 등장하는 목격담 형식의 잠언들(욥 4:8; 5:3; 잠 24:30-32; 전 1:14; 2:24; 3:10, 16; 4:15; 5:12 등)은 구체적인 증언을 제시하는 것처럼 구성되어 있다. 25절의 첫 번째 목격담은 의인과 그의 가족이 버림받고 구걸하는 것을 본 적이 없

52. 이것에 대한 논의를 위해 VanGemeren, *Psalms*, 347을 참조하라.

다는 증언이다. "내가 어려서부터 늙기까지"라는 표현은 평생의 경험에 비춘 증언이어서 확실하다는 점을 강조한다. 하나님의 특별한 섭리에 의한 의인의 고난이 아니라면 대개는 의인들이 복을 받는다는 점을 말하는 것 같다. 24절의 "넘어지나 아주 엎드러지지 아니함"과 관련시키면 이 목격담은 의인이 전혀 고통을 겪지 않는다는 것을 말하지 않는다.[53] 오히려 다윗처럼 불의한 자들에게 쫓겨 다니기도 하고 고통을 당할 수는 있지만, 의인의 최종적 운명은 여호와의 의로운 통치 안에서 회복된다는 것을 의미한다(신 15:4-6).

26절은 의인의 현재와 미래가 참으로 복되다고 말한다. 분사들("은혜를 베풀고 꾸어준다")과 명사문("그의 자손이 복이 될 것이다.")으로 이루어진 이 절은 변함없는 사실을 강조하는 형식이다. 하지만 이 구절의 해석도 21절처럼 쉽지 않다. 먼저 2행은 "그의 자손은 복이 된다"로(ESV, NIV), 혹은 "그의 자손이 복을 받는다"(개역개정, JPS)로 번역될 수 있다. 이것은 개역개정처럼 의인이 항상 베풀기 때문에 그의 후손이 복을 받게 된다는 것을 말하는 것으로 볼 수 있다(112:5).[54] 하지만, NIV처럼 25절과 반대로 꾸어 주거나 베풀 수 있고(신 28:12, 44) 그의 후손들도 세상에 축복이 되는 복 받은 상태를 말하는 것으로도 볼 수 있다.[55]

2) 선을 행하는 의인이 땅에서 영원히 거주할 것(27-31절)

27-29절 전체를 *싸멕*(ס)절로 볼 수 있다. 27-29절은 '영원히 거하다'는 표현으로 수미쌍관을 이룬다.[56] 27절에서는 1-8절에 많이 등장했던 명령문들을 통한 훈계를 한다. 이어지는 28절은 접속사 *키*(כִּי)로 시작하면서 그 이유를 제공한다.

53. Goldingay, *Psalms 1-41*, 528 참조.
54. VanGemeren, *Psalms*, 347.
55. Goldingay, *Psalms 1-41*, 528에서는 의인이 복을 받은 상태를 묘사한 것으로 본다.
56. Wilson, *Psalms 1*, 607.

27절은 3절의 훈계와 매우 유사한 동사들을 동원하여 연속으로 세 번 명령한다. 세 번째 명령문은 "영원히 거하라"이지만, 번역본 대부분은 이것을 "그러면 영원히 살리라"는 약속으로 번역하고 있다(NIV, JPS, 개역개정, 3절 설명 참조). 1행의 '악'을 버리고 '선'을 행하라는 명령(=34:14)은 여호와가 율법이나 계시를 통해서 밝히신 뜻대로 사는 것을 의미한다(30, 31절). "선을 행하라"(3절, 14:1, 3; 34:14; 신 6:18-19; 12:28; 전 3:12) 혹은 "악을 떠나라"는 교훈은 다른 성경들(34:14; 욥 28:28; 잠 4:27; 16:6, 17; 전 11:10; 왕하 17:13; 대하 7:14; 겔 18:27; 33:19 등)에 자주 나온다. "영원히 살다"는 약속(명령)은 3절 2행의 "땅에 거주하라"는 명령이나 뒤따르는 29절이 명확하게 말하는 것처럼 "땅을 차지하여 거기에 영원히 사는 것"(=18절, "그들의 기업이 영원히 있으리라")을 말한다. 하나님께서 주신 기업에서 평생, 그리고 자자손손(28절 4행, '악인의 자손은 끊어진다'와 대조)[57] 땅을 통해서 주시는 복을 누리는 것을 의미한다.

28절은 의인이 27절의 복을 받는 첫 번째 이유가 여호와가 정의를 사랑하시기 때문이라고 한다. 이 말은 28절 2행이 말하듯이 신실하게 선을 행하는(27절) '성도'를 버리지 않으시는(=25절, 반대로 악인은 끊으시는, 28절 4행) 의로운 통치를 시행하는 것을 의미한다(33:5; 45:7; 99:4; 사 61:8). 33절에서는 '악인의 손에' 버려두지 않는다고 하면서 재판 시에 정의를 실행하는 것을 암시하고 있다(6절 참조).[58]

28절 3행부터 29절은 내용과 어휘상 다음과 같은 교차 대구적인 구조를 갖는다.

---

57. Wilson, *Psalms 1*, 608.

58. Kraus, *Psalms 1-59*, 407.

(의인은) '영원히' 보호받는다
악인의 자손은 '끊어진다'
의인은 땅을 '차지한다'
(의인은) '영원히' 산다

이것은 28절 1-2행이 어떻게 구체적으로 나타나는지를 잘 보여준다. 선을 행하는 의인과 그의 자손들이 '영원히' 보호를 받고 땅에 '영원히' 거주하며 풍족한 삶을 누리는 모습을 강조한다(9, 11, 22, 34절). 이것을 부각하기 위해, 의인의 미래와 대조적으로 자손이 없어 (땅에서) 끊어져 버리는 악인의 '영원한' 멸망이 28절 4행에서 괄호처럼 언급된다(9, 22, 34, 38절).

페(פ)로 시작하는 30-31절은, 27절의 '선'을 다시 한번 강조하고, 28-29절에서 말한 의인이 복을 받는 이유를 설명하기 위해, 의인에 대해 관찰한 것을 증거로 제공한다(25-26절의 목격담처럼). 의인의 삶의 방식은 '입,' '혀,' '마음,' '걸음'에 대한 관찰로 표현된다. 의인의 삶은 '지혜'와 '정의'와 '하나님의 법'으로 채워져 있다. 이런 표현들은 의인의 전 삶이 자신의 진정한 주인이신 하나님의 말씀과 그 말씀이 주는 지혜와 정의를 따라 살기 위해 애쓰는 것을 강조한다. 30절 1행은 "의인의 입은 지혜를 말한다"로 번역되어야 한다. 여기서 '말하다'는 표현은 원래 동물의 울음소리(사 31:4; 38:14; 59:11)나 중얼거리는 소리(1:2; 사 33:18)를 나타내는 의성어지만, 여기서는 말하여 선포하는 행동을 묘사한다(35:28; 71:23). 31절 2행 "그의 걸음은 실족함이 없다"는 표현은 말씀에 깊이 뿌리를 내려서 어떤 악의 유혹에도 흔들리지 않는 의인의 의로운 삶을 가리킨다.[59] 이 '걸음'이라는 표현은 이 연을 시작한 23절의 '걸음'과 함께 전체의 연을 하나로 묶는다.

23-31절은 의인이 땅을 차지하여 하나님이 주시는 복을 자자손손 누리게

---

59. Goldingay, *Psalms 1-41*, 530.

될 것을 다시 한번 확신시키면서, 그것은 의인이 선을 행한 것에 대해 하나님이 '정의'를 시행한 결과임을 강조한다.

5. 의인과 악인의 대조적인 미래(32-38절)

이 연에서는 16-22절처럼 다시 악인과 의인이 번갈아서 등장하면서 악인과 의인의 대조적인 '미래'를 최종적으로 교훈한다. 특별히 37-38절에 '미래'라는 단어가 반복적으로 나와 그 점을 부각한다. 먼저, 32절의 악인의 행동에 대한 관찰과 35-36절의 악인의 멸망에 대한 목격담은, 악인들의 부정적 미래가 그들의 행동의 결과로서 너무나 확실하다는 것을 강조한다. 그에 따르는 명령들과 약속들(34, 37-38절)은 여호와를 바라고 의를 행하는 자에게 반드시 영원한 미래가 있을 것이라고 한다. ab/a′b′의 형식으로 구성된 이 연의 구조가 이런 점을 더 선명하게 드러낸다.

a 32-33절 관찰과 교훈: 여호와가 악인의 손에서 의인을 건짐
  b 34절 명령과 약속: 여호와를 바라라, 악인과 의인의 대조적인 미래
a′ 35-36절 목격담: 악인의 일시적인 번영과 멸망
  b′ 37-38절 명령과 약속: 의인과 악인의 대조적인 미래

1) 관찰과 교훈: 여호와가 악인의 손에서 의인을 건지심(32-33절)

차데(ץ)로 시작하는 32-33절에서는 음모를 꾸며서 재판 시에 의인을 죽이려고 하는 악인의 행동을 묘사하고(32절), 그런 악인의 음모에서 의인을 건져내시는 여호와의 구원(33절)에 대해 교훈한다. 32절의 '엿보다'는 표현은 의인을 죽이기 위해서 '숨어 기다리는' 모습을 묘사한 것으로(10:8), 33절과 연결하여 보면 의인에게 죄를 뒤집어씌워 재판을 통해 사회적으로 매장하거나 죽이려고 하는 행동을 가리킨다(예: 나봇의 포도원 사건, 왕상 21:15-

16; 사 3:14-15[60]). 이런 악인의 악행은 12, 14절에 언급되었다.

33절에서는 의로운 재판관 여호와에 의해서 32절이 묘사한 악인의 음모로부터 의인이 구원받는다고 교훈한다. 1행에서는 의인을 악인의 손에 버려두지 않으신다고 하는데(25, 28절 참조), 이것은 2행에 비춰볼 때 악인들의 음모나 모함대로 되지 않도록 하신다는 의미다. 2행의 '재판 때에도 정죄하지 않는다'는 표현은 재판이 정의롭게 이루어져서 의인이 억울한 누명을 쓰지 않도록 하신다는 의미다. '정의를 사랑하시는'(28절) 여호와가 6절에서 약속한 대로 의인의 의로움을 밝히 드러내시는 것을 말한다.

2) 명령과 약속: 악인과 의인의 대조적인 미래(34절)

코프(ק)로 시작하는 34절은 다른 절들과 달리 네 개의 행으로 구성되어 있다. 두 개의 명령문으로 구성된 두 행이 먼저 나오고 약속이 담긴 두 행이 뒤따른다. 1행의 "여호와를 바라라"는 훈계는 3-7절에서 반복적으로 나왔던 훈계들과 비슷하고 9절의 약속에도 등장했다. 불의한 상황에서도 하나님이 정의를 이루시기를 끝까지 기다리고 기도한다는 것을 의미한다. 2행의 "그의 도(길)를 지키라"는 훈계는 3, 27절의 '선을 행하라'는 훈계처럼, 악인들이 번성하는 상황에서도 앞에서 계속 교훈했던 것처럼(특히 바로 앞 33절) 여호와의 말씀대로 살라는 권면이다. 23절에서는 여호와가 그런 의인의 '길'을 기뻐하신다고 하였다. 3-4행은 그런 의인에게 주는 약속이다. 이 약속은 의인이 땅을 차지하고 악인이 거기서 끊어진다는 앞의 약속들과 같다. 3행은 "그러면 그가 너를 높여 땅을 차지하게 하시리라"로 번역되어야 한다. 땅을 차지하는 것이 여호와가 악인에게 고통당하던 의인을 높이신 결과임을 말한다. 의인이 악인들이 끊어지는 것을 목격하게 될 것이란 약속이 뒤따르며 확신을 더하고 있다(4절).

---

60. VanGemeren, *Psalms*, 349.

3) 목격담: 악인의 일시적인 번영과 멸망(35-36절)

레쉬(ר)로 시작하는 35-36절은 의인의 삶에 대한 목격담인 25-26절처럼 악인의 종말에 대한 목격담("내가 보았다")으로 구성되어 있다. '보다'는 동사가 34절에서는 악인의 끊어짐을 '볼 것이라는' 약속에 등장했는데, 35절에서는 과거에 악인이 끊어지는 것을 '보았던' 목격담에 사용되어[61] 독자에게 큰 확신을 준다. 35절 1행에서는 악인의 큰 세력을 보았다고 한다. 여기서 '큰 세력'으로 번역된 단어 *아리츠*(עָרִיץ)는 힘이 세고(렘 20:11; 사 25:3) 난폭하고 무자비한 폭군 같은 악인의 모습에 대한 묘사이다(54:3; 86:14; 사 29:20; 49:25; 겔 28:7; 30:11). 2행에서는 악인이 '본래의 땅에 서 있는 잎이 무성한 나무'로 비유되고 있다. 이것은 처음부터 거기서 뿌리를 내리고 오랫동안 자라나서 잎이 무성해지고 많은 열매를 맺어온, 흔들리지 않는 견고함을 강조한다. 2행은 "그는 본래의 땅에서 무성한 나무처럼 스스로 드러냈지만"으로 번역될 수 있다. '스스로 드러내다'(*아라* עָרָה)로 번역된 동사(137:7; 140:8; 사 22:6; 합 3:9; 습 2:14)는 이 문맥에서 이해하기 쉽지 않다(각주 참조). '번성하다'(NIV), '뽐내다'(새번역) 등으로 번역되고 있는데 무성한 자태를 드러내며 뽐내는 것을 묘사하는 것 같다. 이 비유는 1편 3절에 나오는 물가에 심긴 나무에 비유된 의인이나 92편 12-14절에 나오는 여호와의 집에 심긴 나무에 비유된 의인의 견고함이나 형통함과 비슷하다. 악하고 난폭한 악인이 이렇게 잘 사는 것은 부조리다(7, 16절). 그런데 이런 부조리한 상황은 곧 해결되는데 36절이 그것을 보여준다.

36절은 악인들이 순식간에 멸망하는 것에 대한 목격담이다. 36절 1행은 "그는 곧 사라져 완전히 없어졌고"로 번역되는 것이 더 낫다. 무성하고 견고한 나무 같았던 악인이 순식간에 망하여 사라져버렸다는 증언이다(2, 20절 참조). 10절과 20절에서 말했던 흔적도 찾을 수 없다는 교훈을 다시 반복한

---

61. Kraus, *Psalms 1-59*, 407; Goldingay, *Psalms 1-41*, 531.

다(욥 8:16-18 참조). 악인의 형통함이 사람들의 눈에는 매우 오랫동안 지속하는 것처럼 보일지라도, 영원한 여호와의 통치와 의인의 형통함에 비하면 일시적이다. 마치 1편 4절의 '겨'와 같다. 이것은 응보가 자동으로 시행된 결과가 아니라 여호와의 의로운 통치의 결과다(33절).

4) 명령과 약속: 의인과 악인의 대조적인 미래(37-38절)

쉰(שׁ)으로 시작하는 37-38절도 34절처럼 명령문으로 된 훈계(37절 1행)와 이를 뒷받침하는 교훈들(37절 2행-38절)로 구성되어 있다. 두 절에 '미래,' '끝,' 혹은 '후손'으로 번역될 수 있는[62] *아하릿*(אַחֲרִית)이라는 단어(민 23:10; 24:20; 신 32:20, 29; 렘 5:31; 17:11)가 동시에 등장하면서 의인과 악인의 대조적인 미래(혹은 종말)를 강조한다. 이 마지막 부분에서는 현재 진행되는 악인과 의인의 상황보다 중요한 것은 그들의 최종적인 운명임을 분명히 보여준다.[63] 37절에는 의인을 가리키는 표현인 '온전한 사람'(18절), '정직한 자'(14절), '화평한 자'(11절 참조)가 등장하면서, 38절의 '범죄자들,' '악인'과 대조를 이룬다. 여기에 표현된 의인의 모습은 하나님 말씀대로 살기 위해 최선을 다하며 사람들과의 관계 속에서도 '평화'를 이루기를 원하는(12, 14, 32절의 악인들과 대조적으로) 사람들을 가리킨다. 37절 1행에는 의인들을 '지켜보라,' '보라'는 명령문이 나온다. 주의해서 관찰하라는 의미인데, 그 관찰의 대상은 부조리한 세상 가운데서도 여호와의 길을 걷는 의인의 삶을 가리킬 수도 있겠지만, 2행이 말하는 의인들의 밝은 미래를 가리키는 것으로 보인다.[64] 즉, 2행은 1행의 명령문에 대한 이유를 제공하는 교훈으로 개역개정("모든 화평한 자의 미래는 평안이로다")과 달리 "왜냐하면 '평화의 사람'에게 미래가 있기 때문이다"로 번역되어야 한다. '미래'가 있다는 말은 앞에서

---

62. Jones, "Psalm 37," 180에서도 미래와 후손을 동시에 의미할 수 있음을 인정한다.

63. Kraus, *Psalms 1-59*, 407.

64. Goldingay, *Psalms 1-41*, 532.

(11, 18, 27, 28, 29절) 계속 강조했던 것처럼 기업으로 받은 땅에서 자자손손 오랫동안 복을 누리며 사는 것을 의미한다.[65] 이것은 뒤따르는 38절이 말하는 악인의 운명과 뚜렷하게 대조된다.

38절에서는 "함께 멸망하다," "끊어지다"는 수동형(닢알형) 동사들로 악인들과 그들의 미래('후손들')가 순식간에 끊어질 것을 강조한다. 이러한 수동형은 그들의 멸망이 여호와의 의로운 통치에 의한 것임을 암시한다. '미래가 끊어지다'는 표현은 2, 10, 20, 34, 36절과 같은 내용을 반복하면서도 28절이 명백하게 말하듯이 자손(*HALOT*, 109:13)이 끊어지는 것을 의미하기도 한다.[66]

6. 의인을 구원하실 여호와(39-40절)

타브(ת)로 시작하는 39-40절은 결론적인 교훈으로서 여호와가 결국은 의인들을 악인들로부터 '구원하심'을 강조한다(32-33절 참조). 이것은 1-2절에서 선언한 악인들의 신속한 멸망과 대조를 이루면서 전체 시를 마무리하는 기능을 한다.[67] 이 절들에는 '여호와'가 대체로 주어로 등장하며 '구원'과 관련된 단어들이 집중적으로 반복된다. 앞에서는 등장하지 않았던 '구원,' '요새'(39절)라는 명사들과 '돕다,' '건지다,' '건지다,' '구원하다'는 동사들이 연달아 나오고, '여호와'라는 단어가 두 번이나 등장한다. 이런 반복은 앞에서 말했던 모든 교훈들이 의인을 악인에게서 건져 내시는 '여호와'의 의로운 통치에 근거한 것임을 강조한다.[68] 의인이 고난당하는 이유를 39절에서는 '환난의 때'라고 말하고 40절에서는 '악인들' 때문이라고 하면서, 의인이 악인들 때문에 고난당할 수 있음을 밝힌다. 이것은 24절에서 의인이 '넘어지나

---

65. Goldingay, *Psalms 1-41*, 532.
66. 김정우, 『시편주석 I』, 813 참조.
67. *NIV Study Bible*, 827.
68. 하경택, "'정의' 신학," 42, 46, 50 참조.

아주 엎드러지지 않는다'고 했던 말의 의미를 명확하게 표현한 것이다. 즉, 37편은 조건 없는 의인의 번영과 악인의 멸망을 말하지 않는다. 오히려 의인이 악인들에게 고통당할 수도 있고, 악인들이 번성하는 반면에 의인들은 비천해질 수(11절의 '온유한 자,' 14절의 '가난하고 궁핍한 자') 있다고 한다. 하지만, 여호와가 온 세상을 의롭게 다스리시기에 결국 끝까지 여호와를 의지하고("그를 의지한[그에게 피했기] 때문이다" 40절= 3-7, 9, 34절) 선을 행하는(3, 6, 14, 18, 21, 26, 30, 31, 34, 37절) 의인이 환난에서 구원받아 땅에서 영원히 복을 누리게 된다고 한다. 다윗의 인생과 수많은 다윗의 시편들은 이러한 교훈을 보여주기에 가장 적합하다. 사울과 그의 세력들, 블레셋과 이방나라들, 압살롬의 세력들은 한 때 강력하고 번성했으며 의로운 다윗과 그의 백성은 땅에서 쫓겨나거나 고통을 당했다. 하지만, 여호와의 도우심과 의로운 통치로 결국 악인들은 멸망하고 하나님께로 피한 다윗과 그를 따르는 백성들은 고통에서 구원받아 여호와가 주신 땅에서 형통할 수 있었다. 그 때문에 다윗의 시인 37편의 교훈은 독자들에게 더 큰 확신을 준다.

교훈과 적용

시편 37편의 교훈: 의로운 통치자이신 여호와는, 영원히 번영할 것처럼 보이는 악인은 당신의 때에 순식간에 멸하시지만, 고난당하는 의인은 결국 풍성한 하나님 나라를 상속받게 하셔서 그 나라의 복들을 영원히 누리게 하신다. 그러므로 성도는 악인들이 번성하고 그들에게 고통을 당하는 상황에서도 악인의 번영을 부러워하기보다 끝까지 하나님을 믿고 참으며 선을 행해야 한다.

1. 하나님이 의로운 왕이심을 믿고 악인의 번영을 부러워하지 말라

악인이 잘 되는 것에 대해 참지 못하고 하나님 앞에 분노하거나 그것을 부러워해서는 안 된다 (1, 2, 7, 8절). 악인들이 우리 눈에 보기에는 영원히 형통할 것 같지만(35절), 의로운 왕이신 하나님이 하나님의 때에 그들을 순식간에 멸하실 것('끊어질')이다(2, 9, 10, 20, 22, 28, 34, 38절). 악인들이 의인들을 멸하려고 음모를 꾸미고 공격을 해도(32절) 하나님께서 악인들이 자신들의 꾀로 망하게 하실 것이다(12-15절). 그리고 마지막 날에 다시 오실 주님께서 악한 세력들을 완전히 이 땅에서 제거하실 것이다(고전 15:24). 의로운 다윗을 핍박하던 사울의 세력들은 일시적으로 번성했지만, 하나님의 때에 순식간에 무너지고 말았다. 예수님을 십자가에 못 박았던 사탄의 세력도 주님의 부활과 승천으로 궁극적인 패배를 당했다(히 2:14). 악인의 심판이 더딜지라도 하나님의 의로운 통치를 믿으며 함부로 불평하지 말아야 한다.

2. 영원한 하나님 나라 상속을 소망하며 선을 행하라

믿음으로 이미 하나님 나라를 상속한 의인들은 하나님을 바라며 선을 행하여 마지막 날에 하나님 나라를 상속할 것이다(16-21절; 9, 11, 22, 27, 29, 34절; 대상 28:8; 벧전 1:4). 하나님은 당신의 섭리 가운데서 교회와 성도들에게 때로는 오랫동안 고난을 허락하기도 하신다. 하지만, 성도들이 악과 악인의 손에 빠지지 않게 하시며(23, 24, 28절), 악인들의 불의한 고발로부터 보호하셔서 그들의 의로운 삶을 변호하신다(6, 33절). 여호와 하나님만이 의인들의 구원자이시며 환난 때의 피난처이시다(39-40절). 성도는 "핍박을 받아도 버린 바 되지 아니하며 거꾸러뜨림을 당하여도 망하지 않는다"(고후 4:9; 요일 2:16-17). 하나님이 사탄에게 승리하신 그리스도를 따르는 교회를 지키셔서 사탄의 세력에 대한 최후의 승리와 온전한 하나님 나라를 선물로 주실 것이다. 그래서 예수님은 제자들에게 이렇게 약속하셨다. "온유한 자는 복이 있나니 그들이 땅을 기업으로 받을 것임이요"(11절; 마 5:5; 히 11:8-10)

영원한 하나님 나라를 상속받은 의인은 그 나라의 법을 따라 선을 행한다(3-7, 27, 30-31, 34절). 의인은 악인에게 고통당하여 땅과 땅의 복을 잃어버린 것 같은 '온유한 자,' '가난하고 궁핍한 자'이지만, 오직 하나님만을 의지하는 '심령이 가난한 자'이기도 하다(11, 14절; 마 5:3). 어떤 상황에서도 온전하고 정직하려고 몸부림치는 사람이며, 이웃과의 화평을 추구하는 사람이다(14, 37절; 마 5:9). 하나님의 통치가 지금 여기에 이루어짐을 믿는 사람, 하나님 나라가 세상 나라를 물리칠 그 날을 사모하는 의인은 기쁘게 선을 행한다(마 19:29; 25:34; 딤전 6:17-19; 벧전 3:8-17; 요삼 1:11 등 참조). 현재의 고난은 장차 우리에게 나타날 하나님 나라의 영광과 비교할 수 없다(롬 8:18). 성령님이 하나님 나라 상속의 보증인으로서 선한 일을 힘쓰게 하시고 선을 행할 능력을 공급하신다(엡 1:13-14; 딛 3:6-8).

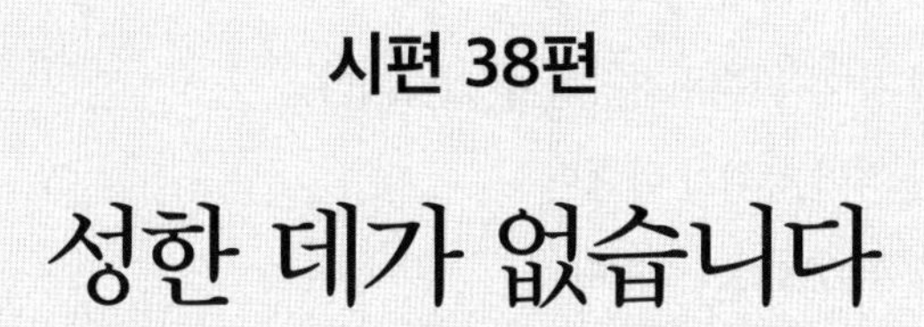

시편 38편

성한 데가 없습니다

[다윗의 기념하는 시]

1 여호와여 주의 노하심으로 나를 책망하지 마시고
주의 분노하심으로 나를 징계하지 마소서
2 주의 화살이 나를 찌르고
주의 손이 나를 심히 누르시나이다[1]
3 주의 진노로 말미암아 내 살에 성한 곳이 없사오며
나의 죄로 말미암아 내 뼈에 평안함이 없나이다
4 내 죄악이 내 머리에 넘쳐서
무거운 짐 같으니 내가 감당할 수 없나이다
5 내 상처가 썩어 악취가 나오니
내가 우매한 까닭이로소이다
6 내가 아프고 심히 구부러졌으며
종일토록 슬픔 중에 다니나이다
7 내 허리에 열기가 가득하고
내 살에 성한 곳이 없나이다
8 내가 피곤하고 심히 상하였으매
마음이 불안하여 신음하나이다
9 주여 나의 모든 소원이 주 앞에 있사오며
나의 탄식이 주 앞에 감추이지 아니하나이다
10 내 심장이 뛰고 내 기력이 쇠하여
내 눈의 빛도 나를 떠났나이다

---

1. '누르다'로 번역된 이 동사는 1행의 '찌르다'와 같은 동사다. 칼형은 '내려오다'(*봐틴하트* וַתִּנְחַת)는 의미다. 칠십인역은 '내리누르다'로 번역하고 있는데 이것은 아마도 피엘형(*봐테나헤트* וַתְּנַחֵת)으로 이 동사를 읽은 것 같고(개역개정, 새번역), 시리아역에서는 '내려앉다'(*봐타나흐* וַתָּנַח)로 읽고 있다. MT처럼 '내려오다'로 읽어도 큰 차이는 없다.

11 내가 사랑하는 자와 내 친구들이 내 상처를 멀리하고[2]

내 친척들도 멀리 섰나이다

12 내 생명을 찾는 자가 올무를 놓고

나를 해하려는 자가 괴악한 일을 말하여

종일토록 음모를 꾸미오나

13 나는 못 듣는 자 같이 듣지 아니하고

말 못하는 자 같이 입을 열지 아니하오니

14 나는 듣지 못하는 자 같아서

내 입에는 반박할 말이 없나이다

15 여호와여 내가 주를 바랐사오니

내 주 하나님이 내게 응답하시리이다

16 내가 말하기를 두렵건대 그들이 나 때문에 기뻐하며

내가 실족할 때에 나를 향하여 스스로 교만할까 하였나이다

17 내가 넘어지게 되었고

나의 근심이 항상 내 앞에 있사오니

18 내 죄악을 아뢰고

내 죄를 슬퍼함이니이다

19 내 원수가 활발하며 강하고

부당하게 나를 미워하는 자가 많으며

20 또 악으로 선을 대신하는 자들이

내가 선을 따른다는 것 때문에 나를 대적하나이다

21 여호와여 나를 버리지 마소서

나의 하나님이여 나를 멀리하지 마소서

---

2. 이 표현은 "내 상처로부터 떨어져 서다"(מִנֶּגֶד נִגְעִי יַעֲמֹדוּ)로 직역되는데, 칠십인역은 이것을 "내 앞에 다가와 서 있다"(מִנֶּגְדִּי נָגְשׁוּ וַיַּעֲמֹדוּ)로 읽는다(*BHS* 난하주 참조). 의미상의 큰 차이는 없는 듯하다.

22 속히 나를 도우소서
주 나의 구원이시여

본문 개요

38편은 다윗이 고통스러운 질병과 강한 대적들의 공격과 극심한 소외감 가운데서 탄식하며 하나님의 용서와 회복과 구원을 간구한 탄식시 혹은 기도시편이다. 기도시편답게 이 시편의 모든 절은 시인이 여호와께 드리는 말을 담고 있다.[3] 이 시편에는 육신의 고통이나 원수들의 조롱과 공격에 대한 탄식이 압도적으로 많이 등장한다(2-12, 17-20절). 이런 고통 가운데서 하나님의 치유와 회복과 구원을 구하는 기도가 앞과 뒤에 등장하며(1, 21-22절), 가운데 부분에서는 여호와에 대한 신뢰도 표현하고 있다(9, 13-16절). 이 시편은 질병으로부터의 회복을 간구하는 또 다른 시편인 6편과 더불어(32, 51, 102, 130, 143편) 초대교회의 전통에서는 '참회시편'으로 사용하였다.[4] 이 시편은 히브리어 알파벳 수와 같은 22절로 구성되어 있는데, 알파벳 이합체 시편인 37편에 이어서[5] 마치 알파벳 이합체 시편인 것처럼 12절을 제외한 각 절이 모두 2행으로 구성되어 있다.[6] 아마도 고난당하는 의인이 고통의 처음부터 끝까지 여호와께 아뢴다는 의미가 형식 가운데 드러난 것으로 보인다.

이 시편의 역사적인 배경이 어떤 것인지는 알기 어렵다. 단지 시편 내용을 통해서 다윗이 심각한 질병으로 고통당하는 상황에서 사람들로부터도 소외

3. Kraus, *Psalms 1-59*, 410.
4. 김정우, 『시편주석 I』, 239, 817 참조.
5. Goldingay, *Psalms 1-41*, 538에서는 38:11은 37:30에서 사용한 '말하다' 혹은 '꾸미다'는 특이한 단어를 공유하고, 38:21에서는 37:39이 사용한 '구원'이라는 특이한 표현을 사용한 것을 지적함으로써, 38편이 37편 다음에 있게 된 이유를 설명하려고 한다.
6. Craigie, *Psalms 1-50*, 302.

를 당하고, 그를 멸하려고 음모를 꾸미는 원수들로부터 공격을 당하는 매우 고통스러운 상황이라는 것만 알 수 있다.[7]

38편은 34-37편 그룹의 시편들과는 악인들의 공격에 대한 고발이나 기도의 면에서 공통점을 가질 수 있지만,[8] 39-41편과 훨씬 더 많은 내용과 어휘를 공유하고 있다. 38-41편 그룹의 첫 시편으로서 38편은 이 그룹의 다른 시편들처럼 죄에 대한 고백(38:3, 4, 18; 39:1, 8, 11; 40:12; 41:4)과 질병(38:3-12, 17; 39:10-11; 40:12?; 41:3-4)과 원수들의 공격(38:11-12, 19-20; 39:1, 8; 40:14; 41:5-9)에 대한 탄식, 그로부터의 회복을 구하는 기도(38:1-2, 21-22; 39:8-10, 12-13; 40:13-17; 41:4, 10) 등으로 구성되어 있다.[9] 시편 1권을 마무리하는 이 그룹은, 마치 사무엘하 후반부에 다윗과 다윗 가문의 연약함을 용서하고 왕국을 다시 회복시키시는, 언약에 신실한 하나님의 사역을 반영하는 것처럼 보인다.

38-41편 그룹의 시편들은 많은 공통점을 가지고 있다. 네 시편 모두에 시인이 혼자서(속으로) 한 말을 인용하는 "내가 말하였다"는 표현이 등장한다(38:16; 39:1; 40:7; 41:4).[10] 이와 함께 '말하다'(*다바르* דָּבַר)도 매 시편에 등장한다(38:12; 39:3; 40:5; 41:7*2, 8). 시인을 가리키는 '나'라는 1인칭 대명사(38:13, 17; 39:4, 10, 13; 40:17; 41:4, 12)와 하나님을 가리키는 '당신'이라

---

7. 김정우, 『시편주석 I』, 820에 의하면, 일부 학자들은 이 시편이 회개를 동반하는 치료 의식에 사용된 시편으로 보기도 한다. 다윗이 자신의 상황 가운데서 쓴 시이지만 후대에는 병자들의 기도문으로 활용되었을 가능성은 얼마든지 있다. Craigie, *Psalms 1-50*, 303.

8. Hossfeld & Zenger, *Die Psalmen I*, 241에서는 35-41편을 하나의 그룹으로 보고 38편을 그 중심에 있다고 본다. 이 주석에서는 35편과 38편 사이의 유사성을 잘 관찰하고 있다(35:1-6과 38:1, 35:17과 38:21-22의 간구; 35:14와 38:6의 애도; 35:15와 38:17의 시인의 '넘어짐'; 35:19, 24와 38:19의 원수의 승리; 35:12와 38:12의 악인의 음모; 35:19와 38:19의 악인의 공격의 부당함; 35:12와 38:20의 선으로 악을 갚은 원수의 파렴치함; 35:22와 38:21의 멀리하지 말라는 간구). 하지만 이런 관련성은 대부분 원수들로부터의 구원과 관련되어 있지 38편의 독특한 주제인 죄나 질병 주제들과는 관련되어 있지 않다.

9. *NIV Study Bible*, 784, 827.

10. Hossfeld & Zenger, *Die Psalmen I*, 241에서도 이것을 지적하고 있다.

는 2인칭 대명사(38:15; 39:9; 40:5, 9, 11, 17; 41:10)가 유독 많이 등장한다. 그리고 이 시편들에는 하나님에 대해서 '여호와'라는 표현 못지않게 '하나님'(주로 '나의 하나님,' 38:15, 21; 40:3, 5, 8, 17; 41:13)과 '주님'(38:9, 15, 22; 39:7; 40:18)이라는 표현이 많이 등장한다. '원수들'에 대한 언급도 매 시편에서 등장한다(38:19; 41:2, 5, 11 '원수,' 38:13 '악으로 선을 갚는 자,' 38:19; 41:7 '나를 미워하는 자들,' 38:12, 40:14 '내 생명을 노리는 자들,' 39:1 '악인,' 39:8 '어리석은 자,' 40:15 '나를 비웃는 자들'). 그들은 시인에 대한 거짓말을 퍼뜨리고 죽일 음모를 꾀하며(38:11, 19; 41:6-7) 시인의 멸망을 기뻐하는 자들(38:16; 39:8; 40:14; 41:5, 8)로 나온다. 특별히 38편 11절과 41편 6, 10절에서는 가까운 사람들이 질병의 고통 중에 있는 시인을 외면하는 모습을 그리고 있다. 위에서 말한 것처럼 네 시편 모두에 죄와 관련된 표현이 나오고(38:3, 4, 18; 39:1, 8, 11; 40:12; 41:4), '해' 혹은 '재앙'(38:12, 20; 40:12, 14; 41:1, 7), 하나님의 징계와 책망과 진노와 관련된 표현들(38:5, 11; 39:10, 11 '징계,' '상처'/ 38:2; 39:10 '주의 손의 침'/ 38:1; 39:11 '책망'/ 38:9; 39:3 '탄식'/ 41:3, 8 '병상'/ '몹쓸 병')도 반복적으로 등장한다. 주로 시인의 마음을 표현하는 '내 마음'이라는 표현도 모든 시편에 등장한다(38:8, 10; 39:3; 40:10, 12; 41:6 '원수의 마음'). 한편, 38편은 39편과 '말하지 못함'의 표현(38:13, 14; 39:1-2, 9, 12)과 하나님을 '바라고' '기다리는' 신뢰의 태도를 공유하고(38:15; 39:7; 40:1) 있다. 또 38편 22절과 40편 13절에는 '속히 나의 도움이 되소서'라는 똑같은 문장이 나온다. 이뿐만 아니라, 두 시편은 '나의 도움,' '주님,' '나의 구원,' '나를 건지시는 분' 등의 표현도 공유하며(38:22; 40:10, 17), 힘이 빠지거나 낙심한 상태를 '버리다'(*아잡* עָזַב)는 동사로 표현하고(38:10, 21; 40:12 참조), '많다'(*아참* עָצַם)는 특이한 단어도 공유한다(38:19; 40:5, 12).

문학적 특징과 구조

38편은 탄식시편의 전형적인 하위 장르들을 따라 아래와 같이 집중형 구조를 보여준다. 1-4절과 21-22절이 현재의 고통에서 구원해 주시길 구하는 '기도'라면, 그 가운데 부분인 5-12, 17-20절은 고통과 원수에 대한 '탄식'이며, 제일 가운데 부분인 13-16절은 여호와에 대한 '신뢰를 고백'하는 연으로 볼 수 있다.[11]

A 1-4절 여호와의 징계 철회에 대한 간구
 B 5-12절 고통과 원수에 대한 탄식
  x 5-10절 질병의 고통에 대한 탄식
  y 11-12절 소외와 원수들의 공격 탄식
   C 13-16절 여호와에 대한 신뢰
 B′ 17-20절 고통과 원수에 대한 탄식
  x′ 17-18절 질병의 고통 탄식과 참회
  y′ 19-20절 원수들의 공격 탄식
A′ 21-22절 여호와의 구원에 대한 간구

1-4절(A)은 이 시편을 시작하면서, 자신의 죄에 대한 하나님의 징계로 질병의 고통을 당하는 시인이 징계를 멈추어 주시길 기도하는 부분이다. 이 연에는 현재 질병의 고통을 시인의 죄악에 대한 여호와의 진노와 징계로 표현하고 있다. 여호와의 '진노'와 '징계'와 관련된 표현들과, 시인의 '죄'나 '죄악'과 관련된 표현들이 많이 등장한다. 이에 비해 제일 마지막 연인 21-22절

11. VanGemeren, *Psalms*, 352에서도 세밀한 면에서는 달라도 전체적으로 비슷한 구조를 제시하고 있다.

(A′)은 현재의 고난에서 자신을 구원해 달라는 마무리 기도로서 1절과 수미쌍관을 이룬다(둘 다 '~말라'는 기도 사용).

5-12, 17-20절은 둘 다 탄식의 연으로, 현재 시인이 질병으로 당하는 고통에 대한 탄식(5-10, 17-18절, x와 x′)과, 그 질병을 빌미로 시인을 공격하는 원수들에 대한 고발 부분(11-12, 19-20절, y, y′)으로 각각 나뉘어 있다. 5-10절에는 '나'라는 표현이 매 행마다 등장하면서 시인이 현재 질병으로 느끼는 고통을 하나님 앞에 상세하게 묘사하고 있고, 17-18절에는 이와 함께 자신의 죄악에 대한 참회를 더하고 있다. 이에 비해 11-12절에는 자신의 친구들로부터 당한 소외와 원수들의 음모에 대한 고발이 나오고, 19-20절에는 역시 원수들에 대한 고발이 나온다. 이 부분들에는 원수에 대한 다양한 표현들('내 목숨을 노리는 자들,' '나를 해치려는 자들,' '원수들,' '부당하게 나를 미워하는 자들,' '악으로 선을 갚는 자들')이 등장한다.

이 시편의 중심인 13-16절(C)은, 오직 하나님만 바라보고 기도한 시인에게 하나님께서 응답하실 것이라는 신뢰의 고백을 담고 있다(15절). 악인들의 음모에 대항하여 '말하지' 않지만(13, 14절) 하나님께 '말하는'(16절) 시인의 두 가지 모습이 대조되고, 원수들의 음모에 대해서는 '듣지' 않는 시인의 모습(13, 14절)과 시인의 기도에 '대답하시는' 하나님의 모습(15절)도 대조되고 있다.

본문 주해

표제: "다윗의 기념하는 시"

"다윗의 시" 다윗이 지은 시편을 가리킨다. '시'(*미즈모르*)로 번역된 단어는 원래 악기를 연주하며 불렀던 노래로 보인다.

"기념하기 위해"(*레하즈키르* לְהַזְכִּיר) 70편과 여기만 등장하는 표제다. 시인의 고난을 하나님께 기억하도록 한다는 의미로 볼 수도 있겠지만,[12] 무엇을 기념하는지는 불분명하다. 칠십인역에는 "안식일과 관련하여 기념하기 위해"로 단어를 추가하여 읽고 있다. 예배와 관련된 전문적인 용어라면 무엇을 의미하는지 알기 어렵다. ESV는 레위기 2장 2, 9절이나 24장 7절 등에 나오는 소제에서 태워드리는 부분인 '기념물'(*아즈카라* אַזְכָּרָה)과 연결시켜 "기념 제사를 위해"로,[13] NIV는 '간구'(petition)로 번역하고 있고, JPS는 히브리어를 음역했다.

1. 여호와의 징계 철회에 대한 간구(1-4절)

1-4절은 서론적인 간구로, 다윗은 여기서 현재 자신에게 닥친 고난이 죄에 대한 하나님의 징계인 것을 고백하면서 그 징계를 거두어 주실 것을 간구한다. 1절이 간구라면 2-4절은 그 간구의 이유를 제시한다.

1) 징계 철회에 대한 간구(1절)

1절에서 다윗은 여호와가 진노하셔서 자신을 징계하신 것을 거두어 달라고 간구한다. 이 절은 질병으로부터의 회복을 구하는 또 다른 참회시편인 6편 1절과 거의 같다.[14] 이 간구는 많은 것을 함축한 요약적 간구이다. 먼저 '책망하다'와 '징계하다'는 두 동사는 현재 다윗이 당하고 있는 질병(2, 3절)이 죄에 대한 하나님의 징계임을 알려준다. 그리고 '노하심'과 '분노하심'은 3절에 나오는 '진노'와 함께 다윗의 질병이 그의 죄에 대한(3b, 4a절) 하나님의 징계임을 암시한다. 그러므로 진노로 징계하지 말라고 간구하는 것은 죄를 용서하시고 현재의 고통에서 구해 달라는 간구와 같은 것이다. 21-22절에서

12. Craigie, *Psalms 1-50*, 303 참조.

13. Craigie, *Psalms 1-50*, 303 참조. Kraus, *Psalms 1-59*, 29에서는 사 66:3을 참고하여 소제에서 유향을 드리는 것을 의미하는 것이라고 이해한다.

14. Craigie, *Psalms 1-50*, 303.

는 그것을 명확하게 표현하고 있다.

2) 죄에 대한 하나님의 징계가 주는 고통(2-4절)

2-4절에서 다윗은 '왜냐하면'이라는 접속사로 시작하면서 1절에서 징계를 거두어 주시길 간구한 이유를 밝힌다. 2-3a절이 하나님의 징계로 당하는 질병의 고통이 너무 크기 때문이라고 말한다면, 3b-4절은 그 징계가 자기 죄의 결과이기에 그것이 너무 고통스럽기 때문이라고 한다.

2절은 1절에서 언급한 하나님의 진노로 말미암은 징계를 같은 동사(*나하트* נָחַת)를 반복하며 비유적으로 표현한다. 하나님의 징계를 2절 1행에서는 수동태로 화살이 시인에게 꽂히는 것으로 표현하고 있다. 마치 화살이 몸을 꿰뚫는 것 같은 극심한 고통을 암시한다. 다윗은 하나님이 마치 자신을 적군으로 여기고 활을 쏘시는 것 같다고 말하는 셈이다(7:13; 욥 6:4; 신 32:23, 42; 슥 9:14 참조).[15] 그리고 2행에서는 같은 동사를 능동태로 사용하여 하나님의 손이 시인 위에 내려오는 것으로 표현한다. 여기서 여호와의 '손'은 징계에 대한 비유다(39:10; 출 9:3; 신 2:15; 삿 2:15; 룻 1:13 참조). '내려오다'는 표현은 예레미야 21장 13절이나 열왕기하 6장 8절처럼 하나님이 시인을 대적하여 진을 치고 공격하는 것을 의미할 수도 있고, 4절이나 32편 4절처럼(39:10) 하나님의 징계가 무겁게 내리누르는 것을 의미할 수도 있다(개역개정 "심히 누르시나이다"). 하나님의 무게감이 느껴질 만큼 엄청난 고통이라는 것을 말한다.

3절은 다음과 같이 정확하게 평행을 이루는 두 행으로 구성되어 있다.

성한 데가 없다 - 내 살에 - 주의 진노로 말미암아

---

15. Kraus, *Psalms 1-59*, 411 참조. 우가릿 신화에는 *레쉐프*라는 신이 사람들에게 질병을 쏘는 궁수로 등장하지만(Goldingay, *Psalms 1-41*, 540 참조), 여기서 그것을 차용했다고 보긴 어렵다. 다만 질병이 하나님에 의한 징계라는 생각을 여기서는 분명히 표현하고 있다.

온전한 데가 없다 - 내 뼈에 - 나의 죄로 말미암아

여기서 '살'과 '뼈'는 몸의 한 부분으로서 전체를 대표한다. 몸의 바깥을 덮는 살이나 몸의 내부 골격을 형성하는 뼈는 전신이나 전인을 대표한다(63:1; 109:24).[16] 이 살과 뼈에 성하고 온전한 데('평안함')가 없다는 말은 질병으로 말미암아 온몸이 너무나도 고통스럽다는 의미다. 4절 1행에서는 그것을 '넘치다(압도하다)'로 표현한다. 2절과 관련시키면 하나님의 심판 화살이 꿰뚫은 시인의 몸이 얼마나 고통스러운지를 묘사하는 것이다. 3절을 온몸에 피부병이 퍼진 것으로 읽는 것은[17] 시를 너무 문자적으로 읽는 것이다. '성한 데가 없다'는 표현은 7절에서 다시 등장한다(사 1:6 참조). 세 번째 요소인 전치사구들은 고통의 원인이 '주의 진노'와 '나의 죄' 때문이라고 밝힌다(1절 참조). 즉, 자신의 죄에 대해 하나님이 진노하셔서 내린 징계가 질병의 고통이라는 것이다.

4절에서 다윗은 1절 간구의 또 다른 이유로 3절 2행에 이어 '죄'의 요소를 다시 부각한다. 1행에서 '죄악들'은 일차적으로는 죄를 가리키지만, 이차적으로는 자신이 저지른 죄악들의 대가로 받은 징계를 의미하기도 한다.[18] 다윗은 자신의 죄악들이 내 머리에 넘친다고 고백한다. 이 표현은 '머리 위를 지나가다'로 직역될 수 있는데, 이것은 마치 홍수가 덮치듯이(18:4-5; 42:7; 69:2; 124:4-5)[19] 시인을 '압도하다'는 의미다(88:16; 렘 23:9). 이 표현이 2행에서는 '무거운 짐처럼 감당할 수 없다'로 바뀌어 표현된다. 엄청난 징계의

16. Kraus, *Psalms 1-59*, 412에서는 이 표현을 사실적인 묘사로 보면서 신체의 일부를 가리키는 것으로 보지만, Goldingay, *Psalms 1-41*, 540, 김정우, 『시편주석 I』, 822에서는 전인을 대표하는 것으로 옳게 본다.

17. Kraus, *Psalms 1-59*, 412.

18. Goldingay, *Psalms 1-41*, 541에서도 이것에 동의하며, 김정우, 『시편주석 I』, 822에서도 '죄벌'로 보는 것이 좋다고 본다.

19. Goldingay, *Psalms 1-41*, 541.

고통 가운데서 시인은 자신이 저지른 죄악들이 얼마나 파괴적인 결과를 가져왔는지를 고백하며 간접적으로 자신의 죄를 참회하고 있는 셈이다. 18절에서는 직접적으로 참회를 한다.

2. 질병의 고통과 소외와 원수에 대한 탄식(5-12절)

시인이 1절의 간구와 관련하여 2-4절에서 그 간구의 이유로 자신의 고통을 요약적으로 말했다면, 5-12절에서는 자신의 아픔에 대해서 상술한다. 이 부분에는 지속해서 '나'라는 표현이 등장하는데, 5-10절에서는 시인이 질병의 고통을 하나님께 상세하게 아뢰고, 11-12절에서는 가까운 사람들로부터의 소외와 원수들의 음모에 대해 탄식한다.

1) 질병의 고통에 대한 탄식(5-10절)

질병의 고통에 대해 묘사하는 이 부분에는 '허리,' '살,' '심장,' '눈' 등 신체에 대한 잦은 언급들을 통해 고통의 깊이를 다양하게 묘사하고 있다. 이 탄식은 17-18절에서 다시 반복된다.

5절에서 시인은 자신의 '우매함' 때문에 자신의 상처가 곪아(썩어) 악취가 난다고 탄식한다. 3절에서는 자신의 죄로 말미암아 고통을 당한다고 한 것을 생각하면, 여기서 '우매함'은 죄로 연결되는 어리석음을 의미한다고 볼 수 있다(69:5; 잠 24:9). 즉, 하나님의 뜻을 완고하게 거역하고 자신의 지혜대로 살려고 했던 어리석음이다. 현재 시인의 질병을 대표하는 '상처'로 번역된 단어는 '때리는 것'이나 '맞아서 생긴 상처'를 의미한다(출 21:25; 잠 20:30; 사 1:6; 53:5).

6절은 5절에서 묘사한 고통에 대한 몸의 반응을 보여준다. 6절은 다음과 같은 교차 대구적인 형태로 평행을 이루어 고통의 심각함과 그에 대한 슬픔을 강조한다. 심히 구부러졌고, 그래서 온종일 슬퍼한다는 말이다.

구부러지고 몸을 굽히다(두 동사) + 심히(부사어)

온종일(부사어) + 슬퍼하며 다니다(두 동사)

1행은 '아프다(원뜻: 구부러지다)'와 '굽히다'라는 유사한 동사들을 통해 온몸을 제대로 펼 수도 없이 고통스러운 상태를 묘사한다. '구부러지다'는 동사는 매우 고통스러워하며 몸을 굽히는 행동을 묘사한다(사 21:3 참조). 또 '굽히다'는 동사 역시 고통이나 슬픔 때문에 몸을 웅크리거나 구부리는 자세를 묘사한다(35:14; 107:39). 이런 묘사는 2행에서 자연스럽게 고통에 대한 슬픔의 표현으로 연결된다. '슬퍼하다'(*카다르* קָדַר)는 분사는 어둡게 되거나 더럽혀지는 것을 묘사하여(욜 2:10), 검은 옷을 입거나 재나 티끌로 옷을 더럽힌 상태로[20] 몹시 슬퍼하는 것을 나타내는 표현이다(35:14; 42:9; 43:2; 렘 8:21; 14:2). '온종일'(12절 참조)은 한시도 고통과 슬픔이 떠나지 않는 '심히' 괴로운 상태를 강조하는 표현이다. 혹자는 6절을 참회와 겸비함의 행동으로 보기도 하지만[21] 이어지는 절들을 볼 때 육체의 고통에 대한 묘사로 보는 것이 좋을 것이다. 물론 자기 죄를 슬퍼하는 것을 배제하지는 않는다.

7절은 몸 전체를 묘사하는 6절과 달리 몸의 중심인 '허리'의 통증으로 고통을 대변한다. 1행에서 시인은 허리가 열기로 가득하다고 탄식한다. '열기'로 번역된 단어는 '굽거나 태우는 것'으로 번역될 수 있는(레 2:14; 수 5:11; 렘 29:22) 분사로, 여기서는 타는 듯한 뜨거운 통증을 묘사하는 것이다. 허리를 중심으로 타는 듯한 고통이 온 몸을 삼키고 있기에, 2행에서는 3절에 나온 표현을 다시 사용하여 온몸에 성한 곳이 없다고 탄식한다.

8절에는 7절의 '허리'에 이어 '심장' 혹은 '마음'이 등장하여 고통을 묘사한다. 1행에서 다윗은 자신의 몸이 마비될 정도로 매우 피곤하고('쇠약해지

---

20. Goldingay, *Psalms 1-41*, 497.

21. Kraus, *Psalms 1-59*, 412.

고,' 77:2; 창 45:26; 합 1:4) 심히 상했다고 탄식한다. 2행에서 '마음이 불안하다'로 번역된 표현은 심리적 현상으로 볼 수도 있겠지만,[22] '심장의 고통'으로 번역하여 1행에 이어지는 육체적 고통으로 보는 것이 더 좋을 것이다. 이것은 심장의 거친 박동소리를 의미한다(10절 "심장이 뛰고"). 물론 이 표현이 정신적인 고통을 배제하지는 않는다. '신음하다'로 번역된 표현은 너무 고통스러워(사 5:30) 사자처럼 울부짖는다는 의미다(22:13; 104:21).

9절에서 시인은 갑자기 여호와를 향해 '주님'(*아도나이*)으로 부른다. 다른 누구도 아닌 자신의 주인, 주권자이신 하나님 앞에서 탄식하고 있음을 하나님께 상기시킨다. 여기서는 '모든 소원'과 '탄식'이 평행을 이룬다. 전자가 고통 가운데서 벗어나고자 하는 간절한 열망을 가리킨다면 후자는 현재의 고통으로 말미암는 한숨과 탄식을 의미한다. '주 앞에 있다'와 '주 앞에 감추이지 않는다' 두 표현은 그런 한숨과 탄식을 누구보다 '주님'이신 하나님이 잘 아신다는 것을 의미한다. 그런 점에서 이 탄식은 속히 건져 달라는 간접적인 기도 혹은 하나님이 응답하실 것이라는 확신의 표현인 셈이다.[23]

10절에는 다시 '심장'이 나오고 이에 더하여 '눈'이 등장하여 질병의 고통을 묘사한다. '뛰다'로 번역된 표현은 매우 보기 드문 형태의 동사로 원래는 장사하기 위해 오가는 상인을 가리키는 데 자주 사용되지만(창 37:28; 42:34; 잠 31:14; 겔 27:36; 38:13) 여기서는 격렬하게 심장이 뛰는 모습을 묘사한 것 같다(*HALOT*). '기력이 쇠하다'는 표현은 문자적으로 '내 힘이 나를 버렸다'로 번역되어 힘이 하나도 없는 상태를 묘사한다. 2행에 나오는 '눈의 빛'은 바로 1행의 '기력'이나 '생명력'을 상징한다(6:7; 13:3; 잠 29:13; 참조). 그 빛이 '떠났다'는 것은 기력이 하나도 남아 있지 않아 완전히 기진맥진한 상태를 그린다(31:9; 88:9; 레 26:16; 신 28:65; 34:7). 혹자는 실제 시력

---

22. Collins, "The Physiology of Tears," 190-1에서는 9-11절은 질병 자체에 대한 앞의 묘사들과는 달리 슬픔을 표현한 것이라고 본다. 하지만 그런 구분이 명확한 것은 아니다.

23. Kraus, *Psalms 1-59*, 412.

상실의 묘사로 보지만[24] 시의 맥락상 비유적으로 보는 것이 더 좋을 것이다.

2) 소외와 원수의 공격에 대한 탄식(11-12절)

11-12절에서는 지금까지 시인과 하나님만 등장하던 흐름을 깨고 제3자들이 등장한다. 11절이 가까웠던 사람들을 언급한다면 12절에서는 원수들을 언급한다.

11절에서 시인은 평소에 자신이 사랑하고 매우 가깝게 지내던 사람들로부터 받은 소외감을 피력한다. 1, 2행에는 가까운 사람들을 나타내는 온갖 표현들('내가 사랑하는 자들,' '친구들,' '친척들')이 등장하여 그들로부터 소외당한 현재의 고통을 강조한다. 2행에서 '친척들'로 번역된 단어는 문자적으로 '가까운 자들'로, 그런 사람들이 그의 상처 때문에 그와 '멀리' 떨어져 '서 있다'라는 것을 강조한다. 1행도 과거에 시인과 가까이 지내던 사람들이 자신이 죄에 대한 징계로 질병에 걸리자 그 '상처'에서 멀리 떨어져 서는(왕하 2:7; 옵 11) 상황을 그린다. 시인의 소원을 자신 '앞에 두는'(9절) 여호와의 모습과 대조적이다.[25] 욥(19:13-21)이나 다윗이 겪은 이런 소외의 상황은 심각한 질병을 하나님의 징계와 버림으로 이해한 사람들의 반응이었을 것이다(88:8, 18; 애 1:2 참조).[26] 다윗은 여기서 비록 자신이 죄를 지어 질병의 고통을 당한다고 하더라도 적어도 자신이 사랑한 그들만큼은 자신의 아픔을 위로해 주기를 기대했음을 보여준다. 하지만 그의 기대는 빗나갔다. 크라우스는 12절의 대적들이 다름 아니라 다윗의 징계 원인을 찾는 11절의 가까웠던

24. Kraus, *Psalms 1-59*, 412.

25. Goldingay, *Psalms 1-41*, 546.

26. 김태경, "건강의 악화와 회복에 따른 탄원의 변화 과정 연구," 『구약논단』 18/3(2012): 219-20에서는 이렇게 본다. "사실상 고대 이스라엘 사회에서 질병은 어떤 형태로든지 야웨와의 관계를 규정하는 척도였기 때문에, 환자에 대한 마을 공동체의 태도는 대단히 부정적이어서, 마을 공동체 생활을 영위하지 못하도록 격리시켰고, 친구뿐만 아니라 가족과 종들에게까지도 고립되는 경험을 하게 된다(욥 19:13-19)."

사람들이라고 보지만,[27] 반드시 그렇게 볼 필요는 없다.

12절은 소외감에서 한 걸음 더 나아가 자신의 질병을 빌미로 거짓말을 만들어 자신을 멸하려고 음모를 꾸미는 원수들의 행동을 고발한다. 이 고발은 19-20절에서 다시 등장한다. 시인은 원수를 '내 생명을 찾는 자들,' '나를 해하려는 자들'로 부르며, 대적들이 궁극적으로 다윗을 죽이려고 한다고 고발한다. 그리고 그것을 달성하기 위한 원수들의 행동을 '올무(덫)를 놓고' '괴악한 일(파멸)을 말하고' '음모를 꾸미는' 것으로 표현한다. 이것을 합쳐보면 지금 다윗의 대적들은 다윗의 질병을 빌미로 거짓말을 퍼뜨리고 음모를 꾸며 그를 파멸시키려 하고 있다. 1행의 '올무(덫)를 놓다'는 표현은 음모를 꾸며 다윗을 잡으려고 하는 것을 몰래 덫을 감춰 놓고 사냥을 하는 것에 비유한 것이다(9:15-16; 10:8-10). 2행에서 '괴악한 일을 말하다'는 표현은 문자적 의미로도 볼 수 있고, 위협하거나 악담을 하는 것(새번역)으로 볼 수도 있다. '음모를 꾸미다'로 번역된 표현은 '속임수를 말하다'(JPS) 혹은 '거짓을 묵상하다'(ESV)는 의미로도 번역될 수 있는데, 모두 거짓말을 만들어 다윗을 죽일 음모를 꾸미는 것을 의미한다. '꾸미다'로 번역된 동사는 동물의 울음소리나 중얼대는 소리를 묘사하는데, 여기서는 악인들이 다윗을 죽이려고 낮은 소리로 음모를 꾸미는 것을 형상화한 것으로 볼 수 있다(2:1; 잠 24:2; 사 59:3).

3. 여호와에 대한 신뢰의 고백(13-16절)

앞에서 시인은 자신이 여호와의 징계로 당하는 고통을 상세하게 아뢰고 대적들이 음모를 꾸미는 일에 대해서도 고발했다. 13-16절에서는 대적들의 음모에 직접적으로 대응하기보다는(13-14절) 응답하실 하나님께 기도하고(16절) 하나님을 바라보겠다고 한다(15절). 악인들의 음모에 직접 대항하여

---

27. Kraus, *Psalms 1-59*, 412.

'말하지' 않는 모습(13, 14절)과 하나님께 '말하는'(16절) 시인의 모습이 대조적이고, 원수들의 음모에 대해서 '듣지' 않는 시인의 모습(13, 14절)과 시인의 기도에 '대답하시는' 하나님의 모습(15절)도 대조적이다.

1) 원수들에 대해 직접 반박하지 않음(13-14절)

13-14절은 12절과 역접 관계이다. 대적들이 자신을 죽이려고 거짓말로 음모를 꾸미는 것(12절)에 대해서 다윗은 알면서도 그것을 듣지 않고 직접 반박하지 않겠다는 것을 표현한다. 이사야 53장 7절에서는 여호와의 종에 대해 유사하게 묘사하고 있다. 직접 대응하거나 반박하기보다는 하나님께 기도하겠다는 의지를 피력하는 것이다. 13절과 14절은 다음과 같은 abab 구조로 이것을 효과적으로 강조한다.

13a 못 듣는 자처럼 듣지 않고
　　13b 입을 열지 않는 말 못 하는 사람처럼 되다
14a 듣지 못하는 사람처럼 되고
　　14b 입에는 반박함이 없는 사람처럼 되다

먼저 13a와 14a절에서는 못 듣고, 듣지 못하는 사람에 시인 자신을 비유하고 있다. 두 행에 모두 '듣다'는 동사가 나온다. 이런 표현들은 모두 악인의 음모를 듣지 않겠다는 의지를 강력하게 천명하는 것이다. 또 13b와 14b절에서는 말 못 하고, 반박하지 않는 사람에 시인 자신을 비유하고 있다. 두 행에 모두 '입'이라는 명사가 나온다. '반박함'이라는 명사는 1절에서는 '책망하다'로 번역된 동사와 같은 어근에서 나왔는데, 여기서는 법정적 의미로 대적들이 고발한 것에 대해 반박하는 것을 의미한다(욥 13:6; 23:4 참조). 시인은 원수를 직접 갚지 않고 하나님께 맡길 것을 천명하는 것이다(신 32:35). 다음 절이 그것을 표현한다.

2) 응답해 주실 하나님에 대한 신뢰 고백(15-16절)

15-16절은 이 시편의 중심이자 가장 중요한 고백을 담고 있다. 13-14절에서 시인이 악인들에게 직접 반박하지 않은 이유를 역접 관계(원어: "반대로")로 보여준다.[28] 시인은 15절 한 절에서만 '여호와,' '주(당신),' '주님,' '나의 하나님'으로 네 번이나 하나님을 부르면서, 응답하실 여호와만 바라본다고 고백한다. 이것은, 오직 자신과 세상의 주인이시자, 악인들에 의해 억울하게 고통당하는 것을 아시고 자기 편이신 여호와만이 대적들의 문제를 해결하실 수 있음을 표현한 것이다. '응답하다'는 표현이 시인의 기도에 대한 하나님의 응답을 의미한다면, '바라다'는 동사는 응답하실 하나님에 대한 의지와 기대를 표현하는 것이다. 다윗은 최악의 고통 가운데서 여호와 하나님만 신뢰하고 있는 셈이다.[29]

16절에는 15절에서 암시한 시인의 기도가 나온다. 시인은 속으로 말하긴 했지만, 대적들에게 반박하는 대신 16절에 나오는 내용으로 하나님 앞에서 '말했다'고 한다.[30] 기도의 내용은 악인들의 음모가 성공 못 하게 해 달라는 것이다. 질병으로 말미암아 시인이 죽거나 악인들의 음모로 사회에서 매장되는 것('내 발이 미끄러질 때에,' 12절; 66:9; 94:18; 121:3)을 보고 악인들이 기뻐하고 자랑 못 하게 해 달라고 기도했다는 것이다. 이렇게 기도하는 것은 자신의 멸망보다는 대적들의 악한 음모가 성공하여 하나님의 공의가 부정당하는 상황을 두려워하기 때문이라고 한다. 즉, 16절에서 시인은 하나님의 의로운 통치를 이뤄주시길 촉구하는 셈이다.

---

28. 15-18절까지는 연속적으로 히브리어 접속사 *키*(כִּי)로 시작한다. 하지만 이것이 꼭 생각의 단위를 표현하는 것은 아니다. Kraus, *Psalms 1-59*, 413, 김정우, 『시편주석 I』, 820 참조. 여기서 15절은 역접 관계, 16절은 이유, 17, 18절은 각각 강조를 의미하는 것으로 해석하였다.
29. Kraus, *Psalms 1-59*, 413.
30. Kraus, *Psalms 1-59*, 413에서는 자신에게 한 말로 보지만, 속으로 기도한 것으로 보는 것이 더 나아 보인다.

4. 고통과 원수에 대한 탄식(17-20절)

이 부분은 5-12절에서 말한 것을 반복하면서 요약하고 있다. 17-18절이 5-10절처럼 질병에 대한 탄식과 죄에 대한 참회를 말하고 있다면, 19-20절에서는 12절에서처럼 원수들의 악을 고발하고 있다.

1) 질병의 고통 탄식과 참회(17-18절)

17절에서 다윗은 자신이 곧 '넘어지게 되었다'고 탄식한다. 2행과 관련시켜 보면 질병의 고통이 너무나 심하여 당장이라도 죽음에 이를 것 같다는 의미다. '넘어짐'이라는 표현은 16절에서 말한 '발이 미끄러지다'처럼 죽음을 암시한다(35:15; 욥 18:12). 2행에서 근심 혹은 고통이 항상 시인 앞에 있다는 표현은, 한순간도 고통이 떠나지 않아 너무나 괴롭다는 탄식이다. 욥도 이것을 하나님이 "아침마다 권징하시며 순간마다 시험하는" 것으로 표현하고, 하나님이 자신을 "침을 삼킬 동안도" 놓아 주지 않으신다고 탄식하였다(욥 7:18-19). 하지만 바로 앞의 시편에서 의인은 완전히 넘어지지 않는다고 말하는 것처럼(37:24)[31] 여기서 시인도 그것을 확신하면서 탄식하고 있는 듯하다.

18절에서 다윗은 현재의 고통이 자신의 죄 때문이라는 것을 고백한다. 3-4절에서 암시적으로 했던 참회를 여기서는 직접적으로 한다. '죄악을 아뢰다'는 말은 현재의 징계, 질병에 이르게 한 자신의 죄를 고백하고 뉘우친다는 의미다(32:5; 잠 28:13-14 참조). 또 2행의 '죄를 슬퍼하다'라는 말은, 질병의 깊은 고통 가운데서 자신이 저지른 죄의 파괴적인 결과를 느끼고 회개한다는 의미다. 이런 참회가 동반되지 않는다면 1, 16, 21-22절에 나오는 회복과 구원의 간구는 의미가 없다는 것을 시인은 잘 알고 있다. 고통에서의 회복은 단지 신체적인 것만이 아니라 의로운 삶의 회복도 동반하기 때문이다.

---

31. VanGemeren, *Psalms*, 357.

2) 원수들의 공격 탄식(19-20절)

19-20절에서는 12절처럼 자신의 질병을 빌미로 거짓된 소문을 만들어서 다윗을 공격하는 악한 원수들에 대해서 다시 한번 탄식한다. 19절에서는 처음으로 '원수'라는 표현을 쓰고 '강하다' '많다'는 동사를 두 번이나 사용하여, 원수들의 수가 셀 수 없이 많다는 것을 강조한다. 이것은 시인이 원수들의 공격을 매우 강력하게 느끼고 있음을 표현한 것이기도 하다. 19절 1행의 '내 (생명의 혹은 활발한) 원수들'이라는 표현은 좀 어색하다. 12절의 '목숨을 노리는 자'와 연결해서 생각하면 생명을 노리는 원수들을 의미할 수 있다. '생명'이란 단어(*하임* חַיִּים)는 개역개정처럼 '활발한'으로(ESV) 혹은 '치명적인'으로(JPS) 번역되어 '원수들'을 수식한다. 하지만 이 단어는 2행의 '부당하게'와 평행을 이루는 '까닭 없이'(*힌남* חִנָּם)로 고쳐 읽는 것이 더 나아 보인다(35:19; 69:4 참조).[32] 그렇게 되면 1행은 "까닭 없이 원수 된 자들이 많고(강하고)"가 될 것이다. '까닭 없이'나 '부당하게'는 원수들이 다윗을 공격할 이유도 없음을 의미한다. 비록 다윗이 하나님께 죄를 지어 징계를 받고 있지만, 원수들에게 해를 입힌 것은 없기에 그들의 공격은 불의하다는 것이다(20절 참조). 2행에서는 원수들이 시인을 '미워하는 자들'로 표현되고 있는데 이것은 친구를 지칭하는 11절의 '내가 사랑하는 자'와 반대로 원수를 지칭하는 관용적인 어구다(35:19; 41:7; 69:14; 86:17).

20절에서는 대적들이 시인을 공격하는 것이 부당할 뿐만 아니라 파렴치한 것이라고 고발한다. 1행에서 다윗은 대적들이 자신이 그들에게 베푼 선에 대해서 악으로 갚고 있다고 한다. 35편 12절과 같은 상황이다. 대적들이 더 파렴치한 것은, 2행에서 말하는 것처럼 그들이 다윗이 선을 따른다는 이유로 도리어 대적하고 고발하기 때문이다. '대적하다'로 번역된 동사는 대적이 되

---

32. *BHS*도 그렇게 제안하고 NIV도 그 제안을 따르고 있다. Craigie, *Psalms 1-50*, 302에 의하면 쿰란 문서(4Q pPs)도 이 독법을 취하고 있다.

어 정죄하거나 고발하는 것을 의미한다(*HALOT*, 73:13; 109:4, 20, 29 참조). 여기서 다윗이 밝히고자 하는 것은 대적들이 다윗을 공격하는 것이 하나님의 의로운 통치에 반하는 악한 것이라는 점이다. 비록 다윗이 자신의 죄 때문에 질병의 고통을 당하고 있어도, 대적들이 그것을 빌미로 자신들에게 선을 베풀었고 지금도 선을 행하기를 구하는 다윗에 대해 거짓말을 퍼뜨리고 음모를 꾸며 죽이려고 하는 것은 파렴치한 죄악임을 고발하는 것이다.

5. 여호와의 구원에 대한 간구(21-22절)

마지막 연에서 다윗은 현재의 질병의 고통, 원수들의 공격으로부터 자신을 구원해 주시길 기도한다. 이것은 1-4절의 간구를 적극적으로 표현한 것이다.

21절에서 시인은 여호와, 나의 하나님을 두 번이나 부르며(15절 참조) 부정적인 표현으로 자신을 버리지 마시고 멀리하지 말라고 요청한다. 1행에서 '버리지 말라'는 표현은 여호와의 종인 자신을 버리신 것처럼 무응답으로 일관하며 현재의 고통 속에 내버려 두지 말라는 의미다(22:1; 119:8). 10절에서 '기력이 나를 버렸다'고 말한 것과 대조적으로 시인의 참된 힘이신 여호와는 자신을 버리지 마시고 회복시켜 달라는 의미다. 2행에서, 다윗은 하나님이 정말 '나의 하나님,' 즉 의를 구하는 자신의 편이라면, 자신을 '멀리하지 마시길' 간구한다. 질병과 악인들에게 고통당하며 기도하는 자신의 기도를 들으시고 구해 달라는(22:11, 19; 35:22; 71:12) 요청이다.

22절은 21절을 긍정적으로 바꾸어 표현한 기도다. 다윗은 지금의 고통이 너무나 극심하고 악인들의 공격이 너무나 혹독하기에 '속히' 자신을 도와 달라고 기도한다(22:19; 40:13, 17). 2행은 독특하게도 여호와를 부르는 두 호칭 '나의 주님, 나의 구원'으로 마무리된다. 여호와가 자신의 참된 주인이시고 구원자이시기에, 자신을 질병에서 회복시키고 원수들의 공격에서 구할 분은 오직 하나님밖에 없다는 고백이다. 21-22절에 나오는 표현들은 22:1, 11, 19절

등과 매우 유사하여 두 시편의 공통된 주제를 강조한다.[33]

교훈과 적용

38편의 교훈: 하나님은 때로 성도의 죄악에 대해 신체적, 정신적, 사회적 고통을 일으키는 심각한 질병으로 징계하신다. 이런 고통 가운데서도 성도는 그 고통을 허락하신 하나님 앞에 나아가, 그처럼 엄청난 고통을 가져온 죄의 심각성을 인식하고 참회하면서도, 그 고통을 구체적으로 아뢰며 하나님의 용서와 회복, 사회적 소외와 원수들로부터의 구원을 간구해야 한다.

1. 질병으로 징계하신 하나님 앞에서 회개하며 회복과 구원을 의뢰하라

하나님은 질병을 통해서 때로는 성도들의 죄에 대해서 징계하신다. 그럴 때라도 성도는 38편의 다윗처럼 하나님 앞에 나가서 탄식하며 울어야 한다. 질병이 주는 신체적 아픔, 정신적 슬픔, 사회적 소외감을 하나님 앞에 낱낱이 아뢰며(5-11, 17-18절), 개인 혹은 인류가 저지른 죄가 얼마나 개인과 사회를 심각하게 파괴할 수 있는지를 고백해야 한다. 질병의 고통 가운데서 죄에 대해 진노하시며 책망하시는 하나님을 만나야 한다(1-4절). 진심으로 죄를 슬퍼하며 죄에 대해 참회해야 한다(18절).

하지만 하나님께서 성도들에게 질병을 주신 이유는 징계를 통해 바로잡기 위함이지 멸하시기 위함이 아니다.[34] 하나님은 회개하는 자의 질병을 친히 담당하시고 치유하신다(출 15:26; 시 41:3; 103:3). 예수님은 각종 병자를 고치심으로 치유하시는 하나님을 분명하게 나타내셨다(마 8:16; 9:35; 12:15; 19:2). 병 고침으로 하나님의 죄 사함을 나타내셨다(막 2:1-12).[35] 십자가에서 우리의 질병과 고통을 짊어지셨다(사 53:4; 마 8:17). 그러므로 병자들은 낙심하지 말고 치유의 주님이신 그리스도의 이름으로 하나님께 치유와 회복을 위해 기도해야 한다. 다윗처럼 어떤 고통 속에서도 끝까지 하나님의 신실하심을 믿고 바라보아야 한다(15-16절). 비록 우리가 질병 가운데 죽을 수도 있지만, 마지막 날의 온전한 치유를 확신해야 한다(계 21:4). 더불어 교회는 치유의 은사를 허락하신 성령님의 뜻을 따라(고전 12:9, 28, 30) 질병의 치유와 죄의 용서를 교회와 세상에 나타내야 한다(행 5:16; 8:7; 19:12; 28:9).

---

33. Craigie, *Psalms 1-50*, 305에서도 같은 것을 지적한다.
34. Mays, *Psalms*, 164.
35. Mays, *Psalms*, 164.

2. 질병을 핑계로 공격하는 원수들을 두려워 말라(11-12, 19-20절)

다윗처럼 성도가 질병 등으로 극심한 고통을 당할 때 사람들은 알지도 못하면서 우리를 정죄하며 자신의 이익을 취하려는 악한 의도로 우리를 공격할 수 있다. 그럴 때 성도는 사람들에게 일일이 대꾸하기보다는(13-14절) 하나님 앞에서 원수들의 공격을 고발해야 한다. 그들의 공격에서 건져 주시길 기도해야 한다(21-22절). 비록 내가 하나님 앞에 죄를 지었다 하더라도 그들이 우리의 고통을 가지고 공격하는 것은 불의이고 악행이기 때문이다. 사탄은 질병에 걸린 우리를 하나님이 버리셨다고 속삭이며, 우리가 하나님 앞에 나아가 온전히 회복될 기회를 차단하고 우리를 영원히 멸망시키려 할 것이다. 하지만 그때도 우리는 사탄의 공격에서 구해 주시길 하나님께 기도해야 한다(9절). 교회는 질병에 걸린 성도들을 정죄하기보다는(11절) 그들의 고통을 위로하고 육체적, 영적 회복을 위해 기도해야 한다(마 25:36, 39). 서로의 죄를 돌아보며 치유를 위해 기도해야 할 것이다(약 5:14-16).

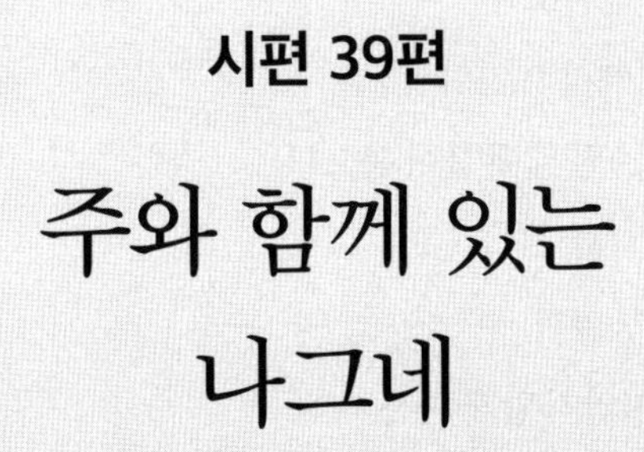

시편 39편

주와 함께 있는 나그네

[다윗의 시, 인도자를 따라 여두둔 형식으로 부르는 노래]

1 내가 말하기를 나의 행위를 조심하여
내 혀로 범죄하지 아니하리니
악인이 내 앞에 있을 때에[1] 내가
내 입에 재갈을 먹이리라 하였도다[2]

2 내가 잠잠하여[3]
선한 말도 하지 아니하니
나의 근심이 더 심하도다

3 내 마음이 내 속에서 뜨거워서
작은 소리로 읊조릴 때에 불이 붙으니
나의 혀로 말하기를

4 여호와여 나의 종말과
연한이 언제까지인지 알게 하사
내가 나의 연약함을 알게 하소서

5 주께서 나의 날을 한 뼘 길이만큼 되게 하시매
나의 일생이 주 앞에는 없는 것 같사오니
사람은 그가 든든히 서 있는 때에도 진실로 모두가 허사뿐이니이다
(셀라)

6 진실로 각 사람은 그림자 같이 다니고
헛된 일로 소란하며
재물을 쌓으나 누가 거둘는지 알지 못하나이다

---

1. 칠십인역에서는 '동안에'(*베오드* בְּעֹד) 대신에 '서 있는'(*바아모드* בַּעֲמֹד)으로 읽어서 '악인이 내 앞에 서 있을 때는'으로 번역한다.
2. 칠십인역에서는 '조심하다'(*샤마르* שָׁמַר) 대신에 '두다'(*심* שִׂים)로 읽어서 '내 입에 재갈을 물리다'로 번역하는데 이것이 더 자연스럽기 때문에 NIV도 칠십인역을 따른다.
3. 칠십인역에서는 '잠잠하다' 대신에 '겸손하게 하다'로 읽고 있다.

7 주여 이제 내가 무엇을 바라리요
나의 소망은 주께 있나이다
8 나를 모든 죄에서 건지시며
우매한 자에게서 욕을 당하지 아니하게 하소서
9 내가 잠잠하고 입을 열지 아니함은
주께서 이를 행하신 까닭이니이다
10 주의 징벌을 나에게서 옮기소서
주의 손이 치심으로 내가 쇠망하였나이다
11 주께서 죄악을 책망하사 사람을 징계하실 때에
그 영화를 좀먹음 같이 소멸하게 하시니
참으로 인생이란 모두 헛될 뿐이니이다 (셀라)
12 여호와여 나의 기도를 들으시며
나의 부르짖음에 귀를 기울이소서
내가 눈물 흘릴 때에 잠잠하지 마옵소서
나는 주와 함께 있는 나그네이며
나의 모든 조상들처럼 떠도나이다
13 주는 나를 용서하사
내가 떠나 없어지기 전에 나의 건강을 회복시키소서

본문 개요

39편은 다윗의 기도시편이다. 잠잠하고 참으려고 해도 탄식 소리가 절로 나오는 극심한 질병의 고통 속에서 다윗은 탄식하며 죄의 용서와 회복을 구하고 있다. 38편처럼 이 시편도 다윗이 자신의 죄 때문에 하나님의 징계를 받아(8-11절) 질병으로 거의 죽어가는 상황에서 죄의 용서와 건강의 회복을 구하는 내용을 담고 있다. 악인이나 대적에 대해서는 간단하게 언급한다(1, 8절). 이 시편은, 고통 그 자체에 대한 상세한 묘사보다는 고통당하는 인생의 허무함을 강조한다는 면에서 교훈적인 요소를 가지고 있고[4] 90편(욥 7:7-10; 14:1-12; 사 40:6-8)과 매우 닮았다.[5]

다윗이 어떤 역사적인 배경에서 이 시편을 썼는지는 시편의 내용만으로는 알기 힘들다. 38편과 같은 상황이었을 수도 있을 것이다. 또 사무엘서에 기록되지 않은 상황을 배경으로 하고 있을 수도 있다. 다만 역대상 29장 15절의 다윗의 고백 "우리는 우리 조상들과 같이 주님 앞에서 이방 나그네와 거류민들이라 세상에 있는 날이 그림자 같아서 희망이 없나이다"에 나오는 표현들은 39편 5('날'), 6('그림자같이'), 7('소망'), 12절('나는 주와 함께 있는 나그네이며 나의 모든 조상들처럼 떠도나이다') 등에 골고루 등장하여[6] 그 배경이 될 가능성을 보여준다. 아마도 이 시편은 다윗의 통치 후반부에 일어난 다윗 개인의 죄와 그로 인한 개인적, 국가적 환란을 경험하는 중이거나 후에 쓴 것으로 보인다.

39편은 질병, 죄 용서, 원수로부터의 구원의 주제를 함께 노래하는 38-41편 그룹의 두 번째 시편이다(38편 개요 참조). 이 시편은 38편이 대적들 앞에서 '침묵했던' 시인의 모습을 그리는 것처럼(38:13, 14) 하나님과 악인들 앞에서 '잠잠하려고' 애쓰는 시인의 모습(39:1-2, 9, 12)을 그리고 있으며, 고난 중에도 하나님을 '바라고' '기다리는' 신뢰의 태도를 공유하고 있다(38:15; 39:7; 40:1). 38편에서는 시인의 어리석음에 대해서 말하고(5절) 39편에서는 악인을 '어리석은 자'로 표현한다(39:8). 39편에서는 원수의 공격에 대

---

4. Kraus, *Psalms 1-59*, 416. P. J. Botha, "Psalm 39 and its Place in the Development of Retribution in the Hebrew Bible," *OTE* 30/2 (2017): 240-64에서는 이런 교훈적인 요소를 강조하여 이 시편이 병자에 의해 지어진 탄식시가 아니라 "늦어지는 보응에 의해 야기된 신학적인 실망을 어떻게 극복할 것인지에 대한"(241쪽) 교훈을 주기 위해서 쓴 지혜시라고 본다.

5. Mays, *Psalms*, 166 참조.

6. Goldingay, *Psalms 1-41*, 555 참조.

해서 세밀하게 묘사하지 않지만 38편 16절처럼 여기서도 원수는 시인의 멸망을 기뻐하는 자(8절, 40:14; 41:5, 8)다. 시인은 38편 15절에서처럼 하나님의 응답을 기대한다(12절). 두 시편 다 '심장'이 터질 것 같은 고통을 말한다(39:3; 38:8, 10).[7] 39편은 38-41편 그룹과도 많은 공통점을 공유한다. 시인이 혼자서(속으로) 한 말을 인용하는 "내가 말하였다"는 표현(38:16; 39:1; 40:7; 41:4),[8] '말하다'(*다바르* דָּבַר, 38:12; 39:3; 40:5; 41:7*2, 8), 시인을 가리키는 '나'라는 1인칭 대명사(38:13, 17; 39:4, 10, 13; 40:17; 41:4, 12), 하나님을 가리키는 '당신'이라는 2인칭 대명사(38:15; 39:9; 40:5, 9, 11, 17; 41:10)와 '주님'(*아도나이*, 38:9, 15, 22; 39:7; 40:18), 죄와 관련된 표현들(38:3, 4, 18; 39:1, 8, 11; 40:12; 41:4), '해' 혹은 '재앙'(38:12, 20; 40:12, 14; 41:1, 7), 하나님의 징계와 책망과 진노와 관련된 표현들(38:5, 11; 39:10, 11 '징계,' '상처'/ 38:2; 39:10 '주의 손의 침'/ 38:1; 39:11 '책망'/ 38:9; 39:3 '탄식'/ 41:3, 8 '병상,' '몹쓸 병'), 주로 시인의 마음을 표현하는 '내 마음'이라는 표현(38:8, 10; 39:3; 40:10, 12; 41:6 '원수의 마음') 등이다.[9]

문학적 특징과 구조

39편은 38편처럼 제일 중앙에 여호와에 대한 신뢰 고백이 나오고 앞뒤에 탄식과 기도가 등장하는 집중형 구조를 보여준다. 1-6절이 탄식이라면 8-13절은 기도 부분이며 각 부분은 다시 두 부분으로 세분된다.[10]

---

7. Hossfeld & Zenger, *Die Psalmen I*, 247에서 이런 공통점들에 대해서 잘 설명하고 있다.
8. Hossfeld & Zenger, *Die Psalmen I*, 241에서도 이것을 지적하고 있다.
9. Wilson, *Psalms 1*, 625에서도 39편이 38편과 갖는 공통점들에 대해 위처럼 관찰하면서 38-41편이 갖는 공통점들이 네 시편을 시편 1권의 결론으로 묶는다고 적절하게 지적한다.
10. 주석들은 대개 1-3, 4-6, 7-11, 12-13절의 네 연으로 구분하고 있는데, 위의 구조는 7절을 중심 절로 따로 분리하였다. Hossfeld & Zenger, *Die Psalmen I*, 248-9; 김정우, 『시편주석 I』, 836-7 참조.

A 1-3절 말하지 않고는 견딜 수 없는 고통 호소
　B 4-6절 고통 가운데 덧없이 사라져 가는 삶에 대한 탄식
　　C 7절 여호와에 대한 신뢰 고백
　B′ 8-11절 죄에 대한 징계로서의 고통에서 구하시길 간구함
A′ 12-13절 기도 응답과 회복을 위한 간구

1-3절(A)이 하나님의 징계로 질병의 고통을 당하는 시인이 '잠잠하려 했지만' 못 참고 하나님께 '호소한'('내 혀로 이렇게 말했네'-3절) 탄식이라면, 12-13절(A′)은 여호와께 자신의 '기도'와 '울부짖음'(12절)을 들으시고 '잠잠하시지' 않기를 구하는 기도다.

4-6절(B)은 시인이 질병의 고통 가운데서 덧없이 사라져 가는 것 같은 삶의 허무함을 여호와 앞에서 탄식하는 부분이다. 이 부분에는 삶의 허무함을 강조하는 표현들이 반복적으로 등장하고 있다('나의 종말,' '연한,' '연약함,' '한 뼘,' '없는 것 같음,' '허사,' '그림자,' '헛된 일' 등). 반면 8-11절(B′)은 4-6절의 탄식에 대응하는 기도로 시인은 여기서 자신의 삶이 허무하게 끝나지 않기를 간구한다. 5절의 '인생은 헛될 뿐'이라는 표현이 11절에 다시 나오고, 6절의 '쌓은 재물을 거두지 못함'과 대칭을 이뤄 11절에 '영화를 좀먹음'이란 표현이 등장하여 간구의 절박함을 강조한다. 여기에는 '죄,' '징벌,' '주의 손이 치심,' '죄악의 책망,' '징계' 등의 표현들로 시인의 질병이 죄에 대한 징계임을 강조한다.

7절(C)은 이 시편의 중심으로서 탄식 부분(1-6절)과 기도 부분(8-13절) 사이에서 여호와를 바란다는 신뢰를 고백하고 있다. 이 고백이 탄식 가운데서 기도하게 하는 원동력이 됨을 보여준다. 7절을 시작하는 '그리고 이제는'이라는 표현은 구약의 다른 기도 본문들(삼하 7:25, 28; 왕상 3:7; 8:25, 26; 느

9:32; 사 64:7; 욘 4:3)에서도 전환점을 알려주는 기능을 한다.[11]

본문 주해

표제: "다윗의 시, 인도자를 따라 여두둔 형식으로 (부르는 노래 - 원문에 없음)"

"인도자를 따라" 성전 예배에서 찬양 인도자가 낭송하도록 안내하거나 예배 인도자를 위한 시편집에 포함된 것을 가리키는 말일 수 있다.

"여두둔 형식으로" '여두둔에게' 혹은 '여두둔을 위해': '여두둔'은 다윗이 임명한 세 사람의 찬양 인도자 중의 한 사람(대상 16:41-42; 25:1; 대하 5:12; '왕의 선견자' 대하 35:15)이다. 아삽이 게르손 족속을 대표하고 헤만이 고핫 족속을 대표했듯이 여두둔은 므라리 족속을 대표했을 것이다(89편의 표제 '에단'과 동일인). 이 표제가 정확히 무엇을 말하는지 알기 어렵다. 아마도 여두둔이 지휘하도록 했다는 의미이거나, 62편과 77편의 표제 '여두둔에 맞춰'처럼 지휘자 여두둔이 불렀던 곡조 형식이나 음악 장르에 따라 부르라는 지시어일 것이다.[12]

"다윗의 시" 다윗이 지은 시를 의미할 것이다. '시'는 원래 악기를 연주하며 부른 노래였을 것이다.

"셀라"(5, 11절) 표제는 아니지만 총 32편의 시편에서 71번 사용된 예전적인 지시어이다. 다양한 견해들이 있지만 확실하지는 않다(서론의 표제 해설 참조).

---

11. Botha, "Psalm 39," 243.

12. *NIV Study Bible*, 828; Kraus, *Psalms 1-59*, 30 참조.

1. 말하지 않고는 견딜 수 없는 고통 호소(1-3절)

이 시편을 해석하는 전략은 8-13절을 시인의 현재 상황으로 보고 1-6절을 회고적으로 해석하는 것이다. 즉, 시인은 8-13절이 밝히듯이 자신의 죄 때문에 하나님께 징계를 받아 (질병의) 고통을 앓는 중이다. 1-7절은 원래 말을 하지 않으려고 했는데 어떻게 8-13절처럼 많은 기도를 하게 되었는지를 설명하는 탄식으로 봐야 한다.

제1연은 도입 부분으로 과거를 회상하며 자전적으로 고백하는 것이다. 다윗은 죄 때문에 고통을 당하는 상황에서도 입으로 죄를 짓지 않기 위해서 말하는 것을 많이 참았지만, 고통이 너무 심해서 하나님께 탄식하지 않을 수 없었다고 고백하고 있다. 1절에서 '내가 말하다'(*아마르* אָמַר)로 시작해서 3절 끝에서 다시 '내가 말하다'(*다바르* דָּבַר)로 마무리되고 있는데, 그 가운데 '입에 재갈 먹이다,' '잠잠하여 선한 말도 하지 아니하다,' '작은 소리로 읊조리다' 등 '말하다'와 반대되는 표현들이 등장한다. 말과 관련된 신체 기관인 '혀,' '입'이 세 번(1, 3절)이나 나오기도 한다. 이런 장치는 침묵하려고 해도 도저히 참을 수 없는 고통의 크기를 잘 강조한다.

1절의 "내가 말하기를"은 38편 16절처럼 다윗이 속으로 결심한 것을 표현한다. 다윗은 자신의 혀로 죄를 짓지 않기 위해 행위를 조심하고 입에 재갈을 물릴 것을 결심했다고 한다. 아마도 다윗은 자신의 죄 때문에 받는 징계의 고통이 너무나 극심해서, 하나님을 원망하거나 하나님 앞에 죄가 되는 말(예를 들면, 73:3-14)을 할(2행 '범죄하지 아니하리니') 위험성을 감지했을 것이다(37:8; 73:15; 욥 10:1; 23:2 참조).[13] 그래서 그런 가능성을 차단하기 위해 입을 열지 않을 것을 결심했다고 볼 수 있다. 9절의 표현도 이런 해석을 지지한

---

13. J. L. Crenshaw, "The Journey from Voluntary to Obligatory Silence (Reflection on Psalm 39 and Qoheleth)," in ed. J. L. Berquist and A. Hunt, *Focusing Biblical Studies: The Crucial Nature of the Persian and Hellenistic Periods: Festschrift in Honor of Douglas A. Knight*, LHBOTS 544 (London: T&T Clark, 2012), 182 참조.

다. 그런데 4행에 '악인이 내 앞에 있을 때에'라는 단서를 붙이고 있다. 이것을 어떻게 해석해야 할까? 첫째는, 이 말을 악인에게 공격할 빌미를 주지 않기 위해서라도 침묵해야 하겠다는 의미로 해석할 수 있다. 악인이 하나님에 대해 불평하는 자신의 말을 듣는다면 그 말 때문에 그들이 더 하나님을 무시하고 악을 행하거나, 그 말을 빌미로 시인을 더 악하게 공격할 수도 있기 때문이다. 두 번째는, 악인이 이미 자신의 질병의 고통(10-11절)에 대해서 공격하고 있기에 거기에 대해서 함부로 입을 열어서 반박함으로써 또 다른 공격거리를 제공하지 않겠다는 의미로 볼 수도 있을 것이다. 4절부터 나오는 내용을 보면 악인들에 대한 고발이 없기에 첫 번째 해석을 취하는 것이 더 자연스러워 보인다. '재갈'이나 '조심하다'는 단어의 반복은 시인이 얼마나 말을 하지 않으려고 애썼는지를 잘 나타낸다. '재갈'은 나귀나 소를 통제하기 위해 입에 씌우는 망이나 마개로서(신 25:4)[14] '재갈을 물리는 것'은 말을 통제하고 조심하는 일에 대한 비유로 적합하다.

2절 1-2행은 1행의 결심에 대한 부연 설명이고 2절 3행부터 3절 2행은 침묵의 결과로 생긴 고통에 대한 탄식이다. 2절 1행의 원문은 '잠잠하고 침묵하다'는 이중적 표현으로 강조되어 있고, 여기에 더해 2행에는 '말하지 않다'는 표현이 추가되어 시인이 얼마나 침묵하려고 애를 썼는지를 강조한다. 이것은 한편으로는 고통 가운데서도 말로 죄를 짓지 않으려는 몸부림이면서도, 62편 1절처럼 잠잠히 하나님을 바라는 행동일 수도 있다. 37편 7절이 악인의 형통함을 불평하지 않기 위해 여호와 앞에 '잠잠함'을 말하고, 38편 13절에서 악인들의 공격에 대해 '침묵함'을 말했다면, 여기서는 고통 가운데서도 죄를 짓지 않기 위한(73:15) '잠잠함'을 말한다.[15] 2행의 '선한 것에 대해서도 말하지 않았다'로 직역될 수 있는 표현은 해석하기 쉽지 않다. ESV는 '나는 아

---

14. 김정우, 『시편주석 I』, 839.

15. Botha, "Psalm 39," 246에서는 이 셋을 같은 것으로 해석하고 있는데 침묵의 동기는 약간씩 다르다.

무 소용도 없이 잠잠했다'(I held my peace to no avail)로 번역하고 있고, JPS는 3행과 합해 '(내 고통이 극심해지는 동안에도) 나는 매우 조용했다'(I was very still while my pain was intense)로 번역하고 있다. '선으로부터'(*미톱* מִטּוֹב)라는 표현을 '소용도 없이'나[16] '매우'로 번역한 것 같다. 위의 번역들도 가능하겠지만 가장 자연스러운 번역은 선한 말도 하지 않았다는 것으로 해석하는 것이다. 불평이나 죄가 되는 말만 하지 않은 것이 아니라 자기의 결백이나 선한 의도 등을 변호하고자 하는[17] 어떤 말도 하지 않았다는 뜻으로 이해하는 것이 좋을 것이다.

2절 3행부터는 그런 침묵이 얼마나 시인의 고통을 더 혹독하게 만들었는지에 대한 탄식이 이어진다. 2절 3행에서는 괴로움(개역개정: '근심')이 더 심해졌다고 한다. '심해지다'(*아카르* עָכַר)는 수동태 동사는 고통스럽게 하거나 휘저어서 혼란스럽게 만드는 것을 가리킨다(*HALOT*, 창 34:30; 수 6:18; 7:25; 삼상 14:29). 3절 1-2행에서는 마음에 불이 붙은 것처럼 뜨거워졌다고 보고한다. 1행에서 '마음이 뜨거워졌다'는 표현은 신명기 19장 6절에서 가족이 살해된 것을 알게 된 사람이 '복수심에 불타' 도피성으로 도망가는 살인자를 쫓는 모습에 사용되고 있다. 하지만 여기서 이 표현이 반드시 복수심을 의미한다고 볼 필요는 없다. 2행에서는 '작은 소리로 읊조릴 때' 불이 타올랐다고 한다. '작은 소리로 읊조림'으로 번역된 단어(*하긱* הָגִיג)는 '울부짖다,' '웅성거리다,' '묵상하다'로 번역되는 *하가*(הָגָה)에서 비롯된 것으로 보고 번역한 명사다. 하지만 여기서는 다른 어근(*하각* הָגַג)에서 비롯된 것으로 보고 고통스럽게 한숨짓고 신음하는 '탄식'으로 번역하는 것이 더 나아 보인다(*HALOT*, 5:1 참조).[18] '묵상'으로 번역한다면 현재의 고통이나 하나님이

---

16. Kraus, *Psalms 1-59*, 415, 417도 그렇게 번역한다. Goldingay, *Psalms 1-41*, 556에서는 '나는 지나칠 정도로 침묵을 지켰다'로 번역하여 유사하게 해석한다.

17. Calvin, *Psalms*, 2:46.

18. VanGemeren, *Psalms*, 359에서도 이렇게 이해한다.

하시는 일에 대해 침묵하면서 생각하는 것을 의미한다. 그런데 1-2행이 말하는 마음속의 열기가 정확하게 무엇을 말하는 것인지는 불분명하다. 새번역은 그것을 '울화'로 번역하여 대적들에 대한 분노의 감정으로 해석한다. 여기서는 현재의 고통에 대해서 하나님께 말씀드려야 할 것을 억누르는 답답함을 표현한 것으로 보인다. 같은 표현들을 사용하고 있는 예레미야 20장 9절에 나오는 예레미야의 상황과 유사하다고 할 것이다. "내가 다시는 여호와를 선포하지 아니하며 그의 이름으로 말하지 아니하리라 하면 나의 마음이 불붙는 것 같아서 골수에 사무치며 답답하여 견딜 수 없나이다."

3절 3행은 시인이 말하지 않고는 너무나 고통스럽고 도저히 견딜 수 없어서 4절의 탄식을 하나님께 올렸음을 알리고 있다. 1절에서 스스로 '말했던' 결심이 무너지고 있다. 그만큼 현재의 고통이 컸음을 말한다. 마치 고통 속에서 일주일 동안 침묵하던 욥(2:13)이 3장에서부터 하나님 앞에 탄식을 쏟아내기 시작한 것과 유사하다.[19]

2. 고통 가운데 덧없이 사라져 가는 삶에 대한 탄식(4-6절)

제2연인 4-6절은 시인이 하나님께 꼭 말씀드리고 싶었던 것을 탄식으로 아뢰는 부분이다. 하지만 내용은 인생의 덧없음에 대해 알려 달라는 것이다. 얼핏 보면 시인이 상황과 관련 없는 지혜 교훈을 나열하는 것처럼 보이지만, 사실은 고통 가운데서 죽어 없어질 것만 같은 시인의 고통스러운 상황에 대한 간접적인 탄식이다(90:3-12 참조). 지금 이렇게 질병 가운데 허무하게 죽어 가도록 내버려 두지 마시고 회복의 은혜를 베풀어 주시길 간접적으로 요청하는(8-13절) 장치다. 인생의 덧없음을 강조하기 위해 이 연에는 '나의 종말,' '연한,' '연약함,' '한 뼘,' '없는 것 같음,' '허사,' '그림자,' '헛된 일' 등의 표현들이 연속적으로 등장하고 있다.

---

19. Goldingay, *Psalms 1-41*, 556, 557.

4절에서 시인은 드디어 입을 열어 여호와를 부르며 자기 삶의 덧없음을 탄식한다. 이 절은 '알게 하소서'로 시작해서 '알게 하소서'로 마친다. '나의 종말'과 '나의 연한'과 '나의 연약함' 등에 대해 알려 달라는 것은 정말 자신의 수명에 대해 알려 달라는 말은 아닐 것이다.[20] 질병의 고통 가운데서 '죽음,' 즉 끝이 보이는 상황임을 간접적으로 알리는 것이다. 즉, 하나님이 정말 이대로 자신을 죽일 것인지 알려 달라는 말이다. 그래서 그냥 이렇게 징계의 고통 가운데서 허무하게 끝나도록 내버려 두지 마시길 간접적으로 호소하는 것이다. 90편에서 징계당하는 인생의 허무함을 고백한 후에 "우리에게 우리 날 계수함을 가르치사"(12절)라고 기도한 것과 같은 맥락으로 볼 수 있을 것이다. 3행의 '연약함'(*하델* חָדֵל)이라는 형용사는 드문 표현으로 원래는 '멈추다'는 동사에서 나와서 '일시적인'임을 의미한다. 혹자는 '멈춤,' '끝'으로 번역하기도 한다.[21] 그런데 5절에서 '일생'('수명,' *헤레드* חֶלֶד)이라는 단어가 나오기에 '연약함'이란 단어는 '일생'이란 단어의 끝 두 자음을 바꾼 오기일 수도 있다.[22] 만약 '수명'으로 본다면 '나의 연약함'은 '나의 수명'이 되어서 1, 2행과 더 자연스럽게 연결될 수 있을 것이다(89:47 참조).[23]

5-6절에서는 좀 더 적극적으로 징계의 고통 가운데 허무하게 죽어가는 시인과 사람들의 모습을 강조한다. 이런 강조를 위해 개역개정에서는 번역되지 않은 '보십시오'(*힌네* הִנֵּה)와 세 번의 '진실로'(*아크* אַךְ)라는 부사가 등장하고 있다. 하나님께 이것을 상기시키는 것은 '주권자'('주님,' 5절)이신 하나

---

20. R. J. Clifford, "What does the Psalmist Ask for in Psalms 39:5 and 90:12?" *JBL* 119/1 (2000): 60-3에서는 4절의 번역을 새롭게 하고 고대 근동의 자료를 참고하여 시인이 여기서 자신의 질병이 끝날 날에 관해 묻고 있는 것이라고 하지만, 5-6절이나 11절 등에서 삶의 허무함을 강조하는 문맥을 무시하고 있다.

21. Clifford, "Psalms 39:5 and 90:12," 60.

22. Calvin, *Psalms*, 2:47에서도 이것을 언급하고 있다.

23. *HALOT*에서는 '수명'(*헤레드* חֶלֶד)에 대한 설명 부분에서 3행의 '나'를 '*아도나이*'로 읽고, '덧없는'을 '수명'으로 읽어서, "주님, 수명이 얼마인지"로 고쳐 읽을 것을 제안한다.

님만이 이 문제를 해결하실 수 있음을 간접적으로 호소하기 위한 것이다.[24]

5절에서 다윗은 지금 자기 삶의 주인이신 '주님'(*아도나이*)이 자신의 인생을 허무하게 거둬 가려 하심을 탄식한다. 1행은 자기 삶의 짧음을 '한 뼘 길이'로 비유하고, 2행에서는 '주 앞에서 없는 것'에 비유하고 있다. '한 뼘'은 고대 이스라엘 길이 단위에서 가장 작은 단위 중 하나였다(출 25:25; 왕상 7:26; 렘 52:21 '네 손가락 두께').[25] '없는 것 같다'고 말한 것은, "천년이 지나간 어제 같고 밤의 한순간 같을 뿐인" 하나님 앞에서(90:4) 죄악의 고통 가운데 죽어가는 인생의 덧없음을 강조한다. 이 또한 4절처럼 질병 가운데서 고통당하는 시인이 죽음의 문턱에 있어서 너무 허무하게 스러져 가고 있음을 상기시키는 것이다.

5절 3행부터 6절은 일반적인 인생의 허무함에 대해서 노래한다. 시인은 왜 하나님 앞에서 전도서(특히 1:2; 12:8)에나 나올 법한[26] 이런 교훈적인 말을 하고 있을까? 문맥상으로 보자면, 하나님 없이 살아가는 인생은 한낱 입김처럼 허무하게 스러질지 몰라도, 하나님의 종이자 백성인 사람은 비록 죄를 지었다 하더라도 그렇게 죽어서는 안 된다고 호소하기 위함이다. 전도서도 하나님 없는 삶의 허무함('입김')을 노래하지만, 하나님을 경외하는 백성은 그렇게 허무하게 죽어서는 안 된다는 것을 교훈하고 있다. 5, 11절에 나오는 '허사뿐'이라는 표현은 '한낱 입김'으로 직역되는데, 이것은 하나님의 징계 가운데서 허무하게 죽어가는 하나님 없는 인생에 대한 비유다(62:9; 94:11; 144:4; 욥 7:16). 그런 사람은 아무리 오래 살았다고 하더라도 한번의 호흡처럼 하나님 앞에서 아무런 '의미도 없이' 죽어간다는 말이다. 5절 3행

24. W. Brueggemann, "Voice as Counter to Violence," *CTJ* 36 (2001): 26에서는 4절은 신뢰하는 기도이지만 5-6절은 하나님이 인생을 허무하게 만드셨다는 시인의 '고발' 혹은 항변이라고 본다. 하지만, 이것은 너무 강한 표현이다.

25. Craigie, *Psalms 1-50*, 309; VanGemeren, *Psalms*, 360.

26. Crenshaw, "Psalm 39 and Qoheleth," 186 이하에서는 39편과 전도서와의 유사성에 대해서 관찰하고 있다.

의 '(든든히) 서 있다'는 표현은 하나님 없이 살아가는 일반적인 인생이 하나님 앞에서 처한 자리, 혹은 운명을 의미한다(*HALOT*). 개역개정이나 NIV는 이 분사를 '든든히 서 있는 때에도'로 번역하여 사람들의 눈에는 번영하고 건강하여 오래 살 것처럼 보이는 사람도 허무하게 죽는다는 점을 말한다고 본다. 가능성이 있지만 '한낱 입김으로 서 있을 뿐'으로 번역하는 것이 더 자연스럽게 보인다(칠십인역, ESV, JPS). ('셀라'에 대해서는 표제 해설 참조.)

6절은 5절에 이어 이런 상황을 더 강조한다. 개역개정에는 한 번만 번역되었지만 '진실로'라는 부사를 두 번이나 사용하면서 (하나님 없이 살아가는) 인생이 얼마나 허무한지를 강조한다. 1행의 '그림자'(*첼렘* צֶלֶם)처럼 다닌다는 표현도, 많은 수고를 하지만 하나님 앞에서 아무런 의미도 남기지 못하고 죽어가는 허깨비 같은 인생에 대한 비유다(73:20에 이와 같은 표현이 나온다. 다른 단어지만 유사한 비유를 위해 102:11; 109:23; 144:4; 대상 29:15; 욥 8:9 참조). 6절 2-3행은 하나님 없이 수고만 하다가 허무하게 죽는 인생의 대표적인 예를 제공한다. 하나님을 경외하지 않고 열심히 재물을 모았지만 결국은 죽을 때에 가져가지 못하고 다른 사람들에게 남길 수밖에 없는 인생의 허무함을 노래한다(90:10 '수고와 슬픔뿐인 인생,' 전 2:18-23; 눅 12:16-20 어리석은 부자).[27] '헛된 일로 소란하다'는 표현은 영원하지 않을 재물을 모으는 데 분주한 것을 의미한다.[28]

종합하자면 5-6절은, 하나님의 백성(성도, 시인)이 재물 모으는 일에만 열심히 수고하다가 죽는 일반 사람처럼 하나님의 징계 가운데서 허무하게 죽도록 버려두지 말라는 탄식이다. 그렇게 된다면 하나님이 그들을 구원하시고 언약을 맺으시고 죄에 대해 징계하시는 것이 의미가 없어진다는 말이다. 그러므로 이 탄식의 부분은, 비록 죄를 지어 고통 가운데 있어도 하나님을 붙

---

27. Crenshaw, "Psalm 39 and Qoheleth," 186 참조.

28. *BHS*에서 제안하는 것처럼 '소란 피우다'(*하마* הָמָה)를 '많은 재물'(*하몬* הָמוֹן)이나 '재물들'(*호님* הוֹנִים)로 읽으면 "참으로 헛되이 재물을 쌓지만/ 누가 그것을 거둘는지 알지 못한다"로 번역된다.

듣고 기도하는 의인들을 다시 회복시키셔서, 이전처럼 의미 있는 삶을 살게 해 달라는 요청과 다름없다.

3. 여호와에 대한 신뢰 고백(7절)

앞의 부분이 질병의 고통 가운데서 허무하게 죽어가는 자신의 삶에 대한 탄식이었다면, 7절은 기도로 넘어가기 전에 하나님에 대한 신뢰를 고백하는 이 시편의 중심 부분이다(38:15 참조). 7절을 시작하는 '그러니 이제'라는 어구는 앞의 탄식으로부터의 전환점을 알린다.[29] 이제, 다윗은 허무하게 죽어갈 수밖에 없는 사람들이나 인생 그 자체로부터 눈을 돌려서, 삶을 다시 의미 있게 만드실 수 있는 하나님께로 향한다.[30] 다윗은 5절처럼 다시 여호와가 자기 삶의 주권자이심을 '주님'이라는 호칭으로 고백한다. 비록 자신을 질병으로 징계하셨어도 그 또한 하나님의 주권 안에서 일어난 일임을 받아들이는 고백이기도 하다. 죽음이 눈앞에 보이는, 인생이 허무하게 끝날 것 같은 현재 상황이지만, '이제' 다윗은 다른 어떤 것(6절에서는 '재물')이 아닌 오직 회복시키실 하나님을 '바라보겠다'고 한다(37:7; 40:1). 그것을 2행에서는 자신의 소망이 하나님께 있다는 고백으로 다시 표현한다.

4. 죄에 대한 징계로서의 고통에서 구하시길 간구함(8-11절)

7절의 신뢰 고백을 사이에 두고 1-6절의 탄식에서 간구로 넘어간다. 8-13절에는 기도가 연속적으로 등장한다. 8-11절은 시인이 죄에 대한 징계의 고통에서 구해 주시길 간구하는 부분이다. '죄'와 '죄악'이 8절과 11절에 나와 수미쌍관을 이루고 '징벌,' '주의 손의 치심,' '징계하다'는 표현들이 그 죄가

---

29. Brueggemann, "Voice as Counter to Violence," 27. Botha, "Psalm 39," 244에서는 1-6절을 과거의 간구로 보고 7절부터 시인이 현재 상태에서 새로운 기도를 드리는 것으로 본다.

30. W. A. M. Beuken, "Psalm 39: some aspects of the Old Testament Understanding of Prayer," *Heythrop Journal* 19/1 (1978): 6.

초래한 하나님의 징계(질병)를 나타낸다. 8-9절이 첫 번째 기도와 그 근거를 말한다면, 10-11절은 두 번째 기도와 그 근거를 말하고 있다. 한편 8-11절은 4-6절의 탄식에 대응하는 기도로, 시인은 여기서 자신의 삶이 허무하게 끝나지 않기를 간구한다. 5절의 '인생은 허사(한낱 입김)'라는 표현이 11절에 다시 나오고, 6절의 '쌓은 재물을 거두지 못함'과 대칭을 이뤄 11절에는 '영화를 좀먹음'이란 표현이 등장한다.

8절 1행에서 다윗은 자신이 지은 모든 죄로부터 건져 달라고 기도한다. 여기서 '죄'는 현재의 징계를 초래한 자신의 모든 죄뿐만 아니라 그 죄가 가져온 결과들도 포함한다(2, 10절). 즉, 죄와 벌을 모두 거둬 주시길 기도하는 셈이다. 2행은 1행의 기도의 논리적 결과로 '우매한 자들'이 자신을 비방하지 않게 해 달라고 기도한다(38:16). '우매한 자들'은 다윗이 질병으로 고통당하는 모습을 보며 정죄하고 욕했을 것이다. 이들은 1절에 나오는 '악인'이다. 그들의 어리석음은 하나님을 무시하며 의인의 '고통'을 비방하고 공격하는 '악'으로 연결되는 '어리석음'이다(14:1; 38:5).[31] 이 시편에는 악인에 대한 상세한 고발은 나오지 않아도 이런 표현은 다윗이 자신의 질병 때문에 대적들의 공격을 받고 있었음을 암시한다.

9절은 8절의 기도를 뒷받침하는 이유를 말한다. 1-2절처럼 고통 가운데서도 잠잠했던 이유가 하나님이 이것을 행하셨음을 받아들였기 때문이다. '주님'이신 하나님의 주권과 선하심 가운데서 죄의 징계로 질병을 허락하신 것을 알았기에, 참회하고 하나님 앞에서 기다리면 하나님이 질병과 죄로부터 회복시키실 것을 믿었다는 의미다. 그런데 회복의 때가 늦어지고, 질병 가운데 그냥 허무하게 죽을 것 같아서 8절의 기도를 드리게 되었다는 것이다. 다수의 번역본은 9절을 현재형으로 번역하여 다시 침묵하게 된 것을 알린다고 보지만, 그렇게 되면 현재 8-13절에서 시인이 기도하고 부르짖는 것과 충

---

31. Kraus, *Psalms 1-59*, 418 참조.

돌하기에 1-2절에서 말한 것을 회고하는 것으로 보는 것이 더 좋을 것이다.[32]

10절은 8절에 이은 두 번째 간구다. 8절에서 '죄'로 표현했던 것을 이제는 그 죄의 결과인 '징벌'로 표현하며, 그것을 거둬 주시길 기도한다. '징벌'은 하나님이 치셔서 생긴 질병이나 재앙을 의미한다(38:11 '상처'; 89:32; 91:10; 창 12:17; 출 11:1; 왕상 8:37-38). 이것은 2행에서 '주의 손의 치심'으로 표현된다. '치심'(*티그라* תִּגְרָה)은 매우 해석하기 힘든 단어다. 1행과 같은 하나님의 심판을 의미할 수도 있고, 칠십인역의 독법처럼 '힘'(*게부라* גְּבוּרָה)에 대한 오기일 수도 있다. 하여간 여기서 하나님의 '손'은 38편 2절처럼 징계의 손이다(출 9:3; 신 2:15; 삿 2:15; 룻 1:13 참조). '내가 쇠망하였다'는 표현은 4-6절과 11절에서 줄기차게 표현했던 것으로, 시인이 질병으로 마치 악인의 삶이 '끝나는 것'처럼(37:20) 허무하게 죽어간다는 의미다. 하나님의 회복을 기대하며 침묵하고 기다렸는데 이제 거의 죽어가니 조처를 해 달라는 간절한 외침이다.

11절은 10절 2행에 대한 부연설명이다. 1행은 사람의 죄에 대한 일반적인 하나님의 징계를 언급하면서 자신이 지금 받는 하나님의 징벌을 상기시킨다. 시인은 여기서 처음으로 자신이 지금 자신의 '죄악' 때문에 하나님의 징계를 받고 있음을 밝힌다. 이 징계는 8절에서는 '죄'로 10절에서는 '징벌'과 '치심'으로 표현한 바 있다. '책망'과 '징계' 두 어근은 38편 1절에 나오고 '죄악'은 38편 4절에 나와서 두 시편의 공통된 주제를 반영한다. 2행은 징계의 결과로 일반적으로 사람들이 당하는 상황을 묘사한다. 그것은 하나님이 좀먹듯이 사람이 소중히 여기던 것('영화')을 멸하시거나 앗아가 버리는 것이다(욥 13:28; 사 50:9; 51:8). 여기서 '영화'는 6절과 연결하면 재물이고 시인의 상

---

32. Goldingay, *Psalms 1-41*, 560도 이 절을 현재형이 아니라 과거형으로 번역하여 새로운 침묵을 말하는 것이 아니라 1-2절에서 언급한 것을 가리키는 것으로 본다. ESV나 JPS는 현재형으로 번역하지만 NIV나 LXX는 과거형으로 번역한다.

황을 생각하면 '건강'이나 육신의 '아름다움'일 수 있다.[33] 3행은 5-6절에서 반복적으로 사용했던 '진실로'로 시작하면서, 5절처럼 그렇게 징계를 받은 인생은 한낱 입김처럼 허무하게 사라짐을 다시 한번 강조한다(5절). 이렇게 4-6절을 요약하며 다시 언급하는 것은, 하나님의 백성인 시인은 그렇게 되면 안 되기에 10절의 기도를 하고 있음을 강조하기 위해서다.

5. 기도 응답과 회복을 위한 간구(12-13절)

마지막 연에서 다윗은 자신의 울부짖는 기도에 응답하셔서 질병의 고통으로부터 자신을 회복시켜 주시길 기도한다. 이 부분은 1-3절의 시인의 '잠잠함'과 대조된다. 시인은 잠잠하지 않고 '기도'했고, '부르짖고,' '울고' 있다(12절). 그래서 하나님께 '잠잠하지'(2절 참조) 마시라고 기도한다.

12절 1-3행에서 다윗은 8절과 10절에 이은 세 번째 기도를 드린다. 이번에는 기도 응답을 촉구하는 기도다. 주로 이런 기도는 탄식시편의 도입부에 등장하지만(4:1; 5:1; 17:1; 28:1-2; 31:2; 54:1-2 등) 여기서는 마지막에 위치한다. 먼저 고통을 아뢴 후에 기도하는 것은 기도의 절박함이나 무게감을 더하기 위함일 것이다. '기도를 들어 달라,' '귀 기울여 달라,' '잠잠하지 말라'는 삼중적 기도는 기도 응답을 강하게 요청한다. '기도'와 '부르짖음'과 '눈물'은 울부짖고 울면서 드린 간절한 기도를 강조한다. 고통을 견딜 수 없어서 하나님께 '말한'(3절) 자신의 탄식과 기도를 의미한다. 3행에 나오는 '잠잠하다'(*하라쉬* חָרַשׁ)는 단어는 2절의 '말하지 않다'와 같은 동사여서 적절한 대조를 보여준다. 시인이 '잠잠하려고' 했지만 잠잠할 수 없었던 것은 하나님이 너무 오래 '잠잠하셨기' 때문임을 말하는 것이며,[34] 그러니 이제는 자신의 고통에 대해서 '잠잠하지 말라(말해 달라, 행동을 취해 달라)'고 요청하는 것이다. 4-5행

---

33. Kraus, *Psalms 1-59*, 419에서는 그렇게 해석한다.

34. Brueggemann, "Voice as Counter to Violence," 29.

에서 다윗은 기도의 이유를 밝힌다. 자신이 하나님과 함께 이 땅을 살아가는 나그네와 거류민이기 때문이라고 한다. '나그네'와 '거류민'은 시민들에 의해 일정한 법의 보호는 받아도 시민으로서의 완전한 권리를 갖지 못하는 편입된 외국인이거나 일시적인 거주자들이다(출 20:10; 22:21; 23:9; 레 16:29; 25:6, 35, 40; 민 19:10; 신 10:18-19). 이스라엘은 약속의 땅에서 주인으로 사는 것이 아니라 땅 주인인 여호와의 허락 하에 나그네와 거류민으로 살아가는 존재라는 인식이 여기에 반영되어 있다(119:19; 레 25:33; 히 11:13).[35] 이것은 다윗이 이 세상의 재물과 같은 것에 소망을 두고 허무하게 살아가는 인생들과는 달리(6절), 오직 주인이신 하나님께('주와 함께하는'; 73:23, 26 '영원한 분깃이신 하나님과 함께함')[36] 소망을 두고 살아가는(7절) 사람임을 밝히는 것으로 보인다. 자신이 주인이신 하나님이 돌봐 주셔야 하는 힘없는 '거류민'인 것을 강조한다고 할 것이다.[37] '내 조상들처럼'이 이런 점을 더 강조한다. 아브라함과 같은 족장들이 오직 하나님만을 의지하면서 나그네로 살았던 것처럼 자신도 그렇게 살고 있다는 의미일 것이다(창 47:9; 대상 29:15 참조). 동시에 이것은 하나님이 나그네였던 그들과 언약을 맺으시고 그들의 연약함에도 그 언약을 이루신 것처럼, 자신에게도 그렇게 해 달라는 소망을 담은 표현이다. 다윗이 하나님이 허락하신 풍부한 재료들을 가지고 성전 건축을 준비하면서 이 말을 한 것은(대상 29:15), 다윗이나 그의 왕국이 참된 왕이자 땅의 주인이신 하나님의 용서와 은혜 아래서만 존재할 수 있음을 고백한 것으로 볼 수 있다. 39편도 그런 고백의 연장선상에 있다.

13절에는 네 번째 기도가 나온다. 1행의 두 기도는 응답의 두 단계를 의미한다. '용서해 달라'로 번역된 기도는 '내게서 눈을 돌려 달라'는 의미다. 즉, 심판의 눈으로 죄지은 자신을 주목하지 말라, 죄에 대한 징계를 거둬 달라,

---

35. Kraus, *Psalms 1-59*, 419.

36. Botha, "Psalm 39," 257-8 참조.

37. Brueggemann, "Voice as Counter to Violence," 29-30.

죄를 용서해 달라는 간구다(=8, 10절; 욥 7:19; 10:20-21; 14:6).[38] 죄를 용서하시고 징계를 푸는 것이 첫 단계라면 다음 단계는 질병의 회복을 통해서 행복하게 되는 것이다. 개역개정에서 '건강을 회복시키소서'로 번역된 기도(*바락* בָּלַג)는 생기 있고 밝게 회복되는 것을 의미하여 질병의 회복을 포함한다(90:13-17; 욥 9:27; 10:20). 2행의 '내가 떠나 없어지기 전에'라는 표현은, 앞에서(4-6, 11절) 반복적으로 강조했던 '허무한' 종말을 상기시킨다. '떠나다'는 동사는 6절의 '다니다'와 같다. 다윗은 마지막으로, 자신이 일반 사람들(혹은 악인들)처럼 죄와 징계 가운데서 허무하게 '없어져 버리는'(37:10, 36) 죽음을 맞이하기 전에, 속히 건강하고 의미 있는 삶으로 회복시켜 하나님의 뜻을 이루시라고 요청하는 것이다.

교훈과 적용

39편의 교훈: 하나님 나라를 향해 가는 나그네인 성도들은, 죄를 범하여 하나님의 징계를 받을 때라도, 징계를 허락하신 주권자 하나님께, 죄에 대한 참회와 눈물, 고통에 대한 탄식과 함께, 징계의 고통이 무의미해지지 않도록 하는 참된 회복을 구하는 간구를 올려드려야 한다.

1. 하나님의 은혜가 아니면 징계 가운데서 허무하게 사라질 나그네 삶(4-6절)

12절이나 역대상 29장 15절에 나오는 다윗의 '나그네' 고백은 다윗의 말년을 생각하면 이해가 된다. 다윗이 나라의 주인인 것처럼 밧세바를 범하고 그녀의 남편까지 죽인 후에, 그는 세 아들을 잃고 나라도 혼란 속에 빠졌다. 다윗은 하나님의 징계로 말미암은 엄청난 고통과 재앙을 경험하는 가운데 하나님께 엎드렸고, 놀라운 하나님의 용서와 회복을 경험할 수 있었다. 다윗은 말년에 겪은 혼란의 소용돌이 속에서 자신과 이스라엘이 하나님 앞에서 나그네임을 절실하게 깨달았을 것이다. 자신의 참된 주인이신 하나님으로부터 징계를 받아 한낱 죄인으로, 이방 나라처럼 허망하고 비참하게

---

38. Crenshaw, "Psalm 39 and Qoheleth," 185, 191에서는 자발적인 침묵으로부터 인생의 나그네 됨의 인식을 통해 의무적인 침묵에 이르는 것, 즉 그냥 죽도록 내버려 달라고 요구하는 것으로 해석하지만 그것은 전체의 문맥을 잘못 이해한 것이다.

끝날 수도 있다는 것을 깨달았을 것이다(4-6절).

하나님께 구원받아 하나님 나라 백성이 된 성도들도 자신이 자신의 삶과 세상의 주인인 것처럼 굴다가 주권자 하나님께 혹독한 징계를 받을 수 있다. 징계의 고통은 우리가 주인이 아니라 나그네임을 깨닫게 하는 하나님의 도구다. 하나님의 은혜가 아니면 허망한 나그네의 죽음을 맞이할 수밖에 없는 죄인의 현실을 깨닫게 한다.

2. 징계하신 하나님이 유일한 소망(7절)

그러면 어떻게 할 것인가? 그저 고통을 하나님의 징계로 받아들이고 세상 사람들 보기도 민망하고 하나님도 원망할까 봐 그냥 고통을 꾹 참고 견뎌야 하는가(1-3절)? 그럴 수 없다. 우리는 그렇게 참을성 있는 존재도 아니고 참아서도 안 된다. "주님, 이제 내가 무엇을 바라리요 나의 소망은 주께 있나이다."(7절) 이것이 다윗이 찾은 답이다. 자기 백성의 죄를 징계하신 하나님만이 죄의 고통 가운데서 허무하게 죽을 삶에서 그 백성을 건져 낼 수 있다. 우리가 징계의 고통 가운데서 참회할(10절) 대상도, 그 고통의 아픔을 토로할(1-6절) 대상도, 나그네처럼 허망하게 죽을 수밖에 없는 절박함에서 벗어나게 해 달라고 간구할(8-13절) 대상도, 우리를 사랑하셔서 그 징계를 허락하신 우리의 '주인,' '주권자'이신 하나님밖에 없다. 주님만이 죄로 말미암아 나그네 된 인생이 돌아갈 유일한 거처요 본향이다(90:1). 다윗에게 성전을 짓게 하시고 언제든지 돌아올 집을 허락하신 참 주인이신 하나님이 죄인이 돌아갈 본향이다. 우리를 위한 징계를 십자가에서 대신 받으시고 자신을 거역한 우리를 참으신 예수 그리스도(히 12:3)가 우리가 붙들 유일한 소망이다. 그러므로 징계를 가볍게 여겨서는 안 되지만 자녀를 사랑하셔서 징계하신 하나님 아버지를 믿고 낙심하지 말아야 한다(신 8:5; 삼하 7:14; 잠 3:11-12; 히 12:5-6; 계 3:19). 우리는 나그네지만 '하나님과 함께 있는' 나그네이다(12절). 그러므로 징계받은 성도는 침묵하지 말고 죄와 징벌로부터의 회복(8, 10절), 건강하고 행복한 하나님 나라 백성으로서의 회복을 위해서 간절히 부르짖어야 한다(12-13절). 자녀를 사랑하셔서 징계하셨지만, 그의 거룩하심에 참여하게 하시는 하나님 아버지께(히 12:10-12) 하나님의 자녀가 그냥 징계 가운데서 그림자처럼 의미 없이 사라지지 않도록 기도해야 한다(11절). 그냥 징계받은 상태로 성도가 허무하게 죽으면 악인들이나 사탄의 세력들은 그가 믿는 하나님을 더 무시하고, 교회와 성도들을 더 핍박하게 될 것이기 때문이다(8절).

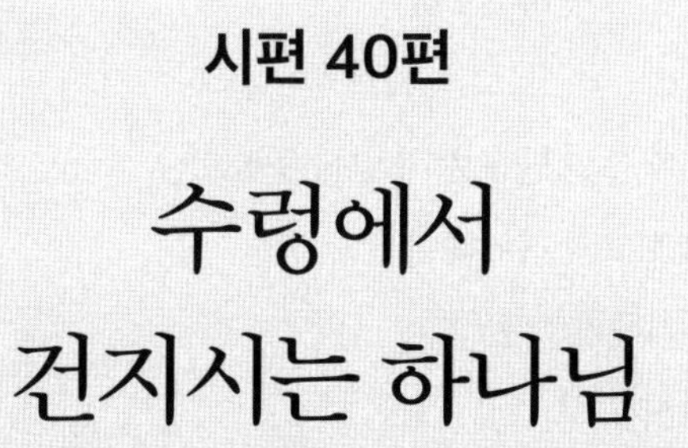

시편 40편

수렁에서 건지시는 하나님

[다윗의 시, 인도자를 따라 부르는 노래]

1 내가 여호와를 기다리고 기다렸더니
귀를 기울이사
나의 부르짖음을 들으셨도다
2 나를 기가 막힐 웅덩이와
수렁에서 끌어올리시고
내 발을 반석 위에 두사
내 걸음을 견고하게 하셨도다
3 새 노래 곧
우리 하나님께 올릴 찬송을 내 입에 두셨으니
많은 사람이 보고 두려워하여
여호와를 의지하리로다
4 여호와를 의지하고[1]
교만한 자와
거짓에 치우치는 자를 돌아보지 아니하는 자는
복이 있도다
5 여호와 나의 하나님이여
주께서 행하신 기적이 많고
우리를 향하신[2] 주의 생각도 많아
누구도 주와 견줄 수가 없나이다
내가 널리 알려 말하고자 하나
너무 많아 그 수를 셀 수도 없나이다
6 주께서 내 귀를 통하여 내게 들려 주시기를

1. 칠십인역에서는 이 단어를 '이름'으로 읽어 "여호와의 이름을 신뢰하는 사람"으로 번역한다.
2. 칠십인역에서는 '우리를 향하신'이 생략되어 있다.

제사와 예물을 기뻐하지 아니하시며
번제와 속죄제를 요구하지 아니하신다 하신지라
7 그 때에 내가 말하기를
내가 왔나이다
나를 가리켜 기록한 것이
두루마리 책에 있나이다
8 나의 하나님이여 내가 주의 뜻 행하기를 즐기오니
주의 법이 나의 심중에 있나이다 하였나이다
9 내가 많은 회중 가운데에서
의의 기쁜 소식을 전하였나이다
여호와여 내가 내 입술을 닫지 아니할 줄을
주께서 아시나이다
10 내가 주의 공의를 내 심중에 숨기지 아니하고
주의 성실과 구원을 선포하였으며
내가 주의 인자와 진리를
많은 회중 가운데에서 감추지 아니하였나이다
11 여호와여 주의 긍휼을
내게서 거두지 마시고
주의 인자와 진리로
나를 항상 보호하소서
12 수많은 재앙이
나를 둘러싸고
나의 죄악이 나를 덮치므로
우러러볼 수도 없으며
죄가 나의 머리털보다 많으므로
내가 낙심하였음이니이다

13 여호와여 은총을 베푸사 나를 구원하소서
여호와여 속히 나를 도우소서
14 내 생명을 찾아 멸하려 하는 자는
다 수치와 낭패를 당하게 하시며
나의 해를 기뻐하는 자는
다 물러가 욕을 당하게 하소서
15 나를 향하여 하하 하하 하며 조소하는 자들이
자기 수치로 말미암아 놀라게 하소서[3]
16 주를 찾는 자는
다 주 안에서 즐거워하고 기뻐하게 하시며
주의 구원을 사랑하는 자는
항상 말하기를 여호와는 위대하시다 하게 하소서
17 나는 가난하고 궁핍하오나
주께서는 나를 생각하시오니[4]
주는 나의 도움이시요 나를 건지시는 이시라
나의 하나님이여 지체하지 마소서

본문 개요

40편은 다윗이 자신의 죄로 징계를 받아 엄청난 고통을 당하는 가운데서 (12절) 하나님께 드린 기도시편이다. 탄식과 기도의 요소는 후반부인 11-17절에 집중적으로 등장하고, 전반부인 1-10절은 구원에 대한 감사와 찬양, 그리

3. 15절과 같은 70:3에서는 '놀라다'가 아닌 '돌아가다' 혹은 '도망가다'는 동사가 나오는데 칠십인역에서는 이를 반영한 듯 "속히 수치를 되돌려주소서"로 번역하고 있다.
4. 70:5에서는 "생각하소서"(*야하샵* יַחֲשָׁב) 대신에 "속히"(*후샤* חוּשָׁה)가 나온다.

고 구원해 주신 하나님에 대한 시인의 헌신을 노래한다. 전반부는 감사시편의 요소를 가지고 있지만, 이것은 후반부의 간구를 위한 회상으로 보는 것이 좋을 것이다(9-10; 27; 44; 89편 참조).[5] 7절을 '왕'에 대한 율법의 기록을 가리키는 것으로 해석한다면, 다윗은 '왕'으로서 나라와 연결된 자신의 고난을 하나님께 올려드리는 것이므로, 이 시편의 장르는 제왕시('왕의 탄식시')가 될 수도 있다.[6] 70편은 40편의 기도 부분인 13-17절과 거의 같다. 70편을 확장해서 40편을 지었을 수도 있겠지만, 후대에 레위인들이 성전 예배의 특별한 사용 목적을 위해 13-17절만 따로 떼어서 하나의 독립된 시편으로 만들었을 가능성이 더 크다.[7]

다윗이 어떤 역사적인 배경에서 이 시편을 썼는지는 시편의 내용만으로는 알기 힘들다. 38편이나 39편과 같은 상황이었을 수도 있다. 죄에 대한 징계라는 측면에서 본다면, 이 시편도 38, 39편처럼 다윗이 자신의 통치 후반부에 저지른 죄로 초래한 개인적, 국가적 환란(삼하 11-20장)을 경험하는 중에 썼거나 그 후에 쓴 것으로 보인다.[8]

40편 4절과 41편 1절은 '행복하여라'(*아쉬레* אַשְׁרֵי)는 감탄사로 시작하는데, 이것은 똑같은 행복 선언이 등장하는 1편 1절과 2편 12절과 함께 시편 1권 전체를 감싸는 기능을 한다. 40편 4절이 여호와를 신뢰하는 자의 행복을 선

5. 비평학자들은 이런 장르상의 명확한 특징을 가지고 두 개의 다른 시편이 합쳐진 것으로 보려고 한다. 이런 주장을 하는 대표적인 경우는 Kraus, *Psalms 1-59*, 423에서 볼 수 있다. 이런 주장은 두 장르가 한 시편에 혼재할 수 없다는 경직된 인식에서 비롯된 것이며, 이 시편이 가지고 있는 주제나 어휘적인 통일성에 주목하지 않은 데서 비롯된 것이다. 이런 비판을 위해서는 Craigie, *Psalms 1-50*, 314 참조. 김정우, 『시편주석 I』, 851에서는 과거의 구원 감사를 근거로 새로운 기도를 하는 혼재된 양식의 가능성을 예를 들어 잘 설명하고 있다.

6. Craigie, *Psalms 1-50*, 315; Goldingay, *Psalms 1*, 569 참조.

7. Wilson, *Psalms 1*, 636 참조.

8. Kraus, *Psalms 1-59*, 424에서는, 6절이 말하는 제사에 대한 견해나 영감에 대한 언급, 8절의 '마음에 있는 법'이라는 표현 등을 근거로 1-10절은 예언에 영향을 받은 저자가 포로기 이후에 쓴 감사시편일 것으로 추정한다. 하지만, 여기서는 이 주장을 받아들이지 않고 다윗의 상황과 연결할 것이다.

언하여 여호와께 피하는 자의 복을 선언한 2편 12절과 수미쌍관을 이룬다면, 41편 1절은 가난한 자를 보살피는 의인(왕)의 행복을 선언함으로써 말씀을 따르는 의인의 행복을 선언한 1편 1절과 수미쌍관을 이룬다. 또 40편과 41편은 독특하게도 '주(당신) 여호와'(*아타 야웨* אַתָּה יְהוָה)라는 표현을 공유한다(40:5, 9, 11; 41:10).

40편은 질병(징계로서 재앙), 죄 용서, 원수로부터의 구원이란 주제를 함께 노래하는 38-41편 그룹의 세 번째 시편이다(38편 개요 참조). 40편 1절은, 여호와께 '소망'(기다림)을 두고 '부르짖음'에 대한 응답을 구했던 39편 7, 12절에 대한 응답처럼 여호와를 '기다리고 기다린' 시인의 '부르짖음'을 '들으셨다'는 감사 고백이다. 이것은 40편 17절이 41편 1절과 '가난한 자'로 연결되는 것과 유사하다. 또 38편 13절과 39편 9절에서 시인의 '입'이 침묵한 것에 대한 해결책인 것처럼 40편 3절에는 여호와가 시인의 '입'에 새 노래를 두어 부르게 하셨다고 한다. 38-41편이 모두 기도시편이지만 40편 1-10절에 감사 요소가 등장하여 현재의 고통스러운 상황에 대한 탄식과 기도에 확신을 제공한다. 38편 10절, 39편 3절에서처럼 40편 12절에도 시인이 '마음'으로 고통당하는 상황이 묘사되고 있고, 38편 22절의 지체하지 말고 도와 달라는 기도가 40편 13, 17절에 반복된다.[9] 38편 12절의 악인에 대한 묘사('내 생명을 찾는 자,' '나를 해치려는 자')와 유사한 표현이 40편 14절에도 나온다.

이 외에도 40편은 38-41편 그룹의 시편들과 많은 어휘와 주제를 공유한다. 시인이 혼자서(속으로) 한 말을 인용하는 "내가 말하였다"는 표현(38:16; 39:1; 40:7; 41:4), '말하다'(*다바르* דָּבַר, 38:12; 39:3; 40:5; 41:7*2, 8), 시인을 가리키는 '나'라는 1인칭 대명사(38:13, 17; 39:4, 10, 13; 40:17; 41:4, 12), 하나님을 가리키는 '당신'이라는 2인칭 대명사(38:15; 39:9; 40:5, 9, 11, 17; 41:10)와 '주님'(*아도나이*, 38:9, 15, 22; 39:7; 40:18), 죄와 관련된 표현

9. Hossfeld & Zenger, *Die Psalmen I*, 253 참조.

들(38:3, 4, 18; 39:1, 8, 11; 40:12; 41:4), '해' 혹은 '재앙'(38:12, 20; 40:12, 14; 41:1, 7), 하나님의 징계와 책망과 진노와 관련된 표현들(40:12; 38:5, 11; 39:10, 11 '징계,' '상처'/ 38:2; 39:10 '주의 손의 침'/ 38:1; 39:11 '책망'/ 38:9; 39:3 '탄식'/ 41:3, 8 '병상,' '몹쓸 병'), 주로 시인의 마음을 표현하는 '내 마음'이라는 표현(38:8, 10; 39:3; 40:10, 12; 41:6 '원수의 마음') 등이다.

문학적 특징과 구조

40편은 과거에 베풀어 주신 구원에 대한 감사 찬양(1-10절)과 현재 고난에 대한 구원 간구(11-17절) 두 부분으로 크게 나눌 수 있다. 이를 좀 더 세분화하면 감사 부분은 여호와의 구원에 대한 감사(1-5절)와 이에 대한 시인의 헌신 고백(6-10절)으로 나뉘고, 기도 부분은 재앙에서의 구원 간구(11-13절)와 악인의 멸망과 의인의 구원 간구(14-17절)로 나뉜다.

구원에 대한 감사
1-5절 구원에 대한 감사
6-10절 말씀과 찬양에 대한 헌신

구원을 비는 기도
11-13절 재앙에서 구원을 바라는 기도
14-17절 악인들의 멸망과 시인의 구원 간구

감사 부분의 어휘들이 기도 부분에 반복되어 전체 시편의 통일성을 강화한다.[10] 5절에서 하나님의 구원을 의미하는 '생각'이라는 명사가 나왔다면, 17절에서는 '생각해 달라'고 구원을 요청한다. 하나님의 구원 사역의 수와 시인의 죄악이, '셀 수 없이'(*미싸페르* מִסַּפֵּר, 5, 12절)와 '많다'(*아참* עָצְמוּ 5, 12절)라는 같은 어휘들로 대조되고 있다. 시인과 대적들과 의인들의 말을 인용하는 '말하다'(7, 10, 15, 16절)가 등장하며, '보다'(3, 12절), '기뻐하다'(*하페츠* חָפֵץ, 6, 8, 14), '원하다'(*라차* רָצָה, 8, 13절), '닫다'(*칼라* כָּלָא, 9, 11), '인자와 진리'(10, 11절), '구원'(10, 17절), '내 마음'(10, 12절) 등도 두 부분에 동시에 등장한다.

위의 구조가 하위 장르를 중심으로 분석한 것이라면 아래 구조는 어휘와 내용을 중심으로 구분한 것이다. 하나님의 '인자와 진리'를 중심으로 교차대구를 이룬다.[11]

A 1-3절 여호와가 시인을 고난에서 구원하심
 B 4-5절 악인을 바라보지 않고 여호와를 믿는 의인의 구원과 행복
  C 6-8절 하나님의 말씀을 행하는 데 헌신한 시인
   D 9-10절 하나님의 인자와 진리 찬양
   D′11절 하나님의 인자와 진리로 보호하시길 요청함
  C′12-13절 죄를 지어 재앙에 둘러싸인 시인의 구원 간구
 B′ 14-16절 대적들의 멸망과 구원에 대한 의인들의 찬양 간구
A′ 17절 고난에서 시인을 구해 주시길 간구함

1-3절(A)이 과거에 여호와가 시인을 엄청난 고난에서 구원하신 것을 감

---

10. Craigie, *Psalms 1-50*, 314에서 이런 부분을 잘 관찰하고 있지만 11절을 후반부로 보지 않아서 11절에 반복되는 어휘들은 제외하고 있다.

11. VanGemeren, *Psalms*, 364에서는 12, 13-16절로 나누는 것을 제외하면 위의 구조와 같은 구조를 제시하고 있다.

사하는 내용이라면 17절(A′)은 현재의 고난 가운데서 구원을 요청하는 간구다. 2절에서 비유적으로 묘사하는 구덩이와 수렁과 같은 죽음의 상황과 17절에서 묘사하는 '가난'과 '궁핍'이 서로 연결되고, 1-2절의 '들어 주심'과 '끌어올림'과 '견고케 하심'이 17절의 '생각해 달라'는 기도와 '지체치 말아 달라'는 기도와 연결된다. 또 1-3절에 묘사된 구원자 여호와의 모습은 17절에 나오는 '주는 나의 도움이시요 나를 건지시는 이'라는 고백에 잘 압축되어 있다.

4-5절(B)이 교만하고 거짓된 '악인'을 멀리하는 의인들('우리,' 5절)이 하나님의 놀라운 구원을 받고 '행복'을 누리는 것을 노래한다면, 14-16절(B′)은 의인의 생명을 '찾는' 악인들의 멸망(14-15절)과 하나님을 '찾는' 의인의 구원을 구하는 기도이다. 두 부분 모두에 의인과 악인의 대조가 잘 나타나고 있다. 4절이 천명하는 의인의 '행복'은 16절의 의인의 기뻐함과 잘 연결되지만, 14-15절의 대적의 '수치와 낭패와 욕'은 대조가 된다. 5절의 하나님이 행하신 셀 수 없는 '기적'과 '생각'이 16절의 '구원'이나 여호와의 '위대하심'과 잘 조화를 이룬다.

6-8절(C)이 구원하신 여호와의 말씀에 대한 시인의 헌신 고백이라면, 12-13절(C′)은 이와 대조적으로 말씀을 위반하는 '죄악'을 범한 시인의 회개와 기도다. 6절의 '속죄제'라는 단어와 12절의 '죄악'과 '죄'가 서로 연결된다.

9-10절(D)이 구원하신 하나님의 은혜를 찬양하는 일에 대한 시인의 헌신을 고백한 것이라면, 11절(D′)은 그 구원의 은혜를 다시 요청하는 기도다. 10절에 구원의 기초가 되는 하나님의 '인자'와 '진리'를 감사하고 있다면, 11절에서는 새로운 고난 상황에서 다시 하나님의 '인자'와 '진리'를 간구하고 있다.

본문 주해

표제: "다윗의 시, 인도자를 따라 부르는 노래"

"인도자를 따라" 원문에는 '부르는 노래'라는 말은 없다. 성전 예배에서 찬양 인도자를 따라 부르라고 안내하거나 예배 인도자를 위한 시편집에 포함된 것을 가리키는 말일 수 있다.

"다윗의 시" 다윗이 지은 시로 악기를 연주하며 부르는 노래를 의미할 것이다.

1. 감사 1: 여호와가 시인을 고난에서 구원하심(1-3절)

제1연은 과거에 여호와가 기도에 응답하셔서 엄청난 고통에서 다윗을 구원하신 것을 간증하는 부분이다. 과거의 극심한 고통은 12절이나 17절에서 말하는 현재 고통과 비교되며, 17절의 구원 간구에 확신을 제공한다.

1절은 여호와의 기도 응답에 대해서 간증한다. 1행에서 '기다리고 기다렸다'(간절히 기다렸다)는 표현은 '기다리다'는 어근을 두 번 사용한 강조 용법이다. 이 말은 아무도 도와줄 수 없는 고난 가운데서 오직 여호와만 바라보며 그의 도움과 구원을 필사적으로 기다렸다는 말이다(25:5, 21; 27:14; 37:34; 39:7; 130:5).[12] 2행은 하나님이 '몸'이나 '귀'를 시인에게로 낮추거나 기울이는 모습을 묘사한다. 3행에서 '들으셨다'고 말한 것을 보면 '기울이다' 앞에 '귀'가 생략된 것으로 볼 수 있지만, 이 표현은 여호와께서 온 마음과 몸으로 고통당하는 자신의 종에게로 향하는 이미지를 그려 준다(18:9; 144:5). 3행은 고난 중의 '부르짖음'(예: 18:6; 39:12; 102:1)을 들어 주신 여호와의 기도 응답을 보고한다. 이 '부르짖음'은 울부짖듯이 부르는 간절한 기도를 의미한다.

---

12. deClaisse-Walford, et al., *Psalms*, 375.

2절과 3절은 기도 응답 내용을 담고 있다. 다윗은 1-2행에서 자신이 처했던 고난의 상황을 '기가 막힐 웅덩이'와 '수렁'에 비유한다. '구덩이'는 일반적으로 '우물'을 가리키지만, 시편에서는 죽음의 세계에 대한 비유로 자주 사용된다(28:1; 30:3; 55:23; 88:4; 143:7; 잠 1:12). '기가 막힐'은 '멸망'으로 직역되는데 이 단어(*샤온* שָׁאוֹן)의 어근(*샤아* שָׁאָה)은 '황폐한 것'을 의미할 수도 있고(사 6:11; 나 1:5), 바다가 포효하거나 반역자들의 고함치는 것을 의미할 수도 있다(65:7; 74:23; 사 17:12). 첫 번째 의미로 이해하면 '멸망의 구덩이'로 번역이 되고(*HALOT*, ESV, 새번역; '재앙' LXX), 두 번째 의미로 이해하면 '우물'이나 구덩이와 연결되어 생명을 삼킬 듯이 포효하는(NIV, JPS는 '진흙투성이의'로 번역) 물이 찬 깊은 우물을 연상시킨다. 곧 '죽음의 심연'을 상징한다. 수렁은 '진흙 수렁'으로 직역될 수 있는데 '진흙'(69:2, 바다 밑의 죽음의 영역을 암시[13])과 '수렁'(18:42; 69:14)은 둘 다 진흙을 의미하는 중언법으로, 빠져나오기 힘든 고통스러운 상황을 잘 비유한다. 웅덩이와 수렁은 둘 다 시인에게 죽음의 위협을 느끼게 했던 극심한 질병이나 격렬한 전쟁을 의미한다. 그런 고난에서 여호와가 '끌어 올리셨다'는 것은 그가 경험한 구원이 인간적으로는 불가능했던 놀라운 것임을 표현한다(5절 '놀라운 일'). 왕으로서 다윗이 경험한 극적인 구원은 국가적으로도 매우 중요한 의미가 있었을 것이다.[14]

2절 3-4행은 1-2행의 상황과 정확하게 반대되는 상황을 알려준다. 다윗은 하나님의 구원을 빠져나오기 힘든 진흙 수렁과 반대되는 단단하고 안전한 '반석' 위에 견고하게 세운 것에 비유한다.[15] '발'과 '걸음'은 둘 다 시인 자신이나 그의 삶에 대한 비유로, 하나님이 이를 반석 위에 '두고' '견고하게' 하셨다는 것은, 시인을 고난으로부터 완전히 벗어나 안전하게 하셨음을 의

13. Kraus, *Psalms 1-59*, 425 참조.

14. VanGemeren, *Psalms*, 365.

15. 김정우, 『시편주석 I』, 858 참조.

미한다(26:12; 27:5; 31:8 참조; '반석'이신 하나님, 18:2; 31:3; 42:9; 71:3).

3절은 1절에서 말한 기도 응답의 두 번째 내용으로, 하나님이 시인을 구원하셔서 회중들 앞에서 하나님을 찬양하게 하셨다고 한다. 원래 감사시편은, 시인이 고난 중에서 고난에서 건져 주시면 회중들 가운데서 올려드릴 것이라고 하나님께 서원한(5:7; 7:17; 13:6; 28:6-7; 35:28) '감사 찬양'이다. 그런데 다윗은 그 '감사 찬양'인 '새 노래'(2행 '찬송')를 하나님이 자신의 입에 담아 주셨다고 고백한다(1-2행). 이것은 하나님이 영감을 주셔서 현재 자신이 부르는 노래를 부를 수 있게 되었음을 의미할 수도 있다.[16] 하지만, 그보다는 자신이 환란 가운데서 부르짖은 기도(1절)를 들으셔서 자신을 구해 주심으로써, 회중들 앞에 감사 찬양을 드릴 수 있게 하셨다는 것을 말하는 것으로 보는 것이 더 좋겠다. 찬양할 수 있는 것도 하나님의 구원 은혜임을 노래하는 것이다. '새 노래'는 절망적인 상황에서 구해 주신 하나님의 은혜를 찬양하는 구원의 노래다. 과거의 구원과 연결되면서도 새롭게 경험한 구원을 노래할 뿐만 아니라,[17] 미래의 구원을 기대하는 노래다(33:3; 40:3; 96:1; 98:1; 144:9; 149:1; 사 42:10; 계 5:9; 14:3).[18]

3절 3-4행은 이런 감사 찬양을 회중들 앞에서 간증으로 노래하는 목적을 말한다. 웅덩이와 수렁과 같은 죽음의 고통에서 건져 주신 하나님의 구원 은혜를 찬양하는 다윗을 '많은 사람,' 즉 예배하는 회중들이 '보고,' 그들도 다윗처럼 이전보다 더 하나님을 '경외하며(두려워하며)' '의지(신뢰)하게' 하

16. Kraus, *Psalms 1-59*, 425에서는 이렇게 본다.

17. Wilson, *Psalms 1*, 556-7; VanGemeren, Psalms, 318.

18. Patterson, "Singing the New Song," *BSac* (2007): 431-4. Craigie, *Psalms 1-50*, 272는 '새 노래'가 "하나님의 승리 왕권에 대한 찬양의 새로운 신선함"을 가리킬 수 있다고 보고, Kraus, *Psalms 1-59*, 375는 시공간을 초월하는 종말론적 의미의 찬양이라고 본다. E. S. Gerstenberger, "Singing a New Song: On Old Testament and Latin American Psalmody," *Word & World* 5/2 (1985): 158-9에서는, '새 노래'는 비록 거기에 담긴 말들은 이전의 것들과 차이가 없어도 하나님의 구원을 통한 급격하게 변화된 상황을 노래하고, 개인이 아닌 공동체의 노래로, 다가올 하나님의 해방과 새롭고 의로운 세계를 기대하는 노래라고 본다.

는 것이 감사 찬양의 목적이다.[19] '보고'(*이르우* יִרְאוּ) '두려워하다'(*이라우* וְיִירָאוּ)는 두 표현은 발음상의 유사성을 통해 이런 목적을 더 강조한다(52:6; 사 41:5). '듣다'가 아니라 '보다'는 단어가 사용된 것은, 감사 찬양이 여호와가 베푸신 구원을 눈에 '보이게 하는' 증언이며, 다른 성도들을 위한 메시지와 가르침이 된다는 것을 의미한다.[20] 다윗은 그런 점을 의식하여 2행에서 '우리 하나님'이라는 표현을 쓰고 있다.

2. 감사 2: 악인을 바라보지 않고 여호와를 의지하는 자의 구원과 행복(4-5절)

제2연은 다윗의 '새 노래'(3절)를 듣고 있는 회중들에게 교훈적인 행복 선언을 하면서(4절), 하나님의 구원 역사를 그 행복 선언의 근거로 제시한다(5절).

4절은 행복 선언을 통해서 회중에게 교훈한다. '복이 있도다'(*아쉬레* אַשְׁרֵי)는 감탄사는 하나님을 잘 믿는 사람이 하나님의 신실한 돌봄 아래 행복하게 살기를 선언하는 축복 선언으로, 이것을 경험한 사람이 다른 사람에게 그렇게 살기를 격려하고 교훈하는 기능을 한다(1:1; 2:12; 32:1, 2; 41:2; 65:5 등 참조; 잠 3:13; 20:7; 욥 5:17; 예수님의 팔복 선언 마 5:3-12 참조).[21] 3절의 '의지하다'는 동사의 명사형인 '의지'가 4절에 바로 등장하며, 여호와께 신뢰를 두는 자들이 행복한 자들인 것을 선언한다(2:12 참조). 3-4행에서는 행복한 사람의 두 번째 특징으로 '교만한 자들과 거짓에 치우치는 자들을 돌아보지 않는 것'이라고 한다. 악인의 길이 아닌 여호와의 길을 따르는 것이다(=1:1). '돌아보다'로 번역된 단어는 어떤 방향으로 얼굴을 향하는 것을

19. Craigie, *Psalms 1-50*, 315에서는 이방 나라들이 출애굽 사건을 보고 '두려워한' 것(출 15:14)과 이것을 비교하지만, 여기서는 백성들이 하나님을 '경외하는' 것으로 보는 것이 더 좋을 것이다. Goldingay, *Psalms 1*, 571에서도 긍정적인 표현으로 이해한다.

20. Kraus, *Psalms 1-59*, 425.

21. *NIV Study Bible*, 788, Kraus, *Psalms 1-59*, 115 참조.

묘사하는데(25:16; 69:16; 출 16:10; 민 17:7; 신 2:3; 레 19:4, 31; 20:6), 여기서 '돌아보지 않는다'는 말은 악인들을 멀리하여 그들의 삶의 방식에서 자신을 분리하는 행동을 의미한다. 또 '교만한 자들'로 번역된 단어(*라합* רַהַב)는, 신화에 나오는 바다 괴물을 가리키지만(89:10; 욥 9:13; 26:12; 사 51:9) 여기서는 복수로 표현되어 매우 공격적이거나 압제하는 교만한 원수들을 가리키는 것으로 보인다(*HALOT*, 개역개정, NIV, ESV, JPS). 그들은 하나님보다 자신이나 우상을 의지한다. '거짓'으로 번역된 단어는 악인들이 자기의 이익을 위해 일삼는 거짓 증언(잠 6:19; 14:5; 19:5)이나 모함을 가리키는 것(4:2; 5:6; 58:3; 62:4, 9 등)으로 보인다. '치우치는'으로 번역된 분사는 여기서만 나오는 단어로, 서슴지 않고 거짓말을 하는 경향이나 행동을 묘사한다. 만약 위의 *라합*을 우상들로, '거짓'을 '거짓 신들'(새번역, NIV)로 해석하면, 4절은 여호와 하나님이 아닌 거짓 신들을 향하는 악인들의 모습을 의미한다.[22] 하지만, '거짓'이라는 단어를 '거짓 신들'로 말한 성경적 용례를 찾기 힘들다.

5절에서는 처음으로 여호와를 직접 부르며 감사를 표현한다. 3, 4절에서 말한 여호와 의지와 경외가 왜 행복의 길인지를 고백 형식으로 말한다고 볼 수 있다. 시인은 하나님께 자신에게 행하신 놀라운 구원의 일들을 이미 이스라엘의 역사를 통해서 수없이 행하셨다고 노래한다. 회중들에게 이 고백은 고난 가운데서도 여호와만 기다리고 의지하라는 간접적인 교훈이 된다. 다윗은 여호와를 '나의 하나님'으로 부른다. 1-3절이 고백하듯이 여호와가 그를 의지하는 의인인 자신을 고통에서 건져 주신 하나님이시기 때문이다. 그런데 이 '나의 하나님'은 다윗뿐만 아니라 '우리'를 위해서도(3행) 많은 놀라운 일을 행하셨다고 고백한다(3절의 '우리 하나님'). 여기서 '우리'는 회중들을 비롯한 하나님의 백성들을 가리키고, '기적(놀라운 일들)'은 출애굽 사건처럼 오직 하나님만 행하실 수 있는 놀라운 구원의 사건들을 의미한다(9:1;

---

22. VanGemeren, *Psalms*, 366-7; deClaisse-Walford, et al., *Psalms*, 376.

26:7; 78:4, 11; 105:5; 106:7, 22; 107:8, 15, 21, 24, 31; 145:5 등 참조). 이 일들은 다른 어떤 하나님의 행동들보다 명백하게 하나님의 능력을 드러낸 구원의 사건들이며, 오직 온 세상의 참된 주권자인 여호와만이 행하실 수 있는 일들이다. '기적'과 평행을 이루는 3행의 '우리를 향하신 생각들'이란 표현은 하나님의 백성 이스라엘의 고난을 '생각하셔서' 그 고난에서 구하시려는 하나님의 계획들이나 구원의 행동들을 의미한다(92:5; 렘 29:11). 17절에서 '나를 생각해 달라'는 말이 이러한 여호와의 돌보심과 구원의 행동을 구하는 기도다.

5절 4행은 개역개정이나 ESV, NIV 등에서는 "누구도 주와 견줄 수 없습니다"로 번역된다. '열거하다'는 단어는 '비교하다'는 의미로도 사용되기 때문이다(89:6; 사 40:18). 하지만 여기서는 하나님 자신에 대한 비교보다는 그가 하신 일들이 많다는 것을 의미하는 것으로 보고 JPS나 새번역과 같이 '주 앞에 다 열거할 수 없다'로 번역하는 것이 더 나아 보인다. 앞에서 말한 하나님의 구원 사역들이 정말 '많다'는 것을 강조하기 위해 '열거할 수 없다'와 '셀 수도 없다'를 반복하고 있다(92:5 '크다'; 104:24 '많다'; 106:2; 139:17-18 '주의 생각이 많다'[23]). 이것은 다윗 자신의 구원(1-3절)을 포함하여, 이스라엘의 구원 역사 가운데서 수많은 구원 사역을 해 오신 하나님에 대한 신뢰를 회중들에게 확신시키는 기능을 한다. '알리다'와 '말하다'는 표현은 찬양하는 행동을 의미한다. 그래서 5-6행은 하나님의 구원 사역은 아무리 찬양해도 다 찬양할 수 없다는 의미가 된다.

3. 헌신 1: 하나님의 뜻을 행하는 데 헌신함(6-8절)

앞부분에서는 하나님이 베푸신 구원의 은혜를 찬양했다면, 6-10절에서는 그런 하나님에 대한 시인의 헌신을 고백한다. 6-8절은 하나님의 법을 따라

---

23. Kraus, *Psalms 1-59*, 426 참조.

사는 순종의 삶에 대한 헌신 고백이다. 6절과 8절에 '원하다'는 동사가 나와 이 부분을 하나로 묶는다. 이 말씀은 히브리서 10장 5-10절에 인용되어 구약의 희생제사보다 더 나은 제물인 그리스도에게 적용되고 있다(교훈과 적용 참조). '귀를 통하다,' '두루마리 책,' '기록하다,' '주의 뜻,' '주의 법' 등은 모두 말씀 순종을 강조한다.

6절은 세 행으로 되어 있는데 서로 평행을 이루는 1행과 3행 사이에 괄호와 같은 2행이 들어가 있다. 그래서 먼저 2행을 해석할 필요가 있다. '내 귀를 통하여 내게 들려주시다'는 표현은 '내 두 귀를 열어 주시다'로 직역될 수 있다. '열다'로 번역된 동사(*카라* כָּרָה)는 우물이나 구덩이 혹은 무덤을 '파다'는 뜻인데(창 26:25; 50:5; 출 21:33; 렘 18:20), 여기서는 목적어가 귀이기 때문에 '귀를 열다'로 비유적으로 해석된다.[24] 귀를 연다는 것은 하나님의 말씀을 간절한 마음으로 듣게 하셔서 깨닫게 했음을 의미한다(잠 28:9; 사 48:8; 50:4-5).[25] 그 깨달음의 내용이 1행과 3행, 7-8절에 있다.

6절 1, 3행에서 시인은 하나님을 향해 하나님이 모든 형식의 제사를 원하거나 요구하지 않으신다고 아뢴다. 이 말들은 문맥으로 살펴야 한다. 레위기 1-7장 등 모세오경에서 여호와가 율법으로 백성에게 요구하신 제사들을 이제부터는 원하지 않으신다는 말은 아니다. 일부 학자들이 주장하듯 시대가 바뀌었기 때문에 율법주의적인 제사를 기도나 금식, 착한 행동이나 율법 낭독, 혹은 찬양으로 대체하라는 의미가 아니다.[26] 그보다는 7-8절과 연결할 때

---

24. 출 21:6, 신 15:17에서는 주인에게 평생 헌신하기를 원하는 종의 귀를 뚫는 의식이 나오는데 여기서도 그런 이미지를 사용해서 하나님에 대한 헌신으로 표현했을 가능성도 있다. 하지만 동사도 다르고 뒤의 문맥을 보았을 때는 율법을 깨닫는 것을 의미하는 것으로 보는 것이 좋겠다. *NIV Study Bible*, 830 참조.

25. *NIV Study Bible*, 830.

26. 이런 견해들에 대해서는 Wilson, *Psalms 1*, 638-9에 잘 요약되어 있다. Kraus, *Psalms 1-59*, 424, 426; Mays, *Psalms*, 168에서는 7절의 두루마리 책은 1-11절의 감사 찬양을 기록한 것으로, 제물을 대신해서 하나님께 드린 헌물(50:7-15; 69:30-33; 사 66:1-4 참조)이라고 해석하지만, 문맥으로 볼 때 율법을 기록한 것으로 보는 것이 더 나아 보인다.

1, 3행은 제사들을 형식적으로 드리는 것만으로는 불충분하고, 그 제사들의 본질인 하나님에 대한 참된 헌신이 있어야 함을 강조하는 것이다. 그 헌신은 하나님을 경외하고 그의 말씀들을 지키겠다는 회개와 순종의 자세를 동반한다(51:16-17; 사 1:10-17; 렘 7:21-26; 암 5:21-24; 미 6:6-8). 구원에 대한 감사 제사조차도 반드시 구원해 주신 하나님의 뜻을 행하고자 하는 '경외'가 동반되어야 함을 말하는 것이다(3, 4절). 1행의 '제사'는 제물을 잡아서 드리는 희생제사 전체를 의미하고(27:6; 116:17; 창 31:54; 레 7:16; 22:21, 29; 왕상 8:62), '예물'(선물)은 곡식 제사인 소제나 하나님께 드리는 제물(창 4:3-5; 삼상 2:17; 레 2:1-23)을 의미하며, 3행의 '번제'는 제물 전체를 태워드리는 제사(레 1:3-17)를, '속죄제'는 특정한 죄를 속하는 제사(레 4:1-5:13)를 의미한다. 이렇게 제사들을 많이 언급한 것은, 하나님이 모든 제사에서 총체적으로 정말 원하시는 것이 순종임을 강조하기 위함이다.[27]

7절의 해석은 쉽지 않다. 다윗은 자신이 이렇게 '말했다'고 하면서 자신의 말을 8절까지 인용한다. '(보십시오), 내가 왔나이다'는 표현은 감사 찬양을 드리기 위해 지금 하나님 앞에 서 있는 것을 의미한다(118:19).[28] 3-4행은 다음과 같이 네 가지로 이해될 수 있다. 첫째로, '두루마리 책에 내게 대해 기록된 것'이 다윗이 지금 부르고 있는 현재의 감사 찬양을 의미한다고 것이다.[29] 둘째로, 두루마리 책을 고난에서 구원받은 자가 하나님께 드려야 할 감사 제사와 찬양에 대해서 규정해 놓은 율법으로 보는 것이다. 그렇게 보면 7-8절은 그것을 행하고 마음에 새기는 것으로 이해할 수 있다.[30] 셋째로, '나를 가리켜(나에 대해) 기록한 것'을 하나님의 구원을 경험한 하나님 백성들이 행

27. Goldingay, *Psalms 1*, 573.

28. Kraus, *Psalms 1-59*, 426.

29. Kraus, *Psalms 1-59*, 426; Mays, *Psalms*, 168; deClaisse-Walford, et al., *Psalms*, 378-9 등은 고대 근동의 관습에 근거하여 그렇게 해석하지만 성경적인 근거는 제시하지 않는다. 또한, 이런 해석은 8절과도 잘 연결되지 않는다.

30. Goldingay, *Psalms 1*, 573-74.

해야 할 모든 율법을 가리킨다고 보는 것이다. 그렇게 이해하면 7-8절은 하나님의 구원받은 자로서 하나님 앞에 서 있는 것은 단지 제사만 드리기 위함이 아니라 하나님의 말씀을 순종하기 위함임을 고백하는 것이 된다.[31] 넷째로, '나를 가리켜 기록한 것'을 신명기 17장 14-20절에 있는 왕에 관한 법이 규정하고 즉위식에서 왕이 지키기로 언약한 왕의 직무와 관련된 율법들(2:7; 신 17:18-20; 삼상 20:25; 왕하 11:12)로 보는 것이다.[32] 이렇게 보면 7-8절은 다윗이 왕으로서 왕에 대한 율법을 지킬 것을 고백하는 것으로 이해할 수 있다. 만약 이 마지막 해석이 옳다면 1-3절에서 말하는 재앙은 국가적인 재난이 될 수 있다. 또한 12절이 말하는 죄에 대한 징계도 왕으로서의 범죄에 대한 재앙일 수 있다(예: 밧세바 사건이나 압살롬의 반란 혹은 삼하 24장의 인구 조사). 첫 번째와 두 번째 견해는 8절을 생각할 때 너무 좁게 해석한 것 같다. 그래서 여기서는 '나를 가리켜'에서 '나'를 백성을 대표하는 왕으로 이해한다. 7-8절은 다윗이 왕에 대한 율법뿐만 아니라 백성들이 지켜야 할 모든 하나님의 말씀을 순종하겠다는 고백이다. 여기서 '두루마리 책'은 양피지(가죽)나 파피루스로 된 긴 두루마리 형태의 율법 책을 의미할 것이다(출 17:14; 렘 36:2, 32; 겔 2:9; 3:1-3).

8절에서 다윗은 다시 5절에서처럼 개인적, 국가적 환란에서 자신을 구원하신 '나의 하나님'을 부르며 헌신을 다짐한다. 1행에서는 하나님의 "뜻 행하기를" 즐거워한다고 고백한다. '뜻'(*라촌* רָצוֹן)으로 번역된 단어는 '기뻐하다'는 어근에서 나온 명사로 기록된 율법을 포함한 하나님이 기뻐하시는 '뜻'을 의미한다(13절의 '은총을 베푸사'와 같은 어근, 103:21; 143:10; 스 10:11). '즐기다'로 번역된 동사는 6절과 14절에 '기뻐하다'로 등장한다. 결국 1행에서 다윗은 하나님이 정말로 '기뻐하시는' 것을 자신이 행하기를 '기

---

31. 김정우, 『시편주석 I』, 862-3에서는 이 둘째 견해와 셋째 견해를 함께 수용한다.
32. VanGemeren, *Psalms*, 368. Craigie, *Psalms 1-50*, 315에서는 신명기의 율법과 그 율법이 요구하는 왕의 제의적 의무를 언급하는 것이라고 이해한다.

뻐한다'는 헌신을 올려드리고 있다. 1편 2절에서 시인의 '원함'(기쁨)이 여호와의 율법에 있다고 고백한 것과 연결된다. 2행에서 다윗은 하나님의 뜻을 기록한 하나님의 '법'(가르침 혹은 말씀)이 자신의 심중에 있다고 함으로써, 그 법을 명심하고 그대로 살 것을 다짐하고 있다. 율법을 그냥 읽고 듣는 것만으로 끝나지 않고 그것을 마음에 새겨서 그대로 살려는 결심을 보여준다(1:2). 율법이 마음에 새겨지는 것은 하나님 나라 백성의 이상이자 '새 언약' 시대에 이루어질 약속이기도 하다(신 6:6; 11:18; 30:14; 렘 31:33; 겔 11:19; 36:26-27).

요약하자면, 6-8절은 환란에서 구원을 받은 왕이나 백성의 참된 감사는, 단지 찬양과 제사로만이 아니라 그 구원을 허락하신 하나님의 뜻을 행하는 것으로 표현되어야 함을 노래한다.[33] 이것은 출애굽의 구원 후에 시내산에서 백성들이 율법 순종에 헌신한 것과 비교될 수 있다(출 19-24장).

히브리서 10장 5-9절에서는 아래처럼 40편 4-8절의 히브리어 본문과 약간 다른 칠십인역 본문을 주로 인용하면서 이 본문을 그리스도의 말씀으로 해석하고 있다(굵은 표시).

시편 40:5-8 사역	히브리서 10:5-9 개역개정
6 주는 제사나 예물을 원하지 않으십니다 주께서 내 두 귀를 열어주셨습니다 번제와 속죄제도 요구하지 않으십니다	5 (그러므로 주께서 세상에 임하실 때에 이르시되) **하나님이 제사와 예물을 원하지 아니하시고** **오직 나를 위하여 한 몸을 예비하셨도다** **6 번제와 속죄제는 기뻐하지 아니하시나니**

33. Mays, *Psalms*, 168에서도 그런 점을 잘 말하고 있다.

7 그 때 내가 말하기를 "보십시오, 내가 왔습니다. 두루마리 책에 나를 가리켜 기록되어 있습니다 8 나의 하나님, 내가 주의 뜻을 행하기를 원합니다…. 6절 1행과 3행의 요약 7절 1-2행과 8절 1행의 요약 + 해석	7 **이에 내가 말하기를** **"하나님이여 보시옵소서** **두루마리 책에 나를 가리켜 기록된 것과 같이** **하나님의 뜻을 행하러 왔나이다"** 하셨느니라 8 위에 말씀하시기를 주께서는 **제사와 예물과 번제와 속죄제는 원하지도 아니하고 기뻐하지도 아니하신다**고 하셨고 (이는 다 율법을 따라 드리는 것이라) 9 그 후에 말씀하시기를 **"보시옵소서 내가 하나님의 뜻을 행하러 왔나이다"** 하셨으니 그 첫째 것을 폐하심은 둘째 것을 세우려 하심이라

여기서 결정적인 차이점은 다음과 같다. 첫째, 히브리서 기자는 5절 서두에서 본문을 예수 그리스도의 성육신 사건으로 연결한다. 둘째, 히브리서 기자는 다윗의 말을 그리스도의 말로 바꾸고 있다. 셋째, 히브리서 기자는 40편 6절 2행 "주가 내 두 귀를 열어주셨습니다"를 "오직 나를 위하여 한 몸을 예비하셨다"고 번역하면서 성육신과 연결한다. 넷째, 히브리서 기자는 9절에서 그리스도의 몸의 제사가 하나님에 대한 참된 순종의 제사이기에 구약의 제사들을 대체하였다고 말한다.[34] 히브리서는 40편 6-8절에 있는 다윗의 말을 그리스도의 말로 봄으로써 시편 말씀의 참된 의미가 그리스도에게

---

34. Mays, *Psalms*, 170 참조. 40:6-8을 히 10:5-7에서 인용할 때 주요 단어들을 바꾼 것은 예수 그리스도의 제사가 구약 성경의 희생제사의 본질인 순종을 완벽하게 실행한 온전한 제사였음을 강조하기 위함이다. 잘 정리된 내용은 다음을 참고하라. R. H. van der Bergh, "A Textual Comparrison of Hebrews 10:5b-7 and LXX Psalm 39:7-9," *Neotestamenica* 42.2 (2008): 353-82; Kangtaek Lee, "Did David Have in Mind the Meaning That Hebrews Would Assign to It? - The Use of Psalm 40:6-8 (MT Ps 40:7-9; LXX Ps 39:7-9) in Hebrews 10:5-7," 『신약연구』 10/4 (2011): 977-1008.

서 성취되었다고 본다. 그리고 40편에서 다윗이 구원받고 제물만이 아닌 참된 순종을 맹세한 것의 의미가, 예수 그리스도의 성육신과 십자가에서의 순종을 통한 영원한 제물 되심으로 완성되었다고 본다. '귀'를 '몸'으로 본 것은 '귀'를 '몸'을 대표하는 기관으로 본 데서 비롯된 것이며, '열다'를 '준비하다'로 읽은 것은 칠십인역을 인용했기 때문이다.[35] 이러한 히브리서의 해석은 40편 6-8절의 의미가 그리스도의 순종과 희생 사역에서 절정에 이르렀다고 보는 것이기에 적절하다. 하지만 히브리서의 해석이 40편 6-8절을 개인 성도의 삶에 적용하는 것을 제한하지는 않는다.

4. 헌신 2: 하나님의 구원의 은혜를 찬양하는 데 헌신함(9-10절)

시인은 6-7절의 말씀에 대한 헌신에 이어 9-10절에서는 하나님의 구원을 많은 회중 가운데서 선포하는 찬양의 헌신을 했음을 고백한다. '많은 회중'이 두 절에 함께 나오고, '기쁜 소식을 전하다'(긍정), '입술을 닫지 않다'(부정), '심중에 숨기지 않다'(부정), '선포하다'(긍정), '감추지 않다'(부정)는 동사들이 연속되면서 회중들에게 찬양하는 일을 쉬지 않은 그의 헌신을 강조한다. 그리고 '의,' '공의,' '성실,' '구원,' '인자,' '진리' 등의 표현들이 찬양의 내용인 구원의 은혜를 강조한다.

9절 1-2행에서 다윗은 함께 예배에 참석한 이스라엘의 '많은 회중'에게 자신이 경험한 놀라운 하나님의 '구원(의)'의 '기쁜 소식을 전했다'고 고백한다. '많은 회중'은 3절에서는 '많은 사람'으로 나오고 5절에서는 '우리'로 표현되었다. 다윗이 왕으로서 죽음의 고통을 당하다가 하나님의 기적적인 구원으로 회복된 것은 국가적으로 매우 중요한 사건이자, 백성들에게도 매우 '기쁜 소식'이었을 것이다. 그래서 9절의 첫 동사는 '기쁜 소식을 전하다'이다(68:11; 삼하 18:26; 왕상 1:42; 사 40:9; 41:27, 52; 52:7; 나 1:15). 그것이

35. 양용의, 『히브리서 어떻게 읽을 것인가』 (서울: 성서유니온, 2014), 286-92.

더 기쁜 것은 다윗의 구원 가운데 온 세상을 통치하시는 하나님의 '의'가 나타났기 때문이었다(119:123; 사 45:8; 51:5; 62:1). 하나님의 '구원'은 고난당하는 의인을 불의한 자들에게서 구하는 것이기에 의롭고, 비록 징계를 받았지만 회개하는 죄인을 의인으로 회복시키는 것이기에 의롭다. 다윗은 이처럼 의로운 구원에 대해 입술을 다물지 않고 전했다는 것을, '보십시오'(2행, 개역개정에는 생략됨)라는 감탄사와 '주께서 아십니다'는 추가 문장을 통해 강조한다.

10절 1-2행에서는 9절 1행의 '의'와 거의 같은 표현인 하나님의 '공의'를 마음속에 숨기지 않았다고 표현한다. 8절에서 하나님의 법을 '심중'에 간직하는 것과 대조적으로 하나님의 공의는 '심중'에 숨기지 않고 전했다고 한다. 이 '공의' 역시 구원을 통해 베푸신 하나님의 통치의 '공의'를 의미한다(71:15; 98:2). 3행에서는 '주의 성실과 구원'을 선포했다(말했다)고 한다. 하나님이 다윗이나 이스라엘에 베푸신 구원이 그들에게 언약에서 약속하신 것을 '성실하게' 지키신 결과임을 의미한다(33:4; 36:5; 88:11; 89:1-2, 6, 9 등; 98:3; 100:5; 신 32:4). 이런 '성실하심'이 바로 하나님의 '공의'의 일부다. 마지막 4행에서는 다윗을 구하기 위해 베푸신 '인자와 진리'를 회중들에게 '감추지 않았다'고 고백한다. '인자'는 백성들의 태도와 관계없이 끝까지 그들의 왕이자 하나님으로서 베푸시는 한량없는 하나님의 사랑을 가리키고, '진리'도 앞의 '성실'처럼 백성들에게 약속하신 것을 신실하게 행하시는 것을 가리킨다. '인자와 진리'는 시편에서 의인과 자기 백성들을 향한 하나님의 놀라운 (구원의) 은혜를 묘사하기 위해 자주 함께 등장한다(25:10; 26:3; 57:3, 10; 61:7 등).

다윗이 이렇게 구원의 하나님을 찬양하기로 헌신했던 것을 언급하는 목적은, 지금도 고난에서 구원을 받아 구원해 주신 하나님을 찬양하는 것이 자신의 소원임을 말하기 위함이다.

5. 시인의 죄로 닥친 재앙에서의 구원을 바라는 기도(11-13절)

1-10절이 과거에 다윗에게 베푸신 하나님의 구원을 감사했던 노래라면, 11절부터는 현재의 새로운 고난으로부터 구해 주실 것을 간구하는 기도다.

1) 하나님의 인자와 진리로 보호하시길 간구함(11절)

11절은 10절의 감사 내용을 현재의 새로운 고난 상황에서 간구로 바꾼 것이다. '주'(당신)라는 2인칭 대명사가 제일 앞에 나와 여호와만이 자신을 구원하실 수 있음을 강조한다. 이 절의 동사들은 직설법으로 번역될 수도 있지만, 명령형이나 기원형으로 번역될 수도 있다. 여기서는 NIV나 개역개정이나 새번역을 따라 기원형으로 번역하였다. 다윗은 10절에서 하나님이 베푸셨다고 고백한 하나님의 구원의 '인자'와 '진리'를 다시 한번 베풀어 주시길 기도한다. 3-4행에서는 인자와 진리가 의인화되어 하나님을 대표하여 시인을 지키는 주체로 표현되고 있다(25:21; 61:7 참조). 여기에 하나님의 불쌍히 여기는 사랑을 의미하는 '긍휼'(25:6; 103:4; 119:77; 145:9)을 덧붙인다(1행). 아마도 그것은 12절에서 밝히듯이 현재의 고난이 자신의 죄로 말미암은 것이기 때문일 것이다. 특별한 것은 10절에서는 시인이 하나님의 인자와 진리를 회중들에게 '감추지'(*칼라* כָּלָא) 않았다고 했는데, 여기서는 똑같은 단어를 사용해서 여호와가 그의 긍휼을 '거두지' 마실 것을 기도한다는 것이다. 나중에 시인은 자신에게 긍휼을 '감추지' 않으신 여호와의 구원 은혜를 회중에게 '감추지' 않을 것이다. 이 동사는 구약에서 '닫다,' '제한하다,' '거두다' 등의 의미로 사용되고 있다(88:8; 민 11:28; 삼상 6:10; 렘 32:3; 학 1:10).

2) 죄를 지어 재앙에 둘러싸인 시인의 구원 간구(12-13절)

다윗은 자신이 현재 당하는 고난이 자신의 죄악에 대한 징계임을 고백하며(12절) 거기서 구원해 주시길 간구한다(13절). 하나님의 '말씀'에 대한 반역을 의미하는 '죄악들'로 고통당하며 낙심하는 시인의 모습은, 고통에서 구원받은 후 말씀에 헌신했던 6-8절과 대조된다. 6절의 '속죄제'라는 단어와 12절의 '죄악'과 '죄'도 서로 연결된다.

12절은 현재 고난에 대한 탄식 부분이다. 다윗은 자신이 지금 죄에 대한 하나님의 징계로 얼마나 엄청난 고통을 당하고 있는지 아뢴다. 1-2행에서 다윗은 수많은 재앙이 자기를 둘러쌌다고 탄식한다. 이 재앙들이 구체적으로 질병인지 아니면 전쟁인지 확실하지 않다.[36] 하지만 '둘러싸다'(*아파프* אָפַף)는 동사는 주로 죽음의 상황을 암시하는 데 사용되고 있다(18:4=삼하 22:5 다윗에게 '사망의 줄'이 둘러쌈; 116:3 '사망의 줄; 욘 2:6 '바다 속에서 물이 둘러쌈'). 2절에서 '웅덩이'나 '수렁'으로 표현된 과거의 고난과 견줄 만한 새로운 죽음의 상황이다. 만약 사무엘하 22장 5절과 이 표현이 연관된다면 다윗 왕이 말년에 겪은 반란이나 자신의 죄로 발생한 고난들을 의미할 것이다. '수많은'은 '셀 수 없이 많은'으로 직역된다. 이것은 5절의 '셀 수 없이 많은' 하나님의 구원 은혜들과 대조를 이룬다.

3-4행에서 시인은 자신의 '죄악'이 자신을 잡아서 볼 수도 없는 지경이라고 한다. 이것은 현재의 고통이 자신의 죄에 대한 징계로 왔음을 의미하는 것이다. '죄악'은 여기서 '죄'와 그로 인해 받은 '벌'까지 포함하는 표현이다. 즉, 죄악에 대한 엄청난 징계로 너무 고통스럽다는 표현이다. '눈'이 생명력을 상징하기에, '볼 수 없다'는 것은 병이 깊거나 재앙에 눌려 생명을 잃어간다는 표현일 수 있다(6:7; 13:3; 38:10; 잠 29:13; 참조).

5-6행에서 다윗은 자신이 저지른 '죄'와 그로 인해 받는 '벌'이 자신의 머리카락보다 더 많아서(69:4 참조) 낙심한다. '머리카락보다 더 많은(*아참* עָצַם) 죄악 혹은 고통'은 셀 수 없이 많았던(*아참*) 하나님의 구원 은혜(5절)와 대조된다. '내가 낙심하다'는 표현은 '내 마음이 나를 버렸다'로 직역될 수 있

---

36. Craigie, *Psalms 1-50*, 316에서는 이 '재앙'이 외국 대적들의 공격이라고 설명한다. 14-15절의 대적들도 왕과 민족을 대적하는 이방 나라들이라고 이해한다.

는 강한 표현으로 극심한 고통이나 실망을 나타낸다(38:8, 10 참조).

13절에서는 다윗의 다급함이 '여호와'를 두 번이나 부르고, '속히'라는 부사어를 사용하는 데서 잘 나타난다. 1행에서는 '은총을 베푸소서(기뻐해 주십시오)'가 제일 먼저 나와 자신을 구하시는 일이 하나님의 주권에 달려 있음을 고백한다. 8절에서 이 동사의 명사형이 하나님의 '뜻'을 의미하는 단어로 사용되었는데, 여기서도 하나님의 뜻을 따라 구해 달라는 의미다. 회개하는 죄인을 용서하시고 현재의 고난에서 구원하시는 것이 오직 하나님의 자비와 사랑에 달린 것임을 고백하는 표현이다. 2행에서는 '속히' 자신의 도움이 되어 주시길 기도한다(22:19; 38:22; 70:1; 71:12). 이 기도는 17절과 유사한데 1행처럼 고통에서 구해 달라는 기도다.

6. 대적들의 멸망과 의인의 구원을 바라는 기도(14-17절)

마지막 연에서 다윗은 자신의 목숨을 앗아가려고 하고 자신의 고난을 비웃는 대적들의 멸망(14-15절)과 자신의 구원을 통한 의인들의 찬양(16-17절)을 위해서 기도한다.

1) 대적들의 멸망을 구하는 기도(14-15절)

14-15절에는 4-5절처럼 의인과 악인이 잘 대조되고 있다. 4절이 천명하는 의인의 '행복'은 14-15절이 강조하는 대적의 '부끄러움'이나 '수치'와 대조된다.

14절은 35편 4절이나 70편 2절과 거의 같다. 여기서 시인은 자신을 해치려는 대적들이 수치를 당하기를 기원하고 있다. '수치스러워하다,' '낭패를 당하다,' '욕(창피)을 당하다'는 유사한 동사를 세 번이나 반복하며, 하나님의 심판 결과로('물러나다') 대적들이 수치를 당하게 되기를 간절히 바라고 있다(26절; 34:5; 71:24; 74:21; 삼하 10:5; 스 9:6; 사 50:7; 54:4). '뒤로 물러나다'는 표현은 전쟁에서 패배하여 도주하는 모습을 그린다(129:5; 삼하 1:22).

대적들은 '내 생명을 찾아 멸하려 하는 자들'과 '나의 해를 기뻐하는 자들'로 표현되고 있다. 이들은 죄로 징계받아 고통당하는 시인의 상황을 기뻐하고, 이런 상황을 빌미로 어떻게 하든지 시인을 멸하려고 하는 자들이다. 하지만 시인의 죄가 그들과는 무관한 것이기에 이들의 공격은 악하다. 다윗의 약점을 사용하여 반란을 일으킨 압살롬 세력들이 대표적인 예가 될 것이다. 시인의 목숨을 '찾는 자들'은 16절의 하나님을 '찾는 자들'과 대조되며 4절의 '교만한 자들'과 '거짓에 치우치는 자들'과 연결된다. 아마도 대적들은 다윗의 고통에 대해서 거짓말을 퍼뜨려 그를 죽이는 명분으로 삼았을 것이다.

15절은 14절의 기도를 보완한다. 여기서는 대적을 '나를 향하여 하하 하하 하며 조소하는 자들'이라고 고발한다. '하하'는 남이 안 된 것을 악의적으로 기뻐하며 조롱하는 것을 표현하는 감탄사다(38:21, 25; 70:3; 겔 25:3; 26:2; 36:2). 다윗의 고난을 고소해 하며 그의 멸망을 모의하고 기다리는 자들의 악한 모습에 대한 묘사이다. 다윗이 하나님의 말씀에 헌신하고(7절) 하나님을 찬양하기 위해 '말한'(10절) 것과 악인들이 조롱하기 위해 '말하는' 것은 대조적이다. 15절의 기도는 다윗의 멸망을 기다리던 악인들이 도리어 하나님의 심판을 받아 '수치'를 당할 때, 그들이 실망하고 놀라게 해 달라는 것이다. '놀라다'(*샤멤* שָׁמֵם)는 동사(레 26:32; 왕상 9:8; 사 52:14)는 '황폐하다'는 의미도 있어서(JPS의 번역, 레 26:32; 사 49:8, 19; 겔 6:6) 악인들의 심판과 수치를 이중적으로 강조한다고 할 것이다.

2) 구원에 대한 의인들의 찬양 기원(16절)

16절은 14-15절과 반대의 기도를 한다. 대적들과 반대로 의인들이 고난당하는 시인의 구원을 보고 기뻐하고 하나님을 찬양하게 해 달라는 기원이다. 3절과 연결하면, 다윗 왕이 구원받아 다시 회중들 앞에서 감사 찬양을 해서 그것을 통해 회중들이 함께 기뻐하고 하나님을 찬양하게 해 달라는 기도다. 여기서 의로운 회중들은 '주를 찾는 모든 자'와 '주의 구원을 사랑하는 자들'로 표현되어 있다. 하나님을 '찾는 자들'은 고난 가운데서도 항상 하나님을 찾아 기도하고 의지하는 자들이며, '주의 구원을 사랑하는 자들'은 의인이 고난당할 때 여호와가 '의'와 '인자'와 '성실'로 구원하시는 것을 즐거워하는 자들을 뜻한다(10절). 2행의 '즐거워하고 기뻐하다'는 이중적인 표현은, 의인의 회복과 구원(10절 '구원'과 같은 단어)에 대한 격한 기쁨을 강조하는 것으로(35:9; 68:3; 14:7; 31:7; 32:11; 48:11 등 참조), 이는 14-15절의 악인들의 기쁨과 대조적이다. 3-4행은 의로운 회중들이 왕의 '구원'을 듣고 함께 찬양하게 해 달라는 기원이다. 그 찬양의 내용을 '여호와는 위대하시다'로 표현하고 있다. 이것은 5절에 상응하는 놀라운 구원의 은혜를 베푸신 여호와에 대한 찬양이다(3, 9-10절 참조). 5절의 하나님이 행하신 셀 수 없는 '기적'과 '생각'이 16절의 '구원'이나 여호와의 '위대하심'과 조화를 잘 이룬다. 고난당하는 의인의 구원은 여호와의 '의'(9절)와 '위대하심'을 드러내기 때문이다.

3) 시인의 구원을 촉구하는 기도(17절)

17절은 마지막 기도로 16절의 전제 조건이다. 17절에는 하나님을 부르는 말이 많이 나온다. 2행의 '주님,' 3행의 '주(당신),' '나의 도움,' '나를 건지시는 이,' 4행의 '나의 하나님' 등 무려 다섯 번이나 하나님을 부르거나 고백함으로써 하나님에 대한 신뢰와 기도의 절박함을 표현한다. 이것은 1-2절에서 기도를 들으시고 수렁에서 '끌어올려' '반석 위에 두신' 구원의 하나님을 다시 부르는 것이다. 다윗은 왕인 자신의 구원과 회복이 16절의 결과를 낳을 수 있도록 속히 자신을 구원해 달라고 기도한다. 13절 기도의 반복이면서 확장으로 1-3절의 구원 간증에 상응한다. 2절에서 다윗이 웅덩이와 수렁과 같은 죽음의 위기에서 구원받았다고 했는데, 여기서는 '가난하고 궁핍하다'는 표현으로 그런 상황을 묘사한다. 이 중첩된 표현은 다윗이 징계의 고통으로 매우 힘든 상황에 있음을 강조하면서, 오직 하나님 외에는 도와주실 분이 없는(72:12) 절박함을 강조한다(9:18; 35:10; 37:14; 72:4, 12; 74:21). 그래서 1행은

'나로 말하자면'으로 시작하고 3행에서는 '주(당신)로 말하자면'으로 대조적으로 시작한다. 1행이 현재 상황에 대한 탄식이라면 2행은 거기서 구원해 주시길 기도하는 것이다. 하나님이 자신의 '주님'이시기에 종인 자신을 생각해 달라고 기도한다. '생각하다'는 동사는 5절에 나오는 '생각'과 같은 어근을 가져서 고통 가운데 있는 시인을 돌보시고 구원해 달라는 기도(JPS에서는 "나를 위해 구원을 계획하소서"로 번역한다)에 다름 아니다. 4행에서는 하나님을 자신의 도움과 건지시는 분으로 고백하며, 하나님을 '찾는' 시인의 하나님('나의 하나님')으로서 지체하지 말고 고통에서 구해 주시길 간구한다. 3-4행의 기도는 13절의 기도와 유사하다.

교훈과 적용

시편 40편의 교훈: 죄에 대한 하나님의 징계든 아니든 극심한 고난 가운데 있을 때 성도가 해야 할 일은 먼저 과거에 하나님이 놀라운 인자와 성실로 성도와 교회에 베푸신 수많은 구원을 기억하고 찬양하는 것이다. 고통에서 구원받아 하나님께 드렸던 감사 찬양과 순종을 떠올리며, 다시 그런 감사와 순종을 회복할 수 있도록, 현재의 극심한 고난에서 구원해 주시길 간절히 기도하는 것이다.

1. 수렁에서 끌어올리시는 하나님을 찬양하고 의지하라(1-10절)

다윗은 자신의 통치 후기에 밧세바 사건과 그 사건으로 파생된 많은 개인적, 국가적 환란을 겪었다(삼하 13-20, 24장). 다윗은 그런 환란의 소용돌이 속에서 어떤 기도를 드렸을까? 40편과 같은 기도였을 것이다. 그는 먼저 과거 자신과 이스라엘을 '죽음'의 '수렁'에서 수없이(5절) 건져 주신 구원의 하나님을 찬양하였다(1-3절). 구원의 하나님을 믿고 의지하며 순종하는 자의 행복을 선언하였다(4절). 고통 가운데서 찬양함으로써 구원의 달콤함을 미리 맛보고, 하나님에 대한 신뢰를 굳게 할 수 있었다(5절). 고난에서 건져 주신 하나님의 의를 찬양하기를 거듭 맹세하며(9-10절), 의를 행하신 하나님께 순종하기(6-8절)를 거듭 맹세했다.

그리스도인들은 어떤 극심한 환란을 만나도, '죄악'과 '죽음'의 깊은 수렁, 죽음처럼 고통스러웠던 인생의 '수렁'에서 우리를 넉넉하게 구해 주셨던 그리스도의 하나님을 기억하고 찬양함으로써, 고난 속에서도 구원의 달콤함을 미리 맛볼 수 있다. 고난 속에서도 하나님을 더 믿고 의지할 수 있다. 고난에서 우리가 구원받아야 할 이유는 우리 죄를 용서하시고 고난에서 우리를 건지시는 의를 행하시는 하나님을 입이 닳도록 찬양하기 위한 것이다. "그러므로 우리는 예수로 말미암아 항상 찬송의 제사를 하나님께 드리자 이는 그 이름을 증언하는 입술의 열매니라"(히 13:15). 또 그 어떤 희생제사보다 완벽한 순종의 제물이 되셨던 예수 그리스도(히 10:5-11)의 은혜로 다시 용서받고 고난에서 구원받아, 그리스도처럼 하나님의 말씀에 순종하기 위해서다(롬 6장, 12:1-2; 엡 2:1-10; 딛 2:14).

2. 현재의 고통을 아뢰며 죄용서와 구원을 간절히 기도하라(11-17절)

수렁에서 건지셨던 하나님을 의지하며, 순종과 찬양을 목적으로, 현재의 죽을 것 같은 아픔과 고통을 하나님 앞에 쏟아 놓으며 기도해야 한다(12절). 하나님의 '의'와 '인자하심'을 다시 베푸셔서(11절) 사탄과 죄악의 세력을 물리치시고(14-15절), 죄를 용서하셔서(12절), 고난에서 속히 건져 주시길 간절히 구해야 한다(13, 17절). 이런 놀라운 구원으로 교회가 함께 기뻐하며 구원의 '새 노래'를 부를 수 있게 해 주시길(3절) 기도해야 한다(16절). 복음서의 수많은 본문에는 '수렁과 웅덩이'와 같은 고통에서 허우적거리던 수많은 '가난하고 궁핍한' 자들이 간절히 예수 그리스도를 붙들고 간구하는 믿음으로(막 7:24-30) 그런 수렁에서 구원받아 감사하며(눅 17:11-19) 하나님의 영광을 나타낼 수 있었다(요 9:3).

시편 41편

긍휼히 여기는 자는 복이 있나니

[다윗의 시, 인도자를 따라 부르는 노래]

1 가난한 자를 보살피는 자에게 복이 있음이여
재앙의 날에 여호와께서 그를 건지시리로다

2 여호와께서 그를 지키사 살게 하시리니
그가 이 세상에서 복을 받을 것이라[1]
주여[2] 그를 그 원수들의 뜻에 맡기지 마소서

3 여호와께서 그를 병상에서 붙드시고
그가 누워 있을 때마다 그의 병을 고쳐 주시나이다

4 내가 말하기를 여호와여 내게 은혜를 베푸소서
내가 주께 범죄하였사오니 나를 고치소서 하였나이다

5 나의 원수가 내게 대하여 악담하기를
그가 어느 때에나 죽고 그의 이름이 언제나 없어질까 하며

6 나를 보러 와서는 거짓을 말하고
그의 중심에 악을 쌓았다가 나가서는 이를 널리 선포하오며

7 나를 미워하는 자가 다 하나같이 내게 대하여
수군거리고 나를 해하려고 꾀하며

8 이르기를 악한 병이 그에게 들었으니
이제 그가 눕고 다시 일어나지 못하리라 하오며[3]

9 내가 신뢰하여 내 떡을 나눠 먹던 나의 가까운 친구도
나를 대적하여 그의 발꿈치를[4] 들었나이다

---

1. "여호와가 그를 지키시고 살려주시길, 그가 땅에서 복을 받게 하시길!"(TNK, LXX). 만약 2절이 기원형이 되려면 3절도 칠십인역처럼 기원형이 되어야 하는데 대부분의 현대 번역본들은 평서문으로 번역하기에 2절도 평서문으로 번역하는 것이 옳아 보인다.
2. 갑작스럽게 2인칭이 나오는 것이 어색하기에 NIV, LXX는 '그'로 읽는다.
3. "불운한 일이 그를 덮쳐/ 드러누운 저자가 다시는 일어나지 못하게 되어 버려라" 합니다. (가톨릭 성경)
4. 이 표현이 이상하기 때문에 *BHS*에서는 '발꿈치'(*아켑* עָקֵב)가 아닌 '보상'(*에켑* עֵקֶב)으로 읽어 10

10 그러하오나 주 여호와여 내게 은혜를 베푸시고 나를 일으키사
내가 그들에게 보응하게 하소서 이로써
11 내 원수가 나를 이기지 못하오니
주께서 나를 기뻐하시는 줄을 내가 알았나이다
12 주께서 나를 온전한 중에 붙드시고
영원히 주 앞에 세우시나이다[5]
13 이스라엘의 하나님 여호와를
영원부터 영원까지 송축할지로다
아멘 아멘

본문 개요

41편은 다윗이 자신의 죄로 징계를 받아(4절) 질병의 고통과 원수들의 공격 가운데서 하나님께 드린 기도시편이다. 이 기도시편에는 질병의 회복에 대한 기도가 4, 10절에 등장하지만 5-9절에 원수들의 악행과 공격에 대한 탄식이 중심을 차지하고 있다. 1-2절에는 '행복 선언'이 나와서 지혜시편의 요소도 갖고 있고, 11-12절은 구원에 대한 감사처럼 보여 이 시편을 기도 응답에 대한 감사시편으로 보기도 한다.[6] 하지만, 이 부분은 시인이 기도 응답을 확신하는 것이기에 전체 시편은 탄식시편 혹은 기도시편이다.

다윗이 어떤 역사적인 배경에서 이 시편을 썼는지는 41편의 내용만으로

절 마지막으로 옮길 것을 제안하지만 사본상의 근거는 없다.

5. "나를 주님 앞에 길이 세워주십시오"(새번역, TNK)라는 기도로 번역하기도 한다.

6. Kraus, *Psalms 1-59*, 430; Mays, *Psalms*, 171-2; Goldingay, *Psalms 1-41*, 581에서는 과거의 기도 응답을 회상하며 1절에서 회중에게 교훈을 하는 것으로 보려고 한다. 하지만 그렇게 보기에는 주요 부분인 5-9절의 탄식이 너무 강렬하다.

는 알기 힘들다.[7] 38-40편과 같은 상황이었을 수도 있다. 죄에 대한 징계라는 측면에서 본다면, 이 시편도 38-40편처럼 다윗이 자신의 통치 후반부에 저지른 죄로 초래한 개인적, 국가적 환란(삼하 11-20장)을 경험하는 중에 썼거나 그 후에 쓴 것으로 보인다.[8]

40편 4절과 41편 1절은 '복이 있도다'(*아쉬레* אַשְׁרֵי)라는 감탄사로 시작하는데, 이것은 똑같은 행복 선언이 등장하는 1편 1절과 2편 12절과 함께 시편 1권 전체를 감싸는 기능을 한다. 40편 4절이 여호와를 신뢰하는 자의 행복을 선언하여 여호와께 피하는 자의 복을 선언한 2편 12절과 수미쌍관을 이룬다면, 41편 1절은 가난한 자를 보살피는 의인(왕)의 행복을 선언함으로써 말씀을 따르는 의인의 행복을 선언한 1편 1절과 수미쌍관을 이룬다. 또 40편과 41편은 독특하게도 '주(당신) 여호와'(*아타 야훼* אַתָּה יְהוָה)라는 표현을 공유한다(40:5, 9, 11; 41:10). 41편 1절은 바로 앞 절인 40편 17절과 '가난한 자'로 연결된다.[9]

41편은 질병, 죄 용서, 원수로부터의 구원 주제를 함께 노래하는 38-41편 그룹의 마지막 시편이자 시편 1권의 마지막 시편이다. 41편은 38-41편 그룹과도 많은 공통점을 공유한다(38편 개요 참조). 죄와 관련된 표현들(38:3, 4, 18; 39:1, 8, 11; 40:12; 41:4), '해' 혹은 '재앙'(38:12, 20; 40:12, 14; 41:1, 7)이나 질병과 관련된 표현들(38:12, 20; 40:12, 14; 41:1, 3, 7, 8), '원수들'에 대한 언급들을 공유한다('원수' - 38:19; 41:2, 5, 11, '나를 미워하는 자들' - 38:19; 41:7). 악인들은 시인에 대한 거짓말을 퍼뜨리고 죽일 음모를 꾀하며(38:11, 19; 41:6-7), 시인의 멸망을 기뻐하는 자들(38:16; 39:8; 40:14; 41:5, 8)로 나

---

7. Craigie, *Psalms 1-50*, 319-20은 성전에서 행해진 병자의 기도와 관련된 제의로 보고 제사장의 행복 선언과 신탁 전달, 그리고 기도자의 확신을 그 배경적 요소로 보고, Kraus, *Psalms 1-59*, 430에서는 제의적 상황에서 구원에 대한 감사를 드리고 회중에게 교훈하는 것으로 그 배경을 이해하지만, 시편 자체에서는 이런 상황들이 분명하게 나타나지는 않는다.

8. Wilson, *Psalms 1*, 650에서도 이런 점에 대해서 언급하고 있다.

9. 칠십인역에서는 40:17처럼 '가난하고 궁핍한 자들'이라고 읽고 있다.

온다. 특별히 38편 11절과 41편 6, 10절에서는 질병의 고통 중에 있는 시인을 가까운 사람들이 외면하는 모습을 공통되게 그리고 있다.

문학적 특징과 구조

41편은 제일 중앙에 원수들에 대한 탄식이 길게 나오고 앞뒤에 확신과 기도가 등장하는 집중형 구조를 보여준다. 13절은 원래 이 시편에 붙어 있지 않았지만, 시편 전체를 편집할 때 제1권을 마무리하는 송영으로 붙여진 것으로 보인다.

A 1-3절 여호와가 '의인'을 건지고 회복시키실 것에 대한 확신
　B 4절 은혜와 질병에서의 회복을 구하는 기도
　　C 5-9절 원수들의 악담과 음모와 배신에 대한 탄식
　B′ 10절 은혜와 회복과 원수 갚음을 구하는 기도
A′ 11-12절 여호와가 '온전히 행하는' 시인을 회복시키실 것에 대한 확신
13절 송영(시편 1권의 마무리)

1-3절(A)이 여호와가 가난한 사람을 보살피는 '의인'(3인칭)에게 복을 주셔서 재앙의 날에 회복시키실 것을 확신하는 부분이라면, 11-12절(A′)은 온전하게 행하는 의로운 '시인'(1인칭)을 회복시키실 것을 확신하는 부분이다. 두 부분에서 모든 행동의 주체는 '여호와'이며, 구원이나 회복과 관련된 어휘들이 두 부분에 공통적으로 등장한다. 2절과 11절에는 '원수'가 등장하는데, 2절에는 '원수의 뜻에 맡기지 않으실 것'을 확신한다면 11절에서는 '원수가 승리하지 못하는 것'을 언급한다.

4절(B)과 10절(B′)은 각각 한 절로 구성된 '나의' 기도이다. 두 부분에 모

두 "내게 은혜를 베푸소서"라는 기도와 회복을 위한 기도가 나온다. 4절에서 죄를 회개하는 부분이 나온다면, 10절에는 원수들의 뜻이 이루어지지 않기를 구하는 기도가 나온다.

5-9절(C)은 이 시편의 중심으로서 시인이 원수들의 파렴치함과 친구들의 배신에 대해 길게 탄식하는 부분이다. '내 원수들'(5절), '나를 미워하는 자들'(7절), '가까운 친구'(9절)라는 악인들에 대한 표현, 그들의 악담과 생각의 인용(5, 8절), 그들의 악행에 대한 고발(6, 7, 9절) 등이 함께 이 연의 통일성을 이룬다.

본문 주해

표제: "다윗의 시, 인도자를 따라 (부르는 노래-원문에 없음)"

'인도자를 따라' 성전 예배에서 찬양 인도자에 의해 낭송되도록 안내하는 것이거나 예배 인도자를 위한 시편집에 포함된 것을 가리키는 말일 것이다.

'다윗의 시' 다윗이 지은 시(원래 악기를 연주하며 부르는 노래)를 의미할 것이다.

1. 여호와가 '의인'을 건지고 회복시키실 것에 대한 확신(1-3절)

1-3절은 행복 선언의 형태로 되어 있지만 시인 자신의 구원에 대한 확신 부분이라 할 수 있다. 그런 점에서 또 다른 확신 부분인 11-12절과 수미쌍관을 이루어 전체 시를 하나로 묶는다. 1절의 가난한 자를 보살피는 행동은 12절의 '온전함'을 대표하는 것으로 볼 수 있는데, 다윗은 1-3절에서는 왕의 임무를 다하려고 하는 의인으로 자신을 3인칭으로 표현하고, 11-12절에서는 그 의인이 바로 자신임을 밝히면서 하나님의 구원에 대해 확신을 하고 있다. 1절이 행복 선언이라면, 1절 2행부터 3절까지는 그 행복의 내용을 담고 있다.

1절은 가난한 자를 보살피는 사람이 얼마나 행복한 사람인지를 선언한다. 40편 4절에 나왔던 '복이 있도다'라는 감탄사(*아쉬레* אַשְׁרֵי)는 하나님의 뜻대로 사는 사람이 하나님의 사랑과 돌보심을 받는 행복한 상태를 선언하여, 백성들에게 그렇게 살도록 격려하는 교훈의 역할을 한다(1:1; 2:12; 32:1, 2; 33:12; 34:9; 41:2; 잠 3:13; 욥 5:17; 예수님의 팔복 선언 마 5:3-12 참조).[10] 여기서는 시인이 스스로 격려하고 확신하기 위해 이 감탄사를 사용하고 있다. 비록 지금은 다윗이 '가난한' 자이지만, 지금까지 그는 가난한 자를 돌보는 왕이었기 때문에(삼상 22:1-2 참조) 하나님이 베푸실 행복(회복)을 기대할 수 있는 것이다. 그런 점에서 이 행복 선언은 가난한 자를 돌본 자신을 건져 주시길 구하는 간접적인 기도의 기능도 한다.[11] 반대로 이 행복 선언은 지금 가난하고 힘없는 다윗을 공격하는 파렴치한 대적들(5-9절)에게는 그들의 행동을 돌아보게 하는 교훈이 될 것이다.[12] 여기서 '가난한 자'(*달* דַּל)는 사회적으로 힘없고 도울 사람이 없는 약자들을 의미하는데, 이들은 일반 백성들이 도와야 하는 대상이자 특별히 왕이 돌봐야 하는 대상으로 여겨졌다(72:2, 4, 12-14; 82:3-4; 출 23:3; 레 19:15; 잠 29:14; 사 11:4; 렘 22:16).[13] '보살피다'로 번역된 동사는 42편의 표제에 나오는 '마스길'과 같은 단어로 자주 '이해하다'(64:9; 106:7)나 '지혜롭다'(2:10; 94:8; 119:99)는 의미로 번역된다. 하지만, 여기서는 가난한 자를 주의 깊게(101:2; 잠 16:20) 돌보는 행동이나, 지혜와 분별을 가지고 경건하게 돌보는 행동을 의미한다.[14]

2행부터는 가난한 자를 보살피는 사람이 누릴 행복의 내용을 노래한다. 평소에 가난한 자를 돌보는 사람은, 정작 자신이 재앙을 만나서 '가난하게'

---

10. *NIV Study Bible*, 788, Kraus, *Psalms 1-59*, 115 참조.
11. Wilson, *Psalms 1*, 651.
12. Kraus, *Psalms 1-59*, 431 참조.
13. *NIV Study Bible*, 831.
14. Kraus, *Psalms 1-59*, 431; Wilson, *Psalms 1*, 652 참조.

되었을 때 여호와가 재앙에서 그를 구해 주신다고 한다. 이것이 하나님의 의로운 통치다. '재앙의 날'은 질병이나 전쟁을 비롯한 다양한 종류의 고난을 겪는 때를 가리킨다(27:5; 잠 16:4; 전 7:14; 12:1; 렘 17:17).

2절은 1절 2행의 복의 내용을 이어간다. 1행에서 다윗은 여호와가 의인(의로운 왕)을 지키시고 살려 주실 것이라고 한다. 이것은 의인이 처할 위험의 상황을 암시하는데 3절에서는 그것을 질병의 고통으로 예시하고 있다. 복 있는 사람은 고난을 겪어도 여호와의 보호와 다시 살리심을 기대할 수 있는 사람이라고 한다(23:3; 30:3; 33:19; 49:9).[15] 2행에서는 의인이 복되다 인정받을 것이라고 한다. '세상'으로 번역된 '땅'은 복이 흘러나오는 근원(37:11)을 가리켜 '세상에서 복을 받을 것이라'는 표현은 의인이 땅을 통해 나오는 복을 누리는 것을 의미할 수 있다. 또 '땅'은 인간 세상을 의미하여 의인이 세상에 의해 행복한 사람으로 인정받는 것을 의미할 수도 있다. '복을 받다' 혹은 '복되다고 여김 받다'라는 동사는 '복이 있도다'라는 감탄사와 같은 어근을 가진 수동태 동사다(72:17; 창 30:13; 욥 29:11; 말 3:12, 15). 이것은 1행의 보호와 회복을 포함하여 하나님의 복 주심까지 포함한다.

2절 3행부터 3절까지는 여호와를 2인칭으로 부르며 하는 고백이다. 2절 3행이 개역개정과 JPS에서는 기도로 번역되어 있지만, 원문은 여호와가 의인을 고난뿐만 아니라 원수들로부터도 보호하신다는 확신을 말하는 평서문으로 번역할 수도 있다(새번역, ESV, NIV). 이것은 5-9절에 있는 파렴치한 원수들의 혹독한 공격을 예상하게도 하지만, 11절처럼 원수들의 공격으로부터 의인을 지키시는 여호와의 구원을 확신하는 것이다. '원수들의 뜻'은 5-9절에 잘 나타나 있는데, 그것은 의인의 고난을 이용해서 그를 죽이고 자신들의 이익을 취하는 것이다.

3절에서는 시인이 병상에 있음을 암시하면서(5절) 여호와가 의인을 어떤

15. 김정우, 『시편주석 I』, 876 참조.

질병에서도 고치시고 회복시키실 것이라고 한다. 1행에서는 병상에서 여호와가 붙드신다고 하는데 이것은 질병으로 죽지 않도록 보호하시는 것을 의미한다. '붙들다'(*싸아드* סָעַד)는 동사는 전쟁의 위험이나 다양한 위험 가운데서의 보호를 의미한다(18:35; 20:2; 94:18; 119:117). 2행은 1행과 평행을 이루어 의인을 단지 죽지 않게 보호만 하지 않고 완전하게 회복시키신다고 노래한다. 이것을 강조하기 위해서 '모든 병상(누워 있을 때마다)'이라는 표현을 쓰고 있다. '고치다'로 번역된 동사(*하파크* הָפַךְ)는 슬픔이 기쁨이 되고 어두움이 빛이 되는 것과 같은 급격한 반전을 묘사하는데 주로 등장하고 있다(30:11; 66:6; 78:44; 105:29). 여기서는 아무리 죽을 것 같은 병에 걸려도 놀라운 능력으로 치유하는 것을 의미한다.

2. 하나님의 긍휼과 질병에서의 회복을 구하는 기도(4절)

1-3절에서 의인(의로운 왕)의 행복을 선언한 이후에 다윗은 고난 중에 있는 자신을 위해서 기도한다. 4절의 기도는 10절의 기도와 함께 5-9절의 원수들의 악행에 대한 고발을 둘러싼다. 둘 다 "여호와여 내게 은혜를 베푸소서"라고 기도한다.

다윗은 "내가 이렇게 말했습니다"라는 표현으로 자신의 기도 내용을 소개한다. 이 표현은 속으로 그렇게 기도했음을 의미할 것이다(38:16; 39:1; 40:7 참조). 이것은 과거에 고난에서 구원받았던 것을 회상하는 것이라기보다는 5절과 대조시키기 위함으로 보인다. 즉, 원수들이 자신에게 이렇게 말할 때 나는 여호와께 이렇게 기도하고 있다는 의미일 것이다. 2행에서 다윗은 자신이 죄를 지어서 지금 질병의 고통 가운데 있음을 암시하면서, 자신에게 은혜 베푸셔서 고쳐 달라고 기도한다(38:4; 39:8; 40:12). '은혜를 베풀어 달라(불쌍히 여겨 달라)'고 한 이유는 분명하다. 죄를 지어 질병을 앓는 자신이 기댈 것은 그 징계를 허락하신 하나님의 긍휼밖에 없기 때문이다. 그리고 이 은혜 베푸심은 시인의 '영혼,' 즉 전인('나를'로 번역됨)을 고치시는 것을 말한다. 이 표현은 1차적으로 다윗이 질병으로부터의 회복을 간구하는 것처럼 보이지만(3절), 모든 고통으로부터의 온전한 회복을 간구하는 것으로 볼 수도 있다. "주께 범죄하였다"는 표현은 단지 죄를 지어 고난당한다는 것만 말하지 않고 자신의 죄에 대한 회개를 포함한 것으로 볼 수 있다(38:18 참조).

3. 원수들의 악담과 음모와 배신에 대한 탄식(5-9절)

이 시편의 중앙에 있고 가장 긴 이 연은, 4절에서 말한 시인의 겸비한 기도와 달리 고난당하는 시인에게 악담하고, 시인에 대해 악한 것을 꾀하고, 시인을 배신하는 악인들의 악행에 대한 탄식과 고발이다.

5절에서 다윗의 원수들은 다윗에 대해 악담을 한다. 2행에 그들의 악담이 인용되어 있다. 1행의 '악담하다'는 표현은 '악한 것을 말하다'로 풀어 쓸 수 있다. 이들의 말은 4절에서 시인이 하나님께 말할 이유를 제공했다. 이들은 2행에서 질병에 걸린 다윗이 빨리 죽기를 바란다고 말하고 있다. '이름이 없어지는 것'은 존재와 기억이 사라지는 죽음을 의미한다. 혹은 가족의 이름을 이어갈 후손들을 남기지 못하고 죽는 것을 의미한다(109:13; 신 25:5-10; 삼하 18:18). 이것을 다윗과 연결하면 다윗 왕조의 종말을 의미하기에 대적들은 그의 죽음을 간절히 기다렸을 것이다.[16] 2행에 인용된 말은 죄로 말미암아 질병의 고통을 당하는 왕인 시인(4절)을 불쌍히 여기기보다는, 자신들이 그 자리를 차지하여 이익을 취하기 위해 왕의 죽음을 고대하는 표현이다. 베냐민 지파 시므이나 압살롬 세력들의 말들이 한 예가 될 수 있을 것이다(삼하 16:8; 17:1-4).

6절에서 악인들의 파렴치함은, 겉으로는 병문안도 하고 슬픈 체해도 속으로는 다윗을 해칠 거짓말을 지어내어 사방에 퍼뜨리는 것으로 표현된다. 1행

---

16. Wilson, *Psalms 1*, 653-4 참조.

에서 '보러 오다'는 것은 아마도 병문안이나 위문을 가리킬 것이고, '거짓'은 질병이나 재앙을 당한 다윗을 위로하고 염려하는 것처럼 하는 진심 없는 빈말을 가리킨다. 이런 상황은 그들이 시인과 가까운 사람들임을 암시하여 9절과 연결된다.[17] 이런 '거짓'은 2행에서 말하는 '중심에 쌓아둔 악'과 대조된다. '악'은 다윗을 해칠 음모나 거짓말을 의미한다. 다윗 왕의 중병이나 그가 당한 심각한 재앙을 보고 하나님이 그를 버렸다고 소문을 퍼뜨리는 것을 의미할 수도 있다. 겉과 속이 다른 악인들의 파렴치함이 잘 강조되고 있다.

7절에서는 원수에 대한 관용적인 표현인 '나를 미워하는 자들'이란 표현(18:17, 40; 21:8; 35:19; 38:19 등)이 등장하며 5-6절의 고발을 이어간다. '내게 대하여 수군거리다'는 표현은 다윗의 중병 혹은 재앙을 보면서 '죽을 것이라'고 수군거렸음을 의미할 것이다. 혹은 '수군거리다'(*라하쉬* לָחַשׁ)에 '주문을 외다'는 의미도 있기에(58:6), 그의 죽음을 고대하며 주문을 외우는 것을 가리킬 수도 있다.[18] 7절 2행과 8절을 연결하면 이런 의미가 더 분명해진다. 7절 2행을 개역개정처럼 "내게 대해 해를 꾀합니다"로 번역하면(새번역; 35:4; 36:4; 140:2), 악인들은 시인의 죽음을 기다릴 뿐만 아니라 그를 죽일 음모까지 꾸몄음을 의미한다. 하지만 7절 2행을 NIV처럼 "내게 대해 안 좋은 일을 상상하기를"로 번역하여 8절과 연결할 수도 있다. '안 좋은 일'은 최악의 상황인 죽음을 의미할 것이다.

8절은 6절 2행의 원수들의 속생각이나 7절의 수군거림이나 상상한 것의 내용을 드러낸다. 그들은 다윗이 중병에 들어서 다시는 일어나지 못할 것을 확신한다. 5절의 기대가 확신으로 바뀌는 순간이다. '악한 병'으로 번역된 단어는 문자적으로는 '몹쓸 일'이지만 2행과 연결하면 질병이나 재앙을 가리

17. J. Leveen, "A Displaced Verse in Psalm XLI," *VT* 1/1 (1951): 65-6에서는 6절의 현재 위치가 부자연스럽다고 생각하면서 본문을 약간 바꾸어 6절을 9절 다음에 위치시킬 것을 제안하지만, 현재의 흐름이 문맥상 어색하다고 생각할 필요는 없다.

18. 김정우, 『시편주석 I』, 881 참조.

킨다. '들다'로 번역된 동사는 '쏟다'(*야차크* יָצַק) 동사(창 28:18; 출 29:7; 레 2:1)의 수동형이다. 여기서는 엄청난 병에 걸린 것을, 시인에게 나쁜 것이 쏟아졌다고 과장되게 표현하고 있는 셈이다. 2행에서 병상에서 다시 '일어나지' 못할 것이라는 악인들의 표현은, 여호와가 병상으로부터 의인을 회복시킨다고 한 3절의 고백과 대조적이다.

9절에서는 원수가 친한 친구였음이 드러나고 있다. 앞의 원수들과 다른 대상일 수도 있지만 같은 대상으로 볼 수도 있다(6절의 병문안 참조). 왕실의 식탁에서 함께 식사하던 가까운 자들이 다윗을 반역했다고 탄식한다. '가까운 친구'(*샬롬* שָׁלוֹם)는 평화롭게 지내던 동지나 친한 친구들을 의미하는데(렘 20:10; 38:22; 옵 7), 여기에 '내가 신뢰해 온'이란 수식어구가 붙어서 정말 믿었던 사람들이었음을 강조한다. 그 당시에 함께 식사하는 것("내 떡을 나눠 먹던")은 모든 적의와 원한을 내려놓고 가장 친밀한 교제를 나누는 관계, 즉 깨뜨릴 수 없는 신뢰 관계를 상징하였다.[19] 그런 점에서 다윗에게 그런 사람들의 배신은 도저히 상상할 수 없었고 정말 충격적이었다. "나를 대적하여 그의 발꿈치를 들었다"는 표현은 여기만 나오는 표현으로 문맥상 '배반하다'는 의미다.[20] 이 구절은 요한복음 13장 18절에 예수님에 대한 배반의 예언으로 인용된다. 이처럼 쓰라린 배신은 38편 11절이나 20절에도 나타난다(69:8; 88:8, 18; 욥 19:13-19; 렘 12:6; 15:17 참조). 다윗의 통치 후반부를 생각하면 여기서 묘사하는 사람들은 압살롬이나 아히도벨 등을 비롯한 신하들을 의미할 수 있다.[21] 그들은 왕의 식탁에서 왕의 음식을 먹던 가족들이자 왕

---

19. Kraus, *Psalms 1-59*, 432; Wilson, *Psalms 1*, 654.

20. 김정우, 『시편주석 I』, 884에서는 '발꿈치'를 '속임수'에 대한 비유로 보고 페쉬타가 "나를 대적하여 큰 속임수를 썼다"로 번역한 것과, '발꿈치를 사용하여 내게 과시하다'로 이해하는 것을 소개한다. N. J. Zola, "'The One Who Eats My Bread Has Lifted His Heel against Me': Psalms 41:10 in 1QHa 13.25-26 and John 13:18," *PRS* 37 (2010): 207-19에서는 쿰란 공동체와 요 13장도 내부적인 배신을 강조하기 위해서 이 본문을 인용하고 있다고 한다.

21. Zola, "Psalm 41:10," 417, 각주 52에서는 랍비들의 해석 전통을 따라서 이 본문을 압살롬이나 아

의 녹을 먹은 신하들이었다.

4. 긍휼과 회복과 원수 갚음을 구하는 기도(10절)

5-9절의 긴 탄식에 이어 4절과 같은 기도가 등장한다. 4절의 기도에서처럼 10절 1행에서도 여호와를 부르며 자신에게 은혜를 베풀어 주시길 기도한다. 하지만 2행의 기도는 회복과 함께 원수에 대한 간구도 포함한다. 나를 '일으켜 달라'는 기도는 4절의 '고쳐 달라'는 기도와 같은 것이며, 8절의 '일어나지 못하리라'고 한 대적들의 말을 반박하는 것이다. 2행에서 다윗이 그들에게 보응하게 해 달라고 기도한 것은, 소극적으로는 그들의 악담과 악한 계획이 수포로 돌아가게 해 달라는 것을 말하고, 적극적으로는 다윗이 회복되어 불의한 그들의 공격을 물리치게 해 달라는 것을 의미한다(11절). 하지만 이렇게 공격을 물리치는 것도 사적인 복수가 아닌 왕의 임무 수행을 의미했을 것이다. 왕으로서 가난한 자를 보살피지 않는 악인들을 제대로 처리해서 다시 나라의 평화를 만드는 것을 의미할 것이다(예: 압살롬의 반역 처리). 묘하게도 '보응하다'(*샬람* שָׁלַם)는 표현은 9절의 친구라는 표현과 어근이 같다.[22] 이 간구는 결국 하나님의 의로운 통치가 실현되기를 구하는 기도다.[23]

5. 여호와가 '온전히 행하는' 시인을 세우실 것에 대한 확신(11-12절)

마지막으로 다윗은 하나님이 자신에게 승리와 구원과 회복을 주실 것을 확신한다. 이런 내용은 1-3절의 의인의 행복과 긴밀하게 연결되어 전체를 수미쌍관으로 묶는다. 12절의 다윗의 '온전함'은 1절의 '가난한 자를 보살피는'

히도벨과 연결하고 있다.

22. Goldingay, *Psalms 1-41*, 586-7에서는 이 구절을 "내가 그들과 친구가 될 수 있도록(평화로운 관계를 회복할 수 있도록)"으로 번역하여 악을 선으로 갚게 해 달라는 기도로 본다. 하지만 받아들이기 어려운 해석이다.

23. Kraus, *Psalms 1-59*, 432-3 참조.

의에 상응한다. 1절의 행복 선언이 다윗 자신에게 이루어질 것을 확신하는 셈이다. 또 2절에 나왔던 '원수'라는 단어가 11절에도 등장하고 있다.

11절을 시작하는 어구인 '이로써'(10절 마지막에 배치됨)는, 10절의 기도에 대한 응답을 의미할 수도 있고 11절 2행(개역개정은 1행)을 의미할 수도 있는데 여기서는 후자로 보인다. 즉, 원수들이 다윗을 이기지 못하게 하실 때 하나님이 자신을 기뻐하시는 줄 알게 된다는 것이다.[24] 원문의 1행에서 '기뻐하다'는 표현은 구원의 문맥에서 사용되어 하나님이 시인을 불쌍히 여겨 그를 구원하기를 원하셨음을 의미한다(18:19; 22:8). 다윗 왕이 비록 죄를 지어 고통을 당하였지만 회개하며 의를 행하기를 원하는 그를 구원하시기를 기뻐한다는 말이다. 하나님의 구원은 이처럼 하나님의 '원하심'과 고통당하는 자신의 종에 대한 '사랑'에서 비롯된다.[25] 그것을 알 수 있는 증거가 바로 원문의 2행이 말하는 그의 원수들의 패배이다. '나를 이기다'는 표현은 "나를 향해 승리의 함성을 지르다"로 직역된다. 5-9절에 고발한 원수들의 악담이나 계획이 실현되지 못하여, 즉 다윗이 질병으로 죽지 않고 회복되어 그들이 다윗에게 승리의 함성을 지르지 못하게 된다는 말이다. 악인들은 '가난한 자'를 보살피지 않지만, 여호와 하나님은 그를 보살피시는 분이심에 대한 확신이다. 1절에 비춰 보면 여호와는 가난한 자를 보살피는 복 있는 사람의 원형이며 의인은 그의 길을 따르는 자들이다.

12절은 구원을 누릴 시인을 패배할 원수들과 대조시키기 위해서 '하지만 나로 말하자면'으로 시작한다. 다윗은 하나님이 자신을 고난 중에서 붙드셔서(1행) 왕권을 다시 회복시키실 것을 확신한다(2행). 1행에서 '온전한 중에'는 새번역처럼 '온전하게'로 이해하여 질병이나 재앙에서 완전히 회복시키는

---

24. Goldingay, *Psalms 1-41*, 588에서도 이렇게 이해한다. 새번역도 그렇게 번역하고 있다. "내 원수들이 내 앞에서 환호를 외치지 못하게 하여 주십시오. 이로써, 주님이 나를 사랑하심을 나는 알게 될 것입니다."

25. Kraus, *Psalms 1-59*, 434 참조.

것으로 이해할 수도 있다. 하지만 많은 영어 번역본(ESV, NIV, JPS)처럼 '나의 온전함 때문에'로 번역하여 하나님이 다윗을 붙드시는 이유를 말하는 것으로 이해할 수도 있다. 그렇게 되면 이 '온전함'은 1차적으로는 다윗의 원수들이 지어낸 그런 거짓말로부터 다윗이 결백하다는 것을 의미한다.[26] 동시에, 이것은 다윗이 도덕적으로 완전히 흠이 없음을 의미하기보다는 하나님의 말씀대로 사는 일에 헌신하고 애쓰는 태도를 의미한다.[27] 죄로 말미암아 고난당하고 있지만, 죄를 회개하며(4절) 말씀대로 살고 말씀대로 나라를 다스리고 싶어 하는 왕의 태도를 가리킨다(1절, 7:8; 25:21; 26:1, 11).

'붙들다'는 동사는 보호와 지탱을 가리켜(63:8; 출 17:12; 사 42:1), 하나님이 시인을 질병으로부터 회복시키는 것을 의미한다. 2행에서 다윗은 하나님이 그의 '앞에' 자신을 '세워 주신다'고 확신한다. 이것은 단순히 질병이나 재앙으로부터의 회복뿐만 아니라 하늘 왕을 섬기는 직분을 회복시키는 것을 의미할 것이다(101:7; 삼상 16:22; 왕상 10:8).[28] 진정한 회복은 하나님 앞에서 그의 돌보심 가운데서 맡긴 소명을 계속 수행하는 것이다. 이렇게 함으로써 시인의 죽음을 기다리며 자신들이 그 자리를 차지하려고 했던 원수들의 계획은 완전히 실패하게 된다. 특별히 '영원히'라는 표현은 다윗 왕조의 영원함을 약속하신 하나님의 언약을 상기시킨다(삼하 7:13, 16). 그런 점에서 41편 혹은 38-41편은 다윗 왕조가 그의 인간적인 실수와 죄로 흔들릴 수는 있지만, 하나님의 용서와 은혜로 다시 회복되고 견고하게 세워지는 것을 노래한다고 할 것이다.

6. 송영(13절)

13절은 원래 41편에 포함된 것이 아니었던 것으로 보인다. 제2성전시대에

---

26. Kraus, *Psalms 1-59*, 433 참조.
27. Wilson, *Psalms 1*, 655 각주 18 참조.
28. *NIV Study Bible*, 831.

시편을 최종 편집하면서 5권으로 구분할 때에 붙인 송영송일 것이다. 이런 현상은 제2권(72:18-19:13), 제3권(89:52), 제4권 끝(106:48)에도 나타나며, 제5권 끝은 150편 전체가 그 역할을 담당한다.[29] 1행은 '이스라엘 하나님 여호와가 송축 받으시길' 기원한다. '송축하다'(*바라크* בָּרַךְ)는 단어는 사람에게는 '축복하다'를, 하나님에게는 '송축하다'(찬양하다)를 의미한다. 하나님께 인간이 드릴 수 있는 '복'이란 인간에게 구원과 생명을 주는 능력의 근원으로서 하나님(*HALOT*)을 찬양하는 것이다.[30] 다윗의 시가 대부분인 1권의 내용과 관련하여 말하자면, 다윗 왕(왕조)을 통해서 이스라엘을 하나님 나라로 세우신 '이스라엘의 하나님,' 다윗에게 하신 언약을 이 송영을 붙인 포로귀환시대에도 지키실 여호와께 감사와 영광을 돌리는 것이다. 2행에서는 그 찬송이 '영원부터 영원까지' 이를 것을 선언한다. 다윗과 이스라엘과 온 세상에 베푼 언약을 '오랫동안, 영원히' 지키실 하나님께, 그 언약의 수혜자인 백성들이 '오랫동안, 영원히' 영광을 돌릴 것을 선언하는 것이다. 3행에서는 "아멘, 아멘"으로 화답한다. '아멘'은 '믿다' 혹은 '견고하다'는 어근에서 파생되어 '확실히' 혹은 '진실로'를 뜻한다. 헌신과 동의를 표하는 엄숙한 공식 문구로(*HALOT*, 신 27:15-26; 8:6; 느 5:13; 왕상 1:36; 렘 28:6) 사용되었다. 두 번 표현된 것은 강조를 의미한다(요 1:51; 3:3, 5, 11 등 참조). 여기서는 이스라엘의 하나님이 이스라엘과 온 세상에서 송축 받으시는 일에 대한 동의와 확신과 소망을 담은 반응이다.[31] 이것은 시편 제1권에 담긴 모든 기도와 찬양을 통해서 오직 하나님이 찬양받으시길 기대하는 것이다.

---

29. Wilson, *Psalms 1*, 655-6에서 13절에 있는 송영의 의미를 상세하게 설명하고 있다.
30. Hossfeld & Zenger, *Psalms 3*, 486.
31. F.-L. Hossfeld, E. Zenger, *Psalms 2: A Commentary on Psalms 51-100*, trans. L. M. Maloney (Minneapolis: Fortress Press, 2005), 218-9.

교훈과 적용

시편 41편의 교훈: 하나님 나라 백성(직분자)이 죄를 지어 고난을 당하면 사탄의 세력들은 그것을 기뻐하고 그의 멸망을 꾀하고 고대한다. 그럴 때라도 우리는 가난한 자를 불쌍히 여기시는 하늘 왕 앞에 죄를 회개하며 은혜를 간구하고, 우리를 회복시켜 우리처럼 고통당하는 약자들을 돌보는 직분자로 다시 세워 주실 것을 기도해야 한다.

1. 가난한 자를 보살피시는 하늘 왕의 은혜를 구하라(4, 10절)

다윗의 말년은 고통과 비극의 연속이었다. 다윗의 권력 남용(음행과 살인), 아들들의 강간과 살인, 아들의 반란 등. 41편에서 다윗이 겪는 죽음에 이르는 '중병'은 그런 비극에 대한 상징일 수도 있다. 그런 비극 속에서 다윗은 낮아질 대로 낮아진 '가난한 자'였다(1절). 그런 비극 속에서도 다윗은 이전에 가난했던 자신을 왕으로 세우시고, 항상 고아와 과부와 나그네를 도우시며(신 10:18), 가난한 자의 부르짖음을 잊지 않으시는 하늘 왕이신 하나님께(9:12; 10:12, 14, 18; 40:17) 죄를 회개하며 은혜 베푸시길 간절히 기도한다(4, 10절). 현재의 고통에서 건져 주시고 원수들이 승리하지 못하도록 간구한다.

하나님 나라의 왕이신 예수님도 백성들의 죄로 말미암아 십자가에서 낮아질 대로 낮아지셨다. 그런 순간에 주님은 "자기를 죽음에서 능히 구원하실 이에게 심한 통곡과 눈물로 간구와 소원을 올렸고 그의 경건하심으로 말미암아 들으심을 얻었다."(히 5:7; 마 26:36-46; 27:46). 그리스도를 따르는 성도들도 죄의 유무와 상관없이 아무리 비천한 상황에 있어도 가난한 자를 불쌍히 여기시는 하나님께 나아가 부르짖을 수 있다. 세상에 계실 때에 가난한 자들을 불쌍히 여기셨던 예수 그리스도(마 9:35-36; 12:18-20)의 이름으로, 가난한 자의 눈물과 부르짖음을 절대로 잊지 않으시는 하나님 아버지의 용서와 구원과 회복을 간구해야 한다.

2. 긍휼히 여기는 자가 복이 있다(1-3, 5-9절)

가난한 자에 대한 반응은 두 가지다. 하나님처럼 가난한 자를 불쌍히 여기거나 다윗의 대적들처럼 가난한 자를 배반하고 공격하여 자신의 이익을 챙기는 것이다(5-9절). 하나님 나라 왕 다윗과 그의 후손이시지만 참된 하나님 나라 왕이신 예수 그리스도는 자기 백성들과 가장 가까운 사람들에게 배신당하셨다. 주님의 떡을 먹던 자가 주님을 향해 '발꿈치를 들었던' 것이다(9절; 요 13:18). 다윗이나 예수님을 죽이려 했던 자들은 가난한 자를 불쌍히 여기는 나라가 아닌 힘 있는 자들이 득세하는 인간 나라를 세우기 원했다. 그런 점에서 다윗의 회복과 예수님의 부활과 승천은 가난한 자를 불쌍히 여기시는 하나님 나라의 승리였다. 이 땅에 계실 때부터 가난한 자를 불쌍히 여기시며(막 10:46-52) '온전하게'(12절) 행하셨던 하나님 나라 왕에게 하늘 왕이 복을 주신 결과였다(1절). 그런 점에서 "긍휼히 여기는 자가 복이 있다."(1절) 그런 자가 하나님께 긍휼히 여김을 받는다(마 5:7). 마지막 날에 예수님이 다시 오실 때 우리에게 최종적으로 가난한 자를 불쌍히 여겼는지(마 25:31-46) 물으실 것이다.

참고문헌

주요 주석, 단행본, 논문

김성수. "시편 3-14편의 문맥 속에서 시편 8편과 14편 읽기." 「神學과 宣教」 9 (2005): 63-83.

______. "'여호와의 산에 오를 자 누구인가?'-문맥으로 시편 15-24편 읽기." 『개혁신학과 교회』 24(2010년): 53-85.

______. "문맥으로 시편 25-33편 읽기." 『구약논단』 19/2 (2013): 68-98.

______. "시편 34-37편 문맥 속에서 시편 37편 읽기." 『장신논단』 50/5(2018): 11-37.

김정우. 『시편주석 I』. 서울: 총신대출판부, 2005.

로스, 앨런. 『예배와 영성-앨런 로스의 시편 강해를 위한 주석 I(1-41편)』. 정옥배 역. 서울: 디모데, 2015.

월튼, 존. 매튜스, 빅터 편. 『IVP 성경배경주석-구약』. 정옥배 역. 서울: IVP, 2000.

피, 고든 D., 더글라스 스튜어트. 『책별로 성경을 어떻게 읽을 것인가』. 길성남 역. 서울: 성서유니온 선교회, 2008.

Calvin, John. *Commentary on the Book of Psalms*. Reprinted. trans. James Anderson. Grand Rapids: Baker Book House, 1998. 성서교재간행사 역간, 『여호수아 II/시편 I』, 『시편 II』.

Charney, Davida. "Maintaining Innocence Before a Divine Hearer: Deliberative Rhetoric in Psalm 22, Psalm 17, and Psalm 7." *BI* 21/2 (2013): 33-63.

Craigie, Peter. *Psalms 1-50*. WBC; Waco: Word Books, 1983. 솔로몬 역간, 『시편 상 1-50편』.

Creach, Jerome F. D. *Yahweh as Refuge and the Editing of the Hebrew Psalter*. JSOTSup. 217; Sheffield: Sheffield Academic Press, 1996.

deClaisse-Walford, Nancy and Rolf A. Jacobson and Beth LaNeel Tanner. *The Book of Psalms*. NICOT; Grand Rapids: Eerdmans, 2014. 부흥과 개혁사 역간, 『NICOT 시편』.

Goldingay, John. *Psalms 1-41*. Baker Commentary on the Old Testament Wisdom and Psalms; Grand Rapids: Baker Academic, 2006.

Groenewald, A. "Ethics of the Psalms: Psalm 16 within the Context of Psalms 15-24." *JSem* 18/2(2009): 421-33.

Hossfeld F.-L. and E. Zenger. *Die Psalmen I: Psalm 1-50*. Würzburg: Echter Verlag, 1993.

______. *Psalms 2: A Commentary on Psalms 51-100*. trans. L. M. Maloney. Minneapolis: Fortress Press, 2005.

______. *Psalms 3: A Commentary on Psalms 101-150*. trans. L. M. Maloney. Minneapolis: Fortress Press, 2011.

Kidner, Derek. *Psalms 1-72: An Introduction and Commentary on Books I and II of the Psalms*. TOTC; London: Inter-Varsity Press, 1975. 다산글방 역간, 『시편 주석 상』.

Kraus, Hans~Joachim. *Psalms 1-59*. A Continental Commentary; trans. H. C. Oswald. Minneapolis: Fortress Press, 1993.

______. *Theology of the Psalms*. A Continental Commentary; trans. K. Crim. Minneapolis: Fortress Press, 1992. 비블리아아카데미아 역간, 『시편의 신학』.

Limburg, James. *Psalms*. WeBC; Louisville: Westminster John Knox Press, 2000.

Miller, P. D. *Interpreting the Psalms*. Philadelphia: Fortress Press, 1986.

______. "Kingship, Torah Obedience, and Prayer: the Theology of Psalms 15-24." in *Israelite Religion and Biblical Theology*, 179-97. Sheffild: Sheffield Academic Press, 2000.

Mays, James L. *Psalms*. Interpretation; Westminster John Knox, 1994. 한국장로교출판사 역간, 『시편』.

McCann, J. C., Jr. "The Book of Psalms." In *New Interpreter's Bible IV*, eds. Leander E. Keck, et al. Nashville: Abingdon Press, 1994.

Ridderbos, Nic H. *Die Psalmen: Stilistische Verfahren und Aufbau Mit besonderer Berücksichtigung von Ps 1-41*. Berlin, New York: Walter de Gruyter, 1972.

Stek, J. H. "Psalms: Introduction." In *NIV Study Bible: Fully Revised*, eds. K. L. Barker. Grand Rapids: Zondervan, 2002.

Sumpter, Philip. "The Coherence of Psalms 15-24." *Bib* 94/2(2013): 186-209.

van der Lugt, Pieter. *Cantos and Strophes in Biblical Hebrew Poetry with Special Reference to the First Book of the Psalter*. Leiden: Brill, 2006.

Van Hecke, P. and Lahahn, A. eds. *Metaphors in the Psalms*, BETL 231. Leuven: Uutgeveruj Peeters, 2010.(이하 *Metaphors*)

VanGemeren, W. *Psalms*. The Expositor's Bible Commentary. Revised Edition. Grand Rapids: Zondervan, 1991.

Waltke, Bruce K. and James M. Houston. *The Psalms as Christian Worship*. Grand Rapids: Eerdmans, 2010.

Weiser, Artur. *The Psalms*. OTL; Philadelphia: The Westminster Press, 1998.

Wilson, G. H. *Psalms Volume I (1~72)*. The NIV Application Commentary; Grand Rapids: Zondervan, 2002.

Zenger, E. ed. *The Composition of the Book of Psalms*, BETL 238. Leuven: Peeters, 2010.(이하 *The Composition*)

서론

김성수. 『구약의 키』 개정판. 서울: 생명의 양식, 2018.

______. 『구약 시가서 개론』. 양평: 아세아연합신학대학교 출판부, 2006.

김창대. 『한 권으로 꿰뚫는 시편』. 서울: 한국기독학생회출판부, 2015.

로버트슨, O. 팔머. 『시편의 흐름』. 김헌수, 양태진 역. 서울: 성약출판사, 2019.

롱맨 III, 트렘퍼. 『어떻게 시편을 읽을 것인가?』. 한화룡 역. 서울: IVP, 1989.

루카스, 어네스트. 『시편과 지혜서』. 박대영 역. 서울: 성서유니온선교회, 2008.

불록, 하젤. 『시편총론: 문학과 신학적 개론』. 류근상 역. 서울: 크리스찬 출판사, 2003.

사이볼트, K. 『시편입문』. 이군호 역. 서울: 대한기독교서회, 1995.

스택, 존. 『구약신학』. 류호준 역, 서울: 솔로몬, 2000.

Alter, Robert. *The Art of Biblical Poetry*. New York: Basic Books, 1985.

Gillingham, S. E. *The Poems and Psalms of the Hebrew Bible*. Oxford: Oxford University Press, 1994.

Kugel, James. *The Idea of Biblical Poetry: Parallelism and its History*. New Haven: Yale University Press, 1981.

Kuntz, J. Kenneth. "Biblical Hebrew Poetry in Recent Research, Part I." *Currents in Research in Biblical Studies* 6 (1998): 31-64.

Limburg, James. "Psalms, Book of." In *Anchor Bible Dictionary* Vol 5, eds. D. N. Freedman, et al., 522-36. New York: Doubleday, 1992.

McCann Jr., J. Clinton ed. *The Shape and Shaping of the Psalter.* Sheffield: Sheffield Academic, 1993.(이하 *The Shape.*)

_____. *A Theological Introduction to the Book of Psalms.* Nashville: Abingdon Press, 1993. 은성 역간, 『새로운 시편 여행』.

Walton, John H. "Psalms: A Cantata about the Davidic Covenant." *JETS* 34/1 (March, 1991): 21-31.

Westermann, C. *Praise and Lament in the Psalms.* Atlanta: John Knox Press, 1981.

시편 1편 말씀을 묵상하는 의인의 행복

김성수. "시편의 복음과 상황-시편 1, 2편을 중심으로." 『성경과 신학』 59(2011): 1-36.

방정열. "시편과 신명기의 상호텍스트성 연구: 시편 1-2편과 89편을 중심으로." 『한국개혁신학』 53 (2017): 122-50.

Anderson, G. W. "A Note on Psalm I 1." *VT* 24 (1974): 231-33.

André, Gunnel. "'Walk', 'Stand', and 'Sit' in Psalm 1 1-2." *VT* 32/3 (1982), 327.

Botha, Phil J. "The Ideological Interface between Psalm 1 and Psalm 2." *OTE* 18/2 (2005): 189-203.

Brownlee, William H. "Psalms 1-2 as a Coronation Liturgy." *Bib* 52 (1971): 321-36.

Cole, Robert. "An Integrated Reading of Psalms 1 and 2." *JSOT* 98 (2002): 75-88.

Collins, John C. "Psalm 1: Structure and Rhetoric." *Presbyterian* 31/1 (2005): 37-48.

Creach, Jerome F. D. "Like a Tree Planted by the Temple Stream: The Portrait of the Righteous in Psalm 1:3." *CBQ* 61/1 (1999): 34-46.

deClaissé-Walford, Nancy L. *Reading from the Beginning: the Shaping of the Hebrew Psalter.* Macon: Mercer University, 1997.

Jones, Scott C. "Psalm 1 and the Hermeneutics of Torah." *Bib* 97/4 (2016): 537-51.

Kang, Sora. "Happiness Manifested in Book I of the Psalter." *Scripture & Interpretation* 3, no. 1 (2009): 33-47.

Lefebvre, Michael. "'On His Law He Meditates': What Is Psalm 1 Introducing?" *JSOT* 40/4 (2016): 439-450.

Martin, Lee Roy. "Delighting in the Torah: The Affective Dimension of Psalm 1." *OTE* 23/3 (2010): 708-27.

Mays, James Luther. "The Place of the Torah-Psalms in the Psalter." *JBL* 106/1 (1987): 3-12.

McCann, Jr., J. C. A *Theological Introduction to the Book of Psalms.* Nashville:

Abingdon Press, 1993. 은성 역간, 『새로운 시편 여행』.
______. "Books I-III and the Editorial Purpose of the Hebrew Psalter." 93-107 In *The Shape.*
Miller, P. D. "The Beginning of the Psalter." 83-94 In *The Shape.*
Sheppard, G. *Wisdoms as a Hermeneutical Construct*, BZAW 151. Berlin: de Gruyter, 1980.
Weber, B. "Psalm 1 and its Function as a Directive into the Psalter and towards a Biblical Theology." *OTE* 19/1 (2006): 237-260.
Willis, John T. "Psalm 1 - An Entity." *ZAW* (1979): 381-401.
Wilson, Gerald H. "The Use of 'Untitled' Psalms in the Hebrew Psalter." *ZAW* 97/3 (1985): 404-13.
______. *The Editing of the Hebrew Psalter*, SBLDS 76. Chico: Scholars Press, 1985.

시편 2편 아들에게 입맞추라

김진규. "시편 최종형태의 맥락에서 본 시편 2편의 메시지." 『성경과 신학』 80 (2016): 1-35.
장영일. "시편 2편: 비평적 주석." 『장신논단』 6 (1990): 172-201.
Botha, Phil J. "The ideological interface between Psalm 1 and Psalm 2." *OTE* 18/2 (2005): 189-203.
Granerød, Gard. "A Forgotten Reference to Divine Procreation? Psalm 2:6 in Light of Egyptian Royal Ideology." *VT* 60 (2010): 323-36.
Grant, Jamie A. *The King as Exemplar: the Function of Deuteronomy's Kingship Law in the Shaping of the Book of Psalms.* Academia Biblica 17; Atlanta: SBL, 2004.
Gunn, George A. "Psalm 2 and the Reign of the Messiah." *BSac* 169 (2012): 427-42.
Lam, Joseph. "Psalm 2 and the Disinheritance of Earthly Rulers: New Light from the Ugaritic Legal Text RS 94.2168." *VT* 64 (2014): 34-46.
Miller, P. D. *Interpreting the Psalms.* Philadelphia: Fortress Press, 1986.
Sheppard, Gerald T. "'Blessed Are those Who Take Refuge in Him': Biblical Criticism and Deconstruction." *Religion & Intellectual Life* 5/2 (1988): 57-66.
Waltke, Bruce K. "Ask of Me, My Son: Exposition of Psalm 2." *Crux* 43/4 (2007): 2-19.
Watts, James W. "Psalm 2 in the Context of Biblical Theology." *HBT* 12/1 (1990):

73-91.
Willis, John T. "A Cry of Defiance - Psalm 2." *JSOT* 47 (1990): 33-50.
Wittman, Derek E. "Let us Cast off their Ropes from us: the Editorial Significance of the Portrayal of Foreign Nations in Psalms 2 and 149." In *The Shape and Shaping of the Book of Psalms: the Current State of Scholarship*. ed. Nancy L. deClaissé-Walford, 53-69. Atlanta: SBL, 2014.

시편 3편 수많은 대적에 둘러싸여도

Fidler, Ruth. "A Touch of Support: Ps 3:6 and the Psalmist's Experience." *Bib* 86 (2005): 192-212.
Kselman, John S. "Psalm 3: A Structural and Literary Study." *CBQ* 49 (1987): 572-80.
Botha P. J. and B. Weber. "'Killing Them Softly with this Song ……' The Literary Structure of Psalm 3 and Its Psalmic and Davidic Contexts, Part 1: An Intratextual Interpreation of Psalm 3." *OTE* 21/1 (2008): 18-37.
______. "'Killing Them Softly with this Song ……' The Literary Structure of Psalm 3 and Its Psalmic and Davidic Contexts, Part 2: Contextual and Intertextual Interpretation of Psalm 3." *OTE* 21/1 (2008): 273-97.
Smith, Kevin G. and Domeris, William R. "The Arrangement of Psalms 3-8." *OTE* 23/2 (2010): 367-77.
Waltke, Bruce K. "Psalm 3: A Fugitive King's Morning Prayer." *Crux* 44/1 (2008): 2-13.

시편 4편 풍성한 곡식보다 더한 기쁨

이일례. "개인 탄원시에 나타나는 유일신 개념과 신정론: 시편 4편을 중심으로." 『구약논단』 21/2 (56집, 2015): 38-64.
Barré, Michael L. "Hearts, Beds, and Repentance in Psalm 4,5 and Hosea 7,14." *Bib* 76/1 (1995): 53-62.
Goldingay, John. "Psalm 4: Ambiguity and Resolution." *TB* 57/2 (2006): 161-72.
Kselmann, John S. "A Note on Psalm 4,5." *Bib* 68/1 (1987): 103-105.

시편 5편 아침에 내 소리를 들으소서

박철우. "시 4-5편의 수사학적 분석과 불가타 성경의 번역 원칙 및 유용성 연구." 『구약논단』 15/3(2009): 108-30.

Botha, Phil J. "Psalm 5 and the Polarity between those who may Stand before Yahweh and those who may not." *HTS Theological Studies* 74/1 (2018): 1-7. a5087. https://doi.org/10.4102/hts.v74i1.5087.

Prinsloo, Gert T. M. "Psalm 5: A Theology of Tension and Reconciliation." *SK* 19/3 (1998): 628-643.

시편 6편 나를 고쳐주십시오

안근조. "시편의 죄 관념 재고: 시 6, 102, 143편을 중심으로." 『구약논단』, 15/3(2009): 87-107.

시편 7편 의로운 판결을 요청하는 기도

Berger, Yitzhak. "The David-Benjaminite Conflict and the Intertextual Field of Psalm 7." *JSOT* 38/3 (2014): 279-96.

Grohmann, Marianne. "Ambivalent Images of Birth in Psalm VII 15." *VT* 55/4 (2005): 439-49.

Hubbard, Robert L. "Dynamistic and Legal Processes in Psalm 7." *ZAW* 94 (1982): 267-79.

Hutton, Rodney R. "Cush the Benjaminite and Psalm Midrash." *HAR* 10 (1986): 123-37.

Slomovic, E. "Formation of Historical Titles in the Books of Psalms." *ZAW* 91 (1979): 350-80.

Tigay, Jeffrey H. "Psalm 7:5 and Ancient near Eastern Treaties." *JBL* 89/2 (1970): 178-86.

시편 8편 하나님의 영광, 인간의 영광

이용호. "시 8편에 나타난 인간: 어떻게 인간을 이해할 수 있을까?" 『구약논단』 15/3(통권 33, 2009): 10-28.

Childs, B. S. "Psalm 8 in the context of the Christian Canon." *Int* 23 (1969): 20-31.

Kinzer, Mark Stephen. "'All Things Under his Feet': Psalm 8 in the New Testament and in other Jewish Literature of Late Antiquity." Ph.D. Diss., University of Michigan, 1995.

Mays, James L. "What is a Human Being? Reflections on Psalm 8." *TT* 50/2 (1994): 511-20.

Tate, Marvin E. "An Exposition of the Psalm 8." *PRS* 28/4 (2001): 343-59.

시편 9-10편 가난한 자의 하나님

김성수. 『나는 가난하고 궁핍하오니』. 여수: 그라티아, 2016.
Brug, John F. *A Commentary on Psalms 1-72.* Milwaukee: Northwestern Publishing House, 2005.
Luther, Martin. *LW 10: First Lectures on the Psalms I Psalms 1-75.* eds. Jaroslav Pelikan, H. T. Lehmann, C. B. Brown. Saint Louis: Concordia Publishing House, 1974.

시편 11편 흔들리는 세상, 견고한 하나님의 보좌

Bellinger, Wiiliam H. "The Interpretation of Psalms 11." *EvQ* 56 (1984): 95-101.
Prinsloo, G. T. M. "Suffering as Separation: Towards a Spatial Reading of Psalm 11." *OTE* 28/3(2015): 777-806.
Quinne, Cat. "The Bird and the Mountains: A Note on Psalm 11." *VT* 67/3 (2017): 470-79.
Sumner, Stephen T. "A Reanalysis of Psalm 11." *ZAW* 131/1 (2019): 77-90.

시편 12편 악인의 말 대 여호와의 말씀

Botha, Phil J. "Pride and the Suffering of the Poor in the Persian Period Psalm 12 in its Post-Exilic Context." *OTE* 25/1 (2012): 40-56.
Janzen, J. G. "Another Look at Psalm XII 6." *VT* 54/2 (2004): 157-64.
Prinsloo, Gert T. M. "Man's Word - God's Word: A Theology of Antithesis in Psalm 12." *ZAW* 110/3 (1998): 390-402.
Smoak, J. D. "Amuletic Inscriptions and the Background of YHWH as Guardian and Protector in Psalm 12." *VT* 60/3 (2010): 421-32.

시편 13편 언제까지입니까

Mays, James L. "Psalm 13." *Int* 34/3 (1980): 279-83.
Prinsloo, G. T. M. "Suffering Bodies-Divine Absence: Towards a Spatial Reading of Ancient Near Eastern Laments with Reference to Psalm 13 and An Assyrian Elegy(K 890)." *OTE* 26/3 (2013): 773-803.

시편 14편 어리석은 자의 초상화

방정열. "시편 14편과 53편의 전략적 배열에 대한 정경 비평적 고찰." 『한국개혁신학』 59 (2018): 289-319.

Bennett, Robert A. "Wisdom Motifs in Psalm 14=53 - nābāl and 'ēṣāh." *BASOR* 220 (1975): 15-21.

Irvine, Stuart A. "A Note on Psalm 14:4." *JBL* 114/3(1995): 463-73.

Neuberg, Frank J. "An Unrecognized Meaning of Hebrew *Dor*." *JNES* 9/4(1950): 215-17.

시편 15편 하나님의 장막에 거할 자

Barre, Lloyd M. "Recovering the Literary Structure of Psalm XV." *VT* 34/2 (1984): 207-11.

Brown, W. "'Here Comes the Sun!' The Metaphorical Theology of Psalms 15-24." 259-77 In *The Composition*.

Miller, P. D. "Poetic Ambiguity and Balance in Psalm XV." *VT* 29 (1979): 416-24.

시편 16편 하나님 앞에 사는 환희

정창교. "사도행전에서의 부활 관련 구약 인용 - 사도행전 2장과 13장을 중심으로." 『신약논단』 19/4(2012 겨울): 1141-72.

Barre, Lloyd M. "Recovering the Literary Structure of Psalm XV." *VT* 34/2 (1984): 207-11.

Botha, P. J. "True Happiness in the Presence of YHWH: The Literary and Theological Context for Understanding Psalm 16." *OTE* 29 (2016): 61-84.

Groenewald, Alphoso. "Psalm 16 (LXX Ps 15) and Acts of the Apostles - Part I." *OTE* 21/1 (2008): 89-109.

______. "Psalm 16 (LXX Ps 15) and Acts of the Apostles Part II." *OTE* 21/2 (2008): 345-57.

______. "The Ethical 'Way' of Pslam 16." 501-11. In *The Composition*.

Johnston, P. S. "'Left in hell'? Psalm 16, Sheol and the Holy One." 213-22 In *The Lord's Anointed. Interpretation of Old Testament Messianic Texts*, eds. P. E. Satterthwaite, R. S. Hess, G. J. Wenham. Grand Rapids: Baker Books, 1995.

Peels, Hendrik G. L. "Sanctorum Communio vel Idolorum Repudiatio? - A

Reconstruction of Psalm 16,3." *ZAW* 112 (2000): 239-51.
van Peursen, Wido. "Patterns and Pleasure - Participants in Psalm 16." In *Reading and Listening: Meeting One God in Many Texts.* eds. J. Dekker and G. Kwakkel, 179-87. ACEBTSup. 16. Bergambacht: Uitgeverij 2VM, 2018.

시편 17편 의롭다 함을 받게 하소서

Kwakkel, Gert. "Under YHWH's Wings." 141-66 In *Metaphors.*
_____. *According to My Righteousness: Upright Behaviour as Grounds for Deliverance in Psalms 7, 17, 18, 26 and 44.* Leiden: Brill, 2002.
LeMon, Joel M. "Iconographic Approaches: The Iconic Structure of Psalm 17." In *Method Matters: Essays on the Interpretation of the Hebrew Bible in Honor of David L. Petersen*, ed. Joel M. LeMon, 152-64. Leiden: Brill, 2010.
_____. *Yahweh's Winged Form in the Psalms: Exploring Congruent Iconography and Texts.* Fribourg: Academic Press, 2010.
Leveen, Jacob. "The Textual Problems of Psalm XVII." *VT* 11/1 (Jan., 1961): 48-53.
McConville, Gordon. "Righteousness and the Divine Presence in Psalm 17." 193-207 In *The Centre and the Periphery, A European Tribute to Walter Brueggemann, Jill Middlemas*, eds. D. J. A. Clines, E. K. Holt. Sheffield: Sheffield Phoenix Press, 2010.
McKay, J. W. "Psalms of Vigil." *ZAW* 91/2 (1979): 229-47.
Mosca, Paul G. "A Note on Psalm 17:7." *VT* 61 (2011): 388-92.

시편 18편 다윗 왕조를 세우신 하나님 찬양

Berry, Donald K. The Psalms and their Readers - *Interpretive Strategies for Psalm 18*, JSOTSup 153. Sheffield: JSOT Press, 1993.
Brown, W. "'Here Comes the Sun!' The Metaphorical Theology of Psalms 15-24."259-77 In *The Composition.*
Cross, Jr., Frank Moore and David Noel Freedman. "A Royal Song of Thanksgiving: II Samuel 22 = Psalm 18." *JBL* 72/1 (Mar., 1953): 15-34.
Evans, Justin J. "Text-Critical Note on Psalm 18:2." *VT* 60/4 (2010): 659-61.
Gray, Alison Ruth. *Psalm 18 in Words and Pictures.* Biblical Interpretation Series. Leiden: Brill, 2014.
Guillaume, Philippe. "Bull-Leaping in Psalm 18." 35-46 In *Metaphors.*

Klingbeil, Martin G. "Metaphors That Travel and (Almost) Vanish: Mapping Diachronic Changes in the Intertextual Usage of the Heavenly Warrior Metaphor in Psalm 18 and 144." 115-34 In *Metaphors*.

Kuntz, J. Kenneth. "Psalm 18: A Rhetorical - Critical Analysis." *JSOT* 26 (1983): 3-31.

Kwakkel, Gert. *According to My Righteousness: Upright Behaviour as Grounds for Deliverance in Psalms 7, 17, 18, 26 and 44*. Leiden: Brill, 2002.

Longacre, Robert E. "Discourse Structure, Verb forms, and Archaism in Psalm 18." *Journal of Translation* 2/1 (2006): 17-30.

Nielsen, Kirsten. "Metaphorical Language and Theophany in Psalm 18." 197-207 In *Metaphors*.

Schmidt, H. *Die Psalmen*, HAT; Tubingen: J.C.B. Mohr, 1934.

Shnider, Steven. "Psalm XVIII: Theophany, Epiphany Empowerment." *VT* 56/3 (Jul., 2006): 386-98.

시편 19편 하늘과 말씀에 계시된 하나님 영광

김진명. "시편 19편에 나타난 하나님의 '창조'와 '구원'과 '율법': 편집비평과 수사비평적 연구." 『한국기독교신학논총』 108(2018): 5-24.

Allen, Leslie C. "David as Example of Spirituality: the Redactional Function of Psalm 19." *Bib* 67/4 (1986): 544-46.

Brown, W. "'Here Comes the Sun!' The Metaphorical Theology of Psalms 15-24." 259-77 In *The Composition*.

Brown, William P. *Seeing the Psalms: A Theology of Metaphor*. Louisville: Westminster John Knox, 2002.

Clines, D. J. A. "The Tree of Knowledge and the Law of Yahweh (Psalm XIX)." *VT* 24/1 (1974): 8-14.

Cooper, Alan. "Creation, Philosophy and Spirituality: Aspects of Jewish Interpretation of Psalm 19." In *Pursuing the Text in Honor of Ben Zion Wacholder on the Occasion of His Seventieth Birthday*, eds. J. Reeves, J. Kampen, 15-33. JSOTSup 184. Sheffield: Sheffield Academic Press, 1994.

Deurloo, Karel A. "Psalm 19: Riddle and Parable." In *Goldene Äpfel in silbernen Schalen*, eds. Klaus-Dietrich Schunck and Mathias Augustin, 93-100. Frankfurt am Main: Peter Lang, 1992.

Glass, Jonathan T. "Some Observation on Psalm 19." In *The Listening Heart, Essays in Wisdom and the Psalms in honor of Roland E. Murphy, O. Carm.*, eds. Kenneth G. Hoglund, et al., 147-59. JSOTSup 58. Sheffield: JSOT Press, 1987.

Harrelson, Walter. "Psalm 19: A Mediation on God's Glory in the Heavens and in God's Law." In *Worship and the Hebrew Bible, Essays in Honour of John T. Willis*, eds. M. P. Graham, R. R. Marrs, S. L McKenzie, 142-47. JSOTSup 284. Sheffield: Sheffield Academic Press, 1999.

Lenzi, Alan. "The Metonic Cycle, Number Symbolism, and the Placement of Psalm 19 and 119 in the MT Psalter." *JSOT* 34/4 (2010): 447-73.

Perry, T. A. *Psalm 19 - Hymn of Unification*. Peabody: Hendrickson Publishers, 2016.

Sommer, Benjamin D. "Nature, Revelation, and Grace in Psalm 19: Towards a Theological Readings of Scripture." *HTR* 108/3 (2015): 376-401.

Wagner, J. Ross. "From the Heavens to the Heart: The Dynamics of Psalm 19 as Prayer." *CBQ* 61 (1999): 245-61.

시편 20편 왕의 승리를 구하는 기도

Kuntz, J. Kenneth. "King triumphant: a Rhetorical Study of Psalms 20 and 21." *HAR* 10 (1986): 157-76.

Nims Charles F. and Richard C. Steiner. "A Paganized Version of Psalm 20:2-6 from the Aramaic Text in Demotic Script." *JAOS* 103/1 (1983): 261-74.

Smelik, K. A. D. "The Origin of Psalm 20." *JSOT* 31 (1985): 75-81.

Zevit, Ziony. "The Common Origin of the Aramaicized Prayer to Horus and of Psalm 20." *JAOS* 110/2 (1990): 213-28.

시편 21편 왕의 승리, 왕의 영광

Aster, Shawn Zelig. "On the Place of Psalm 21 in Israelite Royal Ideology." In *Mishneh Todah: Studies in Deuteronomy and Its Cultural Environment in Honor of Jettrey H. Tigay*, eds. N. S. Fox, D. A. Glatt-Gilad, M. J. Williams, 307-20. Winona Lake: Eisenbrauns, 2009.

Brown, W. "'Here Comes the Sun!' The Metaphorical Theology of Psalms 15-24." 259-77 In *The Composition*.

da Silva, A. "Psalm 21-A Poem of Association and Dissociation." *OTE* 8 (1995): 48-60.

Fensham, F. Charles. "Ps 21 - A Covenant Song?" *ZAW* 77/2(1965): 193-202.

Kuntz, J. Kenneth. "King triumphant: a Rhetorical Study of Psalms 20 and 21." *HAR* 10 (1986): 157-76.

Morrow, Jr. Francis J. "Psalm XXI 10 - An Example of Haplography." *VT* 18/4 (1968): 558-59.

시편 22편 하나님 나라 왕의 탄식과 찬양

김상기. "시편 22편: 탄식과 찬양의 변증법." 『신학연구』 49 (2006): 31-71.

차준희. "시편 22편에 대한 신학적 읽기." 『성령과 신학』 23 (2007): 9-29.

Armitage, David J. "Rescued Already? The Significance of עניתני in Psalm 22, 22." *Bib* 91/3 (2010): 335-47.

Bar, Shaul. "Critical Notes on Psalm 22:30." *JBQ* 37/3 (2009): 169-74.

Davis, Ellen F. "Exploring the Limits: Form and Function in Psalm 22." *JSOT* 53 (1992): 93-105.

declaussé-Walford, Nancy L. "An Intertextual Reading of Psalms 22, 23, and 24." In *The Book of Psalms Composition & Reception*. eds. P. W. Flint, P. D. Miller, 139-51. VTSup 99. Leiden: Brill, 2005.

Gren, Conrad R. "Piercing the Ambiguities of Psalm 22:16 and the Messiah's Mission." *JETS* 48/2 (June 2005): 283-99.

Hopkin, Shon. "The Psalm 22:16 Controversy: New Evidence from the Dead Sea Scrolls." *Brigham Young University Studies* 44/3 (2005): 161-72.

Kselman, John S. "'Why Have You Abandoned Me?' A Rhetorical Study of Psalm 22." In *Art and Meaning: Rhetoric in Biblical Literature*, eds. D. J. A. Clines, D. M. Gunn, A. J. Hauser, 172-98. JSOTSup 19. Sheffield: JSOT Press, 1982.

Prinsloo, G. T. M. "Hope against Hope - a Theological Reflection on Psalm 22." *OTE* 8 (1995): 61-85.

Reumann, John H. "Psalm 22 at the Cross: Lament and Thanksgiving for Jesus Christ." *Int* 28/1 (1974): 39-58.

Ridderbos, Nic H. *Studies on Psalms: Style-Figures and Structure-Certain Considerations, with Special Reference to Pss. xxii, xxv, and xlv.* Oudtestamentische Studien 13. Leyden. E. J. Brill, 1963.

Strawn, Brent A. "Psalm 22:17b: More Guessing." *JBL* 119/3 (2000): 439-51.

Swenson, Kristin M. "Psalm 22:17: Circling Around the Problem Again." *JBL* 123/4 (2004): 637-48.

Wood, Joyce Rilett. "Writing and Rewriting of Psalm 22." *SR* 48/2 (2019): 189-215.

시편 23편 부족함 없는 인도, 넘치는 환대

김성진. "시편 23편 분석: 히브리 시 분석 방법론과 이미지 수사학적 분석." 『ACTS 신학저널』 제32집(2017): 11-41.

Abernethy, Andrew T. "'Right Paths' and/or 'Paths of Righteousness'? Examining Psalm 23.3b within the Psalter." *JSOT* 39/3 (2015): 299-318.

Ahroni, Reuben. "The Unity of Psalm 23." *HAR* 6 (1982): 21-34.

Arterbury, Andrew E. and William H. Bellinger, Jr. "'Returning' to the Hospitality of the Lord: A Reconsideration of Psalm 23, 5-6." *Bib* 86/3 (2005): 387-95.

Barré, Michael L. "The Formulaic Pair חסד (ו) טוב in the Psalter." *ZAW* 98/1 (1986): 100-105.

Botha, P. J. "True Happiness in the Presence of YHWH: The Literary and Theological Context for Understanding Psalm 16." *OTE* 29 (2016): 61-84

______. "Following the 'tracks of Righteousness' of Psalm 23." *OTE* 28/2 (2015): 283-300.

Brown, W. "'Here Comes the Sun!' The Metaphorical Theology of Psalms 15-24." 259-77 In *The Composition.*

Clines, David J. A. "Translating Psalm 23." In *Reflection and Refraction Studies in Biblical Historiography in Honour of A. Graeme Auld*, eds. R. Rezetko, T. H. Lim, W. B. Aucker, 67-80. VTSup 113. Leiden: Brill, 2006.

Cooper, Alan. "Structure, Midrash and Meaning: The Case of Psalm 23." *Proceedings of the World Congress of Jewish Studies*, Division A: The Period of the Bible (1985): 107-14.

Freedman, Noel. "The Twenty-Third Psalm." In *Pottery, Poetry, and Prophecy: Studies in Early Hebrew Poetry*, 275-302. Winona Lake: Eisenbrauns, 1980.

Goulder, Michael. "David and Yahweh in Psalms 23 and 24." *JSOT* 30/3 (2006): 463-73.

Knauf, Ernst Axel. "Psalm XXIII 6." *VT* 51/4 (2001): 556.

Lundbom, Jack R. "Psalm 23: Song of Passage." *Int* 40 (1986): 5-16.

Marlowe, W. Creighton. "David's I-Thou Discourse." *SJOT* 25/1 (2011): 105-15.

Michel, Walter L. "ṢLMWT, 'Deep Darkness' or 'Shadow of Death'?" *Biblical Research* 29 (1984): 5-20.

Milne, Pamela. "Psalm 23: Echoes of the Exodus." *SR* 4/3 (1974): 237-47.

Nel, Philip J. "Yahweh is a Shepherd, Conceptual Metaphor in Psalm 23." *HBT* 27 (2005): 79-103.

Pardee, Dennis. "Structure and Meaning in Hebrew Poetry: The Example of Psalm 23." *Maarav* 5-6 (Spring, 1990): 239-80.

Power, E. "The Shepherd's Two Rods in Modern Palestine and in Some Passages of the Old Testament." *Bib* 9 (1928): 434-42.

Smith, Mark S. "Setting and Rhetoric in Psalm 23." *JSOT* 41 (1988): 61-65.

Tanner, Beth. "King Yahweh as the Good Shepherd: Taking Another Look at the Image of God in Psalm 23." In *David and Zion, Biblical Studies in Honor of J. J. M. Roberts,* eds. B. F. Batto, K. L. Roberts, 267-84. Winona Lake: Eisenbrauns, 2004.

Tomback, Richard S. "Psalm 23:2 Reconsidered." *JASL* 10 (1982): 93-96.

Willis, Timothy M. "A Fresh Look at Psalm XXIII 3A." *VT* 37/1 (1987): 104-106.

Wiseman, Matthew David. "Thou with Me: A Study in the Structure of Psalm 23." *SJOT* 30/2 (2016): 280-93.

시편 24편 영광의 왕이 들어가신다

Botha, Phil. "Answers Disguised as Questions: Rhetoric and Reasoning in Psalm 24." *OTE* 22 (2009): 535-53.

Cooper, Alan. "Ps 24:7-10: Mythology and Exegesis." *JBL* 102/1 (1983): 37-60.

Duke, Rodney K. "Form and Meaning: Multi-layered Balanced Thought Structures in Psalm 24:4." *TB* 62/2 (2011): 215-32.

Goulder, Michael. "David and Yahweh in Psalms 23 and 24." *JSOT* 30/3 (2006): 463-73.

Hunter, Alastair G. "'The Righteous Generation' - the Use of *Dôr* in Psalms 14 and 24." In *Reflection And Refraction: Studies in Biblical Historiography in Honour of A. Graeme Auld*, eds. R. Rezetko, T. H. Lim, W. Brian Aucker, 187-205. Leiden: Brill, 2007.

Miller, Patrick D. "Poetic Ambiguity and Balance in Psalm XV." *VT* 29/4 (Oct., 1979): 416-24.

Smart, J. D. "The Eschatological Interpreation of Psalm 24." *JBL* 53 (1933): 175-80.

Spangenberg, Sakkie. "Psalm 24: Reading from Right to Left and from Back to

Front." *OTE* 24/3 (2011): 746-66.
Sumpter, Philp. "The Coherence of Psalm 24." *JSOT* 39/1(2014): 31-54.
Treves, Marco. "The Date of Psalm XXIV." *VT* 10 (1960): 428-34.

시편 25편 은혜의 왕, 진리의 교사

로버트슨, O. 팔머. 『시편의 흐름』. 김헌수, 양태진 역. 서울: 성약출판사, 2019.
이성혜. "시편 1권에 나타난 알파벳시편 연구." 『성경과 신학』 27 (2014): 1-31.
Abernethy, A. T. "God as Teacher in Psalm 25." *VT* 65 (2015): 349-51.
Basson, Alec. "The Path Image Schema and Psalm 25." *OTE* 24/1 (2011): 19-29.
Ceresko, A. R. "The ABCs of wisdom in Psalm xxxiv." *VT* 35 (1985): 99-104.
Doyle, Brian. "Just you, and I, Waiting - The Poetry of Psalm 25." *OTE* 14/2 (2001): 199-213.
Human, Dirk J. "The Tradition-historical Setting of Psalm 25: How Wisdom Motives Contribute to its Understanding." *SK* 17/1 (1996): 76-88.
Kim, Changdae. "The Blessing of Inheriting the Earth in Psalm 37: Its Theological Meaning in the Context of the Psalter." *Scripture and Interpretation* 1/2(2007): 95-110.
Lohfink, Norbert. "Covenant and Torah in the Pilgrimage of the Nations - The Book of Isaiah and Psalm 25." In *The God of Israel and the Nations: Studies in Isaiah and the Psalms*, 33-84. trans. Everett R. Kalin. Collegeville: A Michael Glazier Book, The Liturgical Press, 2000.
Maloney, Leslie D. "A Word Fitly Spoken Poetic Artistry in the First Four Acrostics of the Hebrew Psalter." Ph.D Diss., Baylor University, 2005.
Miller, Patrick D. "The Land in the Psalms." In *The Land of Israel in Bible, History, and Theology Studies in Honour of Ed Noort*, eds. J. van Ruiten, J. C. de Vos, 163-96. VTSup 124. Leiden: Brill, 2009.
Ruppert, Von Lothar. "Psalm 25 und die Grenze kultorientierter Psalmenexegese." *ZAW* 84/4 (1972): 576-82.

시편 26편 의로운 판결 호소

Auffret, Pierre. "Dans les Assemblées Je Bénirai YHWH: Nouvelle Étude Structurelle du Psaume xxvi." *VT* 56/3 (2006): 303-12.
Bellinger, Jr., W. H. "Psalm XXVI: A Test of Method." *VT* XLIII/4 (1993): 452-61.

Botha, Phil J. "Poetry and Perlocution in Psalm 26." *OTE* 24/1 (2011): 30-48.
Mosca, G. "Psalm 26: Poetic Structure and the Form-Critical Task." *CBQ* 47 (1985): 212-37.
Potgieter, Annette. "Walking Wisely: Sapiential influence in Psalm 26." *TS* 69/1 (2013): 1-5.
Vogt, E. "Psalm 26, Ein Pilgergebet." *Bib* 43/3 (1962): 328-37.

시편 27편 여호와는 나의 빛

Auffret, Pierre. "'Yahvé M'accueillera': Étude Structurelle du Psume 27." *Science et Esprit* 38/1 (1986): 97-113.
Botha, Phil J. and Beat Weber. "'Thd LORD Is my Light and my Salvation...' (Ps 27:1): Psalm 27 in the Literary Context of Psals 25-34." *JNSL* 45/2 (2019): 19-50.
Erbele-Küster, Dorothea. "Poetics and Ethics: Psalm 27 as an Exemplary Reading." 『Canon & Culture』, 10/1 (2016년 봄): 39-55.
Levenson, J. D. "A Technical Meaning for *N'M* in the Hebrew Bible." *VT* 35/1 (1985): 61-67.
McKay, John W. "Psalms of Vigil." *ZAW* 91/2 (1979): 229-47.
Niehaus, J. "The Use of LÛLE in Psalm 27." *JBL* 98(1979): 88-89.
Paul, Shalom M. "Psalms 27:10 and the Babylonian Theodicy." *VT* 32/4 (1982): 489-92.

시편 29편 온 땅을 제압하는 "여호와의 소리"

강승일. "구약 성경 고대 시가에 나타나는 전접어 멤(前接語, enclitic mem) 연구." 『구약논단』 15/3 (2009): 151-64.
Barbiero, Gianni. "The Two Structures of Psalm 29." *VT* 66 (2016): 378-92.
Barré, M. "A Phoenician Parallel to Psalm 29." *HAR* 13 (1991): 25-32.
Craigie, Peter C. "Psalm XXIX in the Hebrew Poetic Tradition." *VT* 22/2 (1972): 143-51.
Day, John. "Echoes of Baal's Seven Thunders and Lightnings in Psalm XXIX and Habakkuk III 9 and the Identity of the Seraphim in Isaiah VI." *VT* 29/2 (1979): 143-51.
Freedman, David Noel and C. Franke Hyland. "Psalm 29: A Structural Analysis." *HTR* 66(1973): 237-56.

Gaster, Theodor H. "Psalm 29." *The Jewish Quarterly Review* 37/1 (1946): 55-65.

Greenstein, Edward L. "YHWH's Lightening in Psalm 29:7." *MAARAV* 8 (1992): 49-57.

Kennedy, James M. "Psalm 29 as Semiotic System: A Linguistic Reading." *Journal of Hebrew Studies* 9 (2009): 1-21. http://jhsonline.org/Articles/article_114.pdf.

Malamat, A. "The Amorite Background of Psalm 29." BZAW 100 Sup. (1988): 156-60

McKenzie, John L. "The Divine Sonship of the Angels." *CBQ* 5/3 (1943): 293-300.

Pardee, D. "On Psalm 29: Structure and Meaning." In *The Book of Psalms Composition & Reception*, eds. P. W. Flint & P. D. Miller, 153-81. Leiden: Brill, 2005.

Tigay, Jeffrey H. "The Voice of YHWH Causes Hinds to Calve (Psalm 29:9)." In *Birkat Shalom: Studies in the Bible, Ancient Near Eastern Literature, and Postbiblical Judaism Presented to Shalom M. Paul on the Occasion of His Seventieth Birthday*. eds. Chaim Cohen et al., 399-411. Winona Lake: Eisenbrauns, 2008.

van der Westhuizen, J. P. "A Proposed Reinterpretation of Psalm 29 Based on a Stylistic-exegetical Analysis." *JSem* 5/2 (1993): 111-22.

Venter, Pieter M. "Spatiality in Psalm 29." In *Psalms and Liturgy*, eds. D. J. Human, C. J. A. Vos, 235-50. London: T&T Clark, 2005.

시편 30편 진노는 잠깐 은총은 평생

Landau, Ephraim. "The Word-pair Morning/Evening as a Parallel Word-pair in Biblical Poetry." *JBQ* 45/4 (2017): 260-68.

Loader, James Alfred. "Psalm 30 Read Twice and Understood Two Times." *OTE* 16/2 (2003): 291-308.

Wächter, von Ludwig. "Drei umstrittene Psalmstellen (Ps 26:1; 30:8; 90:4-6)." *ZAW* 78 (1966): 61-68.

시편 31편 "나의 영을 하나님 손에 맡깁니다"

이성훈. "탄원에서 구원의 찬양으로: 시편 31편을 중심으로." 『한국기독교신학논총』 34집 (2004): 59-81.

Basson, Alec. "'Friends Becoming Foes': a Case of Social Rejection in Psalm 31." *Verbum et Eccles. JRG* 27/2 (2006): 398-415.

Collins, Terence. "The Physiology of Tears in the Old Testament: Part II." *CBQ* 33 (1971): 185-97.

Matera, Frank J. "The Death of Jesus according to Luke: A Question of Sources." *CBQ* 47 (1985): 469-85.

Potgieter, J. Henk. "'David' in Consultation with the Prophets: The Intertextual Relationship of Psalm 31 with the Books of Jonah and Jeremiah." *OTE* 25/1 (2012): 115-26.

Tucker, Jr., W. Dennis. "Between Text & Sermon: Psalm 31:1-5, 15-16." *Int* 65/1 (2011): 71-72.

Wendland, Ernst. "Genre Criticism and the Psalms, as exemplified by Psalm 31." 1-55. https://www.academia.edu/7923161/GENRE_CRITICISM_AND_THE_PSALMS_as_exemplified_by_Psalm_31

시편 32편 죄 용서받은 자의 행복

강소라. "시편 32편에 나타난 하나님의 죄 사함을 받은 자의 행복." 『교회와 문화』 21(2008): 160-82.

Auffret, Pierre. "Essai sur la structure littéaire du Psaume 32." *VT* 38 (1988): 257-85.

Botha, Phil J. "Psalm 32: A Social-Scientific Investigation." *OTE* 132/1 (2019): 12-31.

______. "Psalm 32 as a Wisdom Intertext." *HTS Teologiese Studies* 70/1 (2014): 1-9.

Potgieter, J. Henk. "The Structure and Homogeneity of Psalm 32." *HTS* Teologiese Studies 70/1 (2014): 1-6.

시편 33편 창조와 통치와 구원의 하나님 찬양

석진성. "시편 전체의 문맥 속에서 본 시편 33편의 신학적/해석학적 기능: 창조 주제를 중심으로." 『구약논집』 13(2018): 68-96.

차준희. "구약에 나타난 창조의 영." 『구약논단』, 21/1(통권 55, 2015): 185-211.

Botha, Phil J. and J. Henk Potgieter. "'The Word of Yahweh Is Right': Psalm 33 as a Torah-Psalm." *Verbum et Eccles.* 31/1 (2010), Art. #431, 8 pages, 1-8.

Jacobson, Diane. "Psalm 33 and the Creation Rhetoric of a Torah Psalm." In *My Words Are Lovely: Studies in the Rhetoric of the Psalms.* ed. R. L. Foster, D. M. Howard, 106-20. LHBOTS 467. London: T&T Clark, 2008.

Lohfink, Norbert. "The Covenant Formula in Psalm 33." In *The God of Israel and the Nations: Studies in Isaiah and the Psalms.* eds. N. Lohfink and E.

Zenger, 85-122. trans. E. R. Kalin. Collegeville: A Michael Glazier Book, The Liturgical Press, 2000.

Patterson, Richard D. "Singing the New Song: An Examination of Psalms 33, 96, 98, and 149." *BSac* (2007): 431-34.

Seok, Jin Sung. "'God as Creator and Sovereign' : The Intertextual Relationship of Psalm 33 with the Book of Isaiah." 「ACTS 신학저널」 (33, 2017): 11-47.

Wainwright, Geoffrey. "Psalm 33 Interpreted of the Triune God." *Ex Auditu* 16 (2000): 101-20.

Wilson, Gerald H. "The Use of Untitled Psalms in the Hebrew Psalter." *ZAW* 97/3 (1985): 404-13.

Witte, von Markus. "Das neue Lied - Benbachtungen zum Zeitverständnis von Psalm 33." *ZAW* 114 (2002): 522-41.

시편 34편 여호와의 선하심을 맛보라

이성혜. "시편 1권에 나타난 알파벳시편 연구." 『성경과 신학』 27(2014): 1-31.

이일례. "히브리산파들의 저항과 '시편 언어'의 친연성(親緣性)-상호텍스트성으로 본 출애굽기 1장 15-22절과 시편 34편." 『구약논단』 23/4(통권 66, 2017): 42-73.

Apple, Raymond. "Psalm 34 - Does the Heading Fit?." *JBQ* 46/2 (2018): 97-103.

Botha, Phil J. "Annotated History - The Implications of Reading Psalm 34 in Conjunction with 1 Samuel 21-26 and Vice Versa." *OTE* 21/3 (2008): 593-617.

_____. "The Social Setting and Strategy of Psalm 34." *OTE* 10/2 (1997): 178-97.

Ceresko, A. R. "The ABCs of wisdom in Psalm xxxiv." *VT* 35(1985): 99-104.

Christensen, Sean M. "Solidarity in Suffering and Glory: The Unifying Role of Psalm 34 in Peter 3:10-12." *JETS* 58/2 (2015): 335-52.

Eder, Sigrid. "'Broken Hearted' and 'Crushed in Spirit': Metaphors and Emotions in Psalm 34,19." *SJOT* 30/1(2016): 1-15.

Gilmour, Michael J. "Crass Casualty or Purposeful Pain? Psalm 34's Influence on Peter's First Letter." *Word & World* 24/4 (2004): 404-11.

Liebreich, L. J. "Psalms 34 and 145 in the Light of Their Key Words." *HUCA* 27 (1965): 181-92.

Maloney, Leslie D. "A Word Fitly Spoken Poetic Artistry in the First Four Acrostics of the Hebrew Psalter." Ph. D. Diss., Baylor University, 2005.

Roberts, J. J. M. "The Young Lions of Psalm 34:11." *Bib* 54(1973): 265-67.

시편 35편 나와 다투는 자와 다투소서

Adamo, David T. "Reading Psalm 35 in Africa (Yoruba) Perspective." *OTE* 32/3 (2019): 936-55.

Basson, Alec. "'Rescue me from the Young Lions,' An Animal Metaphor in Psalm 35:17." *OTE* 21/1 (2008): 9-17.

Batto, Bernard F. "The Sleeping God: an Ancient Near Eastern Motif of Divine Sovereignty." *Bib* 68 (1987), 153-77.

Janzen, J. Gerald. "The Root škl and the Soul Bereaved in Psalm 35." *JSOT* 65 (1995): 55-69.

Sutton, L. "A Position of Honour or Shame? YHWH as an Armour Bearer in Psalm 35:1-3." *Acta Theologica Supplementum* 26 (2018): 269-86.

시편 36편 망하는 삶, 풍성한 삶

Botha, Phil J. "The Textual Strategy and Ideology of Psalm 36." *OTE* 17/4 (2004): 506-20.

Kselman, John S. "Psalm 36." In *Wisdom, You Are my Sister: Studies in Honor of Roland E. Murphy, O. Carm., on the Occasion of His Eightieth Birthday*, ed. M. Barré, 3-17. Washington D.C.: Catholic Biblical Association of America, 1997.

시편 37편 온유한 자가 땅을 차지한다

하경택. "'하나님 닮아가기' Imitatio Dei로서의 정의-시편을 통해서 본 구약성서의 '정의' 신학." 『장신논단』 48-2 (2016): 37-66.

Brueggemann, Walter. "Psalm 37: Conflict of Interpretation." In *Of Prophets' Visions and the Wisdom of Sages, Essays in Honour of R. Norman Whybray on his Seventieth Birthday*, eds. H. A. McKay, D. J. A. Clines, 232-33. JSOTSup 162. Sheffield: Sheffield Academic Press, 1993.

Gerstenberger, Erhard S. *Psalms Part 1 with an Introduction to Cultic Poetry* Grand Rapids: Eerdmans, 1988.

Kim, Changdae. "The Blessing of Inheriting the Earth in Psalm 37: Its Theological Meaning in the Context of the Psalter." *Scripture and Interpretation*

1/2(2007): 95-110.

Irsigler, H. "Quest for Justice as Reconciliation of the Poor and the Righteousness in Psalms 37, 49 and 73." *SK* 19/3 (1988): 584-604.

Jones, Scott C. "Psalm 37 and the Devotionalization of Instruction in the Postexilic Period." 167-88 In *Prayers and the Construction of Israelite Identity*, eds. Gillmayr-Bucher Susanne, Häusl Maria. Atlanta: SBL, 2019.

Kselman, John A. "Two Notes on Psalm 37." *Bib* 78/2 (1997): 252-54.

Kuntz, J. Kenneth. "The Retribution Motif in Psalmic Wisdom." *ZAW* 89 (1977): 223-33.

Maré, Leonard P. "The Ethics of Retribution in Psalm 37." *Ekklesiastikos Pharos* 92 (2010): 264-74.

Miller, Patrick D. "The Gift of God: the Deuteronomic Theology of the Land." *Int* 23(4, 1969): 451-65.

______. "The Land in the Psalms." In *The Land of Israel in Bible, History, and Theology Studies in Honour of Ed Noort*, eds. J. van Ruiten, J. C. de Vos, 183-96. VTSup 124. Leiden: Brill, 2009.

시편 38편 성한 데가 없습니다

김태경. "건강의 악화와 회복에 따른 탄원의 변화 과정 연구." 『구약논단』 18/3(2012): 207-34.

Collins, Terence. "The Physiology of Tears in the Old Testament: Part II." *CBQ* 33/2 (1971): 185-97.

시편 39편 주와 함께 있는 나그네

Beuken, W. A. M. "Psalm 39: some aspects of the Old Testament Understanding of Prayer." *Heythrop Journal* 19/1 (1978): 1-11.

Botha, Phil J. "Psalm 39 and its Place in the Development of Retribution in the Hebrew Bible." *OTE* 30/2 (2017): 240-64.

Brueggemann, Walter. "Voice as Counter to Violence." *CTJ* 36 (2001): 22-33.

Clifford, Richard J. "What does the Psalmist Ask for in Psalms 39:5 and 90:12?" *JBL* 119/1 (2000): 59-66.

Crenshaw, James L. "The Journey from Voluntary to Obligatory Silence (Reflection on Psalm 39 and Qoheleth)." In *Focusing Biblical Studies: The Crucial*

Nature of the Persian and Hellenistic Periods: Festschrift in Honor of Douglas A. Knight. eds. J. L. Berquist, A. Hunt, 177-91. LHBOTS 544. London: T&T Clark, 2012.

시편 40편 수렁에서 건지시는 하나님

양용의. 『히브리서 어떻게 읽을 것인가』. 서울: 성서유니온, 2014.

Gerstenberger, Erhard S. "Singing a New Song: On Old Testament and Latin American Psalmody." *Word & World* 5/2 (1985): 155-67.

Lee, Kangtaek. "Did David Have in Mind the Meaning That Hebrews Would Assign to It? - The Use of Psalm 40:6-8 (MT Ps 40:7-9; LXX Ps 39:7-9) in Hebrews 10:5-7." 『신약연구』 10/4 (2011): 977-1008.

Patterson, Richard D. "Singing the New Song: An Examination of Psalms 33, 96, 98, and 149." *BSac* (2007): 416-34.

van der Bergh, Ronald H. "A Textual Comparrison of Hebrews 10:5b-7 and LXX Psalm 39:7-9." *Neotestamenica* 42.2 (2008): 353-82.

시편 41편 긍휼히 여기는 자는 복이 있나니

Leveen, Jacob. "A Displaced Verse in Psalm XLI." *VT* 1/1 (1951): 65-66.

Zola, Nicholas J. "'The One Who Eats My Bread Has Lifted His Heel against Me': Psalms 41:10 in 1QH[a] 13.25-26 and John 13:18." *PRS* 37 (2010): 207-19.

저자 **김성수**

서울대학교 국어국문학과에서 문학을 배우고, 고려신학대학원을 졸업한 뒤 미국 칼빈신학대학원과 루터신학대학원에서 구약학 전공으로 신학 석사와 박사 과정을 마쳤다. 이후 아세아연합신학대학교 구약학 교수(2003-2009년)를 거쳐 현재는 고려신학대학원 구약학 교수로 재직 중이다. 저서로는 『구약의 키』(생명의 양식)가 있다.

시편 I

초판1쇄 2022년 3월 18일
초판2쇄 2024년 1월 12일
지은이 김성수
발행인 강학근
편집위원장 변종길
발 간 고신총회 설립 60주년 성경주석간행위원회
(위원: 박영호, 김홍석, 안동철, 김정수, 권종오, 변종길, 신득일)
엮은곳 고신총회 설립 60주년 성경주석편집위원회
펴낸곳 대한예수교장로회 고신 총회출판국
후 원 가음정교회
주 소 서울특별시 서초구 고무래로 10-5(반포동)
전 화 (02)592-0986~7
팩 스 (02)595-7821
홈페이지 qtland.com
등 록 1998년 11월 3일 제22-1443호
디자인 CROSS-765
ISBN 978-89-5903-376-8 (94230)
978-89-5903-298-3 (94230) (세트)
값 54,000원